**Die Politik Maximilians I. von Bayern und seiner Verbündeten 1618–1651**

# Briefe und Akten zur Geschichte des Dreißigjährigen Krieges

---

Neue Folge
Die Politik Maximilians I. von Bayern und seiner
Verbündeten 1618–1651

Zweiter Teil, Sechster Band
1631

Herausgegeben von der Historischen Kommission
bei der Bayerischen Akademie der Wissenschaften
durch Helmut Neuhaus

# Die Politik
# Maximilians I. von Bayern
# und seiner Verbündeten
# 1618–1651

—

Zweiter Teil, Sechster Band
1631
2. Teilband

Bearbeitet von Kathrin Bierther
Register: Martin Hille

**DE GRUYTER**
OLDENBOURG

Gedruckt mit Unterstützung der Deutschen Forschungsgemeinschaft.

ISBN 978-3-486-56623-9

**Library of Congress Control Number: 53034918**

**Bibliografische Information der Deutschen Nationalbibliothek**
Die Deutsche Nationalbibliothek verzeichnet diese Publikation in der Deutschen Nationalbibliografie; detaillierte bibliografische Daten sind im Internet über http://dnb.dnb.de abrufbar.

© 2022 Walter de Gruyter GmbH, Berlin/Boston
Satz: Michael Peschke, Berlin
Druck und Bindung: CPI books GmbH, Leck

www.degruyter.com

# Inhalt

## 2. Teilband

**Nr. 312–381: Briefe und Akten 11. August bis 8. Oktober 1631** —— **1051**

**Nr. 382: Abordnung des M. Kurz an den Kaiserhof, 8. bis 18. Oktober 1631** —— **1178**
    382 A. Maximilian an M. Kurz, 12. Oktober —— **1178**
    382 B. Maximilian an M. Kurz, 13. Oktober —— **1180**
    382 C. Memorial des M. Kurz für den Kaiser, [präs. 14. Oktober] —— **1181**
    382 D. M. Kurz an Maximilian, 15. Oktober —— **1182**
    382 E. Kaiserliche Resolution für M. Kurz, 18. Oktober —— **1183**

**Nr. 383–453: Briefe und Akten 10. Oktober bis 23. November 1631** —— **1186**

**Nr. 454: Abordnung des M. Kurz an den Kaiserhof, 23. November bis 2. Dezember 1631** —— **1352**
    454 A. Nebenmemorial Maximilians für M. Kurz, 23. November —— **1352**
    454 B. Kaiserliche Resolution für M. Kurz, 30. November —— **1355**
    454 C. M. Kurz an Maximilian, 30. November —— **1359**

**Nr. 455–469: Briefe und Akten 24. November bis 4. Dezember 1631** —— **1362**

**Nr. 470: Neutralitätsverhandlungen in München, 4. bis 31. Dezember 1631** —— **1388**
    470 A. Instruktionen und Vollmachten für den französischen Unterhändler Charnacé —— **1388**
    470 B. Innerbayerische Konsultationen —— **1390**
    470 C. Verhandlungsakten und Vertragstexte —— **1437**
    470 D. Korrespondenzen —— **1458**

**Nr. 471–504: Briefe und Akten [5. Dezember] bis 27. Dezember 1631** —— **1481**

**Nr. 505: Mission Fenffs in Frankreich, 27. bis [31.] Dezember 1631** —— **1542**
    505 A. Memorandum Fenffs, präs. 27. Dezember —— **1542**
    505 B. Französisches Memorandum für Fenff, [vor 31. Dezember] —— **1543**

**Nr. 506–511: Briefe und Akten 28. bis 29. Dezember 1631** —— **1546**

**Nr. 512: Der Ligatag in Ingolstadt, 29. Dezember 1631 bis 4. Januar 1632 —— 1555**
    512 A. Vorbereitende Korrespondenzen —— 1555
    512 B. Ausschreiben des Ligatages —— 1559
    512 C. Instruktionen —— 1561
    512 D. Teilnehmer —— 1579
    512 E. Bayerisches Protokoll —— 1581
    512 F. Abschied des Ligatages —— 1604
    512 G. Bescheid des Ligatages für den kaiserlichen Gesandten —— 1608
    512 H. Korrespondenzen —— 1611

**Nr. 513–514: Briefe und Akten 30. bis 31. Dezember 1631 —— 1632**

**Chronologisches Aktenregister mit alphabetischem Anhang —— 1637**

Martin Hille
**Orts- und Personenregister —— 1733**

## 312. Tilly an Maximilian

August 11

Kurfürstliche Resolution für Ruepp – Verhalten gegenüber Kursachsen – Zusammenführung der neugeworbenen Ligatruppen bei Forchheim – Anzug der neugeworbenen Ligatruppen und Fürstenbergs – Dinkelsbühler Kontributionen – Feldzug Tillys – Unzufriedenheit der Truppen

Teilt mit, dass Generalkommissar von Ruepp am 6. August[1] wieder bei Tilly angekommen ist und Tilly seiner Relation entnommen hat, „wessen sich Eur Kfl. Dt. gegen ihme in underschiedlichen puncten, und zwar wegen Cursachsen, ingleichen umb einer nothwendigen conferenz mit Curmainz fürzunemmen,[2] wie auch wegen einer schickhung an höchstgedachten herrn curfürsten zu Sachsen, sodann wegen des convents zu Frankforth, der Curcöllnischen werbungen, verlegung eines corpo zu Forchheim, und was von Ksl. und cathol. bundtsvolkh mit graf Egon zu Fürstenberg möge herabgeschickht werden, wie auch ferners wegen des Planckhartischen regiments, und dan leztlich in anderen mehr puncten genedigst erclert haben.

Sovil nun anfänglich Cursachsen belangen thuet, da ist mir underdessen von Irer Ksl. Mt. eben auch dißfals allergdst zugeschriben und anbevohlen worden, an selbige schickhung zu thuen, massen auß beigefüegter abschrift[3] mehrers zue ersehen. Bin deroweegen in consultatione begriffen, wer dahin zu schickhen und uf was weg und weise die information wegen der schreiben zu schöpfen und einzurichten. – Von Eur Kfl. Dt. aber erwarte ich dabenebens underthenigist dero genedigiste resolution uber die angedeüte conferenz mit Curmeinz. Will gleichwol nit verhoffen oder darfürhalten, dz Ire Kfl. Dt. zu Sachsen wegen meines mit deroselben hiebevor bei mir gehabten gesandten geführten unvorgreüfflicher [!] und von mir selbst herkhommener [!] discurs zu einicher ruptur oder widerwertiger veranlaßung solte angereizt und bewegt werden, und zwar umb sovil weniger, weillen deroselben und irer confoederirten protestirenden ständen lang geführte consilia und actiones mit dem Leipzigischen schluß und starkhen kriegsverfaßungen bereits vorher gangen und ein ganzes gewesen. [...]

---

1 Ebenso *Ruepp* an Maximilian, Tangermünde in der Altmark, 11. Aug. 1631 (Ausf., teilweise dechiffriert, ÄA 2398 fol. 360–361; Duplikat, teilweise dechiffriert, Akten 263/I fol. 167–168. Ben. bei WITTICH I S. 728 Anm. 1). Ruepp erwähnt noch, dass Tilly damals vor Werben im Feld lag, und berichtet ferner u. a.: „Und ob zwar S. Excell. hundert Crabaten mir zue Fuldt hinderlassen, so bin ich doch nit mit geringer miehe und gefahr durch Hessen und der endten durchpassiert, will geschweigens, dz mich underwegs die cholicque hefftig angestossen und geplagt hat."
2 In dem unten Nr. 343 nicht gedruckten Eingang der Relation *Ruepps* vom 3. September heißt es: „[...] dz wegen Chursachsen mit Ihrer Kfl. Gn. zu Meinz eine conferenz gehalten" werden soll. – Zu denken ist an die zur Zeit der Abreise Ruepps von München am 24. Juli (vgl. zu diesem Datum oben Nr. 295 Anm. 11) noch laufende schriftliche Konsultation Maximilians mit Kurmainz über die Mission Trauttmansdorffs (vgl. zu dieser oben Nr. 270, 278, ebenda Anm. 1), in welchem Zusammenhang es u. a. um die Frage der Behandlung Kursachsens ging.
3 Oben Nr. 294.

Dem negst befindt ich, das der ort Forchheimb für das corpo neugeworbenen volkhs recht und wol außgesehen. – Und weillen E. Kfl. Dt. dem von Ruepp ein designation zuestellen lassen, waß uber dasselbige an reütter und fueßvolkh herabgeschickht werden sollen, alß bitte ich underthenigist, E. Kfl. Dt. geruhen iro gdst belieben zu lassen, selbiges fürderlichist immer möglich gegen Fuldt incaminirn [...] zu lassen. [...] Sonsten schreibt mir graf Egon von Fürstenberg, das er den 31. passato mit dem Ksl. volkh zu Nördlingen ankhommen seie und sich nunmehr gegen Fuldt incaminire." [...]

Bittet den Kurfürsten dringendst zu verordnen, dass die in Dinkelsbühl bewilligten Gelder, „weillen darvon noch zur zeit ganz nichts einkhommen, aufs fürdersambst immer möglich zur cassa comportirt werden mögen, also das dardurch abzunemmen und zu verspühren, zu was endt solcher conventus angestelt gewesen. [...] Und wirdt solche entrichtung und liferung umb sovil mehr nothwendiger erfordert, auf das man iederzeit und in allen nothfahl, da etwa sich under der soldatesca ein aufstandt erreichen [!] wolte, wie gar leichtlich und insonderheit bei iezigr kümmerlichen zeit und grosser noth an vivers und underhalt geschehen khan, mit einem vorrath versehen seie. [...]"

Was das Publicum betrifft, so hat Tilly zuletzt aus Wolmirstedt berichtet.[4] Ist inzwischen mit der Armee bis nach Werben an die Schanze und Schiffsbrücke des Königs von Schweden vorgerückt, „geschöpfter hoffnung, der orthen weitere ersprießliche progresz und abpruch wider den feindt fürzuenemmen. Weillen er aber sich dermassen eingegraben und fortificiert, dz ime nit beizukhommen, und er ohnedaß sich weiter nicht alß mit außfallen und scharmuziren praesentiert, so hab ich vor gueth angesehen, mich mit der armada widerumb anhero auf Tangermunde zu begeben, vorhabens alhie über die Elbe ein schifprugkh zu schlagen. Sobaldt nun der graf von Fürstenberg mit dero bei sich habenden Ksl. armada bei mir anlanget, verhoffe ich negst Göttlichem beistandt, wann der Havelstrom dem feindt wider benommen wirdt, ihnen desto besser zu divertiren und an seinen disegni zu verhündern." Bittet den Kurfürsten den Vormarsch Fürstenbergs und des neugworbenen Bundesvolks zu befördern. – „Sonsten haben die unserigen dem feindt in vorgedachten außfählen und scarmuziren iederzeit herzhaft resistiert und zimblichen schaden zuegefüegt, vil nidergemacht und gefangen." [...] – Tangermünde, 11. August 1631.

Postskriptum[5]. „Ich werde in diser stundt berichtet, dz die soldatesca im erzstüft Bremen jetzo ganz schwirig und unwillig sei und sich allerhand reden vernem-

---

4 Am 27. Juli (oben Nr. 301).
5 Vgl. zum folgenden auch die Relation *Ruepps* vom 11. August (oben Anm. 1): Dem Bericht Tillys wird er Kurfürst entnehmen, „dz die soldaten im erzstüft Bremen ganz schwirig. Ingleichen ich auch alhier die reitter und khnechte etwas wunderlich mal content und umb gelt rueffent befunden." – Nach Ausweis von *Ruepp* an Maximilian, Tangermünde, 20. Aug. 1631 (Ausf., teilweise dechiffriert, ÄA 2398 fol. 376–378; Kopien Akten 263/I fol. 249–251, DOZA Liga-Akten 61 fol. 415–416. Ben. bei WITTICH I S. 731 Anm. 2 und 3; KAISER, Politik S. 398 Anm. 100), handelte es sich bei den in Rede stehenden Soldaten im Erzstift Bremen um Kontingente des Regiments Comargo.

men lasse, umb willen die contributiones außm herzogthumb Lüneburg lange zeit zuruckgepliben und inen dahero der underhaldt abgangen. So hat auch die reitterei, solang selbige auß iren quartirn gewesen, dz wenigiste an contribution bekhommen, ingleichen die infanteria ein gar geringes genossen, dz zu besorgen, wann man den sachen nicht zeitlich remedirn solte, alsdann endtlich grosse ungelegenheit darauß endtstehen werde, bevorab weillen der feindt iezo in procinctu ist, gegen welchen man die soldatseca teglich gebrauchen und also dieselbe umb so mehr bei gueten willen erhalten mueß. Sintemallen dann E. Kfl. Dt. gdst zu ermessen haben, daß wann man gleichsamb einen monnatsoldt auß dem jezigen vorrath, so alhie bei der cassa sowol auch zu Würzburg verhanden ist, geben solte, daß alsdann selbiger mehrentheils aufgehen wurde, alß bitte E. Kfl. Dt. nochmals underthenigist, sie geruehen gdst bei sambtlichen catholischen herrn bundtstendten beförderliche verfüegung ergehen zu lassen, daß nach inhalt deß Dinckhelspilischen schlußes ein jeglicher [...] seine quotam gebürendermassen ohnverzüglich einbringen und zur cassa liefern lasse, damit durch sothanig mittel angezogener ungelegenheit begegnet werden möge."

Ausf., teilweise dechiffriert, ÄA 2396 fol. 190–194 und 203 = Druckvorlage; Kop. Akten 263/I fol. 163–164 und 166. Ben. bei WITTICH I S. 724 Anm. 2, S. 725; HÜBSCH S. 36.

## 313. Maximilian an Tilly

August 12

Anzug Fürstenbergs und von neugeworbenen Ligatruppen – Dinkelsbühler Kontributionen – Werbungen des Kaisers – Avancement des Grafen Ferdinand Lorenz von Wartenberg

Bezug: Schreiben vom 27. Juli samt PS und Anlagen [oben Nr. 301]. – [...] Was den Anzug Fürstenbergs und seiner ksl. Truppen betrifft, so hat der Kurfürst Fürstenberg unmittelbar nach Erhalt von Tillys Schreiben vom 18. Juli[1] per Kurier zum Fortzug nach Hessen ermahnt. Übersendet die Kopie eines Schreibens Fürstenbergs aus Nördlingen, wo er Rendezvous gehalten hat, vom 2. August[2] betr. seinen weiteren Fortzug und mit einer Designation seiner Truppen[3]. [...]

„Und weilen sich numehr die Fränkhische craisstendte gleichmessig insoweith accommodirt, das sie zu underhaltung Irer Mt. kriegsvolkh 72 ainfache Römermonnath contribution für ein jahr bewilliget, auch sich daneben erbotten, deroselben

---

1 Oben Nr. 288.
2 *Fürstenberg* an Maximilian, Nördlingen, 2. Aug. 1631 (Ausf. ÄA 2258 fol. 204 und 207): Verweist auf sein einschlägiges Schreiben vom heutigen Tage (oben Nr. 288 Anm. 2).
3 „Verzaichnus, waß herr generalwachtmaister Egon graf zue Fürstenberg für volkh mitnemmen" (ÄA 2258 fol. 205). Das Stück entspricht der Liste bei HALLWICH I Nr. 329 S. 453; nur sind in dem Verzeichnis zusätzlich drei Kompanien des Infanterieregiments Graf [Maximilian] Wallenstein aufgeführt.

mandatis avocatoriis gebürend zu parirn und ihr uf dem fueß habendes geworbenes volkh zu cassirn und abzedankhen, bei welcher gestaltsamb sich verhoffentlich ieziger zeit heroben (alda gleichwol der Ksl. generalwachtmaister von Aldringen dannoch mit einer anzahl volkhs verbleibt) keiner gefahr zu besorgen, als seind wür resolvirt, auch bereits in ausfertigung der ordonanzen begriffen, euch unser und anderer herobiger bundtstend wie auch des herrn churfürsten zu Meinz L. und abten zu Fulda neugeworbenes volkh (ausser 2.500 man zu fuß und 2 oder 3 comp. pferdt, so wür in beeden Pfalzen behalten) ebenmessig zuezeschickhen[4] und ihre marchiada nach besag hienebenligender designation uf Salzungen, 2 meil von Fach, gehen ze lassen, daselbst sie eurer ordonanz, wohin sie sich ferner ze wenden, erwarthen sollen."

Anbei eine Weisung für die kurbayerischen Gesandten auf dem Konvent in Frankfurt betr. ihre Proposition bei den Gesandten der Bundesstände in Sachen Zahlung der Dinkelsbühler Quoten.[5] [...]

Tilly soll berichten, wie es um die ksl. Neuwerbungen bestellt ist, was schon auf dem Fuß und was wann noch zu erhoffen ist. [...]

Anbei Schreiben des Bischofs von Osnabrück, der darum bittet, eines der Kölner Reiterregimenter[6] seinem Bruder Ferdinand [Lorenz] von Wartenberg zu verleihen.[7] „Obwollen unß nun zu gemüeth gehet, dz ermelter graf zu einer solchen charge noch zumahl jung und nit bastant sein möchte, und ein solches umb sovil mehr, weilen er sich auch bishero noch wenig bei seiner anvertrauten compagnia befonden, so wollen wür iedoch hierüber eur parer und gemüetsmainung vernemmen, so unß ihr zu überschreiben wisset." – 12. August 1631.

Konz. Teisingers, teilweise zu chiffrieren, ÄA 2396 fol. 153–157. Ben. bei KAISER, Politik S. 425 Anm. 257.

---

4 Und zwar unter dem Kommando Ott Heinrich Fugger; vgl. dazu *Fugger* an Maximilian, Augsburg, 17. Aug. 1631 (Ausf. ÄA 2325 fol. 60–61).
5 Oben Nr. 311 E 6.
6 Und zwar das Regiment von Oberst Weinand von Eynatten, der aus Gründen, auf die hier nicht näher einzugehen ist, mit dem Gedanken spielte, den Dienst zu quittieren. Vgl. für die Einzelheiten das unten Anm. 7 zitierte Material.
7 Die einschlägige Korrespondenz Maximilians mit dem Bischof von Osnabrück und mit Kurköln ist überliefert in ÄA 2262 fol. 508–510 und in ÄA 2361 fol. 612–614. Hinzuweisen ist auch auf FORST Nr. 470 S. 523, Nr. 471, 472, Nr. 490 S. 545 f.

## 314. Kursachsen an Tilly[1]

August 12

Ausgleichsbereitschaft – Kriegsbeschwerden – Vormarsch Fürstenbergs nach Hessen – Vermittlung beim König von Schweden

[...] „Unsere räthe und gesandten haben wir numehr nacher Franckhfurt abgeschickht, wünschen von hertzen, daß unter den ständen allerseits widerumb guetes vertrawen gepflantzet und ein allgemeiner sicherer undt bestendiger friede reduciert und stabiliert, deß iamers undt elendts ein endt gemacht, die heilsamben Reichs grundtgesetze und constitutionen in obacht gehalten, chur-, fürsten und stände darwider nicht beschweret, bei ihrer hoheit, wurden, immuniteten und freiheit und menniglichen bei gleich und recht, friedt und ruhe, craft deß hochverbönten landfriedens gelassen und geschützt werden möchten. Unsere friedfertige actiones seind bekhant, werden auch dahero bei den vorgehenden friedlichen tractaten dziennige thun, waß nur gewissens, ehre undt nahmens halber thuenlich und verantwortlich. Allein ihr werdet ewerer hochen discretion nach selbst hinwider vor nothwendig ermessen, daß dz centrum pacis auch nit möge verruckht und gegen die getrewe und gehorsambe reichsstände solchermassen, wie bißhero beschehen, ferner verfahren undt procediert werde, indem man gleichwol einen standt nach dem andern mit groser kriegsmacht überzogen, die lande verhöret, übel mit den landen umbgangen, die stände aber mit gewaldt in contribution gesetzt und noch darzue dahin, daß sie den alhie zue Leipzig *und*[2] *die reichsrecess* undt in göttlichen, natürlichen, aller völker und beschribenen rechten, auch reichsherkhommenen wol fundierten schluß und also eo respectu gleich den reichsgesetzen zue renunciirn und consequenter aller reichsverfassung und executionsordnung sich zue begeben, bringen thuet und unß dardurch selbst, alß wan wir solche sachen, die dergleichen bestraffung verdient, vorgenommen, bei aller weldt zum höchsten verschimpfet. Niemand würdt ungeachtet der so thewer und eidlich beschworenen gesetz mit seinem vorwenden gehördt, alles pitten und erpitten verworfen und alles nur auf die gewaldt gestellet und damit durchgetrungen.

Und kommet unß gleich ietzo ferner gewisse nachrichtung zue, ob solle der graff von Fürstenberg mit der bei sich habenden armee uff Hessen zu ruckhen und alda eben den process, wie in Württemberg geschehen, fürzunehmen und zu erzwingen oder dz landt gantz in ruin zu setzen undt fürter sodan uf Turingen sich zu wenden gemeinet sein. Deßgleichen berichten unß gar wehmüttig unsere geliebte vettern, di hertzogen zue Saxen, daß der Ksl. commissarius Prix nicht allein etliche angegebene, versessene contributiones erfordert, sondern auch eine newe unerträgliche monatlichen zu entrichten, Ihren Liebden auferlegt und eine reichsanlage nennen thuet, mit

---

1 Die Druckvorlage war der Relation Tillys vom 20. August (unten Nr. 322) beigefügt.
2 Anstatt des kursiv Gedruckten wäre zu erwarten etwa: gemachten.

angehengter commination, da man darzue nicht verstehen wollen, alßdann starkhe einquartierung zu eintreibung solcher imposten erfolgen solte. So werden wir auch ferner verst[änd]igt, ob solte man dem obristen Farnßbach in der statt Northausen und ezlichen andern in der graffschaft Schwartzenburg und Stolberg sammel- und musterplatz assignirt haben, ungeachtet wir alß respective schutz-[3] undt landtsfürst, auch craißobrister darumb nicht begrüeset, vil weniger eingewilliget, auch unbetrachtet, waß die beschworenen reichsconstitutiones, darzue haubt undt glieder unauflößlich verbunden, hierinnen disponieren und ordnen.

Solches alles thuet unß nun sehr wehe. Und habt ewer dapferkheit nach leicht selbst zu erachten, wie eß unß alß einem vornehmen und hoch demerirten churfürsten deß Reichs schmertzen miesse, und da wir unsere kfl. reputation und nahmen also anstehen, die fundamental gesätze also zuruckhstellen und alle guete und heilsame, thewer erworbene und beschworne constitutiones, reichs- und executionsordnungen dergestalt iber einen hauffen werfen und die Teutsche freiheit so iemerlich truckhen lassen solten, waß gedächtnus wir bei der werthen posteritet verlassen und wie wir es unserm tragenden kfl. ambt nach zu verantworten haben wurden.

Ersuechen euch demnach hiermit anderweith gdst und gantz beweglich, ihr wollet unserm hohen vertrawen und ewerer mehrfeltigen gegen unß contestierenden friedfertigkheit nach undernehmen und vorkommen helfen, auch verordnung thuen, daß deß graven von Fürstenberg vorhaben gentzlichen eingestelt, die gewaltsambe contribution abgeschafft, niemandt wider recht, geschworne gesetze und thewer erworbene freiheit beschweret undt betrüebet, die sammel- und musterplatz berürter orthen und sonsten unterlassen und also nicht mehr weitterung und verbitterung under den ständen, und wan letzlich gantz kein flehen, pitten und erbitten helfen will, gröseres unheil verursachet werden möchte. Dan dergestalt also lenger truckhen, betrangen, beschimpfen und umb würde undt libertet pringen zlassen, würde ein unerträglich werkh sein. Wir meinen es allerseits aufrecht und guet und suechen nichts mehr dann einen allgemeinen, erbarn undt bestendigen frieden.

Waß die interposition mit der Kgl. Wrd. in Schweden betrifft, erachteten wir zwar hochnöttig, daß die sachen zwar nicht möchten verzögert werden, indem in allen menschlichen actionen leicht ein insperatum accidens sich begeben, zumal aber in kriegssachen, alda oft auch in weniger zeit momenta rerum verendert werden, zutragen kan, welcheß hernacher alles schwerer zu machen pflegt. Weil aber von der Röm. Ksl. Mt., unserm allergsten herrn, euch noch zur zeit auf ewer unterschiedliche allerunderth. schreiben keine allergdste erclärung zukommen, so will unß dahero in allweg geburen, auch deroselben und sodan ewers fernern zuschreibens, wie wir eß zu machen, zu erwarten, dan wir gleichwol unß gern bei diesem hochwichtigen, großen und schweren werkh also comportieren und darinnen mit gehörender dexteritet verfahren und solcher manira angreiffen wolten, damit dardurch der vorgesezte

---

[3] Kursachsen hatte in Nordhausen die Vogtei und das Schulzenamt inne (STÄDTEBUCH II S. 627 § 10).

zweckh glücklich erreicht und wir auch dessen ruhm undt lob haben möchten." – Leipzig, 2./12. August 1631.

Kop. ÄA 2396 fol. 230–233. Auszug gedruckt bei KLOPP III,2 S. 279 f. Ben. und zitiert bei WITTICH I S. 740 f.

## 315. Kurmainz an Maximilian[1]

August 14

Mission Saint-Etiennes

Teilt mit, dass ihm im Namen des Königs von Frankreich ein gewisser Saint-Etienne[2] mündlich vorgetragen hat: „Dieweiln man seinen könig vor diesem in schriften[3] ersucht, sich bei ietzigem beschwerlichen kriegswesen bei dem könig in Schweden undt anderen deßen adhaerenten zu interponiren, damit sie deß Reichs boden widerumb quitiren und von den angefangenen hostiliteten abstehen möchten, daß er der abgesandter befelcht, sich zu erkundigen, durch waß für mittel hochermelter sein könig hierzu helfen oder cooperiren solle, daß alßdan derselbe erpietig wehre, dieß-

---

[1] Nach Ausweis eines Vermerks auf dem Konzept wurde ein entsprechendes Schreiben auch an Kurköln ausgefertigt. – Den Kaiser informierte *Kurmainz* aus Mainz, 22. Aug. 1631 (Ausf. KrA 68 Konv. August fol. 73 und 76, mit Anlage fol. 74. Ben. bei H.-D. MÜLLER S. 31), über die Mission Saint-Etiennes. Auf die Antwort des *Kaisers*, Ebersdorf, 9. Sept. 1631 (Ausf. StA Würzburg G 12421 fol. 232–233; Konzept-Kopie KrA 68 Konv. September fol. 9; korrigierte Reinschr. ebenda fol. 8. Ben. bei H.-D. MÜLLER S. 31 Anm. 168), und die Replik des *Kurfürsten von Mainz*, Mainz, 20. Sept. 1631 (StA Würzburg G 12421 fol. 234–235), ist im Rahmen der BRIEFE UND AKTEN nur hinzuweisen.
[2] Die Instruktion für Saint-Etienne, 10. Juli 1631, ist gedruckt bei FAGNIEZ II S. 494–500; vgl. auch ebenda I S. 574, ferner zur Einordnung der Mission Saint-Etiennes in den Zusammenhang der französischen Politik ALBRECHT, Ausw. Politik S. 312 ff.; H. WEBER S. 111 ff.; ALBRECHT, Maximilian S. 782 f. In den Kontext der Vorbereitung der Mission Saint-Etiennes gehört eine undatierte französische Denkschrift (Reinschr. oder Kop., franz. Sprache, AE CP Bavière 1 fol. 196–197). Auf der Denkschrift ist die Jahreszahl 1631 vermerkt; da in ihr die Eroberung Magdeburgs erwähnt ist, ergibt sich als Terminus post quem ihrer Entstehung der 20. Mai 1631. – Beglaubigungsschreiben des *Königs von Frankreich* für Saint-Etienne, Saint-Germain-en-Laye, 10. Juli 1631, wurden ausgestellt an die Kurfürsten von Bayern, Mainz, Trier, Köln, Sachsen und Brandenburg sowie an Herzog Julius Friedrich von Württemberg (Konz., franz. Sprache, AE CP Allemagne 8 fol. 72; vgl. auch ebenda fol. 71. Ausf. an Kurmainz, präs. 12. Aug., StAWü G 12421 fol. 278, benutzt und zitiert bei H.-D. MÜLLER S. 30, S. 31 Anm. 159; an Maximilian Kschw 13495 fol. 317). Bei Kurköln hat Saint-Etienne dann wohl doch nicht Station gemacht (unten Nr. 348); vgl. dazu auch einen einschlägigen Passus der eingangs zitierten Instruktion (FAGNIEZ II S. 494 f.). Anfang August war er bei Kurtrier in Koblenz (H. WEBER S. 113 Anm. 13; vgl. auch FORST Anhang Nr. 14).
[3] Nach Ausweis der oben Anm. 2 zitierten Instruktion für Saint-Etienne (FAGNIEZ II S. 495) in den Antworten auf die von Gournay überbrachten Schreiben des *Königs von Frankreich* vom 29. Januar (oben Nr. 31 A mit Anm. 1); die Antwort des *Kurfürsten von Mainz* ist gedruckt oben Nr. 31 E.

falß ahn seinem ort nichts erwinden zu lassen." – Übersendet eine Kopie seiner Resolution für den Gesandten.⁴ [...] – Mainz, 14. August 1631.

Ausf. Kschw 782 fol. 277–278 = Druckvorlage; Konz. StAWü G 12421 fol. 209–210. Benutzt bei H.-D. MÜLLER S. 31.

## 316. Maximilian an den Bischof von Bamberg¹

August 16

Zusammenführung der neugeworbenen Ligatruppen bei Salzungen

Erinnert an sein Schreiben vom 27. Juli in Sachen Zusammenführung der neugeworbenen Ligatruppen bei Forchheim.² „Nachdemmahl sich aber seithero status belli geendert und die Fränckhische protestierende craisstendt (wie E. L. albereiths vorhin wissen haben werden) sowohl als hiebevor die Schwebische nunmehr dahin erclert, daß sie der Röm. Ksl. Mt. außgefertigten mandatis avocatoriis parirn, auch ir geworbenes kriegsvolkh cassirn und abdankhen wollen, und sich also verhoffentlich ieziger zeit in disen craissen weiters kheiner gefahr und zwar umb sovil weniger zu besorgen, weilen Irer Ksl. Mt. generalwachtmaister zue fueß, der von Aldringen, noch mit einer gueten anzahl volkhs zu roß und fueß in disen craissen verbleibt, hinentgegen aber E. L. auß obvermeltem unserm jungsten schreiben auch verstandten, daß die feindtsgefahr danidiger orth ie lenger, ie mehr zuenimbt und unser generalleüttenandt, der grave von Tilli, gleichsamb in mithe darünnen begriffen,

Alß und weil ohnedaß vornemblich an deme gelegen, wann ermelter unser generalleitenandt daniden mit volkh gestörkht und gegen dem feindt in c[a]mpagna bastant ist, daß hierdurch auch E. L. und andere catholische vereinte stendte sambt deren landen, stüft und underthonnen umb sovil mehr bedeckht und in securitet gestelt, so halten wür deß gemeinen cathol. notleidenden wesens sonderbare unumbgengliche notturft ze sein, vormeltes E. L. und anderer cathol. bundtstendt neugeworbenes volkh zumahl fürdersamb (weilen sonst die zeit, im veldt ichtwas zu effectuirn, ie lenger, ie mehr verschleicht) gegen der armada uf Salzungen an der Wera in Türingen underm commando

---

4 *Resolution des Kurfürsten von Mainz für Saint-Etienne*, Mainz, 13. Aug. 1631 (Kopien, lat. Sprache, Kschw 782 fol. 279, KrA 68 Konv. August fol. 74. Druck bei FORST Anhang Nr. 14; das hier eingangs angegebene Datum ist nicht korrekt). – Laut WIJNHOVEN III Nr. 2306 hat Kurmainz Saint-Etienne gegenüber auch das Bündnis zwischen Frankreich und Schweden kritisiert.
1 Nach Ausweis des Konzepts wurden entsprechende Schreiben *Maximilians* mutatis mutandis an Kurmainz, die Bischöfe von Würzburg, Eichstätt und Augsburg, den Deutschmeister und den Fürstabt von Fulda ausgefertigt. – Außer den unten Nr. 323 und 327 gedruckten Stücken haben sich gefunden die Antworten von *Statthalter und Räten des Bischofs von Augsburg* (ÄA 2286 fol. 197–198), der *Bischöfe von Bamberg* (ÄA 2293 fol. 353–534) und *Würzburg* (ÄA 2350 fol. 721–722) sowie des *Deutschmeisters* (ÄA 2305 fol. 311–312).
2 Oben Nr. 300.

unsers geheimen rath, obristen cammerers und generalwachtmeisters zue fueß, graf Ottheinrichen Fuggers, rittern des gulden velluß, incaminirn ze lassen, daselbst sie von aberbesagtem unserm generalleütenandt fernere ordonanz fünden oder erwarten sollen.

Ersuechen derowegen E. L. von bundtsobristenambts wegen hiemit, sie wollen vorbesagt ir uf gemeinen catholischen bundts spesa neugeworbenes volkh zu roß und fueß zum vortzug dergestalt bereit und förtig machen lassen, damit sie sich uf 31. diss monaths Augusti ungever bei E. L. statt Bamberg mit unserm und theils anderer bundtstendt uf solchen tag daselbst ankhommenden volkh coniungirn³ und volgendts ire marchiada miteinander in desto besserer sicherheit gleich vort den negsten weeg auf Königshoven, graffschaft Hennenberg und von dannen nach obbesagtem Salzungen richten khönnden.

Und weilen verstandnermassen unser und theils anderer bundtsvereinten volkh ausser E. L. soldatesca, in die 4.500 mann zu fueß und 1.100 reitter starkh, auf obvermelten 31. diß bei deroselben statt Bamberg einträffen wirdet, so wollen E. L. nit weniger ersuecht sein, mit beischaffung notturftiger proviandt und fouragi dem allgemeinen cathol. nothleidenden wesen zum besten unbeschwerdt solche verordnung ze thuen, damit ermeltes volkh umb sovil eher auß dero stüft khomme und an beförderung irer höchstnotwendigen marchiada nit behündert werde.

Gleich wie nun ein solches zu E. L. und ires stüfts selbst, auch der gesambten cathol. bundtsvereinten und deß algemeinen cathol. nothleidenden wesens defension und behuef gemaint und angesehen, alß stöllen wir zu deroselben daß ungezweiflete vertrauen, sie werden iro dises werkh dero alzeit erwisenen ruemblichen eiffer nach, wie es die necessitet selbst erfordert, umb sovil mehr angelegen sein lassen." – München, 16. August 1631⁴

Ausf., präs. 20. Aug., StABa Rep. B 48 Nr. 127 = Druckvorlage; Konz. Teisingers ÄA 2375 fol. 427–428 und 430. Ben. bei HÜBSCH S. 36.

---

3 Für einen Teil der neugeworbenen Truppen anderer Ligastände galten andere Termine und Treffpunkte. Auf Einzelheiten ist hier nicht einzugehen. Der Hinweis auf das in den Fundortzeilen zitierte Konzept und auf folgende Stücke muß genügen: „Designation, wasgestalt und wann dzihenige Irer Kfl. Dt. [...] und der herrn bundtstend volkh, so gegen der armada geschickht würdet, iedes orths ufbrechen und marchiern solle" (ÄA 2375 fol. 434–435), „Memoriale sive diarium der vorstehenden marcha zu roß und fueß" (ebenda fol. 441).

4 Dem Schreiben an Kurmainz wurde noch folgendes Postskriptum, 16. Aug. 1631 (Konz. Teisingers ÄA 2375 fol. 431), angehängt: „Weilen wür befünden, das mit unserm und anderer herobigen bundtstendt neugeworbenem volkh des herrn churfürsten zu Saxen L. mit dem durchzug in der grafschaft Hennenberg notwendig betroffen werden müssten, so wollen E. L. hiemit freundlich ersuecht sein, uns dero hochverstendige gemüetsmainung zu entdecken, ob sie rhätlich ermössen, daß S. des herrn churfürsten zu Saxen L. umb den pass ersuecht werden, item ob man sich dabei den reichsconstitutionen nach der caution erbietten und selbiger gemöß die uf das volkh erlaufende rationes bezahlen solle, auch wie und woher uf solchen fahl (da E. L. solcher mainung weren) zu abstattung dergleichen quartircosten das gelt ze nemmen und zu erheben sein wurde." [...] – Vgl. dazu „Uberschlag deß rationscosten auf 8.300 mann zu fueß und 2.300 pferdt per ein tag im marchirn, ieziger zeit nach gerechnet", München, 14. Aug. 1631 (ÄA 2375 fol. 438–440). Demnach wurden für die Grafschaft Hennenberg zwei Nachtquartiere mit Kosten von insgesamt 5.827,12 fl. veranschlagt.

## 317. Designation der zur Armee marschierenden neugeworbenen Ligatruppen[1]

[ad August 16]

|  | zu Fuß | zu Pferd |
|---|---|---|
| Oberstkämmerer [Ott Heinrich Fugger] | 3.900 | 500 |
| Eichstätt | 300 | 100 |
| Dillingen [ = Augsburg] | 300 | |
| Deutschmeister | 400 | |
| Bamberg | 900 | 100 |
| Würzburg | 1.600 | 500 |
| Kurmainz | 900 | 100 |
| Fulda | | 100 |
| Jakob Fugger, derzeit in der Unterpfalz (außer 1 Komp., die daselbst bleibt)[2] | | 400 |
| La Spagna, derzeit in der Oberpfalz (außer 1 Komp., die neben der Komp. Haslang daselbst bleibt) | | 500 |
| | 8.300 | 2.300 |
| OL La Maas[3] | 1.000 | |
| | 9.300 | |

Niederschrift Teisingers ÄA 2375 fol. 436. Gedruckt bei HEILMANN II S. 319 Anm.*.

---

1 Das mit der Überschrift „Designation" versehene Stück ist undatiert. Da es im Zusammenhang mit dem Konzept des Schreibens *Maximilians* an den Bischof von Bamberg und andere vom 16. August (oben Nr. 316, ebenda Anm. 1) überliefert ist, ist es diesem chronologisch zuzuordnen.
2 Laut MAIER S. 221 verließen Ende August vier Kompanien des Regiments Jakob Fugger bzw. Anfang September drei Kompanien des Regiments La Maas Heidelberg, wo sie gemustert worden waren, in Richtung Salzungen bzw. Fulda; vgl. auch ebenda S. 504 Anm. 100.
3 Vgl. oben Anm. 2.

## 318. Tilly an Maximilian

August 16

Bitte um Verstärkungen – Abholung der Gelder aus Würzburg – Dinkelsbühler Kontributionen – Kaiserliche Kommission betreffend Kursachsen – Haltung Kursachsens – Feldzug Tillys

Berichtet in Anknüpfung an seine Relation vom 11. August[1], dass er inzwischen erfahren hat, dass Fürstenberg nur 6.000 bis 7.000 zu Roß und Fuß mitbringt. Dabei hatte Tilly immer mit 12.000 bis 16.000 Mann gerechnet, und das um so mehr, „weillen das unwesen droben bereits genzlich sopirt und gestilt und also ieziger zeit des volkhs obiger enden so hoch nit vonnötten." Bittet den Kurfürsten daher, sich bei Aldringen und Oberst Ossa dafür einzusetzen, ihm unverzüglich noch mehr Truppen von der obigen ksl. Armada zu schicken, „also das mir dardurch mitel und gelegenheit suppeditirt und gehandtreicht werden, den könig in Schweden uf beeden seiten der Elb zu attaquirn und gegen demselbigen, wie mir negst Göttlichem beistandt nicht zweifelt, ichtwas furchtbarlichs zu verrichten und dardurch desto zeitlicher zu fridt und ruehe zu gelangen." [...] Auch von den neugeworbenen Bundestruppen, die aus den oberen Reichskreisen nach Fulda geschickt werden sollen, braucht Tilly mehr, als ursprünglich vorgesehen, und bittet den Kurfürsten um entsprechende Verordnung.

Hat den Regimentskommissar Johann Miller von hier nach Würzburg geschickt, um die Gelder abzuholen. Bittet den Kurfürsten, „auf dz umb besserer securitet und sicherheit willen gerierte gelter mit dem herabziechenden volkh zugleich iberkhommen wie auch, wann die herrn stendt darsider an iren obligenden quoten etwaß zur cassa comportirt haben, wie ichs dan undtertthenigist verhoffe, dz selbige mit und neben den andern geltern in einer miehe und costen hereingeordnet und also die nothleidende und hochbedirftige soldatesca in etwas ergezt und contentirt werden möge.[2] Zuemahlen Eur Kfl. Dt. auß meinem jungsten berücht[3] mit mehrerm verstanden haben werden, waß sich im erzstift Bremen fir ungelegenheiten albereits mit der darin ligenden soldatesca eraignen" wollen, hofft und bittet er, ihn hinsichtlich der Geldmittel nicht im Stich zu lassen und ihm die in Dinkelsbühl bewilligten Gelder baldmöglichst zukommen zu lassen. [...]

Anlangend jungst erwehnte schickhung an Cursaxen, erwarte ich iezt nunmer von deroselben allein sovil nachricht und resolution, an welchem ort die zusam-

---

1 Oben Nr. 312.
2 Vgl. auch *Ruepp* an Maximilian, Tangermünde, 16. Aug. 1631 (Ausf., teilweise dechiffriert, ÄA 2398 fol. 373–375; Kop. Akten 263/I fol. 187–189): „Dann die noth und bedürftigkeit sich zimblich unter reitter und fueßvolkh wil sehen lassen und man innen, wann man sie anderst nit will zugrundt richten, mueß geldt geben, in bedenkhung, die cavalleria solang sie in dem veldt, alß biß in dz sibent monat, nit einigen heller und dz fueßvolkh etwaß, aber gar wenig empfangen."
3 Vom 11. August, oben Nr. 312.

menkhonft beraumbt und angestelt werden solle⁴." – Tangermünde, in aller Eile, 16. August 1631.

Postskriptum: „Demnach ich eben aniezten avisen bekhome, daß Cursaxen, dem graf Egon von Fürstenberg die coniunction mit mir zu verhindtern, sich undterstehen, auch die coniunctur mit dem Schweden begern solle, alß will ich mich, deme nach möglikheit vorzepauen, von hier mit der armada erheben und mich umb Mansfelt oder Weinmar, logiern, damit sich der graf von Fürstenberg umb sovil fieglicher mit mir coniungire und ich Cursaxen umb sovil neher seie. Negst disem bit ich nochmahlen ganz underthenigist umb gdste befürderung sowol des Ksl. alß bundtsvolkhs, ebenmesßig der geltsmitl, deren man sowol ein als des andern zum höchsten und zu gewinnung der zeit vonnötten."

Ausf., teilweise dechiffriert, ÄA 2396 fol. 218–222 = Druckvorlage; Kop. Akten 263/I fol. 190–193. Ben. bei WITTICH I S. 726, 732 ff., S. 739; STADLER S. 539–541; KAISER, Politik S. 398, 426.

---

4 Vgl. zum Thema Kursachsen auch die Relation *Ruepps* vom 16. August (oben Anm. 2): „Chursachsen hat ufs neu 2 patenten uf 2 regimenter außteillen lassen. Daß meiste volkh darvon ligt umb Naumburg, der churfürst aber für sein persohn ist zu Leibzig. Dahin von dem herrn general ein trompeter mit schreiben geschickht worden, umb zu vernemmen, ob, wann und was ort dem curfürsten die schickhung von dem herrn general in nammen und aus bevelch Irer Ksl. Mt. gefellig, darvon E. Kfl. Dt. in dem jüngsten underthenigisten bericht [Tillys vom 11. August, oben Nr. 312] die copia solcher Ksl. commission beigeschlossen worden."

## 319. Kurmainz an Maximilian[1]

August 18

Feindseligkeiten Hessen-Kassels – Zusammenführung der neugeworbenen Ligatruppen und deren Einsatz zum Schutz der Untertanen des Kurfürsten von Mainz und benachbarter Ligastände

Bezug: Schreiben vom 12. August [oben Nr. 308 Anm. 3]. – „Nhun hetten wir wohl leiden undt wünschen mögen, daß itztberührter graff von Fürstenberg seinen zugh nacher dem landt zu Hessen genommen hette. E. L. aber werden aus unserm nebenkommenden schreiben freündtlich vernehmen, daß sich dessen zugh geendert undt er seine marcha nach der graffschaft Henneberg strack auff Erffurt zu genommen habe[2]. Pleiben also unser arme leüth allenthalben ohne einigen succurs undt

---

[1] Hinzuweisen ist auch auf ein zweites Schreiben des *Kurfürsten von Mainz* an Maximilian, Mainz, 18. Aug. 1631 (Ausf. ÄA 2374 fol. 441–442; Kop. Akten 263/I fol. 223 und 228): Bestätigt den Erhalt eines Schreibens vom 12. August. – „Nun ist nicht ohne, daß Euer L. freündtlichem andeüten nach wir mit zuehaltung unserer schuldigkheidt daß unserig treülich gethon undt uns deßwegen auch pillig kheines andern versehen, dann wir wurden unß hingegen von dem catholischen bundt gepürenden schuzes undt beistandt zu erfrewen gehabt haben. Weilen aber dasselbig biß dato verblieben und unser landt des Eichsfeldts wie nit weniger unsere ämbter Frizlar, Naumburg, Amöneburg und Neüstatt in Hessen von landtgraf Wilhelms zue Hessen soldatesca, wie die beilag A [ebenda fol. 443–450] zum theil außweiset, auch sonsten Euer L. in vorigen unsern schreiben remonstrirt worden, ganz undt gar ruinirt, verwustet und verderbt und deßwegen wir mit unufhörlichen clagen von den armen leüthen täglich angelauffen werden, aber alles unsers flehentlichen undt beweglichen erinnerns undt vermahnens ganz ungeachtet unß dießfalls bißher einige hülf undt assistenz nit geleistet, sondern wir nur vergebenlich hien undt heer einsmahlß uff den generalleutenandt grafen von Tilly, anderßmahls uff den Ksl. veldtwachtmeister graff Egon von Fürstenberg, gleichwohl iederzeit vergeblich undt ohne einigen verfang, verwiesen worden, da doch daß newgeworbene bundtsvolkh zue rettung der vereinten stende vornemblich angesehen und dießfalß besser, alß daß es nur zue besagter stendt verderben in den quartiern müßig ligt, angewendt werden sollen, so seindt vor dießmahls die sachen bei unß in den terminis gar nicht, von weitern contributionen undt gelthergeben, sondern vielmehr wie wir dern bißhero außgegebenen uberschwenkhlichen grossen geltsummen dermahl eines gedeilichen genoß empfinden mögen, zu tractiren. Wann wir nun denselben, wie billig, in der that erlangten undt deß dißfalls erlittenen sehr grossen, ia uf etliche tonnen goldts sich belauffenden schadens halber gegenergezlichlichkheidt empfinden werden, alßdann wollen wier einen uberschlag machen, ob undt waß wir so gestalten sachen nach undt da unß fast der drite theil unserer einkhombsten wegen vorg. Hessischen hostiliteten abgehet, weiters werden zuer cassa erlegen khönnen, zumahlen da es an miteln, unß dießfalls die handt zue pieten, Gottlob nicht ermanglet und daß newgeworbene volkh alle tag zuesamengeführt werden khan, Euer L. auch mit einer starkhen armatur also versehen, daß unß dißfalls wohl ein gueter nachdrückhlicher beistandt geleistet werden khönte." – In dem vorstehend zitierten Bezugsschreiben vom 12. August 1631 (Konz. Teisingers ebenda fol. 420) hatte *Maximilian* die gute Zahlungsmoral des Mainzers gerühmt und daran erinnert, daß Ende August eine weitere Rate der Dinkelsbühler Kontribution in Höhe von 24 Römermonaten fällig werde; der Kurfürst möge seine Quote erlegen.

[2] Vgl. auch: Der *Fürstabt von Fulda* an Maximilian, Fulda, 16. Aug. 1631, mit Postskriptum, 17. Aug. 1631 (Ausf. ÄA 2286 fol. 457–459): „Und ist an deme, das, weil die Ksl. underm commando herrn grafens von Furstenbergk begriffene armada von seiner jegen Hessen vorgehabter marche sich in etwaß ab- und jegen Erffurt in Duringen gewendet, denn angräntzenden catholischen ständen und darunter

beistandt undt werden von der Hessen Casselischen soldatesca dermassen betrangt undt beengstiget, daß ihnen ausser dem leben vast nichts ubrig gelassen wirdt, wir auch unß stündtlich keines andern (sonderlich da wir bei denselben die unionscontributionen urgiren solten) alß eines gentzlichen abfalß zu besorgen und zu befahren haben. Wie nun unß, welche under allen bundtsstenden daß maiste contribuiren undt doch mehr alß andere leiden, dieses zu gemüth gehe und wie wenig wir unß deß bundts zu erfrewen, auch forthin zu contribuirn vermögen, daß haben E. L. bei ihro selbsten hochvernünftig zu ermessen." – Mainz, 18. August 1631.

Postskriptum. Übersendet zwei Abschriften[3] betr. die Klagen seiner Untertanen in Hessen über die fortdauernden Plünderungen. „Und obwohl wir bißhero in der gantz bestendigen zuversicht gestandten, eß würde graff Egon von Fürstenberg mit seinem undergebenen Ksl. krigsvolkh seinen zug nacher Hessen genohmmen und solchen beschwehrlichen feindtseligkeiten gesteurt haben, wie dan wir denselben deßwegen gantz instendig ersucht, so werden iedoch E. L. auß der abschrift sub numero 3[4] sein des graffen unß gethaner widerantwort mit mehrerm freündtlich vernehmen, daß sich dießfals seine marche geendert. Dieweiln dan die ein- und uberfäll in unsere Hessische ämpter von tag zue tag continuiren und zu besorgen ist, daß nach deren außplunderungh man die dorfschaften gahr in brandt steckhen und die stätt mit gewalt angreiffen dörfte, so solte unsers unfurgreifflichen ermessens wohl die höchste notturft sein, daß die hierunderschickung deß obristen Lindtloe und zusamenführung deß newgeworbenen volkhß ohne lengern schädtlichen uffschub vorgenohmen und solches volkh uff die Hessische gräntzen, etwan in daß stift Hirschfeld, wo nicht gahr in die Hessische landten selbsten gelegt und also unseren und anderer benachbarten catholischen bundtständte underthanen für solcher gefahr und trangsalen verwert und geschutzt werden mögte."

Ausf. 2374 fol. 434–435 und 440. Benutzt und zitiert bei H.-D. MÜLLER S. 34, S. 35 Anm. 195.

---

auch unsern anvertrawten stiftern [den Fürstabteien Fulda und Hersfeld] nunmehr von herrn landtgraff Wilhelms zu Hessen uff die bein gebrachtem krigsvolk grossere gefährlichkeiten angetrohet und theils auch de facto zugezogen werden wollen." Berichtet Einzelheiten über Ein- und Überfälle sowie Ausschreitungen hessischer Truppen in verschiedenen Ämtern des Kurfürstentums Mainz im Grenzgebiet zu Hessen, vor allem im Eichsfeld, ferner im Stift Hersfeld, wo zudem die von Fulda angestellte Reformation abgebrochen und wegen einer praetendierten Superiotität [Hessen-Kassels] die vorigen Sekten wiedereingeführt worden seien, sowie im Stift Fulda, wo zudem aus dem reformierten Städtchen Schlitz der Pfarrherr verschleppt worden sei. Zwar sei ein weiterer Versuch, ein Dorf im Stift Fulda zu plündern, fehlgeschlagen, doch müsse man sich „fernern stärkern einfalls besorgen. Ersuchen also E. Dt. L. bei solchem täglich zunehmendem unwesen nochmals gantz inständig, sie wollen ihro, uns und unsere arme underthanen [...] in guter recommendation zu halten und die sachen ufffß förderlichst dahin anzuordnen, gefallen lassen, damit wir von dergleichen trangsaln durch einen nachtrucklichen succurs entlediget werden." – Der Fürstabt von Fulda war seit Anfang 1629 Interimsadministrator der Fürstabtei Hersfeld; vgl. dazu und zu der von ihm in der Fürstabtei Hersfeld durchgeführten Gegenreformation zusammenfassend HANKE S. 65 ff.
3 ÄA 2374 fol. 436–437.
4 *Fürstenberg* an Kurmainz, 12. Aug. 1631 (Kop. ÄA 2374 fol. 439).

## 320. Stücklin an Maximilian

August 19

Avisen vom Kaiserhof

[...] „E. Kfl. Dt. haben nun gdste wissenschaft, waß vor ungefahr 4 monaten ein münch von Prüssel bei der Ksl. Mt. wider dieselbe angebracht. Unangesehen nun E. Kfl. Dt. die Ksl. Mt. eineß andern sincerirt[1], so lassen doch die Ksl. officirn ire gefaste gedankhen, darinnen sie zweifelßohne von den Spannischen gesterkht werden, nicht fallen. Geben noch auß, E. Kfl. Dt. pflegen heimbliche correspondenz mit Frankhreich,[2] wollen daß Röm. Reich, weilen sie, eß selbsten zu erhalten, nit getrauen, auf frembde und außlendische potentaten transferirn. Seien ainzig und alein ursach, daß der könig in Ungern nit sei Röm. konig erwolet worden. Und reden sonsten von E. Kfl. Dt. so ubel, daß diser tagen ein neu ankhomender Spannier, alß er seinen ambassatorn von deroselben reden hören, so gar gezweiflet, ob E. Kfl. Dt. catollisch, und zu wissen begert, waß religion sie den seien. Welches mir der sprachmaister, so vor disem bei E. Kfl. Dt. zu München in diensten gewesen, communicirt. [...] Es ist sonsten auß der Ksl. officirn discursen wol zu merkhen, daß sie die consilia, welche der Spannisch ambassator mit dem von Eggenberg und anderen Ksl. officirn wegen undertruckhung

---

1 Durch Kütner (vgl. dazu oben Nr. 298).
2 Aus Wien, 27. Aug. 1631 (eigenh. Ausf. Akten 267 fol. 55–57), berichtete *Stücklin* an Maximilian dann u. a.: „Daß E. Kfl. Dt. mit Franckhreich correspondirn sollen, continuirt noch, sonderlich bei den gemeinen leuthen, wie dan auch albereit außgeben würt, Ir [!] Kfl. Dt. haben neulich selbigen ambassatorn deßwegen zu München so stattlich empfangen und tractirt. Eß fangen aber die fürnembere officieri bei hoff [an], E. Kfl. Dt. aufrichtige actiones besser [zu] erkhennen, und hettenß villeicht lengsten erkhent, da die Spanischen denselben nit so vast in den ohren gelegen, wie dan diser tagen der herr Preiner, statthalter und president der N[ieder]Ö[sterreichischen] regierung alhie, alß er selbigem räth praesidirt und E. Kfl. Dt. incidenter zu redt worden, seinen räthen in pleno consilio zum höchsten gerümbt, wie Ir Mt. gegen deroselben auß beste affectionirt und sonsten ab E. Kfl. Dt. actionen ein gdistes wolgefallen tragen." In die gleiche Richtung weist *Stücklin* an Maximilian, Wien, 10. Sept. 1631 (eigenh. Ausf. ebenda fol. 62–64): „Sonsten continuiren noch die discurs, daß E. Kfl. Dt. sich mit dem könig in Frankhreich confoedirirt und dardurch die reichßconstitutiones nit wenig <rifringirt> haben. Solcheß höre ich zwar von keinem auß den fürnemmen zu hoff, sondern würt mir von anderen agenten communicirt, wie ich dan auch verstanden, daß die Ksl. officirn sonderß gern gehört, daß E. Kfl. Dt. der ligae volkh wider den ungehorsamen landtgraffen zu Cassel füehren lassen, und nunmehr von tag zu tag deroselben gegen dem Rom. Reich tragende grosse sorgfaltikeit besser erkhennen, massen dan [...] einer auß den fürnembsten reichshofräthen sich gegen mir in vertrauen vernemmen lassen, da die feindt deß Hl. Röm. Reichß E. Kfl. Dt. und die catollische liga nit mer alß den Kaiser selbsten fürchten thetten, eß nunmehr umb dasselbig geschehen were." In *Stücklin* an Maximilian, Wien, 24. Sept. 1631 (eigenh. Ausf. ebenda fol. 66–68), heißt es dann u. a.: „Von E. Kfl. Dt. würt alhie noch discurrirt, daß sie mit Frankhreich ratione Palatinatus ein alliance aufgericht und gemacht, welcheß von vühlen E. Kfl. Dt. sehr ubel außgelegt würt. Und bin ich von underschidlichen albereit befragt worden, ob deme also und waß eß doch damit für ein beschaffenheit. Denselben hab ich aber wegen ermanglender wissenschaft nichtß nachrichtlichß andeuten könden."

deß Röm. Reichß vor disem geschlossen, sich biß dato rühren und man dieselbe noch zu effectuirn gedenkht." [...] – Wien, 19. August 1631.

Eigenh. Ausf. Akten 267 fol. 48–51.

## 321. Der Kaiser an Kurmainz

August 19

Bitte um Gutachten in Sachen Resolution für Tilly

Bezug: Schreiben vom 4. August [oben Nr. 292 Anm. 2]. – [...] Richtig ist, dass das einschlägige kaiserliche Schreiben vom 14. Juni[1] an Kurbayern adressiert war. Nachdem aber „unß S. L. den ainundzwainzigsten selbigen monats[2] hierauff beantwortet, daß sie mit E. und andern catholischen mitchurfürsten L.L.L. darauß zu conferirn und, waß dieselbe für dz rathsambste und thuenlichste befinden werden, unß gehorsamb und freundtlich zu communicirn, nit underlassen wolten, wir auch wie noch also niemahlen gezweivelt, solches also geschehen werde, also ist unsere anmahnung zu zwai underschiedlichen mahlen[3] derentwegen widerhollet und solche bedenkhen der sachen hochen wichtigkait halber diser gestalt urgirt worden.

Dieweil wir nun auß disen iren jungsten schreiben E. L. mainung, dz man auf eine förderliche dissipation deß Hessischen zusamengebrachten kriegsvolkhs nothwendig bedacht sein mueß und dz sie noch weitter darauß mit S. des churfürsten zue Bayrn L. freundtliche communication pflegen wollen, dessen thun wir unß gegen D. L. gnedig und freundtlich bedankhen und wollen des weittern erfolgs unverlengt mit verlangen gewertig sein, auch mehrged. graven von Tilli inmittelst D. L. unß wohlgefölligen guettachten und erclerung nach zu beschaiden, nit underlassen." – Wolkersdorf, 19. August 1631.

Ausf., präs. 29. Aug., MEA K 17 Konv. Tomus I fol. 146–148 = Druckvorlage; Konz. KrA 68 Konv. August fol. 52–53. Ben. bei KAISER, Politik S. 417.

---

1 Oben Nr. 237.
2 Oben Nr. 251.
3 An Kurmainz am 16. Juli (oben Nr. 292 Anm. 2), an die Kurfürsten von Mainz und Bayern am 22. Juli (oben Nr. 292).

## 322. Tilly an Maximilian

August 20

Bitte um Verstärkungen – Dinkelsbühler Kontributionen – Detachierung der neugeworbenen kurkölnischen Truppen in die Grafschaft Ravensberg, der in den oberen Reichskreisen neugeworbenen Ligatruppen zur Armee Tillys – Kaiserliche Kommission betreffend Kursachsen – Feldzug Tillys

Wiederholt die in seinem Schreiben vom 16. August[1] vorgetragenen Bitten in Sachen Verstärkungen und Geldmittel. Wegen der Detachierung weiterer kaiserlicher Truppen hat er an Aldringen und Ossa geschrieben und ihnen Order erteilt. Fürstenberg soll inzwischen in der Gegend um Mühlhausen angekommen sein.

Betreffend die Geldmittel führt er in Anknüpfung an seine Darlegungen vom 16. August noch aus, daß man die Truppen im Erzstift Bremen vor allem auch deswegen zufriedenstellen muß, weil „deren dickhgesagten Enngellender ankhonft gewisser alß gewiß und albereits uf der see in würkhlichen segel begriffen, [...] in gesagtem erzstift Bremen mit willen, assistenz und vorbereitschaft selbigen erzbischoven landt und quartir zu nemmen[2]." Ersucht den Kurfürsten, die oberen und die rheinländischen Bundesstände, von denen erst das Stift Würzburg etwas bezahlt hat, zu ermahnen und zu disponieren, ihre Quoten an der Dinkelsbühler Bewilligung unverzüglich auszuzahlen[3].

Wegen der zu erwartenden Ankunft besagter Engländer will Tilly die neugeworbenen kurkölnischen Truppen nicht, wie geplant, mit seiner Armee vereinigen, sondern in die Grafschaft Ravensberg detachieren, damit sie im Notfall unter dem Kommando Gronsfelds ins Erzstift Bremen zu den Obersten Reinach und Comargo stoßen können. Bittet den Kurfürsten daher dringendst, „hiebevor gepetener massen dz obige neugeworbene bundtsvolkh erforderlicher hoher notturfts halber umbso schleiniger herab zu befürdern.

Negst diesem ist Eur Kfl. Dt. gdist unentfallen, waß Ihre Ksl. Mt. mir wegen einer schickhung an Chursachsen allergdist anbevohlen haben. Warauf nun sich dieselbige gegen mir in andtworth erclert und offerirt haben, daß vorpringen und werben

---

1 Oben Nr. 318.
2 Zu diesem Thema war als Anlage beigefügt: Avisen, 10. August 1631 (Kop. ÄA 2398 fol. 227).
3 So auch *Ruepp* in seiner Relation vom 20. August (oben Nr. 312 Anm. 5. Ben. bei KAISER, Politik S. 398 Anm. 100), wo die Notwendigkeit, die Feldkriegskasse aufzufüllen, folgendermaßen begründet wird: „damit nit auß mangl ein ungelegenheit und unheil, welches Gott noch weiter abwenden wolle, entspringe. Zumahlen die regimenter sehr abnemmen, gar vil krankhe darunter, so allein herkhombt, das man winter und sommer zu veldt in ganz verderbten ländern, stets mit dem feindt zu thuen hat oder man marchirt und darbei mehr nit als das blosse brodt, welches auch nit allemahl zu recht, wie es wol sein solle, eintreffen khan, alß mueß man innen mit etwaß anlehen und continuirlich geholfen werden, in erwegung auch, daß man der cavalleria, so nunmehr in das 7. monat zu veldt, nit einigen haller geben hat, der infanteria aber, so in daß 9. monat, seind drei anlehen, als iedesmal uf einen khnecht 2 fl. und den officirn der proportion nach, gereicht worden."

anzuehören, weiset der beischlusß⁴, wie auch die zweite beilag⁵, waß sie anderweits weegen deren in ihren landen biß dato fürgelauffener und veribter gewaldt und mordthaten in administranda justitia wie auch deß Fürstenbergischen anzugs halber mir zuegeschriben haben.

Und nachdem ich ohnedaß diser enden gegen dem könig in Schweden, weilen er sich bei Werben so starkh eingraben und verschanz[t] hat, nichts nit tentirn und fürnemmen [kann] und daneben sovil in erfahrung khommen, Cursaxen wolle den graven zu Fürstenberg an seinem vortzug verhindern, dz er sich mit mir nit coniungirn khönnde, alß bin ich auf solchen fahl resolvirt und im werkh begriffen, bei so gestaltsambe zuruckh gegen Mansfeldt und ins herzogthumb Weinmahr [mich] zu begeben, also dz ich dergestalt des curfürsten begünnen verhündern und zugleich wegen der tractaten, im fahl an selbiger seiten der effect und vortgang ervolgt, in der nahe seien möge. Auch bin ich, mit der armada mich zuruckhzubegeben, umb sovil mehr bereit und an sich selbsten genottrungt und gezwungen worden, auß ursachen gemelter könig nit allein so starkh eingraben und verschanzt, dz wider ihn nichts fürzunemmen, massen er auch sich zu lifferung einer schlacht, da ihme doch disseits genugsamblich under augen gangen worden und an gueter occasion nit ermanglet hat, niemals praesentirt und also dabei abzunemmen, welcher gestalt er zum fechten khein affection oder lust habe, sonder auch in mangel der hochnothwendigen fouragi und viversmitlen, deren dise provinz und landtschaft biß ufs markh und den inneristen gradt genzlich enervirt und ersaigert ist. Und da es gleich sach were, dz ich an mannschaft so starkh were, die armada in zwei corpora zu verteilen und den khönig uf beeden seiten [der Elbe] und uf einer seiten wie uf der andern inen in solcher anzahl und starkhe, als er selbst ist, anzegreiffen, so wuste ich doch durchaus nit und were mir auch lauter unmiglich, die soldatesca in mangl iezt gedachten undterhaltsmitlen diser enden lenger aufzuhalten. Und was mir noch iber dises verners zu gemiet gehet, trage ich die beisorg, mehrged. khönig werde noch firterhin, wie er zu Werben albereits angefangen, also auch anderwerts undterstehen und sich bemiehen, ander mer vorteillige undterschlaipf zwischen beiden wässern der Elbe und Havel zu suchen und sich allenthalben zu verschanzen und einzegraben. Ich hab auch nit underlassen khönnen, anhero undterthenigst zu erinnern, und ists Eur Kfl. Dt. auß vorigen remonstrationibus und anderweiter experienz und erfahrung vorhin zum überflusß gdst notoriam undt wissendt, wie weith beede erz-und stifter Magdeburg und Halberstatt herunder und ins verderben khommen, derogestalt, dz es eben-

---

4 *Kursachsen* an Tilly, Leipzig, 6./16. Aug. 1631 (Kop. ÄA 2396 fol. 228. Zitiert bei WITTICH I S. 735 Anm. 1): Will sich eine Zeitlang in der Gegend von Merseburg aufhalten. „Stellen demnach zue eurem gefallen, ob ihr die subdelegirten dergestalt ehist abfertigen wollet, daß sie ihren weg uf Halle zu nehmen und von dannen auß unß ihrer ankunft verstendigen möchten. Seindt wir erbötig, sie darauf ungesaumbt zu bescheiden, an welchem ort sie unß gewiß antreffen solten, und die ihnen aufgetragene werbung mit schuldigem respect anzuhören." Anbei Paß und Repaß.

5 Oben Nr. 314.

meßig ein purlautere impossibilitet, die ganze armada darauß zu sustentirn und zu undterhalten. Dannoch aber hat man des volkhs nit zuvil, dz etwas und dz geringste davon zu erlassen oder zu enthraten were, da eintweder den feindlichen machinationibus nach notturft und mit bestandt resistirt werden will." [...]. – Tangermünde, 20. August 1631.

Ausf., teilweise dechiffriert, ÄA 2396 fol. 223–226 = Druckvorlage; Kopien Akten 263/I fol. 243–246, DOZA Liga-Akten 61 fol. 409–412. Ben. bei WITTICH I S. 731, 733 f.; KAISER, Politik S. 426, 428, S. 432 Anm. 302.

## 323. Kurmainz an Maximilian

August 20

Zusammenführung der neugeworbenen Ligatruppen und deren Einsatz gegen Hessen-Kassel – Gesuch um das Durchzugsrecht durch die Grafschaft Henneberg – Winterquartiere für die Ligaarmee

Bezug: Schreiben vom 16. August [oben Nr. 316 Anm. 1 und 4] betr. die Zusammenführung der neugeworbenen Ligatruppen und deren Einquartierung[1], das er per Kurier erhielt. – „Nun werden Euer L. auß unsern jungstern schreiben[2] bereits vernohmen haben, daß wegen dern im landt zue Hessen noch immerzue vorgehenden hostiliteten wier diese zusammenführung selbsten vor notwendig ermessen, derowegen dann wir unsere geworbene compagnien auch also fertig halten wollen, damit selbige zue bestimbter zeit uf dem rendevous bei Hanaw sich finden und forthin gehöriger orthen geführt werden mögen. Soviel aber den ort Salzungen, dahien daß volkh gelegt werden soll, anreichen thuet, weilen derselb unsern nothleidenden ämbtern in Hessen zimlich weit entlegen, so stehn wir wohl dabei an, ob den unserigen mit diesem volkh von dar auß sonderbare hülf undt assistenz, deßwegen es gleichwohl mehrntheils geworben worden, werde geleistet werden khönnen.

Sonsten aber weilen dannoch landtgraf Wilhelm zue Hessen albereits mit unß den anfang zue den feindtseligkheidten gemacht und selbige täglich noch fortsezet,[3]

---

1 Die Quartierfrage war wohl in einem bei den bayerischen Akten fehlenden Postskriptum angesprochen worden.
2 Vom 18. August (oben Nr. 319, ebenda Anm. 1).
3 Die fortgesetzten Feindseligkeiten hessischer Truppen gegen die Mainzer Besitzungen in Hessen waren dann erneut Gegenstand eines Schreibens des *Kurfürsten von Mainz* an Maximilian, Mainz, 22. Aug. 1631 (Ausf. Kschw 782 fol. 285–287, mit Anlage fol. 288–291. Ben. bei ALBRECHT, Maximilian S. 784, S. 803 Anm. 107; BRENDLE S. 278). Darin heißt es u. a.: „Nun ist wohl zu erbahrmen, nachdem man sich in Schwaben und Francken der ständte so eifferig angenohmen, dieselbe auß aller gefahr errettet, daß wir und unsere mitbenachparte Rheinische stände allein gleichsamb dem feindt exponirt und preißgegeben werden. Weiln dan unß von der union einiger trost und succurs nicht anscheinet, so sehen wir deßwegen auch nit, mit waß fügen man ursach haben mögte, fürterhien unß mit anforderung mehrer contribution zu beschwehren. Dan einmahl unmüglich, dergleichen

so wollen wir genzlichen verhoffen, es werden Euer L. dero generalwachtmeistern zue fueß graf Ott Henrich Fuggern solche ordre ertheilen, damit daß volkh in den quartirn nicht mießig gelassen, sondern alsobald gegen gemelten landtgraff Wilhelmen angeführt undt wir unß dessen beistandts in etwas zu erfrewen haben mögten.[4]

Ob aber bei Chursachsens L. umb den paß durch die grafschaft Henneberg anzuhalten undt nach besagung der reichsconstitutionen die gepurende caution zu leisten, dabei stehn wir auch in etwas an, zumahlen wann S. L., wie zu besorgen, denselben abschlagen solten, mann hernacher schwerlich und ohne besorgende ruptur nit werde fortkhommen khönnen. Derowegen wir, iedoch unmaßgeblich, vor ratsamer halten, wann ie solcher weeg notwendig gebraucht werden musste, daß mann sich entweder mit Ksl. oder des generalleütenandts grafen von Tillj patenten versehen hette, dann ausser dessen es sonsten ohne contradiction nit abgehen dörfte, wie wir dann auch nit wohl sehen, wie die zahlungsmitel, wann man schon den reichsconstitutionen nachkhommen solte, zur handt gebracht werden khöndten."

Begrüßt die Weisung an die bayerischen Gesandten in Frankfurt in Sachen rechtzeitige Vorkehrungen wegen der Winterquartiere für die Ligatruppen.[5] „Allein gehet unß auch dabei sorgfaltig zue gemüeth, ob sichs wohl schickhen undt zu erheben sein werde, daß neben den schwehren contributionibus die stendt mit den einquartirungen beladen werden. Wir wollen gleichwohl nit underlassen, den unserigen nacher Franckhfort dießfahls verhaltensbefelch zu ertheilen, mit andern anwesenden unionsstendt gesandten darauß zue communiciren und die notturft schließen zue helfen. – In alweg aber wollen wir der tröstlichen hoffnung leben, weilen wir in unserm land des Eichßfeldts wie auch Hessen albereit solchen grossen unüberwindtlichen schaden vor andern bundtstenden erlitten, Euer L. werden es dahin zue richten ihro freundlich belieben lassen, damit wann ie der catholischen stendt mit den einquartirungen nit verschont werden khöndte, daß doch dabei unser und unsers erzstifts hochbeschwerlicher zuestand in acht genohmen undt unser land und leüth nicht gar ins eüsserste verderben gesezt werden mögten." – Mainz, 20. August 1631.

Ausf. ÄA 2374 fol. 451–453.

---

feindthättige ein- und uberfahll so lange zeit zu geduldet und zugleich von den underthannen schatzungßanlagen zu erzwingen." Außerdem berichtete Kurmainz, dass das in Hessen liegende Volk „den nahmen endert und sich offentlich vor Schwedisch außgibt, so dan an sich selbsten eben soviel ist, alß wan der konig in Schwedenn selbst und personlich im landt wehre."

4 In seinem Schreiben vom 22. August (oben Anm. 3) monierte *Kurmainz*: „Wir erinnern unß zwar auß E. L. schreiben [vom 16. August, oben Nr. 316 Anm. 1], daß si vorhabenß, daß neugeworben bundtßvolkh naher Saltzungen führen zu lassen. Ob aber solches zue abwendung der Hessischen hostiliteten oder aber zu versterkung deß [...] graven von Tilli armee angesehen, daß khönnen wir nit wissen."

5 Oben Nr. 311 E 10; vgl. auch ebenda Anm. 1.

## 324. Maximilian an den Kaiser[1]

August 21

Mission Trauttmansdorffs

Teilt in Anknüpfung an seine Resolution für Trauttmansdorff[2], die er kurz rekapituliert, mit, dass er die beiden Kurfürsten von Mainz und Köln über das Anbringen Trauttmansdorffs unterrichtet und sie um ihre Stellungnahme gebeten hat, und bittet, den damit verbundenen Verzug zu entschuldigen.

„Sonsten dz haubtwerkh und den ersten von E. Mt. umb guettachten proponirten puncten betreffendt, ob nemblich und an was orthen der protestirender stendte vorhabende armaturn und khriegßverfassungen zu hündern und die zusamengebrachte wider zu trennen, ob nit etwan auf solchen fahl zwischen Chursachßen in specie und dan zwischen denn Lutherischen und Calvinischen stendten ain underschüdt und ob nit bei denn Calvinischen der anfang zu machen, ist es an deme, dz under solcher zeüt sich diser puncten von selbsten guettermassen resolvirt und erleuthert, dieweiln durch E. Mt. sügreiche, aus Italia in dem Schwebischen craiß angelangte armada sowol dz herzogthumb Württemberg und die marggraffschaft Baden Durlach als auch alle andern protestirende stendte in erstbemeltem craiß negst Götlichem beistandt so weit gebracht worden, dz sie ire khriegßverfassungen nuhnmehr würkhlich widerumb abgethan, für dero Kaiserliches khriegßvolkh quartir und contributiones bewülliget, thails auch dem Leipzighischen schluß de facto renuncciirt und sich also E. Mt. devotion und gehorsamb accommodirt, ingleichem auch die protestirende in dem Fränkhischen craiß angesessne fürsten und stendte mit abdankhung ires neugeworbnen khriegßvolkhs und bewülligung der contributionen sich bequemet. Obwoln aber allain der landtgraff Wilhelmb zu Hessen annoch in seinem widerigen begünnen verharren und sich vermuethlich auf andere und zumaln außlendische hülfen zu vüll verlassen thuet, so ist iedoch zu hoffen, weiln graff Egon von Fürstenberg mit seinem von E. Ksl. Mt. underhabenden khriegßvolkh nach Hessen im anzug, nuhnmehr auch selbiger orthen nit weit sein wirdt, die Gottliche Almacht werde noch fürther sein gnadt verleihen, dz auch negstens diser landtgraff zur billikheit gebracht werden möge."

Was den Kurfürsten von Sachsen und seine Kriegsverfassung angeht, so hat Kurmainz ihm das kaiserliche Schreiben vom 22. Juli[3] zugeschickt. Hat daraufhin am 12. August dem Kurfürsten von Mainz seine erheblichen Bedenken unvorgreiflich mitgeteilt.[4] Zweifellos wird der Kaiser von Kurmainz das erbetene Gesamtgutachten erhalten, auf das er sich bezieht.

---

1 Auf einem Kschw 13495 fol. 429 aufgeklebten Zettel findet sich ein kurzes Anschreiben *Ranpeks* an Maximilian: „Weiln dises concept an Kaiser etwas lang, stehet bei E. Kfl. Dt. gnedigstem belieben, ob sie es vor dem mundirn gnedigst ablesen wollen."
2 Oben Nr. 265.
3 Oben Nr. 292.
4 Unten Nr. 331 Anm. 1–3.

„Die ander haubtfrag, woher für E. Ksl. Mt. khriegßvolkh die unentpöhrliche underhaltungßmüttel hergenomen und wie denen dißfalß obschwebenden hündernußen rath geschafft werden mecht, belangendt, da ist gleichwol nit ohne, dz es anfangß bei denn so eillfertigen und starkhen von denn protestirenden stendten fast aller orthen vorgenomnen khriegßverfassungen dz ansehen gewonen, als wurde dz zu Regenspurg von dem kfl. collegio E. Mt. vorgeschlagne müttel der craißhülfen nit mehr zu seinem effect und würkhung gebracht werden khönden. Nachdemaln aber entzwischen die sachen dahin gerathen, dz die neue khriegßverfassungen in dem Schwebischen und Frankhischen craiß nuhnmehr widerumb abgethan und die erstattung der begehrten contributionen guettwüllig übernommen worden, ingleichen auch der Bayrische craiß von *seiner*[5] *hiebevor verglichenen und nach den damahligen leüffen und zeitten für nothwendig ermessenen verfassung* widerumb abgestandten und auf mein beschehnes underbauen die hierzue verwüllgte craißanlag mit einer geltcontribution zu erstatten sich entschlossen, so ist zu hoffen, die übrige reichscraiß werden sich alsochem lobl. exempel ebenmessig guettwüllig accommodirn und E. M. mit denn begehrten craißcontributionen gebürlich an handt gehen, der Almechtige Gott auch seiner gerechten sachen noch fürther ainen solchen glikhlichen khriegßprogress verleihen, dz die underhaltungßmüttel für die soldatesca dardurch umb sovil mehrer facilitirt werden mögen."

Hinsichtlich des von Kursachsen angeregten Waffenstillstands mit Schweden verweist er auf die in seinem Schreiben vom 21. Juni[6] geäußerten Bedenken. Die beiden Kurfürsten von Mainz und Köln sind mit ihm einer Meinung und beziehen sich auf die Vorstellungen, die man in Dinkelsbühl bei Kurz erhoben hat, wobei auch Maximilian es beläßt.

„Bei dem vierten puncten, ob E. Ksl. Mt. auf Chursachßens L. beschehne erinderung iro ainen reichstag belieben lassen solten, da gehet mir sowol als baiden churfürsten zu Mainz und Cöllns L.L. zu gemieth, dz die iezige zeütten und leuffen in dem Reich also beschaffen, dz für dismal hierzue fast schwerlich und so baldt wol nit, als es des gemainen wesens notturft erfodert, zu gelangen sein werde, ohne auch dz die confusiones und ungelegenheittehn, so sich diser zeit im Reich befinden, mehr hinderung und ubels als ghuets verursachen werden. Derowegen dan mit anstellung aines reichstagß vorderist noch so lang zuezuwarten, bis etwan vorhero die sachen im Reich in ainen sichern und zumaln solchen standt gerichtet werden mechten, darbei angeregte besorgende confusiones und hünderungen desto leichter und füeglicher zu superirn und ain guetter gemainnuziger außschlag bösser als aniezt zu verhoffen were. Und weiln ich von dem graven von Trauttmanstorff vernommen, das E. Mt. ohnedas diser zeit zu keinem reichstag genaigt, allein das sie dise fraag aus Chursachsen[s] anbringen und begeran haben proponiren lassen wöllen, so hab ich

---

5 Von Peringer korrigiert aus: „der leztlich zu Landtshuett verglichnen craißverfassung".
6 Oben Nr. 251.

mich demnach mit solcher dero gnedigisten mainung umb sovil leüchter und lieber zu vergleichen.

Belangendt leztlich, was E. Ksl. Mt. durch oftgedachten graffen von Trauttmanstorff in ainem überraichten nebenmemorial[7] bei mir anbringen lassen, [...] da hab ich meiner ihme graffen von Trauttmanstorff gegebner erkhlerung[8] gemeß nit underlassen, hieraus als in ainer nit nur mir allain, sonder dem ganzen catholischen bundt und deßen auf dem fueß habender armada merkhlich angelegner sachen mit *den[9] vornembsten bundtstenden* communication zu pflegen. Die haben sich nun hieriber so weit vernemen lassen, dz man gleichwol E. Mt., ob und was sie über dero armada für ain capo zu stellen gedacht, die geringste maß zu geben nit gesünt. Allain seie dannoch vorhero wol zu bedenkhen, weiln man ain zeit herumb mit denn quartirn, contributionen und andern unentpöhrlichen underhaltungßmütteln für die soldatesca so starkh und schwerlich angestandten und wol zu erachten, was die bestellung dergleichen kgl. haubts über dero armada für ainen grossen stato und derselbe für aine starkhe underhaltung erfodert, wie man darmit bei so beschaffner enge und ersaigerung der quartir[10] der gebür nach auf- und vortkhomen wurde und ob nit nothwendig und rathsamb were, vorhero dißfals aine solche richtige und sichere anstellung zu machen, dz in verbleibung deßen nit wol mehrere und schwerere ungelegenheiten und confusiones erwekht werden. – Was aber die hinumblassung des graffens von Tüllj persohn betreffen thuet, haben sie sich auf dzjenige, was vorm jahr zu Regenspurg sein graffens von Tüllj persohn halber miteinander veranlast und verglichen worden und was auf anderwertiges dergleichen vor disem beschehnes ansuchen die gesambte catholische bundtstende und sonderlich erst jungst sich miteinander zu Dünkhelspüll bedacht und vernemmen laßen, bezogen, dahin ich es dan auch meines thails gestelt sein lassen mueß. Und ist sonsten des graffens von Tüllj getreuer eüffer und sorgfalt für dz gemaine catholische wesen dergestalt bekhant, dz ganz nit zu zweiflen, wo er nur ihmer mit rath und thatt etwas nuzbarliches praestirn khan, dz er gleich wie bis dato also auch noch fürtherhin nichts wirst erwünden lassen." – 21. August 1631.

Konz. Ranpeks mit Korr. und Zusätzen Maximilians, Donnersbergs und Peringers Kschw 13495 fol. 429–432.

---

7 Oben Nr. 264.
8 Oben Nr. 266.
9 Von Maximilian korrigiert aus: „Churmainz und Cölln gleichergestalt".
10 Ursprünglich folgte: „im fahl E. Mt. die notturft nit etwan anderwertig beischaffen lassen wolten", wozu *Peringer* vermerkte: „Ob nit die clausl *im fahl E. Mt. etc.* auszulassen. Dann der Kaiser mechts apprehendirn und sagen, ia er woll und müesse disen defectum anderwerzher suppliren, bis er den künig zum capo gemacht und ins Reich heraus gebracht hett. Alßdan wurde er ihne gleichwol sehen und trachten lassen, wie er seinen stado ad exemplum Fridlands führen wolle: imo res cum illo quam cum Fridlandt periculosior foret. [...]." Tatsächlich wurde besagte Klausel dann – wohl von Maximilian – getilgt.

## 325. Maximilian an den Kaiser

August 21

Mission Kütners – Plädoyer für den Verbleib Eggenbergs am Kaiserhof

„Eß hat mir der Khüttner nit allein E. Ksl. Mt. gdstes handbriefl[1] eingehendigt, sonder auch umbstendig referiert, waß E. Mt. ihme mündtlich aufgetragen. Darauß ich ganz gern vernommen hab, dz E. Mt., ungehindert das böse leütt mißtrauen erweckhen wollen, dannoch mir und meinem haus mit aufrichtigem Teütschen herzen in bestendiger lieb und Ksl. hulden beigethan verbleiben. Dannenhero ich deroselben ganz gehorsamisten dankh sage. Und wie ich daran nie gezweifelt, alß khinden E. Mt. sicherlich auf das fueßen und sich verlaßen, was sie bishero von mir im werkh verspürt, auch nochmaln von mir erwarten, weßen ich mich noch iungst erkhlerdt und erbotten hab. Inmaßen auch gar uberflüßig ist, was E. Mt. wegen continuation meiner lieb und affection gegen dero geliebten sohn, dem khönig in Ungern, begern, weil ich sowol der nachenden bluedtsverwandtnus alß deroselben hochen tugenden und sonderbar zu mir tragender guter naigung halber S. Kgl. Wrd. iederzeit von herzen geliebt und ganz willig bin, gegen deroselben, wo und wann eß die glegenheit gibt, mein getreues wolmainendts gemüet im werkh zu beweisen.

Sonst ist nit ohn, das wider alles verschulden dannoch ubel affectionierte leidt iederzeit und wo sie nur den geringsten schein erdenkhen khinden, unaufhörlich mich zu verunglimpfen suechen. Also ich abermal E. Mt. gehorsamist dankhen thue, das sie denselben nit stattgeben. Ich hab mich iederzeit befließen, in schuldigem respect treülich bei E. Mt. zu halten, mich nit abwendig machen zu laßen, sonder darinn zu verharren. Die cron Spania hab ich niemals offendiert oder zu ainigem mißtrauen ursach geben, sonder vilmehr iederzeit, wo es nur in meiner macht gestanden, derselben dienst und wolfarth befürdert, sie geehrt und respectiert, wie die exempl am tagesliecht außweisen. Also eß auf meiner seitten oder an mir nit ermanglt, auch noch nit manglen wirdt, wann nur hochgedachter cron ministri gleichergestalt das irig erzaigen, waß zu einem aufrechten verstand tauglich ist.

Beineben khan E. Mt. ich nit verhaldten, das ich etwaß nachricht, als wann des fürsten von Eggenberg L. vorhabens sei, sich von E. Mt. hof zu mehrer rhue zu begeben. Weil aber bemeldtes fürsten E. Mt., dero hauß und dem Röm. Reich geleiste ersprießliche hohe dienst, seine anseliche qualiteten, getreu aufrechte actiones inn und außer Reichs bekhandt, ich auch denselben iederzeit hoch geacht und geliebt und gar nit ratsam befinde, das E. Mt. sich ires fürnembsten ministri sich selbsten priviern, so zweifl ich gar nit, wie ich dann dieselbe gehorsamist wolmainend erinnere, S. L. auf khein weg von sich zu laßen, alda er ebenso wol alß anderer ordten seiner

---

[1] Fehlt. Zur Mission Kütners in Wien vgl. oben Nr. 298.

glegenheit abwardten und noch zugleich fürters E. Mt. und dem gemainen nuz aßistiern khan." – München, 21. August 1631.²

Eigenh. Ausf. StK StA Bavarica 5 fol. 362. Ben. bei BIRELEY, Maximilian S. 169 (wo S. 170 Anm. 8 der alte Fundort angegeben ist); KAISER, Politik S. 383.


## 326. Maximilian an Eggenberg¹

August 21

Mission Kütners – Verhältnis zu Spanien – Bayerisch-französischer Bündnisvertrag

Kütner hat berichtet, was Eggenberg ihm im Namen des Kaisers und in seinem eigenen Namen anvertraut hat,² vor allem auch, dass sich Eggenberg darum bemühte, dass Kütners Werbung „andernwerts nit verhündert, sonder recht und wol vortgangen und aufgenommen worden." – Der Kurfürst versichert Eggenberg seiner ganz besonderen Wertschätzung.

„Die cron Spania hab ich iederzeit geehrt, respectirt, auch, wann eß nur in meiner macht gestanden, treulich assistirt, nuzliche dienst im werkh erwisen, entgegen mich alleß favors, guetter affection und gegenassistenz zu bemelter cron büllich versehen, auch zu einiger offension khain ursach geben. Daß aber Spanische ministri anstat erwisener dienst und wolthatten ohn alleß mein verschulden mir und meinem hauß so unaufhörlich zuwider gewest, unser wolfahrt verhündert, auch unß gleichsamb

---

2 Ein Postskriptum (eigenh. Ausf. StK StA Bavarica 5 fol. 363), betraf weitläufige Nachrichten, denen zufolge der Bruder des Königs von Frankreich mit Assistenz Spaniens und, wie einige Leute behaupteten, auch des Kaisers sich gegen den König bewaffnen wolle.
1 Auch die Antwort *Eggenbergs*, [Wiener] Neustadt, 1. Sept. 1631 (Kop. Kschw 131 fol. 37. Ben. und zitiert bei RIEZLER V S. 382; SUVANTO S. 79; BIRELEY, Religion S. 160, S. 266 Anm. 43; KAISER, Politik S. 383 Anm. 12; BIRELEY, Ferdinand II S. 224), sowie die Replik *Maximilians*, München, 3. Okt. 1631 (Reinschr. mit Korr. Maximilians Kschw 73 fol. 225–226; Kop. Kschw 131 fol. 39. Ben. bei ALBRECHT, Maximilian S. 729, 799; KAISER, Politik S. 383, 491), kreisten im wesentlichen um die Themen bayerisch-spanisches Verhältnis sowie bayerisch-französischer Bündnisvertrag. Nachdem *Eggenberg* am 1. September versichert hatte, „daß die thür bei Spanien nie versprrt, sondern noch ganz offen, zwischen deroselben cron und E. Kfl. Dt. nicht allein die vorige, sondern verhoffentlich noch mehrere und engere vertreulichkheit, lieb und zusammensezung zu pflanzen und zu erhalten", erklärte *Maximilian* am 3. Oktober: „Ich will meinen in besagtem vorigen schreiben under dato den 21. Augusti [oben Nr. 326] nechst zu end trewgemainten vorschlag, offerta und freundtlich gesinnen an E. L. wegen ermelter alliance, manutention und guetten verstandt mit Spania nochmal widerholen, sie freundtlich ersuechen, ein solches mit irer dexterität, ansehen und interposition zu befürdern." – Gegenüber KAISER, Politik S. 383 mit Anm. 15, S. 491 mit Anm. 160 ist festzuhalten, dass es keinen Anhaltspunkt dafür gibt, dass die von KAISER zitierte Kopie des *bayerisch-französischen Bündnisvertrages*, München, 8. Mai 1631 (Kop., franz. Sprache, Kschw 131 fol. 40–41), zur Mitteilung an den Kaiserhof bestimmt war.
2 Die Resolution des *Kaisers* via Eggenberg für Kütner ist zitiert oben Nr. 298 Anm. 1.

undertruckhen wöllen und, welches mir iber alleß ins herz geschnitten, mich bei Ir Ksl. Mt. in diffidenz zu bringen, daß hab ich geschechen lassen miessen. Also und weil an mir gar nit, sonder Spanischenthailß erwunden, daß ein aufrechter verstandt baiderseits gepflanzt werde, so wirdt mir verhoffentlich mit fueg nichts beigemessen werden khönden.

Die mit Franckhreich eingangne alliance ist meniglich ohnpraejudicierlich, ja bißhero Ihr Mt. und dem Röm. Reich in mehr weeg nuzlich, auch dardurch dem pfalzgrafen Friderich und seinen fautorn ein vornemmer stain auß dem schachbrett geraumbt, Ihr Ksl. Mt. und dero hauß die versprochene manutention der chur bei meinem hauß leichter gemacht. Ich hab auch bei der Spanischen verspürten continuierlichen widerwertigkhaiten und dz Ir Mt. ohnedz mit schweren khriegsburden beladen, ia iberladen, die Französische hoche offerta nit khönden noch sollen ausschlagen, aber ein solches underlassen hette, da mir uf alle fähl anderwerts der manutention halber zu geniegen versicherung geschechen und nit vilmehr so unaufhörlich were laborirt und practiciert worden, wie ich mich dann der Französischen assistenz alßdann und sonst wol nit gebrauchen würde, es erfordere dann die eüsseriste noth. Darumben eß allerseits fürtreglich und E. L. ein guetts werkh erweisen, da Ir Ksl. Mt. durch sie dero erbietten nach ieztvermelte manutention bei dem lobl. hauß Osterreich bestendig assicurieren und neben der Französischen alliance zugleich den guetten verstandt bei Spania, alß dessen kgl. person ich niemahlen verdacht, sonder zu derselben vilmehr ein dienstlich guettes vertrawen getragen, noch trage, befürderen." – München, 21. August 1631.

Kop. Kschw 131 fol. 35. Ben. bei Riezler V S. 381 f.; Suvanto S. 79; Kaiser, Politik S. 382 f.; Albrecht, Maximilian S. 730.

## 327. Der Fürstabt von Fulda an Maximilian

August 23

Zusammenführung der neugeworbenen Ligatruppen

Bezug: Schreiben vom 16. August [oben Nr. 316 Anm. 1]. – „Gleich wie wir nun bei denen aus Heßen theilß albereit in der that erfahren, theils auch noch täglich besorgenden gewalthetigen einfällen die ohnumbgängliche höchste nottuft befinden, das diese coniunctur uffs ehist und uneinstellig fortgesetzt werde, inmaßen dann E. Dt. L. wir in einem gestrigs tags an dieselbe gethanem schreiben[1] etwas umbständiger

---

[1] Der *Fürstabt von Fulda* an Maximilian, Fulda, 22. Aug. 1631 (Ausf. ÄA 2286 fol. 448 und 450, mit Anlage fol. 449): Unterrichtet den Kurfürsten über die Stärke der von Landgraf Wilhelm und von Sachsen-Weimar geworbenen Truppen in Hessen. Es heißt, Landgraf Wilhelm wolle sich noch verstärken. „Dahero umb sovil mehr die nothdurft erfordert, das selbigem unwesen, welches leichtlich zu unserer und anderer angrentzender eusserster ruin ausschlagen möchte, beizeiten gesteuwret werde, bevor-

remonstrirt und umb solche zusammenführung dinstlich angehalten, alßo ersuchen E. Dt. L. wir hiemit nochmals gantz instendig, sie wollen ihro dieser sachen beförderung dergestalt recommendirt sein laßen, damit wir und andere angrentzende catholische bundtstände (weil die Heßische officirer und soldaten insgemein vorgeben dörfen, das ihnen unßer stift und andere preisgegeben und wir alßo in stündtlicher gefahr sitzen) umb sovil ehir widerumb in sicherheit gesetzt und solchen gefehrlichen machinationibus nottürftig begegnet werden möge[2].

Unsers orths seindt wir erbietig, so bald zu ankhunft deß ubrigen volkhs demselben auch obangedeüte unsere compagni, welche wir albereit denn 6. huius mustern und mit pandeliren, auch ruckh- und bruststuckhen nottürftig versehen laßen, zu coniungirn." [...] – Fulda, 23. August 1632.

Ausf. ÄA 2286 fol. 451–452.

---

ab weil wir von verschidenen orten fast täglich avisirt werden, das angeregt Hessisch volk nechsten tags uffzubrechen und jegen uns und andere angräntzende stifter sich zu wenden gemeint. – Dahero E. Dt. L. selbsten hochvernünftig zu ermessen, in waß gefährlichem zustandt wir und unsere arme underthanen bei solchem fast täglich besorgendem überfall begriffen sein mögen." Auf den von Tilly zugesagten Sukkurs ist kein Verlaß. [...] – „Wann dann zu E. Dt. L. wir daß bestendige vertrauwen tragen, sie werden, sich unser als eines in dem löblichen catolischen bundt mitbegriffenen standts bei so augenscheinlicher gefahr ebenmessig anzunehmen, nicht ungeneigt sein, so haben deroselben wir dise beschaffenheit nochmals hiemit umbständiger remonstrirn wollen, gantz dinstlich begerende, sie wollen an ihrem hochvermögenden ort etwa durch zusammenführung des newgeworbenen bundtsvolks oder sonsten durch andere thunliche mittel ohnbeschwehrt uffs ehist anordnen, damit wir vor dergleichen antrohenden gefährlichkeiten gesichert und nicht sampt denn unserigen gäntzlich ruinirt werden mögen."
2 Als der *Fürstabt von Fulda* an Maximilian, Hammelburg, 3. Sept. 1631 (Ausf. ÄA 2286 fol. 478–479), meldete, GWM Fugger und Aldringen seien im Anzug auf das Stift Fulda und das Fürstentum Hessen begriffen, klagte er, inzwischen hätten weimarische und hessische Truppen das ganze Stift bis auf zwei oder drei der geringsten Ämter verderbt und ausgeplündert. – Einzelheiten über diese Vorgänge sowie über die Einnahme von Stadt und Stift Hersfeld, dessen Interimsadministrator er war, durch hessische Truppen hatte der *Fürstabt von Fulda* an Maximilian, Fulda, 24. Aug. 1631 (Ausf. ebenda fol. 468 und 472, mit Anlagen fol. 469–470), 29. Aug. 1631 (Ausf., präs. 1. Sept. 1631, ebenda fol. 473–475), berichtet. Vgl. dazu und zu dem zwischenzeitlichen Rückzug des Fürstabts nach Hammelburg auch HANKE S. 99 ff.

## 328. Tilly an Maximilian

August 24

Dinkelsbühler Kontributionen – Anzug Fürstenbergs – Kaiserliche Kommission betreffend Kursachsen – Sicherung der Stifter Magdeburg und Halberstadt – Neuwerbungen des Kaisers – Kontributionen in den oberen Reichskreisen für die kaiserliche Armee – Detachierung des Korps Aldringen an die sächsische Grenze und ins Altenburgische – Avancement des Grafen Ferdinand Lorenz von Wartenberg

Berichtet in Anknüpfung an seine Relation vom 20. August [oben Nr. 322], dass er inzwischen mit der Armee hier in Wolmirstedt angekommen ist, wo er das kurfürstliche Schreiben vom 12. August [oben Nr. 313] erhielt. – Vor allem angesichts der bevorstehenden Ankunft der neugeworbenen Ligatruppen bittet er nochmals dringendst, die Dinkelsbühler Kontributionen der Cassa zu übermachen. [...]

Inzwischen ist das Korps Fürstenberg, das an die 10.000 Mann zu Roß und Fuß stark sein soll, in der Grafschaft Mansfeld angekommen, wohin auch Tilly sich jetzt wenden will, um sich mit ihm zu vereinigen.

„Inmitls wirdts sichs erzeigen und offenbahren, wessen sich Cursachsen uf meiner daselbsthin abgefertigten subdelegirten, alß Johann Reinhardten von Metternichs, dombprobsten zu Meinz und administratorn des stifts Halberstat, und dann des generalzeugmeisters von Schönburg, anbringen in namen Irer Ksl. Mt.[1] resolviren, thuen und lassen werden. In disen beeden stiftern Magdeburg und Halberstatt will ich gleichwol ein anzahl volkhs, sovil nur zu entbehren, hinterlassen, damit dem Schweden nit so gar nach seinem belieben zu gebahren verstattet werde. Allein ists wol zu erachten, sobaldt ich mich von hinen movire und weiters hinauf ruckhe, derselbige dergleichen thuen und zu Werben, woselbst er sich noch zur zeit in seinem vortl bestendig aufhalt, nit stillsizen wirdet."

Was die von Tilly angestellten Neuwerbungen des Kaisers betrifft, so ist bislang allein Oberst Fahrensbach mit 1.000 Mann angelangt. Tilly hat aber jetzt allen Obersten den Musterplatz geschlossen und ihnen befohlen, sich unverzüglich mit dem Volk bei der Armee einzustellen, egal ob sie nun komplett sind oder nicht.

„Ich hette auch für nothwendig gehalten, wanß E. Kfl. Dt. vor guet angesehen und iro nit zuentgegen were, daß sie mit guetem glimpf sovil bei dem von Aldringen und dem von Ossa genedigist erindert hetten, damit fürders mit den obigen Ksl. contributionibus, welche wegen des volkhs so langwürigen aufhalts gleichsamb unnöthiger weiß und umbsonst vergeblich verspiltert und aufgezehrt worden, ein anders gemacht und solche zu underhalt der Ksl. soldatesca im veldt vorm feindt [...] verwendet werden solle, auch sich der von Aldringen mit dem ubrigen obigen volkh gegen den Cursaxischen frontiren und das Altenburgische incaminirt und verlegt

---

[1] Die Instruktion *Tillys* für Metternich und Schönburg, Wolmirstedt, 24. August 1631, ist gedruckt bei LONDORP IV S. 199–202, der der Instruktion entsprechende Vortrag der Subdelegierten bei Kursachsen THEATRUM EUROPAEUM II S. 423–427, KHEVENHILLER XI Sp. 1682–1693. Vgl. auch KLOPP III,2 S. 282 f. – S. auch VD17 14:017677X S. 147–155, 14:053042C S. 172–182.

hette, also und dergestalt, daß Cursaxen umb so ehender zur accomodation und zum friden zu gelangen veranlasset werden möchte. Ich habs auch dergestalt bei ime albereits gebührlich erindert und, sich nacher bemelten orthen zu movirn, bevohlen."

Was das Avancement des Grafen Ferdinand Lorenz von Wartenberg angeht, so ist er zwar noch jung, doch hat auch Kurköln ihn rekommendiert, und Tilly hofft, dass er sich in re militari qualifiziert. Tilly meint, dass ihm die in Frage stehende Charge vor anderen erteilt werden könnte, weil vornehmlich bei dem fraglichen Regiment Offiziere sind, die sufficient und capabel genug sind.[2] – Wolmirstedt, 24. August 1631.

Ausf., teilweise dechiffriert, ÄA 2396 fol. 245–248 = Druckvorlage; Kop. Akten 263/II fol. 19–20. Ben. bei WITTICH I S. 733 f.; KAISER, Politik S. 426 Anm. 263, S. 433.

## 329. Kurköln an Maximilian[1]

August 24

Spanische Einquartierung im westfälischen Reichskreis

Teilt mit, daß er von guten Orten vorgewarnt wurde, „demnach die Spannischenn ieziger zeit mit einer großenn anzahll volks, alß nemblich 42 regimenter zue fueß und 6.000 zu pferdt ohne und nebenß dennen auß Italien von oben herab khommendenn trouppen, uberhaufet, daß hoch zu befahrenn und mann mit denn gedankhenn umbgehenn solle, daß dessenn ein guetter theil in meine und anderer benachbarter landen den winter uber logirt werdenn mögte.

Nun hatt mann sich einmahll gesichert zu halten, daß solchen fahlß alstann die Hollender ein gleichmeßiges praetendiren, auch zu werkh zu richten nit underlaßenn werdenn, wie sie sich dan beräitz erklert, wann die Spannischenn sich der benachbarten landenn enthaltenn wurdenn, daß sie alstan auch darauß pleibenn, im wiedrigenn fahll aber, dha ihre gegentheilenn sich deren zu ihrem vortheill mit einquar-

---

2 Mit Postskriptum an Tilly, 24. Sept. 1631 (Konzept-Kopie mit Zusatz Maximilians ÄA 2396 fol. 268), antwortete *Maximilian*, wenn Oberst [Weinand] Eynatten resigniere, solle Tilly dieses neugeworbene Regiment dem Grafen Ferdinand Lorenz von Wartenberg anvertrauen.

1 Eine Kopie dieses Schreibens übersandte *Maximilian* aus München, 2. Sept. 1631 (Konz. Oexels Kschw 960 fol. 318), an Kurmainz und ersuchte ihn, ein entsprechendes Gesamtschreiben an den Kaiser, „der fürders die nohtdurft an die fraw Infantin zue Prüßl selbsten gelangen lassen werde," aufzusetzen. Das einschlägige Schreiben der *Kurfürsten von Mainz und Bayern* an den Kaiser ist datiert: 19. Sept. 1631 (Ausf. RK FrA 8b Konv. Neutralität fol. 100–101). Nach Ausweis von KESSEL S. 321 Anm. 14 erging unter demselben Datum eine entsprechende Interzession der Kurfürsten von Mainz und Bayern an die Infantin. – Auf der Antwort *Maximilians* an Kurköln, München, 1. Sept. 1631 (korrigierte Reinschr. Kschw 960 fol. 317), vermerkte *Maximilian* u. a.: „Wür zweiflen nit, wan die Spanier wusten, dz mit Frankhreich ein mehrer verstand were, sie wurden sich dergleichen [Einquartierung] so bald nit anmaßen."

tirungen oder sunsten bedienen soltenn, sie alstann dergleichen auch furnehmmen wollen. Waran dan und daß ermelte Staadten ein solches in dieser nachbarschaft zu effectuiren gnuchsamb bemächtigt, umb soviell weniger zu zweiflen, ihe frischer die memoria und gedechtnus annoch leichtsamb in den augenn, daß sie eß also zu werk gerichtet und daran nit behindert werdenn khönnen. Wann aber, dha solches beschehen solt, es meine landen am meisten treffenn und dardurch deroselben gentzliche ruin und desolation erfolgenn muste, so habenn E. L. bei sich hochvernunftiglich zu ermessen, wie eß mir möglich fallen wolle, solchen landtsverderblichen schaden außzustehenn und danebenß zu underhaltung deß buntsweesens [...] zu concurriren und beizuhalten, sondern daß sowoll auf daßjenige, waß beräitz gewilligt, alß auch fernerß gewilligt werden mögte, meines orts nit allein gahr kheine rechnung zu machenn seie, sondern auch anderen benachbarten deß Westphelischen cräiß stendenn, zu beheuff der Ksl. armada ichtwas zu laistenn, alle mittel wurdenn benommenn werdenn. Weiln es dan ahn deme, daß der Niederwestphelischer cräißtag in kurtzem gehalten werdenn solte, so werdenn ohne allen zweifell besagtes cräiß gesambte stendt vorbehaltenn und standthaftig praecaviren, daß man gegen etwo erfolgende einwilligung der cräißhilfen aller einquartirung enthebt und befreiet bleiben oder sunsten zu leistung selbigen hilfen nit verbundenn sein wollen." Fügt sein einschlägiges Schreiben an den Kaiser[2] bei und bittet, dass auch Kurbayern und Kurmainz als Bundesdirektoren beim Kaiser und bei der Infantin intervenieren und die drohende Einquartierung abwenden helfen. – Schloss Brühl, 24. August 1631.

Ausf. Kschw 960 fol. 289–290.

---

[2] *Kurköln* an den Kaiser, Bonn, 24. Aug. 1631 (Kop. Kschw 960 fol. 291–292; Ausf. RK FrA 8b Konv. Neutralität fol. 98–99).

## 330. Der Kaiser an Maximilian[1]

August 24

Hinweis auf den Regensburger Frieden zwischen dem Kaiser und Frankreich – Bericht des F. Kurz über seine Mission in Frankreich[2] – Bündnis zwischen Frankreich und Schweden als Verstoß gegen den ersten Artikel des Regensburger Friedens[3] – Bitte um Gutachten, wie der Kaiser sich Frankreich gegenüber verhalten solle, ob er nicht Ursache habe und befugt sei, „uf billichmessige vindication violati foederis zu gedenckhen" – (AO Wien)

Druck bei HALLWICH I Nr. 340. Ausf. Kschw 73 fol. 144–146; Konzept-Kopie RK FrA 9b Konv. V fol. 24–25, benutzt und zitiert bei H. D. MÜLLER S. 32, S. 33 Anm. 170; Kop. Akten 263/II fol. 16, mit Anlage (vgl. unten Anm. 2) Akten 263/I fol. 123–124. Ben. bei A. V. HARTMANN S. 67.

---

[1] Nach Ausweis der Konzept-Kopie wurden entsprechende Schreiben ausgefertigt an Kurmainz (Ausf., präs. 1. Sept., StAWü G 12421 fol. 213–214, mit Anlage fol. 215. Druck bei FORST Anhang Nr. 16,1), Kurköln, Kurtrier und an Erzherzog Leopold; vgl. auch HALLWICH I Nr. 340 S. 470. – Die Antworten der *Kurfürsten von Mainz*, Mainz, 1. Sept. 1631 (Konz. StAWü G 12421 fol. 219–220), *Köln* und *Maximilians* sind gedruckt bei FORST Anhang Nr. 16,2 und 17 sowie unten Nr. 339. Die Antwort *Erzherzog Leopolds* ist resümiert bei A. V. HARTMANN S. 68. – Seinen katholischen Mitkurfürsten schlug Kurmainz vor, auf dem Konvent in Frankfurt über ein Gesamtgutachten für den Kaiser zu beraten, und wies seine Gesandten in Frankfurt an, die Konsultationen aufzunehmen, sobald die Vertreter der übrigen katholischen Kurfürsten die erforderlichen Instruktionen erhalten hätten. Vgl. dazu *Kurmainz an Kurtrier*, Mainz, 1. Sept. 1631 (Konz. StAWü G 12421 fol. 221, mit dem Vermerk: Ebenso an Kurköln und Kurbayern; Ausf. an Maximilian Kschw 782 fol. 297–298. Druck an Kurköln bei FORST Anhang Nr. 16,3), an seine Gesandten in Frankfurt, Mainz, 1. Sept. 1631 (Konz. StAWü G 12421 fol. 223–224).
[2] Beigefügt war ein Auszug aus der Relation des F. Kurz an den Kaiser, Engen, 31. Juli 1631 (Kschw 73 fol. 147–148). – Vgl. zu der bei KHEVENHILLER XI Sp. 2006 ff. gedruckten Relation des F. Kurz ausführlich A. V. HARTMANN S. 64 ff., zu dem vorstehend zitierten Auszug ebenda S. 67.
[3] Vgl. zu diesem ersten Artikel des Regensburger Friedens (im Druck bei DU MONT V,2 S. 616) z. B. A. V. HARTMANN S. 21 f., 25 ff., 32, 35, BROCKMANN S. 430 ff.

## 331. Kurmainz und Kurbayern an den Kaiser[1]

August 25

Gutachten in Sachen Verhalten gegenüber Kursachsen – Zerschlagung der hessischen Truppen

Bezug: Schreiben vom 22. Juli [oben Nr. 292]. – „Nun haben wir nicht unterlassen, diesem werkh seiner schwehren wichtigkheidt nach mit angelegener sorgfalt nachzudenkhen. Befinden dasselbe auch also beschaffen undt bewandt, daß grosser consideration dabei wohl vonnöthen, in erwegung für daß erste billig zue bedenkhen, ob man auch genuegsamb und erhebliche ursachen habe, gedachts churfürsten zue Sachßen L. mit gewalt anzuegreiffen, für daß ander ob mann hierzue also gefasst, daß mann solches ohne erweckhung mehrer gefahr in daß werkh richten und effectuiren khönne.

Soviel nun die erste frag betrifft, ist unß noch zur zeit von solchen ursachen nichts, sondern wissendt, indeme mann bißhero nicht verspüren noch erfahren khönnen, daß Euer Ksl. Mt. oder dero assistirende gehorsame stende der churfürst zue Sachsen mit seinen waffen biß annoch im wenigsten offendirt, sondern haben wir vielmehr verstanden, daß S. L. dieselbe biß anhero in ihren landen ohne der

---

[1] Dieses Schreiben entspricht in der Argumentation und gutenteils auch im Wortlaut der aus München, 12. Aug. 1631 (Reinschr. mit Korr. und Zusätzen Maximilians und Ranpeks, teilweise zu chiffrieren, Kschw 13495 fol. 425–427; Konz. Ranpeks mit Korr. und Nachtrag von Kanzleihand Kschw 782 fol. 274–276; Kop., teilweise dechiffriert, Akten 263/I fol. 174–176. Ben. bei BIRELEY, Maximilian S. 159), datierten Antwort *Maximilians* auf die Schreiben des *Kurfürsten von Mainz* vom 31. Juli (oben Nr. 291 Anm. 1) und vom 4. August samt Anlagen (oben Nr. 307); eine wesentliche Abweichung bzw. Ergänzung sind unten Anm. 2 und 3 notiert. Besagte Antwort *Maximilians* schloss: „Und obwoln mir sonderbar nit zuegegen wehre, dise meine beifallende unfürgreüfliche gedankhen Irer Mt. Eur L. mir beschechner erinderung gemeß alsogleich von hier aus zue iberschreiben, nachdemalen ich aber befinde, das daß lestere Ksl. schreiben [oben Nr. 292] an dieselbe und mich insgesambt abgangen und Ire Mt. das begehrte gesambte guetachten von deroselben erwarten, alß ist an sie mein freundtliches gesünnen, sie wollen die bemüehung unbeschwert iber sich nemmen und dergleichen gesambtes schreiben in ihrem und meinem namen bei dero canzlei zum standt richten lassen. Will mich darmit nit allein gern conformieren, sonder es auch an fürderlicher vortschickhung an den Ksl. hoff nit erwinden lassen."

*Kurmainz* übersandte Maximilian die von ihm selbst bereits ausgefertigte Reinschrift des oben Nr. 331 gedruckten Schreibens aus Mainz, 25. Aug. 1631 (Ausf. Kschw 782 fol. 292), zur Ausfertigung und schloss: „Und obwohln ich demselben [ = dem oben Nr. 331 gedruckten Schreiben an den Kaiser] mein und meines ertzstifts wie auch gemeinen catholischen wessens erhaischender unvermeitlicher nottfurt nach wegen dissipirung der Hessischen soldatesca eine underthenigste erinnerung angehengt, davon in E. L. schreiben [vom 12. August] kheine meldung beschicht, so will ich jedoch verhoffen, eß werden dieselbe dabei khein bedenkens haben, in erwegungh, wan daß newgeworbene bundtsvolkh, gestalt auß deß graven von Tilli in abschrift hiebeikhommenden schreiben [fehlt] erscheint, zu der hauptarmada auch geführt werden solte, ich von dem löblichen bundt mich einiger hülf oder trosts nicht zu versehen, sondern mit meinen angehörigen landt und leüthen in höchste und eüsserste noth und gefahr, welche E. L. landten in der Undern Pfaltz auch alßdan mit erraichen würde, gerathen müste."

benachparten schaden mit den quartiern und underhalt versehen. So möchten auch Chursachßens L. ihrer angestelten armatur halber so gar hoch und ungleich nit zu verdenkhen sein, weilen sowohl die so oft und hoch geclagte pressurn und exorbitantien der soldatesca alß auch die geschwinde leüfften undt gefehrlichkhaiten im Reich iezmals so beschaffen, daß ein ieder fürst und standt des Reichs, insonderheit diejenige, so der gefahr undt dem anstoß deß feindts so nahendt gesessen, uff die defension und rettung ihrer landt und leüth billig zu gedenkhen, wohl ursach hat, ohne daß anoch unß bieß dato nicht vorkhommen, daß sich Chursachsen mit dem Schweden alß einem offenen reichßfeindt würkhlich coniungirt oder doch so weit interessirt gemacht, daß mann dardurch genuegsamb und befuegte ursach und anlaß hette, dieselbe für einen offenen feindt zue declariren undt zu verfolgen, und dieses zumahl so lang, alß sie sich uff ihrer defension wie bieß dato ohne meniglichs sonderbaren nachteil undt offension verhalten.

Uff den unverhofften widrigen fall aber und dafern S. L. sich alzueviel uff des gegentheils seiten lenkhen und sich demselben zue vorthel, Euer Ksl. Mt. undt dero assistirenden stenden aber zue gefehrlichem praeiudiz und nachtheil interessirt machen oder wohl gar mit dem Schweden coniungiren solten, alßdann würde zwar obberürte frag für sich selbsten schon resolvirt und der außgang dem allmechigen Gott und seinem verhoffenden beistandt zue befehlen, umb soviel mehr aber der ander punct, wie mann nemlichen gegen einen solchen newen und mächtigen feindt bastant und aller orthen mit nothwendiger defension undt resistenz, auch denen hierzue unentperlichen miteln uff- und fortzuekhommen, der gebüer nach wohl zu uberlegen undt zue bedenkhen sein.[2] *Dann wie merkhlich man eine zeit herumb mit den underhaltungsmiteln für beederseits armaden angestanden, daß ist Euer Ksl. Mt. fürhero mehr alß zuviel bewust. Und wurde es besorglich ohne starkhe diversiones ins Reich auß Franckhreich, Engellandt, Dennemarckh, Holandt undt den Anseestätten nicht abgehen, weil die alliancen mit dem churhauß Sachßen fast die älteste undt sterkheste seindt und dahero wohl ein beschwehrlicher, langweriger krieg darauß zue besorgen, dessen mann bei dem proscribirten pfalzgraven ein noch wehrendes exempel für augen hat.*

---

2 In dem oben Anm. 1 zitierten Schreiben *Maximilians* an Kurmainz vom 12. August folgte: „So hat es auch mit denen iungst zue Dinckhelspül bewilligten fünf monathen aine solche beschaffenheit, das beraits ain gueter thail daran verstrichen und auf die weittere und lengere continuation solcher contributionen desto weniger hoffnung und absehen zu machen ist, weiln von den maisten bundtstenden so gar auch dise fünf monath nur allein auf die pozibilitet gestellt und nit pure und absolute eingewilliget worden, da doch hingegen die ruptur mit Chursaxen sowol umb S. L. selbsten alß sonderlich dero auß- und innlendischen alliierten starkher macht und anhangs willen, inmassen Eur L. gar wol und vernünftig consideriert und angedeütet, ain solches schweres und weit aussehendes werkh, zue dessen ibertragung und außdaurung sich Ire Ksl. Mt. sowol alß dero gehorsambe aszistierende stende besorglich vil zue exhaust und debilitiert befinden wurden." – Dieser Passus wurde in der Mainzer Kanzlei durch das oben im Folgenden kursiv Gedruckte ersetzt.

Gleich wie nun hierauß Euer Ksl. Mt. bei sich selbsten den schluß, waß dießfahls und bei so bewandten sachen rathsamb undt thüenlich seie, allergdst machen khönnen, alß wolten wir unserstheils darfürgehalten haben, daß die iezige occasion deß Franckhfurter convents, weil an dessen fortgang numehr khein zweifel, umb soviel mehr in acht zu nehmen, die extrema nicht so gar allerdings zue beharren und alles uff die spizen undt daß wandelbare glückh des kriegs zue sezen, sondern dannoch die sachen dieserseits, soviel gewissens, reputation und wohl fundirten rechtens, auch ohne praeiudiz und nachtheil des catholischen wesens sein khan, also anzuegreiffen, daß oftgedachts churfürsten zue Sachßen L. und andere protestirende fürsten Euer Ksl. Mt. und der catholischen stende intention undt neigung zue billiger accommodation, ruehe und einigkheidt daraus ab- und mehr ursach und anlaß zue friedtlichen consiliis alß zue genzlicher desperation undt hochgefehrlichen weiterungen nehmen, hierdurch auch von dem könig in Schweden undt seinen machinationen, seitemahl dessen vornembstes fundament undt absehen seiner fuhrenden hochgefehrlichen dissegnien daruf bestehet, desto füeglicher abgewendet werden mögen. In alle weeg aber khönnen wir nicht wohl sehen, daß Euer Ksl. Mt. bei so schwehren und wichtigen sich hiebei ereugenden bedenkhen, ohne rath und guetachten unserer catholischen mitchurfürten L.L. zue anfahung einer thätlichkheidt undt ruptur mit Churschsachsens L. von unß eingerathen werden khönne."

Mit[3] dem Landgrafen Wilhelm von Hessen hat es eine ganz andere Bewandtnis. Berichten über die Angriffe des Landgrafen auf die Ligaarmee, seine fortdauernden Werbungen, seine Einfälle ins Eichsfeld und in die in Hessen gelegenen Mainzer Ämter Fritzlar, Naumburg, Amöneburg und Neustadt und die dort verübten Feindseligkeiten. „Undt seindt, inmassen wir glaubwürdig berichtet, aniezo underschiedliche regimenter uf den beinen, welche in Hessen geworben worden, so des königs in Schweden als Euer Ksl. Mt. undt des Reichs abgesagten feindts nahmen offentlich und ohngeschewet führen, die auch nunmehr under solchem praetext undt ordinanz daß landt vollendts mit feür und schwerdt verfolgen, verwüsten und verderben und sich ohne schew verlauten lassen, sich der verschlossenen stätt und päß, daran Euer Ksl. Mt. merkhlich und viel gelegen, zue bemächtigen, also das der könig in Schweden durch hülf ermelts landtgraven sich numehr in mitte des Reichs befindet. Undt weil der catholischen stende bundtsarmada sich in Euer Ksl. Mt. diensten in den Nidersachßischen landen uffhalt, ist nichts gewissers zu besorgen, alß da berürtem landtgraven lenger zuegesehen werden solte, er sich beeder ström des Rheins und des Mayns nähern und denen im Reich ohnedas verborgenen und nit gedempften feinden widerumb uf die bein helfen werde, alles mit höchster gefahr Eur Ksl. Mt. und des gemeinen catholischen wesens.

---

3 Das Folgende bis zum Schluß war in dem oben Anm. 1 zitierten Schreiben *Maximilians* an Kurmainz vom 12. August nicht enthalten und wurde dem Schreiben an den Kaiser von der Mainzer Kanzlei inseriert.

Dieweilen nun aber Euer Ksl. Mt. im Reich underm commando dero generalwachtmeisters, des obristen von Altringen, noch eine zimliche armatur haben, dardurch diesem unheil noch wohl gesteurt werden mögte, solches auch, weilen beede der Schwäbische und der Franckhische craiß numehr widerumb in sicherheit seindt, wohl verrichtet werden khöndte, zuedeme auch des churfürsten zue Sachsen disarmatur, wan die Hessische dissipirt werden solte, nicht wenig befürdert wurde, indeme derselbe sonsten kheinen standt mehr hatt, welcher bei dem Leipziger schluß noch halten thue, so wolten wir der underthenigsten unfürgreifflichen meinung sein, es würden Euer Ksl. Mt. ihro und dem gemeinen weesen ein sehr nuzliches undt vorträgliches werkh erweißen, wann sie gedachtem obristen von Aldringen solche trennung des Hessischen volkhs mit ehistem allergdst aufgetragen undt anbefohlen hetten." – 25. August 1631.

Von Kurmainz ausgefertigte Reinschr. MEA RTA 133 Konv. Tomus 21 fol. 460–464 = Druckvorlage; Kop. Akten 263/II fol. 23–27.

## 332. Maximilian an Kurmainz

August 26

Mission Saint-Etiennes

Bezug: Schreiben vom 14. August samt Anlage [oben Nr. 315]. – Dankt für die Sendung und teilt mit, dass Saint-Etienne „eben auch diser tagen bei uns alhier eingelangt und fast gleichmessiges anbringen wie bei deroselben abgelegt, insonderheit aber Irer Kgl. Wrd. in Frankhreich guette intention und naigung, zwischen denn catholischen und protestirenden chur-, fürsten und stendten des Reichs guetten verstandt und ainigkheitt widerumb erheben und aufrichten zu helfen, gerüehmet, sich auch ferner vernemen lassen, dz er zu eben solchem ende seine raiß ferner zu des churfürstens zu Sachßen L. anzustellen, vorhabens und bevelcht seie.

Hieriber haben wir gemelten Französischen abgeordneten zwar nit in schrüfften, weiln er auch schrüftlich bei uns nichts angebracht, sonder allain mündtlich dahin haubtsachlich beantworten und verbschaiden lassen, dz Irer Kgl. Wrd. dißfalß erscheinende guette intention und eüffer der gebür nach zu ruehmen seie. Und wie wir unsers thailß zu friden, ruehe und guetter verstendtnuß mit den protestirenden stendten alzeit genaigt sein, auch andere catholische chur-, fürsten und stendte ainer gleichmessigen guetten intention, zumal wol wüssen, dz sie ab gefehrlichen weütterungen khain gefallen haben, dz derowegen Ire Kgl. Wrd. ain nuzbares und vortregliches werkh daran thuen wurden, wan sie die hünderliche ungelegenheitten abwenden und wolermelte protestirende stendte von ihrem widrigen und weüttaussehenden begünnen ab-, auch zur fridtfertigkheitt und gebür, insonderheit dahin beweglich ermahnen und disponirn helfen wolten, dz sie die widerrechtlich an sich gezogne geistliche güetter dermaln selbsten guettwüllig widerumb abtretten und restituirn, und dardurch der vornembste ursprung, darauß bishero vornemblich die müßhelligkheitten und abalienation zwischen denn catholischen und protestirenden stendten des Reichs hergeflossen, remedirt und aus dem weeg geraumbt werden." – [München], 26. August 1631.

Konz. Ranpeks Kschw 782 fol. 203 = Druckvorlage; Ausf., präs. 1. September, StAWü G 12421 fol. 211–212. Ben. bei BIRELEY, Maximilian S. 169.


### 333. Maximilian an Kurmainz[1]

August 26

Kondolenz – Verwahrung gegen die Mainzer Vorwürfe – Vormarsch der neugeworbenen Ligatruppen nach Hessen – Dinkelsbühler Kontribution

Bezug: Zwei Schreiben vom 18. August, eines vom 20. August [oben Nr. 319, ebenda Anm. 1, Nr. 323]. – „Gleich wie uns nun solch E. L. und irer in und an dem landt zu Hessen gelegener underthonnen beschwerlicher zuestandt ganz unlieb und mitleidig zu vernemmen, alß heten wir erwünschen mögen, daß solchem unheil zu praevenirn und vorzupauen gewest were." Verweist auf seine Schreiben vom 15. Juli und 5. August[2], in denen er dargelegt hat, warum das nicht möglich war.

„Eß ist auch nit ohne, das wir verhofft und E L. vertröstung geben, es wurde [...] grave Egon zu Fürstenberg mit seinem underhabenden Ksl. kriegsvolkh zu roß und fueß den negst in Hessen ruckhen und dardurch E. L. und anderer cathol. bundtstendt neceszitirten und betrangten underthonnen soccorirn, ingestalten dann seine ordonanz anfangs und selbigenmahls, wie wir E. L. ein solches bedeütet, immediate dahin gangen und gerichtet gewest. Daß aber der grave von Tilli hernach veranlast und getrungen worden, wegen deren ime zutringender starkher feindtsgefahr solche ordonanz zu endern und ermelten grave Egon von Fürstenberg mit seinem beihabenden kriegsvolkh zu sich zu fordern, haben wir unsern theils nit vorkommen khönnden und ist uns daher mit fueg einiche schuldt nit beizumessen.[3] Je getrewer und eiferiger wir uns auch biß daher den obgetragenen schweren last des bundtsobristenamb[t]s angelegen sein lassen, je schwerer, schmerzlicher und tieffer schneidet uns zu herzen

---

1 ÄA 2374 fol. 429 unten ist vermerkt: „An Curmeinz, dem concluso gemeß, so im geheimen rath gemacht worden".
2 Oben Nr. 283 und 308.
3 Am 26. August bat Maximilian den Kaiser, an Stelle von Fürstenberg Aldringen und seine Truppen zur Unterstützung Fuggers nach Hessen abzuordnen, welchem Gesuch der Kaiser Ende des Monats entsprach. Vgl. dazu *Maximilian* an den Kaiser, München, 26. Aug. 1631 (R. mit Korrekturen und Zusätzen Maximilians ÄA 2380 fol. 405–406. Ben. bei KAISER, Politik S. 433 f.), der *Kaiser* an Maximilian, [Wiener] Neustadt, 31. Aug. 1631 (Ausf. ÄA 2380 fol. 417–418, mit Anlagen fol. 419–421).

und gemüeth, das E. L. abermahlen anziechen, alß wann man iro über alles flechnen, erindern und ermohnen gleichsamb vorsezlich einiche hilf und assistenz nit geleistet, sonder sie nur vergeblich und ohne einichen verfang hin und her, einßmahl an den graven von Tilli, das andermahl an den graven von Fürstenberg verwisen hete, da wir doch verhofft, wir wurden mit unserer getragenen schweren, höchst costbahren und vilfeltigen mühe, sorg, gefahr und arbeit (welche wir uns bißhero dem algemeinen catholischen nothleidenden wesen zum besten niemahlen tauren, sonder alzeit getrew, eüferig und unverdrossen angelegen sein lassen) umb E. L. und andere bundtsvereinte vil ein anders und bessers meritirt haben.

Und obwollen E. L. nit weniger erindern, das sie die zusamenführung des catholischen bundts neugeworbenen volkhs vorlengst gern gesehen heten, so ist doch notorium, daß man mit disen neuen werbungen eher nit ufkhommen, auch wol theils compagnien wegen deren aller ort und enden fürgangenen werbungen noch bißhero nit complirn und ganz machen khönnen, *wie[4] dan E. L. selbs auf unser begern, ein mehrere anzal zu werben, sich entschuldiget, zweiflsohn weil sie ir, damit aufzukhommen, nit getraut, da doch sie, wan sie nur volkh geworben, iren underthonen damit vor disem uberfall sein khönnen*, wie dann eben aus angeregten ursachen mehrern theil dises neugeworbenen volkhs erst neulich gemustert worden und also weder räthlich, vorstendig noch thuenlich gewest, selbiges eher an den feind zu führen, und ein solches umb sovil mehr, weillen wir und andere herobige bundtstendt auch vor den protestirenden bißhero in kheiner sicherheit gestanden, sonder uns billich und ebenfals in acht zu nemmen gehebt, wie dann E. L. selbst bekhanndt, das sich in specie die im Frenckhischen craiß gesessene protestirende stendte erst in neulichheit etwas bessers accommodirt und doch des Ksl. generalwachtmeisters von Aldringen selbst anregen nach mit renunciation des Leibzigischen schluß und völliger caszirung ihres geworbnen kriegsvolkhs annoch nit recht daran wöllen. Und obwollen unsere dem generalwachtmeister graf Ott Hainrich Fugger unlangst ertheilte ordonanz dahin gangen, das er die marchiada mit deme ime anvertrawten kriegsvolkh, welches sich zu fueß auf 8.300 mann und uf 2.300 pferdt erstreckht, uf Salzungen, alß welches ebenmeßig nur bei zwo stundt wegs von der Heßischen greniz gelegen, nemmen solle, so haben wir doch solche ordonanz zu contestirung unsers zu E. L. und anderer bundtsvereinten defension gerichten eüfers dergestalt ergeen laßen, das er generalwachtmeister sich den strackhen und geraden weeg gegen Hessen avanzirn[5] und ime ohne einiche zeitversaumbnus, da er sich anderst bastant befindet, angelegen sein lassen solle, wie und waß gestalt etwa am besten und sicheristen ins landt zu ruckhen und das darinnen befindende volkh zu attaquirn und zu dissipirn oder sonst etwas vorstendiges und nuzliches außzurichten und dardurch sowol E. L. als des abten zu Fulda underthonnen (als dennen Irer F. uns

---

4 Das im Folgenden kursiv Gedruckte wurde der Reinschrift von Maximilian inseriert.
5 In der unten Anm. 7 zitierten Instruktion für Fugger hieß es: „dz die marchiada nit uf Salzungen durch die grafschaft Henneberg, sonder unberüert derselben als des Chursäxischen territorii von Bamberg auß den negsten weeg uf das stüft Fulda ze nemmen".

zugethonnen schreiben⁶ nach von obbesagtem Hessischen volkh ebenmesßig mit hostiliteten zugesezt worden) in bessere und bestendige sicherheit zu stellen⁷. [...]

Schließlich stellen wir zu E. L. das ungezweiflete freundl. vertrawen, sie werden iren loblichen eüfer mit ordenlicher entrichtung irer gebührenden bundtsquota noch fürthers im werkh erscheinen lassen. Dann solten die gesambte catholische bundtsvereinte zu conservirung und erhaltung der wol meritirten und zwar iezt noch umb ein starkhes vermehrten bundtsarmada mit iren contributionen nit gewiß und richtig concurrirn und beihalten, wurde nichts anders zu befahren sein, als das ermelte armada (welches der Allmechtig gnediglich verhüetten wolle) zur consumption und volgens per consequenz alles in des gegentheils handt, gewalt und discretion gera-

---

6 Vom. 16./17. August (oben Nr. 319 Anm. 2). – Den Erhalt dieses Schreibens bestätigte *Maximilian* dem Fürstabt von Fulda am 28. August 1631 (Konz. Teisingers ÄA 2286 fol. 454–455) und fuhr fort: Seinem Schreiben vom 16. August [oben Nr. 316 Anm. 1] wird der Fürstabt entnommen haben, daß er Fugger bereits Ordonnanz erteilt hat, „sich mit seinem undergebnen kriegsvolkh zu roß und fueß zu E. F. und anderer bundtstendt defension und versicherung gegen Hessen zu avanzirn, iedoch aber zu E. F. und ires stüfts verschonung seine marchiada durch die grafschaft Hennenberg uf Salzungen ze nemmen. Nachdemmahl wür aber aniezo sowohl aus E. F. als des h. churfürsten zu Meinz L. uns zugethonnen schreiben vernemmen, das es mit ermelten Hessischen hostiliteten ie lenger, ie örger werden und dahero eine unumbgengliche notturft sein wölle, denselben unverzogentlich zu begegnen und zu solchem ende mit ermeltem kriegsvolkh den strackhen und negsten weeg uf Hessen zu ruckhen, so haben wür ermeltem unserm generalwachtmaister weitere ordonanz geben, dz er sich bei solcher gestaltsamb ohn einiche zeitversaumbnus ermelten strackhen und negsten weegs gegen Hessen gebrauchen, vor allem E. F. stüft und underthonnen vor weiterm einfahl rötten und ihme daneben angelegen sein lassen solle, wie und wasgestalt etwa am besten und sicheristen ins landt Hessen zu ruckhen und dz darünnen befündende volkh zu attaquiren und zu dissipiren oder sonst etwas vorstendiges und nuzliches auszerichten und dardurch sowohl des herrn churfürsten zu Meinz L. als E. F. underthonnen in bessere und bestendige sicherheit ze stöllen."

7 Die Instruktion *Maximilians* für Fugger, „waß [...] graf Ott Heinrich Fugger bei dem ihme von unß aufgetragenen und anvertrautten commando über unser und anderer unserer mitvereinten cathol. chur-, fürsten und stendte zum vortzug deputirt neugeworbenes kriegsvolkh zu roß und fueß haubtsächlich zu observirn und in acht zu nemmen hat," ist datiert: München, 25. Aug. 1631 (teils Konz. Teisingers mit Zusatz Maximilians, teils Reinschr. mit Zusatz Teisingers, mit dem Vermerk *Teisingers*: „Im geheimen rhat abgelesen und revidirt worden", ÄA 2325 fol. 68–72. Benutzt bei STADLER S. 540; HABERER S. 264). Dazu gehört ein Anschreiben *Maximilians* an Fugger, 25. Aug. 1631, mit zwei Postskripten, 26. Aug. 1631 (teils Konz. Teisingers, teils Reinschr. mit Zusatz Maximilians ÄA 2325 fol. 63–65). – Über den Vormarsch des Korps Fugger, seine Operationen in Hessen, seine Vereinigung mit Aldringen und dann mit Tilly unterrichten die einschlägigen Korrespondenzen Maximilians mit Fugger (ebenda fol. 74–162. Ben. bei HABERER S. 266 f.) sowie mit Ernst, der dem Korps Fugger als Kommissar adjungiert wurde (ÄA 2398 fol. 366–367 und öfter). Hinzuweisen ist auch auf den einschlägigen Schriftwechsel Maximilians mit Kurmainz (ÄA 2374 fol. 461–462), den Bischöfen von Bamberg und Würzburg (ÄA 2293 fol. 356, 366, 381–382, ÄA 2350 fol. 704, 708–710, 745–746, 751–752, 756, 780–781) sowie mit dem Fürstabt von Fulda (ÄA 2286 fol. 487, 494 und 496), die zur Versorgung des Korps Fugger mit Geld, Proviant, Geschützen, Munition und anderem beitragen sollten. Zwei Schreiben des Fürstabts (ÄA 2286 fol. 488 und 493, 494 und 496) dokumentieren dessen Kritik an der Kriegführung Fuggers, dem er Untätigkeit vorwarf. – Vgl. auch HÜBSCH S. 36 ff. (Durchzug neugeworbener Ligatruppen durch das Hochstift Bamberg, Operationen Fuggers und dessen bedrängte Lage in Hessen); HABERER S. 265 ff., HANKE S. 117 ff.

then müesste, wie uns dann der graf von Tilli nach besag hieneben khommender copi erst diser tagen geschriben⁸, wie unwillig sich das volkh wegen ermangleter gelt- und underhaltsmitl erzeige und daß es sich zum theil schier zu einer mutination anverspühre, warzue es aber E. L. und andere bundtsvereinte nit khommen lassen, sonder verhofflich mit rechtschaffener, eüferiger und einmietiger zusamensezung allen antrohenden unwiderbringlichen nachtheiligkheiten noch zumahln in zeiten praevenirn und vorpauen werden." – 26. August 1631.

Reinschr. mit Korr. und Zusätzen Maximilians ÄA 2374 fol. 429–432. Ben. bei H.-D. MÜLLER S. 34, S. 35 Anm. 195, STADLER S. 526; KAISER, Politik S. 204, 408, S. 425 Anm. 258, S. 433 Anm. 308, S. 479 f.

## 334. Kurmainz an Maximilian¹

August 27

Gesuch des Grafen zu Löwenstein um Aufnahme in die Liga

Übersendet die Kopie eines Schreibens des Grafen Johann Dietrich zu Löwenstein Wertheim mit der Bitte um Aufnahme in die Liga.² – „Dieweil nun dieses eine vor-

---

8 Am 11. August (oben Nr. 312).
1 *Maximilian* antwortete aus München, 9. Sept. 1631 (Konz. Ranpeks Kschw 782 fol. 320; Kop. Akten 263/III fol. 77–78), er habe keine Bedenken gegen die Aufnahme des Grafen in die Liga „als allein eben diejenige difficultet, die sich E. L. andeutten nach seiner contributionsquoten halber bei Irer Ksl. Mt. besorglich eraignen wirdt. So vernemen wir auch sonsten, dz er mit denn andern graffen von Löwenstein sowol wegen der gemainschaft zu Wertheim als sonsten in underschüdlichen particular streüttikheitten verfangen sein solle. Und dieweiln in der bundtsnotel austrukhlich vorsehen, dz man sich mit dergleichen privat sachen sonderbar nit beladen wolle, und er graff etwan hierauf ein sonders absehen, damit er denen andern mitgemainschafts graffen desto gewachßener seie, gericht haben mechte, als gehet uns zu gemieth, er mechte vorhero dises sowol als auch, wie er vorhero gedachte seiner contributionsquota halber bei denn Kaiserischen besorgende difficultet auß dem weeg zu raumen vermaint, erindert werden. [...] Weiln die aufnemung aines oder mehrer catholischer stendte in den lobl. bundt an sich selbsten aine solche sachen, so am bösten und rathsamisten vorhero mit andern unirten stendten zu conferirn," regt er an, Kurmainz möge das Aufnahmegesuch des Grafen den in Frankfurt anwesenden Ligamitgliedern proponieren lassen. – Kopien des oben Nr. 334 gedruckten Mainzer Schreibens und seiner vorstehend zitierten Antwort übersandte *Maximilian* seinen Gesandten in Frankfürt mit Weisung vom 7. September (oben Nr. 311 E 33 Anm. 1) und befahl: Wenn die Mainzer Gesandten die Angelegenheit in Frankfurt auf die Tagesordnung setzen, „werdet ihr die in unserm antwortschreiben an Curmainz L. angezogne bedenkhen in acht zu nemmen, sonsten aber unserer darauß verspirender intention gemes oder wesen sich die bundtsgesandten per majora vergleichen werden, ainen aigentlichen schlus zu machen wissen."
2 *Graf Johann Dietrich zu Löwenstein-Wertheim* an Kurmainz, Wertheim, 21. Aug. 1631 (Kopien Kschw 782 fol. 296, Akten 263/II fol. 1). – Vgl. zu dem in Rede stehenden Grafen Johann Dietrich EUROPÄISCHE STAMMTAFELN III Nr. 97 und 101, DEUTSCHE BIOGRAPHIE s.v. Löwenstein-Wertheim-Rochefort, Johann Dietrich Graf zu.

nehme graffschaft ist, es auch umb ietztberührten graff Johann Diethrichen, alß welcher der catholischen religion eifferich zugethan, eine solche beschaffene gelegenheit hat, daß er dem löblichen bundt in viel weeg ahnsehenliche, stattliche und nutzliche dienst seiner gueten erfahrenheit und geschicklichkeit nach wohl laisten kan, so haben wir mit E. L. hierauß freündlich communiciren und von ihro vernehmen wollen, was mehrgemeltem graven für eine resolution zu geben sein möge.

Wir an unßerm ort stehen zwar in denen besorglichen gedanken, weiln alberait zwischen Ihrer Ksl. Mt. und der union eine außtheilung der quartir und contributionen gemacht und den verainten ständen nur dieihenige, so für alters bei dem bundt gewesen, angewießen und verstattet worden, es werde der contributionen halber allerhandt difficulteten abgeben.

Nichtsdestoweniger aber und nachdemahlen wir nicht darfürhalten, daß darumben den catholischen ständen verbotten seie, sich in die löbliche union zu begeben, so ersuchen wir E. L. hiemit freündlich, sie, ahn ihrem vornehmen ort den sachen reifflich nachzudenken und, waß etwan dießfalls zu thun sein möge, sich gegen unß zue resolviren und zu erclären, freündlich unbeschwehrt sein wollen." – Mainz, 27. August 1631.

Ausf. Kschw 782 fol. 294–295 = Druckvorlage; Kop. Akten 263/III fol. 1.

## 335. Der Kaiser an Maximilian[1]

August 27

Schwedische Machenschaften bei Tataren und Türken

„Nachdem uns diser tagen hiebeikomende avisen[2] von Constantinopl und anderer orten eingelangt, was abermahlen der könig in Schweden bei dem Tartar Haan und

---

1 Laut Vermerk auf dem Konzept ergingen gleich lautende Schreiben des *Kaisers* an sämtliche Kurfürsten und an Erzherzog Leopold; die Ausf. an Kurmainz, präs. 12. Sept., ist überliefert in MEA RTA 133 Konv. Tomus 22 fol. 122–123, mit Anlagen fol. 124–133. – *Maximilian* antwortete dem Kaiser aus München, 15. Sept. 1631 (Reinschr. mit Zusatz Maximilians Kschw 73 fol. 210), er hoffe, „Gott der Allmechtige werde solche schödliche anschlög gnedigelich verhietten, zunicht machen und nicht zugeben, daß des feindts ohnchristliches vorhaben der catholischen religion und deren angeherigen zu nachtail außschlage, sonder vilmehr alß ein vester beschützer und handthaber seiner christlichen catholischen kirchen verhengen, daß solche gegen der ganzen christenheit ohnverantwortliche machinationes ihren authorn selbsten zugrundt richten und ohntreu seinen [!] aignen anstifter am mehristen treffen thüe. Und weil, disen feindtlichen disegno zu hindern, nimbt [!] böser alß die cron Poln die müttl und glegenheit in handen hat, so zweifl ich umb sovil desto weniger, eß werde die Kgl. Wrd. in Poln umb ires khönigreich aignen mitlaufenden alß E. Mt. interesse willen so zeitliche abwendung diser gefahr an hand nemmen, alß sie E. Mt. handraichung und hülflaistung wider eben disen Schwedischen feindt unlengst im werkh erspreißlich erfahren." – Eine einschlägige Weisung *Kurkölns* an seine Gesandten in Frankfurt vom 24. September ist gedruckt bei FORST Nr. 504 Beilagen 7.
2 Kschw 73 fol. 159–167, teilweise ben. bei KLOPP III,2 S. 293.

Türcken, auch anderer orten fur ganz gefährliche machinationen sowol wider uns, das Heilige Reich und dessen getrewe gehorsame chur-, fursten und stendt, auch gemaine christenhait und christlichen glauben vorhat, wie E. L. aus den avisen selbst abnemen werden,

Alß haben wir derselben solches hiemit zur nachrichtung und wissenschaft, damit si dessen vheindtliche vorhaben darauß cognoscirn können, communicirn wollen." – [Wiener] Neustadt, 27. August 1631.

Ausf. Kschw 73 fol. 157–158 = Druckvorlage; Konz. an Kurmainz KrA 68 Konv. Aug. fol. 102, mit dem Vermerk: Ebenso an die Kurfürsten von Trier, Köln, Bayern, Sachsen und Brandenburg, an Erzherzog Leopold. Ben. bei WITTICH I S. 743 Anm. 2, KLOPP III,2 S. 293.


## 335 a. Instruktion Cadereytas für Oberst Paradis[1]

August 27

Abordnung zu Kursachsen

„Instruction für herrn Henrich Paradis de Echayde, freiherrn zu Camniz und obristen Ihrer Ksl. wie auch Kgl. Mt. in Hispanien, was er an deß churfürsten von Sachßen hoff verrichten soll, wie folgt:

In betrachtung gegenwertiger zerrüttung und betruebten standt[s] des Hl. Röm. Reichs, auch d[er] gefahr, welche so viel armaden, die sich darin befinden, demselben antrohen, da nicht durch mittel einer negotiation solchem vorgebogen wirdt, warzue dan khain ersprießlichers oder kreftigers erachtet wirdt alß die widerbringung der alten und auffrichtigen guten correspondenz, so von so viel jahren hero zwischen beeden heüsern Österreich und Saxen gewesen,

Weiln ich dan die sorgfaltigkheit waiß, welche mein gdster könig, solche widerzuerlangen, tragen thuett, Ihre Mt. auch sowol mir als meinen antecessorn in dieser embaxada solches durch underschiedliche schreiben (ehe dan Ihre Mt. gewust, daß diese sachen in einen so gefährlichen standt gerahten wurden) anbevohlen haben, befinde ich dieses werkh einer solchen erheblichkheit, das, wan mir mein gesundtheit zuließe, ich mich leichtlich resolvieren wolte, mich selbst nach Saxen zu begeben. Weiln aber solches nit sein kahn, muß ich nothwendig hierzu ein andere persohn gebrauchen.

Wan ich dan den herrn zu dieser commission ganz tauglich erachte, so bitte ich denselben, er wolle sich solcher underfangen und mit allerehistem nacher dem kfl.

---

1 Vgl. zu der Mission des Obersten Paradis von Echaide (so dessen Unterschrift in AFA 1632/7/31) bei Kursachsen zusammenfassend und mit Hinweis auf einschlägige Quellen HÄBERLIN-SENKENBERG XXVI S. 336 ff., zur Motivation der Spanier, auf eine Verständigung des Kaisers mit Kursachsen hinzuarbeiten, ALBRECHT, Ausw. Politik S. 258 f.; BECKER IV Nr. 215 (4. Punkt), zu Oberst Paradis zusammenfassend ERNST S. 283 Anm. 58.

Säxischen hoff verraisen und mein credenzschreiben Ihrer Kfl. Dt. ubergeben, derselben auch die zu anfang dieser instruction angezogene motiven umbstendtlich und beweglich repraesentieren:

1. Daß Ihre Kfl. Dt. khönnen und sollen vergwist sein, daß unser gdister könig begirig ist wie alzeit, damit sein hochlöbl. hauß mit des churfürsten zu Saxen [L.] in solcher ainigkheit und auffrichtigem vernemben alß wie alzeit correspondire und continuire. Und wan Ihre Kfl. Dt. in das hauß Österreich einigen zweifel sezen wurden und sich scheinen ließen, alß wan sie von solchem gern ein mehrers versichert wehren, auch begehrten, daß sich hierinnen unser gdster könig zwischen Ihrer Ksl. Mt. und Seiner Kfl. Dt. interponiren wolte, khan der herr Ihre Kfl. Dt. versichern, daß ich hierinnen alle diejenige officia einwenden wolle, die deroselben werden angenemb sein. Und wan ich Ihrer Dt. willen waiß, will ich solchen fleiß anwenden, welcher menschen und möglich wirdt sein.

2. Daß Ihre Kfl. Dt. nicht sollen glauben denjenigen, welche sie mit dem hauß Österreich in mißtrauen sezen, sonderlich aber denen, welche (da sie ihr intent nicht ins werkh richten khönnen) nicht ein spann erden oder landts in Teutschlandt zu verlieren haben, wie der könig in Schweden und andere außlendische seine confoederirte, sondern vielmehr des Reichs getrewe chur-, füsten und ständt in tausent trüebseligkeiten wurden verwickhelt und gesezt laßen.

Nach vollendung dieser commission khan der herr gleich wider nach hauß sich begeben und mir von solcher schriftliche relation thuen. Dafern aber der herr gesundtheit halber sich hiehero verfüegen khönte, wehre es mir sehr lieb. Will nichtsdestoweniger auff ein oder andern weg unsern könig berichten, mit was für sorgfältigkeit der herrn diese commission (welche verhoffentlich sehr nuzlich und gezimend sei wirdt) verrichtet habe." – Wien, 27. August 1631.

Deutsche Übersetzung KrA 68 Konv. August fol. 94–95 = Druckvorlage; Kopie, span. Sprache, ebenda fol. 96–97. Benutzt und zitiert bei WITTICH I S. 743 Anm. 2, BIRELEY, Maximilian S. 163 Anm. 50.

## 336. Maximilian an Tilly

August 28

Verhalten gegenüber Kursachsen – Anzug der Kölner Werbungen und Fürstenbergs – Einsatz des Korps Fugger gegen Hessen-Kassel – Generalwachtmeistertitel für Fugger – Ablösung Fuggers – Unzufriedenheit der Truppen – Dinkelsbühler Kontribution und Winterquartiere – Diversion der kaiserlichen Armee in Schlesien

Bezug: Ausfertigung und Duplikat vom 11. August samt PS und Anlagen [oben Nr. 312]. – „Sovil nun anfangs Cursachsen[1] anbelangt, lassen wür euch hiemit zu mehrer

---

[1] Dazu Randvermerk *Teisingers*: „N Diser punct ist mit der geheimen vorwissen und guetbefünden ufgesezt worden."

nachricht copeilich zuekommen, welchergestalten Churmeinz L. ihr gemüetsmainung durch schreiben² gegen uns eröffnet, mit welchem wür uns dann aus dennen angezogenen erheblichen und wichtigen motiven ebenmessig conformirn und vergleichen. Und weilen Irer Ksl. Mt. in disem paszu das an Churmeinz L. und uns begerte guettachten ehist zuekhommen solle, so würdet darüber Irer Mt. fernere resolution zu erwarthen sein.

Und weilen unß [...] des churfürsten zu Cölln L. bei ieztverwichener ordinari zu vernemmen geben, daß sie mit ihrer neuen werbung albereiths ufkhommen, den ersten monnathsoldt daruf bezalt und solches volkh eurer ordonanz gemeß gegen der Hessen Casselischen greniz incaminirn lassen,³ wardurch ihr dann mit disem neugeworbenen volkh eure gezilte intention erhalten, so hat es dabei ebenmessig sein bewenden."

Von Aldringen hat der Kurfürst Nachricht, daß Fürstenberg bereits bei Erfurt angekommen ist. Hofft daher, er werde inzwischen zu Tilly gestoßen sein.

Unterrichtet Tilly, dass er angesichts der Vorstellungen des Kurfürsten von Mainz und des Fürstabts von Fulda Fugger inzwischen angewiesen hat, „daß er sich [...] ohne einiche zeitversaumbnus den strackhen und negsten weeg uf das stüft Fulda begeben und ihme angelegen sein lassen solle, wie und wasgestalt etwa am besten und sicheristen ins landt zu Hessen zu ruckhen und dz darünnen befündende volkh zu attaquirn und zu dispirn oder sonst etwas vorstendiges und nuzliches außrichten und dardurch der paß gegen eurer underhabenden armada widerumb zu eröffnen, auch ermelte Meinzische und Fuldische underthonnen in bessere rhue und bestendige sicherheit zu stöllen.

Dafern ihr nun obbesagtes Cöllnische kriegsvolkh underdessen nit etwa von den Hessischen grenizen widerumb contramandirt oder noch unumbgenglich anderwerths vonnöthen, so hielten wür sehr guet und vorstendig, dz sich solches aintweders mit ermeltem generalwachtmaistern graf Fugger coniungirt hete oder, da solche coniunction so leicht und bald, als die notturft erforderet, nit geschehen könnde, von ander orthen her diversion gegen Hessen machet, damit der gegentheil verursacht wurde, sein volkh [...] umb sovil mehr zu taillen, und dise impresen alsdann desto besser und eher ins werkh und zum effect ze richten. [...]

Und weilen dem gemeinen cathol. wesen und eurer beihabenden armada [...] sehr vil und hoch daran gelegen, dz diser paß in Hessen widerumb offen und sicher gemacht, auch die darünnen gelegene und anstossende Churmeinzische, Cöllnische⁴ und Fuldische underthonnen widerumb in rhue und sicherheit gesezt werden, in erwegung, [...] ermelte interessirte bundtstendt (wie sich zum theil albereits in specie

---

2 Oben Nr. 307.
3 *Kurköln* an Maximilian, Bonn, 17. Aug. 1631 (oben Nr. 286 Anm. 3).
4 Von den Kölner Untertanen waren die Untertanen im Hochstift Paderborn betroffen. Vgl. dazu die einschlägige Korrespondenz Maximilians mit Kurköln von Anfang August bis Anfang September 1631 in ÄA 2361 fol. 603 (ben. bei STADLER S. 525), 602, 619–620, 617–618, Kschw 960 fol. 305–312, 320.

bei Curmeinz erzeigen wöllen) sich umb sovil eher entschuldigen möchten, dz sie wegen ihrer ruinirten und verdörbten underthonnen mit der gebürenden bundtscontribution nit beizehalten wissen, dann auch zu besorgen, der landtgraf wurde und möchte sich ie lenger, ie mehr bestörkhen und euch dardurch neceszitirn, eure vires umb sovil mehr zu teillen und zu schwöchen, so ermössen wür eine unumbgengliche notturft und wöllen hiemit, dz ihr in specie obermeltes dem generalwachtmeister graf Fugger undergeben kriegsvolkh eher nit ab- oder zu euch erfordert, es sei dann der paß in Hessen widerumb geöffnet und obermelte drünnen gelegene und daran stossende Churmeinzische, Cöllnische und Fuldische betrangte underthonnen widerumb in bestendige sicherheit gesetzt, wie dann auch uf den fahl, dz der tag zu Franckhforth ohne frucht abgehen solte, die bundtstend sowohl von Chursaxen als andern protestirenden nit sicher, sonderlich aber wür heroben gar zu bloß stehen wurden, wann dises volkh gar in den stüft Magdeburg oder Halberstatt solle geüerth werden.

Sonsten haben wür aberbesagtem gf. Fugger den generalwachtmeistertitul zu fueß dergestalt erteilt, dz er sich hieentgegen erbotten, gegen andern bei der bundtsarmada verhandenen hohen officirn, so mit generalchargen versehen, zu keiner competenz ursach ze geben. Und weilen er seiner angelegenen particulargescheften, auch zumal unserer hofdienst halber ohnedz nur für ein zeitlang bei disem corpo zu verharren gedacht, so stöllen wür eurer discretion anheimb, ob ihr den gf. von Gronsfeldt entrathen könndet, auch wann und was zeitlicher denselben eurem andeithen nach oder jemand andern qualificirten commandanten zu disem corpo verordnen wöllet.

Negst disem haben wür ungern vernommen, das sich die im erzstüft Bremen ligende soldatesca wie auch zum theil dieihenige, so sich dermahlen bei euch befündet, ermangleter bezallung halber etwas schwirig und unwillig befündet. Und gleich wie wür zu euch dz ungezweiflete guete und sonderbare vertrauen stöllen, ihr werdet durch euer bekhandte ruembliche diligens, wolvermögenheit und authoritet alle dem gemeinen cathol. nothleidenden wesen schädliche empörungen bei ermelter soldatesca vorpauen, abwenden und verhüetten, als lassen wür daneben eurer discretion anheimbgestelt sein, was etwa derihenigen bundtssoldatesca, so iezt zumal am maisten noth hat, aus denen in der veldtcassa und zu Würzburg verhandenen geltern, biß die andere an der Dünkhlspillischen verwilligung restirende bundtscontributiones einzetreiben, uf die handt geben und ervolgt werden möchte[5]." Verweist im übrigen auf die jüngst [am 12. August, oben Nr. 313] übersandte Weisung für seine

---

5 An Ruepp schrieb *Maximilian*, 28. Aug. 1631 (Konz. ÄA 2398 fol. 358), mit Bezug auf dessen Relation vom 11. des Monats (oben Nr. 312 Anm. 5) u. a.: „So setzen wir zu dir das gnedige vertrauen, du werdest dich befleissen, sowol dise im stüft Bremen ligende als andere soldatesca deiner bekhandten dexteritet nach dahin zu disponirn, daß sie sich dißfalls etwaß gedulden und noch fürters, wie bisher loblich beschehen, bestendig und herzhaft halten." Verweist im übrigen auf das Schreiben an Tilly von gleichen Tage. – Die Unzufriedenheit der Truppen im Erzstift Bremen und bei der Armee war dann erneut Thema der Antwort *Ruepps* an Maximilian, Halle in Sachsen, 9. Sept. 1631 (Ausf., teilweise dechiffriert, ÄA 2398 fol. 420–422; Kop. Akten 263/III fol. 83), sowie der Replik *Maximilians* an Ruepp, 19. Sept. 1631 (Konz. Teisingers, teilweise zu dechiffriren, ebenda fol. 398).

Gesandten auf dem Konvent in Frankfurt. Anbei ein weiterer Befehl für die Gesandten, ebenfalls betreffend die Bundeskontributionen und außerdem die bevorstehenden Winterquartiere.[6] [...]

„Den bißhero fürgangenen verlauff zwischen euch und dem Schweden haben wür umb sovil lieber vernommen, weilen disfalls allerhandt widerige zeitungen ausgesprengt worden, auch sogar ein getruckhtes exemplar alher kommen, als wann ihr von ermeltem Schweden ein starkhe niderlag erlithen hetet. Gleich wie ir aber eure vigilanz, dapferkheit und kriegserfahrenheit bißanhero in verscheidenen occasionen zu eurem unsterblichen lob und ruemb ie und alzeit zu genüegen demonstrirt, als haben wür uns dergleichen spargirte falsche zeitungen umb sovil weniger irr machen lassen und thuen alles eurer discretion comittiren und heimbstöllen. Allein wollet ir daran gedenkhen, damit unß bei dergleichen stets passirenden ungleichen zeitungen von dem ervolg öfters bericht geschehe und wür uns darnach in unsern consilien und resolutionen desto besser reguliren und richten könnden.

Schlieslich könden wür euch nit verhalten, daß wür Irer Ksl. Mt. aus getreuer vorsorg und wolmainung an die hand geben, ob von dero in Schlesien ligender armada selbiger enden an und umb die Oder gegen des Schweden inhabenden posten einiche diversion vorgenommen und euch dardurch umb sovil mehr occasion und glegenheit gemacht werden möchte, dem Schweden, wann er sich uf solchen ervolg teillen und schwöchen müeste, abbruch ze thuen. Nun haben sich zwar Ire Mt. und dero ministri, sovil wür nachricht erhalten, hierzu wol geneigt und ein solches für guet und retlich befonden. Es zeigt sich aber allein dabei dises, das hirunder mit dem veldtmarschallen gf. v. Tieffenpach nit vortzukhommen, zemallen derselb forthan eine difficultet über die ander movirn und also damit ermelte sehr hochnotwendige und nuzliche diversion von zeit zu zeit differirn und verweillen thue. Wan aber hirdurch Irer Ksl. Mt. und

---

6 In Frage kommen oben Nr. 311 E 10, 311 E 14, 311 E 22. – Das Thema Winterquartiere hatte *Maximilian* auch in einem der oben Nr. 333 Anm. 7 zitierten Postskripten an Fugger vom 26. August angesprochen: „Werdet ir sonderlich auch uf eur ankhonft in Hessen daran zu sein und ernsthaft darob zu halten wissen, damit von den soldaten nit alles verwüest, verderbt, außblündert und ruinirt, sonder solche ordnung wie in des freundts landt gehalten und dadurch den underthonnen noch mitel gelassen werde, daß sowol sie als die soldaten fürters und lenger beieinander leben und nothwendigen underhalt gehaben khönnden. Dann waß dem gemeinen catholischen nothleidenden wesen wie auch den soldaten selbst durch dergleichen vermeßentliche unnuze ruinirung und devastirung des landts und dessen underthonnen wegen deren alßdann hernegst ermangleten underhaltsmitl für nachtheil und schaden zuewaxen thuet, könnet ir selbst vernünftig ermessen und werdet euch derowegen umb sovil mehr eüferig angelegen sein zu lassen wissen, damit solch unserer gemeinten intention unfehlbar und würkhlich inhaerirt und nachgelebt werde und man sich mit der bei der armada herkhomenen verpflegung contentirn laße, damit man dz volkh durch den windter bringen und nit auß mangl underhalts in quartiern uber ain oder 2 monat wider abdankhen mieße." – Darauf antwortete *Fugger* an Maximilian, HQ Wendelstein, 28. Aug. 1631 (Ausf. ÄA 2325 fol. 74–75): „So will ich mir sovil müglich angelegen sein lassen, dahin zu sehen, wie die würnterquartier in Hessen conservirt und zu des soldaten bessern und lengern aufenthalt beobachtet werden mögen, da anderst die gegentheil zu ruinierung und devastirung deren nit selbs ein anders verursachen wurden."

des gemainen wesens dienst nit geholfen, wür auch daneben sovil vernemmen, das Ire Mt. aus disen ursachen nit ungenaigt weren, mit ermeltem commando in Schlesien enderung vorzenemmen und den gf. v. Tieffenbach darvon abzefordern, so werdet ihr darauf zu gedenkhen und Irer Mt. (doch unvermelt unser, sondern wan ihr sonst davon nachricht und es also für euch selbst thett) fürdersamb vorschlag ze geben wissen, wer etwa anstat des v. Tieffenbach zu ermeltem commando bei der armada in Schlesien zu gebrauchen oder aufs wenigst zu adiungirn und ob etwa zu solchem ende nit der Gallas aus Italia unverlengt zu avocirn sein möchte." – 28. August 1631.

Konz. Teisingers mit Korr. und Zusatz Maximilians, teilweise zu chiffrieren, ÄA 2396 fol. 182–187. Ben. bei HEILMANN II S. 291, II S. 1119 Anm.*; WITTICH S. 752 Anm. 2; KAISER, Politik S. 88, 434, 436, S. 436 Anm. 328; HABERER S. 264.

## 337. Der Kaiser an Maximilian[1]

August 28

Ansprüche Herzog Friedrichs von Schleswig-Holstein auf Bremen und Verden sowie hinsichtlich Halberstadts

Übersendet Schreiben des Herzogs Friedrich zu Holstein und des Königs von Dänemark in Sachen Belassung des Herzogs bei den Erz- und Stiftern Bremen und Verden sowie bei dem Kanonikat zu Halberstadt, „biß ein anders auf einem offentlichen reichstage von chur-, fürsten und ständten des Reichs einhelliglich hierin verabschiedet wurde.[2]

---

[1] Nach Ausweis eines Vermerks auf dem Konzept wurden entsprechende Schreiben des *Kaisers* auch an Kurmainz (Ausf., präs. 12. Sept., MEA Korrespondenz 7a Konv. [1] fol. 78–81), Kurtrier und Kurköln (Auszug gedr. bei FORST Nr. 504 Beilagen 5) ausgefertigt. Vgl. auch ein einschlägiges *Reichshofratsgutachten*, 7. Aug. 1631, samt *Votum des Geheimen Rates*, 28. Aug. 1631 (RHR Decisa 963).
*Maximilian* antwortete dem Kaiser aus München, 16. Sept. 1631 (Konz. Ranpeks Kschw 73 fol. 212; Reinschr. mit Korr. Maximilians ebenda fol. 211), ihm komme das gegen den Lübecker Friedensschluß verstoßende Gesuch des Königs von Dänemark „etwaß unverhofft und nachdenklich, auch aines weithen aussehens vor [...]. Derowegen dan und weiln dise sachen irer importanz nach ainer reüffen deliberation bedürftig ist," will er dem Herkommen und der Notwendigkeit nach mit seinen geistlichen Mitkurfürsten darüber beraten und dem Kaiser dann das erbetene Gutachten erstatten. – Auf Betreiben Maximilians sollten die Gesandten der katholischen Kurfürsten in Frankfurt über die Angelegenheit beraten „und sich aines unfürgreuflichen guettachtens, so Irer Mt. begehrter massen an handt zu geben, [...] vergleichen." Vgl. dazu *Maximilian* an Kurmainz, München, 16. Sept. 1631 (Ausf., präs. 21 Sept., MEA Korrespondenz 7a Konv. [1] fol. 95–96; Konz. Ranpeks Kschw 782 fol. 323, mit dem Vermerk: „mutatis mutandis an Churcölln"), *Kurmainz* an Kurtrier, Mainz, 25. Sept. 1631 (Entw. MEA Korrespondenz 7a Konv. [1] fol. 97, mit dem Vermerk: „in simili ahn Churcölln"), an seine Gesandten in Frankfurt, Mainz, 25. Sept. 1631 (Konz. ebenda fol. 98).
[2] *Herzog Friedrich von Holstein* an den König von Dänemark, Rendsburg, 30. Sept./10. Okt. 1630 (Ausf. RHR Decisa 963; Kop. Kschw 73 fol. 171–173. Auszug gedruckt bei FORST Nr. 504 Beilagen 1), der *König*

Warauff wir E. L. ferner hiemit nicht pergen mögen, waß gestalt sich in hierüber gehabter reiffer erwegung dieses khöniglichen Dennenmarckhischen schreibens befunden, nachdem bei denen mit vorgemelts khönigs L. vorgewesten fridenßtractaten durch die von unsern Ksl. commissarien, deß herzogs zu Meckhelburg und Fridtlandt L., auch general leuttenandt grafen Tylli, subdelegirte der erz- und stifter halber diese difficultet movirt und dann auf des khönigs L. seitte in verfassung der conditionen diese formalien in anfang gebraucht und gesezt werden wöllen, daß nemblichen deß khönigs L. für sich und dero söhne sich der erz- und stifter hinfüro nit anmassen, auch zum beschluß zu bekräftigung dessen für sich und dero söhne unterschreiben wolten, von unsern subdelegirten aber mehrer sicherhait halber begehrt worden, daß die kgl. söhne entweder neben des khönigs L. sich unterschreiben oder aber durch eine absonderliche cession sich deren genzlich abthun und begeben solten, daß doch aber solches nit zu erhalten gewesen, indeme auf selbiger seitten vorgewendet worden, daß dem khönig nicht wenig verkhlainerlich fallen wurde, si die kgl. commissarii auch solches deß königs L. nicht zumuethen dörfften, daß dero münderjährige söhne mit deroselben unterschreiben oder durch absonderliche cession sich der erz- und stifter begeben solten, und dannenhero darfürgehalten, durch obangeregte worth (*für sich und seine herrn söhne*) dem werkh geholfen und wir gnuegsamb damit gesichert zu sein. Dabei wir es auch, alß solches dubium an uns gelangt,[3] verbleiben lassen[4] und dieser punct in dem getroffenen, E. L. vorhin communicirten friedenschluß[5] mit nachfolgenden formalibus eingeruckt worden: *Zu dessen mehrer würkhlichen erfolgung dann Ihre Kgl. Wrd und Mt. sich deß Hl. Röm. Reichs sachen anderer gestalt nicht, alß deroselben wie einen fürsten und standt des Hl. Röm. Reichs wegen des herzogthumbs Holstain gebuirt, auch der erz- und stifter für sich und dern geliebte herrn söhne, unter waß praetext und schein ein solches auch sein und beschehen möchte, ferner nit anmassen noch der Röm. Ksl. Mt. in dero Ksl. regirung eintrag zufüegen* etc., alles nach besag berüerten friedenschluß.

Und wie unß nun bei so beschaffenen sachen obangeregtes anbringen, alß welches besagten friedenschluß in dem angezogenen § wie auch unserm ergangenen und auf den religionfrieden und andern reichssazungen fundirten edict zuwider, ganz nachdenkhlich vorkommen, auch alsobalt damalß in den sorgsamen gedanken begriffen gewesen, das hierdurch etwas anders gesucht werden möchte,

---

*von Dänemark* an den Kaiser, Rendsburg, 30. Sept./10. Okt. 1630 (Ausf. RHR Decisa 963; Kop. Kschw 73 fol. 174–175. Resümee bei FORST Nr. 504 Beilagen 2).
3 Via *Wallenstein und Tilly* an den Kaiser, Güstrow, 14. Mai 1629 (Ausf. RHR Decisa 964), *Walmerode* an Trauttmansdorff, Güstrow, 14. Mai 1629 (Ausf. ebenda). – Vgl. zu dem in Rede stehenden Komplex auch WILMANNS S. 68 f., der S. 69 Anm. 1 ein Schreiben der beiden Generäle vom 29. Mai zitiert, in dem das Schreiben vom 14. des Monats rekapituliert wird.
4 *Der Kaiser* an Wallenstein und Tilly, Wien, 24. Mai 1629 (Korrigierte Reinschr. RHR Decisa 964. Ben. bei WILMANNS S. 69 Anm. 2).
5 Druck bei LORENZ Nr. 58; der im Folgenden zitierte Passus ebenda S. 207.

Alß haben wir für rathsam ermessen und deß khönigs L. hierunter wieder zugeschrieben, mit der erinnerung, daß dieses begern den getroffenen frieden und deß Hl. Reichs constitutionen nit gemäß und wir unß dannhero verseheten, si diesen geschlossenen frieden in gebuirende obacht nemmen werden." Fügt eine Kopie seines einschlägigen Schreibens an den König[6] bei.

„Was unß aber hierauf mehrgenants khönigs L. weiter repliciret und dabei vorwenden will, ob sie sich zwar deß getroffenen friedenß erinnern, daß wir unß doch auch darin verbündtlich erclärt, die fürsten und stendt wider recht und pilligkeit hierunter nit zu graviern, undt nachdem wider deß Reichs practicirte rechte und breüch wäre, Ihrer L. söhne dessen erworbenen juris und darauf erlangter possession an etlichen erz- und stiftern zu privirn, das Ire L. darfürhielte, sie mit diesen suchen auf den geschlossenen frieden nit gewisen werden khöndte", das möge der Kurfürst der einschlägigen Kopie[7] entnemen.

„Seitemaln dann auß diesem vernern khöniglichen Dennemarckhischen schreiben eben dasjenige, was wir bereits hiebevorn besorgt, mehrers abzunemmen, daß gleichsam durch diese weit aussehende interpretation nichts anders alß eine ursach zum newen krieg gesucht werden sölle,

Alß haben wir E. und dero catholischen mitchurfürsten Mainz, Tryer und Cöln[8] L.L.L., denen wir unter heutigem dato gleiches inhalts zugeschrieben, ieztangeregte umbstendt zu gemüeth führen und zugleich obangeregte iezige und vorige Dennemarckhische schreiben communiciren wöllen, mit dem [...] gesinnen und ersuchen, si uns in diesem wichtigen werkh ihr rathsames guettbedunkhen ehistes eröffnen wolle, was dis orts weitter hierin vorzunemmen sein möchte." – [Wiener] Neustadt, 28. August 1631.

Ausf. Kschw 73 fol. 168–170 = Druckvorlage; Konz. an Kurmainz RHR Decisa 963, mit dem Vermerk: in simili an Kurtrier, Kurköln und Kurbayern; Kop. Akten 263/III fol. 4–5.

---

6 Der *Kaiser* an den König von Dänemark, Wien, 12. Dez. 1630 (korrigierte Reinschr. RHR Decisa 963; Kop. Kschw 73 fol. 176–177. Auszug gedruckt bei FORST Nr. 504 Beilagen 3).
7 Der *König von Dänemark* an den Kaiser, Friedrichsburg, 7./17. Febr. 1631 (Ausf. RHR Decisa 963; Kop. Kschw 73 fol. 178–179. Auszug gedruckt bei FORST Nr. 504 Beilagen 4).
8 Ein Auszug aus der Antwort *Kurkölns* sowie eine einschlägige Weisung *Kurkölns* für seine Gesandten auf dem Konvent in Frankfurt ist gedruckt bei FORST Nr. 504 Beilagen 6 und 7.

## 338. Pappenheim an Maximilian[1]

August 29 u. September 2

Feldzug Tillys und des Königs von Schweden – Diskurs Pappenheims – Vereinigung mit Fürstenberg – Vormarsch Tillys nach Halle – Mission Metternichs und Schönburgs – Haltung Kursachsens

„Wegen verlauff deß khriegs habe seithero deß" schwedischen Einfalls in die Reiterquartiere[2] „nichts nehrers berichten khönnen, alß daß S. Excell. baldt darauf dem feinde mit versambleter armada widerumb nachgesezet, da er sich dan in die schanze bei Werben begeben, darvor biß uff ein mußquetenschuß nahent geruckht und mit stückhen hinein gespielt. Alß er aber auß derselben nicht zu lockhen geweßen (außer daß er nur ein außfahl gethan, da ihme also uffgewartet worden, daß er mit der flucht sich in die schanze, nicht ohne starkhen verlust der seinigen, reteriren müeßen), haben S. Excell. [...] rathsamb erachtet, mit der armada khein zeit zu verlieren, sondern dem grundt zue zu raumen.

Wie dan Eur Kfl. Dt. mein einfältiges bedenkhen[3], waß etwo des Schweeden movimenten darauf sein und er darwider intendiren, wie ihme auch vorzubeugen sein möchte, ich underthenigst hiermit anfüegen thue." – Staßfurt, 29. August 1631.

Postskriptum. „Ehe ich gelegenheit gehabt, diß schreiben sicher fortzuschickhen, seint wir biß anhero zuer Italianischen armee gekhommen und unß Gottlob gestert glickhlich coniungirt. S. Excell. aber heint uff Halle fortgeruckht, aldort herr von Metternich und Schönberg alß deß herrn generals subdelegierte von Merßburg aus, da Ihr Kfl. Dt. von Sachsen sich befinden, auch heut anlangen und den friedt oder khrieg mitbringen werden. Sonsten hat der churfürst sein volkh zu feldt gefiert, sein lager bei Leibzig formiert und gibt deglich mehr patenten auß. So nahet sich der khönig auß Schweeden von der andern seiten auch hierzue. Jederman sagt, Ihr Kfl. Dt. werden sich mit ihme coniungiren. Daß macht unß den khrieg hoffen. Gott gebe gnadt."– Eisleben, 2. September 1631.

Ausf. ÄA 2381 fol. 390–391 und 395. Gedr. bei ARETIN, Pappenheim 5 S. 111 f. Nr. 43. Ben. bei STADLER S. 542, 832.

---

[1] Vermerk auf der Ausfertigung: „Nota Dises schreiben ist iber Augspurg khommen." – Den Erhalt des Schreibens und des Diskurses bestätigte *Maximilian* an Pappenheim, 19. September 1631 (Konz. Teisingers ÄA 2381 fol. 388), und fuhr fort: „Und weiln ir hievon nit weniger mit unserm generalleütenant, dem graven von Tilli, conferiert haben werdet, so zweiflen wir nit, er werde solchen discurs so weit in obacht nemmen, wie ers nach gestaltsame ieziger zeit und leiffe gelegenheit dem wesen am nuzlichisten befinden wirdet."
[2] Vgl. dazu oben Nr. 301.
[3] Der beigefügte Diskurs (ÄA 2381 fol. 392–394) ist gedruckt bei ARETIN, Pappenheim 5 S. 113–116 Nr. 43, benutzt bei STADLER S. 520, 540 f.; vgl. auch ebenda S. 832.

## 339. Maximilian an den Kaiser

August 31

Gutachten in Sachen Verletzung des Regensburger Friedens durch Frankreich

Bestätigt den Erhalt der Sendung vom 24. August [oben Nr. 330] und fährt fort, er „befünde zumaln dise sachen ainer sehr grossen importanz und weütten aussehens, auch so beschaffen, dz [...] die högste unvermeidenliche nottwurft erfodert, ain so schwer wichtiges werkh vorhero in ainem und anderm reüfflich zu erwegen, vorderist aber auch, weiln es dz gemaine anligen und wolfahrt des Röm. Reichs concernirt und antrüfft, mit meinen catholischen hern mitchurfürsten dem herkhomen nach [...] hieriber vertreuliche und nothwendige communication zu pflegen." [...] – München, 31. August 1631.

Konz. Ranpeks, teilweise zu chiffrieren, Kschw 73 fol. 204 = Druckvorlage; Kop. Akten 263/III fol. 7.

## 340. Kursachsen an den Kaiser[1]

August 31

Kommission Tillys

Die zu Kursachsen abgeordneten Subdelegierten Tillys haben das kaiserliche Schreiben[2] und eine Kopie ihrer Instruktion[3] überreicht. Über seine schriftliche Resolution[4] wird Tilly den Kaiser unterrichten, worauf der Kurfürst sich bezieht. – „Und ersuche und bitte E. Ksl. Mt. nochmahlß underthenigst, sie wolle alß ein gerechter und güettigister Kheiser nicht zuegeben, daß ich und meine land und leüthe mit durchzigen, einquarthierung, plinderung, einfallen und anderen khriegstrangsallen, wie aniezo nicht wenig vorgangen, beschwehret noch weniger vergwaltiget und meine bestendige treue und nuzliche dienste nuhmehr dergestalt belohnet werden möchten, sondern vilmehr deroselben iederzeit allergenedigst ingedenkh verbleiben und mich solcher wohl und rhumblich geniessen, sowol gueteß vertrauen under den stenden deß Reichß wider ufrichten und einen algemeinen sicheren frieden glückhlich reduciren und alleß dahin richten zu lassen, damit die so weißlich und heilsam verfaste und hochverbundenen reichßconstitutiones bei ihren würten und khreften stetigß conserviret, chur-, fürsten und stende darwider und dero zuestehende, theuer erworbene freiheit nicht graviret. Mit E. Ksl. Mt. meine ichß ganz treulich und gueth und suche, wie ich woll zum höchsten bezeugen khan, mehr nicht dann dz bestendige [!] fried

---
1 Die Druckvorlage war der Relation *Ruepps* vom 3. September (unten Nr. 343) beigefügt.
2 Vom 23. Juli (oben Nr. 294 Anm. 6).
3 Zitiert oben Nr. 328 Anm. 1.
4 Zitiert unten Nr. 343 Anm. 1.

und rhue wiederbracht und deß gegen Gott hochverantwortlich christenbluetvergießens, auch land und leuth verderbenß ein ende gemacht werde." – Merseburg, 21./31. August 1631.

Kop. ÄA 2398 fol. 409.

## 341. Maximilian an Kurmainz

September 2

Gutachten für den Kaiser in Sachen Verhalten gegenüber Kursachsen – Sukkurs Aldringens

Bezug: Schreiben vom 25. August samt beigefügtem Gesamtschreiben an den Kaiser [oben Nr. 331 Anm. 1, Nr. 331]. – Dankt für die Aufsetzung des Gutachtens für den Kaiser „und befünde gleichwol den inhalt desselben, sovil deß churfürstens zu Sachsen L. beträfft, demjenigen allerdings gemesß, waß deroselben [= dem Kurfürsten von Mainz] sowol alß mir bei dieser hochwichtigen sachen dazumahl zu gemüeth gangen und beederseits für rathsamb und guet befunden worden, Irer Ksl. Mt. gehorsamist zu erinnern. Mag aber Eüer L. hiemit freundlich nit verhalten, daß ich entzwischen den sachen noch etwaß mehrer und reüffer nachgedacht, dariber mir dann sorgfeltig zu gemüeth gangen, wann dieselbe und ich[1] dz schreiben ietzbeschaffner maßen also *abgeen laßen wurden, ob es nit von ubelgewognen dahin außgedeütt werden mechte, alß wann mann tacite den Leipzigischen schluß guetheißen und approbirn wolte, und sich deßen Chursaxen und andere ire mitinteressenten zu irem glimpf und vortl bedienen, auch diejhenige, so sich von solchem schluß begeben müeßen, sich bekhlagen dörften, dz man ainem gutsein lasse, waß man dem andern unrecht geheißen, und also mit ihnen wider recht und billicheit verfahren were. Zudeme trag ich die beisorg, dz eß auch am Ksl. hof ein offension causiern khondte, indeme die ubelgewogne eß dahin deütten möchten, alß wann die Ksl. schreiben, avocatori mandata und verordnungen etwaß improbirt und taxiert würden.*

Derowegen dann, damit der besorgende Eüer L. und mir darauß zuewaxende unglimpf in etwaß abgewendet und verhüettet werde, ist mir wolmainend zu gemüeth gangen und lasse ich zu deroselben vernünftigem guetbefünden und belieben haimb-

---

1 Ursprünglich folgte: „Irer Mt. solcher gestalt die angreiffung Cursaxens und trennung dero auf dem fueß habenden khrüegsvolkhs auß denen bedachten erheblichen ursachen dissuadirn und widerrathen, daß man es besorglich an dem Ksl. hoff von unß übel aufnemmen und wol dahin außdeütten mechte, alß wolten wir dardurch die von Irer Mt. zu aufhebung deß Leipzigischen schluss ergangene mandata, verordnungen und executiones reprehendirn und deroselben in ainer gerechten und wolbefuegten sachen gleichsamb selbst zuwider sein, auch mit Chursaxens L. daßjenige improbirn, waß gegen andere dem Leipzigischen schluß zugethane fürsten und stende eingerathen, auch bereits vorgenommen und guetgehaissen worden." – Dieser Passus wurde von Maximilian getilgt und durch das oben im Folgenden kursiv Gedruckte ersetzt.

gestelt sein, ob sie dieses in irem und meinem namen an Ire Mt. gesteltes antwortschreiben und guetachten vorhero dero gesandten nach Franckhfurt zueschickhen und ihnen auftragen wolten, dariber mit denn samentlichen der catholischen churfürsten gesandten weitter conferenz zu pflegen und sich zu vergleichen, ob dises gesambte schreiben solcher gestalt vortzuschickhen, die iezt angeregte bedenkhen in consideration zu nemen oder wessen man sich sonst zu verhalten?,[2] damit durch solche gesambte conferenz und vergleich Eüer L. und mir allain die verantwortung ringer gemacht werden möge. Und hab ich herüber meinen gesandten in eventum nach Frackhfurt alberaith befelch zuegeschickht."

Dem Gutachten angehängtes Mainzer Gesuch um Sukkurs Aldringens zwecks Zerschlagung der hessischen Truppen: Zwar sollten die neugeworbenen Ligatruppen auf Tillys inständiges Bitten zunächst dem Generalleutnant zugeschickt werden. Angesichts der Feindseligkeiten der hessischen Soldateska gegen die kurmainzischen Lande und Leute aber „hab ich alsogleich nottwendige ordinanz ergehen lassen, daß mein obrister cammerer graff Ott Hainrich Fugger seine marche mit disen neugeworbnen bundtstrouppen gestrackhs nach Hessen anstellen und darmit Eür L. und andern benachbarten betrangten bundtstenden eilfertig succurrirn solle, inmassen dieselbe entzwischen auß meinem negstern an sie abgangnem schreiben[3] mit mehrerm werden vernommen haben." Nach Lage der Dinge wird Kurmainz es daher zweifellos nicht für erforderlich halten, dem Gutachten, das Maximilian anbei retourniert,[4] das Gesuch um Sukkurs Aldringens zu inserieren. – München, 2. September 1631.

Reinschr. mit Korr. Maximilians Kschw 782 fol. 311–312 = Druckvorlage; Kop. Akten 263/III fol. 30–31. Ben. bei BIRELEY, Maximilian S. 159, wo Anm. 34 ein falscher Fundort angegeben ist.

---

2 In der einschlägigen Weisung des *Kurfürsten von Mainz* an seine Gesandten in Frankfurt, Mainz, 9. Sept. 1631 (Ausf., präs. 11. Sept., MEA RTA 133 Konv. Tomus 21 fol. 465–466), der die oben Nr. 292, 331 und 341 gedruckten Stücke beigefügt waren, heißt es: „Weilen nun allerhöchstg. Ihre Ksl. Mt. daß bedenkhen gleichwohl gern befürdert sehen wolten und es von Churbayern uf die angedeüte communication verwiesen würdt, so stellen wir es dahien, daß ihr mit den Churthrier., Cölln. undt Bayerischen gesandten hierauß fürderlich conferieren und euch eines concepts, wie das bedenkhen zue stilisiren, vergleichen, auch forters dasselbig zue unserer canzlei einschickhen wollet."
3 Vom 26. August (oben Nr. 333).
4 Und zwar die von Kurmainz ausgefertigte Reinschrift (oben Nr. 331).

## 342. Maximilian an Aldringen

September 2

Verstärkungen für Tilly – Assistenz für Fugger

Übersendet u. a. Auszüge aus zwei Schreiben Tillys,[1] deren Inhalt er rekapituliert. „Wann du dann selbst vernünftig zu ermessen, wieviel und hoch Irer Ksl. Mt. und dem algemeinen catholischen nothleidenden wesen daran gelegen, daß ermelter generalleitenant dem gegentheil daniden recht gewaxen und testa machen khönnde, auch darbei dises zu considerirn, wann er generalleitenant besagter danidiger orthen bastant, das auch dardurch die herobige craiß umb sovil mehr bedeckht und in securitet gestelt, alß ställen wür ausser zweifel, du wurdest ermeltes gf. von Tilli ordinanz, welche er dir seinem anregen nach als Ksl. generalleitenant bereits zuegefertigt, deinem zu Irer Mt. und des algemeinen wesens dienst alzeit erzeigtem loblichem eüfer nach, weilen periculum in mora, dergestalt unverzogentlich inhaerirn, damit graf von Tilli von deinem underhabenden heroben ligenden Ksl. kriegsvolkh noch so ehist alß möglich mit einer ergibigen anzahl besterkht werde. [...]

Dieweiln aber zu besorgen, es wurde ermeltes volkh, so du dem graven von Tilli ferner zuezeschickhen, schwerlich bastant sein, alleinig vort- und durch[zu-]khommen, und du dich zu erinndern, welcher gestalten wir unlangst durch [...] den von Herliberg an dich gesinnen lassen, auf den fahl etwa [...] graf Ott Hainrich Fugger bei seinen ieziegen impresen gegen Hessen deiner hilf vonnöthen, daß du ime darmit fürdersamb aszistirn und beispringen wöllest,[2] warüber uns seithero von des abten zu Fulda Fr. schreiben einkhommen, das das Heßische und Weinmarische kriegsvolkh nunmehr nit allein zusamengeführt, sonder auch bereits durch solches stadt und stüft Herschfeldt wie nit weniger im stüft Fulda 2 stätt und 5 ämter eingenommen und occupirt worden, derowegen uns Ire Fr. umb eillende hilf und rettung ganz beweglich ersucht und gebetten,

---

1 Vom 16. und 20. August (oben Nr. 318 und 322).
2 Ein einschlägiges Schreiben Herlibergs an Aldringen hat sich nicht gefunden. Wohl die bei den Akten ebenfalls fehlende Antwort Aldringens auf das abgängige Schreiben Herlibergs erwähnt *Maximilian* an Aldringen, 5. Sept. 1631 (Konz. J. Mairs ÄA 2309 fol. 168–171): Bestätigt den Erhalt des Schreibens vom 30. August. Hat diesem und einem Schreiben Aldringens an Herliberg entnommen, „das du dich mit [...] generalwachtmaister graf Ott Hainrichen Fugger nit allein abbochirt und von Irer Ksl. Mt. und des algemeinen cathol. wesens dienst underredet, sondern auch von deinem underhabenden Ksl. kriegsvolkh ein anzahl dergestalt commandirt, das solches sich den 2. dis monaths negsthin bei Schweinfurth befünden, fürters mit unserm [...] generalwachtmaister coniungirn und demselben in denen bevorstehenden impresen aszistirn solle." – In dem zitierten Schreiben *Aldringens* an Maximilian, Fürth, 30. Aug. 1631 (Ausf. ebenda fol. 172 und 175), berichtete Aldringen, er habe sich gestern mit Fugger „underrehdet und gegen demselben also erbietig gemacht, wie es die beförderung I. Ksl. Mt., auch E. Kfl. Dt. und des allgemeinen wesens dienste erfordert und dieselben sich von [...] dem von Herleberg referiren zu lassen." – Vgl. auch unten Nr. 345 mit Anm. 4.

Als ist unser gdist gesünnen hiemit an dich, du wollest obermeltes volkh, so du verstandnermassen dem gf. von Tilli zuezeschickhen, den negsten und strackhen weeg gegen dem stüft Fulda, und zwar so fürderlich als möglich, incaminieren und anziehen lassen und ermeltem unserm generalwachtmeister [Fugger] gegen [das] Hess[ische] und Weimarische kriegsvolkh zu rettung ermeltes stüfts Fulda und anderer betrangten catholischen bundtstendte underthonen aszistirn und beisprüngen, welches wür dann umb sovil mehr und billicher hoffen, weilen hierentgegen das maiste und beste cathol. bundtsvolkh (als welches doch sonst vor allem die betrangte cathol. bundtstendt defendirn und beschuzen solle) zu dienst Irer Ksl. Mt. daniden gegen dem Schweden impegnirt. Sobalden nun ermeltes Hessische und Weimarische volkh eintweder diszipirt oder dergestalt eingethon, das die angelegene cathol. bundtstendt fürthers vor dennselben in sicherheit stehen könden, alsdan kann dise von dir zum soccors geschickhte Ksl. soldatsca neben des cathol. bundts volkh (ausser was etwa zu mehrer versicherung notwendig in Hessen oder deren enden zu hünterlassen) ihre marchiada miteinander in desto besserer gewarsamb fürderlich fort- und zum graven von Tilli nemmen." – München, 2. September 1631.

Reinschr. mit Korr. und Zusätzen J. Mairs ÄA 2309 fol. 164–165.

## 343. Ruepp an Maximilian

September 3

Kaiserliche Kommission Tillys betreffend Kursachsen – Konferenz mit Kurmainz – Vereinigung Tillys mit Fürstenberg – Detachierung der neugeworbenen kurkölnischen Truppen zur Armee – Werbungen des Kaisers – Diversion der kaiserlichen Armee in Schlesien – Feldzug – Berichterstattung

[...] Übersendet Unterlagen in Sachen kaiserliche Kommission Tillys betreffend Kursachsen,[1] „welches ich vor ein hoche notdurft gehalten, weihlen S. Excell. so vil

---

[1] Beigefügt waren die Resolution *Kursachsens* für Metternich und Schönburg, Merseburg, 21./31. Aug. 1631 (Kopien ÄA 2398 fol. 404–408, Kschw 73 fol. 93–98, DOZA Liga-Akten 63 Konv. 1 fol. 249–251. Gedr. mit dem Datum: Merseburg, 25. Aug. 1631, bei LONDORP IV S. 202–204; vgl. auch THEATRUM EUROPAEUM II S. 427–429, KHEVENHILLER XI Sp. 1693–1697. – S. auch VD17 14:017677X S. 156–160, 14:053042C S. 182–187), das Schreiben *Kursachsens* an den Kaiser vom 21./31. August (oben Nr. 340), sowie Schreiben *Tillys* an Kursachsen, Halle in Sachsen, 3. Sept. 1631 (Kopien ÄA 2398 fol. 411–414, Akten 263/III fol. 40–42, DOZA Liga-Akten 63 Konv. 1 fol. 253–255. Gedr. bei LONDORP IV S. 204–205) und an den Kaiser (unten Nr. 344).
Kopien der oben Nr. 343 gedruckten Relation *Ruepps* sowie der beigefügten *kursächsischen Resolution* sowie des Schreibens *Tillys* an Kursachsen übersandte *Maximilian* aus München, 16. Sept. 1631, an Kurmainz (Reinschr. mit Korr. Maximilians Kschw 782 fol. 322) und an Kurköln (Kschw 960 fol. 333) und bat sie, „uns dero beifallende vernünftige gemüethsmainung zu eröffnen, wie ihro dise Chursäxische erkhlerung vorkhombt." Er teilte noch mit: „Die instruction der subdelegierten [...] ist

zue thuen gehebt, E. Kfl. Dt. meiner underthenigisten schuldigkheit nach gehorsambisten bericht zu geben.

Wegen der angedeüten conferenz mit Curmeinz² heten S. Excell. die resolution hierin lengst gehofft, die aber biß anhero noch nit eingelangt. [...]

Den 31. Augusti haben wür uns mit des herrn generalwachtmeisters graven von Fürstenberg volkh, so in die 10.000 effective wol starkh, coniungirt. Und ist vor Eißleben in der Grafschaft Manßfeldt ein generalrendevou gehalten worden. Darbei hat man gesehen, wie und sonderlich dz fueßvolkh sehr abgenomben, waß aber verhanden an reutter und fueßvolkh, schön und guet ist.

Den neugeworbenen Curcöllnischen trouppen ist auch ordinanz ertheilt worden, weillen sich die gefahr mit den Engellendern in dem erzstift Bremen gestilt hat, sich nacher Halberstatt und von dannen zu der armada zu begeben. Aldieweillen aber die musterung solcher trouppen ausser des obristen La Moulloe regiment, so gemustert und in die 1.350 zu fueß starkh, erst auf den 27. vergangenen zu Lipperoda in der grafschaft Lipp angestelt und solcher tag noch nit gar gewiß, darzue solle dz volkh gar wenig sein, alß seind Ir Excell. nit wol darmit zufrieden. – Die neue Ksl. regimenter bleiben auch lang aus, und ist zu besorgen, sie werden in den winter kommen, ingleichen dz volkh in Lottringen, welches Ire Ksl. Mt. haben werben lassen.

Der Ksl. veldtmarschalkh graf von Tieffenbach hat auch ordonanz von S. Excell. zu marchirn, umb zu sehen, wie er ein diversion wider den könig machen, wofern er sich starkh und bastant darzue befinde³, daran ich meines wenigen orts zweifle.

Ihre Kfl. Dt. zu Sachsen haben ein veldtleger gleich ausser der statt Leipzig schlagen und daß volkh, so in die 20.000 starkh sein solle, campirn und gestrigs tags ein anzahl stuckh aus der statt ins veldt fuhren lassen. So ist auch das landtvolkh allenthalben aufgemohnet. Und werden wir morgigen tags ungefehr 3 stundt von besagter statt Leipzig campirn, daß es zu besorgen, schwerlich beiderseits ohne feindtliches attaquirn ablauffen wirdt und villeicht umb sovil ehender geschehen, ehe sich der könig damit coniungirt, welcher in die 12.000 starkh allen eingelangten advisen nach, umb Zerbst in dem fürstenthumb Anhalt gestrigen tags angelangt.

Was weiter vorlaufft, berichte underthenigist hernach. Allein bite gehorsambist, E. Kfl. Dt. wollen und geruhen [...] ungnedigist nit zu verdenkhen, wan dieselbe ich nit so oft underthenigist berichte, als es die noth und schuldigkeit erfordert, zumahlen die strassen ganz unsicher, kheine schreiben vortzebringen sein. So ist auch nacher

---
unß bis dato nit eingelifert worden. Eß ist aber derselben inhalt auß der Säxischen antwort wol abzunemmen."

2 Vgl. zu dieser Konferenz oben Nr. 312 mit Anm. 2.

3 Vgl. dazu schon die Relation *Ruepps* vom 20. August (oben Nr. 312 Anm. 5. Ben. bei WITTICH, I S. 759 Anm. 1; KAISER, Politik S. 436 Anm. 327): „Es haben S. Excell. dem [...] von Dieffenbach, zu marchirn und ein diversion zu machen, ordinanz ertheilt, in mainung, es werden ime veldtmarschalkhen albereit mehr volkh zuekhommen. So schreibt und bericht er, daß er ime nit getrawe, seitemahl er nit sterkher an reütterei alß 3.000 und fueßvolkh 6.000. Mehrer volkh thuet er aber erwarten. Alßdann will er Ir Excell. ordinanz gehorsamblich nachkhomen. Daß also dise vermeinte diversion noch steckhen bleibt."

Leibzig nichts mehr zu schicken. Will aber nit underlassen, wan nur gelegenheit verhanden, mein schuldigist und underthenigistes zue thue." – Halle in Sachsen, 3. September 1631.

Ausf., teilweise dechiffriert, ÄA 2398 fol. 400–402 = Druckvorlage; Kop. Akten 263/III fol. 36–37. Ben. bei WITTICH I S. 748, S. 752 Anm. 2; KAISER, Politik S. 50 Anm. 180, S. 423 f., S. 434 Anm. 313, S. 436 Anm. 328, S. 438, ebenda Anm. 333, S. 439 f., 441, 451.

### 344. Tilly an den Kaiser[1]

September 3

Kommission betreffend Kursachsen

Übersendet Kopien des Vortrags seiner Subdelegierten bei Kursachsen[2] und der Resolution des Kurfürsten[3]. „Und nachdeme daraus klärlich erhellet, das S. Kfl. Dt. gewilt und gemeint seie, bei dem Leipzigischen schlus zu halten und in verfassung zu bleiben, dahero E. Ksl. Mt. allergdisten intention und bevelch sowol auch denen hiebevor ausgelassenen mandatis avocatoriis ac monitoriis khein geniegen noch parition geschehen, so habe S. Kfl. Dt. ich nochmahlen zum überfluß ersuecht, ermahnet und gebethen, wie die drite beilag[4] nachfüehret. Was für erkhlerung darauf ervolgt, darvon solle E. Ksl. Mt. sobaldt allergehorsambst berichtet werden.

Immittelst befinde ich mich mit der armada hiesiger enden gegen den Chursäxischen grenizen. Und fahls Ire Kfl. Dt. bei irem proposito bestehen, paß und repaß in und durch dero landen zu verfolgung des feindts sambt nöttiger proviant für E. Ksl. Mt. khriegsvolkh ferner wie seithero also verweigert wurde, erfordert nit allein dero hoher Ksl. respect und reputation, sonder auch der ieziger Reichs und khriegs zuestende, dasienige ins werkh zu richten, was berürte monitoria und avocatoria mandata mit sich bringen und von E. Ksl. Mt. in dergleichen fählen vorzenemmen mir hiebevor allegdist committirt und anbevolchen worden. Dann sonsten eine so starkhe armada, wie iezo Cursaxen beisammen hat, hinder dem ruckhen zu lassen und gegen dem khonig aus Schweden progress zu thuen, würdt bei so beschaffenen dingen nit allein periculos und gar schwerfallen, sonder ich habe auch die geringste mittel nit, den underhalt für die armada anderer gestalt ferner beizubringen." – Halle [in Sachsen], 3. September 1631.

Kop., teilweise dechiffriert, ÄA 2398 fol. 415 = Druckvorlage; Kop. Akten 263/III fol. 38. Ben. bei WITTICH I S. 749 Anm. 2; KAISER, Politik S. 439.

---

1 Die Druckvorlage war der Relation *Ruepps* vom 3. September (oben Nr. 343) beigefügt.
2 Druck in THEATRUM EUROPAEUM II S. 423–427, ferner bei KHEVENHILLER XI Sp. 1682–1693.
3 Zitiert oben Nr. 343 Anm. 1.
4 Das Schreiben *Tillys* an Kursachsen vom 3. September (zitiert oben Nr. 343 Anm. 1).

## 345. Maximilian an Tilly[1]

September 4

Verstärkungen für Tilly – Feldzug Tillys – Diversion der kaiserlichen Armee in Schlesien – Krieg gegen Frankreich – Einsatz des Korps Fugger gegen Hessen-Kassel – Detachierung der neugeworbenen kurkölnischen Truppen in die Grafschaft Ravensberg – Dinkelsbühler Kontribution – In Würzburg liegende Gelder – Anbringen bei Kursachsen – Unterrichtung der Gesandten der Ligastände in Frankfurt über die militärische Situation

Bestätigt den Erhalt der Schreiben vom 16. und 20. August [oben Nr. 318 und 322]. – Was den Anzug Fürstenbergs betrifft, so übersendet der Kurfürst eine von Aldringen stammende Designation der mit Fürstenberg abgezogenen und der bei Aldringen verbliebenen Truppen zu Ross und Fuß.[2] Hat auf sich in Sachen Verstärkungen für Tilly an den Kaiser und an Aldringen gewandt,[3] wie die Anlagen ausweisen. „So haben wür gleich iezt vor schliessung dises von dem v. Aldring sovil nachricht, daß er uf euer ordonanz von dem heroben ligenden Ksl. volkh bereits ein anzahl (welche aber nit benent) in anzug brüngen und zu desto besserer und sicherer vortkhommung mit unserm obristen cammerer und generalwachtmeister graf Ott Heinrich Fugger (von dessen marchiada hernach weiter zu vernemmen) coniungirn lasse.[4]

Allein weil [...] heroben des Ksl. volkhs so gar vil nit übrig, auch dahero per consequenz zu besorgen, es werde also ermelter euch von solchem volkh noch zuekhommende soccors nit groß sein, so werdet ihr bei solcher gestaltsamb mit euren vorhabenden impresen gegen dem Schweden umb sovil weniger darauf zu warthen oder die ohnedz ie lenger, ie mehr abweichende somerszeit deßwegen zu verliehren haben. Dann[5] es dz ansehen gewünnen will, als wann diser arglistige feindt, indeme er sich

---
1 Auf dem Konzept ist von *Teisinger* vermerkt: „Im kriegsrhat abgelesen worden".
2 Ein einschlägiges Verzeichnis, das außerdem die kaiserlichen Garnisonstruppen in Schwaben, Franken und im Elsaß sowie die sich noch in Graubünden und in Italien befindenden kaiserlichen Truppen auflistet, ad 30. Aug. 1631, ist überliefert in ÄA 2309 fol. 173–174. Demnach waren mit Fürstenberg fortgezogen die Kavallerieregimenter bzw. Kontingente der Kavallerieregimenter Hg. Franz Albrecht von Sachsen-Lauenburg (6 Kompanien), Merode (5), Piccolomini (13), Rangoni (5), Isolani, Kroaten (3), die Infanterieregimenter bzw. Kontingente der Infanterieregimenter Gallas (11), Fürstenberg (5), Franz Albrecht von Sachsen-Lauenburg (5), Dietrichstein (5), Baldiron (6), Chiesa (10). Bei Aldringen waren verblieben an Kavallerie Ferrari (3), Montecuccoli (3), Wittenhorst (2), Don Hannibal Gonzaga (4), Trčka (2), Kroaten (2), an Infanterie Alt-Aldringen (14), Sulz (4), Scherffenberg (5). Die Kavallerieregimenter Eckstädt (6) und Bredow (5) hatten die Ordonnanz zum Fortzug mit Fürstenberg zu spät erhalten und fermierten bis auf weitere Ordonnanz. – Vgl. auch oben Nr. 313 Anm. 3.
3 *Maximilian* an den Kaiser, München, 31. Aug. 1631 (Reinschr. mit Korr. und Zusatz Maximilians und Teisingers ÄA 2380 fol. 408–409), an Aldringen, München, 2. Sept. 1631 (oben Nr. 342).
4 Diese Nachricht dürfte Aldringen via Herliberg übermittelt haben. Vgl. zu dem Kontakt zwischen Aldringen und Herliberg Ende August/Anfang September oben Nr. 342 mit Anm. 2.
5 Vgl. zum Folgenden auch einen eigenh. Zusatz *Maximilians* in seinem Schreiben an Ruepp, 4. Sept. 1631 (Konz. Teisingers, teilweise zu chiffrieren, ÄA 2398 fol. 371. Ben. bei KAISER, Politik S. 427): „Sonsten will schier bei etlichen eß dz ansehen gewünnen, alß wann diser feindt durch sein list mehr alß

nit risigiret, sonder algemach mit glegenheit einen vortl nach dem andern ergreifft, antragen und zillen thue, wie er euch ausharren und neceszitirn möchte, das ihr die danidige stüfter und provinzien eintweder wegen mangl notwendiger proviant- und underhaltsmitl oder anderer diversion halben delogirn und verlassen müesset, damit er alsdann desto besser occasion und glegenheit habe, sedem belli herauffer in der cathol. bundtstendt lande (dahin die widerige so lang, ia ie und alzeit gezilt) zu transferirn und dardurch ermelte cathol. bundtstendte ires nervi gar zu privirn und zu entsezen. Derowegen stöllen wür ausser zweifel, ihr werdet auch eurer bekhanndten und biß daher in verscheidenen occasionen zu unsterblichem lob und rhuemb erwisener dapferkeit nach umb sovil mehr eiffrig angelegen sein lassen, wie ermeltem Schweden beizekhommen und dise seine zillende höchstgefehrliche diszegni in zeiten zu contraminirn und vorzepauen. Zu welchem ende wür dann nit wenig vorstendig ermessen heten, wann durch die Ksl. in Schlesien ligende armada fürdersamb einiche diversion gegen der Oder hinein angestelt wurde." Wiederholt seine die Notwendigkeit der Ablösung Tiefenbachs betreffenden Ausführungen [vom 28. August, oben Nr. 336] und betont, dass Tiefenbach „bereits den ganzen somer her unverruckht an einem ort fermirt und vast dz gerüngste gegen den feindt nit vorgenommen."

Übersendet die Kopie eines kaiserlichen Schreibens,[6] dem Tilly entnehmen wird, dass die Kaiserliche Majestät gegen die „cron Franckhreich zum krieg inclinirn, auch zu solchem ende bedacht, etliches volkh ins Elsaß und selbiger refier verlegen ze lassen. Wann wür aber nit vermuethen, daß die cron Franckhreich ohne vorgehende ursach ichtwas gegen dem Reich vornemmen werde, und daher für besser, notwendiger und diensamer befünden, solches volkh, so man gegen der cron Franckhreich ins Elsass zu verlegen willens, euch zuezeschickhen, als ist ein sondere, unumbgengliche notturft, das ihr ein solches Irer Ksl. Mt. (iedoch unvermelt unser, sonder under dem praetext, als wann ihr anderwerts davon nachricht erhalten hetet) beweglich zu gemüeth führet und deroselben dabei remonstrirt, was aus dergleichen kriegen, bevorab ieziger zeit (da dz Hl. Reich vorhin voller feindt ist und man hingegen disseits mit den notwendigen underhaltsmitlen vorhin ie lenger, ie weniger vortkhommen kann) für gefahr, schaden und nachteil erwachsen möchte, mit anhang, dz man an dem jungsten Italianischen krieg ein frisches exempel, was selbiger Irer Ksl. Mt., dem Hl. Reich und ganzem gemeinen cathol. wesen für unglegenheit, schaden und praeiudiz verursacht, inmassen ihr disfahls den sachen eurer bekhandten dexteri-

---

durch den khriegsvalor zu gewinnen vermaindt, insonderheit auch dz sein intent dahin gericht, wie er ohne risigo oder schwerdtstraich ain land nach dem andern erobern, durch sein vergraben unß die occasion, ihne zu trennen, und zugleich algemach die lebensmittl benemmen möge. Wie dann zu besorgen, dz er jezt hernachruckhen und, ehe man wider an ihne khommen khann, etlich vil meil landtß gewinnen, auch, wann man ihne wider suecht, de novo so wol, alß zu Werben beschechen, eingegraben finden und ihme nit beikhommen werde. Durch welches proceder er großen vortl und reputation, wür aber dz gegenspül erlangen."
6 Vom 24. August (oben Nr. 330).

tet gemeß recht ze thuen und unß den weitern ervolg, bevorab wessen sich Ire Mt. darüber erclern, zu unserer nachricht zu übersch[icken] wisse[t]."

Erinnert an seine Ausführungen [vom 28. August, oben Nr. 336] betreffend den Einsatz des Korps Fugger. „Seithero ist uns von des abten zu Fulda Fstl. [Gn.] neben sollicitirung eilfertiger hilf und röttung [ge]clagt und communicirt worden, das das Hessische kriegsvolkh underm commando herzog Bernharts zu Saxen Weimar nit allein die in Hessen gelegene Curmeinzische stött und ämbter zum theil gebrandtschazt, zum theil beraubt, sondern auch alsdann in dz stüft Herschfeldt und Fulda feindtlich und landtfriedbrüchiger weiß geruckht, darüber bereits etliche stött, schlösser und ämbter durch den canon zur ergebung bezwungen und gleichmessig mit brandtschazung, rauben, plündern und andern hostiliteten grossen schaden gethon, auch fürthers uf die fstl. residenz und abtei zu Fulda im anzug begriffen. Und wöllen wir zwar verhoffen, es werde ermelter unser obrister cammerer und generalwachtmeister mit seinem underhabenden kriegsvolkh (über welches wür seithero aus der Undern Pfalz von unserer particularverfassung noch 1.000 mann zue fues und 100 pfert zu ihme commandirt und in anzug brüngen lassen) numehr bereits in dem stüft Fulda ankhommen sein und gegen disen raubern und friedtbrechern mit Göttlicher hilf die revange suechen. Ir könndet aber bei solcher gestaltsambe selbst vernünftig ermössen, wie hoch vonnöthen, das wür aber ermelter unser und anderer bundtstendte neugeworbene soldatesca gegen disem Hessischen volkh, bevorab bei ihrem iezt tentirten feindtlichen einfahl in zeiten emploirn lassen. Dann solte disem rauben nit fürdersamb vorgepauet und resistirt werden, were nichts gewissers zu befahren, als dz sie nit allein dz stüft Fulda ganz devastirt und ausgeplündert, sonder auch fürthers dz stüft Würzburg und andere negstgelegene bundtstendte attaquirt und angriffen, auch dardurch verursacht haben wurden, das solche bundtstendt sich wegen einschickhung irer gebürenden contribution umb sovil mehr mit der impossibilitet entschuldigen möchten. Befünden derowegen nochmallen eine unumbgengliche notturft, das ihr ermeltes unser und anderer cathol. bundtstendte neugeworbenes volkh eher nit zu euch erfordert, bis oftbesagtes Hessisches volkh eintweder dizipirt oder sonst mit hünterlassung gnugsamer garnisonen dergestalt eingethon, das die angelegene cathol. bundtstendte und deren underthonen fürthers vor demselben in besserer und bestendiger sicherheit stehen könnden. Wür seindt aber im zweifel, weil wür nit wißen, wie starkh die Heßischen seind, und verlautten will, dz Chursaxen ihnen socors schikhen mechte, ob diß neugeworbene volkh bastant sein werde. Dieweil ir aber numer selbs warnembt, dz durch dise Heßische diversion nit allein den bundtstenden, sonder auch euch und eurer armada große unglegenheit zuegefüegt wirdt, indeme dz volkh nit zu euch stoßen, ja schon khein post, pott oder schreiben mer durchzubringen, alß ist einmal die höchste notturft, dz ir darauf bedacht seiet, wie dise Heßische armatur, so numer von Schweden dependiert, ohne lengern verzug auß dem weg geraumbt und der so hoch notwendige paß zu euch eröffnet werde. Dann eß dz ansehen, dz mann unß voneinander ganz abschneiden wolle." [...]

Was die Detachierung der neugeworbenen kurkölnischen Truppen in die Grafschaft Ravensberg angeht, so gibt der Kurfürst zu bedenken, „ob nit die Staden von Holland ein solches, als obs dem vor einem jahr wegen delogirung der Gilchischen lande getroffenen accordo zuwider, anziehen und dardurch praetext und ursach nemmen möchten, sich in ermelte Gilchische lande ebenmessig widerumb einzetrüngen. Jedoch lassen würs alles eurer bekhandten diligenz und discretion committirt und anheimbgestelt sein, weilen wür nit zweiflen, ihr werdet dise und andere ragiones nach gestalt ihrer importanz und wichtigkeit für selbst alzeit reifflich bedenkhen und in consideration ziehen."

Hinsichtlich der Geld- und Unterhaltsmittel für die Bundessoldateska rekapituliert der Kurfürst seine einschlägigen Weisungen für die kurbayerischen Gesandten auf dem Konvent in Frankfurt[7], die hoffentlich Erfolg haben werden. Schlägt vor, den Generalkommissar Lerchenfeld nach Frankfurt abzuordnen, um den katholischen Gesandten die Gefahren für die katholische Sache plastisch vor Augen zu führen.

Kommt auf sein jüngst [am 28. August, oben Nr. 336] signalisiertes Einverständnis hinsichtlich der Inanspruchnahme der in Würzburg liegenden Gelder zurück und teilt mit, „weilen wür nit rathsamb befünden könden, ermelte zu Würzburg verhandene gelter algleich iezt mit dem bundtsvolkh gegen Hessen bei denen diser enden noch bevorstehenden und unvolfüerthen impresen vortgehen ze lassen, so haben wür dem von euch nacher Würzburg geschickhten commissario Müller bevolchen, mit abfüehrung ermelten gelts zu Würzburg so lang instandt ze halten, biß der paß in Hessen geöffnet und mit dem gelt ohne gefahr vort- und durchzekhommen.[8] Zu welchem ende wür auch unserm bei dem neuen bundtscorpo anwesenden commissario Adam Ernnsten v. Haggstorf bevolchen, dz er ihne commissarii Müller zu rechter zeit, wann er mit dem gelt zu Würzburg abraisen solle, advisirn und daneben unserm obrist cammerer und generalwachtmeister eründerung thuen solle, damit alsdan zugleich die notwendige convoy nacher Würzburg entgegengeschickht werde.[9]

Was Chursaxen anbelangt, hat es bei demihenigen, so wür euch in unserm jungsten schreiben [vom 28. August, oben Nr. 336] für unser und des h. churfürsten zu Meinz gemüetsmainung bedeitet, nochmallen sein verbleiben. Allein weilen wür aus deme euch von Chursaxen zuegethanen schreiben[10] under anderm ersehen, welchergestalten Ire L. sonderlich anthen und empfünden, das graf Egon zu Fürstenberg mit seinem underhabenden kriegsvolkh die marchiada uf Hessen richten wollen, und ihr aniezo mit Chursaxen wegen deren von Irer Ksl. Mt. empfangenen commis-

---

7 Vom 1. und 2. September (oben Nr. 311 E 28, 311 E 30)?
8 *Maximilian* an den Kommissar Johann Müller, 30. Aug. 1631 (Konz. Teisingers ÄA 2329 fol. 479); vgl. für den weiteren Verlauf ebenda fol. 481–482, 485–486, 490, 492.
9 Vgl. dazu *Maximilian* an Ernst, 30. August 1631 (Konz. Teisingers ÄA 2398 fol. 369).
10 Vom 2./12. August (oben Nr. 314).

sion[11] ohnedz zu tractirn, so wüsset ihr deroselben eintweder vermitels der etwa ohnedz bei Irer L. habenden gesandten oder durch schreiben" über die „ohne einiche gegebene billiche ursach" verübten Feindseligkeiten der hessischen Truppen unter dem Kommando Herzog Bernhards von Sachsen-Weimar gegen die Erz- und Stifter Mainz, Fulda und Hersfeld und darüber zu informieren, dass man gezwungen sei, zur Abwehr dieser Feindseligkeiten die neugeworbenen Bundestruppen einzusetzen. Tilly soll betonen, „das den cathol. chur-, fürsten und stendten solche landtfriedbrechung und feindtseligkeit umb sovil mehr zu gemüeth gehe, weilen ein solches des lgf. Wilhelm zu Hessen wie nit weniger des churfürsten zu Saxen selbsten für sich und andere protestirende gethonner öftern sinceration, das nemblich ihre verfassung durchaus nit wider Ire Ksl. Mt. oder zu offendirung einichen cathol. standts gemeint und angesehen, weith entgegenlaufft. Wessen sich nun S. des churfürsten zu Saxen L. darauf ercleren, wisset uns ihr neben andern erforderten umbstendten nachrichtlich zu berichten."

Die Gesandten der Ligastände in Frankfurt bitten um gelegentliche militärische Lageberichte Tillys, um ihre Beratungen daran orientieren zu können. – 4. September 1631.

Konz. Teisingers mit Korr. und Zusätzen Maximilians, teilweise zu chiffrieren, ÄA 2396 fol. 207–215. Benutzt bei WESTENRIEDER VIII S. 181 f.; HEILMANN II S. 291 f.; RIEZLER V S. 381; KAISER, Politik S. 434 Anm. 312, S. 436, ebenda Anm. 328, S. 440 f.

---

**11** Vgl. zu diesem Punkt auch das Schreiben *Maximilians* an Ruepp vom 4. September (oben Anm. 5): „Weil wür aus des gf. von Tilli schreiben under anderm auch ersehen, das er von Irer Ksl. Mt. commission empfangen, mit Chursaxen tractation zu pflögen, so wolten wür *von Irer Mt. dem gf. v. Tilli deswegen überschickhter instruction* gern *copi und* nachricht haben, was mit S. des churfürsten zu Saxen L. aigentlich tractirt werden solle. Dabei du dann vleissige acht ze geben hast, dz in solcher tractation gegen Chursaxen guete discretion gebraucht und sonst dardurch nit mehr offension als nuz causirt werde." – Die vorstehend kursiv gedruckte Passage ist im Konzept getilgt.

## 346. Kursachsen an Tilly[1]

September 5

Einfall in das Stift Merseburg

„Wir haben eur antwortschreiben [vom 3. September, oben Nr. 343 Anm. 1] empfangen und seind gleich im werkh gewesen, euch darauf widerumb zu beantworten,[2] müessen aber iezo mit unmueth erfahren, das ungeachtet wür bishero alle offensiones und mißverstände mit fleiß verhietet, auch zu dem ende unsere soldatesca von den grenzen ab- und weiter ins landt gefiert und darzue noch vill beschwerlichkeiten mit grosser gedult vertragen, dennoch unserer der Ksl. Mt. [...] geleisteten ganz unverdrossenen dienste, auch erwisener lieb und trew kheine andere belohnung darvonbringen, alß das einkhommenem bericht nach ir nicht allein in unser stift Merseburgk eingefallen[3] und mit ausblinderung underschiedlicher dörfer den armen underthonnen überall grossen schaden zuefügen lassen, sondern euch auch nunmehr der statt Merseburgk bemechtiget haben und ferner vorhabens sein sollet, dergleichen proceduren mehr gegen unsere lande fürzunemmen. Wir vernemmen auch hieriber, das ir eurer soldatesca nachgesehen, unser ambt Petersbergk feindlich anzufallen und was darin verhanden gewest, mit sich hinwegkhzunemmen.

Nun khönnen wir nicht gleuben, das die Röm. Ksl. Mt., ein solches zue thuen, euch anbevolchen, und so sie dessen berichtet, daran ein gefallen haben werden, allermassen wir dann entschlossen, dasselbe Irer Ksl. Mt. alsbalden underthenigist zu erkhennen zue geben. Wir heten uns auch gleichwol die gedankhen nimmermehr machen khönnen, weil wir uns gegen eur subdelegirte erkhlert, an allerhechstgedachte Ire Ksl. Mt. eine unverlengte absendung abgehn zlassen, das ir entzwischen mit solchen hostiliteten euch zu uns genötthiget, sondern villmehr als ein weiser und wolerfahrner in consideration gezogen haben sollet, wie dises gar nicht dz rechte mitel noch der weg, guetes vertrauen zwischen den catholischen und protestierenden ständten wider aufzurichten und den so hoch gewünschten friden zu reduciren, sondern dz villmehr dardurch die gemüeter weiter gegeneinander exacerbirt und dem Hl. Reich grösser unheil und gefahr zuegezogen werden derfte.

---

1 Auf der Druckvorlage ist vermerkt: „Zum Ruppischen schreiben gehörig". – Die einschlägige Relation Ruepps konnte nicht ermittelt werden.
2 Die Antwort erfolgte dann aber erst mit Schreiben Kursachsens an Tilly, Torgau, 3./13. September 1631 (LONDORP IV S. 206–207; vgl. auch THEATRUM EUROPAEUM II S. 430–431, KHEVENHILLER XI Sp. 1698–1701). – Zur Verbreitung dieses Schreibens als Flugschrift vgl. VD17 32:637278C, 14:004712K, 14:004710U, 23:257775E, 14:004707R, 23:257049C. Im Titel dieser Flugschrift heißt es u. a.: Letztes Schreiben Kursachsens an Tilly, abgeschickt bevor der Kurfürst sich mit seiner Armee moviert hat und ehe der König von Schweden mit seinem Volk zu ihm gestoßen ist, „darauß zu ersehen, wie Ihre Churfürstl. Durchl. von dem Tylli hierzu gedrungen und gezwungen worden."
3 Am 4. September (KLOPP III,2 S. 289; KAISER, Politik S. 441).

Ersuechen euch demnach zu desto mehrer und überflüssiger unserer verwahrung hiemit nochmahls gdist., ir wollet von allen thathandlungen abstehn, zu uns euch nit nöthigen, dz kriegsvolkh auß unserm stift Merseburg abfiehren und alles in vorigen stand restituieren. Dann do hierauß weiterung und ungelegenheit entstehn solte, wolten wür fur Gott und aller welt entschuldiget sein." – Torgau, 26. August/5. September 1631.

Kopie ÄA 2398 fol. 418–419. Ben. bei WITTICH I S.750, KLOPP III,2 S. 290.

## 347. Aldringen an Maximilian[1]

September 6

Vormarsch ins Vogtland, nach Thüringen und an die sächsische Grenze

Knüpft an sein Schreiben vom 30. August[2] an und berichtet, daß ihm inzwischen von Tilly „underschiedliche bevelch und solche ordinanzen zuekhommen,[3] die mich von der vorgehabten marche nach Hessen abhalten. Und bin ich sowoll von gemeltem herrn generalleutenanten graven von Tilly (dessen jungstes schreiben vom 31. Augusti zu Eißleben abgangen) alß auch durch andere versichert worden, daß der Schwedt mit seiner armada von Werben auffgebrochen und daselbsten über die Elbe nach Brandenburg, Zerbst und Wüttenberg marschiert, in mainung, alda über die pruggen dies-

---

1 Einschlägige Schreiben *Aldringens* an Wallenstein und an Fugger sind gedruckt bei HALLWICH I Nr. 342, 345 und 346. – Den Erhalt des unten Anm. 3 zitierten Schreibens vom 7. September bestätigte *Maximilian* an Aldringen, 11. Sept. 1631 (Konz. J. Mairs ÄA 2309 fol. 194–195), und führte u. a. aus: „So gehet uns doch hirüber dises zu gemüeth, das dem graven von Tilli status belli und die ieziger zeit daniden erzeigende umbstende am besten bekhannt, derowegen wir Irer Mt. und des algemeinen cathol. wesens hoche und unumbgengliche notturft ermössen, das du [...] bei solcher gestaltsamb [...] des graven von Tilli ieziger ordonanz nachgelebest." Der Kurfürst äußerte den Wunsch, er möchte „zu unserer notwendigen nachricht wol wissen, ob du dich zu dergleichen diversion starkh genueg und bastant befündest, item wie weith du dich für dismahl bei solcher bevorstehenden diversion zu avanziren gemeint." Darauf antwortete *Aldringen*, Gräfenthal, 14. Sept. 1631 (Ausf. ebenda fol. 216 und 219), er habe 21 Komp. Pferde und 27 Komp. zu Fuß, alles in allem schätzungsweise zwischen 7.000 und 8.000 stark, bei sich und werde vorerst nur bis Saalfeld vorrücken, wo er weitere Befehle Tillys zu erhalten hoffe.
2 Oben Nr. 342 Anm. 2.
3 *Tilly* an Aldringen, Wolmirstedt, 25. Aug. 1631 (Kop., franz. Sprache, ÄA 2309 fol. 207–208), Wolmirstedt, 26. Aug. 1631 (Kop., franz. Sprache ebenda fol. 203), Altenweddingen, 28. Aug. 1631 (Kop., franz. Sprache, ebenda fol. 201), Eisleben, 31. Aug. 1631 (Kop., franz. Sprache, ebenda fol. 205). – Die vorstehend zitierten Weisungen, die er allesamt wohl in der Nacht vom 4. auf den 5. September erhielt, übersandte *Aldringen* an Maximilian aus Lauringen, 7. Sept. 1631 (Ausf. ebenda fol. 197–200), wobei er den Erhalt des kurfürstlichen Schreibens vom 2. September (oben Nr. 342) bestätigte und mit Hinweis auf die Befehle Tillys ausführlich begründete, warum er Fugger im Moment keinen Sukkurs schicken könne.

seiz der Elbe zu gehen, sich mit Chursaxen (wie besorglich berait beschehen) zu conjungieren und mit völliger ganzer macht auff herrn graven von Tilly zu ziehen. Deme aber zu begegnen, haben sich Ir Excell. bereits zu ausgang verschiennen monnats mit demjenigen volkh, so herr graff Egon von Fürstenberg mit sich geführt, conjungiert und mir bevohlen, daß ich alles und jedes alt und neugeworbenes volkh, soviel man dessen (ausser der nothwendigen besazungen) entrathen khan, zusamenführen, ein corpus darauß formieren und mich darmit gegen Voytlandt, volgents in Thüringen an die Chursaxischen grenizen avanziern und dahien sehen solle, dern orthen ain diversion zu machen. Zu welchem ende ich dan nunmehr die marche in soviel verändert und solche gegen Aychfeldt[4] und Neustatt an der Haydt[5], Khoburgischen gepiets, angestellt. Und bin ich gedacht, mit dem bei mir habenden Ksl. volkh morgen von hinnen auffzubrechen und gegen besagte örther zu marschieren, von dort auß aber auff Grouenthall[6] durch den Thüringer Waldt zu ruggen und die mir anbevohlene diversion bester massen anzustellen.

Verhoffe also, daß durch diesen zugg Chursaxen kheinen succurs in Hessen schickhen und herr generalwachtmaister Ott Hainrich Fugger seine impresa dern orthen desto sicherer und mit weniger gefahr verrichten werde khönnen." – Schweinfurt, 6. September 1631.

Ausf. ÄA 2309 fol. 176–177.

## 348. Kurköln an Maximilian

September 7

Bayerisch-französischer Bündnisvertrag – Mission Saint-Etiennes – Mission des F. Kurz in Frankreich

Bezug: Schreiben vom 26. August [fehlt], dem eine Weisung für Richel[1] beigefügt war, „wegenn dern zwischen E. L. und der cron Frannckhreich ein zeithero gepflogener und unlengst geschloßener particular correspondenz und verständtnus unserß mitchurfurstens zu Mäintz L. mundtlich" zu informieren. – Dankt für die Mitteilung.[2] Begrüßt es, dass der Kaiser auf die Aufklärungskampagne Kurbayerns so positiv reagiert und Kurbayern auch den Kurfürsten von Mainz unterrichtet hat. Ist davon überzeugt, dass dieser dem Beispiel des Kaisers folgen wird.

---

4 Eisfeld im Herzogtum Sachsen-Coburg (STÄDTEBUCH II S. 292 § 10).
5 Neustadt an der Heide im Herzogtum Sachsen-Coburg (STÄDTEBUCH V,1 S. 386 f. §§ 1 und 10a).
6 Gräfenthal im Herzogtum Sachsen-Altenburg (STÄDTEBUCH II S. 304 § 10).
1 Vom 26. August, oben Nr. 311 E 21.
2 Bei Gelegenheit seiner Mission in Frankreich im Spätherbst 1631 erfuhr dann der Kölner Gesandte Fenff und via Fenff der päpstliche Nuntius Carafa von dem bayerisch-französischen Bündnisvertrag (WIJNHOVEN III Nr. 2391 S. 214).

„Die bei E. L. durch den Frantzösischen abgeordneten monsieur de S. Estienne anprachte werbung betr., ist meines erachtens under andern der neuwen Sachsischen allianz[3] halber demselben auf solche weiß, wie von E. L. angedeutet, woll und hochvernunfftiglich geantwortet worden, des zuversehens, alsolche erklerung werde von Ihrer Ksl. Mt. so wenig alß auch der Kgl. Wrd. in Franckreich ubel außgedeutet werdenn khönnen. – Daß aber ermelter abgeordneter wegenn ungelegenheit der räisen, sich zu mir persohnlich zu erhebenn, verhindert wordenn, deßwegen hab ich ihnnen woll entschuldigt zu halten. Und weill er, in der wiederkehr auf Franckfurth zu khommen, vorhabens, so stehet zu erwarten, wessen Chursachsens L. sich auf sein anbringen erklert habenn mag, warnach man sich alstann auch zu resolviren haben würdt." Bittet Kurbayern, ihn auf dem Laufenden zu halten.[4]

Übersendet und erläutert Unterlagen betr. die Mission des F. Kurz in Frankreich.[5] – „Mir aber khombt hochbeschwerlich vor, daß mann sich in einen neuwen, so gefehrlichen krieg gegen einen so mechtigen deß Reichs negst benachparten köning, bevorab bei allerseitz ermanglendenn darzu gehöriger nothwendigkeitenn und sunderlich, dha man noch in deme fast mitten im Reich empörgehendenn, so hochgefehrlichen unweesen biß uber die ohren steckhet, impliciren solle. Und wuste ich meines theilß darzu nit zu rathenn, wie es dan auch eine sach, so zu denn catholischenn churfursten allein nit gehörig. Derentwegenn dan meines erachtens es dienlich sein wurde, dißfalß auf andere mittelenn zu gedenken, wie der köning in Franckreich von dem besorgtem einfahl ins Reich zu divertiren und von der Schwedischen alliance (alß viell zu geschehen) abzubringen. Zu welchem endt ich dan, die meinige zu Franckfurt zu instruiren, gemeindt und denselbenn befehlenn werde, von meiner intention E. L. abgesandten umbstendtlich parte zu geben." – Bonn, 7. September 1631.

Ausf. Kschw 960 fol. 322–323.

---

[3] Gemeint ist die von Frankreich angeregte Allianz zwischen Kursachsen und Maximilian.
[4] Aus München, 15. Sept. 1631 (Konz. Oexels Kschw 960 fol. 331–332), teilte *Maximilian* Kurköln dann mit: Von Saint-Etienne „habe ich, [...] seither er von mir abgraißt, nichts gehört, wenigers, wie etwan seine werbung bei Chursaxen ablauffen, verstanden. Es ist aber wohl zue erachten, weiln die sach nunmehr in einen andern stand und dahin gerhaten, dz sich Saxen mit dem Schweden in würkhliche conjunction eingelassen haben soll, maßen E. L. von den ihrigen auß Frankfort ohn zweifel bereits werden bericht worden sein, zumaln auß der beigeschloßnen abschrift des an mich von dem von Aldringen abgangenen schreibens [oben Nr. 347] mehrers inhalts zu vernemmen haben, es wurde sein des gesandtens negociation bei so gestalten dingen ein schlechten effectum gewinnen."
[5] Beigefügt war die oben Nr. 330 Anm. 1 zitierte Korrespondenz des Kaisers mit den Kurfürsten von Mainz und Köln (Kschw 960 fol. 324–328).

## 349. Designation der von Kurköln neugeworbenen Regimenter[1]
ad September 7

Kavallerie:

Regiment des Obersten Weinand von Eynatten, am 29. August 1631 zu Lipperode gemustert: 5 Kompanien mit insgesamt 517 Reitern. Als Inhaber der Kompanien werden außer dem Obersten u. a. genannt Oberstleutnant [Rogier von Kieverberg gen.] Meven[2], Oberstwachtmeister Johann von Werth[3].

Regiment des Obersten Baron von Jehay, am 9. August unterhalb von Köln gemustert[4]: 5 Kompanien mit insgesamt 412 Reitern[5]. Als Inhaber der Kompanien wird außer dem Obersten u. a. genannt Oberstleutnant Graf von Gronsfeld[6].

Regiment des Obersten Blanckart von Enzen, am 29. August zu Lipperode gemustert: 4 Kompanien mit insgesamt 440 Reitern.

Infanterie:

Regiment des Obersten La Molli, am 28. Juli bei Andernach gemustert: 10 Kompanien mit insgesamt 1.354 Mann[7].

Regiment des Obersten Adolf von Eynatten: 10 Kompanien mit insgesamt 2.195 Mann, die zu unterschiedlichen Zeiten und an unterschiedlichen Orten gemustert worden waren (28. Juli bei Andernach, 12. August zu Kaiserswerth, 28. August zu Lipperode[8]).

ÄA 2361 fol. 627–628. Ben. bei STADLER S. 543, 554.

---

1 Maximilian übersandt mit Schreiben *Kurkölns*, Bonn, 7. Sept. 1631 (A. ÄA 2361 fol. 625–626). Den Empfang der Sendung bestätigte *Maximilian* an Kurköln, 16. Sept. 1631 (Konz. Teisingers ebenda fol. 623). – Die in der Designation enthaltenen Angaben betreffend die Diskrepanz zwischen Soll- und Iststärke der Regimenter Jehay, Blanckart, La Molli und Adolf von Eynatten sowie die Höhe der den Regimentern Jehay, La Molli und Adolf von Eynatten nach der Musterung ausgezahlten Monatssold bleiben im Druck unberücksichtigt. Die Designation nennt außer den Regimentsinhabern auch die Inhaber der einzelnen Kompanien der Regimenter; diese werden im Druck nur ausnahmsweise berücksichtigt. – Hinzuweisen ist auch auf die von dem Musterkommissar erstellten Designationen der von Kurköln neugeworbenen Regimenter (ÄA 2398 fol. 386–390), die *Lerchenfeld* aus Hameln, [nach 10.] Sept. 1631 (Ausf. ebenda fol. 384–385), an Maximilian übersandte. Lerchenfeld berichtete, die in Rede stehenden Regimenter, die Tilly zu sich beordert habe, hätten am 9. und 10. September in Hameln und Rinteln die Weser überschritten.
2 Zu diesem vermerkte *Kurköln* am Rand: „Der obristleutenambt Möven ist des gf. von Pappenheim leuttenambt gewesen vor 12 jaren in Behem." Vgl. dazu STADLER S. 68.
3 Zu diesem vermerkte *Kurköln* am Rand: „Der obristwachtmaister ist lang rittmaister gewesen bei den Spanischen. Hat guete reputation." – Für Werth ist auf LAHRKAMP, Werth zu verweisen; vgl. auch KESSEL S. 324 mit Anm. 25.
4 Den von Lerchenfeld übersandten Designationen (oben Anm. 1) zufolge am 13. August bei Deutz.
5 Den von Lerchenfeld übersandten Designationen (oben Anm. 1) zufolge 500 Pferde.
6 Zu diesem vermerkte *Kurköln*: „Der von Gronsfelt ist vom gf. von Tülly recommendiert worden."
7 Den von Lerchenfeld übersandten Designationen (oben Anm. 1) zufolge 1.371 Mann.
8 Nach Ausweis des oben Anm. 1 zitierten Schreibens *Kurkölns* vom 7. September wurden drei Kompanien zusammen mit dem Regiment Jehay bei Köln gemustert.

## 350. Tilly an Maximilian[1]

September 9

Akkommodation Kursachsens – Feldzug Kursachsens – Einsatz des Korps Fugger gegen Hessen-Kassel – Diversion in Mecklenburg – Ablösung Fuggers – Dinkelsbühler Kontribution – Ablösung Tieffenbachs

Bezug: Schreiben vom 28. August [oben Nr. 336], das er am 4. September per Kurier erhielt. – Hat das Mainzer Gutachten betr. die kursächsische und die hessische Armatur bedacht und „Ihrer Kfl. Dt. hergegen meine underthenigste getreue gemietsmainung, allermassen es gegenwertiger khundbare reichs- und khriegsstatus erfordert, überschrieben, nach besag und inhalt beigefügten gleichlautenden copeilichen exemplars[2], der underthenigsten hoffnung, Eur Kfl. Dt. werden dasselbe nit allein gdist vermerkhen und ratificiren, sondern auch an ihrem vornehmen und hochen ohrt daran sein und befürdern helfen, wie doch Ire Kfl. Dt. zu Saxen zue verhüettung so viller weitaussichtiger händeln und ungelegenheiten im ganzen Römischen Reich zur gebührender accommodation zum fürderlichisten immer möglich zu vermögen und zu disponiren sein möchten. Und würdt es meines erachtens darzue khein geringen vorschub leisten, wie es auch an sich selbsten die hoche unumbgengliche notdurft erfordert, wann sich Ire Ksl. Mt., E. Kfl. Dt. und dero herrn mitcurfürsten ieden orts sowol insgesambt als absonders mit ernst darumb annemmen und interponirn und Irer Kfl. Dt. zu Saxen mit den allerbeweglichisten demonstrationibus, erinderungen und abmahnungen under augen gehen werden, gar nit zweiflent, wan sie den rechten eifer spühren, sie werden alßdann besser in sich selbst gehen und baldt eines anderen und nuzlichen bedenkhen. An deme allem aber, weillen periculum in mora, khein zeit zu verliehren. Und were es wol zu wünschen gewesen, das mir solches guetachten zu dises so hoch importirenden werkhs mehrer beförderung zeitlicher were zuhanden khommen. Ich hab gleichwol meines underthenigsten erachtens bißhero für mich selbsten an allen nothwendigen und heilsammen erinnerungen gegen S. Kfl. Dt. an mir nichts erwinden lassen und dieselbe iezt nochmahls und zum überfluß über ihre zuevor von sich gegebene resolution mit gleichmessigen außführlichen remonstrationibus von neuem ersuecht, worüber ich dero erclerung alhie so lang erwarte, dahero ich mich noch zur zeit des ufbruchs und weitern marche halber noch nicht zu erclern waiß, biß nur dero weitere gemüetsmainung zu vernemmen khombt. Nach deroselben will ich mich alßdann reguliren und meine actiones ferners anstellen. Uf den fahl aber die resolution zu lang verbleiben und ins retardat gerathen solte, so will ich mir, die sachen pro re nata ebenmeßig fürzunemmen, angelegen

---
1 Die geplante Diversion in Mecklenburg, der Feldzug Kursachsens und die Kriegführung gegen Kursachsen waren auch Themen einer Relation *Pappenheims* an Maximilian, Halle, 10. Sept. 1631 (Ausf. ÄA 2381 fol. 396–398. Gedr. bei Aretin, Pappenheim 5 S. 118–121 Nr. 146. Ben. bei Stadler S. 542 f.; Kaiser, Politik S. 437 mit Anm. 330, S. 443 f., 444 Anm. 359, S. 452 Anm. 30).
2 Unten Nr. 351.

sein lassen. – S. Kfl. Dt. aber seind underdessen mit irer armada zu Leibzig ufgebrochen und haben sich darmit zuruckh nacher Torgaw gewendet. Ob sie sich nun der endts fermiren und lägern oder mit dem könig zu Schweden, welcher sich den eingelangten avisen nach derzeit mit ezlichen 1000 mann umb Zerbst und Wittenberg und also der könig persöhnlich in der nahe sich befinden solle, coniungirn oder waß sie sonsten fürnemmen werden, kan man noch nicht wissen."

Begrüßt den Einsatz des Korps Fugger gegen Hessen-Kassel, der seinen eigenen Planungen entspricht.

„Daß Cöllnische volkh aber hab ich mir, in andern occasionen zu gebrauchen, fürgenommen, inmassen ich dann albereits den anstalt gemacht habe, den veldtmarschalken graven zu Pappenheimb mit selbigen trouppen neben einer andern masza volkhs, und benantlich mit seim veldtmarschallen aigenen regiments diser enden im veldt habenden volkhs, dann mit dem Don Baltischen, Coroninischen, Collaltischen Croaten und Lindloischen compagnien, und das er auß dem erzstift Bremen, weillen die gefahr derzeit mit den Engellendern daselbst cessirt und selbige bei solcher occasion von ime ohnedas coopert und sicher sein werden, was möglich daselbst zu entrathen, sovil darzuestossen, das es 10.000 mann zusammen bringt, außzucommandirn, dergestalt und zu dem ende, wie er etwa dem feindt dem könig in Mechlenburg zu Domiz, Rostockh und der orthen eine diversion machen khönnde. Diser ursachen wegen und weillen furnemblich vorgemeltes obiges bundtsvolkh, daß Heßische unwesen zu dempfen, starkh genueg ist, habe ich die coniunction dises und gedachtes Cöllnischen volkhs diser zeit für unnötig gehalten. Solte es aber gleichwol gegen verhoffen dannocht noth und gefahr haben, so wil ich mir dißfals angelegen und bevohlen sein lassen, selbiges corpo zu besterkhen oder von anderen orten hero gegen Hessen einige diversion anzustellen."

Was die vom Kurfürsten angesprochene Ablösung Fuggers betrifft, so steht diesem frei, „ob und wie lang es ihme gefellig sein möchte, dabei zu beharren und etwa dem generalwachtmeister graven zu Gronßfeldt zu asßistirn. Ich hab innen aber vorhero zu mir erfordert, das er den statum diser armada selbst aigentlichen warnemmen und E. Kfl. Dt. von deroselben beschaffenheit und waß ich ime sonsten in ein und anderm weiters anvertrauen wirdt, zu seiner zuruckhonft relationirn khönde."

Begrüßt den Vorstoß des Kurfürsten auf dem Konvent in Frankfurt in Sachen Bundeskontributionen und hofft, daß er erfolgreich ist, „welches auch also die unumbgengliche eüsseriste notturft erfordert, zumahlen es in verbleibung dessen waiß Gott eine lautere unmüglichheit were, die so hoch nothleidende armada in mangel ires unentberlichen underhalts vor unheil und ruin zu conservirn oder selbige in den schrankhen des schuldigen gehorsambs und disciplin vom außlauffen zu erhalten, wiewollen solches sovil immer möglich verhüettet und gegen den verbrechern, wo selbige ergriffen, ohn allen respect und ungeachtet, sie zu suechung der lebensmiteln die höchste noth <darzue> zwingt und trengt, die scharpfe justitiae [!] genuegsamb fürgenommen und administrirt wirdt.

Hinsichtlich der Ablösung Tieffenbachs betont Tilly, „dz ich bißhero nit wahrnehmen oder verspüren khönnen, ob solte er sich seümig erzeigt haben, zumahlen er die volkhmitl nit gehabt und ist so starkh nit gewesen, einiche solche diversion oder impresa vorzunemen. Von hof aus ist mir zwar auch seinetwegen dißfahls nichts fürkhommen oder zugeschriben worden. Wan aber Ire Ksl. Mt. gemeint, solcher gestalt enderung fürzunemen, so werden sie ohne zweifel alßdann auch allergenedigist vorschlagen, wer anstat seiner in Schleßien zu bestellen sein möchte." – Halle in Sachsen, 9. September 1631.

Ausf., teilweise dechiffriert, ÄA 2396 fol. 249–253 und 262 = Druckvorlage; Kop. Akten 263/III fol. 79–81. Ben. bei WITTICH I S. 752, ebenda Anm. 2, S. 759 Anm. 1 (mit falschem Datum); STADLER S. 543; KAISER, Politik S. 88, S. 434 Anm. 313, S. 436 Anm. 328, S. 437, S. 437 Anm. 330, S. 442 f.; HABERER S. 264 f.

## 351. Tilly an Kurmainz[1]

September [ad 9]

Akkommodation Kursachsens

Betrifft: Mainzer Gutachten in Sachen Kursachsen[2], das er erst am 4. September zwischen 5 und 6 Uhr nachmittags durch einen kurbayerischen Kurier erhielt. Rekapituliert den Inhalt des Gutachtens und führt aus:

„Soviel nun anfangs die erforderte sufficientia causae anlangt, ist zwar ohnnöttig, meines wenigen ohrts weitleiffig zue examineren und außzueführen, sintemahl deren diiudicatur mir nicht, sondern der Römischen Ksl. Mt., E. Kfl. Gn. und andern dero herrn mitchurfürsten gebüert und zustehet, denen ich auch im wenigsten vorzugreifen kheineswegs bedacht bin, sondern lasse es billich dabei bewenden, daß allerhechstgedachte Ire Ksl. Mt. die Chursachsische und anderer uncatholischen stende vermitels des Leibzigischen schluß vorgenommene khriegsverfassung alß hochverdachtig und allerdings unzuelässig per publica edicta ernstlich verboten und dagegen ire Khaiserliche monitori und avocatori mandata außgelassen, darinnen dise sachen und wararuf deren grundt und fundamenta bestehen, auch wohin der scopus eigentlich collimire, außfierlich deducirt und der lenge nach remonstrirt,

---

1 Das Tagesdatum ist in beiden überlieferten Exemplaren des oben Nr. 351 gedruckten Schreibens ausgespart. Da die Druckvorlage der Relation *Tillys* vom 9. September (oben Nr. 350) beigefügt war, wurde das Stück dem Tagesdatum der Relation *Tillys* zugeordnet.
2 Gemeint ist das *Mainzer Schreiben* an Maximilian vom 4. August (oben Nr. 307), das Maximilian seinem Schreiben an Tilly vom 28. des Monats (oben Nr. 336) beigefügt hatte. – Zur Reaktion des Kurfürsten von Mainz auf die Weiterleitung seines Gutachtens an Tilly vgl. *Kurmainz* an seine Gesandten in Frankfurt, Mainz, 22. Sept. 1631 (Konz. MEA K 17 Konv. Tomus II fol. 275–276); auf Einzelheiten ist im Rahmen der BRIEFE UND AKTEN nicht einzugehen.

mir auch von Irer Maiestet allergenedigist anbevolchen worden, gegen die protestierende stände und in specie Cursaxen auf nicht ervolgende parition daßjenige zu thun und vorzunemmen, waß die beilag sub litera A³ weiter nach sich fieret. Waraufich nicht underlassen habe, S. Kfl. Dt., wie vorhin umbstendlich geschehen, also auch nach disem der Ksl. friedfertigen intention underthenigist zu erindern und pittlich zu ersuechen, sich derselben bevelchen gehorsamblich zu bequemen, entlich aber auf ervolgte Ksl. commission durch sonderbare schickhung solches alles beweglich vortragen lassen. Es seindt aber dannoch S. Kfl. Dt. von irem vorhaben nicht zu dimovirn gewesen, wie solches beikhommender, mit literis B, C notirter verfolg⁴ mit weiterem außweiset und nachfüeret.

Ob nun Eur Kfl. Gn. ihres hochen ohrts einer anderen mainung und die von ihro vernünftig angezogene considerationes einer solchen wichtigkheit sein, dz Cursaxen, welcher das haubt und vornembster director ist dises Leipzigischen schlußes und darauf ervolgten armaturen, von welchem auch alle andere protestierende stende mit iren consiliis und actionibus dependiren, nicht solle zu abdankhung und uberlaßung ires volkhs sambt darzue angestelten contributionibus und renuntiirung mergedachten Leipzigischen schluses, sodann zu verstattung nöttigen paß und repasses für Ir Ksl. Mt. kriegsvolkh zue verfolgen [!] des feindts angewisen werden, solches stelle ich zwar an seinen gehörigen ort, kan aber dabei meiner unmaßgebigen einfalt nach unerindert nicht lassen, das nachdem sich Cursaxen austruckhlich erclert, bei mehrgedachtem Leibzigischen schluße und was deme anhengig, vestigelich zu beharren, selbiger schluß aber nicht allein von Irer Mt., wie vorhin vermeldet, sondern auch, wie ich berichtet, von denn hochlobl. cathol. herrn curfürsten selbsten allerdings improbirt worden, ich nicht sehen noch abnemen khonde, wie doch solchen fahls der Ksl. respect und schuldiger gehorsamb erhalten sowol auch hechstgedachte[r] cathol. herrn curfürsten improbation bestehen khende, wan man Cursaxen zu schuldiger parition nicht bringen, sondern bei dero verfaßung lassen solte.

Wie aber deme allem – besser und reputierlicher were es gewesen, man hete mit denen Ksl. mandatis und angeregter improbation inengehalten, als dieselbe nit zu manutenirn. Wie aber deme allem – so ist der gegenwertiger reichs- und kriegsstatus also beschaffen, das wan Cursaxen nicht parirt oder zur parition gebracht, sondern bei angedeütter so mechtiger armaden gelassen, auch paß und repaß durch dero lande sambt nöttiger proviant verweigern würdt, das alsdann die Ksl. armada an irem progress nothwendig remorirt und verhindert und wegen abgang des behueffigen underhalts genzlich ruinirt werden mieste, seitemahlen die päß von Schweden und zugleich Cursaxen dermassen verspörrt, dz auß dem Reich noch anderen benachtbarten landen ichtwas mer zuekhommen khan. Dieweilen dann E. Kfl. Gn. selbs wissen, wohin der Leipzigische schlus angesehen, so khöndnen sie dahero

---

3 Oben Nr. 236?
4 Beigefügt worden sein dürften Kopien des oben Nr. 340 gedruckten Schreibens sowie der Resolution *Kursachsens* für Metternich und Schönburg vom 21./31. August (oben Nr. 343 Anm. 1).

hochvernünftig abnemmen, zu was Churfsaxens intention in manutenirung desselben schlusß endtlich ausschlagen dörfte, zumahlen ohnedas hochgeferlich ist, bei so gestalten dingen gegen den könig auß Schweden zu gehen und einen so starkhen exercitum, für deme man gar nit gesichert, uf dem ruckhen zu lassen, wobei auch wegen mit Schweden für und noch durch den curfürstlichen veldtmarschallen von Arnheimb und andere gepflogne heimbliche correspondenz nicht wenig verdachts und ungleichen nachdenkhens erweckht und solches umb so mehr augirt würdt, weil noch unlengst landtgraf Wilhelms zu Hessen Fstl. Gn., alß selbige erstlich zue Dresden bei S. Kfl. Dt. gewesen, von dannen so baldt den geradten weg zu dem khönig aus Schweden nacher Werben genommen, bei demselben im läger etlich täg lang verbliben und allerhand heimbliche tracaten und consilia gepflogen. Neben deme so thuet hochgedachter herr landtgraf zu Hessen sich für allen anderen ständten auf Cursaxen allererst referirn, will ohne deroselben bewilligung, rath und guetachten nicht disarmirn noch Irer Ksl. Mt. bevelchen parirn, veriebt immitelst allerhand offentliche hostiliteten, hat Curcölln im stift Paderborn, herrn abten zu Fulda und sogar Euer Kfl. Gn. im Eichsfeldt underschidliche einfähl gethon, alles zu dem ende, damit die Kaiserliche und bundtsarmada divertirt und an irem progress verhindert werden möge, welches Irer Kfl. Dt. zu Saxen ich vilmaln bewöglich zu gemieth gefiert und mich dabei undterthenigst erbotten, die originalia Irer Kfl. Dt. nachrichtlich vorzuzeigen, darine hochgedachter herr landtgrafe Wilhelmb sowol als andere protestirende stendt auf dieselbe sich gelendet und mit hindansezung des Ksl. respects so gar dero nutui sich conform zu halten und deme zuwider nichts einzugehen ohne underschidt sich erclert. Ich habe aber dariber von Cursaxen kheine andere resolution bekhommen, als daß man die evangelische ständte mit durchzügen, contributionen und anderen khriegsbeschwerden fürtershin verschonen [möge], dann sich dergestalt truckhen zu lassen, wurde allerdings intollerabile sein. Welches gleichwol ein gewisse anzeig ist, dz Cursaxen sich der anderen mitvereinten stendten pro posse annimbt und auß dem Leipzigischen schlusse und darauf beschechenen kriegsverfassung ein causam communem machet.

Daß aber dieselbe dem herzogen von Würtemberg nit succurrirt, ist solches gar nit auszudeütten, als wann sie sich hierdurch von anderen stendten separirt und nur in terminis irer lande defension verbliben. Dann die Khaiserliche macht, so damals wider Wirtenberg gangen, gar zu inopinat, zu geschwindt und gros gewesen, dz es also an der intention zwar nichts, sondern die impossibilitet des widerstandts in hoc occasione allein ermanglet hat. So ist auch dise verfassung zur landtsdefension gar zu grosß, weilen darzue kheine so starkhe armatur von etlichen zwainzigtausent mann, khein veldtmarschalkh, khein generalzeugmaister, khein generalwachtmaister und dergleichen generalpersohnen und sovil obristen vonnötten, welche dannoch allesambt bei diser Säxischen armee seindt und effective dienen.

Die zwai motiva betr., ob man nemblich bastant seie, uf vorgehende genuegsambe ursach die disarmierung ins werkh zu stellen, da halte ich darfür, dz solches wol möglich sei, auch derzeit besser und fieglicher alß zuvor niemahlen geschehen khonde, wann man nur baldt zu den sachen thet und Eur Kfl. Gn. sambt andern cathol. curfürsten und stenden in disem fahl einhelliglich und bestendigelich concurrirn und Irer Mt. unausseßlich assistirn. Es zweiflet mir auch gar nicht, wan E. Kfl. Gn. und dero herrn mitcurfürsten die unfueg des vorangeregten Leipzigischen schlußes und in craft dessen vorgenommen armaturen neben den grossen ungelegenheiten, so daraus ervolgen wurden, beweglich vor augen gestelt, Ire Kfl. Dt. davon eiferig dehortiren [!] und disem werkh nicht so lang stillschweigent zuegesehen hetten, das sie alßdann fürlengst sich bequemet, die arma deponirt und ir vorgefastes propositum geendert hetten. Derowegen es an E. Kfl. Gn. und anderen dero mitcurfürsten vil haftet, die parition Cursaxen[s] zu befirdern und zu facilitirn. Dann wann sie deroselben mit ernst zu verstehen geben, das Ire Ksl. Mt. von allen gehorsamb geleistet werden und dz ohne sothanige schuldige obediens die kfl. hochheit und libertet nicht conservirt oder gehandthabt, sonder vielmehr in ein schwerliche servitut degenerirn mieste, so werden sich Ire Kfl. Dt verhoffentlich baldt eines andern besinnen.

Werden dem allem nach Eur Kfl. Gn. gdist spieren und erkhennen, dz bei so gestaltsamen dingen man sich mit dem anzug gegen die Saxische graniz nicht unzeitig zur ungebühr praecipitirt, sondern dasselbe gethon habe, was Ire Ksl. Mt. bevolchen, die unvermeidenliche hohe notdurft und kriegsbeschaffenheit sambt allgemainer wolfahrt für sich selbsten erfordert. Ich wolte zwar lieber gesehen haben, das man wegen Cursaxens gesichert gewesen und den könig aus Schweden anderer gestalt verfolgen khönnen. Weillen aber darzue khein ander mitel gewesen, Chursaxen auch dennen Khaiserlichen mandatis kheineswegs parirn, weniger noch disarmirn wollen, sondern ihe lenger, ihe mehr sich in grosse verfassung stellet, alles volkh, so die oberlandische proteßtierende abgedankht, mit ganzen trouppen wider in dienst genommen und noch täglich patenten zu neuer werbung außgibt, alß wirdt man daßjenige nothdringentlich vornemmen müessen, waß Ire Ksl. Mt. hierunder allergenedigist bevolchen haben, allermassen auch auß vorangezogenen E. Kfl. Gn. gethannen guetachten sovil erhöllet, daß sie hierunder Irer Ksl. Mt. sich allerdings conformiren, angesehen oftgedachte Chursaxische armatur dem khönig auß Schweden einen namhaften vortheil, der Ksl. armee aber an deren progreß merkhlichen schaden und verhünderung thuet, wie solches neben andern dergleichen considerationen der lenge nach bereits vorhin remonstrirt worden, Ire Ksl. Mt. auch anderß nichts suechen noch befelchen, alß daß Chursaxen arma deponiren und dergestalt den ergangenen Khaiserlichen mandatis parirn solle.

Schließlichen habe Ire Kfl. Dt. inhalts litera \*\*\*[5] nochmahlen zum überfluß ganz beweglich eründert und instendigist gebeten, die waffen niderzulegen und Irer Ksl. Mt. sich gehorsambist zu bequemmen. Waß sie darauf sich ercleren und thuen werden, erwarte ich stündtlich, umb alsdan nach befindung die weitere gebür und notturft vortzustellen.

---

5 Beigefügt worden sein dürfte eine Kopie von *Tillys* Schreiben an Kursachsen vom 3. September (oben Nr. 343 Anm. 1).

Sonsten befinden sich Ire Kfl. Dt. zu Saxen mit ihrem exercitu derzeit zu Torgau. Ob sie aber daselbsten campiren oder sich nacher Wittenberg begeben und, wie man sagt, mit dem khönig auß Schweden, welcher sich jezto der enden herumb mit seinem maisten volkh aufhelt, coniungirn werden, khan man allnoch nicht eigentlich erfahren." – Halle, [ad 9.⁶] September 1631.

Kopien ÄA 2396 fol. 255–260 (dechiffriert) = Druckvorlage, Akten 262/IV fol. 19–20. Ben. bei WITTICH I S. 737 Anm. 1, S. 738 Anm. 1, S. 752 Anm. 2.

## 352. Ruepp an Maximilian[1]

September 17

Übergabe der Stadt Leipzig und der Festung Pleißenburg – Resolution des Kurfürsten von Sachsen – Verrichtung Ruepps und Walmerodes in Leipzig – Militärische Situation – Einsatz des Korps Fugger – Personalprobleme bei der Feldkriegskanzlei

Bestätigt den Erhalt der Schreiben vom 3. [!] September[2] an Ruepp und Tilly. – Da in dieser Stunde die Post nach Frankfurt am Main abläuft, berichtet er in großer Eile, dass am 16. September die Stadt Leipzig mit der darin liegenden Festung Pleißenburg mit Akkord übergeben wurde. Zuvor hatte der Kommandant OL Johann von Porth die Vorstädte in Brand stecken lassen, wodurch den Bürgern erheblicher Schaden zugefügt wurde. Einzelheiten über die abgezogene sächsische und die neu stationierte kaiserliche Besatzung.

---

6 Vgl. oben Anm. 1.
1 Nach Ausweis des Fundortes hat dieses Schreiben den Kurfürsten nicht erreicht. Nach München gelangt ist dagegen ein Schreiben *Ruepps* an Lerchenfeld, Leipzig, in großer Eile, 17. Sept. 1631 (Ausf. ÄA 2398 fol. 424–425. Ben. bei WITTICH I S. 760, 763, wo jeweils Anm. 1 Absender und Empfänger verwechselt sind; KAISER, Politik S. 453), das *Lerchenfeld* aus Hameln, 20. Sept. 1631 (Ausf. ebenda fol. 423 und 426), an Maximilian übersandte. In dem Schreiben *Ruepps* an Lerchenfeld heißt es u. a.: „Die statt Leibzig ist gestrigen tags mit accord einbekhommen worden. Aniezt khombt eben gewise zeittung, das der Schwed, Cursachsen und Brandenburg gegen uns marchirt, wie dann im ganzen leger larmen und die unserige schon starkhe trouppen des feinds angetroffen, das es allem vermuethen nach ein schlacht abgeben würd. Darbei der Almechtig uns seinen Götlichen segen verleihen welle. – Hat mein herr brueder gelegenheit, ein solches nacher München zue berichten, bite dienstlich, er wolle es nit underlassen. Dan wir alhier kein gelegenheit noch die zeit, wie gemelt, für dißmal an der hand haben. Und ob wir zwar Leibzig haben, so gehet doch von dannen die post uf Dresden, alda noch weniger [als] alhier zu trauen. Und hat die post in grosser eil anderwerts noch nit khönnen bestellt werden."
2 Gemeint sind die oben Nr. 345, ebenda Anm. 5 und 11 gedruckten und zitierten Stücke, deren Konzepte vom 4. September datiert waren.

„So ist auch gestrigen tags die kfl. Sächsische endliche resolution[3], darauf man so lang gewart hat, eingelangt, haubtsächlich dahin gestelt, das es hechstgedachter curfürst bei deme allerdings lasse verbleiben, gestaltsamb er sich gegen den Ksl. subdelegirten albereits zue Mörseburg erklert hat." Hätte gerne eine Kopie der Resolution sowie der Kapitulation mit Leipzig und der Festung Pleißenburg übersandt; „so ist aber die kriegscanzlei oder mein bagage alhie nit, sonder uf ein stundt und mehrer draussen im feldt. Dahinn ich mich auch in disem puncto widerumb begebe, und bin allein sambt dem Ksl. commissario von Wallmerode, umb zu sehen, was von proviant und munition vor die armeen zue bekhommen, von S. Excell. hereingeschickht worden.

Sonsten geben alle avisen, auch der gefangenen vom feindt aussagen, darunter gestrigs tags ein ritmeister gefangen worden, wie das sich der curfürst mit dem könig würklich coniungirt hat, darbei auch was von Curbrandenburgischem volkh seie, ja Curbrandenburg vor 3 tagen selbsten in der persohn bei inen gewest. So khombt eben aniezo ein, wie das der feindt gegen uns marchiere, wie man dann auch schon albereith grosse trouppen vom feindt gesehen. Ob er villeicht vermeint, Leipzigk zu succurriren und ime die occupierung noch unwissend oder sogar ein schlacht zu lifern, mueß man erwarten. Unser volkh marchirt allenthalben zusammen und würdt seiner mit Göttlichem beistandt erwarten oder, da er nit khommen solle, dasjenig was pro re nata sein würd khönnen, vornemmen. Von demienigen volk, welches der generalwachtmeister[4] mitbringt, haben Seine Excell. den halben theil neben des generalwachtmeisters person in Hessen, den andern halben theil aber hiehero commandirt."

Berichtet, „das der secretarius Statthardt, welcher E. Kfl. Dt. expeditiones under handen, tödlichen khrankh, die canzelisten auch nit allerdings wolauf, darunter einer diser tagen gar gestorben,[5] das also die kriegscanzlei sehr übel bestelt und bei so hochen und villen expeditionen mehr nit als ein einiger Deutscher secretarius verhanden wie auch der Welsche secretarius zue Halle tödlich khrankh ligt, dann die krankheiten zimblicher massen einreissen." – Leipzig, 17. September 1631.

Ausf., teilweise chiffriert, Loc 9271/2 fol. 142–143, Klartext fol. 144. Zitiert und ben. bei WITTICH I S. 758 Anm. 1, S. 759 f., 763; STADLER S. 546; KAISER, Politik S. 448 Anm. 10, S. 453.

---

3 D. h. das oben Nr. 346 Anm. 2 zitierte Schreiben *Kursachsens* an Tilly vom 3./13. September.
4 Aldringen. Vgl. dazu WITTICH I S. 759.
5 Nach Ausweis des Schreibens *Ruepps* an Lerchenfeld vom 17. September (oben Anm. 1) der Kanzlist Niclas. Ruepp fuhr fort: „So leiden auch bede andere [Kanzlisten], der Geörg [Schüz?] und Handloß, grossen schmerzen an den augen, dz also in der canzlei schlecht vortzukhommen ist. Der Reichardt ist nun der beste. Der mueß nun das meiste thuen, will aber bei so vilen expeditionen auch nit erkleckhen."

## 353. Kurmainz an den Kaiser[1]

September 17

Ächtung des Landgrafen Wilhelm von Hessen-Kassel – Erstattung der von Hessen angerichteten Mainzer Schäden – Rückfall der Mainzer Lehen Hessens an den Kurfürsten und das Erzstift

Dem Kaiser ist bekannt, dass Landgraf Wilhelm von Hessen-Kassel, ein Vasall des Kurfürsten und dessen Erzstifts, nach dem Leipziger Schluss, ungeachtet der kaiserlichen Mandate vom 14. Mai, eine starke Kriegsverfassung aufgerichtet, unter dem Kommando Tillys stehende kaiserliche Truppen angegriffen und aus ihren Quartieren vertrieben hat und in die kurmainzischen Ämter Fritzlar, Naumburg, Amöneburg und Neustadt sowie in das Eichsfeld eingefallen ist. Schildert die in den Mainzer Besitzungen begangenen Ausschreitungen und angerichteten Verwüstungen sowie seine vergeblichen Versuche, den Landgrafen von seinen Feindseligkeiten abzuhalten, und berichtet über die am 9. September erfolgte Eroberung der Stadt Fritzlar durch den Landgrafen.

„Wan dan dieß solche sachen seindt, die wider Gott und alle christliche billigkeit, auch wider obahngezogene E. Ksl. Mt. ahm [14.[2]] Mai außgangene und publicirte monitorial und inhibitorial mandaten, sodan wider den so hoch bet[e]uerten und ofter confirmirten landtfriden lauffen und under einigem schein rechtens nit verantwortet werden können, und ermelter landtgraff dardurch alß ein offener landtfriedtbrecher in E. Ksl. Mt. und des Hl. Reichs acht, auch mir alß clagern in 1.000 markh lotigen golts strafflich verfallen und er danebens alle dießfals zugefügte und verursachte schäden, die sich auf etlich hunderttaußent fl. erstrecken, widerumb zu erstatten und gutzumachen schuldig ist, Ksl. landtfried anno 1548 in princip. et cap. 2, 3 et 10[3] et ordinatio camerae par. 2 tit. 9°[4],

Gedachter landtgraff auch wegen solcher landtfriedtbrüchigen thathandtlungen seine von mir und meinem ertzstift getragene lehen vermög der lehenrechten notorie verwirkt und also dieselbe mir und meinem ertzstift lediglich widerumb heimgefallen und mit dem aigenthumb consolidirt,

Wan auch dießfals E. Ksl. Mt. jurisdiction nit allein in puncto deß landtfriedtbruchs, sonder auch propter annexitatem causae in puncto der verwirkten lehen ohne allen zweiffel fundirt und gegründet,

In dießem reichskündigen und in facto permanenti sich continuirenden fall auch einiges sonderlichen process nit vonnöthen, ahngesehen in der handthabung deß fridenß anno 1495 capitulo penultimo außdrücklich statuirt und verordtnet, ob auch jemandts, von waß würden, standt oder weßen der oder die weren, dem landtfriden zuwider handelen würden *und daselb offenbahr, kundtlich und unlaugbahr*

---

1 Weiteres einschlägiges Material findet sich in MEA Mil 10 Konv. II fol. 349–366, 374–375.
2 Die Druckvorlage hat irrtümlich: 16.
3 REICHSABSCHIEDE II S. 575 ff.
4 LAUFS S. 183 ff., REICHSABSCHIEDE III S. 93 f.

*were, daß Ihre Ksl. Mt., den oder dieselbe in craft solcher verordtnung in die landfriedtbruchs poen gefallen zu sein,* erklaren und *daß deshalben weiterer fürforderung oder einigen weitern erklerung oder urtheill nicht vonnothen seie,* sondern gegen denselben mit execution und zu einpringung der poen und anderm gehandtlet werden soll etc.,[5] mit welchem auch E. Ksl. Mt. cammergerichtßordnung par. 2 tit. 9 § [2[6]] So JEMANDTSS[7] und reichßabschiedt anno 1559 § [38[8]] DAMIT DAN HINFÜRO[9] ubereinstimmen, dieß auch ohnedaß gemeinen rechtens ist, Geil lib. 2 De pace publica cap. 3 num. 16 et sequentes,[10] ubi dicit: *In crimine notoriae rebellionis et actu permanentis, veluti si quis, cuiuscunque status vel qualitatis contra placita pacis publicae adversus Romanum Imperium insurgat, et pacem publicam collecto milite perturbet, tunc non requiri longam telam judiciariam, sed absque ulla sententia declaratoria ab executione initium fieri posse* etc., cum multis aliis ibidem deductis,

Disem allem nach gelangt ahn E. Ksl. Mt. mein allerunderthenigste bitt, sie geruhen allergnedigst und furderlichst, durch dero gerechtigsten Ksl. spruch zu erkennen und zu erkleren, daß oftberürter landgraff Wilhelm durch obgesezte notorische landtfriedtbrüchige handtlungen in dero Ksl. und des Hl. Reichs acht, auch mir in die 1.000 mark lotigen goldts strafflich gefallen, daß er auch alle mir und meinen underthanen zugefügte schäden, soviel ich deren vermittelst juramenti in litem und christlichen gewissens werde asseriren können, zu refundiren und gutzumachen schuldig, nit weniger daß er die von mir und meinem ertzstift getragene lehen verwürkt, dieselbe mir und meinem ertzstift widerumb lediglich heimgefallen und also mit dem eigenthumb consolidirt, mir auch zu dießem allem durch dero Ksl. executoriales und handtbietung würklich zu verhelfen und solches nit allein jetzgebettenermassen, sondern auch wie solches gestalten sachen und oberzehlter geschicht nach ahm besten und formblichsten gebetten werden köndte, solte oder mögte.

Und wie hieran daßihenig geschicht, waß zu conservirung gemeiner ruhe und fridens und E. Ksl. Mt. reputation undt hocheit gerichtet und ohnedaß den rechten und der billigkeit gemeeß ist, also bin <ich>, umb E. Ksl. Mt. mit allerunderthenigst gehorsambsten diensten hinwiderumb es zu verdienen, schuldig und bereit." – Mainz, 17. September 1631.

Konzept-Kopie MEA Mil 10 Konv. II fol. 368–373.

---

5 REICHSABSCHIEDE II S. 13.
6 Die Vorlage hat irrtümlich 5.
7 LAUFS S. 183 f., REICHSABSCHIEDE III S. 93 f.
8 Die Vorlage hat irrtümlich 37.
9 REICHSABSCHIEDE III S. 169.
10 GAILL S. 207 ff. – Zu dem Autor, dem Juristen Andreas Gail, vgl. NDB VI S. 38 f., HRG I S. 1371 ff., ferner die bei KAMPMANN S. 264 (Register) s. v. Gaill ausgewiesenen Belegstellen, vor allem S. 37 ff., 223 (Ausnahmerecht beim notorium crimen rebellionis). Hinzuweisen ist auch auf BA NF II/10,2 S. 186.

## 354. Maximilian an Tilly[1]

September 19

Verhalten gegenüber Kursachsen – Diversion in Mecklenburg – Einsatz kaiserlicher Offiziere bei Exekutionen betr. den Leipziger Schluß – Kommando Gronsfelds gegen Hessen-Kassel – Dinkelsbühler Kontribution

Bezug: Zwei Schreiben vom 24. August und 9. September samt Anlagen [oben Nr. 328 und 350]. – „Obwohlen nun nit ohne, daß uns ermeltes Churmeinzische guettachten eher nit, sonder kurz vor deme, wie wür es euch communicirt, zuekhommen ist, so werdet ihr iedoch ausser dessen zuvor in andern unsern euch zuegethonnen schreiben und sonderlich des generalcommiszarii von Ruepp zu seiner jungsten hinunderkhonft abgelegten relation zu genüegen verstanden haben, was wür euch wegen Chursaxen geschriben und bedeithen lassen und waß uns dabei für starkhe ragiones und bedenkhen zu gemüeth gangen, daß man nemblich (inmassen auch Ire Ksl. Mt. der meinung gewest sein solle) mit Irer L., solang sie nit selbst zur feindtseligkeit ursach geben und den anfang machen oder sich mit Irer Mt. und des Hl. Reichs offenem feundt, dem Schweden, coniungirn, nit rumpirn solle, in erwegung, dises ein solch weitt aussechend werkh, welches uf ervolgendes endtliches rumpirn, wie Churmeinz in ihrem guettachten mehrers demonstrirt, nit allein einen neuen mechtigen feindt und langwürigen krieg erweckhen und verursachen, sonder auch besorglich bei andern, welche iezier zeit noch zumahl stilsizen, neue motus und feindtliche machinationes und besorglich wol gar eine völlige desperation geberen würdet. Dahero wür erwünschen heten mögen, das die angefangene ruptur und occupirung der statt Mörspurg noch nit vorübergangen, sonder gegen Chursaxen noch zumahl andere und güetliche mitl gebraucht und versuecht worden weren. Dafern sich auch Ire L. etwa underdessen aus desperation, wie wür aber ein bessers hoffen, bereits mit dem Schweden coniungirt oder die sach sonst mit der angefangenen ruptur alzuweith vorgebrochen, so wöllen wür iedoch verhoffen, gestalt auch inter arma geschicht, das dannoch anlaß und glegenheit zu güetlichen tractaten sich möchten fünden lassen, wie wür dann Irer Mt. und des algemeinen cathol. nothleidenden wesens höchste unumbgengliche notturft zu sein ermössen, das ihr in allweeg kein occasion zu güet-

---

[1] Auf dem Entwurf vermerkte *Teisinger:* „Obristcanzler und Doctor Jocher haben es revidirt. Und weilen Dr. Jocher iezt mit dem schreiben selbst nit vortkhommen kann, so hat er sein correctur dictirt, wie hernach mit rot geschriben zu ersehen." – Bei dem Entwurf findet sich folgende Aktennotiz (Benutzt bei HEILMANN II S. 294 Anm. *): „Gravens von Tilli praecipitanz [und] ohne Ihrer Kfl. Dt. order gegen Cursachsen angefangen ruptur und occupirung der statt Merspurg, dabei Tilly der ihme durch den obrist von Ruepp referirten bedenkhen, mit Cursachsen nit zu rumpirn, erinnert wirdt, mit anhang, da es nit schon gar zu weith khommen, khein occasion zu <güet>lichem weg und mitlen zu underlassen, damit Cursachsen von ergreiffung der extremiteten abgewendt werden mechte, wie auch Ihre Kfl. Dt. mit Curmainz conferirn und nichts underlassen wollen, waß zu facilitirung Cursachsens accommodation vorstendig sein mechte."

lichem weeg und mitlen underlassen, sonder selbst versuechen sollet, ob Chursaxen von ergreiffung der extremiteten abgewendet werden möchte. Zu welchem ende wür dann vorstendig und befürdersamb verhoffen, weilen Chursaxen sich auf eure proponirte conditiones noch zur zeit nit völlig accommodirn wil, auch besorglich nit accommodirn würdet, und sie sich vernemmen lassen, dz sie es durch aigene gesandte an Ire Mt. briingen wöllen, das ir S. L. zu verstehen geben möchtet, ir woltet es noch diser zeit, da nichts anderst vorfalt, geschechen lassen, aber weilen Irer Mt. und des Reichs offener feindt, der Schwed, sich in der nähe ufhaltet, underschiedliche machinationes anstölt und Ir Ksl. Mt. und gemeinem wesen durchaus nit gedient, dz ermelter feindt also seinem gefallen nach fortfört und die Ksl. armada also ohne frucht sich lenger ufhalten solle, sonder eine notturft, ermelten offenen feündt aller orthen, wo es am füeglichisten sein kann, zu suechen, dasselb aber ohne berürung sein des churfürsten landt nit geschechen kan, alß wollet ihr von deroselben vernemmen und versichert sein, das sie dem Schweden oder andern Irer Mt. widerwertigen weder per directum noch indirectum aszistirn oder einichen vorschub geben, item euch mit der armada, wie es zu verfolgung Irer Mt. und des Reichs offenbaren feindten die notturft erfordern würdet, passz und repasz unwaigerlich verstatten und zugleich bei dergleichen etwa erfordertem durchzug mit proviant, sovil allein die notturft erfordert, anhand gehen.

Da nun dise conditiones von Irer L. zu erhalten, inmassen ihr unserm ungezweifleten vertrauen und eurer bekanndten diligenz nach alle möglichheit versuechen werdet, so halten wür diser zeit, da Chursaxen sich noch nit offentlich zum Schweden geschlagen oder für feindt erclert, in allweeg für gueth, daß solche nit ausser acht und handen ze lassen. Vil weniger könden wür sechen, warumben und aus was ursachen man es alsdann zur weitern ruptur khommen lassen und dardurch das Hl. Reich und ganze gemeine cathol. periclitirende wesen bei denen vorhin verhandenen ungedempften verschiednen starkhen feindten in noch mehrere gefahr sezen solle. Sonsten wollen wür auch nit underlassen (ungehündert es Cursaxen wegen das *die*² bundtsarmada zugleich in sein landt geruckht, für ein ruptur halten würdet und dannenhero alles desto schwerer zu erheben sein möchte) mit Churmeinz L. ferners zu conferirn, was eurem vorschlag nach oder sonst etwa zu facilitirung besagter des churfürsten zu Saxen accommodation weithers vorstendig und diensamb, auch wie und wasgestalt ein solches fürdersamb und unverlengt zu werkh gestelt werden möchte. Dieweilen aber summum periculum in mora, so werdet ihr underdessen mit obermelten weithern güetlichen tractaten, da man anderst uf ainen oder andern weeg darzue gelangen kann, unverzogentlich zu verfahren und euch darunder die beförderung Irer Mt. und des algemeinen cathol. wesens dienst angelegen sein ze lassen wissen.

Solten aber S. des churfürsten zu Saxen L. zu dergleichen güetlichen mitlen nit zu bewögen sein oder sie sich mit dem Schweden coniungirn und dardurch offentlich

---

2 Das kursiv Gedruckte ist von Maximilian korrigiert aus: „unser underhabende".

für feindt ercleren, alsdann haben wür euch wegen eurer Ksl. ordonanz nit mass ze geben. Damit es aber nit dz ansehen, als wann die cathol. bundtsarmada ermelte execution der Ksl. ordonanzen völlig uf sich nemme, so wisset ihr darauf zu gedenkhen, dz solche execution mit Irer Mt. volkh vorgenomen, dz bundtsvolkh aber underdessen, wo es anderst ohne gefahr und schaden des gemeinen wesens möglich, in den negstgelegenen stüftern und landen verleget werde, damit euch dasselb in solcher Sächsischen execution nit allein calor geben, sonder auch uf alle nothfahl, da sich etwa der churfürst mit dem Schweden coniungirn solte, hernegst zum soccors an der hand sein könnde. Allein wisset ihr solche logirung des bundtsvolkhs eurer bekhanndten ruemblichen kriegserfahrenheit nach dergestalt zu logirn [!], auf dz der Schwed nit glegenheit habe, solches underdessen, weilen ihr mit Saxen impegnirt, anzegreiffen und etwa mit schaden des gemeinen wesens zu attaquirn. Zweiflen sonst nit, ihr werdet selbst billich und notwendig befünden, weilen bewüst, das bishero alle dergleichen den Leibzigischen schlus concernirende executiones gegen den reichsstendten (ausser landtgf. Wilhelms zu Hessen, welcher sich mit seinem uf die cathol. gethonnen einfahl selbst zum feindt gemacht) mit Irer Mt. aigenem kriegsvolkh vorgenommen worden, und weilen numehr der graf v. Fürstenberg bereits bei euch angelangt, auch der v. Aldringen villeicht vor eintröffung dises unsers schreibens ebenmessig zu euch gestossen und ihr also durch dise beede zum wenigisten mit 18.000 mann Kaiserlichen mehrerntheils alten gueten volkhs (ausser was des v. Aldrüngen anregen nach noch von neugeworbnen trouppen hinach volgen solte) besterkhet seiet, so wöllen wür verhoffen, ihr werdet umb sovil mehr bastant sein, da man obermelte execution gegen Chursachsen vornemen müeste, selbige zu incaminirn. Solte aber Chursaxen sich obverstandenermassen hinach mit dem Schweden coniungirn, resolvirt und verstehet es sich alsdann selbst, das die sach mit Irer Mt. und des bundts armada causa communis ist und ihr alsdann solche beede armeen ebenmassig coniungirn oder aine und die andere sonst emploirn möget, wie es Irer Mt. und des algemeinen wesens dienst erfordern, auch nach gestalt der erzeigenden feindtsgefahr die notturft sein würdet.

Was dzihenige corpo anberüert, so ihr under dem commando des veldtmarschallen gf. v. Pappenheim[3] nacher Mechlburg deputirt, da hat man zwar vor disem niemahlen rhatsamb befönden wollen, dem herzogen von Friedland seine sachen mit Mechelburg richtigzemachen. Nachdemmahl wür aber aus eurem schreiben verspüren, das es mit ermeltem nacher Mechelburg verordneten corpo umb eine diversion gegen den Schweden ze thuen, damit ihr demselben heroben desto eher beikhommen

---

[3] An Pappenheim schrieb *Maximilian*, 19. Sept. 1631 (oben Nr. 338 Anm. 1. Ben. bei STADLER S. 543), mit Bezug auf dessen Relation vom 10. September (oben Nr. 350 Anm. 1): „Insonderheit aber werdet ihr euch angelegen sein lassen, vor risigo gewahrsamb und behuetsamb zu geen, vleissige wachten bei tag und nacht zu halten und sonderlich dz volkh niemalen zu weit voneinander, sonder sovil miglich in der nähe und enge zusammenzulogiren, auf dz der feindt nit occasion und gelegenheit habe, ain oder mer trouppen absonderlich zu attaquirn und schaden ze thuen."

und progresß thuen möchtet, so lassen wür uns solche verordnung auch nit zuwider sein, auch sonsten alles eurer bekhanndten lobl. dapferkeit, diligenz und kriegserfahrenheit committirt und heimbgestelt verbleiben, weilen sich status belli täglich, ia stündtlich verendern kann und alsdan die resolutiones und consilia pro re nata und nach gestalt der erzeigenden umbstendt vorgenommen werden müessen. Allein wolten wür lieber gesechen haben, dz ihr lauter bundtsvolkh zu erwehnter diversion nach Mechlburg commandirt hetet, damit des Ksl. volkhs umb sovil mehr bei euch verbliben und selbiges uf den nothfahl mit desto besserm nachtruckh gegen Saxen zu gebrauchen gewest were. Und weilen wür auch besser und rhatsammer gehalten heten, dz dieihenige subdelegirte, so ihr negstmahl in der Ksl. commiszion zu Chursaxen wie auch die vornembste officir, so ihr bei einruckhung in dz Chursächsische landt und occupation der statt Mörspurg gebraucht, nit zum theil des bundts, sonder immediate Irer Mt. leith gewest weren, als wollet ihr ein solches hinführo bei konftigen executionen wegen des Leibzigischen schluß und was demelben anhengig, in obacht nemmen und die Ksl. officir den nammen haben und emploirn lassen.

Die Hessische expedition berüerent, lassen wür es bei euerer mit dem gf. von Gronsfelt gemachten beställung verbleiben."

In Sachen Geld- und Unterhaltsmittel für die Bundessoldateska rekapituliert er erneut seine einschlägigen Weisungen für die kurbayerischen Gesandten auf dem Konvent in Frankfurt und teilt mit, dass er darüber hinaus dem Kurfürsten von Mainz als Direktor der rheinischen Bundesstände und allen oberländischen Bundesständen geschrieben hat;[4] Kopien dieser Schreiben fügt er bei. [...] – 19. September 1631.

Konz. Teisingers mit Korrekturen und Zusätzen Maximilians und Jochers[5], teilweise zu chiffrieren, ÄA 2396 fol. 238–243 = Druckvorlage; Kop. Akten 263/III fol. 140–143. Ben. bei WITTICH I S. 752 Anm. 2; STADLER S. 543; KAISER, Politik S. 52, S. 144 Anm. 233, S. 444 Anm. 362.

---

4 *Maximilian* an Kurmainz, 9. Sept. 1631 (teils Konzept-Kopie, teils Konz. Teisingers ÄA 2374 fol. 457–458), an die oberländischen Ligamitglieder, 6. Sept. 1631 (oben Nr. 32 Anm. 1).
5 Vgl. dazu oben Anm. 1.

## 355. Kurmainz an Maximilian[1]

September 19

Reformation in Augsburg

Den beigefügten Unterlagen[2] wird der Kurfürst entnehmen, „waß die Röm. Ksl. Mt. [...] wegen fortsetzung deß zu Augspurg angefangenen reformation wesens undt ob deren raths- und gerichtsstellen, so die catholische kirchen nicht besuchen wollen, mit anderen, catholischen subiectis zu ersetzen oder noch zur zeit vacirent zu lassen, ahn unß und E. L. umb eröffnung unseres rathsamen guetachtens in schriften [...] gelangen lassen.

Dieweiln nun E. L. außer zweiffel ahm besten bewust sein würdt, waß es dießfalß mit gemelter statt Augspurg für ein bewandtnus hatt undt wie etwan der rath undt daß gericht daselbsten am besten zu ersetzen sein möchte, auch ob rathsamb, bei itzigen coniuncturen mit dergleichen executionen also schleunig zu verfahren, sondern ob nicht besser, wie Ihre Ksl. Mt. in dero schreiben selbsten [...] meldtung thuen, daß in diesem werk leniter und suaviter verfahren werde, alß haben wir nicht underlassen wollen, mit E. L. hierausser [...] zu communiciren undt dieselbe zu ersuchen, sie wollen, unß dero rathsames gutachten, waß sie vermeinen, [...] Ihrer Ksl. Mt. dießfalß an handt zu geben sein möchte, zu eröffnen [...] unbeschwert sein. Da wir alßdan bei unserer cantzlei uff ein gesambtes antwortschreiben ahn Ihre Ksl. Mt. bedacht sein wollen." – Mainz, 19. September 1631.

Ausf. Kschw 782 fol. 337–338 = Druckvorlage; Konz. StAWü G 12429, stark beschädigt.

---

[1] *Maximilian* antwortete aus München, 30. Sept. 1631 (Konz. Ranpeks Kschw 782 fol. 359; Ausf., präs. 6. Okt., StAWü G 12429, stark beschädigt. Ben. bei BIRELEY, Maximilian S. 163): „Und were ia wol zu wünschen, dz die stabilirung der catholischen religion zu Augpurg auf maß und weiß, wie es Ire Ksl. Mt. in ainem und andern wolmainendt vor sich haben, effectuirt werden mechte. Wir tragen aber die beisorg, der schwere und unglikhliche success, welchen der Almechtige Gott über die Tüllische armada jungst verhengt, werde dz werkh nit wenig schwerer und die uncatholische zu Augpurg dergestalt muethig und freuelich machen, dz man auf gebrauchenden mehrern ernst bei vortsezung gedachten hailsamen reformationswerkhs sich einer gefehrlichen commotion, zu deren verhiettung und compescirung man iezieger zeit mit den müttlen ohnedz nit versehen, verursachen mechte. Weiln gleichwol die rathswahl zu Augpurg und die ersezung der ledig gemachten rathsstellen nuhnmehr dergestalt vor- und abgangen, wie E. L. bereits anderwertig werden vernomen haben, so sein wir mit deroselben gleicher mainung, dz desto bösser und rathsamer sein solte, diser zeit es also darbei bewenden zu lassen und mit effectuirung weütterer executionsmüttlen noch so lang zu connivirn und an sich zu halten, bis durch Göttliche schikhung iezige gefahr des gemainen wesens wider remedirt und die coniunctun solcher gestalt verbössert und versichert werden, dz man alsdan vüllmehr einen bestendigen guetten effect als weüttere gefehrliche ungelegenheitten zu erwarten."

[2] *Der Kaiser* an Kurmainz und Kurbayern, [Wiener] Neustadt, 28. Aug. 1631 (Kop. Kschw 782 fol. 346–347, mit Anlagen fol. 339–345 und 348; Ausf. des *kaiserlichen Schreibens*, präs. 12. Sept., StAWü G 12429, stark beschädigt).

## 356. Aldringen an Maximilian[1]

September 19

Niederlage bei Leipzig – Mutmaßungen hinsichtlich der weiteren Pläne und Möglichkeiten Tillys

„Wie gern E. Kfl. Dt. ich mit ainer fröllichen und glückhseligen zeitung underthenigst erfrewen wolte, so will doch der vorgangene klägliche verlauff solches dißmall nicht zuelassen. Und obwoln E. Kfl. Dt. dessen sonsten anderwerts nur gar zu gewissen bericht bereits empfangen haben werden, so khan ich doch auß underthenigster schuldigkheit nicht underlassen, E. Kfl. Dt. zwar gegen mein selbst willen demüetigst hiemit zu avisiern und deroselben dieße üble unangenehme zeitung zu geben, daß vergangen Mitwochs, den 17. diß, zwischen Ir Ksl. Mt. und deß catholischen bundß, dan der Schwedischen und Chursaxischen armaden ungefehr ain stundt wegß von Leipzig ain treffen vorgangen, bei welchem Ir Ksl. Mt. und der liga volkh getrent und geschlagen worden.[2] Wiewoll es bereits der dritte tag, daß solches beschehen, so habe ich doch biß auff dieße stundt khein ainige particulariteten, viel weniger die geringste nachrichtung von herrn generalleutenant graven von Tilly nicht erlangt, ohne soviel waß meine leuthe (welche ich zu ime abgefertigt gehabt, aber nicht durchkhommen khönnen) mir eingebracht und mich berichtet, daß si under die confusion und daß volkh, so flüchtig gewesen, khommen, auch sich mit harter mühe salviert, zumal die underthanen im landt zu den waffen gegriffen und aller orthen sich an den pässen finden lassen, also daß khein müglichkheit mehr gewesen, iemanden durchzubringen und mich aines gewissen zu erkhundigen." Erwähnt im weiteren Verlauf noch, daß Tilly sich nach Halle salviert haben soll. [...]

Vermutet, Tilly „möchte sich etwo gegen Magdeburg oder aber gegen Halberstatt, Osterwickh und Wolffenbutel gewendet haben, zumal er anvor schon alleß volkh, so in den Niderlanden für die liga geworben worden, aldahien commandiert gehabt. So khan er auch dern orten sich mit dem generalwachtmeistern [...] Fugger conjungiern, auch alles alt volkh, so im erzstift Bremen und dern orten an der Weeser verhanden,

---

1 Beigefügt war die Kopie eines Schreibens *Tillys* an Aldringen, Feldlager bei Leipzig, 17. Sept. 1631 (ÄA 2309 fol. 226, franz. Sprache. Gedr. in dt. Übersetzung bei HALLWICH I Nr. 352).
Den Erhalt des oben Nr. 356 gedruckten Schreibens bestätigte *Maximilian* Aldringen am 25. September 1631 (Konz. Teisingers ÄA 2309 fol. 221 und 222') und übersandte die Kopie einer Weisung an Fugger, München, 25. Sept. 1631 (Reinschr. mit Zusätzen Teisingers ÄA 2325 fol. 108–109. Ben. bei HABERER S. 267, wo Anm. 215 ein falsches Tagesdatum angegeben ist), wo es u. a. heißt: „So haben wür euch hiemit bei aignem corier ermohnen und ordonanz geben wollen, daß ir euch mit eurem anvertrauten corpo in guete sicherheit nemmet und an einem solchen ort logiret, damit ir nit abgeschnitten werdet, auch auf unser und der bundtstendt defension acht geben, euch mit dem noch heroben ligenden Ksl., ingleichen dem Lottringischen volkh (wann selbiges über Rhein khäme) coniungirn, auch sowol dem von Aldring alß dem graven von Tilli auf allen nothfahl die handt bietten khönndet."
2 Für die Schlacht bei Breitenfeld am 17. September 1631 vgl. KAISER, Politik S. 446 ff.; ein Überblick über die ältere Literatur findet sich ebenda S. 446 Anm. 1–4.

zu sich erfordern und sich dardurch also sterkhen, daß er noch ain mechtige armada zusamenbringen und mit Gottes hülf sich an dem feindt, wo nit rechen, jedoch demselben begegnen und dessen dissegni hindertreiben würdt khönnen, bevorab wan daß auß Italia und Graupünthen erwartend und daß newgeworben anziehende Ksl. volkh anlangen und waß ich bei mir habe, zu ime stossen würdt. So khöndte nunmehr auch deß herzogen von Lottringen und deß fürsten von Pfalzburg volkh, weiln si ohnedaß auf die abführung tringen, gegen Hessen in anzugg gebracht und gemeltem herrn generalleutenant undergeben werden.

Ich lebe der tröstlichen hoffnung, wo alles daß volkh, so bereits auff den füessen, von allen orten zusammengeführt und gebracht würdt, Ir Ksl. Mt. dero feinden nicht nur allein genuegsamb gewaxen, sondern denselben noch also zu begegnen sein werde, daß si sich dieses jezt erlittenen verlurst durch Gottes hülf noch reichlichen zu ergezen und zu erfrewen werden haben. Die Göttliche Allmacht welle hierzue gnade und segen verleihen." [...] – Dienstedt, 19. September 1631.

Ausf. ÄA 2309 fol. 223–225 und 227 = Druckvorlage; Kop. Akten 263/III fol. 145–146. Auszug gedr. bei Droysen, Berichte S. 399 f.

## 357. Aldringen an Maximilian

September 22

Vormarsch nach Hessen und Vereinigung mit Fugger – Nachrichten betr. Tilly – Gefallene, Verwundete und Vermißte

Berichtet in Anknüfung an seine Relation vom 19. September [oben Nr. 356], dass heute früh ein Offizier die beigefügte Weisung Tillys[1] überbracht hat. [...] „Seitemalen mir nun bevohlen würdt, daß ich mich mit diesem volkh nach Hessen wenden und mit graff Ott Hainrichen Fugger coniungiern solle, alß werde ich meine ohnedaß vorgehabte marche am allerbefürderlichsten und umb mehrer sicherheit willen, weilen die päß in den wäldern gegen Eisenach (wie man mich berichtet) verhauet sein sollen, durch die graffschaft Henneberg gegen Schmalkhalden (daselbst ich innerhalb dreien tagen zu sein verhoffe) und Vach continuieren, under der hoffnung, gemelten graven Fugger bei und umb Hirschfeldt anzutreffen. Und habe ich ihne auch alberaits aines solchen avisiert.

Herr generalleutenant graff von Tilly würdt sich bei Halberstatt oder Wolffenbutel aufhalten und die zerstreuten troppen widerumben samblen, wie er dan bereits, allermassen mich der officier, so er zu mir abgefertigt, berichtet, ain gueten thaill volkh beisammen, und daß bei diesem treffen alle artilleria verlohren und herr gene-

---

[1] *Tilly* an Aldringen, Aschersleben, 19. Sept. 1631 (Kopien, franz. Sprache, ÄA 2309 fol. 232, Akten 263/III fol. 147. Ben. bei Droysen, Gustav Adolf II S. 450 Anm. 2; Hübsch S. 62 f.).

ralleutenant selbsten etwaß wenigs am arm verwondt worden. Von hohen officiern ist der herzog von Hollstein[2], obrister, und der obrist Bongart, auch beede obristleutnanten Strassoldo[3] und Cafarelli[4] todt geblieben. Die obristen graff Strozzi, Coronino und Wangler sollen geschedigt sein. Der general von der artilleria, der von Schönberg[5], und generalwachtmaister von Erwitte[6] seindt noch den 19. diß nicht widerumben gesehen worden, also daß man noch nicht gewiß wissen khönnen, ob si sich salviert, gefangen oder todt geblieben seien."[7] [...] – Ilmenau, 22. September 1631.

Ausf. ÄA 2309 fol. 231 und 233 = Druckvorlage; Kop. Akten 263/III fol. 163–164.

---

2 Herzog Adolf von Holstein-Gottorp (WREDE II S. 22, DOC. BOH. V S. 393). Vgl. zu diesem auch STADLER S. 552.
3 WREDE III S. 426.
4 Gemeint sein dürfte Oberst Franciscus de Cafarelli (WREDE III S. 393, DOC. BOH. V S. 394).
5 Das vakante Kavallerieregiment des gefallenen Generalzeugmeisters Schönburg überließ Maximilian Ende Oktober 1631 auf Empfehlung Tillys dem Maximilien de Billehé, Sire de Valensart, bislang Oberstleutnant des Regiments. Maximilian äußerte die Erwartung, Billehé werde nicht nur die vorhandenen neun Kompanien des Regiments komplettieren, sondern auch eine zehnte Kompanie errichten, wozu Billehé geneigt sein solle. Vgl. dazu die Bewerbung Billehés um das Regiment Schönburg und die einschlägige Korrespondenz Maximilians mit Tilly in ÄA 2261 fol. 696–697, ÄA 2396 fol. 300–302, welches Material auch Einzelheiten über die bisherige Karriere Billehés enthält.
6 Um die Überlassung des vakanten Kavallerieregiments des gefallenen Generalwachtmeisters Erwitte bat Johann von der Horst, bislang Oberstleutnant des Regiments, den im Oktober und Dezember 1631 Kurköln, Pappenheim und Tilly empfahlen. Vgl. dazu die einschlägigen Interzessionen in ÄA 2361 fol. 642–643 (ben. bei STADLER S. 814 s. v. Horst), ÄA 2381 fol. 445–446 (ben. bei STADLER S. 814 s. v. Horst), ÄA 2396 fol. 362–363, denen zufolge der Bewerber ein Bruder des Münsterschen Kanzlers Dietrich von der Horst und bereits im siebten Jahr Oberstleutnant des Regiments Erwitte war.
7 Bei HALLWICH I Nr. 372 S. 521 wird auch Oberst Blanckart als vermißt erwähnt. Dieser war verletzt in kursächsische Gefangenschaft geraten und wurde erst im Sommer 1632 entlassen (STADLER S. 809). Vgl. dazu auch eine Interzession *Kurkölns* für seinen Landsassen und langjährigen Diener Otto Ludwig von Blanckart an Maximilian, Köln, 23. Nov. 1631 (Ausf. ÄA 2361 fol. 667), zu Otto Ludwig von Blanckart zusammenfassend ENGERISSER S. 51 Anm. 26.

## 358. Vollmacht Maximilians für Tilly[1]

September 23

Französischer Vorstoß in Sachen Neutralisierung Kurbayerns und der Liga – Neutralitätsverhandlungen mit Schweden

„Bekhennen hiemit offenlich: Nachdem die Kgl. Wrd. in Franckhreich durch underschidliche gesandtschaft und schickhungen[2] bei uns wolmainende erinnerungen und anbringen thuen lassen, ob zwischen der Kgl. Wrd. in Schweden, dann uns und der ganzen catholischen liga im Römischen Reich ein solche neutralität, khraft deren khain thail den andern feindtlich angreiffen oder verfolgen solle, getroffen werden möchte, mit disem vernern bedeütten, wie daß hochgedachte Kgl. Wrd. in Franckhreich von Irer Kgl. Wrd. in Schweden zu solchem ende ein underschribne gefertigte charta bianca oder vollmacht[3] bei handen hetten, unß auch durch den kgl. Französischen gesandten monsieur del Isle[4] auß der Kgl. Wrd. in Schweden erclerung[5] bedeütt

---

[1] Die Tatsache, dass die Ausfertigung der oben Nr. 358 gedruckten Vollmacht bei den bayerischen Akten überliefert ist, verlangt eine Erklärung, über die man aber nur spekulieren kann. – Möglicherweise wurde die vom 23. September datierte Vollmacht, aus welchen Gründen auch immer, nicht sofort weitergeleitet. Zwei Tage später, am 25. des Monats (vgl. zu diesem Datum u. a. oben Nr. 311 E 45, Nr. 356 Anm. 1, unten Nr. 360), als man in München von Tillys Niederlage in der Schlacht bei Breitenfeld am 17. September erfuhr, entstand dann eine völlig neue Situation, in der die Absendung der Vollmacht aus grundsätzlichen Erwägungen unterblieb bzw. zunächst unterblieb. Möglich ist auch, dass ein noch vor dem 25. September mit der Vollmacht abgefertigter Bote/Kurier infolge der Kriegsereignisse gar nicht zu Tilly durchkam und mit der Vollmacht nach München zurückkehrte. Falls es die oben Nr. 358 gedruckte Vollmacht vom 23. September war, die Tilly dann Ende November via Starzhausen übermittelt wurde (unten Nr. 455 mit Anm. 1), müßte sie später, als sie nicht mehr gebraucht wurde, nach München retourniert worden sein. – Belege für die Abgabe von eigentlich im Nachlaß Tillys zu vermutenden Dokumenten nach München sind das Schreiben der *Infantin* an Tilly vom 25. Oktober sowie die Antwort *Tillys* vom 3. November (unten Nr. 402, ebenda Anm. 1).
[2] Zu denken ist an den weiter unten genannten Melchior de Lisle, ferner an Saint-Etienne, der sich vor dem 26. August in München aufhielt (oben Nr. 332), von wo aus er sich zu Kursachsen begab. Vgl. dazu ein *Patent Maximilians* für den zu Kursachsen reisenden französischen Gesandten Saint-Etienne, München, s. d. (korrigierte R. ÄA 2294 fol. 506), ferner das unten Anm. 4 zitierte *Patent Maximilians* vom 25. August.
[3] Mit dieser „charta bianca oder vollmacht" ist wohl die unten Anm. 5 zitierte *Neutralitätserklärung des Königs von Schweden gegenüber Kurbayern und der Liga* vom 25. Januar 1631 gemeint. Eine sonstige einschlägige Urkunde ist nicht bekannt.
[4] Der französische Diplomat Melchior de Lisle hielt sich möglicherweise Ende August gleichzeitig mit Saint-Etienne in München auf. Vgl. dazu ein *Patent Maximilians* für den an den Rhein reisenden französischen Gesandten de Lisle *bzw. für den zu Kursachsen reisenden französischen Gesandten Saint-Etienne*, München, 25. Aug. 1631 (Reinschr. mit Korr. Maximilians und Teisingers ÄA 2294 fol. 510); der vorstehend kursiv gedruckte Passus betr. Saint-Etienne ist getilgt.
[5] Gemeint ist die *Neutralitätserklärung des Königs von Schweden gegenüber Kurbayern und der Liga*, Bärwalde, 25. Jan. 1631 (Drucke in SVERGES TRAKTATER V,1 S. 441 f., DOKUMENTE I/3,2 Nr. 284. Vgl. dazu ROBERTS II S. 465, 467 f.; ALBRECHT, Ausw. Politik S. 305, 309), die den einschlägigen Artikel 8 des *Bündnisvertrages zwischen Schweden und Frankreich* vom 13./23. Januar 1631 (oben Nr. 85 Anm. 4)

worden, daß sie mit unß in unguettem nichts zu thuen, sonder unser freundt zu sein begerten, wofern mann sich an unser und der catholischen liga seiten gegen deroselben angedeütter neutralitet gebrauchen wolte,

Daß wir darauf nach reiflicher erwegung der sachen auß sonderbaren erheblichen und wolbedachten uhrsachen plenipotenz, völligen gewalt und bevelch geben haben, thuen auch solches hiemit in bester, zierlichister und bestendigister form, wie es von rechts wegen sein khan und soll, dem hoch- und wolgebornen, unserm generalleutenant, rath, cammerer und lieben getreuen Johann Zserclaes graven von Tilli, [...] daß er in unserm als der hochloblichen catholischen liga bundtsobristen namen mit hochermeldter Kgl. Wrd. in Schweden der neutralitet halben tractieren, handlen, einwilligen, versprechen und schliessen solle, sovil durch unß, da wir selbst gegenwertig weren, beschehen khundte und solle. Was nun er, unser generalleutenant, hierinn in unserm aignen und dann als bundtsobristen namen mit seiner Kgl. Wrd. in Schweden tractieren, handlen, einwilligen, versprechen und schliessen würdt, solches alles wöllen wir genemb, steiff, vest und ungebrüchig [!] halten und volziehen, auch ine unsern generalleutenant diser plenipotenz und gewalts halben allerdings schadlos halten. Und da er noch eines weittern, außfüehrlichern gewalts bedürftig, so wöllen wir ime solchen khraft diß solchermassen gegeben haben, als wann er von wort zu wort hierinn begriffen were. Trewlich one geferde." – München, 23. September 1631.

Ausf. mit Vermerk Maximilians: „Plenipotenz herrn general von Tilli wegen der neutralitet mit Schweden. 1631", Kschw 13496 fol. 136–137. Ben. bei KAISER, Politik S. 481, ebenda Anm. 109 und 110.

---

präzisierte. Vgl. dazu auch die *Versicherung Charnacés*, Bärwalde in der Neumark, 26. Jan. 1631 (Druck in SVERGES TRACTATER V,1 S. 442. Vgl dazu ROBERTS II S. 467; ALBRECHT, Ausw. Politik S. 305), der zufolge der König von Frankreich besagte Erklärung dem Kurfürsten von Bayern erst aushändigen werde, wenn er eine entsprechende Erklärung des Kurfürsten erhalten habe. Erhalte er eine solche Erklärung nicht, werde er die schwedische Erklärung vom Januar zurückgeben. – Vgl. zur Mitteilung der „Bärwalder Neutralitätsassekuration Gustav Adolfs" an Maximilian bereits im Herbst 1631 auch ALBRECHT, Ausw. Politik S. 326 mit Anm. 69.

## 359. Maximilian an Kurmainz

September 23

Tillys Einfall in Sachsen – Gesamtschreiben der katholischen Kurfürsten an Kursachsen – Vermittlung des Landgrafen Georg von Hessen-Darmstadt bei Kursachsen – Anlage

„Was uns diser tagen von [...] dem graffen von Tülli aus Haall in Sachßen für schreiben zuekhomen, darbei uns er auch in abschrüften überschikht, was E. L. er wegen des churfürstens zu Sachßen L. und seines in selbige landen vorgenomnen einzugß für considerationes, motiven und umbstendten zu vernemen geben,[1] dz haben wir, E. L. der hergebrachten vertreulichen correspondenz und der sachen importanz und notturft nach freundtlich zu communicirn, nit underlassen wollen." Da Tilly ein Gesamtschreiben der katholischen Kurfürsten an Kursachsen vorschlägt „und weiln wir uns ainiges müttel und weeg, so zu beförderung fridens und ruehe und abwendung christlichen bluettvergiessens dienstlich, zu practicirn niemaln zugegen sein lassen, als sein wir auch unsers thails erbiettig, da E. L. dergleichen wolmaintliches gesambtes ermahnungschreiben guett und rathsamb zu sein befünden, gern zu cooperirn. Und weiln er graff von Tülli disen seinen einzug in die Chursachßische landen ohne E. L. und unser wüssen und ordinanz zu werkh gestelt, S. L. aber, weiln vermuthlich ehr graff von Tilli neben dem Ksl. auch dz bundtsvolkh hierzue gebraucht haben wirdt, den unglimpf und undankh, als wan alles mit unserm vorwüssen und wüllen solcher gestalt der kfl. verain undt beschehener sincerationen zuwider vorgangen were, uns und denn verainten catholischen chur- und fürsten zuemessen und für aine offentliche ruptur aufnemen und ausdeuten mechten, als lassen wir zu E. L. fernerm vernunftigen nachgedenkhen und belieben haimbgestelt sein, ob nit in obgedachtem gesambten schreiben auch miteinzurukhen und anzuregen, dz solcher einzug in S. L. landen ohne vorwüssen und wüllen unser der catholischen churfürsten geschehen, dz uns auch die S. L. dardurch zugestandne schwere ungelegenheitten unlieb und mitleidenlich zu vernemen weren, auch der gueten hoffnung und zuversicht geleben thetten, da S. L. Irer Ksl. Mt. wüllen und begehren sich nur so weitt accommodirn und sich resolvirn wolten, dero angestelte armatur den hailsamen reichsconstitutionen gemeß zu moderirn und anzuordnen, selbige auch wider Ire Mt. und dero assistirende chur- und fürsten nit zu gebrauchen, weniger sich dem Schweden oder ainem andern offentlichen reichsfeindt anhengig zu machen, sondern vüllmehr zu verfolgung deselben des graffen von Tülli underhabender armada den sichern pass und repass zu wasser und landt wie auch aus ihren landen die nothwendige proviant und andere müttel unwaigerlich ervolgen zu lassen und dan den landtgraff Wilhelmb und seine adhaerenten zu ainer gleichmessigen fridlichen und zumaln würkhlichen accommodation und bezaigung zu vermögen, dz auf solchen fahl Ire Mt. hoffentlich zimbli-

---
1 Oben Nr. 350 und 351.

che satisfaction empfangen und, S. L. landen widerumb zu quitirn und in friden und ruehe zu lassen, dem graffen von Tülli ehist gnedigsten bevelch zuefertigen wurden.

Uns gehet allain herunder sorgfeltig zu gemieth, dz dergleichen gesambt schreiben und erinderung noch zimblich vüll zeitt erfodern und entzwischen die sachen in solche terminos und extremiteten gerathen wurden, dz solche treuherzige ermahnung alzu spatt einlangen und ohne ainigen frucht und effect ablauffen mechte. Lassen derowegen zu E. L. vernunfftigem nachgedenkhen und belieben gleichergestalt haimbgestellt sein, ob zu gewinung der zeit, an welcher dz maiste gelegen, nit ain müttel und weeg were, dz sie dise erinderung in namen unser der catholischen churfürsten, weiln hoffentlich Churtrier und Cöllns L.L. darvon sich nit absöndern werden, alsogleich fürderlich an des landtgraff Georgens zu Hessen L. mit disem fr. gesünen gelangen lassen wolten, dz sie nach dem lobl. exempel ires hern vatters ain guetter müttler sein und irer vüllvermögenheitt nach bei Chursachsens L. die hochgefehrliche extremiteten noch in zeütten verhietten und die sachen auf obgedachten schlag zu güettlicher accommodation, auch friden und ruehe in böstem incaminirn und befürdern helfen wolten."

Fügt seine Antwort[2] auf Tillys Schreiben bei. – 23. September 1631.

Konz. Ranpeks mit Zusätzen Wolkensteins Kschw 782 fol. 349–350 = Druckvorlage; Kop. Akten 263/III fol. 173–174. Ben. bei BIRELEY, Maximilian S. 163; ALBRECHT, Maximilian S. 788.

## 360. Maximilian an Tilly

September 25

Niederlage bei Leipzig – Truppen an der Weser – Versorgung der Armee mit Geld – Heimstellung – Dispositionen des Kurfürsten

„Wir haben sowol von dem von Aldringen[1] alß auch sonst anderwerts her mit sonderer betrüebnus vernommen, waß für unglückh ir mit eurer underhabenden armee vom feindt erlitten. Und dieweil wol zu gedenkhen, das, obwollen diß wie all anders dem unerforschlichen willen Gottes heimbzustellen und zu befehlen, ir euch iedannoch hierumben in nit geringer bekhümmernus befinden werdet, so haben wir euch derowegen hiemit gdist consolirn wollen. Und gereicht uns allein diß zum trost, das ir euch, wie wir vernommen, mit eurer persohn salvo retiriret habt. Zumahl aber wol zu erachten, dz man, eurer persohn auf alle mügliche weg nachzustellen, nit underlassen werde, so habt ir euch derowegen an solchen orthen und enden zu halten, wo ir euch am sichersten zu sein getrawet und daß volkh wider colligirn und versamblen khönndet. Dabei wir euch dann zu bedenkhen geben, waß ir mit dem an der Weeser

---

2 Oben Nr. 354.
1 Vgl. dazu oben Nr. 356.

in guarnison ligendem volkh für anstellung machen wöllet, ob irs, damits nit etwa ingleichen attaquirt werde, zu euch erfordern wollet.

Wür halten unß mit einer ergibigen summa gelts also gefast, dz balt wür nur verspüren mögen, dz solches ohne feindts gefar fortzubringen, eß alßgleich fortgeen möge. Darauf ir euer soldatesca sicher zu verrtösten.

Sonst aber, weil wir nit wissen, wie es mit der sach aigentlich beschaffen oder wie für dißmal zu remedirn, khönnden wir euch weiter kheine ordonanz geben, sonder lassen es eurer wol vernünftigen discretion anheimbsgestelt sein, waß ir weiter vor handt zu nemmen am thuenlichisten und rätlichisten befünden werdet.

Waß wir sonst ime von Aldringen und unserm obristen cammerer fir ordonanz zufertigen lassen, habt ir ab den copiis[2] merers zu ersehen.

So haben wir nit weniger dem von Ossa geschriben, dz auß Italien heraußkhommende volkh alßbalden zu dem von Aldringen zu schicken, auch daß ubrige auß Italia noch erwartende nach müglichkheit heraußzubefirdern.

Und dieweil auch des herzogen von Lottringen L. ein anzahl volkhs, wie sie uns bericht, von 15.000 zu fuß und 3.000 zu roß, beisamen haben und bißher nur der Ksl. ordonanz zum aufbruch erwartet, so haben wir S. L. ingleichen geschriben, solches volkh alßbalden gegen Hessen (inmassen wir zu dem ende in der Undern Pfalz bereits alle verordnung thuen lassen) zu incaminirn.[3]

Und wöllen wir sonst im ubrigen bei herobigem volkh an gueter bestellung, sovil in der eil geschehen mag, nichts underlassen." – 25. September 1631.

Entwurf Mairs mit Korrekturen und Zusätzen Maximilians und Teisingers, teilweise zu chiffrieren, ÄA 2396 fol. 271–272 = Druckvorlage; Kop. ÄA 2404 fol. 40 (= Anlage A zu der BA NF II/9 Nr. 270 Anm. 1 zitierten „Wahrhafte[n], grindliche[n] information[4]"). Gedr. THEATRUM EUROPAEUM II S. 469 f.; Auszug gedr. bei ARETIN, Pappenheim 5 S. 121 f. Nr. 47. Ben. bei KAISER, Politik S. 56, 462.

---

2 Der Schreiben vom 25. September (oben Nr. 356 Anm. 1).
3 *Maximilian* an Herzog Karl von Lothringen, München, 25. Sept. 1631 (HALLWICH I Nr. 363). – Vgl. zu den Werbungen des Herzogs von Lothringen und dem Feldzug der lothringischen Truppen im Reich BABEL S. 135 ff.; die von BABEL herangezogenen Korrespondenzen aus dem Wiener Kriegsarchiv sind meistenteils bei HALLWICH I gedruckt.
4 Dieses Stück mit den Anlagen A–L ist gedruckt THEATRUM EUROPAEUM II S. 465–475. – Ein Exemplar der „Wahrhaft[en], gründliche[n] information" ist auch überliefert in Kschw 13495 fol. 252–255. Der bei HÜBSCH S. 107 Anm. 1 zitierte ursprüngliche Titel dieses Exemplars („Defension wegen dessen, so von Curmainz und Würzburg wider Ire Kfl. Dt. in Bayern etc. außgesprengt worden") ist getilgt und durch den vorstehend zitierten („Wahrhaft, gründliche information") ersetzt.

## 361. Maximilian an den Kaiser

September 26

Tillys Niederlage – Fortdauernder Einsatz Maximilians für den Kaiser, das Reich, die kaiserlichen Erblande und das gemeine katholische Wesen – Erschöpfung der Ligamitglieder – Einsatz der Truppen des Herzogs von Lothringen und des Prinzen von Pfalzburg[1] in Hessen[2] – Truppenhilfe der Infantin – Einsatz der kaiserlichen Armee in Schlesien gegen Schweden[3] – Einstellung der kursächsischen Feindseligkeiten gegen den Kaiser und die Liga[4] – Tillys Einfall in Sachsen[5] – PS: Vereinigung und Bündelung der militärischen Kräfte – (AO München)

---

1 Louis de Guise dit d'Ancerville, Prince de Phalsbourg, lothringischer General, der am 4. Dezember 1631 in München verstarb (EUROPÄISCHE STAMMTAFELN NF,2 I.2 Tafel 209; DEUTSCHE BIOGRAPHIE s. v. Phalsbourg, Louis de Lorraine-Guise de). Vgl. zum Einsatz Pfalzburgs, eines Schwagers des Herzogs von Lothringen, im Reich BABEL S. 135, basierend auf HALLWICH I Nr. 309.

2 In dem in diesem Zusammenhang zitierten Schreiben aus Ebersdorf, 15. Sept. 1631 (Ausf. Kschw 73 fol. 208–209. Ben. bei STADLER S. 559; nicht ganz korrekt KAISER, Politik S. 435 mit Anm. 322), hatte der Kaiser Maximilian mitgeteilt, nachdem Aldringen, der nach Hessen vorrücken und sich dort mit Fugger vereinigen sollte, zu Tilly befohlen worden sei, habe der Kaiser dem Herzog von Lothringen Ordonnanz erteilt, mit der „unß und dem gemainen wesen zu ehren und diensten auf den bainen habenden armada" nach Hessen zu ziehen; die neugeworbenen Truppen des Prinzen von Pfalzburg sollten sich dem Vormarsch der lothringischen Truppen nach Hessen anschließen.

3 Nach dem schwedischen Einfall in das Stift Würzburg bat Kurmainz den Kaiser aus Mainz, 12. Okt. 1631 (Ausf. KrA 69 Konv. Oktober fol. 79–80. Ben. und zitiert bei H.-D. MÜLLER S. 42, S. 43 Anm. 63, ben. bei BRENDLE S. 313), anzuordnen, dass mit der Armee in Schlesien „oder anderer zueträglicher assistenz dem gemeinen nothleidenden weesen geholfen undt dieser lobliche stift Würzburg sambt andern benachbarten erz- undt stiftern wie auch ubrige Euer Ksl. Mt. assistirende stende nit verlassen, sondern in aller eil succurirt werden mögte." Darauf antwortete der Kaiser, Wien, 26. Okt. 1631 (Konzept-Kopie mit Korr. KrA 69 Konv. Oktober fol. 173–176. Zitiert bei H.-D. MÜLLER S. 43 Anm. 65), u. a.: „Waß aber unsere in Schlesien liegende armada anlangen thutt, haben D. L. nicht unschwär bei ihro vernünftig zu ermessen, mit waß grossen schaden und betrangnuß der getrewer chur- und fürsten, sonderlich" des „churfürsten zu Bayrn L. armer unschuldiger underthanen ein solches khriegsvolkh, sonderlich die reitterei, welche maistenthails leichte pferdt, Hungern und Polackhen, von einem so weit entlegenen landtt alß den negsten durch Böhaimb und den Bayrischen in den benachbarten Fränckhischen craiß zu bringen sein, waß für spesa und zeit darzue gehöre, zu geschweigen unsere erbkhönigreich und landt dardurch endtlich ganz entplöst und in gegenwertige gefahr und eüsseristes verderben unzweifentlich gesezt werden müesten."

4 Vgl. zu diesem und zu dem folgenden Punkt (Tillys Einfall in Sachsen) das Gutachten kaiserlicher deputierter Räte, s. d., und das Votum des kaiserlichen Geheimen Rates, 6. Okt. 1631 (Konz. mit Korr. und Zusätzen Stralendorfs KrA 69 Konv. Oktober fol. 41–46. Gedr. bei HALLWICH I Nr. 376).

5 Vgl. zu diesem Punkt das oben Anm. 4 zitierte Gutachten und Votum, ferner die Antwort des Kaisers an Maximilian, Wien, 8. Okt. 1631 (Ausf. Kschw 13495 fol. 330–331; korrigierte Konzept-Kopie KrA 69 Konv. Oktober fol. 47. Gedr. bei HALLWICH I Nr. 378). – Hinzuweisen ist auch auf zwei Relationen Stücklins an Maximilian, Wien, 15. Okt. 1631 (eigenh. Ausf. Akten 267 fol. 70), 18. Okt. 1631 (eigenh. Ausf. ebenda fol. 73–74). Am 15. Oktober berichtete Stücklin: „Man will anhie schier sagen, eß weren die herrn churfürsten an der erlittenen Tillischen niderlag und der dahero entstandenen anjezo schwebenden grossen gefahr, umb das sie das begerte gutachten wegen Sachsen so lang verweilet und bis dato noch nit eingeschikht, nit wenig ursach, wiewolen ich weutleuffig und von schlechten orten verstanden, Spanien gebe aus, Ir [!] Kfl. Dt. hetten ir gutachten dahin geben, das man dem Sachsen darumben ins landt fallen solte, das dem Kaiser ein gueter freundt entzogen werde. Ich khan aber

Druck bei HALLWICH I Nr. 365. Ausf. AFA 1631/9/34; Konz. Ranpeks mit Korr. und Zusätzen Maximilians Kschw 73 fol. 213–218.

## 362. Maximilian an Kurmainz

September 27

Tillys Niederlage – Weisung für die bayerischen Gesandten in Frankfurt – Vermittlung des Landgrafen Georg von Hessen-Darmstadt bei Kursachsen

Knüpft an sein Schreiben vom 23. September [oben Nr. 359] an und führt weiter aus: „Was nun erstberierter einzug in Sachßen für ainen laidigen und bedaurlichen ausgang gewonen und was der Almechtige Gott über dz gemaine catholische wesen durch des graffens von Tülli und seiner underhabender armada ervolgter niderlag [...] für ainen schweren und hochgefehrlichen zuestandt verhengt, dz werden E. L. von andern orthen nuhnmehr bereits vernomen haben." – Unterrichtet Kurmainz über seine Weisung für seine Gesandten in Frankfurt[1].

„Uns gehet aber vornemblich und zumaln sorgfeltig zu gemieth, es werde bei Chursachßen die opinion und mainung, als wan diser unglickhliche einzug in dero landen mit E. L. und unserm, zumaln auch des catholischen bundts guettem wüssen und wüllen beschehen were, starkh eingewurzlet und überhandt genomen haben und derowegen auch auf schleünige und vortregliche müttel und weeg zu gedenkhen sein, dardurch Ire L. aines bössern und des aigentlichen wahrhaften grundts berichtet, zugleich auch disponirt und vermögt werden mechten, sich gegen Ire Ksl. Mt. und die catholische verainte stende aller fernern thettlikheit zu enthalten und die Frankhfurtische handlung, so sich sonsten, da die catholische und protestirende aneinander für erkhlerte feindt halten solten, ainstens zerschlagen mechte, ferner unausgesezt zu continuirn. Wir erindern uns gleichwol, was wir E. L. in obberiertem unserm negstern schreiben wegen aines gesambten schreibens in namen unser der vier catholischen churfürsten an Chursachßen für wolmainenden vorschlag und erinderung gethan. Weiln es aber darmit vüll zu langsamb, als iezige der sachen beschaffenheit und notturft erfodert, zuegehen wurde, so wolten wir das andere in angeregt unserm negstern schreiben berierte müttel durch des landtgraff Georgens zu Hessen L. für vüll schleuniger, zumaln auch zu verhoffendem guettem effect desto vortreglicher halten, dz nemblich E. L. iro belieben lassen wolten, wolermelten landtgraffen

---

weder eins noch des andern halben E. Kfl. Dt. kein gewüsheit nit uberschreiben." In der Relation vom 18. Oktober heißt es: „Sonsten continuirn noch discurs, dz die herrn churfürsten, umb dz sie das begerte gutachten wegen Chursachsen so lang verweilet, dises unhails grosse ursach wären. Insonderheit aber würt von gemeinen leuthen uber dess Friedtländers abschaffung sehr geklagt, indeme sie vorgeben, wan derselbe nit abgesezt worden, dise gefahren sich anjezo nit eraignet hetten."
1 Vom 25. September, oben Nr. 311 E 45.

[...] dahin zu vermögen und zu erhandlen, dz S. L. gemainer wolfahrt zum bösten und ihrem hierzue bekhantem loblichem eüffer nach hierunder bemiehet sein und dero vüllvermögende partes bei Chursachßen durch fürderliche müttel und weeg dahin interponirn, S. L. auch nit allain des wahren grundts und beschaffenheitt, dz ainmal der einzug in dero landen ohne wüssen und wüllen der catholischen churfürsten geschehen, sie es auch niemaln gern gesehen noch darzue gerathen, zu berichten, sonder sie auch dahin zu disponirn, dz sie die hochgefehrliche extremiteten zurukhstellen, dero fridliebende intention und naigung aniezt in dem werkh ruehmblich erscheinen lassen und sich von allen fernern thettlickheitten gegen Ire Ksl. Mt. und dero assistirende catholische chur-, fürsten und stendte, sintemaln man sich diserseites gegen sie aines gleichmessigen erbiettig, enthalten, vorderist bei der Frankhfurtischen handlung sich zur büllikheitt dergestalt erweißen und bequemmen wolten, dz die hochgefehrliche, landtverderbliche extremiteten ainist abgewendet und verhiettet und von disen tractaten ain gemainnuziger guetter effect verhofft werden möge. – Da nun wolgedachtes landtgraffens L. dergleichen wolmaintliche interposition und bemiehung über sich nemen wolten, ist zu verhoffen, dz selbige ohne frucht desto weniger ablauffen wurde, weiln Chursachßens L. sich nit allain jederzeutt zu friden, ruehe und büllikheitt genaigt und wüllig erbotten, sonder wir sein auch von vertrautten orthen avisirt worden, dz bei der Chursachsischen coniunction mit Schweden die eltisten geheimen räth starkh darwider und zu accommodation gerathen, aber ander, widerwertige eingewendte officia praevalirt haben und derowegen der vorschlag und erinderung güettlicher müttel desto ehunder und bösser widerumb verfangen mechte." [...] – 27. September 1631.

Konz. Ranpeks mit Korr. Maximilians Kschw 782 fol. 357–358. Ben. bei BIRELEY, Maximilian S. 163; ALBRECHT, Maximilian S. 788; BRENDLE S. 283, 285.

## 363. Kurköln an Maximilian[1]

September 27

Kaiserliche Kommission Tillys betreffend Kursachsen – Konjuktion Kursachsens mit Schweden

Bezug: Schreiben vom 16. September [oben Nr. 343 Anm. 1]. – „Nun khommen mir die sachenn zumahl schweer vor, in erwegung, [...] Ihre Ksl. Mt. biß dahin, zwischen Chursachsen und andern protestirenden stendenn einen underschiedt zu machen, intentionirt gewesenn, nunmehr aber die resolution fast dahinn gerichtet, das es mit Ihrer L. gleichs andern gehalten werden wolle, auch der graf von Tylli soviell andeutung thuet, daß bei beharrung deren Chursachsischen wiederigen resolution er nit allein beräitz befelcht, sondern auch jetzigen kriegßzustandts halber genottrengt wurde, zu exequirung dern Ksl. avocatori mandaten die notturft furzunemmenn und zu werkh zu richten, gestalt nunmehr kheine andere rechnung zu machen, dan daß die jederzeit so hoch bedenklich gewesene trennung deß kfl. collegii und erfölglich deß gantzen Imperii status vor augen und es beräitz damit so weith khommenn, daß dißfalß viell zu rathen khein zeit mehr ubrig, sonder es ahn deme, daß alles dern unerforschlichen providenz Gottes Allmechtigenn heimbzustellenn und deß erfolgens zu erwartenn sein würdt, wie dan auch auß des [...] von Aldringen an E. L. abgangenen und mir von deroselben communicirten schreiben[2] abzunemmen, daß Chursachsen zur coniunction mit Schweeden sich beräitz eingelaßenn und er von Aldringen demnegst auff deß graven

---

1 Nach Erhalt erster Nachrichten von der Schlacht bei Breitenfeld, knüpfte *Kurköln* an Maximilian, Bonn, 28. Sept. 1631 (Ausf. mit eigenh. Nachschrift Kschw 960 fol. 344–345), an das oben Nr. 363 gedruckte Schreiben an: Hat in besagtem Schreiben zum Ausdruck gebracht, „wie hoch beschwerlich und nachdenklich eß mir vorkommen, daß mann, mitt Chursachsen zu rumpiren, willens, dahero dan [...] daß vorhin hoch periclitirendes gemeine wesenn in noch größere nohtt und gefahr gestelt werden muste. Also vernehme ich nach außfertigungh obangedeuten meines schreibens mit besturtztem gemüth, daß solches in effectu laider also erfolgt. Und obwohl ich darfurhalte, E. L. dern particularitetenn mit meherenn vorhin berichtet sein werden, so haben sie doch hiebei verwahrt zu empfangen, waß fur betruebte avisi [fehlen] mir zuekommen. Und wiewoll dorab die umbstendtliche gewißheitt (ob eß arger oder beßer hergangen) noch nit aigentlich abzunemmen, so erscheinet doch der hochst gefehrliche zustandt in deme viel zu viel, weiln der graff von Tilli selbstenn verwundet sich mitt etlich wenigenn trouppen reteriren mußenn." [...] – In seiner vom 6. Oktober 1631 (Konz. Oexels ebenda fol. 364–365) datierten Antwort auf die oben Nr. 363 und vorstehend Anm. 1 gedruckten Schreiben vom 27. und 28. September erklärte *Maximilian*: „Wie ohnlieb nun auch mir angedeütte ruptur gewesen, haben E. L. auß mitkommenden copiis meiner" Schreiben an den Kaiser, Kurmainz und Kursachsen [unten Nr. 375, 374 und 367], „darinnen ich meine displicentiam genugsamb zu verstehen geben, außführlicher zu vernemmen, darauff ich mich kurtzlich referieren thue."
*Kurmainz* hatte auf das oben Nr. 343 Anm. 1 zitierte Schreiben bereits aus Mainz, 24. Sept. 1631 (Ausf. Kschw 782 fol. 355–356), geantwortet: Teilt mit, daß ihm Tilly „darvon zum theil auch parte gegeben. Waß nun darauf erfolgen mögte, deßen würdt zu erwarten stehen. Unserstheils haben wir seithero auß dem läger und von demienigen, so inmittelst vorgangen sein mögte, kheine avisen erlangt. So ist auch bieß dato khein sonderbahrer progress im landt zu Heßen geschehen."
2 Oben Nr. 348 Anm. 4.

von Tylli ertheilte ordinanz gleichfalß nacher denn Sachsischen gräintzen zu im anzug begriffen und, eine diversion furzunemmenn, befelcht. Und gehet mir demnegst hoch und nachdenklich zu gemueth und hertzen, daß eß zu solchen extremiteten gerhaten, daß uber vorige feiande auch noch ein so mechtiges deß Hl. Reichs mitgliedt wieder dasselbe sich aufpringen laßen und die sachenn nunmehr auf die spitz und daß gluckh der wapfen leichsamb [!] gestelt. Allein wolle die Götliche Allmacht gebetten sein, gnediglich zu verhueten, daß bei wehrender solcher trennung durch menschliche zufäll khein ander accidentz, dardurch der gantze status intervertirt werden khönnte, einfallen möge." – Bonn, 27. September 1631.

Ausf. Kschw 960 fol. 342–343.

## 364. Maximilian an Fugger

September 28

Vereinigung mit Aldringen – Verbot, in die Grafschaft Henneberg zu rücken – Sachsenfeindliche Äußerungen Fuggers

Bezug: Schreiben vom 24. September[1], dem er u. a. entnommen hat, „welcher gestalten ihr euch resolvirt, bei solcher gestaltsamb mit eurem underhabenden corpo etwaß zu reterirn und negst Königshoven im stüft Würzburg dz leger ze schlagen und euch mit dem von Aldring zu coniungirn." – Verweist auf seine Weisung vom 25. September[2] und teilt mit, dass „wür an solch eurer vorgenommenen retirada kein bedenkhen. Allein sollet ihr aus erheblichen ursachen ohne unser vorwissen durchaus nit in die grafschaft Hennenberg[3] ruckhen.[4]" [...] – 28. September 1631.

Postskriptum. [...] „Hiebei lassen wir euch auch unverhalten, waß gestalt unß der churfürst von Saxen zu verstehn geben, das ir euch habt sollen vernemmen lassen, daß wann ir euch mit den von Aldringen coniungirt, ir alßdann bevelcht seiet, ins curfürsten-

---

1 *Fugger* an Maximilian, Hersfeld, 24. Sept. 1631 (Ausf. ÄA 2325 fol. 118–119. Ben. bei STADLER S. 554).
2 Oben Nr. 356 Anm. 1.
3 Dazu gehört ein Vermerk von der Hand *Wolkensteins*: „Ich habe allein diß erihnneren wollen, dz die graffschaft Henneberg nit gantz, sonder nuhr ein taihl derselben Cursaxen zuständig. Dahero möchte die ordinanz ahn h. obristen cammerer nit auff die gantze graffschaft, weiln selbige vil ihn sich begreifft und ohne weiten umbzug nit könte verschont werden, sonder allein auff denn Cursäxischen taihl gerichtet werden. Salvo etc." (ÄA 2325 fol. 115a).
4 Vgl. auch *Maximilian* an Fugger, 3. Okt. 1631 (Konz. Teisingers mit Korr. und Zusätzen Maximilians ÄA 2325 fol. 142): „Allain haben wir euch hiebei dessen, so wir euch den 28. Septembris negsthin befohlen, nochmahlen erinnern wollen, dz ir auß sonderbaren erheblichen ursachen on unsern befelch und wissen durchaus nit in die grafschaft Henneberg *oder andere deß churf. von Saxen territoria* ruckhen oder euch dahin gebrauchen lassen sollet." – Das vorstehend kursiv Gedruckte wurde von Maximilian eigenh. hinzugefügt.

thumb Sachsen zu ruckhen und ine curfürsten nach möglichkheit zu verfolgen. Wann wir uns aber gegen gedachten curfürsten dahin erclert, hierüber nothwendige information einzuhollen, also begeren wir von euch zu wissen und berichtet zu werden, ob ir euch dergleichen reden und gegen weme, vernemmen lassen[5]." [...] – 28. September 1631.

Teils Konz. Teisingers, teils Reinschr. mit Korr. und Zusätzen Maximilians ÄA 2325 fol. 113–116. Ben., aber nicht korrekt interpretiert bei HABERER S. 267.

## 365. Herzog Karl von Lothringen an Maximilian[1]

September 28

Zug ins Reich – Bitte um Intervention Maximilians bei Frankreich hinsichtlich der Sicherheit Lothringens

„En mesme temps que le sieur colonnel Ossa estoit venu pour me faire entrer dans l'Empire avec mes trouppes pour y servir Sa Magesté Imperiale, i'ay receu la lettre de Votre Altesse[2] par laquelle elle me donne advis de la disgrâce survenue à monsieur le comte de Tilly dont i'ay un desplaisir très sensible. Je me disposoy desia à sortir de mes pays avec mesdites trouppes qui seront au nombre de dixsept à dixhuict mil hommes assez bons, et me hasteray maintenant davantage faisant estat de partir moy mesme demain ou après pour le plustard affin de conduire en personne mesdites trouppes et rendre le service que ie doibz à Sadite Magesté Imperiale et à Votre Altesse laquelle seulement ie supplie d'une faveur qui est que comme elle a du crédit en France elle face en sorte que tandis que ie seray absent il ne soit rien entrepris sur mes estatz ayant faict de ma part tout ce qui se pouvoit pour demeurer bien avec ledit royaume[3]." – Saarburg, 28. September 1631.

Ausf. Kschw 1695 fol. 111.

---

5 Eine einschlägige Stellungnahme Fuggers hat sich nicht gefunden. Als *Fugger* aus Schlitz, 15. Okt. 1631 (Ausf. ÄA 2325 fol. 156–158), den Erhalt der Weisung vom 28. September bestätigte, ging er auf den in Rede stehenden Punkt nicht ein.
1 *Maximilian* antwortete dem Herzog, s. d. (Konz. mit Korr. Kschw 1695 fol. 128): „J'ay veu par la lettre de Votre Altesse du 28. du mois, qu'elle est résolue de conduire en persone son armée en Alemagne: c'est un effect de sa générosité et zèle qu'elle tesmoigne par là au service de Sa Majesté Impériale d'aultant plus louable qu'elle préfère le bien de l'Empire à toute sorte de considérations et ie veux croire que le Roy Très Chrétien ne permettra pas, que son esloignement luy soit préjudiciable ou domageable à ses estats come i'en suplie Sa Majesté secquant en cela la volonté et le désir de Votre Altesse." [...] – Ein einschlägiges Schreiben *Maximilians* an Richelieu, datiert aus München, 6. Okt. 1631 (Ausf., franz. Sprache, AE CP Bavière I fol. 145. Ben. bei ALBRECHT, Maximilian S. 803).
2 Oben Nr. 360 Anm. 3.
3 Hintergrund dieser Bitte des Herzogs an die Adresse des ihm verwandtschaftlich eng verbundenen Kurfürsten war sein gespanntes Verhältnis zu Frankreich, wofür auf BABEL S. 132 ff. zu verweisen ist. – Maximilian war ein Onkel des Herzogs.

## 366. Maximilian an Tilly

September 29

Niederlage bei Leipzig – Informationsbedürfnis Maximilians – Einsatz der Korps Aldringen und Fugger sowie der Lothringer

„Wür wollen verhoffen, es werde euch unser schreiben vom 25. eiusdem[1] sambt dem duplicat (davon zu mehrer nachricht noch ein triplicat hierbei) recht zuekhommen. Und obwollen unß sowohl von [...] dem von Aldring, als anderwerts wegen des fürgangenen unglickhlichen tröffens verschiedene advisen eingelangt, so ist uns doch am maisten zu gemüeth und herzen gangen, dz wür bisanhero niemallen aigentlich und für gewiß vernemmen könden, wie es in specie mit eurer persohn beschaffen, ausser dz uns ermelter von Aldring gleich iezt eur ihme aus Assersleben vom [19.[2]] dis gegebene ordonanz communicirt, des innhalts, dz er von Aldring sich mit seinem underhabenden Ksl. volkh gegen Hessen avanzirn, daselbst mit [...] graf Ott Heinrichen Fugger coniungirn und den lgf. zu Hessen coniunctis viribus persequirn und verfolgen solle. Bei welchem unß dann vornemblich, das ihr euch für eure persohn in gueter disposition befündet, ganz annemlich, hergegen aber sehr unlieb zu vernemmen gewest, dz ir am linkhen armb etwaß verlezt worden. Wie nun dem Almechtigen billich dankh ze sagen, das er euch noch so genedigelich conservirn und erröten wöllen, alß wünschen wür, dz eß baldt zu gutem stand geraiche und ir euer revange wider holen möget. Dergleichen accident bringt der khrieg mit sich und seind vil andern grossen potentaten und dapfern generaln zuegestanden, welche hinwider der Almechtige wider mit ansehentlichen, beruembten victorien und einem gueten ausgang des kriegs begnadiget. Derowegen ihr sowol als wür zu dem Almechtigen die ungezweiflete confidenz stöllen wollet, das derselb sein heilige kirchen und religion nit verlassen, sonder alles noch zum besten dirigirn und schickhen werde.

Sonsten wolten wür gern vernemmen, wie es mit ermeltem vorgangenen tröffen aigentlich hergangen, wie hoch sich der verlurst erstreckht, wer von officirn gefangen oder gebliben, item ob der veldmarschal graf von Pappenheimb eurem hievorigen den 9. dis uns zugethonen schreiben[3] nach noch aigentlich sich von euch und mit deme ihme zuegeordneten volkh an der Elb hinab begeben oder ob er zur zeit des tröffens noch bei euch gewest, wie es mit desselben persohn, item dem generalcommißari von Ruepp und der canzlei stehe, wie ihr die notwendige artilleria, ingleichen darzuegehörige pferdt und andere requisita widerumb beizetrachten gemeint und was ihr sonst aigentlich vorzenemmen gesinnt, damit wür euch nach gestalt und befündung der sach in euren gedankhen secundirn, auch unsere consilia und resolutiones

---

1 Oben Nr. 360.
2 Die Vorlage hat irrtümlich 22.; gemeint ist aber das oben Nr. 357 Anm. 1 zitierte Stück.
3 Oben Nr. 350.

desto besser fassen und anstöllen könden; welches alles uns ihr, da es etwa nit bereits underdessen geschehen und underwegs, ehist zu überschreiben wisset.

Waß dann obermelte eure dem von Aldringen erteilte ordonanz berüert, da werdet ihr euch eründern, welchergestalt wür euch vor disem selbst zu mehrmahlen bedeitet, dz wür ein sonderbare unumbgengliche notturft ermössen, den feindt in Hessen wo möglich aus dem weeg ze raumben. Allein gehet uns dabei dises zu gemüeth, wann der von Aldring sich ermelter eurer ordonanz nach [...] nacher Hessen begibt, dz der paß von Türingen und Voitland gegen der herobern bundtstendte lande ganz offen und ploß und daher der gegentheil umb sovil eher anlaß nemmen möchte, sich diser occasion zu bedienen und der enden eine diversion zu versuechen. Derwowegen wür euch zu bedenkhen geben, ob nit rhetlicher, das allein der von Aldring (als welcher sich mit dem aus Italia und Graupündten khommenden und andern Ksl. neugeworbenem volkh ie lenger, ie mehr bestörkht) die Hessische expedition allein incaminir, der graf Fugger aber sich mit dem bundtsvolkh an einen solchen posto logire, alwo er uf des gegentheils dissegni, auch der herobern bundtstendt defension all'erta sein und nit abgeschnitten werden könde, ingestalt wür ein solches [...] dem v. Aldring und gf. Fuggern von hier aus ebenmessig geschriben und ihnen bedeitet, dz sie die sach in obacht nemmen sollen, bis mann sicht, wohin des feindts desegni gerichtet."[4]

Wür mechten auch wol vernemmen, wie es dem feind bei dißem treffen ergangen und waß er dabei für seiden gesponnen." – 29. September 1631.

Postskriptum. Zu den in seinem jüngsten Schreiben[5] erwähnten Lothringern ist noch nachzutragen, dass dies bekanntlich „eine solche nation, welche sich, wan mans nit baldt anfüert und gebraucht, verrgebens mündern und verliehren thuet", weswegen Tilly darauf bedacht sein soll, „wie solch Lottringisch volkh gegen dem feindt mit Irer Ksl. Mt. und des gemeinen cathol. wesens nuzen in zeiten emploirt und gebraucht werden könnde." [...]

Konz. Teisingers mit Korr. und Zusätzen Maximilians, teilweise zu chiffrieren, ÄA 2396 fol. 275–278 = Druckvorlage; Kop. ÄA 2404 fol. 42–44 (= Anlage B zu der BA NF II/9 Nr. 270 Anm. 1 zitierten „Wahrhafte[n], grindliche[n] information"). Gedr. THEATRUM EUROPAEUM II S. 470 f. Ben. bei WESTENRIEDER VIII S. 182 f.; RIEZLER V S. 388; ALBRECHT, Maximilian S. 788; KAISER, Politik S. 462 mit Anm. 3, S. 464 mit Anm. 16, S. 476.

---

4 *Maximilian* an Aldringen, München, 29. Sept. 1631 (Reinschr. mit Korr. und Zusätzen Maximilians ÄA 2309 fol. 229–330), an Fugger, München, 29. Sept. 1631 (Reinschr. mit Korr. Maximilians ÄA 2325 fol. 139).
5 Vom 25. September (oben Nr. 360).

## 367. Maximilian an Kursachsen[1]

September 29

Tillys Einfall in Sachsen – Kursächsisches Kirchengut – Maximilians Ordonnanz für Fugger

„Euer L. mag ich nit verhalten, daß ich von der Kgl. Wrd. in Franckhreich abgesandten mons. de S. Estiene, alß derselb von E. L. sein zuruckhraiß alhie durch genommen, mit mehrerm, gleichwol ganz ungern verstanden, daß sie der Röm. Ksl. Mt. [...] und meines generalleitenants des graven von Tillj in dero curfürstenthumb und lande gethonen einfahl dahün vermörkht und aufgenomen haben sollen, alß ob derselbig aus meinem und anderer meiner mitverainter catholischer chur-, fürsten und stendte bevelch, willen und zuelassung fürgangen, solche procedur auch meinen gegen E. L. hiebevor außgelassenen anderst gestalten sincerationen und versicherungen, nit weniger der zwischen uns beeder hochlöblichen heüsern und geehrten voreltern hergebrachter vertreuligkhait und aufgerichter curfürstlicher verain und verbriederung genzlich zuwider wehre.

Nun mügen mir E. L. sicherlich zuetrauen und glauben, das ich nit allain gemelten graven von Tillj zu angeregtem einfahl einichen bevelch oder ordinanz nit geben noch solche mit meinem wissen, vil weniger willen und zuelassung beschechen, sonder ich hab ihne an meinem ort und so weith es mir gebürt, vilmehr iederzeit dahün vermahnet, das er sich gegen E. L., auch berhierten dero churfürstenthumb, landen und anderthonen, solange sie sich mit Irer Ksl. Mt. und des Reichs feindt, dem könig in Schweden, nit coniungirn werden, kheines weegs nächnern, sonder alle hostilitet [l]assen und enthalten, da er auch ie wider verhoffen anderwerts widerigen bevelch bekhomen wurde, zu dessen execution der cathol. union kriegsvolkh nit gebrauchen, sonder solches anderwerzhin logirn solle. Gestalt ich auch umb den inhalt der commission, welche bei E. L. der graf von Tillj durch seine subdelegirte vor dem einfahl abgehn lassen, eheunder khein wissenschaft gehabt, bis ich dise erst auf mein begern hinnach den 13. Septembris von ihme graven verstanden, inmassen ich auch, alß ich vernomen, daß er hierzue des bundts generalzeugmaister gebraucht, solches geandet. So ist es auch ferner an dem, das wie mir sein des grafen von Tillj erster einbruch und occupation der statt Mörspurg referirt worden, ich ihme die ungelegenhaiten zu verstehn geben, da E. L. durch fortsezung dergleichen procedur aus einem freundt zum feindt gemacht werden solte – alles nach inhalt meiner underschidlichen schreiben, die ich an ihne graven von Tillj nach und nach sub datis 12. Juni, 8. Juli und 19. Septembris negsthin abgehn lassen,[2] wie ich dan solch mein wolgemeintes gemüet und das ich dise resolution, E. L. in ihren landen und ehe sie selbs der ruptur einen anfang gemacht, anzugreiffen, niemahlen gern gesechen noch es für rhätlich gehalten, es in neuligkhait an gebürenden ohrten zu erkhenen gegeben.

---

1 Vgl. zur Weiterleitung des oben Nr. 367 gedruckten Schreibens unten Nr. 380.
2 Oben Nr. 232, 275 und 354.

Damit auch E. L. mein jederzeit gefiehrte intention, das man deroselben zu kheiner offension einiche ursach geben solle, noch mehr verspiren und wahrnemen, so bleibt iro hiemit in vertreuligkhait unverhalten, alß ich vor allem des grafen von Tilly einfahl vernommen gehabt, waß starkher discurs mit E. L. zu ime abgeschickhten rhäten und gesandten über die im Müllhaußischen vertrag de anno 1620 iro beschechener assecuration gehalten und waß massen er auch E. L. schon vorhero ein etwas zu hardtes schreiben zuegethan haben solle, daß ich für mein persohn gemainer wolfahrt zum bösten nit allain solchen seinen füreilenden eifer ihme durch meinen generalcommissarium, den Rueppen, zu dem ich deswegen allein einen aignen currier abgefertiget[3] mit genuegsamer bezaigung meiner darob geschöpften müßßelligkhait und daß er hierzue von mir den geringsten bevelch oder anlaß nit gehabt, genuegsamb zu verstehn geben lassen, sonder auch bevolchen, dise also gestalte beschaffenheit E. L. unverzüglich zu insinuiren und die versicherung zu thuen, waß iro in craft gedachtes Millhaußischen schluses versprochen worden, meines thailß aufrechtzuhalten. Ich hab auch zu noch mherer contestation dises meines gemüets eben daß, waß ich dem graven von Tillj aufgetragen, gleich noch selbigen tags vorderist Irer Ksl. Mt., dann auch des curfürsten zu Mainz L. ausfiehrlich zugeschriben[4] und sie ersuecht, daß zum fahl Ir Mt. und L. vernemmen wurden, daß E. L. ab angeregtem des grafen von Tillj discurs einiche offension vermörkhen wurden, sie auch an irem ort nit underlassen wolten, solche E. L. widerumb zu benemmen und dardurch in gueter affection zu conservirn, wie ich dann alles dis, was bis anhero der lenge nach eingefiehrt, mit denen bei meiner canzlei fündigen verschaidnen concepten auf den nothfahl zu belegen hab und erbiettig bin, da E. L. jemandt der ihrigen, er sei gleich nahe oder weit von hier angesessen, bevelch und commission auftragen wurden, demselben, alles selbst zu lesen, vorweisen zu lassen.

Wiewoln auch E. L. (wie mir obgemelter kgl. gesandter gleichmessigen bericht gethan) informirt worden, ob solte ich dem obristen Fugger gemessnen bevelch und ordinanz erthailt haben, das er mit seinem underhabenden volkh sich mit dem Ksl. obristen von Aldringen coniungirn und zugleich in E. L. lande einfallen solle, so wirdt mir doch solches von den ungleichen informanten ebener gestalt ungleich zugezogen. Dann gemelte ihme grafen Fugger gegebne ordinanz ist einig und allein dahün gangen, daß er mit gedachten seinen trouppen allein auf des landtgraf Wilhelmen zu Hessen, alß welcher des curfürsten zu Mainz L. ämbter und underthone und den stift Fulda feindtlich angegriffen, zue ziechen und sich demselben opponirn. Soll aber bemelter Fugger ausser seiner ordinanz sich dergleichen reden verlautten lassen und ich dessen grundt erfahren wurde, sollen E. L. erfahren, daß es an gebürender bestraffung andern zum exempl nit ermangeln werde. Stelle dem allem nach zu E. L. daß freundtlich, vetterlich und briederlich vertrauen und zuversicht, sie werden die aus mehrbesagten des grafen von Tillj wider sie vorgenomnen, mir unbeliebten

---
[3] Mit dem oben Nr. 295 gedruckten Schreiben vom 24. Juli.
[4] Oben Nr. 296, Nr. 295 Anm. 1.

einfahl oder des grafen Fuggers vorgebnen unbeschaidenlichen reden oder discursen gefasste ungleiche gedankhen widerumb sinkhen lassen und solchen leithen, welche E. L. von mir ein anders und wideriges vorzutragen und einzubilden sich understehn mechten, kheinen glauben beimessen, sonder vilmehr meinen curfüstlichen worten trauen und sich versichert halten, daß ich mit und neben E. L., auch andern unsern herrn mitcurfürsten auf alle thuenlich mitel und weeg, wie dem so zerritten gegenwertigen standt des Hl. Röm. Reichs dermahlen einsten abzuhelfen, desselben hochheit, recht und gerechtigkhait zu erheben, solches alles sambt den hailsamen reichsconstitutionen zu conserviren und der so lang erwünschte friden zu repariren, treulich und gern zu cooperiren gemeint." – München, 29. September 1631.

Ausf. Loc. 8099/1 fol. 240–241 = Druckvorlage; Reinschr. Kschw 1324 fol. 43–46, beschädigt (dazu oben S. XXIX Anm. 1); Kop. Akten 262/IV fol. 1–4. Zitiert und ben. bei HEILMANN II S. 294 f.; TUPETZ S. 205 [517] Anm. 1; IRMER I S. 6 Anm. 1[5]; KAISER, Politik S. 482, 488 f.

### 368. Zollern an Maximilian[1]

September 29

Niederlage bei Breitenfeld – Kondolenz – Verbleib Zollerns in Langenenslingen – Kriegswesen – Kritik an Tilly – Friedensfrage – Sicherung der Pfalzen

Bezug: Schreiben vom 25. September,[2] das er gestern Abend erhielt und dem er das leidige Verhängnis des Allmächtigen über den Grafen von Tilly und die ihm untergebene kaiserliche und Ligaarmee entnommen hat. – Kondolenz. – Sein Gesundheitszustand und seine Privatangelegenheiten erlauben es Zollern derzeit nicht, nach München zurückzukehren.

---

5 IRMER zitiert ein im Stockholmer Reichsarchiv überliefertes Exemplar des oben Nr. 367 gedruckten Schreibens. Vgl. dazu die Mitteilung Maximilians an Kurköln, Kursachsen habe das Schreiben dem König von Schweden zur Begutachtung zugeschickt (unten Nr. 386 Anm. 1), ferner IRMER I Nr. 35 S. 90 f., 94.
1 Den Erhalt des Schreibens bestätigte *Maximilian* Zollern am 7. Okt. 1631 (Konz. Ranpeks Kschw 15932 fol. 193) und antwortete u. a., er finde Zollerns „in einem und anderm beschehne erinnerungen gar vernunftig. Sollen auch selbige nach gestalt iezigen beschwerlichen zuestandts nit ausser acht gelassen werden."
2 *Maximilian* an Zollern, 25. Sept. 1631 (Konz. Ranpeks Kschw 15932 fol. 190): Übersendet ein Schreiben Aldringens [oben Nr. 356] und andere einschlägige Avisen betreffend die Niederlage bei Breitenfeld. Da nun wichtige Konsultationen anstehen, bittet der Kurfürst Zollern, möglichst nach München zurückzukehren und an den Beratungen teilzunehmen. In jedem Fall „gesünne ich an E. L. entzwischen hiemit, mir dero beifallenden vernunftigen rath und gemiethsmainung ehist an handt zu geben, was doch bei so gestalten sachen sowol des khriegßwesens als sonsten aigner und gemainer wolfahrt halber zu thuen sein mechte."

„Sonsten obgemelten laidigen zuostandt und in specie dz kriegswesen betreffendt, wirt man zwar den rechten verlauff, verlurst und beschaffenhait wissen miesen, damit man in specie die remedierung thuen kinde, und finde ich (ob ich mich wohl weniger auffs kriegswesen verste, auch nit meiner profession ist) des h. Aldringers vorschlag nit abs re. Und kan ich mir gar nit imaginieren, dz der verlurst des volks so gros, dz derselbe nitt anderwerts mit der schon auff den bainen habenden soldatescka wider zuo ersezen sei. Dan dz Tieffenbachische, Fuggerische, Aldringensche wie auch dz volk, so herr margraff Wilhelm von Baden jez hinunder fiert, und dan dz jez teglich anoch auß Binden kompt, welches 2 ganze regimenter, darunder dz Schauenbergische alte regiment und Sulzische 5 complete compagnien sein, so zuosamen wenigst 5.000 man guet, alt, versuecht volk, also beschaffen, dz man den verlurst erstatten und noch wohl ein oder zwo ansehliche armaden formieren kan. Uberdis werden E. Kfl. Dt. von dero obriststallmaister[3] bericht worden sein, wie es mit dem Lottringischen volk beschaffen, so fir sich selbst ein ganze armada von etlichen und zwanzigdausent man sein soll, dessen Ir Mt. mechtig sein und, wohin sie wollen, gebrauchen kinden. Hoffe also zuo dem Almechtigen, es sol zuo widerergenzung und besterkung der armaden kein grose not haben, wan mans nur zuosammenfieren kan, weil wohl zuo besorgen, der feindt werde alle verhinderung thuen, darmit man sich nit coniungieren kinde. – Wie der verlurst der artigleria, munition, proviant und paggagi beschaffen, was auch etwan an officieren, obristen und dergleichen gebliben, dessen wirt man berichts haben und pro re nata auff die ersezung gedenken miesen.

Ich wolte von Gott winschen, dz der graff von Tilli E. Kfl. Dt. gnedigisten befelch und die beschene remonstrationes in mehrere obacht genommen und nit etwan anderen, so gar ungewisen propheten mehrer gehor geben hette. Man hatt fast disen laidigen fahl vorgesehen und den churfirsten von Saxen mit gewalt herbeigezogen, dann ime werden causae und motiven nit ermanglen zuo bezeigen, dz man ine zuo diser seiner resolution zwar auch wider gegebne vertrestung und beschene sincerationes gleichsam genetigt. Darvon ist aber jez nit mehr zeit, fil zuo reden, sonder vil mehr mit allem höchsten und und angelegnesten fleis zuo trachten, dz man ad pacem kommen kinde. Und obwohl nit ohne, dz man sagen wirt, jez sei es gar nit zeit, da man fieleicht ab inimicis leges et conditiones acceptieren werde miesen, so ist doch hingegen zuo considerrieren, wan man dergleichen strapaden noch eine empfangen wurde, ob sich die widerigen nit understen dirften, dz bletle gar umbzuokeren und, wie man an etlichen orten vermaint, die kezer ganz auszuotilgen, sie, den catholischen solches zuo thuen, vermainen mechten. Jez da man ex parte Ihrer Mt. und der catholischen noch zimlich gefast, wurde man ohne allen zweifel magis aequas conditiones haben kinden. Wan man aber zuo Frankfurt ex parte Caesaris et catholicorum alles praecise behaubten will, so wais und siche ich meines thails kein mittel, nisi Deus faciat miracula, dessen wir nit versichert, auch unsere neie propheten dessen noch schlechte proben gethan. Ich bin, Gnedigster Herr, fir mein person alzeit der mainung gewest und noch, man sol und mies frid machen,

---
3 Graf Friedrich Rudolf von Fürstenberg.

nit wie man wöll, sonder wie man kinde. Wil es der Almechtig anderst, wirt er uns schon den weg und mittel zaigen. Dis main ich, werde man noch <thuen> miesen. Ihrret mich nit, was die geistlichen, der Babst und theologi sagen, denn sie reden wie geistliche, geben aber nix zum krieg und werden jez und kinftig sagen: Non putavimus. Und da si schon dz nit sagen, sonder vermainen mechten, man sol sich also in den willen Gottes ergeben, so ist bei mir doch ein grose differenz under dem willen und der verhenknus Gottes, und mecht ich mir von ihres sagen wegen den hals nit entzweischlagen lassen, weil ich auch von inen schlechtes exempel darzuo sich und in solchen sachen vil ringer zu sagen alß zuo <thuen> ist. Eure Kfl. Dt. wöllen mir genedigst verzaichen, der sachen beschaffenheit macht mich etwas ungeduldig, weil ich vor augen sich (Gott wöll, dz ich mich betrieg), dz leit verhanden, die E. Kfl. Dt., auch andere catholische chur- und firsten sambt dero landt und leithen in die ruinam treiben."

Wenn ihm weitere Einzelheiten bekannt sind, wird er weiteren Rat beisteuern. „Interim hab ich, wie ich vermain, dz man in eil in militaribus et politicis verfaren mecht, gehorsamst andeiten wöllen, addendo noch dis, dz ich vermainte, Euer Kfl. Dt. solten uber dz regiment zuo fues, so si noch in beiden Pfalzen meines wissens haben, ein regiment zuo fues und 500 pferdt in eil, wo und wie man kan, werben oder etwan vom Lottringischen volk erhandlen und in oder umb derselben landt, bis man sicht, wie dz wesen auß wil, legen lassen." – Langenenslingen, 29. September 1631.

Eigenh. Ausf. Kschw 15932 fol. 191–192. Ben. bei STADLER S. 552 f., 574.

## 369. Die katholischen Kurfürsten an den Kaiser[1]

September 30

Bewertung des Bündnisses zwischen Frankreich und Schweden als Verstoß Frankreichs gegen den Regensburger Frieden – Gutachten über die aus diesem Verstoß zu ziehenden Konsequenzen – Absage an einen Krieg gegen Frankreich – Interventionen der katholischen Kurfürsten beim König von Frankreich und beim Papst zwecks Aufhebung des französisch-schwedischen Bündnisses sowie Aufklärung über den Zweck der Kriegsverfassung Schwedens und seines Anhangs (Unterdrückung der katholischen Religion, Prophanierung der Erz- und Stifter, der Klöster und anderer geistlichen Güter)

Bezug: Schreiben an die vier katholischen Kurfürsten vom 24. August samt Anlage [oben Nr. 330, ebenda Anm. 1 und 2].

---

1 Das oben Nr. 369 zitierte Schreiben basiert auf Weisungen der katholischen Kurfürsten für ihre Gesandten auf dem Konvent in Frankfurt sowie auf den Beratungen der Gesandten der katholischen Kurfürsten in Frankfurt und entspricht dem kurbayerischen Konzept des einschlägigen Schreibens der *katholischen Kurfürsten an den Kaiser* vom 30. September. Vgl. dazu oben Nr. 330 Anm. 1, Nr. 311 D 26 S. 871 mit Anm. 8, Nr. 311 D 28, 311 E 30, 311 E 31, 311 E 33 mit Anm. 6, 311 E 38, 311 E 41, 311 E 44, 311 E 51.

Druck bei HALLWICH I Nr. 369. Ausf., präs. 11. [!] Okt.², RK FrA 9b Konv. V fol. 68–74; Kop. Kschw 782 fol. 368–372. Benutzt und zitiert bei H.-D. MÜLLER S. 32, S. 33 Anm. 171, S. 38, S. 39 Anm. 26, A. V. HARTMANN S. 68 f.

## 370. Tilly an Maximilian¹

September 30

Schlacht bei Leipzig – Dispositionen und Pläne Tillys – Notwendigkeit fortdauernder Kriegsanstrengungen der Bundesstände und des Kaisers – Bereitschaft Tillys zur Fortsetzung seines Kriegsdienstes – Akkommodation Kursachsens

„Eur Kfl. Dt. werden nunmehr wegen deß beschaffenen unsälligen zuestands iber die mit dem khönig in Schweeden und Chursachsen uf den 17. huius bei der statt Leibtzig fürgenohmene und disseits übel außgeschlagene schlacht durch deß gräfflichen Cronbergischen regiments von mir abgefertigten ritmeister Adam Heinrich Keller von Schlaitheimb gehorsambst mit mehrerm verständiget sein.² Und weillen es dem All-

---

2 Vgl. zu diesem Präsentationsdatum aber oben Nr. 311 E 51 Anm. 2.
1 Auf der Adressenseite (ÄA 2396 fol. 353') ist ein Zettel aufgeklebt mit dem Vermerk: „Tillische schreiben, darauf die antwort dem herrn general von Tilli durch den [Adam Ernst] von Haggstorf mündlich bedeit worden. 15. Novembris 1631". – Die Kopie eines einschlägigen Schreibens *Tillys* an den Kaiser, Alfeld, 29. Sept. 1631, ist überliefert in ÄA 2396 fol. 357–358 (teilweise dechiffriert); ein Postskriptum bzw. Ausführungen zum Thema Akkommodation Kursachsens fehlen. Dem Kaiser gegenüber knüpfte Tilly an den Bericht des Leutnants Regensperger über die Leipziger Schlacht an.
2 In der schriftlichen *Relation Kellers*, 6. Okt. 1631 (Kopien Kschw 9534 fol. 11–14, Akten 262/IV fol. 76–80. Gedr. bei HALLWICH I Nr. 388), werden in erster Linie Tillys Gründe für seinen Einmarsch in Sachsen, die Folgen und Auswirkungen der Niederlage von Breitenfeld und ferner dargelegt, wie Abhilfe zu schaffen sei. Einzelheiten über das Geschehen auf dem Schlachtfeld dürfte Keller mündlich berichtet haben. Die Ausfertigung des Stückes konnte nicht ermittelt werden. – Zu Kurköln, bei dem auf seinem Weg nach München auch Keller Station machte (vgl. dazu die vorstehend zitierte *Relation Kellers* im Druck bei HALLWICH I Nr. 388 S. 552), entsandte Tilly Johann Adam von Flanz, Oberstleutnant im Regiment Eynatten zu Fuß. Seine Aufträge waren: Berichterstattung über die Leipziger Schlacht, Fortsetzung des Krieges und Beschaffung der erforderlichen Mittel, Gesandtschaft des Kaisers und der Liga zu Kursachsen, Bitte um Werbung von zwei Regimentern zu Fuß und einem Regiment zu Pferd durch Kurköln. Vgl. dazu *Kurköln* an Maximilian, Bonn, 12. Okt. 1631 (Ausf. mit eigenh. Nachschrift, teilweise dechiffriert, ÄA 2361 fol. 649–655), welchem Schreiben als Anlagen beigefügt waren: 1. *Memorial Tillys für Flanz*, s. d. (Kop., teilweise dechiffriert, ebenda fol. 656–658), 2. *Memorial Tillys für Flanz*, Alfeld, 30. Sept. 1631 (Kop., teilweise dechiffriert, ebenda fol. 660).
Zum Kaiser hatte Tilly zwecks Berichterstattung über die Leipziger Schlacht den Leutnant Adam Regensperger von Regensperg abgeordnet. Das einschlägige Beglaubigungsschreiben *Tillys* vom 21. September ist gedruckt HALLWICH I Nr. 357, der *Bericht Regenspergers* bei FÖRSTER II Nr. 315 S. 119–124; den Fundort der Ausfertigung der *Relation Regenspergers* zitiert STADLER S. 542 Anm. 62 und öfter. Laut *Stücklin* an Oexel, Wien, 9. Okt. 1631 (eigenh. Ausf. Akten 267 fol. 69), traf Regensperger am 7. oder 8. Oktober in Wien ein. Weiter teilte *Stücklin* u. a. mit: „Des haubtmans Regenspurger mündtliche relation aber gehet dahin, daß herr general Tillj die victori bis in die 5. oder 6. stundt

wissenden Gott allein bekhanndt, worumb er dise straff uber uns verhengt, mueß man es auch dahingestellt sein lassen. Gleichwol aber will vonnöthen sein, seine Göttliche Almacht dahin zum demüetigsten zu deprecirn und flehen, dergleichen weitere heimbsuechung und bestraffung von unß füerters genedig vätterlich abzuwenden und seine alleinseligmachende cathol. kirch vor undergang zu conservirn."

Tilly ist unterdessen mit der Armee in Alfeld und den angrenzenden Ämtern und Dörfern des Stifts Hildesheim[3] und des Herzogtums Braunschweig angelangt, wo er sich sammeln will. Von den kaiserlichen und Bundestruppen sowie von den kurkölnischen Einheiten sind bereits 8.000 Mann zu Fuß und 5.000 Reiter wieder zusammengekommen, wobei aber die Reiter (ausgenommen die Regimenter Schönburg und Cronberg) durchweg ohne Waffen sind. „Und ist under innen solche grosse disordre, insolenz und ungehorsamb erwachsen, das ich vast nicht waiß und siehe, waß künftig mit innen für nuz und progreß zu schaffen sein werde." Hat sich ansonsten aus den Garnisonen zu Wolfenbüttel, Hameln und Minden wieder zwölf Geschütze samt Munition und anderem Zubehör bestellt. Hat vor, sich mit Aldringen, Gronsfeld und Fugger in Hessen zu vereinigen, falls der Feind ihnen nicht zuvorkommt und es verhindert. [...]

„Und weillen im ubrigen der gegentheil diser zeit und bei solcher occasion vermuetlich zum friden schwerlich inclinirn wirdt, alß erfordert die unumbgengliche und eisseriste hohe notturft, das man zu erhaltung der soldatesca mit gelt, proviant, munition und andern erheischenden miteln fürdersambst concurire und beihalte." Bittet den Kurfürsten daher inständigst, nicht nur selbst die äußersten Anstrengungen zu unternehmen, sondern auch die anderen Bundesstände dazu anzuhalten. Vor allem ist baldmöglichst Geld bereitzustellen, „weillen noch zumallen unbewust und ungewiß, wie es mit denen nacher Leibzig reterirten bundtsgeltern beschaffen und ob selbige wider salvirt und beigebracht werden möchten oder nicht." Insbesondere möge der Kurfürst den Kaiser um Beisteuer aus seinen Erb- und Wahlländern bitten, ebenso um die lothringischen Truppen und die beiden Regimenter Nassau und Wit-

---

wider den Sachsen und Schweden erhalten, dem Sachsen vil squadroni zertrent und in die flucht geiagt und das die unserige nit alein des Sachsen pagage, sondern auch seine artelgerie bekhomen und dieselbe auf des feindts volkh spühlen lassen. Entlich aber hetten sich des Bicolomini seine reutterei mit grosser unordnung und confusion dem beuthen zu sehr ergeben und den vortel eines bergß verlassen. Solches hette der Schwedt wahrgenomen und darauf unser reutterei, wo sie zum schwechisten gewesen, mit einer grossen impresa angegriffen, dieselbe wie auch die ganze infanteria zertrent und die artilgeria sambt einem gueten theil der pagagen bekhomen." – Nach Ausweis von *Stücklin* an [Oexel], Wien, 15. Okt. 1631 (eigenh. Ausf. ebenda fol. 71–72), verließ Regensperger Wien am 15. Oktober, wollte er über München reisen.

3 Über die dem Hochstift Hildesheim neuerlich auferlegten Kriegslasten und vor allem über die infolge der Ausschreitungen der Tillyschen Truppen im Hochstift angerichteten Verwüstungen und Schäden beklagte sich *Kurköln* an Maximilian, Bonn, 5. Okt. 1631 (eigenh. Ausf. Kschw 960 fol. 355–356), ferner mit Postskriptum, [5. Okt. 1631] (Ausf. ebenda fol. 359–360, mit Anlage fol. 361–363); seine Einkünfte aus dem Hochstift Hildesheim, mit denen er fest gerechnet habe, müsse er daher abschreiben. Vgl. auch FORST Nr. 514 S. 575.

tenhorst aus den Niederlanden. – „Hergegen bin ich auch deß underthenigsten willfährigen und schuldigen erpietens, fürohin noch weiters mit aufsezung gueth und bluets daß eusseriste und so weith sich meine creften erstrecken, fürzuwenden und zue trachten, wardurch vermitels Göttlichen beistands gegen dem feindt die revange Irer Ksl. Mt. und dero assistirenden gehorsamben getrewen stendten zu trost und bestem wider gesuecht werden möchte." – Alfeld, 30. September 1631.

Postskriptum. „Stehet nit unzeitig zu vermueten, es werde Cursaxen bei solcher occasion das herz mehr waxen und die gedanken bis dahin ersteigen, als wann si bei diser erhaltenen schlacht und victori alles gewonnen und in dero gewalt und macht heten. Damit aber deroselbigen solcher ihr unzeitiger wohn benommen und dargegen demonstrirt werde, das es sich vül anderst darmit verhalte und Ire Ksl. Mt. und die cathol. herrn curfürsten und stendte Gottlob zu weiterm ufkhommen und zu heilsamer defension und resistenz noch mittel genueg heten, also das das Römische Reich bei weitem noch zu dergleichen abfahl und desolation nit gerathen were, als man sich etwan ienerseits immaginirn möchte, als hab ich bei mir zu gemieth gefieret, obs nit rathsamb sein solte, das Ihre Ksl. Mt. für sich selbst sowol auch E. Kfl. Dt. sambt dero herrn mitcurfürsten ein gesambte schickhung an Cursaxen gethon heten und dieselbe so weit eründern und ermohnen liessen, das es diserseits, Gott sei es gedankht, zu solchen extremiteten noch nit khommen were,[4] derowegen sie alles besser und vernüftiger erwögen und des endts sich mit dem könig in Schweden, alß welcher gar nit des Römischen Reichs wolfart und transquillirung [!], sonder allein sein aigen nuz und interesse suecht, nit weiters imbarchirn und anhengig machen. Dann solten sie disem dannoch ungeachtet und ein als andern weege darwider thuen, so stuende

---

**4** In dem oben Anm. 2 zitierten 1. *Memorial Tillys für Flanz* folgt: „Derowegen Ire Kfl. Dt. in sich selbst gehen und alles besser erwegen und zue gemüeth führen und zue dem endt nit allein sich vom khönig in Schweeden alßbald separieren und ine von des Reichs boden ammovieren, sondern auch sich der stifter Magdeburg und Halberstatt, angesehen deroselben gnugsamb wissendt und nit unverborgen, durch was für ordenliche weeg und rechte diser seits mit selbigen procedirt worden, genzlich massen [= sich enthalten; vgl. dazu GRIMM VI Sp. 1739 s. v. maszen 4)] und enthalten und hergegen in unversehenem widrigem fahl [...] gewarten wollen, das iro und dero land und leüthen ein grosser last iberwaxen und ufgeburdet werden mogte." – Zum Thema Akkommodation Kursachsens führte *Kurköln* in seinem oben Anm. 2 zitierten Schreiben vom 12. Oktober aus: „Betreffendt aber, daß Chursaxen zu beschicken, darbei gehet mir diß zu gemueth, wann dergleichen abgesandten, so darzu zu gebrauchen, allein daßienige, so an seiten Irer Ksl. Mt. und dern cathol. ständte praetendirt wirt, zu behaubten und zu kheiner nachlassung instruirt sein solten, das dieselbe alstann nit allein nichts ausrichten, sonder die verbitterung bälder vermehrt werden möchte. Ob man aber von dem ersten proposito, nemblich bei dem Ksl. edicto zu beharren, etwas abweichen wolle, solches stehet zur gemeinen berhatschlagung, und wirdt mann sich ietzo daruber inßgesambt zu Frannckfurtt zu resolviren habenn. Und werde mich auch dißfalß von denn sanioribus und maioribus nit absondern." In der Antwort *Maximilians*, 21. Okt. 1631 (Konz. Teisingers mit Zusatz Maximilians, teilweise zu chiffrieren, Kschw 2361 fol. 645–646), heißt es zu diesem Punkt: „Waß Chursaxen anbelangt und ob zu deroselben eine schickhung ze thuen sein möchte, haben E. L. meine gemüetsmainung aus einem absonderlichen schreiben [vom 21. Oktober, unten Nr. 386 Anm. 1] zu vernemmen."

wol zu besorgen, es wurde dabei nit verbleiben, Ire Kfl. Dt. sich alsdann übel darauf befönden. Und weillen es mit den stiftern Magdeburg und Halberstadt eben dise gelegenheit, das im fahl sich der könig derselbigen impatronirn solte, solche so baldt nit wider auß seinen handen khommen und also Cursaxen sich dessen wenig zu erfreien und zu geniessen heten, alß were wol dahin zue trachten, daß solches bei diser schickhung und tractation deroselben ebenmessig zu gemieth gefiert und eründert werden möchte, damit der Schwede durch bewögliche mitel davon abzuhalten, in betracht solche stifter Irer Ksl. Mt. zu dero herrn söhne schon vorhin durch ordentliche wege und weise heimbegefallen seindt. Wann aber solche schickhung dergestalt beschaffen, dz daran khein verzug zue leiden, umb dardurch den könig und Cursaxen vor weiterm progress und fürbruch gegen dem Reich und der cathol. herren stendten landen zu divertirn und abzuhalten, alß were dißfahls wie auch daß Magdeburg, so über zwehn oder drei monat lang zum höchsten nit zue löben, in gefahr stehet, propter summum periculum morae khein zeit und augenblickh zu verlieren."

Duplikat, teilweise dechiffriert, ÄA 2396 fol. 351–355. Ben. bei HEILMANN II S. 306; DROYSEN, Gustav Adolf II S. 450 Anm. 2; KAISER, Politik S. 136, S. 464 mit Anm. 14 und 15, S. 470 f., S. 473 Anm. 64, S. 476.

## 371. Ruepp an Maximilian

September 30

Berichterstattung – Ungehorsam und Insolenz der kaiserlichen Kavallerie – Regiment Bongardt – Finanzlage – Feldzug Tillys – Markgraf Christian Wilhelm von Brandenburg – Befinden Tillys – Personalmangel in der Feldkriegskanzlei

Durch Rittmeister Keller und Oberst von Herliberg, dem Ruepp wiederholt geschrieben hat[1], wird der Kurfürst unterrichtet worden sein, „in was leider betrüebten stand und beschaffenheit die armada und alles begriffen. Der Almechtig verleihe durch sein starkhe hand einen glückhlichen revanche. [...]

So ist auch sonderlich under den Ksl. reittern ein grosser ungehorsamb und insolenz, das fast niemandt, er seie wer er wolle, sicher und unbelaidiget raisen kann. Und demnach der ob. von Pomgarth neben seinem obristleutnant[2] und den 3 rittmaistern in der schlacht todt bliben, auch das regiment mer nit als 1 standarta davonge-

---
1 Ermittelt werden konnte nur *Ruepp* an Oberst [Herliberg], Halberstadt, 21. Sept. 1631 (Kop. Akten 263/III fol. 157–158). Schreiben *Ruepps* an Herliberg vom 21., 24. und 28. September sowie vom 10. Oktober 1631 druckt und zitiert DROYSEN, Berichte S. 395 ff.; DROYSEN, Gustav Adolf II S. 450 Anm. 2; als Fundort gibt DROYSEN nur ganz allgemein das Münchner Reichsarchiv an.
2 Bruno Busch, der aber am Leben geblieben war und seine Karriere in der Ligaarmee fortsetzte; vgl. dazu LAHRKAMP, Kriegsvolk S. 142 Anm. 4 sowie die in BA II/8 S. 875, II/9 S. 797 jeweils s. v. Busch ausgeworfenen Belege.

bracht und ist in der anzahl in die 250 pferdt ganz dißarmirt, auch die reitter unwillig, als haben S. Excell. bei so beschaffnen sachen und einem noch grössern unhail vorzekhommen, dem obristen grafen von Cronberg under sein regiment geben und daraus 2 compagnien machen lassen. Hoffentlich E. Kfl. Dt. werden erzölter underthenigister massen gdist zufriden sein. [...]

Daß die kriegscassa in Leibzig, darin noch 92 tausent gulden gewesen, zumallen die reitter noch khein gelt empfangen gehabt, stehent geblieben, darbei ich auch alles das meinige verlohren³, und nit mehr hat khennen heraußgebracht werden, wirdt ausser zweifels besagter rittmaister Keller ein solches mit umstenden underthenigist referirt haben. Es ist, wie ich verstehe, in der cassa zu Hamblen mer nit als ein 60.000 reichstaller. Darvon kan nit die helfte genommen werden, zumahlen von dort auß an selbst grosse außgaben verhanden. Hergegen reiter und fueßvolkh mer, als niemahlen gewest, vonnötten. Hab mich bei den obristen und officirn umb gelt beworben, hab aber in allem und allem uber 7.000 reichstaller nit erfragen khünden. Dann vil, die umb alles sowol alß ich khommen sein. Waiß also hierinnen kheinen rath noch hilf, es seie dann, das unß die zu Würzburg stehende gelter, darumb ein commissarius schon vorlengst ist abgeschickht worden, mit eheistem zukhommen, welches aber solang nit sein khan, biß wür unß mit den herrn generalwachtmaister Aldringen, graven Fugger und Gronsfeldt coniungirt und den paß in Hessen geöffnet haben.

Dann wür im nammen Gottes morgigen tags aufbrechen, die marcha zu Höchster uber die Wesser nemmen, umb zu sehen, wie wür unß mit inen gegen Frizler, Irer Kfl. Gn. zu Meinz gehörig, dahin besagte drei herrn generalwachtmaister mit dem volkh oder noch weiter gegen unß avanzirn müessen, coniungirn khönden." Überlegungen, inwieweit die Schweden diese Vereinigung verhindern könnten. [...]

„Den vermainten gewesten administratorn marggraven von Brandenburg haben Ire Excell. auß Wolfenbittl derenthalb nemmen lassen und würdt mit der armada gefiehrt⁴, damit der könig und seine adhaerenten umb sovil weniger ursach, was mit Wolfenbütl zu tentirn. [...]

---

3 Möglicherweise in Anbetracht seiner Verluste begnadete der Kurfürst Ruepp Ende November mit dem Kammerschlüssel und dem Titel eines Obersten. Die Dankschreiben *Ruepps* (Ausf. ÄA 2398 fol. 577–578. Ben. bei STADLER S. 571) bzw. *Tillys* (Ausf. ÄA 2396 fol. 376–377), der für Ruepp interzediert hatte, waren datiert: Gunzenhausen, 25. bzw. 26. Nov. 1631. – Schon in einem Schreiben *Maximilians* an Ruepp, 31. Okt. 1631 (Konz. Teisingers, teilweise zu chiffrieren, ÄA 2398 fol. 499), hatte es abschließend geheißen: „Negst disem haben wür gern verstanden, das du dich bei jungstem unglikhseligen tröffen salvirt, nit zweiflent, du werdest deine dienst (mit denen wür gdist wol zufriden) hinfüro wie bißhero continuirn und dem gf. von Tilli noch weiter erspriesslich an die handt gehen."
4 Nach Ausweis von *Tilly* an Maximilian, Lehrberg, 16. November 1631 (Ausf. ÄA 2396 fol. 370–371. Ben. bei HEILMANN II S. 314), nahm der Mitte November von der Armee nach München zurückkehrende Generalwachtmeister Fugger den Markgrafen mit nach Ingolstadt, von wo aus er zu Wasser nach Wien gebracht werden sollte.

Wie Gott der Allmechtig so wunderbarlich den herrn generaln errettet hat, das würd mehrbesagter ritmeister auch gehorsambist erzellet haben. Nun ist zwar der schuß gar nicht gefehrlich, gleichwoln S. Excell. diser tagen sehr ubl auf gewesen, wie sie sich dann in dem marchirn in einer senften haben müessen tragen lassen. Fangen aber heut an, wider etwas besser zu werden. Der Allmechtige stehe ferner bei. Darbei nit ein geringe ursach zum tail das hoche alter, vor allem aber die melancholei und traurigkeit, bis der Almechtig widerumben seinen segen, gnad und revanche geben möchte. Sonsten das herz bei dem herrn generaln alzeit gross." [...]

Erwähnt mit der Bitte um Abhilfe u. a. den Personalmangel in der Feldkriegskanzlei. Es gebe nur einen französischen Sekretär und drei Kanzlisten. Die anderen seien vermißt, gefangen, tot oder noch krank. [...] – Alfeld im Stift Hildesheim, 30. September 1631.

Duplikat, teilweise dechiffriert, ÄA 2398 fol. 457–461. Auszug gedr. bei ARETIN, Pappenheim 5 S. 81 Anm.**. Ben. bei HEILMANN II S. 300 Anm. ** und Anm. ***, S. 306; WITTICH I S. 776. STADLER S. 553 f.

## 372. Der Kaiser an Maximilian

September 30

Niederlage bei Leipzig – Erste Konsequenzen – Bitte um Gutachten

„Wir stellen ausser zweifel, E. L. werden nunmehr den unglickhlichen verlauff und beschehene trennung baiderlai unserer und der catholischen liga armada, so den sibenzehenden dises nahend bei Leipzig fürgangen sein solle, von andern orthen vernomben haben, davon uns erst gestern unser obr. veldtwachtmaister freiherr von Aldringen, doch nur in genere und wie daß geschrai bei ihme erschollen, ohne einige meldung aber der fürgeloffnen particulariteten, dern wir auch sonsten noch biß dato kheine gewise oder verläßliche nachrichtung bekhomben, gehorsamiste avisa geben, massen E. L. aus eingeschlossener beilag¹ solches mit mehrerm zu vernemben haben.

Bei welcher beschaffenheit dann wir nunmehr wohl an der gewißhait nit so gar mehr zu zweiflen und solcher laidiger zustandt unß billich bedaurlich zu gemüehet gehet, haben wir desswegen in omnem eventum zu zeitlicher recolligierung und ersezung dess vorgangenen verlusts gedachtem [...] von Aldringen ordinanz erthailt zu schauen, wie er sich etwan mit unserm generalleitenant, dem graf Tilly, sovil möglich coniungiern oder aber, da er zu demselben nit sicherlich gelangen könte, alsobald ein corpo so starkh alß müglich auf steiffen fueß bringen möchte, damit solche

---

1 *Aldringen* an den Kaiser, Dienstedt, 19. Sept. 1631 (Kop. Kschw 73 fol. 220–221; Ausf. AFA 1631/9/16. Gedr. bei FÖRSTER, Wallensteins Briefe II Nr. 311 S. 109 ff.). Vgl. auch HALLWICH I Nr. 354.

coniunction desto fieglicher beschehen und dem feindt widerumben under augen gezogen werden khönte.

Zu dem end wir dann den maisten thail unseres noch hin und wider in den obrigen reichscraisen, Lothringischen und auß Italien khommenden volkhs an denselben angewisen, der gdisten zuversicht, gleich wie diser unglickhliche fahl von weitem aussehen und sowohl unsern als der getreuen assistierenden catholischen chur-, fürsten und ständen landen merkhliche gefahr und unsicherheit nach sich ziehet, E. L. sambt denselben ebenfahls zu gleichmessiger rühmblichen intention ihrerseits incliniern und bedacht sein werden, wie diser erlittner schaden in möglichster eil und eher den gemeinen feinden luft gelassen werde, ihre progressus weiters herfürzusezen, widerumben ersezt werden khönnen.

Und ersuechen hierauf E. L. freundtlich, die geruehen, unß bei solcher beschaffenheit dero unschwerses guetachten und wohlmainung mitzuthailen, wie sie etwan für guet befinden, dz zu fortstellung solcher hailsamben intention das werkh incaminiert, beederseits widerumben bestendig zusambgesezt und solche verfassung angestellt werden möge, damit man dem gegenthail gewachsen seie, nach notdurft zu begegnen, wir auch darnach unserer seits die weitere anstalt zu verfiegen wissen mögen." – Ebersdorf, 30. September 1631.

Ausf. Kschw 73 fol. 219. Ben. bei KAISER, Politik S. 462, 470, S. 487 Anm. 140.

## 373. Saint-Etienne an Père Joseph

September 30

Rückkehr aus Sachsen nach München – Tillys Einfall in Sachsen – Verrichtung Saint-Etiennes bei Kursachsen – Bündnis Kursachsens mit Schweden und Entschluß der Verbündeten zum Angriff auf Tilly – Reaktion Maximilians auf die Eröffnungen Saint-Etiennes – Abordnung Dubrueils und Teisingers zu Kursachsen

„Monsieur, Je suis de retour de Saxe à Muniq dès le vingtquatriesme de ce mois, non sans avoir couru fortune [...] parce que ie n'ay peu faire le voyage sans passer à travers toutes les armées qui sont par delà où j'ay trouvé toutes les choses bien changées, d'autant que [...] le général Tilly voyant son armée se ruiner faute des vivres, les soldats se desbander tous les jours, manda à l'Empereur qu'il n'y avoit plus autre remède de la sauver qu'en luy permettant d'entrer dans les estats du Duc de Saxe qui refusoit des vivres encore que ses pais en eussent en abondance. Ce qui fist que ledit général après la responce de l'Empereur envoya Materniq de Maience et le colonnel Chomberc, général de l'artillerie de l'armée de la ligue, vers le Duc de Saxe, luy faire trois propositions de la part de l'Empereur, sçavoir qu'il eut à renoncer à ce qui s'estoit faict à Lepsix, à poser les armes et luy donner ses gens pour les employer contre le Roy de Suède, et à fournir des vivres pour son armée, ce qu'ayant esté reffusé (et aussytost lesdits Maternicq et Chomberc de retour vers Tilly) sans attendre davantage se rua sur les estats du Duc de Saxe où il prit d'emblée six villes èz environs de Leypsix qui sont Mersbourg, Freibourg, Greim, Nambourg e autres auxquelles les filles et femmes ont esté violées, le fronteau donné aux ministres jusques à leur faire sortir les yeux de la teste. Bref il y a esté exercé toute la cruauté possible, et de plus <ont> brusléz <trois> cents villages des plus beaux de ses pais.

Voilà l'estat auquel estoient les affaires quand j'arrivay à Torgauu où estoit le Duc avec son armée et où je ne trouvay ny Monsieur de Lisle[1], ny Lossen[2], ny Planestorf[3], Monsieur de Lisle n'estant point arrivé ny de quatre jours après, Lossen s'estant retiré du conseil de son Altesse, e Planestorf absent à Nuremberg; et le Duc enragé des outrages receus. Ce qui me mit fort en peine de ce que j'avois à faire me doubtant bien qu'en faisant ma proposition il me feroit des grandes plaintes du Duc de Bavière dont les gens l'avoient percécutté de la sorte.

Mais voyant que nonobstant tout cella l'Empereur ne laissoit point de le rechercher, luy escrire de belles lettres du desplaisir qu'il avoit de ce qui estoit arrivé sans son sceu, e par malheur etc., qu'il répareroit le dommage à quoi tous ceux de son conseil prestoient l'oreille e estoient d'avis qu'il s'accomodast avec l'Empereur (à la dévotion duquel ils sont presque tous instamment v<...>dert[4], qui avoit empiétté toute l'authoritté et estoit tout puissant auprès de luy.[)]

De l'autre costé sachant bien que le Roy de Suède le faisait rechercher aussy, qu'il avoit des agents près du Duc qui le pressoient de se joindre à luy, que le Marquis de Brandebourg[5] s'y employoit fortement lequel avoit gagné Harnemp, grand maréschal de l'armée dudit Duc de Saxe, lequel est subiect dudit Brandebourg, offencé par Valestin, mescontant de l'Empereur lequel pour ces raisons faisoit tous ses efforts près du Duc pour le porter à se joindre au Roy de Suède, aussy d'autant que par la guerre toute l'autoritté luy dem[e]ureroit en main.

Finalement tout consideré je me résolus à demander audience voyant que ie n'avois nulles nouvelles de monsieur de Lisle, mais de parler en sorte que ie n'offençat [!] point le Roy de Suède ny de paroles ny par escrit auquel effect je rettiray des articles[6]

---

[1] Von diesem sollte Saint-Etienne bei seiner Ankunft bei Kursachsen erste Aufschlüsse darüber erhalten, „en quelle disposition il [Kursachsen] est". Vgl. dazu die oben Nr. 315 Anm. 2 zitierte Instruktion für Saint-Etienne vom 10. Juli 1631 (FAGNIEZ II S. 499).

[2] Der bei IRMER I Nr. 33 S. 79, 84 ff. genannte kursächsische Geheime Ratspräsident Joachim von Loos (Loss).

[3] Der bei IRMER I Nr. 35 S. 94 genannte Plansdorff? Identisch mit dem BA NF II/5 Nr. 170 S. 415 genannten kursächsischen Rat Hans von Blansdorf?

[4] Die durch spitze Klammern markierten Buchstaben konnten nicht entziffert werden.

[5] Gemeint ist hier und im Folgenden Kurfürst Georg Wilhelm von Brandenburg, Landesherr des weiter unten genannten kursächsischen Feldmarschalls Arnim.

[6] Gemeint sind die in der oben Nr. 315 Anm. 2 zitierten Instruktion für Saint-Etienne vom 10. Juli 1631 enthaltenen Artikel 1–6 samt folgendem Absatz (FAGNIEZ II S 496 f.).

celuy qui le concerne⁷ jugeant bien qu'il ne pouvoit secourir le Duc sans passer l'Elbe. Ainsy je fis ma proposition et donnay mes articles retirant celuy qui concerne le Roy de Suèdde pour la raison susdite et ceux qui regardent la dignitté électorale⁸ po<...>⁹ qu'il estoit fort offencé en apparence du Duc de Bavière et¹⁰ <...> que tous les autres tendoient à ce but, ce qui me fit pencer qu'il n'estoit pas temps d'en parler et qu'il se pouvoit tousjours faire une autre fois aussy que le Duc Bavière ne m'avoit pas permis de les proposer.

<...>¹¹ réussit asses bien. Mais d'abord il me fit des grandes plaintes du Duc de Bavière me dit que ie luy proposois l'amitié d'une personne qui l'offençoit à outrance de gayetté de coeur, et sans raison. Bref il vomit <sa bille> et dit tout ce que la collère fournit en telle occasion, remerciant néantmoings le Roy du soing qu'il prenoit qu'il sçavoit estre à bonne intention. Je luy dis quand au Duc de Bavière que ie luy respondois sur ma vie, que non seulement ce n'estoit de son commandement mais non pas mesmes de son sceu, e que cella se trouveroit ainsy; et que ie sçavois de bonne part que le conseil de l'Empereur qui avoit desseing de ne poser jamais les armes et pour avoir prétexte de les rettenir, appréhendant que les choses n'allassent à l'accomodement à Francfort, avoit prévenu par ceste rupture pour désespérer les affaires, et quand aux belles paroles que l'Empereur luy faisoit dire, cependant qu' ainsy l'Empereur Charlequint faisoit faire procession générale d'un costé en Espaigne pour la prospérité de la Sainte Siège, pendant qu'il saccageoit Rome de l'autre, que c'estoit pour l'endormir et l'amuser jusqu'à ce qu'il ait envahy tous ses estats, qu'il se devoit souvenir qu'il l'avoit flatté au passé affin qu'il laissât opprimer ses amis sans les secourir, mais maintenant qu'ils estoint tous consternés et Magdebourg pris, qu'il levoit le masque et faisoit bien voir que son intention avoit tousiours esté de luy faire la grâce de Poliphème, sçavoir de manger les autres à l'entrée de table et le réserver pour le dessert. Quand à moi que ie n'estois point venu pour l'amuser ny l'abuser, que ce n'estoit point l'intention du Roy, au contraire qu'il se deburoit [!] opposer fortement aux violences de l'Empereur ou repousser par les armes l'injure qui luy estoit faite, qu'il n'en pouvoit jamais estre blasmé de personne, et que s'il y avoit quelque chose à redire en son procéddé ce seroit plustost d'avoir eu trop de patience, qu'il n'y avoit point de temps à perdre, et <que> quand à la proposition que ie luy faisois qu'il pouvoit bien juger sy elle luy estoit utile puisque par ce moyen il se déchargeoit du fardeau de l'armée de la ligue qui sont les plus vigoureuses troupes de l'Allemagne et le plus grand corps¹² <...> estant peu de chose au pris.

---

7 Einschlägig sein dürfte Artikel 2 (Fagniez II S. 496).
8 Einschlägig sind Artikel 6 und der folgende Absatz (Fagniez II S. 497); vgl. auch ebenda Anm. 1.
9 Das durch spitze Klammern markierte Wortende konnte nicht entziffert werden.
10 Die folgende durch spitze Klammern markierte Lücke enthält ein Wort, das nicht entziffert werden konnte.
11 Die vorstehende durch spitze Klammern markierte Lücke enthält ein oder zwei Worte, die nicht entziffert werden konnten.
12 Wie oben Anm. 10.

Finalement il presta l'oreille e fut constraint de confesser que j'avois raison, de sorte que outre la responce qu'il me fit par escrit[13] [...] les deux con[seillers] qui me l'apportèrent me dirent que quand il consteroit sur cella de la volenté du Duc de B[avière] et qu'il y seroit disposé de son cotté, Son Altesse voyant les choses justes e réciproques il n'y faisoit point de difficulté. Et puis il en communiqua au Marquis de Brandebourg qui vint là deux jours après qui feut d'advis de ne point reietter cette proposition.

Cependant l'entremise du Marquis de Brandebourg, la solicitation de Harnemp, nos raisons, et l'outrage receu résolurent le Duc à se joindre au Roy de Suèdde et sans plus temporiser luy faire passer l'Elbe à Vuittemberg et tous deux ensemble à aller promptement attaquer Tilly, avant que Papenhem ny Laldringue laissent joint, ce qui leur est réussy de sorte qu'on dit icy qu'ils l'ont déffait à platte cousture. L'accord du Duc avec le Roy de Suèdde feut fait le douzième[14]. Ils se sont joints le quatorse[15] à Diben, et le quinze ils ont fait marcher leur armée composée d'enviran quarante mil hommes, sçavoir celle du Roy de Suèdde de sept mil chevaux à ce que l'on disoit et quinze mil hommes de pied. Quand à celle du Duc il y avoit bien quinq mil chevaux fort bien montéz et quinze ou seize mil hommes de pied droit à Tilly, et nous fut dit en partant (qui estoit le seixe[16]) qu'ils donneroient la bataille avant quatre jours. [...]

Mais pour revenir à nostre affaire, je la vois en meilleur estat que par cy-devant parce que il y a moings de crainte que le Duc ne se raccomode avec l'Empereur qu'auparavant qui estoit la seule chose qui pouvoit ruyner totalement ceste affaire, beaucoup plus que la jonction du Duc avec le Roy de Suèdde laquelle n'a point d'incompatibilitté avec ce que nous prestendons faire, et en effet le Duc de B[avière] non seulement a trouvé bon que je renvoyast [!] vers le Duc Dubrueil[17] pour luy porter une lettre dont ie vous envoye la coppie[18] et de celle que j'escris à Monsieur de Lisle[19] sur le mesme subiect, mais envoyé son secréttaire[20] avec pour se justifier de ce qui

---

13 *Resolution Kursachsens* für Saint-Etienne, Torgau, 3./13. Sept. 1631 (Kop., lat. Sprache, AE CP Saxe électorale et Royale 1 fol. 78–79. Ben. bei WITTICH I S. 743 Anm. 2).

14 Laut ROBERTS II S. 533 Datum des Austauschs der Urkunden des einschlägigen Vertrages zwischen Schweden und Kursachsen, Feldlager bei Werben bzw. Torgau, 11. Sept. 1631 (TRA V/2 S. 164 f., SVERGES TRACTATER V/1 S. 513 ff.); vgl. zu diesem RITTER III S. 498 f., ROBERTS II S. 533 f.

15 Laut RITTER III S. 499, ROBERTS II S. 534 am 15. September.

16 Demnach wäre Saint-Etienne am 16. September abgereist. Vgl. dagegen unten Nr. 375, im Druck bei HALLWICH I Nr. 374 S. 524, wo es heißt, Saint-Etienne sei drei Tage vor der Schlacht bei Breitenfeld, die am 17. des Monats stattfand, von Kursachsen abgereist.

17 In einer oben Nr. 373 nicht gedruckten Passage der Relation Saint-Etiennes vom 30. September begegnet als Namensform auch Dubruil. – Ein zur Entourage Saint-Etiennes gehörender Sieur du Breuil ist erwähnt in dem unten Nr. 470 A Anm. 1 zitierten *Journal Charnacés*, 8. Dez. 1631 (AE CP Suède 2 fol. 121, Abschrift bei LEMÉE S. 200): „[...] mais j'ay escrit par un courier que Monsieur de Saint Estiene a envoyé en France, nomé le Sieur du Breuil."

18 Diese Kopie des Schreibens Saint-Etiennes an Kursachsen wurde nicht ermittelt.

19 Vgl. zu diesem Schreiben Saint-Etiennes an de Lisle unten Nr. 380 mit Anm. 4.

20 Teisinger; vgl. dazu unten Nr. 380.

c'est passé en faisant voir au Duc la minutte de lettre qu'il avoit escritte au général Tilly[21] pour révoquer ses trouppes avant mon retour de Saxe et faire q'elles ne fussent plus employées à molester son confrère Électeur et amy, de sorte que se trouvant sattisfait de ce cotté là et voyant qu'il n'y a point de la faute de l'Électeur de B[avière] il embrassera avec affection comme ie crois le parti que le Roy luy présante, comme luy estant très util quoi qui luy puisse arriver. Aussy vous ay ie desia dit que les deux con[seillers] qui m'avoient apporté la responce du Duc par escrit m'avoient dit de bouche e asseuré qu'aussytost que le Duc seroit assuré de la bonne volonté du Duc de B[avière] qu'il acceptoit ceste proposition et qu'<en> luy donnant ce tesmoignage de sa bonne vollonté de faire rettirer ses troupes, ledit Duc recevroit agréablement la proposition qui luy estoit faite n'y voyant rien que de juste e de réciproque, tellement que j'attendray icy sa responce. Et s'il convient de lieu e des personnes pour traiter ceste affaire comme i'ay parole de l'électeur B[avière] qu'il n'y manquera point de son costé d'en faire autant, je ne faudray de me rendre avec eux tous au lieu où ils seront pour essayer de moyenner ceste affaire, e affin d'en prendre le dépost pour le Roy tant de l'escrit s'il s'en fait que de la foy respectivement donnée." [...] – München, 30. September 1631.

Ausf. AE CP Bavière 1 fol. 141–144.

## 374. Maximilian an Kurmainz

Oktober 3

Durchzug des Herzogs von Lothringen und des Prinzen von Pfalzburg durch Mainzer Gebiet – Tillys Einfall in Sachsen – Ordonnanz für Tilly in Sachen Einsatz der Ligatruppen gegen Kursachsen

Unterrichtet Kurmainz von dem Anmarsch des Herzogs von Lothringen und des Prinzen von Pfalzburg, die dem Vernehmen nach bei Worms den Rhein überschreiten, durch kurmainzisches und hessen-darmstädtisches Gebiet marschieren und bei Seligenstadt den Main überschreiten wollen. Zweifelt nicht, dass Kurmainz den Durchzug gestatten wird. Falls Kurmainz eine unbeschwerlichere Route kennt, soll er Ossa informieren.

Berichtet, dass der königlich französische Abgeordnete Saint-Etienne dieser Tage aus Sachsen nach München zurückgekehrt ist „und mir under ander sonderlich zu vernemen geben, wasmassen selbigen churfürstens L. nit allain des graffens von Tülly damaln beschehnen einzug in dero landen, sonder vornemblich auch diß starkh und empfindtlich gegen ihme angezogen und geandet, dz er hierzue sowol das Kaiserische als zugleich auch dz bundtsvolkh gebraucht und dz S. L. sich gegen uns und unsere

---

[21] Am 19. September (oben Nr. 354).

catholische mitchurfürsten wegen der vüllfeltigen iro beschehnen sincerationen, dann auch der kfl. verain und verbrüderung halber aines andern versehen hetten.²

Nun ist aber E. L. vorhero genuegsamb bewust, dz wir so wenig als dieselbe disen Tüllischen einzug in Sachßen niemaln gern gesehen noch darzue gerathen, weniger ihme graffen zu solchem ende die geringste ordinanz erthailt, sonder vüllmehr ihme dz gegenspüll und dz er gegen S. L. und dero landen anderer gestalt nit, sie hetten dan zuvor sich selbst zum feindt gemacht und mit dem Schweden coniungirt, sich avanzirn oder zur ruptur ursach geben solle, zu underschüdlich maln anbevolchen. Derowegen dan und damit dise ungüettliche opinion und zuelag bei Churßachßens L. mit bösserer und zumaln gründtlicher information abgelaint werden mechte, haben wir ursach genomen, an S. L. solchen inhalts zu schreiben, wie E. L. aus nebenkhomender abschrüft³ mit mehrerm zu vernemen haben. Und weiln dieselbe entzwischen auch unser den 27. Septembris an sie abgangnes schreiben⁴ zu recht empfangen und daraus ersehen haben werden, was wir iro zu erstobberiertem ende und sonsten auch wegen des landtgraff Georgens zu Hessen L. für ain wolmainendes müttel und vorschlag an die handt geben, darauf wir nun deß ervolgß mit verlangen gewertig sein, uns aber noch auf dise stundt von dem graffen von Tüllj khein schreiben zuekhomen und wir dahero nit wüssen khönden, was er etwa per ragion di guerra oder aus mangel der proviant und der underhaltungsmüttlen mit seinem recolligirtem khriegßvolkh gegen Churßachßen für aine resolution genomen haben oder noch nemen mechte, und derowegen die högste notturft erfodert, ihme aine aigentliche und bestendige ordinanz zu erthailen, wessen er sich nach gestalten sachen gegen Churßachßen und dero landen auf ainen oder den andern fahl, da nemblich S. L. mit dem Schweden coniungirt bleiben und causam communem halten oder von ihme sich allerdingß widerumb separirn wurden, in specie mit dem bei sich habendem bundtsvolkh zu verhalten, sonderlich weiln die sachen seit unsers leztern an ihne graffen derentwegen abgangnen und E. L. in abschrüften communicirten schreibens⁵ weit in ainen andern standt khomen, als gesünen wir an E. L. hiemit freundtlich, uns dero vernunftigen rath und guettachten fürderlich mitzuthailen, waß wir ihme graffen von Tüllj wegen Churßachßen und wessen er sich mit dem bundtsvolkh gegen S. L. und dero landen zu verhalten, für aigentliche und bestendige verhaltungßbevelch erthailen mechten, darbei dan E. L. sonderbar in acht nemen wollen, dz dzjenige corpus, so der graff von Tüllj diser zeit widerumb zusamenbringen und darmit seinen revange

---

2 Umfassender dürfte Maximilian den Kurfürsten von Köln über die Verrichtung Saint-Etiennes in Dresden informiert haben. Seinem Bruder übersandte *Maximilian* mit Anschreiben vom 6. Oktober 1631 (Konz. Oexels Kschw 960 fol. 369) ein – bei den Akten fehlendes – Papier, dem Kurköln entnehmen könne, was Saint-Etienne „nicht allain bei wohlermelts Chursaxens L. negocirt, sonder auch auf sein anbringen für ein resolution empfangen. Underdeßen gleichwoln, wie E. L. bewust, sich der status rerum vihl geendert hatt."
3 Des Schreibens vom 29. September (oben Nr. 367).
4 Oben Nr. 362.
5 Oben Nr. 354 und 359.

suchen khan, maistens aus denen noch hin und wider habenden bundttrouppen formirt und gerichtet werden mueß. Was uns nun E. L. hieriber beiräthlich an handt geben werden, dz wollen wir der gebür nach in acht nemen und die weüttere ordinanz an graffen von Tüllj darnach dirigirn." – 3. Oktober 1631.

Konz. Ranpeks Kschw 782 fol. 363–365 = Druckvorlage; Kop. Akten 262/IV fol. 42 und 44–45. Ben. bei ALBRECHT, Maximilian S. 788, 803; KAISER, Politik S. 483, 489.

## 375. Maximilian an den Kaiser[1]

Oktober 3

Knüpft an sein Schreiben vom 5. September[2] an – Rückkehr Saint-Etiennes aus Sachsen nach München und sein Bericht über die Ausgleichsbereitschaft Kursachsens – Stellungnahme Maximilians zu den Eröffnungen Saint-Etiennes – Weiterleitung der Stellungnahme Maximilians an Kursachsen durch Saint-Etienne[3] – Tillys Einfall in Sachsen[4] – (AO München)

Druck bei HALLWICH I Nr. 374. Ausf. KrA 69 Konv. Oktober fol. 13–15; Konz. Jochers mit Korr. Maximilians Kschw 73 fol. 237–238. Ben. bei KLOPP III,2 S. 308.

## 376. Der Kaiser an Maximilian

Oktober 3

Dispositionen des Kaisers – Sicherung Böhmens – Berichterstattung über die Niederlage bei Leipzig

Bezug: Schreiben vom 26. September [oben Nr. 361], das er am 2. Oktober erhielt. – Hat dem Herzog von Lothringen, Aldringen und Ossa bereits vor Erhalt des kurfürstlichen Schreibens die darin empfohlenen Befehle erteilt, ferner die Infantin um Zurückschickung der Regimenter Roveroit[1] und Wittenhorst und um Überlassung der

---

[1] Die Antwort des *Kaisers* an Maximilian ist datiert: Wien, 11. Okt. 1631 (Ausf. Kschw 73 fol. 242–243; korrigierte Konzept-Kopie KrA 69 Konv. Oktober fol. 76–77. Gedr. bei HALLWICH I Nr. 380. Ben. bei KLOPP III,2 S. 309 f.). – Zu der in dieser Antwort zum Thema Ausgleich mit Kursachsen erwähnten Abordnung des Obersten Paradis zu Kursachsen durch den spanischen Botschafter am Kaiserhof vgl. oben Nr. 335a. – Das zum Thema Tillys Einfall in Sachsen herangezogene *kaiserliche Schreiben* [vom 8. Oktober] ist zitiert oben Nr. 361 Anm. 5.
[2] Dieses Schreiben, in dem Maximilian den Kaiser über die Verrichtung Saint-Etiennes in München Ende August unterrichtet haben dürfte, konnte nicht ermittelt werden.
[3] Der in diesem Zusammenhang genannte Abgeordnete/Diener Saint-Etiennes (im Druck bei HALLWICH Nr. 374 S. 524) war der oben Nr. 373 mit Anm. 17 genannte Dubrueil/Dubruil/du Breuil.
[4] Bei dem in diesem Kontext zitierten Missiv handelt es sich um das oben Nr. 367 gedruckte Schreiben.
[1] Vormals Graf Johann von Nassau (WREDE II S. 7). – Als neuen Inhaber des Regiments nennt WREDE II S. 7 Carl Rovereit (Rouvroy), bislang Oberstleutnant des Regiments, HALLWICH I Nr. 456 S. 672, IV

derzeit in den Niederlanden entbehrlichen spanischen Truppen gebeten.² Unterrichtet den Kurfürsten über seine weiteren Dispositionen, u. a. dass er Ossa angewiesen hat, „sowol für sich selbsten alß durch die ihme undergebnen kriegscommissarios ie und allweg solche fürsichtige und ernstliche anstellungen bei durchfüehrung, quartierung und underhaltung unsers kriegsvolkhs zu verfiegen, damit insonderhait der getreuen assistierenden chur-, fürsten und ständen vor andern gezimmende consideration gehalten und dieselbe von allem uberlast (ausser waß die unumbgengeliche notdurft erfordern wurde) frei und exempt gelassen werden. – So es aber die notdurft erfordern wirdt, daß zu versicherung unsers erbkönigreich Böhaimb vor feindtlicher gefahr etwan ein, zwai oder drei regimenter aus den obrigen craisen auf der Thona sollten herabgefiehrt werden müessen, desswegen wir [...] Don Balthasarn graven von Marradas bevelch aufgetragen, solche aus den obrigen craisen von unserm volkh abzufordern und in Böhaimb an nothwendigen orten neben dem andern daselbst verhandenen volkh außzuthailen, so wollten wir E. L. hiemit fr. ersuecht haben, zum fahl etwan erwenter Don Balthasar oder der obrist von Ossa solcher abfuehr halber sich bei deroselben gehorsamblich anmelden wurden, sie wollten für solches volkh unschwer den pass durch dero landen auf dem wasser herab verstatten und dise abfuehr mit verhülflichem guetem wüllen befördern lassen.³

---

S. 882 (Register) Jakob Reinhard Rouveroy. Vgl. auch DOC. BOH. IV S. 426, 431, 436, 441, V S. 387, 397, 409, 423.

2 Beigefügt waren die Kopien einschlägiger, vom 30. September und 1. Oktober datierte Schreiben (Kschw 73 fol. 228–232).

3 Zu diesem Punkt heißt es in der Antwort *Maximilians* an den Kaiser, München, 13. Okt. 1631 (Reinschr. mit Korr. Maximilians Kschw 73 fol. 249–250): „Demnach [...] der Schwedt nunmehr gar in Franckhen fürgebrochen und dise seine progress unzweiflich auf die stifter Würzburg, Bamberg und die Pfalz continuirn wirdt, also diser zeit ieztgemelte landt in höcherer gefahr weder dero khönigreich Böhaimb, ja in praesenti pericolo totalis ruinae begriffen, so stelle derowegen Eüer Mt. zu dero reifflichem nachgedenkhen ich gehorsamist haimb, ob sie nit durch gemelten graffen von Marradas auß vorgedachten, noch in den obigen craisen gelegnen und sonsten in dem Fränckhischen craiß hin und wider außgethailten ainschichtigen trouppen ein absonderliches corpo zu formirn, beinebens auch ferrern genedigisten bevelch geben lassen wolten, daß er dasselbe zu dem volkh, waß ich in der Pfalz habe und noch mehr bekhommen mechte, stossen und also damit vor iezt dem nöthigern thail, daß ist angerengten baiden stiftern und der Pfalz, alsobald und unverzogentlich succurrirn und den feindt desto weiter von der cron Behem halten solle, auf daß also demselben, biß der graf von Tilli mit seiner widerumb gesterkhten armada etwaß weiters heraufkhombt, [...] coniunctis viribus begegnet, etwaß testa gemacht und also noch weiterer einbruch verhietet werden möge. Dargegen gleichwoln ich auch erbiettig und beraith, da sich der feindt etwan auf Böhaimb, so gleichwol nit zu vermuetten, solte wenden und daselbst einbrechen wöllen, auf solchen fahl auf alle mügliche weeg gleicher massen beizuspringen und zu assistirn, der hofnung, weiln solch mittel zu abhaltung und dempfung deß gemeinen feindts und versicherung Eüer Mt. selbst aignen khönigreich und landen gedeiet (alß welcher, solang man ihne ausser berierter stifter und der Pfalz aufhalten khan, gemelt dero khönigreich nit leichtlich wirdet attaquirn khönnden), Eüer Mt. werden eß iro derowegen gdist belieben und fürderlich anzuordnen angelegen sein lassen." Nach Ausweis von *Kaiser* an Maximilian, Wien, 20. Okt. 1631 (Ausf. ÄA 2380 fol. 430 und 433, mit Anlagen fol. 431–432), erging daraufhin Befehl an Oberst Rudolf Colloredo, „die in Franckhen und negstgelegnen orthen sich von unserem Ksl. volkh

Sonsten wie unß noch von gedachter Leipzigischen rotta einige particularia oder weitere avisen weder vom graven Tilly noch von andern orten eingelangt, ausser was uns [...] der von Aldringen und dann der haubtman Nidrum (so aus selbigem unwesen entrunnen und sich auf Prag salviert) berichtet, wollten wir E. L. dessen [...] hiemit fr. communication erthailt haben[4] und, waß noch mehrers volgen wirdt, dieselbe hinnach berichten und uns dero vertreulichen gueten raths, hülf und beisprung fürthin getrösten, gleich wie wir hinwiderumb genaigt seindt, solches mit fr. zu erkhennen und E. L. bei fürfallenden occasionibus mit allem beförderlichen gueten willen zu assistirn." – Wien, 3. Oktober 1631.

Ausf. Kschw 73 fol. 222–224.


## 377. Kurmainz an Maximilian

Oktober 3

Tillys Niederlage bei Breitenfeld – Verständigung mit dem Kaiser über die Stabilisierung der militärischen Situation – Vermittlung Landgraf Georgs von Hessen-Darmstadt bei Kursachsen – Unterhalt der Armee und Winterquartiere – Dinkelsbühler Kontribution

Bezug: Schreiben vom 27. September [oben Nr. 362], das er per Kurier erhielt. – „Nun ist uns angedeüte betrüebte zeitung gleichergestalt vor wenig tagen auch zu wissen gemacht worden, darab wir unß dann nicht wenig bestürzt befunden, hetten auch nicht verhofft gehabt, daß berürter graf von Tillj die Ksl. armada, alß darauf Ihrer Mt. und der catholischen stende wohlfahrt bießhero gehaftet, dergestalt hasardirt und in wagnus gestelt haben solte. Dieweilen es aber numehr geschehene sachen seindt und vergeblich, deßwegen erst aniezo viel consilia zue geben, so mueß mann es dem lieben Gott befehlen und S. Allmacht inniglich pitten, seine Göttliche miltreiche genadt und seegen zu verleihen, damit dieser verlust in khurzem wider ersezt werden mögte. Dieses befinden wir gleichwohl bei unß am beschwerlichsten, daß von dem graven von Tillj bießhero so gar kheine nachrichtung einkhommen undt mann dahero

---

befindenden ainsichtigen [!] compagnien wie auch diejenigen regimenter, welche wir von dem ob. von Ossa nach Behemb abgefordert, in ein corpo zusambzubringen und mit E. L. deren enden habenden und erwardendem volkh zu coniungirn und die defension der Obrigen Pfalz ihme bestes vleiß angelegen sein zu laßen, der ungezweifleden gegenverträstung, da, Gott noch für seie, etwoh unserm erbkhonigreich Behämb einige nothfahl oder gefahr zuestossen solte wöllen, E. L. nit weniger dero in bemeltem schreiben angeregtem fr. anerbietten nach demselben hinwiderumben die handt biethen und mit eilfertigem succurs beizuspringen ihme nit zuwider werden sein lassen."
4 Beigefügt war ein Schreiben *Aldringens* an den Kaiser, Ilmenau, 22. Sept. 1631 (Ausf. AFA 1631/9/23; Kop. Kschw 73 fol. 233. Ben. bei KAISER, Politik S. 462, S. 464 Anm. 13), und eine Relation aus Prag, 27. Sept. 1631 (Kop. Kschw 73 fol. 235–236), mit einer Zusammenfassung der von Nidrum übermittelten Nachrichten.

nit wissen khan, wie es mit seiner armada und dem statu belli dießmahls bewandt undt uf waß für weiß und weege ime etwann widerumb zue helfen sein mögte. In alle weeg aber befinden wir eine unvermeidliche notturft zue sein, auß diesen sachen mit Ihrer Ksl. Mt. fürderlichst zue communiciren, undt nachdemahlen dannoch dieselbe ihr absonderliche armada in Schleßien haben sollen, der obrist Ossa unß auch vor 2 tagen berichtet, daß er befelcht, die in Lottringen geworbene 16.000 mann dennegsten herauß in das Reich zue füehren, welche auch bereits im anzug undt dießseits Kayserslautern angelangt, benebens auch der freiherr von Aldringen, welcher mit graf Ott Heinrich Fuggern in Hessen sich coniungirt, ein zimliches corpo beisamen hat, wie und welchergestalt, auch an waß orthen dasselbe volkh nuzlichen zuesamen gestossen und adaprirt werden möge, undt solches ohne einzigen verzug, sintemahlen nicht zue zweiflen, es werde der könig in Schweden mit dem kfl. Sachßischen volkh, so den einkhommenen avisen nach under seine trouppen gestossen sein soll, sich understehn, seine victoriam mit ernst zu prosequiren und besorglich den fueß in die negstangrenzende stifter zue sezen, welches ime dann desto leichter zue werkh zue richten sein würdt, weilen durch des freiherrn von Aldringen genohmene marche in die Hessische landen der paß durch Türingen nach gemelten stiftern ganz offen, und wann der könig dergestalt uf die bundtstende durchprechen solte, alßdann sowohl dem loblichen bundt alß Ihrer Mt. besorglich alle mitel zue underhaltung der soldatesca abgehn und dem feindt khein widerstandt mehr zue thuen sein mögte. Und werden verhoffentlich Ihre Ksl. Mt. ihro auch dieß werkh numehr umb soviel mehr zue gemüeth und herzen gehn lassen, dieweilen mehrg. könig in Schweden sich ohne schew verlauten läst, daß er seine praetension undt hoffnung uf die Röm. cron gerichtet, benebens auch daß hauß Osterreich dabei uf das eüsserist periclitirt. Nachdemalen nun Euer L. die beste mitel haben, hierauß mit Ihrer Ksl. Mt. tractiren zue lassen, so zweiflen wir ganz und zumahl nicht, sie werden ihrer bekhandten rümlichen vigilanz und sorgfalt nach ahn ihro dießfahls auch nichts erwinden lassen.

Sonsten aber und das von Euer L. vorgeschlagene mitel, sich bei dießem gefehrlichen übelstandt landtgraff Geörgens zue Hessen L. interposition zue gebrauchen, betreffendt, ob uns wohl dabei allerhand wichtige bedenkhen zue gemüeth gangen undt wir deßwegen nicht wenig angestanden, nichtsdestoweniger aber undt weilen die ietzt zue Franckhfurdt anwesende catholische kfl. räthe für guet angesehen, wohlermelts landtgraven L. hierunder zu ersuechen,[1] so haben wir zue solchem ende beiligendes schreiben ahn S. L.[2] abgehn lassen, dero resolution, die Euer L. hernegst gleichergestalt unverhalten bleiben soll, dann numehr zu erwarten sein würdt. Eß will aber fast gezweiflet werden, ob auch S. des landtgraven L. dieser interposition sich underfangen, oder wann sie auch schon sich deren undernehmen solten, ob auch in des churfürsten zue Sachsen handen und gewalt sein würde, von dem könig in

---

1 Vgl. dazu oben Nr. 311 D 35.
2 Unten Nr. 378.

Schweden, alß mit welchem er sich besorglich gar zue weit eingelassen und vertiefft, sich widerumb zue separiren." – Mainz, 3. Oktober 1631.

Postskriptum. Hat dem eingelegten Zettel entnommen, daß Maximilian es für nötig hält, „daß bei ieziger anwesenheit der unions verwandten stende gesandten zue Franckhfurdt den räthen allerseits befelch undt instruction ertheilt werde, sowohl von fernerm underhalt der soldatesca alß auch den winterquartirn zue reden." Wird seinen Gesandten die erforderlichen Befehle erteilen und die Rheinischen Mitbundesstände ersuchen, das auch zu tun. – Was seinen Anteil an den in Dinkelsbühl bewilligten Kontributionen betr., wird er Maximilian in Kürze Bericht erattten.

Ausf. Akten 203/I = Druckvorlage; Kopie Kschw 9534 fol. 7–9. Ben. bei KAISER, Politik S. 455 Anm. 50, S. 470, S. 476 Anm. 84, S. 483 f., S. 489 Anm. 148.

## 378. Kurmainz an Landgraf Georg von Hessen-Darmstadt[1]

Oktober 3

Vermittlung des Landgrafen bei Kursachsen

„Wir zweiveln nicht, eß werden E. L. albereit verstandten haben, wz gestalt unsers hern mitchurfürsten zue Sachßen L. sich mit dem khonig in Schwedenn nunmehr nicht allein coniungirt, sondern auch dz Ksl. krigßvolkh mit gewalt angegriffen und demselben zimblichen abbruch und schaden gethann haben soll.

Nun khönnen wir gleichwol nit aigentlich wissen, ob und welcher gestalt dem general leüthenandt graffen von Tilli, alß welcher ietzmalß von Ihrer Ksl. Mt. ordinance dependirt, fur ursach und anlaß gegeben worden sein möge, mit seiner armatur in die Sachsische landen zu rücken. Dieses aber ist unß wohl wissent, dz solcher einzugkh ohne deß herrn churfürsten in Bayerns L. alß bundtßobristen wissen und bevelch geschehen, gestalt auch dießseitß derselbige sehr ungehrn vernohmmen worden. Wir unsers theilß aber lassen dieses alleß an sein ohrt gestelt sein, und wirdt eß ermelter general leüthenandt ausser zweiffel zu verantworten wissen.

Einmahl ist bekhandt, dz bei dem khrigßwessen insonderheit daß glückh wandelbar und palt einen, palt den andern theil favorisirt, sich aber, wie die experientz solches bezeugt, mit einem sieg nicht terminiren oder zu endt führen lasset. Dieweill

---

1 Vgl. zu diesem Schreiben auch oben Nr. 311 D 35, 311 E 53, 362 und 377.
Der *Landgraf* antwortete dem Kurfürsten aus Darmstadt, 23. Sept./3. Okt. 1631 (Konz.-Kopie HStAD E 1 C Nr. 7/1 fol. 68; K. Akten 263/III fol. 183), u. a., er habe seine Räte in Frankfurt angewiesen, „mit E. L. daselbst anwesenden geheimbden räthen und gesanden vertrewliche communication hirunder alsobald zu pflegen, auch von denselben vorschlöge, wie E. L. intention wir nachtrücklich befordern möchten, zu vernehmen. Und wollen uns darauf also ohnfehlbar erzeigen, auch gegen E. L. in haubtsachlicher antwort ohnverzüglich erklären, wie es unserer zu höchstgedachter Ksl. Mt. tragenden allergehorsambster pflichtschuldigkeit gemäs ist." – Nach der Konferenz der hessen-darmstädtischen und kurmainzischen Gesandten in Frankfurt am 6. Oktober (vgl. zu dieser oben Nr. 311 E 54 Anm. 3) knüpfte *Landgraf Georg* an seine Einlassungen vom 23. September/3. Oktober an und schrieb aus Darmstadt, 28. Sept./8. Okt. 1631, an Kurmainz (Konz. mit Korrekturen Wolffs HStAD E 1 C Nr. 7/1 fol. 75): „Nun würd E. L. von ihren gesandten alberait gebürlich hinderbracht sein, das berürte communication vorgangen, auch was wir E. L. abgeordneten durch die unserige in vertrewlicher und sonderbarer trewer wohlmainung zu erkennen geben lassen und welcher gestalt unsers ohnmasgeblichen ermessens eine notturft sein wolte, daß wan bei des herren churfürsten zu Sachsen L. wir negotiiren solten, wir einen gewissen fus und ein solch medium pacis haben möchten, darauf eine zimliche hofnung guter, gewüriger successus zu bawen, sonderlich ietzmahls, da Seine L. die mitt E. L. gesandten zue Franckfurt in unvorgreiflich gespräch gekommene principia führen oder doch sich deren befahren möchten. Wofern sich dan E. L. etwa auf dergleichen mittel bedencken und uns darvon freündlich verständigen werden, seind wir nochmahls erbiethig, das unserige nach bestem fleiß trewlich zu thun." – Das fortdauernde Interesse des Landgrafen an der Mitteilung der katholischen Friedensbedingungen dokumentiert die unten Nr. 399 Anm. 2 zitierte *kurmainzische Relation* vom 18. Oktober, der zufolge der hessen-darmstädtische Kanzler Wolff vorbrachte, der Landgraf wolle von Kurmainz „gantz unvergreiflich vernehmen, wz für media pacis cath. theils sich <ereugen>, damit h. landtgraff apertur zu tractiren bei Sachsen haben möge."

wir dan in denen nicht unzeitigen vorsorglichen gedanken begriffen, es mögten sich fridtheßige leuth befinden, welche Chursachsens L. zu persuadiren understehen mögten, diese erlangte fortunam ferners zue prosequiren und mit den waffen sich weiters gegen allerhochstg. Ihre Ksl. Mt. zu vertieffen, alleß zu lengerer verhinderung deß verhofften, Gott wohlgefelligen friedens, S. L. aber und dero hochlöbl. hauses zue nit geringer gefahr, welcheß beedeß wir an unserm ohrt viel lieber verhuetet sehen wolten, auch darumb nit wenig fur Ihre L. sorgfältig seindt,

Hierumben so haben wir khein zueträglicher mittell zu sein erachtet zu verhüetung und vorkhommung angedeüten unheilß, alß mit E. L. ihrer sowohl zu der Ksl. Mt. tragenten underthenigsten bestendigen trew alß auch mit Chursachsens L. habenten nahen alliance [wegen] auß diesem schwehren zustandt in vertrawen zu communiciren und deroselben räthlichen guetachtenß zu pflegen, wie dannoch dz werkh dahin zu richten, damit S. L. dahin bewegt werden mögten, der Ksl. Mt. nicht gahr den rückhen zu wendten, wenigerß aber von andern ihren mitchurfürsten umb dieß verlaufs willen sich zu separiren und also daß Reich vollentß in eine gentzliche confusion und zerrüttung zu stellen und daßelbe frembden potentaten gar zu exponiren. Wir halten zwar unvorgreifflich dafur, wan durch vermittelung E. L. Chursachsens L. wohl zu gemüth geführt würde, wie wenig dißfalß dieser erlangten victori, deren Ihre Ksl. Mt. hiebevor so viel underschiedliche gehabt, zu trawen, indem der graff von Tilli sein vires von tag zu tag mehrerß recolligirt, Ihre Ksl. Mt. in dero erblanden wie auch anderer ohrten noch underschiedliche exercitus uff den beinen haben, dardurch sie leichtsamb ihre revange suchen und erhollen khönnen, welcheß falß dan und wan Chursachsens L. sich gar zu einem offenen feindt gegen Ihre Ksl. Mt. machen und sich der churfürstlichen so hoch geschwohrnen verain entziehen würden, dz endtlichen mehrallerhochsterm. Ihre Ksl. Mt. alß dz oberhaupt sich bewegen lassen dörften, uff die extrema zu gedenkhen, da doch anitzo und weil die gantze materia litis, so dieselbe mit Chursachßen gehabt, eintzig uff der disarmatur und sonsten keiner andern praetension, soviel unß wissent, bestandten, daß sich die mittel noch wohl finden mögten, unangesehen dessen, so vorgangen, Seine L. in der Ksl. Mt. Kaiserlichen hulden und affection und ihrer mitchurfürsten uraltem friedlichem wohlvernehmen zu conserviren und dardurch dz antröhende übel eineß langwürigen newen krigß und deren darauß erfolgender inconvenientien zu verhüeten.

So ersuchen wir E. L. hiemit freundtvätterlich, si wollen sowohl mehrallerhochsternenter Ihrer Ksl. Mt. alß auch dem Heiligen Römischen Reich zu guetem hierinen ihre getrewe partes zu interponiren und entweder in aigner person oder durch eine ansehentliche vertrawte schickhung obberührteß alleß deß herrn churfürsten zue Sachsens L. außführlich und beweglich zu remonstriren und wo immer möglich verhüeten zue helfen, freündtlich unbeschwehrdt sein, damit obeingangs vermelter massen sich dieselbige gegen Ihre Ksl. Mt. noch auch dero assistirende gehorsame ständt und mitchurfürsten nicht weiterß vertieffe noch dardurch dem Hl. Reich die hoffnung zum friden benehme, weniger ihro die thur zu der Ksl. hulde und gnaden selbsten allerdhingß versperhe. Dan wie wenig vortheilß sie ihro und ihrem hochlöblichem uraltem hauß durch die coniunctur mit Schweden, alß welcher einkhommenem bericht nach bei Türkhen, Tartaren und Moscowitern, fur denen alle getrewe patrioten und christliche gemüther iederzeit ein grawen und abschew gehabt, starkh umb hilf und assistentz anhalten thuet, zuziehen werden, daß werden dieselbe bei sich selbsten, wan si der sachen recht uff den grundt sehen, leichtlich ermessen können.

Waß nun E. L. gedankhen hiebei seindt, daß mögten wir gern vernehmen. In allweg aber würdt eine unvermeidtliche notturft sein, weilen periculum in mora, hiebei kheine zeit zu versaumen. Und werden E. L. anitzo eine erwünschte occasion haben, sich hierin Ihre Ksl. Mt. wie auch dz Römische Reich uff dz höchste zu obligiren. Und wir wollen E. L. [...] beschriebener widerantwort bei zaigern, unserm deßwegen allein abgefertigten einspänniger, freündlichen gewertig sein." – Mainz, 3. Oktober 1631.

Kopien Akten 203/I = Druckvorlage, Kschw 709 fol. 4–5; Ausf., präs. Darmstadt, 23. Sept./3. Okt., HStAD E 1 C Nr. 7/1 fol. 64–67. Ben. bei FROHNWEILER S. 31 f., KAISER, Politik S. 483, 489.

## 379. Maximilian an Kurmainz[1]

Oktober 7

Mission Kellers – Plädoyer für eine Grundsatzentscheidung über die Ausrichtung der Politik und Kriegführung der Liga nach der Schlacht bei Breitenfeld – Bitte um Gutachten – Hoffnung auf die Opferbereitschaft der Ligastände

Teilt mit, dass dieser Tage[2] der Rittmeister Keller hier angelangt ist, „welcher aus bevelch des graffens von Tüllj uns nit allain den üblen und schweren zuestandt, in welchen er sambt seiner underhabenden Ksl. und bundts armada durch die jungst

---

[1] In seiner Antwort, Mainz, 13. Okt. 1631 (Ausf. Kschw 782 fol. 388–389. Zitiert bei H.-D. MÜLLER S. 41 Anm. 57, ben. bei BRENDLE S. 296), verwies *Kurmainz* auf sein Schreiben vom 10. Oktober (unten Nr. 383), dem Maximilian entnommen haben werde, „waß unß an userm ort bei diesem gefehrlichen zuestandt sorgfaltig zue gemüeth gehet, dabei wir es dann nochmals verbleiben lassen." Außerdem unterrichtete er Maximilian über seine Weisung für seine Gesandten in Frankfurt in Sachen Vertagung der Verhandlungen mit den Protestanten und Waffenstillstand (vom 12. Oktober, oben Nr. 311 E 65) und schloss. „Dieweilen aber zue besorgen ist, daß ohne interposition der cron Franckhreich solches auch schwerlich zu erhalten sein würdt, so wollen wir nochmals zue Euer L. hochvernünftigem nachdenkhen gestelt haben, ob und waß sie derentwegen an besagten könig in Franckhreich gelangen lassen wollen."

[2] Nach Ausweis von *Maximilian* an den Bischof von Bamberg, 8. Okt. 1631 (Konz. Teisingers ÄA 2293 fol. 369–371), am 6. Oktober. – Das Rekredential *Maximilians* für Keller an Tilly datiert vom 7. Oktober 1631 (Konz. ÄA 2294 fol. 132), aber erst am 10. des Monats fertigte der Kurfürst Keller wieder ab, und zwar zunächst zum Bischof von Würzburg (unten Nr. 394), bei dem er am 11. des Monats eintraf (unten Nr. 384).

erlüttne niderlag gerathen, mit mehrern umbstendten zu vernemen geben, sonder auch zugleich in namen erstermelten graffens solche begehren in schrüften übergeben, wie E. L. auß nebenkhomendem seinem memorial³ mit mehrerm inhalt zu vernemen haben.

Nun haben wir nit underlassen, die sachen also gleich in reuffe deliberation zu ziehen, darbei aber sonderlich die in nebenkhomenden abschrüften⁴ begrüffne starkhe considerationes und umbstendt heraußkhomen, aus welchen nun leichtlich abzunemen ist, was ain und anderer thail zu continuation des khriegß für vorthail und müttel an der handt hat, welche an seitten der catholischen so wenig und mit so schweren difficulteten überheuft sein, dz wir unsersthails allerdingß perplex sein und anstehen, was doch gemainem catholischen wesen und deßen anverwandten stendten zum bösten und zu abwendung besorgenden weüttern feindtlichen ein- und vorbruchs ainen oder andern weeg zu thuen sein mechte. Was uns sonsten für rathsame müttel bißhero zu gemieth gangen," hat er Kurmainz in seinen vorigen Schreiben mitgeteilt; außerdem hat er beim Kaiser interveniert und seinen Gesandten in Frankfurt entsprechende Weisungen erteilt. „Je mehr und tieffer wir aber denn sachen, insonderheitt nachdem wir anietz der aigentlichen beschaffenheitt des erlüttnen schadens gnuegsamb berichtet sein, nachsünnen, je mehrere und schwerere difficulteten befünden wir, dergestalt dz es nuhnmehr an deme, dz man aine aigentliche und gewüsse resolution catholischer seits nemen mueß, ob man durch continuation des khriegß oder durch güettliche composition aus den sachen zu khomen gemaint. Wie schwer man aber auf ainen oder andern weeg bei so beschaffnem zuestandt des gemainen wesens vort- und zu vorgezültem intent khomen khan und wirdt, dz halten wir unnoth, E. L. der lenge nach zu remonstrirn, weiln es nur gar zu vüll am tag und vor augen ist. Sintemaln aber auf ainen und andern fahl die högste notturft erfodert, dz sich die catholische verainte stendte eillfertige undereinander vergleichen, durch was für würkhliche und zumaln schleunige müttel dem graffen von Tüllj widerumb auf den fueß zu helfen und in obberierten seinen begehren mit gewührlicher resolution und verfiegung an die handt zu gehen, als haben wir unsern gesandten nach Frankhfurth bevelch erthailt,⁵ mit E. L. daselbst anwesenden gesandten die gebür und notturft zu conferirn, was mit anderer bundtstendt gesandten dißfalß sowol

---

3 Oben Nr. 370 Anm. 2.
4 Beigefügt waren folgende Stücke: 1. *Libra status bellici moderni in Germania* (Akten 280 fol. 37, Kschw 9534 fol. 54. Gedr. bei HALLWICH I Nr. 389), 2. *Catholischer thail* (Akten 280 fol. 39–42, Kschw 9534 fol. 55–57. Gedr. bei HALLWICH I Nr. 390), 3. *Uncatholischer thail* (Akten 280 fol. 44–46, Kschw 9534 fol. 60–62. Gedr. bei HALLWICH I Nr. 391, wo es S. 560 Punkt 6 anstatt *Flandern* heißen muß *Pommern*). – Die zitierten Stücke wurden auch den bayerischen Gesandten in Frankfurt zugeschickt (oben Nr. 311 E 57 mit Anm. 3), ferner den Instruktionen des nach Wien abgeordneten M. Kurz (unten Nr. 382 Anm. 1) sowie der bayerischen Gesandten in Ingolstadt (unten Nr. 512 C 3 mit Anm. 13) beigefügt. Aus dem 2. Stück (im Druck bei HALLWICH I Nr. 390 S. 556 7. Punkt) zitiert eine Denkschrift des *Deutschmeisters* vom Dezember 1634 (BA NF II/9 Nr. 176 S. 395 Abs. DARBEI ZU BESTETTIGUNG).
5 Am 7. Oktober (oben Nr. 311 E 57).

als was man auch in dem haubtwerkh auf ainen oder andern obberierten weeg zu thuen haben mechte, zu deliberirn und in berathschlagung zu ziehen. Gesünnen demnach an E. L. hiemit freundtlich, nit allain denn ihrigen zu solchem ende gleichmessigen bevelch zu erthailen, sonder uns auch dero beifallenden vernunftigen rath und gemiethsmainung mitzuthailen und zu eröffnen, ob man bei so gestalter übler beschaffenheitt deß gemainen wesens dannoch wie bißhero alles behaubten und auf die continuation des khriegß, darzue in allweg auch die nothwendige und zumaln solche würkhliche müttel, darauf man sich zu verlassen, zu vergleichen oder ob und auf was für güettliche müttel und weeg man zu gedenkhen und wie selbige mit nuzen und frucht zu incaminirn sein mechten.

Uns ist sonsten die *erschöpfung*[6] der maisten bundstendt gnuegsamb bekhant. Weiln es aber nuhnmehr so gar ad extrema khomen, auch loblicher und verantwortlicher sein wüll, die extrema für die catholische religion, auch landt und leuth anzugreiffen und aufzusezen als dem feindt zum raub zu hünderhalten, so wollen wir verhoffen, die bundtstendt werden es von selbsten wol bedenkhenund in acht nemen, sich auch in diser eusseristen noth also bezaigen und dem graffen von Tülly so weitt auf den fueß helfen, damit des feindts weitere progreß und vorbruch verwöhret und catholischer seits die sachen wenigst in ainen bössern standt und ad aequalitatem respect[u] der gegenthail gebracht, hernegst auch, wan es mit einer güettlichen composition soweit khomen solte, desto bössere conditiones erhalten werden möchten. Wir an unserm ort wollen dz wenig, so uns Gott über so viel müllionen, die aus unserm landt zur armada khomen, noch in handen gelassen, mit und neben andern bundtstendten gern und treulich daransezen. Den so schweren last aber allain zu übernemen, weniger zu ertragen, ist ainmal, wie wir ofter betheurt, aine purlautere unmöglichkeitt." – 7. Oktober 1631.

Konz. Ranpeks mit Korr. Maximilians Kschw 782 fol. 378–379. Ben. bei ALBRECHT, Maximilian S. 788; KAISER, Politik S. 479 Anm. 103; BRENDLE S. 287.

---

6 Korrektur Maximilians für „impossibilitet".

## 380. Teisinger an Maximilian[1]

Oktober 7

Weiterleitung des Schreibens Maximilians an Kursachsen – Eröffnungen de Lisles, u. a. hinsichtlich der Haltung Kursachsens – Intervention de Lisles beim König von Schweden zugunsten Maximilians

Berichtet über seine geplante Reise an den kursächsischen Hof, wo er das kurfürstliche Schreiben an Kursachsen vom 29. September[2] übergeben und einliefern sollte. Ist am 30. September abends im Gefolge des französischen Adligen[3], den Saint-Etienne mit einem Schreiben an seinen Kollegen de Lisle[4] an den kursächsischen Hof, wo man de Lisle noch vermutete[5], abgeordnet hatte, von München aufgebrochen. Kurz vor Bayreuth traf man auf de Lisle, dem besagter Adliger das Schreiben Saint-Etiennes aushändigte, so dass sich die Weiterreise des Adligen an den kursächsischen Hof erübrigte. Die ganze Gruppe begab sich zunächst nach Bayreuth. Da es sich für Teisinger aus mancherlei Gründen verbot, seine Reise allein fortzusetzen, und de Lisle den Gedanken, selbst zu Kursachsen zurückzukehren und Teisinger in seinem Gefolge mitzunehmen, wieder verwarf, verfiel man nach langen Beratungen auf den von de Lisle gewiesenen Ausweg, einen Kammerboten des Markgrafen von Brandenburg-Kulmbach an Miltitz, den derzeit vornehmsten kursächsischen Geheimen Rat, abzuordnen. Diesem Kammerboten wurde außer dem Schreiben Kurbayerns an Kursachsen ein Schreiben de Lisles an Miltitz, in das die von dem erwähnten französischen Adligen überbrachten Mitteilungen Saint-Etiennes an de Lisle eingeflossen sind, mitgegeben. Auf seinem Rückweg soll der Kammerbote sowohl die Antwort Kursachsens an Kurbayern als auch die des Miltitz an de Lisle mitnehmen. – Teisinger ist dann am Sonntag[6] frühmorgens zusammen mit dem französischen Adligen von Bayreuth aufgebrochen und via Amberg hierher [nach München] zurückgekehrt, um dem Kurfürsten Bericht zu erstatten.

Im Zuge ihrer Gespräche und Beratungen in Bayreuth eröffnete de Lisle dem Teisinger, „daß er gleich uf dem weeg saie, sich herauß gegen E. Kfl. Dt. lande zu begeben. Und weil er nit wisse, ob dieselbe gdst leiden und gern sehen möchten, das er sich (wie er doch notwendig befände) zu E. Kfl. Dt. selbst begebe, so were ime ad interim khein ander oder besser mitl eingefallen, alß das er sich zu deroselben statthalter nach Haidlberg (mit deme er bekhanndt) verfiegen, demselben die notdurft umbstendig entdecken und ine zugleich ersuechen wöllen, ein solches alles an E. Kfl. Dt. zu dero fernern resolution unverzogentlich gelangen ze lassen."

---

1 Kanzleivermerk ÄA 2264 fol. 368: „Herrn Teisingers relation, 7. Octobris 1631, wegen der rais in Saxen".
2 Oben Nr. 367.
3 Des oben Nr. 373 mit Anm. 17 genannten Dubrueil/Dubruil/du Breuil.
4 Nach Ausweis des oben Nr. 375 zitierten Dokuments (im Druck bei HALLWICH I Nr. 374 S. 523 f.) beinhaltete besagtes Schreiben die Stellungnahme Maximilians zu dem Bericht Saint-Etiennes über die Ausgleichsbereitschaft Kursachsens.
5 Laut STEIN S. 108 Anm. 33 wäre de Lisle noch Anfang Oktober (6. Oktober?) in Sachsen gewesen.
6 5. Oktober.

Außerdem äußerte de Lisle u. a., „das E. Kfl. Dt. bei Chursaxen ire unschuldt wegen des von dem graven von Tilli firgenomenen einfahls sovil nit demonstriren khönnden. Er hab alles vorhin schon zu dienst E. Kfl. Dt. in nammen und von wegen seines königs bevorab bei Cursaxen, dann auch nit weniger bei dem könig in Schweden ausfierlich, umbstendig und mit hoher betheirung gethon, auch zu seiner und zuvorderist seines allergnedigsten königs selbst entschuldigung weniger nit thun könden, weil Cursaxen ein starkhen wohn gefast, als wann man ine mit dergleichen sinceration auf seithen der cron Franckhreich nur aufhalten und verplenden, underdessen aber durch den graven von Tilli (inmassen iezt de facto geschehen were) unversehens ubereillen und gewalthettig persequirn lassen wolte, wie dann Cursaxen uneracht aller diser fir E. Kfl. Dt. eingewendter starkher entschuldigung – Gott geb, waß er der ambsciator auch gesagt und beteürt, das E. Kfl. Dt. zu dem fürgangenen einfahl niemallen verstandten, vilmehr aber den graven von Tilli beweglich darvon abgemont – noch zumahl nit acquiescirn wöllen und vermeldet, dz sie den blossen worthen nit mer trauen, sonder merers die werkh, als welche den worthen allerdings entgegen- und zuwiderlauffen, ansechen und in acht nemmen müessten. Es hab auch der graf von Tilli sein des ambasciators ermessen nach ie übl gethon, dz er ieziger zeit gegen Chursaxen solcher gestalt verfaren, dann wann die ruptur mit Chursaxen nit geschechen were, so hete er der ambasciator den curfürsten albereit uf einem gueten weeg gehebt, und wurden sich S. Kfl. Dt. gewiß accommodirt und leidenlich fünden lassen, aber nimmermer verwilliget haben, daß der könig zu Wittenberg oder anderwerts in dero landen über die Elb khommen were." [...]

De Lisle ist der Überzeugung, es stehe jetzt „uf deme, daß E. Kfl. Dt. [g]egen Cursaxen zu facilitirung und incaminirung der sach mit mehrern specialiteten heraußzugehen und an die handt zu geben haben werden, wie und waß gestalt zu einer tractation zu gelangen und der fridt im Reich wider zu pflanzen und einzuführen. Derowegen er zu gewinnung der zeit noch furs beste und zu E. Kfl. Dt. und des gemeinen wesens dinsten sehr nothwendig ermesse, daß er seine heraußraise continuiere und, wann es E. Kfl. Dt. nit entgegen, mit deroselben wie auch dem monsieur de St. Estiene selbst rede, zu welchem ende er zu Nürnberg bei dem Fürmberger, kauffman, verwarthen wolte, ob E. Kfl. Dt. iro solche underredung und daß er sich gar zu deroselben begebe, gdst gefellig, oder ob sie ime hierauf die notturft, waß er weiter bei der sach von wegen seines königs zu thuen, schriftlich bevelchen wollen, warüber er sich alßgleich widerumb zu Cursaxen begeben und ime die sach nach eüsserister möglichheit angelegen sein lassen wolle. Beliebe dann E. Kfl. Dt. volgents, ime von den irigen iemandts zuzugeben, stell ers deroselben ebenmessig anheimb und sei ime nit entgegen, die sach allein oder neben demjenigen, so E. Kfl. Dt. hierzue deputirn möchten, mit angelegenem eufer zu negotiirn. [...]

Sonsten hat ermelter ambasciator sich auch dises gegen mir vermerkhen lassen, wofern der monsieur de S. Estiene in Saxen iezt zu einicher negotiation ohne sein, des mons. de Lihle, beisein gebraucht werden solte, dz er ime alß einem catholischen (welche dermahlen der enden dermassen odios und verhast) vor begegnung eines affronts nit versichern konnde oder wolte, mit weiterm anhang, daß seines verhoffens mit Cursaxen zu erhebung eines fridts im Hl. Reich noch wol zurecht zu gelangen sein möchte. Allein werde man obverstandtner massen die zeit sovil immer möglich in acht nemmen und gleichsamb khein stundt vergebens hingehen lassen miessen.

Negst disem hat ermelter ambasciator auch angeregt und E. Kfl. Dt. underthenigist zu referirn begert, dz er unlengst im nahmen der cron Franckhreich bei dem könig in Schweden eründerung gethon, wann er E. Kfl. Dt. lande attaquirn und angreiffen solt oder wolte, das die cron Frannckhreich sich E. Kfl. Dt. ohne mitl annemmen und dieselbe nit hilfloß lassen wurde oder khonnde. Darauf der könig in Schweden antwort geben, Curbayrn seie anderst nit sein feindt, wann sich E. Kfl. Dt. neutral halten und das erzstift Bremen, so man seinem vettern⁷ bißhero vorhalte, quittirn wurde, so solle sie von ime sicher sein, wo nit, müesste er im gegenfahl nothwendig uf eine diversion gegen E. Kfl. Dt. landen gedenkhen, mit anhang, der könig in Frannckhreich soll wol acht geben, daß ine der churfürst in Bayrn nit betriege. Ich hab dem ambasciator anderst nichts darauf geantwort, alß das ichs Euer Kfl. Dt. seinem begeren gemeß underthenigist zu hinterbringen und zu refferirn wissen werde. [...]

Waß ich sonst wegen des fürgangenen tröffens [bei Breitenfeld] von dem ambasciator und den seinigen discurrendo erfahren, hab ich in der eil noch nit zu papir bringen khönden. Wilß aber, da E. Kfl. Dt. anderst entzwischen nit bereits vorhin gdste nachricht erlangt, noch hernechst zu werkh sezen und ibergeben." [...] – [München] 7. Oktober 1631.

Konzept-Kopie ÄA 2264 fol. 368–377.

## 381. Maximilian an Richelieu

Oktober 8

Interzession für den Herzog von Lothringen – Mission Saint-Etiennes bei Kursachsen – Beglaubigungsschreiben des Königs von Frankreich für Saint-Etienne an den König von Schweden – Französische Unterstützung für die Katholiken, die katholische Religion und Maximilian

Erinnert an seine Interzession für den Herzog von Lothringen¹, die er kurz rekapituliert.

„Et puisque monsieur de Saint Estienne va retrouver l'électeur de Saxe, pour le suiect qu'elle [= Son Éminence] verra par sa lettre², il pourroit naistre des o[cca³]sions

---

7 Dem Administrator Johann Friedrich von Holstein-Gottorp.
1 Oben Nr. 365 Anm. 1.
2 Sein einschlägiges Schreiben an Père Joseph vom 9. Oktober zitiert *Saint-Etienne* zu Anfang seiner Relation vom 17. Oktober (unten Nr. 393a).
3 Von der Bearbeiterin ergänzt; die Vorlage hat Textverlust wegen Papierabriss am Rand.

qui obligeroient le dict sieur de Saint Estienne à parler ou traicter avecq le roy de Suède, et afinque sa négotiation ayt plus de poids, il auroit besoing des lettres du Roy pour cet effect, je m'asseure, que en cela et tout aultre chose, qui concerne le bien des \*\*\*\*[4] des catholiques d'Allemagne, l'amitié et l'assistance de Votre Éminence sera favorable.

La piété du Roy et le zèle de Votre Éminence m'asseurent entièrement, qu'ils voudroient non seulement destourner l'orage qui menace les catholiques, mais [en[5]]cor contribuer tout ce qui sera possible pour la seureté de la religion, et pour mon particulier je me tiens du tout asseuré, de sentir au besoing et en cette conjuncture les fruicts de l'amitié, protection et alliance du Roy."

[Eigenh. Nachschrift] „Monsieur, Je vois les catholiques en une extrémité réduicts à tel poinct qui sont presques résolus à se iecter entièrement entre les bras des Espagnols. Le Roy Très Chrétien seul et Votre Éminence y peuvent remédier." – München, 8. Oktober 1631.

Ausf. mit eigenh. Nachschrift AE CP Bavière 1 fol. 147. Ben. bei ALBRECHT, Maximilian S. 801, 803.

## 382: Abordnung des M. Kurz an den Kaiserhof[1]

Oktober 8–18

### 382 A. Maximilian an M. Kurz[1]

Oktober 12

Absichten Kursachsens – Schwedischer Vormarsch auf das Stift Würzburg – Bitte um Sukkurs und Diversionen – Geheimhaltung – Keine Nachricht von Tilly und den lothringischen Truppen

Die bayerischen Gesandten in Frankfurt berichten[2], „daß Cursaxen die jungstere neben dem khönig in Schweden wider daß Kaiserische und catholische bundts volkh erhaltene victori prosequirn und extrema tentiern, auch ir auf den painen habendes khriegsvolkh in unsere und anderer catholischer fürsten und stende landt, allermassen bisher daß bundtsvolkh in der protestierenden landen quartiert worden, einquar-

---

4 Textverlust wegen Papierabriss am Rand; fehlen dürfte ein Wort.
5 Wie oben Anm. 3.
1 Die Instruktion *Maximilians* für M. Kurz (Ausf. Kschw 9534 fol. 16–21; Konz. Ranpeks mit Korr. Maximilians Akten 278 fol. 1–5), sowie das Beglaubigungsschreiben *Maximilians* für M. Kurz an den Kaiser (Ausf. RK RTA 100b) sind datiert: München, 8. Okt. 1631. Auf den Druck der Instruktion, der die oben Nr. 379 Anm. 4 zitierten Stücke beigefügt waren, wird verzichtet, weil das gedruckt vorliegende *Memorial des M. Kurz* für den Kaiser (unten Nr. 382 C) dem Text der Instruktion wörtlich folgt.
1 Eine Kopie des auf dieser Weisung basierenden *Memorials des M. Kurz* für den Kaiser, s. d., ist überliefert in Kschw 9534 fol. 53.
2 Am 7. Oktober, oben Nr. 311 E 58.

tiern wölle. Wie sie dann auch solch ihr gefastes vorhaben schon so weit zu werkh gesezt, daß der Schwedt mit seinem volkh sich beraith deß stifts Würzburg genähert und desselben vestung Khünigshoven mit gewalt erobert und einbekhomen, inmassen uns dessen deß bischofen L. daselbst gleich iezt durch beikhomendes schreiben³ avisirt hat, und vermuttlich nunmehr umb Würzburg zu thun sein wirdt.

Wann dann durch solchen feindtlichen für- und einbruch aller catholischer cur-, fürsten und stende stift und länder in högster gefahr stehn, alß ist derowegen unser gnedigister bevelch, daß du solches Ihrer Röm. Ksl. Mt. unverzogentlich allerunderthenigist vorbringest, beineben auch erinnerest, da disem ubel nit ohneingestelt remediert werden solte, daß alsdann [...] unsere und anderer dero gehorsamister assistirender cur-, fürsten und stendt ohnedaß auf daß eisserist erschöpfte landt ganz ruinirt und zu boden gebracht oder wol gar verlohrn werden, auch ferner einiche craiß- noch bundtscontributiones nit mehr raichen khönnden und also diser bundt, der doch Irer Mt. und dem gemainen catholischen weesen sovil erprießliche dienst erwisen, genzlich wider dissolvirt und consumiert werden müeste. Waß nun darauß dem ganzen Hl. Röm. Reich, zumaln auch Irer Ksl. Mt. selbs und dero erbkhönigreich und erbländern für unwiderbringlicher schaden zuewaxen khann, daß hetten Ire Mt. von selbsten unschwer zu gedenkhen, und seie derowegen an dieselbe unser gehorsamiste bitt, sie wollen auf mitel und weeg, wie disen antrondten gefahren alsobaldt und in hegster eilfertigkheit zu steuren und vorzukhommen, und nit allein auf einen ergibigen succurs, sonder auch andere weeg und diversiones durch Poln oder sonsten eilendt gedacht sein, dardurch die vorstehende ruin Irer Mt. selbst und aller catholischen abzuwenden, welches auch umb sovil nothwendiger, weil der catholische bundt heroben khain volkh mehr hat, sonder alles dasselbe wie auch, was man von andern orthen haben khönnden, dem grafen von Tilli zu seiner störkhung hinab geschickht worden.

Du wollest auch beinebens Ir Ksl. Mt. underthenigist bitten und ersuechen, daß sie dise von unß beschehene gehorsamiste erinderung bei sich verbleiben und weiter nit außkhommen lassen wolten, dann es an leüthen, welche zu Wien alles außkhundtschaften und zum praeiudiz der catholischen dem gegenthail verrathen, nit manglet und alles dardurch schwerer gemacht werden khan." – München, 12. Oktober 1631.

[Eigenh. Nachschrift] „Vom grafen von Tillj und bei sich habendem volkh haben wür weitter nichts vernommen. So hert man auch nichts von dem Lothringischen, ohnangesehen sie schon hetten uber Rhein sein sollen. Geet langsam damit her."

Ausf. mit Zusätzen Maximilians und eigenh. Nachschrift Kschw 709 fol. 1 und 3 = Druckvorlage; Konz. mit Korr. Peringers und Zusatz Maximilians Akten 278 fol. 9.

---

3 Vom 9. Oktober (unten Nr. 384 Anm. 2).

## 382 B. Maximilian an M. Kurz

Oktober 13

Korrespondenz mit dem Kaiser – Formierung einer neuen kaiserlichen Armee? – Capo für die kaiserliche Armee – Ordonnanz für Marradas

Erhielt heute zwei Kurierschreiben des Kaisers vom 3. und 7. Oktober,[1] deren Betreffe er kurz resümiert. Setzt Kurz davon in Kenntnis, „damit, weiln Ir Mt. in gemelten dero schreiben undter anderm auch angeregt, alß ob sie auf ein starkhe khriegsmacht und gleichsamb absonderliche armada gedacht seien, du dich erkhundigen sollest, [...] ob Ihr Mt. durch solche macht und armada dieienige verstehn, welche sie beraitt undter des Tieffenbach commando in der Schlesien haben und nur etwas mehrers versterkhen wöllen oder aber ausser derselben noch ein ganz andere und neue armada zusamenbringen und also zwai absonderliche khriegsvolkh halten wöllen, dann auch, weiln Ir Mt. uns abermalen zu vernemmen geben, daß uf den fahl iro der graf von Tillj nit solte überlassen werden, sie sich umb ein anders capo zu diser irer armada bewerben miessten, wohün sie mit solcher andeitung zihlen und ob si nit dardurch denn Fridlandt oder wen sonsten verstehn und mainen." – München, 13. Oktober 1631.

Postskriptum. Resümiert sein Schreiben an den Kaiser in Sachen Ordonnanz für Marradas.[2] Kurz soll sich in Wien dieser wichtigen Sache annehmen und sie vorantreiben.

[Eigenh. Nachschrift] „Gleich iezt bericht unß die regierung zu Amberg, dz der Schwed alberaith zu Bamberg ankhommen sei und dz numer dz negst vermuttlich die Pfalz gelten wirdt. Also seindt Ir Mt. zu ersuechen, ordinanz dem Don Baltasar zu geben, dz er in die Pfalz rukhe, daselbst oder noch weiter gegen dem Bambergischen testa mache und deß feindts nit in Bohem erwarte."

Ausf. mit eigenh. Nachschrift Kschw 9534 fol. 28–31 = Druckvorlage; Konz. Peringers Akten 278 fol. 11–12. Ben. bei KAISER, Politik S. 473, S. 496 Anm. 186.

---

1 Oben Nr. 376 und Nr. 173 Anm. 1.
2 Vom 13. Oktober (oben Nr. 376 Anm. 3).

## 382 C. Memorial des M. Kurz für den Kaiser[1]

[präs. Oktober 14]

Hinweis auf das Schreiben Maximilians an den Kaiser vom 26. September[2] – Mitteilung der Relation Kellers[3] – Mittel und Möglichkeiten des Kaisers und der assistierenden Stände sowie der Gegenseite, den Krieg fortzusetzen[4] – Gesuch Maximilians um ein Gutachten des Kurfürsten von Mainz[5] – Weisung für die bayerischen Gesandten in Frankfurt[6] – Erschöpfung der Ligamitglieder – Militärische Fortschritte des Königs von Schweden – Grenzen der Leistungsfähigkeit Maximilians – Drohender Verlust nicht nur der Eroberungen, sondern auch des ursprünglichen Besitzstandes – Absicht des Königs von Schweden auf die Römische Krone[7] – Frage nach den Absichten des Kaisers: Fortsetzung des Krieges oder Ergreifung von Friedensmitteln – Schutz der Oberpfalz und Böhmens vor den Schweden – Unterstützung des Kaisers für den Duc d'Orléans – Mißtrauen zwischen Spanien und Frankreich – Vermittlung des Kaisers zwischen dem König von Frankreich und Maria von Medici – Gewinnung Frankreichs gegen Schweden – Vereinigung holländischer Truppen mit Landgraf Wilhelm von Hessen-Kassel und Schweden – Truppenhilfe der Infantin – Intervention des Kaisers bei der Reichsstadt Nürnberg und anderswo gegen die Machenschaften des Königs von Schweden

Druck bei HALLWICH I Nr. 387. Ausf. RK RTA 100b fol. 227–232, mit Anlagen[8] am Schluß des Faszikels (unfoliiert); Konz. von Kanzleihand mit Korrekturen des M. Kurz Kschw 9534 fol. 37–44 und 46, basierend auf einem ersten Konzept des M. Kurz ebenda fol. 45; Kop. KrA 69 Konv. Oktober fol. 52–57, mit Anlagen[9] fol. 59–68.

---

1 Das durch eckige Klammern markierte Präsentationsdatum ergibt sich aus dem in dem unten Nr. 382 D gedruckten Stück genannten Datum der Audienz des M. Kurz beim Kaiser. – Das oben Nr. 382 C zitierte *Memorial des M. Kurz* war Gegenstand eines *Gutachtens kaiserlicher deputierter Räte*, s. d., mit *Votum des Geheimen Rates*, 17. Okt. 1631 (RK RTA 100b fol. 279–288. Druck bei HALLWICH I Nr. 393).
2 Oben Nr. 361.
3 Oben Nr. 370 Anm. 2.
4 Zu diesem Punkt waren als Anlagen beigefügt die oben Nr. 379 Anm. 4 zitierten Stücke.
5 Oben Nr. 379.
6 Vom 7. Oktober, oben Nr. 311 E 57.
7 Vgl. auch einen Bericht des päpstlichen Nuntius *Rocci* vom 18. Oktober 1631, dem zufolge Eggenberg ihm gegenüber geäußert hatte, der König von Schweden wolle sich zum Römischen König wählen lassen (BECKER V Nr. 13.1 S. 56 f.).
8 Kopien der *Relation Kellers*, 6. Oktober 1631 (oben Nr. 370 Anm. 2) sowie der oben Nr. 379 Anm. 4 zitierten Stücke.
9 Wie oben Anm. 8.

### 382 D. M. Kurz an Maximilian

Oktober 15

Ankunft in Wien und Audienz beim Kaiser – Schlacht bei Breitenfeld – Konsultationen des Geheimen Rates über das Memorial des M. Kurz

Ist am Montag [13. Oktober] in Wien eingetroffen und hatte gestern früh Audienz beim Kaiser. Nachdem er ihm gemäß seiner Instruktion Vortrag gehalten hat, ersuchte die Kaiserliche Majestät „ich solle deroselben Eur Kfl. Dt. hochvernünftige gedankhen, auch wohin si bei iezeiger beschaffenheit im Reich incliniern, eröffnen, damit si ire consilia desto bestendiger darnach fieren und nemmen khünden. Alldieweillen ich aber diejenige entschuldigung, so Eür Kfl. Dt. mir selbsten vor meinem abzug ze thuen gdst anbevolchen, vorgewendt,[1] haben sie sich dermallen damit aquietiert und ein geraume zeit von dem verlauff der negst laidig vorgangnen niderlag geredt, mit vermelden, daß si vast mehrer particularia von Lutterischen orthen alß ihren aignen leithen vernommen haben, massen ich dann sowoll von Irer Mt. alß andern deroselben ansechlichen ministris so underschidtlich davon discuriern heren, daß darauß woll zu vernemmen, si khein rechte wissenschaft haben, wie die saach bei gemelter schlacht hergangen, waß für ein ordnung dabei gehalten worden, weme daß darauf ervolgte unglickh zuzemessen und woher daß volkh in ein solche unordnung gerathen seie. Diß hab ich an verschaidnen orthen für gewißß vernommen, daß der von Arnheimb, Cursexischer veldtmarschalkh, dises vorgangnen treffens einziger ursacher seie, indem er die Kfl. Dt. zu Saxen durch sovil speciosas rationes (davon mein mündtliche underthenigiste relation Eur Kfl. Dt. mehrere particularia eröffnen wirdt) zu dieser resolution vermögt.

Sonsten hab ich sovil nachricht erlangt, daß Ire Mt. heint abends mein iberreichtes memorial in gehaimen rath vernemmen wirdt." [...] – Wien, 15. Oktober 1631.

Ausf. Akten 278 fol. 13–14 = Druckvorlage; Konz. mit Korrekturen des M. Kurz Kschw 9534 fol. 34–36.

---

[1] Möglicherweise sollte Kurz sich damit entschuldigen, dass die Geheimhaltung nicht gewährleistet sei; vgl. dazu oben Nr. 382 A.

## 382 E. Kaiserliche Resolution für M. Kurz[1]

Oktober 18

Friedensmittel – Fortsetzung des Krieges – Konvent aller katholischen Reichsstände – Militärische Vorkehrungen des Kaisers – Schutz der Oberpfalz und Böhmens vor den Schweden – Unterstützung des Kaisers für den Duc d'Orléans – Mißtrauen zwischen Spanien und Frankreich – Vermittlung des Kaisers zwischen dem König von Frankreich und Maria von Medici – Gewinnung Frankreichs gegen Schweden – Vereinigung holländischer Truppen mit Landgraf Wilhelm von Hessen-Kassel – Truppenhilfe der Infantin – Intervention des Kaisers bei der Reichsstadt Nürnberg und anderswo gegen die Machenschaften des Königs von Schweden

Bezug: Mündliches Anbringen und schriftliches Memorial [oben Nr. 382 C] des M. Kurz. – Erteilt darauf folgenden Bescheid:

„Nemblichen und fürs erste. Dieweill von jedermenniglich darfürgehalten und geachtet würdt, daß besser und sicherer sei, den friden auf leidtliche und erträgliche conditiones zu amplectirn und anzunemmen, alß durch den khrieg, da sich zumahl daß glückh auf des gegenthails seitten (welches der liebe Gott gnediglich wenden will) weitter beharrlich erzaigen solte, alles auf die spiz und in grössere gefahr zu sezen, und derhalben das eine nach allem zu befürdern, alß die armaden so guett und balt mann kan, widerumb zu sterkhen, und dann daß andere nicht zu undterlassen, nemblichen von den vorhabenden güettlichen handlungen kheinesweegs außzusezen, also werden alle Ihrer Ksl. Mt. bißhero geführte consilia und actiones, gethane legationes und schickhungen, auch selbsten in aigener persohn undterschiedlich verrichte schwäre und sehr costbahre raisen und besuechungen chur- und fürstlicher conventuum genuegsamb bezeügen, daß dieselbe zu einem billichen und bestendigen friden allzeit, auch damahlen sonderlich wohl genaigt gewest sein, alß der liebe allmechtige Gott deroselben viel denkhwürdige victorias gnediglich verlihen und alle sachen noch im glückhseeligen standt gewest, wie sie dann auch den zweckh ihres fridtfertigen gemüeths und intention noch vorlengst erraichen mögen, wo dieselbe nicht allemahl durch gefährliche newe machinationes und practickhen ihrer widerwertigen hieran gehindert und ein khrieg auß dem andern wider si erweckht und angesponnen worden.

Dessen allem ungeachtet aber und allermassen, wie erst erwent, an ihro niemahls ichtes erwunden, also sein dieselbe, wann nur hierzue ainig guete apertur an der andern seitten gemacht werden kann und schidtliche interponenten eifferig darzue cooperirn wolten, annoch alles daßjenige, waß sie immer hierzue dienst- und zuetreglich zu sein ermessen können und sowohl zu erhaltung der catholischen religion alß der löblichen Teütschen nation zu guettem immer geraichen mag, hinführo nicht weniger, sovil an ihro sein würdt, zu thuen nochmahlen bedacht, und derhalben catholischen thails die zu Franckhfurth angefangene güettliche tractation khei-

---
[1] Ebenfalls aus Wien, 18. Okt. 1631, ist das Rekredential des *Kaisers* für M. Kurz an Maximilian (Ausf. Akten 278 fol. 17–18; Konz. StK StA Bavarica 5 fol. 367) datiert.

nesweegs auß handen zu lassen oder darvon ohne grosse, erhebliche ursach außzusezen, wie dann Ihre Mt. ihren daselbsten habenden Ksl. gesandten zu mehr mahlen gnedigist befohlen haben, solcher handlung biß zue endt derselben abzuwarten und vor würkhlichem aufbruch der daselbst versambleter chur- und fürstlichen gesandten nicht abzuziehen, der ungezweifelten hoffnung, der liebe Gott werde zu fürderlicher erlangung eines zuverleßlichen, sichern fridens seine gnad verleihen oder aber der gerechten sach wie bißhero, da sich der gegenthail zue billichen, rechtmessigen mitteln nicht bequemen solte, mechtiglich beistehen. – Vor eins.

Waß zum andern die continuation deß khriegs wider den Schweden und dessen anhang anlangt", verweist der Kaiser auf seine eigenen und die Verdienste seiner Vorfahren sowie der Stände seiner Erbkönigreiche und Länder im Kampf gegen die Türken sowie auf seinen nun schon zwölf Jahre währenden Beitrag zur Verteidigung der katholischen Sache. Die Kaiserliche Majestät ist „resolvirt und beraith, zue defension der ehr Gottes und deß Heiligen Römischen Reichs hocheit ihr und ihres ganzen erzhauses vermögen bei ihnen den catholischen ständten aufzusezen, und geleben hergegen der gnedigisten zuversicht, Ihre Kfl. Dt. und alle getrewe catholische ständte eben dergleichen bei, mit und neben Ihrer Mt. zu thuen und zur conservation aller ihrer so zeitlich alß ewiger wohlfarth alles trewherzig aufzusezen, nicht weniger gemaint, alß Ihre Mt. dann von ihnen dessen auch genzlichen gewertig sein wolten.

Zu welchem endt und damit nun dieses mit einhelligem rath und gemüeth auf ein oder andern fahl fürderlich zu werkh gerichtet werden möge, so wolten Ihre Ksl. Mt. solchem nach oft hochgedachte Ihre Kfl. Dt. [...] ersucht haben, auf einen sichern ort einer allgemainen fürderlichen zusammenkunft aller catholischer stendt in allweg zu gedenken, bei welcher diß wichtige und hoch angelegene werkh reiflichen bedacht und wohl erwogen werden möchte, wie entweder ein annemblicher fridt erlangt oder aber durch einmüetige zusammensezung dem vheindt und dessen adhaerenten genuegsamber widerstandt gethan, derselbe auch auß der catholischen landen und folgents von deß Heiligen Reichs boden mit macht wider abgetrieben werden möge." Da die katholischen Reichsstände den Konvent nach Lage der Dinge nicht perönlich werden besuchen können, stellt der Kaiser es in das Belieben des Kurfürsten, es dahin zu richten, dass die katholischen Stände, falls der Frankfurter Kompositionstag sich wider Verhoffen zerschlagen und ohne Ergebnis enden wird, ihre Gesandten nach München schicken. Dorthin kann der Kaiser bequem mit ihnen communicieren.

Inzwischen hat der Kaiser angeordnet, die vorhandenen kaiserlichen Regimenter möglichst zu verstärken und zu komplettieren und die noch in Italien, besonders in der Stadt Mantua verbliebenen Truppen fort- und herauszuführen, „wollen hierüber auch außwendige und zumahl ihres erzhauses befreündte potentaten umb fürderliche möglichiste hülf und assistenz beweglich zu ersuechen nicht undterlassen, inmassen si dann die praeparatoria hierzue beraith gemacht haben und in gewisser hoffnung begriffen sein, es werde ihro dits orts an mittel nothwendiger defension nicht ermanglen."

Was den Schutz der Oberpfalz und Böhmens vor den Schweden betrifft, so ist den in Italien verbliebenen Truppen bereits Ordonnanz erteilt worden, sich eilend mit der kaiserlichen Armee zu vereinigen, welche Vereinigung zweifellos bereits erfolgt ist. Der Kaiser will aber anordnen, dass das in der Festung Mantua verbliebene, nunmehr im Herauszug begriffene Volk „zu obangedeüttem endt gebraucht und daselbsthin [in die Oberpfalz] jedoch mit dem vorbehalt commendirt werde, dass wann in bemeltem ihrem erbkönigreich Böhaimb die vheindtsgefahr sich eraigen und Ihre Mt. desselben volkhs alßdann selbsten unentperlich bedörfen solten, dasselbe ihro auf erfolgende ehiste ordinanz und Ihrer Mt. begern unwaigerlich widerumb gefolgt werden solle, neben diesen noch weittern [...] anerbietten, da auch dieses auß Italien erwartendes khriegsvolkh, den vheindt von ihren landen abzuhalten, nit bastant sein solte, daß Ihre Ksl. Mt. alßdann von andern ihren auf den beinen habenden khriegsvolkh alß viel immer möglich und sie dessen werden entberen können, zu defendirung Ihrer Kfl. Dt. angehöriger landt und leüth erfolgen lassen, also dieselbe wie ihre selbst aigne erbländer beschürmen und schuzen helfen wollen."

Zu den Punkten Unterstützung für den Duc d'Orléans, Mißtrauen zwischen Spanien und Frankreich, Vermittlung zwischen dem König von Frankreich und Maria von Medici verweist der Kaiser auf die Mission des Reichshofrats Kurz und sein erneutes Angebot, zwischen dem König, seinem Bruder und seiner Mutter zu vermitteln[2].

„Anraichend [...] der Staaden von Hollandt dem landtgraff Wilhelmen zu Hessen zugeordneten succurs, haben Ihre Ksl. Mt. alle zeit die nicht unzeittige beisorg getragen, da sich die Hollender der von ihnen bißher so hoch gerhüembter neutralitet allein zu ihrem vortl bedienen und dieselbe, so oft es die glegenheit zu ihrem besten geben würdt, entweder gar zu brechen oder aber sich derselben zu mißbrauchen, also wöllen die effectus erstberürter neutralitet nunmehr der eventus selbst an tag und zu erkhennen geben." Dennoch will der Kaiser sich bei der Infantin um Sukkurs bemühen.

An die Reichsstadt Nürnberg hat der Kaiser in Sachen Machenschaften des Königs von Schweden bereits geschrieben. Will auch nicht unterlassen, alle anderen protestantischen Stände des fränkischen und schwäbischen Reichskreises „pro praesenti rerum statu zue schuldigistem bestendigen gehorsamb und respect nochmahlen ernstlichen zu vermahnen."[3] – Wien, 18. Oktober 1631.

Ausf. Akten 278 fol. 21–28 = Druckvorlage; korrigierte Konzept-Kopie RK RTA 100b. Ben. BA NF II/10,1 S. *30 Anm. 16; KAISER, Politik S. 472.

---

2 Beigefügt war ein einschlägiges Schreiben des *Kaisers* an den König von Frankreich, Ebersdorf, 26. Sept. 1631 (Kop., lat. Sprache, Kschw 73 fol. 263. Druck: EA II Nr. 223).
3 Beigefügt war das einschlägige Schreiben des *Kaisers* an die Reichsstadt Nürnberg, s. d. (Kopie, mit dem Vermerk: in simili mutatis mutandis an alle protestantischen Fürsten, Grafen, Ritterschaften und Stände des fränkischen und schwäbischen Reichskreises, Akten 278 fol. 7–8).

## 383. Kurmainz an Maximilian

Oktober 10

Durchzug des Herzogs von Lothringen durch Mainzer Gebiet – Friedensmittel – Vermittlung Frankreichs bei Schweden und zwischen den Religionsparteien im Reich – Vermittlung des Landgrafen von Hessen-Darmstadt bei Kursachsen – Ordonnanz für Tilly in Sachen Einsatz der Ligatruppen gegen Kursachsen

Bezug: Schreiben vom 3. Oktober [oben Nr. 374], das er per Kurier erhielt. – Berichtet über seine vergeblichen Bemühungen um eine möglichst geringe Belastung seiner Lande durch den Durchzug der lothringischen Truppen. Ossa besteht darauf, dass diese Truppen bei Worms über den Rhein und bei Seligenstadt den Main überschreiten. Es ist daher zu erwarten, „zumahlen bei solchem sehr übel disciplinirten, ihre eigne officir undt commendanten wenig respectirenden volkh," dass die Mainzer Ämter Starkenburg, Dieburg, Steinheim, Aschaffenburg, Freigericht, Orb, Hausen und Lohr durch den Durchzug der lothringischen Truppen völlig ruiniert werden. Die Mainzer Ämter in Hessen sind bereits ganz ausgeplündert und verwüstet, Erfurt in Thüringen ist vom König von Schweden okkupiert, dasselbe erwartet er in Kürze hinsichtlich des Eichsfeldes.

„Wie nun dieses unß, alß welche bießhero wir daß unserig so treulich bei dem catholischen bundt gethan undt dardurch unß bieß uff den grundt exhaurirt, zue gemueth gehe undt was uns doch für mitel noch ubrig bleiben mogten, etwas ferner bei dem gemeinen wesen zu praestiren, das haben Euer L. bei ihro hochvernünftig und unschwehr zu ermessen." Nichtsdestoweniger sind gestern zwei Gesandte Tillys hier angekommen, haben die Notlage der Armee und die bei der jüngsten Niederlage erlittenen Verluste und Schäden geschildert und von Kurmainz Geld, Proviant, Munition, Wehr und Waffen, Wagen, Pferde und anderes begehrt, „eben alß ob dieser orts und bei unß aller solcher sachen gleichsamb ein unerschöpflicher vorrath obhanden wehre, da doch weiss Gott wir bißanhero unser eisseristes geleistet undt nit sehen, waß so gestalten sachen nach undt da unß ein theil unsrer landt und leith abgenohmen, der ubrige aber mit durchzügen also verderbt undt verwüstet werden, unß weiters zu praestiren möglich sein mögte. Es manglet zwar an unserm gueten treüherzigen willen gar nit, wolten auch gern, wann wir nuhr eine ansehenliche summa gelts uff credit uffzuebringen wussten, landt und leüth darfür verschreiben undt künftiger erstattung halber allen möglichsten fleiß ankehren. Wier wissen aber uber allen angewendten eussersten fleiß dießmahls damit unsertheils nit uffzuekhommen, verhoffen iedoch, biten auch undt ersuchen Euer L. hiemit freündtlich, sie ihro belieben lassen mögten, in dieser eussersten noth, wie sie bießhero ganz rümlichst gethan, bei dem gemeinen catholischen weesen treülichst zue concurriren und etwa eine ansehenliche ergibige summa gelts den vereinten gesambten stenden vorzueschiessen und sich hingegen zu versichern, daß die löbliche stendt ein solches nit allein iederzeit erkhennen, sonder auch guetwillig wider erstatten werden.

Ausser dieses sehen wir nicht, wie den sachen ferner zu helfen, sondern scheinet die notturft undt daß extremum zue sein, die iezo noch vorschwebende handlung zue Franckhfort nicht hinauß so hoch zu spannen, sondern nach solchen fridensmiteln, dardurch zum wenigsten die bei den catholischen noch ubrige erz- und stifter erhalten undt nit eines mit dem andern verlohren werden mögte, zue gedenkhen.

Unserstheils wollen wier der unvorgreifflichen meinung sein, weilen es das ansehen gewinnen will, ob solte der protestirenden macht im Reich zuviel praevaliren, welches vermuetlich die cron Franckhreich nit gern sehen dürfte, ob nit dieselbe durch Euer L. zue ersuechen, sich bei dem könig aus Schweden vermitelst einer ansehenlichen legation zue interponiren, damit derselb uf erträgliche mitel des Reichs boden quittiren und zwischen beederseits religionsverwandten stenden im Reich der geistlichen güeter wie auch deß Ksl. edicts halber eine vergleichung getroffen werden mögte. Dann obwohl zue besorgen, es mögten Ihre Ksl. Mt. dieses etwas ungleich vermerkhen, so sehen wir doch nicht, weilen solche interposition zue conservation Ihrer Mt. eigener hochheit, sodann dero undt des Heiligen Reichs getrewer gehorsamer stendt wohlstandts wie nit weniger unser allein seligmachende wahrer catholischen religion erhaltung angesehen, es auch vor diesem mehrmals wie insonderheit bei dem Ulmischen vertrag[1] beschehen, waß sie hierzue vor erhebliche ursachen haben mögten, zumahlen da die cron Spannien, alß welche mit dem hauß Osterreich zuviel interessirt, zue einer solchen vermittlung nicht gebraucht werden khan, der catholischen stend unvermeidliche gelegenheit aber erfordert, daß werkh uf fernere continuation des kriegs nit, sondern vielmehr zue ergreiffung förderlicher fridensmitel zue richten."

Dankt für die Mitteilung des Schreibens an Kursachsen. „Wir seindt aber nochmals in den nit unzeitigen sorgen begriffen, es werde in Ihrer L. handen und gewalt nit mehr sein, den könig auß Schweden auß dero landen zue bringen und sich von demselben abzuesondern, es geschehe dann durch eine solche vergleichung mit den protestirenden stenden, dardurch sie zue besserm vertrawen undt also coniunctis viribus der Schwed wider ausser dem Reich gebracht werden mögte." – Was die Vermittlung des Landgrafen von Hessen-Darmstadt betrifft, so hat Kurmainz bislang nur die beigefügte Vorantwort des Landgrafen[2], aber noch keine Hauptresolution erhalten, so dass er nicht weiß, ob der Landgraf sich der Sache annehmen wird. Wird Maximilian auf dem Laufenden halten.

„Schließlich des graven von Tillj ordonance betreffendt, da ist Euer L. vorhien bewust, waß derentwegen jederzeit unsere gedankhen und meinung gewesen, khönnen auch numehr und jez gestalten sachen nach viel weniger räthlich erfinden, Chursachsen weiters zu irritiren, sondern wolten der unmaßgebigen meinung sein, mann würde besser thuen, uff die restauration der armaden zue gedenkhen, undt da mann alßdann befinden solte, daß die bundtsarmada bastant, der unirten stendt landen zue defendiren, das dieselbe dem graven von Tillj absonderlich undt allein widerumb anbefohlen und Ihre Ksl. Mt. hiengegen ersucht werden mögten, ihrem kriegsvolkh ein sonderbares capo vorzuesezen, bevorab weilen nun zum öftern und noch leider bei leztterm treffen die schadliche jalusia zwischen beeden armeen gnuegsamb zu verspüren und dieselbe nit

---

[1] Vgl. zu dem durch Vermittlung Frankreichs zustande gekommenen Ulmer Vertrag zwischen der katholischen Liga und der protestantischen Union vom 3. Juli 1620 RITTER III S. 93 ff.
[2] Vom 23. Sept./3. Okt. 1631 (oben Nr. 378 Anm. 1).

die geringste ursach der erlittenen niderlag gewesen. Waß alßdann Ihre Ksl. Mt. ihrem kriegsvolkh befehlen würden, daß stünde zue deroselben gefallen. Undt kondte sich oftgemelter graf von Tillj in terminis defensivis verhalten." – Mainz, 10. Oktober 1631.

Ausf. Kschw 782 fol. 380–384. Ben. bei KAISER, Politik S. 486, S. 490 Anm. 155, S. 496; BRENDLE S. 283, 288 f., 290 f.

### 384. Der Bischof von Würzburg an Maximilian[1]

Oktober 11

Einfall schwedischer und kursächsischer Truppen in das Hochstift Würzburg – Festung Königshofen – Rittmeister Keller

„Daß Schwedische und Chursächsische volkh hat unserm stift laider nit allein albereith feindtlich eingriffen, sondern auch unser vestung Königshoven schon aufgefordert und etlich mahlen berent, aber Gottlob biß dato noch nit einbekhommen[2], sonsten aber

---

1 Über den schwedischen Vormarsch nach Thüringen und Franken hatte der *Bischof von Würzburg* Maximilian mit Postskriptum, 2. Okt. 1631 (Ausf. ÄA 2350 fol. 804, mit Anlage fol. 805), sowie mit den bei R. WEBER S. 42 benutzten Schreiben aus Würzburg, 6. Okt. 1631 (Ausf., präs. 10. Okt., ÄA 2350 fol. 806 und 808, mit Anlage fol. 807), 7. Okt. 1631 (Ausf., präs. 11. Okt., ebenda fol. 809–810 und 813, mit Anlage fol. 811), 8. Okt. 1631 (Ausf., ebenda fol. 784 und 795, mit Anlagen fol. 785–794), informiert. Am 2. Oktober äußerte er noch die Hoffnung, „die beede herrn generalwachtmeister Fugger und Altringer werden mit ihrer underhabender soldatesca zu verwehrung dieses heraußzugs bastant sein". Am 6. des Monats berichtete er, er habe einen Ausschuß des Würzburger Landvolks aufgeboten, und bat um Beschleunigung des Anzugs der lothringischen Truppen, die den nächsten Weg durch die Wetterau nach Hessen nehmen sollten. – In der Antwort *Maximilians* an den Bischof, 11. Okt. 1631 (Konz. Teisingers ÄA 2350 fol. 797–799. Ben. bei R. WEBER S. 43) hieß es u. a., der Kurfürst begrüße die Aufbietung des Landvolks. Welche Bewandtnis es mit dem Anzug der lothringischen Truppen hat, werde der Bischof von Rittmeister Keller erfahren haben. Im übrigen hoffe der Kurfürst, „es werde dises volkh sowohl als der gf. von Tilli (als welcher sich den einlangenden advisen nach numehr mit dem von Aldringen und gf. Ott Heinrich Fugger coniungirt haben solle) hernegst zur handt kommen und alsdan allen anscheinenden feindtsgefahren vermitels Göttlicher gnaden umb sovil besser zu resistiren und zu begegnen sein."
2 Eine Falschmeldung vom Verlust der Festung Königshofen, verbunden mit der Bitte um Sukkurs („Gelangt derentwegen an E. L. unßer dienstliches hochfleisiges bitten, dero anbefohlenen kriegsarmada eilfertige ordinanz zu ertheihlen, damit uns in dießen höchsten nöten eilfertiger succurs zukommen möge."), war bereits enthalten in einem Schreiben des *Bischofs von Würzburg* an Maximilian, Würzburg, 9. Okt. 1631 (Ausf., präs. 12. Oktober, ÄA 2350 fol. 818–819; Kop. Kschw 709 fol. 2. Ben. bei R. WEBER S. 42 f.). – In einem zweiten Schreiben des *Bischofs von Würzburg* an Maximilian, Würzburg, 11. Okt. 1631 (Ausf. ÄA 2350 fol. 825–826. Ben. bei R. WEBER S. 42 f., wo S. 43 Anm. 37 ein falscher Fundort angegeben ist), hieß es dann: Gleich nach Ausfertigung des heutigen Schreibens [oben Nr. 384] ist sein Amtmann zu Königshofen fast todkrank hier eingetroffen mit der traurigen Zeitung, daß Königshofen nun eingenommen sei. „Darbei der könig in Schweeden [...] in aigner persohn gewesen, mit deme er selbsten geredet und von ihme soviel vermerkht, daß er von dort auß vollents fort- und den negsten weeg hieher zu unserer residentzstatt Wirzburg zu nehmen entschlossen sei, deme wir mit unserm landvolkh allein,

etliche vornehme fleckhen selbsten herumb überfallen, spoliirt, versengt und verbrent, auch bereit viel arme underthanen darnider gemacht. [...] Obwohlen wir den herrn generalwachtmeistern Aldringern und Fuggern wie nichts wenigers dem Lottringischen und Gallaschischen heraußmarchirenden kriegsvolkh umb succurs berait underschiedlich zugeschrieben, so haben wir doch biß dato weder von einem noch andern ort einige antwort nicht empfengen³. Also wir gantz trostloß sitzen und unß einigen succurs bei so höchster gefahr nit zu getrösten haben, sondern den undergang unsers stifts und armer underthanen mit hochster beküммernuß ansehen, welches alleß wir, weiln wir ja von menniglich hilfloß, unangesehen unsers stifts wegen dem gemeinen weesen zu besten das eüsserst je und allwegen beigesetz worden, gelassen werden wöllen, dem lieben Allmächtigen Gott, wie schmertzlich es unß auch zu hertzen gehet, mit gedult heimgestelt sein lassen müssen." – Eben kommt Rittmeister Keller hier an. Der Bischof würde gern alles tun, damit Keller sicher zu Tilly durchkommt, weiß aber nicht, wo der Generalleutnant sich derzeit aufhält, und hat seit der Leipziger Schlacht keinen Buchstaben mehr von ihm erhalten. Zur Zeit ist das Reisen in Hessen und Thüringen derart unsicher, daß weder Reiter noch Fußgänger ohne Leib- und Lebensgefahr fortkommen können. – Würzburg, 11. Oktober 1631.⁴

Ausf. ÄA 2350 fol. 823–824.

---

weil er an reüttern und fueßvolkh sehr starkh und wir unß, dem lieben Gott seie es hertzlich geclagt, einiges succurs, ja einigen manß uf vielfeltig bescheen hin- und widerschreibens nit zu getrösten haben, einigen widerstandt [...] [nicht] thuen können. Dannenhero man sich dan keines andern undt gewisern, do man diesem sehr gefehrlichen werkh nit beizeiten nach allen möglichen dingen remediren würde, zu erwarten, daß diese numehr ausgeschlagene flammen nachgehendts ein verainigten catholischen bundtsstandt nach dem andern, welches doch der liebe Allmechtige Gott gnediglich abwenden und mittel zu dempfung solcher in die hohe schlagender brunst vätterlich verleihen wölle, gleichsfalß ergreiffen mögt."

3 Daß die Verbindung zur Armee abgeschnitten sei, hatte der *Bischof* schon in seinem Schreiben vom 7. Oktober (oben Anm. 1) erwähnt: „[...]weiln einiger pott nit mehr weder nacher Erffurth noch in Hessen mit schreiben, viel weniger zu dem herrn generalleutenant grafen von Tilly, Fugger und Altringer zu bringen, sondern dieselbe alle nidergeschlagen und ihnen die bei sich habente brieff abgenohmen werden."

4 Unmittelbar vor seiner Flucht aus Würzburg am 11. Oktober nachts (vgl. zu diesem Datum unten Nr. 408 Anm. 2) ordnete der *Bischof von Würzburg* mit Beglaubigungsschreiben, Würzburg, 11. Okt. 1631 (Ausf. Kschw 3261. Ben. bei R. WEBER S. 43), seinen Geheimen Rat und Syndikus des Domkapitels Dr. Johann Staudenhecht zu Maximilian ab, „in unsern stifts hochangelegenen sachen, sonderlich aber den betrüebten überlaidigen unsern ietzigen zustandt mit mehrern umbstenden E. L. zu eröffnen". Auf dem Beglaubigungsschreiben vermerkte *Peringer*: „Präs. und der gesandte verbschaidt den 19. Oct. 1631". Besagter Bescheid und sonstige Unterlagen zur Verrichtung Staudenhechts im Oktober haben sich nicht gefunden. In einer unten Nr. 462 nicht gedruckten Passage seiner Relation vom 28. November schreibt *Staudenhecht* von „meiner ersten, vor 5 wochen von E. Fstl. Gn. mir in dero abzug zu Wirtzburg aufgetragenen und durch erthailung mündtlicher audientz vollzogenen, auch uff die herbeinahendte Tillische armee resolvirten commission".

## 385. Maximilian an den Bischof von Würzburg

Oktober 12

Bitte des Bischofs um Sukkurs – Flüchtung von Geld und Mobilien nach Mainz oder Ehrenbreitstein

Bezug: Schreiben vom 9. Oktober [oben Nr. 384 Anm. 2]. – Was die Bitte um raschen Sukkurs angeht, so würde der Kurfürst ihr gerne nachkommen. „Wir wissen aber vor dißmahl hierzue einiche ersprießliche mitel so eillendts nit zu ergreüffen, zumahlen uns verborgen, wo sich unser generalleitenant, der grave von Tilli, mit seinem versamblenden volkh wie auch der Aldringer und Fugger mit iren armaden derzeit befinden. Und obwollen wir nit nur ime graven von Tilli bei aignem curir geschriben, seine marchiada nach aller müglichkheit heraufer zu fürdern und dem feindt in die spalla zu khommen,[1] sondern auch dem obristen von Ossa ebenfalß bei aigenem bedeutet, den fortzug des Lottringischen volkhs eillents zu maturirn, auch ob er villeicht den weg gleich auf den stift Würzburg nemmen wolte, so tragen wir doch die beisorg, der feindt möchte entzwischen sich noch mehr in E. L. stift nähern und demselben weiter feindtlich zusezen. Dahero wir in diser eille für guet hielten und E. L. hiemit erindern wöllen, ob sie bei so gestalten gefehrlichem ansehen dero parschaft sambt unsern zu Würzburg noch ligenden 100.000 fl.[2] und andere beste sachen auf dem Main etwa nach Meinz oder, so rätlicher, gar biß gehn Coblenz auf die vestung Ernprechtstein salviren

---

[1] Vgl. auch schon ein Schreiben *Maximilians* an den Bischof von Bamberg, 8. Okt. 1631 (oben Nr. 379 Anm. 2. Ben. bei HÜBSCH S. 73 Anm. 2), mit dem der Kurfürst auf die Sendungen des Bischofs vom 3. und 4. des Monats (unten Nr. 392 Anm. 2) antwortete: Hat „nit allein dem gf. von Tilli albereits eilfertige ordonanz zuegefertigt, sich mit dem noch bei sich habenden und seithero etwa weiters zu ime gestossenen kriegsvolkh zu E. L. und anderer in gefahr begriffener bundtstendt defension so ehist als möglich (wie er zwar ohnedz bedacht sein solle) heraufer zu avanzirn, sonder auch dem von Aldring und graf Ott Heinrichen Fugger gleichmessig eilfertig geschriben und ordonanz erteilt, dz sie uf des feindts diszegni, bevorab dz derselbe mit seinem anzug ihnen nit den vorstreich abgewünne, vleissige acht geben und ihn, doch mit gueter gewarsamb, wo immer möglich zum wenigisten sovil ufhalten und verhündern sollen, biß der graf von Tilli obenverstandnermassen mit seinem beihabenden kriegsvolkh auch heraufer kommen und sich alsdan mit ihnen coniungirn könnde."

[2] Zweifelsohne ein noch in Würzburg liegender Teil der bayerischen Antizipation von 200.000 fl.; vgl. zu dieser zusammenfassend oben Nr. 84 Anm. 3. – Von der Flüchtung der bayerischen Gelder nach Mainz erfuhr Maximilian durch *Metternich*, der ihm aus Heidelberg, 15. Okt. 1631 (Ausf. ÄA 2392 fol. 279–281), u. a. berichtete: Der Bischof von Würzburg hat sich mit seines Stifts Privilegien und Kleinodien und einer ziemlichen Barschaft, mit der er die Soldateska unterstützen will, nach Mainz begeben. Wie Metternich auf Anfrage von dem Bischof erfuhr, hat dieser auch die in Würzburg deponierten bayerischen Gelder in Sicherheit gebracht. Wo besagte Gelder sich jetzt befänden, so *Metternich* an Maximilian, Heidelberg, 26. Okt. 1631 (Ausf. ebenda fol. 298–299), werde der Kurfürst von Tilly via Kriegsrat und Kommissar Ernst erfahren haben.

und bringen lassen³, sich auch sonsten im landt mit dero außschuß volkh⁴ und wie sie immer khönnen und mögen aufs best alß möglich, biß anderer succurs khommen khann, defendirn wolten, wie wir dann ganz nit zweiflen, besagter graf von Tilli werde an seiner bekhanndten vigilanz nichts underlassen, E. L. und andern betrangten stendten aller eilfertigist es nur sein khann, zu hilf zu khommen." [...] Kann der Bischof nicht von Sulz etwas Sukkurs bekommen? – München, 12. Oktober 1631.

In München verbliebene Ausf. mit Korr. Maximilians⁵ ÄA 2350 fol. 815–816. Ben. bei R. WEBER S. 43.

---

3 Die Angabe von R. WEBER S. 43, Maximilian habe dem Bischof geraten, auch sich selbst nach Mainz oder Ehrenbreitstein zu retten, ist unzutreffend. – Am 14. Oktober 1631 ersuchte *Maximilian* die Kurfürsten von Mainz (Konz. Teisingers ÄA 2374 fol. 464–465. Ben. bei KAISER, Politik S. 479) und Trier (Vermerk auf dem Konzept an Kurmainz) um deren Schutz für die Güter, die der Bischof zu ihnen flüchten werde.
4 Die Aufforderung, zur Verteidigung ihrer Stifter ihr Landvolk aufzubieten, erging mit Schreiben *Maximilians*, München, 14. Okt. 1631, auch an die Bischöfe von Augsburg (Reinschr. mit Korr. Maximilians ÄA 2286 fol. 204) und Eichstätt (Konz. Teisingers ÄA 2262 fol. 445).
5 Das Schreiben dürfte unter Berücksichtigung der Korrekturen Maximilians neu ausgefertigt worden sein.

## 386. Postskriptum Kurkölns an Maximilian[1]

Oktober 12

Tillys Einfall in Sachsen – Schreiben Maximilians an den König von Frankreich

Bezug: Schreiben vom 6. Oktober [oben Nr. 363 Anm. 1]. – Dankt für die Mitteilung der Schreiben an den Kaiser, Kursachsen und Kurmainz. „Alldieweilenn nun dem ansehenn nach deß graven vonn Tilli einfahl in Chursachsens landen und daß er darzue der liga volk mitgebraucht, etwaß improbirt werden wollen, so trage ich die beisorg, er vonn Tilly möchte solches etwaß schmertzlich zue gemüht ziehen." Bittet um gelegentliche Mitteilung der Antwort Kursachsens an Maximilian. [...]

Weil es mit der in Frankfurt beschlossenen Gesandtschaft nach Frankreich „noch langsamb hergehenn müchte und dann E. L. mit selbiger cron in gueter correspondentz begriffenn, so wolle zue derselben hoch vernünfftigenn nachdenken ich gestelt sein laßen, obs nit rhatsamb und derselben gefellig sein wolle, auch noch vor obbedeuter abgehender schickung hochermelten könig der groißen gefahr, warin die catholische religion in ganz Teutschlandt ietzo gestelt, zu erinneren und daß zuversichtlich Ihrer Kgl. Wrd. nicht allein nit lieb sein wurde, wann dieselbe ganz underdruckt werden solte, sondern auch, dho der könig in Schwedenn auf dem anitzo gemachten anfang die oberhandt gewinnen solte, daß Ihrer Kgl. Wrd. selbsten woll gefahr zuewachsenn und die in dero konigreich nunmehr guetermaßenn gedempfte

---

1 *Maximilian* antwortete aus München, 21. Okt. 1631 (Reinschr. mit Ergänzungen und Korr. Maximilians Kschw 960 fol. 392; Konz. Oexels ebenda fol. 393 f. Ben. bei KAISER, Politik S. 464 f., 489): Was Kurkölns Sorge angeht, „eß mechte dem grafen von Tilli waß schmertzliches vorkhommen, daß ich sein einfal in Saxen gegen selbigen curfürstens L. improbirt, mag Eüer L. ich nit verhalten, daß solches von mir gar nicht zu verunglimpfung sein deß grafen, sonder allein pro praesenti rerum statu und damit mir nicht etwan zuegemessen wurde, alß ob ich zu solchem einfall gerathen oder selbigen anbefolchen hette, beschehen. So khann sich auch der graf von Tilli auf die empfangne Ksl. ordinanz beziehen und darmit wol entschuldigen, daß ihme solche execution von Irer Ksl. Mt., wie dero hiemit khomende abschrüfft dero an mich ohnlangst abgangnen Ksl. schreibens [vom 8. Oktober, oben Nr. 361 Anm. 5] selbst mit sich bringt, außtruckhenlich anbefolchen worden." Hat von Kursachsen noch keine Antwort erhalten. Wie ihm berichtet wurde, hat Kursachsen das bayerische Schreiben [vom 29. September, oben Nr. 367] dem König von Schweden „umb gutachten" zugeschickt. – In Sachen Schreiben an den König von Frankreich teilt er mit, dass er „bereits vorhin deßwegen einen curirr mit schreiben dahin abgefertigt und die notturft an Ire Kgl. Wrd. gelangen laßen. *So ist auch der Französische gesandte mons. de S. Estienne selbst auf der raiß zu dem khönig von Schweden gewesen, vorhabens, ihne zu einem bössern zu disponieren. Er hat aber underwegß von einem andern Französischen gesandten mons. de l'Isle, so erst von gedachtem khönig hergeraist, verstanden, obwoln er l'Isle bereits sich eisserist bemüehet, ine den khönig auf bessern weeg zu bringen, daß iedoch alle angewendte müehe und vleiß bei ihme nichts gefruchtet. Daher ermelter de S. Estienne bei so gestalten dingen ohnverrichter sachen widerumb zuruckh allhero khommen. Und wirdt nun deß fernern erfolgs zu erwarthen sein."* – Das vorstehend kursiv Gedruckte wurde in der Reinschrift von Maximilian getilgt. Das vorstehend zitierte bzw. die beiden unten Nr. 396 erwähnten Schreiben an den König von Frankreich konnten nicht ermittelt werden; vgl. aber oben Nr. 381, unten Nr. 389, ebenda Anm. 1.

uncatholische hierdurch wieder muht greiffenn und dergestalt zun neuwenn auffstandt bragt werden müchten." – 12. Oktober 1631.

Ausf. Kschw 960 fol. 378–379.


## 387. Maximilian an Tilly[1]

Oktober 13

Sicherung der Lande der Ligastände in den oberen Reichskreisen – Versorgung der Armee mit Geld

„Ich khan euch nit verhalten, das die feindtsgefahr sich ie lenger, ie mehr heraufmachen und überhandnemmen wil, wie mir dann gleich iezt abermahl von verschidenen orthen her advisen einkhommen, dz der könig in Schweden nit allein bereit mit kriegsvolkh zu Coburg angelangt, sonder auch die Würzburgische vestung Königshoven nach besag des bischofs L. selbst an mich gethonnen schreibens albereits einbekhommen haben solle. Warüber zu besorgen, es werde demnegst uf die residenz und statt Würzburg und Bamberg gelten, auch der feindt dises jahr die in Frankhen und Schwaben gelegene stüfter wie auch unsere selbst lande, bevorab die Obere Pfalz wider feindtlich angreiffen, dardurch zugleich denen in Frankhen und Schwaben gesessenen protestirenden stendten calor geben, auch sie dahin bewögen, dz sie den herobigen cathol. stendten gleichmessig aller orthen zuesözen, wie dann über dzihe-

---

[1] Auf dem Entwurf ist von *Teisinger* vermerkt: „Würdet, damit es umb sovil besser und ‹geschmeidiger› fortzebrüngen, in forma aigner handt auszefertigen sein. – Im geheimen rhat abgelesen und revidirt worden."
In einem per Kurier beförderten Schreiben *Maximilians* an Tilly, 15. Okt. 1631 (Konz. Teisingers ÄA 2396 fol. 390. Ben. bei KAISER, Politik S. 50 f., 476), besorgte der Kurfürst: „Obwollen ich euch eine zeithero underschiedlich geschriben, auch insonderheit die notturft bei dem rittmaister Keller in ain und anderm bedeitet, [...] so mueß ich mir iedoch gedankhen machen, das euch keines diser schreiben eingelifert werden könden, auch der rittmaister Keller zu euch ze khommen, bißhero verhündert worden und sich iezt uf dem schloß Würzburg befündet." In Anknüpfung an das oben Nr. 387 gedruckte, durch den Adjutanten Robert Budian überbrachte Schreiben vom 13. Oktober, dessen Triplikat er beifüge, befahl der Kurfürst Tilly mit Hinweis auf den weiteren schwedischen Vormarsch in Franken, „daß ihr euch mit eurer beihabenden soldatesca sovil immer menschlich möglich herauffer avancieret, dem feindt in die spalla komet und denselben noch in zeiten von weiterem progreß divertiret und abhaltet. Dan ich besorge, es möchte der feindt danieden noch etlichs volkh gegen euch gelassen und also durch dergleichen finta die oppinion gemacht haben, als wann er sich noch mit ganzer macht daniden befände. Wisset euch also die sach, inmassen es die noth und gefar iezt mer als niemallen erfordert, nach eüsserister möglichheit angelegen sein ze lassen, zemahlen ihr selbst vernünftig zu ermössen, wafern ein solches nit bald geschehen und ich sambt meinen landen und leithen hilfloß gelassen werden solte, das ich gleich den andern bundtstendten, welche der feindt albereits übergwöltiget, in eüsseriste gefahr und ruin gerathen müeste."

nig volkh, so Königshoven eingenommen, noch ein anders corpo von dem feindt uf Bamberg heraus gehen solle.

Wann ihr dann selbst zu ermössen, in was gefahr sowohl die bundtstendt insgesambt als auch ich bei solcher gestaltsamb begriffen und dz dermaln negst Gott vornemblich unser und der bundtstendt hail und conservation uf deme bestehet, daß ihr [...] mit dem wider gesamblten, auch entzwischen von dem v. Aldring und gf. Ott Heinrich Fugger zugestossnen volkh so ehist als immer möglich *den[2] feind divertiret und* an weiterm fürbruch und progresz verhündert, als stölle ich zu euch das ungezweiflete vertrauen, verseche mich auch gewiß und endtlich, ihr werdet euch solches eurer bekhanndten sorgfalt gemeß nach böster möglichheit angelegen sein lassen *und[3] euch daran ganz nichts, vil weniger die danidige stüfter und inhabende pläz an der Weser und der enden irren oder behündern lassen, in erwegung, ihr selbst vernünftig zu bedenkhen, wann die herobige bundtstendt in mangl und hünterbleibung zeitlichen soccors von dem feindt (welches der Almechtig gnedigelich verhüetten wölle) eingethon und übergweltiget werden sollen, das alsdann auch die danidige stüfter und pläz wenig oder vilmehr gar nichts vortragen und nuzen werden.* [...]

Negst disem ist mir zwar aviso beikhommen, als wann sich bei eurer von dem unglückhseligen tröffen noch salvirter und versambleter soldatesca wegen ermangleter bezallung etwas difficultet und schwürigkeit eraignen wolte. Dieweil ihr aber underdessen vom rittmaister Keller (so verhoffenlich numehr widerumb glickhlich bei euch eingetroffen oder noch hernegst eintröffen würdet) zu vernemmen, das ich euch völlig gewalt und plenipotenz geben, uf meinen nammen und richtige unverlengte pare widerstattung bei den kauffleithen zu Cöllen (zu dessen merer beförderung ich auch meinen h. brudern, des churfürsten daselbst L., ersuecht[4]) oder anderwertlich, wo es immer zu erheben, *für[5] das bundtsvolkh* gelt ufzenemmen und die soldatesca damit zu befridigen, so wöll ich verhoffen, es werde die sach nunmehr wider in besserm standt sein. Ir möget auch ermelte soldatesca sicher vertrösten und vergewissen, dz es an gelt nit, sonder allein an glegenheit ermangle, ihnen solches dermallen sicher zuezebrüngen. Sobald sie aber nur etwas besser herauf marchirn und man mit dem gelt zu ihnen kommen kann, sol ihnen unverlengt damit geholfen und solche satisfaction gemacht werden, das sie wol zufriden sein und einen neuen mueth fassen könnden. Entzwischen werdet ihr ermelter soldatesca wie auch in specie den officirn beweglich zuezesprechen und eure authoritet zu interponiren wissen, damit alle schödliche mutinationes und empörungen abgeschnitten und ver-

---

2 Das kursiv Gedruckte wurde von Maximilian ersetzt für ursprünglich: „herauf avanziret, dem feindt in die spalla kämet und ihne".
3 Das kursiv Gedruckte wurde in dem Auszug ausgelassen.
4 Die einschlägige Korrespondenz Maximilians mit Kurköln ist überliefert in ÄA 2361 fol. 640, Kschw 960 fol. 375–376, 391. Gegen Ende Oktober, als er vom Vormarsch Tillys nach Franken erfuhr, beschloss Maximilian, die Bemühungen bei den Kölner Kaufleuten vorerst einzustellen.
5 Das kursiv Gedruckte wurde im Entwurf von Maximilian ergänzt.

hüettet verbleiben. Und weilen ermelte soldatesca selbst sihet, das es aine imposzibilitet, dz gelt ieziger zeit so weit hinab ze brüngen, so wil ich mich umb sovil mehr versehen, es werden sowohl officir als gemeine soldaten ir schuldigkhiet, ehr und pflicht in acht nemmen und dzihenig thuen, was ehrlichen soldaten gebürt, auch dem gemeinen wesen und ihnen selbst zu nuz und guetem gedeien kann." Unterrichtet Tilly über seine Empfehlung an den Bischof von Würzburg, sein Geld und seine Wertsachen sowie die in Würzburg liegenden bayerischen 100.000 fl. nach Mainz oder auf die Festung Ehrenbreitstein zu flüchten, und über seine Bitte an die Kurfürsten von Mainz und Trier[6], „ob sie auch in diser neceszitet ebenmessig mit ainer ergibigen summa gelts beisprüngen wolten. Als und wofern wider besser verhoffen ie die soldatesca ohne gelt nit vort und heraufer ze brüngen were, so wisset ihr euch nit allein obermelter meiner nacher Meinz und Ernprechtstain kommender 100.000 fl.[7], sonder auch desihenigen, was Curmeinz und Triers L. L. uf mein zueschreiben darschiessen möchten, da auch anderst ein und dz ander nit zu weith von handt oder die heraufmarchiada dardurch behündert würdet, nach eurer selbst discretion und guetbefföndung zu bedienen." – 13. Oktober 1631.

Konz. Teisingers mit Korr. und Zusätzen Maximilians, teilweise zu chiffrieren, ÄA 2396 fol. 284–286. Auszug ÄA 2404 fol. 45–46 ( = Anlage C zu der BA NF II/9 Nr. 270 Anm. 1 zitierten „Wahrhafte[n], grindliche[n] information"). Auszug gedr. Theatrum Europaeum II S. 471. Ben. bei Westenrieder VIII S. 183, ben. und – mit falschem Datum – zitiert bei H.-D. Müller S. 38, ebenda Anm. 39, S. 42, S. 43 Anm. 62.

---

[6] In den oben Nr. 385 Anm. 3 zitierten Schreiben vom 14. Oktober. – Hinzuweisen ist auch auf *Kurmainz und Kurbayern* an Kurtrier, 28. Okt. 1631 (teils Konzept-Kopie, teils Konz. Ranpeks mit Korr. und Zusätzen Maximilians und Richels Kschw 842 fol. 411–414): Schildern ausführlichst die augenblickliche Situation auf dem Kriegsschauplatz und der kaiserlichen und der Ligaarmee und bitten Kurtrier, der noch über genügend Mittel verfügt, um einen baldigen Vorschuß von 200.000 Reichstalern zur Bundeskasse. Falls Kurtrier nicht soviel Bargeld hat, möge er einen Kredit aufnehmen. Der Vorschuß wird ihm erstattet werden. Seine Bitte um eine Geldhilfe für die Liga wiederholte *Maximilian* an Kurtrier, München, 3. Nov. 1631 (Kop. ebenda fol. 415).
[7] Daß Tilly sich besagter 100.000 fl., „bis er sich weiter herauf avanzirt, zu bedienen werde wissen", wiederholte *Maximilian* an Ruepp, 23. Okt. 1631 (Konz. Teisingers ÄA 2398 fol. 497).

## 388. Maximilian an den Bischof von Würzburg

Oktober 13

Einfall schwedischer Truppen in das Hochstift Würzburg – Bitte des Bischofs um Sukkurs – Festung Königshofen – Weiterleitung eines Schreibens an Tilly

Bezug: Schreiben vom 11. Oktober [oben Nr. 384]. – Kondolenz zum Einfall schwedischer Truppen in das Hochstift Würzburg. „Wür möchten auch nichts höchers und liebers erwünschen, als das E. L. hierunder dero selbst begeren gemeß unverzogentlich konde soccorirt und zur hand gangen werden. Es ist aber deroselben selbst bekhandt, dz vor disem alles heroben gelegen bundtsvolkh und darunder auch unser aigenes nacher Hessen incaminiert worden, wie wür dann in unsern aigenen erblandten in Bayrn einichen geworbenen mann nit haben, dahero unmüglich, E. L. von hier aus, wie gern wür auch immer wolten, mit einichem volkh die hilfliche handt ze bietten." Hat aber dem Grafen von Sulz geschrieben, mit seinen kaiserlichen Truppen zu dem Würzburger Landvolk zu stoßen, und auf Beschleunigung des Vormarschs der lothringischen Truppen gedrängt. „Ingleichen haben wür Irer Ksl. Mt. E. L. und ihres stüfts betrüebten zuestandt ausfüehrlich und beweglich remonstriert und zu erkhennen geben und dieselbe ersuecht, ob sie iro gdist beliebig sein lassen wolten, das noch aus Italia erwartend kriegsvolkh demnegst an ort und endt, wo sich iezt die feindtsgefahr am maisten erzeigt, incaminieren ze lassen, zu welchem ende wür auch ad interim bereits Irer Mt. generalwachtmeister, dem Gallas, geschrieben und notwendige andeutung gethan, alles darumben, damit E. L. und anderen in gefahr begriffenen bundtstendten so ehist als möglich soccorirt und beigesprungen werden möchte, wie wür dann verhoffen, es werde auch entzwischen der grave von Tilli neben dem von Aldring und gf. Ott Heinrich Fugger dem feindt in ruckhen kommen und alsdann demselben vermitels Göttlicher gnad und beihilf obermelten anderwertsher erwartenden soccors ersprießlichen abbruch thun."

Ist erfreut zu hören, daß der Feind Königshofen noch nicht einnehmen konnte, „der getrösten zuversichtlichen hoffnung, es werde der soccors nit lang zuruckhbleiben und sich underdessen dieihenige, so E. L. darünnen haben, beharlich und dapfer halten, und ein solches umb sovil mehr, weil wür vernemmen, das dises ein starkher und gueter plaz, welcher, wan nur die garnison dz ihrige manlich thuet, so leicht und bald nit zu übergweltigen sein würdet."

Bittet um Weiterleitung des beigefügten Schreibens an Tilly [oben Nr. 387], „darünnen wür ihme den betrüebten zuestandt beweglichist zu gemüeth füehren und ihne zu möglichster beförderung seines heraufzugs abermahlen ermahnen." – 13. Oktober 1631

Postskriptum. Hat ein Duplikat des Schreibens an Tilly [oben Nr. 387] per Kurier auf anderem Wege und anderer Straße fortgeschickt. Hat heute den Herzog von Lothringen abermals per Kurier wegen des Sukkurs ermahnt.

Konz. Teisingers und – für das PS – Maximilians ÄA 2350 fol. 821–822 = Druckvorlage; Ausf., präs. Mainz, 18. Okt., StAWü Miscellanea 99 fol. 5 und 7. Ben. bei HÜBSCH S. 62, R. WEBER S. 43 f.

## 389. Maximilian an Richelieu[1]

Oktober 13

Bitte um französische Truppenhilfe – Intervention Frankreichs bei Schweden

„Votre Éminence m'a rendues tant des preuves de son amitié et affection que je me puis tenir asseuré de la continuation principalement en cette occasion, où touts les catholiques sont enveloppés (sans le secours du Roy) dans un danger inévitable, éstant le roy de Suède entré dans l'évesché de Wirzburg et a pris d'abord Kunigshofen forteresse et place principale dudict évesché et a maintenant le passage libre et ouvert de passer dans le Hault Palatinat et de là en Bavière et désià ses troupes s'avoisinent aux frontières dudict Palatinat. C'est pourquoy éstant contrainct à demander au Roy le secours, que ie doibs attendre suivant le traicté de l'alliance, j'ay voulu encor suplier Votre Éminence de favoriser l'affaire auprèz du Roy, que non seulement le secours d'hommes soit envoyé promptement mais encores, pour romper les deseigns du roy de Suède, de luy envoyer quelque personage exprès et luy faire sçavoir les iustes resentiments du Roy et en cas qu'il voulust passer oultre, de luy déclarer que le Roy envoyeroit son armée au secours. – Et puisque le ducq de Lorraine pourroit prendre quelque ombrage du passage des troupes du Roy, ie luy ay écrit, que ce passage n'est que pour le secours que le Roy me veut envoyer suivant le traicté de l'aliance et non à aultre deseign.

Le zèle et la générosité de Votre Éminence est conue à tout le monde et ie m'asseure qu'elle ne voudroit pas perdre l'occasion d'imortaliser son nom, d'acquérir la gloire d'avoir secouru les catholiques, soustenu et maintenu la religion et donné la paix à l'Alemagne." – München, 13. Oktober 1631.

Ausf. AE CP Bavière 1 fol. 149–150. Auszug gedr. DOKUMENTE I/3,2 Nr. 287. Benutzt und zitiert bei ALBRECHT, Ausw. Politik S. 320 Anm. 59; H.-D. MÜLLER S. 42, S. 43 Anm. 62, S. 45; ALBRECHT, Maximilian S. 801 Anm. 101, S. 804; BRENDLE S. 297.

---

[1] Seine Bitte um französische Truppenhilfe gemäß dem bayerisch-französischen Bündnisvertrag, nicht aber nach Intervention Frankreichs bei Schweden (so H.-D. MÜLLER S. 45), wiederholte Maximilian an Richelieu, München, 20. Okt. 1631 (Ausf. AE CP 1 Bavière fol. 157. Zitiert bei ALBRECHT, Ausw. Politik S. 320 Anm. 59; ALBRECHT, Maximilian S. 801 Anm. 101). Das Schreiben schloss: „Je la [= Son Éminence] suplie donque de prendre à cœur les interésts de ma maison come aussy des aultres catholiques, car c'est le vray moyen de les gaigner et acquérir tous au Roy lesquels luy en seront perpétuellement obligés, principalement si par l'entremise interposition et authorité du Roy la paix peust estre réstablie et le différent des biens ecclésiastiques entre les catholiques et les protestans appaisé." – Vgl. auch ein einschlägiges Schreiben *Maximilians* an Père Joseph vom 21. Oktober 1631 bei SIRI VII S. 355.

## 390. Der Bischof von Eichstätt und der Fürstpropst von Ellwangen an Maximilian[1]

Oktober 13

Schwedischer Vormarsch in Richtung auf die Stifter Bamberg und Würzburg – Beglaubigung Sirgensteins

Teilen mit, dass die Fortschritte des Königs von Schweden andauern und seine Armee sich den Stiftern Bamberg und Würzburg nähert, wie der Würzburger Rat und Hofmeister Kaspar von und zu der Tann dem Kurfürsten mündlich berichten wird. „Haben derowegen neben ihme [...] unsern respective rath und hoffmeister [...] Johann Jacob von Sürgenstein, fürweisern diß, abgeordnet, bei deroselben [ = der Kfl. Gnaden] mündtliches anbringen zu thuen und von beder unserer anvertrauten stüfter wegen die notturft und hoches anligen vorzuetragen. Ist derowegen hiemit unser nachbar-

---

[1] Abgesehen von dem oben Nr. 390 gedruckten Beglaubigungsschreiben haben sich in München keine Unterlagen zu der Mission Sirgensteins gefunden. Aufschluß über das Ergebnis der Mission bietet folgende Mitteilung *Sirgensteins* an den Fürstpropst von Ellwangen, Eichstätt, 20. Okt. 1631 (Ausf., präs. 22. Okt., StAL B 389 Bü 447): „Berichte E. Fstl. Gn. [...] kurzlich, daß von der Kfl. Dt. in Bayrn einiger succurs nit versprochen, sondern selbige in sorgen stehen, da dem feindt gelingen solte, sich diser beraith in gefahr stehenden stifter Würzburg, Bamberg und Eystett zu bemächtigen, und alsdan ihr aigen landt besorglich angefallen werden möchte, sie sich gleichfalß, in der eil undt ohne geworben volkh darwider zu sezen, nit bastant zu sein ihnen getrawen. Wollen aber zue dem lieben Gott verhoffen, es solle sich nit allein dz Lothringische volkh, sondern auch der Tyli mit seiner arme durchbrechen, dem feindt sich praesentirn und mit beistandt des Allerhöchsten gewachsen befinden." – Der Fürstpropst von Ellwangen hatte seine Residenz und sein Stift aus Sicherheitsgründen bereits am 18. Oktober verlassen. Erste Station seines Exils war Angelberg, zwei Tagesreisen von seiner Residenz Ellwangen entfernt. Vgl. dazu *Fürstpropst von Ellwangen* an Maximilian, „Datum auff unserm residentzschloß zu Ellwangen, gleich in dem laidigen auffbruch", 18. Okt. 1631 (Ausf. ÄA 2268 fol. 554 und 559, mit Anlagen fol. 555 und 557), Angelberg, 27. Nov. 1631 (Ausf. ebenda fol. 560–562; Konz., mit korrigiertem Datum 28. Nov. 1631, StAL B 389 Bü 447). In dem Schreiben vom 18. Oktober heißt es abschließend: „Daß schloß alhie haben wir besetzt zwar mit zwein capitenen hinderlassen, den ausschuß zu sich zu nehmen und so lang es möglich zu halten, ob entzwischen von E. Gn. oder anderm Bayrischen oder Kaiserischen volkh möchte entshatzung volgen, darumben E. Gn. wir zum allerhöchsten gantz dienstlichen wellen gebetten, auch deroselben nach Gott uns, unser stüft und arme underrhonen gleicher gestalt bevolhen haben." – Zu Ort und Burg Angelberg, nordöstlich von Mindelheim, vgl. ZEDLER II Sp. 248, HISTORISCHE STÄTTEN Bayern I s. v. Tussenhausen S. 837.

Ebenfalls der von Schweden drohenden Gefahr dürfte die Mission des Hans Kaspar Egloff von Zell zu Immendingen und Hornstein, Rat des Bischofs von Augsburg und Pfleger zu Schönegg, gegolten haben. Bei den bayerischen Akten überliefert ist nur das *Beglaubigungsschreiben des Bischofs von Augsburg* für Egloff an Maximilian, Bobingen an der Hohen Straße, 15. Okt. 1631 (Ausf. Kschw 1907 fol. 148–149), ferner folgender Vermerk auf einem wohl von Egloff überbrachten Schreiben des *Bischofs von Augsburg* an Maximilian, Bobingen an der Hohen Straße, 13. Okt. 1631 (Ausf., präs. 16. Okt., ebenda fol. 146–147): „Ist dem von Egloph mundtlicher bescaidt hierauf ertailt worden." In dem zitierten Schreiben bat der Bischof den Kurfürsten mit Hinweis auf den schwedischen Vormarsch in Franken und auf die zu befürchtende Annäherung Schwedens an das Hochstift Augsburg um nähere Informationen, Rat und Hilfe.

lich dienst- und hochfleissige bitt, Eüer Genaden geruhen disen unsern abgeordneten nicht allein persohnlich anzuhören, sondern auch sich darauf mit ertheüung dero ersprüeßlichen raths und anweisung, waß bei diser anscheinenden feindtsgefahr zue thuen, also wülfehrig zu erweisen und an die handt zu gehen, wie zue Eüer Genaden unser gesambtes hohes vertrauen gestellt ist und es jeztmals der jezige zuestandt erfordert." – Eichstätt, 13. Oktober 1631.

Ausf. Kschw 13495 fol. 332–333.

## 391. Maximilian an Kurmainz

Oktober 14

Tillys Niederlage bei Breitenfeld – Verständigung mit dem Kaiser über die Stabilisierung der militärischen Situation – Vermittlung Landgraf Georgs von Hessen-Darmstadt bei Kursachsen – Bedingungen eines Ausgleichs mit Kursachsen

Bezug: Schreiben vom 3. Oktober samt Anlage [oben Nr. 377]. – „Dz nun E. L. under andern auch anziehen, sie hetten nit verhofft gehabt, dz der graff von Tüllj die Ksl. und bundtsarmada, darauf Irer Mt. und der catholischen stendte wolfahrt bißhero gehaftet, dergestalt hazardirt und in wagnuß gestelt haben solte, da wollen wir darfürhalten, E. L. werden bißhero in allen vorgangnen occasionen sein graffens von Tüllj grosse prudenz und wachtsambkheitt im werkh dergestalt wahrgenomen haben, dz nit zu vermuethen, er in disem unglikhlichen treffen aine temeritet begangen und sich sambt seiner underhabenden armada etwas unbehuetsamb gewagt haben werde, sintemaln durch den alhero abgeordneten rüttmaister [Keller] uns er berichten lassen, dz er ainmal durch der gegenthail grosse resolution, mit welcher sie sambt aller irer macht auf ihne zuegerukht, dan auch weiln sich dz khriegßvolkh wegen mangl gelts und proviant sehr unwüllig und schwirig erzaigt und da er nit gleiches exempel, wie zu Frankfurth an der Oder beschehen, erwarten wollen, zum schlagen getrungen gewesen. Dz aber der Almechtige ainen solchen widrigen und unglikhlichen ausgang verhengen wollen, dz ist von seinem unwandelbaren wüllen mit gedult zu übertragen und zu hoffen, S. Almacht noch alles dem gemainen wesen zum bösten dirigirn werde.

Sonsten haben wir, sobaldt uns dise betriebte zcüttungen zuekhomen, nit allain alsogleich die gebür und notturft an Ire Ksl. Mt. durch schreiben gelangen lassen, sonder seithero auch jemandt aigens zu deroselben abgeordnet,[1] iro unsere beiräthliche treumainende gemietsmainung zu eröffnen, wie etwan denn sachen weütter zu thuen und sonderlich mit zusamenfiehrung des Lothringischen, Aldringischen und anderm noch hin und wider auf dem fueß habenden khriegßvolkhs dem graffen von

---
1 Den Hofrat M. Kurz.

Tüllj wider aufgeholfen und des feindts besorgender weütterer vor- und einbruch verhüettet werden mechte." [...]

Dankt² für die Mitteilung des Mainzer Schreibens an Landgraf Georg von Hessen-Darmstadt und teilt mit, „dz wir seithero von denn unsrigen alberait berichtet worden³, was sich die Darmbstattische dariber gegen deroselben gesandten in antwort erkhlert und was sie für bedenkhen angezogen, derentwegen wolgedachter landtgraff sich ohne habende mehrere particularitet und güettliche müttel der zuegemuethen interposition nit wol undernemen khönden. Und weiln es dan mit dem gemainen catholischen wesen und deßen anverwanten stendten ieziger zeit aine solche hochgefehrliche beschaffenheitt hat, wüll man anderst dz mehrer nit mit dem wenigern in stich sezen, dz man wol aus der noth wirdt ain tugend machen und ain übriges thuen, auch nit wie man wüll, sonder wie man khan und mag, aus den sachen khomen und güettliche müttel ergreiffen mueßen, als erfodert die notturft, dz die anwesende gesandten sich ehist zusamenthuen und auf müttel und weeg, so des landtgraff Georgens zu Hessen L. an handt zu geben und dardurch die S. L. zuegemuethe interposition zu prosequirn, gedacht zu sein. Wir haben auch denn unsrigen alberaitt bevelch erthailt, hierbei mit und neben andern zu concurrirn.

Was aber für specialmüttel vorgeschlagen und wolgedachtes landtgraffens L. an handt gegeben werden mechte, da haben wir unsers thails denn sachen etwas reüffer nachgedacht und lassen zu E. L. weütterm vernunftigen guettbefünden haimbgestellt sein:

1°: Weiln des graffens von Tüllj einzug in Sachßen ainmal wider wüssen, wüllen und bevelch der verainten catholischen chur-, fürsten und stendte beschehen, zu deßen remonstration man sich unsers jungstern an Chursachßen derentwegen abgangnen

---

2 Auf die folgenden Ausführungen antwortete *Kurmainz* mit Postskriptum an Maximilian, [Mainz, 20. Okt. 1631] (Ausf. Akten 203/I): „Haben wir E. L. schreiben sub dato Munchen, den 14. huius, wohl entpfangen und darauß ablesent freündlich verstanden, auff waß fur mittel ihres ermessens bei Chursachsens L. herrn landtgraff Georgens zue Hessen L. dem gemeinen wessen zum besten negotiiren khönten. Dieweil aber der catholischen und protestirenden chur-, fürsten und ständ zu Franckfurt beisamen gewessene räthe nunmehr wiederumb voneinander gezogen, die supensio armorum auch denienigen ständen, in deren landen die armaden anitzo begriffen, uber alle massen schwähr und unertraglich fallen würde, deßgleichen weil auß deß Hessen-Darmbstattischen bei unß gewessenen abgesandten geführten discursen soviel abzunehmen gewessen, daß die protestirende vermeinen, alles gewunnen zue haben, uber dieses alles auch dz mittell einer anderwertigen zusammenkhunft, davon im hauptschreiben [des *Kurfürsten von Mainz* an Maximilian vom 20. Oktober, unten Nr. 399 Anm. 2] andeütung geschehen, nunmehr in vorschlag khompt, so tragen wir die beisorgh, wan man schon alleß dzienige, waß E. L. wohlmainendt vorschlagen, dem gegentheil einwilligen wolte, daß es dannoch nach gestalt deß khonig in Schweden ietziger starkher progress wenig zu den sachen thuen würde. Wir halten aber nachmalß darfür, wan die Kgl. Würden in Franckreich, sich bei diesem der catholischen religion in Teütschlandt elenden und gefehrlichen zustandt bei dem khonig in Schweden und Chursachsenß L. zu interponiren, von E. L. bewogen werden khönten, daß solches den sachen sehr vorträglich und ersprießlich sein solte."

3 Am 7. Oktober, oben Nr. 311 E 58.

und E. L. in abschrüften communicirten schreibens[4] zu bedienen, ob man catholischer seits sich gegen Chursachßens L. erbietten mechte, iro gnuegsame assecuration zu laisten, dz man weder sie noch dero angehörige landen mit dem bundtsvolkh weütter nit molestirn noch anfechten, weniger ainige thettlikheitt attentirn wolte, da hingegen sie gleichmessige versicherung thuen, die catholische verainte stendte sambt deren landt und leuthen mit ihrem khriegsvolkh weütter nit anzufechten noch dargegen ainige thettlikheitt nit vorzunemen und dem könig in Schweden zu gleichmessigem ende nit allain ganz kheinen vorschub zu erweisen und sich sambt dero khriegßvolkh von ihme allerdingß widerumb zu separirn, sonder auch bei ihme Schweden die sachen dahin zu vermüttlen, dz er sich ebnergestalt aller fernern feindtlichen thettlikheitten gegen die catholische, weiln man ihme diser seits darzue khaine ursach geben, enthalte.

2$^{do}$: Ob Chursachßen nit dz anerbietten und versicherung, gleich wie iro vor disem zu Müllhausen versprochen und bei negst vorgangnem kfl. collegialtag zu Regenspurg nochmaln darfürgehalten, zu thuen, sie bei dero inhabenden drei stüftern Merspurg, Naumburg und Meichßen unangefochten verbleiben zu lassen?

3°: Ob man sich nit ferner erbietten mechte, bei Irer Ksl. Mt. fleiß anzukheren, die weüttere execution des Ksl. edicti zu suspendirn.

4$^{to}$: Ob man sich diser seits zu ainer general suspension der waffen zwischen allen khriegenden thailen, biß man etwan durch güettliche compositionsmüttel die sachen füreinander bringt, verstehen und anerbiettig machen wolte.

Da nun E. L. dise von uns unfürgreifflich angedeütte müttel gefellig sein oder sie etwan dergleichen andere mehr für rathsamb und thuenlich befünden wurden, wollen wir uns mit derselben nit allain gern accommodirn, sonder wir ersuchen auch E. L. hiemit freundtlich, denn ihrigen bevelch zu erthailen, dz sie mit andern gesandten hieraus fürderlich conferirn und diejenige müttel und weeg, so man solcher gestalt insgesambt für rathsamb und guett befünden wird, denn Darmbstettischen fürther an handt geben, damit selbiges landtgraffens interposition noch so zeüttlich befürdert und effectuirt werde, damit durch des Schweden alzu weitten vorbruch der verhoffende effect nit ganz unfruchtbar gemacht und zugleich alles in die eusseriste gefahr gesezt werde." – 14. Oktober 1631.

Konz. Ranpeks Akten 203/I. Auszug gedruckt bei HALLWICH I Nr. 403. Ben. bei KAISER, Politik S. 455 Anm. 50, S. 484, S. 489 Anm. 148.

---

4 Oben Nr. 367 und 374.

## 392. Der Bischof von Bamberg an Maximilian[1]

Oktober 14

Schwedischer Vormarsch im fränkischen Reichskreis – Abordnung an den König von Schweden

„Nachdem sichs mit den Schwedischen feindtseeligkeiten seider unsers nehern schreibens[2] so gar nit gebeßert, daß derselbe könig inmittels auch in dießen Franckhischen craiß eingeruckht ist und darinnen starkhe progress gethun hat, inmaßen er gleich anfangs bei seinem hereinbruch die Würzburgische vestung Khönigshoven angefallen, starkh belegert und dermaßen bezwungen, daß sich dieselbe am negstverschinnen Sambstag, den 11. huius, ergeben müßen und lenger nit aufhalten können, dardurch dan insgemein sowohlen under unßere alß des stifts Würzburgs landt und leütt ein solcher unversehener schreckhen kommen, daß wir unß verwundert und biß dato mit den unßerigen gnug zu thun gehabt haben, biß ihnen nur ein wenig wider ein muth gemacht und sie in terminis so weit erhalten worden, daß dannoch besorgte größere ungelegenheiten underbliben sein, sintemahln ab den außgebroch-

---

[1] *Maximilian* antwortete dem Bischof von Bamberg aus München, 17. Okt. 1631 (Konz. Peringers Kschw 1944 fol. 144–145. Ben. bei HÜBSCH S. 73 mit Anm. 2): „Bedankhen unß hierauf gegen E. L. der beschehnen communication freündtlich. Und wie wir nun die gegen deroselben angeherigen stift antringende feindtsgefahr ganz ungern vernemmen, alß khönden wir sie auch kheineswegs verdenkhen, das sie sambt ihrem capitul zu müglicher fürkhomung oder linderung der besorgenden ruin dero stifts landt und leüthen auf zeitliche mittel gedacht sein. Wolten auch E. L. der an ihne künig in Schweden obhandenen absendung halben begerter massen unser gemüetsmainung gern vertreülich eröffnet haben, da uns die in dero schreiben angedeitte copien dessen, so sie bereitt an ihne künig geschriben, oder die zur abschickhung gehörige instruction zukhomen wehren. Wir wollen aber einen als andern weeg verhoffen und ganz nit zweiflen, E. L. werden selbige mit solchem bedacht und vorsichtigkheit anordnen, damit dardurch den catholischen chur-, fürsten und stenden khein praeiudicirlicher eingang und nachvolg entspringe und causirt werde. Es würdet aber nunmehr deß künigs antwort und was die abgesandte von demselben mit sich zuruckhbringen werden, zu erwarten und pro re nata ferrer rhat zu schöpfen sein. – Sonsten aber seind die sachen an catholischer seitten noch nit also beschaffen, das man dem feindt alles verlohren geben und gegen ihne abbandoniren soll." Verweist auf den zu erwartenden Heraufzug Tillys, den Vormarsch der lothringischen Truppen in den fränkischen Reichskreis, seine Bemühungen um kaiserliche Truppenhilfe und seine eigenen Neuwerbungen. Hofft „also zu Gott, dem feindt noch gewachsen und bastant gnug zu werden, versichern auch E. L. hiemit, das wir an unserem müglichen zuthun, was zu dero stifts conservirung immer gedeien mag, nichts underlassen wöllen, weiln zumahln, da E. L. stift vor gewalt defendirt verbleibe, wir und unsere herobige Pfälzische und erblender auch in mehrere sicherheit gestellt sein."

[2] Einschlägige Schreiben des *Bischofs von Bamberg* an Maximilian sind datiert aus Bamberg, 3. Okt. 1631 (Ausf. ÄA 2293 fol. 379–380), 4. [Okt.; die Vorlage hat fälschlich Sept.] 1631 (Ausf., präs. 7. Okt., ebenda fol. 383 und 386). Darin hatte der Bischof mit Hinweis auf die durch die Niederlage Tillys in der Leipziger Schlacht und den Anzug des Königs von Schweden auf den Thüringer Wald veränderte militärische Lage und auf die strategische Bedeutung des Hochstifts Bamberg als Vormauer der Lande des Kurfürsten um dessen Rat und Hilfe gebeten. In seiner Antwort vom 8. Oktober unterrichtete *Maximilian* den Bischof über seine Tilly, Aldringen und Fugger erteilten Weisungen (oben Nr. 385 Anm. 1) und über seine Bemühungen um den lothringischen Sukkurs, der am 11. Oktober in Worms ankommen und dort den Rhein überschreiten solle.

nen schwehren betrohungen, daß nach erobertem Königshoven unser stift der negste am raien sein werdte³, unßere underthanen bei ermanglendem geworbnen volkh sich ganz entsetz, fast allenthalben zu kheiner gegenwehr mehr verstehen wöllen und wir also, do sich ein nothfall oder feindseeligheit gegen unßern stift, wie sehr zu befahren gewesen und unß deßen noch nit können versichert halten, eraignet hette, ihrer zu verhoffter defension wenig hetten genießen khönnen,

Welches unweßen unß dahin gezwungen, daß wir auß getrungner nott nit haben umbgehen mögen, nach reiffer deliberation und erwegung aller umbständt auf eine schickhung zu ermeldem könig in Schweeden mit unßerm domcapitul und räthen unvermeidenlich zu gedenkhen, zu derm anbringung auch, damit underdeßen, wie man unß auß verschaidtnen orthen vertreülich gewarnet, unßer stift nit etwan von seiner soldatesca angefallen werden möchte, berait einen anfang und vorberaitung zu machen, wie E. L. auß inligendter copi unßers an ihne könig gethunen schreiben⁴ zu ersehen, der hofnung, wir solten inmitelß seines feindlichen angriffs desto mehr gesichert, zuvörderst auch E. L. diß unßer unumbgenglich ergrifnes aufhaltungsmittel desto weniger zu entgegen sein, weil wir aller anderer hilf, beistandts und succur-

---

3 Aus Forchheim, 17. Okt. 1631 (Ausf., präs. 20. Okt., ÄA 2293 fol. 393 und 398, mit Anlage fol. 396. Ben. bei D. J. WEISS S. 415), berichtete der *Bischof von Bamberg* an Maximilian, der schwedische Kommandant und Statthalter zu Königshofen habe die Bewohner der Bamberger Stadt Zeil a. Main aufgefordert, ihre Ober- und Unterwehren niederzulegen und abzuliefern und zwecks Akkordverhandlungen zwei Personen nach Königshofen abzuordnen. Der Kurfürst sehe, „in waß für einen mißlichen und schwehren zustandt beede stifter sifter [Würzburg und Bamberg] begriffen, deren entlicher undergang, wan nit baldt ein ergiebige entsazung ervolgt, genzlichen darauf haftet. Welches E. L. so baldten auch umb dero hochverstendtigen rath und guttachten, waß sich beileüffig darüber zu erclehren, zu communicirn wir nit haben underlaßen sollen." – In seiner Antwort, 21. Okt. 1631 (Konz. Teisingers ÄA 2293 fol. 391–392. Ben. bei HÜBSCH S. 73 mit Anm. 2), verwies *Maximilian* auf einen Bericht Ruepps vom 14. des Monats, dem zufolge Tilly „nunmehr mit einer starkhen, auf die 30.000 erreichenden anzahl volkhs in völligem anzug gegen Frankhen begriffen, darzue auch die Lottringische armada, welche sich nacher Aschaffenburg avanziert, sambt den 6.000 mann, so der graf von Sulz bei sich hat, ebenfalß stossen würdet oder verhofflich bereits gestossen ist. Als seindt wir der getrösten hoffnung, da Würzburg noch nit übergangen, es solle des feindts progress nunmehr gehindert und sowol E. L. als dem allgemeinen catholischen wesen geholfen werden. Und haben wir deroselben ein solches auch darumben zu communiciern nit underlassen wollen, damit sie umb sovil mehrers ire vorhabende legation an Schweden in reiffe consideration ziehen mögen."
4 Nach Ausweis der Antwort *Maximilians* (oben Anm. 1) fehlte die erwähnte Anlage. – Wann eine in ÄA 2293 fol. 394 überlieferte Kopie des einschlägigen Schreibens des *Bischofs von Bamberg* an den König von Schweden, Forchheim, 14. Okt. 1631 (Druck bei HÜBSCH S. 145 f.; vgl. auch ebenda S. 73 f., D. J. WEISS S. 415), nach München gelangt ist, muß dahingestellt bleiben.
Über die Relation des mit dem vorstehend zitierten Schreiben an den König von Schweden nach Würzburg geschickten Trompeters und über seinen von Falschmeldungen über die militärische Situation und die daran geknüpften Hoffnungen inspirierten Entschluß, die geplante Abordnung an den König von Schweden so lange wie möglich aufzuschieben, informierte der *Bischof von Bamberg* Maximilian aus Forchheim, 19. Okt. 1631 (Ausf. ÄA 2293 fol. 402–403, mit Anlage fol. 409. Ben. bei HÜBSCH S. 74). In seiner Antwort, 23. Okt. 1631 (Konz. J. Mairs ÄA 2293 fol. 400. Ben. bei HÜBSCH S. 74, STADLER S. 562), bestärkte *Maximilian* den Bischof in diesem Entschluß.

ses beraubt und verlaßen gewesen. Doch bitten und ersuchen E. L. wir dinstfreündlich, sie wollen unß entweder in schriften oder durch jemandt auß ihren räthen in möglichster eil gerathen sein, weiln wir für unß durch obberürte unßere abordtnung allein umb verschonung unßers stifts (außer was wir unßers craißdirectorii halben darneben zu erinnern) anzulangen gemaint, wie wir unß darunter mögten zu verhalten oder waß wir sonsten mehr darbei zu erwegen haben.

Sein Schwedens noch weiters verfahren belangend, gehen die einkhommende kundschaften mehrer theilß dahin, daß er die statt Würzburg albereit auch ergriffen und Ihre L. sich vor zweien dagen darvon salvirt haben. Wißen aber selbs noch keinen grundt, weiln weder potten noch andere sicher durchzubringen." – Forchheim,[5] 14. Oktober 1631.

Postskriptum. „Würdet E. L. unverborgen sein, daß gedachter könig in Schweden seine gesandten an unterschiedtnen orthen in diesem craiß und unter anderm auch zu Bayreüth gehabt, welche sich anjezo zu Nürnberg befindten. Von denen sollen unter anderm auch hiebei verzaichnete puncten[6], wie mann unß auß einem vertrautem ort, so guet manns noch zur zeit gekhönnt, communicirt hat, vermerkht undt geregt worden sein. Darauff sich zwar noch nichts zu verlaßen, doch gibt es ein wenig nachrichtung, sich desto beßer auff daß künftig besorgende begern zu bedenkhen. Im fall nun gegen unßern schickhenden räthen dergleichen etwas gemuethet oder gerührt werden solte, ist ebenmeßig unßer dinstfreündtliches bitten, E. L. wollen, unß darüber ihre hochverständtige gedankhen zu eröffnen undt mitzutheilen, ihnen auch nit mißfallen laßen." – 14. Oktober 1631.

Ausf. Kschw 1944 fol. 136–137 und 143. Ben. bei HÜBSCH S. 70, D. J. WEISS S. 415.

---

**5** Zum Rückzug des Bischofs von Bamberg auf die Festung Forchheim am 11. Oktober vgl. HÜBSCH S. 71, zu seiner Rückkehr nach Bamberg am 6. Dezember ebenda S. 129.
**6** Kschw 1944 fol. 141: „Die vestungen hin undt her, so lang [bis] der friedt geschloßen. 2. Daß volkh vom Tyllj vollendts abzufordtern. 3. Etwan hierzwischen, biß der friedt gemacht, ein monatlich deputat reiche, dargegen will er sal: guard: außtheilen. – Der Franzoß hat dem könig in Schweden befohlen, die herrn gaistliche in rühiger possess zu halten, do sie diesen dreien puncten nachkhommen. – Ursachen: 1. Daß der liga volkh den könig zu Werben erstlich angegriffen. 2. Daß mann dem Sachßen 23 stätt undt stättlein occupirt, geplündert undt 800 dörfer succagirt [!]. Die trohung ist sehr groß, undt do mann sich dieser dreien puncten nicht bequemen solte, würde alles undt alles übergehen. – Do der könig im anzug, könnten die gaistliche, catholische, fürsten undt evangelische gesandten vom adel zu ihme geschickht werden, würde ein glimpf bringen."

## 393. Tilly an Maximilian

Oktober 17

Feldzug Tillys – Feldkriegskanzlei – Verzicht Tillys auf ausführliche Berichterstattung – Feldzug des Königs von Schweden – Weisungen des Kurfürsten für Ruepp – Verluste Ruepps und des Sekretärs Niclauß Statthardt – Empfangsbestätigung

Bezieht sich auf den Bericht Kellers und seine eigene Relation vom 30. September [oben Nr. 370]. „Underdessen hab ich die überigen trouppen zue roß und fueß widerumben fein colligirt und zuesamengepracht und mich mit beeden deß generalwachtmeisters von Aldringen und graven Fuggers beigebrachtem corpo, welches ein ansehentliches und schönes volkh ist, coniungirt[1] und daruf gestrigen tags mit der ganzen armada in starkher ahnzahl alhie bei Fuldt[2] angelangt. Den Lothringischen und Sulzischen trouppen hab ich ebenmessig ordinanz zuegefertigt, welcher ohrten hin sich selbige zue wenden und zue verhalten. Die artigleria betreffendt, hab ich solche gleichfahls dergestalt wiederumb eingerichtet und außgerüstet, dz damit wol vortzuekhommen. Und beruhet es iezt am seegen und beistandt Gottes Allmechtigen zue einem gelickhlichen progresz und wiederersezung deßienigen, so bei voriger occasion vermitels Seiner Allmacht unzweivelbahren straffbaren verhengnus verlohren worden.

Sonsten seindt die canzleisachen miteinander salvirt und davon nichts verlohren worden." Allerdings sind die im Schriftverkehr mit dem Kurfürsten und die zwischen Oberst Herliberg und Ruepp verwendeten Ziffern auf dem Rüstwagen zurückgeblieben, „dahero ich verursacht würdt, der obhabenden unsicherheit wegen, weillen die ziffer ins feinds hände geraden [!] und derselben nit weiters zue trauen, meinen bericht [...] dieser zeit bei solcher beschaffenheit wieder willen und nothdurft zue abbrevirn und einzustellen." Frage der Verwendung einer anderen Ziffer. – „Dieses aber hab ich auch hiebei[3] zue gedenkhen für notdürftig gehalten, daß der Schweedt in Franckhen bereits so weith eingebrochen und sich der vöstung Khönigshoven wie auch der ströme an underschiedlichen ohrten, alß nehmblichen Würzburg, Schweinfurth und Lora, impatronirt und zue sorgen, er werde sein intent weiters gegen

---

1 Und zwar am 10. Oktober bei Fritzlar. So *Ernst* an Maximilian, Fulda, 17. Okt. 1631 (Ausf. ÄA 2398 fol. 462–463), der außerdem berichtete: „Anheüt haben Ihr Excell. Tylli alhie generalrandavos gehalten und Gottlob zu rosß und fuess wider ein schönne anzahl beisamben gefunden." – Ein Itinerar des Korps Fugger/Aldringen bzw. der vereinigten Armeen Tilly/Fugger/Aldringen vom 30. September bis zum 18. Oktober enthält *Ernst* an Maximilian, Fulda, 18. Okt. 1631 (Ausf. ebenda fol. 490–491).
2 Nach Ausweis von THEATRUM EUROPAEUM II S. 465 brach Tilly am 9./19. Oktober wieder von Fulda auf; ihm sei „wegen besorgenden uberfalls" [vonseiten Hessen-Kassels] der Fürstabt von Fulda mit einem Teil seines Hofstaats gefolgt. Vgl. dazu auch HANKE S. 127, zum Aufenthalt Tillys in Fulda ebenda S. 125 ff., zur Besetzung des Stifts Fulda durch hessen-kasselsche Truppen im November 1631 und in der Folgezeit ebenda S. 133 ff. – Laut BERGERHAUSEN S. 107 suchten der Fürstabt und sein Konvent – wohl Ende 1631 – Zuflucht in Köln, wobei der Fürstabt Köln im Frühjahr 1632 wieder verließ.
3 Gemeint sein dürfte: bei dieser Gelegenheit, in diesem Schreiben.

Aschaffenburg und Franckhforth vortsezen. Dahero wür zum widerstandt vil zue schaffen haben werden."

Was die Weisungen des Kurfürsten für Ruepp angeht, so ist es Ruepp gelungen, sie im Angesicht und Beisein vieler anderer zu verbrennen. „Sonsten aber hat er [Ruepp] seine ganze bagagi wie auch der secretarius Niclauß Statthardt die seinige und alle seine habschaft miteinander verlohren."

Bestätigt den Empfang der Weisungen vom 25. und 29. September [oben Nr. 360 und 366]. Bedankt sich und versichert, „dz ich zuer beförderung deß betrangten catholischen weesens diensten negst Göttlicher hilf ahn mir khein vleiß noch mihe erwinden lassen würdt." – [Fulda[4]], 17. Oktober 1631.

Ausf. ÄA 2396 fol. 360–361.

## 393 a. Saint-Etienne an Père Joseph

Oktober 17

Verzicht Saint-Etiennes auf seine auf Befehl Maximilians geplante Reise zu Kursachsen auf Grund von Eröffnungen de Lisles – Intervention de Lisles beim König von Schweden zugunsten Maximilians – Verzicht Saint-Etiennes auf seine von Maximilian gewünschte Reise zum König von Schweden und die Gründe dafür – Skepsis Saint-Etiennes hinsichtlich der Absichten des Königs von Schweden – Friedensvermittlung Frankreichs bei Schweden und den Protestanten – Allianz der Liga mit Frankreich – Erhaltung der Ligaarmee – Urteil des Königs von Schweden über den angestrebten Vertrag zwischen Maximilian und Kursachsen – Erläuterung betreffend seine Berichterstattung

„À Municq ce 17 octobre 1631

Monsieur, Je vous mandois par ma despeche du 9 de ce mois[1] qui vous a été portée par un courier exprès de Son Altesse Monseigneur le Duc du Bavière, comme ie partais pour m'en retourner en Saxe par le commandement de Sadite Altesse qui m'avoit donné tout pouvoir pour l'exécution du traicté, s'en remettant entièrement à moy qui avoit bonne espérance d'achever à conclure ceste affaire, veu l'asseurance qui m'avoit esté donnée à Torgau par les conseillers de Monseigneur l'Électeur de Saxe mesme[2], par monsieur de Lisle (qui avoit eu plusieurs conférences avec eux) qu'en faisant révoquer par ledit Seigneur Électeur de Bavière ses troupes, qu'ils seroient faire l'affaire et qu'elle ne recevroit point de difficulté.

Mais estant à Barreyt [...] où j'avois prié Monsieur de Lisle de se rendre pour achever nostre négociation commune, j'ay sceu dudit Sieur de Lisle que despuis la

---

4 Der Ausstellungsort ist in der Vorlage nicht genannt, ergibt sich aber aus dem ersten Absatz des Schreibens mit Anm. 2.
1 Nicht ermittelt. Vgl. aber oben Nr. 381, wo ein einschlägiges Schreiben Saint-Etiennes an Richelieu erwähnt wird.
2 Vgl. dazu oben Nr. 373 S. 1162, 1163.

bataille de Leypsig le Roy de Suèdde, et l'Électeur de Saxe avoient fait un traicté réciproque à Hasle³ par lequel l'un ne pouvoit plus rien faire sans le consentement de l'autre et partant que ledit Électeur de Saxe eut remis à nous faire responce jusques après qu'il ait eue celle du Roy de Suèdde. Ce qui nous mettoit bien loing, et nous faisoit perdre beaucoup de temps; l'un estant desia (sçavoir l'Électeur de Saxe) entré dans la Luzace avec son armée, et l'autre qui est le Roy de Suèdde bien advancé en deça dans l'Allemagne presques jusques à Nuremberg, où il fait de grands progrès (et fera tous les jours) parce que tous les protestants, tant les villes que les princes, et autres qui sembloient estre consternéz ou du moings abatus par les prospérittés de l'Empereur, sont maintenant rellevéz et encouragéz par celle dudit Roy de Suèdde; dont j'avois advis tant par monsieur de Lisle qui le venoit de quitter, que du Marquis de Culmbach, qu'il s'en venoit dans le Palatinat avec toutes ses forces.

C'est pourquoi jugeant nostre voyage par delà inutile, je me résolus de retourner en Bavière pour apporter audit Seigneur Duc ce que i'aprenois. – Mais il faut icy que ie vous die que lorsque ie partis de Torgau en voyant le Roy de Suèdde et l'Électeur de Saxe conjoincts ensemble, et résolus de donner la bataille, sachant qu'elles [!] produisent des effects non préveus et un grand advantage à celluy qui les gagne, qui poursuit ordinairement sa poincte, et pousse ses conquestes autant que sa bonne fortune le permet, je suppliay monsieur de Lisle en cas que le Roy de Suèdde eût de l'advantage de le supplier de ne point entreprendre sur les estats de mondit Seigneur le Duc de Bavière qui estoit serviteur e amy du Roy, lequel il obligeroit en ce faisant. Or encor que ie l'aye fait sans charge, j'ay pencé que Sa Majesté ne trouveroit pas mauvais qu'on die une bonne parole qui ne coustoit rien, pour un prince qui fait proffession d'estre son serviteur. À cella le Roy de Suèdde me semble avoir respondu embigument. Car d'une part il a dit qu'il n'avoit rien à dehmeller avec le Duc de Bavière, et qu'en restituant l'évêché de Brehme à son cousin⁴ (à quoi par parentaise, j'avais disposé ledit Seigneur Duc) luy avoit rien qui le peut empescher d'estre son amy, et en ce faisant qu'il se jetteroit sur les forces de l'Empereur, comme vous aurez veu par la lettre que monsieur de Lisle m'en a escripte que ie vous ay envoyée par le dernier courier. Et de l'autre il a dit audit Sieur de Lisle que le Roy n'estoit pas obligé à deffendre les estats qu'il avoit du Palatinat, et qu'il pouvoit entrer en neutralité avec luy qui avoit deposé sa signature⁵ pour cet effect à Sa Majesté.

Or vous verrez par une despêche⁶ que ie vous envoye que Monseigneur l'Électeur de Bavière m'a fai[t] l'honneur de m'escrire que j'ay receue sur le chemin de Barreit, comme il désiroit que j'allasse vers ledit Roy de Suèdde⁷ et à quelle fin, à quoi ie n'ay

---

3 Vgl. zu dem Kriegsrat in Halle im Erzstift Magdeburg Klopp III,2 S. 326 ff., Ritter III S. 502 f. (25. und 26. September), Roberts II S. 538 ff. (zwischen dem 14. und 16. September st. v.).
4 Den Administrator Johann Friedrich von Holstein-Gottorp. Vgl. auch oben Nr. 380 mit Anm. 7.
5 Unter die Neutralitätserklärung von Bärwalde (oben Nr. 358 Anm. 5).
6 Nicht ermittelt.
7 Vgl. auch oben Nr. 381.

peu obéir pour trois raisons. La première pour n'avoir point de lettre de créance de Sa Majesté pour ledit Roy de Suèdde. La seconde pour n'en avoir point de charge de Sadite Majesté. [...] La troisiesme pour ne sçavoir comment ny en quels termes luy en parler ny que respondre à deux difficultéz qu'il proposera indubitablement: L'une que le Roy n'est pas obligé à deffendre les estats qu'il tient au Palatinat, l'autre sur le faict de la neutralitté qu'il met en avant. Quand au premier je ne crois pas qu'on soit obligé de luy monstrer le traicté que monseigneur le Duc de Bavière a faict avec le Roy. Et quand il le verroit ce n'est pas à luy à juger de l'intention de Sa Majesté ny à expliquer l'article[8] qui faict mention de cella, où je vois bien qu'il y a de l'embiguité. L'autre qui concerne la neutralitté je ne sçay quelle est l'intention du Roy sur ce subiect voyant la charge que vous avez donnée à Monsieur de Lisle de faire excuse audit Roy de Suèdde de n'y avoir peu [!] porter Monseigneur le Duc de Bavière, auquel pourtant vous ne m'avez point donné charge d'en parler. Mais après tout cella, ce n'est pas l'oppinion de Monsieur de Lisle (que j'ay sondé tout exprès sur ce subiect) que le Roy de Suèdde reffuse à Sa Majesté la conservation des estats indéfiniment de mondit Seigneur l'électeur de Bavière quand Sadite Majesté luy en fera instance expresse. – Et i'ay remarqué un mot que ledit Sieur de Lisle me dit qu'il tenoit dudit Roy de Suèdde, qui me l'a fait conjecturer, sçavoir que mondit Seigneur le Duc de Bavière est un finet qui s'est accomodé de ce qui luy estoit propre en Allemagne, et puis a faict alliance avec le Roy pour mettre à couvert son butin. Or il faut donc que le Roy de Suèdde croye que le buttin (puis qu'il l'appelle ainsy) de monseigneur le Duc de Bavière soit à couvert par le moyen de ladite aliance. Et croyez que sy ledit Roy de Suèdde reffuse la courtoisie à Sa Majesté pour mondit Seigneur le Duc de Bavière, il n'a pas envie que le crédit de Sa Majesté augmente en Allemagne où la conservation des estats de Son Altesse de Bavière est de telle conséquence pour le Roy que s'il souffroit qu'il périt cella desgoûteroit tous les autres princes catholiques qui aspirent aujourd'hui après l'amitié et la protection du Roy pour l'espérance de leur conservation, lesquels n'y voudroient plus entendre dont les Espaignols n'oublieroient pas de faire leur proffit et en ce mocquant de Monseigneur le Duc de Bavière descrieroient la protection du Roy comme inutile. Voyez donc ce que vous aurez à respondre audit Seigneur Duc de Bavière et comment vous le contenterez sur le secours qu'il vous demande, et qu'il dit que vous estez obligé de luy donner lequel vous pouvez (ce dit il) faire parvenir jusques à luy, sans passer ny sur les terres d'Espaigne, ny sur celles de l'Empereur par le chemin qu'il vous désigne. Et <pensez> que de ceste action despendra: Je dy de la prottection de Monseigneur le Duc de Bavière (soit par voye d'office où aultrement) une grande réputation en Allemagne à Sa Majesté à qui les trop grandes prospérités et progrèz du Roy de Suèdde doibvent estre aussy supects (de l'humeur dont il est) que celle [!] de la maison d'Autriche. Car comme nous avons veu l'Empereur Charlequin réunir les forces des prottestants et des catholiques et les employer contre nous,

---

[8] Einschlägig sind Artikel 1 und 7 des oben Nr. 208 gedruckten bayerisch-französischen Bündnisvertrages.

aussy avons nous veu souvent lesdits protestants donner de grandes assistances aux huguenots et aux mescontans de France avec des forces qu'ils nous ont jettées sur les bras lesquels nous avons esté constraints de défaire. Mais défaire servir l'un de contrepoix à l'autre c'est une bonne chose, le tout en sorte néantmoings que la religion catholique n'en reçoive point un détriment notable. Car encor que ledit Roy de Suèdde y change aujourd'huy peu de chose, sy ne faut il pas doubter que lorsqu'il sera puissamment estably, il la laisse en cest estat, ce qui est vraysemblable, et qui fait que tous les princes catholiques supplient très humblement Sa Majesté à ce que m'a dit Monseigneur le Duc de Bavière d'interpose[r] son authoritté pour le bien de la religion, dont ils se sentiront tous grandement ses obligés. Ce qui donnera une bonne et grande réputation à Sa Majesté convenable aux tiltres qu'il porte de Très Chrestien et à la proffession qu'il fait d'une grande piété et dévotion. Monsieur l'Électeur de Bavière receut hier aussy lettres de l'Électeur de Mayence[9] par lesquelles il tesmoigne désirer l'interposition de Sa Majesté en sorte que Son Altesse[10] croit que toutes les concidérations précédentes, où de l'Empereur, où d'Espaigne, n'empescheront plus les catholiques maintenant d'entrer en aliance avec le Roy. Il m'a dit de plus que Sa Majesté sçait bien qu'il est important ques les armes de la ligue catholique (dont il est le chef) subcistent, ce qui ne peut estre sy les éveschéz de Virsbourg, e Pamberge, et estats des autres princes catholiques sont ruynés, dont il supplie Sa Majesté de faire concidération, et des bons effects que l'obligation que Sa Majesté peut acquérir sur les catholiques auiourd'huy peut produire sy Sa Majesté se veut prévaloir de ceste occasion et prévenir les Espaignols, et l'Empereur, qui dit estre marry et se repentir d'avoir donné quartier aux troupes de Monsieur[11], et désirer d'estre amy de Sa Majesté.

J'oubliois à vous dire que le Roy de Suèdde dit qu'il trouve bon et utile le traicté d'entre Monseigneur l'Électeur de Bavière et Monseigneur l'Électeur de Saxe pourveu que toutes les parties y procèdent de bonne foy, et dit que c'est le seule moyen de concerver la liberté d'Allemagne et remettre la république de l'Empire en son ancien estat. Partant en faisant office devers luy de la part du Roy pour la concervation des estats de Monseigneur le Duc de Bavière il faudra par mesme moyen luy parler dudit traicté affin de le faciliter. Car <ce> maintenant le ressort qui fait jouer toutes les actions du Duc de Saxe[12], et le principe du mouvement de toutes ses volentés. Ainsy ayant fait à luy, la chose ne recevra plus de difficulté après, ce qu'il empescheroit sy l'on y venoit par une autre voye.

---

9 Vom 10. Oktober, oben Nr. 383.
10 Gemeint ist Maximilian.
11 Gaston Jean Baptiste de France, Duc d'Orléans, Bruder König Ludwigs XIII. von Frankreich.
12 Sic!

Je vous supplie au reste d'excuser le mauvais ordre de ceste despèche que ie vous fais à ce matin assez à haste n'estant de retour qu'à minuict[13] d'un voyage de quatrevingts lieues d'Allemagne que ie viens de faire en poste par la faute de Monsieur de Lisle lequel a oublié de me faire responce à une lettre[14] que ie luy avois escritte touchant nostre commission, et le moyen de faire réussir nostre traicté. La lettre que ie luy ay escritte estoit toute de Messeigneurs les Électeurs de Bavière et de Saxe, et sa responce[15] est toute du Roy de Suèdde, de la victoire duquel il est sy transporté de joye qu'il ne s'est pas souvenu de faire responce à ma proposition. J'en suis peut-estre aussy contant que luy en ce que ceste diversion fait révulsion d'une humeur qui pouvoit tomber sur une autre partie dont nous nous pouvions ressentir. Mais ie n'approuve pas pourtant d'obmettre le principal pour s'arrester seulement à un incident. Je tiens tout ce que ie vous ay mandé touchant le Roy de Suèdde dudit Sieur de Lisle, qui est mon garand pourvu qu'il ne face point comme tous les Huguenots avec qui j'ay traicté dont il ny en a pas un qui ne se soit réservé un moyen de s'expliquer et de donner à leur dire une interprétation à leur mode." [...] – München, 17. Oktober 1631.[16]

Ausf. AE CP Bavière 1 fol. 153–155ʳ und 156.

## 394. Maximilian an Tilly

Oktober 19

Mission Kellers – Beglaubigung Regenspergers – Indienstnahme des kaiserlichen Generalwachtmeisters Craz – Generalschargen bei der Ligaarmee – Bitte Fürstenbergs um ein vakantes Regiment

„Waß gestalt ir nach der von dem feindt iungst erlitner unglickhseliger niderlag unsern bestelten rittmaister Adam Heinrich Keller alher abgeordnet, uns nit allein von dem verlauf underthenigiste relation ze thuen, sonder auch sonst etliche verschaidene puncten bei uns anzubringen, solches werdet ir in unentfallenem angedenkhen haben. Obwoln wir nun besagten rittmaister Keller gleich am vierten tag nach seinem alhie ankhomen mit gemessner resolution wider abgefertigt, so ist er doch weiter nicht als biß nach Wirzburg, alda er mit deß bischofen L. uß unserm befelch etwas zu negociren gehebt, komen. In bedacht sich gleich damalß die feindtsgefahr gegen besagtem stift und statt Wirzburg so starkh erzaigt, dz S. bischofens L. sich in persohn

---

[13] Demnach war Saint-Etienne in der Nacht vom 16. auf den 17. Oktober wieder in München eingetroffen.
[14] Nicht ermittelt.
[15] Nicht ermittelt.
[16] Eine aus München, 18. Okt. 1631, datierte Nachschrift (Ausf. franz. Sprache, teilweise dechiffriert, AE CP Bavière 1 fol. 155ʳ), kann im Rahmen der BRIEFE UND AKTEN außer Betracht bleiben.

von dero residenz retirirn miessen und also besagtem rittmaister Keller, so verstandnermassen gleich ins mittl komen, iber dero statt und schloß dz commando anvertraut und darzue, wie unß er Keller schriftlich zu vernemmen geben, in mangel eineß andern qualificirten subiecti gleichsamb benetiget. Daselbst er sich dann unsers vernemens auf dato noch verhaltet und dergestalt an iberbringung unserer ime aufgebner resolution gehindert worden.

Aldieweiln aber underdessen firweiser diß, haubtmann Adam von Regensperg, welchen zu Ir Ksl. Mt. ir hirvordisem gwiser ursachen willen abgeordnet, bei uns zuruckkherendt angelangt, so haben wir fir ein notdurft ermessen, euch etliche puncten, so wir dem rittmaister Keller mündtlich außzurichten befolchen, durch disen Regenspurger wißlich ze machen. Werdet demnach ime Regensperger in seinem vor- und anbringen völligen glauben beizumessen wissen.

Und nachdeme wir bei iezigen schweren und gefehrlichen khriegsleiffen an hochen officirn in unsern landen mangl leiden, so haben wir derowegen den Ksl. generalwachtmaister graf Philipps Crazen von Scharpfenstein zu dem ende anhero beschriben,[2] damit wir unß seiner persohn zu defension unserer landen zu bedienen. Seitemahl wir aber von ime sovil verspirn miessen, dz er bei der armee mit einer hochen charge, insonderheit aber fir einen generaln der artigleria befirdert zu werdenn affectirt und unß zu dem ende disen vorschlag gethon, dz dem grafen von Gronsfeldt die charge als generalwachtmaister von der cavalleria, dem obristen von Cronberg die charge von der infantaria, ime aber obverstandne charge bei der artolleria conferirt werden mechte, also haben wir euch hieriber, waß in sachen ze thun, mit eurer gemietsmainung vernemmen wollen." [...]

Der bayerische Kämmerer und Oberststallmeister Graf Friedrich Rudolf von Fürstenberg hat den Kurfürsten um ein vakantes Regiment gebeten. „Weil unß aber unbewust, wohin dißfahls eure intentiones gericht sein und ob ir vileicht alberait solche regimenter wider ersezt haben mechtet, so wollen wir hieriber eurer mainung nit weniger gewertig sein. Sonst ist er graf erbietig, da ime ein unvolkhomneß regiment iberlassen werden solle, solches uf sein costen zu complirn." – 19. Oktober 1631.

Konz. Teisingers ÄA 2396 fol. 288–289. Ben. bei HEILMANN II S. 303 Anm. *, STADLER S. 570 (nicht korrekt).

---

2 *Maximilian* an Craz, 11. Okt. 1631 (Konz. Teisingers ÄA 2311 fol. 188). – Nach Ausweis von *Craz* an Maximilian, Rentsch, 22. Sept. 1631 (Ausf., präs. 28. Sept., ebenda fol. 186–187), hielt sich der Generalwachtmeister, der zwecks Beerdigung seines bei Landsberg gefallenen Bruders von Tilly für sechs Wochen beurlaubt worden war, derzeit auf seinen Gütern in Böhmen auf. Unmittelbar nach der Schlacht bei Breitenfeld und im weiteren Verlauf des Jahres 1631 bot er dem Kurfürsten wiederholt seine Dienste an und bat um eine der vakant gewordenen hohen Chargen bei der Ligaarmee, namentlich um die Charge eines Generals über die Ligaartillerie. Diese Gesuche beantwortete der Kurfürst zunächst dilatorisch mit dem Hinweis auf fehlende Informationen über die bei Breitenfeld erlittenen Verluste bzw. auf das noch ausstehende Gutachten Tillys. Vgl. dazu außer dem vorstehend zitierten Schreiben des *Craz* vom 22. September die einschlägige Korrespondenz Maximilians mit Craz ebenda fol. 185, 277, 289–296.

## 395. Kurköln an Maximilian[1]

Oktober 19

Truppenhilfe der Infantin für Tilly – Verrichtung Saint-Etiennes in Dresden – Abzug Tillys aus dem Stift Paderborn – Überlassung holländischer Truppen an den König von Schweden – Vermutungen Kurkölns hinsichtlich des Vorhabens der Feinde

[...] Teilt mit Blick auf die Empfehlung Maximilians an den Kaiser, die Infantin um Sukkurs zu bitten[2], mit, dass dem Vernehmen nach Oberst Wittenhorst und sein Regiment zu Pferd, je 4 Kompanien der Kavallerieregimenter Prinz Barbanzon und Salm

---

1 *Maximilian* antwortete Kurköln am 28. Oktober 1631 (Konz. Ranpeks Kschw 960 fol. 405. Ben. und zitiert bei H.-D. MÜLLER S. 40, S. 41 Anm. 50), Tilly habe sich bei Aschaffenburg mit den Lothringern vereinigt, sei mit einer ansehnlichen neuen, über 40.000 Mann starken Armee nach Franken gegen den König von Schweden gerückt und hoffentlich stark genug, ihn zurückzutreiben und ihm Abbruch zu tun. Da Tilly demnach den Sukkurs der Infantin nicht brauche und angesichts der den westfälischen Landen und dem Stift Paderborn drohenden Gefahren, schlage Maximilian vor, Kurköln möge „sich zu nothwendiger defendirung und versicherung dero landen diser trouppen gegen dem anziehenden Stadtischen volkh bedienen und selbiges in seinem feindtlichen vorhaben so guett als möglich divertirn und hündern helfen, zu solchem ende auch sowol an den graffen von Tüllj als an andere gehörige orth die notturft ehist gelangen lassen, inmassen ich dan auch meines thails, dem graffen von Tüllj zu solchem ende ehist nothwendige erinnerung zu thuen, nit underlassen wüll." – Für die Erinnerung Maximilians an Tilly ist zu verweisen auf unten Nr. 413. Entsprechende Vorstöße beim Kaiser in Sachen Truppenhilfe der Infantin für Kurköln bzw. zur Behauptung wenigstens der wichtigsten Positionen, welche die Katholiken im niedersächsischen Reichskreis noch innehatten, erfolgten mit Schreiben *Maximilians*, München, 30. Okt. 1631 (Konz. Ranpeks mit Zusätzen Peringers Akten 281 fol. 34–37; Reinschr. mit Korr. Maximilians Kschw 73 fol. 269–273), 31. Okt. 1631 (Reinschr. mit Korr. und Zusatz Maximilians ÄA 2380 fol. 472).

2 Oben Nr. 361. – In einem bei den Akten fehlenden Schreiben vom 18. Oktober 1631 hatte Kurköln Maximilian mitgeteilt, dass er den Grafen von Isenburg nach Brüssel abordnen und sich um Überlassung derjenigen spanischen Truppen an Tilly bemühen wollte, welche die Infantin dem Vernehmen nach abdanken wolle. Daran erinnerte *Kurköln* Maximilian, Bonn, 26. Okt. 1631 (Ausf., teilweise dechiffriert, Kschw 960 fol. 394), und fuhr fort: „Aldieweiln nun die gefahr diser ends und gegen den Weserstromb taglich mehr und mehr anwachset, indeme die General Staadten dem eingelangten bericht nach, einen gueten thail ihres volkhs dem könig in Schweden zu iberlassen, im werk begriffenn sein sollen und man sich benebens eins einfahlß und zuesamensezung deß Hessischen khriegsvolkh an der Weser und in meinenn stüftern endtlich zu besorgen, so habe ich, mit solcher schickhung umb soviell mehr zu eilen, für rathsamb befunden." Darauf antwortete *Maximilian* am 4. November 1631 (Konz. Ranpeks mit Korr. und Zusätzen Maximilians und Richels, teilweise zu chiffriren, Kschw 960 fol. 421–424): „Dieweiln mir auch anderwertig von der Hollender vorhabender überlassung einer anzaal khriegßvolkh für den könig in Schweden die nachrichtung zuekhomen und also die feindtsgefahr fast aller orthen je lenger, je mehr überhandtnemen, nunmehr auch genuegsam an tag khomen wüll, wie vüll man sich auf die neutralitet mit den Hollendern, weiln erstberierter actus der vorhabenden volkhsüberlassung, gar nit darmit übereinstimet, zu verlassen hat, daruber dann die Khaiserische und Spanische ministri wol spotten und gnugsam obiciern, als thuen E. L. gar loblich und wol, dz sie dero angehöriger erz- und stüfter wolfahrt und defension zeüttlich in acht nemen und durch die beschehne abordnung des graffens von Ysenburg sich um die beibringung der licentirter Spanischen trouppen bewerben, damit sie auf den nothfall wider allen feindtlichen gewalt und anfechtung gefast sein." Erinnert im übrigen an seinen Vorschlag vom 28. Oktober (oben Anm. 1).

sowie „des Hollandten Roverats" Regiment zu Fuß Befehl haben, sich nach Deutschland zu begeben. Sie sollen bereits marschieren und in den nächsten Tagen zu Maastricht über die Brücke ziehen, um sich mit Tilly zu vereinigen. [...]

Dankt für die Mitteilungen vom 6. Oktober betreffend die Verrichtung Saint-Etiennes in Dresden [oben Nr. 374 Anm. 1]. „Und weilenn derselbe gerhatenn, daß E. L. ihrer aufrechter intention Chursachsen zue sincerirn, und ich dann auß dern in anderen schreibenn [vom 6. Oktober, oben Nr. 363 Anm. 1] mir communicirter beilag vermerkhenn, daß solches albereitz beschehenn, so wolle ich mit verlangenn erwartenn, weßenn wolermelt Chursaxens L. sich darauff erklerenn müchtenn." [...]

Hat Bericht, dass Tilly am 9. Oktober aus dem Stift Paderborn nach Hessen gezogen ist, um sich mit Aldringen und Fugger zu vereinigen. [...] – Bonn, 19. Oktober 1631.

Postskriptum. Hat von seinen Münsterschen Beamten die Nachricht erhalten, die Generalstaaten hätten den Grafen Wilhelm von Nassau, den Oberst Gendt und Rosenkrantz und andere mit 10.000 Mann abgedankt und dem König von Schweden überlassen;[3] diese Truppen wollten durch Kurkölns westfälische Stifter marschieren. Seine Paderborner Beamten berichten, dass Landgraf Wilhelm von Hessen vom König von Schweden nach Kassel zurückgekehrt sei und angeordnet habe, mit den dort vorhandenen Truppen aufzubrechen, ferner seine Reiterei an die Grenze des Stifts Paderborn vorausgeschickt habe. Kurköln vermutet, die erwähnten holländischen und die hessischen Truppen wollten sich in seinen Stiftern vereinigen und Tilly folgen. [...]

Ausf., teilweise dechiffriert, Kschw 960 fol. 383–385.

## 396. Maximilian an Kurmainz

Oktober 21

Kriegslage – Geld für die Armee – Vermittlung des Landgrafen Georg von Hessen-Darmstadt bei Kursachsen – Vermittlung Frankreichs bei Schweden – Separation der Ligaarmee von der kaiserlichen Armee – Überlassung Tillys an den Kaiser

Bezug: Schreiben vom 10. und 13. Oktober [oben Nr. 383, Nr. 379 Anm. 1]. – „Nun mögen uns E. L. sicherlich zutrauen, dz uns der widerwertige und gefehrliche zuestandt, in welchem die erz-, stüfter und landen durch des königß in Schweden und seiner adhaerenten so starkhen und feindtlichen ein- und vorbruch begrüffen sein, sehr empfündtlich bekhomert, und zwar umb sovil mehr, dz wür die antroende gefahr und besorgende[s] weütters unhail nit so zeüttlich, wie wir es gewüßlich treuherzig und nach aller möglichkheitt thuen und unser eusseristes gern darauf sezen wolten, abwenden und verhündern khönden." Rekapituliert seine seit dem Einfall des Landgrafen

---

[3] Dazu vermerkte *Kurköln* am Rand: „Von den 10.000 waiß man nit sicher, ob sie sich Schwedische declariern werden."

Wilhelm von Hessen in die Mainzer und andere katholische Territorien getroffenen Vorkehrungen. Durch diese sind seine eigenen und andere katholischen Lande in den oberen Reichskreisen von Truppen entblößt, durch den schwedischen Vormarsch nach Franken sind sie von der Hilfe durch die Ligaarmee so weit abgeschnitten, „dz wir nit weniger als andere in augenscheinlicher gefahr, und zwar umb sovil mehr begrüffen sein, weiln sich der feindt offentlicher betroungen gegen uns und unsere landen vernemen last. Dz aber der Almechtige seinem unerforschlichen wüllen nach und ohne zweifel zu straff unserer schweren sünden ainen so schweren und hochgefehrlichen zuestandt über dz gemaine catholische wesen und deßen anverwandte stendte verhengen thuet, dz ist allain seiner Göttlichen Almacht zu bevelchen und mit geduldt anzunemen und zu übertragen. Verhoffen auch nit, dz E. L. oder ain anderer mitverainter bundtstandt, welche dz laidige unhail nuhnmehr würkhlich beriehrt, verdenkhen werden, als wan wir vileicht etwas ausser acht gelassen hetten, sonder, weiln wir je ain anders und mehrers, als würkhlich beschehen, nit thuen khönden, sonder umb anderer willen unß selbs bloß gestelt, mhüe, sorg und arbeith, ohngesparteß vleiß ohne alles interesse, allein Gott und dem gemainen wesen zu ehren angewendt, alß hat man dem Allerhöchsten in seine unerforschliche disposition nit zu reden, sonder sich vilmer angelegen sein zu lassen, Seine Almacht mit bußfertikheit widerumb zu versöhnen, hernegst auch sambt und sonders mit denn nothwendigen menschlichen mütteln nach eusserister möglikheitt zu concurrirn und die steiffe und gewüsse hoffnung und vertrauen zu seiner almechtigen güette zu haben, dz sie es noch alles zu mehrerm aufnemen und wolstandt des gemainen catholischen wesens und deßen anverwandter stendte dirigirn und gedeuen lassen werde."

Wirbt um Verständnis für Tillys Bitte um Hilfe. Hat selber über seine Kontributionsquote und seine vorige Antizipation hinaus nochmals 200.000 Reichstaler bewilligt, die er aber nach Lage der Dinge aus Sicherheitsgründen nicht zur Armee durchbringen kann. Wenn Kurmainz Mittel und Wege kennt, bittet er um Mitteilung. Ersucht Kurmainz und den Bischof von Würzburg, falls sie noch über Geldmittel verfügen oder sie beschaffen können, diese zur Verfügung zu stellen. Erwähnt, dass der Bischof von Würzburg die seinerzeit in Würzburg deponierten Bundesgelder dem Vernehmen nach mit sich genommen und salviert hat.

Dankt für die Mitteilung der Vorantwort des Landgrafen von Hessen-Darmstadt und erinnert an sein Schreiben vom 14. Oktober[1], dessen einschlägige Ausführungen er kurz rekapituliert. „Weiln aber dz maiste an gewinnung der zeitt gelegen, so lassen wir nochmaln zu E. L. vernüftigem guettbefünden und belieben haimbgestelt sein, ob und was sie von obgemelten von uns jungst unfürgreüfflich erindterten müttlen und puncten oder da iro dergleichen noch andere mehr zu gemieth gangen, nach gestalt deßen, so etwan zu Frankhfurth derentwegen bedacht worden sein mechte, an wohlgedachten landtgraff Georgen gelangen lassen und sie zu vortsetzung der zuegemuethen interposition nochmaln freundtlich ermahnen wolten. Wir

---

1 Oben Nr. 391.

stehen gleichwol ebenmessig in denen sorgfeltigen gedankhen, ob Churnsachßen irer selbst und auch des königß in Schweden so weit mehr mechtig seien, dz sie sich in güettliche tractaten und accommodation absonderlich einlassen khönden, dan wir E. L. nit verhalten sollen, dz wir von beglaubten orthen² die nachrichtung erlangt, waßmassen zwischen dem könig in Schweden und Churnsachßen nach vorgangnem treffen zu Haall ain solche enge allianz aufgerichtet worden, craft deren ainer ohne des andern wüssen und wüllen sich in khaine handlung einlassen khönde. Die sei gleich beschaffen, wie sie wolle, wie sie dan auch auf dz von unß jungst abgangne und E. L. in copiis communicirtes schreiben³ ohne communication mit Schweden unß zu beantworten, bedenkhen getragen. Aber wie deme, so mechte etwan dannoch mit mehrberierther interposition ainen versuch zu thuen, nit underlassen werden, obwoln es mit landgraf Georgen selb schier dz ansehen haben will, alß wann sie sich seithero etwaß merers, wie dz sprichwort lauttet, gegen hof reitten ließen, und dahero vermuetlich sich des werkhs nit mit großer hüeze annemmen mechten."

Hinsichtlich der Vermittlung Frankreichs bei Schweden teilt er mit, „dz wir schon zuvor auß eben den von E. L. angezognen umbstendten für rathsam befunden und bewegt worden, Ire Kgl. Wrd. in Frankhreich umb dergleichen interposition instendig zu ersuchen, inmassen bereits durch zween eillfertige curier würkhlich beschehen."⁴ Verweist auch auf seine Anregung eines entsprechenden Vorstoßes der in Frankfurt versammelten Bundesstände bei Frankreich.⁵ Hat noch keinen Bericht, was daraufhin geschehen ist. „Dieweiln aber dise unsere wolmainende erinderung durch den fruezeitigen aufbruch der gesandten besorglich nit in deliberation, weniger ad effectum khomen, so were unsers erachtens sehr guett und rathsamb, wan E. und dero geistlicher hern mitchurfürsten L.L.L. ihnen belieben lassen wolten, dergleichen ersuchschreiben an die cron Frankhreich in gesambtem namen fürderlich abgehen zu lassen. [...]

Was aber die separation der catholischen bundts von der Ksl. armada belangt, da sein wir mit E. L. gleicher mainung, dz hernegst, wan es die zeit und leuffen leiden mögen, auß denen von E. L. vernunfftig angezognen umbstendten wol darauf zu gedenkhen sein wirdt. Dz man aber auch an dem Ksl. hoffe vermuethlich vorhero schon mit dergleichen gedankhen umbgehet, deßen gibt dz in abschrüfften beiligendes, von Irer Mt. uns bei aignem curier zugeschikhtes schreiben,⁶ darinen die überlassung des graffens von Tüllj persohn nochmaln ganz instendig begehrt würdt, gnuegsame anzaig." Fügt auch seine Antwort an den Kaiser⁷ bei. [...] – 21. Oktober 1631.

Konz. Ranpeks mit Zusätzen Maximilians Kschw 782 fol. 396–401. Ben. bei KAISER, Politik S. 463, 478 f. mit Anm. 98, S. 496.

---

2 Informant Maximilians war zweifellos Saint-Etienne; vgl. dazu oben Nr. 393a S. 1207.
3 Vom 29. September (oben Nr. 367). Zur Mitteilung an Kurmainz vgl. oben Nr. 374.
4 Vgl. zu den zitierten Schreiben an den König von Frankreich oben Nr. 386 Anm. 1.
5 Vgl. dazu oben Nr. 311 E 69.
6 Vom 7. Oktober (oben Nr. 173 Anm. 1).
7 Vom 13. Oktober (oben Nr. 173 Anm. 1).

## 397. Maximilian an die Obersten Reinach und Comargo[1]

Oktober 21

Gewinnung des Königs von Dänemark

Kurköln hat ihm mitgeteilt,[2] „waß sich der gubernier zue Glückstatt gegen eüch ohnelangst in dem zue Trochtersheim gehaltenem discurs wegen deß königß in Schweden allzue großen progressen vernemmen undt darbei vermörkhen lassen, daß die Kgl. Wrd. in Dennemarkh derentwegen sorgfältig undt in disen gedankhen begriffen seien, dz es ihrem königreich zue schaden geraichen und selbiges letstlich selbst auch von dem Schweden angefochten werden, dannenhero sie wohl vernemmen möchten, waß sie sich auf solchen fall von dem catholischen bundt zue versehen. Dan sie sonsten die mitel nicht hetten, dem Schweden zu widerstehen, sondern müeßten etwas thuen, deßen sie vorhero niemaln willens gewesen, welches dan nicht wol von etwas anders alß von einer conjunction undt verbündtnus mit dem Schweden zue interpretieren und zue verstehen ist.

Wann nun diß solche sachen, welche billich in acht zue nemmen undt daran dem gemeinen catholischen wesen nicht wenig gelegen, derowegen dan in allweg dahin zue gedenkhen, welcher gestalt hierdurch der könig in Dennenmarkh nicht allain von verbündtnuß und conjunctur mit dem könig in Schweden zu divertiern, sondern wie er zumaln in guettem verstandt gegen den catholischen im Reich zue erhalten und wa müglich dahin zu vermögen, daß er insgesambt mit den catholischen den Schwe-

---

1 Die Ausfertigung dieses Schreibens übersandte *Maximilian* mit Postskriptum, 21. Okt. 1631 (Reinschr. Kschw 73 fol. 253), an Kurköln, den er bat, sie an die beiden Obersten weiterzuleiten. Kopien des oben Nr. 397 gedruckten Schreibens sowie der unten Anm. 2 zitierten Anlagen zu dem *Kölner* Postskriptum übersandte *Maximilian* aus München, 23. Okt. 1631, dem Kaiser (Ausf. KrA 69 Konv. Okt. fol. 150–151; Konz. Oexels Kschw 73 fol. 259): Stellt der Kaiserlichen Majestät anheim, „ob sie dise sachen ihrer wichtigkhait nach erwegen, und weiln ich verstehe, das sich ohnedz bei deroselben ein Dennemarckhischer gesandter befünde, dahin gnedigst gedenkhen wolten, ob und welcher gestalt bei solcher glegenheit ainige apertur zue solchem werkh gemacht werden möchte." – Vgl. zur Reaktion des Kaiserhofs das unten Nr. 400 Anm. 1 zitierte *Gutachten kaiserlicher deputierter Räte*, s. d. (im Druck bei HALLWICH I Nr. 412 S. 600), sowie das Schreiben des *Kaisers* an Maximilian vom 3. November (unten Nr. 424). In seinem Schreiben vom 30. November (unten Nr. 454 C Anm. 9) teilte der *Kaiser* u. a. mit, es sei kein dänischer Gesandter in Wien gewesen.
2 Mit *Postskriptum Kurkölns* an Maximilian, 12. Okt. 1631 (Ausf. Kschw 73 fol. 244): Maximilian werde „am besten wißen, waß etwo darauf zue halten sein müge. Weiln ich gleichwoll berichtet, alß solte ein Dennemarckischer gesandter nacher Wien auff der reisen, so möchte es ein guetes werk und wol zu wunschen sein, daß dergestalt eine separation erfolgen möchte." Dem Kölner Postskriptum beigefügt waren ein Anschreiben von *Oberst Hans Heinrich von Reinach* an den Bischof von Osnabrück, Stade, 4. Okt. 1631 (Kopien Kschw 73 fol. 239, KrA 69 Konv. Oktober fol. 156), ferner der *Vortrag des Gubernators zu Glückstadt* bei Gelegenheit seiner Zusammenkunft mit Reinach und Comargo in Drochtersen (Kopien Kschw 73 fol. 260, KrA 69 Konv. Oktober fol. 154). – Zum Hintergrund der Eröffnungen des Gubernators und zum weiteren Verlauf der Angelegenheit vgl. STADLER S. 621 f.

dischen progressen abbruch thuen undt den hoch waxenden ibermuht undt gewalt retundiern helfe,

Disem nach haben wir ein nohtdurft zu sein ermessen, eüch hiemit gnädigist an hand zu geben, daß ihr von der iber gemelte sachen angefangnen conferentz nicht außsetzen, sondern solche fürderlichst zue continuiren glegenhait suechen, auch darbei dem Glüchkstattischen gubernier die gefahr, so durch deß Schweden vorbruch der cron Dennnemarkh selbst annahe, wohl remonstrieren und bewöglich zue gemüeht füehren sollet, daß gleichwol seinem könig billich zu bedenken stehe, ob er sich dergestalt einschliessen laßen wolle, dz ihme nachmals der Sond könne abgeschnitten werden, darauff dan sie Staden in Holland schon längsten ihr sonderbahres absehen gehabt. Insonderheit sollet ihr auch mit guetter dexteritet anlaß geben, daß er mittel und weg vorschlage, durch welche die catholische im Hl. Röm. Reich mit seinem könig in etwas nähere verständtnus kommen und sie sich hernachmals mit gesampten zuethun deß Schweden grassierenden gewalt entgegensetzen undt selbigen mit gebührendem ernst widerstand thuen möchten. – Ihr köntet darneben besagten gubernier versichern, daß sich die catholische reichsstände zue einem solchem nach billichen dingen nicht ohngern verstehen undt sonderhaitlich daß auch wir unßersthaiß es nicht mißrathen, sondern vihlmehr allen befürderlichen vorschueb darzue laisten wurden. Jedoch aber sollet ihr dieses alleß allein von eüch selbsten undt gantz ohnvermörkht, daß wir von diser sach derzeit wissenschaft tragen oder eüch ichtwas deßwegen anbefohlen, vorbringen, unß auch allernechst, waß ihr hieriber für erclärung bekommen, umbständtlich und der nohtdurft nach widerumben berichten." – 21. Oktober 1631.

Konz. Oexels Kschw 73 fol. 251–252 = Druckvorlage; Kop. KrA 69 Konv. Oktober fol. 152–153. Ben. bei STADLER S. 621.

## 398. Der Kaiser an Maximilian[1]

Oktober 21

Pfalzfrage

„Auß underschiedlichen meinen schreiben, so ich seithero dem iüngst verfloßenen Junio an E. L. abgehen laßen, werden dieselbe gueter maßen vernohmmen haben, sich auch wol zu erinnern wißen, sowol was des königs in Engellandt L. durch dero abgesandten allhie bei mir wegen aussöhnung und restitution des pfalzgraff Fridrichen anbringen und sollicitieren laßen als auch was für guetachten ich in dieser so schweren sach von E. L. alberait vor diesem begehrt.

Gleich wie ich nun eine zeitlang von tag zu tag verhofft, E. L. dermahlneinst sich in etwas erkleren und mit dem begehrten guetachten an die hand gehen wurden, weßen ich mich in einer solchen sach endlich und zuverläßig zu resolvieren, also hab ich in erwartung desselben gedachten abgesandten bis anhero iederzäit nur mit gueter hoffnung trösten und aufhalten miessen. Nachdem es aber nunmehr eine zimbliche lange weil hiemit angestanden und gleichwol bis dato von E. L. dißfalß dz wenigste nit eingelangt wirt und dan anderseits sowol von ihme ietzged. abgesandten alß auch von der cron Spanien so stark und vilfältig umb eine resolution und erklärungh auf die angebrachte werbung bei mir angehalten und sollicitiert wirt, dz mir schwer und fast unmöglich fallen will, solcher gestalt einen und den andern theil lenger in suspenso zu halten, alß hab ich ferner und inmittelst nit unterlaßen können, auf die bequemist und thuenlichste mittel, wie etwa auß diesem wesen zu kommen, vorbedacht zu sein.

Und demnach sich befindet, dz von dem pfalzgraffen und iener seit insonderheit und am meisten dieihenige condition, so wegen der renunciation auf die chur gesetzt, difficultiert wirt, und mir nun zu etwas ermilterung derselben underschiedliche vorschläge, wie E. L. in beiligendem zettl mit littera A notiert zu sehen, vorgetragen werden, dardurch etwa der sachen nit ubel möchte geholfen werden, alß hab ich nit umbgehen wollen, denselben E. L. in hergebrachtem vertrawen zu communicieren, mit [...] gnedigstem ersuechen, weiln gleichwol einmahl vonnöthen, mehrb. abgesandten mit einer cathegorischen antwort und erklärung endlichen zu bescheiden, auch die ietzige coniuncturen also beschaffen, das villeicht hierinnen nit wohl hoher

---

1 *Maximilian* antwortete aus München, 30. Okt. 1631 (Reinschr. mit Korr. und Zusätzen Maximilians Akten 258 fol. 46; Ausf. StK StA Palatina 11 Konv. alt 7b), der Kaiser werde „verhoffentlich selbst gnedigist ermessen, daß, weil mir bißhero umb dißen tractat mit dem Englischen gesandten wenig wißendt gewest, mir sehr schwer und bedenklich fallen, auch nit gebühren will, mich in diser meinem hauß sovil angelegener sachen und zumahlen über die communicirte vorschlege aines endtlichen und bestendigen zu erclern, ehe und zuvor ich dariber mit meiner beeder herren gebrüeder L.L., darunder nun der churfürst zu Cölln etwas weiter entsessen, nothwendige communication pflegen thue. Habe es derowegen an dieselbe alberaith bei aignem eilfertigem currier gelangen lassen und bitte Euer Mt. hiemit gehorsamist, sie wollen disen geringen verzug nit in ungleichem aufnemmen."

zu kommen und auß dem langen verzug zu mehrern widerwertigkeiten und feindtsehligkeiten leichtlich ursach genohmmen und insonderheit die cron Engellandt sich mit andern meinen und des Reichs widerwertigen uniren möchte, da hingegen, wan selbigem könig dißfalß in etwas gewillfahret wurde, zu hoffen, auch albereit fast gewiße vertröstung geschehen, dz er sich zu einem friedensmittlern bei gedachten meinen widerwertigen gern möchte gebrauchen laßen, dz sie in reiffer erwegung deßen allen wie nit weniger auch weiln die cron Spanien erbiethig, die inhabende Pfaltzische länder unverlengt auf diese mittel widerumb zu meinen handen zu restituieren, mir also ihres gemuths meinung hieruber zu eröffnen oder sonsten in einem bestendigem und zuverläßigem guetachten wie obvermeldet an die hand geben wollen, wie diese sach endlichen auf ein solches mittel zu accommodieren, damit sowol E. L. alß auch ich dißfalß mit weiterer unruhe unangefochten verbleiben, auch der allgemeine friedt dem Hl. Reich dermahlneinst widerumb restituiert werden möge. Und seien E. L. benebenst gewißlich versichert, dz ich alles deßihenigen, was zwischen unß in einem und dem andern, die disposition der Pfaltzischen länder und die chur betr., verhandlet und besprochen worden, wol eingedenk, auch nit gesinnet, demselben zuwider etwas einzugehen oder zu bewilligen, sondern vilmehr sie bei den geschloßenen pactis handtzuhaben und zu manutenieren, maßen auch ich mich gegen der cron Spanien nit weniger versehe, dz dieselbe ihrestheilß auch nit allein nit zuwider sein, sondern gar gern hierzu helfen und concurrieren werden." – Wien, 21. Oktober 1631.

Ausf. Akten 258 fol. 42–43 = Druckvorlage; Kop. ebenda fol. 34–35; korrigierte Konzept-Kopie StK StA Palatina 11 Konv. alt 7b. Ben. bei Droysen, Gustav Adolf II S. 471.

Anlage A:

„Modi compositionis ad reconciliationem Friderici palatini propositi
    1. Inprimis et ante omnia submittat et humiliet sese coram Sacra Caesarea Majestate, et deprecetur palatinus.
    2. Deine idem pro se suisque haeredibus et successoribus quibuscunque praetensioni ad regnum Boemiae et incorporatas eiusdem provincias, et electioni, ad illud nulliter obtentae renunciet.
    3. Idem quoque pro se, et haeredibus suis, ut supra, renunciet, et cedat omnibus et singularis pactis, et foederibus cum principibus, et statibus tam externis quam internis Imperii ad subsidium et adminiculum suum initis, promittatque firmiter et caveat, omnibus in posterum machinationibus, et actibus perniciosis, correspondentiis quoque suspectis, et prohibitis consillis, quae in fraudem vel perniciem Imperii, eiusve electorum principum, et statuum cedere possent, penitus renunciare et abstinere velle.
    His ita praestitis Sacra Caesarea Majestas ad intercessionem utriusque Regis Catholici, et Magnae Britanniae, Fridericum palatinum, eiusque liberos a banno

Imperiali absolvat eatenus nimirum quantum ad admissionem ipsorum in gratiam Caesaream, liberamque potestatem versandi et commorandi in Imperio attinet. Caeterum ad renunciationem ad electoratum quod spectat (quae conditio inter conditiones necessario requisitas in decreto Ratisbonae 12. Novemb. anni 1630 facto expressas ordine erat 3$^{a2}$) haec moderatio et cautio pro serenissimo electore Bavariae, tanquam parte interessata adhibeatur, videlicet: Vel tacita omnino haec conditio praetereatur: aut certe siquidem id minus securum videatur, addatur clausula in decreto Ratisbonae anno 1623 facto[3] adhibita, reservato nimirum ad dignitatem electoralem quod attinet filiis, et agnatis, et unicuique suo iure. Aut demum magis in specie dicatur, quod dignitas electoralis in eodem statu ac forma, sicut de illa a Sacra Caesarea Majestate ad hunc usque diem dispositum est, permanere debeat, ita ut per hunc absolutionis actum nihil cuiquam iuris praeter id de quo expressum est, acquiri vel adimi censeatur.

Praeter eadem Sacra Caesarea Majestas dictos liberos palatini ad eam et partem ditionum ac terrarum Inferioris Palatinatus admittat, quam hodie Rex Catholicus tenet, idque sub his ulterioribus conditionibus et pactis quae pro tam pingui gratia ipsi haud multum recusabunt.

1° Ut in dictis ditionibus ac terris exercitium sanctae Romanae religionis catholicae sicuti nunc restitutum est, ita in posterum quoque permaneat.

2° Duo maiores natu filii palatini alter in aula Caesarea, alter in aula Regis Catholici ad annum usque aetatis suae 25 educentur.

3° Regimen administrationis interim ad annum videl. praefixum aetatis ipsorum a Sacra Caesarea Majestate ex deputatis ordinum patriae catholicis constituatur, quibusque omnibus ab eadem Sacra Caesarea Majestate praeses aliquis iuxta arbitrium suum praeficiatur.

4° Ipse autem pater palatinus non modo a possessione et dominio harum ditionum, verum etiam ab administratione earundem in perpetuum sit exclusus.

5° Et si eundem in posterum quoque in prius vel simile delictum recidere conti[n]gerit, intra annos minorennitatis filiorum, tum non modo ipse a gratia praedicta, sed filii quoque ipsius ab hac aliisque omnino exciderint, et excidisse censeantur.

His omnibus addatur siquid praeterea in bonum pacis et religionis maiusque commodum ipsius Imperii a rege Angliae tractando impetrari possit, ut verbi gratia:

1° Rex Angliae subsidia regi Sueciae contra Sacram Caesaream Majestatem missa non modo revocet et quam primum abducat, sed eidem Sacrae Caesareae Majestati contra dictum hostem suam opem

---

2 Das zitierte *kaiserliche Dekret* für Anstruther ist benutzt und zitiert bei E. WEISS S. 105 mit Anm. 56. Hinzuweisen ist auch auf den einschlägigen 7. Punkt der sog. *Kaiserlichen Schlussschrift an das Kurkolleg*, Regensburg, 12. Nov. 1630 (BA NF II,5 Nr. 170 S. 669). – Zu den erwähnten Bedingungen vgl. oben Nr. 282 Anm. 4.

3 Gemeint ist der *kaiserliche Lehensbrief* für Maximilian, Regensburg, 25. Febr. 1623, gedruckt u. a. bei LONDORP II S. 795 f.

2° et auxilium praestet, et siquid aliud ad eundem e finibus Imperii amovendum obtineri poterit."

Kopien Akten 258 fol. 40–41 = Druckvorlage, StKStA Palatina 1 Konv. alt 7b.

Anlage B[4]:
„In quam sententiam hoc tempore legato Anglico respondendum videatur, quo illum contentum fore supponitur.

1° Sacra Caesarea Majestas parata est, ad intercessionem ambarum Majestatum Catholici et Magnae Britaniae Regum, absolvere a banno palatinum, eiusque filios, quantum ad admissionem ipsorum in gratiam suam, itemque quantum ad potestatem libere versandi et commorandi in Imperio attinet, idque sub conditionibus in decreto Ratisbonensi 12. Novembris anno 1630 dicto legato Anglico dato[5] expressis, excepta tamen illa de renunciatione ad dignitatem electoralem, quae in eodem statu ac forma permanebit, sicut de eadem a Sacra Caesarea Majestate hactenus et ad hoc usque tempus dispositum est, ita ut per hunc actum nihil cuiqam iuris acquiratur vel amittatur.

2° Praeterea eadem Sacra Caesarea Majestas dictos filios palatini etiam ad eam partem ditionum ipsius admittit, quam hodie tenet Rex Catholicus.

3° Ad hoc aliae quaedam conditiones adici debebunt, de quibus simul tres Majestates Caesar videlicet Catholicus, ac Magnae Britanniae Rex, ante conclusionem huius tractatus inter se convenient. Atque ad hunc effectum in Hispaniam et Angliam scribetur, ut Reges illi mandata, sive plenipotentias suas mittant, quo hic in aula Caesarea tractatus hic concludi possit, quandoquidem ex defectu eiusmodi mandatorum iam nihil concludi potest."

Kopien Akten 258 fol. 44 = Druckvorlage, StK StA Palatina 11 Konv. alt 7b.

---

4 Diese Anlage wird in dem oben Nr. 398 gedruckten Schreiben des *Kaisers* zwar nicht genannt, jedoch belegen die unten Nr. 414, 425 und 449 gedruckten Stücke, dass sie ihm beigefügt war.
5 Vgl. oben Anm. 2.

## 399. Landgraf Georg von Hessen-Darmstadt an Maximilian[1]

Oktober 21

Mühlhausener Konvent

„Wir zweiffeln nicht, E. L. werden die unverhoffte endigung dess zu Franckfurt angestelt gewessenen compositiontags vor einlangung diss vernommen haben, uns auch von E. L. gesanden zeugnus gegeben worden sein, das wirs gerne gut gesehen hetten und das unsers orts nichts underblieben, was zu erraichung des vorgestöckten fridenzwecks diensam geschienen, wie dan E. L. wir nochmahls bei unserm ohnversehrten gewissen versichern, das bei diesen so gar überhand nehmenden grausamen krigsempörungen unsere sinn und gedanken iederzeit dahin gerichtet gewesen und noch, wie doch möglichen dingen nach durch ohnweiterliche mittel fried und einigkeit gestiftet, allen ferneren bluthvergissungen so vieler tausend christenmenschen gestewert und nicht gar alles in die allereusserste, auch allen auswendigen völkern zur erbarmung stehende conflagration unsers vatterlands gestürzt werden möchte. Wollen hofen, des herrn churfürsten zu Sachsen [...] L. werden ihro auch immerhin, ohnerachtet alles dessen, so biss dato passirt ist, die gütliche fridenshandlung belieben lassen und ein ebenmessiges bei Ihrer L. krigsverwanthen erhalten, gestalt aus Seiner L. an uns abgangenen schreiben wir nie ein anders als friedfertige intention vernehmen könne.

In disser unserer sorgfalt vors gemeine wesen haben wir die aufhebung des Franckfurtischen compositiontags überaus ungern und mit betrübtem gemüth erfahren. Nachdem es aber vor diesmahl nicht mehr zu endern, wir auch befunden, das auf demselben nurd die in den religionsfriden einlauffende quaestiones, gar nicht aber andere, ebenso hochwichtige und schon in den fewerigen und blütigen waffen stehende prophansachen in tractat gezogen worden und dan mitten under wehrender tractation sich allerhand newe emergentia ereuget, darauf der gesanden instructiones dabevor nicht wohl gerichtet werden können, so haben wir aus alleiniger begürde des von so vielen millionen christlicher seelen hoch desidirirten fridens eine unumbgengliche notturft ermessen, mit des herrn churfürsten zu Mäintz L. vertraulich weiter zu communiciren[2], mit deren wir uns eines unvorgreiflichen vorschlags

---

[1] Ebenso mutatis mutandis: *Landgraf Georg von Hessen-Darmstadt* an Kurköln und an Kurtrier, Darmstadt, 12./22. Okt. 1631 (Vermerke auf dem Konzept sowie auf der Kopie). Ebenfalls vom 12./22. Oktober datiert ist eine Kopie des oben Nr. 399 gedruckten Schreibens an Maximilian (Akten 203/II), die *Landgraf Georg* mit Anschreiben, Darmstadt, 17./27. Okt. 1631 (Ausf. ebenda; Konzept-Kopie HStAD E 1 C Nr. 7/1 fol. 262), an Maximilian übersandte.

[2] Und zwar hatte der Landgraf Mitte Oktober seinen Kanzler Wolff nach Mainz abgeordnet; vgl. zu dessen Mission und zu dem ins Auge gefaßten Mühlhausener Konvent FROHNWEILER S. 33 f. – Eine *kurmainzische Relation* über die auch Kriegsbeschwerden des Landgrafen betreffende Verrichtung Wolffs in Mainz, 18. Okt. 1631, ist überliefert in MEA K 18 Konv. FKT fol. 173–174.
Über die Proposition Wolffs und besagten Konvent unterrichtete auch *Kurmainz* Maximilian aus Mainz, 20. Okt. 1631 (Ausf. Akten 203/I). In dem Schreiben hieß es u. a.: „Ob wir unß nun wol leicht-

verglichen, wie mitkommendes protocoll sub litera A³ ausweisset, haben auch an die Röm. Ksl. Mt., unsern allergnädigsten herrn, also gehorsambst geschrieben, wie die copeiliche beilag B⁴ mehrers inhalts mit sich bringt und werden noch bei heutiger post von uns an andere ort verschidene, zu solchem gemeinnützigen end gerichtete missiven und respective schickung abgelassen.

Weill dan der hochbetrübliche iamerstand unsers geliebten vatterlands Teütscher nation und desselben erschröckliche noth und gefahr ie lenger, ie grösser würd, also das darüber die sonn am himmel, sonderlich aber über der ohnerhörten stürtzung so vieles von unserm Erlöser Jesu teuwer erworbenen christenbluths selbst trauren und sich entferben möchte, so gar das auch nunmehr keine einige privatpersohn, ia fast *kein⁵ chur-, fürst oder anderer stand des Reichs sagen kann, das er über etliche wochen*

---

lich einbilden können, waß man nach gestalt deß königs in Schweden ieziger starken progresz undt da die protestirende vermeinen, alles gewonnen zu haben, den catholischen vor beschwerliche conditiones zumuthen werden [!], auch wie wenig hoffnung zu machen, erbare, billichmeßige friedensmittel vom gegentheil zu erhalten, und daß also der sachen iziger bewandnus nach, mit oberwenten protestirenden sich in tractation einzulassen, mißlich gnug sein werde, nichtsdestoweniger aber undt dieweil unsers unvorgreifflichen ermessens keine occasion oder apertur, damit man dannoch in omnes eventus sich der gutlichen handlung gebrauchen möge, nit allerdings außer acht zu lassen, so haben wir keinen umbgang nehmen wollen, E. L. dieses alles, wie es an unß gebracht worden, freundlich zu berichten, mit angeheftem bitten, [...] sie geruhen unß ehist undt freundlich zu verstendigen, ob ihro diese abermalige in vorschlag kommene zusamenkunft wie ingleichen die zeit und ort beliebig undt sie, die ihrige dahin abzuordtnen, ihro gefellig sein möchte, mehrwolg. herrn landgraff Georgens L. haubtsächlich darnach haben zu beantworten." – Ein gleichlautendes Schreiben richtete *Kurmainz* aus Mainz, 20. Okt. 1631, auch an den Kaiser (Ausf. RK RTA 100b fol. 31–33; Kop. Akten 203/II).

3 *Protokoll*, [Mainz, Sonnabend, 8./18. Oktober 1631] (Kop. Akten 203/II. Ben. bei IRMER I S. XLIX mit Anm. 3, FROHNWEILER S. 33): „Bei der Röm. Ksl. Mt. [...] und bei den catholischen herren churfürsten würde durch Ihre Kfl. Gn. zu Meintz, bei den beeden herren churfürsten zu Sachsen und Brandenburg aber durch Ihre Fstl. Gn. zu Hessen-Darmstatt dahinn negotiirt, ob in den nechsten sechs wochen Kaiserliche und aller churfürsten plenipotentiarii in Mühlhausen zusammenkommen und vom friden miteinander tractiren möchten. [...] Interponirende fürsten weren ertzhertzog Leopoldus, pfaltzgraf Wolfgang Wilhelm, marggraf Christian zu Brandenburg und landgraf Georg zu Hessen. Disse vier weren zu ersuchen, das Ihre Fstl. Fstl. Dht. Dht. und Gn. Gn. in persona sich sambtlich oder doch zum grössern theil einstelleten." Die durch eckige Klammern markierte Lücke enthält Vorschläge hinsichtlich der Sicherheit der zu dem Konvent Reisenden und an dem Konvent Teilnehmenden. – Die vorstehend zitierte Kopie des *Protokolls* ist undatiert; das durch eckige Klammern markierte Datum ist enthalten in dem der Sendung *Landgraf Georgs* an Maximilian vom 17./27. Oktober (oben Anm. 1) beigefügten Kopie des *Protokolls* (Akten 203/II).

4 Fehlt. Beigefügt war nach Ausweis des Konzepts sowie der Kopie eine Abschrift des auch der Sendung vom 17./27. Oktober (oben Anm. 1) beigefügten Schreibens *Landgraf Georgs* an den Kaiser, Darmstadt, 12./22. Okt. 1631 (Ausf. mit dem Vermerk: Kopien für Kurköln, Kurtrier, Erzherzog Leopold, Kurbayern, RK RTA 101a Konv. Sept.–Nov. fol. 92–93 und 100, mit Anlagen fol. 94–99; Kopien RK RTA 100b fol. 165–166, Akten 203/II. Druck bei IRMER I Nr. 6).

5 Das oben kursiv Gedruckte ist von *Maximilian* markiert und mit folgendem Vermerk versehen worden: „N. Der stolz und ubermuth dises gesellens! Mann muß im zaigen, dz sie es noch nit gewonnen. Man muß ihme widerhallen, wie er ins holz schreidt."

*oder tage dasienige noch in ruhigem besitz haben und behalten werde, was er und seine maiores von so viel hundert unüberdencklichen zeiten gehabt, ferner auch zu besorgen stehet, es möchte (welches doch die güttigkeit des Allmächtigen Gottes gnediglich verhüten wolle) die continuirung solches bluthigen und fewrigen krigs eine vollendige evertirung unsers ohnedaß ufs eusserst verderbten vatterlands, deprimirung vieler geistlicher und weltlicher fürstenthumber und familien, endlich auch einen solchen ferneren blutweinenden reichs- und landiamer causiren, das zulezt gantz und überall nicht mehr zu helfen.*

Hirumb und weil die noth einen ieden patrioten und umb soviel do mehr einen ieden getrewen fürsten des Reichs antreibt und erinnert, in dieser vor augen schwebenden allerelendigsten combustion auf mögliche lösch- und rettungsmittel zu gedenken, ohnedas auch der verzehrende Göttliche zorn über denienigen stark entbrennen möchte, welcher ichtwas, so zum frieden dienet, seines orts wissentlich underlässt, so haben wir uns erkühnt, obangeregten ohnmasgeblichen vorschlag höchstermelter Ksl. Mt. in underthenigster devotion und wholmainung an hand zu geben, und wollen zugleich E. L. hirmit aufs höchste und fleissigste, als wir immer können und mögen, ersucht und gebetten haben, sie als ein hochlöbliche seul des unvergleichlichen herrlichen reichsbawes geruhen, alles in dero hocherleuchtem verstand reiflich zu erwegen, an dero hohem ort zu solchem fridensscopo zu concurriren und das in den beilagen erwehnte gütliche fridensmittel zu gewürigem fortgang bringen zu helfen, sonderlich der Röm. Ksl. Mt. und des herrn churfürsten zu Mäinz L. ihre verhofende placitirung ohnbeschwert allerehist zuzuschreiben und, do höchstgedachte Ksl. Mt. oder hochermeltes herrn churfürsten zu Mäinz L. Ewere L. disses anderwertlichen tags avisiren würden, dero plenipotentiirte gesande ohnbewert dahin abzuordnen und dieselbe schon itzo eventualiter gefast machen zu lassen, das wan die Röm. Ksl. Mt. und andere hirunter ersuchte chur- und fürsten den tag belieben und solches E. L. entweder von Ihrer Ksl. Mt. oder von des herrn churfürsten zu Mäintz L. wissentlich angefügt würd, die ihrige desto beraiter ehr aufbrechen und in termino einlangen könten, damit bei der uf allem verzug haftender übergrosser gefahr die zeit gewonnen, am siebenden Decembris stilo novo[6] zu Mühlhaußen angelangt und also alle zeitspiltung gewendet werde.

Wie wir dissfals auf nichts anders als auf des Allerhöchsten als eines Gottes des fridens lob und ehr, sodan auf Ihrer Ksl. Mt. als unsers allergnädigsten oberhaubts

---

6 In den *Mainzer Schreiben* vom 20. Oktober (oben Anm. 2) und dann auch in dem Schreiben des *Landgrafen* vom 17./27. Oktober (oben Anm. 1) wird als Termin der 14. Dezember st. n. genannt. – Den oben Anm. 1 zitierten Schreiben *Landgraf Georgs* an die Kurfürsten von Köln und von Trier vom 12/22. Oktober wurde folgendes Postskriptum (Konz. Wolffs HStAD E 1 C Nr. 7/1 fol. 220) angehängt: „Bei beschlissung dises schreibens lassen des herrn churfürsten zu Mayntz L. uns wissen, das dieselbe den terminum zur einkunft in Mülhausen auf den vierzehenden nechstkünftigen Decembris stilo novo und also acht tag weiter hinaus gesetzt, ohne zweifel darumb, damit man desto gewisser werden könne, das der Ksl. Mt. commissarii und alle dahin ersuchte chur- und fürsten einlangen würden und keiner auf die andere mit verdruss und beschwernuss warten dörfte."

respect und beruhigung, desgleichen auf die gemeine wholfahrt des vatterlands sehen, darmit doch dermahleins haubt und glider der grausamen läste und sorgen fundamentaliter abkommen möchten, also thun E. L. wir in dero hohen verstand und belieben alles freundsöhnlich stellen und hoffen, E. L. werden solches, wie es gemeint, im besten vermerken, auch uns zur nachricht und darmit bei des herrn churfürsten zu Sachsen L. wir desto besser fort negotiiren könten, dero gemüthsmainung antwortlich ehist verständigen." – Darmstadt, 11. [!]/21. Oktober 1631.

Ausf. Akten 203/II = Druckvorlage; Konz. mit Korrekturen Wolffs, datiert: Darmstadt, 12. [!]/22. Oktober 1631, HStAD E 1 C Nr. 11/1 fol. 586–589; Kop., datiert: Darmstadt, 12. [!]/22. Oktober 1631, HStAD E 1 C Nr. 7/1 fol. 216–218. Ben. bei FROHNWEILER S. 34.

## 400. Maximilian an den Kaiser[1]

Oktober 23

Bezug: Schriftliche [oben Nr. 382 E] und mündliche Resolution des Kaisers für M. Kurz. – Gegenseitige Hilfeleistung des Kaisers und der Liga – Konvent katholischer Reichsstände[2] – Vermittlung des Landgrafen Georg von Hessen-Darmstadt bei Kursachsen – Waffenstillstand – Bedingungen eines Ausgleichs mit Kursachsen[3] – Vermittlung Frankreichs bei Schweden – Anwerbung von Polacken durch den Kaiser – Vormarsch Tillys und der lothringischen Truppen nach Franken – Kaiserliche Ordonnanz für Colloredo – Dislozierung der Truppen Colloredos in der Gegend von Nördlingen und Dinkelsbühl[4] – Einsatz des kaiserlichen Generalwachtmeisters Craz im [Nördlinger] Ries[5] – (AO München)

---

[1] Das oben Nr. 400 zitierte Schreiben war Gegenstand eines *Gutachtens kaiserlicher deputierter Räte*, s. d. (RK RTA 100b fol. 289–292. Druck bei HALLWICH I Nr. 412).
Das bei der Ausfertigung des oben Nr. 400 zitierten Schreibens abgelegte Postskriptum (Ausf. RK RTA 100b fol. 187; Reinschr. mit Korr. Maximilians Kschw 73 fol. 265. Druck bei HALLWICH I S. 585) gehört zu einem Schreiben *Maximilians* an den Kaiser, München, 25. Okt. 1631 (Reinschr. mit Korr. Maximilians Kschw 73 fol. 261–262), in dem es noch einmal um die Unterstützung des Kaisers für den Duc d'Orléans ging. Thema des zitierten Postskriptums war die Abdankung holländischer Truppen und deren Übertritt in schwedische Dienste sowie die von der Infantin zu erbittende Truppenhilfe.
[2] In seinem Schreiben vom 30 Oktober (oben Nr. 395 Anm. 1; Auszug RK RTA 101a Konv. Sept.–Nov. fol. 121–122. Benutzt und zitiert bei H.-D. MÜLLER S. 50, S. 51 Anm. 116), schlug *Maximilian* dem Kaiser vor, zwecks Zeitersparnis nur die katholischen Kurfürsten und die vornehmsten katholischen Reichsstände, zumal diejenigen, die am Frankfurter Kompositionstag teilgenommen hatten, oder aus jedem Reichskreis einen zu berufen. Was den Tagungsort angehe, seien die für die Rheinischen näheren Städte Augsburg, Donauwörth oder auch Ingolstadt günstiger als das vom Kaiser vorgeschlagene München.
[3] Zu diesem Punkt war beigefügt der bei HALLWICH I Nr. 403 gedruckte Auszug aus dem Schreiben *Maximilians* an Kurmainz vom 14. Oktober (oben Nr. 391).
[4] Vgl. dazu die einschlägige Korrespondenz Maximilians mit Colloredo und andere Unterlagen ÄA 2311 fol. 841–853, ÄA 2380 fol. 447–448.
[5] Craz sollte hier mit Hilfe in der Gegend noch befindlicher kaiserlicher Truppen und der Truppen Colloredos geeignete Maßnahmen zur Verhinderung der protestantischen Werbungen in Franken sowie zur Sicherung und Verteidigung Bayerns und der Territorien anderer angrenzender katholischer Reichsstände treffen und dabei von den Bischöfen von Eichstätt, und Augsburg, dem Fürst-

Druck bei HALLWICH I Nr. 402. Ausf. RK RTA 100b fol. 184–186 und 189; teils Konz. Ranpeks, teils Reinschr., basierend auf Konz. Teisingers mit Zusätzen Maximilians und Ranpeks, Kschw 73 fol. 255–258, ÄA 2380 fol. 435–436; Auszug KrA 69 Konv. Oktober fol. 94. Ben. bei TUPETZ S. 205 [517] Anm. 1, S. 207 [519] Anm. 1; BIRELEY, Maximilian S. 163.

## 401. Der Bischof von Bamberg an Maximilian[1]

Oktober 23

Schreiben des Königs von Schweden – Abordnung zum König von Schweden – Aufbruch des Königs von Schweden von Würzburg

Bezug: Schreiben vom 17. Oktober [oben Nr. 392 Anm. 1]. – „Was von demselben [König von Schweden] unß in dießer stundt für ein schreiben, gleichwohln under einem alten dato vom 3. huius, auch durch keinen trometer, wie der inhalt vermag, sondern durch einen Schlißelfelder underthanen und baursman erstlich zu Bamberg eingebracht

propst von Ellwangen und dem Grafen von Oettingen-Wallerstein unterstützt werden. Als sich Anfang November die Feindsgefahr vom Ries ins Hochstift Bamberg und in die Oberpfalz verlagerte, sollte Craz, ohne die Donaulinie zu vernachlässigen, sein Hauptaugenmerk auf den Schutz des Hochstifts Bamberg und der Oberpfalz richten. Vgl. dazu, zu der Verrichtung Crazens sowie zu einer Konferenz in Donauwörth am 6. November, zu der Craz Vertreter der Bischöfe von Augsburg und Eichstätt, des Fürstpropsts von Ellwangen, des Pfalzgrafen von Neuburg und der Markgrafschaft Burgau berufen hatte, die einschlägige Korrespondenz Maximilians mit Craz und den genannten katholischen Reichsständen und andere Unterlagen in ÄA 2294 fol. 514, ÄA 2311 fol. 190–255, 258, 263–276, 278–288, ÄA 2262 fol. 452, ferner Materialien Ellwanger Provenienz betreffend die Konferenz in Donauwörth in StAL B 389 Bü 447, B 415 Bü 24.
Nach Ausweis von *Craz* an Maximilian, Augsburg, 13. Nov. 1631 (Ausf. 2311 fol. 290–290), verließ Craz seinen Posten, nachdem Gallas Anfang November das Kommando über die kaiserlichen Truppen im schwäbischen, fränkischen und oberrheinischen Reichskreis übernommen hatte.
**1** *Maximilian* antwortete dem Bischof aus München, 27. Okt. 1631 (Konz. Peringers Kschw 1944 fol. 153): „Thuen unß hierauf gegen E. L. der beschehenen communication freündtlich bedankhen und finden gleichwoln sein künigs an dieselbe gelangte petita von grosser wichtigkheit und schwerer consequentz, dahero die an E. L. darüber gesonnene erkhlerung wol zu bedenkhen sein würdt. Nachdemahln aber besagter künig diß sein schreiben an E. L. zu solcher zeit ausgelassen, da [...] deß graven von Tillj anzug mit seiner underhabenden armada in den Frenckhischen craiß und auf ihne künig noch nit ruchbar gewesen und aber nit allein er graf von Tillj disen craiß oder vilmehr darinnen gelegene stifter bereit erraicht und in sein defension nemmen würdt, sonder auch, wie die unß von E. L. communicirte avisa mit sich bringen, er künig mit 4.000 pferdten und 6.000 tragonern von Würzburg widerumben aufgebrochen und abwerz gezogen und also verhoffentlich E. L. angeheriger stift desselben feindtlichem gewalt noch so nahet nit exponirt sein noch er deroselben mit so schwehren ansuechungen vor iezt mehr zuschanzen mecht, so geben wir demnach E. L. zu bedenkhen, ob nit noch zur zeit mit weitterer incaminirung und fortstellung deß vorgehabten tractats in etwas und aufs wenigist so lang innenzuhalten, biß die von E. L. zu dem künig abgesandte rhäte wider zuruckkhommen und über ihr verrichtung relation thun, nach dero beschaffenheit dann der sachen notdurft ferrer zu deliberiren stehn wurde und wir alßdann auch pro re nata unser gemüetsmainung deroselben mitthailen und eröffnen wöllen."

und von dannen auß anhero überschickht worden, darvon thun E. L. wir hiemit in aller eil inligendte abschrift² communicirn. Wo aber solch schreiben so lang verliegen bliben, können wir nit wißen und befinden daraus, wie daßelbe, ehe wir unßern trometer negstmahlß zum könig geschickht,³ albereit außgefertigt und geschriben geweßen, darvon wir keine wißenschaft gehabt und doch unßere räthe vorgestern albereit abgeordnet haben,⁴ dahero wir umb so mehr eines guten raths, waß darbei zu thun, vonnöten haben. Und ist demnach unßer dinstfreündlichs bitten, E. L. wollen uns ihr hochvernünftiges guttachten und räthliche meinung, wie wir unß darunter zu verhalten und sonderlich waß wir uns darüber, weiln eine widerantwort so starkh und gleichsam betrohlig urgirt würdet, beieüffig zu erclehren haben möchten, damit wir weder unß noch andern bundsverwandten nichts praeiudiciren mögen." – Forchheim, 23. Oktober 1631.

---

2 *Der König von Schweden* an den Bischof von Bamberg, Unterpleichfeld, 3./13. Okt. 1631 (Kop. Kschw 1944 fol. 147. Druck bei Hübsch S. 144 f.; vgl. auch ebenda S. 72 f., D. J. Weiss S. 415).
3 Mit dem Schreiben des *Bischofs* an den König vom 14. Oktober (oben Nr. 392 Anm. 4).
4 Zur Abordnung der Bamberger Räte zum König von Schweden nach Würzburg am 21. Oktober vgl. Hübsch S. 75 f.; die Instruktion für die Gesandten ist gedruckt ebenda S. 147 ff. – Für die Verrichtung der Bamberger Räte beim König von Schweden ist zu verweisen auf ebenda S. 76 ff.; eine Relation der Gesandten vom 24. Oktober und ein einschlägiges Schreiben des Bischofs an den König vom 27. des Monats sind gedruckt ebenda S. 149–152. In dem einschlägigen Schreiben des *Bischofs von Bamberg* an Maximilian, Bamberg [!], 27. u. 28. Okt. 1631 (Ausf. ÄA 2293 fol. 424–426, mit Anlagen fol. 427–440), heißt es u. a.: „Weiln aber zuförderst unßere zum könig abgeordnetne capitularn und räthe, so gestern abents von Würzburg aus widerumben bei uns alhie ankomen, wider beßers verhoffen uns einen schlechten trost und solche schwehre conditiones mitbringen, die unß, unßerm dombcapitul und landtschaft einzugehen weder verantwortlich noch möglich, nemblichen dem bundt zu renunciirn, unßere vestung Vorchaim einzuraumen und monatlich für das Schwedische volkh zu contribuirn, doch lezlichen die renunciirung wider fallenlaßen und die andere zwei stückh beharrt, dargegen wir aber bei allenthalben verlaßnen dingen uns kheines aufhalts zu getrösten haben und also getrungener weis etwas wider unßern willen thuen muesßen, indeme wir zumahl albereit an underschidtnen orten mit einfallungen und blinderungen angegriffen, auch hin und wider quartier undt liferung zu geben, angelangt werden, wie aus den beilagen zum theils zu ersehen, so bieten [!] wir freündtlich, E. L. wollen uns dißfalls gerathen sein und ihr hochvernünftiges gutachten hierüber zukommen laßen."
Zu den im Theatrum Europaeum II S. 475 mitgeteilten schwedischen Bedingungen für den Bischof von Bamberg vgl. Hübsch S. 77 Anm. 1. – Theatrum Europaeum II S. 475 f. enthält ferner ein acht Punkte umfassendes, an die drei geistlichen Kurfürsten von Mainz, Köln und Trier adressiertes Vertragsprojekt des Königs von Schweden, das nach Lage der Dinge einem Diktat gleichkam und, nachdem der König als Erstes eine klare Entscheidung der Kurfürsten entweder für Schweden oder für den Kaiser gefordert und ein Neutralitätsverhältnis ausgeschlossen hatte, mit der Drohung endete, falls die Kurfürsten weiterhin aufseiten des Kaisers verbleiben würden, werde der König ihre Territorien mit Feuer und Schwert heimsuchen. Terminus post quem dieses aus Würzburg datierten Projektes ist der 15. Oktober 1631, an welchem Tag der König in Würzburg einzog (Klopp III,2 S. 354), Terminus ante quem der 19. November, an welchem Tag der König Würzburg endgültig verließ (ebenda S. 382). Für besagtes Projekt, das in der von der Bearbeiterin eingesehenen Korrespondenz der katholischen Kurfürsten nicht erwähnt wird, ist u. a. zu verweisen auf ebenda S. 381 f., Roberts II S. 549, H.-D. Müller S. 40, S. 41 Anm. 48; für die ebenda zitierte Druckschrift vgl. auch VD17 23:251398T.

Nachschrift. „Gleich iezt berichten unß zween ankommende Aldringische capitain, so zu ihrem obristen begern, daß der Schwedt vorgestern mit 4.000 pferdten und 6.000 tragonern von Würzburg wider aufgebrochen und abwarts gezogen."

Ausf. Kschw 1944 fol. 146 und 152. Ben. bei HÜBSCH S. 72 f., D. J. WEISS S. 415.

## 402. Die Infantin an Tilly[1]

Oktober 25.

Warnung vor einer Schlacht

„Mon cousin, j'ay entendu que depuis le mauvais rencontre que vous avez eu avecq le Swedoiz, vous avez joinct jusques à quarante mille hommes, avecq lesquelz vous allez suyvant ledit Swedoiz. Et comme il se tient pour fort vraysemblable que vous trouvant avecq tant de gens, sans celles du ducq de Lorraine, lesquelles (selon les relations qu'il y en a) font une armée formée, et celles qui s'envoyent d'icy, et doibvent aller, qui toutes vous peuvent estre aggrégées, vous prétendez de nouveau de livrer bataille audit Swedoiz, au moyen de quoy comme s'aventurera notoirement la religion catholicque et tout l'Empire, à cause de l'incertitude des succèz de toutes batailles, je n'ay

---

1 *Tilly* antwortete aus Bischofsheim an der Tauber, 3. Nov. 1631 (Konz., franz. Sprache, Kschw 13495 fol. 335–337. Gedr. bei VILLERMONT S. 806 f. Nr. 197; Resümee bei KLOPP III/2 S. 373). – Auf diesem Entwurf vermerkte *Maximilian*: „Graff Tillische andtwort auf der infanta zu Prüßl schreiben, darin sie ihme starkh die praeiuditia vor augen stellt, wann er mit dem Schweden schlagen solte. Warauff erfolgt, dz dz schloß und statt Würzburg vom feind erobert worden und die catholische armada zugrund gangen." – In diesen Zusammenhang gehört auch folgender Vermerk *Peringers* (Kschw 13495 fol. 330a): „Der frawen infanta zu Brüssel schreiben an den grafen von Tilly, darinnen si ihne starkh ermahnt, das er mit dem Schweden nit schlagen soll, darauf ervolgt, das der Schwedt Würzburg eingenommen und die catholische armada zugrund gangen. Anno 1631. – NB Ihr Kfl. Dt. [...] haben diß schreiben zu Braunaw, den 9. Novembris anno 1632, hergeben, mit beweglicher erinderung, das mans wol und sicherlich aufbehalten soll, damit mans zum nothfahl, wann Ihrer Kfl. Dt. die schuld dises underlaßnen treffens und daraus ervolgten unhails beigemessen werden solte, zur ablainung an der handt haben möge. Soll zu seiner zeit in den gehaimen casten, so in der gehaimen rhatsstuben steht, gelegt werden." – Vgl. gegenüber der vorstehenden Schuldzuweisung in Sachen Würzburg aber auch die Darstellung der BA NF II/9 Nr. 270 zitierten „Wahrhafte[n], grindliche[n] information"; die einschlägige Passage ist gedruckt in THEATRUM EUROPAEUM II S. 46[6]. – Die Stadt Würzburg wurde am 14. Oktober 1631 eingenommen, das Schloss vier Tage später erstürmt (RITTER, Geschichte III S. 503). Auf das oben Nr. 402 gedruckte Schreiben der *Infantin* an Tilly spielt an eine Passage in der BA NF II/9 Nr. 270 Anm. 1 zitierten „Wahrhafte[n], grindliche[n] information", in dem Druck im THEATRUM EUROPAEUM II S. 467 („seynd ihme [Tilly] auch damahl dergleichen und wohl stärcker Erinnerungen von andern hohen Orthen geschehen"). – Ein einschlägiges Schreiben der Infantin an Maximilian liegt nicht vor. Die Schlüsse, die KLOPP III,2 S. 374 aus der angeblichen Entschuldigung Maximilians beim Kaiser via Donnersberg zieht, sind gegenstandslos, da der von KLOPP zitierte Text in THEATRUM EUROPAEUM II S. 502 nicht korrekt ist.

peu laisser de vous faire ceste, pour vous dire et requérir, comme je faiz bien à certes, de vouloir excuser de livrer bataille, et d'aller en ce point avecq grande retenue, comme je me le confie de votre prudence, traittant seullement d'entretenir et divertir l'ennemy, daultant que si votre armée venoit à succumber, après la perte passée, ce seroit comme perdre le tout et mettre toute la chrétienté en contigence d'une extrême ruine et désolation, ce que convient uniquement de prévenir." – Brüssel, 25. Oktober 1631.

Ausf. Kschw 13495 fol. 334 und 338 = Druckvorlage; Kop. Akten 143a/II. Gedruckt bei VILLERMONT S. 802 f. Nr. 194.

## 403. Maximilian an den Kaiser[1]

Oktober 26

Verzicht Saint-Etiennes auf seine geplante Reise zu Kursachsen, Korrespondenz Saint-Etiennes mit Kursachsen – Bericht des von Kursachsen zurückgekehrten und derzeit in München weilenden französischen Diplomaten de Lisle über den prinzipiellen Friedenswillen Kursachsens und des Königs von Schweden – Erschütterung Maximilians über die Niederlage Tillys, die militärischen Fortschritte des Königs von Schweden und die Situation der katholischen Reichsstände – Bemühung um Hilfe, Assistenz und Vermittlung Frankreichs – Abordnung des Obersten Paradis zu Kursachsen – Tillys Einfall in Sachsen – (AO München)

Bezug: Schreiben vom 11. Oktober [oben Nr. 375 Anm. 1].

Druck bei HALLWICH I Nr. 409. Ausf. KrA 69 Konv. Oktober fol. 165–168; Konz. Jochers mit Korr. Maximilians Kschw 73 fol. 267–268. Ben. bei KLOPP III,2 S. 442.

---

[1] Zu dem Konzept gehört ein Vermerk von Kanzleihand (Kschw 73 fol. 266): „Die geheime rhät haben diß concept sambtlich gelesen und khein bedenkhen." – Die Antwort des *Kaisers* an Maximilian, Wien, 8. Nov. 1631 (Ausf. Kschw 73 fol. 299–300; Konzept-Kopie mit Korr. und Zusatz Stralendorfs KrA 69 Konv. November fol. 37–38), ist gedruckt bei HALLWICH I Nr. 416.

## 404. Kurmainz an Maximilian[1]

Oktober 27

Forderung nach offensiver Kriegführung Tillys gegen den König von Schweden – Verbleib von Kontingenten des Regiments Pappenheim im Erzstift Mainz

[...] Berichtet, „welcher gestalt gemelter graff von Tilli nit allein mit seinen underhabenden Kaiserlichen und bundtßarmaden, sondern auch deß hertzogs zu Lothringen L. mit ihrer soldatesca nuhn ein zeithero zu und umb unsere statt Aschaffenburg wie auch in unserm oberstift gelegen, daselbsten sich coniungirt und sowohl bei der einquartirung alß dem durchzugkh unsere arme leüth der endts in solches verderben gepracht, dz si sich in menschengedenkhen nicht wohl werden wider erhollen khönnen. Benebenß diesem haben wir auch gemeltem general von Tilli gelt, proviant, munition, wehr und waffen, soviel in unserm éüßersten vermögen gewessen, zu tag und nacht zugeschickt und unß hiengegen zumahln kheinen zweiffel gemacht, eß werde gegen solche trewe assistentz und unsere so vieljährige hochbeschwerhliche contributiones unß und unserm ertzstift, bevorab weiln sich der graff von Tilli mit aller macht darin befunden, trost oder schutz wiederfahren und hinderlassenn sein worden. Wir müssen aber deme zugegen mit höchster bekhümmernuß vernehmen, daß gemelter graff von Tilli, unerachtet der khönig auß Schweden auff 4 meil wegß nahe bei Aschaffenburg zue Gemündt mit seinem hauptquartir, sonsten aber mit seinen trouppen gahr umb und zue unser statt Lohr sich befindet, nit zu bewegen gewesen, ihme dem feindt endtgegenzuziehen oder auch 4 oder 5.000 man zu defension unser landen und der päße zu hinderlassen, sondern daß er seinen weg naher Miltenberg und dem Odenwaldt mit der gantzen armada genohmmen und daß so

---

1 Seiner Antwort an Kurmainz, München, 1. Nov. 1631 (Reinschr. mit Zusätzen Maximilians ÄA 2374 fol. 467), fügte *Maximilian* eine Kopie seiner einschlägigen Weisung an Tilly, 1. Nov. 1631 (Konz. Teisingers, teilweise zu chiffrieren, ÄA 2396 fol. 305–306; Auszug ÄA 2404 fol. 47 = Anlage D zu der BA NF II/9 Nr. 270 Anm. 1 zitierten „Wahrhafte[n], grindliche[n] information", gedr. THEATRUM EUROPAEUM II S. 471 f. Ben. und zitiert bei H.-D. MÜLLER S. 42, S. 43 Anm. 59), bei, in der es u. a. heißt: „Dieweiln ihr aber daneben selbst vernünfftig zue ermessen, was dem gantzen Hl. Reich und zumahl auch dem gemeinen cathol. wesen an disem vornembsten churfürsten gelegen, item dz auch der feindt vast mehrern theil deß Reinstroms unsicher machen und inquietirn wurde, auf den fahl er sich der päß an dem Mainstromb, als Aschaffenburg, Hanau und Frankhforth, bemechtigen solte, als wollet ihr euch nach eüsserister möglichkeit, und zwar fürdersambist angelegen sein lassen, wie der feindt hiervon in zeiten abzuhalten. Wofehrn aber derselb wider besser verhoffen mit seinem hinabzug bereits den vorstreich erhalten hete, so wollet ihr ihme doch so ehist, als immer sein kan, nachziehen und ihme noch zeitlich in die spalla khommen, inmassen ihr hierunder eurem bekhandten eiffer und menschlicher möglichkeit nach nichts erwünden lassen werdet. – Und weilen ihr dem statthalter zu Heidlberg neulich 3 comp. zue fueß zuegeschickht und dann die Under Pfalz, solang ihr euch mit der armada umb den Mainstromb und der enden befündet, umb sovil mehr bedeckht und versichert, als wisset ihr zu verfüegen, damit obermelte Pappenheimbische in theils Churmainzischen stötten ligende soldatesca des herrn churfürsten begehren gemeß unverruckht verbleibe, inmassen ich ein solches auch dem statthalter zu Heidelberg bedeitet habe."

gestalten sachen nach nunmehr nichts gewißers zu erwahrten sein werde, alß daß der feindt sich unser residentzstatt Aschaffenburgk, sodan forters der stätt Hanaw und Franckfurt bemächtigen, wir auch in unser residentzstatt Maintz nicht mehr sicher sein noch den gemainen regierungß und Reichs sachen, biß es zu mehrer securitet khombt, werden abwarthen khönnen.

Wan aber E. L. gueter massen wissent ist, waß ahn erhaltung dieses unsers ertzstifts und insonderheit deß directorii in Reichs sachen gelegen, und da selbiges leiden solte, wi[e] alles dadurch in confusion gerathen müste, eß auch ohnedz bei Gott dem Allmechtigen und aller posteritet nit zu verantworten sein würde, wann wir bei dieser höchster noth gantz abandonirt, in die verlohrne außgab gerechnet und dem feindt zum wilkhürlichen raub exponirt werden solten,

Alß ersuchen wir E. L. hiemit einstendigst und zum allerhöchsten, si wollen dero generalleüthenant graffen von Tilli solchen ernstlichen bevelch und ordonance in höchster eill ertheillen, damit von ihme dem feindt endtgegengerückt, deßen verderbliche progressus verwehret und dieser unser wie auch die Churthrierische und Colnische ertziefer und landen nicht gantz zu verlust gestelt und verfolglich deß catholischen bundtß armada, wan hierdurch die contribution und underhaltungß mittel benohmmen, totaliter dissolvirt und ruinirt werden mögte." – Mainz, 27. Oktober 1631

Postskriptum. „Obwohln, wie im schreiben gemelt, der generalleüthenant graff von Tilli mit der gantzen Ksl. und bundtßarmaden zusampt dem Lothringischen kriegßvolkh ausser unsern nunmehr verderbten und durch dieselbe gantz erschöpften ertziefer gerückt, villeicht der intention, etwan andere ohrt desto besser zu verwahren und zu versichern, und also in diesem ertzstieft zur defension nichtß mehr ubrig alß die wenige soldaten, so von dem löblichen Pappenheimischen regiment in unsern stätten Amöneburg, Steinheim, Höchst und in dem landt deß Rheingaws hinderlassen worden, so sich in allem nur uff etlich wenig hundert man belauffen und nur gegen einen unversehenen uberfall zu geprauchen seindt, so vernehmen wir iedoch, daß von E. L. statthaltern zue Heydelbergh dem Bappenheimischen obristen leuthenant ordinance zuekhommen, dieses volkh auch auß unserm ertzstieft zu nehmen und nacher gedachtem Heydelberg zu führen. Da iedoch nach gestaldt deß graffen von Tilli genohmmener marche die statt Heydelberg dergestalt versichert ist, daß sich dieselbe dißmahlß fur einiger feindtsgefahr nichtß zu besorgenn hatt, wan nun aber erwenthe abführung zue unsers ertzstiefts gentzlicher ruin geraichen würde, so haben wir vorgemeltß Bappenheimischen regiments obristenn leüthenandt ersucht, mit fortschickhung seines kriegßvolkhs biß uff weitern bescheidt und erfolgte mehrer sicherheit einzuhalten, verhoffentlich E. L. ihne dießfalß fur endtschuldigt halten und daß er deren ihme zukhommener ordinance nicht geleben khönnen, in kheine gefahr oder ungnadt khommen lassen werden."

Ausf. ÄA 2374 fol. 469–471 und 473. Benutzt und zitiert bei H.-D. MÜLLER S. 40 f., S. 41 Anm. 57.

## 405. Der Bischof von Eichstätt an Maximilian[1]
Oktober 27

Bitte um Rat, Assistenz und Sukkurs – Überfälle und Plünderungen durch schwedische Truppen – Schwedischer Musterplatz im Oberen Stift – Schwedische Werbungen

[...] Der Kurfürst möge „auß dem beischluß[2] mitt mehrerm vernemmen, was des herrn bischoffs zu Bamberg L. ihres betrüebten zustandts und zunehmender feindtsgefahr halber an uns geschrieben und wolmeinendt begert hat. Wann es dann ein sehr weithaußsehend und solch wichtiges werkh, welches alle catholische ständt und bundtsverwanthen concerniren, numehr aber unß, wie verlauthen will, am nechsten berühren thuet, als bitten E. Gn. wir hiemit ganz dienstlich und hochfleissig, sie wöllen dero hochverstendige gemüethsmainung, waß wir uns auf den fall, auch dergleichen begeren und zumuethungen vom könig auß Schweden, wie zu besorgen, [an uns] gebracht werden sollten, in einem und anderm zu verhalten, unserm anvertrauthen stift zum besten mittheilen, auch unß mit hilf, assistenz und succurs[3] dermassen an

---

1 Mit der Bitte um Hilfe und Schutz wandte sich der Bischof von Eichstätt Ende Oktober auch an den Kaiser. Das belegt die Antwort des *Kaisers* an den Bischof von Eichstätt, Wien, 17. Nov. 1631 (Konz. KrA 69 Konv. November fol. 70–71), in der der Kaiser auf den für Mitte Dezember geplanten Mühlhauser Konvent verwies und erklärte, er habe Tilly befohlen, dem Bischof „nach aller möglikeit wider alle vheintliche gefahren schuz, hilf und assistenz zu laisten."
2 Der *Bischof von Bamberg* an den Bischof von Eichstätt, Forchheim, 25. Okt. 1631 (Kop. Kschw 13495 fol. 340–341): [...] „Wissen gleichwohl noch zur zeit von keiner andern aufforderung unserer statt Bamberg halben alß daßjenige un[ß] etwaß spett zukhomne Schwedische schreiben [oben Nr. 401 Anm. 2], welches wir E. L. erst gestern umb ihr hochvernünftiges guetachten abschriftlichen communicirt und zugefertigt haben. Doch würdet unß in unsere ämbter, fleckhen und dörfer hin und wider fast täglichen eingefallen." Einzelheiten. „Nachdem unß auch gleich aniezo von weitem vorkhombt, ob solte der könig auß Schweden gleichfalls einen trombeter [zum Bf. von Eichstätt] schickhen und abtragsconditiones zu machen, so villeicht inmitelst erst nach deroselben an unß angelofenen schreiben geschehen sein möchte, als widerführe unß ein fr. belieben, wan wir dessen bewantnuß und sonderlich dero dariber fassender resolution zu desto besserer unserer nachrichtung auch theilhaftig werden köndten." [...]
3 Vgl. auch schon ein Schreiben des *Bischofs von Eichstätt* an Oberst Herliberg, Ingolstadt, 24. Okt. 1631 (Ausf. ÄA 2262 fol. 448 und 450): Berichtet über einen feindlichen Einfall in das Obere Stift und Plünderungen daselbst. Stellt dem Oberst anheim, den Kurfürsten zu informieren, „damit dannach auch diß orths desto zeitlichere vorsehung beschehen und ein so vornemmer schliessel zu dem churfürstenthumb Bayrn ohne widerstandt also leichtlich nicht möchte verlohren und also diß landt sambt denn stiftern, welche theils schon ruinirt, theils aber dergleichen gefahr uff dem halß haben, genzlichen verderbt werden." Daraufhin verwies *Maximilian* den Bischof am 25. Oktober 1631 (Konz. Teisingers ebenda fol. 447) auf die Ankunft Tillys bei Salmünster und seine Vereinigung mit den lothringischen Truppen und fuhr fort: „Derowegen wir in getrester hoffnung geleben, es sollen durch solche coniunction dem feindt die mittel und weeg zu weiterm progress eheist abgeschnitten werden. Under dessen aber und weil ie derzeit andere mittl ermanglen, hat sich ein ieder mit seinem landtvolkh, so guet er khan, vor gwalt zu defendiren."

handt gehen lassen, wie zu E. Gn. unser hochstes vertrauen gestellt ist." – Eichstätt, 27. Oktober 1631.

Postskriptum. Berichtet, dass die in Rothenburg ob der Tauber einquartierten schwedischen Reiter etliche Flecken in seinem Amt Herrieden überfallen und ausgeplündert und einen Anschlag auf sein Pfleghaus Wahrberg versucht haben, durch das darin liegende Landvolk aber zurückgeschlagen wurden.

Gestern ist Hauptmann Johann von Streitberg hier gewesen „mit vermelden, dz vom khönig in Schweden ein musterblaz uf 1.000 pferdt für Hainrich Wilhelm graven zu Solms[4] in unserm obern stift assigniert und dannenhero zu erhaltung guetter ordre ieztmalß 2.000 reichstaller recompens gesuecht worden."[5] – Berichtet von der Ausgabe schwedischer Werbepatente an den genannten Grafen zu Solms (je ein Regiment zu Ross und Fuß), Oberst Schlammersdorff (ebenso), Seckendorff (ein Regiment), Crailsheim (ebenso) und andere (ebenso).[6] – 27. Oktober 1631.

Ausf., präs. 29. Oktober, Kschw 13495 fol. 339 und 343 (Hauptschreiben), Kop. StAL B 389 Bü 447 (Postskriptum).

---

[4] Heinrich Wilhelm Graf zu Solms-Laubach in Sonnewalde, schwedischer Oberst zu Pferd und Fuß (EUROPÄISCHE STAMMTAFELN NF,2 XVII Tafeln 43 und 45; ZEDLER XXXVIII Sp. 611, wo der falsche Vorname Friedrich Wilhelm angegeben ist).

[5] Mit Schreiben an Richel vom 6. November berichtete der Bischof von Eichstätt dann, Graf Heinrich Wilhelm zu Solms habe als bestellter schwedischer Oberst durch seinen Kapitän Johann von Streitberg im Stift Eichstätt einen Musterplatz samt Lieferung von Geld, Viktualien und anderem für 16 Kompanien zu Fuß und 10 Kompanien Reiter gefordert. Der Bischof habe sich entschuldigt und bitte um Rat und Hilfe. – Das in Rede stehende Schreiben hat sich nicht gefunden, wird aber rekapituliert im *Journal Richels*, 8. Nov. 1631 (Geheimer Rat 194/9 fol. 55–57), sowie in der Antwort *Maximilians* an den Bischof, München, 8. Nov. 1631 (korrigierte Reinschr. ÄA 2262 fol. 454–455).

[6] Vgl. auch Postskriptum von *Statthalter und Geheimen Räten in Neuburg* an Maximilian, Neuburg, 26. Okt. 1631 (Kop. StAL B 389 Bü 447): Teilen u. a. mit, die in Leipzig gewesenen protestantischen Stände seien trotz ihrer Akkommodation entschlossen, auf schwedische Animierung etliche 20.000 Mann zu werben. Graf Johann Georg von Solms, Oberst Schlammersdorff und Crailsheim seien bereits beauftragt, je ein Regiment zu Fuß und je 1.000 Pferde zu werben. – Zu Johann Georg II. Graf zu Solms-Laubach in Baruth, kursächsischem Oberst zu Pferd, vgl. EUROPÄISCHE STAMMTAFELN NF,2 XVII Tafeln 43 und 49; ZEDLER XXXVIII Sp. 613.

## 405 a. Maximilian an Donnersberg[1]

Oktober 28

Reaktionen in der Stadt Regensburg auf die schwedischen Erfolge – Regensburger Garnison

Übersendet die Kopie eines Schreibens des Hans Ulrich Burhuß,[2] Pfleger zu Stadtamhof,[3] dem zu entnehmen ist, „wie nit allein mit sondern freiden zu Regenspurg die einkhommende böse zeittungen von des Schwedens feindtlichen progressen[4] offentlich spargiert werden, sondern auch sich vornemme burger daselbst ungescheicht vernemmen lassen, ihme Schweden den paß in die statt auf begebenden fahl büllich zu gestatten. Dieweiln aber dise bezaigung demienigen, wessen sich die von Regenspurg unlangst gegen unsern rath, den Dr. Wämpel,[5] wie auch hernach alhie

---

**1** Dieser gehörte zu den Gesandten Maximilians auf dem bayerischen Kreistag in Landshut Ende Oktober 1631. – Auf diesem Kreistag wurde u. a. per majora beschlossen, zur Sicherung des bayerischen Reichskreises ein Infanterieregiment von 3.000 Mann und 500 Pferde zu werben. Diesem Beschluss stimmte der Erzbischof von Salzburg nur bedingt zu. Mit den zu werbenden Kreistruppen sollten die wichtigsten Pässe, die bis zum Abschluß der Werbungen mit Landvolk zu sichern waren, besetzt werden. Als wichtige Pässe wurden genannt die Reichsstadt Regensburg und die dortige Donaubrücke, die Stadt Neuburg a. D. sowie das Schloss Sulzbürg. Vgl. dazu sowie zur Besetzung Regensburgs mit Truppen des bayerischen Reichskreises den *Abschied des bayerischen Kreistages*, Landshut, 31. Okt. 1631 (2 Ausfertigungen ÄA 3614 fol. 80–85, Kschw 14141. Druck bei LORI Nr. LXVII S. 288–291), sowie den *Vertrag zwischen dem bayerischen Kreisoberstenamt und der Stadt Regensburg* wegen Aufnahme einer Kreisbesatzung, München, 22. Nov. 1631 (Ausf. ÄA 3614 fol. 88–92. Druck bei LORI Nr. LXVIII S. 291–294), ferner MAGEN S. 441 Anm. 124, P. C. HARTMANNN S. 391 f. sowie mit Blick auf die Regensburger Garnison HAHN II S. 10 ff., NEUBAUER S. 102 ff. – Vgl. auch den Hinweis auf Material bayerischer Provenienz zu den bayerischen Kreistagen des Jahres 1631 oben Nr. 311 A 4 Anm. 6. Für besagten Vertrag ist noch heranzuziehen das *Journal Richels*, 17. Nov. 1631 (Geheimer Rat 194/9 fol. 86–87), 18. Nov. 1631 (ebenda fol. 87‘–88), ferner Material in ÄA 3615 fol. 385–389, 433–434.
**2** *Hans Ulrich Burhuß* an Maximilian, Stadtamhof, 25. Okt. 1631 (Kop. ÄA 3615 fol. 410).
**3** Pfleger zu Stadtamhof war nach Ausweis von FERCHL II S. 994 derzeit Ernst Friedrich von Burhuß.
**4** ÄA 3615 fol. 408–409. Diese Zeitungen waren dem oben Anm. 2 zitierten Schreiben des *Hans Ulrich Burhuß*, der sie vom Bischof von Regensburg erhalten hatte, beigefügt. – Mit Blick auf die schwedischen Erfolge hatte *Maximilian* schon in der eigenh. Nachschrift zu seiner Instruktion vom 26. Oktober (unten Anm. 8) betont: „Eß sollen auch unsere gesandte wol aufmerkhen, dz sie in gegenwarth der protestierenden stend nichts proponieren oder votieren, so dz ansehen haben mechte, alß wann mann sich vor den Schwedischen progreßen also hoch entsetze oder diß orts in der geringsten forcht begriffen, sonder vilmer, weil die benachbarte khrieg auch denen, so damit sonsten nichts zu thuen (wie man in den Niderlanden genugsame exempl), schaden zuzuziehen pflegen, dz man zu abwendung derselben die mitl ergreiffen solle, ehe mann dieselbe selbs empfinde."
**5** Zur Verrichtung Wämpls in Regensburg liegt das *Rekredential von Kämmerer und Rat der Reichsstadt Regensburg für Dr. Johann Wämpl*, bayerischen Hofkammerrat, an Maximilian, 6./16. Okt. 1631 (Ausf. ÄA 3615 fol. 324–325), sowie die *Resolution von Kämmerer und Rat der Reichsstadt Regensburg für Wämpl*, 6./16. Okt. 1631 (Ausf. ebenda fol. 327–331), vor. Demnach beinhaltete der Auftrag Wämpls vier Punkte, und zwar 1. Loyalität Regensburgs gegenüber Kaiser und Reich, 2. Aufnahme einer Garnison von 2.000 Mann Landvolk, 3. Korrespondenz der in Regensburg lebenden Emigranten, 4. Bewilligung von Pass und Repass für die Truppen des Kurfürsten. – Hinsichtlich des ersten Punktes

durch ire abgeordnete⁶ vermerkhen lassen, ganz zuwider, so würdest du demnach dasselbe in bevorstehender handlung⁷ gegen denen von Regenspurg umb sovil mehr in acht zu nemmen und sie eben dahero zu einnamb einer sterkheren guarnison, alß du instruirt bist,⁸ neben der anderen mitcraißstendten abgeordneten zu disponieren wissen, seitemahln bei so beschaffener schwürigkhait, disaffection und untreue der burgerschaft die in eventum bedachte 1.500 mann nit zu derselben coercirung und inzaumbhaltung, zu geschweigen zu abtreibung des feindtlichen gewalts erkhleckhen wurde." – München, 28. Oktober 1631.

Ausf. ÄA 3615 fol. 406–407.

---

rekapituliert die *Resolution* das Anbringen Wämpls bei Kämmerer und Rat der Stadt wie folgt: Angesichts der Zumutungen des Königs von Schweden haben sich etliche Reichsstände und Reichsstädte in die Devotion des Königs ergeben. „Nun wolten zwar Ihre Kfl. Dt. nicht verhoffen, daß dergleichen zuemuettung bei dieser statt auch beschehen oder, da solches von ihme könig noch guesucht und begert werden solte, wir und gemeine statt ein solches eingehen, wieder die der Röm. Ksl. Mt. [...] und dem Hl. Röm. Reich geleiste pflicht handlen und uns also effective in eines frembdten potentaten und reichsfeindtes devotion begeben, von Ihrer Ksl. Mt. alß ein dem Reich und diesem löblichen Bayrischen craiß incorporierter und devincirter standt von demselben craiß absöndern und separiren würden, mit dem anhang, im fall solches geschehen were oder solte, daß Ihre Kfl. Dt. sich alles desienigen schadens, so dardurch ihro und diesem löblichen craiß zuwachsen möchte, an unß dem rath und der burgerschaft erholen und deßwegen keines einigen menschen in der statt verschonen wolten." Auf diese Ausführungen antworteten Kämmerer und Rat mit einer weitläufigen Versicherung ihrer Loyalität. – Vgl. auch HAHN II S. 9 f.

6 Überliefert ist nur das *Beglaubigungsschreiben von Kämmerer und Rat der Reichsstadt Regensburg* für Dr. Georg Gumpelzhamer (Ratgeber und Advokat) und Georg Gehewolff (Syndikus) an Maximilian, 8./18. Okt. 1631 (Ausf. RL Regensburg 221 fol. 155–156). Über den Auftrag der Gesandten konnte nichts ermittelt werden.

7 Auf dem bayerischen Kreistag in Landshut.

8 Laut *Instruktion Maximilians* für seine Gesandten auf dem bayerischen Kreistag in Landshut, München, 26. Okt. 1631 (Ausf. mit eigenh. Nachschrift ÄA 3615 fol. 362–366; Konz. ebenda fol. 350–360), sollte Regensburg eine Besatzung von mindestens 1.500 Mann zu Fuß bayerische Kreistruppen aufnehmen, „dariber man nun mit denen von Regensburg [...] in namen des ganzen crais absonderlich würdet handlen und ihnen aufs beweglichist würdet zuesprechen müessen, mit diser austruckhlichen comination, da mitelst solcher waigerung [eine Besatzung aufzunehmen] dem Bayrischen crais einiger schaden solte entstehn, das man die ergözung allerdings bei ihnen suechen, sie auch sonsten allerhandt gefehrligkhaiten auf sich laden wurden."

## 406. Maximilian an Kurmainz

Oktober 28

Mühlhausener Konvent – Abordnung des M. Kurz an den Kaiserhof – Konvent katholischer Reichsstände – Vermittlung Frankreichs bei Schweden und Kursachsen

Bezug: Schreiben vom 20. Oktober und beigefügtes Postskriptum [oben Nr. 399 Anm. 2, Nr. 391 Anm.2]. – [...] Teilt mit, daß auch der Landgraf Georg von Hessen ihn über den geplanten Mühlhausener Konvent unterrichtet hat. „Und obwoln uns darbei eben die von E. L. vernunftig angedeutte bedenken zu gemieth gangen und von dergleichen handlung dem gemainen catholischen wesen und deßen anverwandten stendten desto weniger nuz und vorthail zu verhoffen sein wirdt, weiln der protestirenden intentiones auß dem Frankhfurthischen verlauff gnuegsamb abzunemen und wol zu besorgen ist, sie anizt, da sie schon alles gewonen zu haben vermainen, den bogen desto höher spannen und denn catholischen ihres gefallens leges und conditiones zu praescribirn gedacht sein werden, aber wie deme, weiln iezger zeütt die sachen und hochgefehrliche extremiteten im Reich also beschaffen sein und überhandt nemen, dz man unsers darfürhaltens khein müttel und gelegenheitt, auß denn sachen zu khomen, ausser acht lassen solle, als sein wir der unfürgreifflichen mainung, dz eben auch diese apertur nit außzuschlagen, sonder selbige, so guett man khan, auf allen khonftigen event offenzuhalten und sonderlich zu erwarten sein werde, was sowol von Irer Ksl. Mt. als von Chursachßen und andern orthen, dahin es des landtgraffens L. gelangen lassen, für resolution und antwort ervolgt." Fügt seine Antwort an den Landgrafen[1] bei. Ist bereit, sich „in ainem und anderm mit demjenigen, so E. und dero geistlicher hern mitchurfürsten L.L.L. für thuenlich und rathsamb befünden werden, zu accommodirn und zu vergleichen."

Unterrichtet Kurmainz über die Abordnung des Hofrats M. Kurz an den Kaiserhof und übersendet die kaiserliche Resolution für Kurz[2] sowie sein Schreiben an den Kaiser vom 23. Oktober[3]. Ersucht Kurmainz, mit seinen beiden geistlichen Mitkurfürsten über den vom Kaiser vorgeschlagenen Konvent aller katholischen Kur-, Fürsten und Stände zu communiciren und ihm, Maximilian, ihre gemeinsame Resolution zu übermitteln.

„Unß gehet gleichwol sorgfeltig zu gemüeth, daß alle catholischen stendte, Irer Ksl. Mt. andeüttung gemeeß, zu solcher zusamenkhonft zu beschreiben, vil zeit erfordern und mehrere verlengerung, alß es der sachen notturft und gelegenheit iezger leüff und zeiten erleiden mag, verursachen wurde. Derowegen wir dann zu Eüer und dero geistlicher herrn mitchurfürsten L.L.L. fernerm vernünftigen nachgedenkhen haimbgestelt sein lassen, ob nit bösser were, inmassen wir dan auch in unserm an

---

1 Unten Nr. 407.
2 Oben Nr. 382 E.
3 Oben Nr. 400.

Ire Mt. abgangnem antwortschreiben[4] darvon etwaß anregung gethan, aintweder nur die vornembste catholische chur- und fürsten, und zumaln diejenige, so ire gesandten zu Franckhfurth jungst gehabt, oder etwan neben den catholischen churfürsten zugleich auch auß jedem craiß ainen catholischen fürsten zu solcher zusamenkhonft zu beschreiben. – Waß sonsten daß ort, und zwar unsere von Irer Mt. benente residenzstatt München belangt, da tragen wir wol die beisorg, solche werde denn Rheinlendischen alzuweit entlegen und ihnen derowegen ain so weiter weeg beschwerlich und bedenkhlich sein. Eß haben auch E. L. zu ermeßen, dz wür sonderlich bei ieziegem zustand, darvor zu bitten, ursach haben. Stellen derowegen zu Eüer L. und dero geistlichen herrn mitchurfürsten weiterm nachgedenkhen und belieben ebenmessig anheimb, ob sie ihnen auf angeregten fahl, da diser von Irer Mt. vorgeschlagene convent allerseits beliben solt, im fall die stat Augspurg bedenkhlich, etwan unsere statt Donawörth oder lestlich Inglstatt, welche beede hoffentlich sichere örther und Irer Mt. wegen deß Donawstrombs auch nit ungelegen und hoffentlich nit zuwider sein, gefallen laßen wollen.

Belangent aber die haubtsachen, so bei solcher zusammenkhonft in deliberation gezogen und bedacht werden solte, darvon thun Ire Ksl. Mt. in dero unserm abgeordneten, dem Khurzen, erthailter erkhlerung alberaith gnuegsame andeüttung, dariber dann ain jedweder catholischer chur- und fürst die seinige mit gehöriger notturft zu instruirn und zu versehen wissen wirdt. Nachdemaln aber entzwischen auch obberierter von deß landtgraff Geörgens zu Hessen L. beschehener vorschlag auf die bahn khommen und von iro an Ire Mt. alberaith gelangt worden, so khönnden wir zwar noch nit wissen, wessen sie etwan dariber gesünnet, auch ob und wie sie, dise baide convent füreinanderzubringen, gemaint sein. Und stehet dariber dero resolution zu erwarten. Unß ist aber unfürgreifflich beigefallen, da Ire Mt. dise von wolgedachtem landtgrafen vorgeschlagne apertur iro belieben und, selbigen convent anzunemmen und zu effectuirn, gefallen laßen wurden, ob vorhero die andere von Irer Mt. angedeüte zusamenkhonft der catholischen stende desto schleüniger befürdert und bei derselben erwogen und resolvirt werden mechte, ob und auf waß für mitel und weeg man sich zu Mülhausen in handlung und vergleich einzulaßen. – Und weiln nunmehr auch der graf von Tilli sich mit dem Lottringischen volkh coniungirt hat und mit einer starkhen armada in Frankhen angelangt, so ist zu dem Allmechtigen Gott zu hoffen, er werde seine genadt und beistandt verleihen, damit der khönig in Schweden sambt seinen adhaerenten widerumb zuruckhgetriben, deß gemainen catholischen weesens jezige gefehrliche beschaffenheit in ainen bößern und sicherern standt wider gebracht, denn gegenthailn der hochmueth etwaß gelegt und der verfang und ausschlag ainer vorstehenden weittern handlung gemainem catholischen wesen zum bößten facilitirt werden möge."

---

4 Vom 23. Oktober (oben Nr. 400).

Hinsichtlich der Vermittlung Frankreichs bei Schweden und Kursachsen wiederholt er seine jüngsten Ausführungen[5]. Erwartet die Antwort aus Frankreich auf seine eigenen Vorstellungen täglich. – München, 28. Oktober 1631.

Teils Reinschr. mit Korr. Maximilians Akten 203/I, teils Konz. Ranpeks mit Korr. Peringers Akten 203/II.

## 407. Maximilian an Landgraf Georg von Hessen-Darmstadt
Oktober 28

Mühlhausener Konvent

Bezug: Schreiben vom 11.[!]/21. Oktober samt Anlagen betr. den geplanten Mühlhausener Konvent [oben Nr. 399]. – „Dz nun E. L. den iezigen schweren und bedaurlichen zustandt des Röm. Reichs mit so wolmainendem eüffer und sorgfalt zu gemieth nemen und iro angelegen sein lassen, auf gedeüliche müttel und weeg zu gedenkhen, dardurch weüttere besorgende confusiones und die obschwebende hochgefehrliche extremiteten verhüettet und abgewendet werden mechten, daran erweisen sie nach dem lobl. exempel dero hochgeehrten hern vatters ain sehr guettes und ruehmliches werkh, nit zweiflendt, sie, in ainem so guetten vorsaz beharlich zu continuirn und an ihrem ort noch fürther alle guette, vortregliche officia zu praestirn, von selbsten wol genaigt und an ihrem zuethuen und bemiehung nichts erwünden lassen werden.

Und ist ja sonsten nit ohne, dz auß sonderbarer disposition und verhengnuß des Almechtigen Gottes dz landtverderbliche khriegßwesen und darauß entspringende unhail sich ieziger zeütt allerdingß mütten in dz Röm. Reich gezogen und fast weütter, auch mit mehrer gefahr und weüttaussehenden machinationen als noch niemaln ausgebraittet. Wer aber hierzue und sonderlich außlendischen potentaten, die mit fueg und büllikheitt in dem Röm. Reich nichts zu suechen haben, anlaß und die müttel in die handt geben, solchen jamer und so starkhes christliches bluettvergiessen anzurichten, auch so anseliche fürstenthomben und landen außlendischen[1] völkhern zum raub zu machen, dz ist niemandt bösser als S. Göttlichen Almacht bekhant. Und weiln selbige der Röm. Ksl. Mt., unserm gnedigsten lieben hern und vettern, als dem ainigen und ordenlichen vorgesezten oberhaupt in dem Reich bis dato wider aller

---

5 Vom 21. Oktober (oben Nr. 396). – In seinem Schreiben an Kurmainz vom 1. November (oben Nr. 404 Anm. 1) mahnte *Maximilian* das Schreiben der geistlichen Kurfürsten erneut an, da es je länger, desto notwendiger sei, „dz mann den tractaten ohne lengern verzug nachtrachte". Sollte das Ansuchen der geistlichen Kurfürsten an Frankreich ausbleiben, „tragen wür die beisorg, weil wür die sachen alberaith angebracht, eß dörfte den geistlichen herrn churfürsten zu einer diffidenz daselbst außgedeittet werden und wol ein contrari effect darauß erfolgen."
1 Getilgt sind die ursprünglich folgenden Worte: „und zumal barbarischen". Dazu vermerkte *Jocher*: „*barbarisch* villeicht zuvil; also zu sezen: dergleichen ungehaltenen." Der Vermerk *Jochers* ist jedoch durchgestrichen.

dero feindt und verfolger so wunderbarlich und gnediglich beigestandten, so ist ja büllich und unzweiflich zu hoffen, S. Almacht dero mechtige handt noch ferner nit abziehen, sonder dero gnadt und hülf Irer Mt. und dero fiehrenden gerechten sachen noch weütter verleihen werden, damit sie, wan es je anderst nit sein khont, durch die erspießliche mittel und weeg, so sie durch Göttliche gnadt noch in handen haben, und darmit dennjenigen, so sich wider büllikheit und recht feindtlich auflainen und deroselben Ksl. hoheit und scepter zu nachendt zu greiffen understehen, auch etwan, alles berait gewonnen zu haben, sich einbülden mechten, nach notturft und gnuegsamb zu begegnen gefast sein, auch mit reputation und contento auß denn sachen zu khomen und dz Röm. Reich, auch deßen anverwahnte getreue und gehorsame chur-, fürsten und stendte sambt deren angehörigen landt und leuthen ungeschmälert und in altem wolstand zu mantenirn und zu erhalten.

Wie[2] dan auch die sachen an seiten Ihrer Ksl. Mt. und dero assistirenden chur-, fürsten und stenden Gottlob noch nit dahin gerathen, dz die churfürsten umb eineß accidents willen, dergleichen in kriegen sich öfters zutragen und bei den gegentheilen nichts neüeß ist, uber etliche wochen oder tag, wie E. L. in dero schreiben angeregt, dzienige, waß sie und ihre maiores von so vil hundert unüberdenklichen zeiten gehabt, nit mehr in ruhigem besiz haben und behalten werden konden, sonder zu besorgen stehe, sie möchten mit ihren geistlichen und weltlichen chur-, fürstenthumben und familien deprimirt werden, seitemal hierzu noch weit ein anderß und mehrers erfordert wirdt und dz im krieg ohnedz wandelbare glückh sich wol in belde widerumb wenden khan. Und ob man schon iez vermainen möcht, eß seien auff der andern seiten die mittel und glegenheit zu ergreiffung obangedeiter extremiteten verhanden, so seind sie doch auff diser auch noch nit verlohren und vor augen, wie man darmit gefast. Man hat Kaiserlicher und catholischer seits von anfang dess unwesens billiche fridensmittel niemalß außgeschlagen, unangesehen man den anfang deß unfridens nit gemacht. An wem es nun erwunden, ligt evidentia facti an dem hellen sonnenschein.

Gleich wie aber alle unsere biß dato gefiehrte consilia und actiones zu fridt, ruhe und ainigkheitt gezühlet gewesen, als tragen wir ab ieziger verwührtem und hochgefehrlichem standt und beschaffenheitt des lieben vatterlandts desto grössers müßfallen und bedauren. Wir sein auch noch so wol als jederzeit berait und wüllig, alle müttel und weeg, so zu abwendung fernern unhails und weüttleuffikheiten nuzbar und dienstlich, nach bösster möglikheitt befürdern zu helfen, und haben eben darumben desto unlieber gehört, dz sich die Frankhfurtische zusamenkhonft, von welcher wir alzeit einen guetten fridlichen außschlag verhofft, unverrichter sachen und zumaln unsers darfürhaltens unzeüttig dissolvirt und zerschlagen. Daz aber E. L. aus ebenmessiger fridliebender wolmainung und sorgfalt auf ain anderwertig expedient und zumal auf anfangß gemelte zusamenkhonft zu Müllhaussen gedacht, derent-

---

[2] Dem Folgenden bis zum Schluß lag eine Niederschrift *Maximilians* (Akten 203/II) zugrunde, die überschrieben war: „Aufs Darmstattisch schreiben". Vgl. auch den oben Nr. 399 Anm. 5 zitierten Vermerk *Maximilians*.

halb bereits auch mit Churmainz L. nothwendige communication gepflogen, solches haben wir gern vernomen, bedankhen uns auch hiemit gegen E. L. freundtvetterlich, dz sie uns von demjenigen, so sie hieriber an högstermelte Ire Ksl. Mt. in schrüften gelangen lassen, in hergebrachtem vertrauen parte geben wollen. Und wie dero Ksl. fridtfertige intention ohnedz guetter massen weltkhundig, als ist zu verhoffen, sie sich dariber solcher gestalt resolvirn und erkhleren werden, wie es die iezige gemaine notturft erfodert und ohne zweifel dero zu fridt, ruhe und verhiettung fernern christlichen bluett vergiessens tragende naigung darauß desto mehr abzunemen sein wirdt.

Wir an unserm ort wollen den ervolg gern erwarten und uns in ainem und anderm, wie es högstermelte Ire Mt. wie auch andere unsere catholische mitchurfürsten für guett und rathsamb befünden werden, gern accommodirn und an unß nachmalen nit ermanglen lassen, unß Ihrer Ksl. Mt. und der samentlichen churfürsten loblichen intention zu conformiren und, sovil gewissen, ehren und namenß halber sein khan, zu dem zil eineß erbaren, billichen fridens zu collimiren und zu cooperiren, in alweg darneben verhoffend, man werde alsdan auf schidliche, billiche mitl gedacht sein und wider die billigkheit nicht behaubten wollen." – 28. Oktober 1631.

Konz. Ranpeks mit Korrekturen und Zusätzen Jochers und Richels Akten 203/II = Druckvorlage; Ausf., präs. 26. Okt./5. Nov., HStAD E 1 C Nr. 7/2 fol. 49–51. Auszug gedruckt bei IRMER I Nr. 15. Ben. bei FROHNWEILER S. 35.

## 408. Der Bischof von Würzburg an Maximilian[1]

Oktober 28

Schwedische Eroberungen im Hochstift Würzburg – Schwedisches Regiment im Hochstift – Flucht des Bischofs aus Würzburg – Restitution des Bischofs – Schreiben an den König von Frankreich – Auszahlung von 50.000 fl. an die Kommissare

„Wir sezen ausser allen zweiffel, es werde laider alß zuvil laut und kundtbar sein, in waß höchst bekümerten und laidigen standt wir, unßer stift, clerus und underthanen gesezt, indeme vor nunmehr 3 wochen der könig in Schweden unßere vestung Königshoven unversehener weiß attaquirt, dießelbe ehister tags einbekommen, darauf mit seinem underhabenden volkh den kopf uf unßere residenzstatt Wirzburg gestreckt, daß wir unß schwerlich durch die flucht mit 7 oder 8 personen zu pferdt, dann wir zuvorhero vertreülich verwarnet worden, daß deß feindts dissegni sonderbar uf unßer person gehe, bei mitternacht[2] salviren können, dießelbe durch trompe-

---

1 Auf einschlägige Schreiben des *Bischofs von Würzburg* an den Kaiser, Gernsheim, 16. Okt. 1631 (Ausf. KrA 69 Konv. Oktober fol. 92–93), Mainz, 28. Okt. 1631 (Ausf. ebenda fol. 182–184. Ben. bei KLOPP III,2 S. 356), kann hier nur hingewiesen werden.
2 Nach Ausweis des oben Anm. 1 zitierten Schreibens des *Bischofs* an den Kaiser vom 16. Oktober „nechsten Sambstag abents, den 11. huius, umb 12 uhrn in der nacht". – Am Morgen des 13. Oktober

ter und trommenschlag feindtlich ufgefordert, auch inner wenig tagen durch accord, darvon wir aber noch zur zeit einzige wissenschaft in specie nit haben, occupirt, auch gleicher gestalt daß schloß, darinnen unßer meiste vorrath an gelt *(dann³ wir bei so schnellem unversehenen uberfall wenig darvon fortbringen können)* sambt den reliquiariis, silbernen, vergulden prustbildern, aller kirchenornat, monstranzen, kelchen von unßerm hohen und nebenstiftern, auch clöstern und pfarrkirchen uf dem landt und in der statt, sambt unßerer underthanen beste sachen deponirt geweßen, mit gewalt eingenohmmen, unß einkommendem bericht nach die darinnen geweßene personen erbärmlich nidergemacht und alles vom grundt spoliiert wie nit weniger alle unßers stifts ambter, stätt und dörfer geblündert und theilß verbrandt, den an getraid und wein gehabten vorrath in andere ort geführt, thailß in die erden lauffen lassen und vom uberrest seine soldaten biß uf heütigen tag erhalten thuet, daß wir und unßer clerus, alß welcher sich, weilen die exercitia religionis sobalden gespert, mit den religiosen tiranischer weiß procedirt und geistliche mit unbezahligen ranzionibus beschwerdt, durch die flucht mit hinderlassung alles und schwehrlich erhaltung eines kleidtleinß insgesambt gleichfalß salviren müessen, unß von unßerm stift und underthanen keines einigen hellers zu getrösten haben, zumahlen alle unßere underthanen dem könig in Schweden erbhuldigung leisten müessen, die ambter mit andern ime gefelligen persohnen bestelt, ja auch sogar theilß unßere ambter sambt angehörigen dörfern seinen obristen und andern verschenkht haben solle.

Wann dann E. L. hierauß, in waß betrübtem und wehemüetigen standt wir und unßere arme verlassene underthanen gestürzt, auch daß allem ansehen nach ernenter feindt hiebei nit acquiesciren, sondern seinen fueß ferners vortzusezen vorhabens sein wirdt, darbei aber daß ganze Hl. Römisch Reich und sonderbahr die gemeine catholische ständt in gröster gefahr begriffen seindt, wol abzunehmen, alß haben wir nit umbgehen können, E. L. dißen unßern laidigmüetigen standt zu erkennen zu geben und darbei dienstfreündtlich zu ersuchen und zu bitten, dießelben sich doch unßer in eüsserstem gestelten elend anzunehmen und uf weg und mittel zu gedenken, inmassen sie zu thun wol vermögen, wie wir zu unßern landt und leüthen wider

---

traf der Bischof in Frankfurt ein (oben Nr. 311 E 68]), am 16. des Monats datierte er aus Gernsheim (oben Anm. 1), spätestens am 27. des Monats war er in Mainz (R. WEBER S. 52), aus welcher Stadt er noch am 12. November (unten Anm. 5) datierte. Seinen Rückzug nach Köln teilte der *Bischof von Würzburg* Maximilian aus Köln, 10. Dez. 1631 (Ausf. Kschw 3261. Ben. bei R. WEBER S. 97, 102), mit. Zur Ankunft des Bischofs von Würzburg in Köln am 1. Dezember und zu Köln als Zufluchtsort weiterer geistlicher Reichsstände (Wartenberg, Kurmainz, Bischof von Worms, Fürstabt von Fulda) und ihres Gefolges sowie der von ihnen mitgeführten Kirchenschätze, Archive, Gelder u. ä. vgl. zusammenfassend BERGERHAUSEN S. 103, 105 ff., zu Worms auch WIJNHOVEN III Nr. 2405.

**3** Zu dem kursiv gedruckten Passus vermerkte *Maximilian* am Rand: „Und sonst hat man alzeit vorgeben, es sei khein gelt vorhanden. Wann auch die 100.000 und mehr reichstaler ein wenigs, so davonbracht worden, so khan man gedenkhen, was Schweden an gelt wirdt bekhommen haben." – Mit den 100.000 waren wohl die von Würzburg nach Mainz geflüchteten bayerischen Gelder (vgl. dazu oben Nr. 385 mit Anm. 2) gemeint.

gelangen und darbei sicherlich erhalten werden köndten, unß auch hierüber dero gemüetsmeinung ohnschwer mit wenigen zu endtdecken." – Mainz, 28. Oktober 1631.

Postskriptum. „E. L. haben auß beikommenden an die Kgl. Würden in Franckreich haltendem schreiben[4] zu vernehmen, waß an dießelbe wir wegen dießer laider sehr beschwerlichen zeit und leüften geschriben, dienstfreündtlich pittent, durch die ihrige unschwer bestellen zu lassen, damit das original an gehörige ort zurecht eingelifert werden möchte, unß auch dero hochvernünftige gemüethsmeinung hierüber in schriften vertreülich zu eröffnen. – Und mögen E. L. gleichfalß nit pergen, obwoln wir gar ein geringes an gelt wegen so schnellen uberfalß hinwegbringen können, so haben wir doch bei unßerer hochsten armuth und notleiden E. L. alhier anweßenden commissariis 50.000 fl. erlegen lassen."

Ausf. Kschw 3261 = Druckvorlage; Kop.[5] ebenda. Ben. bei R. WEBER S. 53 f.

## 409. Kurköln an Kurmainz[1]

Oktober 28

Mühlhausener Konvent

Bezug: Schreiben vom 20. Oktober[2]. – „Wiewohl nun leichtsamb zu erachten, inmaßen von E. L. auch hochvernunftig angedeutet worden, daß den catholischen bei iezigem des königs in Schweden erlangtem ansehentlichem vortheil wohl hoch beschwerliche conditiones angemuthet und gleichsamb pro Imperio würden furgeschriben werden, und eß also nachdenkhlich sein möchte, ietziger zeit und ehe und bevor daß glück sich etwaß widerumb gewendet, in alsolche tractate einzulassen,

---

4 Unten Nr. 411.
5 Maximilian übersandt mit Anschreiben des *Bischofs von Würzburg*, Mainz, 12. Nov. 1631 (Ausf. Kschw 3261).
1 Dem Landgrafen von Hessen-Darmstadt antwortete *Kurköln* aus Köln, 29. Okt. 1631 (Ausf. mit eigenh. Nachschrift, präs. Darmstadt, 22. Oktober/1. November, HStAD E 1 C Nr. 7/2 fol. 46–47. Ben. bei FROHNWEILER S. 35), auf dessen Schreiben vom 12./22. des Monats (oben Nr. 399 Anm. 1 und 6): „Nun ist E. L. friedtfertiges gemüth hierauß und daß sie in deme ires herrn vattern L. hochmilten gedechtnus rhümblichenn fueßstapfen löblich insistirn, genugsamb abzuenehmen. Und wolten wir unsers theilß auch nichtz liebers sehen, alß daß solche dem gemeinen wesen zum pesten gemeinte intention ihren ersprießlichen vortgang und effect erreichen mögte. Aldieweiln E. L. aber dieses auch an die Röm. Ksl. Mt. [...] glangen laßen und eß eine sache, darüber die catholische churfürsten sich vorhin einer einmütiger meinung zu vergleichen, so werden E. L. selbst erachten, das wir unß für dießmahl in solcher wichtiger sachen schwerlich absonderlich zue erkleren. Wir wöllen aber hiebei im werk erzeigen, wie hoch wir zue beförderung deß algemeinen fridens geneigt, wie wir, unß dan mit ehistem gegen E. L. ferners zu erkleren, nit underlaßen wollen."
2 Entsprach nach Ausweis der folgenden Rekapitulation dem einschlägigen *Mainzer Schreiben* an Maximilian (oben Nr. 399 Anm. 2).

Alldieweil eß aber auch hoch gefehrlich, eben bei diesen bekanten schweren coniuncturen alleß auf die spitze der wafen und den so gar ungewißen ausschlag deß krigs zu stellen und den gegentheilen durch abschlagung dieser von neuem angetragener resumption zu noch mehrer verbitterung und eben zu denen gedanken, alß wolte man catholischen theilß zu keiner guetlichen underhandlung verstehen, sonder alleß mit den krigsmitteln ausfündig machen, ursach zu geben, so können wir unß mit E. und anderer unserer catholischen mitchurfürsten L.L.L. leichtsamb vergleichen, daß obbedeut wholermeltß landgraven L. anerbieten nit allein nit von handen zu schlagen, sonder auch die Röm. Ksl. Mt. [...] gebürlich zu ersuchen, dieser underhandlung gleichfalß platz zu geben. Undt demnach höchstg. Ihre Ksl. Mt. ihr vor diesem und alß deroselben armada die sighafte oberhand gehabt, ihro die guetliche underhandlung nit zuwider sein laßen, sonder ihre Keiserliche commissarios mit darzu verordnen [wollen], undt aber entgegen anietzo die gegentheilen, so weit wie weltkündig praevalirt und der bundtstend landen, alß darauß der nervus biß dahin mehrentheilß genommen, ahn underschidlichen orthen mit krigsmacht uberfallen und der status anietzo schier gantz verendert und umbgekert und weil daher die zu der resistenz erforderte nothwendigkeiten mehr und mehr abgehen, hingegen aber der gegentheil macht zunimbt und man sich deß fernern furbrechens augenscheinlich zu befahren, so wollen wir unß getrösten, hochstg. Ihre Ksl. Mt. würden auff unser der catholischen churfürsten einrathen und zuschreiben sich umb soviel leichter zu verstattung obgedeuter resumption und ihrer Ksl. commissarien abordnung bewegen laßen. [...]

Wir haben sonsten bei obwolg. landgrafens L. anbringen in achtung genommen, daß dern erachtens nit allein die zu Frankfurt vorgehabte religionspuncten, sonder auch anders prophansachen mit zu diesem tractat zu zihen, ohne aber daß dabei, waß under solchen prophansachen verstanden, explicirt. Wir machen unß zwar die muthmaßung, es möchte die restitution deß pfalzgraff Friderichs, die Mechelburgische sach wie auch die im Reich furgangene confiscationes und dergleichen darunter gemeint und begriffen sein. Weil eß gleichwohl nothig, darab eine gewißheit zu haben, gestalt die nothurft bestendig zu erwegen, so wollen wir zu E. L. hochvernunftigem nachdenkhen gestelt sein laßen, ob nit die dißfalß habende intention von obwolg. landgrafens L. etwaß aigentlicher zu vernehmen, sodan auch, ob nit noch vor dem abreisen deren zu solcher handlung allerseits abgeordneten man sich nach nothurft ingesambt zu bereden, wie weit man sich in einem und anderm einzulaßen und auf welche weiß diß so schwerwichtige werkh zum besten zu dirigiren." – Köln, 28. Oktober 1631.

Kop. Akten 203/II.

## 409 a. Saint-Etienne an Père Joseph[1]

Oktober 28

Audienz bei Maximilian: Feldzug des Königs von Frankreich, Unterstützung des Kaisers für den Duc d'Orléans – Ankunft de Lisles in München – Stand der Dinge in Deutschland – Friedensvermittlung Frankreichs – Besuch Kütners bei Saint-Etienne: Bayerisch-französischer Bündnisvertrag, Schreiben des Königs von Schweden an den Bischof von Bamberg – Skepsis Saint-Etiennes hinsichtlich der Absichten des Königs von Schweden – Bedrängnis des Herzogs von Lothringen

„À Municq ce 28ᵉ octobre 1631

Monsieur," [...] Berichtet über eine Audienz am Samstag, 25. Oktober, zu der Maximilian ihn, Saint-Etienne, geladen hatte.[2] Zunächst fragte der Kurfürst, „sy le Roy sortiroit du Royaume avec son armée, comme s'il eust esté en peine de sçavoir, sy Sa Majesté voudroit entreprendre quelque chose en Lorraine ou en Allemagne. Je luy dis qu'il y avoit fort long temps, que ie n'avois eu nouvelles de France. C'est pourquoy ie ne luy pouvois <point> respondre. Bien luy pouvois ie dire, que ie pen<çoi>s qu'il n'y avoit que deux occasions pour lesquelles Sadite Majesté se mettroit en campaigne: ou pour secourir ses amis ou pour chastier ses ennemis, que sy quelqu'un faisoit minne de luy en vouloir, il ne luy donneroit point la peine d'aller guère loing, mais feroit incontinant la moitié du chemin pour aller à luy. – Sur cella il me dit que l'Empereur luy avoit mandé de n'avoir jamais promis assistance à Monsieur[3] encor qu'il en eût requis, mais qu'il luy avoit conseillé de s'accomoder avec Sa Majesté son souverain (ce sont ses mesmes mots) comme c'estoit son honneur e proffit ne pouvant faire mieux, et c'estoit offert à Sa Majesté de s'entremettre pour l'accomodement. [...]

Depuis mon retour de Barreit[4] où se rendit aussy Monsieur de Lisle il a escrit une lettre[5] à Monseigneur le Duc de Bavière auquel ie conseillay de voir ledit Sieur de Lisle, e m'offris de luy escrire pour le prier de le venir trouver. Ce que ie désirois affin qu'il le cognust et s'aprivoisast avec lui, aussy affin qu'il luy dit les intentions du Roy de Suèdde, qu'il disoit par sa lettre bien sçavoir et luy avoit donné charge d'apprendre celles audit Seigneur Duc de Bavière auquel il s'offroit de retourner vers ledit Roy de Suèdde pour y faire nouveaux offices de la part du Roy attendu que son pouvoir n'estoit point revoqué qui estoit pareil à celluy de Monsieur de Charnassé mesme qu'il n'avoit point pris congé de luy auquel le changement de ministre seroit suspect

---

1 Der Text der oben Nr. 409a gedruckten Relation *Saint-Etiennes* vom 28. Oktober 1631 endet AE CP Bavière 1 fol. 160, und zwar auf der Vorderseite unten; Schlußformel und Unterschrift fehlen. Die Rückseite von fol. 160 enthält die Adresse und das Ausstellungsdatum, außerdem einen Kanzleivermerk mit Angabe des Betreffs und des Absenders. Der Text ist niedergeschrieben von derselben Hand wie der Text der oben Nr. 373 und 393a gedruckten Relationen.
2 Das Thema Neutralität (so ALBRECHT, Maximilian S. 802 mit Anm. 105) wurde nach Ausweis der oben Nr. 409a gedruckten Relation in der Audienz am 25. Oktober nicht angesprochen.
3 Gaston Jean Baptiste de France, Duc d'Orléans, Bruder König Ludwigs XIII. von Frankreich.
4 In der Nacht vom 16. auf den 17. Oktober (oben Nr. 393a mit Anm. 13).
5 Nicht ermittelt.

comme il est ordinairement à tous, et plusieurs autres choses bonnes et judicieuses. Enfin ledit Seigneur Duc trouva bon que ie luy escrivis et qu'il prist la peine de venir, ce qui a esté faict et est venu[6] et a esté très bien receu, comme j'espère qu'il vous le manda et tous les progres du Roy de Suèdde. C'est pourquoy ie ne vous en diray rien, et conclurray en vous ramentevant que vous trouverez par toutes mes despèches que l'estat présant des affaires d'Allemagne ne desroge point à la conjonction desirée par Sa Majesté pour laquelle nous avons esté envoyéz et n'y change rien, au contraire y a aporté quelque chose pour y faire résouldre promptement toutes les parties qui en dem[e]urent maintenant d'accord, et encor que Sa Majesté soit arbitre de tous leurs differents, et establisse entre eux une bonne paix, et fera par mesme moyen peut estre Sadite Majesté quelque chose de plus et de mieux sy l'on se sert de l'occasion présante et pressante, qui a réduit les uns et les autres à ce point, auquel ils ne feussent possible [!] jamais venus de leur bon gré.

Après la conclusion de ceste lettre Monsieur Keuthner m'est venu voir de la part de son Altesse pour me dire deux choses affin de les vous mander. La première qu'il a communiqué despuis peu à Monsieur l'Électeur de Mayence l'aliance qu'il a avec Sa Majesté[7] lequel a respondu qu'il voyoit bien que par ce moyen Sadit Altesse estoit à couvert de l'orage présant et luy au hasard de tout perdre, et en effect le Roy de Suèdde s'est approché jusques à une lieue du Palatinat Superieur que tient Monsieur de Bavière sans y faire aucun dommage, tellement que ie ne me repents [!] poinct de la prière que ie fis à monsieur de Lisle à Torgau de faire instance vers le Roy de Suèdde pour la conservation des estats dudit Seigneur Duc,[8] et crois que Sa Majesté le trouvera bon, puisqu'il estoit plus facile d'esviter un mal, qu'il n'eut esté de le réparer. – La seconde que le Roy de Suèdde avoit escrit à l'Évesque de Pamberg[9] par un trompette et luy avoit mandé qu'il eust à renoncer à la ligue catholique, ou qu'il le traicteroit comme ennemy, et qu'il eût à faire promptement responce, ou qu'il prendroit son silence pour reffus. Il me monstra la lettre. Mais parce qu'elle est en Alleman [!], je l'ay prié de la faire traduire fidellement affin de vous l'envoyer. Ledit Sieur de Kheuthner me dit de plus que cella estoit conforme au désir de l'Empereur et de la faction d'Espagne qui veut ruyiner les armes de la ligue catholique ou les faire passer èz mains de l'Empereur chose contraire au desseing de Sa Majesté. J'en communiquay à l'instant avec Monsieur de Lisle affin qu'il m'expliquast ce passage, luy qui dit sçavoir les intentions du Roy de Suèdde qui m'a respondu qu'il faloit voir premièrement la lettre du Roy de Suèdde affin de sçavoir ce qu'elle chante et que ledit Roy de Suèdde se contenteroit que les princes catholiques ne renonçassent point à la ligue pourveu qu'ils employassent simplement leurs armes à la deffence d'eux et de leurs estats particuliers sans en assister l'Empereur auquel cas

---

6 Die Anwesenheit de Lisles in München erwähnt *Maximilian* bereits in seinem oben Nr. 403 zitierten Schreiben an den Kaiser vom 26. Oktober (im Druck bei HALLWICH I Nr. 409 S. 593).
7 Vgl. hierzu und zum Folgenden oben Nr. 311 E 21, Nr. 311 E 43.
8 Oben Nr. 393a S. 1207.
9 Oben Nr. 401 Anm. 2.

il s'attaqueroit aux estats dudit Empereur et ne toucheroit à ceux d'aucun autre prince. Voilà l'explication dudit Sieur de Lisle. Cella s'appelle entrer en la neutralité qu'il faict proposer à Monseigneur le Duc de Bavière comme ie vous l'ay cy-devant escrit[10]. Je pence que sy ledit Roy de Suèdde se vouloit contenter de se prendre au Palatinat Inférieur que tient le Roy d'Espaigne tous les princes catholiques d'Allemaigne dem[e]ureroient les bras croisés et regarderoient jouer le jeu, aimant autant pour ne dire mieux le voir èz mains du Roy de Suèdde que du Roy d'Espaigne qui s'est desia rendu odieux à tous ses voisins d'Allemagne. Mais outre ce que ie ne crois pas que le Roy de Suèdde se vueille [!] contenter de cella et qu'il voudra encor se prendre aux estats de l'Empereur, il y'a encor à mon advis un autre inconvenient. C'est qu'il seroit nostre voisin bien proche. Toutefois il n'y a personne qui deubt [!] plus apréhander cela que le Duc de Lorraine auquel il en veut desia bien fort parer qu'il se trouveroit alors comme une gauffre entre deux fers et auroit à cheminer sagement craignant cy-après la discipline dont il est menacé par ledit Roy de Suèdde."

Ausf. ohne Schlußformel und Unterschrift (vgl. dazu oben Anm. 1) AE CP Bavière 1 fol. 159–160. Zitiert bei ALBRECHT, Maximilian S. 802 Anm. 105; vgl. dazu oben Anm. 2.

## 410. Journal Richels

Oktober 29

Bericht des von Tilly und Fugger nach München abgeordneten Kriegskommissars Ernst

„Den 29. Octobris
In beisein der geheimen und kriegsräth hat der Ernst referiert, Tilli und Fugger durch ihne wollen referieren lassen den zustand der armaden und anderß.

1. Haben durch Keller referieren lassen die niderlag und entblossung etlicher pläz. – Weser und Elb besezt mit Reinach und Comargo. – Tilli sein marche in Hessen, zu Frizlar sich coniungiert. Feind damals auff Hessen, den Fugger zu schlagen. – Als Altringer bei ihme, in Frankhen gewichen.

2. Zu Fulda consultirt:[1] 1. Ob recta in Franckhen, den feind zu vervolgen, 2. Oder mehr gegen Lohr und Asch[aff]enburg. – Fugger, Altringer und Ruep auff dz erste gangen, Pappenheim, Metternich[2], Fürstenberg auff dz lezstere, den Meinstrom zu versichern, sich Franckfordt und Hanau zu impatronieren. – Tilly sich resolviert: 1.

---

10 Am 17. Oktober (oben Nr. 393a S. 1207).
1 Über den Kriegsrat in Fulda berichtet auch die BA NF II/9 Nr. 270 Anm. 1 zitierte „Wahrhafte, grindliche information"; die einschlägige Passage ist gedruckt THEATRUM EUROPAEUM II S. 46[6]. Vgl. auch HEILMANN II S. 308; KLOPP III,2 S. 352 f.; STADLER S. 559 f. – Das Datum des Kriegsrats gibt die „Wahrhafte, grindliche information" nicht an. Zu den Daten von Tillys Aufenthalt in Fulda (16. bis 19. Oktober) vgl. oben Nr. 393 mit Anm. 2.
2 Der Mainzer Dompropst Johann Reinhard von Metternich-Vettelhoven.

Den Fugger mit drei regimentern (Jacob Fugger, La Spagna und Crabaten) auf Franckhen, Bamberg, Forcheim etc. Dargegen auch bedenkhen gewest. Tilli beharret. 2. Tilli woll auf Aschaffenburg; Pappenheim auff Lor.

Tilli den Fugger retromandiert zu sich. – Zu Asch[aff]enburg Dienstag [ 21. Oktober] ankhomen. Lotringen da befunden.

Alß Pappenheim bericht, dz feind Lor eingenommen, aber wider gewichen, neue consultation zu Aschaffenburg.

Beschlossen: 3 compagnien nacher Hanau. Herzog Max[imilian] Rudolff. Nacher Heidelberg 3 compagnien; die Metternichische[3].

Lotringen avantgardi. Sulz und Cronberg zu[4] <...>. Bis auff 2 meil under Miltenburg [!]. Tilli woll volgen mit der ganzen armaden.

Uber dz gesteig gezogen, sich versamblet daroben, zu sehen, wo der feind hinauß wolte.

Tilli resolviert: Da der feind auf Rotenburg[5], woll er ihm volgen. – Bit, Donawert und Inglstat in acht zu nemen. – Helt doch darfür, feind werdts nit thuen. – Tilli woll auf Mergetheim, von dannen auf W<ind>heim[6]. Bayern zu versichern. – Wollß versuchen und schlagen. Obwol soldaten nakhet, bloß, hungrig, schwirig, doch aus <not> begierig zu schlagen.

Tilli hab austheilung <gelt> zuruckhgehalten.[7] 1. Die zeit zu gewinnen. Dz gelt nit bei der hand. 2. Kaiserische darfür gebetten. Haben kein gelt. Uber 30.000 fl. nit verhanden. 100.000 fl. zu Augspurg. Erklecken nit. – Tilli <vertröste> gelt; und quartier anstat der bezalung.

Schwed 18.000 man.[8]

Woll dem feind volgen, sich meister vom land machen. Konigshofen und schloß Wirzburg bloquieren, da der feind sich fermiere. Da der feind auff <Hennenberg>, Coburg etc., <wolte> ihne dahin persequieren. Da der feind auff Mein und Rhein, waß

---

3 Die von dem Heidelberger Statthalter Metternich geworbenen drei Kompanien [zu Fuß], die Mitte September mit dem Ziel Fulda/Korps Fugger aus der Unterpfalz abmarschiert waren und, von Tilly zurückgeschickt, am 28. Oktober wieder in Heidelberg eintrafen (MAIER S. 221, 223). – Vgl. zu den Werbungen Metternichs im Jahr 1631 hauptsächlich in der Unterpfalz und zur Musterung dieser Truppen ebenfalls in der Unterpfalz ebenda S. 215 ff.
4 Die folgende durch spitze Klammern markierte Lücke enthält ein Wort (einen Ortsnamen?), das nicht entziffert werden konnte.
5 Gemeint ist die Reichsstadt Rothenburg ob der Tauber.
6 Gemeint ist wohl die Reichsstadt Windsheim.
7 Zu diesem Thema heißt es in der unten Anm. 9 zitierten Liste unter Punkt 10: „Gelt betr.: Ex causa allegata nit kenden außtheilen. Nacher Udenheim fiehren lassen. Auff dem Rhein nacher Niderlanden zu den neuen werbungen zu bringen, damit es sicherer."
8 Die Stärke der Tilly zur Verfügung stehenden Truppen wird in der unten Anm. 9 zitierten Liste unter Punkt 18 wie folgt angegeben: „Anzal volkh: Lotringen pferdt 3.000, Tilli 7.000, Altringen 1.500, Fugger 2.000, summa 13.000 [!]. Infanteria: Lotringen 7.000, Tilli 12.000, Sulz 5.000, Altringen 9.000, Fugger 6.000, Heidlbergische 1.000, summa 40.000."

zu thun, ob er dem feind volgen und Bayern belassen etc. oder sich theilen solle. Tilli incliniert zur persecution.

Besorg, Nassau werd mit Stadischen zu Schweden stossen. Der Infanta zu schreiben, dz sie eß verhindere.

Hessen Cassel betr.: Der Schwed Saxen Weimar nach Halberstat erfordert. – Hessen ferner nichts vorgenommen, obschon Tilli nichts hinderlassen zu Fulda, Frizlar, Amöneburg. – In Hessen auf dem land niemand, allein in stätten sei volkh. – Hessen uber 3.000 oder 4.000 <fanti> nit. Alleß getreid nacher Cassel und Ziegenheim.

Tilli noch mehr puncta:"[9] [...]

Geheimer Rat 194/9 fol. 21–29 und 30'–31.

## 410 a. Stücklin an Maximilian

Oktober 29

Abordnung Questenbergs zu Wallenstein – Neutralitätsverhandlungen Kurbayerns mit Schweden – Rücksichtnahme des Kaisers auf Kursachsen – Ausgleichsbereitschaft Kursachsens – Verhältnis Wallensteins zu den Kurfürsten

[...] Der Kriegsrat Questenberg ist vor fünf Tagen vom Kaiser zu Wallenstein geschickt worden,[1] „wie ich gewüß berichtet worden, mit demselben zu tractirn, in seinem namen 30.000 oder 40.000 man zu werben und auf den fueß zu bringen, die er alsdan Ir Kgl. Mt. in Ungern ubergeben und uberlassen solle, dan allerhöchsternente Kgl. Mt. entlich resolvirt sein, khünftigen früeling mit dem herrn grafen von Schlickh ins feld zu ziehen. Wie man aber discurrirt, so würt der von Friedtlandt neben anderen ursachen auch darumben mit ime angedeüter massen nit handlen lassen, das er des grafens von Schlickh, mit dem er alte differenz und picques hat, wolfarth und auf-

---

[9] Die folgende durch eckige Klammern markierte Lücke enthält eine Liste von 20 Punkten sowie stichwortartige *Notizen Richels* zu den Konsultationen der Geheimen Räte sowie der Hofkammer- und Kriegsräte (Wolkenstein, Herliberg, Richel, Peringer, Ernst, Starzhausen, [Hofkammerrat Paul] Mair) über den Bericht Ernsts. Auf dem Ergebnis dieser Konsultationen basiert die Antwort *Maximilians* an Tilly vom 31. Oktober (unten Nr. 413). Einige der in der Liste enthaltenen Punkte sowie einzelne Passagen der *Notizen Richels* sind notiert oben Anm. 7 und 8, Nr. 311 E 68 Anm. 2 sowie unten Nr. 413 Anm. 8 und 10 notiert.

[1] Vgl. zu dieser Abordnung Questenbergs zu Wallenstein nach Prag und ihrer unmittelbaren Vorgeschichte sowie zu der weiteren Entwicklung und der Abordnung Eggenbergs zu Wallenstein nach Znaim Mitte Dezember 1631 GINDELY, Waldstein S. 7 ff. sowie zusammenfassend SUVANTO S. 100 ff., 103 ff., 122 ff.

nemmen nit befürdern wollen würt. Was nun der von Questenberg verrichtet, gibt die zeit.²

Weilen man alhie nachrichtung, das nit unlangsten ein Franzosischer gesandter bei E. Kfl. Dt. durchpassirt und dem Schweden zugezogen,³ so gehen alhie discurs, E. Kfl. Dt. wollen sich gegen Ire Ksl. Mt. und dem Schweden neutral halten und erzeigen und thuen deßwegen durch ermelten abgesandten mit dem Schweden albereith tractation pflegen.⁴ Dahero so ist alhie bei vilen ein grosses trauren und forcht.

Hingegen so würt auch außgeben, Ir Ksl. Mt. werden fürters wider Churssachsen, damit sie denselben in irer freundschaft erhalten, nichts mehr tentirn, und habe zu dem ende der von Tieffenbach die 6 stätten, so er in der Lausniz eingenommen, aus bevelch Ir Ksl. Mt. widerumb quittirt und verlassen,⁵ wie dan alhie die gemeine sag ist, Churssachsen wolle sich Ir Ksl. Mt. accomodirn und in fridenshandlungen einlassen. Sovil ich aber in erfahrung bringen könden, ist diser accomodation und fridenshandlung halber alhie anderst nichts fürgelauffen, als das Churssachsen den obristen Paradiß, welcher under dem Don Balthasar in Boheimb ligt, zu sich nacher Dresda beruffen habe, und das der vor disem alhie geweste Churssachsische agent mit zunamen Hoffman⁶, derzeit in Prag wohnhaft, gegen herrn Arnoldin, welcher mit

---

2 Das Schreiben an Oexel, in dem Stücklin über das Ergebnis der Verrichtung Questenbergs, der am 10. November wieder in Wien war (HALLWICH I Nr. 421 S. 624), informierte, hat sich nicht gefunden. Aus Wien, 3. Dez. 1631 (eigenh. Ausf. Akten 267 fol. 86–87), erinnerte *Stücklin* an [Oexel] an dieses Schreiben und berichtete über die weitere Entwicklung: „Dem herrn hab ich jüngst berichtet, was der von Friedtlandt sich auf des Questenbergß in namen Ir Mt. beschehen anbringen erklärt. Es hat aber ermelter von Friedtlandt seithero dise sein resolution geendert und sich auf Ir Mt. ferner an ine abgangen beweglich schreiben, starkhes bitten und ersuchen NB dahin resolvirt, dz er nicht allein haab und guet zu Ir Mt. diensten darzesen, sondern sich auch in der persohn, doch mit gewüssen pactis und conditionibus, deßwegen er sich mit dem fürsten von Eggenberg und dem cardinal von Dietrichstein, welche Ir Mt. auf sein begern nacher Niclasburg (da er, wie er in seinem schreiben vermelt, aus gewüßen ursachen hiehero nit khomen kan) gleichsam abordnen miessen, zu vergleichen begert, gebrauchen lassen wolle. – Wan nun diser tractat seinen fortgang gewünt und der von Friedtlandt sich des aufgetragnen generalats in Ir Mt. erbländern underfangen würt, wie dan niemandt zweifelt, dz ime der von Eggenberg nach wunsch und begeren an die handt gehen würt, so seindt Ir Kgl. Mt. zu Hungern entlich resolvirt, negster tagen in persohn wider den feindt in Boheimb inß feld nacher Budweiß zu ziehen und von dannen auß die ordonanzen zu ertheilen, wie dan hierzu alle nothwendige verfassungen praeparirt werden." Weitere Themen des Berichts *Stücklins* waren die Finanzierung des Feldzuges des Königs von Ungarn sowie die dem König zur Verfügung stehenden Truppen.
3 Hintergrund besagter Nachricht dürfte die geplante Reise Saint-Etiennes zum König von Schweden (vgl. zu dieser oben Nr. 381, Nr. 386 Anm. 1, Nr. 393a S. 1207 f.) gewesen sein.
4 Vgl. auch die Relation des päpstlichen Nuntius *Rocci* vom 1. November 1631 (BECKER V Nr. 17.3 3. Punkt: „Si dice che i Spagnuoli" usw.).
5 Vgl. dazu HALLWICH I Nr. 394 S. 572, Nr. 417 S. 608 f.
6 Hans Zeidler genannt Hofman (so dessen eigenhändige Unterschrift; vgl. dazu BA NF II/10,2 Nr. 2 Anm. 3), bereits 1611 und 1612 (vgl. die in BA X S. 902, BA XI S. 1105 jeweils s. v. Zeidler ausgeworfenen Belegstellen) und noch 1618 und in der Folgezeit (vgl. z. B. BA NF I/1 Nr. 44 Anm. 2, F. MÜLLER passim, BROCKMANN passim) als kursächsischer Agent in Prag und Wien bzw. am Kaiserhof genannt; seine angebliche Abberufung wird im April 1625 erwähnt (BA NF II/2 Nr. 53 S. 138). Seine fortdauernden

demselben aus Ir Ksl. Mt. bevelch correspondirt, in einem schreiben einer fridenshandlung meldung gethan und ihme zu verstehen geben, sich hierinnen gebrauchen zu lassen. Welchen aber ermelter Arnoldin dahin beantwortet, wan er von Chursachsen etwas dergleichen befelcht, solle er sein gemüet und befelch kekhlich gegen ime eröffnen und das grosse glükh, so er deswegen zu gewarten habe, nit ausser der acht lassen. Mehrers ist nit fürubergangen.[7] [...]

Es hat sich kurz verwichner tägen des konigs in Ungern stallmaister, h. Maximilian von Wallstein, des von Friedlandt vötter, an einem vertrauten ort discurrendo vernemmen lassen, er hette seinem vöttern zu mehrmalen gutmeinendt zu verstehen geben und gerathen, mit den herrn churfürsten besser zu correspondiren und diselbe nit also hindanzusezen, und were ime, umb willen er solches nit gethan, nit unbillich beschehen, das er seineß generalats entsezt worden. Das aber diejenige Ksl. räth, von welchen er dependiren miessen und die ime dahin gerathen und vermögt, nicht gleicher gestalt abgesezt werden, halte er für die hochste unbillichkheit." [...] – Wien, 29. Oktober 1631.

Eigenh. Ausf. Akten 267 fol. 78–79. Ben. bei KAISER, Politik S. 491.

## 411. Der Bischof von Würzburg an den König von Frankreich[1]
Oktober 29

Schwedischer Einfall in das Hochstift Würzburg und Exil des Bischofs – Schwedische Kriegsziele und französisches Interesse – Restitution des Hochstifts Würzburg und Verhinderung der schwedischen Anschläge

„Regiae Maiestatis Vestrae clementiam adire, et favorem sollicitare me compellit Sueciae Regis in episcopatum meum Herbipolensem facta violenta irruptio, cuius quidem clades ea iam incrementa sumpsit, ut occupata urbe mea Herbipolensi, eiusque episcopati residentia vi expugnata, ipse toti orientali Franciae dominetur, ut

---

Kontakte zum Kaiserhof belegt auch BA NF II/10,2 Nr. 2. Vgl. zur Person Hofmans, der auch in Böhmen begütert war, ZEDLER LXI Sp. 661 ff. (s. v. Zeidler), BA NF II/10,2 Nr. 2 mit Anm. 4; die von ZEDLER behauptete Beteiligung Hofmans am Abschluss des „Pirnischen Vertrag[s]" wird durch BA NF II/10 nicht bestätigt.

7 Aus Wien, 5. Nov. 1631 (eigenh. Ausf. Akten 267 fol. 81 und 83), berichtete *Stücklin* an Maximilian: „Mit Chursachsen continuiren noch discurs von einer fridenshandlung. [...] Heüt aber khombt aviso durch einen aignen staffeta von Prag, daß der Arnheim mit 20.000 man in Boheim gefallen, Jochimsthall albereith eingenommen und anjezo fueß fur fueß auf Prag zu ziehen thue, das auch 12.000 man Schwedisch volkh gegen Schlesien im anzug und, wie etliche andere vermelden, Großglogau einbekhomen haben. Deswegen in disen landen grosse forcht und schreckhen und bei so beschaffnen dingen ein schlechte fridenstractation zu hoffen."

1 Zur Weiterleitung dieses Schreibens vgl. oben Nr. 408, unten Nr. 438.

adeo ab ovibus meis exclusus pastor in exilio constitutus, miserabilibus oculis cogar videre supremum in florentissima alias provincia religionis catholicae exterminium. Causam belli in me movendi iustam nullam praetendere potest rex Sueciae, nec ignorare potest Regia Maiestas Vestra, quomodo gerit bellum Sueciae rex non pro libertate Germaniae, quam nemo catholicorum principum unquam violatam cupivit, geri, sed eo solum tendere, ut vel catholicis omnino dominentur haeretici, vel certe eos tandem vi oppressos conditionibus illis, quae alias Paci Religionis stabilitae erant, multo gravioribus onerent. Hanc ob causam tanto minus credo Regiam Maiestatem Vestram ferre posse, ut Herbipolensis episcopatus, et Franciae orientalis ducatus huic calamitati succumbat, quanto regum Franciae maiorum Vestrae Regiae Maiestatis benevolentiae maximae memoria hactenus in ecclesia Herbipolensi semper culta est religiosius, ut proinde a Regia Maiestate Vestra tanto confidentius enixe petam, ut causam meam regia solicitudine complecti, et huius episcopatus restitutionem sua authoritate quamprimum promovere, regemque Sueciae ab hisce attentatis revocare dignetur. Nec vero dubito ullatenus, quin ea providentia, qua Regia Maiestas Vestra ecclesiis Germaniae securitatem procurare studebit, cum suae etiam propriae coronae securitate magnopere coniuncta sit. Cum enim Sueciae rex iam etiam reliquis episcopatibus, iisque imprimis, qui Rheno viciniores sunt, totis viribus immineat, vix video quam a rege haeretico tanta potentia aucto, ipsa Maiestas Vestra sibi, regnisque suis polliceri possit securitatem, cum ille armorum suorum, et potentiae in tantum auctae usum, non ex amicitia magis ad tempus cum Maiestate Vestra culta, quam ex religionis suae progressibus aestimaturus sit. Ut proinde etiam Regiae Maiestatis Vestrae plurimum intersit, huic se Sueciae regis potentiae opponere, et fovendo catholicos Germanae sibi ipsi securitatem praestare. Debebit sane ecclesia mea Maiestati Vestrae aeternam incolumitatem [suam], et pro meo particulari Regia Maiestas Vestra me sibi semper devinctissimum, et obligatissimum habebit. Deum interim veneror, ut Regiam Maiestatem Vestram regnis suis diu felicem conservet, meque ab exilio ad Herbipolensem ecclesiam reducem eius beneficio, servitiis eius uti volentem maxime, ita idoneum praestet." – Mainz, 29. Oktober 1631.

Kopie Kschw 3261 = Druckvorlage, weitere Kopien ebenda, StAWü Miscellanea 99 fol. 21–22. Benutzt bei R. Weber S. 53 ff.

## 412. Journal Richels

Oktober 29–November 5

Konsultationen des bayerischen Geheimen Rates – Französischer Vorstoß in Sachen Neutralisierung Kurbayerns und der Liga – Pfalzfrage – Wahl Maximilians zum Römischen König – Bündnis der Liga mit Frankreich – Wiederberufung Wallensteins

„Den 29. Octobris

Kitner referiert, waß mons. de Isle sich vernemmen lassen: Schwed begert neutralitet mit den bundtstenden.

Ihr Kfl. Dt. begern guttachten, waß sie sich ercleren sollen. Ob die neutralitet ganz abzuschlagen oder zu bewilligen.

Dr. Jocher befindt keineß für ratsamb, sonder mediam viam: Ihr Kfl. Dt. wollen mit andern mitinteressenten conferieren.

Umbfrag:

Ego mit Dr. Jocher. – Addo wz Kaiserische ministri gesagt, wie Stickle[1] bericht.

Dr. Peringer: Idem.

Wolckhenstein: Idem. – Addit, von dem mons. de Lille zu vernemmen, wie die neutralitet mit Bayrn sein kond, weil Schwed beger, den pfalzgf. zu restituieren. Item ob dem Schweden ein fridenshandlung annemblich."

Geheimer Rat 194/9 fol. 30. Ben. bei KAISER, Politik S. 485.

„Den 2. Novembris[2]

Bei herrn Dr. Jochern rath gehalten.

Ego proposui, waß Ihr Dt. bevolchen: 1. Ob mons. Ißle zum Schweden und waß er zu negociieren. ***

Umbfrag:

Dr. Jocher: Uber die frag, ob mons. Estiene hinein solle etc. Hab bevelch, hier zu bleiben, vom könig. Ißle zu dimittieren. Sei Hugenott. Ihme nit zu trauen. Lest sein religion vortringen. Soll nit zum Schweden, sonder zu erwarten, waß der neüe gesandte[3] bringen werd. Ißle werd nichts beim Schweden außrichten, nisi <habita

---

1 Gemeint sein könnten folgende Ausführungen in der Relation *Stücklins* vom 18. Oktober (oben Nr. 361 Anm. 5): „Sonsten hab ich weitleufig sagen hören, etliche Ksl. liessen sich vernemmen, Ir Mt. hetten volkhs genug, ire erbländer zu defendirn. Die herrn ligisten solten gleichwol sehen, wie sie ire länder mit irem volkh defendirn könden. Welches nun der dankh were, dz die catollische liga ir armada so lange zeit mit schweren uncosten zu Ir Mt. diensten erhalten und emploiiert."
2 Von einem einschlägigen Eintrag im *Journal Richels*, 30. Okt. 1631 (Geheimer Rat 194/9 Rückseite des Blattes nach S. 33–S. 35), konnten nur Bruchstücke entziffert werden. Eingangs heißt es: „Elector: 1. Galli legati tringen auf die neutralitet. Catholici haben ursach geben mit starkher assistenz [des Kaisers]." Ein 4. Punkt lautet: „Alliance mit allen bundstenden urget Gallus. Woll selbst herauß ziehen."
3 Charnacé.

neutralitate>. Gallus möchts etwan nit gern sehen. Weil erß selbst begert, soll man ihm licenz geben. Werd gutte consilia alhier penetrieren und hindern. Bonis verbis et honore dimittendus. Neutralitas werd nit außbleiben beim Schweden. Werd nit stillhalten, biß solche <sicher>.

Quoad palatinum: Ißle sei nit der mann darzu, dz er dis negotiier. Sei Calvinist. Werdts nit thun. Besser dz eß durch ein catholischen geschehe, der kommen wirdt. Diser zu erwarten.[4]

In 2. quaestione: Ob mons. Estiene hinein[5]? Wiss nit, ob erß contra regis mandatum thun werd. Woll sich auf Ihr Dt. referieren. Der kommende legatus werd allein nit negociieren. Sei auf den Estiene gewiesen. Besser, dz er alhie bleibe. Sei informiert. Kendts dem andern auch thun. Man kendt Gallo mehrers nit sagen, alß albereit geschrieben worden, und nit mehrere information geben, alß geschehen. Legatus novus werd antwort darauff bringen. Dessen zu erwarten. Interim zu sehen, waß weiter volge. Kurz iez nit hinein[6]. Kend künftig geschehen. Doch kendts auch per nuncium geschehen. Gallus et cardinalis apprehendieren periculum ex clade Tilliana. Quoad neutralitatem: Jez nit zu handlen. Soll Schwed vor stifter restituieren. Mons. Estiene interim capax zu machen de neutralitate, de reciproca obligatione nichts zu sagen. Pax ante neutralitatem tractanda. Mit andern catholischen zu reden. Man sei in terminis defensivis. Zu demonstrieren, neutralitatem non adeo esse fal<sam>.

Ego [Richel]: Vergleich mich in effectu mit Dr. Jochern. 1. Ißle vort zu lassen. 2. Estiene hier zu behalten. Kurz deßgleichen.

---

**4** Vgl. auch *Maximilian* an Kurköln, 4. Nov. 1631 (oben Nr. 395 Anm. 2), wo es u. a. heißt: Dankt für die Mitteilung der Avisen des kurkölnischen Agenten im Haag. „Und ist gar nit zu zweiflen, dz bei deß Schweden iezigen progressen dise und andere dergleichen discurs mehr, sonderlich an solchen orten, vorgehen und ihme der pfalzgraff selbst nit wenig hoffnung mache, hierdurch deßdo eher zur restitution zu gelangen. Und obwol der konig in Schweden bei Frankreich den namen nit haben will, dz er deß pfalzgraven restitution begehr zu befürdern, und derwegen gegen den Französischen gesandten [de Lisle], welcher sich bei mir alhie befündt, selbst gemeldt hatt, er wolt von deß pfalzgraven wegen keinen sattel auflegen, er meritirs auch nit und nemb sich seiner sachen selbst nit an, sonder gehe nur dem jagen und krammläden nach, so will ich doch disen reden allein nit trauen, sonder bin vorhabens, vermitelst aines anderen kgl. Französischen gesandtens [= Charnacé], welcher, wie ich aus Frankreich die gewüsse nachrichtung hab, mit negstem alhero khomen wirdt, bei dem könig in Schweden fernere officia einzuwenden und in namen Ihrer Kgl. Wrd. in Frankreich etwaß mehrere versicherung erhandlen und einholen zu lassen, dz er sich der Pfelzischen restitution sachen nit annemen wölle." – Die vorstehend erwähnten Avisen waren enthalten in einem Schreiben *Veekens* an Kurköln, Den Haag, 17. Okt. 1631 (Kop., lat. Sprache, ebenda fol. 401), das *Kurköln* mit Postskriptum, [26. Okt. 1631] (Ausf. ebenda fol. 395), nach München geschickt hatte. Und zwar hatte Veeken berichtet, seine holländischen Gewährsleute hätten bei Gelegenheit eines Gesprächs über die Friedensfrage geäußert, die Pfalz und die Kurwürde müssten dem Pfalzgrafen restituiert werden. Das fordere besonders der König von Schweden. Ferner hatte Veeken weitere Einzelheiten, die er in Erfahrung gebracht habe, mitgeteilt.

**5** Dem weiteren Kontext („Man kendt Gallo mehrers nit sagen" usw.) nach zu urteilen, ist wohl gemeint: nach Frankreich bzw. zum König von Frankreich.

**6** Gemeint ist wohl: nach Frankreich bzw. zum König von Frankreich.

Dr. Peringer: Deßgleichen.

Dr. Jocher: Erinnert ferner, dz nit unrathsamb, dz Estiene dem Schweden schreib, von attentatis einzuhalten; sei legatus auf dem weg. Kend sich darauf referieren. Soll gegen den catholischen weiter nit progredieren. Mög sich gegen Tilli defendieren.

Kitner: Mons. Estiene ihme gemeldt, kend auß diesem quartier nit weichen, biß der neüe legatus komm.

Mons. Ißle kend mit dem Schweden anderer bundtstend halber nit handlen; hab kein bevelch alß auff Ihr Kfl. Dt. landen. Besser, dz er bald vortkomm. <...> alß[7] religionem catholicam non posse consistieren absque potentia Austriaca.

Estiene urgier die election[8] neben dem friden. [...]

Wolckhenstein: 1. Mons. Ißle vortzulassen. Nuz nit. Werd andere aufwiglen. Böse officia praestieren. Sei nit zu adhibieren neben andern beeden. Ohne offension nit zu excludieren. 2. Nit zum konig in Schweden zu schickhen, quia Calvinista. Sonst wehrs gut ex causis variis, si alius esset. [...] 3. Estiene soll bleiben, biß der ander kombt. 4. Ob Kurz zu schickhen, hernach zu bedenkhen. 5. Neutralitatem betr. sei nachzudenkhen, waß zu thun. [...]

Geheimer Rat 194/9 fol. 42–45.

„Circa punctum neutralitatis et alliance mit Gallo.

Rationes contra: 1. Praeiudicium religionis. 2. Fides Imperatori praestita. 3. Privata obligatio cum Caesare. 4. Inconvenientia varia catholicis sequentur. Palatini restitutio. 5. Neutralitatis incommoda per se. 6. Quid interim de nostro milite, an otiosi spectatores erimus, an militem dimittemus?

Den 5. Novembris

Bei herrn Dr. Jochern rath gehalten. Obristcanzler, Wolkenstein, Jocher, Dr. Peringer, ego [Richel].

Dr. Jocher legit suum scriptum. ***

Comes [Wolkenstein]: Neutralitas nec honesta nec utilis. 1. Contra iuramentum Caesari praestitum. 2. Sueci potentia <nimia>. <Crescunt summo modo pericula>. 3. Suecus pro hoste declaratus Ratisbonae. – <Putat> Gallo nullam opem da<nd>am, sed petendum ut promoveat pacem. – Galli interesse versari, statum ob Sueci potentiam periclitari. – Incommoda neutralitatis Gallicis legatis demonstranda.[9] Iniqui-

---

[7] Die vorstehend durch spitze Klammern markierte Lücke enthält zwei Zeilen, die nicht entziffert werden konnten. Vgl. zum Kontext unten Nr. 414 Absatz 3 (FERNER HABEN AUCH usw.).

[8] Gemeint ist zweifellos die Wahl Maximilians zum Römischen König, wie sie dann auch Charnacé zur Sprache bringen sollte. Vgl. zu den einschlägigen Weisungen für Charnacé ALBRECHT, Ausw. Politik S. 323 f.

[9] Das sollte aber nicht schriftlich geschehen. Vgl. dazu Journal Richels, 12. Nov. 1631 (Geheimer Rat 194/9 fol. 77'): „NB Ihrer Kfl. Dt. zu referieren, warumb nit ratsamb, dem mons. de Estiene die bedenkhen der neutralitet schriftlich zu geben. Eß sei gefehrlich, in solchen sachen schriftlich zu handlen. 2. Eß <komb> leicht auß. Die schriften werden hin und her geschickht. Kommen den dienern

tas auxilii Sueco praestiti contra pacta Ratisbonensia. Neutralitas nimis periculosa. Melius Gallo adhaerere.

Ego [Richel]: Mit Dr. Jocher in effectu.

Dr. Peringer: Neutralitatis incommoda: Contra iuramentum, contra interesse publicum, et privatum nostrum. Causa Sueci iniustissima, Caesaris iustissima et catholicorum. Coelectores non consentiunt.

Obristcanzler: Vergleicht sich mit obigen meinungen. 1. Incommoda neutralitatis demonstranda. 2. Intentionis declaratio petenda. 3. Generalis pacis promotio p<er>statanda. Regis <literae regis> eo spectant. 4. Pax nunc ab omnibus desiderata ob defectu mediorum.

Quaestio: An in potestate electoris cum legatis Galli aliquid tractandum, si veniunt? Responsio: Videndum, quae legati proponunt. Caute agendum.

Quaestio: Quid de Fridlandio? Caesar velit, quis impediat?[10]

Quaestio: Quid de alliance?" ***

Geheimer Rat 194/9 fol. 49–50.

## 413. Maximilian an Tilly

Oktober 31

Feldzug Tillys – Sicherung Frankens – Offiziere, Tross und Bagage – Dragoner – Versorgung der Armee mit Geld – Hilfeleistung abgedankter holländischer Truppen für den König von Schweden – Truppenhilfe der Infantin für Kurköln – Einsatz Gronsfelds an der Weser – Mainzer und Fuldaer Städte und Ämter – Herzog von Lothringen – Werbungen – Abwesenheit der kaiserlichen Offiziere von den Regimentern – Vakante Generalschargen bei der Ligaarmee – Handlanger, Fuhrknechte und Büchsenmeister – Artillerie – Freiherr von Schönburg wegen seiner gefallenen Verwandten – Abberufung Fuggers – Kommissar Umbseher – Neue Ziffer

„Ich habe von meinem hofcammer- und kriegsrhat, dem Ernsten, mehrers umbstendig vernommen, was ihr ihme, in verscheidenen puncten bei mir anzubrüngen, ufgetragen.[1] Ingleichen ist mir seithero eur schreiben vom 24. dis neben einem triplicat vom 20. [fehlen] durch den corrir Luzen gelifert worden.

Sovil nun anfangs berüret, das ihr dem feindt aus dennen von euch angeregten ursachen under augen ze gehen und eur hail an ihme zu versuechen, oder da derselb

---

under die händ. 3. Man hab dz exempel mit dem cardinal Bagni und seinem diener. 4. Die Franzosen handlen selbst nur mündtlich. Haben noch nichts ubergeben."

**10** Dass *Maximilian* der Wiederberufung Wallensteins skeptisch entgegensah, belegt sein Schreiben an Kurköln vom 4. November (oben Nr. 395 Anm. 2. Ben. bei STADLER S. 586 f.; KAISER, Politik S. 497 mit Anm. 192), das mit folgender eigenhändiger Nachschrift des Kurfürsten schloss: „Es will anfangen, starkh verlautten, dz der herzog von Fridlandt dz generalat über dz Ksl. volkh wider bekhommen soll. Ob die bundtstendt sich dorthero viler assistenz zu getresten, mecht die zeit geben."

**1** Vgl. dazu oben Nr. 410.

nit halten, sonder sich auf ainen oder andern weeg reterirn solte, ihme nachzuvolgen, entschlossen, da mueß ich es uf ainen und andern weeg eurer discretion nach gestalt und erzeigung der occasion committirt und anheimbgestelt sein lassen, des zu euch gerichten ungezweifleten vertrauens, ihr werdet gegen disen listigen feindt gewahrsamb gehen und den vortl wol in acht nemmen, damit dem gemainen cathol. wesen weiter kein schad zuewachse. Und weilen kain zweifel, auf den fahl der feindt sich schon reterirn solte, dz er doch die von ihme occupirte ort, was von importanz, sonderlich das schloß Würzburg und vestung Königshoven, nit unbesezter hünterlassen werde, von welchen besazungen sich die anstossende und umbligende cathol. stendt und underthonnen, da nit praecavirt würdet, stetiges [!] excursionen zu befahren, und ein solches umb sovil mehr, weilen auch zu besorgen, es werden sich zugleich theils emigranten, insonderheit aber die malcontenten vom adl in Frankhen, denen die güetter confiscirt worden, darzue schlagen und die unglegenheit desto grösser machen, ingestalten dann die protestirende abermallen mit neuen werbungen umbgehen und ermelte rebellirende vom adl zu ihrer vorhabenden werbung an den bischoven zu Eystett albereits [...] einen musterplaz begert,

Nun hat zwar der obrist Colloredo von Irer Ksl. Mt. bevelch empfangen, die in Schwaben ligende companien (so sich ausser besezung der notwendigen garnison uf ungever 3.000 mann zu fueß und 500 pfert belauffen) zusammenzuefüehren und damit meiner ordonanz zu leben, es ist aber dises volkh zu verwahrung des pass gegen der Tonau und meiner landen (zemahlen ich sonst der enden mit keinem geworbenem volkh versehen) vonnöthen, auch ohnedz, des feindts werbungen allein zu verhündern, nit bastant,

Derowegen ihr nit allein ze sechen, wie dise des gegentheils werbungen in zeiten zu zerstören, sondern werdet ihr auch, uf den fahl sich der feindt an ain oder andern ort reterirn und ihr ihme nachvolgen wurdet, zum weinigisten sovil volkhs zu roß und fueß von eurer underhabenden armada in Frankhen und der enden, wo es am maisten vonnöthen, zu hünterlassen wissen, damit man al dise sonst unfehlbar zuewaxende excursiones und unglegenheiten, auch vorhabende musterpläz in Frankhen und der enden zu verhüetten, auch zugleich die herobige protestirende im zaumb ze halten bastant seie. Und weilen sich der feindt mit hünterlassung dergleichen garnisonen eben sowohl schwöchen mueß, so wöllen wür verhoffen, ihr werdet, denselben zu prosequirn, ain als den andern weeg gewachsen sein.

Die „bei der armada eingerissene confusion, bevorab mit alzu grosser anzahl der officir, ingleichen des troß und bagagi"[2]: Tilly soll sich um Abhilfe bemühen, „sovil

---

[2] Vgl. auch das Schreiben *Maximilians* an den Kaiser vom 30. Oktober (oben Nr. 395 Anm. 1), wo es zu diesem Thema heißt: Laut Bericht Tillys gibt es bei der kaiserlichen Soldateska auch deswegen so große Schwierigkeiten, weil die Regimenter schwach sind und einige von ihnen mehr Offiziere als Mannschaften haben, die Offiziere zudem mit Bagage überladen sind. Fourage, Lebensmittel und Geld, die zur Versorgung der zur Bagage abgestellten Pferde und Leute erforderlich sind, fehlen für die kämpfende Truppe. Bittet den Kaiser um Abstellung der Mißstände, d. h. um Reformation der

ieziger zeit, weil man noch mit dem feindt zu thuen, ohne behünderung geschehen kann." [...] Erwähnt im weiteren Verlauf die Absicht Tillys, bei der Armee eine Anzahl Dragoner zu richten, welche Absicht der Kurfürst begrüßt.

„Waß den geltpuncten berüert, trage ich selbst wol die beisorg, es werde die speranz, so ihr der soldatesca uf die konftige quartir geben, in die lenge nit fruchten, sonder derselben zu praecavirung grösserer unglegenheiten notwendig etwas auf die hand ze geben sein. Allein kö̈ndet ihr selbst vernünftig ermössen, das mir und den bundtstendten allerdings unmüglich fallet, mit denen erforderten geltmitlen sowohl uf die Ksl. als des bundts soldatesca zu gevolgen. Und wann der Ksl. soldatesca schon einsmahl aus der bundtscassa etwas geholfen wurde, so müeste doch hinnach die bundtssoldatesca umb sovil eher ermanglen und also endtlich aine mit der andern erligen. Habt derowegen recht und wol gethon, das ihr Ire Ksl. Mt. umb fürdersambiste beischaffung deren zu contentirung irer soldatesca notwendigen geltmitl beweglichist angelangt, und werdet ein solches noch forthin eifferig und unausgesezt, wie es die höchste notturft und Irer Mt. selbst dienst erfordert, ze thuen wissen, ingestalt dann auch ich dergleichen am Ksl. hoff sowohl durch schreiben[3] als abordnung einer aigenen persohn[4] eifferig zu sollicitirn nit underlassen. Wurdet aber sowohl ir als der generalcommissarius v. Ruepp ie verspüren, daß die Ksl. und bundtssoldatesca ohne befahrung grösserer unglegenheit mit der bezallung (welche sonst noch, so lang es ohne gefahr sein [kann], zu suspendirn) weiter nit ufzehalten, so mag ich alsdann uf solchen fahl leiden, daß der Ksl. kriegscassa aus denen bundtsgeltern uf solchen nothfahl etwas vorgesezt und dardurch sowohl die Ksl. als bundtssoldatesca mit etwas gelt contentirt werde, ingestalt ich dann albereiths 300.000 fl. alhir in bereitschaft und euch solche, sobald ir mir nur zu sicherer überbrüngung die mitl vorschlaget und anhand gebet, ungesaumbt überschickhen kan und werde. Und weilen ich sowohl von dem Ernsten als aus eurem ieziegn schreiben vernemme, das in der Meinzischen, iezt nacher Udenheimb reterirten cassa mit einschlus unserer zu Würzburg gelegenen und von dannen reterirten 100.000 fl. in die 200.000 fl., item in der veldtcassa bei 30.000 fl. paar verhanden, wiewol der Ernst referirt, dz wol gar 250.000 zu Udenheimb sein sollen, dann auch des bischoven zu Würzburg L. 150.000 fl. mit sich von Würzburg hinweg genomen, in mainung solche für die nothleidende soldatesca beizeschüessen und dieselbige dardurch deßdo williger zu machen, den Schweden auß dem stift Würzburg wider zu vertreiben, so würdet sich dergestalt der bundtscassa vorrath uf die 680.000 fl. belauffen, auser was etwa underdessen von den Rhei-

---

schwachen Regimenter, Abschaffung der überflüssigen Bagagewagen und –pferde; den Offizieren soll nur das zugestanden werden, was im Vorjahr in der Regensburger Verpflegungsordonnanz verglichen wurde.
3 Vom 30. Oktober (oben Nr. 395 Anm. 1).
4 Oexels? Dessen Abordnung an den Kaiserhof zur fraglichen Zeit belegt ein Beglaubigungsschreiben *Maximilians* für Oexel an Eggenberg, München, 26. Okt. 1631 (korrigierte Reinschr. ÄA 2244 fol. 134). Vgl. auch Akten 267 fol. 80, Akten 281 fol. 38.

nischen und in specie Churmeinz und Triers L. L. darzue kommen sein möchte, ingestalten ihr dann bei disen beeden curfürsten mit ausführlicher remonstrirung der vor augen stehenden und ie lenger, ie mehr überhandtnehmenden höchsten gefahr eine ergibige summa gelts beweglichist und instendigist sollicitirn ze lassen, nit zweiflent, es werde nit ohne frucht ablauffen, zumahlen sie es vornemblich zu defension und errettung ihrer und der ihrigen selbst anwenden. Die Ksl. veldtcassa hat derzeit nach eurem schreiben bei 40.000 fl. Ingleichen ligen heroben zu Augspurg in des commissarii Wolfstirn verwahrung 100.000 fl., welche mit obermelten unsern 300.000 fl. under einer convoi und sicherheit zur armada gebracht werden könden. Damit wurde ermelte Ksl. cassa (wann underdessen nit noch etwas darzuekomme) auf 140.000 fl. khommen und also beede, die bundts- und Ksl. cassa, sich in die 820.000 fl. erstreckhen. [...]

Waß und wievil nun der soldatesca hiervon zu bezallen, daß lasse ich eurer und des v. Ruepp[5] discretion und guetbeföndung anheimbgestellt sein. Und werdet ihr euch dessen auch mit dem von Aldring und Ossa zu vergleichen wissen. Halte zwar selbst darvor, es möchte der soldatesca zu desto mehrer animirung und damit es dannoch einen namen hete, ein monnatsold ze geben sein. [...] Allein ist vornemblich und in alweeg darauf ze sehen, das dises gelt nit mehrntheil den officirn, sonder vornemblich den armen, notleidenden gemainen soldaten ohne einichen abzug völlig zutheil werde und sich diselbe hiervon etwas claiden und versehen könnden. Ich geb euch auch zu bedenkhen und habts sovil möglich zu versuechen, ob nit die obriste und andere officier (darzue sich vornemblich dieihenige, so nit ordinari bei der stöl, billich zu bequemen) zu erhandlen, dz sie für dismahl mit der bezallung zuruckhstehen und geduld tragen, damit man die gemaine notleidende soldatesca desto besser contentirn könde. In alweeg aber solte die bezallung nit nur immediate uf die regimeter und companien, sonder in specie auf die effective im dienst verhandene köpf geschehen. Derowegen dann in ain und anderm wol acht ze geben sein würdet, weilen die geltmitl zu contentirung der soldatesca ie lenger, ie genauer zusamengehen und mit dergleichen starkher summen, wie ihr selbst leichtsamb begreiffen könndet, zu gevolgen, vast unmüglich scheinen will. In alweeg aber wisset ihr und der von Ruepp auf solchen fahl, da ie, den Kaiserlichen aus der bundtscassa einich vorlechen ze thuen, unumbgenglich gehalten wurde, in acht ze nemmen, dz es bei den Kaiserlichen nit das ansehen, als wann ich oder die bundtstendt von solchem vorlechen ichtwaß wisseten oder darzue bewilligt heten, sonder als hetet ihr und der v. Ruepp ein solches für selbst gethon und understanden. Wie ihr dann von dem v. Aldring und Ossa ein schriftliche obligation, doch allein auff euch beede gestellt, zu begehren und eher auch dz gelt nit hinaußgeben sollet, austruckhenlich zu obligiren, das dises vorlechen so bald als möglich von denen in der Ksl. veldtcassa eingehenden

---

5 An diesen ergingen mit *Maximilian* an Ruepp, 31. Okt. 1631 (oben Nr. 371 Anm. 3), in Sachen Versorgung der Armee mit Geld die gleichen Weisungen wie an Tilly.

geltern wider zur bundtscassa guetgemacht und erstattet werden solle und sie hinwider euch und den von Ruepp allerdüngs schadloß halten. [...]

Den graf Wilhelm von Nassau, als welcher mit etlichen von den Staden abgedankhten regimentern herauf ins Reich und dem könig von Schweden zu hilf ziehen solle, betröffent, habe ich bereits vor disem bei Irer Ksl. Mt. durch meinen cammerer den Kurzen wie auch aniezo abermallen in schreiben[6] erinderung gethon, ob dieselbe der frau Infanta zu Brüssel L. dahin bewögen wolten, damit sie von der Spänischen armada ebenmessig einen ergibigen succors herauf schickhen, inmassen mich meines bruedern, des h. churfürsten zu Cöln L. avisirn, das bereits von des prünzen de Barbanzon und des grafen von Salm und Wittenhorst regimentern zu pferdt 12 compagnien neben einem regiment zu fueß, so der obristleitenant Roveredt commandirn solle, im heraufzug begriffen, welches volkh sich etwa in die Cöllnischen stüfter zwischen dem Rhein und der Weser logiren und daselbst von dem grafen von Gronsfelt und des bundts an der Weser ligenden volkh calor haben und uf den grafen Wilhelm von Nassau acht geben möchten, inmassen ihr den sachen, wie ihr es rathsamb und am besten befündet, ze thuen wisset.[7]

Daß ihr den grafen von Gronsfelt mit dem Erwitischen regiment widerumb hinab an die Weser und der enden commandirt,[8] verbleibt es dabei und hab ich derenthalb keine bedenkhen.

Ingleichem fünde ich von euch wol ponderirt, warumb ihr in denen in und an Hessen gelegenen Meinzischen und Fuldaer stötten und ämbtern keine garnisones hünterlassen. Allein wisset ihr Churmeinz L. [...] zu dero nachricht und wissenschaft zu berichten, aus was erheblichen ursachen ein solches geschechen und dermallen

---

6 Vom 25. und 30. Oktober (oben Nr. 400 Anm. 1, Nr. 395 Anm. 1).

7 Am 1. November (oben Nr. 404 Anm. 1) gab *Maximilian* Tilly zu bedenken, „ob es nit bösser were, das ihr, wo nit alle, doch dieihenige garnisones in Nidersachsen, so sich nit halten könden, ufhebet, selbige abandonirte pläz demolirn liesset und dz herausgenommene volkh des herrn churfürsten zu Cölln L. zum soccors wider dz aus Holland dem Schweden oder Hessen zueziehende volkh geschicckhet hetet, inmassen ihr hierunder des algemeinen cathol. nothleidenden wesens dienst und notturft in acht ze nemmen wisset."

8 Dazu heißt es in der oben Nr. 410 Anm. 9 zitierten Liste unter Punkt 6: „Tilli den Gronßfeld nacher der Weser geschickht. Dz volkh [an der Weser] müsß auß der cassa versehen werden. Darin in 40.000 daler. Kleckhen nit lang." – Laut CHEMNITZ I S. 230 hatte Tilly bei seinem am 4. Oktober erfolgten Aufbruch von Corvey Gronsfeld als Generalgubernator an der Weser mit etlichen Truppen zurückgelassen. – Nach Ausweis von *Lerchenfeld* an Maximilian, Hameln, 18. Okt. 1631 (Ausf. ÄA 2398 fol. 464–466), waren an der Weser und in den angrenzenden Gebieten stationiert die Infanterieregimenter Gronsfeld, Werner von Tilly, Reinach, Comargo, Blanckart und Geleen, zu denen Tilly neuerdings an Kavallerie detachiert habe 10 Kompanien Erwitte, 5 Kompanien Lintelo und die Freikompanie des Rittmeisters Loyers; vgl. zu Letzterer STADLER S. 816. In der unten Nr. 436 Anm. 9 zitierten Liste werden noch drei Kompanien des Regiments Generalleutnant Tilly aufgeführt.

In den oben Nr. 410 Anm. 9 zitierten stichwortartigen *Notizen Richels* zu den Konsultationen der bayerischen Räte ist hinsichtlich der Gründe, warum Tilly die Truppen an der Weser und Elbe zurückgelassen habe, vermerkt: „1. Zeit gemanglet, herauf zu nemen. 2. Die ort nit abbandonirn konden. 3. Contribution zu erhalten."

anderst nit rhetlich befonden werden könden, ingestalten sich dann der tombprobst zu Meinz, der von Metternich, ebenmessig darzue verstanden habe. [...]

Des herzogen zu Lottring L. wollet ihr hinführo wie bishero in guetem willen erhalten und dieselbe versichern, dz ich dero lobl. intention meinestheils gewislich hoch aestimir, ingestalt ich dann auch nit underlassen, wegen Irer L. den 3 geistlichen churfürsten hinwider die notturft ze schreiben.[9]

Der neuen werbung halb hat es bei dem von euch wol considerirten guetbefünden, dz nemblich derzeit mit selbiger einzehalten,[10] sein verbleiben. Allein hielte ich für guet und notwendig, das ihr bei Irer Ksl. Mt. [...] erinnerung gethon hetet, ob sie des herzogen zu Lottring anerbottene werbung dermallen nit ganz abschlagen, sonder allein suspendirn und Ire L. disfahls in guetem willen erhalten wolten, damit man sich deroselben uf etwa begebenden nothfahl alzeit noch zu versichern und zu bedienen hete.

Demnach ich verstehe, dz die Ksl. officier, auch in specie die obriste, wenig bei ihren regimentern verbleiben, so werdet ihr bei Irer Ksl. Mt. [...] eründerung ze thuen wissen, damit sie solche von ihren regimentern abwesende officier verzogentlich zur armada schaffen."

---

**9** Das einschlägige Schreiben *Maximilians* an Kurköln ist datiert München, 28. Okt. 1631 (Reinschr. mit Korr. und Zusatz Maximilians, teilweise zu chiffrieren, Kschw 960 fol. 404). Darin heißt es u. a.: Tilly ließ durch einen Abgeordneten berichten, „alß wann Ir L. schier in denn ungleichen wohn und gedanken gerathen, alß sehe man dero heraußkhonft nit gern und hette sie in verdacht, weiln sie vorhero wegen sicherheit dero landen bei Ihrer Kgl. Wrd. in Frankhreich gewesen, daß dieser dero khriegszug etwa mehrers der cron Frankhreich alß dem Romischen Reich zu guetem und vorthail angesehen were, in welcher opinion sie zum thail auch dahero gesterkht worden, weiln zu ieziger irer dem Reich und den catholischen zum besten gemaindter herauß- und ankhonft mit irem khriegsvolkh an dem Rhein khainer auß den Rheinlendischen churfürsten Seine L. besuchen oder sie regaliren, weniger iro zu solchem dero Irer Ksl. Mt. und dem Reich zu ehren und guetem über sich genommenen persohnlichen khriegszug congratuliren lassen." – Hinzuweisen ist auch auf die unten Nr. 436 Anm. 1 zitierte Relation *Ruepps* vom 10. November, aus der HEILMANN II S. 308 Anm. *** und STADLER S. 570 schöpfen.

**10** Dazu heißt es in der oben Nr. 410 Anm. 9 zitierten Liste unter Punkt 8: „Neue werbungen iez nit vorzunemen. 1. Gehn langsam her. 2. Kosten vil. 3. Alte reissen auß. – Helt reformation bei den Kaiserischen und recruten bei den unsrigen für dz beste. Unsere und Niderlendische regimenter ser schwach."

In den ebenda zitierten stichwortartigen *Notizen Richels* zu den Konsultationen der bayerischen Räte ist vermerkt: „7. Neüe werbungen: Derzeit einzustellen. Deß mgf. [Wilhelm] zu Baden auch. Dz gelt auff die <...> zu spendieren. Wan man nit frid machen werd, auff den früling vonnoten sein, mehrers zu werben. [...] Bei dem convent [der katholischen Stände] darvon zu handlen. Besser, recruden zu machen. Bei dem convent von Lotringischen werbungen zu gedenkhen, obß anzunemen oder nit." – Die vorstehend durch spitze Klammern markierte Lücke enthält ein Wort, das nicht entziffert werden konnte. – Vgl. zu den vom Herzog von Lothringen angebotenen Werbungen Punkt 12 der oben Nr. 410 Anm. 9 zitierten Liste, wo es u. a. heißt: „Lotringen selbst zu Ihr Excell. kommen. Lang bis in 6 stund conferirt. Gar freundlich erzeigt. Beclagt sich, dz Ihr Dt. merkhen, dz dieser ihr reitterdienst den geistl. churfürsten nit gefalle; verdechtig etc. wegen Franckreich. [...] Lotringen woll noch 10.000 mann werben. Jez nit zu urgiren, sonder erst auf den früeling."

Vakante Generalschargen bei der Bundesarmee: Hat bereits via Keller um Tillys Gutachten gebeten. Da aber Keller nicht zu Tilly zurückgekehrt, sondern auf Drängen des Bischofs von Würzburg auf dem dortigen Schloss geblieben ist und dem Vernehmen nach vom Feind gefangengenommen wurde[11], möge Tilly sich nun äußern.

Handlanger und Fuhrknechte sollen heroben an die 100 angeworben und neben den erforderlichen Büchsenmeistern möglichst bald zur Armee geschickt werden. – Auch wegen der fehlenden Artilleriesachen soll Verordnung geschehen, sobald die Designation heraufkommt.

Was Johann Karl Freiherr von Schönburg, kaiserlicher Rat, Kämmerer und Orator am spanischen Hof, „wegen seines bruedern, weilant des generals von der artilleria[12], wie auch der mitgebliebenen zweien vöttern cörper und hünterlassener bagagi halb an mich geschriben und ich ine ad interim beantwortet, habt ihr hinebenliegend copeilich mehrers zu ersehen. Und wollet ihr euch eifrig angelegen sein lassen, damit ermelter von Schönburg sovil möglich zu seinem contento gelangen könde, ingestalt ich dann des ervolgs von euch berichtlich erwarte, damit ich ihne uf sein weiters anmelden zu beschaiden wisse."

Den Oberstkämmerer erfordert der Kurfürst, wenn Tilly seiner entraten kann oder will, wieder zu seiner Ordinaristelle.[13] Den Kommissar Umbseher[14] kann Tilly behalten oder, wenn er ihn nicht braucht, heraufschicken.

Anbei eine neue Ziffer für Tilly und die Generalkommissare. – 31. Oktober 1631.

Konz. Teisingers mit Zusätzen Richels, teilweise zu chiffrieren, ÄA 2396 fol. 291–298. Auszug ÄA 2404 fol. 49 (= Anlage E zu der BA NF II/9 Nr. 270 Anm. 1 zitierten „Wahrhafte[n], grindliche[n] information"). Auszug gedr. THEATRUM EUROPAEUM II S. 472. Ben. bei WESTENRIEDER VIII S. 183; STADLER S. 558 ff., H.-D. MÜLLER S. 40, zitiert ebenda S. 41 Anm. 53.

---

11 Vgl. dazu KLOPP III,2 S. 355.
12 Otto Friedrich Freiherr von Schönburg, der in der Schlacht bei Breitenfeld gefallen war.
13 An Fugger schrieb *Maximilian*, 1. Nov. 1631 (Konz. Teisingers ÄA 2325 fol. 160. Ben. bei STADLER S. 570; HABERER S. 268): „Wür eründern uns, welcher gestalten ihr vor disem zu euerm alhirigen abreisen anregung gethon, das ihr euerer angelegenen particular geschaeft halb allein ein zeitlang bei der armada verbleiben köndet. Aldieweilen wür euch dann auch bei unsern hofdiensten vonnöthen, so wisset ihr euch nunmehr für eur person, da euch anderst der gf. v. Tilli entrathen kann und wil, widerumb heraufer zu begeben."
14 Hans Christoph Umbseher; diesen hatte Maximilian im Sommer als Assistenten Ernsts dem Korps Fugger adjungiert; vgl. dazu ÄA 2329 fol. 467.

## 414. Maximilian an Kurköln[1]

Oktober 31

Pfalzfrage – Französischer Vorstoß in Sachen Neutralisierung Kurbayerns und der Liga – Allianz des Königs von Frankreich mit der Liga – Bitte um Unterrichtung des Kurfürsten von Mainz – Bitte um Gutachten

Übersendet Kopien eines kaiserlichen Schreibens vom 21. Oktober samt Anlagen A und B.[2] Bittet Ihre Liebden, „sie wollen unbeschwehrdt sich in obberierten dreien schrüften ersehen und die darin begriffne conditiones deß Friderichs absolutionem banni und restitution, vornemblich aber die condition der chur belangend, alß daran unserm hochloblichen hauß Beyrn am allermehrsten gelegen ist, der sachen hochen wichtigkeit nach reifflich und wol erwegen und mir dero hochvernünftige gemüetsmeinung bei disem allein deretwegen abgefertigten currier, und zwar ehist alß immer möglich, weil Ihre Mt. ich ainer fürderlichen antwort alberait vertröst, zuschreiben und eröffnen, welcher gestalt merhochstgedachte Ihre Ksl. Mt. auff dero obangezogenes schreiben und gnedigistes begehren zu beantworten sein möchte, damit nit nur dieienige allzuser limitirte belehnung, welche Ihre Mt. mier in anno 1623 zu Regenspurg offenlich erthailt, darvon der Engellandische abgesandter vermuttlich allein wissen und derethalben auch seine vorschläg allein auff dieselbige gemaint und angesehen haben möcht, sondern vilmehr die hernach[3] in ampliori forma auff mich, E. L. und unsere ganze Wilhelmische lini gerichte und deroselben wol bewuste, sonsten aber noch bißher gegen anderen in eng und gehaim behaltene investitura alleß ihres inhalts salvirt und nichts, so derselben zugegen und praeiudicirlich, wider vergeben und eingewilliget und benebens auch dise sachen, sovil immer möglich und thunlich, dermalen zu einer gutten, bestendigen richtigkeit gebracht werde."

---

1 Ebenso mutatis mutandis: *Maximilian* an Zollern, 1. Nov. 1631 (Konz. Richels Akten 258 fol. 57–58). Die Ausfertigung dieses Schreibens enthielt folgende eigenh. Nachschrift Maximilians, die in dem Konzept von Kanzleihand nachgetragen ist: „Gleich iezt khombt beiligendt schreiben vom P. Joseph an Dr. Jocher, daraus wol abzunemmen, wohin die intention in Franckhreich zihlt und dz man auf die neutralitet starkh tringen und, wann solche nit zu erhalten, etwa anstatt der hilf wol was anders ervolgen dörfte. So seindt auch von dem von Ossa heit schreiben einkhommen, das alles unser volkh sehr schwirig, nit vil lust zum fechten, sonder umb gelt schreien, grosser proviantmangel verhanden, die artigleria bei disem besen wetter nit mehr vortzubringen möglich, die soldaten heüffig darvonlauffen und hinden bleiben und in summa wol bösser zu wünschen were."
2 Oben Nr. 398. – Besagte Stücke übersandte *Maximilian* mit der Bitte um Gutachten aus München, 31. Okt. 1631, auch an die Kurfürsten von Mainz (Reinschr. mit Korr. Maximilians Akten 258 fol. 48) und Trier (korrigierte Reinschr. ebenda fol. 49) sowie aus München, 9. Nov. 1631, an Herzog Albrecht von Bayern (korrigierte Reinschr. ebenda fol. 67).
3 Im *Vertrag zwischen dem Kaiser und Maximilian*, München, 22. Febr. 1628 (Regest BA NF II,4 Nr. 32, mit Hinweis auf Druckorte); der einschlägige *kaiserliche Lehensbrief* für Maximilian, 4. März 1628, ist zitiert ebenda Nr. 39 Anm. 2.

Teilt bei dieser Gelegenheit mit, dass die hier anwesenden französischen Gesandten Saint-Etienne und de Lisle „mier diser tagen"[4] zu vernemen geben, dz Ihr Kgl. Wrd. in Franckreich gern sehen und hoch begehren, dz ich und andere meine mitveraiente catholische chur- und fürsten unß bei gegenwertigem unwesen im Hl. Röm. Reich gegen Ihre Ksl. Mt. und dero hauß neutral hielten. Dargegen und auff solchen fahl wehren Ihre Kgl. Wrd. in Franckreich erbiettig, den könig in Schweden und alle seine adhaerenten dahin zu vermögen und auch zu halten, *hetten[5] auch alberaith von dem [König] in Schweden gefertigte carta bianca[6] in iren handen,* daß sie denen verainten catholischen chur- und fürsten die geringiste feindtseeligkeit und beschwehrnuß weiter nit zufiegen, sonder dieselbige mit ihren land und leithen allerdings unangefochten lassen sollen. Dan gleich wie die bundtstend bißhero mit ihrer starkhen assistenz deß hauß Osterreichs potentiam erhalten und vermehrt und dardurch der cron Franckreich und anderen ursach geben, sich in die sachen zu schlagen und daß contrapeso zu halten, also und sobald sie sehen und dessen versicheret sein werden, dz die catholische verainte chur- und fürsten dissfalls weiter nit assistiren, sonder sich neutral halten wollen, werden sie sich von Ihrer Kgl. Wrd. in Franckreich, Schweden und anderen ferner nichts zu befahren haben, inmassen dan der konig in Schweden sich gegen obgemelten mons. L'Ißle, alß er erst neülich bei demselben gewesen, außtrucklich verrnemen lassen, dz er mit mier in ungutem nichts zu thun hab, da ich mich nit selbsten zu S. Kgl. Wrd. nöttigen und zu einem andern ursach geben werde.

Ferner haben auch mehrgedachte Französische ministri gegen mier vermelt, wie dz sie von thailß vornemmen bundtstenden vernommen, das sie in der mainung begriffen, die catholische verainte chur- und fürsten etwan persuadiert sein möchten, die conservation der catholischen religion und der erz- und stifter im Hl. Röm. Reich dependir von der Osterreichischen und Spanischen grandeza, welche lestlich die catholische sowol alß protestirende deprimirn thete. Obgemelte persuasion und die deretwegen zu erhaltung und vermehrung der Osterreichischen macht gelaiste assistenz hab denn catholischen im Röm. Reich obbedeiter massen mehr schaden alß nuz gebracht, *weil[7] die Spanische und Osterreichische den catholischen niemal nichts zu gutem gethan, wann sie nit dabei ir intention zu befürdern gewust. Zudeme so khondten die catholische religion und dero beipflichte reichschur-, fürsten und stend gleich so große oder mehr ersprießlichere aßistenz, protection und befürderung auch von andern benachberten khönigreichen und potentaten erwarten.* Und weren Ihre Kgl. Wrd. in Franckreich erbiettig, die catholische religion im Reich ebenso wol beschuzen und

---

4 Saint-Etienne hielt sich seit dem 24. September (oben Nr. 373) und nach zwischenzeitlicher Abwesenheit (oben Nr. 381, Nr. 386 Anm. 1, Nr. 403, im Druck bei HALLWICH I Nr. 409 S. 593) seit der Nacht vom 16. auf den 17. Oktober (oben Nr. 393a mit Anm. 13) wieder in München auf; zur Anwesenheit de Lisles in München spätestens seit dem 26. Oktober vgl. oben Nr. 409a mit Anm. 6.
5 Das kursiv Gedruckte wurde dem Konzept von Maximilian inseriert.
6 Vgl. zu dieser oben Nr. 358 mit Anm. 3.
7 Wie oben Anm. 5.

erhalten zu helfen und zu solchem end dero eusseriste macht, auch aigne königeliche person, inmassen erst neulich in Italia bei ainer geringern occasion beschehen, anzuwenden und zu emploiren, *wann[8] sie der catholischen verainten chur- und fürsten intention versichert sein mögten.* Darneben haben obgemelte Französische ministri mir auch in namen ihres königs angedeit, wie Ihre Kgl. Wrd. ganz wol genaigt und erbiettig seien, mit den verainten catholischen chur-und fürsten im Reichs zu versicherung der catholischen religion und ihrer land und leithen sich einer gewissen alliance, inmassen mit mir, wie E. L. bewust, albereit beschehen, zu vergleichen.

Nun seind diss solche wichtige sachen, haben auch so vielerlei grosse bedenkhen in utramque partem ob sich, dz ich mich bißher darüber nit resolviren noch etwaß gegen mergemelten Französischen ministris, unangesehen sie eß starkh begert und urgirt, vernemen lassen könden.[9] Dan mier ser bedenkhlich gewesen und noch ist, ihnen hierüber noch zur zeit, da mir unbewust, waß andere mitverainte catholische chur- und fürsten dissfallß gesinnet sein möchten, einige vertröstung zu geben. Darneben hab ich auch nach gestalt der gegenwertigen coniuncturen und hochgefehrlichen leüffen im Reich nit für rathsamb befünden konden, Ihrer Kgl. Wrd in Franckreich alle hoffnung eines mehrern vertrauens und verstandts mit den catholischen chur- und fürsten abzuschneiden und dardurch ursach zu geben, dz sie sich noch mehrer und stärkher mit dem Schweden und protestirenden im Reich einlassen und verbünden.

Und gehet mier hierbei sonderlich diss auch starkh zu gemüet, dz am Kaiserlichen hoff die sachen bevorab im kriegswesen, wie man bißher laider nur zuvil gesehen und erfahren, dermassen ubel bestellt und administrirt werden, *auch[10] die mittl zu vortsezung des khriegs, sonderlich bei numer von neuem sich herfürthuenden der protestierenden vergatterung und verwaigerung der contributionen so weit entgehen,* daß die katholische chur-, fürsten und stend deß Reichs auf die Ksl. aßistenz sich fast nichts verlassen, auch einig fundament einer bestendigen hilf und defension machen könden. Dann obwol Ihre Ksl. Mt. ein zimlich starkhe anzal kriegsvolkh im Reich auff denn painen haben, so ist doch wissentlich und bekhanndt, dz zu dessen underhaltung auß denn Osterreichischen erbkonigreich und landen bißher nichts contribuirt noch dorther allein die mittl zu erheben, auch die cron Spanien, zumal sie mit ihr selbst, wie E. L. vorhin besser bewust, genug zu schaffen hatt, darbei concurrirt, sonder der ganze last allein auff die stend deß Reichs verschoben und auch die auß dem Reich erpresste mittel nit auff solche kriegsarmaden der gestalt, wie billich sein und geschehen sollen, sonder anderstwohin verwendt worden. Die protestirende werden hinfürders zu solcher Kaiserlichen armaden weiter nichts contribuiren wollen, sie werden dan mit gewaldt darzu bezwungen, so nun bei iezigem vorbruch deß Schweden im Reich aller orten schwehr und fast unmüglich sein wirdt, diß ins

---

8 Wie oben Anm. 5.
9 Vgl. zur französischen Reaktion darauf ALBRECHT, Ausw. Politik S. 326 mit Anm. 71.
10 Wie oben Anm.5.

werkh zu richten. Derienigen catholischen stend, welche sonst beim underhalt der Kaiserlichen armaden concurriren sollen, contributiones werden hierzu bei weitem nit erkleckhen und die bundtstend nichts darzu herschiessen, sonder mit erhaltung ihres volkhs schwehrlich gevolgen konden, sonderlich weil durch den Schwedischen einfall in Franckhen die vorneme bundtsverwandte nunmehr verderbt und ruinirt seind. So ist auch ein unmüglich ding, dz man mit der einzigen bundtsarmaden diß werkh werde erheben und so vilen mächtigen feinden genugsamen widerstand thun könden. *Ich[11] hab mich oft erkhlerdt, dz ich es allein nit supplirn khan, obwoln ir vil also eß ihnen imprimirt, dz sie es nit faßen wölln, sonder mehr ihrem falschen wohn alß meinem vorgeben glauben beimeßen.*

Nachdem aber Ihre Ksl. Mt. vorhabens seind, die catholische chur-, fürsten und stend an ein ordt im Reich durch rhet und gesandte zusammenzubeschreiben und mit ihnen beratschlagenn zu laßen, waß bei disen gefehrlichen zeiten und leüffen catholischer seits weiters zu thun und vorzunemen, wie E. L. ohne zweifel von deß herrn churfürsten zu Menz L. dessen mit mehrem werden bericht sein oder nechstens bericht werden, so würdt man zwar gelegenheit haben, bei solchem convent, da derselb seinen vortgang gewinnen solt, von disen ieztangedeiten difficulteten die notturft zu bedenkhen und zu erwegen. Im fahl aber bei solcher consultation sovil, wie wol zu besorgen, herauskomen solte, dz Ihre Ksl. Mt. die mittel selbst nit haben, ihr armaden lenger zu underhalten noch auch dieselbige auß dem Reich mit solchem bestand, dz sich darauff zu verlassen wehre, erheben könden, so würdt alßdan die vor augen schwebende höchste nott und gefahr selbsten den catholischen chur-, fürsten und stenden an die hand geben und den weeg zeigen, dz sie sich miteinander beratschlagen und entschliessen, waß zu versicherung und beschüzung ihrer land und leüthen und auch deß Hl. Röm. Reichs weiter zu thun und vorzunemen und ob sonderlichen die lobliche bundtstend bei so bewandten sachen und dergestalt, wie bißher geschehen, Ihrer Ksl. Mt. ferner zu assistiren und mit derselben zugrund gehn oder andere mittel und weg, die catholische religion und ihre land und leüth zu versichern, suchen und an die hand nemen wollen, sonderlich auch diese, welche Ihre Kgl. Wrd. in Franckreich den bundtstenden obbedeiter neutralitet und allianz halber vorschlagen und offeriren.

Dieweil aber leicht zu erachten, wan schon solche mitel vorkomen solten, der catholischen verainten chur- und fürsten abgesandte werden sich darüber auß mangl gewaldts und instruction nichts erclern noch einlassen, so hat mich demnach für gutt angesehen, E. L. von solchen sachen vertreüliche communication zu thun und benebens [...] zu ersuchen, weil ich mit Churmenz L. diser zeit thailß auß mangl der leith, theilß wegen unsicherheit der strassen durch ein abordnung von disen wichtigen sachen, nemblich merangeregter neutralitet und alliance, nit communiciren khan und solches durch schreiben zu thun, auch nit für rathsamb befünde, dz derohalben E. L. ein vertrawte person zu wolgedachts herrn churfürsten zu Menz L. ehist

---
11 Wie oben Anm. 5.

abordnen und deroselben hiervon geheime vetreüliche communication thun und vernemen lassen wollen, wie S. L. dise Franzosische vorschläg und offerta vorkomen und ob sie solche also beschaffen befünden, dz sie auff obangedeiten eüsseristen fahl, da mann nemblichen bei dem vorstehenden convent verspüren wurde, dz Ihre Ksl. Mt. keine gewisse und sichere mittel hetten, dero armaden noch ferner zu underhalten und den gehorsamen chur-, fürsten und stenden darmit schuz und hilf zu erthailen, in deliberation gezogen und, damit die gesandte mit dem mangl der instruction sich alßdan nit zu entschuldigen hetten, vorher Churtriers L. und etlich wenig andern vornembsten bundtstenden, bei welchem man der gehaimb gegen den Kaiserischen und Osterreichischen etwaß mehrers gesichert ist, in gleichmessiger enge und gehaimb, auch allein durch schickhung communicirt werden möchten, damit sie solchen mitteln deßdo reiffer nachdenkhen und die ihrige in specie darauff instruiren konden. Wie ich nun nit zweifle, E. L. werden dem gemainen catholischen wesen zu guttem dise mühe gern uber sich nemen und iemands zu Churmenz L. obverstandner sachen halber abordnen, also will ich neben deroselben höchstvernüftigem guttachten, wie ihr dise sachen vorkhomen und waß sie darin zu thun vermainen, zugleich auch erwahrten, welcher gestalt Churmenz L. sich darüber ercleren werden." – 31. Oktober 1631.

Konz. Richels mit Korr. und Zusätzen Maximilians, zu chiffrieren, Akten 258 fol. 52–55. Ben. bei ALBRECHT, Ausw. Politik S. 326; ALBRECHT, Maximilian S. 802; KAISER, Politik S. 474, 485, 492.

## 415. Pfalzgraf Wolfgang Wilhelm von Neuburg an Maximilian[1]
November 1

Neutralität der Territorien des Pfalzgrafen

Erhielt dieser Tage Bericht, dass Tilly angesichts dieser gefährlichen Kriegszeiten und um der Einquartierung schwedischer Truppen zuvorzukommen, vorhaben soll, Truppen in Soest, Hamm, Lippstadt und der dortigen Gegend einzuquartieren. „Wan nun solches der so theuer erworbener neutralitet schnurstracks zuwider gehen, auch unfelbar darauf folgen wurde, das auch andere stett, auch gantze furstenthumb und graffschaften von den Schwedischen, auch Stadischen und Spanischen wurden mit kriegsvolk belegt und dardurch wir und die landt umb die erworbene neutralitet gebracht, dieselbe auch gar woll von dem Hl. Reich abgerißen werden mögten," ersucht er den Kurfürsten, Tilly und anderen Kommandanten die Einquartierung zu verbieten und die Respektierung der Neutralität zu befehlen. Ferner möge der Kurfürst „unß ein schriftliche generalerklerung demnegsten zukommen laßen, das, wan wir an seiten Ihrer Kgl. Wurden in Schweden undt dero alliirten versichert sein werden, das an dero seiten weder im furstenthumb Neuburg[2] noch in den furstenthumben und graffschaften Gulich, Cleve, Berg, Marck und Ravenspurg keine einlegerung oder andere kriegsbeschwerden attentirt oder vorgenhommen werden solle, wir alsdan auch von der liga volk in solchen fürstenthumb und landten mit dergleichen auch nit beschwert noch uns zu befahren haben solten" – Zweibrücken, 1. November 1631.

Ausf., präs. 9. Nov., Kschw 73 fol. 274.

---

1 *Maximilian* antwortete dem Pfalzgrafen aus München, 18. Nov. 1631 (Reinschr. mit Korr. Maximilians Kschw 73 fol. 337–338): Hat von Tilly bislang keine Nachricht hinsichtlich der Einquartierung in den daniedigen Städten des Pfalzgrafen erhalten, wie sich denn auch in der dortigen Gegend gar keine Ligatruppen befinden. Was die vom Pfalzgrafen erbetene Generalerklärung angeht, so erhielt er erst kürzlich die Aufforderung des Kaisers, die katholischen Stände von der Neutralität gegenüber Schweden abzumahnen, weswegen er „ohne Ir Ksl. Mt. vorwißen uns heriber nit erkhleren khinden, sonder an dieselbe zuvor die sach gelangen lassen mießen." – Dem Kaiser übersandte *Maximilian* am 20. November 1631 (Konz. Ranpeks ebenda fol. 339) eine Kopie des ober Nr. 415 gedruckten Schreibens und erklärte, er müsse annehmen, dass der Pfalzgraf sich in eine Neutralität gegenüber Schweden einlassen wolle. Er habe ihn bereits von seinem Vorhaben abgemahnt, wolle aber nicht versäumen, den Kaiser zu informieren und ihm anheimzustellen, sich auch selbst an den Pfalzgrafen zu wenden. Der *Kaiser* antwortete aus Wien, 2. Dez. 1631 (Ausf. Kschw 123 fol. 97–98), falls der Pfalzgraf an seinem Vorhaben festhalte, möge der Kurfürst ihn ein weiteres Mal abmahnen und den Kaiser erneut informieren.
2 Dazu vermerkte Maximilian am Rand: „NB Neuburg. Ergo will er neutral sein".

## 416. Fragment eines Gutachtens kaiserlicher Geheimer Räte[1]

[vor November 2]

Neutralitätsverhandlungen Kurbayerns und anderer katholischer Reichsstände mit Schweden – Schreiben an die katholischen Kurfürsten – Bündnis katholischer Mächte

„Es haben E. Ksl. Mt. unß, dero geheimen rhäten, drei hauptfragen allergnedigst proponiren lassen.

1. Erstlich weill nicht allein allerhand vermutung, sonder auch geheime aviso E. Ksl. Mt. zukommen, welcher gestalt die Kfl. Dt. von Bayern durch mittel eines Frantzösischen ambasciatorn zu dero particular versicherung und ihrer landt und leudt etwa eine neutralitet mit Schweden tractiren sollen,[2] darunder auch andere catholische stände mit eingeflochten werden möchten, ob derzeit und vor eingelangter mehrerer gewisheit etwaß schriftlich an dieselben zu gelangen und auff waß weiß.

2. Dan zum einen, wan disfals etwas mehrere gewisheit einkommen möchte, waß alßdan vornemblich bei den catholischen ständen für diversionsmitel vorzunemen.

3. Drittens weill nicht allein die offentliche feinde, sonder auch heimliche aemuli des hochlöblichen hauses Ostereich bei diser Schwedischen impresa aller örter weiter herführbrechen möchten, wie hingegen erstgedachtes hauß sich etwaß mehrer verbinden, ob auch und wer von andern potentaten und fürsten in solche union zu ziehen sein möchte[3].

Soviel nun die erste frag anlangt, befinden die gehorsambste rhäte, ob zwar die bekante Ihrer Kfl. Dt. sorgfaltigkeit, damit sie ihr eigenes interesse fur allem andern sich angelegen sein lassen, aus underschietlichen vorgangenen actionibus, vornemblich aber der geheimen Frantzosischen alliantz, auch neulicher exculpation bei Chursaxen[4], aufhaltung des Frantzosischen ambasciatorn und anderm erscheinet, dardurch dan die vermutung wegen tractation einer neutralitet oder absonderlicher accommodation desto mehr besterket und corfirmirt werden möchte, so sein doch auch auff dem andern teill ser wichtige rationes und motiva, so auch nicht weniger Ihrer Dt. interesse concerniren, betrachtet worden, und vornemblich das durch solche absonderung dieselben nicht allein gegen ihre vielfaltige obligationes, auch schrift- und mündtliche sinceratones handeln, sondern da sie ihre verpflichte kriegshulfen

---

1 Auf dem Gutachten finden sich zwei Vermerke *Stralendorfs*: „ NB Dises gutachten ist alleß fleißes aufzuheben" (RK FrA 46g fol. 407), und „Votum meum ratione particularis tractationis neutralitatis a duce Bavariae institutae" (ebenda fol. 412'). Das ebenda notierte Datum 1644 ist nicht das der Abfassung. Terminus ante quem für die Entstehung ist der 2. November 1631, von welchem Tag das auf dem Gutachten basierende Schreiben des *Kaisers* an die katholischen Kurfürsten (unten Nr. 420 mit Anm. 1) datiert.
2 Vgl. auch oben Nr. 410a mit Anm. 3.
3 Dieses Projekt eines Bündnisses katholischer Mächte gehört in den Zusammenhang der seit Beginnn der zwanziger Jahre andauernden Bemühungen Spaniens um ein Bündnis mit Kaiser und Reich. Vgl. dazu zusammenfassend ERNST S. 33 ff., vor allem S. 42 ff.
4 Vgl. zu dieser oben Nr. 367.

E. Mt. entziehen wurden, gar alles dzjenige, so sie von E. Mt. an landt und wurden erlangt, in compromiss stellen, uber solches alles auch ihr gewissen heftig beschweren und die bißhero erhaltene reputation heftig schwechen wurden.

Derhalben dan die gehorsambste rhätte derzeit nicht darfurhalten, dz einige solche andeutung Ihrer Dt. zu thun, daraus dieselbe verspüren möchten, dz sie bei E. Mt. in solchem verdacht einerlei privat suchenden accommodation mit dem feindt begriffen. Damit aber dennoch nichts underlassen werde, so zu mehrerer versicherung E. Mt. ersprißlich sein möchte, alß ist fur rhättlich befunden, dz E. Ksl. Mt. den catholischen churfursten unvergrefflich auff volgende weiße zuschreiben ließen:[5]
[...]

Betreffende die andere hauptfrag, da entzwischen etwan mehrere gewißheit solcher tractirenden neutralitet oder allianze sich eroffnen solte, waß auff solchen fall vorzunemen, befinden die gehorsambsten rhätte, weil in disen verbindungen underschiedtliche gradus und deswegen auch die remedia nicht einerlei sein können, dz hirvon bestendiges derzeit nichts konne gerathen oder geschlossen werden.

Soviel dan entlich die lezte frag anlangt, halten die gehorsambisten rhätte es darfur, ob zwar dz hochlöbliche hauß [Österreich] wegen gemeinen geblueths, anfallender succession und in ander weg also verbunden, dz es enger nicht sein kan, daß dennoch, die hilfen und assistentzen zu wurklichem effect zu bringen, eine conferens durch etliche vertrawte geheime rhätte erstes tags anzustellen, bei welcher neben andern puncten dan vurnemblich zu bedenken, ob es notwendig, eine mehrere liga und auff waß condition zu schließen, oder ob es bei der itzigen allein konne verbleiben, wehn auch von andern eußerlichen königen oder fürsten die cron Spanien ihres theilß in solche buntnus einzuschließen vermeinten.

Auff E. Ksl. Mt. seiten möchte der könig in Polen und hertzog von Florens, naher verwantnus halber und dz sie bei disem kriege nuzliche assistens leisten können, vorgeschlagen werden. Es wehre auch die Päpstl. Hlt., in diese buntnus sich einzulassen, zu ersuchen, mit beweglicher zugemuhtführung, daß außer des hauses Österreich und etlicher catholischen ständt die catholische religion bei so hochgefärlichen kriegen und empörungen von niemandts andern in disen ländern, von welchen der status der ganzen christenheit am meisten dependiret, auffrecht erhalten werden. Wan dan solche religion derzeit mehr dan iemahlen zuvor in höchster gefahr stunde, gedächten Ihre Ksl. Mt. nicht unbillich in eine neuwe defension verfassung zusammenzuzihen. Und demnach niemandts billiger zu seiner solchen heiligen buntnus als Ihre Heiligkeit alß ein gemeiner vatter und der catholischen kirchen geistliches oberhaupt einzuladen, welche auch bei der cron Frankreich mit der hochsten auctoritet ohne zweifel leichtlich erhalten könten, dz dieselbige des Schwedischen bundts sich entschlagen und zu oppression der catholischen weiter keine hilf erzeigen, alß hetten E.

---

**5** Die folgende durch eckige Klammern markierte Lücke enthält den Entwurf eines Schreibens des *Kaisers* an die katholischen Kurfürsten, der weitgehend den unten Nr. 420 gedruckten bzw. ebenda Anm. 1 zitierten Stücken entspricht. Zwei wesentliche Ausnahmen sind ebenda Anm. 2 und 3 notiert.

Mt. nicht wollen underlassen, söhnlich dieselbe hierzue zu requiriren, mit mehrerer ausführung" \*\*\*

Manuskript Stralendorfs, Fragment, RK FrA 46g Konv. Konzepte fol. 407, 409, 408, 410–411. Ben. und zitiert bei SCHWARZ S. 51 und 94; BIRELEY, Religion S. 171 f., S. 268 mit Anm. 11 zu S. 172; BA NF II/10,1 S. \*84 f., S. \*84 Anm. 244; BIRELEY, Ferdinand II S.234.

## 417. Maximilian an den Bischof von Bamberg

November 2

Abordnung des Bischofs an den König von Schweden – Sukkurs aus der Oberpfalz für Forchheim

Bezug: Schreiben vom 27. Oktober[1]. – „Nun tragen wür mit E. L. und den ihrigen dises betrüebten zuestandts halb wie alzeit ein sonderbar getreues mitleiden und haben unß selbst leichtsamb einbilden könden, daß der könig E. L. unertregliche conditiones (inmassen aniezo im werkh ervolgt) vorschlagen werde. Demnach aber zu besorgen, wofern E. L. dem könig hirauf gleich abschlögige antwort geben, er werde alsdan ursach nemmen, deroselben stift umb sovil eher feindtlich zuzesezen, so hielten für guet und notwendig, dz dieselbe noch zumahl keine abschlögige antwort erteilt, sonder die sach mit vorwandt, dz es von grosser importanz und wol bedenkhens brauche, für dismahl allein suspendirt und verzogen heten, biß E. L. und insonderheit die vestung Forchheimb mit soccors versehen.

Dieweilen aber der graf von Tilli sich nunmehr nit allein mit des herzogen zu Lottringen L. bei Aschaffenburg coniungirt, sonder auch bereiz mit voller macht zu roß und fues uf die 46.000 starkh den 28. eiusdem zu Bischofsheim[2], 3 cleine meil von Würzburg (alda der feindt damallen noch fermirt haben soll), ankhommen und sich versehentlich entzwischen weiters gegen den feindt avanzirt, so wöllen wir verhoffen, es werden die sachen vermitls Göttlicher gnaden hernegst widerumb zu besserm standt kommen und E. L. sich entzwischen dero bekhanndten zu behuef des gemeinen cathol. notleidenden wesens gerichten ruemblichen diligenz nach gegen dem könig in Schweden nit praecipitiren, hingegen uns dieselbe auch sicherlich zutrauen wollen, das an allem deme, was wür zu behuef des gemeinen cathol. notleidenden wesens, auch zumahl E. L. und ihres stüfts defension immer thun und erheben könden, gewißlich nichts erwinden lassen werden. Und wiewol wür in disen unsern erblanden zu Bayern dermallen selbst

---

1 Oben Nr. 401 Anm. 4. Dieses Schreiben und ein Bericht des von der Regierung in Amberg nach München abgeordneten Johann Bartholomäus Schäffer, Regimentssekretär zu Amberg, waren nach Ausweis des *Journals Richels*, 2. Nov. 1631 (Geheimer Rat 194/9 S. 36–fol. 41), Gegenstand von Konsultationen bayerischer Räte (Preysing, Herliberg, Richel, Peringer, Starzhausen, Mändl, Wolkenstein), auf welchen Konsultationen die oben Nr. 417 gedruckte Antwort basiert.
2 Stadt im Erzstift Mainz, das heutige Tauberbischofsheim.

mit keinem geworbnen volkh versehen, dessen auch in der Obern Pfalz ein gerünge anzahl, so haben wür doch zu contestirung unsers zu E. L. und der ihrigen defension gerichten eiffers nit underlassen, uf deroselben sowohl bei uns als unserer regierung Amberg durch aigne abgeordnete beschehen ansuechen wegen mehrer besezung und versicherung dero vestung Forchheimb³ alspalden bei aigenem corrir zu verfüegen und ordonnanz zu erteillen, das alspald und ohne einichen verzug von ermeltem unserm in der Obern Pfalz ligenden geworbnen volkh die maiste anzahl, nemblich 700 zu fues und 100 zu pferdt, nacher ermelter E. L. vestung Forchheimb marchiren und dieselbe vor allem feindtlichen anfal eüsserist und sovil immer möglich defendirn und bewahren sollen. Und obwollen wür an derihenigen officir valor, so sich bei disem volkh befünden, ganz keinen zweifel machen, so wollen wür iedoch nit vorbeigehen, zu mehrer versicherung auch den obristleitenant Schlezen als commandanten in ermelte E. L. vestung zu verordnen, nit zweiflent, solche vestung werde mit notwendiger munition, proviant und andern requisiten zu genüegen versehen sein. Wür wollen zwar auch im wenigisten nit vermuethen, das der feindt (als welcher mit seiner armada noch bishero aller gefangnen aussag nach über 18.000 man nit starkh) bei ieziger spaten jahrszeit und annahenden wünterszeit gegen diser vestung einiche belegerung vorzunemmen gesinnet sein werde, und umb sovil mehr, weil ihme der grave von Tilli nunmehr verhoffentlich wol zu thuen geben würdet. Dafern aber E. L. ie eines mehrern soccors vonnöthen sein sollen, so mögen sie sich nochmallen versichern, dz wür hirunder alles thuen werden, was uns zu dero satisfaction zu erheben möglich ist, ingestalten wür dann dem gf. von Tilli schreiben und bedeitten, uf E. L. und dero stüfts defension sein vleissig absehen ze haben⁴." – 2. November 1631.

Konz. J. Mairs ÄA 2293 fol. 421–422. Ben. bei HÜBSCH S. 81.

---

3 Eine Abordnung des Bischofs von Bamberg nach München Ende Oktober, bei der es aber um ein Darlehensgesuch des Bischofs ging, erwähnt HÜBSCH S. 99. Für die Bamberger Gesandtschaft nach Amberg in Sachen Sukkurs für Forschheim ist auf das oben Anm. 1 zitierte *Journal Richels* vom 2. November zu verweisen, dem zufolge Schäffer in München u. a. über diese Gesandtschaft berichtete.
4 *Maximilian* an Tilly, 2. Nov. 1631, nachts um *** Uhr (Konz. Teisingers, teilweise zu chiffriren, ÄA 2396 fol. 309–310): Unterrichtet Tilly über die zur Sicherung und Besetzung der Festung Forchheim getroffenen Maßnahmen und führt weiter aus: Der Generalleutnant hat „aber selbst vernünftig zu ermessen, dz hierdurch den sachen noch [nicht] zu genüegen geholfen oder ich und andere herobige bundtstendte ausser gefahr gestelt." Bekanntlich werben die Protestanten erneut, ist man der Stadt Regensburg, die keine bayerischen Kreistruppen aufnehmen will, nicht sicher, hat der König von Schweden es den Avisen zufolge wegen des Übergangs über die Donau auf Ulm und Regensburg abgesehen. Es wäre daher „wol ein sonderbare notturft, das man heroben zu mein und deren benachbarten bundtstendt versicherung mit einem absonderlichen corpo versehen. Auf den fahl aber ein solches ieziger zeit mit heraufsendung eines corpo eures ermessens die glegenheit wegen des feindts nit zugeben wolte, so wisset ihr mir iedoch andere erspriesliche mitl vorzuschlagen und an hand ze geben, wie ermelte heroben erzeigende gefahren sowohlen mit der protestirenden werbungen zu praecaviren als auch insonderheit sich der statt Regenspurg, wie es die notturft erfordert, fürdersamb zu versichern, in erwegung, sich hierunder uf dz landtvolkh ganz nichts zu verlassen."

## 418. Maximilian an den Bischof von Eichstätt

November 2

Bitte des Bischofs um Rat, Assistenz und Sukkurs

Bezug: Schreiben vom 27. Oktober samt Anlage [oben Nr. 405] – Übersendet das einschlägige Schreiben des Bischofs von Bamberg an ihn selbst sowie seine Antwort.[1] „Und geleben annoch der guetten hoffnung, der Almechtige Gott werde seine Göttliche gnadt und beistandt verleihen, dz durch des graffens von Tüllj einzug in Frankhen und zumaln er sich so nahent an dem feindt befündt, die gefahr durch ainen glikhlichen success ehist widerumb gemüldert und abgewendet und E. F. angehöriger samt andern stüftern und landen in bössere sicherheitt gestelt werden sollen, wie wir dan ihme graven von Tilli albereit gemessne ordinanz erthailt, der periclitirenden bundtstenden landen vorderist in acht zue nemen und seinen zug gegen dem konig in Schweden also anzustellen, damit derselb nit allein auß dem stift Wirzburg wider vertriben, sonder ihme auch kein lust und weil gelassen werde, der andern catholischen chur-, fürsten und stenden land und leüth feindtlich anzufallen. Wie aber E. L. stift und etliche andere benachbarte wider der Schwedischen und ihres anhangs unversehene excursiones, streiffen, blündern und vorhabende muster- und sammelpläz in der eil zu versichern, werden sie auß unserm nechsten schreiben vernomen haben, waß wir für mitel und conferenz[2] darzu vorgeschlagen. Darbei hat es noch sein bewenden."[3] – 2. November 1631.

Konz. Ranpeks mit Zusatz Richels Kschw 13495 fol. 344–345.

1 Oben Nr. 401, ebenda Anm. 1.
2 Vgl. zu dieser Konferenz, die dann am 6. November in Donauwörth stattfand, oben Nr. 400 Anm. 5.
3 In seinem Schreiben vom 8. November (oben Nr. 405 Anm. 5) verwies *Maximilian* den Bischof von Eichstätt auf das Ergebnis der Konferenz in Donauwörth und riet, der Bischof möge zwecks Verhinderung der Okkupation des von Heinrich Wilhelm zu Solms beanspruchten Musterplatzes zwischenzeitlich kaiserliche Truppen in sein Stift aufnehmen. Im übrigen stellte er Schutz und Hilfe durch Tilly, der mit seiner ganzen Armee nach Ochsenfurt vorrücken wolle, in Aussicht.

## 419. Kurköln an Maximilian[1]

November 2

Einfall des Landgrafen Wilhelm von Hessen-Kassel in Westfalen und in das Stift Paderborn – Bitte um Geld- und Truppenhilfe

Der nach München geschickte Kölner Kurier ist zurückgekehrt und hat die Antwort Maximilians [fehlt] mitgebracht, „warauß ich dann E. L. meinung, soviel die neue werbungen betreffendt, nach längst vernommen.

Nun mag E. L. darauff fernerß hiebei freundtlich nit verhaltenn, waß gestalt seider deme ebenn daßelbe sich zuegetragenn, weßenn ich mich domahln befahrt und zum theil vor acht tagenn[2] schon E. L. avisirt." Und zwar hat Landgraf Wilhelm von Hessen nach Tillys Abzug das Stift Paderborn und das Fürstentum Westfalen von Truppen völlig entblösst vorgefunden. Nachdem er die Stadt Münden an der Werra, die ihm der dortige Kommandant auf Aufforderung alsbald übergeben hat,[3] eingenommen hat, ist er in das Fürstentum Westfalen eingefallen und hat die Stadt Volkmarsen, wo er den Schutz prätendiert, ohne Widerstand einbekommen. Von da aus ist er ins Stift Paderborn gerückt, hat das Haus und Städtchen Lichtenau eingenommen, die Stadt Paderborn ohne Gegenwehr erobert und sich der Stadt Salzkotten bemächtigt. Den Zeitungen zufolge soll er jetzt nach dem Fürstentum Westfalen der Lippe zu gezogen sein und bereits die Stadt Geseke aufgefordert haben. Von Gronsfeld ist kein Sukkurs zu erhalten. Vielmehr hat er sich damit entschuldigt, dass er zu schwach sei, obwohl man Nachricht hat, der Landgraf habe nicht mehr als 18 Fähnlein zu Fuß und 7 Kompanien zu Pferd. Da keine geworbenen Truppen zur Verfügung stehen, die Widerstand leisten könnten, ist zu besorgen, dass er seinen Fuß auch in das Stift Münster setzt. Das Schlimmste aber ist, dass die holländischen Truppen entschlossen sein sollen, sich in wenigen Tagen mit dem Landgrafen zu konjungieren. Beklagt sich, dass seine Erz- und Stifter, die soviel für das gemeine Wesen geleistet haben, nun hilflos gelassen werden, die auf ihre Kosten geworbenen fünf Regimenter sich jetzt bei der Armee befinden, zu geschweigen, dass die Armee Tillys die Stifter Paderborn und Hildesheim ruiniert hat.

„Und ob zwarn E. L. für billich haltenn, daß mit den werbungen in eil zu verfahren, auch ein corpo de arme, dem der graf von Ysenburg zu commandiren, uf maß und weiß, wie Euer L. andeiten, ufzurichten, und die darzue erforderte spesa uf meiner stifter quota verweisen,[4] so wollen E. L. doch dabei hochvernunftig erwegen,

---
1 In Anknüpfung an dieses Schreiben wiederholte und ergänzte *Kurköln* an Maximilian, Köln, 5. Nov. 1631 (eigenh. Ausf. Kschw 960 fol. 426–428), seine Ausführungen vom 2. November und bat erneut um Geld- und Truppenhilfe.
2 Am 26. Oktober (oben Nr. 395 Anm. 2).
3 Vgl. dazu FORST Nr. 517 S. 578 (eigenh. Nachschrift).
4 Nach Ausweis von *Kurköln* an Kurtrier, Bonn, 26. Okt. 1631 (Kop. Kschw 960 fol. 396–397), hatte Kurköln Patente zur Werbung von 2.500 Pferden und 3 Regimentern zu Fuß ausgegeben, wobei die

wie es mir miglich, einen corpo von 6, 7 oder 8.000 man zu fueß und pferdt aus selbiger meiner stifter mitlen beisammen zu bringen, da der stift Hildesheimb wie gemeldt im grundt ruinirt, Baderborn und dz fürstentumb Westphalen laider mehr nicht in meinen handen, der stift Münster aber mit sich selbsten, daß derselbe sich gegenn gleichmaßige uberwaltigung so lang alß müglich und Gott gebe, so lang bis ihnenn succurrirt, manuteniren und retten kann, gnugsamb zue thun, inmaßenn selbiger stüft im werkh ist, ein regiment fueßvolkh 3.000 mann und 500 pferdt zu werben." Dabei ist aber zu befürchten, dass diese Werbungen durch die hessischen und schwedischen Truppen verhindert werden. Auch fehlt es an den erforderlichen Geldmitteln. „So stehe ich mit höchster betriebnuß und sorge ganz an und sehe fast für augen denn undergang aller meiner erz- und stüfter, do mir nicht in aller eill mit einer woll ergibigen summen geholfen werdnn solle, und weiß ich allenn diesenn sachenn khein rath, wann mir E. L. threuwe, freundtbrüderliche handt und assistenz entgehen solte. Derentwegen ann dieselbe mein nochmahligs gantz dienst- und brüderlichs bitten und begerenn, E. L. geruehenn dero beiwohnender hohenn discretion nach alleß wol zu erwegen und diese meine erz- und stüfter, so daß ihrig zu dem gemainen wesen biß dato so threulich gelaistet und dabei so viell gelitten, mit volkh und gelt[5] nicht trostloß zue laßenn. Und wolle ich beinebenß ann meinem eußeristen zuethun, so viell nur vonn meinenn noch ubrigenn stift und landen zu erzwingen und zue preßen mensch- und müglich sein wirt, nichts erwindenn laßenn." – Bonn, 2. November 1631

Ausf., teilweise dechiffriert, Kschw 960 fol. 406–408 = Druckvorlage; Duplikat, teilweise chiffriert, ebenda fol. 413–415.

---

Stifter Münster und Paderborn sowie das Fürstentum Westfalen die Kosten für die Werbung von 2 Regimentern zu Fuß und 2 zu Pferd, jedes 500 Reiter stark, aufbringen sollten. Um die sich hinsichtlich des 3. Regiments zu Fuß und der restlichen 1.500 Pferden ergebende Finanzierungslücke zu schließen, bat Kurköln seinen Trierer Mitkurfürsten um die Überweisung von 200.000 [Reichstalern] nach Köln und versicherte, dass die zu werbenden Truppen notwendigenfalls auch Kurtrier zur Verfügung stünden. Nach Ausweis von *Maximilian* an Kurköln, 4. Nov. 1631 (oben Nr. 395 Anm. 2) unterstützten Kurmainz und Kurbayern das Kölner Gesuch bei Kurtrier. Eine abschlägige Antwort *Kurtriers* an Kurköln ist datiert: Koblenz, 10. Nov. 1631 (Kop., teilweise dechiffriert, Kschw 960 fol. 468). – In seinen Schreiben vom 12. und 20. November (unten Nr. 431 Anm. 1, Nr. 442 Anm. 7) teilte *Kurköln* Maximilian mit, dass er mangels Mitteln einen Teil der Werbungen einstellen müsse; in letzterem heißt es u. a., sein Rheinisches Erzstift allein müsse die ganze Last des Krieges tragen, weitere Einkünfte habe er nicht. – Hinzuweisen ist auf eine Relation *Lagonissas*, des päpstlichen Nuntius in Brüssel, 6. Dez. 1631 (VAN MEERBEECK Nr. 811): Kündigt an den Aufbruch des Grafen von Isenburg mit tausend Reitern, die er „par ordre" des Kurfürsten von Köln zur Verteidigung „de cet État" gegen die Schweden geworben hat. Vgl. auch KESSEL S. 324, ferner die oben Nr. 370 Anm. 2 zitierte *Relation Kellers* (im Druck bei HALLWICH Nr. 388 S. 552), die das Angebot des Grafen Ernst von Isenburg zu werben erwähnt.
5 Um die Vermittlung eines Darlehens, das aber wohl vornehmlich zur Finanzierung seiner Hofhaltung dienen sollte, hatte Kurköln Maximilian bereits Mitte Oktober gebeten. Das einschlägige Kölner Schreiben hat sich nicht gefunden, wohl aber die Antwort *Maximilians*, 20. Okt. 1631 (Kop. Kschw 960 fol. 386), der dem Bruder aber keine großen Hoffnungen machte.

## 420. Der Kaiser an Maximilian[1]

November 2

Beklagenswerter Zustand des Reiches – Gutachten der katholischen Kurfürsten – Werbungen des Kaisers – Bündnis katholischer Mächte – Neutralität zwischen Schweden und katholischen Reichsständen

„Wir zweiflen nicht, E. L. und andern dero catholischen mitchurfürsten, auch fürsten und stendten deß Reichs werde nicht weniger alß unß selbsten der jezige ganz betrübte undt elende standt deß Heiligen Reichs, unsers geliebten vatterlandtß, zu herzen gehen, welcher dann also beschaffen, daß nicht allain vil ansehenliche ständt deß Reichs neben ihren land und leüthen genzlich zu boden gerichtet werden möchten, sondern auch sowol die heilige catholische religion, so für das höchste zu schäzen, alß viler seelen hail und seeligkeit in eüßerster gefahr begriffen stehen."[2]

Nach dem unglückseligen Treffen bei Leipzig hat der Feind seinen Sieg ausgenutzt und ist weit in das Reich eingebrochen, hat sich vom Baltischen Meer bis fast an Rhein und Donau ausgebreitet, sich wichtiger Städte und Festungen der katholischen Stände bemächtigt, ganze Stifter gebrandschatzt. „Deßen schuldt zwar weder unß noch den getreuen gehorsambisten churfürsten zuzumeßen, sondern dem verborgenen, doch allzeit gerechten gericht Gottes, welcher auch ohne zweifel durch die manigfaltige schwäre sünden zu verhengnuß solcher straff mehr dann zuvil irritirt worden, in christlicher gedult anhaimzustellen und nach versöhnung Seiner Göttlichen Allmacht desto peßere success deß kunftigen zu verhoffen.

Demnach unß aber allain zu schwerfallen will, die mitl zu erfinden, wie solchen aller orten antrohenden gefehrligkeiten undt zuenehmendem unhail zu begegnen und das Hl. Reich vor genzlicher ruina zu beschüzen, so haben wir die höchste notturft zu sein ermeßen, E. undt dero catholischen mitchurfürsten L.L.L. alß unserer inneristen räth, welchen negst unß alß Römischem Kaiser die tutela Imperii am maisten anbefolchen, gutherzigen trewen rath, weil solches gegen allen catholischen stendten zu thun, wie wir sonsten, da es anderst möglich wäre, gehrn gewolt hetten,

---

[1] Ebenso an die übrigen katholischen Kurfürsten; vgl. dazu das *Gutachten kaiserlicher Geheimer Räte* (oben Nr. 416), auf dem diese Schreiben basieren. Das einschlägige Schreiben des *Kaisers* an Kurmainz, Wien, 2. Nov. 1631, ist überliefert in MEA RTA 133 Konv. Tomus 22 fol. 110–114 (Ausf., präs. 13. Nov.), benutzt und zitiert bei H.-D. MÜLLER S. 42 f., S. 43 Anm. 68. – Zur Antwort Kurkölns vgl. ebenda S. 44 mit S. 45 Anm. 70 und 78.

[2] In dem *Gutachten der kaiserlichen Geheimen Räte* (oben Nr. 416) folgte noch: „Wan nun E. Ksl. Mt. des itzigen kriegs ursachen nachgedenken, befinden sie fast die vornembste, welche die uncatholische stände am allermeisten mit Schweden verbinde, das im jahr 1629 auff rhatt und gutachten der zu Mulhausen versamblet gewesenenen churfürsten ausgelassene und viler ordt zu wurklicher execution gebrachtes Kaiserliches edict, welches auch etliche uncatholische selbst nicht fur unrecht, sonder dem religionfriden allerdings gemäss befunden, umb so viel weniger dan de causae iustitia auff der catholischen seiten zu zweifelen." – Dieser Passus wurde in dem *Gutachten* getilgt und nicht in die *kaiserlichen Schreiben* an die katholischen Kurfürsten übernommen.

die zeit nit zugibt, zu vernemmen,³ wie wir dann E. L. [...] hierunter [...] ersuchen, sie unß also dero threwen rath undt gutherzige gemüthsmainung mit ehistem undt ie eher, ie belder ohne allen verzug ertheilen undt eröffnen wölle, was deroselben zu remedirung gegenwertigen unhailß sowol in genere für mittel beifallen alß auch wie *die⁴ sach zu einem sichern und leidenlichen friden zu bringen sein möchte, zu deme aber ohne die waffen,* vornemblich, nachdem dem vheindt das glikh albereit so weit secundirt, nicht zu gelangen. Dannenhero wir dann unsers theils nicht unterlaßen, unß durch neue, costbare werbungen und zusammenbringung unsers kriegßvolkhs in eine neue bereitschaft zu stellen. Verhoffen auch, neben der getrew assistirenden stândt volkh dermaßen gefasst zu sein, daß man nit allain dem vheindt weitern einbruch genugsam verwehren, sondern auch auß den obern craisen mit Gottes hilf wider zuruckh werde treiben khönnen.

Seitemaln es aber auch an deme nicht gnug, sondern denselben genzlich von deß Hl. Reichs boden zu bringen undt einen peßern friden zu erhalten, eines mehrern nachtrukhs in allweg vonnötten ist, so haben wir E. L., wie gegen obbemelten dero catholischen mitchurfursten L.L.L. auch beschehen, hiemit mit mehrerm trost notificiren undt zu wißen machen wöllen, daß wir nunmehr im werkh begriffen, zu rettung der catholischen religion, deß Hl. Reichs hoheit undt aller unß assistirender ständt landt und leüthen nit allain unser hauß Österreich, sondern auch andere catholische potentaten durch einen newen tractat in ein mehrer union zu bringen, damit man der hilfen desto mehr versichert sein möge.

Wann auch hin und wider ganz vermuthlich außgegeben würdet, welcher gestalt vom Schweden bei jezigem success seiner waffen arglistig dahin getrachtet werde,

---

**3** In dem *Gutachten der kaiserlichen Geheimen Räte* (oben Nr. 416) folgte: „sowoll in genere, waß fur media denselben beifallen, gegenwertigem unheil zu remediren, alß auch *absonderlich was obangeregtes edicts halber ihre eigentliche meinung (demnach numehr der Franckfortische convent, dahin solches negotium verschoben gewesen, auch ohne frucht zerschlagen), ob nemblich auff dessen wurklicher execution noch allerdings zu beharren und mit gewapfender handt durchzudringen, ob auch und wie man hierzue gefast und mit den kriegsnothwendigkeiten aufzukommen verhoffe. Alßdan E. Mt. gäntzlich resolvirt und entschlossen, zu defension des catholischen wesens fur sich und neben ihrem hochgeehrten hause auff dz kräftigste sich mit ihnen zu verbinden. Oder ob vileicht, mehrere gefahr und schaden zu verhüten, etwan eine moderation solches edicts halber zu finden, damit (wie dan solches hochnothwendig) die consilia tam pacis quam belli in communi causa durch rechtschaffene vertreuliche zusamensetzung einmütig und allerseits gleichförmig geführt und auff einen zweck gerichtet werden mögen. Zu welchem ende dan sich E. Mt. auch die vorgeschlagene zusamensetzung der rhätte nicht allein gefallen lassen, sondern zuvorderst gerne sehen wollen, damit solche auffs ehiste zu werk gestelt werden, entzwischen aber, weil etwan darzue noch ein zeit verlauffen möchte, dises schreiben abgehen zu lassen, E. Mt. eine hoche noturft befunden.“* – Der vorstehend kursiv gedruckte Passus wurde in dem *Gutachten* getilgt und nicht in die *kaiserlichen Schreiben* an die katholischen Kurfürsten übernommen. Den getilgten Passus ersetzte Stralendorf auf dem Rand des *Gutachtens* durch den in dem oben Nr. 420 gedruckten *kaiserlichen Schreiben* weiter unten kursiv gesetzten Text (*die sach zu einem sichern* usw.). – Mit der in dem *Gutachten* erwähnten *zusamensetzung der rhätte* ist zweifellos der in Aussicht genommene Konvent katholischer Reichsstände [vgl. dazu oben Nr. 400] gemeint.
**4** Vgl. zu dem kursiv gedruckten Text oben Anm. 3.

wie derselbe durch verhaißung ainer neutralitet die catholische ständt von defension der religion und deß vatterlandts allgemach abziehen undt auf seine seitten bringen, entlich aber, wann er durch solche division die haubtseülen, so die catholische religion im Teütschlandt unterstüzt gehabt, zu boden gerichtet, genzlich in seine servitut zwingen möchte, ob wir unß zwar mehr dann gnugsam versichert halten, es werde solches anmuthen bei denen getrewen gehorsamen catholischen ständten dero unß bekhandten trewen devotion und unterschidlichen obligationen nach nit allain keine statt finden, sondern vilmehr verursachen, daß erstgedachte catholische desto mehr zusammentretten undt mit unß undt unserm hauß sich desto cräftiger verbinden, so haben wir gleichwol solches E. L. wie auch obbemelter dero catholischen mitchurfürsten L.L.L. hiemit erinnern wöllen und ersuchen dieselbe also gleichergestalt, [...] da E. L. etwan vermerken wurden, daß ein oder anderer catholischer standt solcher neutralitet wegen von Schweden tentirt werden möchte, daß sie solches den schedlichen hierauf haftenden consequenzen halber nach möglikeit verhütten undt abwenden helfen wöllen."[5] – Wien, 2. November 1631.

Ausf. Kschw 73 fol. 275–279. Zitiert und benutzt BA NF II/10,1 S. *84 Anm. 244; KAISER, Politik S. 490, 493 f.

[5] Ende November warnte die Infantin den Kaiser vor Neutralitätsbestrebungen der katholischen Fürsten und Stände und deren Konsequenzen für den Kaiser, die katholische Religion im Reich und das Haus Österreich, auf welche Warnung der Kaiser mit der Mitteilung der oben Nr. 420 mit Anm. 1 gedruckten und zitierten Schreiben an die katholischen Kurfürsten und der bislang eingetroffenen Antworten, ferner seiner Korrespondenz mit Maximilian in Sachen Neutralitätspolitik des Pfalzgrafen von Neuburg (oben Nr. 415 Anm. 1) antwortete. Vgl. dazu: Die Infantin an den Kaiser, Brüssel, 27. Nov. 1631 (Ausf. KrA 69 Konv. November fol. 132–133. Druck bei HALLWICH I Nr. 438. Benutzt und zitiert bei H.-D. MÜLLER S. 43 Anm. 69, S. 66, S. 67 Anm. 14), Votum des kaiserlichen Geheimen Rates (Kaiser, König von Ungarn, Kardinal [Dietrichstein], Eggenberg, Meggau, Trauttmansdorff, Slawata, Khevenhüller, Breuner, Thun, Werdenberg. Reck, Arnoldin), 20. Dez. 1631 (StK Vorträge 1 Konv. E fol. 6–7), der Kaiser an die Infantin, Wien, 20. Dez. 1631 (Konz. KrA 69 Konv. Dezember fol. 94–95. Druck bei HALLWICH I Nr. 470. Benutzt und zitiert bei H.-D. MÜLLER S. 43 Anm. 69, S. 66, S. 67 Anm. 14). Nach Ausweis von H.-D. MÜLLER S. 43 Anm. 69 wurde die bzw. eine Ausfertigung des zuletzt zitierten kaiserlichen Schreibens aufgefangen.

## 421. Tilly an Maximilian

November 3

Feldzug Tillys und des Herzogs von Lothringen – Versorgung der Armee – Korrespondenz mit Kurmainz – Vakante Generalschargen bei der Ligaarmee – Werbungen und Vergabe der neuen Regimenter

Bezieht sich auf seine Schreiben aus Salmünster, 20. Oktober, Aschaffenburg, 24. Oktober, sowie auf den Bericht Ernsts.[1]

„Inzwischen hab ich mich mit der armaden wie auch deß herzogen zue Lothringen Fstl. Dt. mit der ihrigen dieser enden avanziert und hieherumb in den driten tage stillgelegen, indeme nun die arme soldaten übel bekhleidet, nackhendt und bloß, auch der proviandt halber hunger und khummer leiden müessen und über dises solches daß weter eingefallen und so weit überhandtgenommen, daß die regimenter gleichsamb wie der schne zergehen und also die armada in solches abnemmen kommen, daß es kein möglichkheit gewesen, diser enden zu verharren. Derentwegen bin ich mit des herrn herzogen zue Lottringen Fstl. Dt. und andern der Ksl. und cathol. bundtsarmada fürnembsten generalpersohnen zue rath worden[2], [das] gesambte exercitus weiter hierauswerts zu fiehren und auf mitel und wege zu gedenkhen, wie das volkh etwas under dz obdach gebracht, bekhleidet, proviandiert und wider erquickht und also vor weiterer ruin sovil möglich conservirt werden möchte. Jedoch khan ich eigentlich noch nit berichten, sondern es ist vorhero in alle wege dahin zu sehen und mueß meine reflexion uf den feindt haben, welchergestalt er sich veranlasset und seine actiones anstellet, ob sich nemblich die occasion praesentiern wirdt, den weg gegen der Obern Pfalz oder gegen Dinckhelspil und Thonaworth zu nehmen. Die zeit wirds gleichwol baldt eröffnen. Und will ich alsdann nit underlassen, E. Kfl. Dt. dessen mit eheisten sicherer und gewisers hinach zu verstendigen."

Jetzt kommt es darauf an, die Armee mit Proviant und Kleidung zu versorgen. „Solchenfals were zu verhoffen, wann die armada derogestalt in obacht genommen und conservirt wirdet, dem feindt mit Göttlichem beistand umbsovil zeitlicher zu resistirn und zu begegnen.

Sonsten haben sich Ihre Kfl. Gn. zue Mainz gegen mir durch schreiben inhalts der beilag[3] beschwärdt, daß ich gemeint geweesen, die armata ausser dero landten ganz

---

1 Die beiden zitierten Schreiben fehlen; für den Bericht Ernsts ist auf oben Nr. 410 zu verweisen. – Aus Aschaffenburg datierte Tilly schon am 23. Oktober, am 27. des Monats dann aus Miltenberg (ÄA 2396 fol. 301–302, 362–363).

2 Und zwar bei Gelegenheit eines am 31. Oktober in Tauberbischofsheim gehaltenen Kriegsrats; vgl. zu diesem STADLER S. 562 f.

3 *Kurmainz* an Tilly, Mainz, 26. Okt. 1631 (Kop., dechiffriert, ÄA 2396 fol. 317–318; Kop. ÄA 2404 fol. 57 = Anlage I zu der BA NF II/9 Nr. 270 Anm. 1 zitierten „Wahrhafte[n], grindliche[n] information". Gedruckt THEATRUM EUROPAEUM II S. 474).

abzufieren und si dem feind zum raub preißzumachen.[4] Ich hab mich aber darauf in andtwordt erclert und in dero erzstift etliche regimenter zu roß und fueß samb andern verschaidenen freifahnen hinderlassen, uf maß und formb, die abschrift[5] weisset."

Kurfürstlicher Befehl vom 19. Oktober „wegen wiederersezung einer und anderen dieser zeit vacierenden generalcharge" [oben Nr. 394]: Verweist auf die Zuständigkeit des Kurfürsten. Wenn er aber eine Bitte äußern darf, so ersucht er den Kurfürsten, vorerst, bis die Armee weiter heraufgezogen ist und er sich besser mit dem Kurfürsten verständigen kann, niemanden auf eine Generalscharge zu vertrösten, „zuemahlen sich bei der armada solche subiecten befinden, so darzue genuegsamb und dergestaldt capable und in credito seindt, daß Eur Kfl. Dt. mit ihnen am besten bedient sein werden."

Hört, dass der Kurfürst Neuwerbungen anstellt. Will dem Kurfürsten keine Vorschriften machen, bittet aber, die Regimenter nicht zu vergeben, „sintemalen es bei der armada ebenmessig an solchen subiecten nit ermanglet, welche in gueten credit begriffen und mittel und gelegenheit haben, mit den werbungen für andern am besten und schleinigisten aufzukommen." – Hochhausen an der Tauber, 3. November 1631.

Ausf., teilweise dechiffriert, ÄA 2396 fol. 311–313 und 320 = Druckvorlage. Auszug ÄA 2404 fol. 55 (= Anlage H zu der BA NF II/9 Nr. 270 Anm. 1 zitierten „Wahrhafte[n], grindliche[n] information"). Auszug gedruckt THEATRUM EUROPAEUM II S. 473 f. Zitiert bei H.-D. MÜLLER S. 41 Anm. 58, ben. bei STADLER S. 562.

## 422. Kurmainz an Maximilian

November 3

Mühlhausener Konvent – Konvent katholischer Reichsstände – Waffenstillstand – Vermittlung Frankreichs bei Schweden – Einfall des Landgrafen Wilhelm von Hessen-Kassel in das Stift Paderborn – Waffenstillstand

Bezug: Schreiben vom 28. Oktober [oben Nr. 406]. – Begrüßt die Resolution Maximilians in Sachen Mühlhausener Konvent und hofft, dass auch der Kaiser sowie Kurköln und Kurtrier zustimmen.

Konvent katholischer Reichsstände: Da der Mühlhausener Konvent bereits am 14. Dezember beginnen soll und unter gar keinen Umständen verschoben werden darf, bleibt nicht genug Zeit, vorher einen Konvent katholischer Reichsstände auszuschreiben und abzuhalten. Da außerdem „die Ksl. und kfl. gesandten auch zue Mülhausen guete gelegenheit haben werden, entweder de mediis pacis oder langwürigen indutien

---

[4] Ein einschlägiges Beschwerdeschreiben des *Bischofs von Würzburg* an Tilly zitiert HÜBSCH S. 106 Anm. 2.
[5] *Tilly* an Kurmainz, Külsheim, 28. Okt. 1631 (Kop., dechiffriert ÄA 2396 fol. 314–316; Kop. ÄA 2404 fol. 59–60 = Anlage K zu der BA NF II/9 Nr. 270 Anm. 1 zitierten „Wahrhafte[n], grindliche[n] information". Gedruckt THEATRUM EUROPAEUM II S. 474 f.). Ben. bei H.-D. MÜLLER S. 41.

under ihnen zu consultiren und zu tractiren, undt ohnedaß die catholische stendt biß hiehero ihr eüsseristes bei dem kriegswesen angewendt, numehr aber verschiedene auß denselben ihrer landt und leuth entwehret oder doch sowohl vom feindt alß den freünden also biß uff den grundt erschöpft und außgesogen, daß inen die mitel von [!] continuation deß kriegs je lenger, je mehr entgehen und fehlen, so sehen wir nit, waß es eben angedeüter zuesamenkhunft so hoch bedörfe, sondern halten vielmehr eine unvermeidtliche notturft zue sein, die Mulheüßische angelegenen fleißes zue befurdern undt dahin zue trachten, wie doch zue dem unentperlichen friden fürderlichst undt ehe die geistliche stendt von den annahenden feinden gentzlichen ruinirt werden, zue gelangen sein mögte, zuemahl wir von landtgraf Georgens L. soviel nachrichtung haben, daß, sobaldt die erclerungen wegen obgedachten convents einkhommen wurden, mann wohl, zu einer suspension armorum durante tractatu[1] zue gelangen, hoffnung haben solte, welches wohl die höchste notturft erfordert."

In Sachen Interposition der Krone Frankreich bei dem König von Schweden, welche Vermittlung er nach wie vor für gut und nützlich hält, wird er ein Gesamtschreiben der geistlichen Kurfürsten an den König von Frankreich aufsetzen lassen.[2] – Mainz, 3. November 1631.

---

[1] Das Thema Waffenstillstand hatte *Kurmainz* gegenüber Hessen-Darmstadt schon Mitte Oktober zur Sprache gebracht (FROHNWEILER S. 33), und mit Hinweis auf die Eroberung der Stadt Paderborn durch Landgraf Wilhelm von Hessen-Kassel unternahm er mit Schreiben an den Landgrafen Georg, Mainz, 3. Nov. 1631 (Ausf., präs. Darmstadt, 25. Okt./4. Nov., HStAD E 1 C Nr. 7/2 fol. 60–61) einen neuen Vorstoß. Die Antwort *Landgraf Georgs* an Kurmainz, Darmstadt, 25. Okt./4. Nov. 1631 (Konz. ebenda fol. 62–65), ist gedruckt bei IRMER I Nr. 11. Darauf erwiderte *Kurmainz* an Landgraf Georg, Mainz, 5. Nov. 1631 (Ausf., präs. Darmstadt, 26. Okt./5. Nov. HStAD E 1 C Nr. 7/2 fol. 68–69), da er noch nicht wisse, wie der Kaiser und Kurbayern zu einem Waffenstillstand stünden, „so lassen wir zu E. L. selbst vernünftigem nachgedenken ahnheimbt gestellt sein, ob undt waß sie vermeinen, dißfals vor nöttige praeparatoria auff der gegenseithen zu machen seien."

[2] Das in der Mainzer Kanzlei konzipierte und von Kurmainz ausgefertigte Schreiben wurde zwecks Mitausfertigung den Kurfürsten von Trier und Köln, der das Schreiben dann nach Frankreich weiterleiten sollte, zugeschickt. Vgl. dazu *Kurmainz* an Kurtrier, Mainz, 4. Nov. 1631 (Konz. StAWü G 12421 fol. 243–245, mit dem Vermerk: In simili mutatis mutandis an Kurköln. Benutzt und zitiert bei H.-D. MÜLLER S. 46, S. 47 Anm. 83). Aus Mainz, 24. Nov. 1631 (Konz. ebenda fol. 246–247. Benutzt und zitiert bei H. D. MÜLLER S. 46, S. 47 Anm. 88), erkundigte *Kurmainz* sich bei Kurköln nach dem Stand der Dinge hinsichtlich der Mitausfertigung und Weiterleitung des Schreibens. Er habe bislang weder von Kurtrier noch von Kurköln eine Rückmeldung erhalten. – Von dem einschlägigen Schreiben der *geistlichen Kurfürsten* an den König von Frankreich wurden zwei Exemplare in lateinischer Sprache ermittelt, und zwar 1. eine undatierte Konzept-Kopie in StAWü G 12421 fol. 272–276 (benutzt und zitiert bei H.-D. Müller S. 46, S. 47 Anm. 83, BRENDLE S. 312 mit Anm. 152, der als Absender irrtümlich Kurmainz und als Ausstellungsdatum irrtümlich der 4. November 1631 angibt) und 2. eine vom 8. November 1631 datierte Kopie in Kschw 960 fol. 457–458, die Kurköln Mitte November nach München geschickt hatte (unten Nr. 469 Anm. 2). Die Ausfertigung dürfte vom 29. November datiert gewesen sein (vgl. dazu unten Nr. 479a mit Anm. 4), wohl weil Kurköln das Schreiben erst Ende November/Anfang Dezember nach Rücksprache mit Maximilian unterzeichnete (vgl. dazu unten Nr. 469 mit Anm. 2) und man das Datum der Ausfertigung dem ihrer Weiterleitung an den Adressaten anpasste. Die Ausfertigung wurde dann dem wohl Anfang Dezember nach Frankreich abgeordneten Kölner Gesandten mitgegeben (vgl. dazu unten Nr. 469, 479a, WIJNHOVEN III Nr. 2385).

Postskriptum. Übersendet ein Schreiben des Kurfürsten von Köln betreffend den Einfall des Landgrafen von Hessen-Kassel in das Stift Paderborn. „Wir tragen zwar mit deroselben sonderbahres christliches mitleiden, haben aber leider auch dergleichen in unsern landen erfahren undt müssen noch täglich unß eines mehrern besorgen undt gewertig sein. Wir sehen aber nit, wie unß und andern catholischen stenden zu helfen, es seie dan daß ein fordersames armistitium erhandlet werden möchte."

Ausf. Akten 203/II.

## 423. Kurmainz an Maximilian[1]

November 3

Admission des Königs von Schweden zum Mühlhausener Konvent – Waffenstillstand

Knüpft an sein Schreiben vom 20. Oktober [oben Nr. 399 Anm. 2] an und berichtet, daß Landgraf Georg von Hessen-Darmstadt am gestrigen Sonntag durch zwei seiner Geheimen Räte[2] mitteilen ließ, „wie daß S. L. seithero bei dem könig in Schweden einen aigenen abgesanden[3] gehabt, welcher seiner gethanen relation nach nit zwar von dem könig selbst, sondern deßen geheimen räthen soviel verstanden het, daß Ire Kgl. Wrd. iro gütliche tractation undt handlung zwar nit allerdings dörfte zuwieder sein lassen. Sie wurden sich aber an daßienige, waß vermittelst derselben abgehandlet werden möcht, anderer gestalt nit binden lassen, alß wan sie zu den tractaten auch gezogen undt denselbigen durch die ihrige beiwohnen solten. Undt möchte vielleicht auff den fall, da eine friedenshandlung der gestalt, wie vorgemelt, mit zuziehung deß königs eingewilligt werden solt, eine suspensio armorum ihres ermessens noch zu erhalten sein.

Wiewohl wir nun an unserm ort darfurhalten, dieweil Ire Kgl. Mt. nunmehr im Reich so starkhe progresz gethan, sie werden von der friedenshandlung, do einige angestellt werden solt, nit außgeschlossen sein, sondern vielmehr sich uff der protestirenden seiten stellen wollen, wie dan die tractaten ohnedaß zwischen niemandt anderst alß den kriegenden theilen vorgenohmen, noch weniger aber etwas, so allerseits verbindtlich, anderer gestalt geschlossen werden kann, so haben wir unß doch gegen mehrwolgedachts landgraffens L. nichts endlichs noch gewißes hieruber erclä-

---

[1] Ebenso: *Kurmainz an den Kaiser*, Mainz, 3. Nov. 1631 (Ausf. RK RTA 100b fol. 131–133; Kop. Akten 203/II), an Kurköln, Mainz, 3. Nov. 1631 (Kop. Akten 258 fol. 75).
[2] Vizestatthalter Kuno Quirin Schütz von Holzhausen und Kanzler Wolff. Ein *Protokoll* über deren Vortrag bei Kurmainz, Mainz, 24. Okt./ 3. Nov. 1631 (HStAD E 1 C Nr. 7/2 fol. 98–99), ist gedruckt bei IRMER I Nr. 10. Vgl. auch FROHNWEILER S. 40.
[3] Den Hofrat Dietrich Barthold von Pless. Dessen *Relation* über seine Verrichtung beim König von Schweden, Darmstadt, 22. Okt./1. Nov. 1631, ist gedruckt bei IRMER I Nr. 9. Vgl. auch FROHNWEILER S. 39 f.

ren, sondern E. L. diesen verlauff zuvor freundlich uberschreiben wollen, ebenmeßig gesinnendt, sie geruhen, [...] E. L. gemutsmeinung, unß in oftwelermelts landgraffens L. haubtsachlicher beantwortung darnach zu richten, auffs furderlichst zukommen zu lassen." – Mainz, 3. November 1631.

Ausf. Akten 203/II.


## 424. Der Kaiser an Maximilian[1]

November 3

Anknüpfung an das kaiserliche Schreiben vom 2. November [oben Nr. 420] – Hilfeleistung der Liga für den Kaiser – Konvent aller katholischen Reichsstände – Vermittlung des Landgrafen Georg von Hessen-Darmstadt bei Kursachsen – Waffenstillstand – Kritik an den von Maximilian vorgeschlagenen Bedingungen eines Ausgleichs mit Kursachsen – Tillys Einfall in Sachsen[2] – Verhandlungen Maximilians mit dem König von Dänemark[3] – (AO Wien)

Bezug: Schreiben vom 23. Oktober [oben Nr. 400].

Druck bei HALLWICH I Nr. 414. Ausf. Kschw 73 fol. 280–284; Konzept-Kopie mit Korr. RK RTA 100 b fol. 299–300 und folgende (unfoliiert).


## 425. Zollern an Maximilian

November 4

Pfalzfrage – Anbringen der französischen Gesandten

Bezug: Schreiben [vom 1. November, oben Nr. 414 Anm. 1], das er heute Mittag erhielt. – „Befinde darin zwen hauptpuncten, deren der aine die Pfelzische sach,[1] der ander

---

1 Die Antwort *Maximilians* an den Kaiser, München, 13. Nov. 1631 (Ausf. RK RTA 100b fol. 295–298; Konz. Ranpeks mit Korr. Richels Kschw 73 fol. 325–328), ist gedruckt bei Hallwich I Nr. 422.
2 Die zu diesem Punkt beigefügte Dokumentation ist überliefert Kschw 73 fol. 285–298 (zitiert bei ALBRECHT, Maximilian S. 790 Anm. 59). Ein weiteres, noch nicht ganz vollständiges Exemplar der Dokumentation findet sich in RK RTA 100b fol. 233–242; dazu gehört folgender Vermerk Söldners: „Extractus Churmaintz. und Bayrischen schreiben in puncto der Ksl. monitori und avocatori mandaten und was deme anhangig" (ebenda fol. 244'). – Vgl. zu besagter Dokumentation oben Nr. 51 Fundortzeilen, Nr. 87 Fundortzeilen, Nr. 144 Fundortzeilen, Nr. 174 Anm. 1, Nr. 167 H 15 Fundortzeilen, Nr. 197 Fundortzeilen, Nr. 133 Anm. 1, Nr. 292 Anm. 2, Nr. 251 Fundortzeilen, Nr. 292 Anm. 2, Nr. 292 Fundortzeilen.
3 Dieser Punkt bezieht sich auf ein zweites Schreiben *Maximilians* vom 23. Oktober (oben Nr. 397 Anm. 1).
1 Zur Pfalzfrage ist auch ein Gutachten *Contzens*, s. d. (eigenh. Ausf., latein. Sprache, Akten 258 fol. 87–88), überliefert.

aber die Franzhosische intention bei disen sehr schweren laiffen im Reich concernieren und betreffen duett." [...]

Hinsichtlich der Pfalzfrage „da geth mir zuo gemiet, warumben man eben jez et hoc rerum periculosissimo statu auff dise sach so hoch und sonderlich ex parte Spannien tringe. Und kompt mir dz wesen je etwas suspect fir, diewail mir die Spannische actiones und proceduren ohnedz nit ohne grose ursachen sehr verdechtig sein, und sie etwan vermeinen mechten, jez die occasion besser als sonsten zuo haben, ihr versprechen gegen Engelandt und pfalzgraffen zuo adimplieren und Eur Kfl. Dt. dahin zuo bezwingen, wohin sie sonsten dieselbige nit wurden bringen kinden, wan sie nit so varie distrahiert weren. Dan dz Engelandt auß dem lengern verzug der Ksl. resolution zuo mehrer widerwertikait und feindtselikait ursach gewinnen und mit anderen Ihr Mt. und des Reichs widerigen sich unieren oder, wenn man Engelandt in etwas wilfarte, dieselbe cron sich etwan zuo einem fridensmitler gebrauchen lassen mechte, da waiß ich nit, was im ersten Engelandt mehr ursach zuo thuen gewinnen solt, alß berait wirklich mit volk, gelt und rath und dath von dannen beschicht. Im anderen halt ich fir sehr mislich, in tali casu dergleichen underhendler zuo gebrauchen. Und hatt man baldt den schluß zuo machen, weil es nunmehr zuo einem offnen religionkrieg kommen, ob und was ein calvinist pro religione catholica fir guete interposition gegen einen seiner sect zuogethonen und verwanten kinig thuen wurde. Also dz mich dise motiven zuo acceleration der Ksl. resolution wenig bewegen, weil sonderlich zuo befirchten, dz wan man Engelandt und pfalzgraffen nit per omnia et in omnibus dz placebo singen und thuen und einwilligen wurde, was und wie es inen gefalt, dz man sich eines schlechten freindts zuo getresten haben wurde, ja dz sie obtento uno et impetrata banni absolutione desto mehr ursach nemmen wurden, aliis etiam zuo inherieren, inen auch, des ausgangs zuo erwarten oder selbigen per libitum selbst zuo firdern, desto mehr und besser getrauen wurden. Repetier also, dz mir res mehr alß suspecta, weil ich mich auch filen zuo erinnern, was sich etwan underschidliche Ksl. ministri vor disem eben in hac materia friezeitig vernemmen und ihre passiones, sowol geistliche alß weltliche, haben vermerken lassen.

Dz hauptwerk sonsten betreffent, ist es nit anderst, alß wie Euer Kfl. Dt. selbst gnedigst bedeiten, dz nemlich an solchem dem gemainen catholischen wesen und der religion und dan Euer Kfl. Dt. aigner churfirstlicher person wie auch dero ganzem kfl. hauß ein merkliches und fil gelegen, dahero dan mehr alß billich, notig und recht, dz werk wohl zuo considerieren. – Die erste, andere und 4$^{te}$ zuo Regenspurg vergriffne conditiones[2] wil ich jez nit fil beruren. Dan die erste fir sich selbst billich und meines darfirhaltens so fil alß richtig, es wolt sich dan in modo etwas stossen, dessen man sich ohne zweifel leicht wurde vergleichen kinden. So wurde es fileicht an der anderen ein schlecht bedenken bei dem pfalzgraffen mehr haben. So lassen sich im 4$^{ten}$ so fil subterfugia finden, dz sie sich fileicht derselben getresten und, die condition vorgeschlagener massen einzuogeen, nit grose difficulteten machen wurden. Was

---

2 Diese sind zitiert oben Nr. 282 Anm. 4.

aber die restitution der landen, die zuolassung der cathol. religion, die administration der landen wie auch die education der beiden eltern prinzen anlangt, da fircht ich wohl, wan sonderlich der pfalzgraff Friederich ganz solt ausgeschlossen werden, es mechte noch fil difficultates abgeben. Weil aber selbige Ihr Mt. mehrers selbst und dero hoches Ksl. ampt berieren, so halt ich nit darfir, dz es Eur Kfl. Dt. intention sei, dz ich mich darmit lang auffhalten soll, sonder komme zuo dem puncten der chur, alß welcher Eur Kfl. Dt. principaliter berieren duet und finde in meiner einfalt, dz in dem Ksl. forschlag 3 modi einkommen, von denen mir der erste und andere gar nit gefelt. Dan ob man wohl sagen mecht, wan Ihr Mt. ganz nit von dem puncten oder condition der chur sich resolvierten, dz mans fir abgeschlagen zuo halten und zuo achten hette, so mechten doch leit gefunden werden, welche einer widerigen mainung sein und dz schweigen auff dz beschene begeren in disem puncten fir ein assensum halten mechten. Zuo deme es bei mir kein so schlechter punct nit ist, dz er nit einer rechten antwort wert. Der ander modus aber wil mir noch fil weniger aingehen, dan er mich fil zuo praeiudicirlich fir Euer Kfl. Dt. gedunkt. Get mir auch alweg gleichsam ein stich ins herz, wann ich an dz anno 1623 den 5. Martii von Ihr Mt. an die cron Engelanndt abgangne schreiben[3] gedenke. Derwegen ich selbigen modum durchauß nit fir rathsam befinden und darzuo rathen kan. Was aber den tritten modum anlangen duet, halt ich in meiner einfalt darfir, dz Eur Kfl. Dt. denselben der gestalt ohne ihr ainiges praeiudicium also einkomen lassen kundten, wan die wort: *ita[4] ut per hunc absolutionis actum nil cuiquam iuris praeter id de quo expressum est, acquiri vel adimi censeatur* oder auch in dem andern exemplari[5] die wort, quia quasi idem sonant nempe: *ita ut per hunc actum nihil cuiquam iuris acquiratur vel amittatur.*

Dz der Englische gesande von der gehaimen Kaiserlichen investitur nit wissen sol, kan ich schwerlich glauben, dan meines behalts habenß Ihr Mt. selbst den beiden protestierenden churfirsten endtdekt. Daher ich mir nit imaginieren kan, dz Engelandt darvon nit parte solt gehabt haben. Imo ich main gleichwohl in meiner gar schlecht und geringen memori, es hab der Englisch oder Pfelzische gesante zuo Regenspurg anno 1630 sich eben dessen hoch beschwert und dargegen dz Ksl. obgenante schreiben vom 5. Martii anno 1623 opponiert und gleichsam dardurch zaigen wollen, dz er nit glauben kinde, dz wider solch schreiben ein haimliches ferneres versprechen oder investitur erfolgt sei. Es versprechen aber Ihr Mt. in jezigem ihrem schreiben noch-

---

3 Der *Kaiser* an den König von England, Regensburg, 5. März 1623 (Kop., lat. Sprache, Akten 258 fol. 37–39). Hinzuweisen ist auch auf einen Notizzettel (Akten 259 hinter fol. 4): „Dz Ambsruder sich in seinem vortrag vom 23. Junii anno 1631 [oben Nr. 268 Anm. 1] sonderlich referirt auf ein Ksl. schreiben, so an könig Jacobum den 5. Martii anno 1623 abgangen und darinnen lauter herkommen sein soll, dz wiewol die cur auff Bairn ad dies vitae tantum per investituram transferirt, jedoch des pfalzgraven kinder, brueder und agnaten ihre iura reservirt und dahero er pfalzgrav auch umb sovil billicher zur cur zu lassen seie. Dem ist under anderm auch mit disem zu begegnen und Ihr Ksl. Mt. an hand zu geben, \*\*\*" – Vgl. zu dem zitierten Schreiben auch E. Weiss S. 57.
4 Oben Nr. 398 Anlage A.
5 Oben Nr. 398 Anlage B.

mahlen, dzjenige, so einmahl Eur Kfl. Dt. verheisen und conferiert, zuo halten und sie darbei handtzuohaben, dz ich fast nit sihe, was derselben weiters kunte zuogemuet werden. Allain get mir noch zuo gemiet, dz die absolutio a banno nit (wie es ohne zweifel die mainung sonsten hatt) erfolgen soll, bis der pfalzgraff alles adimpliert und genuegsam versichert hatt. Interim wirt noch fil zeit verfliesen, sonderlich wan erst noch ein solche zuosammenschickung der Ksl. und beider kinigen gefolmechtigeten beschehen soll; also dz ex parte Euer Kfl. Dt. noch zeit verhanden, et chi ha tempo, ha vita. Und wolt verhoffen, dz durch mittel Frankreich, alß der ad manutentionem der chur ohnedz obligiert, noch solten mittel kinden gefunden werden, dz solch werk gar kunte in richtikait gebracht und Frankreich dardurch seines verspruchs und obligation der manutention liberiert werden. Sihe also hoc rerum statu nit, dz Euer Kfl. Dt. weiters in disem wesen gehn sollen und kinden. Falt mir aber darbei was ferners ein, underlasse ichs nit, Euer Kfl. Dt. gehorsamest zuo berichten.

Das Franzhosische wesen anlangent, kompt mir solches sehr fremdbt fir. Und ob ich wohl Eur Kfl. Dt. gleich jez auch meine ringfiege gedanken gern dariber endtekt hette, so habs ichs doch meines bleden kopfs halber und dz ich auch mit dem schreiben nit fortkomen kan (maßen ich gehorsambst bitte, mir mein sehr ubelß und unsaubers schreiben in ungnaden nit zuo vermerken), je nit verrichten kinden. Wil es aber gar in wenig tagen, geliebt es Gott, mit aignem botten gehorsamlich verrichten,[6] mit gehorsamster bit, Euer Kfl. Dt. geruen mir den kurzen verzug in ungnaden nit zuo vermerken." – Sigmaringen, 4. November 1631.[7]

Eigenh. Ausf. Akten 258 fol. 59–61.

---

[6] Ein einschlägiges Schreiben konnte nicht ermittelt werden.
[7] Ein Postskriptum betrifft u. a. die in der eigenh. Nachschrift zum Bezugsschreiben angesprochenen Schwierigkeiten bei der Armee.

## 426. Der Bischof von Bamberg an Maximilian

November 4

Sukkurs aus der Oberpfalz für Forchheim – Schreiben des Königs von Schweden

Bezug: Schreiben vom 2. November [oben Nr. 417]. – Dankt für das Angebot von Sukkurs aus der Oberpfalz und teilt mit, „daß wir gegen dem könig in Schweeden unß bißhero über instendtiges urgirn kaum haben aufhalten können, wie E. L. auß inligendter copi der unß vor wenig stundten gleichfalß erst eingebrachten fernern Schwedischen erclehrung[1] erßehen und hochvernünftig darbei abnemen können, do an seiten deß königs, bei deme wir vorhin in dergleichem starkhen verdacht und argwohn stehen, im geringsten von solchem succurs etwas vermerkhet werden solte, daß wir vermittelß seines fast aller orten in unßerer nachtbarschaft habenden anhangs leichtlich praevenirt und dardurch in eißerste gefahr (indeme wir zumal auch mit Vorcheim nit daß ganze landt zu versichern haben) erst gesetzt werden mögten,

Alß haben wir dero regirung zu Amberg, darmit biß uf unßer weiters anmelden noch etwas zuruckh und alles in ängster geheim zu halten, berait zugeschriben, wöllen auch gleich morgigs tags, geliebts Gott, zu beßerer nachrichtung deßwegen jemandt dahin abordtnen[2]. Und ist an E. L. unßer dinstfreündlichs bitten, sie wöllen es ihnen gleichfalß nit zu entgegen sein laßen, dero wir den fernern ervolg und verursachung deßen mit ehistem mehrers communicirn wöllen." – Forchheim, 4. November 1631.

Ausfertigung ÄA 2293 fol. 416–417. Ben. bei HÜBSCH S. 81, 103.

---

[1] *Der König von Schweden* an den Bischof von Bamberg, Würzburg, 23. Okt./2. Nov. 1631 (Kop. ÄA 2293 fol. 418. Druck bei HÜBSCH S. 152 f.; vgl. auch ebenda S. 80 f., D. J. WEISS S. 416). Im Druck bei HÜBSCH ist S. 152 Zeile 12 v. u. zu ergänzen: „solches vnnd *da* derselben", S. 153 Zeile 2 v. o.: „willen *geschehen*, daß". Das Bezugsschreiben des *Bischofs von Bamberg* vom 17./27. Oktober ist zitiert oben Nr. 401 Anm. 4.

[2] Der dann nach Amberg abgeordnete Bamberger Gesandte wurde aber am 10. November zurückbeordert, nachdem der Bischof sich entschlossen hatte, sein Heil in einem Akkord mit dem König von Schweden zu suchen und diesem notfalls auch die Festung Forchheim zu überlassen. Vgl. dazu und zum Scheitern der Pläne des Bischofs HÜBSCH S. 81–85. – Auf Drängen Maximilians nahm der Bischof dann doch eine Besatzung in Forchheim auf, die Generalwachtmeister Timon von Lintelo, Kommandant in der Oberpfalz, am 14. November in die Festung führte. Die Stärke dieser Besatzung (eine Reiterkompanie und zwei Kompanien zu Fuß, insgesamt 800 Mann) hielt der Bischof jedoch nicht für ausreichend. Vgl. dazu HÜBSCH S. 103–105; hinzuweisen ist auch auf ein Memorial *Maximilians* für Schäffer und Oberstleutnant Friedrich von Schlez, die in Sachen Besetzung Forchheims mit Ligatruppen zum Bischof von Bamberg abgeordnet wurden, München, 8. Nov. 1631 (Ausf. mit Nachschrift Maximilians ÄA 2494 fol. 1–6).

## 427. Kurköln an Maximilian[1]

November 5

Räsonnement über die Notwendigkeit von Friedensverhandlungen – Avisen aus Spanien

Berichtet, „daß mir underschiedtliche vertrauliche avisi anlangen, welcher gestalt die Khaiserliche armada in überauß übelem ständt sich befünden, [...] und dahero wol nöthig, daß E. L. sich über den rechten statum vorbringen laßenn woltenn. Und weilenn also aller orten die gefahr so groß, so laße ich zue E. L. hochvernunftigenn nachdenken gestelt sein, obs noch nit hoch noth und mehr dan noth, auf alle soviell mögliche weeg und mitel zu gedenkhen, wie mann doch endtlich auß disen sachen kommen müge. Ohne ist es nit, daß der tractatus pacis mit schlechter reputation und nit mit solchem vorthel, alß man vor disem in handen gehabt, abgehen müchte. Und obwol alles vonn dem rechtenn Gott verhengt und ann deßenn barmhertzigkait gleichwoll nit zue zweifelenn, so gehet mir doch diß zu gemüeht, warzue die obrigkeit vonn Got verordnet und daß sie, wie deroselben landt und leüth conservirt und erhalten werdenn mügenn, auf alle weeg sorgfeltig zu gedenkhen, schuldig, und daß es beßer sein mügte, in zeiten dahin zu trachten, wie deß Hl. Reichs algemeine zerrüttung und desolation sowol alß auch unserer catholischer religion undergang und sovil hunderttausent sehlen verlust zu verhüetten, dan alles auf die eisseriste spiz der wapfen zue stellenn und endtlich daß universum, wie ungezweifelt, wann die gegenthail die oberhandt weiters behalten soltenn, erfolgenn würde. Waruber und waß dießfalß E. L. hochvernünftige gedankenn sein müchten, ich zue dero freundtbrüderlichen gefallen in vertrauen gern vernemmen müchte. Es kann sich aber nach der Gottlichen providentz wol alles in bössern standt schickhen." – Köln, 5. November 1631.

Postskriptum. Die beigefügten Avisen hat sein Oberstkämmerer Freiherr von Höllinghoven von einem seiner Bekannten aus Spanien erhalten.[2] Was soll Höllinghoven darauf antworten? Oder soll er die Sache auf sich beruhen lassen?

---

[1] In seiner Antwort, 11. Nov. 1631 (Konz. Oexels mit Korr. und Zusätzen Richels Kschw 960 fol. 446–447. Benutzt und zitiert bei H.-D. MÜLLER S. 50, S. 51 Anm. 116), verwies Maximilian auf den von Landgraf Georg von Hessen Darmstadt vorgeschlagenen Mühlhausener Konvent und den geplanten Konvent katholischer Reichsstände und erklärte, er wisse „für dißmal außer deß obigen keine mitel oder weg, wie den sachen zue helfen sein möchte, sondern bin nochmahlen der meinung, daß man solche mitnichten außer acht laßen undt alleß so gar ad extrema undt auf den spitz kommen lassen solle." Einzelheiten möge Kurköln der beigefügten Kopie eines bayerischen Schreibens an Kurmainz vom gleichen Tage [unten Nr. 437] entnehmen. Außerdem dankte er für die Avisen aus Spanien. Höllinghoven möge antworten, „zwar nicht ohne zue sein, dz ich mit Frankreich in guettem verstandt lebte. Daß es aber die meinung darmit habe, wie ihm geschriben worden, seie ein pur lauterer ohngrundt und erdichtes ding."
[2] Auszug aus einem Schreiben des *Diego l'Hermite*, Schatzmeister des Niederländischen Rates in Madrid, Madrid, 27. Sept. 1631 (span. Sprache, Kschw 960 fol. 435; dt. Übersetzung von der Hand Ranpeks ebenda fol. 434): „Alhier rödt man starkh darvon und wirdt für gewiß gehalten, Ire Kfl. Dt. in Bayrn haben aine bündtnuß mit der cron Frankreich gemacht, und diß zumaln under dem praetext, weiln

Ausf., teilweise dechiffriert, Kschw 960 fol. 432–433.

## 428. Der Kaiser an Kurmainz[1]

November 5

Mühlhausener Konvent – Konvent aller katholischen Reichsstände

Bezug: Schreiben des Kurfürsten vom 20. Oktober [oben Nr. 399 Anm. 2] und des Landgrafen Georg von Hessen-Darmstadt vom 12./22. des Monats[2] samt Anlagen, die er am 1. November erhielt. – „Mögen hierauf D. L. gnediglich und freündtlich nicht verhalten, daß allermassen unß mehrgedachts landtgraff Georgens zu Hessen L. zu uns und deß Hl. Röm. Reichs wohlstandt, rhue und ainigkhait tragende lieb und rhuembliche affection wohl bekhandt, indem sie ihres vattern lobwürdigen fueßstapfen nachvol-

---

Spanien und Engellandt friden gemacht und consequenter die Pfalz dem pfalzgraffen restituirt werden solle. Weiln aber die sachen vüll anderst beschaffen und ich von guetten orthen verstandten, dz man mit solchen gedankhen niemaln umbgangen, sonder vülmehr gemaint, ehunder mit Engellandt den khrieg zu continuirn, als dergleichen condition einzuwülligen, als empfündt man alhier S. Kfl. Dt. dißfalß genomne resolution sehr, wie man dan dergleichen niemaln geglaubt hette."

1 Basiert auf einem *Gutachten kaiserlicher deputierter Räte*, [nach 1. Nov. 1631] (teils Konzept-Kopie von Kanzleihand, teils Konz. Stralendorfs RK RTA 100b fol. 141–147. Ben. und zitiert bei BIRELEY, Religion S. 171, S. 268 Anm. 9; BIRELEY, Ferdinand II S. 233 f.). – Das Stück ist undatiert. Der Terminus post quem ergibt sich aus dem im Eingang des oben Nr. 428 gedruckten Schreibens erwähnten Präsentationsdatum. Auf dem Gutachten ist von *Gebhardt* vermerkt: „Nota. Votum der deputirten rhäte uff des landgraff Georgens fürgeschlagenen vergleichungstag nacher Mülhausen" (RK RTA 100b fol. 141). Anzumerken ist, dass es in dem vorstehend zitierten *Gutachten* zur Akzeptanz des vorgeschlagenen Mühlhausener Konvents u. a. heißt: „Es wurde auch Churbayrn und andere catholische von weiterer tractation einer neutralitet durch vorstellung dises convents desto mer verhindert."
2 Oben Nr. 399 Anm. 4. – Die Antwort des *Kaisers* an den Landgrafen, die ebenfalls auf dem oben Anm. 1 zitierten *Gutachten kaiserlicher deputierter Räte* basiert, ist datiert: Wien, 5. Nov. 1631 (Ausf., präs. Rüsselsheim, 4./14. Nov., HStAD E 1 C Nr. 7/2 fol. 104–107; Konzept-Kopie mit Korr. und Zusätzen RK RTA 100b fol. 43–45; Kop. Akten 203/II. Gedr. bei IRMER I Nr. 18).
Aus Wien, 11. Nov. 1631 (Konz. RK RTA 100b fol. 139–140), übersandte der *Kaiser* dem Kurfürsten von Mainz das Schreiben des *Landgrafen Georg von Hessen-Darmstadt* an Eggenberg, Darmstadt, 18./28. Okt. 1631 (Konz. HStAD E C 1 Nr. 7/1 fol. 282–285. Druck bei IRMER I Nr. 8), sowie ein darauf bezügliches, auf einem *Gutachten kaiserlicher deputierter Räte*, s. d., mit *Votum des Geheimen Rates* (König von Ungarn, Kardinal Dietrichstein, Bischof von Wien, Meggau, Trauttmansdorff, Slawata, Breuner, Thun, Werdenberg. Reck [als Referent der deputierten Räte]. Arnoldin [als Sekretär]), 10. Nov. 1631 (RK RTA 100b fol. 159–162), basierendes *kaiserliches Schreiben* an den Landgrafen, Wien, 12. Nov. 1631 (Ausfertigungen HStAD E 1 C Nr. 8/1 fol. 253–256, präs. Gießen, 27. Nov./7. Dez., ebenda fol. 258–261; Konzept-Kopie RK RTA 100b fol. 135–138. Ben. bei FROHNWEILER S. 41), und sprach die Erwartung aus, der Kurfürst werde mit dem Landgrafen „in diesem so hochangelegenen, nothwendigen werkh fleißig und vertreulich communication pflegen und in einhelligem, friedliebendem gemüeth nunmehr den sachen unserm zue denselben gestelten großen vertrauen nach recht und woll zu thun wissen."

gen, also keinesweegs zu zweiflen, daß diser von derselben gethane fürschlag auß einer guetherzigen, ganz wohlgemainten intention hergeflossen und also keinesweegs außzuschlagen seie.

Derhalben und ob wir woll in einer solchen daß ganze Reich concernirenden überschwären sach und deroselben anhengigen hochwichtigen puncten mit allen andern catholischen churfürsten dem herkommen gemeß gnediglich und vertrewliche communication pflegen und deroselben guettachten hierüber billich erwarten möchten, so befindten wir jedoch, daß solches die zeit und gegenwertige, von tag zu tagen mehrers emporgehende gefehrligkheitten nicht leiden wollen. Welchem nach wir uns dann gegen D. L. in eill hiermit gnedig und freündlich erkleren, daß allermassen mehrgedachts landtgraff Georgens zu Hessen L. fridtliebende conatus nicht allein hoch zu loben, sondern auch der von ihro also fürgeschlagener convent von menniglich zu befurdern seie, alß wir auch weder der hierzue in eventum bestimbter zeit und orts als auch der erzhgl. und fstl. persohnen halber, welche zue interponenten ernant worden, gar kein bedenkhen tragen, haben auch nicht undterlassen, den andern catholischen churfürsten von dieser unserer also genommener resolution zu gewinnung der zeit bei disem aignen currier vertrewlich parte zu geben,[3] alß wir dann an unserm ort gnedigist entschlossen sein, dafern anderst dieser convent seinen vortgang erraichen und die gesambte churfürsten deß Reichs darzue, sonderlich Sachssen und Brandenburg, gleichsfals verstehen und ainig zuverleßliche erklärung gegen deß landtgraff L. sich in antwort auf daß an sie abgangenes schreiben wie auch wegen bestellung gnuegsamer securitet, wie daß uns übersende prothocoll mit mehrerm außweiset, werden vernemmen lassen, unsere Ksl. gesandten darzue zeittlich zu verordtnen und mit gemessener instruction zur rechter zeit dahin abzuschickhen.

---

[3] Der *Kaiser* an Kurköln, Wien, 5. Nov. 1631 (Konzept-Kopie mit Korr. und Zusätzen, mit dem Vermerk: „In simili an Churtrier", RK RTA 100b fol. 39 und 42), an Maximilian, Wien, 5. Nov. 1631 (Ausf. Akten 203/II; Konz. RK RTA 100b fol. 150–151). Allen diesen Sendungen waren beigefügt das oben Nr. 428 gedruckte Schreiben und die Bezugsschreiben samt Anlagen sowie die Antwort des *Kaisers* an den Landgrafen (oben Anm. 2). – Das an Maximilian adressierte Schreiben traf am 10. November in München ein (vgl. dazu unten Nr. 437 mit Anm. 3). In seiner Antwort an den Kaiser, München, 13. Nov. 1631 (Ausf. RK RTA 100b fol. 152–153; Konz. Ranpeks Akten 203/II), begrüßte *Maximilian* dessen positive Resolution und resümierte seine eigene, dem Kurfürsten von Mainz und Landgraf Georg übermittelte Erklärung (oben Nr. 406 und 407): Er sei bereit, „mit demjenigen, so E. Mt. sich dißfals gnedigst resolvirn, auch andere meine catholische mitchurfürsten für rathsamb und thuenlich befünden werden, mich gern zu accommodirn." Er schloss: „Und weiln ich von meines herrn bruedern des churfürstens zu Cölln L. die nachrichtung erlangt, dz sie sich hierzue gleichergestalt verstehen, Churtrier sich auch hoffentlich nit absondern werden, so stehet nun zu erwarten, wessen sich Chursachßen und Brandenburg, an die es wolgedachter landtgraff gelangen lassen, erkhleren und wie hernegst diser convent zu würkhlichem vortgang und effect gerichtet und beförddert werden mag, treulich wünschendt, der Almechtige Gott darzue sein gnadt und segen verleihen wolle, dz dardurch dem landtverderblichen khriegßwesen ain endt gemacht und man zu ainem dem Röm. Reich und der catholischen religion nuzlichen und leidenlichen friden gelangen möge." – Zustimmend antwortete dem Kaiser auch *Kurköln*, Köln, 15. Nov. 1631 (Ausf. RK RTA 100b fol. 40–41).

Welchem allem nach D. L. ihro angelegen wollen sein lassen, nit allein die von uns deß churfürsten in Bayrn L. durch dero bei uns unlengst gewesen gesandten Maximilian Kurzen freiherr an die handt gegebene anderwertige und deroselben beraith beliebt, D. L. auch von ihr ohne zweifel beraith communicirte zusammenkhunft aller catholischen ständt an ihrem ort mit allem eiffer möglichist zu beförderen, sondern insonderheit auch darauf bedacht zu sein, auf dz bei dieser der catholischen ständt versamblung und conferenz sowohl von dem haubtwerkh, nemblich unserm Ksl. edict[4], weil solche[s] mit vornemblich die catholische stendt tanquam partem interessentem betröffen thuet, alß auch allen andern puncten[5], welche bei diser handlung vorfallen möchten, reiflich deliberiert und berathschlagt werden müge. Darauf wir uns, wie weit in einem und andern zu gehen und worauf entlich zu beharren, alßdann zu entschliessen hetten, damit man auf berhüertem Mülhawsischen convent alßdan auf der catholischen seitten einstimmig erscheinen und nicht erst, wie bei vorigem Regenspurgischen convent beschehen, die zeit in vergleichung unserer und der catholischen churfürsten mainung zuezubringen nötig sei, alß es dann ohnedaß auch etwa die notturft erfordern würdt deß religionpuncten halber, daß die churfürstlichen gesandten, so zu der Mülhawsischen handlung verordnet werden, von ihnen den gesambten catholischen stendten wo möglich mit genuegsamer plenipotenz und vollmacht versehen, und nicht etwo in ermanglung dessen die ganze handlung entweder mit vermehrung der gefahr suspendirt oder abermahl mit schadlichen verlust der werthen zeit ohne alle verhoffte frucht ganz vergeblich außschlage." – Wien, 5. November 1631.

Kop. Akten 203/II = Druckvorlage; Konzept-Kopie mit Korr. und Zusätzen Stralendorfs RK RTA 100b fol. 29 und 34–35.

---

4 Zu diesem heißt es in dem oben Anm. 1 zitierten *Gutachten kaiserlicher deputierter Räte*: „Und zwar den hauptpuncten, alß dz Kaiserliche edict betreffendt, weil solcher viel mehr die catholischen stände alß partem interessentem dan E. Ksl. Mt. tanquam iudicem betrifft, konten dieselbe solchen gar woll unsers ermessens gedachten [katholischen] churfürsten, vorbehalten E. Ksl. Mt. ratification, wie auch bei dem tractat zu Franckfurt albereit resolvirt gewesen, anheimstellen." – Vgl. zur bisherigen Haltung der kaiserlichen Räte in Sachen Restitutionsedikt nach Breitenfeld außer oben Nr. 420 Anm. 2 und 3 die oben Nr. 361 Anm. 4 und Nr. 382 C Anm. 1 zitierten *Gutachten kaiserlicher deputierter Räte* (im Druck bei HALLWICH I Nr. 376 S. 527, Nr. 393 Anm. 565 f.).
5 In dem oben Anm. 1 zitierten *Gutachten kaiserlicher deputierter Räte* werden genannt die „herzogthumb Meggelburg und Pommern, item wie weit der könig in Schweden in diesen frieden einzuschliesen, waß wegen restitution des pfalzgrafens, wan dieselbe auch inter conditiones gesezet wurde," [zu tun sei].

## 429. Kurköln an den Kaiser

November 6

Bitte um Schutz – Schadenersatzforderungen

„Ihn was zerrittlichem und hochst gefehrlichem, laidigem standt dismahls dz Hl. Romische Reich sich befindet, ist unvonnöhten, E. Ksl. Mt. mit weitleiffikkeit von mir zu remonstriern, weil es derselben nur gar zu wol ohn allen zweiffel bekhant, was nach der unglüklichen schlacht vor Leipsich vor geschwinde progressus der Schwed gethon und seine adhaerenten und conspiranten noch daglich thuen (darunter lantgraff Wilhelm zu Hessen nit der geringste, wie auß seiner aigner attestation zu sehen), noch daglich zu untergang und desolation E. Mt. ganz gehorsamisten und von derselben zu lehen dragenden stiftern, firstentumben und landen (alß Paderborn und Westfahlen) de praesenti, die ubrigen aber wegen alle stundt befahrender eißerster gefar noch auszustehen und zu erwarten haben. Alß hab ich meiner schuldigster pflicht halben nit khinden unterlassen, E. Mt. dieser meiner mir von Gott und E. Mt. anbefolchner landen erbarmlichen standt gehorsamist zu remonstriern und unterthenigst zu bitten, E. Mt. geruhen, solche firderliche, kreftige und bestendige mitl allergdst an handt zue nemmen, damit ich mit den mainigen wider solchen unbillichen gewalt nit allein machtig geschuzt, sonder auch, mich an den mutwilligen verursachern meineß erlittnen und noch daglich mehr erleidenden und besorgenden landverd[erb]ens und schadens (darunter lantgraff Wilhelm der vornembste und nächsten einer) mich zu erholen, gdst bewilligen und gegen ihnen alß einen offnen lantfridbrecher und E. Ksl. Mt. Khaiserlichen ernstlichen befelchen und placaten schnurstrags zuwidergehandletten, ungehorsamben, rebellischen standt E. Mt. mit Khaiserlichem ernst auff die wolverdinte straff zu verfahren, alles ernsts wollen befelchen lassen." – Köln, 6. November 1631.

Eigenh. Ausf., präs. 19. Nov., KrA 69 Konv. November fol. 19–20.

## 430. Kurmainz an Maximilian[1]

November 7

Pfalzfrage – Dänische Truppenhilfe für den König von Schweden

Bezug: Schreiben vom 31. Oktober [oben Nr. 414 Anm. 2] samt Anlagen, das er gestern Morgen per Kurier erhielt. Hat der Sendung u. a. entnommen, was „Ihrer Ksl. Mt. insonderheit wegen renunciation uf die chur für mitel beigefallen und uf waß für eine weiß dieselbe darfürgehalten, das der Engellendische gesandter zue beantworten sein mögte. – Nun wehre zwar hoch zu wünschen, die sachen stünden uf seiten der catholischen in solchen terminis, daß mann angedeüte renunciation behaupten und dabei bestehn khönte. Dieweilen aber, wie Euer L. führien bewust, sich der status causae seithero merkhlichen undt dermassen geendert, das nicht unzeitig zu besorgen, da nicht durch zueträgliche mitel und weeg diesen streittigkheiten baldt abgeholfen werden solte, der gegentheil sich numehr wohl understehn dörfte, den pfalzgraven vermitelst habenden schwerdts de facto widerumb zue restituiren, und gleichwol gemeinem weesen nicht wenig fürträglich sein würde, wann man dannoch der cron Engellandt in etwas satisfaction thuen undt dieselbe von fernerer assistenz des königs in Schweden dardurch abhalten köndte, so wolte ich, iedoch unvorgreiflich, darfürgehalten haben, wann anderster die conditiones dießseits uffgesetztermassen zu erhalten (daran ich gleichwol nit wenig zweifle), mann hette dieselbe in Gottes nahmen anzunehmen und sich darmit nit uffzuehalten. Und wann es sich villeücht auch schon dießfahls noch stossen und dem werkh damit abgeholfen werden köndte, das auf abgang der Churbayer. Wilhelmschen lini (so die Göttliche Allmacht noch lang genediglich verhüeten wolle) den Pfalzischen kindern zue der kfl. dignitet eine exspectanz zu ertheilen, wolte ich auch ein solches meinestheils nicht widerra-

---

1 Den Erhalt des Schreibens bestätigte *Maximilian* dem Kurfürsten von Mainz, München, 18. Nov. 1631 (von Maximilian ausgefertigte Reinschr. mit Korrektur Ranpeks Akten 258 fol. 80–81; Konz. Ranpeks mit Korr. Richels Kschw 782 fol. 407–408): Wird das Gutachten des Mainzers in seiner Antwort an den Kaiser berücksichtigt. – Ist mit Kurmainz einer Meinung, „das Ire Ksl. Mt. in ansehung des iezigen so hochgefehrlichen zuestandts in dem Römischen Reich und indeme ohnedas die feindtsgefahren an so underschidlichen orthen herfür- und einbrechen, wol ursach hetten, selbige Kgl. Wrd. [von Dänemark] in guetem willen zu erhalten und sie von besorgender alienation und feindtseeligkhaiten abzuewenden, deren man sich desto eheunder zu befahren, weiln sie sich dero söhne zue denn erz- und stiftern Bremen, Ferden und Schwerin suechenden praetensionen aniezt von neuem mit so sonderbarem eifer annemmen." Übersendet die Kopie eines einschlägigen Schreibens des Königs [unten Nr. 445 Anm. 2]. Bittet Kurmainz um Mitteilung seiner Antwort an den König, damit er sich danach richten kann. – Fügt Kopien seiner Schreiben an die Obersten Reinach und Comargo [vom 21. Oktober, oben Nr. 397] sowie an den Kaiser [vom 23. Oktober, ebenda Anm. 1] bei. „Und gleich wie ich diser, mit Dennemarckh in ainen bössern verstandt zue khomen, sich ereigneter occasion halber und das selbige nit ausser acht zue lassen, bei Irer Mt. seithero abermalen auß gethreuer sorgfalt und wolmainung erinnerung gethon, also wolt ich desto bössere hoffnung schöpfen, da Eur L. auch dergleichen zue thuen iro belieben lassen wolten, das die sachen desto mehrer in acht und dariber die weittere notturft an handt genommen werden möcht."

then, bevorab weil verlauthen will, ob solte der könig in Schweden noch immerdar von der cron Engellandt volkh- undt gelthülf gewertig sein, welche subsidia villeücht, wann dießfahls schleünig zur sachen gethan werden solte, noch wohl zuerückhgehalten werden mögten.

Und nachdemalen benebens éüsserlich die avisen einkhommen, ob solte der junge könig in Dennemarkh, eine newe armee uffzurichten und selbige gleichergestalt dem könig in Schweden zum besten in das Reich zue fueheren, vorhabens und im werkh begriffen sein, so mögte deme wohl nachzudenkhen stehn, ob nicht Ihre Ksl. Mt. mitel und gelegenheit hetten, selbigem könig einige satisfaction zue thuen und dardurch diese gefehrliche und zue des Heiligen Reichs volliger ruin gereichende feindtliche anschläg abzuwenden." – Mainz, 7. November 1631.

Ausf. Akten 258 fol. 78–79.

## 431. Kurköln an Maximilian¹

November 9

Begrüßung des Herzogs von Lothringen – Militärische Fortschritte des Landgrafen Wilhelm von Hessen in Westfalen – Bitte um Geld- und Truppenhilfe – Plädoyer für einen Einfall in Hessen – Abordnung Fenffs nach Frankreich – Verlust von Brilon

Bezug: Schreiben vom 28. Oktober [oben Nr. 413 Anm. 9]. – Hat seinem Kämmerer Oberstleutnant von Flantz, den er zu Tilly abgeordnet hat, auch befohlen, im Namen Kurkölns den Herzog von Lothringen zu begrüßen.²

---

1 In Anknüpfung an dieses Schreiben wiederholte und ergänzte *Kurköln* an Maximilian, Köln, 12. Nov. 1631 (Ausf. mit eigenh. Nachschrift Kschw 960 fol. 450–453. Ben. bei STADLER S. 570), seine Ausführungen vom 2. November (oben Nr. 419) und teilte außerdem mit, der Sukkurs der Infantin (Oberst Wittenhorst mit dem alten Nassauischen Regiment sowie Graf Heinrich von dem Berg mit drei Regimentern zu Fuß und 17 Reiterkompanien) sei im Anzug auf die Pfalz, wodurch Tilly einen Sukkurs von 1.200 Pferden und 5 oder 6.000 Mann zu Fuß erhalte. Der Kurfürst fuhr fort: „Und demnach mir und dem gemeinen wesen soviel darahn gelegen, daß die offentliche ruptur mit den General Staadtenn soviel möglich vermitten pleibe und nit ursach gegeben werde, dz sedes belli nit allein in Westvaln, sondern auch gar in disem Rheinischen ertzstift eingeführt und ich also umb den rest aller meiner landen pracht oder dieselbe in grundt ruinirt werden müsten," möge Maximilian Tilly befehlen, ihm eine starke Truppenhilfe zur Wiedereroberung seiner Lande zu schicken. – Dem Schreiben beigefügt war ein Schreiben des *Landgrafen Wilhelm von Hessen-Kassel* an Kurköln, Kassel, 27. Okt./6. Nov. 1631 (Kop. ebenda fol. 454–455), in dem der Landgraf seinen Einfall in das Stift Paderborn rechtfertigte.
2 In der Antwort *Maximilians* vom 16. November (unten Nr. 435 Anm. 1) heißt es dazu: „Und habe ich ein gleichmäßiges gegen gedachts hertzogen L. nicht allain durch meinen statthalter zue Haidelberg, den von Metternich, bereits vorhin verrichten laßen, sondern auch erst vorgestern meinen rat undt cammerern, den Khurtzen, zue deroselben, weil sie under dessen etwaß nächers herauff kommen und sich derzeit zue Rottenburg an der Tauber oder doselbst herumb befünden sollen, abgeordnet, die gebürende

Berichtet in Anknüpfung an sein Schreiben vom 5. November [oben Nr. 419 Anm. 1] vom Fortgang der Feindseligkeiten des Landgrafen Wilhelm von Hessen, der weiter in das Fürstentum Westfalen vorgerückt ist und sich der Stadt Marsberg bemächtigt hat. „Underdeßenn vernemme ich vonn einicher hilflaistung sowol vom grafen Gronßfelt alß Tillj noch nichts. Ich werde zwar berichtett, daß die Spännische die gefahr zimblich apprehendiren. Was aber von dannen aus vor succurs zu gewarten, wais ich noch nit, mueß aber dabei in sorgsame obacht nemmen, damit zur ruptur der neutralitet mit den General Staaden kein ursach gegeben werde[3].

Und mueß ich meine vorige erinderung und bitt bei E. L. widerumb erindern und ersueche sie aufs allerhöchst, sie wollen meine so erhebliche motiven bei derselben stathfinden lassen und nit gestatten, dz ihr brueder dergestalt von einem kezer überwöltigt, von landt und leithen verstossen und veriagt werde.[4] Es ist ja unsers

complementi zu verrichten." – Nach Ausweis eines Schreibens *Wolkensteins* an Kurz, s. d. (eigenh. Ausf. Kschw 123 fol. 20), sowie eines Berichts des *M. Kurz* an Maximilian, s. d. (eigenh. Konz. Kschw 123 fol. 18), waren weitere Themen der Mission Kurzens die Korrespondenz des Kurfürsten mit Frankreich und deswegen an ihn ergangene Warnungen des Herzogs von Lothringen. Dem Bericht zufolge erläuterte der Herzog seine Warnungen und wartete in diesem Zusammenhang mit Enthüllungen über das angebliche Engagement Frankreichs für die Restitution des Pfalzgrafen Friedrich in Kurwürde und Kurlande auf.

3 Vgl. auch schon das *Kölner Schreiben* vom 5. November (oben Nr. 419 Anm. 1): „Und wär auch wegen der gefar mit den Statten dz sicherste, wan der graff von Tülli von der armada etliche regimenter hette khinden entrahten, weil er ohnedz mehr volkh bei sich hatt, alß er erhalten khann, damit man dem Hessen hette testa machen khinden. [...] Allein wollen E. L. consideriern, dz es nit rahtsam, dz man den Statten unnotige umbras mache, biß dz sie selbst den anfang mit dem succurs dem Schweden oder lantgraffen machen, so ist es E. L. und unß allen auch nit verwert." Hinzuweisen ist auch auf die Replik auf die Einlassungen *Maximilians* vom 4. November (oben Nr. 395 Anm. 2) in dem *Kölner Schreiben* vom 12. November (oben Anm. 1. Ben. bei KESSEL S. 324): Teilt mit, dass die Generalstaaten, „daß sie die neutralitet mit mir zu brechen gesinnet, sich noch zur zeit nit verlauthen, sondern [...] dohin vernehmen laßen, wan die Spanische einen succurs hinauf in Teutschlandt schicken würden, daß ihnen alstan dergleichen nit zu verwehren, gestalt ich dan mit ihnen in offener ruptur noch nit begriffen, auch darzu einige anlaß oder ursach zu geben, gern verhüten wolle und nit rathsamb erachte." Auf das Thema Neutralität gegenüber den Generalstaaten kam *Kurköln* noch einmal zurück mit Schreiben an Maximilian, Köln, 16. Nov. 1631 (Ausf., teilweise dechiffriert, Kschw 960 fol. 466–467).

4 In der eigenh. Nachschrift zu seinem Schreiben vom 12. November (oben Anm. 1) heißt es zusätzlich: „Und bekhomme gleichwol je lenger, je mehr avisi, dz man meiner person und meim leib nachtrachte und dz sich die Pfalzische action wider vermerkhen lasse. Ich mueß mich gleich dem lieben Gott befelchen und mich so vil und so wol vorsehen als mir miglich. [...] Wist ich, sicher zu E. L. zu khommen, sonderlich weil dero landen jezundt mit der annahenden armada besser versichert sein werden, wolt ich mich diser ents nit lang auffhalten, sonderlich weil unserm hauß wenich damit geholfen sein wirt, wan mir dem verlauten nach was widerwertigs zustunde." Zu diesem Punkt heißt es in der Antwort *Maximilians* vom 18. November (unten Nr. 435 Anm. 1): Bedauert die mißliche Lage des Bruders, der ihm selbstverständlich stets willkommen ist. Was die eventuelle Reiseroute betrifft, so wurde ihm berichtet, „daß es in dem landt zu Württenberg und selbiger enden villerlai straiffereien geben, auch der khönig in Schweden seine spion allenthalben selbstherum haben thue. Derowegen hielte ich darfür, da E. L. heraufziehen wolten, sie khöndten iren weeg am sichersten auf daß erzstift Trier, von dannen durch die Underpfalz und fürders durch daß Elsäß, Preißgaw und Schwaben nemmen, alda sie fast maistenthailß Österreichische und catholische örther berieren und daß Würt-

ganzen haus ehr und respect bei der ganzen welt so hoch interesziert, dz ich mir nit einbilde, das es Euer L. also werden lassen hingehn.[5] Wan man nur alßbaldt mit gelt und volkh aszistirt, weil der von Tillj ohnedz mehr volkh bei sich hat, als er erhalten kan, so ist der sachen desto besser rath, und derfte man desto weniger der Spännischen aszistenz, wan und solang wir selbst unß retten können und den landtgraf nit allein heimbweisen, sonder auch den Weeserstromb versichern, bis es Gott zu einem bessern standt mit dem lieben friden richtet. Und ist viel bösser, dz wir hernach etwas von eins andern guet bei einem vergleich wider restituieren, alß dz wir dz unserige aus einer frembden und des feindts handt wider erwarten und empfangen sollenn. Also mueß alßbaldt darzue gethan sein, und da E. L. von der armada ein 7 oder 8.000 mann zue fues und pferdt nacher Hessen marchiren liessen, könde dzihenig volkh, so ich zu werben angefangen, bis in 1.500 zu pferdt und 6.000 zu fueß sich darzue coniungiren. Und will ich alles daß übrige, so in meinen landen aufzebringen, auch daran streckhen, dz man den menschen wider möge repusziren."

Anbei ein Bericht seines Gubernators zu Bouillon über die Kriegsverfassung des Königs von Frankreich und seines Bruders.[6] „Und bin ich vorhabens, weilenn Ihre Kgl. Wrd. bei meinem stift Lüttigh so nahendt,[7] dieselbe zue beschickenn,[8] weßenn

---

tenbergische ganz umbziehen und also in meine landt khomen khönden." – Auf den Gedanken, sein Erzstift zu verlassen, kam *Kurköln* in seinem Schreiben vom 20. November (unten Nr. 442 Anm. 7. Ben. bei KAISER, Politik S. 500) zurück: Schlimmstenfalls müsse er sehen, dass er seine „liebe landen in des Almechtigen schutz befelche und mit der lesten gelegenheit und sicherheit, als ichs immer werd khinden, auff mitl trachten, wie ich mich zu E. L. moge begeben und dem wesen von Berchteßgaden auß was zusehe und Gott und seiner Allerheiligsten Mutter alles mit schmerzen befelche."

5 Vgl. auch schon das *Kölner Schreiben* vom 5. November (oben Nr. 419 Anm. 1): „Und khan ich mir gar nit einbilden, dz E. L. alß ein so loblicher, meritierter zelator unser allein seligmachenden religion (alß auch umb unsers hauß interesse willen, weil sonsten alle stifter dz hertz wurden verlieren und besorgen, sie hetten sich wenich vorstants und protection von dem hauß zu getrösten, auch desto weniger unsern jungen vettern [d. h. den Söhnen Herzog Albrechts von Bayern] bei khunftigen vacanzen affectioniert sein oder auch bei meinem leben die <conductorias> zu bewilligen, lust und gefallens haben werden) solches Hessisches procedere werden so wenich alß verschmerzen khinden oder wollen, sonder, mit einer eilenden hülf mir und meinen betrangten zue assistirn, ir freundlich werden gelieben lassen, darumb ich nochmahls, so hoch ich immer khan, E. L. dinstlich ersuche."
6 Kschw 960 fol. 400.
7 Der Hof hielt sich damals in Château-Thierry (Dép. Aisne, an der Marne gelegen) auf.
8 Und zwar entsandte der Kurfürst den oben erwähnten Gubernator zu Bouillon, Denis de Poitiers, Sieur de Fenff, nach Ausweis des weiter unten zitierten Beglaubigungsschreibens „gentilhuomo de la mia camera et governatore del castello et ducato di Bouillon". – Das Beglaubigungsschreiben *Kurkölns* für Fenff an Richelieu ist datiert: Köln, 11. Nov. 1631 (Ausf., ital. Sprache, AE CP Cologne 1 fol. 27. Benutzt und zitiert bei LEMÉE S. 87, H. WEBER S. 128, H.-D. MÜLLER S. 46, S. 47 Anm. 84). Den päpstlichen Nuntien Bichi und Carafa zufolge sollte Fenff die Angriffe Landgraf Wilhelms von Hessen auf das Kurfürstentum Köln thematisieren (LEMAN S. 61), war er abgeordnet worden „sotto titulo di complimento, ma con segreta instruzzione di trattar delle cose correnti di Germania" (WIJNHOVEN III Nr. 2391 S. 214). – Laut Carafa (ebenda) kehrte Fenff zusammen mit dem Kölner Gesandten, der am 9. Dezember in Château-Thierry eingetroffen war (vgl. zu diesem unten Nr. 469 mit Anm. 3), via Lüttich nach Köln zurück.

erfolgens dann E. L. vonn mir auch freundlich berichtet werden sollen." [...] – Köln, 9. November 1631.

[Eigenh. Nachschrift] Eben erhält er die Nachricht, daß seine Stadt Brilon sich wegen des ausbleibenden Sukkurses ergeben mußte. „Also gehet es alles dahin. Der von Gronsfelt hatt sollen zum succurs khomen, und der von Nersen, so aus Rostokh ausgezogen, hatt sich nach Minden warts mit 3.000 man begeben. Aber der succurs ist biß auff dise stundt ausblieben. Ich sorge, dise 2 generalwachtmaister werden wegen irer competenz sich mit dem commando nit vergleichen. Interim iustus patitur."

Ausf. mit eigenh. Nachschrift, teilweise dechiffriert, Kschw 960 fol. 436–438.

## 432. Der Kaiser an Maximilian

November 9

Truppenhilfe der Infantin – Versorgung der kaiserlichen Truppen mit Geld – Reformation und Stärkung der schwachen kaiserlichen Regimenter – Abschaffung der überflüssigen Bagage – Sicherung der Städte Augsburg, Ulm und Regensburg

Bezug: Schreiben vom 30. und 31. Oktober [oben Nr. 395 Anm. 1, Nr. 413 Anm. 2 und 3]. – Hat wegen der Truppenhilfe der Infantin zur Abwehr der abgedankten Truppen der Generalstaaten die erforderlichen Ordonnanzen an Tilly und andere abgehen lassen und auch der Infantin geschrieben.

„Gleichsfals lassen wir zu zeitlichem beisprung unserer bedörftigen soldatesca alhier eine summam von 180.000 fl. außzehlen, mit intention, selbige nechstkhunftige wochen gewiß gegen Eur L. residenzstatt München und von dannen gegen Augspurg fortzuführen." Hat Tilly und Aldringen angewiesen zu schauen, wie das Geld von Augsburg sicher zur Armee gebracht werden kann.[1] Hat in dieser Angelegenheit und zwecks Beratung mit Tilly und Aldringen in Sachen Animierung der Soldateska, Reformation und Verstärkung der schwachen Regimenter sowie Abschaffung der überflüssigen Bagage seinen Hofkriegsrat, Kämmerer, Oberst und Hauptmann der kaiserlichen Leibwache, den Grafen Philipp von Mansfeld, zur Armee abgeordnet.[2] [...]

---

1 Mit Schreiben aus Wien, 20. Nov. 1631 (Ausf., präs. 4. Dez., ÄA 2380 fol. 469–470) teilte der Kaiser Maximilian dann mit: Will dem Tilly für die kaiserlichen Truppen im Reich 180.000 Rheinische Gulden zukommen lassen, die der Überbringer dieses Schreibens, der Hofkriegszahlamtsdiener Christoph Schöndorfer, bei sich hat. Bittet den Kurfürsten, diesem bei dem Weitertransport behilflich zu sein, damit besagtes Bargeld um so sicherer bei Tilly ankommt.
2 Nach Ausweis eines *kaiserlichen Beglaubigungsschreibens* für Mansfeld an Maximilian, Wien, 9. Nov. 1631 (Ausf. Kschw 73 fol. 343–344), sollte Mansfeld den Kurfürsten über seine Mission informieren und um Unterstützung bitten. Einem Vermerk auf dem Beglaubigungsschreiben nach zu urteilen, sprach Mansfeld am oder um den 18. November in München vor.

„Schließlichen demnach wir auch umb allerhandt gefehrligkheiten willen für ein sonderbahre notturft befinden, die stätt Augspurg, Ulm und Regenspurg mit unserm Ksl. volkh, ehe etwan der feindt dits orths mit höchstem schaden praeoccupiern dörfte, beizeiten zu versichern,³ als haben wir hierzue unsere Ksl. schreiben an dieselben dem obr. veldtwachtmeistern Matthiae Gallas⁴ eingeschlossen, damit er auf des graf Tilly und deß von Aldringen eingeholtes guetbefinden die sach bei denselben also exequiern möge."⁵ – Wien, 9. November 1631.

Ausf. Kschw 123 fol. 30–31, mit Anlagen fol. 32–38.

---

3 Die Besetzung der genannten Städte mit kaiserlichen Truppen hatten Aldringen und Ossa empfohlen. Vgl. dazu den Auszug aus einem Schreiben *Aldringens und Ossas*, s. d., mit einem *Vermerk des Hofkriegsrats* hinsichtlich der Resolution des Kaisers, 7. Nov. 1631 (KrA 69 Konv. November fol. 33).
4 Diesen hatte der Kaiser am 29. Oktober zum Kommandanten der kaiserlichen Truppen im fränkischen, schwäbischen und oberrheinischen Reichskreis ernannt. Vgl. dazu der *Kaiser* an Maximilian, Wien, 1. Nov. 1631 (Ausf. ÄA 2380 fol. 447–448). – Den Antritt seines Kommonados zeigte *Gallas* Maximilian aus Augsburg, 7. Nov. 1631 (Ausf. ÄA 2230 fol. 366 und 369), an, die eben eingetroffene kaiserliche Weisung, sich mit den nach Böhmen abgeforderten kaiserlichen Truppen in das Königreich zu begeben, aus Ellwangen, 30. Nov. 1631 (Ausf. ebenda fol. 408–409). Die Korrespondenz Maximilians mit Gallas in der Zeit von November bis Anfang Dezember 1631 ist überliefert in ÄA 2230 fol. 366 ff.
5 In seiner Antwort aus München, 27. Nov. 1631 (Konz. Ranpeks mit Zusatz Peringers Kschw 73 fol. 340; Reinschr. Kschw 123 fol. 61–62), begrüßte *Maximilian* die geplante Sicherung der genannten Städte mit kaiserlichen Truppen und fuhr fort: „Und solle ich gleichwol dieselbe [ = die Ksl. Mt.], was die statt Regenspurg belangt, hiemit gehorsambist zu berichten nit underlassen, alß die Bayrische craißstende wegen deren je lenger, je mehr annahender feindtsgefahr sich erst jungst [Ende Oktober in Landshut] zue nothwendiger versicherung dieses craiß ainer gewissen craißverfassung verglichen und under anderm sonderlich auch bedacht und geschlossen worden, die statt Regenspurg alß ain mitglid dises craiß und selbigen ansehlichen paß iber die Donau mit einlegung einer anzahl khriegsvolkhs in bessere sicherheit zue stellen, das solches seithero alberaith wirklich effectuiert und aine zimbliche anzahl von des craiß geworbenem volkh in gemelte statt Regensburg eingelegt, dardurch nunmehr auch eben dasienige, was Eür Mt. sorgfeltig bedacht und vorhabens gewest, alberaith zu werkh gerichtet worden, verhoffenlich dieselbe es zue gnedigstem gefallen vermerkhen werden." – Nach Ausweis eines Vermerks *Peringers*, ad 27. Nov. 1631 (Kschw 123 fol. 60), war Regensburg derzeit mit zwei Kompanien Kreistruppen, insgesamt 600 Mann, besetzt.

## 433. Der Kaiser an Maximilian[1]

November 9

Sächsischer Einfall in Böhmen

Gleich jetzt erhält er die Nachricht vom Einfall sächsischer Truppen in sein Königreich Böhmen und von der Einnahme einiger Orte daselbst (Tetschen, Leitmeritz, Raudnitz, Melnik und Welwarn).[2] Es verlautet, dass weitere Truppen und Geschütze folgen, „also dz es sich zu einer feindlichen offension gentzlichen veranlassen will.

Nun lasse ich meiner seiths, was zu hindertreibung solches gewalts vonnöthen an beischaffung zeitlicher mitteln, nichts ermanglen. Wil auch verhoffen, der graf Tilly, als ieziger zeith dem feind mit starker macht überlegen, demselben also zu schaffen geben und negst Götlicher hilf desselben vires dimminuiren werde, dz disem meine land berürenden übel soviel leichter zu begegnen sein wird. Gestalten ich auch nit gemaint, zum fahl etwoh derselbe bereits in so hochwichtigen factionen gegen dem feind begriffen wäre, dz ohne besorgendes unheil desselben exercitus nit solte dismembrirt werden khönnen, denselben an seiner impresa zu hindern,

---

[1] Die Antwort *Maximilians*, München, 16. Nov. 1631 (Reinschr. mit Korr. Maximilians Kschw 73 fol. 334–335; Auszug KrA 69 Konv. November fol. 69. Ben. bei KAISER, Politik S. 473, S. 476 mit Anm. 82, S. 496), war ganz darauf ausgerichtet, den Kaiser davon abzuhalten, die Armee Tillys durch die Abforderung kaiserlicher Truppen nach Böhmen zu schwächen, ja der Kurfürst vermutete, „daß diser einfahl in Böhaimb von denn widerwertigen vornemblich zu disem endt angesehen und vorgenommen worden seie, damit sie dardurch Eüer Mt. ursach geben mechten, deß graf von Tilli underhabende armaden zu verthailen und also zu schwöchen, daß dieselbe weder herauß im Reich gegen dem Schweden noch in Böhaimb gegen andern dero feindten zumal bastant sein und sie also an einem und anderm ort desto leichter zu ihrem intent gelangen khönnden."

[2] Zum Einfall sächsischer Truppen in Böhmen vgl. RITTER III S. 504. – Schon aus Wien, 1. Nov. 1631 (Ausf. ÄA 2380 fol. 455 und 458, mit Anlagen fol. 456 und 457), hatte der *Kaiser* Maximilian mitgeteilt, kursächsische Truppen seien in Böhmen eingedrungen und hätten die Stadt Grafenstein eingenommen. Es heiße, sie hätten „auf fernern hineinfahl insz landt ihr absehen gerichtet." Der Kaiser informierte den Kurfürsten über die angeordneten Verteidigungsmaßnahmen und fügte hinzu, Gallas habe Weisung, notfalls wenn irgend möglich 2.000 Mann zu Fuß aus den oberen Reichskreisen nach Böhmen zu detachieren. In seiner Antwort, München, 14. Nov. 1631 (Reinschr. mit Korr. und Zusätzen Maximilians ebenda fol. 453–454), unterrichtete *Maximilian* den Kaiser über eine Konferenz mit Gallas, die ergeben habe, dass eine Schwächung der kaiserlichen Truppen in den oberen Reichskreisen sich verbiete, da sonst der schwäbische Reichskreis und die angrenzenden Gebiete ungeschützt seien. Man brauche die Truppen zur Besetzung Schorndorfs, zur Verhinderung der feindlichen Werbungen und zur Sicherung von Winterquartieren. Zur Verhinderung des Einfalls in Böhmen möge der Kaiser auf Kontingente der Armee Tiefenbachs zurückgreifen. Im übrigen bezog der Kurfürst sich auf den Bericht, den Gallas dem Kaiser erstatten werde. – Die angesprochene Konferenz Maximilians mit Gallas hatte nach Ausweis von ÄA 2230 fol. 371 und 373 am 10. November in München stattgefunden. – Nach Ausweis der einschlägigen Korrespondenz Maximilians mit Gallas in ÄA 2230 fol. 386–401 erging die definitive kaiserliche Ordonnanz an Gallas, 2.000 Mann des Korps Colloredo aus den oberen Reichskreisen nach Böhmen zu detachieren, am 9. November, erfuhr der Kurfürst am 18. November von dieser Ordonnanz.

sondern ehe selbst so weith als möglich disem werkh rath zu schaffen. Versihe mich aber hingegen auch gegen E. L. gantz fr. und zuverlässig, [...] da solches nit währe und sowohl E. L. von dero neu werbendem volkh als gedachter graf Tilly etwas entrathen solte khönnen, sie zuvorderist darauf gedenken und demselben (gleich ich auch nit weniger thue³) ordinanz geben werde, damit er alsobald in möglichister eil bemeltes mein königreich succurrirn und der feind zu verhütung grösserer ungelegenheit baldist daraus hindertriben werde." – Wien, 9. November 1631.

Ausf. Kschw 73 fol. 323–324.


## 433 a. Kurköln an Kurmainz[1]

November 9

Päpstliche Subsidien

Hat den päpstlichen Nuntius unlängst[2] gebeten, „daß er sich bei Ihrer Pabstl. Hlt. zu dem endt interponiren wolte, damit dieselbe dem nöttleidendem catholischem wesenn mit einer erklecklicher hilfen eilens beisteurenn mögte." Fügt die Antworten des Nuntius abschriftlich bei.[3] „Und weilenn dan darinnen der her nuntius fur

---

3 Der *Kaiser* an Tilly, Wien, 8. Nov. 1631 (Kop. Kschw 13495 fol. 346).
1 *Kurmainz* antwortete Kurköln aus Mainz, 13. Nov. 1631 (Konz. StAWü G 12412 fol. 68–69): Es wäre wünschenswert, dass Seine Heiligkeit „diesen des Heiligen Römischen Reichs und der catholischen ständt gefahrlichsten zustandt, auch was ihro selbsten vor unheill daraus entstehen khondte, apprehendirten. Weiln aber bei deroselben durch alles schreiben, pitten, flehen und ansuchen biß anhero nichts zu erheben gewesen, und ob man woll bei jungstem zu Frankforth vorgewesenen convent wegen einer gesampten schickhung [nach Rom] etwas tractirt, jedoch die zeitten und der status seithero sich soweit geendert, das man zu außfertigungh der creditiv und instruction nit woll wirdt gelangen khonnen, so müßen wir es dahingestellet sein laßen und unß nit unzeittig besorgen, wan mehrhöchstg. Ihre Pabstl. Hlt. ihrem aigenen nuntio kheinen glauben zustellen noch ihro die obhandene höchste noth zu gemuth gehen laßen wollen, das auch durch diese schickhung schwerlich etwas gefruchtet und erlangt, sondern nuhr neben aller muhe noch die zu solcher reise unentperliche costen vergeblich angewendet werden mögten."
2 Wohl mit Schreiben vom 20. Oktober (WIJNHOVEN III Nr. 2350 Anm. 1).
3 *Carafa* an Kurköln, Lüttich, 25. Okt. 1631 (Kop., lat. Sprache, StAWü G 12412 fol. 63), 31. Okt. 1631 (Kop., lat. Sprache, ebenda fol. 64). Ein Bericht *Carafas* an Barberini über den Kölner Vorstoß, Lüttich, 31. Okt. 1631, ist gedruckt bei WIJNHOVEN III Nr. 2350. – Mitte Dezember bewilligte der Papst dem Kaiser und der Liga monatlich je 5.000 Scudi bzw. 6.000 Reichstaler. Vgl. dazu, zu den Modalitäten der Auszahlung der Gelder bis Juni 1632, wobei der Kaiser sechsmal 6.000 Reichstaler, die Liga fünfmal 6.000 Reichstaler erhielt, und zur Reaktion des Kaisers und Maximilians auf die Bewilligung SCHNITZER S. 226 ff.; ALBRECHT, Subsidien S. 555 f.; LUTZ, Subsidien S. 91 ff.; zusammenfassend: ALBRECHT, Maximilian S. 797 f. Für die Einordnung der Subsidienzahlungen der Jahre 1631 bis 1634 in den Zusammenhang der päpstlichen Deutschlandpolitik ist auf REPGEN, Römische Kurie I,1 S. 289 ff. zu verweisen. Ein Teil der in der zitierten Literatur herangezogenen und zusätzliche einschlägige vatikanische

gutt haltet, dießfals ahn Ihre Pabstl. Hlt. in nahmenn der catholischennn churfursten eine abschickungh zu thuenn, wir auch berichtet worden, daß solches bei jungstem Franchfurttischem convent in deliberation kommen, so haben wir unser herprachter correspondenz nach nit underlaßenn mögen, E. L. zu deren fernerem nachdenkenn darab parte zu gebenn." – Köln, 9. November 1631.

Ausf., präs. 12. Nov., StAWü G 12412 fol. 62 und 66.

## 434. Bayerisches Memorial für Ernst[1]

[November 10]

Feldzug Tillys – Versorgung der Armee mit Geld und anderem – Werbungen – Bezahlung der Kurmainz überlassenen Truppen – Hilfeersuchen Kurkölns – Anwendung des Kriegsrechts gegen den Kommandanten von Münden/Werra – Warnung vor einer Schlacht – Patente an die protestantischen Stände – Korps Colloredo – Gottesdienst bei der Armee

„Puncten, welche der Kfl. Dt. in Bayrn hofcammer- und khriegsrath Adam Ernst von Hagstorf auß S. Kfl. Dt. befelch Ir Excell. herrn generalleütenant graven von Tilly mündtlich vorzutragen"

Soll sich auf die beiden durch die Corbiner Philipp Most und Leonhard Pöckh weitergeleiteten Weisungen vom 31. Oktober und 2. November [oben Nr. 413 und Nr. 417 Anm. 4] beziehen, bei denen der Kurfürst es bewenden läßt. Nachdem der Kurfürst einer Relation Ruepps vom 2. November[2] u. a. entnommen hat, „dz der sachen

---

Quellen sind jetzt gedruckt oder zitiert bei WIJNHOVEN III Nr. 2388, 2396, 2397, 2401, 2410, 2421, 2439, 2447, 2461, 2472, BECKER V Nr. 12.3, 17.4 (2. Punkt), 28.2 (2. Punkt), 30.2 (4. Punkt), 32 (S. 120; 4. Punkt), 33.2 (1.–4. Punkt), 34 (3. Punkt), 37.1, 37.2 (1. Punkt), 39 (S. 138; 1. Punkt), 40.1, 40.2 (1. Punkt), 41.2 (5. Punkt), 43.1 (S. 149 mit Anm. 1), 44 (1. und 2. Punkt), 45.1 (S. 157 mit Anm. 1; 1 Punkt), 46 (1. Punkt), 48.1 (4. Punkt), 50 (S. 176), 52.1 (S. 182), 55.1 (S. 191), 57.1 (S. 198), 58 (S. 201), 63.1 (S. 220), 64.1 (S. 222), 66.2 (S. 242), 71.1 (S. 263), 78.1 (S. 282), 82.4 (1. Punkt), 83 (S. 301), Nr. 90.1 (S. 335).

1 Das Stück ist undatiert. ÄÄ 2396 fol. 339 ist vermerkt: „Puncten, welche dem cammerrath Ernsten erthailt worden, was er bei herrn grafen von Tilly über etliche seine alher gethone berichten auszurichten. 15. November 1631" – Das Datum 15. November dürfte sich auf den Vortrag Ernsts bei Tilly beziehen. Ist doch das Rekredential *Tillys* für Ernst an Maximilian datiert: Lehrberg, 15. Nov. 1631 (Ausf. mit dem Vermerk: „Beruet 20. Novembris 1631", ÄÄ 2396 fol. 366–367). Da das Beglaubigungsschreiben *Maximilians* für Ernst an Tilly aus München, 10. Nov. 1631 (Konz. ÄÄ 2294 fol. 136), datiert ist, wurde das oben Nr. 434 gedruckte Memorial diesem Datum zugeordnet.

2 *Ruepp* an Herliberg, Hochhausen an der Tauber, 2. Nov. 1631 (Ausf., teilweise chiffriert, ohne Klartext, ÄÄ 2265 fol. 514–515). U. a. dieses Stück sowie das Schreiben *Tillys* vom 3. November (oben Nr. 421) waren nach Ausweis des *Journals Richels*, s. d. (Geheimer Rat 194/9 fol. 62'–68), Gegenstand von Konsultationen bayerischer Räte (Herliberg, Jocher, Wolkenstein, Richel, Peringer, Starzhausen, Mändl, Kütner, Ernst und Donnersberg), auf welchen Konsultationen das oben Nr. 434 gedruckte Memorial basiert.

nit undienlich, wan es irer Kfl. Dt. gdst. beliebig, iemanden zu Irer Excell., wann man etwaß nächer herauf khombt, alsobalden abzuordnen, mit dero der notdurft nach sich zu underreden und zu vergleichen, auch volgents, wie aines und anders zu halten, zu schliessen, also haben Ire Kfl. Dt. diser und mer anderer beweglichen ursachen willen, sonderlich aber S. Excell. den statum, darin sich die herobige landen dermaln befünden, durch aigne abordnung dero hofcammerraths zu vernemmen geben wollen.

Und hat sich erstlich besagter abgeordneter auf sein grafens von Tilly diser tagen anher gethones schreiben vom 3. dis[3] zu beziehen und zu vermelden" es „zweiflen gleichwol Ir Dt. nit, er werde seiner bekandten erfahrenheit und sorgfalt nach onedaß dahin gedacht sein, wie sein marche zu miglichister verschonung der catholischen stende und zu behinderung des feindts so gefehrlichen attentaten aufs nuzlichist und best angestölt werden möge. Allein geet Irer Dt. hiebei zu gemiet, dz wann er sich derzeit mit seiner armee gegen der Obern Pfalz wenden wurde, er volgents dem feindt desto bessere glegenheit machen mechte, umb sovil leichter durch den Frenkhischen und Schwebischen craiß zu ruckhen und sich also aines wie des andern zu bemechtigen. So ist auch dabei diß zu besorgen, dz ie weiter S. Excell. sich heraufwerts begeben werden, ie mer auch der feindt anlaß nemmen mechte, ime nachzuvolgen und also sedem belli ganz und gar in die herobige stifter und landen einzufiehren, wie dann nit weniger auch der feindt auf solchen fahl in den danidigen landen den freien ungehinderten paß und will hat, wider abwerts oder auf die seiten zu geen, wardurch er sich eines orts nach dem andern impatronirn und in sein devotion bezwingen mechte. Und ist hirbei vornemblich auch diß zu considerirn, dz wann S. Excell. sich etwa gegen der Obern Pfalz oder Tonawerth wenden solte, er diser orthen vast niemanden der protestierenden antreffen, sonder ainig und allein den catholischen stenden auf den halß khomen und sie gleich gar zum ruin und verderben fertig machen wurde, wie dan vor selbs auch unmiglich, in der Obern Pfalz oder umb Tonawerth quartir zu nemmen, weil der orthen an fouragi solcher mangl, dz die cavalleria nit zu underhalten. So hat er, sich auch noch dermalen so weit heraufwerts zu begeben, darumben nit ursach, weil Gottlob die gefahr heroben so groß nit, dz man seiner vonnetten, sondern wirdet vilmehr dahin zu gedenkhen haben, wie er dem feindt so weith an die seiten khomen möge, damit er demselben den weitern progress abschneiden, die excursiones seines volkhs behindern und deme endtlich gar auf den halß khomen khinde. Zu welchem ende S. Kfl. Dt. vor räthlich erachten, dz er sich mit dem volkh iederzeit sovil miglich in der enge beisamenhalten und dz volkh nit zu weit elargiren oder vertailen solle, damit er dem feindt iedesmahlß umb sovil mer bastant und gewachsen seie. So halten Ir Dt. nit weniger vorstendig zu sein, dz er sich iederzeit, sovils der plaz und glegenheit iedeß orths zuelesset, nahe am feindt befinden solte. Zu welchem ende er sich dann in mangl anderer und besserer glegenheit etwa deß bistombs Bamberg, weiß doch sonst, wie es auß dennen ime abgeordneten vorhero

---

3 Oben Nr. 421; vgl. auch oben Anm. 2.

genuegsamb bewusten ursachen zum tail schon dz ansehen hat, dem feindt zum raub werden mechte, dann auch der marggrafschaft Ohnspach, der statt Niernberg und andern negst gelegnen reichsstetten und deren angeherigen geschlossnen fleckhen, zumahln gegen dergleichen stenden, damit sie hierdurch aintweders zu schuldiger devotion gegen Irer Ksl. Mt. gebracht oder innen doch wenigstens die mittl benomen werden, dem widrigen theil zu seinen feindtseligen actionibus hilf und vorschub ze thun, dißfahls nit vil respect zu brauchen, zu bedienen haben mechte. Wardurch er ime dan auch sowol einen tail deß Frenkhischen als Schwebischen craiß zu den quartirn und contribution freimachen khan. Da aber auch hirunder die bundtsstende mit quartir unvermeidlich betroffen werden miessen und khein migligkheit, dieselben zu verschonen, so wollen S. Excell. dahin gedacht sein, dz solche endtlich von deß bundts volkh und nit von dem Kaiserischen belegt werden. [...]

Jedoch hat er abgeordneter diß alleß S. Excell. one einige maß vorschreiben allein erinnerungsweiß anzudeiten, wie dann Ire Kfl. Dt. alles zu seiner discretion und weiterer anstalt, wie er ains und anders pro re nata am notwendigisten und räthlichisten befinden wirdet, gestölt sein lassen. In allweeg aber wolt S. Excell. diß wol in acht nemmen, dz sie sich der Bambergischen vestung Forchheimb, ehe dann sich der feindt, massen er starkh sein aug darauf wendet, derselben zu seinem vortl impatronire, bemechtigen und mit volkh besezen khinde; dann er es schon, ihme einzuraumen, begert hat." [...]

Von Eggenberg hat der Kurfürst Nachricht, daß noch vor Ende des Monats 260.000 fl. spanische Subsidien in die ksl. Feldkasse fließen sollen. Wenn dazu noch die 140.000 fl. des ksl. Oberkommissars Wolffstirn kommen, „so hoffen wir, es sollen die geltmittl genuegsamb vor der handt sein, der Ksl. soldatesca contento zu geben und also der bundtscassa umb sovil mehr zu verschonen. Dofern aber wider alles verhoffen die obgemelte gelter ie manglen solten, so wollen Ir Kfl. Dt. vor disem resolvierter massen dem Ksl. volkh von der bundtsstende vorrath ein bezahlung volgen lassen." [...] – Versorgung der Armee mit Kleidung, Strümpfen und Schuhen. [...]

„Und sovil dann die herobige neue werbung antrifft, ist dieselbe nit auf vil regimenter, sonder nur auf etlich wenig compagnien angestölt. Derowegen auch die gelegenheit nit vorhanden, vil meritierte subiecta zu accommodirn."

Zweifellos wird Kurmainz die ihm zur Sicherung seiner Lande überlassenen Truppen aus Mitteln der ausständigen Quote der rheinischen Bundesstände bezahlen lassen. In jedem Fall soll Tilly den Kurfürsten in diesem Sinne erinnern. [...]

Der Abgeordnete soll Tilly den Inhalt der beigefügten Kopie eines Kölner Schreibens[4], das kurz rekapituliert wird, vortragen. „Also und dieweiln dann des herrn curfürsten zu Cölln Kfl. Dt. zu behinderung weitern fir- und einpruchs eilende hilf begeren, so geben demnach Ire Kfl. Dt. S. Excell. zu bedenkhen, waß disfahls vorzunemmen, und wie S. Kfl. Dt. zu helfen, dz beste mittl sein mechte." Der Kurfürst selbst denkt an den von der Infantin geschickten Sukkurs, ferner an die aus Rostock

---

4 Vom 2. November, oben Nr. 419.

abgezogenen, in der Gegend von Wolfenbüttel befindlichen Truppen, schließlich, mit Verweis auf sein einschlägiges Schreiben,⁵ an die aus den aufgehobenen Garnisonen an der Weser abgeführten Truppen. Alle diese Truppen sollten in die Kölner Stifter kommandiert werden. – „Und weil benebens auß obangedeitem verlauf sovil zu vernemmen, dz der commendant zu Münden⁶ gleichsamb one einige ursach die statt aufgeben, wardurch er aber ganz unverantwortlich und wider sein pflicht und aide gehandlet, so sollen derowegen S. Excell. mit beriertem commendanten andern zum exempl khriegsrechten nach verfahren lassen, auch sonst im ibrigen zu verhietung dergleichen ungebir die notwendige anstellung verfiegen. [...]

Und⁷ ob gleichwol Ire Kfl. Dt. ausser allen zweifel stellen, massen dann S. Excell. actiones bisher gnugsamb an tag geben, dz sie iro nichts merers als dz gemaine wesen angelegen sein lassen, so haben doch S. Dt. ine hiemit nochmalen ganz wolmainend erinnern wollen, weil er dermalen mit einem so listigen feindt zu schaffen und die soldatesca von der erlitnen niderlag noch zum tail in schreckhen begriffen, dz er sich dahero mit einer battalia und veldtschlacht so leicht nit risigirn solle, *sonderlich⁸ weil er sich des abnemmen an der anzal volkhs besorgt und hergegen der feind sich teglich störkht*, damit nit etwa widrigenfahlß und da wider versehen noch ein niderlag erlitten werden solle, deß ganzen catholischen wesens endtlicher ruin und undergang ervolgen thue, *wie⁹ man dann nachricht, dz der khönig in Schweden resolviert sein soll, ihne grafen von Tilli zur battaglia und schlacht zu nöttigen, weil ihme uberlegen zu sein die genzliche hoffnung macht*. Welches dan er abgeordneter in specie mit allen notwendigen umbstenden zu gemiet zu fiehren.

Insonderheit aber auch sollen S. Excell. die protestirende stende im namen Irer Ksl. Mt. durch offentliche patent vor seinem heraufzug zeitlich erinnern, dz wofern sie in Irer Ksl. Mt. devotion treulich verbleiben und zu bezaigung dessen seiner armee mit verstattung quartir und andern underhaltsmittlen guetwillig anhandt geen werden, sie seines heraufzugs kheineswegs zu befahren, sondern allen schuz und assistenz zu gewarten haben sollen. [...]

Ire Kfl. Dt. heten zwar uf das Colleredische volkh angetragen und selbiges zu defension ihrer und ander herobigen cathol. stendte, auch verhünderung des gegentheils im stüft Eystett begerten musterplaz zu gebrauchen vermeint. Nachdemmahl aber zu besorgen, auch bereits verlautet, als solte dieses Colleredische volkh von Irer Ksl. Mt. nacher Behemb avociert werden wöllen, inmassen auch Ire Mt. ein solches,

---

5 Vom 1. November, oben Nr. 413 Anm. 7.
6 Nach Ausweis der unten Nr. 436 Anm. 9 zitierten Liste lag in Münden an der Werra eine Kompanie des Regiments Generalleutnant Tilly in Garnison.
7 Der folgende Absatz ist in dem der „Wahrhafte[n], grindliche[n] information" als Anlage G beigefügten Auszug nicht enthalten.
8 Das kursiv Gedruckte Zusatz Maximilans, wobei der ursprünglich folgende Passus getilgt wurde: „welches dan insonderheit auch sowol der könig in Franckhreich als die Serenissima Infanta erinnern lassen." – Ein einschlägiges Schreiben der *Infantin* an Tilly vom 25. Oktober ist gedruckt oben Nr. 402.
9 Das kursiv Gedruckte ist ein Zusatz Maximilians.

wann es die notturft erfordere, ze thuen, bei dem Irer Kfl. Dt. unlangst über dises Colleredische volkh anvertrautten commando austruckhenlich vorbehalten, als ist umbsovil mehr ein notturft, das herr grave von Tilli zu verhinderung der protestierenden musterpläz, so sie [in] der bundstend landen anstöllen wöllen, hernegst etwas an volkhs zu roß und fueß heraufer schickhe, dessen man sich sowohl zu ainem als andern ende noch in zeiten bedienen und dardurch alle gefahr und unglegenheit sovil möglich praecavirn könnde.

Weiter ist dem Ernsten zu lesen geben worden, was bei Irer Kfl. Dt. wegen besserer bestellung des Gottesdiensts bei der armada für eründerung und vorschlag geschehen. Dieweilen dann dises die ehr Gottes und der selen hail concernirt und Irer Kfl. Dt. des herrn gf. v. Tilli zu befürderung dessen gerichter lobl. eiffer bekhanndt, so zweiflen sie nit, der herr graf werde ihme angelegen sein lassen, wie dem werkh sovil möglich ze helfen und die regimenter mit der notturft exemplarischer priester bestelt und versehen werden mögen, ingestalt dann Ire Kfl. Dt. des herrn graven parer vernemmen wöllen, wasgestalt etwa die notturft dergleichen tauglicher priester und ordensleith beizebrüngen, was ihnen für underhalt ze machen, auch woher derselb ze nemmen. Und zweiflen Ire Kfl. Dt. nit, es werde an dergleichen subiectis ieztmallen umb sovil weniger ermanglen, weilen in Frankhen und anderer orthen vil ordenspersohnen und geistliche von dem feindt vertriben worden und bei solcher gestaltsamb dermallen ohnedz zu ihrem ufhalt keinen gewissen oder bestendigen ort haben." [...]

Konz. Teisingers mit Zusätzen Maximilians ÄA 2396 fol. 339–348; Auszug ÄA 2404 fol. 53–54 (= Anlage G zu der BA NF II/9 Nr. 270 Anm. 1 zitierten „Wahrhafte[n], grindliche[n] information"; gedruckt THEATRUM EUROPAEUM II S. 473); Auszug betr. die Warnung vor einer Schlacht Akten 525 fol. 21.

## 435. Maximilian an Kurköln[1]

November 10

Bildung eines Korps zur Verteidigung der Kölner Stifter – Weisungen für Tilly, Neersen und Gronsfeld – Spanische Truppenhilfe für Kurköln – Intervention bei Frankreich zugunsten Kurkölns – Geldhilfe

Bezug: Schreiben vom 2. November [oben Nr. 419]. – „Nun hat mich eben dasienig, so nunmehr mit angeregtem Hessischen einfall laider ervolgt, vorhin vast sorgfeltig gemacht und bewogen, das ich so starkh und oft erinnert und gemahnet, wie meine an E. L. abgangene schreiben[2] zu erkhennen geben werden, das selbiger enden eilfertig ein corpo möcht zuesamengebracht und damit dergleichen besorgte feündtliche invasiones verhindert und abgewendt werden. Es were mir auch nichts liebers, alß dz die sachen mit dem heroben in Frankhen ligenden kriegsvolkh, so der graf von Tilli under seinem commando hat, also bewandt und beschaffen weren, das ich ihme grafen von Tilli gleich alßbalden von hie auß absolute ordinanz und bevelch geben köndte, E. L. und dero feindtliche angefochtenen stifter und landen ein genuegsame anzhal volkh zue roß und fueß zu hilf und rettung hinabzueschickhen." Führt weitläufig aus, warum das nicht möglich ist, und nennt in diesem Zusammenhang die Verluste Tillys infolge der schlechten Straßenverhältnisse, des plötzlichen Wintereinbruchs und anderer Ungelegenheiten sowie von Desertionen, ferner die Stärke der Armee des Königs von Schweden. Die Armee Tillys durch die Detachierung eines Sukkurses zu schwächen, würde bedeuten, sie der Gefahr der Vernichtung auszusetzen. Hinzu komme, dass die Armee derzeit zu zwei Dritteln aus kaiserlichen Soldaten bestehe „und erst das iberige wenige dem bundt zuestendig und dahero mir umb sovil bedenkhlicher ist, auch dasselb noch mehrers zue ringeren und zue bevelchen, was darvon zue nemmen, *weil[3] es durch das beharrliche marschiern gleich gar zu grund geen und E. L. auch dergestaldt kheinen dienst laisten wurde.*"

Damit aber Kurköln sieht, dass Maximilian nichts versäumt, was Kurköln und seinen Erz- und Stiftern zur Hilfe und Versicherung gereicht, hat er Tilly über die Situation informiert und ihm befohlen, „wann es immer möglich und ohne augenschein-

---

1 Auf dieses Schreiben verwies *Maximilian* in seiner Antwort auf das *Kölner Schreiben* vom 9. November (oben Nr. 431), München, 16. Nov. 1631 (Konz. Oexels mit Korr. und Zusätzen Richels, teilweise zu chiffrieren, Kschws 960 fol. 459–460; Reinschr. mit Korr. Maximilians ebenda fol. 461–462), und fügte hinzu, dass inzwischen zusätzlich der sächsische Einfall in Böhmen und die Ungewißheit, ob nicht und wann der Kaiser seine Truppen von Tilly abfordern und zur Verteidigung Böhmens einsetzen werde, einer Truppenhilfe Tillys für Kurköln im Wege stehe. Im gleichen Sinne antwortete *Maximilian* aus München, 18. Nov. 1631 (Konzept-Kopie mit Korr. Maximilians, zu chiffrieren, ebenda fol. 475–478. Ben. bei KAISER, Politik S. 473 Anm. 65, S. 475 f.) auf das *Kölner Schreiben* vom 12. November (oben Nr. 431 Anm. 1), wobei er präzisierte, die Ligatruppen im Verband der Armee Tillys seien nur 5.000 Mann zu Fuß und vier Regimenter zu Pferd stark.
2 Gemeint sein dürften die Schreiben vom 28. Oktober und 4. November (oben Nr. 395 Anm. 1 und 2) sowie die oben Nr. 419 angesprochene, bei den Akten fehlende Antwort Maximilians.
3 Das kursiv Gedruckte wurde der Konzept-Kopie von Maximilian inseriert.

liche gefahr seiner underhabenden armada geschehen könd, das er E. L. an volkh nit gar hilflos lassen, sonder etwan, sovil er entpören und hinab bringen könd, unverzüglich zuekhommen [lassen], auch sonsten auf alle mittel und weeg gedenkhen solle, wie landgraf Wilhelm zue Hessen wider aus dem stift Paderborn und andern E. L. stiftern und landen gebracht und dieselbe vor weiteren hostiliteten errettet und beschüzt werden mögen.

Dieweil mir auch bericht eingelangt, das der obriste Nersen mit seinem volkh von Rostockh ab- und nacher Wolfenbittl gezogen, als hab ich dem grafen Tilli bevelch lassen zuekhommen, gedachtem obristen ordinanz zu erthailen, das er sich mit solchem volkh fürderlichist in E. L. erz- und stifter begeben und dennselben der notturft nach succurrieren solle. Zugleich hab ich dem grafen von Gronsfelt gleich von hie auß ordinanz zuegeschickht, und es auch dem grafen von Tilli bedeüt, von dem an der Weser ligenden volkh einen gueten ergibigen thail gegen mehrgedachtem E. L. erz- und stifter zu füheren, damit also von disem und obgemeltem Nersischen volkh wie auch von denen Ksl. regimentern, so bei den Spanischen gewest und dem grafen von Tillj zuegeschikht worden, [...] ein völliges corpo formiert und selbiges zu beschüzung und versicherung dero erz- und stüftern an orth und end, wo und wie es E. L. begehren und verordnen, gebraucht werden könne."

Da der spanische Sukkurs dem Vernehmen nach in die Unterpfalz marschieren soll, diese derzeit aber angesichts der Nähe Tillys ausreichend gesichert ist, möge Kurköln sich in Brüssel bemühen, ob ihm „solches volkh, sonderlich auf den fahl, da die Stadische trouppen sich mit den Hessischen coniungieren oder sonst etwas feindtlichs gegen E. L. landen vornemmen sollen, nach dem exempel, wie vor disem ihnen den Spänischen von dem bundtsvolh etlichmal auch geschehen, zum succurs möchte verordnet und also mit vil bösserem nuz, auch des allgemainen wesens diser enden zue abtreibung deren E. L. landen zuegestandenen und noch mehr befahrenden feindtseeligkhaiten köndte emploiert und gebraucht werden." Fügt einen einschlägigen Auszug aus seinem Schreiben an den Kaiser vom 30. Oktober[4] bei. Empfiehlt Kurköln, sich deswegen auch selber an den Kaiser zu wenden.

Hat den König von Frankreich per Kurier über den hessischen Einfall in die Kölner Lande unterrichtet und die Königliche Majstät ersucht, „nicht allein ire partes dahin einzuwenden, damit vilgedachter landgraf aus Eur L. landen fürderlich widerumb gebracht werde, sondern auch durch ihren ambasciatoren in dem Haag bei den Staden anbringen und negocieren zue lassen, damit sie ihr volkh den Hessischen nicht adiungieren noch sonst wider E. L. und andere verainte catholische chur-, fürsten und stende in einige weeg gebrauchen oder zue deren schaden und gefahr andern überlassen wollen." [...]

---

4 Oben Nr. 395 Anm. 1.

Wegen des Kölner Gesuchs um Geldhilfe verweist er auf ein besonderes Schreiben.[5] – München, 10. November 1631.

Konzept-Kopie mit Zusatz Maximilians Kschw 960 fol. 442–445. Ben. bei ALBRECHT, Maximilian S. 803.

## 436. Tilly an Maximilian

November 10

Feldzug des Königs von Schweden und Tillys – Offiziere, Bagage und Tross – Versorgung der Armee mit Geld – Sicherung des Erzstifts Mainz – Garnisonen in Niedersachsen und Mecklenburg – Vakante Generalschargen bei der Ligaarmee – Artillerie – Bagage und Leichnam Schönburgs – Abberufung Fuggers – Kommissar Umbseher – Neue Ziffer – Bitte Kurkölns um Geldhilfe

Bezug: Drei Schreiben vom 31. Oktober, 1. und 2. November samt Anlagen [oben Nr. 413, Nr. 404 Anm. 1, Nr. 413 Anm. 7, Nr. 417 Anm. 4]. – „Und pleibt Eur Kfl. Dt. fürs erste hiemit gehorsambst unverhalten, daß seither meinen lest abgangenen berichtschreiben wie auch von zeit ahn der gehaltenen schlacht an seiten deß feinds anderst nichts fürgenohmen oder versuecht worden, alß dz er unlangsten der enden umb Bischoffsheim, da ich mit der armaden ezliche tage stillgelegen, dem obristen Picolomini und Eckhstett, so beisammen in einem quartier gelegen, eingefallen, gleichwol ohne schlechte verrichtung und mit seinem selbsten verlust.

Und wiewol ich mir an meinem ohrt biß hierzue hab angelegen sein lassen und uf gelegenheit getrachtet, wie demselben beizukommen und abbruch zu thuen sein möchte, weillen er aber in so wolverwahrten, sichern posten begriffen und sich in diser zeit noch mehrers fortificirt, auch in vollen quartiren, das ime in den underhaltsmitlen nichts abgehet und vilmehr abundanz als mangel hat, dahero seine soldatesca umb sovil williger, hergegen aber zu considerirn, waß disseitige soldatesca bißhero wie noch für noth, kummer und armueth in mangel der proviant, klaidung

---

5 Dieses konnte nicht ermittelt werden. Nach Ausweis von *Maximilians* Schreiben vom 18. November (oben Anm. 1) ging es um ein Darlehen für Kurköln in Höhe von 100.000 fl., das per Wechsel von Augsburg nach Köln transferiert werden sollte. Da die angesprochenen Augsburger Wechsel- und Handelsleute die Summe nicht im Ganzen, sondern nur in Teilbeträgen übersenden wollten und zudem ein hohes Agio forderten, und damit Kurköln möglichst bald zu dem Geld käme, teilte Maximilian dem Bruder am 18. November mit, er habe angeordnet, die in Philippsburg liegende Feldkasse und zur Armee deputierten Gelder anzugreifen und davon 100.000 fl., die aber aus der herobigen, freilich ebenfalls erschöpften Cassa ersetzt werden müßten, zu entnehmen. Zu diesem Zweck habe er seinen Hofdiener Wolf Zehetner nach Philippsburg abgeordnet, der das Geld nach Mainz bringen und dort warten solle, bis Kurköln das Geld abholen lasse. – Vgl. auch Kschw 960 fol. 479; demnach sollten dem Zehetner außer der für Kurköln bestimmten Summe (100.000 fl.) auch das restliche in der Cassa zu Philippsburg noch befindliche Geld (43.000 fl.) ausgehändigt werden. Letztere waren nach Ausweis von ÄA 2361 fol. 663 für die Ligatruppen an der Weser und in der dortigen Gegend bestimmt und sollten an Lerchenfeld weitergeleitet werden.

und unaußgesezten stetigen marchirens halber und waß dergleichen inconvenientien und gebrechen mehr seind, außgestanden, dahero sich in allem sie unwillig und vertrossen befinden und allein manglet, daß sie nit gar zur mutination schreiten und aufrührisch werden, gestalten ohnedaß in der zeit vil tausent theils verschmachtet und theils zuruckh geblieben und außgewichen, also das die armaden merkhlich geschwecht werden, herwider der feindt von tag zu tag waxet und zuenimbt und von gesambten protestirenden stendten den zuelauf, allen fürschub, assistenz und in summa alles nach seinem willen und wunsch, thüer und thor offen hat, derowegen ich aus iezterwendten bewegenden ursachen nit unzeitig behindert und abgehalten worden, gegen ine ichtwas thätlichs und ersprießliches zu attentirn und fürzunemmen, iedoch gar nit der intention und mainung, den feindt zu fliehen, wiewol mir auch, ihnen bei solcher beschaffenheit und rebus stantibus vil zu suechen, nit rathsamb fürkhommet. Solte mir gleichwol occasion und anlaß suppeditirt werden, will ich alßdann auch hergegen ime nit mancquiren under augen zu gehen und, sovil es sonder nöthiges risigo geschehen khan, den kopf bietten und also nichts zu underlassen, waß meine schuldigkheit zu beförderung Ir Ksl. Mt., E. Kfl. Dt. und deß gesambten cathol. wesens dienst und wolfartigkheit erfordert. Und damit ich meine actiones, uf des feindts andamenti desto bessere achtung zu geben, anstellen möchte, so hab ich für das rathsambste und sicherste mitel gehalten, mich mit gesambten armaden anhero gegen der statt Rottenburg auf der Tauber zu incaminiren und der enden zu fermiren, dergestalt das ich hierdürch nit allein ein sichern fueß in Franckhenlandt behalten, sondern auch E. Kfl. Dt. Oberpfalzische und andere ire angehörige landen mehrers coopert und verwahrt sein und ich gelegenheit haben khönnde, uf allen fahl der feindt selbiger orthen gegen dem erzstift Meinz und der enden beginen wurde fürzubrechen, innen desto sicherer zu erfahren."

Nachdem der Herzog von Lothringen sich mit Hilfe seiner eigenen, kaiserlicher und Bundestruppen der Stadt Rothenburg ob der Tauber bemächtigt hat,[1] will Tilly morgen vor Windsheim rücken, um die Stadt einzunehmen, und sich von dort nach Ochsenfurt wenden. Um die Verhinderung der protestantischen Werbungen vollends sicherzustellen, hat er Colloredo Ordonnanz erteilt, sich mit den kaiserlichen Kompanien in Schwaben auf den Weg in die kurfürstlichen Lande zu machen und dessen Befehle zu befolgen. [...]

Offiziere, Bagage und Tross:[2] Obwohl Tilly und die Generäle das Problem sehen, haben sie wegen des zu besorgenden Disgusto der Offiziere und Soldaten bislang nicht durchgegriffen. Will aber nochmal einen Anlauf machen, die Übel abzustellen.

---

1 Am 9. November; so *Ruepp* an Maximilian, Quartier bei Rothenburg ob der Tauber, 10. Nov. 1631 (Ausf., teilweise dechiffriert, ÄA 2398 fol. 528–532).
2 Zu diesem Punkt heißt es in der oben Anm 1 zitierten Relation *Ruepps* (benutzt bei STADLER S. 565): Bittet den Kurfürsten, „nochmahlen S. Excell. gdist und bewöglichist zu erindern, welche zwar so ungeneigt dahin nit seien, allein andere generalpersohnen nit recht secundirn, sondern daß guete werkh differirn wollen".

Versorgung der Armee mit Geld: In Philippsburg befindet sich nicht mehr als die 188.222 fl., die neulich von Mainz dorthin transferiert wurden, nämlich die vordem in Würzburg deponierten 100.125 fl. des Kurfürsten, [50.000³] fl. des Bischofs von Würzburg und 38.097 aus der Bundeskasse in Mainz unter dem Faktor Johann Heck, wobei dann die vorgenannte Summe von 188.222 fl. herauskommt. Hat die Verordnung getan, daß davon notfalls an die 45.000 Gulden für die Garnison in Heidelberg abgegeben werden, so daß noch 143.222 fl. verbleiben⁴. – Von den 30.000 fl. in der Feldkasse sind inzwischen an die 6 bis 7.000 ausgegeben worden, u. a. für Kundschafter, Kuriere und andere Schickungen, für wieder vom Feind zurückgekehrte Soldaten und Offiziere. Ebensoviel dürfte für die gleichen Zwecke von den in der kaiserlichen Feldkasse vorhandenen 40.000 fl. draufgegangen sein. Da man für die erwähnten Zwecke laufend Geld braucht, kann man für andere Ausgaben wohl nur zurückgreifen auf die in Philippsburg verbliebenen 143.222 fl., die 100.000 fl. in Händen Wolffstirns und die vom Kurfürsten bewilligten 300.000 fl., macht zusammen 543.222 fl. Bei den Kurfürsten von Mainz und Trier sowie beim Stift Straßburg hat Tilly sich sehr bemüht, auch beim Kaiser. Seiner Meinung nach wird von seiten Kurtriers⁵ und Straßburgs wenig erfolgen, ist von Würzburg gar nichts zu erhoffen. Was Kurmainz tun wird, bleibt abzuwarten. Tilly erwartet aber nicht viel, von seiten des Kaisers⁶ fast gar nichts. Besagte Summe von 543.222 reicht für einen Monatssold⁷ für die Bundes-, die kaiserliche und lothringische Armee bei weitem nicht aus. Einen Monatssold aber muß man wenigstens zahlen, wenn überhaupt die Soldaten damit zufrieden sind. Es bleibt also

---

3 So die oben Anm. 1 zitierte Relation *Ruepps*. Vgl. auch oben Nr. 408. – Die Vorlage hat „40.000", was aber nicht mit der von Tilly im folgenden genannten Summe, die auch Ruepp nennt, übereinstimmt.
4 Laut *Maximilian* an Ruepp, 24. Nov. 1631 (Konz. Teisingers, teilweise zu chiffrieren, ÄA 2398 fol. 575), sollten von diesen restlichen Philippsburger Geldern erhalten: Kurköln für Neuwerbungen 100.000 fl., Lerchenfeld für die Bundestruppen an der Weser „und selbiger refier" 43.000 fl. Vgl. auch oben Nr. 435 Anm. 5. – Nach Ausweis von Relationen *Lerchenfelds* in ÄA 2406 fol. 322–323, 331–333, 356–357, 562–564 wartete dieser noch Mitte Februar 1632 auf das Geld. Vgl. auch STADLER S. 605.
5 Zu diesem heißt es in der oben Anm. 1 zitierten Relation *Ruepps*: „Iro Kfl. Gn. zu Trier wollen sich zu nichts verstehen mit vermeldung, das sie mit iren landtstenden nit einig und dahero zu einiger contribution nit gelangen khunden. [...] Bei höchstermeltem herrn curfürsten zu Trier siehe ich meiner einfalt nach nit, wan die augenscheinliche gefahr und noth nichts thuen will, was für ein anders mitl zu erdenkhen, daß man gelt heraußbringen möchte, gestaltsamb es alda ausser allem zweifel wol verhanden."
6 Zu diesem heißt es in der oben Anm. 1 zitierten Relation *Ruepps*: „Bei Ir Ksl. Mt. wirdt villeicht ein schlechter vorrath an gelt sein. So thuet auch daß Reich diser zeit nichts darbei. Schleßien tragt die burt wegen der Tieffenbachischen armada. Daß königreich Böheimb khunde wol waß thuen, erzeiget sich aber schlecht. So wirdt es auch meines wenigen darfürhaltens nit recht dorzue angesprengt. Vil Ksl. ministri khunden ein grossen [!] praestirn. Die seind aber hierin gar schlafferig, wolten vil lieber mehr haben, alß etwaß heraußgeben. Aldieweillen es aber die conservation deß ganzen Römischen Reichs und der cathol. religion concernirt, gebührt mir darvon nit zu schreiben, ob solche ministri bei so gefehrlichem standt nit darzue khunden gezwungen werden."
7 Der oben Anm. 1 zitierten Relation *Ruepps* zufolge benötigte man für einen Monatssold für beide Armeen [ksl. und Bundesarmee] mehr als 700.000 fl.

nichts übrig, als Mittel und Wege zu suchen, das Geld baldmöglichst zusammenzubringen, wobei Tilly keinen anderen Rat weiß, als sich erneut an den Kurfürsten, der schon soviel getan hat, zu wenden. Übrigens wird für den Monatssold nicht die ganze bei Wolffstirn befindliche Summe von 100.000 fl. zur Verfügung stehen, da ein Teil davon draufgeht als Abfindung für die zu reformierenden ksl. Offiziere; ganz ohne Geld werden diese sich nicht abspeisen und licentieren lassen.

Zur Sicherung des Erzstifts Mainz hat Tilly unter dem Kommando des Reiterobristen Weinand von Eynatten dessen Regiment, das Regiment Quadt sowie die Mainzer Freikompanie zu Pferd und an Fußvolk die Regimenter Eynatten und Mouli, die drei von Kurmainz neugeworbenen Fahnen Fußvolk und 700 Mann des Regiments Pappenheim zurückgelassen[8] und angeordnet, dieses Korps samt den Truppen, die Don Philippo de Silva bei sich haben, ferner was die Infantin herauf schicken wird, in die Wetterau und den Westerwald zu verlegen oder besagte Bundestruppen nach Belieben des Kurfürsten von Mainz in der Gegend von Aschaffenburg und Miltenberg zu belassen, solange die Gefahr bestehe, dass der Landgraf von Hessen dort einbrechen würde.

Was die Garnisonen im niedersächsischen Kreis und Mecklenburg[9] angeht, so sieht Tilly keine Möglichkeit, die in Frage kommenden Garnisonstruppen derzeit abzuziehen und zur Armee zu bringen. Das muß man auf bessere Zeiten verschieben. Führt aus, warum er derzeit nicht um die in Rede stehenden Garnisonstruppen fürchtet. In diesem Zusammenhang heißt es u. a.: „Also dz es nunmehr für dißmal und biß der Allmechtige seine gnadt verleycht, inskhunftig noch zu mehrer deroselben garnisonen versicherung ein corpo dahin zu weisen und abzuschickhen, in seinem jezigen standt ungeendert verpleiben und gelassen werden mueß." Erwähnt, dass Lerchenfeld, als Tilly mit der Armee aus dem Stift Halberstadt nach Hessen gezogen ist, noch 50.000 Taler in der Cassa hatte. [...]

Vakante Generalschargen bei der Bundesarmee: Wiederholt seine Ausführungen vom 3. November [oben Nr. 421]. – Anbei eine Designation der bei der Artillerie fehlenden Requisiten[10].

„Sovil[11] deß in der schlacht gepliebenen generals von der artigleria weilandt deß von Schönburgs nachgelassene bagagi betreffen thuet, haben selbige beide

---

8 In den Schreiben *Tillys* an Kurmainz vom 28. Oktober (oben Nr. 421 Anm. 5) und *Hohenecks* an Kurköln vom 24. November (unten Nr. 464 Anm. 2) wird noch das Infanterieregiment Hutten genannt.
9 Eine Liste der ksl. und Bundesgarnisonen in den „underigen quartiern" war der oben Anm. 1 zitierten Relation *Ruepps* beigefügt. Das Stück ist überschrieben: „Volgt, waß für örther und wie starkh daß erzstift Bremen, stift Minden und Verden und im fürstenthumb Braunschweig besezt hinterlassen seindt" (ÄA 2396 fol. 533–534. Benutzt bei STADLER S. 579, 588, 591).
10 „Verzaichnuß, waß mann bei der Kfl. Dt. in Bayrn veldtartolleria umb fortbringung derselben nothwendig vonnethen bedirfftig ist", Aschaffenburg, 23. Oktober 1631, unterzeichnet von Hans Puckh (ÄA 2396 fol. 331).
11 Zum folgenden Randvermerk Maximilians: „Diß soll extractweis dem [Johann Karl] von Schonburg under unser hand uberschikht werden."

seine vettern, alß welche noch im leben, demnegsten zu sich genohmen und nacher Franckhforth überpracht. Deß cörpers wegen hab ich auch sowol an khönig in Schweeden alß Chursachßen geschickht, aber noch zur zeit khein andtwort erhalten."[12]

Den obristen cammerer graff Fugger möchte ich bei mir wol dulden und gehrn behalten. Weillen aber Eur Kfl. Dt. seiner persohn selbsten nöttig, will ich nit underlassen und gehorsambst verfüegen, dz er sich bei gueter gelegenheit wiederumb herauf begebe.[13] Ingleichen solle der commiszarius Umbseher mit negstem auch wieder zueruckh und hinauf geschickht werden."

Bestätigt den Erhalt der neuen Ziffer, der er sich bedienen wird. – Quartier bei Rothenburg ob der Tauber, 10. November 1631.

Postskriptum: Übersendet ein Schreiben des Kurfürsten von Köln[14] „geltes wegen, das iro nemblich von oben herab damit succurirt und geholfen werden möcht. [...] Wobei nun umb sovil mehr abzunemmen und zu verspühren, weillen es Irer Kfl. Dt. an geltmiteln ermanglet, wie wenig sich dißfalß uf der Rheinlendischen herrn stendten assistenz und hilf zu verlassen. Und wiewol die sachen dergestalt beschaffen und in sothanem standt begriffen, daß Ir Dt. nit wol ohne hilf zu lassen", wird der Kurfürst wissen, was zu tun und zu lassen ist.

Ausf., teilweise dechiffriert, ÄA 2396 fol. 323–330 und 338; Auszug ÄA 2404 fol. 51 (= Anlage F zu der BA NF II/9 Nr. 270 Anm. 1 zitierten „Wahrhafte[n], grindliche[n] information"). Auszug gedruckt Theatrum Europaeum II S. 472 f. Ben. und zitiert bei H.-D. Müller S. 42, S. 43 Anm. 60, ben. bei Stadler S. 565, 578 f., 605.

---

**12** Vgl. auch Hallwich, Wallensteins Ende I Nr. 32, Nr. 62 S. 54, wo von der Beibringung der Leiche des in der Schlacht bei Breitenfeld gefallenen Generals der Artillerie die Rede sein dürfte.
**13** Fugger kehrte Mitte November von Lehrberg aus nach München zurück und erhielt von Tilly den Auftrag, dem Kurfürsten „von der armaden zuestandt und sonsten in einem und anderm alles umbstendtig mindlich zue berichten." Vgl. dazu das Beglaubigungsschreiben Tillys für Fugger an Maximilian, Lehrberg, 16. November 1631 (Ausf. ÄA 2396 fol. 368–369); siehe auch Haberer S. 268. – Hinzuweisen ist auch auf folgende Einlassungen Ruepps an Herliberg, 12. November 1631 (Ausf., dechiffriert, ÄA 2265 fol. 520–521. Benutzt bei Stadler S. 563 f.): „Herr obrister cammerer wirdt balt hernach volgen und von allem ausfihrliche relation thun. Ist hoch vonnetten, dz Ihre Kfl. Dt. von ezlichen sachen wie auch mein herr obrister wissenschaft haben. Der ungehorsamb, die confusion und competenz seindt gar zu groß. So seindt der malcontenten gar vil. Mein herr obrister wirdt wunder hören vom Pappenheimb. Ist zeit zu remedirn. [...] Die winterquartir werden nit allein schlecht, sondern schier unmöglich fallen. Davon auch herr obrister cammerer mit mehrerm."
**14** Kurköln an Tilly, Köln, 29. Oktober 1631 (Kop., dechiffriert, ÄA 2396 fol. 334–337).

## 437. Maximilian an Kurmainz

November 11

Mühlhausener Konvent – Admission des Königs von Schweden – Vermittlung Frankreichs – Konvent der katholischen Reichsstände – Waffenstillstand

Bezug: Zwei Schreiben vom 3. November[1]. – Verweist hinsichtlich des Mühlhausener Konvents auf seine Antwort und Erklärung[2] und teilt mit, dass er gestern per Kurier, der gleich zu Kurmainz weitergeritten ist, ein einschlägiges Schreiben des Kaisers[3] erhielt.

Was die Frage der Admission des Königs von Schweden angeht, „da mögen wir E. L. nit verhalten, dz wir wol auch in den sorgfeltigen gedankhen stehen, es werde der könig in Schweden von solcher handlung nit außgeschlossen sein noch sich zu deme, was etwan ohne sein gegenwart und zuethuen accordirt und verglichen werden mechte, verstehen wollen. Dahero auch und weiln er ainen so grossen vorthail nuhnmehr in die handt bekhomen und sich deß stifts Würzburg bemechtigt und andere in gleichmessiger gefahr stehn, disen stiftern und andern catholischen, wan schon ihnen zue guttem zu Mülhausen wz geschlossen werden solte, darmit wenig geholfen sein wurde. Derowegen wir dan mit E. L. gleicher mainung sein, man werde wol dissfalls der noth waß nachgeben und umb sovil mehr ain übriges thuen muessen, weiln man nit vergwüst, ob sich Churßachßen und Brandenburg ohne zueziehung deß königs in Schweden, mit deme sie sich durch die zu Leipzig und hernach bei der würklichen coniunction gemachte allianzen so weitt interessirt gemacht, dz sie ohne sein einwilligen keinen friden noch sonst waß endtlichs schliessen derfen, zu dergleichen handlung verstehen werden oder, da es gleich beschehen solte, wol zu besorgen ist, dz sie mit ihme von allem, waß in die tractation kombt, iedesmal correspondirn und [sich] ohne seinen rath, wüssen und wüllen in khainen bestendigen vergleich einlassen und also hierdurch dem ganzen werkh grosse hinderung, verlengerung und andere unglegenheiten causirn wurden." – Die Frage der Admission des Königs von Schweden hat in erster Linie der Kaiser zu entscheiden. Stellt Kurmainz anheim, in dieser Sache an den Kaiser heranzutreten oder ein einschlägiges Gesamtschreibens der katholischen Kurfürsten zu veranlassen.

Was[4] die von Landgraf Georg vorgeschlagenen Interponenten angeht, so gibt er zu bedenken, „weiln Hessen Darmbstatt und Brandenburg Culmbach mit andern pro-

---

1 Oben Nr. 422 und 423. Diese Schreiben waren nach Ausweis des *Journals Richels*, ad 3. Nov. 1631 (Geheimer Rat 194/9 fol. 57'–61), Gegenstand von Konsultationen bayerischer Geheimer Räte (Jocher, Wolkenstein, Richel, Peringer, Donnersberg), auf welchen Konsultationen die oben Nr. 437 gedruckte Antwort basiert.
2 Vom 28. Oktober, oben Nr. 406.
3 Vom 5. November, oben Nr. 428 Anm. 3.
4 Hinsichtlich des Folgenden heißt es in der Antwort des *Kurfürsten von Mainz* an Maximilian, Mainz, 17. Nov. 1631 (Ausf. Akten 203/II): „Die interponenten zu bedeuter handlung anbelangendt, weiln die-

testirenden sonderlich in religionsachen, wie man zu Franckfordt unlengst gesehen, gegen die catholische sich zu einer parthei gemacht und sonsten auch vüller respecten und considerationen halber interessirt sein, erzherzog Leopoldts und des pfalzgraffen Wolfgang Wilhelmbs zu Neuburg L.L. besorglich auch dz ansehen und nachtruckh so fast nit haben möchten, dz durch dern vermüttlung und zuethuen dz gemaine catholische wesen bei diser handlung vüll sonderbaren vorthail und effect zu verhoffen, ob nit noch ain vornemer und zumaln unparteiischer interponent, nemblich die cron Frankhreich als ain so ansehlicher catholischer potentat zu diser vorstehenden handlung gezogen werden mechte, seitemal Ihre Kgl. Wrd. mit dero authoritet und respect, inmassen in mehr andern occasionen, alß sonderlich auch bei dem vor disem in anno 1620 zu Ulm mit der union getroffnen vergleich nit ohne empfündtlichen frucht beschehen, vüll außrichten und endtlich wol auch den uncatholischen, da sie keinen billichmessigen erinnerungen, vorschlägen und miteln stattgeben, sonder die extrema oder sonst villeicht sachen behaupten wolten, mit einem rechten nachtruckh zusprechen und sovil bedeiten kondte, dz Ihre Kgl. Wrd. die catholische bei dem, waß aller billichkeit gemeß ist, erhalten und beschuzen zu helfen, nit umbgehen wurden."

Kurmainz weiß, dass Maximilian wegen der Vermittlung schon wiederholt an Frankreich herangetreten ist, und teilt mit, „dz unß erst vor wenig tagen[5] die Kgl. Wrd.

---

selbe bereits in vorschlag kommen, auch Ihre Ksl. Mt. derenthalben kein bedenken machen, so wurdt es unsers darfurhaltens nunmehr nothwendig bei de[n]selben auch sein verbleiben haben. Allein werden E. L. auß unsern vorigen schreiben verstanden haben, waß wegen der cron Franckreich unsere gedanken undt vorschlag gewesen, halten es auch nochmaln darfur, daß gemelten interponenten catholischen theils die cron Franckreich gar wohl adiungirt undt pro mediatore gebrauchet werden könte. Undt werden E. L. aus beikommender abschrift zu verlesen finden, waß wir in unserm undt unser geistlicher herrn mitchurfursten L.L. nahmen derwegen ahn mehrhöchstg. cron Franckreich gelangen [...] laßen. [...] – Daß aber noch zur zeit davon an Ire Ksl. Mt. in namen der catholischen churfursten etwas gelangt werden solte, daß halten wir dißmals darumb unnöttig zu sein, weil man noch nit gewiß versichert, ob die cron Franckreich sich mit solcher vermittlung werde beladen wöllen laßen." – Das vorstehend erwähnte Schreiben der *geistlichen Kurfürsten* an den König von Frankreich vom 8. November ist zitiert oben Nr. 422 Anm. 2.

5 Wohl mit – bei den Akten fehlendem – Schreiben vom 1. November. Dieses Datum nennt *Maximilian* an Richelieu, München, 12. Nov. 1631 (Ausf. AE CP Bavière 1 fol. 161–162. Zitiert bei ALBRECHT, Maximilian S. 801 Anm. 101; unzutreffend H.-D. MÜLLER S. 45 mit Anm. 80): „Votre Éminence a contribué beaucoup au soing que le Roy va prendre come j'ay veu par sa lettre du premier du mois, pour divertir les inconvenients dont tous les catholiques d'Alemagne sont menacés. [...] Et puis qu'il se doibt faire un assemblée à Mulhausen le mois prochain, ie suplie Votre Éminence de me continuer les mesmes effects de son affection afin que celuy qui sera envoyé par le Roy, aye des instructions et pouvoirs touchant l'interposition que touts les catholiques attendent du Roy, et mesme de la manutention de l'électorat pour ma maison, en cas qu'on voulust metre sur le tapis et débattre ledict affaire, come ie me confie entièrement à la bonté du Roy et aux asseurances qu'il m'en a données, et par le mesme moyen ie raccommende à Votre Éminence les interests de mon frère l'électeur de Cologne afin que ses estats soyent garantis des invasions du landgrave de Hessen et des Olandois." – Die Replik des *Königs von Frankreich* auf die ebenfalls vom 12. November datierte einschlägige Antwort Maximilians

in Frankreich selbst zu verstehen geben, dz sie willig und beraidt sein, dem gemainen catholischen wesen in Teutschlandt und deßen anverwandten stendten zum bösten solche interposition zu übernemen, wann sie allein hierumben von denn geistlichen herrn churfürsten gleicher gestalt ersucht werden." Hofft, dass diese Nachricht Kurmainz anspornt, seine Ankündigung wahr zu machen und die Ausfertigung des Gesamtschreibens der geistlichen Kurfürsten voranzutreiben. *„Dan[6] weill auf E. L. erindern wür berait die sachen also weit undterpauet und der könig in Frankhreich dise der geistlichen herrn churfürsten gleichmessige ersuechung erwarten thuet, tragen wir die beisorg, wann solche wider verhoffen hindterbleiben solte, es daselbst, wo nit alienation, iedoch diffidenz und misstrauen verursachen mechte."* – Damit der Kaiser sich die französische Interposition desto eher gefallen läßt, schlägt Maximilian ein einschlägiges Gesamtschreiben der katholischen Kurfürsten an den Kaiser vor. Via Landgraf Georg könnte man auch Kursachsen und Kurbrandenburg vorab informieren.

Mainzer Bedenken in Sachen Konvent katholischer Reichsstände: Verweist auf sein Schreiben vom 4. November.[7] Da der Kaiser in seinem Schreiben an Kurmainz vom 5. November[8] auf schleunige Veranstaltung des Konvents der katholischen Reichsstände drängt, regt Maximilian an, Kurmainz möge dem Kaiser möglichst bald antworten, „darbei auch über die ursachen, so in dem Ksl. schreiben wegen nothwendiger vortsezung dises convent angezogen sein, noch ferner vernunftig zu ermessen, dz die unvermeidenliche notturft erfodert, sich darbei ainhellig zu berathen und zu entschliessen, nit allain wie dz Ksl. und bundts volkh, an dessen conservation negst Gott dz heil und die wolfahrt deß gemainen catholischen wesens und ganzen Röm. Reichs derzeit noch haften, ausser dessen auch bei dem obangedeiten Mülhausischen convent wenig gutts zu hoffen und außzurichten sein wirdt, mit den unentpöhrlichen underhaltungßmütt-len, und zwar nit nur von den bundtsverwandten, zumal deren etliche vorneme derzeit in solchem laidigen stand seind, dz sie nichts werden thun konden, sonder vilmehr auch von andern, die bißher wenig bei dem gemeinen wesen praestirt, bei ieziger eüsserister nott und ruin auf dem fueß und in guettem wüllen erhalten, vorderist, wie und wo die nothwendige wünterquartir zwischen dem Kaiserischen und bundts volkh angestelt und außgetheilt, sonder auch auf den fahl, sich die Müllhaussische handlung ohne frucht und effect zerschlagen solte, waß alßdan sonsten in andere weg zu versicherung und beschüzung der verainten catholischen chur-, fürsten und stenden vorgenomen werden möcht. Dan dises alleß auff den Mülheusischen convent zu verschieben und entzwischen besagte beede armaden in gegenwertigem ubelstand, not und mangl steckhen und hangen zu lassen, gedunkht unß, dz eß gar zu gefehrlich und unß beeden

---

an den König, die nicht ermittelt werden konnte, findet sich mit dem Datum 25. November bei SIRI VII S. 355 f.

6 Das kursiv Gedruckte ist in dem Konzept von Kanzleihand nachgetragen und mit dem Vermerk versehen: „NB Von kfl. aignen handen."
7 Unten Nr. 512 A 1.
8 Oben Nr. 428; zur Mitteilung dieses Schreibens an Maximilian vgl. ebenda Anm. 3.

directorn gegen andern unsern mitverainten schwehr zu verantworten sein wurde. Welches alleß wir E. L. auß wolmainender sorgfalt zu erinnern nit underlassen konden und wollen hierüber dero gemütsmeinung zu unserer nachricht ehist erwahrten."

Was den angesprochenen Waffenstillstand[9] betrifft, so hat Maximilian große Bedenken. Hat sich doch die Lage angesichts der großen Erfolge des Feindes – Einnahme des Stifts Würzburg, Belastung anderer katholischer Stifter und Lande, vor allem Bambergs und Eichstätts, mit Kontributionen und Musterplätzen, Einfall des Landgrafen Wilhelm von Hessen in das Stift Paderborn und in Westfalen – ganz erheblich verschlechtert. Vermutlich werden der König von Schweden und seine Adhärenten einen Waffenstillstand nur unter der Bedingung abschließen, dass die protestantischen Reichsstände nicht mit Truppen, Kontributionen und anderen Leistungen belastet und ihre auf Kosten der Katholiken gemachten Eroberungen in dem Stand belassen werden, in dem sie zu Zeit der Waffenstillstandsverhandlungen sein werden. „Dardurch nun die gegenthailen mit denn quartirn, contributionen und anderm ain desto grössern vorthail in handen behalten, je mehr man catholischer seits in ainem und andern coangustirt und sonderlich die beitrachtung der nothwendigen gelt- und underhaltungßmütteln desto schwerer gemacht, ia der ganze last des Kaiserlichen und bundts volkhs under wehrender handlung ainig und allein der catholischen chur-, fürsten und stende landen betreffen wurde, seitemaln die gegenthailen in der anstandtshandlung ihre glaubensgenossen und andere protestirende stendte, deren landen man für die wünterquartir noch zum vorthail haben und sowol dz Kaiserische alß bundts volkh thailß darauß erhalten khondte, besorglich dergestalt verwahren und in acht nemen wurden, dz man weütter auf sie mit ainem und andern khein rechnung und anschlag mehr zu machen hette. – Wir melden aber dißes allain aus guetter treuherziger sorgfalt und dz eben darumben desto nothwendiger sei, die von Irer Ksl. Mt. vorgeschlagne zusamenkhunft der catholischen stendte je ehunder, je bösser vorzunemen und darbei, wie erstgedachten und andern schweren inconvenientien zeüttlich zu begegnen und vorzubauen und insonderheit auch, ob die suspensio armorum ratsamb und denen catholischen stenden, deren land und leith die feind derzeit in ihren handen und gewaldt haben, annemblich sei, zu bedenkhen und zu entschliessen. Derowegen wir dan E. L. resolution und gemiethsmainung, was sie über unser jungstes derenthalber an sie abgangnes erinderungsschreiben in ihrem directionsbezirkh zu thuen und sich gegen Ihrer Ksl. Mt. wegen der catholischen stend zusamenkonft zu ercleren gemaint, mit desto grössserm verlangen gewertig sein." [...] – 11. November 1631.

Konz. Ranpeks mit Korrekturen und Zusätzen Richels und Nachtrag von Kanzleihand Akten 203/II.

---

9 Zu diesem Thema heißt es in der Antwort des *Kurfürsten von Mainz* vom 17. November (oben Anm. 4): Zwar sind die von Maximilian angedeuteten Ungelegenheiten nicht von der Hand zu weisen. Hofft aber, „wan die cron Franckreich sich der sachen mit ernstlichem eiffer annemen solte, es möchte[n] die conditiones solcher suspension noch in etwas linder fallen und zu erhalten sein."

## 438. Maximilian an den Bischof von Würzburg

November 11

Kondolenz – Bindung der Ligatruppen gegen Hessen – Restitution des Bischofs – Schreiben des Bischofs an den König von Frankreich

Bezug: Schreiben vom 28. Oktober [oben Nr. 408], das er mit der letzten Ordinari am 8. November erhielt. – Kondoliert zur Situation des Bischofs und seines Stifts. – „Dz aber der Almechtige Gott erst aniezt ainen so schweren und bekhomerlichen zuestandt verhengt und disen ansehlichen stüft sambt landt und leuthen gar in des feindts handten und gewalt khomen lassen, dz ist von S. Gottlichen disposition mit geduldt anzunemen, vorderst aber von S. Almacht und Güette zu hoffen und zu bütten, dz sie disen gegenwertigen übelstandt baldt widerumb gnediglich abwenden und E. L. dises ihres laidtmüethigen zuestandts reichlich widerumb ergezen und hernegst mit guetter leibsdisposition, auch langewiriger und fridlicher regirung sambt allem glikhreichen wolergehen müldiglich segnen und prosperirn wolle. Wie sonsten die sachen mit des königs in Schweden so unfürsehnem und starkhem feindtlichem vor- und einbruch hergangen, das ist E. L. vorhero guettermassen bewust. Und were uns ja nichts liebers und erwinschters gewesen, als dz wir die nothwendige müttel an der handt gehabt hetten, deroselben und ihren betrangten landt und leuthen in zeütten zu succurrirn und den einbrechenden feindt zuruckhzuhalten. Wir haben aber auf Churmainz L. und anderer von dem Hessischen khriegßvolkh betrangter stendte so instendiges anhalten und damit denselben eillfertig succurrirt und dem feindt seine weüttere progress verwöhrt werden, nit nur alles neugeworbnes bundts-, sonder auch den maisten thail von unserm aignen khriegsvolkh nach Hessen verordnet und dardurch unsere aigne landt dergestalt entblöst, dz wan der khriegschwal auf dieselben zuegangen were, uns eben dz bedaurliche unglikh wie E. L. hette betreffen khönden. Nachdemaln aber der graff von Tüllj entzwischen aine ansehliche armada gesamblet, darmit auch in Frankhen und nechst bei deroselben stüft angelangt, so ist zu dem Almechtigen Gott zu hoffen, er in baldte sein gnadt und ainen solchen glikhlichen success verleihen werde, damit E. L. ehist widerumb restituirt und zu landt und leuthen khomen, darbei auch in mehrer sicherheit verbleiben möge, zu welchem ende wir dan dem graffen von Tüllj nit allain beraitt gemessnen bevelch erthailt, sonder wir wollen auch noch ferners alle möglikheitt daran zu wenden nit underlassen."[1]

Dankt für die Mitteilung des Schreibens an den König von Frankreich. „Befünden dasselb wol bedacht und der sachen notturft nach verfast." Hat die Ausfertigung durch Kurier weitergeleitet und mit einem Rekommendationsschreiben an den

---

[1] Auf die von Tilly zu erwartende Hilfe hatte auch der Kaiser den Bischof in seiner Antwort auf dessen Schreiben vom 16. Oktober (oben Nr. 408 Anm. 1) verwiesen. Vgl. dazu der *Kaiser* an den Bischof von Würzburg, Wien, 29. Okt. 1631 (Ausf., präs. Mainz, 10. Nov., StAWü Miscellanea 99 fol. 23–24; Konzept-Kopie mit Korr. KrA 69 Konv. Oktober fol. 191–192).

König², dessen Kopie er beifügt, begleitet und den päpstlichen Nuntius in Frankreich schriftlich ersucht,³ „bei denn sachen gleichergestalt auch seines thails dz böste zu thun und alle ersprüeßliche officia einzuwenden, der guetten hoffnung, eß werde, weiln die cron Frankhreich sich gegen die catholische verainte chur-, fürsten und stendte alzeitt ainer guetten affection vermerkhen lassen, aines und anders ohne gedeuliche würkhung nit abgehen."⁴ – [München], 11. November 1631.

Konz. Ranpeks mit Korr. Richels Kschw 3261 = Druckvorlage; Ausf., präs. 17. Nov., StAWü Miscellanea 99 fol. 33 und 36. Benutzt bei R. WEBER S. 54.

## 439. Maximilian an den Kaiser

November 13

Plädoyer für die Priorität von Friedensverhandlungen – Werbungen des Kaisers – Bündnis katholischer Mächte – Neutralität zwischen Schweden und katholischen Reichsständen

Bezug: Schreiben vom 2. November¹. – „Dz nun E. Ksl. Mt. den iezigen so schweren und hochgefehrlichen zuestand des Hl. Röm. Reichs und des gemainen catholischen wesens mit so vätterlicher und treumainender sorgfalt zu gemieth nemen und iro gnedigst angelegen sein lassen, die müttel beizutrachten, dardurch auf ainen oder andern weeg dem besorgenden weüttern unhail rath geschafft, auch selbiges sambt gegenwertigem übel und gefahr abgewendet werden mechte, darumben gebürt deroselben schuldiger gehorsamister dankh. Und ist ja wol an deme, dz man ursach über ursach hat, nichts zu underlassen, dardurch man ainigen vorthail und remedirung des übels zu verhoffen.

Wie schwer mir aber die sachen vorkhomen, dz hab E. Ksl. Mt. ich in meinen vorgehenden underschüdlichen schreiben mit umbstendten zu vernemen geben, und je

---

2 *Maximilian* an den König von Frankreich, München, 11. Nov. 1631 (Konz. Contzens, latein. Sprache, Kschw 3261; Kop. StAWü Miscellanea 99 fol. 34).
3 Vgl. dazu auch H. WEBER S. 122.
4 Die Ausfertigung der Antwort des Königs von Frankreich an den Bischof (unten Nr. 458a) sowie eine Kopie der Antwort des Königs an Maximilian übersandte *Maximilian* dem Bischof von Würzburg mit Anschreiben, 9. Dez. 1631 (Ausf. StAWü Miscellanea 99 fol. 62–63; Konz. Ranpeks Kschw 3261). Dieses Anschreiben samt Anlagen dürfte erst mit der Relation *Staudenhechts* vom 24. Dezember (unten Nr. 462 Anm. 7) nach Köln weitergeleitet worden sein. Jedenfalls heißt es dort u. a.: „Hierbei haben E. Fstl. Gn. [...] die Französische resolution [unten Nr. 458a] uff das vom 29. Octobris abgangen schreiben [oben Nr. 411] zu empfangen."
1 Oben Nr. 420. Dieses Schreiben war nach Ausweis des *Journals Richels*, 12. Nov. 1631 (Geheimer Rat 194/9 fol. 72'–74), Gegenstand von Konsultationen bayerischer Geheimer Räte (Jocher, Wolkenstein, Richel, Donnersberg), auf welchen Konsultationen die oben Nr. 439 gedruckte Antwort basiert. – Wie man in Kreisen der bayerischen Geheimen Räte die kaiserliche Politik einschätzte, belegt das Votum Jochers, der u. a. äußerte: „Caesaris consilia gehen auff continuation kriegs. Mehr sei auff frieden zu trachten. Die mitel ermanglen."

mehrer die difficulteten und mangl der unentpöhrlichen khriegßnotturften zuenemen, je mehrer würdt ich perplex und stehe an, wie bei so gestalten sachen, indeme E. Mt. assistirende gehorsame stendte thails ganz ruinirt, thails auf den gradt enervirt, thails gar von land und leütten vertriben sein, des feindts teglich wachßender macht und seinem so grossen in handen habenden vorthail genuegsam zu begegnen und durch müttel der waffen auß den sachen zu khomen." Nennt in diesem Zusammenhang den sich abzeichnenden Ruin des Kurfürsten von Mainz, des Deutschmeisters und des Fürstabts von Fulda, die Okkupation des Stifts Würzburg, die Gefährdung der Stifter Bamberg und Eichstätt, die Okkupation des Stifts Paderborn, die den Stiftern und den inhabenden Posten an der Weser angesichts der den Avisen nach bevorstehenden Vereinigung der abgedankten Holländer mit Landgraf Wilhelm von Hessen drohenden Gefahren. Der Kurfürst ist der Meinung, „dz je ainmal sehr schwer, ja unmöglich fallen wolle, aller orthen nach notturft vorsehung zu thuen und zu succurrirn.

Ich meines thailß [...] bin [...] noch ganz wüllig, dz meinige für E. Ksl. Mt., die catholische religion und dz gemaine wesen treulich aufzusezen. Wie sehr mir aber so wol als anderen die müttel entgangen sein, dz haben dieselbe leichtsamb gnedigst zu ermessen, indeme sich dises so khostbare khriegß- und dz gemaine catholische defensionswesen nit allain schon so vüll jar aneinander erstrekht, sonder dz aine geraume zeütt herumb fast der ganze schwere und zumaln unertregliche last, weiln die beschaffenheitt und zuestandt der mitunirten ständte und dz thailß derselben gar ein wenigß oder gar nichts mehr praestirn khönden, thailß da sie gleich von Gott noch die müttel in handen haben, unzeüttiger weiß darmit an sich halten, mir maistenthailß obgelegen und sonderlich ainig noch ob dem halß ligen thuet, auch eben darumben, weiln niemandt bösser als ich meine selbst und anderer mitunirter stendte impossibilitet, die nottwendige khriegßmüttln lenger zu erschwingen, waiß und erfahren, ingleichen auch die bei der armada obschwebende schwere difficulteten, ungelegenheitten und darauß besorgende gefahr und unhail erkhennet, ich auch solches alles in acht nemen und zu abwendung khonftiger schuldtzuemessung, da der Almechtige Gott bei so merkhlichem mangl der khriegßmüttel durch des feindts weüttere progress oder dissolution der bundtsarmada noch grössers unhail verhengen thett, bei zeütten erindern solle,

Als hab ich auß dero anderwertigem, den 5. Novembris an mich abgangnem schreiben² umb sovil lieber verstandten, dz E. Mt., ohne zweifel in gnedigster bedenkhung diser umbstendt, genaigt und wüllig sein, aine fernere güettliche handlung vorgehen zu lassen und den zu solchem ende von des landtgraff Georgens zu Hessen Darmbstatt L. vorgeschlagenen convent zu Müllhaussen in Thüringen gnedigst placidirt, auch, dero Ksl. gesandten darzue abzuordnen, sich erkhlert und erbotten." Da auch Kurköln und Kurmainz mit dem Mühlhausener Konvent einverstanden sind, Kurtrier sowie Kursachsen und Kurbrandenburg sich hoffentlich nicht davon absondern werden und Maximilian selbst zustimmt, „so ist Gott umb seine gnadt und beistandt zu bütten, dz dise zusamenkhonft ainen glikhlichen, guetten vort- und ausgang

---

2 Oben Nr. 428 Anm. 3.

gewünne, vorderist auch E. Mt. gnedigster intention gemeß die sachen zu ainem sichern und leidenlichen friden gebracht werden mögen." Fügt hinzu, dass sich auf dem Konvent zu Ingolstadt, der am 14. Dezember beginnen soll, zeigen wird, „ob man durch müttel der waffen die sachen hinaußzubringen getraue oder was etwan sonsten für anderwertige müttel an handt zu nemen und einzugehen sein werden.

Dz aber E. Mt. entzwischen nit underlassen, durch neue werbungen und zusamenbringung dero khriegßvolkhs sich in eine neue beraittschaft zu stellen, daran thuen sie gar wol und vorsichtig, sintemaln die feindtsgefahren nit allein teglich mehr zuenemen, sonder auch noch ungewüß ist, ob der Müllhaussische convent seinen vortgang eraichen, insonderheit auch, was selbiger für ainen außschlag gewinen wirdt. Beinebens aber ist auch vornemblich und dz maiste an dem gelegen, wie bis dahin, auch under wehrender ainer und anderer obgedachter handlung, weiln selbige ihre zeütt erfodern, oder etwan auch hernach mit den unentpöhrlichen underhaltungßmütteln sowol E. Mt. als dero getreuer assistirender stendte khriegßvolkh auf- und vortzukhomen sein werde." [...]

Begrüßt das vom Kaiser geplante Bündnis katholischer Mächte. „Weiln die gegenthail und uncatholische nit nur in dem Reich so ainhellig zusamenhalten, sonder auch außlendische potentaten und deren khriegßvolkh zu hülf nemen, ja sogar Türkhen und Tartarn auf und in dz Reich zu bringen und also der catholischen religion sambt des Reichs hoheitt den garauß zu machen sich understehen, so ist ja büllich, dz auch die catholische in- und außlendische potentaten aufwachen und zu verfechtung und erhaltung der religion, auch ihrer selbst landt und leuth, welche hernegst eben in solcher gefahr stekhen wurden, ainhellig zusamen, auch mit und neben E. Mt. sambt dero gehorsamen assistirenden stendten dz eussiriste darauf sezen.³

Belangendt leztlich die neutralitet, dardurch der könig in Schweden thailß catholische stendte von der gemainen defension abzuziehen trachten solle, ist zwar nit ohne und mir auch anderwertig die nachrichtung vorkhomen, dz sich der Schwedt, dergleichen zu erhalten, anmasse, wie mir dan in specie der bischoff von Bamberg⁴ communicirt, was er S. L. zu solchem ende für schwere und nachdenkhliche sachen

---

3 Ursprünglich folgte noch: „Weiln gleichwol dem Reich und dem iezigen übelstandt mit einfüehrung vüll außlendischen volkhs besorglich wenig geholfen und auß mangl der underhaltungßmüttel leichtlich noch schwerere inconvenientia entspringen mechten, auch noch guettermassen bekhant, wie es vor disem mit dem außlendischen volkh hergangen, als werden E. Mt. ohne zweifel darauf gedacht sein, solche anstalt in ainem und anderm zu verfiegen, dz dieselbe und dero getreue assistirende stendte von dergleichen union und deren effect mehrern nuzen als schaden zu gewarthen haben." – Diese Passus wurde dann aber getilgt.

4 Nach Ausweis des oben Anm. 1 zitierten *Journals Richels* vom 12. November hatte Wolkenstein auch die Frage aufgeworfen, „ob nit pfalzgf. Neuburg anzudeuten". – Als Ausschreibende Fürsten des fränkischen Reichskreises wandten sich der *Bischof von Bamberg und Markgraf Christian von Brandenburg* mit Schreiben, 7./17. Nov. 1631 (Ausf. KrA 69 Konv. November fol. 72–74, mit Vermerk der kaiserlichen Kanzlei: „Wegen neutralität"), an den Kaiser: Bitten um Abhilfe des Notstandes im Reich und um Entschuldigung, wenn angesichts solcher Gefahren der eine oder andere Stand zur Abwendung seines gänzlichen Untergangs wider seinen Willen etwas eingehen müßte, was er sonst nicht im Sinn hätte.

zuegemuethet. Wie aber leichtlich zu ermessen, was durch einwülligung dergleichen neutralitet sowol dem Reich insgemain als auch ainem jetwedem standt insonderheitt für merkhliche gefar, schaden und ungelegenheitten zuewachßen und erwekht wurden, als wüll ich nit underlassen, da ainer oder anderer catholischer standt sich mit dergleichem schödlichem begünen solte vertieffen wollen und mir darvon nachrichtung zuekhomen, solches durch wolmainende erinderung, wie gegen dem bischoffen zu Bamberg alberait beschehen, sovil mir möglich verhüetten zu helfen." – 13. November 1631.

Konz. Ranpeks mit Korr. Maximilians und Richels Kschw 73 fol. 329–333. Ben. bei KAISER, Politik S. 485 Anm. 125, S. 494.

## 440. Kurköln an Maximilian

November 13

Pfalzfrage – Französischer Vorstoß in Sachen Neutralisierung Kurbayerns und der Liga – Verzicht auf Unterrichtung des Kurfürsten von Mainz

Bezug: Schreiben vom 31. Oktober [oben Nr. 414], das er am 8. November durch Kurier[1] erhielt. – Was die Pfalzfrage angeht, so bedauert er, daß Maximilian seine eigene Meinung nicht mitteilte, da er sich in dieser Frage nach ihm als dem Chef des Hauses zu richten hat. – „Und ist zwarn auß denen mituberschikhten vorschlägen so viel abzunehmen, daß man dem ansehen nach am Kaiserlichen hoff fast inclinirt, den pfalzgraf Fridrichen deren zu Regenspurg wegen der renunciation auf die kfl. dignitet außbedingter condition zu erlassen und denselben gegen laistung der übriger von der aacht zu absolvirn, die khinder auch zu Kaiserlichen gnaden aufzunemmen, denselben allen die verglaidung[2] im Reich zu verstatten und, waß die Spänische in der Undern Pfalz inhaben, widerumb zu genüessen ein[zu]raumen, alß vil aber die curdignitet belangent, eß bei dero von Irer Ksl. Mt. beschehener disposition dergestalt zu lassen, dz durch all solche absolution, einraumung und vergleich kheinem thail an seinem rechten ichtwaß abgehen oder zuewaxen solle. Ich habe auch bei demme von Ihrer Ksl. Mt. ahn E. L. vom 21. Octobris abgangnen schreiben[3] wahrgenommen, daß Ir Ksl. Mt. alles deßjenigen, waß zwischen deroselben und E. L. wegen der

---

In seiner Antwort, Wien, 16. Dez. 1631 (Konz. KrA 69 Konv. Dezember fol. 80–81), forderte der *Kaiser* die beiden Fürsten mit Hinweis auf den Mühlhausener Konvent zu fortwährender Standhaftigkeit auf.
1 Nach Ausweis eines Postskriptums *Kurkölns* an Maximilian, [9. Nov. 1631] (Ausf. mit Vermerk der bayerischen Kanzlei Kschw 960 fol. 439), war der Kurier am 1. November abends um drei Uhr von München aufgebrochen und am 8. des Monats in Bonn eingetroffen.
2 Vgl. dazu GRIMM XII/1 Sp. 406 s. v. Vergeleitung (schützende Führung; Schutzbrief), ZEDLER XLVII Sp. 655 s. v. vergeleiten (jemandem ein sicheres Geleit erteilen).
3 Oben Nr. 398.

Pfälzischen landen und der churdignitet verhandlet und versprochen worden, wol eingedenkh, auch nit gesünt, demselben ichtwaß zuwider einzurhaumen oder zu bewilligen, sonder vielmehr E. L. bei geschlossnen pactis zu handthaben, sich auch versehen wollen, solches würde [der] cron Spänien nit zuwieder sein, sondern dieselbe mehrers darzue helfen und concurriren.

Nun weiß ich mich noch eingedenkhlich zu erinneren, daß E. L. biß dohin fast der mainung gewesen, weiln Ire Ksl. Mt. es darfurgehalten, daß ihro die disposition über die churdignitet und landen lediglich haimbgefallen und dieselbe darauf Euer L. mit der chur investirt und wegen der Oberen wie auch etlicher in der Underen Pfalz gelegner örther sichern tractatus eingangen, daß es Ire Mt. auch von rechts wegen obligen wurde, Euer L. dabei zu manuteniren und alles widrigs abzuwenden.

Wiewol nun zu besorgen, wan der pfalzgraf von der acht absolvirt und zu thails seiner landen restituirt, auch, im Reich sich ungehindert ufzuhalten, bemechtigt, dz er zue erlangung des übrigen sich eußrist bemühen und bei jezigen coniuncturen darzue hilf und aszistenz fünden werde, vorab weiln andere chur- und fürstliche heuser propter ius agnatorum mit ihme einstimen und sich mit interessirt halten wollen, so stehet doch auch in achtung zu nehmen, wan Euer L. obbedeiter Kaiserlichen zuesag wegen handthabung dessen, was deroselben disfahlß Kaiserliche verspröchen und alberaits eingeraumbt, versichert sein oder werden [w]ollen, dz es am Kaiserlichen hof und anderwerz darfürgehalten werden mögte, alß hetten E. L. ihres thails ein mehrers zu praetendieren noch[4] die achtsabsolution und einraumung der andern Pfalzischen landen zu hindern, und wan solches gleich understanden werden solte, am Kaiserlichen hof (weil man auf deß Engellendischen ambasciadors abfertigung so starkh antringet und sich lenger nit aufhalten lassen wolle) ohnedaß damit verfahren und E. L., als wehren sie zum fridlichen wesen wenig genaigt, beigemessen werden mögte.

E. L. tuen zwarn die andeuttung, alß solle der Engelische gesandte von dero von Ir Ksl. Mt. E. L. beschehner belehnung mit der Churpfalzischen dignitet erfolgter extension auf unsere Wilhelmische lini nit berichtet sein. Alldiweil man aber am Ksl. hof die sachen nit so gewarsam und gehaim zu halten pflegt und, wie ich berichtet, andere darvon wol discurrirt, so stehe ich wol in sorgen, ermelter ambasciador mögte solcher beschaffenheit nit so gar unberichtet sein, solches aber fur dießmahl und biß zue besserer gelegenheitt also ungemerkht hingehen, sich vorerst mit der absolution und einraumung obbedeütten anthails der Underpfalzischen landen contentiern lassen und hernegst mit der anderen chur- und fürstlichen heüser assistenz obbedeütte extention eüssrist bestreüten. Und wolle also zue E. L. hochvernunftigen nachdenken gestelt sein lassen, ob nit ihrerseiz dz im Kaiserlichen schreiben der manutenenz und handthabung halber beschehneß anerbietten zu acceptiren, aber dabei zu begeren, wan Ihr Ksl. Mt. von denen zu Regenspurg bedachten conditionibus umb so viel nachzugeben gemaint, die renunciation auf die chur daraußzulassen, daß E. L. gleichwol ihres von der Ksl. Mt. erlangten rechtens zu der chur und

---

4 GRIMM VII Sp. 875 s. v. noch 3 a.

einhabenden landte mit guettem bestandt zu versichern, daruber dan mit E. L. billich vorhero zu tractieren und zu dero begnüegen vergleichung zu treffen, inmassen dan alß lang solches nit geschehen, deroselben der verzüg mit fuegen nit beizumessen. – Sollen aber E. L., alß deren die umbstendt deß ganzen wesens und sonderlich waß bei iberlassung der Obern und etlicher ämbter in der Undern Pfalz außbedingt und conditionirt, besser alß mir bekhandt, andere gedanken haben, domit werde ich mich allzeit gern conformiren."

Das Anbringen der beiden französischen Gesandten bei Maximilian, das er kurz rekapituliert, kommt ihm „sehr schwer und wichtig vor. Und gehet mir eines theilß zu gemueth, daß es mit dero dem grafen von Tilli undergebner armada also, wie in E. L. schreiben mit mehrerm angedeütet, bewandt, und weil so schlechte mittlen, die dabei täglich mehr und mehr zuenemmende defectus und mängel zu verbessern, dz, menschlicher weiß davon zu iudiciren, deren dissolution mehrers zu befahren, alß zu hoffen, dz der feindt dardurch widerumb zuruckhgetriben und dessen ferrere progressus sollen verhindert werden, und dahero zu besorgen, daß, wie alberaith der anfang gemacht, ein stüft nach dem anderen fernerß verlohren und wan die gegenthailen gar zu weith die oberhandt gewonnen, daß die recuperation alßdann vil schwerer zu erlangen sein wurde.

Anderen theilß aber sein mir auch diese sorgfeltige gedanken beigefallen, wan obbedeute vorgeschlagne neutralitet dahin angesehen und gemaint sein solle, dz man die catholischen stendte zwarn unbelaidigt lassen und (wie es vermuettlich wol khein andere mainung haben werde), waß denselben abgenommen, widerumb restituiren wurde, dz man alßdann Ihr Ksl. Mt. immervort bekriegen, deren erblandt feindtlich iberfallen und dz hauß Osterreich gleichsamb zu grundt ruinieren wolle, die catholische stendt aber alß neutralen [!] demselben stilschweigendt zuesehen solten, daß es denselben sehr verweisslich nachgehalten und schwehrlich zu verantworten sein möchte, dz sie sich von ihrem höchsten haubt und lehenherrn separieren, alß vil [an] ihnen, [ihn] hülfloß lassen solten, vorab auch bei jezo gegenwärtiger occasion, dho die catholische churfürsten und unierte stende jungsthin zue Regenspurg sich eines viel anderen bei damaligem schedlichen einfall ins Reich gegen Ire Ksl. Mt. erkhlert und eingelassen, anderer mehrer gefehrlichkheiten und inconvenientien [zu] geschweigen, welche den catholischen aus solcher des hauß Österreich vorhabender ruinierung, wann dieselbe ervolgen solle, zuewachsen oder auch, wann durch Göttlichen beistandt Ire Ksl. Mt. sich also separiert und dieselbe in solchen nöthen verlassen, begegnen köndten, wie solches ein jeder bei sich vernunftiglich uberlegen khan.

Und ist mir also bei solcher bewandtnus in gedanken khommen, ob nit rathsamber sein mögte, daß eine gemeine friedenstractation zwischen Ir Ksl. Mt. und den catholischen mit den protestierenden alsobald widerumb fürgenommen und re[as]sumiert werden möchte und, demnach khönig in Schweden (inmassen er sich laut beikhommender Churmainzischer avisation[5] albereit vernemmen lassen) solche nit zuwider,

---

5 Vom 3. November, oben Nr. 423 Anm. 1

allein das er bei derselbigen mit interveniren wölle, das der khönig in Frankhreich sich dabei auch interponiren möchte, damit den catholischen bei ieziem zuestandt von denn gegenthailen kheine irer religion und den Gottseligen stiftungen widerige conditiones aufgetrungen, sonder dieselbe bei dem Passauischen vertrag und religionfriden gehandthabt und alles widerige abgeschafft werden mögte, inmassen es auch wol dienlich sein wurde, daß die Kgl. Wrd. in Frankhreich daruber grundtlich informirt und man deren hiebei habender intention wol gesichert sein möchte.

Und weil vermittels solcher fridenstractation die armee und kriegsmacht allerseits deponirt und auß dem Reich gefüehrt, Ir Ksl. Mt. zu steiffhaltung und festhaltung der gulden bull, capitulation und reichsconstitutionen angewisen und vermögt, die wegen deß hauß Österreich von Franckhreich und andern aufgefaste gelosia aufgehoben und die bei ieziem kriegswesen vorgangne unordnungen cassirt wurden, so wehre zu hoffen, daß man solcher gestalt einßmahlß auß diesem hochbetrübten ellendt errettet werden mögte, darumb dann die catholische der cron Franckhreich deß ersprießlichen verhofften beistandts halber sich billich hoch obligirt zu halten.

Ich weiß mich sonsten wol zu erindern, daß dieses alles in ein und anderm sachen sein, welche zue ferneren gesambten haubtdeliberation gehörig. Weil mir aber diß werkh allerseits beschwerlich vorkhombt, so habe ich meine beifellige zumahl unvergreifliche gedankhen in herbrachtem vertrawen E. L. hiemit eröfnen wollen, freüntbrüderlich begehrendt, dieselbe gerüehen, mir ihrer gemüetzmainung zu khunftiger weitterer nachrichtung in gleichmessigen vertrawen zue ihrer guetter gelegenheitt ebenmessig zu offenbahren.

Und obwol wegen deß von Ir Ksl. Mt. vorhabenden neuen [convents] mir biß anhero von Churmeinz noch nichts zuekhommen, so ist doch von E. L. wol bedacht, daß auf den fahl solcher ein oder anderer beisammenkhonft furgehen solle, daß doch nottig sein wolle, Churmainz L. von obangedeutten der Französischen gesandten vorschlag und anbringen vorher zu berichten, domit die abgesandten darüber notturftig instruirt. Ich wehre auch nit ungenäigt gewesen, auf E. L. gesinnen jemanden der meinigen zue solchem endt nacher Mainz L. abzuordnen. Weil aber zu vermueten gestanden, Ihre L. wurden hiebei allerlei dubia moviren, ich aber, weil ich selbsten der intention obbedeutter neutralitet nit so aigentlich berichtet, denselben darauf und welcher gestalt solche furfallende dubia bestendig zu resolviren oder bericht zu geben, der notturft nach zu instruiren nit gewüst, und also noch mehrer zeitt verlohren, beinebens auch die beisorg getragen, es mochte von dann aus (inmassen etlicher leüth daselbsten obligationes wol bekhannt) das werkh an Ksl. hof notificirt undt darauß zu ferneren verdenkhen gegen E. L. und mich uhrsach gegeben werden, so habe ich dienlicher erachtet, mit solcher abordnung noch zur zeit einzuhalten, und wolle zue E. L. fernerm hochvernünftigen bedenkhen gestelt sein lassen, ob solch werkh durch den Französischen gesandten (alß welcher vor diesem auch bei Ihrer L. gewesen) selbsten anbracht und, mit den andern catholischen stenden dariber zu deliberirn, begert, oder aber zu verhüettung müßtrawens iemand von den irigen, welcher aller umbstenden genuegsamb bericht, zue wolermelt Churmainz L. abzuordnen sein mogte." – Köln, 13. November 1631.

Ausf., dechiffriert, Akten 258 fol. 70–74 und 77. Zitiert und ben. bei ALBRECHT, Ausw. Politik S. 326 Anm. 70; KAISER, Politik S. 492.

## 441. Der Kaiser an Tilly

November 13

Tillys Kriegführung

„Ich khan euch nit verhalten, dz ich mich sehr perplex befinde, indeme ich von eueren progreszen wider den Schweden so gahr nichts mag vernehmmen, da doch anderwertig hie und von allen orthen einkhombt, dz ihr dem feindt mit der macht und anzahll deß khriegsvolkhß weit überlegen, und also nun ohnedz die gegenwertige zeit erfordern thuet, ehist zur sachen zu thun und uf alle weeg dem feindt den fortl wegen der winterquarthier abzuringen. Daher ich dann mit verlangen von euch zue wissen und die ursachen zu vernehmmen begirig, wannenher dieser saumbsall und gefehrliche procrastination herfliesse. Solte es alles an provision und verschaffung deß geldts gelegen sein, wurdet ihr zweifelßohnne sowol von dem vorigen currir alß auch bereiths dem graven von Mansfeldt vernohmmen haben, wasgestalt man damit im völligen werkh begriffen seie. Da und zum fall aber eß sich an etwo andderm stossen und anstehen solte, begerthe ich von euch, daß ihr mir desthalber umbstendige und ausfiehrliche clare information bei disem currir uf daß ehiste einzuschickhen, darin ich mich finden und nach gestaltsamb die nothwendige remedierung in zeiten verschaffen khöndte. Ainmahl hab ich daß ganze werkh, daran nit weniger dem Hl. Röm. Reich alß meinen erbkhönigreich und landen gelegen, euch und euerer bekhandten grossen khriegßexperientz, valor und fidelitet commitiert und gdist anvertrauet. Zweifle darbei auch nicht, ihr euerß theils bei allen occasionibus dz eurige wie biß anhero also auch noch hinfihro praestieren werdet. Jedoch aber weil numehr der winter vor der thür und under einsten auch die feindte in meinem erbkhönigreich und landen je lenger, je mehr einfallen, alß hab ich auß angelegener sorgfalt euch dessen nochmahlß erindern, auch gdist ermanen wollen, neben meinen der orten beihabenden hohen khriegsofficirn alleß wol zu erwegen, die zeit und occasiones, sovil alß imer thunlich, nit uß handen zu lassen, sondern allen möglichisten abbruch dem feindt zue thun und bei disem meinem eigens abgefertigten currier mich alleß ausfiehrlich und verleßlich [zu] berichten." – Wien, 13. November 1631.

Kopie Kschw 13495 fol. 348. Ben. bei HÜBSCH S. 107.

## 442. Kurköln an Maximilian

November 16

Neutralität gegenüber Schweden – Mühlhausener Konvent – Verstärkung der Garnisonen an Rhein und Main

„Ob zwarn E. L. jungsthin durch deroselben currirn undern andern zugeschrieben,[1] daß in materia der Schwedischenn neutralitet[2] mir mehr nichts vorkommen, so werden doch E. L. seithero auß Ihrer Ksl. Mt. durch deroselben currirn annbragtem schreibenn[3] (dergleichen ich dann auch empfangen), vernommenn habenn, daß mann beim Ksl. hoff von bedeuter neutralitet bereits auch guete nachricht und wißennschaft hat und waß dießfalß hochstg. Ihrer Ksl. Mt. allergnedigiste intention und begerenn ist.[4]

Weilen nun Ihre Mt. in ihrem andern mitkommenem schreibenn[5] sich allergnedigist resolvirt, daß sie sich gefallenn laßenn, daß der vonn landtgraff Georg zue Heßenn L. nacher Mülhausenn anderwertlich vorgeschlagener conventus auf bestimbte zeit

---

1 Am 13. November (oben Nr. 440).
2 Zu diesem Thema heißt es in einem weiteren Schreiben *Kurkölns* an Maximilian, Köln, 16. Nov. 1631 (Ausf., teilweise dechiffriert, Kschw 960 fol. 463–465, mit Anlage fol. 469): Teilt vertraulich mit, „daß man von der neutralitet mir auß Hollandt schon geschrieben, wie E. L. auß meines agentens schreiben zu ersehen. Und hie in der statt sagen die leüth darvon, weil es zu Wienn auch schon ruchtbar (wie E. L. auß Ihrer Mt. schreiben [vom 2. November, oben Nr. 420] werden gesehen haben) daß der Schwed die neutralitet begert, alß ob E. L. mit dem Schweden so weit in verstandt durch Franckhreich gelangt, daß sie sich mit iren landen nichts zu befahren und derentwegen durch den von Tillj khain weitern ernst liessen brauchen. Welches (ob ich zwar besser weiß) mir gleichwol laid und wehe thuet, dz ichs hören mueß, daß thails leüth dergestalt reden. Waß mir sonsten bei dem vorschlag der neutralitet zue gemueth gangen, habe E. L. ich bei dero curriren fr. zugeschrieben [oben Nr. 440], darauff ich mich referire." Zu diesem Punkt heißt es in der Antwort *Maximilians*, 27. Nov. 1631 (Konz. Oexels mit Korr. und Zusätzen Maximilians und Peringers, teilweise zu chiffriren, Kschw 960 fol. 505–507. Ben. bei KAISER, Politik S. 481 f.): Es „bekhommert mich zwar nichts, was man anderwertz darvon außgeben thuet. Ich kan aber E. L. versichern, dz mir damit ohnrecht beschicht. Dan da deme also, bedörfte man deß herobigen volkhs nicht so sehr. Ia ich stehe eben in grösserer gefahr weder andere, weiln ich mir durch die bishero geführte kriegsdirection und darschießung für andere, saumige dz mehrste odium auf den halß gezogen, auch der feindt und seine adhaerenten darfürhalten, wan ich auß dem weg geraumbt, ihrer sachen schon geholfen sein wurde. Ohne ist es nicht, wan ich so gar allenthalben bloß gelassen und nicht secundirt werden solte, inmassen dann mit manchirung der bundtscontributionen und separation der Kaiserlichen armada geschehen will, daß ich endtlich, weiln, wie leichtlich zue erachten, mir daß pondus allain zu schwähr und ohnerträglich, dergleichen einzugehen und solche mittel zue verhüetung größern ohnhaill zue appraehendieren, die ich sonsten wohl underlassen hette, wohl wurde gemüssigt werden."
3 Vom 2. November (oben Nr. 420 mit Anm. 1).
4 Hinsichtlich des Themas Neutralität gegenüber Schweden beschränkte *Maximilian* sich darauf, seiner Antwort an Kurköln, München, 24. Nov. 1631 (Konz. Oexels mit Korr. Peringers Kschw 960 fol. 503–504), eine Kopie seiner Antwort an den Kaiser (oben Nr. 439) beizufügen.
5 Vom 5. November (oben Nr. 428 Anm. 3).

und mahlplatz furtgesetzt werde, so habe ich bei mir darfürgehalten, daß eine hohe nohturft sein wolle, weilenn bei solcher beikunft de summa rei, religione et Imperii salute zue tractirn, daß aufs wenigist wir gaistliche churfurstenn sambt E. L. abgesandten vorhin in persona beisammenn kommenn und underredung pflegenn und unß einer meinung vergleichenn muchtenn, welcher gestalt die gesandten zue instruirn." Fügt seine einschlägigen Schreiben an die Kurfürsten von Mainz und Trier bei.[6]

„Allein ist mir underdeßenn dieser scrupulus beigefallen, weilenn der kölnig in Schwedenn so woll alß auch Heßenn solche starke progressus thuen,[7] indeme jetzt ebenn eingelangtenn avisenn nach der Schwede sich der stat Hannauw und anderer Maintzischer am Main gelegener orthenn bereit auch bemechtiget und also je lenger, je mehr nit allein der stat Franckfurt, sondern auch Mäintz zunahet, ob obwolermelte beede hern churfurstenn auch bedenkens tragen werdenn, sowoll wegenn der reisen alß auch anderer gefahrenn, so ihren landen in ihrem abwesenn begegnenn müchtenn, sich vonn ihrenn ertzstifterenn ab an einen dritten ort zue begebenn, dergleichenn ich dann auch meines theils weniger nit, weilenn ich denn General Staaten so nahe und dieselbe denn guarnizoun zue Wesell extraordinarie gesterket, zu considerirn und in achtung zu nemmen. Und hielte ich umbso viell mehrerß hochstnöhtig, das E. L. die verordtnung ergehenn laßenn woltenn, damit die Main- und Rhein-

---

[6] *Kurköln* an Kurmainz, Köln, 15. Nov. 1631 (Kop., mit den Vermerk: In simili an Kurtrier, Kschw 960 fol. 473–474). – Die von Kurköln vorgeschlagene Zusammenkunft hielt *Maximilian* in seiner Antwort an Kurköln vom 24. November (oben Anm. 4) zwar grundsätzlich für nützlich, zweifelte aber wohl an ihrem Zustandekommen und verwies auf den geplanten Konvent in Ingolstadt.

[7] Die Gefahren, in denen der ganze Rheinische Distrikt mit den drei geistlichen Kurfürstentümern und anderen ansehnlichen Landen schwebe, war auch Gegenstand des oben Anm. 2 zitierten *Kölner Schreibens* vom 16. November, wobei Kurköln erneut um Truppen- und zwecks Finanzierung seiner Werbungen um Geldhilfe bat. Vor allem zeigte er sich schockiert von der von Griesheim, kurmainzischem Amtmann zu Fritzlar, der sich mit Beglaubigungsschreiben des Kurfürsten von Mainz und Tillys ausgewiesen habe, übermittelten Nachricht, „welcher gestalt der graf von Tilli zwarn auß wichtigen uhrsachen sich schon zu dem winterleger und der retirada aufwarts zue begeben, willens und, solche höcher nach der Obern Pfalz fürzuenemen, bedacht, gleichwol ein corpo von etlich 1.000 mann herunden umb den erzstift Mainz verlassen wolte." Ohne die Zurücklassung eines starken, einer Armee gleichen Corpo am Rhein, sei man hier dem Feind und seinen auf den Untergang der Erzstifter gerichteten Vorhaben wehrlos ausgeliefert. – Um Verstärkung des im Erzstift Mainz verbliebenen Korps, das dem Vernehmen nach in die Wetterau geführt werden solle, mit Truppen der Armee Tillys, das man dann sowohl gegen Schweden als auch gegen den Landgrafen Wilhelm von Hessen einsetzen könne, ersuchte *Kurköln Maximilian*, erneut aus Köln, 20. Nov. 1631 (eigenh. Ausf. Kschw 960 fol. 484–485). – Auf diese beiden Vorstöße antwortete *Maximilian* in seinem Schreiben vom 27. November (oben Anm. 2. Ben. bei KAISER, Politik S. 471 mit Anm. 50, S. 476 Anm. 81, S. 477) mit dem Hinweis auf seine bisherigen Ausführungen in Sachen Truppen- und Geldhilfe. Gleichzeitig verwies er Kurköln auf die Kommandierung Pappenheims in die unteren Reichskreise und auf die von der Diversion des Feldmarschalls zu erwartende Sublevierung und Versicherung der Kölner Territorien. Den Hinweis auf die Diversion Pappenheims wiederholte *Maximilian* in seiner Antwort auf das *Kölner Schreiben* vom 23. November (unten Nr. 452), 1. Dez. 1631 (Konz. Oexels mit Zusätzen Peringers Kschw 960 fol. 515).

stromb, soviell mann derenn noch in der catholischen gewalt hat, mit gnugsambenn volk besetzt und versichert werdenn müchtenn,[8] weilenn allem vermuhtenn nach der könig in Schwedenn selbiger ortenn desto balder ferrerß einzubrechen understehen wirt, weilenn der graf vonn Tilli, wie ich berichtet, aufwarts gegenn der Obern Pfaltz sich zue begebenn, im werkh sein solle." [...] Köln, 16. November 1631.

Ausf. Kschw 960 fol. 470–471. Ben. bei H.-D. MÜLLER S. 52 Anm. 2.

## 443. Der Kaiser an Maximilian[1]

November 16

Admission des Königs von Schweden zum Mühlhausener Konvent

Knüpft an seine Sendung vom 5. November an und teilt einschlägige Schreiben Landgraf Georgs von Hessen-Darmstadt[2] und des Kurfürsten von Mainz[3], betreffend die

---

[8] Die Verstärkung der Garnisonen an Rhein und Main sei, so erklärte *Maximilian* in seiner Antwort vom 24. November (oben Anm. 4) mit Hinweis auf die Abberufung der kaiserlichen Truppen nach Böhmen, völlig unmöglich. Er wisse in der Eile keinen anderen Ausweg als einen Waffenstillstand, zu welchem Thema er einen Auszug aus seinem einschlägigen Schreiben an Kurmainz [vom 21. November, unten Nr. 457 Anm. 1] beifüge.
[1] Ebenso: der *Kaiser* an Kurköln, Wien, 16. Nov. 1631 (Konzept-Kopie RK RTA 100b fol. 123 und 128. Resümee bei FORST S. 613 Nr. 20 C). – Auf einer Kopie des oben Nr. 443 gedruckten Schreibens (Akten 203/II) ist von Kanzleihand vermerkt: „Daß original hat h. von Starzhausen mitgenommen". Demnach hat Maximilian das Schreiben via Starzhausen (unten Nr. 450 Anm. 1) Tilly zur Kenntnis gebracht.
[2] *Landgraf Georg von Hessen-Darmstadt* an den Kaiser, Darmstadt, 25. Okt./4. Nov. 1631 (Kop. Akten 203/II; Ausf. RK RTA 100b fol. 2–3; Konz. des Fabricius HStAD E 1 C Nr. 7/2 fol. 96–97 Druck bei FORST S. 611 f. Nr. 18), mit der Anlage: *Protokoll* über den Vortrag der hessen-darmstädtischen Räte bei Kurmainz, Mainz, 24. Okt./3. Nov. 1631 (K. Akten 203/II. Druck bei IRMER I Nr. 10). – Diese Sendung des Landgrafen sowie das einschlägige *Mainzer Schreiben* an den Kaiser vom 3. November (oben Nr. 423 Anm. 1) waren Gegenstand eines *Gutachtens kaiserlicher deputierter Räte*, s. d., mit *Votum des Geheimen Rates* (König von Ungarn, Dietrichstein, Eggenberg, Meggau, Slawata, Breuner, Thun. Reck [als Referent der deputierten Räte]. Arnoldin [als Sekretär]), 15. [November] 1631 (RK RTA 100b fol. 8–11), auf dem die Antworten des *Kaisers* an den Landgrafen (unten Anm. 4) und an Kurmainz (unten 5) sowie seine Schreiben an Maximilian und an Kurköln (oben Nr. 443, oben Anm. 1) basieren. Das vorstehend mit eckigen Klammern markierte Datum wurde von der Bearbeiterin korrigiert aus der falschen Monatsangabe (Oktober) der Vorlage.
[3] Oben Nr. 423 Anm. 1.

Frage der Admission des Königs von Schweden zum Mühlhausener Konvent, sowie seine Antworten an den Landgrafen[4] und den Kurfürsten[5] mit.

„Und ersuchen hierauf E. L. zugleich freundlich, vetterlich und gnediglich, si uber ein und das ander in möglichster eill (weil die zeit kurz und wir unß dem herkommen gemeß eines einhelligen kfl. guettachtens für dißmahl nicht erholen noch deßen ohne gefahr erwarten können) mit des churfürsten zu Maynz L. vleißige communication pflegen, und darauf alßbaldt, wofern ia wider mehrgedachts landgraff Geörgens wolmainendt gethanen fürschlag und unßere darauf erfolgte eventualerklerung[6] kein sonderlich und erheblich bedenkhen im wege, einen würkhlichen anfang mehrerwehnter guettlichen tractation ohne weittere dilation machen lassen. E. L. befördern hieran ein allgemain nuzlich und hochnothwendiges werkh, so zu ihrer aignen privat- nicht weniger alß allgemainer des Hl. Reichs conservation geraichen mag." – Wien, 16. November 1631.

Ausf. Akten 203/II.

---

[4] Der *Kaiser* an Landgraf Georg, Wien, 16. Nov. 1631 (Kop. Akten 203/II; Ausf. HStAD E 1 C Nr. 8/1 fol. 357–360; Konz. RK RTA 100b fol. 4–6. Druck bei FORST S. 613 Nr. 20 B; ein wenig hilfreicher Auszug bei KLOPP, Tilly II S. 476 Nr. LXXX); zum Präsentationsdatum (9. Dezember) vgl. unten Nr. 488. – Am Schluß des Schreibens forderte der Kaiser den Landgrafen auf, das heilsame Friedenswerk rasch zu fördern, und versicherte, er selbst werde „der catholischen churfürsten L.L.L. hirzu *beweglich anmahnen*" und sie anschreiben. In der Maximilian am 14. Dezember von *Landgraf Georg* (unten Nr. 483) übersandten Kopie (Akten 203/II) hat Maximilian das vorstehend kursiv Gedruckte markiert und mit dem Vermerk versehen: „N. Alß wann eß so hochnötig were! Summa: man schiebt dz odium von sich."
Die noch ausstehende Resolution des Kaisers in Sachen Admission des Königs von Schweden zum Mühlhausener Konvent war Ende November Gegenstand der Korrespondenz des Landgrafen mit Kurmainz. Auszüge aus dem einschlägigen Schreiben des *Landgrafen Georg* an Kurmainz, Gießen, 11./21. Nov. 1631 (Konz. HStAD E 1 C Nr. 7/2 fol. 289–291), und der Antwort des *Kurfürsten von Mainz*, Mainz, 24. Nov. 1631 (Ausf., präs. Gießen, 17./27. Nov., HStAD E 1 C Nr. 8/1 fol. 116–118), sind gedruckt bei IRMER I Nr. 20 und 24.

[5] Der *Kaiser* an Kurmainz, Wien, 16. Nov. 1631 (Kop. Akten 203/II; Konzept-Kopie RK RTA 100b fol. 129 und 134. Druck bei FORST S. 612 f. Nr. 20 A; ein wenig hilfreicher Auszug bei KLOPP, Tilly II S. 476 Nr. LXXX). – In dem Druck bei FORST ist S. 612 Zeilen 9 f. v. u. statt „unsere *genesene* ksl. resolutiones" zu lesen: „unsere *gemessene* Ksl. resolutiones".

[6] Diese in der Antwort des *Kaisers* an den Landgrafen vom 16. November (oben Anm. 4) enthaltene Eventualerklärung geht auf das Konto des *Geheimen Rates* (oben Anm. 2). Die *kaiserlichen deputierten Räte* (oben Anm. 2) hatten empfohlen, der Kaiser möge, bevor er sich dem Landgrafen gegenüber erkläre, die Gutachten der katholischen Kurfürsten abwarten.

## 444. Kurmainz an Maximilian[1]

November 17

Teilnahme des Königs von Schweden am Mühlhausener Konvent – Bereithaltung der bayerischen Gesandten

Übersendet ein Schreiben Landgraf Georgs von Hessen-Darmstadt mit beigefügter königlich schwedischer Resolution.[2] „Undt dieweiln auß besagts königs in Schweden resolution soviel erscheindt, daß derselbe ihme solche tractation nicht zuwider sein lassen würdt, auch zu hoffen, beeder unßerer mitchurfürsten zu Sachssen und Brandenburg L.L., bevorab, wan sie unßer der catholischen churfürsten erclärung vernhommen, gleichmessig intentionirt sein werden, alß getrösten wir unß, E. L., die ihrige in solcher bereitschaft zu halten, freündtlich belieben lassen werden, damit uff ferner zuschreiben die deputirte räth undt gesandten gegenn anbestimbte zeit nacher Mülhausen abgefertigt werden mögen." – Mainz, 17. November 1631.

Ausf. Akten 203/II.

---

1 Ebenso: *Kurmainz* an den Kaiser, Mainz, 17. Nov. 1631 (Ausf. RK RTA 100b fol. 116–117). In der Antwort *Maximilians* an Kurmainz, 25. Nov. 1631 (Konz. Ranpeks mit Zusätzen Peringers Akten 203/II), heißt es u. a., er sei seiner „voriger erkhlerung gemeß, da wir nur deß aigentlichen fortgangs berhürten tags vergewisset, nachmaln wüllig und erbiettig, unsere gesandten mit gehöriger notturft dergestalt in verwahrt zu halten, dz sie auf weüttere avisation und benennung der aigentlichen zeütt, insonderheitt auch da des sichern paß und repass halber vorher die nothwendige und zumaln zuverlessige anordnung beschehen, gleich strakhs vortraißen khönden." – Im gleichen Sinne fiel die Antwort des *Kaisers* an Kurmainz, Wien, 2. Dez. 1631 (Konzept-Kopie mit Korr. RK RTA 100b fol. 60), aus. – Zu seinem Vertreter in Mühlhausen bestimmte der Kaiser den Deutschmeister, der sich aber entschuldigte, da es ihm „je filler mir hochobligenden, auch ein zeithero beschwerlichen begegnussen und unvermiglichkeit halber nit miglich" sei, die ihm aufgetragene Kommission zu übernehmen. Vgl. dazu ein Schreiben des *Kaisers* an den Deutschmeister, s. d. (Konz. RK RTA 100b fol. 119–120), sowie die Antwort des *Deutschmeisters* an den Kaiser, Kapfenburg, 14. Dez. 1631 (eigenh. Ausf. ebenda fol. 54–55).

2 *Landgraf Georg von Hessen-Darmstadt* an Kurmainz, Rüsselsheim, 6./16. Nov. 1631 (Kop. Akten 203/II. Ben. bei FROHNWEILER S. 41), der *König von Schweden* an Landgraf Georg von Hessen-Darmstadt, Ochsenfurt, 2./12. Nov. 1631 (Kop. 203/II. Druck bei IRMER I Nr. 19). – Dem Kaiser übersandte *Landgraf Georg* mit Postskriptum, 7./17. Nov. 1631 (Ausf. RK RTA 100b fol. 64), eine Kopie (ebenda fol. 65) des vorstehend zitierten *schwedischen Schreibens*. In der Antwort des *Kaisers* an den Landgrafen, Wien, 2. Dez. 1631 (Ausf., präs. Gießen, 18./28. Dez., HStAD E 1 C Nr. 8/2 fol. 247–248; Konz. RK RTA 100b fol. 62; Kop Akten 203/II), heißt es u. a., der Kaiser sehe der weiteren Erklärung des Königs von Schweden und der Resolutionen der Kurfürsten von Sachsen und Brandenburg entgegen. Inzwischen werde er Vorsorge treffen, „damit unsere gesandte auf D. L. einkommenden fernern bericht gefast sein und zu der vorstehenden churfürstlichen versamblung zu rechter zeit erscheinen mögen."

## 445. Maximilian an den Kaiser[1]

November 18

Interzession des Königs von Dänemark für seine Söhne

Übersendet ein Interzessionsschreiben des Königs von Dänemark betreffend die Ansprüche seiner Söhne, der Herzöge Friedrich und Ulrich von Schleswig-Holstein, auf die Erz- und Stifter Bremen, Verden und Schwerin[2] sowie seine Antwort[3]. – „Wiewol nun dises solche sachen seind, welche alle catholische chur-, fürsten und stendt mitbetreffen und der iungst zu Franckhforth vorgehabten und noch nit allerdings auffgestossnen, sonder allein suspendirten güetlichen handlung anhangen und bei dem vorstehenden Mühlhausischen convent ausser allen zweifel auch wider vorkhommen werden und ich mir daher leicht die gedankhen machen kan, Euer Mt. werden bedenkhen haben, vor sich selbst derzeit was darinn zu resolviren und vorzunemmen, weiln iedoch Ihrer Kgl. Wrd. in Dennemarckh dise sachen also, wie man verspürth, angelegen und zu besorgen ist, wan sie ganz unbeantwortet gelassen und dero ansuechen beiseits gesezt werden solte, dz sie leichtlich zu genzlicher alienation und würkhlichen tettligkhaiten ursach und anlaß nemmen mechten, inmassen dann die avsien ie lenger, ie mehrer continuiren, daß sie mit neuen khrüegsverfassungen umbgehen," kann der Kurfürst nicht umhin, der Kaiserlichen Majestät das Schreiben des Königs mitzuteilen und ihr anheimzustellen, „wie sie etwan für rathsamb und thuenlich ermessen möchten, hochgedachte Ihre Kgl. Wrd. zu Dennemarckh also zu beantworten, damit dieselbe in guetem willen erhalten und bei ohnedas underschid-

---

1 Die Antwort des Kaisers konnte nicht ermittelt werden. Vgl. aber die *Hauptinstruktion des Kaisers für seine Gesandten nach Breslau* vom August 1633 (BA NF II/10,2 Nr. 1, in den Drucken bei HALLWICH IV Nr. 2008 S. 256; LORENZ Nr. 101 S. 313 f.). – Das bei LORENZ S. 314 Anm. 53 zitierte Schreiben des Königs von Dänemark kann im Kontext nicht gemeint sein. Ist dort doch von einem dänischen Vorstoß nach der Leipziger Schlacht (17. September 1631) die Rede, besagtes Schreiben aber auf den 10. Oktober 1630 (RITTER III S. 513; vgl. auch oben Nr. 337 Anm. 2) zu datieren.
2 Der *König von Dänemark* an Maximilian, Glückstadt, 11./21. Okt. 1631 (Ausf. Kschw 7545 fol. 101–102): Rekapituliert seine Interzessionen beim Kaiser für seine Söhne Friedrich und Ulrich, Herzöge von Schleswig-Holstein, betreffend deren Ansprüche auf die Erz- und Stifter Bremen, Verden und Schwerin sowie die Reaktion des Kaisers. Da er auf sein letztes einschlägiges Schreiben [vom 7./17. Februar 1631, oben Nr. 337 Anm. 7] noch keine Antwort erhalten hat und seine Söhne erneut an ihn herangetreten sind, erachtet er es für notwendig, Maximilian sowie die übrigen katholischen und evangelischen Kurfürsten zu unterrichten und zu bitten, „sie obiges alles und was beharlicher unser herrn söhne repulsa, weiln sie numehr ihn ihren jharen kommen, weitter erfolgen muchte, bei sich reifflich erwegen, folgents an die Romisch Ksl. Mt. und L. solches gelangen laßen und soviel muglich dieselbe dahin zu disponiren sich bemuhen wollen, damit die obgedachte unsere herrn söhne fur andere reichsfursten nicht weitter despectiret, besondern ihrer dermahleins in keines hulden und gnaden geruhet und wir ihrethalber mit einer erfrewlichen resolution versehen werden mögen."
3 *Maximilian* an den König von Dänemark, München, 18. Nov. 1631 (Konz. Ranpeks Kschw 7545 fol. 106; Kop. ebenda fol. 104): Hat das Schreiben des Königs dem Kaiser mitgeteilt und ihm die Angelegenheit dem Wunsch des Königs gemäß empfohlen.

lichen in dem Reich herfürbrechenden schweren feindtsgefahren besorgende noch fernere ungelegenhaiten abgewendet und, weiln die vorstehende Mühlhausische handlung in diser und andern dergleichen sachen versehentlich ainen ausschlag mit sich bringen wirdt, gegen Ihre Kgl. Wrd. entzwischen der glimpf so guet alß möglich erhalten werden möchte." – München, 18. November 1631.

Kop. Kschw 7545 fol. 103 = Druckvorlage; Konz. Ranpeks mit Korr. Richels ebenda fol. 105.


## 446. Der Bischof von Osnabrück an Maximilian[1]

November 19

Bitte um Sukkurs für die Hochstifter Verden und Osnabrück

Berichtet, dass die Soldaten des angemaßten Administrators von Bremen den wichtigen und festen Paß Langwedel überfallen und erobert haben und in die Stadt Verden eingedrungen sind. Dort haben sie die geistlichen Höfe durchsucht, den Vicarius in spiritualibus und einen weiteren Geistlichen gefangengenommen und übel traktiert, den Verwalter des auf Grund des ksl. Edikts und der Kommission Wartenbergs restituierten Klosters Lilienthal so lange geschlagen, dass er schließlich gestorben ist, und die dort vorhandenen und für das Bundesproviantamt bestimmten Früchte und Vorräte nach Bremen geschafft. Der Verdener Domdechant Christoph Tcerclaes, ein Vetter Tillys, sowie ein weiterer vornehmer Domkapitular haben sich auf das Haus Rotenburg retiriert, wohin auch die übrigen Geistlichen und Pastoren des Stifts und

---

1 *Maximilian* antwortete dem Bischof aus München, 10. Dez. 1631 (Konz. Oexels mit Korr. Maximilians und Peringers Kschw 2247 fol. 234–235): „Nun möchten wir wohl wünschen, es hette mit ermelter herobigen armaden ain solche beschaffenheit, daß wir E. L. von dannen auß den begehrten succurs alsobald zuschikhen und hinunder commandiren könten. Wir mögen aber deroselben hiemit nicht verhalten, dz es mit gemelter armada ain solche bewandtnuß hat, das sie durch allerhandt erlittene zuständt in mörkhliches abnemmen gerhaten, gleich jezt auch Ihre Ksl. Mt. wegen der fürgangenen feindtlichen einfähl in Beheimb und bereit occupirter statt Praag dero Kaiserliches volkh von dannen abfordern lassen. Dagegen aber sterkht sich der vor augen ligende feind je länger, je mehr, daß einmahl bei so beschaffenen dingen nicht müglich, ohne eißersten ruin und undergang deß gemeinen wesens die wenige vires deß noch verbleibenden volkhs in ain oder andern weg weiters zu distrahieren. [...] Dannenhero wir nicht zweiflen, E. L. werden uns in ansehung oberzehlter umbständ, dz ihro mit hinunderschikhung deß begerten succurs nicht kan gratificiert werden, gern für entschuldigt und sich benebens versichert halten, wann es nur ein müglichait wehre, daß wir ihro darmit nicht mancieren würden. – Dieweiln aber gleichwol die beste regimenter annoch an der Weser in guarnison ligen, alß wollen wir nicht underlassen, damit dannoch E. L. nicht hilflos gelassen werden, dem grafen von Tillj ordinantz zue ertailen, daß derselbe vermittelst solchen volkhs zue hülf komme. Undt seind wir in der hofnung begriffen, der graf von Pappenheim allbereit zu dem end im hinunder raisen sein werde, damit er die nohtdurft bei den drundigen stiftern in acht nemmen und gedachtes volkh solcher orten undt wa es vonnöthen, employren möge."

der Stadt Verden geflohen sind. Wie es ihnen jetzt geht, weiß man nicht. Die Kirchen aber sind desolat, und die mit großer Mühe wiedereingeführte katholische Religionsübung ist wieder abgeschafft. Haus und Festung Rotenburg, von der die Sicherheit des Stifts Verden abhängt, ist in großer Gefahr; mit ihrer Belagerung ist täglich und stündlich zu rechnen.

Auch das Stift Osnabrück ist bedroht, den dortigen Untertanen wird mit Brandschatzungen, Plünderungen und Ranzionen zugesetzt. Gerade eben mußte der Bischof hören, dass ein Trupp von 200 Pferden in das Stift eingefallen ist und sich in der Gegend der Residenz Iburg befindet. Auch hier wächst die Gefahr, sieht es nach Krieg aus.

„Wir haben uns alhie biß dato nothwendig und damitt alles nitt über hauffen gangen, welches sonsten bereits ohne ainigen feel geschehen were, personlich auff- und unsere thails stende, dan viele sonsten sich auch von newen wider vertieffen mögten, im zaum gehalten, werden annoch ferner wie vor dießem das unserige thuen und dem gemainen hochnothleidenden wesen uns nach eußerister möglikeit unauffhorlich angelegen sein lassen.² 

E. Gn. gleichwoll alß der löblichen catholischen union general obristen und directorn konnen wir nit verbeigehen, unsere zuflucht zu suchen und uns die gewisse zuversicht zu machen, sie werden uns auch bei dießer noth und gefahr ihres theils mit rhat und that ihrem wollvermögen nach succurriren, dieße beede stifter Verden und Oßnabrugk als glieder und stendt bemelter catholischen union so gar nit zu bodum gehen und uns darin ohne trost besteckhen lassen, auch bei ermeltem h. generallieutenant die gedeiliche verordnung thuen, damit dieße örter, welche sonsten schlecht besetzt und dem gemainen wesen woll weitter abbruch auff andern fällen dadurch zu besorgen, wirklicher succurs mit mehrern volk und sonsten geschehen möge." – Osnabrück, 19. November 1631.

Ausf. Kschw 2247 fol. 231–233.

---

**2** Laut BERGERHAUSEN S. 106 f. ist Wartenberg dann am 15. Dezember 1631 auf der Flucht vor den Schweden in Köln eingetroffen. – Wartenberg ist aber zwischenzeitlich in sein Stift Osnabrück zurückgekehrt und datierte sein endgültiges Exil in den Sommer/Herbst 1633; vgl. dazu FORST S. XV, BA NF II/8 Nr. 219 Anm. 1, BA NF II/9 Nr. 256 S. 617.

## 447. Der Bischof von Bamberg an Maximilian[1]

November 20

Schreiben des Königs von Schweden – Sukkurs von der Armee Tillys für Forchheim – Abordnung zum König von Schweden

„Wiewohln unßerm E. L. bereit beschehenen andeüthen gemeß unßer jüngst zum könig in Schweden nacher Würzburg verschickhter currier ohne schriftliche antwort zuruckhkommen, so werden wir doch aniezo erst beantwort und unß zu gütlicher tractation ein tag angesezt, wie E. L. auß hiebeiligender copi deß widerantwortlichen schreibens[2] zu befinden.

Dieweiln aber gleich heütt dato der herr veltmarschalkh graf von Pappenheim bei unß alhie angelangt und ein mehrern succurs von der Tillischen armada uf sechs compagn. zu roß und 1.500 mann zue fues mit zur stell bringet,[3] will uns bei so weit komnen dingen nach gestalt des königs ieziegen begehrens schwehrfallen, solchen tag zu besuchen, und doch unßern stift, welcher von dießem succurs nit allenthalben zu defendirn noch ganz zu versichern ist, auch nit gern in größere gefahr sezen wollen, alß ist unßer dienstfreündlichs bitten, E. L. wollen unß ihren hochverstendtigen rath und guttachten, weßen wir unß darunter zu verhalten und wie wir mit glimpfen unß am füglichsten entschuldigen khöndten, vertreülich mitthailen." – Forchheim, 20. November 1631.

Ausf. Kschw 1944 fol. 156 und 158. Ben. bei STADLER S. 566.

---

[1] *Maximilian* antwortete dem Bischof am 25. November 1631 (Konz. Ranpeks mit Korr. und Zusatz Peringers Kschw 1944 fol. 159): Begrüßt den von Pappenheim nach Forchheim verbrachten Sukkurs. – Der Bischof kennt die Einstellung des Kurfürsten zu den Verhandlungen des Bischofs mit dem König von Schweden. Da der vom König genannte Termin sehr kurz angesetzt ist, möge der Bischof sich mit Hinweis auf die erforderlichen Beratungen mit seinem Domkapitel zunächst entschuldigen. – „Entzwischen aber wolten wir unmassgeblich darfürhalten, dz E. L. nit underlassen solten, ainen versuch zu thuen, ob sie bei dem könig in Schweden aine geraume suspension der waffen und aller hostiliteten gegen dero stüft auf gleichmessiges versprechen, dz er sich und die seinige dorthero khainer feindtseligkheitt zu befahren, sonder solche baiderseits allerdingß eingestelt verbleiben solten und zweifelsohne der graf von Tillj, solchen anstandt gleicher gestalt hingegen zu observiren, [sich] nit zuwider sein lassen werde, erhalten khundten. Dan hierdurch nit allain E. L. samt landt und leuthen in etwas mehrere sicherheit gestelt, sonder auch die zeitt bis auf vortsezung anderwertiger güettlicher handlungen, darvon summa rei dependiret, gewohnen wurde. Und da sich der könig wegen erhandlung und aufrichtung dergleichen suspension der waffen wüllig und zumaln mit leidenlichen conditionen fünden lassen thette, werden E. L. iro, solches so guett sie ihmer khönden, vortzusezen und zu werkh zu richten, ohne zweifel von selbsten angelegen sein lassen."
[2] *Der König von Schweden* an den Bischof von Bamberg, Würzburg, 6./16. Nov. 1631 (Kop. Kschw 1944 fol. 156. Druck bei HÜBSCH S. 153 f.; vgl. auch ebenda S. 84 f.).
[3] Vgl. dazu HÜBSCH S. 105, 108 f., STADLER S. 565 f.

## 448. Reichshofratsgutachten

November 20

Bitte Kurkölns um Schutz – Schadenersatzforderungen Kurkölns – Votum des Geheimen Rates

Betrifft: Schreiben Kurkölns vom 6. November[1], dessen Inhalt rekapituliert wird. – "Nun ist hiebevor [...] wider gedachten landtgraven zu Hessen auch der herr churfürst zu Mainz[2] und herr abt zu Fulda mit vast gleichmessigen clagen einkommen, darüber dann E. Ksl. Mt. gehorsambister reichshofrath in damals übergebenem gehorsamisten guettachten gar wol befunden, das nach außweisung der rechten und reichsconstitutionen gegen demselben mit der declaratione banni und andern darzue gehörigen processen verfahren werden könnte. Dieweil aber derselbig darneben betrachtet, das nach ieziger leüffen beschaffenheit darmit wenig fruchtbarliches außgerichtet, die execution auch zu volziehen schwärfallen und aniezo die von E. Ksl. Mt. vorhabende fridensmittel mehrer gehindert alß befordert wurden,

Alß vermaint E. Ksl. Mt. gehorsambister reichshofrath, das dieselbige besagten herrn churfürsten dahin beantworten möchten, das E. Ksl. Mt. zwar befugt weren, innhalt obberürter reichsconstitutionen und E. Ksl. Mt. darauf gegründten und publicierten mandaten mit den gehörigen und darinnen angetroheten straffen gegen merbemeltem landtgraven zu verfahren. Dieweilen aber obberüerte bedenkhen derzeit im weeg stundten, alß müesten sie derzeit darmit noch innhalten. Damit aber besagter herr churfürst nicht trostloß gelassen, alß möchten E. Ksl. Mt. dem herrn churfürsten auß Bayrn wie auch dem herrn general Tylli [...] mit einschliessung der eingeschickten clag communicieren und denselbigen, [dem Kurfürsten von Köln] pro ratione circumstantiarum loci et temporis beizuspringen, erinnern und anbefehlen[3]

---

1 Oben Nr. 429. – Die Antwort des *Kaisers* an Kurköln, Wien, 21. Nov. 1631 (Konz. KrA 69 Konv. November fol. 102–104), entspricht dem oben Nr. 448 gedruckten *Reichshofratsgutachten* samt *Votum des Geheimen Rates* und der unten Anm. 5 erwähnten Variante.
2 Oben Nr. 353.
3 Das einschlägige Schreiben des *Kaisers* an Maximilian ist datiert aus Wien, 25. Nov. 1631 (Ausf. Kschw 123 fol. 56–57; Konz. KrA 69 Konv. November fol. 106–107): Informiert den Kurfürsten über die Beschwerde des Kurfürsten von Köln gegen die schwedischen Adhärenten, vor allem Landgraf Wilhelm von Hessen-Kassel, gegen den auch Kurmainz und der Fürstabt von Fulda geklagt haben. Begründet, warum er nicht mit der declaratio banni und anderen Prozessen gegen den Landgrafen vorgeht. „Damit aber gleichwol mehrbesagtes churfürsten zu Cöln L., alß dero wir gegen solchen gewalt möglichste aszistenz zu laisten, willig und begierig seindt, inmittels nicht trostloß gelaßen werde, alß ersuchen wir E. L. hiemit, [...] sie wölle auch ihres thails verordnen und verhülflich sein, damit S. L. und den ihrigen, wie es die zeitt, ort und gelegenheiten, auch jederzeit zutragende umbstendt zugeben werden, beigesprungen und mögliche aszistenz erwisen werde, wie E. L. dann auch nicht underlaßen, sondern befördern helfen wöllen, daß bei der noch vor dem Mülhausischen convent zwischen den catholischen verhofften zusamenkunft dergleichen clagen proponirt und in erwegung gezogen werden, wie mit einmüethiger zusamensezung die catholischen churfürsten und ständt von dergleichen hostiliteten befreiet und hinfüro gesichert werden mögen."

und solches durch copien dem herrn churfürsten [von Köln] notificiern⁴. Und weilen E. Ksl. Mt. vor guett befinden, das E. Ksl. Mt. und der catholischen churfürsten gesandten noch vor dem Mülhaußischen convent zusamenkhomen sollen, so möchten auch E. Ksl. Mt. daselbsten diese und dergleichen clagen proponieren lassen,⁵ damit man gleichwol darbei considerieren thette, wie mit einmüetiger zusamensezung von dergleichen hostiliteten die catholische chur-, fürsten und ständte gesichert werden mögen, und solches ie eher, ie besser, dann weil derselben schon ein guetter thail, alß herr Teütschmaister, Würzburg, Bamberg und Fulda ruiniert worden, Churmainz und Cölln angegriffen, der feindt auch in E. Ksl. Mt. erbländer eingefallen, ist zu besorgen, der feindt consilia seien dahin gerichtet, disen winter die catholische dergestalt abzumatten und zu verzehren, damit hernacher kein thail dem andern beispringen könne. – Es würdt aber dises alles zu E. Ksl. Mt. allergnedigstem gefallen anhaimbgestellt, dero sich reichshofrath zu beharrlichen Ksl. gnaden in underthenigkeit entpfehlen thuet.

Ita conclusum in consilio Imperiali aulico 20. Novembris anno 1631." Anwesend: Stralendorf, Reck, Melander, Lamminger, Hildbrandt, Questenberg, Hatzold, Wolkenstein, Arnoldin, Dietrichstein, Gebhardt, Haubitz, Grenzing⁶, Werdemann, Rousson, Terz. Söldner, Walderode [als Sekretäre].

„Lectum et approbatum in consilio secreto die Veneris, 21. Novembris 1631, mit außlassung der clausul in margine pagina 4, dz Ihr Kfl. Dt. sich selbst wider erholen mögen⁷." Anwesend: König von Ungarn,⁸ <...>, Meggau, Slawata, Khevenhüller, Thun. Reck [als Referent des Reichshofrats]. Arnoldin [als Sekretär].

KrA 69 Konv. November fol. 98–101. Ben. bei SUVANTO S. 123.

---

4 Auf dem Rand des Gutachtens ist folgender Passus nachgetragen: „darneben aber demselben, das er sich an gedachtem landtgraf Wilhelmen seines erlittnen schadens erholen möge, haimbstellen." – Zu diesem Passus gehört folgender Vermerk: „NB Haec clausula jussu Sacrae Majestatis omittenda est."
5 In der oben Anm. 1 zitierten Antwort des *Kaisers* heißt es, besagte Klagen sollten auf die Tagesordnung der für den 14. Dezember nach Ingolstadt ausgeschriebenen Zusammenkunft der katholischen Kurfürsten und Fürsten gesetzt werden.
6 Demnach ist das von GSCHLIESSER S. 222 genannte Todesdatum des Reichshofrats Johann von Grenzing (15. September 1631) nicht korrekt, wie denn auch *Stücklin* an Maximilian, Wien, 17. Dez. 1631 (eigenh. Ausf. Akten 267 fol. 90–91), vom Ableben des Reichshofrats Dr. Grenzing in einer Sitzung am 15. Dezember 1631 berichtete. Als Todesursache nannte *Stücklin* „einen schlag Gottes"; vgl. dazu ZEDLER II Sp. 904 s. v. Apoplexia. Dasselbe Todesdatum wie *Stücklin* haben die unten Nr. 500 Anm. 2 zitierten Zeitungen aus Wien vom 20. Dezember 1631.
7 Vgl. oben Anm. 4.
8 Die folgende durch spitze Klammern markierte Lücke enthält einen Namen, der nicht entziffert werden konnte.

## 449. Maximilian an den Kaiser

November 21

Pfalzfrage

Bezug: Schreiben vom 21. Oktober samt Anlagen.[1] – Teilt mit, daß er vom Kaiser nur ein einziges einschlägiges, vom 16. Juni datiertes Schreiben erhalten hat, das er am 27. Juni beantwortete,[2] von Kurmainz ein Schreiben vom 4. Juli[3]. „Darauf nun Irer L. ich gleich under dato 15. Juli meine beifallende gedankhen in antwort überschriben,[4] auch anderst nit darfürgehalten, als dz solches von der Churmainzischen canzlei auß mit und neben anderer catholischer churfürsten bedenkhen lengst an dieselbe [= an die kaiserliche Majestät] seie übergebracht worden. Ain anders und mehrers, so diser Pfalzischen sachen halber vor- und einkhommen und an mich gelangt, ist mir nit wüssendt, und bütte derowegen E. Mt. gehorsamist, iro nit etwan die gedankhen, als wan ich mein guettachten und erkhlerungen, weiln dergleichen vor disem an mich nit begehrt worden, vorsezlich hünderhalten hette, beiwohnen zu lassen."

Hat seiner Vorantwort vom 30. Oktober[5] entsprechend mit seinen beiden Brüdern communiciert.[6] – „Und were ja wol sehr guett und zu winschen, dz solches Pfelzische wesen ainst genzlich an ein ort und zur richtigkheit gebracht werden mechte. Ich besorge aber sehr, weiln der gegenthail durch seine ein zeit hero im Reich gehabte glückhliche progress so weitt zu- und überhandt genommen, der proscribirte pfalzgraff und seine adhaerenten werden einen neüen mueth schöpfen, sich nunmehr weder einen noch andern vorschlag mehr gefallen lassen, sondern die sachen anderst nit als durch gewalt der waffen hinaußzubringen gemaint, wol etwan auch zu solchem ende die cron Enggellandt mit Schweden, welcher dortenhero den einkhomenden avisen nach neuer volkh- und gelthülf gewertig, in ainem haimblichen verspruch verfangen sein, wie dan auch ein Engellendischer gesandt[7] von Hamburg auß zu ihme raisen und bereits auff dem weg sein solle, ihme konig in Schweden seiner victorien und progressen halber zu gratuliren und wegen des pfalzgraven restitution insonderheit waß anzubringen und zu handlen.

Aber wie deme, so thuen E. Mt. wol und recht daran, dz sie zu müglichister güetlicher hinlegung dises werkhs an ihrem ort nichts erwünden lassen. Und obwoln mir gar nit gebüren wüll, es auch von mir nit dahin gemaint ist, deroselben in disem so

---

1 Oben Nr. 398. Diese Sendung war nach Ausweis des *Journals Richels*, 20. Nov. 1631 (Geheimer Rat 194/9 fol. 90'–93), Gegenstand von Konsultationen bayerischer Geheimer Räte (Wolkenstein, Richel, Peringer, Donnersberg), auf welchen Konsultationen die oben Nr. 449 gedruckte Antwort basiert.
2 Oben Nr. 241, ebenda Anm. 1.
3 Oben Nr. 268 Anm. 1.
4 Oben Nr. 282.
5 Oben Nr. 398 Anm. 1.
6 Oben Nr. 414, ebenda Anm. 2, Nr. 440; ein Gutachten Herzog Albrechts hat sich nicht gefunden.
7 Sir Henry Vane; zu dessen Verhandlungen vgl. E. WEISS S. 111 ff.; ROBERTS II S. 609 ff.

schweren werkh die geringste maß vorzuschreiben, sondern eß dero gnedigistem guettbefinden haimbzestellen und mich in allweeg dero abermaln widerholten gnedigsten versprechens und erbiettens zu halten und zu getrösten, weil iedoch E. Mt. auch meine gedankhen darüber zu vernemen gnedigist begern, so will mich bedunkhen, daß die zwo erste in der beilag A[8] versiculo HIS ITA PRAESTITIS der chur halber vorgeschlagene moderationes, dz nemblich solche conditio entweder ganz praeteriret oder mit dem in decreto Ratisbonae anno 1623 begriffnen reservato clausulirt werden möcht, sowol E. Mt. an dero hohait und rechtmessigen disposition der ihro lediglich heimbgefallnen chur alß auch mier und meinem hauß an den dardurch erlangten rechten ser praeiudicirlich sein, in bedenkhung, dz die genzliche praeterition leichtlich pro tacita remissione der zu Regenspurg anno 1630 gesezten dritten condition, nemblich renunciationis auff die chur, von dem konig in Engelland, dem pfalzgraven und andern möchte auffgenommen und verstanden, die repetitio aber clausulae reservatoriae, so in dem decreto de anno 1623 begriffen, dahin außgedeit werden, alß wan E. Mt. dardurch demselbigen decreto und also auch der mir dazumal allein erthailten investitur inhaerierten und selbsten widerumb von der lezten investitur, so nit nur auff mich allein, sonder zugleich auch meine beede gebrüeder, unser posteritet und ganze Wilhelmische lini gestellt ist, abgewichen wehren, welches doch ohne allen zweifel, wie auß E. Mt. schreiben ich genugsamb abzunemen hab, dero intention, will und meinung nit ist. Dahero ich dan auß den 3 vorgeschlagenen modis den dritten und lezten für den besten und sicheristen halte. Allein würdt eß bei demselben vornemblich an dem gelegen sein, ob der Englische gesandter von der lezten und zumaln geheimen von E. Mt. mir erthailten investitur, welche auf die perpetuation der chur in meinem hauß gerichtet ist, eine wüssenschaft hat. Dann sollte er noch nichts darumben wissen, wurde es vast zweifelich und mißlich sein, ob ich und mein hauß durch disen weeg der chur halber bestendig versichert wehren, sintemaln der Englische gesandter, wan er von gemeltem lezten mir von E. Mt. gethanem verspruch und erthailter belehnung nichts wüssen solte, den § EXCEPTA TAMEN ILLA, so in der beilag B[9] numero 1º begriffen, allain auf dzjenige, so anno 1623 zu Regenspurg offentlich voribergangen und also nur auf die investitur auf mein leibslebenlang verstehen, per consequens die darüber[10] geschlossne vergleichung hernegst desto weniger bestandt und sicherheitt haben wurde. Lasse derowegen zu E. Ksl. Mt. fernerm högstvernunftigen belieben und guettbefünden gestelt sein, da sie vermainen, dz nit etwan die ganze handlung durch eröffnung der vorgangnen leztern geheimen investitur sich zerschlagen und aufgestossen werden mecht, ob sie dem Englischen gesandten, im fahl er darvon ganz nichts waiß, etwas andeuttung thuen lassen wolten. Da aber E. Mt. darfürhalten, dz der Englische gesandter hierdurch ursach nemmen und bewegt werden mechte, die handlung zu abrumpirn, so lasse ich es büllich zu dero gnedigs-

---

8 Oben Nr. 398 Anlage A.
9 Oben Nr. 398 Anlage B.
10 überdies, außerdem (GRIMM II Sp. 799 s. v. darüber 7).

ten disposition haimbgestelt sein, wie sie die sachen ohne wenigstes praeiudiz voreinander zu bringen vermainen werden. Und mueß man leztlich die sachen richten und annemen, so guett man khan. Allain wehre alsdann darbei zu bedenkhen, ob nit obgedachter § EXCEPTA TAMEN ILLA DE RENUNCIATIONE AD DIGNITATEM ELECTORALEM etc. dahin zu richten und zu modificiren, das für die erstgehörte wort diese wort: *quod vero ad dignitatem electoralem attinet, ea in eodem statu* etc. gesezt und dem wort *actum* das wort *absolutionis* angehengt werden mecht.

Auf den fahl aber der Englische gesandter von mehrbemelten lezten pactis eine wüssenschaft erlangen und die investitur dahin, als weren die Pfelzische khünder allerdingß ausgeschlossen, verstehn und sich etwan daran die accommodation dises wesens zerstossen wolt, stüende ebenmessig bei E. Ksl. Mt. fernerm gdsten nachgedenkhen und belieben, ob sie der gesambten catholischen churfürsten unfürgreifflichem guettachten nach, so sie anno 1627 von Mülhausen aus E. Mt. überschriben,[11] meinem hauß und dero Wilhelmischen lini seu mediate seu immediate etwan die Pfelzische gdst nachsezen wollen. Würde aber villeücht auch dises nit zu erheben sein, hette alßdan E. Mt. ohnmaßgebig gnedigist zu bedenkhen, ob nit auf die letst deß pfalzgraven söhnen ihre praetensiones zu der chur dergestalt vorzuse<z>en und unbenommen sein mechten, das sie selbige anderst nit, dan durch güettlich oder rechtliche weeg prosequiren, underdessen aber und biß die sachen durch einen oder andern weeg accommodirt, gegen mir und meinem hauß derentwegen de facto nichts fürnemen, sonder mich und dasselbe darbei unbeeintrechtigt verbleiben lassen sollen. Welches alles aber ich ohne alle geringste maßgebung andeutte und ganz nit zweifle, E. Mt. auf ainen oder andern weeg dises werkh also zu disponirn und abzuhandln iro angelegen sein lassen werden, wie sie sich zum öftermaln und sonderlich in disem dero leztern an mich abgangnem schreiben gnedigst erkhlert und erbotten, auch mein gehorsamistes vertrauen zu deroselben gestelt ist." – 21. November 1631.

Konz. Ranpeks mit Korr. und Zusätzen Richels und Peringers Akten 258 fol. 82–85 = Druckvorlage; Ausf. StK StA Palatina 11 Konv. alt 7b.

---

11 BA NF II,3 Nr. 470 S. 697 Anm. 1; vgl. auch BREUER S. 88 f.

## 449 a. Der Bischof von Konstanz an Maximilian[1]

November 21

Partikulardefension schwäbischer Kreisstände

„E. Gn. khönnen ihro auß der beilaag sub A et B referiren lassen, waß wir auß gueter wohlmainung und billicher sorgfalt ahn deß bischofs zue Augspurg L. wie auch ahn deß abts zue Kempten und probsts zue Ellwangen Fr.Fr., sodann ahn der praelaten, auch grafen und herren deß Schwäbischen creises ausschreibende vom 28. verwichnnen monats[2] erstens, hernacher und alß wir vom ausschreibenden praelaten denn 6. diß in antwort sovil vernommen, daß demselben collegio dergleichen zusammenkhunft, darvon in berüertem unserm schreiben ahn ihn meldung beschehen, nit ohnangenemb sein möchte, den 7. eiusdem ahn die stätt Rothweil, Überlingen, Ravenspurg und Biberach[3] gelangt. Nachdeme nun Augspurg, Ellwangen und Biberach sich zu erscheinen schriftlich entschuldiget, Kempten aber wie auch etliche praelaten, grafen und herren[4], sodann die stätt Rothweil, Überlingen, Ravenspurg und Wangen

---

1 *Maximilian* antwortete dem Bischof, 3. Dez. 1631 (Konz. Oexels Kschw 1974 fol. 146. Ben. bei HÖLZ S. 457): Dankt für die Mitteilung und den angehängten Wunsch und hofft zu Gott, „der werde seinen Göttlichen segen gnädiglich verleihen, daß nicht allain angeregte wohlangesehene craißverfaßung vihl guets würkhen undt den darmit intendirten effect erraichen, sondern zumaln auch dem allgemeinen nohtleidenden catholischen wesen durch anderwertige ersprießliche mitel widerumben aufgeholfen und selbiges in seinen alten wohlstand gesetzet werden möge. Wir zweiflen darneben gar nicht, es werde mehrberührte craißverfaßung ohne nachtail deßjenigen defensionwerkhs, so die catholische bundtsständ bißhero continuirt, angesehen, auch darnach disponirt und gerichtet worden sein, allermaßen es dan die jetzige zeiten und läuff erfordern."
2 *Der Bischof von Konstanz* an die genannten Kreisstände, Meersburg, 28. Okt. 1631 (Kop. Kschw 1974 fol. 140–141. Zitiert bei HÖLZ S. 457 Anm. 13). Darin heißt es u. a.: Verweist auf den gefährlichen Stand, in welchen der fränkische Reichskreis, vor allem dessen katholische Kreisstände, nach der Leipziger Schlacht geraten sind. Man muss daher überlegen, „waß gestalt dergleichen einfähl in den Schwäbischen craiß entweder allerdings zu verhüeten oder zum wenigsten abzuwenden sei, daß kheine straiffende rotten darein gelassen werden." [...] Bittet die Angeschriebenen, ihn wissen zu lassen, ob sie dafürhalten, dass sich nur die katholischen Kreisstände zusammenverfügen und bedenken, „waß gestalt sie sich mit ihrem landtvolkh oder in andere weeg sambtlich oder mit gewissen abtheilungen undt sonderbahren bezürkhen in verfassung stellen, oder ob solche defension und gegenwehr von deß gesambten craißes wegen umb deß willen anzuordnen. [...] Solten E. L. dafür halten, daß solche gemeine zusamensetzung [des ganzen schwäbischen Reichskreises] bei jetzigen leüffen, alß wir besorgen, nit ervolgen möchte, so stunde gleichwohl zu bedenken, ob den catholischen zue rathen, sich allerdings bloß und hülfloß zue laßen oder die resolution zu fassen, wadurch sie für ohnversehener streiff sicher bleiben, auch auf waß weiß und weeg solches angestellet werden khönne." Schlägt mündliche Beratungen darüber vor und ist bereit, zu diesem Zweck seine Gesandten am 16. November gegen Abend nach Ravensburg zu schicken.
3 *Der Bischof von Konstanz* an die genannten Reichsstädte und an die Reichsstadt Wangen, Meersburg, 7. Nov. 1631 (Kop. 1974 fol. 142–143. Zitiert bei HÖLZ S. 457 Anm. 113): Teilt das oben Anm. 2 zitierte Schreiben und die oben Nr. 449a referierte Antwort der Schwäbischen Prälaten mit.
4 Diese sind genannt bei HÖLZ S. 457 Anm. 11.

ihre gesandte zue der von unß vorgeschlagener consultation[5] verordnet, ist dabei auf ein schreiben nach inhalt der beilaag sub C[6], daneben weiters geschlossen worden, daß hochlobliche hauß Österreich und deß Hl. Reichs ritterschaft wegen beederseits landt-, graff-, herrschaften und güettern, so im dritten viertel deß Schwäbischen creises gezirkh, wie derselbe in der anno 1563 verglichner [...] creißverfassung specificiert ist, zue solcher defension auch zu ersuechen und wo möglich zu bewegen, inmittelst aber die zue Ravenspurg denn 17. und 18. diß beisammen geweste vorangeregte ständ ihr landtvolkh mustern, mit gueten officieren versehen und, weil wegen obhabender grossen contribution in ihrem vermögen ihe nit sei, sich mit geworbnen soldaten zu versehen, den fünften mann ihres landtvolkhs auswehlen, wie zumahlen dises vorhaben E. Gn. umb sovil mehr andeutten sollen, dz wir in hoffnung stehen, der Allmechtige Gott werde der Ksl. Mt., [...] auch E. Gn. und der löbl. catholischen liga solche victorias unverlengt erthailen, wadurch dergleichen particulardefension auf ihro selbs ersizen und ohne effect verbleiben khönne.

Wie unß nun von obberüerten ständen auffgetragen ist, E. Gn. dise notification zue thun, alß haben wirs vorstehender massen verrichten wollen, mit höchstem eifer bittendt, der güettige Gott unß vätterlich ansehen und dergleichen endt victori verleihen wolle, damit im Hl. Röm. Reich mit eüfnung[7] deß catholischen glaubens und conservation allerhöchstgedachter Ksl. Mt. authoritet, respects und hochhait, dermahlige [!] rhue, frid und ainigkhaitt wider eingefiehrt und erhalten werde." – Meersburg, 21. November 1631.

Ausf. Kschw 1974 fol. 138–139. Ben. bei HÖLZ S. 457.

---

**5** Am 17. und 18. November in Ravensburg. Vgl. zu dieser Tagsatzung und zu der weiteren Entwicklung HÖLZ S. 456 ff.; demnach scheiterten die Defensionspläne schließlich an dem im Frühjahr 1632 erhobenen Einspruch des Kaisers.
**6** Der *Bischof von Konstanz* an Herzog Julius Friedrich von Württemberg als Ausschreibenden Fürsten des schwäbischen Reichskreises, Meersburg, 19. Nov. 1631 (Kop. Kschw 1974 fol. 144–145. Ben. bei HÖLZ S. 457). Auf Einzelheiten ist im Rahmen der BRIEFE UND AKTEN nicht einzugehen; angemerkt sei nur, dass der Bischof anregte, nicht nur das dritte Viertel, sondern auch die drei übrigen Viertel des schwäbischen Reichskreises zur Defension anzuhalten.
**7** Sic! Gemeint ist wohl Öffnung, und zwar im Sinne von GRIMM VII Sp. 1190 f. s. v. Öffnung I 4 (Verkündigung, Offenbarung).

## 450. Maximilian an Tilly[1]

November 23

Rückzug Tillys in Richtung auf die Donau – Frage der Zweckmäßigkeit einer Schlacht – Versorgung der Armee, Schonung des Landes – Versorgung der Armee mit Geld – Bildung eines Einsatzkorps – Kontinuierlicher Monatssold – Abordnung Pappenheims an die Weser – Abordnung des M. Kurz an den Kaiserhof – Besetzung Neuburgs – Vakante Generalschargen bei der Ligaarmee – Zusammenkunft Tillys mit dem Kurfürsten

„Es ist uns umbstendig und weitleüffig referirt worden, waß ihr sowohl unserm obristen cammerer graf Ott Heinrichen Fugger als auch dem Kurzen und Ernsten, in verscheiden puncten bei unß anzebrüngen, ufgetragen,[2] bevorab warumben und auß was ursachen ihr, euch etwas heraufer zu begeben und der Tonau zu nähern, bewegt worden, nemblich damit die hochnotwendige reformation der schwachen regimenter und compagnien, auch abschaffung des übermessigen troß und bagagi der enden füeglicher und besser vorgenommen und alsdann nach remedirung diser und anderer iezt underlauffender inconvenientien dem feindt mit desto mehrerm ernst und nachtruckh resistirt und widerstanden werden könne. – Nun müessen wür es disfahls eurer discretion anheimbgestellt sein lassen, weil euch die beschaffenheit und umbstendt in ainem und anderm am besten bekhanndt sein müessen und wür nit zweiflen, ihr werdet selbige pro et contra, wie es dem gemeinen cathol. wesen zum besten, reifflich und zu genüegen considerirt und erwogen haben. Allein gehet unß hierbei sorgfeltig zu gemüeth, es werde der feindt hierdurch umb sovil mehr anlaß nemmen, aitweder gegen dem stüft Bamberg und der Obern Pfalz oder gegen dem Rheinstromb und der Undern Pfalz eine starkhe und schödliche diversion vorzenemmen oder euch selb nachzevolgen und dardurch sedem belli forthan umb

---

1 ÄA 2396 fol. 399 ist vermerkt: „An herrn grafen von Tilli, so dem von Starzhausen loco memorials mitgeben worden. 23. November 1631." Zu weiteren Aufträgen Starzhausens bei Tilly und den im Feldlager anwesenden kaiserlichen Offizieren, namentlich Aldringen und Ossa, vgl. oben Nr. 443 Anm. 1, unten Nr. 455 und 456. Eine schriftliche Weisung für Starzhausen hat sich nicht gefunden. – Das Rekredential Tillys für Hans Jakob von Starzhausen, bayerischer Hofkammerrat, Küchen- und Haushofmeister, Pfleger zu Teisbach, an Maximilian ist datiert: Gunzenhausen, 25. Nov. 1631 (Ausf. ÄA 2396 fol. 374–375); Starzhausen werde dem Kurfürsten Tillys Antwort referieren. Auf den Bericht Starzhausens bezog sich auch Aldringen an Maximilian, Gunzenhausen, 26. Nov. 1631 (Ausf. ÄA 2309 fol. 251–252). Ebenfalls aus Gunzenhausen, 26. Nov. 1631, ist das Rekredential des Gallas für Starzhausen an Maximilian (Ausf. ÄA 2230 fol. 403–404) datiert.
2 Vgl. zu Fugger, M. Kurz und Ernst oben Nr. 436 Anm. 13, unten Nr. 454 A und oben Nr. 434 Anm. 1; einschlägige schriftliche Berichte Fuggers, Kurzens und Ernsts konnten nicht ermittelt werden. – Einer der Gründe für die Abordnung Kurzens zu Tilly war nach Ausweis von Maximilian an Tilly, 18. Nov. 1631 (Konz. Teisinger ÄA 2396 fol. 393–395), die definitive kaiserliche Ordonnanz für Gallas, 2.000 Mann von den in Schwaben liegenden Truppen Colloredos nach Böhmen zu detachieren. – Nur fragmentarisch überlieferte handschriftliche Notizen Kurzens über seine Besprechung mit Tilly (Kschw 123 fol. 24 und 73) bieten im Vergleich mit den oben Nr. 450 und unten Nr. 454 A. gedruckten Stücken keine zusätzlichen Informationen; vgl. nur die Verdeutlichung unten Anm. 8.

sovil mehr heraufer ze sezen, auf welchen begebenden lesten fahl wür gleichwol verhoffen, ihr werdet euch mit der armada an einen solchen bequemen posto logirn und alda zugleich mit der schaufel dergestalt versichern, damit euch der feindt nit allein nit beikhommen könde, sonder auch sich ferner herauf und gegen unsere landen zu avanzirn, abgehalten und behündert werde.

Und obwollen ihr dabei auch anfraget, ob ihr euch gegen den feindt uf erzeigende occasion zum schlagen praesentirn sollet, so könnden wür euch iedoch hierunder kein andere resolution erteillen, als das wür dz vertrauen zu euch stöllen, ihr werdet euch nit risigirn oder ohne sonderbaren grossen vortl in dergleichen haubttröffen mit dem feindt einlassen, in erwegung ihr selbst vernünftig zu ermössen, wofern darunder das unglickh (davor Gott der Allmechtig sein wölle) abermallen uf dise seithen schlagen solte, das es dem ganzen gemeinen cathol. wesen im Hl. Reich zum höchsten und unwiderbrünglichem nachteil gereichen werde. Und gleich wie ihr selbst anreget und bekhenndt, daß in diser iezt bei der armada überhandgenommenen confusion und unordtnung ohne ernste und würkhliche abschaffung der übrigen bagagi, auch reducirung der schwachen regimenter und compagnien gegen dem feindt nichts fruchtbarliches auszerichten, als werdet ihr euch, sowohl aines als das ander mit höchstem ernst und eiffer so bald als immer möglich zu remediren, angelegen sein lassen, auch alsdann fürthers darob halten, damit dise höchst verderbliche inconvenientien bei der armada, bevorab mit der übermessigen bagagi nit mehr einreissen."

Hat in seinen Landen, vor allem in der Donaugegend, angeordnet und die benachbarten Bundesstände[3] und andere katholische Stände ersucht, zur Versorgung der Armee baldigst einen ansehnlichen Vorrat an Mehl und Brot zur Versorgung der Armee zusammenzubringen. Auch hat er Weisung gegeben zur Bereitstellung von Schuhen und Strümpfen. „Allein werdet ihr euch doch in alweeg eifferigist angelegen sein lassen, damit dise herobige ort und quartir, wo sich die armada iezt verhalten solle oder würdet, nicht gleich also devastirt, verwüstet und in grundt verderbt werden, dann sonst würd die armada dergestalt an keinem endt oder ort verbleiben könden, sonder dem feindt ie länger, ie mehr und endtliches alles landt gleichsamb ohne schwerdtstreich quittirn, hünterlassen und einraumen müessen. Derowegen dann umb sovil mehr zu remediren vonnöthen, damit man diser orthen sowohl mit proviant als fouragi, so lang es die notturft erfordert, continuirn und vortkhommen könnde."

---

3 *Maximilian* an den Bischof von Augsburg, München, 22. Nov. 1631 (Konz. J. Mairs ÄA 2286 fol. 220; Reinschr. mit Zusatz Maximilians ebenda fol. 219); laut Vermerk auf dem Konzept sollten entsprechende Schreiben ausgefertigt werden an den Bischof von Eichstätt, den Deutschmeister, den Fürstpropst von Ellwangen (Ausf. StAL B 389 Bü 447) sowie an Statthalter und Räte in Neuburg. – Eingangs teilte *Maximilian* mit, datiert dass Tilly entschlossen sei, „aus sonderbahren beweglichen ursachen, sonderlich aber zu mehrer und nothwendiger versicherung des Thonaustromls und selbiger enden gelegener catholischer stende [...] sich mit seiner underhabenden armee heraufwerts zu begeben und selbiger gegent umb die Thonaw für heur die quartir zu nemmen."

Die bewusten 300.000 fl. will der Kurfürst in den nächsten Tagen nach Rain oder Ingolstadt verordnen lassen. In Donauwörth liegen schon 100.000 fl. vom Kaiser, wozu, wie Tilly von Gf. Philipp von Mansfeld erfahren haben wird, in Bälde noch 180.000 fl. hinzukommen werden. Hofft, daß man mit diesen Geldern den verbliebenen kaiserlichen und Bundestruppen nicht nur einen Monatssold zahlen, sondern auch die Reformation, falls sie nicht ohne Geld zu haben ist, finanzieren kann. Zwar haben Tilly und Ruepp einen ganzen Monatssold auf 700.000 fl. veranschlagt, doch geschah das zu einer Zeit, als die Armee auf zusammen 50.000 Mann geschätzt wurde. Jetzt sind nicht mehr bei der Armee die Kurmainz zugeschickten Regimenter, die dem Statthalter in Heidelberg zugeschickten drei Kompanien, die Deutschmeisterschen, Dillinger und Eichstätter Freikompanien, das in die Oberpfalz marschierte Regiment La Spagna, die nach Forchheim geschickten 1.000 Mann. Zudem sind die noch bei der Armee befindlichen Regimenter den Berichten nach derart zusammengeschrumpft, daß die Mannschaftsstärke allenfalls die Hälfte der vorstehend genannten Zahl betragen dürfte. „Bei welcher beschaffenheit dann mit dem gelt uf einen monatsold umb sovil besser zu gelangen und der soldatesca, weilen sie dannoch neben der proviant auch schuchen und strümpf bekhommen, contento ze geben sein würdet.

Negst disem haben wür insonderheit von dem Kurzen verstanden, welcher gestalten ihr bedacht weret, von eurem iezt beihabenden Ksl. und bundtsvolkh ein bestendiges corpo effective von ungever 15.000 mann zu fueß und 5.000 pferdten ze richten, mit deme euch gegen den feindt zu legen und dz übrige noch restirende volkh, auch sonderlich die krankhe für dismahl in verschlossene sichere orth auszeteillen. Nun halten wür zwar selbst ein dergleichen corpo mit ordnung nuzlicher und besser als wann die armada groß und daneben wie iezt allerhandt confusiones und unglegenheiten emporgehen. Demnach wür aber vernemmen, das sich bei euch noch effective uf die 9.000 oder mehr reitter befünden, so wurde es dergestalt bei obiger anzahl der 5.000 pferdt nit verbleiben könden. Dann den überrest abzedankhen, ist ieziger zeit, bei so villen verscheidenen starkhen feindten und deren diversionen, welche durch solche abgedankhte erst noch mehr besterkht wurden, ganz nit rhetlich. Ingleichem hat man der reitter, wie ihr selbst wisset, weniger theil in garnisonen vonnötten. Wür wollen aber hierunder gern mehrer erleitterung von euch vernemmen und noch forthin dasihenig, was uns zu conservation der armada ze thuen möglich, nit underlassen.

Das aber mit entrichtung des ordenlichen monatsoldts uf die armada continue gevolgt werden solle, ist, wie ihr selbst vernünftig zu ermessen, nit allein uns und denen mehrerntheil verderbten bundtstendten, sonder auch Irer Ksl. Mt. allerdüngs unmüglich, wie dann ein solches auch bei dem gegentheil nit geschiht und diser zeiten bei keinem veldtherrn geschehen thuet oder kan. Wür verhoffen aber, wann man nur forthin mit dem proviantwesen bessere bestöllung macht und der soldatesca dz prot sovil möglich von zeit zu zeit ordenlich ervolgen lasset, welcher mangl bishero unsers vernemmens die gröste unglegenheit verursacht, es werde alsdann alles desto bösser und leichter vortgehen.

Waß des veldmarschallen graven von Pappenheimb vorgeschlagene diversion[4] belangt, hielten wür selbige dem gemeinen catholischen wesen selbst für guet und notwendig, damit dardurch des feindts dissegni umb sovil mehr contraminirt werden möchten. Allein gehet uns sowohl als euch zu gemüeth, dz er mit demihenigen volkh, so er von der armada mitzenemmen begert, schwerlich oder gar nit werde fort- und durchkhommen könden. Solches volkh aber gar an Rhein und auf demselben biß nacher Bonn oder Cölln ze füehren, wurde besorglich nit allein dasselbe auf ein neües merkhlich abkhommen, sonder auch die hirzue notwendige schiff ermanglen, zudeme [...] auch des volkhs bei denen sowohl diser enden als in Beheimb erzeigenden starken feindtsgefahren heroben selbst vonnöthen sein würdet. Derwowegen wür furs beste und rhetlichist ermessen, das er gf. v. Pappenheimb sich nur mit seiner persohn in gueter gewarsamb und sicherheit nacher den danidigen quartirn an die Weser begebe und daselbst die von ihme vorgeschlagene diversion sovil möglich effectuir und zu werkh seze. Welches dann verhoffentlich ein als andern weeg umb sovil mehr mit guetem frucht des gemeinen wesens geschehen kann, weil er sich aus ermelten danidigen garnisonen des besten alten bundtsvolkhs von etlich tausent man zu bedienen hat. Ingleichen kann er auch hierzu das neugeworbene Curcöllnische volkh und dann ferner das Nersische aus Mechelburg gezogene volkh (so uf 3.000 man sein soll) sambt denen aus Brabant marchirten Witterhorstischen und Roveredischen regimentern emploiren und gebrauchen, und da si gleich schon allzuweit herauf marchirt wehren, doch selbige noch bald contramandiren. Zu welchem ende ihr dann sowohl dem von der Nersen als demihenigen, so ermelte zwai aus Brabant marchirte regimenter oder gedachtem Cölnischen volkh commandirt, ordonanz ertheillen köndet, nit zweiflent, er veldtmarschall werde hierdurch ein schönes corps zusammenbrüngen und nit allein bastant sein, des lgf. zu Hessen progreß in Westphallen zu verhündern, sondern auch fuerthers eine starkhe und nuzliche diversion gegen dem feindt vorzenemmen, wie wür dann ihme veldtmarschallen selbst derent-

---

4 In dem unten Anm. 5 zitierten Schreiben *Maximilians* an Pappenheim vom 23. November heißt es: Dem Kurfürsten wurde berichtet, dass Pappenheim sich erboten hat, „daniden an der Weser und Elb ein nuzliche diversion ins werkh ze stöllen." – Zur Kritik Pappenheims an der Kriegführung Tillys und zu seinen Gegenvorschlägen, zu denen u. a. Diversionen in den unteren Reichskreisen gehörten, vgl. das bei RÖCKL III S. 68–71 gedruckte, bei STADLER S. 547 f., 558, 560, 563, 570 benutzte Schreiben *Pappenheims* an Maximilian, Bischofsheim an der Tauber, 3. Nov. 1631; Angabe des Fundortes der Ausfertigung ebenda S. 547 Anm. 126 u. ö. Zum Thema Diversionen in den unteren Reichskreisen ist auch zu verweisen auf das „Memoriale, waß mit Ihr Kfl. Dt., meinem genedigisten herrn, dero feldtmarschalkh graff von Bappenheim zue reden anbevohlen" (Ausf. ÄA 2295 fol. 6–7. Ben. bei STADLER S. 559, 569). Das Stück ist undatiert. Es stammt von Oberstleutnant *Friedrich von Schlez*, der es dem Kurfürsten mit Anschreiben, Amberg, 27. Nov. 1631 (Ausf. ÄA 2295 fol. 4–5), übersandte. Hinzuweisen ist auch auf HALLWICH I Nr. 429; DUDIK, Waldstein S. 203 f. Nr. 99. Zur Unterrichtung des Kurfürsten von Mainz durch Pappenheim vgl. STADLER S. 563. – Den Erhalt der Sendung vom 3. November bestätigte *Maximilian* an Pappenheim aus München, 10. Nov. 1631 (Reinschr. mit Zusatz Maximilians ÄA 2381 fol. 400. Ben. bei STADLER S. 563), und fuhr fort: „Dieweiln aber dise von euch eründerte sachen von grosser importanz, so wöllen wir solche in weitere consultation ziehen."

halb zuegeschrieben⁵ und ihme zu solcher impresa⁶ <...> haben. Solte er sich aber derselben ohne mitfürung einichen volkhs von der herobigen armada dannoch nit undernemmen wollen, so lassen wür eurer discretion anheimbgestelt, ob und waß ihr ihme bei ieziger beschaffenheit noch an volkh mitgeben könndet, auch ob solches ohne risigo und consumption bei diser spaten jar- und gleichsamb schon gegenwertigen wünterzeit vort- und durchzebrüngen. In allweg aber werdet ihr euch angelegen sein lassen, damit dise diversion wo möglich fortgehe und nit ins stöckhen gerathe."

Unterrichtet Tilly über die bevorstehende Abordnung des M. Kurz an den Kaiserhof. Was dessen Auftrag in Sachen Nichtabforderung der kaiserlichen Regimenter von der herobigen Armee betrifft, so zweifelt der Kurfürst nicht, dass Aldringen und Ossa die für den Verbleib besagter Regimenter bei Tilly sprechenden Argumente akzeptieren werden. „Wofern sie aber underdessen wider verhoffen, Irer Mt. volkh fort- und nacher Behemb ze füehren, behaubten wolten, so wisset ihr sie mit discretion davon abzehalten und daran ze sein, damit hierunder Irer Mt. resolution uf oberwente unsere durch den Kurzen gethone abordnung erwartet und biß dahin das volkh bei euch gelassen werde.⁷

Den pass zu Neuburg wisset ihr im namen Irer Ksl. Mt. in acht ze nemmen und selbigen, iedoch unvermelt unser, von der Ksl. armada mit volkh zu versichern.

---

5 *Maximilian* an Pappenheim, 23. Nov. 1631 (Konz. Teisingers mit Zusatz Peringers ÄA 2381 fol. 405–406. Druck bei Röckl I S. 8 f. Ben. bei Riezler V S. 393, Stadler S. 577). – Den Kurfürsten von Köln, mit dem Pappenheim eng zusammenarbeiten und dessen Territorien der Feldmarschall verteidigen bzw. wiedererobern sollte, unterrichtete *Maximilian* mit Postskriptum, 23. Nov. 1631 (Konz. Teisingers ÄA 2361 fol. 671), über die Abordnung Pappenheims in die daniedigen Quartiere an der Weser sowie über die Aufträge des Feldmarschalls.

6 Die folgende durch spitze Klammern markierte Lücke enthält ein Wort, das (wegen Tintenfraß?) nicht entziffert werden konnte.

7 Diese Weisung wiederholte *Maximilian* an Tilly, 30. Nov. 1631 (Konz. Teisingers ÄA 2396 fol. 420–422. Ben. bei Suvanto S. 104 Anm. 11), nach dem Erhalt des *kaiserlichen Schreibens* vom 25. November (unten Nr. 454 B Anm. 6); nur mit dem Abmarsch der in der Relation Starzhausens genannten 3.000 Mann zu Fuß und 1.000 Pferden (vgl. dazu unten Nr. 463) wollte der Kurfürst sich zunächst abfinden. Nach Erhalt der Relation des *M. Kurz* vom 30. November (unten Nr. 454 C) und der beigefügten *kaiserlichen Resolution* am 4. Dezember (unten Nr. 454 B mit Anm. 1) aber resignierte der Kurfürst. Mit Postskriptum, 4. Dez. 1631 (Konz. Teisingers ÄA 2396 fol. 476), unterrichtete *Maximilian* Tilly über besagte Resolution und fügte hinzu, dass er es dabei wohl bewenden lassen müsse. Der Kurfürst fuhr fort: „Nachdem aber in berierter Kurzischen relation under anderm auch diß herkhomen thuet, dz der Ksl. veldtmarschalkh von Dieffenpach mit seiner underhabenden armee in Meichsen, dzienige volkh aber, so auß dem Reich in Behemb khombt, umb Budtweiß sich fermiren solle, wobei uns dann zu gemiet geet, ob nit bei solcher beschaffenheit der curfürst von Sachsen anlaß nemmen mechte, seinen weeg directa auf unsere landen zue zu nemmen, zumahl ohnedz die avisen vast einhellig mit sich bringen, dz man von allen orthen her unß und unsern landen zuezusezen begere, also haben wir euch solches hirmit zu disem ende anfiegen wollen, damit ir euch umb sovil mehr angelegen sein lassen sollet, wie auf erzelten unverhoffenden fahl unsere landen vor feindts gewalt sichergestellt und geschuzt werden mögen."

Mit ersezung der generalchargen lassen wür es eurer discretion und disposition anheimbgestellt sein, weil euch die leith bei der armada am besten bekhandt und ihr dieselben im veldt practicirt, also wissen werdet und müesset, was einer und der ander für qualiteten und wer zu diser und jener charge mit unserm und unserer mitvereinten, auch des algemeinen wesens dienst am besten tauglich und sufficient seie. Nach gestalt und befündung dessen ihr die installation vornemmen möget und hierunder des gemeinen wesens nuz und wolfart in acht ze nemmen wisset.

Waß die von euch vorgeschlagene abbochirung[8] anbelangt, wollen wür den sachen nachgedenkhen und uns disfahls gegen euch weiter resolvirn." – 23. November 1631.

Konz. Teisingers mit Korr. Peringers ÄA 2396 fol. 400–407.

## 451. Tilly an Maximilian

November 23

Detachierung kaiserlicher Truppen nach Böhmen – Reise des Herzogs von Lothringen zum Kurfürsten – Zusammenkunft Tillys mit dem Kurfürsten – Werbungen der Liga – Interzession für Münch

Hat dem Generalwachtmeister Fugger, dem Kämmerer und Hofrat Kurz sowie seinem französischen Sekretär Franz Philipp Granvelle[1], „alle beschaffenheit, wie sichs dieser zeit in einem und anderrem mit den armaden verhalten thue, umbstendig mindlich vorzuetragen und zue remonstriren aufgetragen und anvertraut, mich dahin in khürze halber underthenigst beziehendt.

Verhalte aber hiebei deroselben gehorsambst nit, waßmassen man heitigen tag mit den Kaiserischen underredt und dieselbe auch darauf genzlich beharran, daß nacher Behemb von Ir Ksl. Mt. volkh 12.000 zu fueß sambt irer ganzen cavaleria biß in die 6.000 pferdt starkh[2] incaminirt und vortgeschickht und hierauß im Reich mehr nit dann 1.400

---

8 In den oben Anm. 2 zitierten *Notizen Kurzens* heißt es dazu: „Ihr Kfl. Dt. mechte gedacht sein, ihre grenizen zu besetzen und gegen Dainabert oder Ingolstat wenden, alda den h. general zu sich ervordern, weiln allerhand notwendige sachen abzureden. Mechte dabei auch die grosse spesa, so uber den herzog in Lotringen gehen wird, <...>bahrt werden." – Die vorstehend durch spitze Klammern markierte Vorsilbe konnte nicht entziffert werden.

1 Vgl. zu Fugger und Kurz zusammenfassend oben Nr. 450 mit Anm. 2, zu Granvelle unten Anm. 5, 7 und 8 sowie unten Nr. 456 mit Anm. 2. – Zu der Mission Granvelles heißt es in *Ruepp an Maximilian*, Gunzenhausen, 23. Nov. 1631 (Ausf., teilweise dechiffriert, ÄA 2398 fol. 579–582): „Wan dann die Ksl. ministri starkh auf den vortzug in Beheimb tringen, es auch die notdurft erfordern will, das derselbe sowol des königreich Beheimb als E. Kfl. Dt. Obern Pfalz halben nit lang aussenbleibe, als bite E. Kfl. Dt. underthenigist, hieriber und sonderlich auf die underthenigiste proposition des bemelten secretari [Granvelle] gdste antwort und bevelch [...] ertheilen beliben zlassen."

2 Laut *Journal Richels* vom 23. November (unten Nr. 456 Anm. 2) gab Ruepp gegenüber Herliberg die Gesamtstärke der kaiserlichen Truppen [im Verband der Armee Tillys?, im Reich insgesamt?] mit 15.000 Einsatzfähigen zu Fuß und 8.000 Pferden an.

man Kaiserliches volkh zue fueß neben des bundtsvolkhs übriger infanteria³ und deren zuestendig drithalbtausent pferdten, inclusive und miteingerechnet derjenigen pferdt, so bereits nacher Forchheimb geschickht worden, gelassen werden sollen. Wann aber dergestalt nit abzunemen, in waß fir defension und sicherheit dz Reich zu stellen und was im veldt zu gebrauchen übrig verbleiben wirdt, zumallen auch beede stadt Dinglspil und Nördlingen zue versicherung der pässe und was etwa noch dariber nacher der Obern Pfalz geschickht werden möcht,⁴ davon besezt werden müessen,

Alß habe bei Eur Kfl. Dt. ichs zue deme ende underthenigst unerindert nit lassen und mein gehorsambstes parere in deme eröffnen wöllen, waßgestalten etwa die sachen dahin zue richten weren, damit ein starkhere anzahl Ksl. volkhs hieoben gelassen werden möchte.⁵ Und nachdem auch sich Ir Dt. zue Lottring zue E. Kfl. Dt. zu begeben uf den weg gemacht,⁶ der intention, mit deroselben sich sowol wegen irer soldatesca, ob si nemblich selbige mit nacher Behemb hetten anziehen zu lassen oder nit,⁷ alß auch dero weitere werbungen halber sich zu underreden, alß werden sich Eur Kfl. Dt., waß si dießfalls am besten und vorstendigsten zue thuen oder zue lassen bedunkhen würdt, darüber erheischender notturft nach zue resolvirn wissen.

Wann ich auch für ein sonderbahre hohe notdurft gehalten, mit E. Kfl. Dt. mich eines und anders halber, und zwar unter andern auch firnemblich dzjenig zu underreden und zu vernemen, ob die notturft erfordern wirdt, mich in der persohn mit in Beheimb zu begeben oder herauß zu bleiben,⁸ auch waß orthen der veldtmarschalkh graf von Pappenheimb zu emploirn sein mechte,⁹ alß hab deroselben ich underthe-

---

3 Laut Relation *Ruepps* vom 23. November (oben Anm. 1) 3.000 Mann.
4 Laut Relation *Ruepps* vom 23. November (oben Anm. 1) sollten nach Dinkelsbühl 1.000 Mann zu Fuß und drei Kompanien zu Pferd, nach Nördlingen 1.500 Mann zu Fuß und eine Kompanie zu Pferd und in die Oberpfalz, die im übrigen durch die anziehenden kaiserlichen Truppen bedeckt bleibe, 600 Mann [zu Fuß] gelegt werden.
5 Laut *Journal Richels* vom 23. November (unten Nr. 456 Anm. 2) referierte Granvelle als Parere Tillys: „Ein succurs [nach Böhmen] zu schickhen. Zu den vorigen 2.000 noch 6.000 zu fueß und 3.000 oder 4.000 pferdt."
6 Vgl. auch Doc. Boh. V 125.
7 Laut *Journal Richels* vom 23. November (unten Nr. 456 Anm. 2) referierte Granvelle zu diesem Punkt: „Lotringischen volks: Herzog nit geneigt, in Beheim zu geen. Ir Kfl. Dt. werden ihn bereden kenden, ut maneat. Sein volkh zu quartieren, sonst eß verlauffen werd." – Vgl. auch Doc. Boh. Nr. 122 und 125.
8 In der Relation *Ruepps* vom 23. November (oben Anm. 1) heißt es dazu: Wenn Tilly im Reich bleibt, wird Aldringen das Kommando in Böhmen führen müssen, wozu die Kaiserlichen wohl auch neigen. Ruepp fügte hinzu: „Uf einen oder den andern weg aber wirdt hoch vonnöthen sein, daß man sich wol miteinander verstehet und es nit einer ganzen separation gleichsiehet." – Laut *Journal Richels* vom 23. November (unten Nr. 456 Anm. 2) hatte Ruepp an Herliberg geschrieben, die Kaiserlichen wünschten den Einsatz Tillys in Böhmen, klang dieses Thema in dem Referat Granvelles in folgendem Passus an: „Tilli begert ordinanz seiner persohn und deß bundtsvolkh halber", sprachen sich von den bayerischen Räten Wolkenstein und Herliberg, auf deren Voten sich andere Räte bezogen, für den Verbleib Tillys im Reich aus.
9 In der Relation *Ruepps* vom 23. November (oben Anm. 1) heißt es dazu: „Und khonde ohne gehorsambiste mass E. Kfl. Dt. veldmarschalkh graf von Pappenheimb nacher dem Nidersäxischen craiß

nigist anhandt geben wollen, obs iro nit zuentgegen sein möchte, sich biß nacher Thonauwörth zu bemüehen und dz ich deßwegen zu meiner nachricht mit zeitlicher und unverweilter resolution, zumallen mir die gelegenheit diser orthen in die lenge zu verharren, nit zulasset, gdst versehen werden möchte. Inmitls aber wirdt ich mich nichtsdestoweniger, weillen sichs mit firnemmung diser underredung zu lang verziehen wirdt und diser orthen solche zeit über khein möglichkheit zu verbleiben, mit dem vortzug nichts hindern lassen." [...]

Der Kurfürst weiss, dass die Regimenter sehr schwach sind. Nach Auffassung Tillys reicht es nicht, die Regimenter zu verstärken, sondern müssen die Bundesstände darüber hinaus Neuwerbungen vornehmen. Empfiehlt dem Kurfürsten den überaus fähigen und zuverlässigen Generalquartiermeister Lorenz Münch, der zwar in kaiserlicher Bestallung ist, aber bislang bei beiden Armeen besagte Funktion ausgeübt hat. Der Kurfürst möge ihm gestatten, 500 Pferde zu werben.[10] – Gunzenhausen, 23. November 1631.

Ausf., teilweise dechiffriert, ÄA 2396 fol. 409–411; Auszug ÄA 2404 fol. 61 (= Anlage L zu der BA NF II/9 Nr. 270 Anm. 1 zitierten „Wahrhafte[n], grindliche[n] information"). Auszug gedruckt THEATRUM EUROPAEUM II S. 475. Ben. bei KAISER, Politik S. 463 mit Anm. 8, S. 467 mit Anm. 31, S. 471 mit Anm. 54.

## 452. Kurköln an Maximilian

November 23

Bildung eines Korps zur Verteidigung der Kölner Stifter – Kriegslasten der Kölner Stände und Untertanen – Weisungen für Tilly und Gronsfeld – Spanische Truppenhilfe

Bezug: Schreiben vom 10. November [oben Nr. 435]. – „Nun wehre ich für mich selbsten genaigt gewesenn und hette woll wünschenn mügen, daß ich dieß endts zue denn mittelenn gerhatenn konnen, gegenn denn nunmehr erfolgtenn und weiterß besorgenden feindtlichenn einfal ein corpo zu formieren, wie dann nach abzug des gravens vonn Tilly auß Hessen ich die anstellung in meinen Iberrheinischen landen zur eilender werbung vonn 6.000 zur fueß und 1.000 zue ross gemacht. E. L. aber ist auch nit unbekanndt, also bald der graff von Tilly meine landen verlaßenn und keine zueträgliche verordtnung zur resistentz hinderlaßen, daß mann unvermuhtet übereilet worden, auch in meinem und meiner landen vermügenn nit gestanden, ein corpo in solcher eihl zue formirn und selbiges mit allenn nohtwendigkaiten dergestalt zu

---

nur für seine persohn verordnet werden, daß aldortige Ksl. und bundtsvolkh, so in 20.000 starkh, zu salvirn, dasselbig ausser Wolffenbüttel, Hammeln, Madeburg und Staden in das veldt zu führen, den feindt aldort aufzuhalten und zu divertirn."

10 Laut *Journal Richels*, 5. Dez. 1631 (unten Nr. 472 Anm. 1), wiederholte Tilly seine Interzession für Münch via Kautt.

versehen, daß mann, sich damit gegenn dem feiandt zue praesentirn und denn einfall zu verhindern, hette gefast sein khonnenn.

So habe ich auch die ursachenn vernommenn. warumb E. L. dero generalleitenant grafen von Tilli nit bevelchen khönnen, einig volkh von sich zue lassen und dardurch gegen Hessen eine diversion fürzunemmen, dennselben einzuhalten oder, was verlohren, zue recuperieren. Meine stendt und underthonen aber lamentieren und beklagen sich zum höchsten, das sie nunmehr, da sie von anfang biß herzue mit underhaltung viler regimenter, darschiessung gelts, beischaffung proviants, fuhren und aller anderer assistenz und nothwendigkeiten ihr eisserist, auch iber ihre schuldigkheit, und mehr alß andere geleistet, also ganz und zumalen hilflos gelassen werden. Und gehet mir je schmerzlich zue gemüeth, dz mir vonn meinenn underthonen dergleichen vorgeruckht wirdt. Und kombt herzue noch dieses, daß meine landen vonn denn kriegscommissarien so gar ungleich und noch viell harter alß andere, auch die negst angelegene uncatholische angeschlagen werdenn." Erwähnt entsprechende Klagen seiner Hildesheimer Räte und des Hildesheimer Domkapitels über Lerchenfeld, die aus der Zeit nach der Leipziger Schlacht datieren. Führt ferner aus, dass man auch aus dem Stift Paderborn einen Beitrag zur Bezahlung der an der Weser liegenden Soldateska verlangt, obwohl die Kommissare doch wissen, dass das Stift in der Gewalt des Landgrafen von Hessen ist, der es aufs äußerste belastet.[1]

Dankt für die Weisungen für Tilly und Gronsfeld. Dass er von Tilly nichts zu erwarten hat, zeigen Maximilians eigene Einlassungen. Zudem geht aus der Anlage hervor, was Gronsfeld „wegenn dem Neersischen volkh beggegnetenn zuestandts und seiner habender verfaßung mich berichtet.[2] So haben E. L. hochvernünftig zu ermessen, waß ich vonn ein und anderem orth hero zu verhoffen." Dass der spanische Sukkurs in die Unterpfalz kommandiert wurde, hat er schon erwähnt. Dem Vernehmen nach sind diese Truppen sehr schwach und so beschaffen, „daß dem annsehen nach mehrerß darumb gethann, solche auß denn danidigen in andere quartier zue bringen und zue refreschieren und mann sich ihrer hernegst bei anderer occasion zue gebrauchen, alß dz man iezieger zeit vil diensten von ihnen zue gewarten habe." [...] – Köln, 23. November 1631.

Ausf., teilweise dechiffriert, Kschw 960 fol. 496–498. Ben. bei STADLER S. 570, 588.

---

1 In seiner Antwort vom 1. Dezember (oben Nr. 442 Anm. 7) versprach *Maximilian*, die Kommissare zu rügen und ihnen zu befehlen, dem Kurfürsten „iber die gebühr und billichait nichts zuezuemuehten."
2 Die zitierte Anlage fehlt. – Den Verlust der Truppen Neersens hatte *Kurköln* schon in seinem Schreiben vom 20. November (oben Nr. 442 Anm. 7) erwähnt. Vgl. auch FORST Nr. 523 S. 582.

## 453. Kurköln an Maximilian

November 23

Mühlhauser Konvent – Admission des Königs von Schweden – Vermittlung Frankreichs – Übergehung Spaniens – Konvent in Ingolstadt – Waffenstillstand

Bezug: Schreiben vom 11. November samt Anlage [oben Nr. 427 Anm. 1]. – Befürwortet den Mühlhauser Konvent voll und ganz. „Weiln man aber zu Frankhfurt so weit voneinander discrepirt, so wurde meines ermeßens ie nötig sein zu wißen, ob, was und wie weit man den protestierenden leben khönne. Sonsten zu befahren, da mann auf deme wie zu Franckhfurt zu beharren entschlossen, daß mann mit verliehrung grosser kosten nit allein nichts außrichten, sonder wol mehrere verbitterung verursacht werden khöndte. Und möchte ich also gantz gern vernehmen, wohin E. L. die ihrige zu instruiren gemeint.[1] Ich bin sonsten von Churmäintz und Triers L.L. annoch erwartendt, weßen sich dieselbe auf die von mir wolmeinendt vorgeschlagene persönliche conferentz[2] erkleren werden. Nit weiß ich zwar, ob bei dieser nit allein Churmeinz, sonder unß allen dreien geistlichen churfürsten ie lenger, ie mehr zuenahenden Schwedischen gefahr an dem Rheinstromb baide Ire L.L. zu der personlichen zusamenkhonfft verstehen werden.

Deß khönigs in Schweden intervention betreffend, bin ich derń meinung, daß derselbe, da er außgeschlossen werden soll, nit allein ahn daßienig, weßen man sich etwo vergleichen mögte, sich nit verbunden halten, sonder ohnedaß auch deß churfursten zu Saxen und Brandenburg L.L., wie E. L. hochvernünfftiglich andeuten, alles mit ime vorhero communiciren werden. Und muß ich hiebei gleichwol auch bekennen, daß man dießfalß ohne Ihrer Ksl. Mt. vorhin eingeholte erklerung, ob und welcher gestalt dieselbe ermeldten könig zu disem tractat zuelassen wollen, nit wol eines gewißen sich würdt entschließen khönnen.[3] [...]

---

1 In der Antwort *Maximilians* an Kurköln, 2. Dez. 1631 (Konz. Ranpeks mit Korr. Maximilians und Peringers, teilweise zu chiffrieren, Akten 203/I. Ben. bei KAISER, Politik S. 498 f.), heißt es zu diesem Punkt, „dz neben dem ich meines thails dißfals ohnedz sovil nit als die geistliche churfürsten interessirt, ich auch darumben noch khaines aigentlichen resolvirt bin, weiln eben die Inglstettische zusamenkhunfft der catholischen stende gesandten vornemblich auch dahin gemaint und angesehen, sich daselbst neben andern puncten mit gesambtem rath und zuethuen zu vergleichen und zu entschliessen, was catholischer seits hernach bei der Müllhaussischen handlung zu thuen oder zu lassen sein werde."
2 Vgl. zu dieser oben Nr. 442 mit Anm. 6.
3 Kurköln erhielt das einschlägige kaiserliche Schreiben vom 16. November (oben Nr. 443 Anm. 1) am 29. des Monats. In seiner Antwort an den Kaiser, Schloss Brühl, 29. Nov. 1631 (Ausf. RK RTA 100b fol. 125–126; Kop. Akten 203/I), erklärte *Kurköln*, da die Situation des Reiches von der Art sei, „daß man alle gedanken billich zue erlangungh eines allgemeinen bestendigen fridens zue richten, und leichtsamb zu erachten, das Chursachsen und Brandenburgs L.L. mitsampt anderen denselben beipflichtenden stenden sich in kheine tractation einlassen werden, wan hochgedachter konigh und welche demselben allweil associirt, davon außgeschlossen werden sollen, so kan ich meines theilß [...] nit widerachten [!], daß hochgedachtes königs intervention auszuschlagen und dardurch obbedeute frie-

So halte ich auch [...] diensamb zu sein, daß der Kgl. Wrd.in Franckhreich interposition nit außzuschlagen, welche dan die uncatholische nit verwäigern können, weiln dieselbe sich Irer Kgl. Wrd. assistenz bedienen, wir catholische selbige auch nit zu difficultiren, sondern dardurch dern sachen gute beförderung zu verhoffen, weiln Ir Kgl. Wrd. als ein catholischer potentat nit gern sehen werdenn, daß die catholische religion und deroselben zuegethone stendt in gefahr gestellt oder mit auftringung unverantwortlicher conditionen beschwert werden sollen, wie ich dan auch rathsamb erachte, daß hochermeldte Kgl. Wrd. darunter auch von unß den geistlichen churfürsten gebürendt zu ersuchen. E. L. aber werden auß meinem ahn sie dießfalß abglangten schreiben⁴ mit mehrern vernohmen haben, auß waß ursachen ich daß von Churmäintz L. zue solchem endt bereitz gefertigtes schreiben furtzuschicken angestanden." Falls Maximilian keine Bedenken gegen dieses Schreiben hat, wird er es sofort ausfertigen und weiterleiten. Um die Sache zu beschleunigen, schlägt er vor, Maximilian möge „zu benehmung aller ungleichen gedankhen anticipando Ir Kgl. Wrd. [...] berichten, daß wir die geistliche churfürsten resolvirt, auch bereitz im werk begriffen, Ire Kgl. Wrd. umb dero interposition zu ersuechen, und dardurch den verzug mit dern auf daß umbschicken gehender zeit im pesten [...] entschüldigen.⁵ – Wie ich auch dan auß denen von E. L. hochvernünftiglich angeregten ursachen eine notturft zue sein [erachte], Ihre Ksl. Mt. durch ein unserer 4 catholischen churfursten gesambtes schreiben, daß sie sich solche der Kgl. Wrd. in Frankhreich interposition nit zugegen sein laßen wolten, gebürendt zu ersuchen. [...]

Mir gehet sonsten hiebei auch zu gemüth, ob etwo Ihre Ksl. Mt. empfinden mogten, weiln gleichwol die cron Spanien sowol bei dem Böhmischen unwesen als auch mit einnemmung der Pfalz den catholischen so ansehenliche hilfen gelaistet, daß dieselbe herzue mitgezogen werden. Und weiln dannoch solches wegen deren zwischen Spanien und Franckhreich sich erhaltender grossen gelosia etwann nit rathsamb, und wann sie baide darzu khommen solten, daß werkh wol schwerer gemacht werden mögte, auch alstan die Staden sich möchten dareinmischen wellen, so stündt zu bedenken, ob und welcher gestalt diese der Spanischen praeterition zu entschuldigen.⁶

---

denshandlungh (deren befurderungh E. Ksl. Mt. gleichwoll propter morae periculum also hochnotigh erachten) behindert oder au[f]gehalten werden solle."
4 Vom 13. November (unten Nr. 469 Anm. 2).
5 In seiner Antwort vom 2. Dezember (oben Anm. 1) verwies *Maximilian* wegen der Interposition Frankreichs und des Schreibens der drei geistlichen Kurfürsten an den König von Frankreich auf sein Schreiben vom 19. November (unten Nr. 469 Anm. 2) und fügte zur Unterrichtung Kurkölns seine die Interposition Frankreichs betreffenden Ausführungen an Kurmainz vom 25. November (unten Nr. 457) bei.
6 Dazu heißt es in der Antwort *Maximilians* vom 2. Dezember (oben Anm. 1): „Die cron Spanien und E. L. derentwegen beschehne wolmainende erinderung betreffendt, ist zwar nit ohne, dz diejenige umbstendt, so dieselbe vernunftig angeregt, nit so gar ausser acht zu lassen. Weiln aber weder Ire Ksl. Mt. noch die cron Spanien derenthalber selbsten dz geringste niemaln gemeldet und an sich selbsten auch bekhandt, dz Spanien bei Irer Mt. und dem hauß Osterreich alzuvüll interessirt ist und

Der convent zu Ingolsttatt ist zwarn auch außgeschriben, und bin ich erpietig, die meinige mit dohin abzuordnen. Weiln aber beede täg zugleich gehaltenn werden sollen und einer von dem anderen dependiret, ist wol zu besorgen, eß werde der Mülhausische langsamb hergehen.

Die von E. L. ratione suspensionis armorum angezogene bedenken finde ich hoch erheblich, und sehe ich nit wol anderst, dan daß solcher punct zue Mülhausenn aufs best, man kan, tractirt werden mögte."[7] – Köln, 23. November 1631.

Ausf., teilweise dechiffriert, Akten 203/I.

## 454: Abordnung des M. Kurz an den Kaiserhof[1]

November 23–Dezember 2

### 454 A. Nebenmemorial Maximilians für M. Kurz[1]

November 23

Zustand der Armee und Rückzug Tillys in Richtung auf die Donau – Bitte um einen Assistenten für Tilly – Plädoyer für den Verbleib der kaiserlichen Truppen bei Tilly

„Nebenmemorial waß unser [...] cammerer und hofrath Maximilian Kurz herr von Senftenaw bei der Röm. Ksl. Mt., nachdem er die von unß ihme gnädigst anbefohlene

---

dahero bei den protestirenden khainen solchen respect hat wie die cron Frankhreich, als mechte es meines darfürhaltens dahinzustellen und derzeütt nichts darvon anzuregen sein, weiln ohnedz auch des erzherzogen Leopoldt L. als ain würkhliches mitgliedt des hauß Ostereich für einen interponenten zu diser vorstehenden handlung gezogen werden sollen."

[7] Hinsichtlich der Waffenstillstandsfrage verwies *Maximilian* in seiner Antwort vom 2. Dezember (oben Anm. 1. Ben. bei KAISER, Politik S. 482 mit Anm. 113) auf sein Schreiben vom 24. November (oben Nr. 442 Anm. 8) und fügte hinzu: „Und wurden E. L. gar wol daran thuen, wan sie zu befürderung dises werkhs bei des landtgraffs Georgens zu Hessen L., welche, zu dergleichen suspension zu gelangen, am ersten und von selbsten hoffnung gemacht, ebenmessig auch an ihrem ort guette officia praestirn wolten."

[1] Das Beglaubigungsschreiben *Maximilians* für Kurz an den Kaiser ist datiert: München, 22. Nov. 1631 (Ausf. KrA 69 Konv. November fol. 125–126), das unten Nr. 454 A gedruckte *Nebenmemorial Maximilians* für Kurz stammt vom 23. des Monats. An diesem 23. November nahm Kurz noch an Konsultationen bayerischer Räte teil (unten Nr. 456 Anm.2), deren Ergebnis aber nicht mehr in besagtes *Nebenmemorial* eingeflossen ist. Nach Ausweis des unten Nr. 454 C Anm. 3 zitierten Schreibens *Kurzens* an Trauttmansdorff wurde Kurz dann noch am gleichen Tag, nämlich Sonntag [23. November], vom Kurfürsten nach Wien abgefertigt. – Das Rekredential des *Kaisers* für M. Kurz an Maximilian ist datiert: Wien, 2. Dez. 1631 (Konz. KrA 69 Konv. Dezember fol. 10).

[1] Zu einem in dem oben Nr. 454 A gedruckten Nebenmemorial nicht berücksichtigten Punkt vgl. unten Nr. 454 B Anm. 3.

condolentz commission² gebührendt abgelegt haben würdt, ferners vor- und anzubringen."

Nach Verrichtung seiner Kommission in Sachen Kondolenz soll Kurz um eine weitere Audienz nachsuchen und dem Kaiser vortragen:

„Obwol wir ausser allen zweifel stellen, es werde Irer Mt. der generalleütenant grave von Tilli wie auch dero generalwachtmaister, der von Aldringen, und von Ossa von seiner deß Tilli iezigen intention und gemachten weitern anstalten, dann auch wie grossen, ia vast unaussprechlichen mangl sein underhabende armee an profiant, claidung, gelt und allen andern menschlichen lebensmittln leide, selbs gehorsamist iberschriben haben, so haben wir doch nit firbeigeen mögen, Irer Mt. von beschaffenheit der armee durch ine abgeordneten, als der occasione seiner bei des herzogen von Lottringen L. gehabter commission und hirunder auch mit ime graven von Tilli gehabter mündtlicher conferenz³ obvermelte grosse hungers- und khumersnot mit augen selbs gesehen, bei diser gelegenhait, allweiln er abgesandte sich ohnedz bei Ihrer Ksl. Mt. hoffstatt befünde, in aller gehorsamb mündtlichen underthenigisten bericht und relation thuen zlassen.

Und hat zwar er abgeordneter Irer Mt. vor all andern die haubtsächliche ursach, warumben er graf von Tilli wider den feindt, den könig in Schweden, bißher kheinen progress thun khinden, auß deme gehorsamist zu demonstriern, weil er nemblichen alle selbiger enden gelegne stende und underthane ime nit allein widerig und ibel affectioniert befunden, sonder ime auch von denselben alle underhalt und lebensmittl vilmer entzogen als subministriert worden, also dz er bloß und ainig dohin zu sehen gehabt, wie er dem feindt den weitern progress heraufwerts gegen der Tonaw und in Schwebischen craiß wie auch sovil müglich in die Obere Pfalz und dz königreich Behaimb verwöhren möge, ingestalten er dann zu dem ende sein marchiada in die marggrafschaft Ohnspach genommen und entschlossen, sich alda und zu Liechtenaw, der statt Niernberg geherig, dann auch zu Herrieden im stift Eystett zu fermieren und von dannen auß auf deß feindts actiones weiter achtung zu geben. Seitenmahlen aber selbiger enden die underthonen sambtlichen verloffen und also die dorfschaften ganz öd und bloß steen, trag er wol die beisorg, er werde selbiger enden nit lang fermieren khinden, sonder sich notgetrungener weiß noch besser

---

² Zum Tod der verwitweten Großherzogin Maria Magdalena von Florenz, geborene Erzherzogin von Österreich (EUROPÄISCHE STAMMTAFELN II Nr. 120). – Einzelheiten über das Ableben der Großherzogin berichtete *Maximilian* an Kurköln, 4. Nov. 1631 (Konz. Kschw 960 fol. 425). Nach Ausweis eines Vermerks Kschw 73 fol. 143' sollte ursprünglich der Marchese [Nestor] Pallavicino mit besagter Kommission beauftragt und mit Instruktion vom 18. November 1631 nach Wien abgefertigt werden. Aus München, 18. Nov. 1631, datiert ist auch die einschlägige *Instruktion Maximilians* für Kurz (Ausf. Kschw 123 fol. 40–42), der nach seiner Rückkehr von der Armee an Stelle von Pallavicino nach Wien abgeordnet wurde, aber außer der Verrichtung der Kondolenz weitere Aufträge hatte.
³ Einer *Reisekostenabrechnung des M. Kurz* (Kschw 8951) zufolge hatte dieser seine Aufträge bei Tilly und beim Herzog von Lothringen in der Zeit vom 15. bis zum 21. November erledigt. Zur Verrichtung Kurzens bei Tilly und beim Herzog von Lothringen vgl. auch oben Nr. 431 Anm. 2, Nr. 450 mit Anm. 2.

herauf gegen der Tonaw avanziern miessen, und solches zwar maistens der ursachen willen, damit er die underhaltsmittl, one welche ime, die armee lenger vor ruin zu conserviern, unmiglich, etwaß bequember haben und sich also die soldatesca wider in etwaß refreschiern khinde." Kurz soll dem Kaiser den bei der Armee herrschenden Mangel an Kleidung und Proviant, den er mit eigenen Augen gesehen hat, zu welchem Mangel die durch das schlechte Wetter bedingten Krankheiten und Todesfälle hinzukommen, schildern und um Abhilfe bitten. Die Armee habe erhebliche Verluste erlitten und es sei zu „besorgen, wofer man nit die ermanglende unentpörliche mittl alsobalden beischaffen werde, dz sich berierte armee in khirze solcher gestalt consumieren mechte, dz davon hinfir wenig dienst mer zu verhoffen."

Ferner hat Kurz dem Kaiser vorzutragen, dass dem Generalleutnant Tilly „bei nuhmehr von Gott erlangtem so hochen alter schwer iber schwer fallen welle, dise hoche charge über beide armeen, sonderlich bei solchen confusionibus, firters allein zu tragen, mit angehengter bitt, ob ime, damit er dannocht deß lasts in etwaß subleviert werde, mit einem assistierenden capo eheist begegnet werden mechte. Wie nun aber solch deß graven von Tilli begern nit fir unbillich ze halten, also werden Ire Mt. iro verhoffentlich gefallen lassen, auf mittl zu gedenkhen, wie ime grafen von Tilli hirin mit eheistem geholfen werden möge.

Und dieweil gleich in ieziger deß abgeordneten anwesenheit ime grafen von Tilli von Irer Mt. solche schreiben eingelangt, dz er Tilli sich mit dem feindt in khein solche occasion einlassen solle, dz, zum fahl Ihre Mt. bei iezigem ins konigreich [Böhmen] beschehnem einfahl sein underhabend volkh zu verhietung weitern fir- und einbruchs begern wurden, er solches nit alsbalden dahin verschickhen und gebrauchen mechte, also hat er abgeordneter Ire Mt. hieriber allergehorsamist zu erinnern, dz uns zwar zu genigen wissend, waß mehrhechstgedachter Ksl. Mt. an conservation dero erbkhönigreich und landen gelegen. [...] Wir befinden aber hiebei allerlai wichtige impedimenta und steen vast an, wie den sachen auß nachvolgenden bedenkhen aufs nuzlichist geholfen werden möge.

Dann firnemblich und firß erste richtig und gewiß ist, dz die bundtsarmee, wann Ir Mt. volkh davon separirt und in andere landen gefiert werden solle, heroben wider den feindt nit bastant ist, warauß firs ander ervolgen wirdt, dz der feindt die mittl und glegenheit erlangt, im Reich hin und wider pro libitu zu grassiern und einen noch übrigen standt nach dem andern, volglich also das ganze Röm. Reich zu grund zu richten und zu subiugiren, 3$^{tio}$ sich dergestalt der Obern Pfalz oder der Donau und fortan deß königreichs Beheimb und der Österreichischen landen zu bemechtigen.

Dahero wir dann zu Irer Mt. allergnädigstem nachgedenkhen gestölt sein lassen, waß disfahls vor handt zu nemmen, dz rathlichiste mittl sein mechte. – Wir zwar haben noch auf dato, wie es mit dem verlautenden einfahl in Beheimb aigentlich bewandt und sonderlichen ob von demselben die statt Praag, wie es von etlichen ausgeben worden, bereit occupirt, khein nachrichtung, khönden es auch umb sovil weniger glauben, weiln Ihr Mt. noch in dero iungstem an unß sub dato 16. diß abgangnen schreiben⁴ hiervon die wenigiste meldung nit thun. Zum fahl sich aber dero veldtmarschalkh, der von Dieffenpach, wie hievordisem vorgeben worden, in die 18.000 mann starkh befinden solle, so mechte vieleicht solchem feindtlichen einfahl dardurch wol khinden widerstandt beschehen und also umb sovil mehr die Tillische armee coniungirt verbleiben und auf deß Schweden als haubtfeindts actiones bessere aufsicht haben, wie dan der von Tilli selbst dise diversion durch den von Dieffenpach, doch ohnmassgeblich, vorgeschlagen, auch benebens sein guetachten dahin geben, dz man sich noch darzu umb merer facilitierung dises werkhs willen etwa der Cosaggen bedienen mechte. Und weil neben disem allem notorium und khundtbar, dz dem könig in Dennenmarkh selbs deß Schweden progress sehr verdechtig fallen, so wirdet derowegen zu Irer Mt. weiterm nachgedenkhen gestölt, ob nit bei besagtem könig in Dennenmarkh eben auch ein diversion zu suchen und zu erpracticiren und durch was diensame mittel er hierzu zu bewegen sein mechte.

Welches alles dann er abgeordneter Irer Mt. mit angelegnem vleiß vorzutragen und dabei umb schleunige firsehung und remedirung zu bitten wissen wirdt, ingestalten wir dann auch, waß er von merhechstgedachter Ksl. Mt. auf ain und anders fir resolution erlangen wirdet, zu seiner herkhonft von ime underthenigste relation erwarten wellen." – München, 23. November 1631.

Konz. J. Mairs mit Korr. Peringers Kschw 123 fol. 44–48. Benutzt bei ALBRECHT, Maximilian S. 803 f.

### 454 B. Kaiserliche Resolution für M. Kurz

November 30¹

Detachierung kaiserlicher Truppen nach Böhmen – Hilfstruppen für die Liga – Versorgung der kaiserlichen Truppen – Bitte um einen Assistenten für Tilly

Bezug: Mündliches und schriftliches Anbringen Kurzens „in underschidlichen, den iezigen statum und beschaffenhait der Ksl. und der getreuen catholischen assistierenden chur-, fürsten und ständen under dess graven Tilly anvertrauten commando militierenden armada betreffenden puncten.²

---

4 Oben Nr. 443?
1 Auf der undatierten Ausfertigung ist vermerkt: „Ultimo Novembris anno 1631" (Akten 255 fol. 20), welches Datum mit dem der Konzept-Kopie übereinstimmt. – Vgl. zum Datum der Präsentation in München das *Journal Richels*, 4. Dez. 1631 (Geheimer Rat 194/9 S. 107): „Den 4. Decembris in beisein der kriegsräth deß Kurzen schreiben vom lezsten Novembris auß Wien [unten Nr. 454 C] und sein erlangter beschaid [oben Nr. 454 B]. Kaiser will die 10.000 mann in Behaim noch haben."
2 Zwei Exemplare des einschlägigen *Memorials des M. Kurz für den Kaiser*, [präs. 28. Nov. 1631] sind überliefert in Kschw 123 fol. 76–77 (Konz. Kurzens, Fragment), ebenda fol. 78–86 (Konzept-Kopie mit Korr. Kurzens). Für das Präsentationsdatum ist auf unten Nr. 454 C zu verweisen. Das *Memorial* ent-

Fürnemblich und erstlichen, als sollten Ihre Ksl. Mt. an dero obristen veldtwachtmeister freiherrn von Alldringen und obristen von Ossa bevelch haben lassen abgehen, deroselben bei gedachtem graven Tilly anwesende Ksl. armada zu begehren und gegen Böhaimb, die allda antrohende rebellion und feindts gefehrligkhaiten zu verhieten, unverzügentlichen abzuefiehrn,³

Welches bevelchs, gleich wie nun höchsternennte Ihre Ksl. Mt. sich anderst nicht zu erinnern wissen, als waß sie eben underm dato dess achten Novembris, darauf sich der gesandte beziehet⁴, an gedachten graven Tilly⁵ und obristen Aldringer, volgendts hernacher den zwenundzwainzigsten nach verstandener feindtlicher eroberung dero kgl. residenzstatt Praag an den andern obristen veldtmachtmaistern Gallas geschrieben, eilendts von bemelter armada ein zehentausendt mann in Böhaimb zu schickhen, alß haben sie gleich damahls auch nicht underlassen, Ihrer Kfl. Dt. alles sambtlich und aus waß notherheblichen ursachen sie zue solcher resolution bewogen worden, in dero schreiben vom fünfundzwainzigsten Novembris⁶ under einsten vertreulich zu notificiern,

---

spricht weitgehend dem oben Nr. 454 A gedruckten Stück und einem zusätzlichen Auftrag (vgl. zu diesem unten Anm. 3).

3 Dieser angebliche kaiserliche Befehl, von dem Maximilian im Laufe des 23. November durch Tillys Sekretär Granvelle Kenntnis erhielt (vgl. dazu unten Nr. 456), war in dem oben Nr. 454 A gedruckten *Nebenmemorial* noch nicht erwähnt, wohl aber in dem oben Anm. 2 zitierten *Memorial des M. Kurz für den Kaiser*, in das die Ergebnisse der Beratungen der bayerischen Räte über die Relation Granvelles (unten Nr. 456 Anm. 2) eingeflossen sind. Dem entsprechend heißt es in dem oben Anm. 2 zitierten *Memorial des M. Kurz für den Kaiser* u. a.: „Solte nun aber wider alles verhoffen mehrgemelte abfiehrung E. Ksl. Mt. bei dem herrn grafen von Tillj anwesenden volkhs ungeacht aller vorsehenen gefahren, auch unvehlbahren undergangs des Röm. Reichs behaubtet werden, so wurden E. Ksl. Mt. die gesambten catholischen stendt des Reichs nicht verdenkhen khinden, wann si letztlich getrungener weiß die conservation irer und irer undergebner landt und leith, bevorderist aber der catholischen religion durch gietliche mitl, weillen inen hierdurch der weg der waffen benommen, bei dem könig in Schweden, wie si auch plaz finden mechten, suchen und erhalten thetten."
4 In dem oben Anm. 2 zitierten *Memorial*.
5 Oben Nr. 433 Anm. 3.
6 Der *Kaiser* an Maximilian, Wien, 25. Nov. 1631 (Ausf. Kschw 123 fol. 52–53 und 55, mit Anlage fol. 54. Ben. bei ALBRECHT, Maximilian S. 804). Darin heißt es mit Bezug auf die Schreiben des Kurfürsten vom 14. und 16. November (oben Nr. 433 Anm. 2 und 1) u. a.: Zweifellos hat der Kurfürst Bericht, dass der Feind sich inzwischen seiner Residenzstadt und seines Haubtschlosses Prag bemächtigt hat. Da täglich mehr Truppen nach Böhmen einrücken und die schwachen kaiserlichen Kräfte nicht ausreichen, dem Feind Widerstand zu leisten oder ihn aufzuhalten, hat der Kaiser Gallas Ordonnanz erteilt, von der Armee Tillys und den in der Gegend um Donauwörth liegenden kaiserlichen Truppen 10.000 Mann nach Böhmen zu schicken. Um diesen Verlust zu ersetzen, hat er die Infantin gebeten, die spanischen Truppen aus der Unterpfalz herauf rücken zu lassen. – Zu diesem *kaiserlichen Schreiben* gehören folgende Vermerke *Maximilians* (Kschw 123 fol. 51): „Ob nit der Ksl. corrier mit der ordinantz an den Gallaß aufzuhalten und nit fortzulaßen, biß vom Khurzen [aus Wien] waß hernach khombt? Wie es mit dem Lothringischen volkh zu halten und ob solches auf den fall, dz Khaiserisch abgefiehrt wirdt, an deßelben statt mehrer herauf und umb Nürnberg zu quartiern? Die intention mit Nürnberg wirdt auch nit effectuiert khonden werden."

Nit zweiflendt, dieselbe seithero solches empfangen und bei ihr selbsten die darinnen fürgestellte considerationes wohlmainendt erwegen werden, wie merklich an defension dess königreichs Böhaimb nit allein ihrer Mt. aignen particular-, sondern auch dess Röm. Reichs als eins mitincorporierten und gleichsamb in meditullio Germaniae gelegnen churfürstenthumb gemainen interesse angelegen, dz dasselbe ehest widerumben vom feindtsgwalt liberiert und gerettet werde, zumahlen in ausbleibung solcher zeitlichen defensionsanstalt, bevorab da Sachsen berait in persohn sich gewiß zu Prag befinden solle, leichtlich zu coniecturiern seie, daß man selbiger seits denen erhaltenen progressen ohne zweifel nachsezen und mit zusamb erforderter Schwedischer und anderer uncatholischen adhaerenten hülf nit feürn, noch einige zeit verliehrn werde, sich dern orthen zu fortificiern, die vires weiter außzubraiten und wa möglich dess ganzen khönigreichs sich zu bemächtigen, denselben aber zu begegnen, Ihrer Mt. derzeit in Böhaimb under dem graven Don Balthasar und veldtmarschalkhen von Teuffenbach verhandener, aber sehr abkhommener, auch bei weitem nit sich auf die von dem gesandten fürgebrachte und vermainte zahl der achtzehentausendt mann erstreckhender exercitus im wenigsten zum widerstandt erkleckht, und dahero wohl zu sorgen, daß dz darauß erwachsende unhail weiters herfürbrechen und sowohl von seiten dess an Böhaimb negstanstossenden Lanndt ob der Ens und Bayrischen granizen Ihrer Kfl. Dt. ein neuer feindt anwachsen und in dero aigne kfl. landen nach negligierter occasion und allzu spater remedierun ohne einige hinderung oder auffenthalt wurde durchdringen khönnen.

Und wollen demnach bei so gestallten dingen ofthöchsternennte Ihre Ksl. Mt. nit hoffen, vorangedeuter Ihrer Kfl. Dt. intention und darbei eröffnete sorgfältige gedankhen und erinnerungen dahin gemaint sein werden, wegen angedeuter abforderung der zehentausendt mann einiges bedenkhen zu tragen oder Ihrer Mt. zu widerrathen, bei so vorhandener augenscheinlicher neceszitet und andern iezundt ermanglenden mitlen derselben zug widerumben ruckhstellig zu machen, gleich in ebenmessiger occasion Ihre Mt. ebensowenig Ihre Kfl. Dt. verdenkhen wurden, da bei so gestalter feindtlicher invasion deroselben churfürstenthumb und lander sie sich ihres und der assistierenden chur-, fürsten und ständen exercitus zu dero aigner notdurft gebrauchen sollten wollen, sondern vil ehender derselben in illum eventum, so weith sich ihre vires erstreckhen wurden, vertreulich beizustehn und zu assistiern.

Hingegen aber auch Ihrer Mt. mainung niemahls dahin gestellt gewesen, oftwohlerwente dero getreue catholischen assistierende chur-, fürsten und ständt weder durch dise abforderung einer anzahl volkhs noch sonsten in ainigerlai weiß hülfloß zu lassen, indeme sie nit allain den nervum Ihres Ksl. exercitus noch lenger daroben im Reich verbleiben lassen, sondern auch berait an underschidlichen orthen die fürsehung gethan haben, damit solcher abgang unverzüglich widerumben mit dero aus Niderlandt in der Undern Pfalz ankhomnen Ksl. Wittenhorstischen und Roveroitischen regimentern ersezt werde, darüber auch der Infantin Dt. beweglich ersuecht und nicht zweiflen, dieselbe mit einer ergäbigen anzahl kgl. Spannischen wohl montierten volkhs aus gedachter Undern Pfalz, und da es die noth noch möhrers erfordern sollte wellen, darüber gar aus Niderlandt willfährig assistiern werden;[7] dabei die verfassungen [...] dess erzherzog Leopoldi, dann auch dess herzogen zu Lothringen Dt.Dt. verhoffende sterkhungen dero regimenter, so gesambtlich allain dem im Römischen Reich periclitierenden weesen zue nuzen und bestem angesehen, zu geschweigen." – Der Kaiser erwartet, dass diese Hilfstruppen mit Unterhalt und Verpflegung versorgt werden, damit sie erhalten bleiben und keine Einbußen erleiden. Ferner erwartet er, „weil man bishero gewise nachrichtung gehabt, daß Gotlob beide exercitus dem feindt mit starkher und gleichsamb zwaifacher oder mehrern macht uberlegen gewesen, die occasiones fürthin nit werden aus handen gelassen werden, dardurch man zu gueten effectibus gelangen khönne."

Anlangendt die übrigen von dem gesandten in gedachter seiner proposition angebrachte puncten wegen beischaffung der mehrern geltmitlen für Ihrer Ksl. Mt. soldatesca, werden sie an khünftiger müglichster fürsehung und beförderung ihres thails nichts erwinden lassen wie auch deroselben herrn bruedern dess erzherzogen Leopoldi Dt. zu concurrenz und beförderung erinnern, damit von den negst an der Thonau gelegnen Österr. landen der soldatesca mit denen von Ihrer Kfl. Dt. eingerathnen nothwendigkhaiten außgeholfen werden khönne."

Was die Bitte um einen Assistenten für Tilly angeht, so zweifelt die Kaiserliche Majestät nicht, „dz dz bereits demselben von Ihrer Mt. adiungierte [capo] noch ferner dem werkh gewachsen sein werde. Darbei sie gleichwohl nit ermangeln wollen, diss orts auf die khünftige notdürftige fürsehung zeitlich zu gedenkhen."

Ausf. Akten 255 fol. 20–23 = Druckvorlage; Konzept-Kopie, datiert: Wien, 30. Nov. 1631, KrA 69 Konv. November fol. 148–151. Ben. bei WITTICH I S. 777; ALBRECHT, Maximilian S. 804; KAISER, Politik S. 472, 497.

---

[7] Zu dem einschlägigen Passus des *kaiserlichen Schreibens* vom 25. November (oben Anm. 6) vermerkte *Maximilian* am Rand: „Wo wollen sie über Rhein und wie khinden sie zu dem Tillj stoßen? Zudeme wirdt die Infanta bei disen leüffen selbs mehr volkhs in der Undern Pfalz vonnotten haben."

## 454 C. M. Kurz an Maximilian[1]

November 30

Audienz beim Kaiser – Detachierung kaiserlicher Truppen nach Böhmen – Nachrichten der kaiserlichen Statthalter in Böhmen – Bemühungen des Kaisers um Diversionen – Ungarn – Bemühungen der Feinde bei der Türkischen Pforte – Verhandlungen Wallensteins mit Arnim – Mission des Obersten Paradis bei Kursachsen – Spanische Geld- und Truppenhilfe – Mühlhausener Konvent – Feldzug des Königs von Ungarn

Schickt seinen Diener mit folgendem Bericht: Obwohl er Tag und Nacht gefahren ist, ist er wegen des niedrigen Wasserstandes erst letzten Donnerstag [27. November] nachts in Wien angekommen, hatte am folgenden Freitag morgens um sieben Uhr Audienz beim Kaiser[2] und hat anschließend Eggenberg und Trauttmansdorff seine Nebenkommission empfohlen[3]. Über diese wurde noch am gleichen Tag abends um drei Uhr beraten. Die beigefügte Resolution[4] erhielt er heute Abend. Ihr wird der Kurfürst entnehmen, dass nicht sämtliche kaiserlichen Truppen, sondern nur 10.000 Mann nach Böhmen detachiert werden sollen. Kurz wird auf den Bescheid replizieren, wahrscheinlich aber erfolglos.[5]

Letzten Donnerstag [27. November] erhielt der Kaiser aus Budweis von etlichen dort anwesenden kaiserlichen Statthaltern Nachricht, dass Prag eingenommen ist und der Kurfürst von Sachsen sich in Person mit 300 Pferden und seinem Hofstaat

---

1 Vgl. zum Präsentationsdatum oben Nr. 454 B Anm. 1. – *Eigenhändige Notizen des M. Kurz* betr. seine Verrichtung in Wien, die größtenteils in die oben Nr. 454 C gedruckte Relation eingeflossen sind, sind überliefert in Kschw 123 fol. 26.
2 Nach Ausweis von *M. Kurz an Maximilian,* Wien, 28. Nov. 1631 (Konz. Kschw 123 fol. 69), hat Kurz in dieser ersten Audienz „sowoll die condolenz der verstorbnen erzherzogin zu Florenz Dt. selligisten angedenkens alß ander von E. Kfl. Dt. mit gdist aufgetragene commission" verrichtet. Der Grund für diese Zusammenlegung war wohl die Wichtigkeit besagter anderer Kommission, für welche oben Nr. 454 A und Nr. 454 B Anm. 3 zu vergleichen sind und die dem unten Anm. 3 zitierten Schreiben *Kurzens* an Trauttmansdorff zufolge keinen Aufschub duldete.
3 Überliefert ist das einschlägige *Schreiben des [M. Kurz] an Trauttmansdorff,* [präs. 28. Nov. 1631] (Kop. Kschw 123 fol. 74–75).
4 Oben Nr. 454 B.
5 Diese Befürchtung sollte sich bewahrheiten. Vgl. dazu die *Replik des M. Kurz* auf die oben Nr. 454 B gedruckte *erste kaiserliche Resolution,* [1. Dez. 1631] (Konz. Kschw 123 fol. 92), sowie die *Kaiserliche Resolution für M. Kurz,* 1. Dez. 1631 (Ausf. Kschw 72 fol. 133–134; Kop. KrA 69 Konv. Dezember fol. 183–184); der Bitte Kurzens, die Detachierung der 10.000 Mann nach Böhmen wenigstens solange aufzuschieben, bis die in Aussicht gestellten Hilfstruppen bei Tilly eingetroffen seien, könne der Kaiser mit Rücksicht auf die Situation Böhmens nicht entsprechen, wolle aber für Ersatz sorgen und die Infantin durch den spanischen Gesandten in Wien zu rascher Hilfeleistung drängen lassen. Namentlich genannt werden in diesem Zusammenhang die 8 Kompanien Barbanzon und Salm, die Regimenter Wittenhorst und Roveroit, die alle bereits in der Unterpfalz seien, sowie als Kommandant Graf Heinrich von Berg. – Die vorstehend zitierte *Replik des M. Kurz* ist undatiert; das in eckigen Klammern ergänzte Datum ergibt sich aus der Erwähnung der „mir an gestern [30. November] erthailte[n] allergdste[n] resolution".

dorthin begeben hat; Arnim sei in der Begleitung des Kurfürsten, den König von Schweden erwarte man täglich. Tieffenbach habe Schlesien gut besetzt verlassen und sei mit 10.000 Mann nach Böhmen und Prag gerückt. Ohne Verstärkung aber könne er nichts ausrichten und müsse sich darauf beschränken, bis vor die Stadttore zu streifen. Er habe vor, „sich negstens gegen Meissen zu begeben, alda deß feindts vernern socors den weeg in Beheimb abzeschneiden.

Ir Mt. haben ein aignen curier in Polln umb erhandlung 20.000 Pollackhen, sich deren zu einer diversion zu bedienen, abgefertigt, dessen verrichtung aber noch kheinen bericht empfangen.[6] Mit der Kgl. Mt. in Thenenmarckht stehet der herzog von Fridtlandt gleicher ursachen halber in einem tractat und erhalte derentwillen bestendige correspontenz alda.[7] Diser orthen waiß man aber noch nit, ob ein fruchtbarlicher effect ervolgen mecht. – Der Ungern khönden sich Ir Mt. derzeit auf khein weiß sicherlich bedienen, weillen si stehets in der beisorg begriffen, der Ragaty mechte selber orthen, auch da dz landt mit volkh solte entblest werden, ein feindtlichen einfall und versuech vornemmen."

Von seinem Residenten an der Pforte hat der Kaiser zuverlässigen Bericht, „dz der feindt alda starkhe practickhen fiehren thue. Gibt gleichwoll benebens vertrestung, daß bei der Tirckhischen Porthen derenthalben noch nichts zu erhalten gewest.

Der herzog von Fridtlandt hat auch mit dem von Arnhaimb ein gietliche tractation under handen.[8] Ist aber die sach derzeit weiter nit khommen, alß daß gemelter von Arnhaimb ime von Fridtlandt nach volbrachter Leibzigischer schlacht geschriben, sein gdster curfürst und herr seie zu disen extremis, wie man pflegt ze sagen,

---

[6] In den oben Anm. 1 zitierten *eigenhändigen Notizen des M. Kurz* heißt es: „Graff von Althaim tractiert mit einem vornemen Polaggen, diversion mit den wilden Polaggen gegen Finland zu machen. Curier in Polln wegen 20.000 Polaggen, diversion zu machen, geschikht worden. Alwo hat man noch khein nachricht."

[7] Vgl. dazu auch die oben Anm. 1 zitierten *eigenhändigen Notizen des M. Kurz,* in denen es heißt: „Diversion <in> Dennemarkh wird practiciert. [...] Dennemarkh underhelt mit Fridland ein correspondenz, hat aber dem Kheiser nie geschriben." – Zu Wallensteins Verhandlungen mit Dänemark vgl. zusammenfassend KLOPP III,2 S. 408 f., PEKAŘ I S. 96 ff., SUVANTO S. 108 f. In unserem Zusammenhang ist namentlich hinzuweisen auf ein Schreiben *Eggenbergs* an Wallenstein, Graz, 28. März 1631, in dem es heißt (FÖRSTER II Nr. 324 S. 159): Der Kaiser hat Wallensteins „fürschlag durchaus approbirt, und da der König von Denemarkht durch E. L. unterhandlung möchte auf Ihrer Maj. Seiten gebracht werden, es für die beste und ersprießlichste diversion gegen Schweden gehalten, E. L. auch solches wiederumb anzufügen mir allergnädigst anbefohlen."

[8] Vgl. dazu zusammenfassend SUVANTO S. 98 f., 101, 109 f. – Die von Kurz weiter unten erwähnte mündliche Konferenz zwischen Wallenstein und Arnim fand dann am 30. November in Kaunitz statt. – In Kaunitz dürfte Arnim Wallenstein dann auch über die Neutralitätspolitik Maximilians und dessen angebliche Bereitschaft, sich mit Kursachsen und den Leipziger Verbündeten zu verbinden, informiert haben, welche Informationen Wallenstein dann bei seinen Verhandlungen mit Eggenberg in Znaim Mitte Dezember zur Sprache brachte. Für besagte – mündliche – Mitteilungen Arnims an Wallenstein und ihre Weitergabe in Znaim ist zu verweisen auf GINDELY, Waldstein S. 9 Anm. **, S. 11; SUVANTO S. 125 mit Anm. 19; demnach nannte Arnim als seinen Gewährsmann den jüngst bei Kursachsen gewesenen französischen Gesandten, womit zweifellos Saint-Etienne gemeint war.

bei dem haar gezogen worden, iedoch wie deme allem noch urbitig, sich zu einem durchgehenten friden einzuverstehn. Beruehet dahero alles auf einer mindtlichen conferenz, so zwischen inen baiden, dem herzog von Friedtlandt und dem von Arnheimb, solte gehalten werden."

Über die Verhandlungen des Obersten Paradis bei Kursachsen wird der Kaiser den Kurfürsten demnächst unterrichten.[9] „Und sagen die hiesigen ministri, Ir Ksl. Mt. haben sich selbiger [Verhandlungen] ganz nicht angenommen, sondern sei alles durch den Spänischen alhiesigen anwesenten ambassator gehandlet worden, es also Ir Mt. geschehen lassen miessen. Er Paradis solle von Ir Kfl. Dt. woll angesehen sein worden, dieselbige auch ire grosse affection, so sie zu der cron Spänia alß einem aufrechten redlichen könig, wie sie vermelt, tragen, mit underschidtlichen grossen gleser mit wein bezeugt haben, Irer Ksl. Mt. aber oder der irigen ganz nie gedacht, sondern sich villmehr beclagt, weill man si zu diser geferlichen resolution, so si schepfen miessen, genetigt. Also wellen sie auch den letsten pfening daran sezen.[10] Dessen allen hat gestern der Spänische ambasator dem fürsten von Eggenberg parte geben, sich benebens in nammen seines königs erbothen, Irer Ksl. Mt. mit aufsezung alles kgl. vermigens beizespringen, wie si dann in wenig wochen zu bezeigung dessen etliche milliones des gesanten versprechen nach herauß in Teitschlandt ibermachen werden, underdessen aber ein anzahl volkhs auß Niderlandt anziehen lassen, so hiesigen vermuethen nach bereit in der Undern Pfalz angelangt sein solle."

Eggenberg hat Kurz mitgeteilt, die Vermittler Erzherzog Leopold, Pfalzgraf von Neuburg, Landgraf Georg von Hessen und Markgraf Christian von Bayreuth wollten persönlich am Mühlhauser Konvent teilnehmen. Man habe auch Bericht, der König

---

9 Mit Anschreiben aus Wien, 30. Nov. 1631 (Ausf. Kschw 73 fol. 351–352; korrigierte Konzept-Kopie KrA 69 Konv. November fol. 143), übersandte der *Kaiser* Maximilian eine Kopie der *Resolution Kursachsens für Oberst Paradis*, Dresden, 19./29. Okt. 1631 (Kschw 73 fol. 301–319. Resümee THEATRUM EUROPAEUM II S. 479–484, KHEVENHILLER XI S. 1702–1716, jeweils ohne Datum. Das bei HÄBERLIN SENKENBERG XXVI S. 338 angegebene, in BA NF II/10,3 Nr. 443 Anm. 2, Nr. 461 Anm. 6 übernommene Datum 19. Oktober 1631 bezieht sich auf den alten Stil), samt Anlagen (teilweise überliefert in Kschw 73 fol. 93–140); Paradis sei erst vor wenigen Tagen nach Wien zurückgekehrt. – Vgl. zur Verrichtung des Obersten Paradis und zu dessen Rückkehr nach Wien (spätestens am 15. November) auch BECKER V Nr. 21 (3. Punkt), ebenda Anm. 4. – Die vorstehend zitierte *Resolution Kursachsens für Oberst Paradis* samt Anlagen wurde in den Jahren 1631 und 1632 im Druck verbreitet. Im Titel der Druckschrift heißt es u. a.: „Copia Resolutionis [...] sampt darzu gehörigen beylagen, daraus menniglichen zu vernehmen, [...] wie unverschuldet und grausam aber Ihre Chur. Durchl., auch dero land und leute darüber verfolget und endlich eussesst gedrungen und gezwungen worden, sich mit der Königl. Mayt. in Schweden [...] armée zu conjungiren, dem general graffen von Tylli eine offne feldschlacht zu liefern und sich und ihre getrewe unterthanen zu schützen." Vgl. dazu VD17 14:700637C, 7:697734T, 14:017702U, 14:017696C, 12:203824M, 39:125686T, 15:732120K, 23:257828A, 14:004730G, 3:601463H.

10 Die oben Anm. 1 zitierten *eigenhändigen Notizen des M. Kurz* haben zusätzlich: „Paradis bringt, dz der liga conservation dises wehsen allda verursacht." – Außerdem heißt es ebenda: „Säxische gesante haben f. von Eggenberg gesagt, sie khinden der liga nichten gestatten." In welchen Zusammenhang diese Äußerungen kursächsischer Gesandten gehören, ist nicht ersichtlich.

von Schweden werde dort persönlich erscheinen. „Dessen intention seie seinem vorgeben nach, daß Reich in rhue ze bringen und seines glaubens genossen zu erkhenen ze geben, daß si sich seiner iederzeit auf den fahl des betrangs zu versehen.[11] Und werde landtgrave Geörgen Fstl. Gn., damit man sicher an die mallstatt gelangen möge, ein anstandt der waffen bei baiden thaillen zu erhalten, sich bewerben."

Der König von Ungarn wird selbst zu Feld ziehen, sobald die von Tilly abgeforderten Truppen sich Böhmen nähern. – Wien, 30. November 1631.

Ausf. Kschw 73 fol. 345–348 = Druckvorlage; Konz. mit Korr. des M. Kurz, s. d., Kschw 123 fol. 88–91. Ben. bei KAISER, Politik S. 484 Anm. 124.


## 455. Maximilian an Tilly

November 24

Neutralitätsverhandlungen mit Schweden – Waffenstillstand

„Unß zweiflet nit, ihr werdet durch den von Starzhausen unser eüch under gestrigem dato zugefertigtes schreiben [oben Nr. 450] sambt unserer plenipotenz (das ihr in unserem alß deß catholischen bundts directorn namen mit der Kgl. Wrd. in Schweden auf ein neutralitet tractiren und schlüssen möget)[1] empfangen haben. – Nun lassen wir es zwar dahin noch gestellt sein. Wir haben eüch aber darüber hiemit dise unsere noch ferrere erkhlerung unentdeckht nit lassen wöllen, das allsolche plenipotenz und anbevohlene erhandlung der neutralitet anderst nit dann auf den eüsseristen fahl, wann bei den Kaiserischen kriegscommandanten die ferrere dalassung deß Kaiserlichen volkhs weder ganz noch zum thail zu erhalten wehre, darneben auch dahin gemaint und verstanden sein soll, das ihr, ehe und dann ihr den tractat der neutralitet selbs angreiffet, eüch zuvor in allweeg bearbeiten und befleissen sollet, damit ihr bei Ihrer Kgl. Wrd. zu einer suspension der waffen gelangen möcht, auf das wir under derselben umb sovil füeglicher mit unsern mitverainten aus den sachen conferiren und deren zu disem werkh geherigen conditionen halben gefaster erscheinen khönden. Darmit auch Ihre Kgl. Wrd. hierzu umb sovil leüchter zu bewegen, habt ihr zugleich auch (doch alles auf die hoffnung deß ervolgenden armistitii) von deroselben die bestimmung des tags und der mahlstatt zu vorhabender zusamenkhonft und tractat zu begern, nit weniger auch zu disem endt obgemelte unser plenipotenz vorzuweisen und ferrer zu melden, das entzwischen der aus Franckhreich erwar-

---

11 In den oben Anm. 1 zitierten eigenhändigen Notizen des M. Kurz heißt es: „Schwehd gibt vor, sei nicht khummen, dz Reich zu devastieren, sondern vilmehr, die sachen im Reich wider zu einer ruehe bringen zu helven."
1 Die oben Nr. 358 gedruckte Urkunde vom 23. September? Eine Vollmacht mit aktuellem Datum konnte nicht ermittelt werden.

tende bewuste königliche legat auch nunmehr ankhommen² und disen tractat desto mehrers befürdern helfen mecht, nit zweiflendt, sie werden sich hierauf, zu mehrgedachter suspension willfehrig zu erkhleren, ihro nit zuwider sein lassen.

Was nun darauf ervolgen würdt, habt unß ihr mit nothwendigen umbstenden fürderlichist zu berichten." – München, 24. November 1631.

Konz. Peringers Kschw 13496 fol. 141. Ben. bei KAISER, Politik S. 481.

## 456. Maximilian an Kurmainz¹

November 25

Detachierung der bei der Armee Tillys befindlichen kaiserlichen Truppen nach Böhmen – Mission Starzhausens bei den kaiserlichen Kommandanten – Bitte um Gutachten des Mainzers

Vor zwei Tagen ist Tillys Sekretär² hier angelangt, der dem Kurfürsten befehlsgemäß vorgetragen hat, dass Aldringen und Ossa „sich auf gemessne Ksl. bevelch und ordinanz bewerfen, craft deren sie alsogleich dz Ksl. bei dem graffen von Tüllj sich befündende khriegßvolkh alles zumal miteinander abzufiehren begehren, mit dem

---

2 Tatsächlich traf der aus Frankreich erwartete Gesandte Charnacé erst am 3. Dezember in München ein (unten Nr. 470 A Anm. 1).
1 Entsprechende Schreiben wurden laut Vermerk auf dem Konzept auch an Kurtrier und an Kurköln ausgefertigt.
2 Das Beglaubigungsschreiben *Tillys* für seinen Sekretär François Philippe Granvelle ist datiert: Weidenbach, 20. Nov. 1631 (Ausf., franz. Sprache, ÄA 2396 fol. 372–373). Vgl. zur Mission Granvelles auch oben Nr. 451. – Die Relation Granvelles, ein einschlägiges, bei den Akten fehlendes Schreiben Ruepps an Herliberg und die Konsultationen bayerischer Räte (Wolkenstein, [Ott Heinrich] Fugger, Herliberg, Richel, M. Kurz, Peringer, Starzhausen, Mändl, Kütner, [Paul] Mair, Ernst, Donnersberg) über die Relation Granvelles und das Schreiben Ruepps sind dokumentiert in dem *Journal Richels*, 23. Nov. 1631 (Geheimer Rat 194/9 fol. 94–99 und S. 100 f.). Demnach fasste Donnersberg zusammen, das Votum der Räte gehe „einhellig dahin: 1. Zum Tilli und Kaiser zu schicken und remonstrieren incommoda, so ex divisione volgen. Item die treue dienst. *Endtlich, wann manß werd beharren, müessten die catholische auf andere mitl gedenkhen.* Den Ksl. officirn zu bedeiten, dz sie Kaisers resolution [für M. Kurz] erwarten. 2. Etwz an volkh vom Kaiser herauß zu behalten. 4.000 fanti und 3.000 cavalli hinein [nach Böhmen] zu ordnen. 3. Bundts volkh zu behalten. 4. Mit Lotringen [wegen des Verbleibs seiner Truppen] zu handlen. 5. Werbungen vortzusezen. 6. Gelt [den Kaiserlichen] nit zu geben. 7. Durchzug" der nach Böhmen marschierenden kaiserlichen Truppen durch kurfürstliches Gebiet. – Zur Verdeutlichung des oben kursiv gedruckten Passus ist auf folgende einschlägige Voten zu verweisen. Wolkenstein: „Endlich anzudeiten, dz die stend werden gezwungen, sich mit ihren feinden zu vergleichen, so gut sie kenden." Fugger: „Hilft eß nit, soll man sich defendieren und versichern, so gut man khan." Herliberg: „Nit allein den Ksl. officirn, sonder Kaiser selbst zu demonstrieren, waß der bundt bißher gethan. Wollen Ihr Mt. sie iez verlassen, müessen sie auff andere mitel gedenkhen. Mit Schweden frid machen." – Mit den vorstehend angesprochenen Vorstellungen bei Tilly und am Kaiserhof wurden Starzhausen (vgl. zu dessen Aufträgen zusammenfassend oben Nr. 450 Anm. 1) und M. Kurz beauftragt (vgl. dazu oben Nr. 454 B Anm. 3).

vorwandt, dem königreich Beheimb und andern Irer Ksl. Mt. erblanden zu succurrirn und die darinnen einbrechende feindtsgefahr abzuwenden und zu hündertreiben. Obwoln nun er graff von Tülljj von erstgemelten Ksl. khriegßcommandanten begehrt, ihme die habende Ksl. original bevelch und ordinanz vorzulegen, ihnen auch die aus solcher abfiehrung des Ksl. khriegßvolkhs entspringende hochgefehrliche ungelegenheiten beweglich remonstrirt, haben sie doch solche begehrte auflegung verwaigert und die abfiehrung einen als andern weeg instendig beharret. Ob wir aber gleichwoln für rhatsamb ermessen, gleich darauf iemandt aigens in dz leger abzuordnen³ und bemelten Ksl. commandanten die auß solcher abfiehrung unfehlbarlich ervolgende schwere inconvenientien, insonderheit dz man wider den feindt an khainem orth bastant sein, sonder derselbe alsogleich mit aller macht auf den graffen von Tülljj zueziehen, ihne und seine übrige bundtsarmada vollendts und zumaln leichtlich, weiln er ihme an der maanschaft weit überlegen, ruinirn, hernach dz Ksl. khriegßvolkh gleichergestalt desto leichter und sicherer aufschlagen werde, nochmaln mit beweglicher remonstration zu gemieth fiehren zu lassen, so stehn wir aber an und khönden nit wissen, ob solches verfangen, die Ksl. commandanten sich dardurch bewegen lassen und von der begehrten abfiehrung weichen werden. Haben dahero für aine unumbgengliche notturft befunden, E. L. hiervon als ainer sehr schweren und hochgefehrlichen sachen parte zu geben und sie zugleich freundtlich zu ersuchen, dz sie uns dero vernunftigen rath und guettachten eröffnen wolten, was auf ervolgende solche abfiehrung des Ksl. khriegßvolkhs von dem graffen von Tülljj dem cath. bundt und dessen anverwandten stendten zu sicherheitt und errettung landt und leuth vor feindtlicher vergewaltigung, weiln der graff von Tülljj, solches der notturft nach zu verwöhren, derzeit ainmal nit bastant, zu thuen und für andere mittel zu ergreiffen sein mechten." – 25. November 1631.

Konz. Ranpeks mit Korr. Peringers Kschw 782 fol. 413. Zitiert bei ALBRECHT, Maximilian, S. 804 Anm. 113.

### 457. Maximilian an Kurmainz

November 25

Mühlhausener Konvent – Waffenstillstand – Vermittlung Frankreichs

Bezug: Schreiben vom 17. November [oben Nr. 437 Anm. 4 und 9]. – Da es hinsichtlich des Mühlhausener Konvents „annoch an der Chursächs. und Brandenburgischen wie auch an der von dem khönig in Schweeden iber die Ksl. resolution vertrösten weitern erkhlerung ermangelt, so werden Eur L. iro ohne zweifel angelegen sein lassen,

---

3 Starzhausen, der am 23. November an den Konsultationen bayerischer Räte teilgenommen hatte (oben Anm. 2). Vgl. zu den Aufträgen Starzhausens zusammenfassend oben Nr. 450 Anm. 1.

solche durch mittel des landgraff Georgens zue Hessen L. schleinig sollicitieren und hernegst auch Irer Ksl. Mt. intention und begehren gemeß befürdern zu helfen, das dem werkh eheist ain wirkhlicher anfang gemacht werde."

Für die Waffenstillstandsfrage verweist er auf sein Schreiben von vor drei Tagen[1], dem Kurmainz entnommen haben wird, „aus was ursachen wür für nothwendig gehalten, durch wolermelten landgrafen bei denn gegenthailen mit eheistem, als sein khan, aine durchgehende suspensionem armorum zue procurieren. Und weiln an befürderung und erhaltung derselben umb sovil mehr gelegen, indeme der khönig in Schweden und seine adhaerenten von tag zu tag an underschidlichen orthen grössere progresz thuen und dardurch die gefahr und ibelstandt im Reich desto mehr iberhandt, *anjezt[2] auch dz Ksl. volkh der reichsstend defension weitter nit in acht nimbt, sonder sich nach Behem incaminiert und dz wenig bundtvolkh in stich last*, so zweiflen wir nit, Eur L., alß die sich hierzue ohnedas wol genaigt und das sie es ebenmessig für aine hoche notturft befinden, erkhleren, werden hierunder an ihrem wolmainenden eüferigen zuethuen desto weniger etwas erwinden lassen."[3]

Was die Vermittlung Frankreichs betrifft, [...] so „were zwar an sich selbsten wol auch ratsamb und guet, wann die cron Franckhreich sich sogar denen anderen interponenten catholischen thails adiungieren wolten. Wir stehen aber an und geben Eur L. zue bedenkhen, ob Ire Kgl. Wrd. zue ainem oder dem andern thail tretten und sich also partial halten und nit vil mehr alß ain unpartheischer mediator gebrauchen lassen werden, ob nit auch solcher modus ein mehrers ansehen und nachtruckh bei denn protestierenden haben wurde, zumahlen auch zu besorgen, die gegenthailen mechten solche der cron Franckhreich adiunction mit denn catholischen interponenten nit gern accepteieren, sondern auch noch ainen interponenten ihrer seits und sonderlich von gleicher qualitat, welches nothwendig verlengerung der sachen erweckhen thette, zueziehen wöllen; deren ains und anders gleichwol vornemblich auf Irer Kgl. Wrd. resolution und erkhlerung, welcher gestalt sie sich disfals gebrauchen zue lassen gemaint sein, bestehen thuet. [...] – Sonsten sein wir mit E. L. gleicher mainung, das noch zur zeit und biß man der gewürigen kgl. Französischen resolution

---

**1** *Maximilian* an Kurmainz, 21. Nov. 1631 (Konz. Ranpeks Akten 203/II), in welchem Schreiben der Kurfürst u. a. auf seine Ausführungen vom 11. November in Sachen Waffenstillstand (oben Nr. 437) zurückkam und diese wie folgt revidierte: „Weiln sich aber die sachen und leuffen nach und nach über und solcher gestalt ansehen lassen, dz wol zu besorgen, es werde der Müllhaussische convent seinen vortgang schwerlich oder doch khainen sonders vortreglichen effect und außschlag erraichen, da man sich nit vorhero aines durchgehenden anstandts der waffen verainbaret, als lassen wir zu E. L. guetter gelegenheitt und belieben gestelt sein, was sie bei wolgedachtem landtgraffen [Georg von Hessen] zu tractirung und fürderlicher erhaltung dergleichen suspension für nothwendige erinderung und underbauung thuen wollen."
**2** Das kursiv Gedruckte ist der Reinschrift von Maximilian inseriert.
**3** Vgl. auch ein weiteres Schreiben *Maximilians* an Kurmainz vom 25. November (oben Nr. 444 Anm. 1), wo es u. a. heißt: „Under dessen zweiflen wir nochmahln nit, E. L. werden ihro durch landtgraf Georgens L. vor allen dingen die eilfertige erhandlung suspensionis armorum bei dem könig in Schweden mögliches vleiß angelegen sein lassen."

versichert (welcher wegen wir gleichwoln noch khein gewißheit haben) nit ratsamb, etwas an Ire Ksl. Mt. gelangen zue lassen." [...] – München, 25. November 1631.

Reinschr. mit Zusatz Maximilians Akten 203/II.

## 458. Maximilian an den Kaiser

November 26

Admission des Königs von Schweden zum Mühlhausener Konvent – Verzögerung des Konvents

Bezug: Schreiben vom 16. November [oben Nr. 443]. – Resümiert ein einschlägiges Schreiben des Kurfürsten von Mainz vom 3. November und seine Antwort vom 11. des Monats.[1] Hat dem Schreiben des Kaisers vom 16. November entnommen, dass diesem die Admission des Königs von Schweden zum Mühlhausener Konvent „ebenmessig nit zugegen und also dero genedigste erkhlerung mit Churmainz und meiner mainung allerdingß gleichformig ist. Ich hab aber auf E. Mt. gdste erinderung nit underlassen, bei eben dero an Churmainz abgefertigtem curier gedachte meine gemiethsmainung an Ire L. zum überfluß nochmaln zu widerhollen.[2]

Und obwoln ia nichts mehrers zu wünschen, zumaln auch vonnöthen were, als E. Mt. andeuttung gemeß dem werkh ohne weüttere dilation ainen würkhlichen anfang zu machen, weiln es iedoch annoch an der Chursachsischen und Brandenburgischen erkhlerung ermanglet, auch wegen deß sichern paß und repass der gesandten die nothwendige versehung noch nit beschehen, so trage ich wol die beisorg, es werde der benante termin schwerlich mehr observirt werden khönden. Ich bin aber wüllig und beraitt, an meinem zuethuen zu befürderung der sachen wie auch an abordnung meiner räthe nichts erwünden zu lassen." – 26. November 1631.

Konz. Ranpeks Akten 203/II.

---

1 Oben Nr. 423 und 437.
2 In seinem Schreiben vom 21. November (oben Nr. 457 Anm. 1).

## 458 a. Der König von Frankreich an den Bischof von Würzburg[1]

November 26

Intervention zugunsten Würzburgs bei Schweden

„Mon Cousin, Avant que d'avoir receu votre lettre du XXIX.ᵉ du mois passé [oben Nr. 411] qui m'a esté présentée par le sieur évesque de Carpentras nonce de notre Saint Père le Pape, j'avois eu advis de l'entrée du Roy de Suède dans les terres de votre évesché de l'ocupation de la capitalle ville, et du siège épiscopal, et avois senty avec grand déplaisir les changemens et désolations que la fureur de armes y avoit apportés. Ce sentiment s'est encores de beaucoup acreu par la lecture de votre lettre et par les offices dudit nonce. Et comme j'ay esté vivement touché de cet accident, tant pour votre intérest particulier, que pour celuy de la religion catholique, vous ne pouviez aussi avoir recours en votre affliction à aucun prince qui eust plus de disposition que moy à vous y départir son assistence. Pour cet effect ayant sur les premiers advis de l'entrée dudit Roy de Suède dans les pais des catholiques délégué un ambassadeur[2] en Allemagne, pour essayer par tous moyens d'arrester le cours de son progrès, et disposer les choses à un accommodement dont il se peust ensuivre une paix géneralle en la Germanie, j'envoie présentement ordre à mondit ambassadeur le baron de Charnacé par le retour d'un courrier que je renvoie vers luy d'avoir soing particulier de vos intérestz, et de faire sérieux offices en mon nom et s'employer efficacement vers ledit Roy pour vostre prompt restablissement en votre églize et en votre évesché, et pour la consolation et soulagement des ecclésiastiques et catholiques, qui en dépendent. Je désire que mes offices produisent effect à votre contentement, vous asseurant qu'il ne m'en peult arriver un plus grand que d'employer mon authorité pour le soulagement des princes affligéz, principalement ceux d'Allemagne voisins et alliés de cette couronne, et des ecclésiastiques qui sont près de moy en particulière considération. Sur ce je prie Dieu Mon cousin vous avoir en sa sainte garde." – Château-Thierry, 26. November 1631.

Ausf. StAWü Miscellanea 99 fol. 47–48. Ben bei R. Weber S. 101.

---

[1] Zur Weiterleitung der Ausfertigung dieses Schreibens an den Bischof via Maximilian und Staudenhecht vgl. oben Nr. 438 Anm. 4. – Auf der Druckvorlage ist vermerkt: „Ihre Kgl. Würden in Franckreich: Condolenzschreiben wegen deß Schwedischen einfaß in stift Wirtzburg; und berichten, daß sie derentwegen ein aigenen ambassadeur, den baron den Charnasse, zu dem könig in Schweden abgeordnet, damit derselbe die proceduren in Teutschlandt einstellen wolle."

[2] Charnacé, so weiter unten in dem oben Nr. 458a gedruckten Schreiben. – Ein Beglaubigungsschreiben des *Königs von Frankreich* für Charnacé an den Bischof von Würzburg ist datiert: Château-Thierry, 26. Okt. 1631 (Ausf., franz. Sprache, StAWü Miscellanea 99 fol. 12).

## 459. Bescheid der kurbayer. Geheimen Kanzlei für Dr. Staudenhecht[1]

November 27

Restitution des Bischofs von Würzburg

[...] „Zum dritten und letsten,[2] das Ihre Fstl. Gn. umb rhat und hülf ansuchen lassen, wie sie mit negstem widerumb zu dero stift und dessen landen und leüthen gelangen mechten.[3] Tragen zwar Seine Kfl. Dt. mit Ihrer Fstl. Gn. ab dero erlittenem, hechst bethaurlichem zustandt ein threülliches mitleiden, wolten auch wünschen, das die noch auf dem fueß verhandene Kaiserliche und bundtsarmada also bewandt wehre oder Seine Kfl. Dt. vor sich selbs noch solche ersprüßliche mittel in handen hetten, das vermittels deren eines oder andern Ihrer Fstl. Gn. gleich aniezt an handt gegangen und zu dero ganz billich verlangender restitution verholfen werden khöndte. Es ist aber bemelte soldatesca eines thails wegen deß erleidenden und gleichsamb unremedirlichen grossen mangels an vivers und fourage, auch anderer leibsbedürftigkheit, andern theils aber wegen ausgestandener langwüriger marchen und rauchen wetters dermassen abkhommen, das man von der bundtsarmee schwehrlich mehr 5.000 gesundter man würdt haben khönden, auf das Kaiserische volkh aber darumben khein rechnung zu machen, weilln es dero commandanten aus berhüembter

---

1 Bei dem Konzept des Bescheids findet sich ein Zettel mit einem formlosen Anschreiben *Peringers* an Maximilian: „Dem Würzburgischen gesandten haben zwar der ob.canzler und ich heünt [27. November] vor mittag den beschaid schon mündtlich angezigt, den puncten aber wegen der Französ. alliantz dem bewüsten impersonal concept [unten Nr. 460] gemeß zugestelt. Weilln er aber gebetten, ihme solchen beschaid auch in scriptis zuzestellen, so hab ich selbigen verfast, wie hiebei [oben Nr. 459] zu sehen, doch mit auslassung gedachtes allliantz punctens. Da nun E. Kfl. Dt. darwider khein bedenkhen, khöndte derselb also mundirt werden. Jo. Peringer Dr." – Für die Verrichtung des Würzburger Gesandten Staudenhecht in München ist auf dessen Relation vom 28. November (unten Nr. 462) zu verweisen, der auch das vorstehend in eckigen Klammern ergänzte Datum entnommen ist.
2 Die ersten beiden Punkte des Bescheids betrafen die Bitte des Bischofs von Würzburg um eine Antwort auf sein Schreiben vom 28. Oktober (oben Nr. 408), welche Antwort (oben Nr. 438) der Bischof zur Zeit der Beauftragung Staudenhechts noch nicht erhalten hatte und dem Gesandten abschriftlich zugestellt wurde, ferner die Sicherheit der Person des Bischofs und seiner geflüchteten Mobilien sowie seine nach Köln salvierte Barschaft.
3 Dieses Gesuch wiederholte der Bischof, als er Maximilian am 10. Dezember seinen Rückzug nach Köln anzeige. Auf das einschlägige Schreiben des *Bischofs von Würzburg* (oben Nr. 408 Anm. 2) antwortete *Maximilian* aus München, 23. Dez. 1631 (Reinschr. mit Korr. und Zusatz Maximilians und Peringers Kschw 3261; Ausf., teilweise dechiffriert, StAWü Miscellanea 99 fol. 66–67), mit dem Hinweis auf den oben Nr. 459 gedruckten Bescheid für Staudenhecht und schloss: „Solten aber die so schwere umbstendte der sachen widerumb zu einer milderung gerhaten und die occasion sich praesentiren, Euer L. angehörigen stifts sich mit würkhlichem ernst *oder durch erspüßliche tractat (die sich dann albereitt zaigen und an hand geben)* anzenemmen, mögen sie wol versichert sein, daß wir es mit threwem eifer ze thuen nit unterlassen werden." – Der vorstehend kursiv gedruckte Passus wurde der Reinschrift von Peringer inseriert und spielte wohl auf die Neutralitätsverhandlungen mit Schweden an.

empfangener Kaiserlichen ordinantz über alle darwider von allerhand daraus ervolgenden schwehren inconvenientien beschehene remonstrationes praecise separiren und in Beheimb hinein führen wöllen. Deren dann auch ains und anders den generalleütenant graven von Tillj verursacht, das er mit der armada, hat er sie anders der ohrten, wo si gewesen, nit ganz und gar zugrundt gehn lassen wöllen, etwas zuruckhweichen und salviren müessen. Es wöllen aber Seine Kfl. Dt. der hoffnung geleben, Gott der Allmechtig werde noch solche mittel, es seie durch mehrere zusamensezung deren, welche die gefahr insgemein betrifft, oder durch die mit den widerwertigen bevorstehende und nacher Mülhausen verlegte zusamenkhonft, subministriren und an hand geben, dardurch Ihrer Fstl. Gn. zu dero landen und leüthen widerumb möge verholfen werden." – München, 27. November 1631.

Konz. Peringers Kschw 3261 = Druckvorlage; Ausf. StAWü Miscellanea 99 fol. 49–52 = Anlage zu unten Nr. 462.

## 460. Bayerischer Bescheid für Dr. Staudenhecht[1]

November 27

Reise des Bischofs von Würzburg nach Frankreich – Rückzug des Bischofs nach Bayern

„Es[2] khan Ihrer Fstl. Gn. von Würzburg [dero] intention und vorhabende hineinraiß in Franhreich [!] nicht widerrhaten noch für unthunlich, sonder vilmehr für nuzlich und erspießlich ermessen werden, dieweiln sie hierdurch Ihre Kgl. Wrd. zu christli-

---

1 Auf dem Konzept des Bescheids ist von *Peringer* vermerkt: „Beschaid, so deß h. bischoven zu Würzburg gesandten wegen der raiß nach Franckhreich mechte geben werden. Ist ihm solcher gestalt stylo impersonali und ungefertigt geben worden den 27. Nov. 1631." Vgl. auch oben Nr. 459 Anm. 1. – Auf die anvisierten Kontakte des Bischofs zu Frankreich kam Maximilian in seinem Schreiben an den Bischof von Würzburg vom 23. Dezember (oben Nr. 459 Anm. 3. Benutzt bei R. WEBER S. 102), zurück, in dem es u. a. hieß: „Weiln [...] nit allain der feindt noch zumahlen nit über Rhein, sonder auch den einlangenden berichten nach sich neben demselben widerumben aufwerz und der Bergstrassen zu avancirt, so wollen wir verhoffen, Euer L. werden sich daselbsten [in Köln] noch wol ein zeitlang sicherlich aufhalten könnden, es wolte dann deroselben belieben, sich umb dero noch mehrere securitet willen auf die Französische frontiren oder gar in Franckhreich hinein (massen Euer L. sich dessen durch mehrgedachten Staudenhechten selbsten vermerkhen lassen) zu begeben, der Kgl. Wrd. alda dero noth zu clagen und bei deroselben in ihrem und anderer diser zeit betrangter und ruinirter catholischer stendte nammen umb rath, hilf und interposition anzusuechen. Dz wurde unsers ermessens ohne nuzen und frucht nit abgehn, wie wir unß dan deßhalben gegen obgemelten Staudenhechten noch mehrers und weitleiffigers erclert haben."
2 Der Eingang wurde von Maximilian überarbeitet. Er lautete ursprünglich: „Demnach Ihre Fstl. Gn. zu Würzburg under anderm die verwehnung und anfraag thun lassen, ob sie sich bei also bewandtem ihrem exilio nit etwan zu der Kgl. Wrd. in Franckhreich hinein begeben und bei deroselben umb versicherung dero person, auch rhat, hülf und aszistentz, widerumb zu ihrem feindtlich occupirten stift Würzburg und herzogtumb Franckhen zu gelangen, anhalten mechten, es khan solche Ihrer Fstl.

chem mitleiden, guetter affection, gethreüem rhat und ersprüeßlicher interposition leüchtlich gewinnen khönden. Sie wurden auch dardurch guete gelegenheit haben, vor sich und andere ihre geistliche mitbundtsstende bei Ihrer Kgl. Wrd. mit derienigen engeren verthreüligkeit, verstendtnus und reciproca allianza anzubinden und dieselbe leüchtlich zu erlangen, welche zwischen Ihrer Kgl. Wrd. und dem herrn churfürsten in Bayern ohnlengst geschlossen worden und dahin zihlet, das ain thail dem andern, da sie oder deren angeherige landt und leüth feindtlich angegriffen werden sollten, mit einer gewißen anzahl volks³ *nach⁴ proportion eines jeden vermögens* succurriren solle, welches succurs halben auch Ihre Kfl. Dt. so weitt versichert sein, das sie desselben, sobald sie dene begeren werden, habhaft werden khönden.

Sonsten aber, da Ihre Fstl. Gn. nach solcher verrichten raiß oder sonsten dero ritirada oder versicherung ihrer person und anderns, so sie noch bei sich haben, in hochgedachtes herrn churfürsten zu Bayern landen nacher Ingolstatt oder anderswohin vorzenemmen belieben wurde, solten deroselben hierzu thür und thor offenstehen."

Konz. Peringers mit Korr. und Zusätzen Maximilians Kschw 3261 = Druckvorlage; Kopie von der Hand Staudenhechts, s. d., mit dem Vermerk „Churbayrisch guettachten und erbieten", StAWü Miscellanea 99 fol. 60–61⁵. Ben. bei R. WEBER S. 101.

### 461. Pfalzgraf Wolfgang Wilhelm von Neuburg an Maximilian
November 27

Neutralität der Territorien des Pfalzgrafen

Bezug: Schreiben [vom 18. November, oben Nr. 415 Anm. 1], das er am 25. auf der Rückreise von Zweibrücken nach Düsseldorf erhielt. – „Gleich wie ich mich nun gegen E. L. gantz freundtlich zu bedanken, daß dieselbe nechst der Ksl. Mt. und anderen bundtstenden zu Regenspurg den graffschaft Marck[ischen] und andern Gulischen landen, inner welchen die stätt Soist, Ham und Lipstatt gelegen, die versprechen gethan, daß sie mit der liga volks einlegerung noch in andern weg nit beschwert werden sollen, also habe ich zu E. L. nochmahll das freündtliche vertrawen, sie werden, demsel-

---

Gn. vorhabende hineinraiß deroselben nicht widerrhaten noch für unthunlich ermessen werden, dieweiln" usw. wie oben.

3 Im Konzept folgte ursprünglich „oder gelts", was dann aber getilgt wurde.
4 Das kursiv Gedruckte ist dem Konzept von Maximilian inseriert. – Das außerdem ergänzte „*defensive*" tilgte Maximilian wieder.
5 Diese Kopie war als Anlage Nr. 3 der Relation *Staudenhechts* vom 24. Dezember (unten Nr. 462 Anm. 7) beigefügt. – Die bei den Akten fehlende Ausfertigung des Bescheides war der Relation *Staudenhechts* vom 28. November (unten Nr. 462) beigefügt.

ben noch nachzusetzen, die unfelbare verordtnung gethan haben und darab halten laßen." Ersucht nochmals um die erbetene schriftliche Erklärung des Kurfürsten.[1]

Zwar hat der Kurfürst mit Hinweis auf eine einschlägige Aufforderung des Kaisers geantwortet, dass er die Sache zunächst an den Kaiser gelangen lassen müsse. Demgegenüber aber gibt der Pfalzgraf Folgendes zu bedenken: „Weill doch nit allein E. L. auff meiner rhett beschehenes erstes ansuchen, sondern auch andere alß ich zu meines fürstenthumbs Neuburg versicherung assistentz gesucht, sich deßen entschuldiget undt die erfahrung bezeucht, daß die Ksl. Mt. mit defension dero eignen erbkonigreichen und landen gnug zu thun, ja daß ettliche furneme bundtstendt, zu deren defension der bundtvolk obligirt ist, von landt und leüthen verjagt sein, kann ich nit ermeßen, wie mich mit fuegen jemandt zu verdenken, wan ich zu vorkommung dergleichen schimpfs und verlusts zeittlich mich bearbeite, und waß der Ksl. Mt. oder auch E. L. mit gedienet, wan ich umb mein fürstliche residenz und fursten- thumb wurde kommen. Ja es solte E. L. billich selbst desideriren, versichert zu sein, daß der konig in Schweden und deßen mittunirte sich selbiger ohrten nit impatroni- ren. Weill ich auch bei allen vorgehenden expeditionen undt victorien der catholi- schen praeterirt worden und ich ohnedaß bei diesem gantzen unwesen sambt meinen unschuldigen landen unansaglichen schaden gelitten, so were es ja hardt und uber- hart, daß umb der repetition willen, so anjetzo geschicht, auch meine landt und leüth solten in newes unheill und verderben uber daßjenige, so sie albereitt außgestanden, gesetzt werden. Und weill uber daß neben andern ich vorgeschlagen worden bin, so des frieden halben tractiren sollen, und natura rei erfordert, daß die interponenten neutral sein sollen, weill auch meine underthanen sowoll im furstenthumb Neuburg alß in den Gulischen landen durch die langwirige und viellfeltige durchzüge und einlegerungen dermaßen außgesogen, daß ihr zuthun bei den sachen wenig erkle- cken kan, so hab ich diese umbstent der Ksl. Mt. underthenigst representirt und umb gleiche declaration wegen verschonung meiner landt gehorsambst angehalten. Und gleich wie ich deßelben allergnedigsten und willfehrigen erklerung gleichsamb stundtlich gewertig, also will ich zu E. L. mein freundtvetterlich vertrawen gestelt und sie hiemit ersuchet haben, sie wollen solches ihrestheils nit hindern, viellmehr aber an ihrem furnehmen ohrt aller billigkeit gemeeß und in ansehung der nahen ver- wandtnuß zu vorkommung mein und meines sohns und unser landt eußerster ruin und verlust befurdern. Dan wan ich schon solches bei E. L. und zuvorderst der Ksl. Mt. erhalte, würdts dennocht noch zeitt und muhe kosten, biß ichs bei dem konig in Schweden und deßen alliirten, denen ich zwar zu keiner hostilitet ursach gegeben, erhalte. Immittelst soll ja ein christ dem andern vergunnen, daß er bei dem seinen sicherlich gelaßen werde. Bin demnach hierüber E. L. freundtlicher willfahrung mit ehister zusendung bemelter declarationen gewertig." – Meisenheim, 27. November 1631.

---

[1] Vgl. zu dieser oben Nr. 415.

Postskriptum. „Mögen nit allein E. L. woll versichert sein, sondern auch deßen Ihr Ksl. Mt. und bei wem eß sonst vonnöthen, vergewißeren, daß die suchung der neutralitet fur meine residenz und landte nicht geschicht, mich der schuldigen pflicht, devotion und trew, damit ich Ihrer Ksl. Mt. zugethan, zu entziehen. Dan ich in solchen biß an daß endt meines lebens vermittelst Gottlichen beistandts keinem gehorsamen fursten zu cediren vermeine. – Gleich wie aber in den Gulischen landen von Ihr Mt., umb mehrer landtverderben und unheill zu verhueten, die neutralitet auch mit denjenigen zu halten, bewilligett worden, die sich gegen I. Mt. arme feindtlich erzeiget haben, gleich wie auch I. Kgl. Mt. in Hispanien des herrn printzen zu Uranien L., der doch general der feindt ist, die neutralitet fur dero inhabende graffschaft Moerß gewilliget, so kan ich nit ermeßen, daß mich diese neutralitet, so ich bei dem könig in Schweden und sein mitaliirten suche, an laistung obbemelter meiner schuldigkeit solte hindern konnen. Und weill sowoll Ihr Mt. in Hispanien als die Staden der Unirten Provincien die statt, vestung und graffschaft Moerß fur neutral und unangegriffen laßen, so kan ich kein erhebliche ursach ermeßen, warumb Ihr Ksl. Mt. oder E. L., die doch mit defension ihrer eignen landt undt bundtgenoßen gnug zu thun, denen auch nit unbekant, in waß verderben die viellfeltige durchzug und einlegerungen meine landt gesteckt sein, mir und meinen landt und underthanen solte mißgunnen, daß mein residenz und sie un<occu>pirt, auch unmolestirt verbleiben, wan ich solches bei Schweden und dero mittalliirten erhalten konte. Und will also verhoffen, daß sowoll Ihre Ksl. Mt. alß E. L. nit zuwider sein werde, mit begerter schrifftlichen declaration, auch mit verordtnung an dero kriegsgeneral und commendanten mir zu willfahren." – Meisenheim, 27. November 1631.

Ausf. Kschw 123 fol. 63–67.

## 462. Dr. Staudenhecht an den Bischof von Würzburg
November 28

Verrichtung in München

Bezug: Schreiben des Bischofs aus Mainz, 15. November, samt Anlagen,[1] welche Sendung er am 24. des Monats um die Mittagszeit von dem Trompeter Abraham

---

[1] Das zitierte Schreiben konnte nicht ermittelt werden. Von den Anlagen ist nur das Beglaubigungsschreiben des *Bischofs von Würzburg* für seinen Rat Dr. Johann Staudenhecht an Maximilian, Mainz, 15. Nov. 1631 (Ausf., präs. 24. Nov., Kschw 3261), überliefert. Darin heißt es, Staudenhecht habe Befehl, dem Kurfürsten „in unser und unßers stifts hochangelegenen sachen mündtliches anbringen zu thuen".

erhielt. – Berichtet über seinen Vortrag bei den bayerischen Geheimen Räten[2] am Tag der hl. Katharina [25. November] um 10 Uhr und übersendet die ihm erteilten Bescheide[3].

„Wann [...] dan wegen vorhabender separation deß Ksl. khriegsvolkhs von der Tillischen armee und instehendtem neuen compositionstag zu Mühlhausen, so den 28. [!] Decembris negstkhünftig seinen anfang nehmen soll, nunmehr die sachen dahin gelangen wöllen, das man, villmehr vermittelß einer tractation oder neüen Passawischen vertrags als mit dem schwerdt den Schweden aus dem stift [Würzburg] zu bringen, gemaint sein will, auch [...] Churbayrn (zu dergleichen dan E. Fstl. Gn. nit weniger sollen angewisen sein) mit beraith eingangener Französischen confoederation (inmassen noch uff dise stundt ein Französischer gesandter alhier) und der Tillischen armee vorderst ihre landt zu versichern,[4] dem augenschein nach laborieren thuet, immitelß aber sonderlich E. Fstl. Gn. und dero stift neben uns allen leiden müssen, alß ist zu besorgen, es werde noch woll ein guete zeit, weill die ablauffung des Mühlhausischen tags ungewiß und zweiflich, ob der feindt gegen uberlassung deß stifts Magdenburg ohne schwerdtstraich den stift Wirtzburg quittiren möchte, zu deroselben restitution erfordert werden, obwohlen sonsten Churbayrn gerathen, [...] mit Frankreich in person der Churbayrischen confoederation gemeß die allianz zu solicitiren und zu erlangen. [...] In summa, der gantze handel ist zu unserm erlittenem schaden in terminis dilatoriis et suspensivis begriffen. – Sonsten lassen Churbayrn under dero stallmaistern h. graff Friderichen von Fürstenberg zu roß und fues starkh werben; ist der musterplatz zu Landtsperg benannt, aber ein geringer zulauff.[5]

Wann ich dan hierdurch verhoffentlich E. Fstl. Gn. bevelch gehorsamblich vollzogen, auch für dißmahl einige andere resolution der in vill weeg vorgemahlten ubeln disposition und abgang der Tillischen soldatesca, bösen winterszeit und andern vilen einwürfen[6] [halber] nit erlangen, vill weniger dahero einige effectuirliche restitution und fürderliche widereroberung deß stifts [Würzburg] und abschneidung unsers gemeinen exilii verhoffen khönnen, alß hab ich hiermit den trompeter widerumb abfertigen, E. Fstl. Gn. mich zu genaden und prosperirlichen reduction in dero stift underthenig recommandiren, auch zu demjenigen, waß sie mir weiters, alhier zu

---

2 Auf eine Audienz beim Kurfürsten selbst, so *Staudenhecht* in einem oben Nr. 462 nicht gedruckten Passus seiner Relation, hätte er wegen der Anwesenheit des Herzogs von Lothringen vier oder fünf Tage warten müssen. Der Herzog [Karl IV.] von Lothringen sowie zwei jüngere Herzöge von Lothringen seien, aus dem Feldlager von Ansbach kommend, am Abend des 24. November in München eingetroffen.
3 Oben Nr. 459 und 460.
4 Wie man auf Würzburger Seite die Prioritäten der bayerischen Politik einschätzte, erhellt auch die Relation *Staudenhechts* vom 24. Dezember (unten Anm. 7), in der es u. a. heißt: „Alhier halten sich noch immerdar 2 Französische ambassadores auf. [...] Betrifft die Französische confoederation. Ob nun dardurch beede Pfaltzen werden salvirt werden, stehet zu erwarten."
5 Zur Werbung von etlichen Kompanien zu Fuß durch Fürstenberg vgl. auch das unten Nr. 485 Anm. 1 zitierte Schreiben *Aldringens* an den Kaiser vom 16. Dezember (im Druck bei HALLWICH I S. 682).
6 In der Ausfertigung folgte noch: „von deren erheblligkeit ich andere iudiciren lasse".

verrichten, khönftig genedig anbevehlen wurden,⁷ trewwilligst zu expediren, gehorsamblich erbietig machen wöllen." – München, 28. November 1631.

Kopie von der Hand Staudenhechts StAWü Miscellanea 99 fol. 53–55⁸= Druckvorlage; eigenh. Ausf., präs. 13. Dez., ebenda fol. 57–59. Ben. bei R. WEBER S. 101, ROMBERG S. 246.

## 463. Maximilian an Tilly

November 30

Detachierung kaiserlicher Truppen nach Böhmen – Impresa gegen Nürnberg – Verhinderung der Impresen des Königs von Schweden, Sicherung Bayerns – Winterquartiere – Diversion Pappenheims in den unteren Reichskreisen

Bezug: Relation Starzhausens¹. – „Und sovil erstlich die bei euch anwesende Ksl. armada berüert, weilen wür verstehen, das die Ksl. hoche officir dermallen nur etwaß, und nemblich 3.000 mann zu fueß und 1.000 pferdt nacher Böhemb schickhen, mit dem übrigen aber Irer Ksl. Mt. weitere erclerung erwarten wöllen, so hat es für iezt und biß dahin sein bewenden².

Mit der impresa gegen Nürmberg³ gehet uns dabei vornemblich dises sorgfaltig zu gemüeth, das es numehr sehr spath im jahr und der arme, zumahl übel bekhlaidte soldat bei diser unwe<dter>lichen und kalten zeit ohne endtliche consumption nit in campagna ze halten ist, zugeschweigen derihenigen bedenkhen und difficulteten, so etwa für- und einfallen mechten, wann der könig in Schweden dise statt soccoriren und entsezen solte. Dieweilen aber die sach nunmehr albereiths incaminirt und

---

7 Den Erhalt einer bei den Akten fehlenden Weisung vom 10. Dezember samt Anlagen, darunter wohl das *Würzburger Schreiben* an Maximilian vom 10. Dezember (oben Nr. 408 Anm. 2, Nr. 459 Anm. 3), bestätigte *Staudenhecht* dem Bischof von Würzburg aus München, 24. Dez. 1631 (eigenh. Ausf., präs. 6. Jan. 1632, StAWü Miscellanea 9 fol. 68–69), und übersandte als Ergebnis seiner Verrichtung die Antwort *Maximilians* an den Bischof vom 23. Dezember (oben Nr. 459 Anm. 3, Nr. 460 Anm. 1).
8 Diese Kopie war als Anlage Nr. 1 der Relation *Staudenhechts* vom 24. Dezember (oben Anm. 7) beigefügt. Die Kopie ist gegenüber der Ausfertigung sprachlich geglättet und hinsichtlich der Daten korrigiert.
1 Eine schriftliche Relation Starzhausens hat sich nicht gefunden. Zu dessen Mission bei Tilly und den kaiserlichen Offizieren vgl. zusammenfassend oben Nr. 450 Anm. 1.
2 Eine zweite einschlägige Weisung vom gleichen Tage ist zitiert oben Nr. 450 Anm. 7.
3 Vgl. zu dieser zusammenfassend KLOPP III,2 S. 396 ff.; hinzuweisen ist namentlich auf die ebenda herangezogenen Relationen *Pappenheims* an Maximilian, Windsheim, 11. Nov. 1631 (eigenh. Ausf. ÄA 2381 fol. 401. Druck bei ARETIN, Pappenheim 5 S. 122 f. Nr. 48. Ben. bei STADLER S. 564, 567), Schwabach, 25. Nov. 1631 (eigenh. Ausf. ÄA 2381 fol. 407–408. Druck bei ARETIN, Pappenheim 5 S. 123–125 Nr. 49, RÖCKL [I] S. 7. Ben. bei STADLER S. 567 f.). – In einem Postskriptum, 30. Nov. 1631 (Konz. Teisingers, teilweise zu chiffrieren, ÄA 2398 fol. 428), wies *Maximilian* Tilly an, für den Fall, dass man Nürnberg einnehme, die gut katholischen Handelsleute Lumaga sowohl hinsichtlich ihrer Person als auch ihres Hab und Guts sicher und unperturbiert zu lassen.

nit wol widerumb zuruckhzehalten sein würdet, man auch dise Nürmbergische refier ohnedz, wie hernachkombt, zum wünterquartier gebrauchen mueß, so lassen wür euchs disfahls allerdüngs committirt und haimbgestelt sein, und ein solches umb sovil mehr, wann auch ie dise impresa in effectu und zu dem principaliter fürgezihlten zweckh nit reusciren sollte, so werden doch durch solchen zug verstandnermassen nit allein die nothwendige wünterquartier occupirt, sonder es würdt auch das Ksl. volkh, wann Ire Mt. davon noch etwaß nach Behemb füehren lassen wolten, hierzu desto nechner und bösser an der handt sein.

Negst disem und weilen der könig dermallen gegen den Rheinstromb gehet und seine dissegni allem vermuetheen nach eintweder gegen Meinz oder Heidelberg stellen würdet, von dannen er sich dann fürthers in Wirttenberg herauf begeben und ober- oder underhalb Ulm über die Tonau sezen und sich unsern herobigen landen nähern möchte, so wollet und werdet ihr reifflich nachgedenkhen, wie nit allein der feindt an seinen iezigen under handen habenden impresen gegen den Reinstrom oder der Undern Pfalz ze hündern, sondern auch wasgestalt derselb in zeiten ufzehalten und dise unsere lande zu versichern, wann er verstandnermassen sich weiters herauferziehen wolte. Inmassen wür zu euch dz vertrauen ställen, ir werdet uf ainen und andern weeg nichts erwünden lassen.

Bei austeillung der wünterquartier halten wür für gueth, daß alles bei euch habende kriegsvolkh gleichsamb in 3 corpora⁴ verteilt werde, nemblich die Lottringer in Württenberg, daß bundtsvolkh im Rieß, als zu Dünkhlspil, Nördling, Ötting, Popfing, Alen und der orthen, ingleichen zum theil uf Eystett⁵ und in unsern landen gegen dem Tonau-

---

4 In der zweiten einschlägigen Weisung vom gleichen Tage (oben Nr. 450 Anm. 7) hieß es: „Demnach wür aber hierunder uf 3 corpora angetragen und wür nit wissen, wan aniezo von der Kaiserischen armada so ein starkhe anzahl volkhs weckhgehen solle, ob solche 3 corpora dannoch formirt werden könden, so wisset den sachen umb sovil mehr nachzugedenkhen, insonderheit auch, ob das Lottringische volkh dannoch in das Württenberger landt zu verlegen oder ob selbiges nit bei diser gestaltsamb etwas nechner gegem dem Ullmischen hinein zu logirn sein werde, damit auf ieden begebenden nothfahl ein corpo dem andern umb sovil besser soccorirn und die handt bietten könde. Dafern aber auch der könig in Schweden noch uf Heidlberg oder der enden trüngen solte und des herzogen zu Lottringen L. sich mit dem von euch under dem commando des obrist Einoten hinterlassnen trouppen oder villeicht auch was in der Underpfalz ist, coniungirn und dem feindt testa machen wolten, so wolten wür nit zweifeln, ir wurdet ein solches ebenmessig für gut befünden."
5 Hierzu vermerkte *Peringer*: „Nota. Eystett beclagt sich dessen schon zum hechsten und schlagt andere, besser hinausligende pläz für, umb Weissenburg und der ohrten. Ob man der sachen bei disem passu weitter wölle nachdenkhen." Als Stellungnahme des Kriegsrats hielt *Teisinger* fest: „Im kriegsrhat würdet darfürgehalten, dz Eystett dermallen mit den quartirn nit gar umbgangen werden könde, und ein solches umb sovil mehr, weiln Irer Kfl. Dt. lande selbst nit münder leiden sollen. Zudeme es der von Eystett vorgeschlagenen ort dannoch nit fällen würdet." – Hintergrund des *Vermerks Peringers* war die aus Eichstätt, 27. Nov. 1631 (Ausf., präs. 29. Nov., ÄA 2262 fol. 457–459) datierte Antwort des *Bischofs von Eichstätt* auf das Schreiben *Maximilians* vom 22. November (oben Nr. 450 Anm. 3). Darin bat der Bischof um Verschonung des Stifts Eichstätt mit Winterquartieren und verwies auf sein Schreiben an Maximilian aus Eichstätt, 24. Nov. 1631 (Ausf. ebenda fol. 465–470), das eine ausführliche Schilderung der Ausschreitungen der Armeen Tillys und des Herzogs von Lothringen, von denen

stromb, die Kaiserischen aber uf dz Anspachische, Nörmbergische und Barreitische, darzue dann auch etwaß vom stüft Bamberg genommen werden kann. Welche also ausgethailte logirung unsers erachtens also beschaffen sein wurde, das ain armada oder corpo dem andern auf den nothfahl wol die handt bietten und succurriren khöndte. Und weilen es auch des pfalzgrafen zu Neuburg L. beträffen würdet, so wollet ihr uf deselben territorium Ksl. volkh lögern, dann wür bedenkhen, das bundtsvolkh hirzue gebrauchen ze lassen. Inmassen ihr diß alles mit bester ordnung also austeillen ze lassen, in alweg aber darob und daran ze sein, daß zuvor, und zwar ohne einichen weitern verzug, bei der Ksl. und bundtsarmada alle schwache regimenter und comp. reducirt, zugleich der übrige tross und bagagi ernsthaft und würkhlich abgestelt, auch fürthers weder hohen noch nidern über die bestümbte anzahl im wenigsten nichts passirt, sondern gegen den übertröttern mit gebürender bestraffung verfahren werde. Dann wann man in disen zwaien düngen nit alspald würkhlich remedirt, so ist ainmahl nichts anderst oder bessers als der armeen genzlicher undergang (welcher sich laider bereits vorhin mer als zuvil erzeigt) zu befahren und zu gewarthen. Neben deme auch alle underthonen, stend und quartir, so man nur einmahl berürt, dergestalt vor der zeit und nur in wenig tägen zu solcher genzlicher ruin gehen, das es ein lauter impozibilität, mit den quartirn und dem underhalt nur ein wenige zeit hinaus zu gelangen, sintemahl es unmüglich, stetiges allzeit mit neuen frischen quartirn und landen zu gevolgen oder aus den in grundt verderbten orthen nur die nothwendige proviant beizuschaffen. [...]

Schließlich haben wür auch vernommen, mit waß dexteritet und manier ihr den veldtmarschallen von Pappenheimb zu der danidigen diversion disponirt. Nun köndet ihr zwar selbst vernünftig ermessen, das ein lauter impozibilität, mit einer solchen summa gelts[6] zu gevolgen, als der von Pappenheimb begert. Dieweil aber der ihme von euch erteilte schein unverfengklich, so hat es dabei sein bewenden." – 30. November 1631.

Konz. Teisingers mit Korr. und Zusätzen Peringers, teilweise zu chiffrieren, ÄA 2396 fol. 425–428. Benutzt bei STADLER S. 568, 577.

---

er doch Schutz und Hilfe erwartet habe, im Stift Eichstätt, sowie deren Folgen für die Truppen und das Stift selbst enthält. Über die mangelnde Kriegsdisziplin der Armeen Tillys und des Herzogs von Lothringen beklagten sich in ihren Antworten auf *Maximilians* Schreiben vom 22. November (oben Nr. 450 Anm. 3) auch der *Bischof von Augsburg*, Dillingen, 30. Nov. 1631 (Ausf., präs. 3. Dez., ÄA 2286 fol. 222–223), sowie der *Fürstspropst von Ellwangen*, Angelberg, 10. Dez. 1631 (Ausf., präs. 23. Dez., ÄA 2268 fol. 563–564; Konz. StAL B 389 Bü 447).

6 Nach Ausweis von *Pappenheim* an Maximilian, [Treuchtlingen], 26. [Nov. 1631] (Auszug Cgm 1938 fol. 112. Druck bei RÖCKL [I] S. 10 f. Ben. bei STADLER S. 559, 577), *Maximilian* an Pappenheim, 30. Nov. 1631 (Konz. Teisingers mit Korr. Peringers ÄA 2381 fol. 410–411. Ben. bei STADLER S. 579), forderte der Feldmarschall 300.000 Reichstaler, namentlich für die Werbung von Dragonern und von Kavallerie, verwies der Kurfürste ihn zunächst auf die 143.000 fl., die er kürzlich zwecks Werbungen und Verpflegung der vorhandenen Truppen an Kurköln und an Lerchenfeld remittiert habe; Pappenheim möge sich mit Kurköln einigen, wie diese Gelder am besten zu verwenden seien. – Vgl. zu besagter Summe von 143.000 oben Nr. 435 Anm. 5, Nr. 436 Anm. 4.

## 464. Kurköln an Maximilian

November 30

Sächsischer Einfall in Böhmen – Vormarsch des Königs von Schweden am Main und drohender Verlust der drei geistlichen Kurfürstentümer – Bitte um Truppenhilfe – Situation im Stift Paderborn und im Fürstentum Westfalen – Kölner Werbungen – Verlust der Truppen Neersens – Admission des Königs von Schweden zum Mühlhauser Konvent – Instruktion für die Kölner Gesandten nach Mühlhausen – Mission Fenffs in Frankreich

Bezug: Schreiben vom 16. November [oben Nr. 435 Anm. 1] – Hat begründete Hoffnung, dass sich die Nachricht vom sächsischen Einfall in Böhmen nicht bestätigt.

Maximilian wird wissen, dass der König von Schweden sich der mainzischen Stadt Aschaffenburg bemächtigt hat und nun den ganzen Main beherrscht.[1] Da nicht zu erwarten ist, dass Frankfurt sich sträubt, und die Stadt wohl Truppen aufnehmen oder die Neutralität erhalten wird, „so wirts besorglich nunmehr umb die stat Maintz zu thun sein und ermelter konig sich nunmehr dem Rheinstromb näherenn. Wann dort obenn noch einig volkhs zu entrahten, mann deßen deren endts zur resistentz woll bedorftig, dann keine andere rechnung zue machen, wann besagtes Maintz uber, daß es alstann umb die drei gaistliche churfurstenthumben gethann sein und mann zum tag wol zue spat kommenn würde."[2] [...]

Im Stift Paderborn und im Fürstentum Westfalen haben die Hessen die okkupierten Orte zwar verlassen. Sie haben aber aus jedem Ort die vornehmsten Mitglieder der Bürgerschaft mitgenommen,[3] um sich der Orte wieder bemächtigen und die geforderten Kontributionen erpressen zu können. – Mit Ausnahme des Stifts Münster kommen

---

1 Vgl. auch *Kurmainz* an Maximilian, Mainz, 25. Nov. 1631 (Ausf. Kschw 782 fol. 411–412. Zitiert bei H.-D. MÜLLER S. 41 Anm. 57, ben. bei BRENDLE S. 298), wo es u. a. heißt: „Sonsten aber lassen sich die sachen dieser enden sehr ubel ahn, indeme der feindt sich nunmehr fast des ganzen Maynstrombs bemächtigt. Dann obwohl der graf von Tillj [...] etliche regimenter von dem newgeworbenen bundtsvolkh zue defension unsers erzstifts hinderlassen, so haben jedoch dieselbe unerwahrt des feindts und nachdeme sie zuvor unsre arme leuth ubel tractirt und geschlagen, die eingehabte päß zu Prodtselden, Miltenberg und Aschaffenburgkh, besorglich auch Steinheimb undt Offenbach verlassen. Sehen also wir unserstheils nit, wann nicht Gott sonderliche mitel schickht undt daß mann zue suspension der waffen förderlich gelangen solte, wie diesem lauffenden und verzehrenden unglück gesteürt werden könne."
2 Der Vormarsch des Königs von Schweden am Main, der drohende Verlust der drei geistlichen Kurfürstentümer und die dringende Bitte um Truppenhilfe Tillys waren auch Gegenstand eines weiteren Schreibens *Kurkölns* an Maximilian, Köln, 30. Nov. 1631 (Ausf. mit eigenh. Nachschrift Kschw 960 fol. 511. Ben. bei KAISER, Politik S. 500). Darin wird die Stärke des von Wittenhorst und Graf Heinrich von dem Berg hinauf geführten Sukkurses mit höchstens 4.000 Mann zu Fuß und 1.200 zu Pferd, davon viele krank und schlecht ausgerüstet, angegeben. – Als Anlage übersandte Kurköln ein Schreiben des kurmainzischen Geheimen Rates *Hoheneck* an Kurköln, Mainz, 24. Nov. 1631 (Kop. ebenda fol. 512. Druck bei FORST Nr. 525 Beilage), in dem es u. a. heißt: „Der general Tilli ligt in Frankhen, Schwaben und Bayeren zu versichern. Und ist der Rheinstromb in der außgab."
3 Vgl. auch WIJNHOVEN III Nr. 2359 mit Anm. 5.

seine Stifter und Lande, weil sie vom Feind überzogen und ruiniert sind, mit den Werbungen nicht voran.

„E. L. thun zwarn in ihrem schreibenn deßen vonn der Neersen anregung. E. L. werden aber seithero vernommen haben, waß gestalt derselbe, alß er vom gravenn vonn Manßfeldt nacher Magdeburgh erfordert, underwegs zue Wanndeßleben vom feindt umbringt und daß volkh gezwungen worden, sich beim feindt underzustellen."[4]

Übersendet seine Antwort auf das Schreiben des Kaisers in Sachen Admission des Königs von Schweden zum Mühlhausener Konvent.[5] [...] „Daß schwehriste aber ist es, daß ich nicht woll sehe, warüber ich dieselbe [ = die kurkölnischen Gesandten] zue instruirn. Dann dho mann die jungst zue Franckfurth gefaste resolution beharren wolle, würdt alles vergeblich und nebenß verursachung größerer verbitterung nur kosten verspilerung sein. Da mann aber nachzuegeben gesinnet, wehre ja guet und nöhtig, daß solches communicato consilio beschehenn müge. Vonn E. L. habe ich vor diesem deßfalß einige apertur fr. begert,[6] und würde mir annoch insonderheit lieb sein, wann ich deroselben intention in etwaß müchte berichtet werden."[7]

Hat von seinem zum König von Frankreich abgeordneten Gesandten noch nichts gehört. [...] – Köln, 30. November 1631.

Ausf. mit eigenh. Nachschrift Kschw 960 fol. 509–510; Auszug Akten 203/I. Ben. bei STADLER S. 556.

---

4 Vgl. zu den Einzelheiten LAHRKAMP, Kriegsvolk S. 135.
5 Oben Nr. 453 Anm. 3.
6 Oben Nr. 453.
7 Dass Kurköln eine entsprechende Anfrage auch an Kurmainz richtete, belegt die Antwort des *Kurfürsten von Mainz* an Kurköln, Mainz, 4. Dez. 1631 (Kopien Akten 281 fol. 78–80, Kschw 960 fol. 534–535. Benutzt und zitiert bei H.-D. MÜLLER S. 44, S. 45 Anm. 77): Bestätigt den Erhalt des Kölner Schreibens vom 30. November betr. die Konvente von Mühlhausen und Ingolstadt, „deßgleichen wie die gesandten insonderheit des Ksl. edicti halben zu instruiren." Zu der Kölner Anfrage nahm Kurmainz wie folgt Stellung: „Und ist sonsten der Ingolstattische convent, sovill wir sowohl auß Ihrer Ksl. Mt. alß Churbayrens L. ahn unß derentwegen abgangenen schreiben vernehmen khönen, mehrern theils darumb vor guet angesehen worden, das man sich catholischen theils aigentlich darbei entschliessen solte, was etwan vor conditiones pacis nach gestalt deß konigs in Schweden itziger starkher progress dießseits eingewilligt werden khönte[n]. In specie aber daß Ksl. edict betreffendt, ist unß zwar von den unserigen umbstendigh referirt worden, waß dießfahls under der catholischen chur-, fürsten und stendt iungsthin zu Franckfurth gewesenen abgesandten vorgeloffen. Dieweil sich aber immitttelß die zeiten und leuften ihe lenger, ihe gefehrlicher ahngelaßen, auch fast kheine mittel vorhanden, deß gegentheils starkhe feindtliche progressus mit gnugsambem gegengewaldt zeitlichen zu hindertreiben, man dorft woll endtlich catholischen theils durch die noth dahin gedrungen werden, vorgemeldts edict nit allein soviel die executiones anbelangt, ferner nit zu behaubten, sondern auch umb gemeiner ruhe und friedens willen solches ein zeitlangh zu suspendirn."

## 465. Kurtrier an den Kaiser[1]

Dezember 1

Mühlhausener Konvent – Admission des Königs von Schweden

Bezug: Schreiben vom 5. November [oben Nr. 428 Anm. 3] und vom 16. November[2], die er kurz rekapituliert. – „Gleich wie nuhn darab E. Ksl. Mt. zu dem allgemeinen friedtlichen wollweßen und zu abwendung unsers vatterlandts Teutscher nation bevorstehenden gefahr und unhailß hochrumbliche Ksl. und vatterliche intention und sorgfalt in der that zu verspüeren, also hab E. Ksl. Mt. ich sambt anderen meinen mitchurfürsten darumb billich höchstenn lob, rhum und dankh zu sagen. Undt hette benebens E. Ksl. Mt. allergnedigstem gesinnen nach mir vor allem obliegen sollen, solche schreiben zeitlicher zu beantworten, dahe nicht die in so schweren hochwichtigen sachenn mit anderen meinen catholischen mitchurfürsten gewönliche communicationes etwaß impedimenti und verweilung verursachet, derentwegen und alsolcher remorae halben E. Ksl. Mt. auch verhoffentlich mich allergnedigst vor entschüldiget halten werden.

Sonsten aber soviel die zu besagtem Mulhaußen von landtgraff Geörgens zue Hessen L. ahngebene friedenshandtlung in sich betreffen thuet, dae gehen mir weniger nicht alß anderen meinen catholischen mitchurfursten diese gedanken sorgfeltig zue gemueth, daß bei ietzigen deß königs in Schweden bereits eroberten so vornehmmen chur- und furstenthumb und deroselben landt und leuthen, auch noch ümmerdaer vorgehendem progressu und einbrechen solche praeiudicirliche und dem Heiligen Römischen Reich de praesenti et futuro beschwerliche conditiones gleichsamb pro Imperio vorgeschrieben, ia vieleicht gar die Röm. königliche wahl zugemutet und durchzutringen understanden werden moechte, daß in solche tractation ohne sonderbares nachtaill E. Ksl. Mt., dero hohen erzhauses undt des Heiligen Römischen Reichs, vornemblich auch unserer allein seligmachender catholischer religion sich in etwas einzulaßen oder auch allein zu erscheinen, sehr bedenklich fallen und also alles mit großer vergeblicher cost spendirung absque effectu abgehen würde.

Zudeme es auch zue einer großer newerung außschlagen undt das ansehen gewinnen will, die churfürsten des Reichs oder dero abgesandten und plenipotentiarios gleichsamb per modum salvi conductus zue solchen ohnedaß freien undt in sich privilegirten pacifications- und reichsconventen durch Churaachsens L. alß deß gesambten corporis mitgliedt zu begleiten, darzue noch einen außlendischen ver-

---

1 Den Erhalt dieses Schreibens bestätigte der *Kaiser* Kurtrier aus Wien, 16. Dez. 1631 (Konz. RK RTA 100b fol. 204 und 209), und fügte hinzu, er warte auf die Erklärungen der Kurfürsten von Sachsen und Brandenburg hinsichtlich ihres persönlichen Erscheinens oder der Abordnung von Gesandten, ferner hinsichtlich der notwendigen Sicherheiten.
2 Fehlt. Vgl. aber die einschlägigen Schreiben des *Kaisers* an Maximilian, Kurköln und Kurmainz (oben Nr. 443, ebenda Anm. 1 und 5).

knupften potentaten, sich zue reichshandtlungen einzutringen und beizustellen, einzuraumen und zu gestatten.

Stelle diesem nach zue E. Ksl. Mt. allergnedigstem nachdenken, ob nicht deroselben selbsten hochvernunftigem Ksl. andeuten nach beßer seie, daß E. Ksl. Mt. gefellig sein wolle, mit Churmaintz, Bayerns und Sachsens L.L.L. zuvor dieser friedensmittel praevia suspensione armorum einen anfang zu machen, und dae alßdan zue dem gesuchten zweckh ainiger schein und ahnlaß sich blicken laßen sollte, die ubrige mitchurfürsten solchen conventum gleicher gestalt besuchen und deß Reichs gemeine wollfahrt förters mit in consultation ziehen und schließen helfen mögten.

Sollten aber E. Ksl. Mt. hiebei anderwertige bedenken zufallen und einmahl bei der gesambter churfürsten mitabordtnung bestehen und die andere sambtliche churfürsten auch erscheinen oder einschicken werden, so will ich mich dießfals mit E. Ksl. Mt. ganz gern accommodiren und zu dem endt meine räthe, wan ich nur der raißen halben gnugsamb versichert, deputiren undt vermoegen, dartzue dennoch eine andere tagsatzung, weill der ahngesezte terminus deß 14$^{ten}$ ietz ahngehenden monats Decembris viell zue enge undt nahe, oder gahr ein gemeiner convent mehrer chur- und fursten ahn ein anders sicheres und bequemes ort nothwendig außgeschrieben und ahngesezt werden mueste." – Koblenz, 1. Dezember 1631.

Ausf. RK RTA 100b fol. 206–208.

### 466. Kurtrier an Maximilian

Dezember 1

Gutachten angesichts der Detachierung der bei der Armee Tillys befindlichen kaiserlichen Truppen nach Böhmen

„E. L. drei underschiedtliche ad manus dirigirte schreiben hab ich zwar nach undt nach sicherlich empfangen, uff die zwei erste aber darumb, daß die darinnen begriffene materia meinen verstandt undt gantz vermögen ubertroffen, auch theils E. L. ungleich berichtet, bißhero nit beandtworten können, sonder villmehr mit höchster gedult Gott dem Allmechtigen undt deßen außschlagh alles heimstellen wollen. Die sollen aber jedoch hernechst, wo nötig, auch beandtwortet werden. – Soviell aber das letzste under dato den 25$^{ten}$ dießes[1] betrifft, hab ich solches durch meine ahnwesende thumbdechan und capitularn, auch innerliche rhätt reifflich undt wolbedechtlich consultirn laßen. Und befinden darauß mit betrübtem, gantz zerschlagenem gemüth, daß nit allein deren zu Regenspurg beschloßener friedenstractation nit nachgeset-

---

[1] Sic! Gemeint ist aber zweifellos das Schreiben vom 25. November (oben Nr. 456 Anm. 1). – Bei den beiden übrigen oben vorstehend zitierten Schreiben dürfte es sich um die oben Nr. 385 Anm. 3 und Nr. 387 mit Anm. 6 zitierten Dokumente vom 14. Oktober und 3. November handeln.

zet, sondern auch der unions volk ohn deren samblichen ständt wißen undt willen gegen den Schweden und sogahr gegen unßere mitchurfürsten und consequenter daß ubrig gantz Römisch Reich würklich angeführt undt eine offene schlagt² gewaget und darmit beneben dem invincibili exercitu der principaln landt undt leüth zugleich verlohren und abgangen, und daß uber dießes nunmehr Ihre Ksl. Mt. bei darauß erfolgter eüserster tyrannischer verfolgungh, occupation und devastation der gantzer catholischer kirchen, ihre armee auß dem Reich in ihre erblandte abzuführen, ordinants ertheillet und darmit die verglichene coniunction und gemeine resistents gegen den könig in Schweden im Reich uffgehaben undt die albereit ubergwaltigte ständt gantz hülf- undt trostloß, aller catholischer rest aber des grausamen abgesagten feindts catholischen nahmens misericordiae, discretion undt wüetendem willen preißgelaßen. Welches aber alle solche sachen sein, die menschliche vernunft oder gewalt nit begreiffen, auch nit gnugh, daß man alles pro vero et iusto flagello Dei erkennet und uffnehmet, da nit neben angestelter versöhnung Gottes dannocht mens et consilium zugleich ergriffen.

Undt dieweill ich bei mir die letzstere nit befinde undt lenger nit, alß mein nachbar will, halten kan, sonderen deßen actionibus getrungener weiß folgen muß, undt dan Churmaintz L. sich nunmehr in die Spanische subiection begeben, so hab ich meinem dhumbcapitull zu Trier freigestellt, denselben fußstapfen zu folgen, landt, leüth und vestungen totaliter Spanien einzuraumen oder aber mir die mittell nit hinderen, sondern vielmehr ahn handt geben, ich mich zum wenigsten mit der vestung Ehrnbreitstain defendirn könne, getraute ich mir nechst Göttlicher hülf weniger alß vor diesem die vestung Philipsburg mit eben der glückseligkeit undt eben so lang, alß die Spanische mein munition und proviant verschießen undt verzehren, uffzuhalten undt mein leben zu spendirn. Dieweill aber uff solche mittell so wenig bei der landtschaft alß dem capitul sich zu verlaßen, so muß ich es ihe gehen laßen, was Gott undt der täglich eventus des stündtlichen gegen mich anbrechenden gewalts geben wirdt.

Soviell mein stift Speyr undt meine vestungh Philipsburg anlanget, bezeüge ich vor Gott undt protestire, ich eines undt anders lenger nit, alß E. L. der chur gewiedtumbten sitz Heydelberg sich erwehren werden, zu halten getrauwe. Undt ob ich auch schon denselben gantzen stift der Spanischer subiection einraumen wolte, so sehe ich doch nit, daß Gott Spanien in effectu mehr gelts, verstandt undt glücks zu solchem

---

2 Vgl. zu Kurtriers Einschätzung der Bedeutung des Ausgangs der Schlacht bei Breitenfeld auch ein Postskriptum *Kurtriers* an Kurköln, [7. Dez. 1631] (Kop., teilweise dechiffriert, Akten 281 fol. 100): „Es ist vor dießmahl khaine frag, wer an der zuegeschickhten straff Gottes schuldig oder nit, aldieweilenn leichtlich zu erachtenn, indeme der religion- und profanfriden, alle reichsconstitutiones, die guldne bull und in summa der so viell hundert jahriger nodus Gordius collegii electoralis (welchen niemahls, auch noch neuwlich zue Regenspurg, zu dissolvieren jemandts tentieren dorfen noch rahtsamb gefunden) vor Leibzig zu trimmern gangen. Wann also der Schwed die drei geistlichen churfürsten übergwaltiget und denn pfalzgrafen einsetzt, wirt er entweder kheins weitter erkhennen, sonder nach des victoris gelegenheit ein newes collegium formieren und geltenn laßenn. Hinzwischen ist ihme gnug, daß die union geschlagen, zertrennt, und behalt ihre land und leüth, solang er khan."

mechtigen werk undt gahr bei seinen Niederlanden in die 70 jahr alß anderen verlauhen³ oder prosperirt habe. Andere mittell nun E. L. vorzuschlagen, hab ich undt weiß auch uff der welt alß oben herab keine, es were dan sach, E. und Lothrings L.L. vor sich der Kgl. Würden in Franckreich bruder, den duca d'Orleance, vermöchten, daß er seinem könig undt herren auß Gottes befelch, gleich wie inskünftig er selbsten begeren wirdt, underthenig undt gehorsamb sein wolle, undt wan dießes innerlich erwecktes impedimentum abgeschaffet, alßdan E. L. ihnen wie albereit von den hh. geistlichen churfürsten auch geschehen, in aller eill (dan der feindt sehr geschwindt, jederman in forcht undt agone begriffen) pro mediatore (jedoch mit würklichen 20.000 man uff der ander seiten des Rheins) ersuchten, damit E. L. nicht allein bei selbigen undt ihren aignen landen undt der chur verpleiben, sonderen auch die gantze catholische christliche kirch, welche so erbärmlich ahn die spitz eines dägens vor Leibzisch gesetzet undt verschärtzet worden, erretten helfen wolle. Dießes könte meines ermeßens vor Gott undt der welt E. L. mit fugen nit verdacht werden, aldieweill die gefährliche interposition deß landtgraffens Jörgen L. undt deß königs in Schweden vor nutzlich undt gutt angesehen wirdt. E. L. uff ihr begehren undt vertrauen laße ich mich herauß in confidentia mit dienstfr. pitt, daß mir solches einigem ort nit zu nachtheill geraichen möge, dan ohnedaß zu meiner wißender unschuldt gahr mein kfl. votum ungleich verstanden undt uffgenommen werden will." – Koblenz, 1. Dezember 1631.

Ausf. Kschw 842 fol. 417–419. Ben. bei KESSEL S. 334 f.

## 467. Maximilian an Tilly¹

Dezember 2

Abstellung der Kriegspressuren – Marschroute der nach Böhmen ziehenden kaiserlichen Truppen

„Ir werdet albereit von unserm generalwachtmeister, dem von Lündlo, und der regirung Amberg insgesambt vernommen haben, waß theils eurer underhabenden soldatesca, und zwar mehrentheils, wie der rueff gehet, die croaten, unsern Oberpfelzischen und andern benachbarten underthonen mit plündern, rauben, devastirn für schaden zuegezogen, dessen dann auch noch fürthers, wann nit zeitlich und ernsthaft remedirt würdet, zu befahren, wie dann es nunmehr ordinari und gemain, daß alle fleckhen und ort, sie gehören freundt oder feindt, catholischen oder uncatholischen zue, wo dise armeen hinkhommen, ohne respect und underschiedt ausge-

---

3 Vgl. GRIMM XII/1 Sp. 768 f. s. v. verleihen.
1 Seine Weisungen in Sachen Abstellung der Kriegspressuren sowie Marschroute der nach Böhmen ziehenden kaiserlichen Truppen wiederholte *Maximilian* an Tilly, 3. Dez. 1631 (Konz. Teisingers ÄA 2396 fol. 472). Auf das Thema Marschroute der nach Böhmen ziehenden kaiserlichen Truppen kam *Maximilian* an Tilly, 4. Dez. 1631 (Konz. Teisingers ÄA 2396 fol. 475), noch einmal zurück.

blündert, devastirt und in grundt ruinirt werden. Wann ihr aber selbst vernünftig zu ermessen, was aus dergleichen sträfflichen und vermessentlichen insolentien und excursionen dem ganzen gemeinen catholischen wesen für schaden und nachtheil zu gewarthen, indeme nit allein den uncatholischen, sonder auch gar catholischen selbst zur verbitterung und eüssersten desperation anlaß geben würdet, die soldatesca auch ihnen nur selbst zu schaden haust und die notwendige sustentationsmitl abschneidet und benimbt, wann sie an den uncatholischen, geschweigens catholischen orthen dergestalt exorbitirn und mit ausrauben und devastirung der landen verfahren thuen, als ist einmahl die höchste unumbgengliche notturft, das ihr disem werkh mit ernsthafter, würkhlicher und exemplarischer bestraffung der delinquenten soviel immer menschlich möglich aus dem grundt remediret und bevorab auch zu facilitirung dessen mit der vorhabenden reformirung der schwachen regimenter und compagnien, auch ernster abschaffung der ubermessigen bagagi unverlengt verfahret, nit zweiflent, es werde hinach, wann die armeen widerumb in ordnung gefast, auch die disciplin widerumb desto besser fundirt und eingefürt werden könden, bevorab wann die obriste und hoche officir an ihrem ort auch die schuldigkheit erweisen, inmassen wür zu euch dz vertrauen stellen, ihr werdet denselben hierunder umb soviel mehr zuesprechen und daran sein, damit doch noch die mitl conservirt werden könden, dise armeen zu behuef des gemeinen catholischen wesens fürthers in esse zu erhalten." – 2. Dezember 1631.

Postskriptum. „Wollet ir in allweeg auch daran sein, damit die marchiada des nacher Böhaimb gehenden Ksl. volkhs unserer regirung Amberg euch bereiths gethonnen vorschlag nach durch daß marggraf. Chulmbachische uf Eger dirigirt und damit wür und unsere vorhin mit dem last mehr als gnueg betruckhte underthonnen umb soviel mehr verschonet werden. Welches dann auch desto gelegner und fuegsamer geschechen khan, weilen das volkh dergestalt eher in Böhaimb khömbt, als wann es durch mite der Obern Pfalz ruckhet und selbige underthonnen dardurch gar zu boden richtet." – 2. Dezember 1631.

Konz. Teisingers und von Kanzleihand ÄA 2396 fol. 431–432.

## 468. Kurmainz an Maximilian[1]

Dezember 2

Drohender Verlust der Stadt Mainz und des Rheins – Bitte um Truppenhilfe

Berichtet, dass der Feind das ganze Erzstift Mainz außer der Stadt Mainz eingenommen hat. Der Feind zeigt sich schon auf der anderen Rheinseite und beschießt die Stadt, hat auch bereits etliche Geschütze an der Mainmündung postiert. Es ist daher zu besorgen, „er werde nit allein gegen diese meine stat alß der vornembsten päß einen am ganzen Rheinstrom, sondern per consequens die beede erzstifter Trier undt Colln daß eußerst tentiren undt sich ietztgedachten Rheinstrombs wo möglich bemächtigen. Dieweiln nun E. L. vorhin guter maßen bekant, wieviel dem ganzen Röm. Reich undt allgemeinem catholischen wesen am Rheinstromb gelegen undt wie schwerlich der feindt, do er sich einmal deßelben impatroniren solte, wiederumb von dannen zu treiben sein werde, so bitte demnach undt ersuche E. L. ich hiemit ganz freundtlich und zum höchsten, sie wollen doch dem generalleutenant graffen von Tillj diesen beschwerlichen zustandt, inmaßen ich an meinem ort zwar underschiedlich gethan, aber biß dato keine antwort erlangt hab, eilfertig zu erkennen geben undt zugleich den außtrücklichen befelch ertheilen, mich undt diese meine residenzstatt Mainz aufs furderlichst der gestalt zu succurriren, damit doch zum wenigsten iezgedachte statt undt per consequens der Rheinstromb conservirt undt errettet werden

---

1 In Anknüpfung an das oben Nr. 468 gedruckte Schreiben wiederholte *Kurmainz* an Maximilian, Mainz, 6. Dez. 1631 (Ausf. Kschw 782 fol. 416–417; Kop. ebenda fol. 418–419. Zitiert und benutzt bei H.-D. MÜLLER S. 41 Anm. 57 (ohne Fundort), S. 52 Anm. 2, S. 54, S. 55 Anm. 26, BRENDLE S. 298), seine Schilderung der militärischen Lage, die sich durch die vorgestrige feindliche Eroberung des Mainzer Landesteils Rheingau weiter zugespitzt habe. Außerdem kam er auf seine Bitte um Truppenhilfe von seiten Tillys zurück und führte u. a. aus, er habe von Tag zu Tag, ja von Stunde zu Stunde auf die Hilfe Tillys gewartet, „dieweil ich iederzeit in gueter hoffnung gestandten wie noch, er werde mich alß mitglied und mitdirectoren der catholischen union und in ansehung, daß ich und mein erzstift dem allgemeinen catholischen weesen zum besten unser gantzes vermögen willig auffgesetzt, dergestalt nit steckhen und dem feindt zum raub außgestelt sein laßen." Schließlich ersuchte er zwecks Finanzierung der Verteidigungsmaßnahmen um 50.000 fl. aus Mitteln der Bundesgelder in Philippsburg. – Die Antwort *Maximilians* auf die beiden Schreiben vom 2. und 6. Dezember ist datiert: 9. Dez. 1631 (Konz. Ranpeks mit Korr. und Zusätzen Richels ebenda fol. 425–427. Ben. und zitiert bei H.-D. MÜLLER S. 42, S. 43 Anm. 64): Bekundet seine Kondolenz und führt weitläufig aus, warum dem Gesuch um Truppenhilfe von seiten Tillys nicht stattgegeben werden kann, wobei zu den bereits aus der einschlägigen Korrespondenz Maximilians mit Kurköln bekannten Gründen neuerdings die inzwischen ins Werk gesetzte Detachierung der kaiserlichen Truppen nach Böhmen hinzukam. Dennoch wolle der Kurfürst bei Gelegenheit der bevorstehenden Konferenz in Donauwörth mit Tilly und den kaiserlichen Offizieren „auf alle mögliche müttel und weeg zu gedenken nit underlassen, wie doch E. L. so eillfertig und ehist, als es nur ihmer möglich, die hülfliche handt gebotten werden mechte, nit zweiflendt, sie entzwischen mit deme sich selbiger orthen befündendem khriegsvolkh den feindt, so guett sie khönden, aufzuhalten und ihme die übersezung über Rhein zu verwören, ihnen angelegen sein lassen werden." Hinsichtlich der erbetenen Geldhilfe, habe er verfügt, dass Kurmainz die gut 40.000 fl., die ursprünglich für den Unterhalt der Truppen an der Weser bestimmt waren, ausgefolgt werden.

möge. – Gleich wie nun zu E. L. ich iederzeit ein sonderbares freundliches vertrawen gehabt undt noch hab, auch nach gestalt der iezigen hochbetrubten zeiten und leuffen nechst Gott niemandt anderst alß E. L. umb hulf zu imploriren weiß, also seze ich auch in dieselbe daß ungezweiffelte feste vertrawen, sie werden mich [...] nit verlaßen, sondern obg. Tillischen succurs der gestalt befurdern, damit derselbe deß nechsten tags dieser orten anlangen undt sowol den Rheinstromb alß die Unterpfalz undt statt Heydelberg selbst succurriren möge." – Mainz, 2. Dezember 1631.²

Ausf. Kschw 782 fol. 414–415. Zitiert und benutzt bei H.-D. MÜLLER S. 41 Anm. 57, S. 52 Anm. 2, BRENDLE S. 298.

---

2 Aus Mainz, 8. Dez. 1631 (Ausf. KrA 69 Konv. Dezember fol. 38–40. Benutzt und zitiert bei H.-D. MÜLLER S. 44, S. 45 Anm. 72, H. WEBER S. 165; STADLER S. 578), richtete *Kurmainz* einen Hilferuf an den Kaiser. Ausführlich schilderte er die militärische Situation und die der Stadt Mainz, der Unterpfalz, den Kurfürstentümern Trier und Köln sowie der ganzen Rheinlinie drohenden Gefahr. Auf seine Hilferufe an Tilly sei bislang nichts erfolgt. Sukkurs habe er nur von der Infantin erhalten, die ihm die kaiserlichen Regimenter Wittenhorst zu Pferd und Rouvero zu Fuß, etliche weitere kaiserliche Kompanien zu Pferd sowie „ein guete anzahl" niederburgundische Truppen geschickt habe, mit deren Hilfe die Stadt Mainz bislang gehalten worden sei. Der Kurfürst erwähnte, er nicht mehr in der Lage, „denen bei diesen hochbetrüebten zeiten täglich vorfallenden hochwichtigen reichsgeschefften, nachdemal fast alle meine räthe sich wegen der je länger, je mehr dieser orten überhandtnehmender feindtsgefahr an sichere ort retirirt, meiner schuldigkheit undt begierde nach abzuwarten", und bat den Kaiser, es bei der Infantin und bei Tilly dahin zu richten, „damit diese landen, alß daran Euer Ksl. Mt. undt dem ganzen catholischen weesen so hoch gelegen, wohl in acht genohmen, mehrers succurrirt und dem feindt der endts genuegsamer abbruch und widerstandt gethan werden möge." – Entsprechend einem *Votum des kaiserlichen Geheimen Rates* (Kaiser, König von Ungarn, Kardinal [Dietrichstein], Eggenberg, Bischof von Wien, Meggau, Trauttmansdorff, Slawata, Khevenhüller, Breuner, Thun, Werdenberg. Reck, Arnoldin), 22. Dez. 1631 (StK Vorträge 1 Konv. E fol. 8–9), antwortete der *Kaiser* dem Kurfürsten von Mainz aus Wien, 24. Dez. 1631 (Konz. KrA 69 Konv. Dezember fol. 151–152), mit einem Kondolenz- und Trostschreiben und sagte zu, der Infantin „gebettnermassen die notturft zuezuschreiben, nit weniger auch dem hertzogen zu Friedtlandt (als welcher daß commando über unßere Ksl. armada auff eine zeithlang wiederumb angenohmen) fürderlich ordinanz zu geben, damit ihr und deroselben benachbarten catholischen chur-, fürsten und stende zu abwendtung weitterer gefahr der gebettene mehrere succurs ehister müglichkeit zuegeschickht werden soll." – Die einschlägigen Schreiben des *Kaisers* an die Infantin bzw. an Wallenstein sind datiert aus Wien, 30. Dez. 1631 (Ausf. [!] ebenda fol. 175–176; Konz. ebenda fol. 174 und 177. Zitiert bei H.-D. MÜLLER S. 77 Anm. 95), bzw. 31. Dez. 1631 (Ausf. AFA 1631/12/VI 136, mit Anlagen 1631/12/ad VI 136). – Zu den Bemühungen des Kurfürsten von Mainz in Brüssel um spanische Truppenhilfe vgl. auch KESSEL S. 350 f.

## 469. Kurköln an Kurmainz

Dezember 4

Schreiben der geistlichen Kurfürsten an den König von Frankreich (Vermittlung Frankreichs bei Schweden) – Abordnung eines Kölner Gesandten nach Frankreich

Bezug: Schreiben vom 24. November [oben Nr. 422 Anm. 2]. – Hat das von Kurmainz und Kurtrier ausgefertigte Schreiben der geistlichen Kurfürsten an den König von Frankreich[1] bereits vor etlichen Tagen erhalten. „Und habenn wir dasselbe hochvernünftiglich und wie die wahrheit ann ihr selbsten eingestelt befunden. Weilenn wir gleichwoll in einem und anderen wegenn besorgtenn ubelenn aufnemmens und insonderheit, daß hochermelte cron Franckreich zwarn abhortirt, aber zue intervention (darann gleichwoll unß denn catholischen zue erlangung billichmeßiger conditionum so viel gelegen) etwaß schlecht ersucht wirt, einige wolgemeindte bedenkenn getragenn, so haben wir denn solchem in etwaß nachgedacht und umb deßwillen daß schreiben etliche tag zurückbehalten.[2]

Aldieweilenn aber die gefahr vonn tag zu tag gar zue sehr zue- und uberhandtnimbt, alß haben wir bereitz daß schreiben gleichfalß zum standt bragt und durch einen äigenen von unserem hoff[3] furtgeschickt und dabei nicht underlaßen, hocher-

---

1 Oben Nr. 422 Anm. 2.
2 Tatsächlich hatte *Kurköln* aus Köln, 13. Nov. 1631 (Ausf. Kschw 960 fol. 456. Benutzt und zitiert, jeweils mit falschem Fundort, bei H.-D. MÜLLER S. 46, S. 47 Anm. 87, BRENDLE S. 312 mit Anm. 153), eine Kopie des Schreibens der *geistlichen Kurfürsten* an den König von Frankreich (vom 8. November, oben Nr. 422 Anm. 2) an Maximilian geschickt und mitgeteilt, er stehe „woll etwaß an, ob rhatsamb, solches schreiben in der begriffener form jetziger zeit abgehenn zu laßen, vorab weilenn nicht zue zweifelenn, daß solches dem könig in Schwedenn würde communicirt werden, derselbe aber etliche darin gesetzte terminos hoch empfinden und under andern, daß ihmme under unserer der gäistlichen churfurstenn handt und sigl imputirt werden wolle, alß daß er sich umb die Romische Kaiserliche cron [zu bewerben] und daß Hl. Reich in einnen anderen, ketzerischen standt zue setzenn, gesinnet sein solle, gar in abredt stellen und also daß werk mehrerß exaspirirt alß gebeßert werden müchte. Damit dann dießfalß nit etwo zue weit gangen, so habe ich dienlicher erachtet, die abschickung solches schreibens umbsoviel einzuestellen, biß daß solches E. L. vorhin communicirt und ich dern hochverninftigenn guetachtenß berichtet werdenn müchte." Darauf antwortete *Maximilian*, 19. Nov. 1631 (Konz. Ranpeks mit Korr. und Zusätzen Richels Kschw 960 fol. 483. Benutzt und zitiert bei H.-D. MÜLLER S. 46, S. 47 Anm. 89), Kurköln möge das Schreiben allen Bedenken zum Trotz ausfertigen und nach Frankreich weiterleiten, damit die französische Interposition endlich in Gang komme, weil der für den Beginn des Mühlhausener Konvents angesetzte Termin nahe, schließlich auch, weil Kurmainz und Kurtrier eine Rücksendung nicht wohl aufnehmen würden.
3 Die Rede ist zweifellos von dem namentlich nicht bekannten Kölner Gesandten, der via Lüttich reiste (WIJNHOVEN III Nr. 2385) und am Morgen des 9. Dezember in Château-Thierry, wo sich der französische Hof damals aufhielt, eintraf (H. WEBER S. 122). – Die Mission des Kölner Gesandten war der Auslöser für eine Neuorientierung der französischen Politik gegenüber der Liga, indem Frankreich auf das Hilfs- und Schutzbedürfnis der Liga gegenüber Schweden fortan nicht mehr nur mit der Vermittlung von Neutralität, sondern auch mit dem Angebot französischer Protektion, verbunden mit der Forderung nach Aufnahme französischer Garnisonen, reagierte. Vgl. dazu H. WEBER S. 109 ff., vor

melter Ihrer Kgl. Wrd. deren seithero ferrers erfolgter Schwedischenn progressuum zue berichten, und obwoll Ihre Ksl. Mt. so woll alß auch wir die catholische churfürsten denn nacher Mülhausen veranlasten friedenßtractat beliebt, daß wir doch nicht sehen konnten, wie derselbe seinenn fortgang zue erreichen, weniger waß für ein effectus darauß zu verhoffen, wann in erwartung deßenn ein catholischer standt vor und der ander nach (wie bereitz guetenn theilß beschehen und der konig in Schweden sambt seinen adhaerentenn annoch stark im werk begriffen ist) uberzogen und herunder bragt werdenn solten, undt weilenn darab gnugsamb erscheine, daß die gegentheilenn alstan mit denn catholischen in einige billiche wegh zue tractirn garn nit, sondern mehrerß dennselben ihres gefallens leges zue praescribirn gesinnet und demnegst eine hohe nohturft seie, wann anderst Ihre Kgl. Wrd. die catholische religion in Teutschlanndt conservirt und erhaltenn sehenn wolten, daß dieselbe in aller muglichster eihl ihre authoritet dahin interponirn, damit beederseits die arma gestolt[4] und der könig in Schweden, vonn fernerem feiandtlichen verfahren abzulaßen, vermogt werdenn müge. Und weilenn wir herauf durch unseren äigenenn abgefertigten einer antwort gewertig, so solle E. L. selbige, alßbalt unß selbige zuekommenn wirt, auch unverhalten pleiben." – Bonn, 4. Dezember 1631.

Ausf., präs. 10. Dez., StAWü G 12421 fol. 248–249. Benutzt und zitiert bei H.-D. Müller S. 46, S. 47 Anm. 86 und 90.

---

allem S. 122 ff. sowie die Ergänzung bei Stein S. 111 f. Für die französische Resolution für den Kölner Gesandten, für die Verrichtung des französischen Gesandten Bruslon bei Kurtrier in Sachen Ersuchen Kurtriers um französische Protektion und für die Annahme französischer Hilfe durch Kurtrier Ende Dezember 1631 ist zu verweisen auf Leman S. 64 f., H. Weber S. 128 ff., 137 ff., auf die ebenda S. 128 f. benutzten, jetzt gedruckt vorliegenden Relationen des päpstlichen Nuntius *Carafa* an Barberini vom 19. Dezember 1631 und vom 2. Januar 1632 (Wijnhoven III Nr. 2391 und 2406) sowie auf unten Nr. 479a und Nr. 499 mit Anm. 2 und 3. Die Relation *Carafas* vom 19. Dezember enthält Mitteilungen des namentlich nicht bekannten Kölner Gesandten und Fenffs (vgl. zu diesem oben Nr. 431 mit Anm. 8), die auf ihrer Rückreise von Château-Thierry nach Köln in Lüttich mit Carafa zusammengetroffen waren.
4 Vgl. dazu Grimm X/2.2 Sp. 2235 s. v. stellen I D 5 (etwas zum Stehen bringen). – Die Notwendigkeit eines Waffenstillstands im Vorfeld der Friedensverhandlungen betonte *Kurköln* auch in einem Schreiben an Richelieu, Brühl, 3. Dez. 1631 (Ausf. AE CP Cologne 1 fol. 29. Ben. bei Leman S. 61 Anm. 3, H. Weber S. 128), das wohl der in dem oben Nr. 469 gedruckten Schreiben weiter oben erwähnte Kölner Gesandte überbrachte: „Et perche credo, che senza una sospensione d'armi non si arriverà ad alcun trattato di pace, desiderarei, che per mezzo dell'autorità sua facesse condescendere il re di Suetia et suoi partigiani a detta sospensione quantoprima." – Vgl. auch schon *Kurköln* an Landgraf Georg von Hessen-Darmstadt, Schloss Brühl, 2. Dez. 1631 (Ausf. mit eigenh. Nachschrift HStAD E 1 C Nr. 8/1 fol. 363–364; Kopien Kschw 960 fol. 532–533, Akten 281 fol. 74–75. Ben. bei Frohnweiler 43): Weist auf die den geistlichen Kurfürsten von Schweden drohende Gefahr hin und bittet den Landgrafen, „auf den wegen der Mulhausischen resumption löblich gemachten anfang sich ferners ahn gehörigen orten zu interponieren, damit immittelst und biß zu verhoffter glücklicher volendung deß vorhabenden fridentractats oder ie einer darzue bestimbter gewißer zeit dergleichen hostiliteten ins gemein oder ie gegen die gäistliche churfürsten eingestelt pliben und man also ungefahrt deren von E. L. vorgeschlagener friedtlicher underhandlung abwarten möge, wie ich dann auch nit zweiflen wolle, E. L. werden die mittel wol zu finden wißen, daß ich und meine landen ietziger zeit außer gefahr gestelt werden möchten."

## 470: Neutralitätsverhandlungen in München

Dezember 4–31

### 470 A. Instruktionen und Vollmachten für den französischen Unterhändler Charnacé[1]

Die Hauptinstruktion des *Königs von Frankreich* für Charnacé, der mit Maximilian in München und anschließend mit dem König von Schweden u. a. über ein Neutralitätsabkommen der Liga mit Schweden und seinen Verbündeten verhandeln sollte, ist datiert: Château-Thierry, 27. Okt. 1631 (teils korrigierte Reinschr., teils Konz. AE CP Allemagne 7 fol. 512–521; Reinschr. ebenda fol. 522–529; Kop. AE CP Allemagne 8 fol. 89–100; alle drei Exemplare in franz. Sprache). Für sie ist zu verweisen auf Mémoires du Cardinal de Richelieu VI S. 566; Avenel IV S. 208; Vigier S. 460; Fagniez I S. 580 ff.; Leman S. 52 f.; Lemée S. 83 ff., 232 ff. (Auszüge); Albrecht, Ausw. Politik S. 322 ff.; H. Weber S. 115 f.; H.-D. Müller S. 46, S. 47 Anm. 92; Albrecht, Maximilian S. 801 f. – Überliefert sind Beglaubigungsschreiben des *Königs von Frankreich* für Charnacé an Maximilian, Château-Thierry, 15. Okt. 1631 (zu korrigierende Ausf., franz. Sprache, AE CP Bavière 1 fol. 152. Zitiert bei Avenel VII S. 993, ben. bei Leman S. 52 Anm. 4), an Kurköln, Château-Thierry, 27. Okt. 1631 (zu korrigierende Ausf., franz. Sprache, AE CP Cologne 1 fol 24. Zitiert bei Avenel VII S. 993), an Kurmainz, Château-Thierry, 27. Okt. 1631 (zu korrigierende Ausf., franz. Sprache, AE CP Mayence 1 fol. 16), an den Bischof von Würzburg (oben Nr. 458a Anm. 2).

Zu der eingangs zitierten Hauptinstruktion gehören folgende bei den französischen Akten überlieferte, aus Château-Thierry, 27. Okt. 1631, datierte Vollmachten des *Königs von Frankreich* für Charnacé: eine allgemeine Vollmacht für die Verhandlungen mit der Liga (zu korrigierende Ausf., franz. Sprache, AE CP Allemagne 7 fol. 533), je eine Spezialvollmacht für die Verhandlungen mit dem König von Schweden und den protestantischen Reichsständen (Reinschr. mit Korr., franz. Sprache, ebenda fol. 532. Zitiert bei Avenel IV S. 208) sowie mit der Liga (zu korrigierende Ausf., franz. Sprache, AE CP Allemagne 7 fol. 534). Letztere autorisierte den Gesandten, dem Herzog von Bayern und den anderen Ligafürsten bindend zu versichern, „qu'en cas qu'ayans accepté ladicte neutralité ilz viennent à estre inquietéz, poursuivis et attaquéz soit en leurs personnes ou dans les estatz qu'ilz possèdent à présent et en chose qui regarde l'exercise de la religion catholique, apostolique et Romaine en iceux par le Roy de Suède, l'eslecteur de Saxe, ou autres protestans qui suivent leur party, ou par leurs armes et moyens directement, ou indirectement, ou mesmes qu'ilz fussent recherchéz, trobléz et assailiz par l'Empereur ou par ses armes soubz son nom, ou autres princes sans nul exception en quelque manière que se soit que nous les assisterons de tel nombre de troupes, tant de pied que de cheval dont il sera par tous convenu avec eux en nostre nom", sofern auch der Herzog von Bayern und die übrigen Ligafürsten sich zur Hilfeleistung für Frankreich gegen den König von Schweden, die protestantischen Fürsten, den Kaiser und das Haus Österreich verpflichteten.

---

[1] Laut Lemée S. 88 war Charnacé am 17. November vom französischen Hof, der sich damals in Château-Thierry aufhielt, aufgebrochen und über Metz, Straßburg, Ulm und Augsburg nach München gereist, wo er am 3. Dezember eintraf. – Ein *Journal Charnacés* für die Zeit seines Aufenthalts in München vom 3. bis zum 28. Dezember 1631 ist überliefert in AE CP Suède 2 fol. 120'–122, in Auszügen abschriftlich bei Lemée S. 199–203. Die Angaben bei Albrecht, Ausw. Politik S. 326 Anm. 68, Albrecht, Maximilian S. 802 Anm. 103 hinsichtlich der Fundorte des in Rede stehenden Journals (AE CP Allemagne 8 bzw. Allemagne 7) sind unzutreffend. In AE CP Allemagne 8 fol. 124–127 und öfter findet sich das *Journal Charnacés* für die Zeit vom 29. Dezember 1631 bis zum 18. Dezember 1632; insofern ist auch H. Weber S. 115 Anm. 23 zu korrigieren.

Ein Zusatz zu der eingangs zitierten Hauptinstruktion, Château-Thierry, 28. Okt. 1631 (Reinschr., franz. Sprache, AE CP Allemagne 7 fol. 535. Zitiert bei H.-D. MÜLLER S. 47 Anm. 92), präzisiert u. a. die Hilfszusage für die Liga, indem er Charnacé u. a. bevollmächtigte, den Ligamitgliedern zu versprechen, „qu'en cas comme dit est qu'ayans accepté ladicte neutralité ilz soient attaquéz de les secourir et assister jusques au nombre de quinze mil hommes de pied et deux mil chevaux, en ce compris les neuf mil hommes de pied et deux mil chevaux promis par Sa Majesté au duc de Bavière par le traitté d'union defensive fait le <8>^me de May² dernier." – Eine einschlägige Vollmacht des *Königs von Frankreich*, Château-Thierry, 28. Okt. 1631, autorisierte Charnacé zu entsprechenden Verhandlungen mit den Ligamitgliedern und zu deren Aufnahme „au traitté d'union defensive" des Königs mit Bayern (Reinschr., franz. Sprache, mit dem Vermerk: „Pouvoir donné à monsieur de Charnacé pour traitter avec les Princes de la ligue catholique en Allemagne", AE CP Allemagne 7 fol. 536. Zitiert bei AVENEL IV S. 208).

Eine weitere Instruktion des *Königs von Frankreich* für Charnacé ist datiert: Château-Thierry, 7. Nov. 1631 (Ausf., franz. Sprache, AE CP Allemagne 7 fol. 552–554; Konz., mit dem Vermerk: „Conclusion prise au conseil le 31. Octobre et 2. Novembre sur l'alliance que M. de Charnassé doit faire avec la ligue catholique", AE CP Bavière 1 fol. 285–288; Kop., s. d., mit dem Vermerk „Forme de traité <envoyé> à M. de Charnassé [...] le 4. [!] Novembre 1631, pour faire alliance avec Mrs. de la ligue catholique" [...], ebenda fol. 282–283. Druck einer deutschen Version bei KHEVENHILLER XI Sp. 2040–2043. Zitiert und benutzt bei AVENEL IV S. 208; FAGNIEZ I S. 582; VIGIER S. 460; ALBRECHT, Ausw. Politik S. 322, 324 ff.; H. WEBER S. 115, 116 f., H.-D. MÜLLER S. 47 Anm. 92). Sie enthält für den Fall, dass ein Neutralitätsabkommen an Schweden und den Protestanten scheiterte („Si le duc de Bavière et la ligue catholique acceptent la neutralité, et quand Suède et les protestans la refusent, ou qu'après l'avoir promise, ilz viennent à la rompre" usw., so der Eingang des ersten Projektes), drei Projekte eines Verteidigungsbündnisses der Liga mit Frankreich zwecks gegenseitiger Hilfeleistung.

Die vorstehend zitierte Instruktion vom 7. November sowie die beiden weiter oben zitierten Spezialvollmachten vom 27. Oktober wurden Anfang Dezember in Breisach bei Miré beschlagnahmt und Charnacé erst am 18. Dezember zugestellt.³

---

**2** Datum der Ausfertigung des bayerisch-französischen Bündnisvertrages durch Maximilian und Jocher in München (oben Nr. 208 Anm. 1).
**3** Vgl. dazu unten Nr. 470 D 2 mit Anm. 3, 4 und 5.

## 470 B. Innerbayerische Konsultationen

### 470 B 1. Journal Richels

Dezember 4

Konsultationen des bayerischen Geheimen Rates nach der Ankunft Charnacés – Wachsende militärische Bedrohung Bayerns – Verständigung mit dem Kaiser über die Fortsetzung des Krieges oder Neutralitätsverhandlungen mit Schweden unter Vermittlung Frankreichs – Notwendigkeit des Friedens – Waffenstillstand

„Den 4. Decembris bei Dr. Jocher geheimer rath gehalten.

*Gf. von Wolckhenstein* proponit:
Ihr Kfl. Dt. verspieren die gefahr ie lenger, ie mehr und neher ihren landen. Gefahr in Prag. Schlamerstorff aus Voitland. Saxen Weimar gegen Bamberg. Schweden hernach ruckhen. Confusio bei unser armada groß. Sich darauff nit zu verlassen.
Ihr Dt. konden lenger nit zusehen, müessten resolution nemen. Mit Gallo neutralitet schliessen oder mit Kaiser sich vergleichen. Waß zu thun, ob die mitl vorhanden etc.
Ihr Dt. bedenkhlich, vor diser communication mit dem Kaiser sich mit Schweden und Gallo in neutralitet einzulassen. Zeig Kaiser keine andere mitl, werd er Ihr Dt. nit verdenkhen, dz sie andere mitl ergreiffen. Auf convent zu Inglstat kein gross rechnung zu machen. Die andere bundtstend ruinieret. Stehe auff dem Kaiser und Ihr Dt.
Vorschlag: Handbriefle an Kaiser, diss alleß zu bedenken. Trautmanstorff nacher Inglstat abordnen. Dz volkh sei verhanden, stehe an der ordnung, underhalt und vergleich, wie dem unheil abzuhelfen. Tilli in der nehe, kond darzu gezogen werden. Kaiserische officier deßgleichen. Convent zu Inglstat werd so eilends nit vortgehen, ex causis. Kurz[1] werd nechstes kommen. Doch begehren Ihr Dt. der geheimen guettachten.
*Umbfrag*
*Dr. Jocher:*
Verstehe es nit, sehe nit hinaus. Woll lieber andere hören.
Quaestio, ob mit Schweden neutralitet halber zu handln oder Kaiser zu schreiben. Seind utrimque difficulteten. Charnasse sei komen.[2] Hab allen gewaldt. Contento zu geben. Si[3] <...> ingrediatur quoad neutralitatem, suspensionem armorum, et pacem. Charnasse so lang nit wahrten. Interim sachen sich verlauffen. Vermeinen Ihr Dt., dz sie und Kaiser bastant, testa zu machen, sei eß richtig. Kaiserische werden alleß ver<sprechen>, ob sich aber darauf zu verlassen, stehe an. Sehe menschliche mitl nit, die sachen hinauszubringen. Kaiser kondts via armorum nit hinaußbringen. Sei kein fundament auff sein armada zu machen.

---

1 Maximilian Kurz, der sich Ende November/Anfang Dezember in Wien aufhielt (oben Nr. 454 A–454 C) und am 2. Dezember vom Kaiser abgefertigt wurde (oben Nr. 454 Anm. 1).
2 Am 3. Dezember (oben Nr. 470 A Anm. 1).
3 Die folgende durch spitze Klammern markierte Lücke enthält eine Abkürzung, die nicht entziffert und nicht aufgelöst werden konnte.

Consilia pacis seind zu ergreiffen. Mit bestand darauf zu gehen. Per quaecumque media.
Dem Kaiser zu schreiben oder durch gesandten zu sagen, Ihr Dt. konden weiter nit gevolgen. Konden die sachen mit waffen nit hinaußbringen. Ohne Kaiser nit wol darzu zu gelangen. Dz Ihr Dt. allein thun, die verantwortung schwer. Alii culpam Ihr Dt. geben. Man hab occasion, mit dem Franzosischen gesandten anzubinden. Andere consilia zu ergreiffen, werd Gallum offendieren. Caesari scribendum, daß Gallus sich woll interponieren. Gesandt sei da. Ob Kaiser leiden mög, dz durch ihne mit Schweden tractirt werde.
Dem Charnasse zuzumutten, dz er zum Schweden ziehe, sein intention zu vernemen.
*Wolckhenstein:*
Die materi sei schwehr. Summa rei daran gelegen. Dr. Jochers bedenkhen sind erheblich. Wahr, dz auff die Kaiserische mitl sich nit so gar zu verlassen. Dem Kaiser möcht zu verstehn zu geben sein, wie er [Wolkenstein] oben referirt. Die mitl manglen. Zu bedenkhen geben, waß zu thun. Convent zu Mülhausen ungewiss. Ob derwegen nit durch Gallum zu versuchen. Interim auf andere mitl zu gedenken. In eventum, da Schwed den friden nit wolle. Gallus hab ein ander ziel, beger friden deß Kaisers nit. Werd nit befürdern, sonder gehn auf neutralitet. Die nit verantwortlich. Austriaci möchten allein noch mitl haben. Haben <wir> solche nit, und bekennen selbst, werdts Ihr Dt. desdo besser sein, mit Schwed durch Gallum zu handeln. Kond nit darzu rathen, sich vom Kaiser zu separiren. Iuramentum stehe am weg. Distinctio[4] <...> gelt nit. Vermein, dz schreiben an Kaiser zu verfassen ut supra.
Den Kurzen[5] zu erwarten. Galli interposition[6] <...>. Interim gefasst sein. Media pacis tentieren etc. Arma in handen behalten. Legatus kond interim zum Schweden, suspensionem armorum zu handlen.
*Dr. Jocher:*
Declarat sein votum: Sein meinung nit gewesen, sich vom Kaiser zu separieren und ausser acht zu lassen. Aber auf Ihr Mt. mitl sich auch nit zu verlassen.
*Graf [Wolkenstein]:*
Vermeint zu begeren, dz Kaiser iemand herauf schickh. Die mitl von ihm zu vernemen, wie auß den sachen zu kommen und armada in andere ordnung zu bringen. Zu Wien kond diß nit so füeglich geschehen, wan schon einer hinab geschickht werde. Convent zu Inglstat an der hand. Alda mit den stenden zu communicieren.
*Dr. Jocher:*
Legati Gallici werden die Kaiserischen nit gern sehen.[7] ***
*Dr. Peringer:*

---

4 Die folgende durch spitze Klammern markierte Lücke enthält ein Wort, das nicht entziffert werden konnte.
5 Wie oben Anm. 1.
6 Wie oben Anm. 4.
7 In die folgende Lücke im Text wollte Richel möglicherweise sein eigenes Votum nachtragen.

Seind bedenkhen contra neutralitatem. Entgegen, wan man dem Kaiser alleß sagt, pericula etc. Sich auf seine media nit zu verlassen. Dz vorhero sich in acht nemen, nit zu verdenkhen. Iuramentum stehe nit [!] am weg. Dem Kaiser schreiben. Occasio mit dem Charnassee nit zu underlassen. Ob iemand zu schickhen oder zu begehren, dz Kaiser herauf schickhe. Besser dieses.

*Oberstcanzler [Donnersberg]:*
1. Die consultatio schwer,
2. Aber not zwings.
3. Dem Kaiser die gefahr zu remonstrieren ut supra,
4. Ihr Kfl. Dt. unvermögen auch.
5. Per arma nit aus den sachen zu kommen, sondern güette. Kaiser gehe selbst dahin. Convent zu Milhausen ihme gefallen lassen. Gehe aber langsamb her. Interim fahr Schwed vort. Ihr Dt. den tractat befürdern wollen.
6. Zum Schweden Galli legaten ziehen lassen, Suecum zu disponieren ad pacem et suspensionem [armorum].
7. Interim arma zu continuieren. Wir möchten Kaisers meinung gern vernemen, wie es angreiffen und[8] <...> zu remedieren.
8. Zu begehren, iemand herauf zu ordnen."[9]

Geheimer Rat 194/9 Rückseite des auf S. 100 folgenden Blattes, fol. 101–105, und S. 106. Ben. bei BIRELEY, Maximilian S. 170; KAISER, Politik S. 492.

---

8 Wie oben Anm. 4.
9 Das am 4. Dezember von Maximilian via Wolkenstein vorgeschlagene und im Geheimen Rat befürwortete Schreiben an den Kaiser wurde dann doch nicht realisiert. Vgl. dazu *Journal Richels*, 7. Dez. 1631 (Geheimer Rat 194/9 S. 115–116 und folgende Seite): „*Ego [Richel]* proposui: 1. Ob dz schreiben an Kaiser soll vortgehn. [...] *Dr. Jocher:* Ad 1. Dz schreiben einzustellen, biß man siht, wa die tractaten hinaus. [...] *Ego [Richel]:* In omnibus wie Dr. Jocher. *Dr. Peringer:* Ad 1. Vom Kaiser nichts gewißlich zu hoffen. Interim cum legato tractieren. Schreiben einhalten.[...] *Oberstcanzler [Donnersberg]:* Ad 1. Dz schreiben einzustellen."

## 470 B 2. Journal Richels

Dezember 8

Konsultationen bayerischer Räte nach der Proposition Charnacés – Notwendigkeit der Befragung Tillys – Gründe gegen und für die Neutralität – Frieden und Neutralität – Frieden als Alternative zur Neutralität – Frage der Unterrichtung des Kaisers – Verhandlungen mit den französischen Gesandten bis zum Erhalt von Tillys Gutachten – Bayerische Neutralitätsbedingungen – Waffenstillstand

„Den 8. Decembris bei h. Dr. Jocher deß Franzosischen gesandten[1] halber.
  Umbfrag
  Dr. Jocher:
In allem besser vortzukomen, wann Tilli vor gehört. Ob er trau, den Schweden zuruckhzuhalten, die catholischen land zu defendieren.
Auf alle beede weg sei periculum etc., man gehe die neutralitet ein oder nit. Si non, alii catholici zugrund gehn. Uber uns clagen. <Wa> sic, werd Kaiser zugrund gehn. [...] Kaiser nit zu verlassen. Neutralitet odios. Wan Kaiser zugrund gangen, wir die nechsten. Iuramentum am weg, obligationes auch. Alle schuld auff unß. Neutralitas schwehr wegen deß haus Osterreich.
Galli allianzen. Sei schuldig, unß zu defendieren.
<Econtra> zu bedenkhen. Schwed per <aperta ruptura> werd einfallen. Jammer und not im land wie zu Wirzburg. Schreckhen in disem land iungsten groß gewesen. Dz land bloß. Dise iezige <offerta> nit mer haben khan. Werden amissa nit mer recuperieren. [...] Besser, iez zu nemen, dz gewisser. Per arma werden wir villeicht dz nit mer bekommen. Auff den Kaiser respect billich vor all andern zu haben, aber propria salvatio gehet vor. Werden wir unß selbst consumieren. Die forcht underm volkh groß. Tilli kond die schlacht nochmalß verliehren. Hat den Schweden mit 50.000 mann nit angreiffen derfen. Schwed damalß ein schreckhen gewesen. Was iez zu hoffen, da der Schwed sterkher, Tilli vil schwecher. Große unordnung under unserm volkh. Nit wol zu remedieren. Continuatio belli vor für unmüglich gehalten. Iez mehr, weil fast alle catholische verderbt. Auf den Milhausischen convent sich nit verlassen, der ser ungewißß, sonderlich wan Schwed <votum> führet. Menz, Trier und andere von land und leithen veriagt.
Dz best, auff den allgemeinen friden zu gehn neben der neutralitet. Gallus werd mehr darzu helfen. Sonst nit, wan wir alleß auf die spiz sezen. Schwed hab bißher Beyrn verschont. Werdts nit mer thun, sonder dz haupt angreiffen. Hab die mitl von andern catholischen, die er vor schon angriffen. Schwed werd sich durch Franckhreich nit abhalten [lassen]. Solang Beyrn sein feind, werd er wollen vorkommen. Andere catholische werden sich beclagen, dz wir ihr restitution gehindert. Fridland, konig [von Ungarn] werden in Beheim zu thun haben. Interim Schwed Beyrn angreiffen. Kaisers sachen ubel beschaffen, land auffriehrisch. [...] Kein bestand uff Kaisers

---

[1] Dieser hatte dem Kurfürsten am 5. Dezember mündlich Vortrag gehalten und am 7. des Monats eine schriftliche Proposition übergeben; vgl. dazu unten Nr. 470 C 1, ebenda Anm. 1.

verfassung. Spanische hilf zu spat. Fridtlandts gelt bald hin. Unser volkh schlecht, nit beisammen etc. Schwed werd verhindern, dz es nit zusamen kond. Jez kein mitl, den Schwed zuruckzuhalten. Staden werden auch anziehen, sobald Spanier helfen. Schwed allenthalben thür und thor offen. Acceptier man dise offerta, kond man die religion salvieren. Gallus darauff gehn, propter foedus. Sonsten alleß in gefahr. [...] Ungewißß, ob man den Schweden werd wieder hinaußbringen. Fridlandts generalat voller gefahr. Wehr gutt zu warten, wan nur Schwed wartete. Wan sich hie die sachen zerschlagen, werden wir bald den Schweden im land haben.

Dem Kaiser werd onus aufwachsen <wehr>. Aber etwan zu praecavieren. Iuramentum zu observieren in terminis habilibus. Aber nit, wan <unsereiner> mit dem Kaiser zugrund gehen müesste. <Salus a seipso>. Necessitas excusier unß. Kaiser hab diss argumentum braucht. In tractatis zu sehen, damit nit alle gefahr auf den Kaiser komm. Galli intention nit, Kaiser von land und leithen zu treiben. Habß oft assecuriert. Begehr nit, dz Beyrn mit Ostereich rumpier.

Pax universalis besser. Zu befürdern. Wan Schwed zu groß, werden Galli mehr gefahr von ihm alß Spanien haben propter religionem. Austilgung deß haus Ostereich nit billich. Werd Gallo solch unheil <causieren>.

NB Ob nit dem Kaiser zu communicieren deß gesandten ankonft? Wan man schliessen müess, dem Kaiser die nottringliche ursachen zu entdecken. Rem factam zu communicieren. Kaiser zu erinnern, soll dergleichen mitl auch brauchen. Kaiser und Spanien haben bei Schweden und Saxen anbunden ohne unser vorwissen. Man müess frieden haben, wie man kond.

In effectum vermain: Wan man die mitl hab, sich zu defendieren, neutralitet außzuschlagen. Wa nit, anzunemen.

Schwer, mit dem gesandten interim zu handlen, biß man hört, waß Tilli gesinnet. Allein difficulteten <movieren>.

*Wolkhenstein:*

Hab rationes pro et contra vernommen. Befind, <pax> sei wichtig. Woll nachdenkhen. Könn sein endtliche meinung iez nit eröffnen. Tilli vor zu hören.

Woll allein sagen, waß interim mit den legatis zu handlen:

1. Weil sie vermainen, neutralitatem esse medium, religionem zu conservieren et dominatum Austriacum zu hindern, in dem sei man mit ihnen einig. Ob neutralitas der weg, stehe Ihr Dt. an. [...] Universalfriden ein besser mitel. Neutralitas religioni periculosa. Kaiser kond so vilen feinden nit resistieren. Religion werd verloren sein in den erblanden. Exemplum Sueci in iezigen occupierten landen. Gallus werdts nit zugeben als Rex Christianissimus.

2. Neutralitas den catholischen gefehrlich. Wan Schwed Beheim cum <incorporatis> occupier, werd zu mechtig sein. Polen leicht haben kond und andere. Protestirende an der hand. Beyrn werd in gefahr sein. Mit Ostereich umgeben. Gallus werd nit konden helfen und Schweden hindern.

3. Facta neutralitate werd Schwed et protestantes oberhand erhalten oder nit. In primo casu obbedeite gefahr zu besorgen. In secundo werd domus Austriaca noch grosser

werden. Dominatum erst einfiehren, catholische selbst undertruckhen. Gallus werd, sie zu moderieren, zu schwach sein. Daher universalfriden sicherer und besser.

4. Rationes zu <complectieren>, so Dr. Peringer verfaßt².

5. Die assicuration zu thun, dz man nit gestatten wölle, dz Kaiser sich in frembde krieg einmische oder anfang. Dises bei den fridenstractaten zu praecavieren.

6. Tradantur Sueco etlich portus am Baltischen mer ad impediendum dominatum Austriacum. Dis besser als neutralitas.

7. Alliance mit Frankreich nemb den Kaiser aus. Neutralitas excludier den Kaiser ganz. Contra <iuramentum>, auream bullam.

Wann Galli zum generalfriden nit zu bewegen, alsdan etliche sachen bei der neutralitas vorzubringen:

Ihr Dt. müessten mit andern catholischen daraus communicieren. Charnasse hab bevelch, zu geistlichen L.L. zu reisen. Ihr Dt. müessten mit Churcöln conferieren.

Wie Ihr Dt. ratione electoratus gesichert sein kond. Contra Anglum, Palatinum, item von Saxen und Brandenburg etc. Si Suecus drein consentiert, Gallo manutentio facilior erit. Casus subiti in Gallia timendi. Caesar offensus restituat Palatinum.³ Assecuratio eo magis necessaria.

Quid cum protestantibus, mit welchen grosse streitt.

Waß man sich zu versehen conclusa neutralitate.

Interim suspensio armorum mit den reichsstenden.

An Kaiser iez nichts zu berichten. Kurz⁴ soll nacher Donawerdt⁵, si quid relevans adferat.

*Dr. Jocher:*

Erinnert difficultates neutralitatis vor und generalis pax hernach.

*Ego [Richel]:* ***

*Dr. Peringer:*

Die hauptfrag kond man iez nit resolvieren. Tilli vor zu hören. Wie deß Kaisers sachen beschaffen. Zu differieren biß dahin.

Interim mit den legatis zu handeln:

1. Difficultates neutralitatis zu eröffnen. Ihr erleuterung drüber zu vernehmen. Legatus werd so gar nit aus der ersten proposition⁶ <schreiten>.

2. Pacem universalem vorzuschlagen,

3. Tandem suspensionem armorum.

---

2 Unten Nr. 470 B 3.
3 Vgl. auch eine Relation *Lagonissas*, des päpstlichen Nuntius in Brüssel, 22. Nov. 1631 (VAN MEERBEECK Nr. 802): Der Kaiser weiß, dass die Restitution der Pfalz die Situation in Deutschland verbessern würde, und hat daher Ordensleute an den spanischen und den englischen Hof abgeordnet, um darüber zu verhandeln.
4 Wie oben Nr. 470 B 1 Anm. 1.
5 Wohin der Kurfürst am 10. Dezember zu einer Konferenz mit Tilly und anderen Militärs aufbrach (unten Nr. 490 mit Anm. 35).
6 Unten Nr. 470 C 1.

*Dr. Kütner:*
Charnasse sein proposition ubergeben. Begehr antwort auf die puncten. Ob neutralitet contra conscientiam oder ragion di stado.
Ratione Sueci. Wie man seiner versichert. Legatus schlegt diss vor. Gallus solls exequieren. Ihr Dt. dero resolution Gallo zukomen lassen. [...]
Generalfriden: Charnasse woll sich dazu nit dazu [!] verstehen. Woll man aber loco neutralitatis waß anderß vorschlagen, wollß erwharten.
Communication mit andern: Legati begehren allein Ihr Dt. erclerung. Stellen eß andern frei. [...]
*Oberstcanzler [Donnersberg]:*
Die sach schwehr. Gewisse rationes pro et contra.
Resolution im hauptwesen zu differieren. Mit Tilli zu conferieren.
Interim mit den gesandten zu handlen eo modo ut supra.
Tilli sag, waß er woll. Vermeint, diess mitl nit auß der hand zue lassen. Die ganze spesa werd Ihr Dt. aufwaxen. Den Kaiser zu <assecurieren>, wo möglich, wo nit, sich zu salvieren."

Geheimer Rat 194/9 fol. 118'–127. Ben. und zitiert bei Bireley, Maximilian S. 170; Kaiser, Politik S. 492 Anm. 167.

### 470 B 3. Abhandlung [Peringers][1]

[ad Dezember 8]

Gründe gegen die von Frankreich vorgeschlagene Neutralität zwischen Schweden und der Liga – Alternativen (Friedensverhandlungen, bayerische Neutralitätsbedingungen) – Nachteile der Neutralität – Notwendigkeit von Beratungen mit den übrigen katholischen Reichsständen – Unterrichtung des Kaisers – Friedensvermittlung Frankreichs

„Informatio contra neutralitatem a rege Galliae inter regem Sueciae et electorem Bav[arum] ac reliquos catholicos propositam
Non est dubium, quin neutralitas inter regem Sueciae, ex una, et electorem Bavariae, eiusque confoederatos catholicos Imperii Romani status, ex altera parte, a Christianissimo Rege Galliae proposita, ex eiusdemmet intentione ac mente debeat esse aequa, iusta, sine praeiudicio et damno, ut qui tam electorem quam ligam salvos vult.

---

1 Die oben Nr. 470 B 3 gedruckte Abhandlung ist anonym und undatiert. Da die Überschrift („Informatio contra neutralitatem" usw:) von der Hand Peringers stammt, handelt es sich vermutlich um die von Wolkenstein bei Gelegenheit der Konsultationen bayerischer Räte am 8. Dezember erwähnten, von Peringer verfaßten „Rationes" (oben Nr. 470 B 2 S. 1395). – In den Zusammenhang der oben Nr. 470 B 3 gedruckten Abhandlung gehört ein stichwortartiger Aufsatz mit der Überschrift *Neutralitas*, s. d. (Kanzleihand mit Korr. Jochers und Vermerken *Maximilians*, lat. Sprache, Kschw 15021/5 fol. 130–133. Ben. bei Gotthard, Fried S. 778 mit Anm. 14, S. 791 mit Anm. 71).

Rex autem Sueciae talem neutralitatem non quaerit, sed potius, ut separatis per eam ab Imperatore catholicis, tanto liberius et expeditius in illum grassari possit.
Quem si Sueciae rex subegisset, haud difficile ipsi postmodum futurum esset, reliquis quoque catholicis praevalere ac dominari:
Quinimo totum Imperium sibi subjicere,
Nec non tandem ipsam Imperii coronam extorquere.
At inquies, haec omnia minime timenda erunt, si catholici se cum Galliae rege coniungant, et confoederationem ineant, ut qui postea vi illius catholicos defensurus, et a metu eorum omnium liberaturus sit.
Sed regeri potest, verendum esse, ne rex Sueciae, et protestantium Imperii statuum, et exterorum regum ac rerum publicarum tam manifestis quam clandestinis subsidiis maxime adiutus, ita iam invaluerit, tamque altas potentiae suae radices in Imprio egerit, ut confoederationem catholicorum cum rege Galliae eiusque assistentiam amplius non curet, sed sibi ac viribus suis confidat, ea non obstante, conceptis votis suis se potituram.
Praeterea, si iam regi Sueciae neutralitas proponatur, is oblato eius tractatu non impediente, occupata in Imperio volet retinere:
Quod tamen haud dubie Christianissimi Regis Galliae intentioni adversatur,
Ut qui catholicos salvos, et sarta tecta esse cupit.
Nec volet, exactis et exautoratis Imperio Austriacis, Imperialem coronam haeretico capiti imponi.
Quae sane res indignissima, Deo invisa, et praesentissimum religionis catholicae ex Imperio funditus eradicandae, et omnium archiepiscopatuum, episcopatuum, monasterioum, bonorum ecclesiasticorum profanandi, medium, via et occasio foret.
Posset quidem hic iterum objici, regem Galliae, si id periculi imminere videat, una cum catholicis id serio aversurum.
Sed et iterum responderi potest, quod id regem Sueciae non movebit,
Ut qui, tum ob propriam et haereditariam potentiam, tum ob Prussiam ex parte occupatam, tum ob Poloniam iam spe devoratam, tum ob binum electoratum praeter alios Imperii principatus, sibi modo quasi subiugatos, tum denique ob magnum nervum ex bonis Imperii ecclesiasticis (ut quae protestantes iam dudum pro alendo Caesare destinarunt) tam acquisitum quam acquirendum, Austriacam domum potentia et viribus superabit.
Accedit, quod is omnes protestantes, regem Angliae, Hollandos, Turcam, Tartarum, Moscovitam, plerosque Poloniae proceres, socios et fautores habiturus:
Atque sic formidabilior rege Galliae, quam domus Austriaca, futurus sit.
Non intermittet quoque, utpote haereticus ipse, Hogonotas in regem concitare.
Qui sicut antehac ad 60 annos regnum Galliae mire afflixerunt.
Ita eiusmodi occasione arrepta, et a Sueco concitati, maioris mali causam praebebunt.
Ideo regis Galliae maxime interest, eo intentum esse et praecavere, ne rex Sueciae iam recensitis periculosissimis effectibus potiatur.

Fuisset sane per se, et mansisset neutralitas inter Sueciae regem et catholicos Imperii, si is se a rebus Imperii abstinuisset,
Caesarem et catholicos nil tale verentes non hostiliter invasisset,
Pacis tractatum, quo catholici et protestantes occupati erant, eoque Ratisbonam convenerant, hostilibus armis et irruptione in Imperium facta, non disturbasset,
Electoribus aliter, atque fecit, ad amicas illorum literas respondisset,[2]
Sed quia in his omnibus regi Sueciae plane alia et adversa mens fuit,
Eumque postmodum contra catholicos invasione et occupatione Erfordii ac Herbipolis, nec non gravibus illis petitis ac praetensionibus, quibus Bambergensem et Eystettensem episcopatus impetit, simul etiam Bavariae, de transplantanda in eam belli sede comminando, liquido contestatus est,
Idcirco catholicos nemo sanae mentis arguere potuit, quod defensionem contra ipsum, utpote causam eius, pararint et arripuerint.
Si alia ipsi mens erga catholicos fuisset, quam facta haec demonstrant, potuisset sane ac debuisset post pugnam ac cladem Lipsiacam contra eos subsistere, ut qui irruptionem in Saxoniam noluerunt: quo tamen non obstante nihilominus contra ipsos processit.
Ex his omnibus patet, quod si Rex Christianissimus de iis fuisset informatus, vel neutralitatem hanc omnino non, vel saltem longe aliis conditionibus proposuisset.
Sane ante omnia regi Sueciae congrueret, ea catholicis restituere, quae illis hostiliter eripuit.
Interim catholici inique non faciut, imo obligantur, se defendere, et sua sibi erepta repetere.
Aliter comparata neutralitas iniustissima foret.
Deinde, ut iam supra dictum est, neutralitatem oportet esse candidam, et in neutrius partis, ut quam neutralitas aeque respicere debet, perniciem directa,
At vero neutralitas haec ita qualificata eo tenderet, ut Caesar plane cadat.
Id autem esset iniustum,
Catholicorum electorum et principum iuramento, quo Caesari et Imperio obligati sunt, adversum,

---

[2] Gemeint sein dürften die Schreiben des *Kurkollegs* an den König von Schweden, Regensburg, 13. Aug. 1630 (LONDORP IV S. 78, KHEVENHILLER XI Sp. 1160–1163), sowie des *Königs von Schweden* an das Kurkolleg, Stralsund, 13./23. Sept. 1630, präs. Regensburg, 9./19. Okt. 1630 (THEATRUM EUROPAEUM II S. 254–256, 256–258, LONDORP IV S. 85–87, KHEVENHILLER XI Sp. 1173–1180). – Das zitierte Schreiben des *Königs von Schweden* kam auch bei Gelegenheit der Konferenz der bayerischen Räte mit den französischen Gesandten am 10. Dezember zur Sprache. In der einschlägigen *Niederschrift Richels* vom 10. Dezember (unten Nr. 470 C 2 Anm. 1) heißt es dazu: Die Franzosen erklärten, „Suecum non intendisse offendere catholicos. Objicitur [von seiten der Bayern] quid Suecus scripserit ad electores. Illi [die Franzosen] dicunt scripsisse, sed non intulisse bellum aut denunciasse, antequam fuerit a Tillio offensus."

Ipsiusmet regis Galliae intentioni, et secretae cum electore Bavariae initae amicitiae contrarium et derogans, ut qui in tractatu eius saepius professus est, se minime cupere, ut elector Bavariae, contrarium se Caesari praebeat, eumque deserat.
Esset porro etiam res mali exempli,
Et quae non tantum aliis, sed et ipsi regi Galliae contingere posset.
Nam sie Caesar plane supprimeretur, tanto magis rex Sueciae cresceret, et absolutus foret, atque omnem aliam potentiam facile contemneret.
Igitur Austriaca domus non supprimenda, sed tantum cohibenda.
Cohibebitur autem, si pacis consilia praevaleant et maturentur.
Tempore enim pacis manus Caesari ex legibus Imperii fundamentalibus et maxime iuratis ab eo capitulationibus sunt ligatae,
Ideoque omnibus modis et ante omnia pax quaerenda et promovenda, ut per eam res Imperii ad quietum statum reducantur, libertas principum Germanorum reviviscat, et suspectus regi Galliae, Hispani et Austriae domus monarchicus ac haereditarius dominatus avertatur.
In confesso est, quod Caesar hucusque catholicos et causam eorum pro virili defenderit, atque ideo vel ob hoc solum, si alii eorum respectus et obligationes erga Caesarem non essent, male agerent, se eum desererent,
Qua re tamen non eo collimant, ut is postmodum libertati Germanicae tanto magis nocere, et dominatum absolutum introducere possit,
Sed ut rebus Imperii in optatam tranquillitatem reductis, omnia debito modo subsistant, et aequa lance gubernentur.
Ex his consequitur, neutralitatem aequam fore, si ante omnia rex Sueciae catholicis oblata restituat,
Si assumpta contra Imperium et catholicos arma deponat,
Et ex Imperio recedat.
Cumque ex propria confessione nihil juris in Imperium praetendat, sed tantum amicorum et consanguineorum suorum salutem et defensionem praetexat, et per hoc hostilia arma sua in Imperium invecta, et progressus hactenus contra catholicos gestos coloret,
Ideo rex Galliae optime faciet, et de re catholica bene merebitur, si promoveat,
Ut non solum catholici cum protestantibus quam primum conveniant (quod quidem per se iam in fieri est) sed etiam pacem concludant.
Qua conclusa, neutralitate et operoso eius tractatu, amplius opus non erit.
Et qui erunt effectus neutralitatis, si eam concludi concedamus?
An non miles ligae catholicae futurus est ociosus [!]?
An non magnae et importabiles in militem erogandae expensae continuandae? nec enim volet rex Galliae, ut catholica liga se disarmet,
Et quousque tandem ac quamdiu ligae possibile erit, pondus hoc suffere?
Tandem ergo aliquando ad pacis palmam deveniendum, et Imperium ex eiusmodi turbis eruendum est,

Idque quo citius eo melius, ut tandem finis malorum esse, et tanta sanguinis christiani effusio sisti ac cessare possit.
Ad haec considerandum est, neutralitatem multas habere circumstantias,
Cum enim non in sola potestate electoris Bavariae sit, eam et tractare, et concludere, ideo oporteret ipsum hac de re inter caetera prius etiam cum reliquis catholicis tam electoribus quam aliis principibus conferre,
Illi autem scire volent, an rex Sueciae incepta hostilitate progredi, aut ab ea desistere, et erepta restituere velit,
Quin et Caesar prius dextre super neutralitate hac instruendus, et ut eam vel approbet, vel saltem non improbet, inducendus esset, ne alias novae confusiones et querelae oriantur.
Quam rex Galliae semper voluit, et adhuc vult illaesam custodire, nec rumpi,
Quod tamen fieret, si elector Bavariae se a Caesare inconsulto, et inscio, separaret.
Si vero Caesar rem hanc intelliget, sperandum est, mitiora tum consilia sequutura.
Sicque primo et principaliter mens Sueciae regis intelligenda est.
Ceterum, catholici forte quidem ab aequa neutralitate non erunt alieni, sed cum eius exigua spes affulgeat,
Ideo potius consentient, ut pax tractetur,
Et ad eius promotionem rex Galliae se cum zelo interponat, quo quidem is in proximis suis ad electorem Bavariae datis literis per sese respicit.
In cuius interpositione tanto maior collocanda est spes ac fiducia,
Quanto minus de eius in catholicam religionem fervore, eiusque defendendae desiderio dubitatur,
Et quanto maiore apud illos, quos negotium pacis utrinque concernit, authoritate pollet.
Si rex Sueciae serio neutralitatem cupiat, et secundum iam dicta, quae catholicis eripuit, restituat, Imperiique finibus iterum excedat, tunc statim et sine alia mora ad pacis tractatum procedi potest,
Et tunc exinde tam diu iam desideratam Imperii tranquillitatem, et ea, quae Christianissimus Rex Galliae intendit, certo secutura plane sperandum est.
Qui felix rei eventus, cum tali casu post Deum nemini nisi Galliae rex asscribi possit, immortale sane nomen apud omnem posteritatem sibi ex hoc comparabit."

Reinschr. von Kanzleihand, Überschrift von der Hand Peringers, Kschw 15021/5 fol. 137–143. Ben. bei Gotthard, Fried S. 743, ebenda Anm. 57, S. 790 f., S. 841 Anm. 268.

## 470 B 4. Aufzeichnungen Maximilians zur Neutralität[1]

[Dezember vor 10]

Einschluß der Liga in die Neutralität zwischen Bayern und Schweden – Frage nach der Priorität der Neutralität oder der Verpflichtung Maximilians gegenüber der Liga – Pfalzfrage – Frage nach dem Zwang zur Neutralität – Postverbindung nach Köln und Mainz

„Die neutralitet khan nit statthaben, wan nit zugleich die liga mitbegriffen. Dann wann ich Schweden nit darf offendiern, so darf ich wider ihne khein bundtstand defendiern, oder thue ichs, so brich ich die neutralitet.

Ist die frag, wan ain bundtstand nit darein will, ob ich von seinetwegen die neutralitet underlaßen, mich in ruin stürzen mieße.

Ist weiter die frag, wan ainer oder mehr nit darein wollen, ob ich den bundt oder wenigst dz obristenambt, so mich zur ruptur der neutralitet obligiert, nit renunciern und aufkhinden möge.

Sicht ihm gleich, Schweden und (weil zu Wesel für den pfalzgrafen Fridrich volkh sich versamlet, so seine wappen in den fanen fieren[2]) pfalzgraf werden die Spanischen aus der Pfalz treiben, hernach Fridericus uber Rhein sezen und in seinem, nit in des Schweden namen sich umb die uberige seine lender mit den waffen annemmen, weil er mit mir in kheiner neutralitet begriffen. Also unß die neutralitet mitt dem Schweden nitt genugsame sicherheitt bringen noch deß khönigs in Franhreich intention ein geniegen beschehen wirdt. Ob villeicht in der conferenz mit den Franz. gesandten[3] deßen zu gedenken sein mechte.

Wan Schwed sich uber Rhein wendet, wirdt eß bei den Khaiserischen nit dz ansehen haben, alß wann wür unß in tam praesenti et extremo periculo befunden, dz wür mit fueg die neutralitet einzugeen, ursach gehabt. Hergegen ist sowol von den rheten alß theologis also die maxima gemacht worden, dz mann unserseiths in extrema neceßitate versiern thue, wann der last auf unß allein deriviert werde. Nun

---

[1] Die oben Nr. 470 B 4 gedruckten *Aufzeichnungen Maximilians zur Neutralität* sind undatiert. Der Kurfürst dürfte sie vor dem 10. Dezember niedergeschrieben haben, an welchem Tag er München verließ und nach Donauwörth aufbrach (vgl. dazu unten Nr. 490 Exkurs S. 1518). Für diese Datierung sprechen die Erwähnung der von Metternich übermittelten Nachricht von der Truppenansammlung zu Wesel für den Pfalzgrafen (unten Anm. 2), des Schreibens an Zollern vom 9. Dezember (unten Anm. 4) und der Konferenz mit den französischen Gesandten am 10. des Monats (unten Anm. 3).
[2] Diese Nachricht war in einem Schreiben *Metternichs* vom 30. November (unten Nr. 470 D 1 Anm. 11) enthalten, das spätestens am 7. Dezember in München eingetroffen war; vgl. dazu das *Journal Richels*, 7. Dez. 1631 (Geheimer Rat 194/9 fol. 114–114ʻ).
[3] Gemeint sein dürfte die Konferenz, die dann am 10. Dezember stattfand. – Nach Ausweis der einschlägigen *Niederschrift Richels*, 10. Dez. 1631 (unten Nr. 470 C 2 Anm. 1), äußerten die bayerischen Gesandten bei Gelegenheit dieser Konferenz hinsichtlich der Pfalzfrage: „Videndum an Serenissimus Elector sit securus quoad alios protestantes, ne damnum patiatur in electoratu." Als Antwort der Französischen Gesandten ist vermerkt: „NB Legati quoad Anglum nihil possunt promittere, sed tamen quoad confoederatos cum Sueco."

geschicht eß iezt, indeme numer die bundtstend durchgeend dahin gebracht sein, dz sie nichts mer beitragen khinden und also in effectu die liga dissolviert und nur der bloße namen noch überig. Diser punct mecht auch in dz schreiben an den von Zollern⁴ bracht werden.

Wirdt von dato an mießen bestellung beschehen, wan der khrieg uber Rhein angeet, wie die Colnische und Menzische schreiben sicher und ordenlich durchzubringen, dann eß sonsten nit die geringste unglegenheit sein wurde, wan die communication hinc inde abgeschnitten werden solte.

Obwol die gefahr unsern herobern landen ieztmaln so nahe nit scheinen thuet, so ist doch die besorgen, wan iezt die anerbottene neutralitet nit accceptirt wirdt, man hernach dieselbe, wan man gern wolte, nit wurde erlangen mögen." [...]

Manuskript Maximilians Kschw 131 fol. 105. Benutzt und zitiert bei KAISER, Politik S. 504 Anm. 228; ALBRECHT, Maximilian S. 806 Anm. 118.

### 470 B 5. Aufzeichnungen Maximilians zur Neutralität¹

[ad Dezember 17 und später]

Gründe für und gegen die Neutralität

*„Pro neutralitate²*

---

4 Vom 9. November (unten Nr. 470 D 1 Anm. 1); der einschlägige Passus ebenda Anm. 7.
1 Die oben Nr. 470 B 5 gedruckten *Aufzeichnungen Maximilians zur Neutralität* sind undatiert. Die unter den Überschriften *Pro neutralitate, Rationes contra* und *Responsiones* subsumierten Punkte trug der Kurfürst seinen Räten am 17. Dezember 1631 vor (unten Nr. 470 B 6 mit Anm. 3), weshalb die Aufzeichnungen chronologisch diesem Datum zugeordnet wurden. Spätestens im Zuge der Vorbereitung der dann im Januar 1632 erfolgten Abordnung Donnersbergs an den Kaiserhof wurden diese Aufzeichnungen von Maximilian selbst ergänzt und stilistisch überarbeitet, wobei die stilistischen Varianten in obigem Druck berücksichtigt, die Ergänzungen unten in den Anmerkungen 4, 5, 11 und 12 notiert sind. Zu den Ergänzungen gehören auch die unten S. 1407 f. gedruckten unter der Überschrift *Rationes neutralitatis* subsumierten Punkte, denen die unter den Überschriften *Pro neutralitate, Rationes contra* und *Responsiones* zusammengefassten Punkte dann angehängt werden sollten.
2 Einige der im Folgenden aufgezählten Gründe für die Neutralität sind auch enthalten in Aufzeichnungen Maximilians mit der Überschrift *Causae neutralitatis* (Kschw 131 fol. 107. Zitiert und benutzt bei ALBRECHT, Maximilian S. 806 Anm. 118; KAISER, Politik S. 493; GOTTHARD, Fried S. 593 Anm. 208, mit falschem Fundort). Darin heißt es zusätzlich: „Khan neutralität gemacht werden cum conditione, dz ein generalfrid alßbaldt geschloßen werde und, da eß zu erhalten, interim suspensio armorum sei. – Dz Saxen und Brandenburg in die translatio electoratus in domum Bavaricam consentiere. – [...] Wirdt Bayrn occupirt, ist Khaiser ganz eingeschloßen und vom Reich abgesondert. Khan ihm nirgent khein socorß zuekhommen, von unden und oben wirdt er angriffen. Per neutralitatem khan er alzeit von Bayrn favorem und hülf sotto mano erwarten, quod non fiat, wan man gar ruinirt. – Khombt Wallensteiner wider ins guberno. Der wirdt die catholischen churfürsten mit der defension wenig in acht nemmen. Sie selbst aber khinden ihnen nit mehr helfen."

1.³ Ist der gegenwertige status der militia alß ein chaos confusionum numer laider also bekhandt und also bewandt, dz es weder an der notwendigen anzal noch qualiteten und notwendigen requisitis sowol bei den heübtern alß andern, undergebnen also beschaffen, dz damit nit allein die notwendige defension wider vernern progreß nit zu hoffen, sonder dz verlohrne auch zu recuperiern, weil die mitl, leütt und zeit, sich wider in genugsame notwendige verfaßung zu stellen, ein neuen poden zu legen und die disciplinam zu erheben, nit verhanden.

2. Bei so beschaffenen sachen stet es ledikhlich bei des feindts willen, discretion und gefallen, den geraden weg ohngehindert und ohngeferet menikhliches unß zuzurukhen und zu procediern, wie mit Würzburg und andern, deßen ihne ieztmal niembts hindern khan.

3. Hatt dz höchste haupt die catholische reichstend vast verlaßen. Dan obwol noch waß wenig [Ksl.] volkh im Reich, ist doch solches ganz nichts erkhleklich noch der noturft nach beschaffen, und lauft auf eins auß, nicht oder nit sufficienter die gefar und undergang der gehorsamen stend abzuwenden.

4. Ist dz Ksl. guberno und media sustinendi belli also beschaffen, daß dorther wißentlich weder in der direction noch in der gnugsamen defension die notwendikheitt zu hoffen.

5. Ist numer die liga in effectu dißolviert und allein der namen uberig, der ganze last aber der catholischen reichsdefension sowol heroben alß an der Weser und Niedersax. craiß auf unß allein deriviert, sogar dz auch es negstens an dem, dz die ganze soldatesca sowol des Khaisers alß bundts, sovil die herobige reichsdefension betr., in Bayrn auch die quartier haben werden mueß.

6. Wobei dan zu erwegen, ob es ein possibilitet sei, die religion herdurch neben land und leütt zu erhalten oder ob eins neben dem andern zugrund gericht werden mieße.⁴

7. Ist nit zu zweiflen, der feindt, so die bundtstend und nit den Khaiser erstens angriffen, hab wol bedacht, an welchem ort er dem herzen zutrachten soll, werde nit aussezen, biß er die directores und die, so ihme am maisten im weg steen khinden, abraumen möge. Nun khan ers bei disem statu thuen, do er will, und last sichs durch Frankhreich zimlich teütsch vernemmen.

8. Offerirt gleichwol mitl, solches vorzukhommen. Werden sie außgeschlagen, wirdt die offensio und verbitterung waxen und zuenemmen.

---

3 In obigem Druck wurde die ursprüngliche, mit der *Niederschrift Richels* vom 17. Dezember (unten Nr. 470 B 6) übereinstimmende, von *Maximilian* später, wohl im Zuge der Anhängung der unter den Überschriten *Pro neutralitate*, *Rationes contra* und *Responsiones* subsumierten Punkte an die *Rationes neutralitatis* (oben Anm. 1) geänderte Numerierung beibehalten.

4 Später ergänzte *Maximilian* noch: „11. Wann sedes belli, also freündt sowol alß feind und unser aigne defension, ins land khommen, wie es darauf stett, weil ihme der von Tillj, den Donastromb zu defendiern, nit getraut, so werden die underhalts- und geltmitel auf ainmal entgeen und wür den khrieg desto weniger continuiern, sonder so wol alß andere darvon laßen mießen."

9. Resolviert er, unß zu überziehen, muß man nach und nach weichen und sich zurukh retiriern. Also bleibt land und leütt algemach im stich.

10. Wan wür ruiniert und vom land vertriben, wirdt darumb Khaiser und Osterreich nit salviert, sonder $2^{dus}$ in ordine sein, leichter opprimirt werden. Khinden wür aber unß conserviern, haben sie alzeit jezt sotto mano, khonftig aber ieder hilf und aßistenz zu gewarten.

11. Ist zu fürchten, wan Bayrn supprimiert und vertriben, religio catholica werden in Teütschland totalem extirpationem zu gewarten haben. Auf den fall aber, Bayrn conserviert wirdt, mitlerweil die religion wider mechte khinden germiniern und prosperiern.

12. Folgt nit necessario, wan neutralitas acceptiert, dz darumb Osterreich zugrund geen mueß. Dan weil nurmer khein catholischer reichstand dem Khaiser mehr socoriern khan, so ist die Bayrische assistenz so groß nit, dz sie allein denselben manteniern, oder waß an Bayrn abget, nit durch Spania, Babst, Florenz und andere vilfach khinde suppliert werden.[5]

13. Der catholischen religion im Reich noch den stiftern wirdt durch die neutralitet nichts praeiudiciert, sonder stet alles an seinem unpraeiudicierlichen ort, biß zu khonftiger algemeiner tractation.

14. Die verlorne stifter werden wider eingeraumbt, so wegen des dubii eventus belli sonsten ohngewiß.

15. Der abgang der Khaiserlichen aßistenz, so die catholische im Reich auf den fall, khein frid zu erhandlen, zu gewardten; aber darauf ohndz nit zu große hofnung zu machen, khan durch Frankhreich und seine catholische aliirte ersezt werden.

16.[6] Hat Khaiser durch die Spanische ministros bei Saxen apertur zu einem friden gesucht, in welchen allein er und sein haus ein-, andere aber alle außgeschloßen sein sollen, ut patet ex actis ab ipso Caesare communicatis[7]. Ist nun auf seiner seitten recht und unpreiudicierlich, quare non auch auf der unsern.

17. Hatt ihme der graf von Tillj bei Fulda mit 45.000 mann und einer solchen armada, wie [...] der von Aldringen sagt, damit mann den Thürkhen bekhriegen khinden, nit getraut, testa zu machen, wie wirdt er eß mit einer hand volkh abgemat-

---

5 Später ergänzte *Maximilian* noch: „18. Wann die cath. churfürsten vertrüben, waß hat dz hauß Österreich der khonftigen succession zur Röm. cron zu verhoffen? Wol aber, wann sie conserviert."
6 Nach Ausweis der *Niederschrift Richels* vom 17. Dezember (unten Nr. 470 B 6) trug Maximilian den Räten diesen 16. Punkt vor, tilgte ihn aber später in seinen Aufzeichnungen, wohl mit Blick auf den unter die weiter unten gedruckten *Rationes neutralitatis* 2. Punkt. – Beide Punkte beziehen sich auf die Mission des Obersten Paradis bei Kursachsen.
7 Gemeint ist die oben Nr. 454 C Anm. 9 zitierte *Resolution Kursachsens für Oberst Paradis*. Und zwar dürfte Maximilian den Eingang sowie den Schluß der *Resolution* (im Druck im THEATRUM EUROPAEUM II S. 479, 484, bei KHEVENHILLER XI Sp. 1702, 1716) im Auge gehabt haben. Hinzuweisen ist auch auf das im THEATRUM EUROPAEUM II S. 479 und bei KHEVENHILLER XI Sp. 1701 f. resümierte Anbringen des Obersten Paradis bei Kursachsen.

ter, khraftloser, zerrißner, forchtsamer soldaten thun khinden? Dann der Tillj Teütsch sagt, wann der feind auf ihn ziehe, so sei er bei jeziger beschaffenheit geschlagen.

18. Und weil die Undtern Pfelzische embter sambt Heidlberg und Manheim nur etlich tag zu halten, dz selbsten ligende gutte volkh, uber 3.000 zu fueß und 8 comp. pfert, des von Tillj besorgen nach für verlohren zu schezen, so ist solches desto mer in acht zu nemmen, weil den zeitungen, avisen und intercipierten schreiben nach der feind sich numer umb diselben annemmen soll wellen.

19. Obwoln Churcöln auf dz bei aignem abgefertigten corrier verschikhte schreiben[8] noch nit geandtwortt, so hat er doch auf die bloße insinuation, dz etwa dergleichen vorgeschlagen werden mecht, alberaith zu versteen geben, dz in hoc statu und abforderung des Ksl. volkhs kheiner zu verdenkhen, sich so gut er khonde zu versichern, ja er hat sogar gebetten, wan die neutralitet acceptirt werden solte, mit eingeschloßen zu werden[9]. – Eß haben auch beede herrn bischove Eichstett und Augspurg[10] sich vernemmen laßen, das wann allein absonderlich in puncto religionis dabei nicht eingewilligt werde, dz sie solche sowol ratione conscientiae alß iuramenti, welches ainem ein solches in hoc casu nit verbiette, sein khinde, ihnen auch nit ein unthuenlich mitl bei disem statu rei catholicae zu sein bedunkhe, sonderlich weil khonftigem tractatui pacis dardurch nicht vergeben und bößer dergestalt alß mit gepfendter hand zu tractiern. – Hirauf geet auch des nuncii apostolici Parisiensi mainung und gutachten, welches er zweiflohn Ir Bapstl. Hlt. intention nit zuwider wißen wirdt.

20. Ist sowol von theologis als politicis darfürgehalten worden, wann der last auf uns allein khombt, dz wür alßdan in terminis impossibilitatis versiern werden. Jezt ist es dahin gelangt, und ist zu determiniern, ob unser lenger beihalten dz hauß Osterreich erretten, oder wann wür die ersten undergangen, ihnen und der religion damit geholfen werde. Die andern bundtstend khinden dem Khaiser nit mer ichtwas helfen. Also khan ihme auch nit schaden, wan sie durch die neutralitet bei dem uberrest des irigen bleiben und dz verlohrne wider erlangen.[11]

---

**8** Vom 9. Dezember (unten Nr. 470 D 1 Anm. 1).
**9** Unten Nr. 474.
**10** Der Bischof von Eichstätt und sein Kanzler waren nach Ausweis der *Relation Gassners* vom 23. Dezember (unten Nr. 512 H Anm. 1) Mitte Dezember in Donauwörth mit Maximilian zusammengetroffen. In Donauwörth bzw. im Zusammenhang mit der Konferenz in Donauwörth dürfte es auch zu einer Begegnung Maximilians mit dem Bischof von Augsburg gekommen sein. Vgl. dazu die Relation *Staudenhechts* vom 24. Dezember (oben Nr. 462 Anm. 7), in der es heißt: „Es werden [!] seidthero hiesiger churfürst zu Donawehrt bei beeden herren bischoffen Fstl. Gn. von Eystatt und Dillingen, auch dem general Tilli gewesen."
**11** Später ergänzte *Maximilian* noch: „26. Numer gibt eß die experienz, das so notig eß ist, die armada wider zu sterkhen, dz man hergegen so wenig mit den werbungen aufkhommen khan, wie eß der augenschein aller orten erweisen thuet. Eß khan der graf von Fürstenperg in so vilen wochen und monaten mit 4 fendl khnecht, ja biß dato mit ainem ainzigen nit aufkhommen. Also auch andere hauptleütt. – 27. Solte die neutralitet außgeschlagen werden und hernach disem land eintweder sedes belli zuewaxen oder etwa, da Gott vor sei, etwa gar verlohren werden, wurden nit allein die posteritet und succeßores, sonder auch die landstend und underthonen mir ubel vil lange jar under der erden

*Rationes contra*
1. Wan man die neutralitet einget, wirdt der Khaiser und sein hauß allein gelaßen und desto ehe supprimiert, die religion in sein erblanden zugrund geen.
2. Wirdt Khaiser sagen, man mach die durch landtgraf Geörgen veranlaste friden tractation schwerer durch einwilligung der neutralitet.
3. Wirdt eß beim Khaiser, Spania und Osterreich ein odium implacabile abgeben.
4. Wirdt Schwed sein zusagen nit halten.[12]

*Responsiones*
Ad 1. Wan wür bei jezigem stand die defensionsmitl nit haben und zugrund geen, wirdt Osterreich gleich darauf desto leichter hindurch mießen und im Röm. Reich die religion zugrund geen, da sie böser stabiliert alß in den erblanden, wo man alle[i]n eüßerlich catholisch ist.

[Ad] 2. Wann Bayrn und uberige catholische underdeßen deprimiert werden, wie bei disem ublen stand geschehen kahn, wan der feind will, so wirdt der tractat nit allein schwerer, sonder sorglich gar nit mer vom gegenthail khinden erhandlet und erlangt werden.

[Ad] 3. Muß erwogen werden, ob Bayrn lieber zugrund geen und von land und leütt sich begeben woll, oder khonftig sich dem Khaiser und seinem hauß wider demerieren mechte.

[Ad] 4. Khan sein. Man ists aber auch in andern tractaten deß fridens nit sicher. Khan Khaiser sich auf den fridenschluß verlaßen, warumb wür auch nit auf den verspruch der neutralitet? Darnach seze man conditiones, so nit leücht khinden umbgestoßen werden. Item fideiussores. Item dz Frankhreich mit versprech und in casu nithaltens, die neutralitet zu manteniren, verbunden sei. Lestlich soll es khonftig nit wollen gehalten werden, so gewindt man doch zeit, et chi ha vita, ha tempo. Izt heist es: vogl friß oder stirb. Interim khan Gott andere zeitten und mitl schickhen. Man khan sich ein wenig erholen, wider auf khonftige defension sich sovil möglich gefast machen, und bleibt alzeit die hoffnung.

---

nachfluchen und vorgeben, dz ich die selbst angebottne mittel, sie und ire weib und khind bei der religion, land und leütt, hauß und hoff zu erhalten, nitt habe annemmen wöllen, sonder sambtlich muttwilliger weiß in verlust sezen und umb dz irig bringen wellen."

**12** Später ergänzte *Maximilian* noch: „5. Heütt [oder] morgen, da in der fridenstractation in puncto religionis waß solte nachgeben werden, würdt mann diser neutralitet wollen die schuld beimeßen. – Responsio: Wann die catholische stend noch mehr solten vertriben werden, ist desto mehr zu besorgen, dz desto mehr mecht eingewilligt werden. Und wann auch Bayrn solte daruber geen, wirdt eß villeich kheines einwilligen vonnotten sein, sonder der gegenthail sine consensu eß machen, wie und was er will. Mann mechte gleichwol sagen, eß sei böser, gar nichts einwilligen, wan schon der gegentail macht, waß er will, alß nur etwaß weniges nachgeben. So steet nun, solches ein weg alß den andern zu thuen, bevor, weil die neutralitet solches nit verbietten thuet."

Responsio universalis ad contraria argumenta ist, ob durch unsern undergang denselben rath zu schaffen, oder ob dz publicum und religio dardurch conserviert werde, quo casu ich bekhennen muß: expedire ut unus moriatur pro populo[13].

*Rationes neutralitatis*

1. Haben Ir Ksl. Mt. sovil volkhs abgefordert und die aßistierende und so bei derselben gut und blut aufgesezt, auch land und leütt daruber verloren, so weit verlaßen, dz sie mit der jezt im Reich sich befinden[den] so geringen anzal volkhs sich nit mer defendiern noch land und leutten erhalten, vil weniger aber dz verlohrne wider recuperiern khinden.

2. Eß haben die Spanische mit Saxen einen solchen friden vorgeschlagen, dardurch die aßistierende außgeschloßen und alle feindtsgefahr und unaußbleibliche totalruin und undergang ihnen vor den augen und der thüer gestanden, also mann zeittlicher auf anderwertige versicherung wol notwendig gedenkhen mießen.[14]

3. Eß hat Ir Ksl. Mt. aigen khriegsvolkh in der aßistierenden landen erger alß der feind selbst gehaust. Dahero mann von demselben volkh kheiner rettung, sonder vil mer beförderung deß undergangs zu gewarten gehabt. So haben die officier vilfeltig mit worten und werkhen sich also erzaigt, dz mann abnemmen khinden, dz sie der aßistierenden conservation ihnen nit allein ganz nit, sonder vilmehr deren ruin angelegen sein laßen.

4. Und eben dise proceduren haben ohne zuthuen und willen der aßistierenden die neutralitet selbs erzwungen, indeme den aßistierenden die mitl der khriegs continuation und der underhaltung irer verfaßung auß den handen mit gewaldt gerißen und dem bundt allein der bloße nam gelaßen worden. Dahero weil sie Ir Mt. nit mer helfen khinden, sie wol numer mit laid und betauren zuesehen mießen, also die neutralitet von sich selbst erfolgt, andere aber, auf welchen der ganze last ainzig und allein erwaxen, denselben ganz nit ertragen khinden.

5. So haben sich numer dieselbe weder von Babstl. Hlt. noch der Ksl. Mt. so gestalter gnugsamer, auch so eilfertiger hilf, mitl und aßistenz, auch sonsten von jemand auf der weldt ainiger ergibiger und solcher eilfertiger erspriesslicher hilf nit zu gewardten, das sie bei so beschaffener bewandtnuß im Reich und des feindts fürbruch und macht, auch zu disem behuf aller protestierenden vorschub und aßistenz ainig vernünftige hoffnung schepfen khonden, bei land und leütten zu verbleiben und dardurch auch die catholische religion darinnen zu erhalten oder in den verlornen widerumb zu stabiliern oder Ir Ksl. Mt. aufs wenigst inskhonftig wider zu aßistiern und dienst zu laisten.

[6.[15]] So hat man sich auch ex parte etlicher Khaiserischen und Spanischen befließen, alles odium der gegenthail von sich ab und auf die aßistierende, sonderlich aber

---
13 Johannesevangelium 11,50.
14 Vgl. zu diesem Punkt den weiter oben unter den Überschrift *Pro neutralitate* subsumierten 16. Punkt mit Anm. 6.
15 Die Vorlage hat irrtümlich 4.

auf Bayrn zu schieben und denselben die schuldt sowol des edicti alß deßelben execution, nit weniger waß in andern sachen heßiges vorgangen, beizulegen. Dahero dann erfolgt, dz dieselben sich, gegen Bayrn ir revanche zu suchen und, wie sie sagen, irem maisten feind und authore malorum zu zu trachten, nit allein resolviret, sonder auch angekhündiget, hergen [!], wie gemeldt, Bayrn sich allein und durch die langwürige khrieg erschepft, darzu auch von menigkhlich oder verlaßen oder nit genugsam versichert und aßistiert gesehen.

Weil numehr den catholischen im Reich aintweder land und leütt ganz oder doch die mittl zur continuation des khriegs genzlich, und zwar thailß auß verursachen der aignen freündt, entgangen, also bleibt ihnen khein andere hofnung zu widererlangung derselben uberig alß die neutralitet, durch welche sie wider zu dem irigen gelangen khinden, so sie bei dem zweiflichen eventu belli khaum zu verhoffen, in sonderbarer betrachtung, dz Ir Ksl. Mt. nach ieziger beschaffenheit der reichssachen und irer aignen erblanden khaine mittl haben, den catholischen reichstenden wider zu dem irigen zu verhelfen. Dann ob man wol vorgeben mechte, eß hette solches bei khonftiger fridenßtractation beschehen khinden, so ist doch solches ganz zweiflich und ungewis, auch an ihme selbs geferlich, sich mit gepfender hand einzulaßen, sonderlich in sachen, so die religion betreffen, deren zum bösten mann vil dapferere conclusiones und pacta zu hoffen, wann man sich bei land und leütt befindet, alß wann man von denselben vertriben."

Manuskript Maximilians Kschw 131 fol. 98–101, 97. Ben. bei BIRELEY, Maximilian S. 171 f.; ALBRECHT, Maximilian S. 806 f.; GOTTHARD, Fried S. 577, ebenda Anm. 157, S. 578, ebenda Anm. 163, S. 593, 789 f., 791, 841.


### 470 B 6. Niederschrift Richels

Dezember 17

Zusammenkunft Maximilians, Herzog Albrechts von Bayern und bayerischer Räte – Relation Maximilians über die Konferenz in Donauwörth – Frage nach dem weiteren politischen Vorgehen (Friedensverhandlungen oder Neutralität) – Maximilians Gründe für und gegen die Neutralität

„Den 17. Decembris [1631]

[Anwesend:] Elector, herzog Albrecht, ob.canzler, Dr. Jocher, oberst Herliberg, Schuss, Kitner, [Richel[1]].

Ihr Kfl. Dt. selbst referieren den räthen:[2] [...]

---

1 Von dessen Hand die Niederschrift stammt.
2 Die folgende durch eckige Klammern markierte Lücke enthält eine deutsche Zusammenfassung der unten Nr. 490 gedruckten *Relation Maximilians über die Konferenz in Donauwörth*.

Jez zu deliberieren, waß weiter vorzunemen. Nit vil zeit darbei zu verlieren. Tilli deit auff die composition. Neutralitet im vorschlag. Andere tractaten erfordern zeit. Feind werd nit stillsizen. Zweifelig, ob er werd neutralitet werd [!] eingehen.

Rationes pro neutralitate:"[3] [...]

Niederschrift Richels, deutsche und lat. Sprache, Kschw 15021/5 fol. 44–47. Benutzt und zitiert bei BIRELEY, Maximilian S. 171 f.; ALBRECHT, Maximilian S. 805 Anm. 117; GOTTHARD, Fried S. 577, 578, 592 f., 789, 790 Anm. 67, S. 791 Anm. 74, S. 842 Anm. 271.

### 470 B 7. Journal Richels

Dezember 18

Konsultationen bayerischer Räte – Rekapitulation der Relation Maximilians über die Konferenz in Donauwörth – Verpasste Friedenschancen – Gründe für und gegen die Neutralität – Militärischer Ausweg – Frage der Unterrichtung des Kaisers – Majoritätsbeschluß für die Annahme der Neutralität – Gründe gegen die Neutralität

„Den 18. Decembris bei Dr. Jocher rath gehalten.[1]

*Oberstcanzler [Donnersberg]* proponiert:
Ihr Dt. haben gestert erzelet miserum statum militiae.[2] Repetit den inhalt.
Umbfrag, waß zu thun?
*Dr. Jocher:*
Hab mit leid die gestrige relation vernommen. Zu betauren, dz man per extrema ad has extremitates khommen. Hab alzeit gerathen den friden. [...] Unglukselige schlacht tring unß iez. Vor hat man cum maxima fama friden machen konden. Stifter erhalten. Aber man hab nit gewolt. Dan Teitschlant und religion nit in solcher gefahr. In hoc desperato <casu> Galli offerta anzunemen. Religion zu salvieren. Occupata restituieren. Ihr Dt. land und andere versichern. Gallus woll unß selbst beschüzen, si Suecus non acceptat neutralitatem. Schwed habß vor 11 monaten von handen geben.[3] Thets nit mehr. Habß begert.[4] Anglus begert foedus cum Sueco pro Palatino. Gallus bißher gehindert. Neutralitate exclusa werdts schliessen. Schwed het in Oberpfalz und Beyrn fallen konden. Propter Gallum nit geschehen. Werd noch geschehen, wan wir neutralitet außschlagen. Kond mit <tragonern> bald da sein. Hab allenthalben vorthel, thür und thor offen.

---
3 Die folgende durch eckige Klammern markierte Lücke enthält eine teils deutsche, teils lateinische Zusammenfassung der oben Nr. 470 B 5 unter den Überschriften *Pro neutralitate, Rationes contra* und *Responsiones* subsumierten Punkte.
1 Teilnehmer waren laut Randvermerk Richels der Oberstkanzler (Donnersberg), Comes (Wolkenstein), Marques (Preysing), Dr. Jocher, Schuss, Dr. Peringer, Kütner und Richel selbst.
2 Oben Nr. 470 B 6.
3 Wie unten Nr. 470 C 1 Anm. 3.
4 Nämlich die Rückgabe der vorstehend angesprochenen *Neutralitätserklärung*.

Wie man will sich salvieren? Tesauri[5] <...> kleckhen nit. Bei habenden mitlen werd dz volkh nit vorhanden sein. Mangl gelt am unglickh und niderlag nit schuldig, sonder ubele anstalt. Tilli erschrockhen. Wisß nit zu helfen. Schwed pro[6] <...> victoriis geb nit inducias. Sei ihm nichts ubrig alß Beyrn. Konden ihr person nit salvieren. Pfalzburg in agone[7] clagt, dz Tilli nit leiden wollen, den Schweden anzugreiffen. Wie will erß iez thun mit so wenigen?

Mit allianzen und schickhungen den sachen nit geholfen. Gehn zu lang her. Gallus hab neben der allianza neutralitet vorgeschlagen. Rex et legatus schwören, dz ihnen salus religionis angelegen alß ihr leib und seel. Elector khan sich und religion salvieren per hoc medium. Sonst aber verlohren. Galli wissen deß Kaisers ublstand. Will die catholische salvieren. [...] Dises mitl neutralitatis anzunemen. Sehe kein anderß.

Nos haben den Kaiser einschliessen wollen und salvieren. Charnasse vermeldt, suchen deß Kaisers undergang nit, sonder redactionem ad[8] <...>. Man sagt, Schwed halt nit trew und glauben. Aber wir seind nit <in peiori statui> alß iez. Gewinnen Gallum dardurch, sonst aber nit. Sei besser, etwaß und unß zu salvieren, alß alleß zu verliehren, unß mit ihm. Schwed werd ihn die[9] <...> leiden lassen. Charnasse woll sich bemühen.

Captura et spoliatio legati in Alsatia[10] werd neue feindschaft machen. Vor disem[11] auch geschehen.

*Preising:*

<Attonitus haec se audivisse>. Habß nit gewisst. Nit vermeint, dz unsere sachen in solchem ublstand. Sei ihm schwehr vorkommen, ein solchen friden zu schliessen. Besorg, sei nit gerecht propter intentionem Galli notam in vindictam et exstirpationem domus Austriae. Iuramentum ihm auch am weg gelegen. [...] Dises werkh nit honestum. Sei contra socios, contra religionem. Geistliche vorbehalt <zerrissen>. Restitutio oblata ad tempus. Reliqua in periculo proximo. Conservatio religionis temporanea. Werden leges vorschreiben. Freistellung bei uns haben wollen.

Da Got will, dz wir undergehen, ob nit besser, sich demselben zu underwerfen, alß selbst wollen zu grund helfen. Sed quidquid sit, necessitas gross. Gallus offerier vil. Aber ob er unß werd salvieren kond, sei zu gewarten. Sehe selbst kein mitel. Cum

---

5 Die folgende durch spitze Klammern markierte Lücke enthält ein Wort, das nicht entziffert werden konnte.
6 Wie oben Anm. 5.
7 Vgl. zum Ableben des Prinzen von Pfalzburg oben Nr. 361 Anm. 1, ferner BABEL S. 138.
8 Wie oben Anm. 5.
9 Die folgende durch spitze Klammern markierte Lücke enthält zwei oder drei Wörter, die nicht entziffert werden konnten.
10 Gemeint ist die Festnahme Mirés in Breisach und die Beschlagnahmung der bei ihm gefundenen Papiere, wodurch der Kaiser Kenntnis von den Neutralitätsverhandlungen in München erhielt (unten Nr. 470 D 2).
11 Im Gefolge der Entdeckung der bayerisch-französischen Bündnisverhandlungen Anfang 1631, für die auf oben Nr. 102 mit Anm. 2 zu verweisen ist.

sociis zu conferieren. Item mit dem Kaiser. Kom ungern daran, aber vergleich sich, dz neutralitas acceptirt werde.

*Wolckhenstein*[12]:

Status militiae zu betauren. Difficulteten befinden sich. Der groste mangl an dem, dz man herz verloren und in extrema necessitate extrema nit woll ergreiffen. Man uberwerfs alles. Laßß keine zeit zum <bedacht>. Gott mieß dz herz geben, sonst sind wir verloren, man tractier oder pugnier. Sags nit drumb, dz man sich in augenscheinliche gefahr stürze. Helts <pro indubitato>, per neutralitatem werden wir zugrund gehn. Werden allein beneficium ordinis haben. Schwed halt trauen und glauben nit. Exempla mit Polen und Moskowiter. Gebß zu bedenkhen.

Auf der andern seiten sei mißlich, ob wir, ob <ander> unden liegen werden. Die neutralitet auch missliches mitl.

Nit ohne, dz unser soldatesca abkomen, strapeziert. In <böse> quartier. Hunger und not leiden lassen. [...]

Erinnert, neutralitas contra iuramentum. Sei schwehr, den Kaiser verlassen, soviel alß wan man ihne bekriegte. Bißher <je> andern improbiert, qui se separarunt a Caesare. Historia gebs nit, dz Got ein Kaiser fallen lassen. Religion sei in gefahr, in erblanden und im Reich.

Ihr Kfl. Dt. nit sicher sein. Schwed woll Palatino die peßß eröffnen. Hessen hinderlassen. Staden coniungieren. Pfalz einnemen. Neutralitas werds nit hindern.

Protestanten vom bund vil gelitten. Werden sich vindicieren. Administrator zu Bremen thue eß albereit.

Kaiser werd Palatinum restituieren, perdonieren, <um> sich dardurch zu salvieren. Anglo, protestantibus satisfaction zu geben.

Wan dise difficulteten benomen werden, woll sich vergleichen. Schwed werdts nit acceptieren. Wie neutralitet dz mitl gegen Gott und die welt zu verantworten, eß gehe, wie der liebe Gott wolle.

Quid igitur faciendum? Der Schwed sei im anzug. Media müessen <pronta> sein, alia requirunt tempus. Vermaint, dem Tilli zu bevelchen, dz er die kundtschaft wol bestell. Grundherrn erfordern. Alleß volkh an die Dona legen. Landvolk aufbieten. Mit Leopoldo, Salzburg etc. correspondieren, hilf begeren. Hoff, man werd den Schweden konden aufhalten und neutralitet mit bessern conditionen schliessen. Dz volkh in Undern Pfalz nit für verloren halten. Zwar Menz. Lotringen sich erbotten. Kaiser auch waß, Spanier auch. Corpo dahin verordnen. Dem feind auf dem ruckhen volgen. Aber dz capo mangle. Oberstcammerer[13] woll sich brauchen lassen. Saxen und <Brandenburg> zu versuchen. Der von Pappenheim sei avsisiert zu divertieren. Werd die Saxische auf Eger zurickhhalten.

Sag nit, dz dise mitl bastant. Aber wir werden bessere nicht erhandlen bei diser anstalt. Man mög zum Schweden schickhen, mit ihm handlen.

---

12 Vgl. zu diesem auch unten Nr. 470 B 12.
13 Ott Heinrich Fugger.

Dem Kaiser alleß zu communicieren offenherzig. Geben Ihr Mt. kein mitel, werd Ihr Dt. nit verdenkhen. [...]
Woll sich gern vergleichen mit anderen.

*Oberst Herliberg:*

[...] Sei allzeit der meinung gewesen, dz alleß mit Ihr Mt. vorwissen geschehe. Pflicht dardurch zu salvieren. Wisß der Kaiser kein mitl, helt er darfür, dz Ihr Kfl. Dt. wol konden zu dem mitel gelangen.
Quoad statum impossibilitatis werden theologi wissen, quid faciendum.
Er kond nit sehen, wie eß Ihr Dt. werden erheben. Armada ruiniert. Müess von neuem werben. Mitl nit da. Andere stend ruiniert. Ihr Dt. allein nit erheben. Eß sei kein militia mer, sonder lauter rauben und plindern. Gegen den feind kein anschlag. Die officier stehen nit zusamen. Dz volkh nit zusamenzubringen. Der ganze schwal komm auf unß. Auf Spanien sich nit zu verlassen.
Bei der neutralitet gehe ihm zu gemüet. Keine handlung vorgangen. Wisß die conditiones nit. Andere electores nit gehört. Charnasse hab mandatum, Sueco amicitiam aufzusagen, si nolit. Aber wie will unß Gallus defendieren? Wan dz volkh verhanden, wehrs ein anderß.
Sez eß dahin. Wanß dem Kaiser demonstriert, derselb kein mitl, kond man neutralitet eingehen. Wehrs nit geschehen, hab dz werkh grossere difficulteten. Soll noch geschehen. Obs aber zeit leiden werd, stehe an. Pro praesenti statu kond nit wol geschehen. Stehe auf dem, dz Ihr Dt. von land und leithen ziehen oder dis mitl ergreifen. Intentio Galli gehe ad extirpationem domus Austriacae, quae nobis periculosa et religionem. Alle mitel zu versuchen, diss hauß miteinzuschliessen. Sei eß auch nit zu erheben bei obigen umbstenden, müesse man ad alia consilia ex necessitate greifen.

*Schusß:*

Sei schwehr, sich vom Kaiser zu separieren. Aber auch schwehr, von seinetwegen zugrund zu gen. Kaiser billich in acht zu nemen. Er hab aber selbst unß außschliessen wollen. Bleiben wir beisamen, gehn wir miteinander zugrund. Durch die neutralitet werden wir unß in etwz salvieren. Gallus sehe auf conservation der religon. Tring darauf. Schlag diss mitel vor. Die verantwortung schwehr. Coln, Eystet und Augspurg approbieren diss mitl. Kond keiner andern meinung sein, alß diss mitl zu ergreifen. Da Kaiser einzuschliessen, möglich, sollß geschehen. [...]

*Pater Conzen:*[14]

<...>

*Ego [Richel]:*

Mit Dr. Jocher und andern, so pro neutralitet.

---

14 Die folgende durch spitze Klammern markierte Lücke enthält das in lateinischer Sprache vorgetragene Votum Contzens, das größtenteils unleserlich ist, so dass ein zusammenhängender Text nicht erstellt werden konnte. – Vgl. zu diesem Votum und zur Stellungnahme Contzens zu den unten Nr. 470 C 8 und Nr. 470 C 9 gedruckten Memorialen BIRELEY, Maximilian S. 174.

*Dr. Peringer*[15]:
Befind die difficulteten alle. Aber die neutralitet anzunemen, nit ursach:
1. Justa causa.
2. Confidentia in Deo.
3. Caesaris, electoris et Tilli pia <voluntas>.
4. Religionis salus.
5. Nos noch guett volkh. Sei zerstreit. [...]
6. Galli auxilium vermög allianza.
7. Pappenheims diversio im werkh. Kond die undere salvieren oder herauff.
8. Bambergische und Würzbürgische underthonen[16] <...> wollen die Schweden auffschlagen. Man sollß nit aus der acht lassen. Differieren.
9. Intentio Galli mala. Depressio domus Austriacae. Deus non secundat.
10. Caesar noch vil volkh, erwart mehrers auß Ungarn, Polen. Wan Saxen geschlagen, unß alsdan helfen.
11. Hispanorum auxilia licet incerta,[17] <...> facit certa an volkh und gelt. Infanta will Cöln succurrieren. Ille wegen der Staden nit annemen.
12. Grosse difficulteten bei unser armada. Der feindt habß auch nit weniger. Firchten sich ebensowol.
13. Remedium sei in <praesenti>. Haben allein beneficium <ordinis>. Caesare perdito et nos <perdemur>.
14. Neutralitate[18] <...> seind verloren und acceptata auch.[19] <...>.
15. Schwed werd promissa nit halten.
16. Serenissimus Elector hab die neutralitet selbst improbiert in Bamberg, Pfalz Neüburg.
17. Tilli werd vil difficulteten Ihr Dt. ad partem referiert haben. In consiliis hab erß nit alleß gesagt.
Aber wan man ie vermeint, man kond nit vortkhomen, müsß er sich per impossibilitatem gefangen geben. Er wiss nit. Gebß denen zu <treffen>, so eß wissen.
Oßß Caesari notificandum? Stehe an, oßß genug, post factum zu thun. Kaiser habß gethan.[20] Man kend ihn nit umbgehen.
*Kitner:*
Wißß bei der sachen nit vil zu erinneren.

---

15 Vgl. zu diesem auch unten Nr. 470 B 11.
16 Wie oben Anm. 5.
17 Die folgende durch spitze Klammern markierte Lücke enthält ein oder zwei Wörter, die nicht entziffert werden konnten.
18 Wie oben Anm. 5.
19 Die folgende durch spitze Klammern markierte Lücke enthält drei Wörter, die nicht entziffert werden konnten.
20 Gemeint ist wohl: Der Kaiser habe den Kurfürsten über die Mission des Obersten Paradis bei Kursachsen unterrichtet (oben Nr. 454 C mit Anm. 9).

Erzellt eltiche sachen <in facto>: 1. Charnasses termin kurz. 2. Confoederatio Angli cum Sueco.
Wan die mitl nit verhanden, neutralitet anzunemen.

*Oberstcanzler [Donnersberg]:*
Befind die merere auf die neutralitet. Ex necessitate. Schliesst mit denselben propter periculum praesens. Dem Kaiser gehe nichts ab, sonder mehr zu. Die catholische stabilieren sich, recuperieren dz ihrig. Schwed werd den Kaiser nit so gleich uberfallen. Werd noch ein zeit drüber gehn. Kemen underdessen victoriae, kondts hernach außgeschlagen werden. Futura pericula ungewißß, praesentia gewißß. Remedium müesß in continenti verhanden sein. [...] Sedem belli im land.
Ihr Mt. zu communicieren, wan eß gewißß, vor nit. Mit allen umbstenden necessitatis et periculi. Vorher zu thun, nit ratsam. Wir wissen vor, dz Kaiser nit helfen khan. Juramentum gehe so weit nit, ut quis se et dominum perdat. Interim alia media execitus conservandi nit zu underlassen. In omnem eventum, Schwed helt oder nit.

*Dr. Jocher:*
Moviert, ob nit besser, iez alß[21] <...> zu thun, damit Kaiser mehr zeit hab.

*Wolckhenstein:*
Proponiert, waß zu tun, wan Schwed die neutralitet nit acceptieren wurde, sonder beschwehrliche conditiones vorschlage.

*Conclusum per majora:*
Neutralitas nit außzuschlagen, dan sonst propter malum notum kein mitl,
1. Die religion und catholische zu conservieren,
2. Ablata zu recuperieren,
3. Galli freundtschaft und hilf zu erhalten, die er offeriert, im fahl Schwed neutralitet nit acceptier,
4. Deß Schweden progress sonst nit zu verhindern und seines anhangs,
5. Deßgleichen foedus cum Anglo pro Palatino.
6. Beyern werd der erst sein, quem Suecus invadet. Gallus bißher gehindert.
7. Schwed hab grossen vorthl. Alleß in bereitschaft. Thür und peßß offen. Nos econtra nihil tale.
8. Man werd nit zeit haben, sich mehr zu verfassen, dz volkh zusammenzubringen, die mitl an gelt, so noch vorhanden, anzuwenden.
9. Schwed werd keine inducias geben, victorias prosequieren.
10. Beyern allenthalben offen. Man kond ihn nit aufhalten. Ihr Kfl. Dt. werden sich salvieren und die land abandonieren müessen.
11. Eß sei kein herz beim Tilli und beim volkh, wan mans schon zusammenfiehren und dem feind testa machen [würde]. Exemplum, da man noch 45.000 mann gehabt und nit dorft.
12. Allianz und andere tractat zu spat, erfordern zeit.

---

21 Wie oben Anm. 5.

13. Man hab Kaiser und sein hauß einschliessen wollen. Legati konden nichts versprechen.
14. Wan Schwed nit acceptier oder helt neutralitatem, haben wir doch Gallum gewonnen.
15. Caesari und seim hauß werd durch die acceptierung der neutralitet mehr geholfen alß durch dz abschlagen,
16. Der religion und dem Reich deßgleichen.
17. Catholische konden doch hoc statu nit assistieren.
18. Wan man dem Kaiser schon vorher demonstrier, hab keine mitl, unß zu assistieren. Die Spanische ungewißß, zu spat, wir vor verloren.
19. Kaiser hab selbst, sich zu salvieren, gesucht und unß ausschliessen wollen.
20. Andere bundtstend inclinieren dahin.
21. Unser verderben mit dem Kaiser gewißß, wan wirß ausschlagen, aber ungewißß, wan wirß annemen.
22. Schwed werd den Kaiser nit so gleich uberfallen, daß manß nit vorher berichten mög.

*Rationes contra:*
Narrantur, quas Dr. Peringer allegavit.
Addantur:
1. Wan man woll, wehren die mitl noch verhanden. Alleß volkh zusammenzufiehren. In extremis extrema zu ergreiffen.
2. Neutralitas werd nit alle gefahr hinwegnemen. Die stend dennoch gefast bleiben und beschwerden leiden müessen.
3. Kaiser werd Palatinum perdonieren, restituieren etc., Beyern hindansezen.
4. Schwed werds nit annemen und offensio dennoch vorhanden sein.
5. Media alia zu gebrauchen, vide supra.
Dem Kaiser zu communicieren. Ob vor oder nach, underschiedene meinungen.
Quid si Suecus nit acceptier?"[22] <...>

Geheimer Rat 194/9 fol. 134–150. Ben. bei BIRELEY, Maximilian 172 f., 174; ALBRECHT, Maximilian S. 805; GOTTHARD, Fried S. 790, ebenda Anm. 68 und 69.

---

[22] Die folgende durch spitze Klammern markierte Lücke umfaßt vier Seiten Text, der von Richel mit Bleistift niedergeschrieben wurde und weitestgehend unlesbar ist. Ganz am Schluß heißt es: „Legatis auch zu bedeiten: 1. Generalis tractatus beförderung. 2. Quartier deß bundts volkh."

## 470 B 8. Journal Richels

Dezember 19

Konsultationen bayerischer Räte – Anbringen bei den französischen Gesandten und Formulierung des Documentum Neutralitatis – Militärhilfe Frankreichs angesichts des schwedischen Einfalls in die Unterpfalz – Bayerische Neutralitätsbedingungen – Unterrichtung Tillys und Pappenheims – Vermeidung des Begriffs Neutralität

„Den 19. Decembris
*Ego [Richel]* proposui: \*\*\*
Umbfrag
*Dr. Jocher:*
Keine conditiones zu nennen.
Legatis vorzuhalten: 1. Consiliarii cum electore ad Tillium. 2. Generalis pax optimum medium. 3. Consiliarii ipsis approbare et reportare. 4. Regi deferre: Neutralitatem approbant. 5. Caesaris securitatem denuo rogare, ne statim invadatur, si se nolit accommodare. Quid Suecus a Caesare petat.
*Comes [Wolkenstein]:*
Alles wol zu considerieren und sich zu versichern, dz gegentheil obligiert werde.
Legato zuzumutten, dz er jemand zum Schweden abordne und notificier, dz Ihr Kfl. Dt. sich zur neutralitet erclert. Soll nit weiter progredieren, sachen schwehrer machen und Galli intention zu hindern. Suspicionis legati nit zu achten, dz es ex mente bewilliget.
Puncta neutralitatis: Rätlich, wol [zu] exprimieren per modum conditionis, ut Suecus obligetur.
Nota. *Comes [Wolkenstein]* proponit:[1] Ob nit von Franckreich die hilf zu begeren propter invasionem Sueci? Hilf zu begeren, et quidem cito, ehe Schwed sich des Rheins bemechtige und Gallis den paß sperre. Legatus soll derwegen Sueci progressus verhindern. [...]
*Dr. Jocher:*
Eystet und Augspurg nit zu benennen. 1. Seind die geringere. 2. Alii excluderentur. – Cöln in specie, alios in genere zu benennen.
*Comes [Wolkenstein]:*
Halt nit für ratsam, einen oder andern in specie zu nennen, ausser Bayrn und Cöln.
*Dr. Jocher:*

---

1 Hintergrund der folgenden Proposition Wolkensteins war eine Relation *Metternichs*, Heidelberg, 14. Dez. 1631 (Ausf., teilweise dechiffriert, ÄA 2392 fol. 361–362. Ben. bei MAIER S. 230): Berichtet von der Eroberung und Plünderung von Schloss Boxberg am 13. Dezember durch vom König von Schweden in Franken zurückgelassene Truppen. Der König selbst sei mit seiner ganzen Armee vor Mainz wieder aufgebrochen, zu Frankfurt über die Brücke gezogen und durch die Bergstraße auf die Unterpfalz zu marschiert. Nach der Einnahme und Besetzung der Stadt Bensheim durch die schwedische Vorhut erwarte Metternich die Belagerung Heidelbergs.

[...] Tillio communicandam neutralitatem. Cum Sueco agendum, ut det inducias militem Caesareum salvandum. Pappenheim etiam communicandum. Generaltractat zu befördern, Galli intentio ohnedz. Quartier zu theilen, nöttig.
Die neutralitatem Sueci[2] zu lesen begeren.
Plenariam restitutionem begeren, nichts dahinden lassen.

*Comes [Wolkenstein]:*
Nit neutralitas zu nennen, sonder pactum reciprocum de non offendendo.
1. Catholicos et protestantes zu nennen, Danum et ansestätt auch. Bundtstend nit zu nennen, sonder catholicos in commune.
2. Einstellung der hostiliteten finis huius neutralitatis.
3. Restitutio omnium bonorum absolute zu beharren. Dagegen die Nidersaxische stifter und land reumen.
4. Billich, dz Schwed und alle protestantes Palatino nit helfen.
5. Ut Gallus promoveat in tractatu pacis <causam> electoratus. Nit vonnöten, dz es in die neutralitet gesezt werde. Sei vor richtig. Gehe Schweden nit an.
6. Generalfrieden. Sollen Schwed befördern.
7. Tillio et Pappenheim alßbalden zu communicieren. Inducias pro Caesareano milite zu erhandlen.
8. Scriptum neutralitatis in duplo zu verfertigen, unum habere Gallus, alterum nos.
Copias Suecicae neutralitatis[3] zu begeren.
9. Charnasse zum Schweden abordnen. Soll nit alleß auf die spiz sezen.

*Ego [Richel]:*
Wie Dr. Jocher und graff [Wolkenstein].

*Kitner:*
Idem.
Bremen nit administrieren, sonder Denenmarkh einzuraumen.
Charnasse werd bedenkhen haben zu schickhen.

*Oberstcanzler [Donnersberg]:*
Vergleicht sich mit obigen votis."

Geheimer Rat 194/9 fol. 151–154.

---

2 Wie unten Nr. 470 C 1 Anm. 3.
3 Wie unten Nr. 470 C 1 Anm. 3.

### 470 B 9. Niederschrift Richels[1]

Dezember 20

Konsultationen bayerischer Räte – Konzept des Documentum Neutralitatis

„Den 20. Decembris

    Dr. *Jocher* hat dz concept neutralitatis[2] abgelesen.

    Umbfrag

    Dr. *Jocher*: Mit den gesandten zu handlen, dz die ursachen möchten inseriert werden. Conditiones de bonis restituendis einzuverleiben.

    *Comes [Wolkenstein]*: Verstehe eß nit, sehe nit hinauß. Man sei nit versichert. Sehe nit, wie manß kond bei dem Kaiser und den bundstenden verantworten. Wehr dz best, die conditiones hineinsezen:

    1. Einstellung der hostiliteten."***[3]

Niederschrift Richels Kschw 15021/5 fol. 58 = Druckvorlage; Reinschr. von Kanzleihand ebenda fol. 56.

### 470 B 10. Journal Richels

Dezember 22

Konsultationen bayerischer Räte – Militärhilfe Frankreichs angesichts des schwedischen Einfalls in die Unterpfalz – Konferenz mit Charnacé

„Den 22. Decembris

    Stathalter zu Heidelberg, 18. eiusdem, bericht.[1] [...]

---

[1] In seinem *Journal* notierte *Richel*, 20. Dez. 1631 (Geheimer Rat 194/9 fol. 154'–155): „1. Dz concept [wie unten Anm. 2] Ihr Dt. vorzulesen. – 2. Welche conditiones von neuem zu inserieren notig: 1. Restitutio bonorum. 2. Nominatio confoederatorum. 3. Suspensio hostiliteten. 4. Unius separationem non annullare neutralitatem. – 3. Deß Sueci neutralitas [wie unten Nr. 470 C 1 Anm. 3] nit sufficiens. 1. Desunt confoederati. 2. <Quarta conditio iam dicta deest.> 3. Conformanda nostro concepto. – 4. Causae re<...> scribantur ad regem Galliae. – 5. Induciae pro abducendo milite Caesareano. – 6. Dupli expeditio. – 7. Non esse necesse <...> de nullo auxilio Anglo praestando." – Die vorstehend durch spitze Klammern markierten Lücken enthalten den nicht entzifferbaren Schluß eines Wortes bzw. ein Wort, das nicht entziffert werden konnte.

[2] Wohl das unten Nr. 470 C 7 in den Fundortzeilen zitierte Konzept Jochers; vgl. auch ebenda Anm. 2–9.

[3] Der Text bricht mitten auf der Seite ab.

[1] Die durch eckige Klammern markierte Lücke enthält ein Resümee der unten Nr. 496 Anm. 4 zitierten Relation *Metternichs* vom 18. Dezember. Darin berichtete der Statthalter, der mit der Belagerung Heidelbergs rechnete (oben Nr. 470 B 8 Anm. 1), u. a., Aussicht auf Sukkurs von seiten Tillys, Aldringens oder des Herzogs von Lothringen bestehe nicht. Der König von Schweden habe zwischen Worms und Oppenheim den Rhein überschritten und angeordnet, dass der Herzog von Weimar, Landgraf Wilhelm von Hessen-Kassel und andere Adhärenten mit ihren Truppen auf dem rechten Rheinufer

*Ego [Richel]* proposui, waß elector bevolchen:
1. Waß statthalter zu schreiben.
2. Ob succurs a Gallo zu begeren.
3. Waß an Tilli zu schreiben.
4. Waß mit Charnasse zu conferieren.

Umbfrag [...] ad alias quaestiones² wegen Frankhreich:
*Dr. Jocher:*
Ehe man der neutralitet halber etwaß gewiß schliesst, werd Gallus nit helfen, sich auf anderen seinen vorschlag referieren.
Palatinus werdts schwehr machen. Gallum hindern. Is Suecum favorisier.
Wehr besser, dz man sich lengst resolviert het. Zweifle, ob Schwed werdts anemen.
Zeit, mit Charnasse zu schliessen. Charnasse zu Schweden und St. Estiene in Galliam ziehen lassen.
Wan man schon neutralitet eingehe, dennoch thun, waß möglich.
*Comes [Wolkenstein]:*
Galli hilf sei nit auf die neutralitet fundiert. Der succurs zu begehren. Gallo die gefahr remonstrieren, [die] von Schweden zu gewarten. Dem Charnasse zu bedeiten, dz er mit schreib. Woll man ihn fortziehen lassen, laß geschehen.
Interim alle praeparatoria zu machen, quasi neutralitas non esset conclusa. [...]
Besorg, Schwed werdts nit anemen. Estiene kondts in Gallia referieren. Charnasse wieder hieher.
Interim werd man wissen, waß Kaiser et electores gesinnet. [...]
*Ego [Richel]:*
Vermein, Estiene in Galliam zu senden oder zu schreiben.
Ohne neutralitet werd Gallus sich nit eifrig unser anemen. <Estiene> schickhen, aber der nit vil helfen. Ex causis multis.
Mit Charnasse zu handln, sich gegen ihm zu erclären.
*Oberstcanzler [Donnersberg]:*
1. Neutralitet vortzusezen.
2. Interim alle praeparatoria zu machen, quasi erecta non fuisset.
3. Dem Charnasse anzudeiten erst, wan die neutralitas richtig.
4. Diser zum Schweden, monsieur St. Estiene hier bleiben.
5. Sollen beide in Galliam neben Ihr Kfl. Dt. schreiben.

Dz concept abgelesen."³

Geheimer Rat 194/9 fol. 167–S. 174. Ben. bei BIRELEY, Maximilian S. 173.

---

zurückbleiben und mit Hilfe der ankommenden Hilfstruppen der Generalstaaten den proskribierten Pfalzgrafen wiedereinsetzen sollten.
2 2 und 4. Die Umfrage zu den Punkten 1 und 3 (Antwort an Metternich und Schreiben an Tilly) bleibt außer Betracht.
3 Das Folgende, wohl das Resümee des Konzeptes, ist mit Bleistift geschrieben und unlesbar. – Das Konzept konnte nicht ermittelt werden.

### 470 B 11. Peringer an Maximilian

Dezember 22

Minderheitsvotum in Sachen Neutralität – Mittel zur Fortsetzung des Krieges

„E. Kfl. Dt. bitte ich underthenigist umb verzeihung und das sie khein ungnad auf mich werfen wöllen, umb das ich in puncto neutralitatis mit meinem voto[1] von den andern rhäten different gewest, dann es ie aus kheinem studio oder vorsaz contradicendi oder singularitatis, sondern daher geschehen, weiln mir in meinem wenigen verstandt besagte neutralitet über die massen schwehr und vast unverantwortlich fürkhommen.[2]

Was aber in hindansezung derselben die gegenwertige mittel E. Kfl. Dt. aignen gnuegsamen defension belangt, welche sie von mir zu specificiren gnedigist begeren, befinde ich mich gleichwoln hierzu insufficient, und ist auch ausser meiner profession, in dergleichen sachen vorschlög ze thun. Nichtsdestoweniger aber E. Kfl. Dt. gnedigistem bevelch gehorsamist zu pariren, bestehn meines ainfeltigen erachtens gedachte gegenwertige defensionsmittel haubtsächlichen auf zwaien stuckhen, alß 1. auf dem khriegsvolkh und 2. auf dem gelt.

Erstlichen das khriegsvolkh betr., hab ich mich aus demienigen, was ich sowol zu Donawehrt[3] als widerumb alhie vernommen, anderst nit zu erindern, als das an Kaiserischen, bundts und Lothringischen hin und wider in Forcheim, Rüeß und Wirtenberg ausgethailtem und versträtem fueßvolkh noch auf die 14.000 mann plus minus, an reittern aber auf die 4.000 verhanden sein sollen, ausser der verschaidenen Kaiserlichen, Spanischen und anderer regimenter und trouppen, welche sich diser zeit am Rhein, zu Meinz, auch Haidelberg etc. befinden, wie auch ausser deß alten gueten volkhs, welches noch in denen danidigen stiftern in guarnision ligt und der veldmarchalkh von Pappenheimb heraus- und zusamenführen würdt, was auch er und vorderist Churcöln etc. noch darzu von neüem werben mechten.[4] Und weiln diß volkh vast alles schon de praesenti auf den bainen verhanden, so khan ich es auch anderst nit als für ein bereit gegenwertiges defensionsmittel erachten. Und würdt es allein, doch ohne maßgebung und meinem einfeltigen verstandt nach, an deme gelegen sein, das man solch volkh besser zusamenführen und alßdann gegen dem feindt, so mit seinen

---

1 Am 18. Dezember (oben Nr. 470 B 7 S. 1413).
2 Randvermerk *Maximilians*: „Weil andere geistliche und weltliche eß für wol verantwortlich halten, mechte man gern die rationes contrarias wißen."
3 Bei Gelegenheit der Konferenz in Donauwörth Mitte Dezember, an der Peringer demnach teilgenommen hatte.
4 Randvermerk *Maximilians*: „Dz Lothringisch volkh ist nit mer verhanden, wie wol wißendt, also ein selzamer vorschlag. Wie dz bundtsvolkh zum fechten qualificiert und was Tilli und Aldringer ihnen nit getrauen, waß auch für ein zagheit darin stekht, dz haben ihre außagen [bei Gelegenheit der Konferenz in Donauwörth Mitte Dezember] geben. Ob man versichert, dz Schwed auf den Pappenheim warten werde? Cöln hat lengst geschriben, weil er nit gnug gelt, dz er nit fortwerben khinde. Dz nur der Schwed warte, biß es sich wider außgemöst!"

viribus zimblich zerstreet⁵, emploiren thüe. Es ist auch hierbei der Würzburgischen und Bambergischen bauren und underthonen offerta und erzaigendes couraggio nit aus der acht zu lassen, welche in der anzahl bei 4.000 sein sollen, und da sie recht angeführt oder secundirt wurden, leüchtlich ein guete impresa verrichten khöndten⁶, zugeschweigen deß starkhen khriegsvolkhs, welches aniezt Ihr Ksl. Mt. in Beheimb beisamen haben und nach verhoffender glückhlicher expedition mit Praag bald widerumb heraus- und an den feindt geführt werden khan.⁷

Fürs ander belangendt die geltmittel, waiß ich zwar als rem facti alieni nit, begere es auch nit zu wissen, ob und mit was für einem nervo belli E. Kfl. Dt. noch fürsehen sein. Ich erindere mich aber underthenigist, das E. Kfl. Dt. vor disem, da noch der Schwed under Magdeburg gewest, doch mit seinen hostiliteten starkhe progresz gethon, im rhat haben gnedigist proponiren und fraagen lassen, ob es nunmehr zeitt seie, denienigen geltvorrath, welchen sie in zeitt dero regierung einich und allein zu defension ihrer landen und leüthen, auch der catholischen religion zusamengespart, aufzusezen oder darmit noch lenger und biß auf einen noch schwehreren nothfahl zu hinderhalten? Dieweiln dan der damahlige status rerum noch für einen solchen eüsseristen nothfahl nit gehalten, dahero auch E. Kfl. Dt. nit gerhaten werden khönnen, berürten geltvorrhat dazumahln anzugreiffen und zu spendiren,⁸ so hab ich anderst nit vermaint (dahero auch obgemeltes mein votum darauf fundirt), dann es werde solcher vorrhat noch auf dato verhanden sein und also seposita neutralitate der khrieg pro praesenti gegen den feindt noch in etwas continuirt werden khönden. – Mir ist auch zugleich hierbei noch zu gemüeth gangen, das der bischoff zu Würzburg über allen verlust noch ein grosse paarschaft mit sich hinwekh- und in salvum gebracht, wie er sich dann vernemmen lassen, dieselbe zu underhaltung deß khriegsvolkhs anzuwenden oder selbs darmit volkh zu werben und dem feindt under augen zu z[iehen]. Weiln er dann diser so grossen paarschaft sich noch zur zeit nit ganz entblöst haben würdt, so hab ich vermaint (ist auch solches vor disem E. Kfl. Dt. selbs aigne gnedigiste mainung gewest), er khöndte davon zu einem ergibigen vorschuß wol besprochen und erindert werden.⁹

---

5 Randvermerk *Maximilians:* „Wan er so zerstraet, wie khan er sovil belegern und einnemmen?" [...]
6 Randvernerk *Maximilians:* „Mit den bauern wirdt man dz land Bayrn nit erhalten."
7 Randvernerk *Maximilians:* „Dz Ksl. volkh in Beham, wie der eventus zaigt, ist dorthin nit bastant, wirdt Bayrn nit defendiern."
8 Randvermerk *Maximilians:* „Man hat seithero vileicht khein gelt zur zahlung nach Donawörth, item dem churfürsten nach Cöln, item dem Pappenheim den wexl von Donawerth, welche 3 posten allein 350.000 machen, auch die richtige bezalung des in der Oberpfalz und jezt ins land khommenden volkhs außgeben? Oder dise summen seindt auß der Iser gefischt worden, weil sie nit auß dem vorrath sein sollen. – Item wan der graf von Tilli 4.000 geworben volkh allein in Inglstatt legen will, dz Lothringisch auch beraith nach hauß gefiehrt worden, möcht ich gern den rest außgeworfen sehen."
9 Randvermerk *Maximilians:* „Er hat 100.000 taler wekhbracht. Davon hat er 50.000 hergeben zur caßa. Er wirdt ja zu seiner underhalt auch waß haben mießen. Darnach quid si non daret, soll mann darumb diser ungewißheit halber sich von land und leüth treiben laßen?"

Ob und wie weitt oder lang nun aber mit einem diser geltmittlen forthzukommen und zu continuiren, das waiß ich noch vil weniger. Und ist auch solches extra propositum, als welches nur auf gegenwertige defensionsmittel gerichtet ist."[10] – 22. Dezember 1631.

Eigenh. Ausf. mit Randvermerken und Kommentaren *Maximilians* ÄA 2255 fol. 647–648. Ben. bei STADLER S. 574; ALBRECHT, Maximilian S. 806 Anm. 118.

### 470 B 12. Wolkenstein an Maximilian[1]

[ad Dezember 22]

Mittel zur Verteidigung Bayerns – Kommunikation mit dem Kaiser

„Von E. Kfl. Dt. ist mir gestern abents spat ein bevelch zuekhommen, daß deroselben ich die mittel de praesenti, wie sie irer landt und leüth, auch deroselben ruin mögen aigentlich versichert sein, verzaichnen und ubergeben solle.

Obwoln, gnedigister churfürst und herr, dises ein werkh ist, welches thails von khriegserfahrenen, thails von denen, welche sowol dero landts beschaffenheit halber als auch sonsten in anderm guete information haben, mit weit besserm fundament beratschlagt und tractiert werden khan und solle, weiln iedoch E. Kfl. Dt. bevelch nachzukhommen, mich schuldig erkhennet, alß habe deroselben diejenige mittel, welche mir bewüsst und so guet ichs in meiner einfalt begreiffe, volgender gestalt underthenigist eröffnen wöllen.

Und anfang zwar were sonderlich zu wüssen und dahero bessere khundtschaft zu bestellen vonnöten, wie starkh sich der feindt diser zeit befünden möchte. Weiln es aber daran ermanglet, also mueß auß den eingelangten und mir (welches doch nit oft zu geschehen pflegt) communicierten avisen allain ein coniectura beileüffig gemacht werden. Auß den intercipierten schreiben und von etlichen dem feindt außgerissnen soldaten hat man vernommen, der khönig seie nach der Leibziger schlacht mit seiner

---

[10] Randvermerk *Maximilians:* „Ich wolt gern sehen, dz ein rath ainmal ein modum zaigte, weil eß diser vorschlag nit thuet, wan man von land und leüth vertriben, wie man ein anders wider erlangen werde, so wer leichter ein resolution zu nemmen. Dabei auch religio interessiert. Wer nichts zu verliern, der hat guet rathen."

[1] Auf dem oben Nr. 470 B 12 gedruckten undatierten Schreiben ist von Kanzleihand vermerkt: „Guettachten, wie daß land Bayrn wider deß königs in Schweden besorgenden einfahl in der eil zu versichern sein mechte, welches herr graf von Wolckhenstain vergriffen. Anno 1631." Die Bearbeiterin hat das Schreiben *Wolkensteins* zeitlich dem oben Nr. 470 B 11 gedruckten Schreiben *Peringers* vom 22. Dezember 1631 zugeordnet, da anzunehmen ist, dass Maximilian die beiden Räte, die nach eigenem Bekunden am 18. Dezember (oben Nr. 470 B 7) von dem Votum der Mehrheit abgewichen waren, gleichzeitig aufforderte, Mittel zur Fortsetzung des Krieges bzw. zur Verteidigung Bayerns aufzuzeigen, und beide zeitnah antworteten.

ganzen macht in die 15.000 zu fueß und 114 cornet reitter, deren das sterkhiste 50, die übrige aber 30 und 40 mann starkh gewesen, nacher Erfurdt gezogen. Und² obwoln er sich durch neue werbungen inmittels gesterkht, so zweifle ich doch nit, er werde hingegen sowol vor dem schloß Würzburg, Menz und sonsten bei dem travaglieren, weiln sonderlich auch die khranhheit under dem volkh sein solle, auch vil verlohren haben, zu geschweigen was der zu besazung so viler occupierten örter, sonderlich an der infanteria zurugkhlassen mussen.

Es ist auch noch zweiflich³, ob der feindt mit ganzer seiner macht sich so weit heraufwerz gegen E. Kfl. Dt. landen oder doch so bald begeben werde, und solches auß volgenden uhrsachen:

1º Weiln⁴ der landtgraf von Hessen gar gegen Coblenz hinab, der khönig aber an die Bergstrass sich begeben, darauß abzunemmen, daß er vilmehr sich deß Rheinstrombs noch in disem windter bemechtigen und dardurch ime den rugkhen versichern wurde.

2º So⁵ ist ime die windterliche zeit, eine solche starkhe marchiada, nemblich von Coblenz, Meinz und der orten biß an die Thonaw, vorzunemmen, gar verhinderlich.

3º Müesste⁶ er das Spanische, Ksl. und bundts volkh, so sich am Rhein befindt, hinder ime lassen, welche demselben alsdann auch nachvolgen und dergestalt in die mitte bringen khundten.

Gesezt aber, der feindt wolte ohnangesehen diser und anderer mehr motiven den Rheinstromb verlassen und sein intent also gleich auf Bayrn richten, so wurde E. Kfl. Dt. landtsdefension vornemblich auf disen drei volgenden mitteln bestehen.

1º Alß erstlich, daß das Ksl., bundts und Lothringische⁷ volkh fürderlich zusamengeführt und entweder dem feindt damit nachgezogen oder seine quartier angegriffen und also derselb sovil möglich divertiert werde.

2º Zum andern wurdt auch vil an fürderlicher vortstellung deß veldtmarschalchs graven von Pappenhaimbs vorhabender diversion⁸ gelegen sein. Und ob zwar Ire

---

2 Zum Folgenden Randvermerk *Maximilians:* „Sterkht sich teglich, und weil sich tailt und über Rhein tailß nach Haidlberg gangen, mueß er starkh sein. Zu Würzburg hat er uber 200 nit, zu Menz nichts verlohren."
3 Randvermerk *Maximilians:* „Wan es zweiflich, so khans geschechen."
4 Zum Folgenden Randvermerk *Maximilians:* „Sie khinden gleich zusamenstoßen, wie sie gethan, alß sie Nürnberg entsezen wöllen, mit 3 armaden: aine vom Rhein, die ander auß Ober-, die 3. auß Nidersaxen."
5 Zum Folgenden Randvermerk *Maximilians:* „Von Haidlberg ists so weit nit."
6 Zum Folgenden Randvermerk *Maximilians:* „Wo wolten die Spanischen uber Rhein, herauf folgen und ir Pfalz quittiern? Seindt sie doch ir aigen bekhandtnuß nach 3.500 zu fueß und 14 cornet nur starkh. Khein bundtsvolkh ist mer unden, alß was in Haidlberg und Manheim. Dz wirdt sich dem feind understöllen mießen. Also wirdt dem feind nichts nachfolgen noch ihne in die mitten bringen, wie er dann auch sonsten diß under volkh, wanß ihme nachzuhe, schlagen wurde."
7 Hierzu und zum Folgenden Randvermerk *Maximilians:* „Ist doch khein Lothringisch volkh mer diseits Rhein. Wann der feind herauf ziecht, so wirdt er unden nit khinden angriffen werden."
8 Hierzu und zum Folgenden Randvermerk *Maximilians:* „Biß man diß ding hin und her richtig macht, ist der feindt unß im landt. So hatt er unden auch schon vorsehung gethan. Die diversion ist ein lang werkh, die quaestio ist, wie man in eil dz land conserviern wolle."

Kfl. Dt. von Cöln[9] vermainen, mann solle sich damit nit ubereilen, so bin ich doch einer andern mainung, und vornemblich darumb, weiln von diser diversion berats in gemainen zeittungen geschriben würdt. Und ist zu besorgen, der feindt werde nit underlassen, dagegen zu contraminiren und bei lengerm cunctiern sich understehen, vilmehr den veldtmarschalchen durch ein entreprise ein diversion zue machen. Es ist aniezo vornemblich an gewünnung der zeit gelegen.

3° Drittens[10] daß E. Kfl. Dt. mit dem herobigen Ksl., bundts und anderm volkh sich entzwischen in solche verfassung stellen, damit sie den feindt zum wenigsten sovil möglich aufhalten und an seinen progressen verhindern khönden, zum fall mann ie nit gewachsen sein solte, demselben under augen zu ziehen.

Sovil nun das erste mittel berhüeren thuet, ist vor allem vonnötten, daß ein capo auf das eheist hinab an den Rheinstromb verordnet werde, welcher von dem graven von Tillj die plenipotenz hat, nit allain deß bundts, sonder auch das Ksl. volkh, so daselbst vorhanden, zusamenzufordern und damit pro re nata zu disponieren.

Solches capo[11] müeste zugleich bevelcht sein, sich mit den Spanischen ratione assistentiae reciproce zu vergleichen, sonderlich aber wo möglich es dahin zu richten, daß wann der feindt sich herauswerz begeben solte, sie die Spanische alsdann mit thails volkh auch uber Rhein zu sezen und neben dem andern corpo dem feindt, wie es die glegenheit gibt, nachsezen wolten. Weiln dann an disem werkh sehr vil gelegen, so khundten E. Kfl. Dt. sowol den herrn graven von Tillj als auch den Aldringer entweder durch schreiben oder jemandt andern mündtlich beweglich erinnern, daß wo möglich der von Aldringen[12] die expedition über sich nemme. Inmittelst khundte herr generalwachtmaister graf Ott Hainrich Fugger dem graven von Tillj assistieren, wann sonderlich der graf von Fürstenberg nit bleiben wolte. Wann aber diß nit zu erhalten, so wer ich der mainung, man solte den graven von Sulz ad interim hinab ordnen als ein wolerfahrner alter und herzhafter soldat. Und wurde khain anderer obrister mit ime competieren khönden. Deme khundte der obrist von Ossa, alß welcher in consiliis mehr geübt und guet ist, adiungiert werden. Entzwischen aber weren Ire Ksl. Mt. zu ersuechen, den von Gallas[13] alspalden herauß zu schickhen und dahin zue commandiern.

---

9 In der Nachschrift zum Schreiben vom 11. Dezember (unten Nr. 481 Anm. 3).
10 Zum Folgenden Randvermerk *Maximilians:* „Sagen doch die officir, dz volkh khinde vor 6 wochen, ja wol gar vor 12 wochen khein dienst thun. Darnach ists nit gnug zu sagen, sovil müglich, dann es umb land und leüth zu thun. Sagt doch Tillj und Aldringer, eß sei mit disem volkh nit müglich."
11 Hierzu und zum Folgenden Randvermerk *Maximilians:* „Hat man doch zu Donawerth khein capo finden khinden. Ist doch schier khein Span. volkh unden. Darnach haists in solchen fellen nit, wo möglich. Mann muß vergwist sein. Eß ist nit umb ein privat herrschaft oder grafschaft zu thun."
12 Dazu Randvermerk *Maximilians:* „Will doch der Aldringer nit hinab."
13 Dazu Randvermerk *Maximilians:* „Gallas ist in Behem vonnötten."

Bei dem andern mittel, nemblich deß graven von Pappenhaimbs vorhabender diversion, bin ich bereits oben verstanden worden, daß selbige *sovil möglich*[14] maturiert werden solle. Und weren Ire Kfl. Dt. zu Cöln[15] nochmaln zu ersuechen, ime hierzu alle assistenz zu laisten, sonderlich zu verwilligen, daß er, da es die nottwurft erfordert, das volkh in dero stiftern versamblen und daß corpo formieren möge. Weiln es aber principaliter an dem gelt ermanglet und der herr bischof von Würzburg sich aniezo personlich zu Cöln befündt, alß hielte ich underthenigist darfür, E. Kfl. Dt. solten Seine Fstl. Gn. beweglich durch schreiben anlangen, ob sie von denen dahin geflechneten geltern dem veldtmarchalch ein gewisse summa anhendigen lassen khundten[16]. E. Kfl. Dt. neben Irer Kfl. Dt. zu Cöln wolten sich darumb obligieren, auch ein thails, da sie es zu irer underhalt vonnötten, alsogleich widerumb per wexel ubermachen, damit allein der veldtmarschalch nit gehindert werde.

[1°] Bei dem dritten und nothwendigisten mittel befünde ich gleichwol die mehreste difficulteten, indeme das volkh an der anzahl gering und darzu craftloß, auch an der khlaidung und gewöhr mehrern thailß abkhommen ist. Jedoch ist nit zu weiflen, daß der feindt eben sowol die krankheiten neben andern ungelegenheiten empfünden werde, sonderlich weiln er eine zeithero sein volkh gleich sowol strapaziert und noch strapazirn mueß, wann er noch disen weitten weeg herauf marchieren solte. Ich bin der mainung, man solle fürderist dem grafen von Tillj anbevelchen, aller orten guete sichere kundtschaften zu bestellen[17] und darinn khaine spesa anzusehen. Und[18] sobaldt er vernemmen werde, daß der feindt sein marche heraufwerts gegen Württemberg oder der Tauber zu zu nemmen vorhabens, solle er alspalden alle guarnisones sowol aus Württemberg alß dem Rieß und Obern Pfalz nemmen und gegen die Donau heraufwerz marchieren lassen. Dann weil khain ort ist, welches bastant wer, sich eine zeitlang zu defendieren, vil weniger aber die mittel vorhanden sein, ein dergleichen ort, wann nemblich dz volkh hin und wider zerstrewet ligt, zu entsezen, so ist ia bösser, solche örter beizeiten zu abandoniren, das volkh zu salvieren, zusamenzuefüehren und E. Kfl. Dt. damit sovil möglich zu defendieren.

2° Es ist aber vors ander vonnötten zu wüssen, wie starkh die anzahl sowol deß bundts alß Ksl. volkhs sein mechte, welches mann auf solchen fall zusamenbringen und gegen dem feindt gebrauchen khundte. Und sovil deß feindts volkh betrifft, bitte E. Kfl. Dt. ich vorderist underthenigist umb verzeihung, wann ich dasjenige, welches dero generalcommissarius von Ruepp in dem rath vermeldt, nit in gedechtnuß behalten, weiln deroselben gdst. bewüst ist, wie underschidliche und wichtige materien

---

14 Dazu Randvermerk *Maximilians:* „In so wichtigen sachen gilt diser terminus nit, dann wie wans nit möglich, mieste man darumb land und leüt verlieren."
15 Dazu Randvermerk *Maximilians:* „Cöln wil den Pappenheim selbs zu seiner defension behalten."
16 Dazu Randvermerk *Maximilians:* „Hat von den 100.000 talern schon 50.000 hergeben. Dz ubrig wirdt zu seiner underhalt bedörfen."
17 Dazu Randvermerk Maximilians: „Thut mans doch, sovil sein khan."
18 Zum Folgenden Randvermerk *Maximilians:* „Wie wan mann derweil durch die Oberpfalz, von Eger oder Nürnberg oder Voitland oder Türingen uns ins land rukhte?"

vast gleich auf einmal zu Thonawerth seind proponiert, hingegen aber zur deliberation gar wenig zeit gelassen worden, also daß unmöglich gewesen, allem nach notturft nachzusinnen und, was im rahtt notiert worden, in der gedechtnuß zu behalten.

Die liste deß volkhs hab ich sonsten von andern also machen hören, alß volgende regimenter zue fueß hier oben und selbige bei solcher manschaft sich befünden sollen, alß:

| | |
|---|---:|
| Deß herrn generals [Tilly] | 1.000 |
| Deß veldtmarschalchs [Pappenheim] | 700 |
| Deß graf Fuggers 12 compagni | 1.000 |
| Obr. Wahl sambt deß La Maas 3 compagnia[19] | 1.000 |
| Von dem Reinach und Comargo commandiert volkh | 800 |
| Summa | 4.500[20] |

Von dem Kaiserischen volkh seindt volgende regimenter damal bei der armaden gewesen

| | |
|---|---:|
| Sulzisch | 1.500 |
| Merodisch | 500 |
| Goes | 700 |
| Pappenhaimb | 400 |
| Raßfeldt | 400 |
| Rittberg | 500 |
| Summa | 4.000 |

So ligen in guarnisonen

| | |
|---|---:|
| zu Schorndorff und Hailbrunn | 2.400 |
| Rottenburg | 1.800 |
| Dinckhelspil | 600 |
| Nördlingen | 600 |
| Lindaw | 300 |
| | 5.700 |

Wurde also die anzal der Ksl. und bundts infanteria, so mann aller orten auß den guarnisonen zusamenbringen khundte, sich erstreckhen auf   14.300 [!] mann

Von der bundtscavalleria seind volgende regimenter:

| | |
|---|---:|
| Cronburg | 13 compagn. |
| Billee | 9 |

---

19 Mitte Januar 1632 wurden die drei Kompanien La Maas in eine Kompanie reformiert und diese in das Regiment Wahl, das in der Schlacht bei Breitenfeld und beim Rückzug der Armee nach der Schlacht große Verluste erlitten hatte, eingegliedert, eine Regelung, die seit Mitte Dezember 1631 im Gespräch war. Vgl. dazu ÄA 2406 fol. 17–18, 20–22, 35–37, 41, ÄA 2259 fol. 122–125, ÄA 2398 fol. 616–620, ferner schon oben Nr. 311 E 44 Anm. 1.

20 Dazu Randvermerk *Maximilians*: „Der graf von Tillj sagt, er mieß 4.000 geworben volkh, auf den fall dz land soll angriffen werden, in Inglstatt legen. Rest also ins feld 500, wan dise rechnung just. Rupp hat aber gesagt, knecht, so fechten khinden, seind mit Forchaim und Oberpfalz allein 3.500, also diß alles allein in Inglstatt nit gnug."

| | |
|---|---|
| Fugger | 5 |
| Blanckhart | 5 |
| Merode | 5 |
| Crabaten | |
| Despagne | 6 |
| In der Obernpfalz | 2 |
| zwo freicompagnie[21] | 2 |

Also in allem 52 compagn.

Welche ich zu verschaidenen malen habe anschlagen hören auf 3.000 pferdt[22]

Von der Ksl. cavalleria hab ich zwar geringe information, will mich aber bedunkhen, es sei selbige gerechnet worden auf        1.500 pferdt

Also die ganze cavalleria sich belauffen mechte auf      4.500 pferdt[23]

3° Uberdiß[24] ist fürs dritte gar nit zu zweiflen, es seien die ermanglende khnecht nit alle gestorben oder dem feind zuegeloffen, sonder maisten thailß khrankh oder, sonderlich welche heroben geworben worden, außgerissen, welche, wann mann in das quartier khombt und gelt gibt, sich widerumb erheben und einstellen werden, bevorab, da mann sie deß perdons halben, wann sie sich einstellen, versichert. Und obschon auch villeicht under diser anzall nit alle tauglich zum fechten weren, so khundte mann sich doch auf diejenige verlassen, welche bereits eine zeitlang in den guarnisonen stekhen und maisten thailß ein guet alt volkh ist. – Nit[25] weniger werden sich mehr reitter finden und mantiniren khönden, welche iezo entweder gar von den pferdten khommen oder deren pferdt getruckht und nit beschlagen oder sonst auf pratigen außgeritten seind. Dann nit wol zu glauben ist, daß sovil reitter gestorben oder gar außgerissen sein solten. – Es[26] werden aber E. Kfl. Dt. die anzal deß volkhs, wann sie in die quartier khommen, von den commissariis baldt mit besserm grundt vernemmen.

4° Ist vonnötten, daß sowoll reitter alß fueßvolkh insgemain widerumb armirt werden, und zwar auf das fürderlichist.

5° Were[27] erzherzog Leopold zu ersuechen, seine geworbne 2.000 khnecht alsobalden herauß in die marggrafschaft Burgau zu schicken oder doch ein thail derselben, deren mann sich alsdann auf solchen fall auch bedienen khundte, welches

---

21 Dazu Randvermerk *Maximilians*: „Dise seindt unbewust."
22 Dazu Randvermerk *Maximilians*: „Ruepp sagt, eß sein allein 2.500."
23 Dazu Randvermerk *Maximilians*: „Ruepp sagt, etwan bis in 1.000 aber nichts armiert, wol auch ohne pistoln. Also die summa maist 3.500. Hergegen hat der feindt wol 2 oder 3 mal sovil."
24 Zum Folgenden Randvermerk *Maximilians*: „Ob auf diese hofnung land und leütt zu wagen?"
25 Zum Folgenden Randvermerk *Maximilians*: „Wie muß aber interim gehaust werden. Die quaestio ist de praesenti und nit de futuro."
26 Zum Folgenden Randvermerk *Maximilians*: „Die haubtresolution aber wirdt von unß jezt und nit wan eß unser glegenheit ist, begerdt."
27 Zum Folgenden Randvermerk *Maximilians*: „Schreibt er doch selbs, er sei vor den Pindten nit sicher, wan sie ihn angreiffen. Auf eins andern resolution land und leütt zu wagen, ist gefehrlich."

darumb desto leichter zu erhalten sein wurde, weiln die conservation und defension der Österreichischen landen ein solches zugleich erfordert.

6° Es[28] hetten sich auch E. Kfl. Dt. deß Salzburgischen und andern neugeworbnen volkhs, deren beraits ein zimbliche anzall verhanden sein würdt, zu gebrauchen.

7° Were[29] villeicht nit unrathsamb, durch das ganze landt publicieren zu lassen, welche zu der landtsdefension sich wollen gebrauchen lassen, daß sie sich nambhaft machen und auf allen fall gefasst halten sollen, mit der versicherung, daß man inen den nothwendigen underhalt verschaffen und sie ausser landts nit füehren, sonder allain zu defension deß vatterlandts gebrauchen wolle, dergleichen an andern orten hiebevor auch mit nuzen practiciert worden. Und ist sich mehr auf solchen alß den gewonlichen außschuß zu verlassen.

8° Were[30] der landtaußschuß sowol in Bayrn alß anderer benachberten orten aufzumahnen und selbiger eintweder hin und wider in besazung zu verlegen oder under das geworbne volkh zu stossen.

9° Damit[31] auf den nothfall das volkh desto geschwinder zusamenzubringen, were vonnötten, daß das volkh auß den weit entlegnen orten alß Lindaw und thailß der Obern Pfalz naher gegen die Donaw verlegt werde. Solte nun der feindt zu Ulm über die Donaw sezen, so were ime solches nit zu verwehren, sonder vonnötten, daß man die statt Augspurg wol in obacht nemme. Zu solchem endt khundte mann etlich tausent mann landtvolkhs[32] darein legen, und die ubrige ganze armada müesste an dem Lech verbleiben. Und obschon diser fluß an vilen orten zu reitten, so[33] khan doch der feindt in der batagleria [!] so geschwindt nit durchkhommen, daß mann ime disseits nit zeitlich begegnen khundte.

10° Vermaine[34] ich, es gebe dise winterliche zeit unß ein grossen vorthail, dann bei diser zeit lasst sich ein schlechtes ort leichtlich defendieren, wann es allain an der resolution nit ermanglet, inmassen es die vernunft gibt; und seind deren exempel vil verhanden, sonderlich mit Elsaß Zabern. Obschon der feindt vor einem jar im windter

---

28 Zum Folgenden Randvermerk Maximilians: „Wievil ist deßen? Mann sagt nit von großen sachen." – Dass von Salzburg keine Hilfe zu erwarten war, belegt ein Schreiben des *Erzbischofs von Salzburg* an Maximilian, Salzburg, 29. Dez. 1631 (Ausf., präs. 1. Jan. 1632, ÄA 2268 fol. 401–402), in dem es u. a. heißt, die Salzburger Kompanien seien noch nicht komplett. Auch müsse der Erzbischof angesichts der auch für sein Erzstift bedrohlichen Lage seine geworbenen Truppen derzeit im Land behalten.
29 Zum Folgenden Randvermerk *Maximilians:* „Man waiß schon, dz sich außer aufbott kheiner selbs begert brauchen zu laßen, sonder in solcher not lieber bei hauß zu sein."
30 Zum Folgenden Randvermerk *Maximilians:* „Ist ein vergebner unkhosten, zaigens doch die die tegliche exempla."
31 Zum Folgenden Randvermerk *Maximilians:* „Hat man doch zu disem die quartier und underhalt nit."
32 Dazu Randvermerk Maximilians: „Sie wollen nit außer landts. Und hat man in der Ob. Pfalz schon erfahren, waß dz landvolkh nuzt."
33 Zum Folgenden Randvermerk *Maximilians:* „Ist ganz anderst."
34 Zum Folgenden Randvermerk *Maximilians:* „Wo wollen wür den windter hinumb aufkhommen? Findt sich doch khein volkh. Sehe man, wie der graf Fridrich von Fürstenberg aufkhombt."

grosse progress gethon, so hat er doch nit einiges ort eingenommen, welches sich defendiert hette, sonder es haben die Kaiserischen alles güetlich verlassen. So hat er maistens Teütsch volkh, welche die kälte nit besser alß die unserige ausstehen khönden.

11. Were der baurenauffstandt in Franckhen wol in obacht zu nemmen, dardurch der feindt an seinem vorhaben nit wenig gehindert wurde. Und were vielleicht auf solchen fall die besazung in Forchaimb zu lassen und den baurn damit zu assistieren. Wo nit, bin ich der mainung, mann solte das regiment zu pferdt biß an ein compagnia und dann deß herrn generals regiment herauß nemmen und an dessen statt newgeworbenes[35] und landtvolkh neben der Elsenhaimischen compagnie hinein legen.

12. Ist[36] gar nit zu zweiflen, daß dem feindt vil gefangne außreissen, also er geschwecht, wir aber gesterkht wurden, welches auch bereits beschiht, da er doch so weit von den unserigen ist.

Ob und wie lang aber E. Kfl. Dt. und dero landtschaft mit den nothwendigen underhaltungsmitteln alsdann gefolgen khundten, wann sie vast die ganze armada im landt underhalten müessten, solches ist mir unwissendt, habe es auch niemaln zu wüssen begert. Aber[37] der gehorsamisten mainung bin ich, wann sie die mittl haben, auch nur 2 monath zu continuieren, so sollen es E. Kfl. Dt. an deme für dißmal nit erwinden lassen. Entzwischen werden sie die zeit gewünnen und sich auf einen oder den andern weg mit besserm bestandt und weniger gefahr resolviren khönden.

Dise seind, genedigister churfürst und herr, die mittel, so mir als einem, sonderlich in dergleichen sachen ganz unerfahrnen menschen beigefallen, durch welche E. Kfl. Dt. ire anererbte landt und leüth auf den eilenden nothfall vor dem feindtlichen einbruch mit beistandt deß Allmechtigen solang zum wenigisten erretten und beschuzen khundten, biß sie vorhero der Röm. Ksl. Mt. alß dem weltlichen höchsten haubt, aigenthumbsherrn und E. Kfl. Dt. nechstem bluetsfreundt die gefahr und den ganzen statum vortragen und mit derselben vertreülich und offenherzig verner conferieren, auch endtlich auf den letsten fall ir vorhaben ratione bewüsster neutralitet eröffnen lassen, allermassen E. Kfl. Dt. ich meine einfeltige gedankhen iungsthin auf der raiß nach Thonawerth[38] underthenigist meiner schuldigkheit nach entdeckht habe, gehorsamist bittendt, E. Kfl. Dt. wöllen mir gdst verzeichen, wann ich unrecht gethon habe und noch thue, daß ich mich zu thails anderer herrn räth mainung nit verstehen khan, welche[39] E. Kfl. Dt. geratten[40], daß sie die neutralitet alspalden einwilligen sollen, ehe und zuvor dise communication

---

35 Dazu Randvermerk *Maximilians:* „Wo ist dz neugeworben volkh?"
36 Zum Folgenden Randvermerk *Maximilians:* „Unergibig und zu spadt."
37 Zum Folgenden Randvermerk *Maximilians:* „Man begert unser resolutio jezt zu wißen und nit uber zwen monat."
38 Zu der Konferenz Maximilians mit Tilly und anderen Militärs, die Mitte Dezember stattgefunden und an der Wolkenstein demnach teilgenommen hatte.
39 Zum Folgenden Randvermerk *Maximilians:* „Weiln man schier zweiflt, ob jezt die neutralitet zu erhalten, jezt noch nur zweiflhaftig, ob mans alsdan, wan man gern wolte, erlangen werde, sonderlich bei solchen feindlichen progressen."
40 Am 18. Dezember (oben Nr. 470 B 7).

mit Irer Ksl. Mt. vorhergangen, da sie auch zumalen dero mitverainter churfürsten und stendt intention und genembhaltung nit versichert seindt.

Ich khan oder begere doch E. Kfl. Dt. ainige ordnung oder maß nit fürzuschreiben, sonder ich habe mich contentiert und contentiere mich nochmalß mit deme, daß ich dasjenige waiß Gott ohne ainigen andern respect und reflexion gesagt und geschriben habe, wie ichs in meinem gewissen und geringen verstandt befunden. Dafer auch E. Kfl. Dt. noch weitters in disem wichtigen negotio meine geringe vorschläg gdst. erfordern solten, erkhenne ich mich, solchem gehorsamist nachzukhommen, schuldig und willigst[41]."

Ausf. mit Randvermerken und Kommentaren *Maximilians* ÄA 2747 fol. 462–469.

### 470 B 13. Journal Richels

Dezember 23

Konsultationen bayerischer Geheimer Räte – Konzept des Documentum Neutralitatis – Informatio brevis pro Romanis – Einschluß Lothringens in die Neutralität

„Den 23. Decembris
  *Ego [Richel]* proposui auß Ihrer Dt. bevelch:
1. Dz concept neutralitatis[1] in consilio nochmaß abzulesen.
2. Ob die informatio latina nacher Rom[2] dem pabst selbst oder Barbarino oder dem Crivelli allein zu communicieren.
3. Ob Lotringen zu inserieren.
  Umbfrag
  *Dr. Jocher:*
Ad 1. Erinnert, etliche wort zu inserieren. Palatinum zu excludieren. [...] Abducationi militum terminus statuendus.

---

[41] Auf dem freigebliebenen Platz der letzten Seite des Gutachtens notierte *Maximilian:* „Weil der artelorei- und proviantstatt abgangen, wie man in der eil denselben neben den neuen werbungen und underhalt des volkhs aufrichten khunde. – Weil man nitt abdankhen khan, bis man ein friden hat, derselbs aber nit in 2 monaten gschloßen sein wirdt, wie mann underdeßen, sonderlich wans volkh im land, werde mit dem gelt und underhaltmitl folge[n] werde khinden. – Wan der frid beschloßen, wie mann dz volkh wider auß dem land bringen wolle, sonderlich weil sich jezt schon die geltanlehen so schlechtlich anlaßen. – Item wol zu berichten, wie mann die forcht auß dem volkh bringen solle, weil der graf von Tillj selbs sagt, wan sie vom feind hören, sie sich entsezen."
1 Das unten Nr. 470 C 7 in den Fundortzeilen zitierte Konzept Jochers; vgl. auch ebenda Anm. 2–9.
2 Gemeint ist die „Informatio brevis pro Romanis", deren Entstehungsgeschichte demnach in das Jahr 1631 zurückreicht. Für die die bayerische Neutralitätspolitik verteidigende „Informatio brevis pro Romanis" ist zu verweisen auf BIRELEY, Maximilian S. 180 f., S. 183 Anm. 40; ALBRECHT, Maximilian S. 810 f., wo in den Anmerkungen statt Akten 238 zu lesen ist Akten 283.

Ad 2. Bedenklich, in schriften. Werd auskommen. Dem Crivelli gar nit vortstellen. Dem cardinali Bagni.
Ad 3. Lotringen nit zu inserieren. Gallus werd ihne von Schweden nit angreiffen lassen. Stehe ihm frei, ob er woll in neutralitet woll [!] begriffen sein.
*Comes [Wolkenstein]:*
Ad 1. Dr. Jochers bedenkhen erheblich, sonderlich deß pfalzgraven halber.
Ad 2: Wie Dr. Jocher.
Ad 3: Lotringen zu inserieren.
*Ego [Richel]:*
Ad 1. Deß pfalzgf. meldung zu thun, so hoch nit vonnöten ex causis. Wolt manß thun, will sich vergleichen.
Ad 2: Wie Dr. Jocher.
Ad 3: Besser, Lotringen nit zu melden, zu schreiben.
*Dr. Peringer:*
Mit Dr. Jocher.
*Oberstcanzler [Donnersberg]:*
Ad omnia tria mit Dr. Jocher.
Ad 1. Concept zu erigieren.
Ad 2. Cardinal Bagni zu schreiben.
Ad 3: Lotringen nit zu melden, doch zu schreiben."

Geheimer Rat 194/9 das auf S. 174 folgende Blatt bis fol. 175.


## 470 B 14. Journal Richels

Dezember 24

Konsultationen bayerischer Räte – Instruktion für Charnacé – In die Neutralität einzuschließende Stände – Weiterleitung der Schreiben an die geistlichen Kurfürsten vom 30. Dezember – Abordnung eines Gesandten nach Frankreich – Formulierung des Documentum Neutralitatis – Bündnis der Liga mit Frankreich

„Den 24. Decembris
*Dr. Kitner* referiert:
1. Charnasse woll <commission>, wie er sich gestert erbotten.
2. Er besorg, Schwed möcht einen oder den andern nit in die [Neutralität[1]] einschliessen oder restituieren. – Begert instendig, ob er actum neutralitatis[2] alsdan von sich geben oder neutralitas gar aufstossen soll.[3]

---
1 Die Vorlage hat irrtümlich „liga".
2 Unten Nr. 470 C 7.
3 In einer Art Aide-Mémoire, s. d. (Kschw 15021/5 fol. 42), heißt es u. a.: „Mons. de Charnacé begert ein instruction und under anderem diß einzurucken, das, wan Suecus die restitution der oc-

Umbfrag

*Dr. Jocher:*

Man kond dem Schweden nit einraumen, dz er annem und ausschließ, wen er wolle, sonder eher aufstoßen. Charnasse soll dem konig in Schweden wol remonstrieren, dz Ihr Kfl. Dt. in continenti, wan Schwed neutralitet nit eo modo annemb, an Gallum hilf begehren wollen.

<Curier> mit schreiben an die geistlichen churfürsten[4] dem Charnasse zu adjungieren, damit derselb, sobald die neutralitet richtig, zu den churfürsten verreise.

Derzeit in Franckhreich nit zu schickhen, biß man weiss, waß der Schwed sich erclert.

*Reliqui omnes* idem.

*Herr Kitner* referiert:

1. *Illustrissimos legatos.*[5]
2. Charnasse begert[6] ligam catholicam cum Gallo zu befördern und sondern tractat anzustellen. – NB Nit ratsam.
3. Mons. S. Estine wolt gern in Lothringen[7]. Kitner soll mit." [...]

Geheimer Rat 194/9 fol. 176'–S. 178. Benutzt und zitiert bei BIRELEY, Maximilian S. 173. S. 174 Anm. 15.

---

cupierten lender nit versprechen wollte (verstehe derjenigen, so catholischen theils die neutralitet acceptiern), den actum nit von handen zu geben. 2. Wan der Suecus ein oder andern bundtsstandt ausschliessen wollte, ob der actus von handen zu geben. – Ist geschlossen in consilio quod non. 3. Bitt die instruction also zu stilisiern, das ers, wans vonnetten were, dem Schweden fürweisen kunte, insonderheit aber diß, wan Suecus wider verhoffen in obangezogenen oder andern puncten, darzue er sich gegen dem könig aus Franck[reich] verobligiert gemacht und die catholischen vom rege Galliae vertröstet worden, [***] das Charnasse nichts soll von handen geben, [***] darbei aber Ihr Kfl. Dt. den Charnasse starkh erindern soll, seinem gethonen versprechen genueg zu thuen. Hoc est den regem Galliae dessen zu avisiern und soccors zu begern, welches Charnasse also verspricht und von seinem künig also bevelcht sei. [...] 5. Charnasse befindt ein notturft, das rex Sueciae ein andern actum mache wegen der confoederierten, so nach der Leipziger schlacht mit Sueco sich verbunden." – Nach Ausweis von unten Nr. 470 C 8 Punkt 4 fehlt an den durch [***] markierten Stellen Text.

4 Vom 30. Dezember (unten Nr. 470 D 6).

5 Meint wohl die Titulierung der französischen Gesandten als *Legatos Illustrissimos* in dem *Documentum Neutralitatis* (unten Nr. 470 C 7).

6 Wohl auf Grund der oben Nr. 470 A S. 1389 zitierten Instruktion vom 7. November.

7 Wo sich der französische Hof derzeit aufhielt.

## 470 B 15. Journal Richels

Dezember 27

Jocher zum französischer Vormarsch in die Unterpfalz bzw. an den Rhein

„Den 27. Decembris

*Ego [Richel]* proposui supradictas rationes[1] bei Dr. Jocher, obristcanzler [Donnersberg] und Kitner.

*Dr. Jocher:*

Distinguit: Wan neutralitet Schweden nit annemb etc., sei eß in allweg besser, dz Gallus heraus kom. Sed acceptata neutralitate non consultum. Ex causis:

1. Gallus wird vor sich behalten, waß er einnimbt, exempla mit Mez.
2. In detrimentum domus Austriacae viget. – Neutralitas eo aditura si[2] <...> Suecus, Gallus causam habet illum expellendi.
3. Alle catholische werden eß nit gern sehen.
4. Schwed wird die Pfalz nit gutwillig cedieren. Melius, dz Gallus sich auf die greniz bei Metz leg. Wan Schwed die neutralitet nit anemb oder nit halte, unß zu helfen.
5. Eß geschehe mündtlich oder schriftlich, werdts nit verschwiegen bleiben.
6. Gallus et Suecus möchten sich coniungieren wider Osterreich.

Wan Gallus schon zu Mez, kond er bald am Rhein sein und Schweden hindern."[3] [...]

Geheimer Rat 194/9 S. 179–181

---

[1] *Journal Richels*, s. d. (Geheimer Rat 194/9 S. 178–179): „Rationes cur Gallus in Inferiorem Palatinatum exercitum movere debet". Die folgenden, mit Bleistift geschriebenen 7 „Rationes" sind unlesbar.
[2] Die folgende durch spitze Klammern markierte Lücke enthält ein Wort, das nicht entziffert werden konnte.
[3] Weitere Voten zu den „Rationes" sind nicht notiert. Die übrigen Einträge zum 27. Dezember bleiben außer Betracht.

## 470 B 16. Journal Richels

Dezember 29

Maximilian und Jocher zur Abordnung Kütners nach Frankreich

„Den 29. Decembris anno 1631
  Bei Dr. Jochern rath gehalten von Kitners schickhung in Galliam[1].
  Elector vermaint:
1. Dem konig zu demonstrieren, wie Ihr Dt. seine consilia andern considerationen vorgezogen.
2. Acta cum Charnasse zu communicieren.
3. Ob nit konig etlich volkh nach Manheim gegen revers.
4. Ob die vollige hilf der 9.000 fanti und 2.000 pferdt zu begeren.
5. <War> die proviant dazu?
6. Man het den konig in Schweden attaquieren konden, auff Galli erinnerung nit gethan.
7. Fridland werd sich vindicieren.
8. Suecus geb vor, dz er nach Franckhreich nichts frag.
9. Daher zeit uber zeit, ut Gallus provideat, ne postea cum volet non possit succurrere nobis.
10. Zu dem end Gallus mit volkh an die greniz.
11. Zur interposition zwischen den catholischen und protestierenden ein anderer, eifriger in religione zu verordnen.
  Umbfrag
  *Dr. Jocher:*
[1.] Laß alleß passieren, waß Ihr Dt. angeregt. Allein dz die hilf iez nit alßbalden begert werde, sonder erst alsdan, da Schwed die neutralitet recusier oder sein resolution differier. Auch <nur> die 2 oder 3 fendlein in Manheim iez nit zu begeren. Dem Kitner in eventum bevelch zu geben, auch hinach zu schickhen.

---

1 Das Beglaubigungsschreiben *Maximilians* für Kütner an Richelieu ist datiert München, 30. Dez. 1631 (Ausf., franz. Sprache, AE CP Bavière 1 fol. 181. Ben. bei ALBRECHT, Ausw. Politik S. 331 Anm. 83; H. WEBER S. 164 Anm. 167). – Ebenfalls aus München, 30. Dez. 1631, datiert das Beglaubigungsschreiben *Maximilians* für Saint-Etienne an Richelieu (Ausf., franz. Sprache, AE CP Bavière 1 fol. 185–186. Ben. bei ALBRECHT, Ausw. Politik S. 331 Anm. 83). Dieses schloss: „Et puisque sa personne est encore nécessaire pour achever ce que le Roy a jugé utile pour le repos de l'Empire et de la paix universelle, je prends la hardiesse de supplier Votre Éminence de le vouloir renvoyer pour conduire à une bonne fin ce qu'il a commencé." Hinzuweisen ist auch auf ein Schreiben *Maximilians* an Richelieu, [Ende Dezember] 1631 (eigenh. Ausf., mit dem Vermerk: „1631", AE CP Bavière 1 fol. 202–203): „J'ay suivy le conseil du Roy Très Chrestien pour divertir les inconvenients dont touts les Catholiques sont menacés, et d'aultant plus volontiers, que Monsieur de Charnassé m'at asseuré que l'intention du Roy estoit de procurer et promovoir par ces moyens la paix universelle dans l'Empire à l'avantage de la religion catholique. C'est ce que touts les Catholiques attendent de la piété du Roy et du zèle de Votre Éminence."

2. Belangend, ob alßdan, si Suecus recuset vel differat, volkh herauff? Responsio: Besser darunden in der Pfalz etc. Hab versprochen, mit Sueco zu rumpieren. Etlich fendlein werd er alsdan <mit> herauß bringen konden gen Manheim. Doch regi heimbzustellen.Wehre nit unratsam, etwan in Manheim zu bringen, waß moglich. Mit cardinali et nuncio zu handlen deretwegen. Revers begehren, dz Ihr Dt. regierung bleib.
3. Mutatio legati: Dem nuncio anzudeiten, dz anstatt Charnasse ein eifriger catholicus zum convent deputirt werde."

Geheimer Rat 194/9 S. 181–182.


## 470 B 17. Journal Richels

Dezember 31

Konsultationen bayerischer Geheimer Räte – Abordnung Donnersbergs an den Kaiserhof

„Den 31. Decembris anno 1631
    *Graff [Wolkenstein]* proponiert:
Ihr Dt. besorgen, dz Kaiserische volkh möcht abgefordert werden, sobald Kaiser deß canzlers [Donnersbergs] werbung[1] vernemen werd. Ob nit ein mitel zu finden, dz man dz hauß Osterreich nit gar abbandonieren derf. Schwed werd glauben nit halten. Gallus sei zu weit.
Die not und ursachen dem Kaiser anzubringen. Sei pro interim geschehen. Aber die intention nit, sich vom Kaiser zu separieren, sonder die zeit zu gewinnen, sich besser zu providieren. Aber zu besorgen, eß werd außkommen, da manß dem Kaiser sag. Kein bestendige versicherung auf neutralitet zu machen. Daher deßdo eher mit dem feind zu brechen. Caesaris obligatio gehe vor. Necessitet hab unß bezwungen.
Ob nit diss mitel, dz [man] dem Kaiser conditiones vorschlag:
1. Dz volkh gewißß heraus lassen. 2. <War> die mitl darzu. 3. Spanien werd helfen. 4. Osterreichische erbland haben vil bewilliget.
2. Wie die manutentio der chur und Pfalz von Spanien zu erhandlen. Weil allianza zwischen Spanien und Anglo gefallen wegen der Undern Pfalz.
3. Wie die gelosia zwischen Gallo et Hispano auffzuheben.
    Umbfrag
    *Dr. Jocher*":
Glaubt nicht, „dz eß verschwigen bleib. Kaiser werdts den räthen sagen. Kom eß vor Schweden und Frankreich, werd unß niemand trauen.

---

[1] Vgl. zur Abordnung Donnersbergs an den Kaiserhof Mitte Januar 1632 und zu seiner Verrichtung daselbst einstweilen ALBRECHT, Ausw. Politik S. 341 f.; ALBRECHT, Maximilian S. 812 ff., ferner unten Nr. 470 D 8, später dann den demnächst erscheinenden Band II/7 der Neuen Folge der BRIEFE UND AKTEN.

Auf die Ksl. hilf kein rechnung zu machen, auf Spanien auch [nicht].

Dz die alliance inter Hisp. et Anglum aufgehebt, weisß nit.

Spanien und Frankreich werden so leicht nit zusammenzubringen [sein]. Kein rechnung darauf zu machen. Doch mög manß beim Kaiser anbringen.

Caesari die not et motiva zu remonstrieren. Sei neutralitet noch ungewiss. Ob nit besser, dz Ksl. volkh herauß zu lassen. Eß werd sich an der restitution der geistlichen güeter stossen. Schwed werdts nit gern auß handen lassen. Wisß nit, waß die zeit und leüff geben werden. Ihr Dt. intention nit, sich vom Kaiser zu separieren. Gallus begehrs nit. Ihr Dt. wollen devot bleiben wie zuvor. Die not hab gezwungen, diss mitl anzunemen.

*Comes [Wolkenstein]:*

[1.] Sei gefehrlich. Die geheim. Schedlich, da eß auskom. Aber ein mitl noch zu finden. Kaiser und geheime müessen eß wissen, ut <auxilia> dirigere possint. Eggenberg und Trautmanstorff zu sagen. Geheim zu erinnern. Alle commoda, so wir durch neutralitet suchen, werden abgehen. Ihr Mt. selbst zu ungutem kommen. Et nobis. Kaiser und seinige werden eß nit offenbaren.

Zu sagen, ut <propositum>: 1. Neutralitas incerta. 2. Fides Sueci dubia. 3. Ihr Dt. [von] Kaiser, Spanien verlassen. 4. Gallici regiminis <intentio timenda>. Sein hilf weit. Schwed kondts verhindern. 5. Sehe finem nit bei der neutralitet. Deus werdts auf unser seiten wider wenden. 6. Unser volkh zerstreit. Zu refreschieren. Wan eß zusamen, dan kond und woll Tilli testa machen.

Wan man die gemüeter miteinander recht verainiget, die dis<cordii> abstellt, geistliche sich bessern, sei mer glickh zu hoffen.

Er wolt lieber uff Spanien alß Frankreich sein fundament sezen, wan er sich auf ein <potentaten> solt verlassen. Die ungwissheit auf Schweden erclerung zu stellen, nit ratsam.

Caesareani werden vermainen, eß sei bei unß richtig.

Concludit, wie elector proponieren lassen. Caesari, Eggenberg, Trauttmanstorff.

2. Spanien und Franckhreich helt auch.

3. Verstand zwischen Hisp. und unß.

*Ego [Richel] vermain:*

Ad 1. Dz man dem Kaiser und den räthen sagen soll, wir wolten data occasione neutralitet brechen, sei nit ratsam. Man kondts auf andere weiß thun, causa ab adversariis data.

Ad 2.\*\*\*

*Canzler [Donnersberg]:*

[Ad 1.] Die not und ursachen dem Kaiser zu demonstrieren. Gereich ihm selbst zum besten. Auf alle weg dem Kaiser satisfaction zu geben. Devotion zu contestieren. Aber zu sagen, dz man die neutralitet brechen wolle, nit ratsam.

Ad 2. Mit Eggenberg zu reden, Spanien zu gewinnen gegen unß.

Ad 3. Wehr gutt, beede cronen zusammenzubringen."

Geheimer Rat 194/9 fol. 192–194, S. 195–196.

## 470 C. Verhandlungsakten und Vertragstexte

### 470 C 1. Proposition Charnacés[1]

[präs. Dezember 7]

Plädoyer für die Neutralität zwischen der Liga und Schweden – Vorteile der Neutralität für das gemeine Wesen und für Maximilian

„Weil der könig von Franckhreich gesechen, dz der Schwedt mit einem khriegsheer in Teütschlandt geruckht, hat er, ein allianza mit demselben zu dem endt fürnemblich zu machen, für nottwendig geachtet, damit Gallus die religion und cathol. fürsten, seine freundt, conserviren khundte. Destwegen habe Gallus mit vleiß 2 articul in den tractat[2] inseriren lassen.

1. Erstlich dz Suecus sich verobligiert, in den religionßsachen den Reichs constitutionen sich gemeß zu verhalten und dz freie exercitium an allen orthen, wo erß fünden wurde, ungehündert passieren zu lassen und kheine newerung einzuefüehren.

2. Verspricht Suecus mit Serenissimo Electore Bavariae und anderen mitunirten fürsten die neutralitet zu observiren.

Zu bösserer versicherung dessen hat Gallus vom Sueco noch ein anders scriptum authenticum[3] erhalten, in welchem Suecus verspricht, dz er vorgedachte neutralitet oder freundtschaft dem Gallo zu gefallen mit electore Bavariae observiren wölle.

Gallus habe dises destwegen gethan, weil er wol vorgesechen, dz vorgedachte fürsten, so deß Galli freundt, de<r>selben [= der Neutralität] einmahl wurden vonnötten haben, weil auf den Kaiser khein fundament zu machen, alß welcher seine sachen so übel angestelt, und da er sein macht zu beschizung deß Reichs hette sollen conserviren und beisamen halten, so hat ers den Spaniern zu gefahlen zu underthruckhung eineß cathol. fürsten und seines befreundten[4] in Italiam dissipirt.

---

1 Die Druckvorlage ist undatiert. Für das oben Nr. 470 C 1 in eckigen Klammern ergänzte Präsentationsdatum ist zu verweisen auf das oben Nr. 470 A Anm. 1 zitierte *Journal Charnacés*, 7. Dez. 1631 (AE CP Suède 2 fol. 121, Abschrift bei LEMÉE S. 200: „Monsieur de Bavière m'a fait prier de luy donner par escrit ma proposition et les raizons d'icelle, ce que j'ay fait."), sowie auf die Überschrift der in den Fundortzeilen zitierten Kopie der französischen Version in AE CP Bavière 1 fol. 206–207. – Mündlich hatte Charnacé dem Kurfürsten bereits in einer Audienz am 5. Dezember Vortrag gehalten; so das oben Nr. 470 A Anm. 1 zitierte *Journal Charnacés*, 5. Dez. 1631 (AE CP Suède 2 fol. 121, Abschrift bei LEMÉE 199): „J'ai eu audience, après disner, du Duc. J'ay parlé selon le mémoire [fehlt] que j'en ay gardé." Weiterhin heißt es, anschließend habe der Kurfürst Kütner zu Saint-Etienne geschickt und sich u. a. beklagt, „qu'il sembloit que j'estois plustost venu de la part du Roy de Suède luy dénoncer la guerre que non pas d'un Roy son ami."
2 In den Vertrag von Bärwalde vom 23. Januar 1631 (oben Nr. 85 Anm. 4).
3 Gemeint ist die oben Nr. 358 Anm. 5 zitierte *Neutralitätserklärung des Königs von Schweden gegenüber Kurbayern und der Liga* vom 25. Januar 1631.
4 Gemeint ist Herzog Karl von Nevers, einer der Prätendenten im mantuanischen Erbfolgestreit, mit dem der Kaiser, seit 1622 in zweiter Ehe mit Eleonore, Tochter des Herzogs Vinzenz I. Gonzaga von Mantua, verheiratet, verwandt war. – Für den mantuanischen Erbfolgestreit ist auf RITTER III S. 397 ff.

Gallus habe sich in dem nit betrogen, wie solches deß Sueci glückhliche progress bezeugen. Und obschon Suecus von 10 monathen hero bei Gallo starkh und unaufhörlich anhelt, ihme sein von handen gegebneß scriptum, die neutralitet betr., wider zuruckhzugeben, weil elector Bavariae dergleichen von sich nit geben will,[5] so habe gleichwol Gallus den Suecum noch immerdar in hoffnung aufgehalten oder vilmehr gleichsamb versichert, dergleichen scriptum von electore Bavariae zu erhalten, bishero aber Gallus so starkh destwegen an electorem Bavariae nit gesezt, weil die sachen in Teütschlandt biß dato etlicher massen auf electoris Bavariae seiten wol gestanden, darauß genuegsamb erscheint, dz allein zu versicherung electoris Bavariae der könig diß scriptum vom Sueco begert. Demnach aber Suecus die oberhandt behalten, auf den frontiren und gleichsamb in Irer Kfl. Dt. landen sich befündtet, alß thue rex Galliae Ihrer Kfl. Dt. nochmahln rathen, die begerte neutralitet anzunemmen und lenger nit ufzuschieben.

Die ursachen und motiven seindt dise:

I. Würdt die catholische religion iezt und inßkhünftig im Reich erhalten und conservirt. Es werden die cathol. provincien von dem khrieg und deß Sueci waffen befreiet. Und dann so ist man auch, wie vor gemelt, inskhünftig gesichert, weil elector Bavariae und die mitunirten fürsten ihre armata uf den beinen behalten und also ein sicherer friden oder die continuation deß kriegs zwischen dem Kaiser und Sueco folgen möchte. Wann nun diß leztere erfolgt, wurden entweder der Kaiser und Suecus sich miteinander ruinieren oder ainer von disen beeden die oberhandt bekhommen, aber gleichwol durch den geführten krieg also geschwecht und abgematt verbleiben, dz sich die liga vor ihme nichts zu befürchten hette. Iber dz so verspricht Gallus, dieselbe mit aller macht wider alle die, so sie molestieren wolten, zu defendiren, also vor kheinem feindt, wie möchtig auch derselbe sein möchte, sich zu befürchten hat. – Hergegen wann die neutralitet nit erfolgt, so ist unmöglich, dz die religion nit undergehe, welches Suecus unfelbarlich effectuiren khann, wann er mit seiner ganzen macht in der catholischen landt ruckht, sich aintweder am electori Bavariae, weil er die neutralitet verachtet, zu rechnen[6] oder aber hierdurch die protestierende zu verobligieren und contentiren, welche wider electorem Bavariae irritirt, indem sie in denn gedankhen von dem Kaiser gesterkht worden (wie dann dem Französischen abgesandten hiervon etwaß wissendt), dz elector Bavariae fürnemblich und am maisten bei dem Kaiser wegen restitution der kürchengüetter habe sollicitirt, und endtlichen, weil man die protestierende die 10 jahr so ibel tractirt hat. Es möchte auch Suecus über dz sein absehen dahin haben, in disem fruchtbaren, reichen und aller

---

und öfter zu verweisen, für das verwandtschaftliche Verhältnis des Kaisers zu dem Herzog auf EUROPÄISCHE STAMMTAFELN II Tafel 130, für die Haltung des Kaisers im mantuanischen Erbfolgestreit auf BROCKMANN S. 338 ff.

5 Vgl. dazu die oben Nr. 358 Anm. 5 zitierte *Versicherung Charnacés* vom 26. Januar 1631
6 GRIMM VIII Sp. 22 s. v. rächen I,3.

orthen offnen land, welches allein in dem Reich noch nit außgeblündert worden, sein armata zu erfrischen und zu beraichern.

II. Mitl diser neutralitet wirdt man unfelbarlich zu einem general friden khummen khünnen, dann auf solchen fahl [der Neutralität] verspricht Suecus, dz er ihme der catholischen und protestierenden conjunction nit wölle lassen zuwider sein, sondern auch, sovil an ihme ist, hierzue contribuiren, welches der fürnemste und schweriste puncten des fridens.

Wann nun solcher gestalt dise beede partheien (in welchen dz ganze Reich bestehet) verainigt sein und einerlei intention haben, so seind sie bastant genueg, den ausschlag, wohin sie wöllen, zu geben, dz hauß Österreich und Schweden dahin zu halten, dz sie den friden, auch wann sie schon nit gern wolten, acceptieren miessen, und diß umb sovil desto mehr, weil Ir Mt. [der König von Frankreich] mit dero authoritet und macht hierunder concurrieren.

Da hergegen, wann die neutralitet nit stattfinden solte, wurde die conjunction zwischen den cathol. und protestierenden nit ervolgen und der friden per consequenza unmiglich sein, weil baide partheien mit ihren passionen und unwillen zu dem convent khummen werden. Die einen werden dzjenig traversieren und verhündern, waß die anderen proponieren, und dieienige parthei, welche durch den friden schlecht avantaggio verhofft, würdt die divisiones nur fomentieren, ein und anderen mit verhaissungen oder auch mit wirklichen demonstrationen auf sein seiten bringen und also gleichsamb den friden unmöglich machen, weil ein sach leichter khann verhündert alß geschlossen werden. Iber dz wann elector Bavariae weder des Schweden noch der protestierenden feindt nit mehr ist, so werden sie die propositiones, so Ihr Kfl. Dt. ihnen möchte thuen lassen, besser ufnemmen, und [Ihre Kfl. Dt.] gleichsamb arbiter sein in den differentien. Da aber Eur Kfl. Dt. in dem standt, wie sie iezt sein, verbleiben, so wirdt ihnen alleß suspect sein, was von Ihrer Kfl. Dt. khumbt, weil sie dieselbe für ihren feindt halten.[7]

Dise iezt angezogne rationes betreffen daß gemaine weesen in general. Die nachvolgende gehen Ihre Kfl. Dt. allein an.

---

[7] Das Absatzende ist markiert; dazu vermerkte *Richel* am Rand: „Biß daher an Churmenz". Vgl. dazu auch ein Postskriptum *Maximilians* an Kurköln (Konz. Richels, teilweise zu chiffrieren, Akten 304 fol. 81–82), s. d., in dem es hinsichtlich der den Kurfürsten von Mainz und Köln mit Schreiben vom 9. Dezember (unten Nr. 470 D 1, ebenda Anm. 1) übersandten Kopie der Proposition Charnacés heißt: Teilt mit, dass er dem Kurfürsten von Mainz nur den ersten Teil der Proposition, der „die samentliche bundtstend betrifft, eingeschlossen und daß uberig, waß meinethalben dorin vermeldt ist, außgelassen hab. Derwegen werden E. L. sich in der mit Churmenz vorhabenden communication darnach zu richten und S. L. deß Franzosischen gesandten vortrag allein biß auff den versiculum *Dise iezt angezogene rationes* etc. exclusive zu communicieren und den volgenden anhang allein vor sich zu behalten wissen." – Die dem Kurfürsten von Mainz übersandte Kopie der deutschen Version des ersten Teils der *Proposition Charnacés* ist überliefert in MEA RTA 134 Konv. 23 fol. 265–268.

Durch[8] die neutralitet verhietten Ihr Kfl. Dt. dero landt ruin, so sonsten nit außbleiben wirdt, weil ainmahl gewiß, dz ihm fahl dieselbe die neutralitet nit annemmen, Suecus in dero landt ruckhen, sedem belli darin machen und also ein unwiderbringlicher schaden ervolgen und ein endtlichen ruin verursachen würdt. Ihr Kfl. Dt. sezen die sachen ohne nott uf spizen, auß lautter lust, auch wider derjenigen willen und begeren, die sie ihr wollen zu feindt machen, und diß allein dem hauß Österreich zu gefahlen, die doch diß Ihr Kfl. Dt. zu guettem nit thuen wurden (hauß Österreich) dergleichen conditiones weren offerirt worden, dieweil wir sechen, dz selbe aller orthen sich bemüeth und suechet, einen friden ohn Ihr Kfl. Dt. zu machen.

Es ist auch noch ein andere hochwichtige ursach, dz im fahl elector Bavariae die neutralitet iezt nit annemmen solte, so würdt Suecus den von Anglo schon lange zeit hero gesuchten tractat entlich annemmen und schlissen, welches er allein biß dato dem könig [von Frankreich] zu gefahlen hat differirt und aufgeschoben. Welches dann Ihr Kfl. Dt. büllich apprehendieren solle, in ansehung dz wann solches ervolgte, dem ibel nit mehr zu helfen und der khrieg wider electorem Bavariae khein endt haben wurde, weil Suecus vermög ieztgedachter tractation mit Engellandt sich zu deß pfalzgrafen restitution, sowol den electorat alß seine erblandt betr., verobligieren mieste. Welchen allen inconvenientien Ihr Kfl. Dt. mit acceptierung der neutralitet khündte vorkhummen und noch iber diß die erb- und andere erlangte lender conserviren und landt und leüth in sicherung stellen khundte, deren conservation Ihr Kfl. Dt. vor Gott und der welt per ragion di stato et conscienza allen anderen sachen vorzuziehen hat.

Endtlichen khan Ihr Kfl. Dt. mit diser neutralitet sicherlich und unfelbarlich zu der Röm. cron gelangen, dann wann elector Bavariae und die liga solcher gestalt gesichert sein, so bleiben sie gleichwol mechtig und in grossem ansechen, dz haubt der liga und in guettem verstandt mit den protestierenden, welche schier dz ganze Reich khünen uf dero seiten bringen. Die cathol. verbleiben wegen ihrer religion, freihait, haab und guett Ihrer Dt. verobligiert, dise und protestierende, welche solcher langwihrigen division miedt und überdrissig, werden Ihre[r] Kfl. Dt. rath volgen, jene hoffen alleß von electori Bavariae, dise haben nit ursach, electorem Bavariae zu

---

**8** Der folgende Absatz, dessen Ende in der Druckvorlage wohl etwas verunglückt ist, lautet in dem in den Fundortzeilen zitierten „Extraict de la proposition faite par le sieur de Charnassé à M. l'Électeur de Bavière": „Davantage que par la neutralité il empescheroit la ruine inévitable de ses pays, veu que s'il ne l'acceptoit, ledit Roy [de Suède] y feroit le siège de la guerre en son pays, de laquelle Son Altesse ne peutroit ésperer qu'une désolation totale, et ce en considération de la maison d'Autriche, qui ne la traittoit pas de mesmes, veu qu'elle cherchoit de tous costez à faire la paix sans Son Altesse." Vgl. auch die einschlägige Passage in den MÉMOIRES DU CARDINAL DE RICHELIEU VI S. 545. – Hinsichtlich der Behauptung, das Haus Österreich strebe einen Frieden ohne den Kurfürsten von Bayern an, ist auf ein bei SIRI VII S. 352 f. résümiertes Schreiben des Königs von Frankreich an Charnacé vom 4. Oktober 1631 zu verweisen. Einschlägig ist auch das unten Nr. 470 D 1 Anm. 19 zitierte „Sumarium literarum Patris Josephi et Jocheri notae", wo es unter Punkt 6 heißt: „Caesar et Hispani blandiuntur Sueco, quasi cum ipso et electore Saxoniae velint convenire." Dazu vermerkte Jocher u. a.: „Non est absimile, cum Paradis, per legatum Hispan. ad Saxonem missus, splendide ex[c]eptus."

fürchten, dieweil elector Bavariae khein ministro der Spanischen ambition und deß ganzen hauß Österreich (wie ihrer vil biß dato haben befürcht), sich mit den anderen coniungieren, derselben freiheit und privilegien restabilieren wurdt, also und dergestalt, dz sie Ihre Kfl. Dt. unfelbahrlich zum Römischen könig, insonderhait die protestierenden, erwöhlen werden, alß welche gern sechen, dz dise dignitet von dem hauß Österreich genummen wurde, und die cathol. gleichfahlß concurrieren, wann sie von dem abbassierten hauß Österreich nichts mehr zu hoffen.

So haben auch Ihr Kfl. Dt. ein grosses appoggio bei Franckhreich, wie der ambasciator Ihr Kfl. Dt. destwegen woll versichern khann, dz Gallus Ihr Kfl. Dt. allen anderen seinen allierten vorziechen wirdt."

Korrigierte Reinschrift der deutschen Version, s. d., Kschw 15021/5 fol. 150–152 = Druckvorlage. Vgl. auch oben Anm. 7. Zwei Kopien der französischen Version, s. d., AE CP Bavière 1 fol. 206–207 (überschrieben: „Le 7 décembre 1631. Extraict du discours fait à M. le Duc de Bavières par le Sieur de Charnacés"); ebenda fol. 232–233 (überschrieben: „Extrait de la proposition faite par le sieur de Charnassé à M. l'Électeur de Bavière"). Deutsche Version ben. bei STUMPF S. 299–301, der die Ankunft und die Proposition des französischen Gesandten aber fälschlich in den November datiert; BIRELEY, Maximilian S. 170; französische Version ben. in MÉMOIRES DU CARDINAL DE RICHELIEU VI S. 544 ff.; LEMÉE S. 90 ff.; ALBRECHT, Ausw. Politik S. 328 Anm. 74; BRENDLE S. 330.

## 470 C 2. Bayerische Antwort auf die Proposition Charnacés[1]

[präs.] Dezember 13

Curialia – Gründe gegen die von Frankreich vorgeschlagene Neutralität zwischen der Liga und Schweden – Alternative (Friedensverhandlungen, Waffenstillstand)

Weitläufiger Hinweis auf die guten bayerisch-französischen Beziehungen und Dank für das französische Interesse an den gegenwärtigen Problemen der katholischen Reichsstände und der katholischen Religion im Reich.

---

[1] Beide Exemplare der oben Nr. 470 C 2 gedruckten *Bayerischen Antwort auf die Proposition Charnacés* sind undatiert. In dem oben Nr. 470 A Anm. 1 zitierten *Journal Charnacés*, 13. Dez. 1631 (AE CP Suède 2 fol. 121', Abschrift bei LEMÉE S. 200), heißt es: „Nous nous somes rassemblés. Les comissaires m'ont donné par escrit la responce à mon escrit, laquelle j'ay gardée." Demnach ist das auf der Druckvorlage vermerkte Datum (13. Dezember 1631) das Präsentationsdatum. – Mündlich hatten die bayerischen Räte den Franzosen die bayerischen Einwände gegen die Proposition Charnacés schon am 10. Dezember eröffnet. Vgl. dazu die *Niederschrift Richels*, 10. Dez. 1631 (15021/5 fol. 9–11, lat. Sprache; Reinschr. von Kanzleihand ebenda fol. 5–7), betr. eine Konferenz mit Charnacé und Saint-Etienne, die nach Ausweis des oben Nr. 470 A Anm. 1 zitierten *Journals Charnacés*, 10. Dez. 1631 (AE CP Suède 2 fol. 120', Abschrift bei LEMÉE S. 200), nach der am selben Tag erfolgten Abreise Maximilians nach Donauwörth (vgl. dazu unten Nr. 490 Exkurs S. 1518) stattfand. Das *Journal Charnacés* nennt als bayerische Teilnehmer an der Konferenz Jocher, Richel und Kütner, die vorstehend zitierte *Niederschrift Richels* nennt zusätzlich Wolkenstein, der aber den Kurfürsten nach Donauwörth begleitete (vgl. dazu oben Nr. 470 B 12 mit Anm. 38).

„Ideoque Sua Serenitas eo confidentius etiam cum ipsis[2] aget et ea, quae sibi circa medium neutralitatis ab Excellentissimo Domino Legato de Charnasse positum[3] occurrer<unt> per suos ad id deputatos consiliarios sincere aperiet.

Ex propositione igitur Excellentissimi Domini Legati apparet Regem Christianissimum in ea esse opinione, quod ad religionem catholicam conservandam et ad libertatem et pacem in Imperio restituendam et stabiliendam non sit convenientius et utilius remedium quam neutralitas cum Rege Sueciae, eo quod Imperatoris et Hispanorum consilia et actiones hactenus eo spectarunt, et in futuro etiam, nisi per convenientia media occuratur, spectabunt, ut ipsi semper in Imperio armati manere aut quotiescumque volunt, arma resumere, et libertate statuum oppressa in dies maiorem et tandem absolutum dominatum introducere possint, et ad hunc assequendum catholicorum electorum et principum viribus et auxiliis hactenus maxime nixi et abusi sunt, nisi igitur haec auxilia subtrahantur, putat Christianissimus Rex fieri non posse, ut dictae intentiones impediri queant.

Serenissimus Elector Bavariae et alii electores et principes catholici quoad hunc finem ut religio catholica conservetur et libertas ac pax Imperio restituantur semperque salvae et inviolatae permaneant, cum congrua gratiarum actione idem omnino cum Christianissimo Rege sentiunt, et hucusque suis armis, quidquid alii suspicati sint, vel intenderint, et contra intentionem aparere videbatur, nullum alium finem propositum habuerunt, nec adhuc habent, eisque medium sive neutralitatis seu pactum de non offendendo, seu quodvis aliud conveniens pro pace Imperii alma gratum est.

In hoc tantum versatur dubium, an neutralitatis medium sit opportunum et an per id, aut vero per aliud finis praedictus commodius et facilius obtineri possit.

[1.] Aliam autem esse Regis Sueci quam Christianissimi intentionem et mentem ex multis manifestis argumentis et indiciis constat.

Regis enim Christianissimi intentionem eo dirigi, ut catholici eorumque religio defendantur et conserventur Regia Sua Maiestas saepissime contestata fuit, et non est, ut quisquam dubitet. Regis vero Sueciae consilia et actiones (licet verba aliud declarent) non alio tendere quam ut catholici eorumque religio deprimantur, affirmant omnes illi catholici, et omnes alii, qui hactenus ipsius arma experti sunt. Et cum sine dubio Rex Sueciae per neutralitatem aliquam quaerat separationem electorum et principum catholicorum ab Imperatore, ut eo facilius postea eundem Caesarem, regna et provincias Austriacas aggrediatur, et iis oppressis, ei uberior pateat campus, ex aliqua occasione, quae aspirantibus ad maiora numquam deerit persequendi et debellandi electores et prinicipes catholicos viribus propriis debillitatos, et Caesareanis iam destitutos. Religio porro catholica sub victore vel principe contrariae religionis, necesse est ut (si non uno impetu tamen sensim penitus cadat, ut ne quid

---

[2] Gemeint sind die beiden französischen Gesandten Charnacé und Saint-Etienne.
[3] Zu dem mündlichen Vortrag Charnacés am 5. Dezember und zu seiner am 7. des Monats eingereichten schriftlichen Proposition vgl. oben Nr. 470 C 1 Anm. 1, Nr. 470 C 1.

vestigii remaneat, testantur id omnes provinciae Imperii, quae principes habent protestantes) non obstante quod protestantes velint conscientias liberas esse in religione, et promittant securitatem catholicae religioni. Nam quis credit, eam conservari et defendi posse, in provincia et per principem non catholicum, qui religionem suae contrariam in sua provincia vere numquam defendet quin potius permittendo conivendo, si non aperte, suam promovere quaeret. Exemplum recens est in marchionatu Badensi catholico per Ernestum Fridericum antehac occupato[4], qui sigillo et manu promisit incolumitatem catholicae religionis[5], quae tamen paucis annis quasi tota collapsa fuit[6].

Porro haec Regis Sueciae intentio contra Austriacos et catholicam religionem illis indubitata est, qui asserunt, eum hoc modo primo quaerere regnum Bohemiae et cum eo electoratus Bohemiae gradum, ut eo facilius coronam Romanam assequatur. Prout etiam fertur cum occupata iam bona parte Prussiae, et infestata Polonia, certam spem concepisse, ut eandem coronam faventibus senatoribus non catholicis et multis aliis regi moderno Poloniae non adeo benevolis facile acquirat.

Si itaque rex Sueciae Austriacis et catholicis in Imperio subactis, binas alias coronas, et Romanam nancisceretur, excidium catholicorum et catholicae religionis sequeretur indubita[te].

Corona Galliae haberet multo potentiorem armis et consilio praevalentem vicinum, qui coronae Galliae multo periculosior esset quam Austriaci, quive in tantum excresceret, ut vix alius rex vel princeps ipsi par nedum superior esse posset, et inde religioni catholicae non tantum in illis regnis et provinciis, verum etiam in toto Imperio, immo in Gallia ipsa maximum periculum immineret, quam tamen Rex Christianissimus salvam esse et conservare cupit et unice desiderat. Ac proinde cavendum est ne per neutralitatem, aut aliud medium eo deveniat, sed in tempore cohibeatur.

2. Deinde se posita hac religionis catholicae consideratione, quae tamen merito prima und praecipua esse debet, res erit mali exempli et omnibus regibus atque magnis principibus periculosa, si per neutralitatem, separatis catholicis principibus, vel Rex Sueciae ipse directo Imperatorem ipsiusque domum Austriacam suis regnis et provinciis haereditariis per vim expelleret et spoliaret, vel spoliare posset, aut ei via ad id sterneretur. Reliqui vero electores, principes et status Imperii, qui Imperatori per fidelitatis iuramentum, principibus autem Austriacis, qui membra Imperii sunt, per constitutiones et leges Imperii ad defensionem contra vim iniustam obligati sunt, eousque spectatores haberet, dum illi in totum opprimuntur et suis regnis et

---

4 Vgl. zur Besetzung der Markgrafschaft Baden-Baden durch Markgraf Ernst Friedrich von Baden-Durlach Ende 1594 RITTER II S. 132.
5 BARTMANN S. 225 erwähnt einen einschlägigen Revers des Markgrafen Georg Friedrich von Baden-Durlach.
6 Zur Entwicklung der konfessionellen Verhältnisse in der Markgrafschaft Baden-Baden in der Zeit der Besetzung durch die Markgrafen Ernst Friedrich und Georg Friedrich von Baden-Durlach (1594–1622) vgl. BARTMANN S. 227 ff., 301, 336 ff.

provinciis exuuntur et periculum idem iis et eorum cervicibus iminet. Nec dubitandum est, si Caesar et Austriaci aliqua hac violentia iniusta illata omni auxilio destituerentur, quin ipsi coram toto mundo de summa iniuria et fide non servata sint conquesturi.

3. Imperator catholicis electoribus et principibus contra hostes eorum episcopatibus et provinciis inhiantibus hactenus adstitit tum ex lege publica Imperii, tum ex conventione speciali. Idipsum igitur ab illis vicissim exigit et expectat, puta si iniuste aggrederentur.

4. Rex Christianissimus saepius se declaravit erga Serenissimum Electorem Bavariae, se nolle ut is cum Caesare et Austriacis rumpat, sed procul dubio Caesari et Austriaci habituri erunt electorem Bavariae hostem et eorundem hostium fautorem, si insciis illis, sese per neutralitatem aliquam separaret, si in hostili invasione et spoliatione suorum regnorum et provinciarum desererentur.

5. Inter Imperatorem et catholicos electores ac principes conventum est, ut neutra pars altera inscia cum communi hoste pacem inire possit.

6. Si electoribus et principibus catholicis ita quiescentibus uti neutralitate conclusa fieri deberet, seu Suecus seu Imperator armis superior evadat, in utroque casu illi maximo suberunt periculo. Suecus enim victor omnibus modis et locis suae favebit religioni et catholicam persequetur, et quidvis, quod a principibus et dominis catholicis in subditos a sua religione deficientes statuetur, pro sua iniuria reputabit et vidicare conabitur, nec illius conatus ob potentiam per accessionem tot regnorum et provinciarum auctam facile e Rege Galliae vel quovis alio impediri poterunt, et haec ipsa potentia pariet contemptum confoederationis amicitiaeque Gallicae, et maius etiam periculum ipsi coronae Gallicae quam potentia Austriaca ob religionis diversitatem et facilem commotionem Hugonotarum. Quod si Imperator et Austriaci vincant, tunc quoque ex mente Regis Christianissimi electores et principes catholici non quidem de religione, de aliis autem rebus omnibus periclitabuntur et vindictam de negatorum subsidiorum patientur a Caesareanis et Hispanis. Et qui hactenus eo tempore, dum Imperatori assistunt, a violentiis et iniuriis non fuerunt immunes, sed varie et multis locis plus, quam ipsi protestantes vexati, quid futurum est, ubi desertionis causam praetendere poterunt? Et licet Rex Christianissimus in eum eventum sua auxilia offerat, illa tamen non semper, nec tam cito, uti necessitas postulabit, oppressis ad manum aderant.

7. Quam facile fieri potest, ut Rex Sueciae durante adhuc bello vel morte eripiatur, vel quis alius casus humanus illi accidat, quo facto catholicis electoribus et principibus ab Imperatore et Austriacis eadem incommoda timenda erunt.

8. Etiamsi Serenissimus Elector Bavariae cum rege Sueciae neutralitatem ineat, an ideo ab rege Angliae, et omnibus protestantibus etiam securus erit?

9. An electores Saxoniae et Brandenburgi translationem electoratus in Serenissimum Electorem Bavariae illiusque domum factam ratam habebunt, an vero Friderico Palatino vel eius liberis eundem restitui postulabunt, et suis quoque viribus promovebunt?

10. Quid praeterea conclusa neutralitate de aliis controversiis, quas catholici et protestantes ratione bonorum ecclesiasticorum, et aliarum rerum inter se habent, fiet? An illae ita indecisae manebunt? Quod si vero tum de his componendis conventus et tractatus institui debet, cur non etiam fieri posset ante neutralitatem conclusam?

11. Quin igitur potius eligitur tractatus de pace generali utpote fine, quo omnia tendere et dirigi debent, quam tale medium, per quod an finem illum assecuturi simus adhuc dubium est; illud autem certum, Sueci Regis potentiam hac neutralitate non bene circumscripta, ita augeri posse, immo auctum iri, ut in ipsius arbitrio plane futurum sit, an et qualem pacem habere velit.

12. Videtur ergo ex his et aliis causis multis ad eum finem, quem Christianissimus Rex de religione catholica conservanda, et de libertate Imperii iustaque pace restituenda, et de omni dominatu illicito avertendo et praecavendo sibi propositum habet et promovere nititur, multo citius, facilius et securius per tractatum generalis pacis depositis vel suspensis armis perveniri posse quam per neutralitatem, quam tot pericula, incommoda et difficultates sequuntur ut supra ostensum est.

Et haec omnia et singula non ideo proponuntur, quasi Serenissimus Elector Bavariae propositum neutralitatis aut quodvis aliud conveniens medium omnino rejicere vel improbare vel etiam iniustum dominatum, quem Chrstianissimus Rex timet et avertere intendit, promovere et defendere velit, sed tantum in eum finem, ut ea inconvenientia, quae ex hoc medio neutralitatis sequi possent, si illud ita absolute iniretur et non melius declararetur, evitari et temperamenta quidem inveniri queant, quibus Imperator velut caput Imperii ab eius membris electoribus scilicet et principibus catholicis non ita in totum separetur, sed aliquo modo convenienti simul includatur, vel quia forte tale temperamentum commode reperiri nequit, alterum medium supra propositum, tractatio nimirum pacis universalis, uti commodior et brevior via apprehendatur et per Christianissimum Regem promoveatur, cum tandem nihilominus etiamsi de neutralitate diu agatur et conveniatur, ad hunc tractatum pacis universalis deveniendum sit. Quam pacem Chrstianissimus Rex sua authoritate et interpositione nunc multo melius promovere potest, quam postea, ubi Regis Sueciae vires per neutralitatem tantum incrementi sumpserint, ut plus spei in armis quam in amicabili tractatu ponat et omnia suo solius nutu et libitu dirigat.

De aliis specialibus, quae Excellentissimi Domini Legati inseruerunt suae propositioni, comodius erit ubi placuerit oretenus conversari."

Konz. mit Korr. und Zusätzen Jochers und mit dem Vermerk: „Responsio ad propositionem legatorum Galliae, 13. Decembris [16]31", Kschw 15021/5 fol. 13–18 = Druckvorlage; Kop., lat. Sprache, mit dem Vermerk: „Munich, le 12 Decembre 1631", AE CP Bavière 1 fol. 170–171. Benutzt und zitiert bei LEMÉE S. 92 ff.; ALBRECHT, Ausw. Politik S. 326 Anm. 72, S. 327 ff.

### 470 C 3. Niederschrift Richels

Dezember 17

Replik der französischen Gesandten auf die bayerische Antwort

„17. Decembris anno 1631. Lecta et deliberata fuit replica legatorum Galliae.[1]

Regem Suecum ante tractatum Galli in Pomeraniam ingressum. Felicis progressus Caesareani causa. Optimum remedium malis neutralitas.

Nos non ad omnes rationes respondisse. Unam allegasse quam ipse non inseruit. Nos incommoda narrare, praeteritis commodis. Animi causa nos multa proposuisse.

Gallus non deseret electorem.

Nos objicisse. Nunquam verum fore.

Gallus omnia in commodum electoris.

1. Incommodum. Negat Suecum intendere interitum religionis et principum catholicorum, neque verbo petere, neque actionibus. Gallus promisit securitatem religionis et neutralitatem. Suecus Silesiam cogitavit. Tillius impedivit. Nihil contra catholicos. Ante victoriam electoris ditionem non attigit. Suecus non quaerit opprimere Imperatorem, sed aliquantum imminuere. Neutralitate conclusa omnia restituet. Regnum Bohemiae et Poloniae non ambit. Prussiae occupatio claudit aditum ad Poloniam. Catholici praevalent votis et affectu erga primogenitum. Neutralitas efficiet pacem catholicorum et protestantium.

2. Malum exemplum. Juramentum contra constitutiones. Princeps suam securitatem procurabit. Necessitas. Nullam opem Caesari. Magis promovere pacem. Imperatorem quaeri non posse.

3. Imperator astitit catholicis. Arma extra Imperium movit. Si suum juramentum observasset.

4. Ruptura cum Imperatore. Is lubens suis consiliis causavit.

---

[1] Die oben Nr. 470 C 3 gedruckte Niederschrift Richels enthält nur eine lateinische Zusammenfassung der in der Überschrift angesprochenen Replik der französischen Gesandten, dokumentiert aber nicht die in der Überschrift ebenfalls angesprochenen Konsultationen bayerischer Räte. – Nach Ausweis des oben Nr. 470 A Anm. 1 zitierten *Journals Charnacés*, 15. Dez. 1631 (AE CP Suède 2 fol. 121', Abschrift bei Lemée S. 201), hatte Charnacé den Bayern die Replik auf deren oben Nr. 470 C 2 gedruckte Antwort am 15. Dezember überreicht. Bei den bayerischen Akten hat sich diese Replik nicht gefunden. Bei den französischen Akten sind folgende, im Wesentlichen übereinstimmende Stücke überliefert: 1. „Réplique à la responce des commissaires de Monsieur de Bavière", s. d. (Kop., franz. Sprache, AE CP Bavière fol. 187–192, mit folgenden Vermerken: fol. 187 oben: „Bavière, Decembre 1631"; fol. 192': „Réplique à la responce des commissaires de Monsieur le Duc de Bavières envoiée par Monsieur de Charnacé avec sa depesche du 27. Decembre 1631. [...]". Zitiert, aber falsch eingeordnet bei Lemée S. 94 Anm. 1, zitiert bei Albrecht, Ausw. Politik S. 328 Anm. 74). 2. „Responces du Sieur de St. Estienne aux obiections du conseil de Monsieur le Duc de Bavières", s. d. (Kop. oder Reinschr., franz. Sprache, AE CP Bavière 1 fol. 224–230, mit dem Vermerk fol. 224: 1631). 3. „Réplique du Sieur de Charnassé à la responce des commissaires de Monsieur le Duc de Bavières", s. d. (Fragment einer Reinschr. ebenda fol. 233'). Auf den vorstehend zitierten Stücken basiert die Darstellung bei Lemée S. 95 ff.

5. Neutralitas non pax. Suecus non est communis hostis.

6. Gallum non intendere, ut Suecus aut Imperator vincat aut atteratur. Pax prius facienda. Neutralitate vires reficient. Facilius resistent victori.

7. Mors Sueci. Causa neutralitatis. Possent catholici Caesari resistere.

8. Nescit an Anglus comprehendi velit. Neutralitas securum facit electorem. Gallum defensurum.

9. Saxo et Brandenburg electori in vita non facient litem, contra Gallus curabit ut nec post mortem.

10. Controversiae inter catholicos et protestantes quoad bona ecclesiastica contra Saxonis mens. Tempus exiget. Gallus interponet. Neutralitas animos uniet.

11. Tractatum generalem tempus longum requirere. Suecum interim progredi. Cum Anglo foedus inibit. Neutralitatis duplex commodum.

12. Pax generalis non facilior. Suecus nec arma deponet nec suspendet. De his non cogitandum."

Niederschrift Richels Kschw 15021/5 fol. 51 = Druckvorlage; Reinschr. von Kanzleihand, ebenda fol. 53–54.


## 470 C 4. Niederschrift Richels

Dezember 19

Konferenz bayerischer Räte mit den französischen Gesandten – Annahme der Neutralität durch Maximilian – Formulierung des Documentum Neutralitatis – Plünderung Boxbergs durch die Schweden

„19. Decembris anno 1631 cum legatis Gallicis actum.

*Dr. Jocher* proponit:

1. Quaedam non bonae intelligentiae ratio illa, neutralitatem causam esse ut Hispani et Imperator maneant armati. 2. Quasi nos dixissemus, electorem a rege desertum iri.

2. Relatio facta electori de omnibus.

3. Pacem generalem esse optimum remedium.

4. Quia vero Regi Christianissimo non videbatur iam oportunum remedium ideo acceptat neutralitatem[1] ex causis sequentibus, quas ipsi proposuerunt. Opponunt illas causas iterum.[2]

5. Neutralitas vocabulum odiosum. Melius *obligatio reciproca de non offendendo*.[3] Declaravimus neutralitas sit obligatio reciproca de non offendendo.

6. Electorem non habere consensum ab aliis catholicis, nisi a Coloniensi. Addatur, si quis nolit, propterea non debere esse obligationem invalidam.[4] Coloniensis inseratur. Ratihabitionem petant, si elector non promittat nomine totius ligae.[5] Qui vult sua sibi restitui, ratum habeat, ut Wirzburg. Hoc restituto, restituatur Bremen abducendo suum militem liga.

7. Miles Sueci spoliavit Poxperg.[6]

---

[1] Der Kurfürst selbst hatte den französischen Gesandten seine Entscheidung für die Neutralität schon in einer Audienz am 18. Dezember mitgeteilt und sich dabei auf die Separatverhandlungen berufen, die der Kaiser [via Oberst Paradis] mit Kursachsen angestrebt habe. Vgl. dazu das oben Nr. 470 A Anm. 1 zitierte *Journal* Charnacés, 18. Dez. 1631 (AE CP Suède 2 fol. 121', Abschrift bei LEMÉE S. 201. Ben. bei ALBRECHT, Ausw. Politik S. 330 Anm. 78), wo es u. a. heißt: „Nous eûmes audience en laquelle il [= der Kurfürst] nous dist qu'il se résolvoit d'entrer en la neutralité, que l'Empereur avoit voulu traicter avec le duc de Saxe sans luy, que le lendemain ses ministres nous viendront treuver pour terminer l'affaire." Dem entspricht die einschlägige Passage in einem Schreiben *Charnacés* an Bouthillier, 28. Dez. 1631 (Kop., franz. Sprache, AE CP Bavière 1 fol. 176–178. Ben. bei LEMÉE S. 98): Am 18. Dezember erklärte der Kurfürst den französischen Gesandten, „il s'estoit résolu de suivre le conseil du Roy et entrer en la neutralité d'autant plus volontiers qu'il avoit sceu que l'Empereur avoit voulu traiter avec Sax, à son defeu [!] et son exclusion."

[2] Randvermerk: „NB Legati agant cum Sueco ne statim invadat Imperatorem. – Elector communicabit Caesari quid petatur ab illo. – Rex nullas conditiones pacis proposuit, spectat ad eas quae in bonum publicum."

[3] Randvermerk: „Legati sunt contenti, sed timent ne Sueco suspecta sit mutatio. Petunt, punctualitatem non quaeri."

[4] Randvermerk: „Placet".

[5] Randvermerk: „Melius; ut Saxo et Brand. NB Ratihabitionem."

[6] Vgl. dazu oben Nr. 470 B 8 mit Anm. 1. – In dem oben Nr. 470 A Anm. 1 zitierten *Journal Charnacés*, 20. Dez. 1631 (AE CP Suède 2 fol. 122, Abschrift bei LEMÉE S. 202), heißt es dann: „Nous ne nous assemblasmes point d'autant que Monsieur l'Électeur eut nouvelles du Bas Palatinat que des troupes du Roy de Suède estoi[e]nt entrées dans son baliage du Bas Palatinat nomé Boxberg l'avoi[e]nt pillé et emmené prizoniers ces officiers, me priant de despescher un gentilhome audit Roy, ce que je fis le jour mesmes avec une lettre au Roy de Suède le priant de ne passer outre que je n'eusse l'honneur de le voir qui ceroit dans peu de jours." – Das einschlägige Schreiben *Charnacés* an den König von Schweden ist datiert: 20. Dez. 1631 (Kop., franz. Sprache, AE CP Suède 2 fol. 156). Wohl auf besagte Intervention Charnacés bezieht sich eine Antwort von <P>h. *Sadler* an Charnacé, Mainz, 19./29. Dez. 1631 (Ausf., lat. Sprache, Kschw 15021/5 fol. 79), in der es u. a. heißt: Der König von Schweden war im Begriff, gegen Heidelberg vorzustoßen, als das Schreiben Charnacés mit der Bitte anlangte, um des Königs von Frankreich willen „Bavariae ducem armis ultra non persequi." Trotz mancher Bedenken werde der König von Schweden sein Vorhaben mit Rücksicht auf den König von Frankreich einige Tage aufschieben. Charnacé möge sich in drei, spätestens vier Tagen in Mainz einstellen. – Nach Ausweis von ROBERTS II S. 586 traf Charnacé erst am 9. Januar 1632 in Mainz ein. – Der weiter oben genannte <P>h.

8. Lecta neutralitas Sueci data Berowaldi, 15./25. Januarii anno 1631[7].
NB Ultima clausula concedenda: Si quis nolit vel franget neutralitatem, valeat nihilominus.
Legatus vult loqui cum Sueco ut certum tempus constituatur, in quo confoederati utrinque nominentur, suspensis hostilitatibus interim. Serenissimus elector idem promittet tanquam caput ligae. Mandabit Pappenheim statim.
9. Rationes inserendas scripto nostro. – Legati nolunt, offendent regem Suecum. Gallus non libenter videbit. – Concipitur ad revidendum.
10. Induciae pro abducendo milite Caesareano. – Placuit legatis.
11. Scriptum neutralitatis in duplo erigi.[8] – Legatus dicit, Suecum ante noluisse. Quid enim velit, se nescire. Acturum tamen cum Sueco.
12. An Anseaticae civitates confoederatae Sueco regi? – Legati dicunt quod non. Dux Georgius[9] non confoederatus.
13. Suecus non iuvabit Anglum. – Legatus: omnino non.
14. Generalis pax promovenda. – Legati dicunt, se non dixisse quod Suecus nolit promovere. Non dubitant consensurum. Quod coniunctionem promovebit, sed non pacem dixit in scripto."

Niederschrift Richels Kschw 15021/5 fol. 57–58 = Druckvorlage; Reinschr. ebenda fol. 55–56. Ben. bei GOTTHARD, Fried S. 577 f.

---

Sadler dürfte zu identifizieren sein als der u. a. bei IRMER I Nr. 9 S. 28 f., Nr. 47 Beilage S. 125, 130 erwähnte schwedische Geheime Sekretär Philipp Sattler.
Die Bedrohung der Unterpfalz sprach Charnacé dann auch an in seiner Abschiedsaudienz bei Maximilian am 26. Dezember. Vgl. dazu das oben Nr. 470 A Anm. 1 zitierte *Journal Charnacés*, 26. Dez. 1631 (AE CP Suède 2 fol. 122', Abschrift bei LEMÉE S. 203): „J'ay eu audience de Monsieur l'Électeur auquel j'ay parlé du moyen de faire accepter et effectuer la neutralité au Roy de Suède [...] avant que le Roy de Suède fust maistre du Bas Palatinat et de l'Élsace. [...] Ce qu'il a trouvé fort à propos." – Hinzuweisen iat auch auf die Intervention Charnacés und Saint-Etiennes zugunsten Maximilians bei Kursachsen. Nachdem kursächsische Truppen in die Oberpfalz eingefallen waren und Waldsassen und Mitterteich besetzt hatten, baten die französischen Gesandten Kursachsen mit Hinweis auf das Ergebnis der Münchner Neutralitätsverhandlugen, seine Truppen zurückzuziehen. Vgl. dazu *Charnacé* an Kursachsen, München, 27., korrigiert aus: 26., Dez. 1631 (Kop., franz. Sprache, AE CP Suède 2 fol. 157. Ben. bei LEMÉE S. 100), an Bouthillier, 28. Dez. 1631 (oben Anm. 1), IRMER I Nr. 35 S. 90, 93.
7 Wie oben Nr. 470 C 1 Anm. 3. – Randvermerk: „Suecus pro se tum promisit, non vero pro confoederatis."
8 Randvermerk: „Legatus nostrum scriptum non tradat Sueco nisi neutralitate acceptata."
9 Landgraf Georg von Hessen-Darmstadt.

### 470 C 5. Niederschrift Richels[1]

Dezember 22

Konferenz bayerischer Räte mit den französischen Gesandten – Konzepte des Documentum Neutralitatis

„Die 22. Decembris anno 1631[2]

Dr. Jocher praelegit conceptum neutralitatis nostrae[3].

Illi legati volunt addi verbum *Potentissimum*. Nolunt Caesaris fieri mentionem, item poni vocem *unitis*. Volunt nominari electorem Coloniensem, quia Serenissimus Noster dixit, illum consensisse. Contenti sunt ut omnes principes catholici tam ecclesiastici quam saeculares exepto Caesare et fratre[4], includantur. Nolunt mentionem fieri restitutionis bonorum, nisi his verbis: *Quicunque vult accedere huic neutralitati, ispsi mox omnia bona ablata restituentur.*

Domini legati tradunt nobis conceptum[5]."

Niederschrift Richels Kschw 15021/5 fol. 60 = Druckvorlage; Reinschr. ebenda fol. 59.

---

[1] Auf der Rückseite des auf die Druckvorlage folgenden Blattes (Kschw 15021/5 fol. 61') findet sich folgender von *Richel* zusammengestellter Katalog: „Puncta de quibus Charnasse cum Sueco agere debet: 1. Restitutio bonorum occupatorum. 2. Exclusio Palatini. 3. Prorogatio termini declarandi. 4. De inclusione eorum qui de liga non sunt. 5. Mutatio <documenti> Sueci [wie Nr. 470 C 1 Anm. 3] quoad confoederatos. 6. Tempus pro milite Caesareo abducendo. 7. Ne Suecus statim Imperatorem invadat. Elector aget cum ipso. 8. Ut Saxo et Brandeburgius et alii etiam se declarent. 9. Neutralitas in duplo. – Mutanda in acta Decembris Sueci: 1. Confoederati obligandi. 2. Inserenda clausula ne invalida sit ob unius non acceptieren. – 10. Ut pacem generalem Suecus promoveat."
[2] Nach Ausweis des oben Nr. 470 A Anm. 1 zitierten *Journals Charnacés*, 22. Dez. 1631 (AE CP Suède 2 fol. 122, Abschrift bei Lemée S. 202), fand die Konferenz am Nachmittag statt.
[3] Wie oben Nr. 470 B 9 Anm. 2.
[4] Erzherzog Leopold.
[5] In dem oben Anm. 2 zitierten *Journal Charnacés* vom 22. Dezember heißt es: Die bayerischen Kommissare „m'ont comuniqué un formulaire de l'acte, qu'ils veulent faire dont j'ay coppie, auquel j'ay treuvé à redire et mis en autre termes lequel je leur ay comuniqué." – Demnach übergaben die Franzosen den Bayern eine Replik auf das bayerische bzw. Jochers Konzept des unten Nr. 470 C 7 gedruckten *Documentum Neutralitatis*, welche Replik sich bei den Akten nicht gefunden hat.

## 470 C 6. Journal Charnacés

Dezember 23

Konferenz bayerischer Räte mit Charnacé – Ergänzung des Documentum Neutralitatis

„Les commissaires de Monsieur de Bavière me sont venus treuver et proposer que l'on mist dans l'acte de neutralité¹ que le Roy de Suède y receveroit tous les princes catholiques qui s'y après voudroi[e]nt entrer dans la ligue, ce que je n'ay peu accepter, ni d'y faire incérer que le Palatin ceroit exclus de la neutralité." [...]

AE CP Suède 2 fol. 122, Abschrift bei LEMÉE S. 202.


## 470 C 7. Documentum Neutralitatis¹

Dezember 24

„Nos Maximilianus [...]
Notum facimus Serenissimum ac Potentissimum Regem Galliae et Navarrae per Suos Legatos Illustrissimos Dominos Herculem Baronem de Charnassé, Christianissimi Regis Consiliarium Status, et Joannem de Beaumont, D. de Sancto Stephano, Cubicularium dicti Christianissimi Regis et Gubernatorem de Chasteau Renaud, Nobis Causas, media, et Consilium proposuisse, exposuisse et requisivisse, ut pro salute publica nec non eo facilius ad Pacem Universalem in Imperio acquirendam, Serenissimo² *et Potentissimo* Regi Sueciae, et eius confoederatis pro Nobis et Liga Catholica de amicitia et Neutralitate cavaremus. Nos itaque ut qui intentionem Nostram ad finem quietis publicae,³ *Pacisque Universalis in Imperio maturandae* dirigimus, dicti Regis Christianissimi Consilium et declarationem observandam et acceptandam duximus. Eaque de causa pro Nobis⁴ *et fratre Nostro Reverendissimo et Serenissimo Electore Coloniensi, caeterisque Electoribus, Principibus aliisque statibus Ligae Catholicae* hisce

---

1 Unten Nr. 470 C 7.

1 Am 27. Dezember überreichte Richel Charnacé zwei Exemplare des oben Nr. 470 C 7 gedruckten *Documentum Neutralitatis* und die beiden unten Nr. 470 C 8 und 470 C 9 gedruckten Memoriale. In dem oben Nr. 470 A Anm. 1 zitierte *Journal Charnacés*, 27. Dez. 1631 (AE CP Suède 2 fol. 122', Abschrift bei LEMÉE S. 203), heißt es: „Le vice chancellier m'a apporté les 2 instruments de neutralité avec deux mémoires signés de Monsieur de Bavière, et je luy en ay doné un aussi signé." – Am Mittag des folgenden Tages verließ Charnacé München (*Journal Charnacés*, 28. Dez. 1631, AE CP Suède 2 fol. 122', Abschrift bei LEMÉE S. 203).

2 Das im Folgenden kursiv Gedruckte fehlt in dem Konzept Jochers.

3 Das Konzept Jochers hatte anstatt des im Folgenden kursiv Gedruckten: „inter Caesaream Maiestatem, Electores, Principes et ordines Imperii ac interessentes maturandae pacis Universalis".

4 Das Konzept Jochers hatte anstatt des im Folgenden kursiv Gedruckten: „nec non Electoribus, Principibus et ordinibus Imperii Nostris unitis et amicis, intra duos Menses Serenissimo Regis Sueciae nominandis".

promittimus, ut praefatus Serenissimus Rex Sueciae et eius confoederati[5] *ab omni hostilitate Nostra in suis ditionibus sint immunes, ac Neutralitate seu assecuratione de non offendendo* fruantur: Quatenus Nobis dictus Serenissimus Rex Sueciae, et eius Confoederati reciproca[6] *Neutralitatis seu* assecurationis officia sincere praestiterint, omnique adversus Nos,[7] *praefatosque Electores, Principes et Status Ligae Catholicae Nostros* amicos, et unitos hostilitatis apertae et clandestinae genere abstinuerint, in nulla adversus Nos hostilia consilia et facta consenserint[8]. Cum hac tamen conditione et reservatione, ut si unus vel plures ex[9] *Electoribus, Principibus aliisque Statibus Ligae Catholicae hanc Neutralitatem et cautionem reciprocam acceptare noluerint, ea nihilominus, quoad Nos, Fratremque Nostrum Electorem Coloniensem, et reliquos firma et rata sit, ac maneat, et ii, qui eam acceptare voluerint, intra Mensem suam illam acceptationem Scripto Authentico declarare atque interim neutralitate frui debeant.*

In quorum fidem Nos propriae manus subscriptione et sigillo Nostro praesentes communivimus." – München, 24. Dezember 1631.

Konzept-Kopie mit Korr. Maximilians und mit dem Vermerk *Richels:* „Documentum Neutralitatis", Kschw 15021/5 fol. 63–64 = Druckvorlage; Ausf. AE CP Bavière 1 fol. 175; Konz. Jochers, s. d., Kschw 15021/5 fol. 40; Kopie dieses Konzepts AE CP Bavière 1 fol. 208. Benutzt und zitiert bei Riezler V S. 396; Lemée S. 99, wo Anm. 5 zum Teil unkorrekte Fundorte angegeben sind; Albrecht, Ausw. Politik S. 330 mit Anm. 77 (mit inkorrekter Inhaltsangabe); H. Weber S. 155 Anm. 147; Bireley, Maximilian S. 173, S. 174 Anm. 15; Albrecht, Maximilian S. 807; Gotthard, Fried S. 590 mit Anm. 195, S. 743 Anm. 56.

---

5 Das Konzept Jochers hatte anstatt des im Folgenden kursiv Gedruckten: „intra duos quoque menses utrinque suspensis interea hostilitatibus nominandis ab omni hostilitate nostra in suis ditionibsu sint imunes cautione hac".

6 Das Konzept Jochers hatte anstatt des im Folgenden kursiv Gedruckten: „eiusdem cautionis et".

7 Das Konzept Jochers hatte anstatt des im Folgenden kursiv Gedruckten: „Nostrosque".

8 In dem Konzept Jochers folgte: „et bona ac provincias Catholicorum post conflictum Lipsiacum occupatas restituerint".

9 Das Konzept Jochers hatte anstatt des im Folgenden kursiv Gedruckten: „dictis nostris amicis et unitis hanc cautionem reciprocam acceptare nolint, eam tamen nilominus quoad reliquos firmam esse et manere debere."

## 470 C 8. Erstes bayerisches Memorial für Charnacé[1]

Dezember 24

Restitution der Ligamitglieder – Pfalzfrage – Ausschluss von Ligamitgliedern aus der Neutralität – Zusagen des Königs von Schweden gegenüber Frankreich – Aktualisierung der Neutralitätserklärung des Königs von Schweden gegenüber Kurbayern und der Liga vom Januar 1631 – Fristverlängerung für die Annahme der Neutralität durch die beiderseitigen Verbündeten – Ungestörter Abzug der kaiserlichen Truppen in die Erblande – Verzicht des Königs von Schweden auf einen sofortigen Angriff gegen den Kaiser – Zweifache Ausfertigung des Documentum Neutralitatis

„[1.] Memoriale quae per Christianissimi Regis Legatum Dominum Baronem de Charnasse in Conclusione Neutralitatis cum Serenissimo et Potentissimo Rege Sueciae observanda sunt.

1. Cum ea sit Regis Christianissimi Mens, ac desuper hic Neutralitas conclusa, ut Serenissimus et Potentissimus Rex Sueciae, quamprimum ratificationem Serenissimi Electoris Bavariae suo et fratris Serenissimi Electoris Coloniensis nomine factam intellexerit, et neutralitatem quoque confirmarit, sub sigillo et manu Regia pro se et suis Confoederatis promittat se Electoribus, Principibus et Statibus Ligae Catholicae, qui hanc Neutralitatem jam acceptarunt, statim reliquis vero quam primum sese eam acceptare declaraverint, omnes et singulas eorundem Catholicorum ditiones, quas Serenissimus Rex Sueciae et Sui Confoederati occuparunt, et detinent, plenarie restituere, et omnes Suas Suorumque Confoederatorum militares copias sine ullo ulteriori damno et laesione inde abducere velle, idque realiter faciat: Ideo non dubitatur, quin idem Serenissimus et Potentissimus Rex Sueciae id ad formam hic conceptam, sit facturus. Alioquin nisi id fiat, Serenissimus Elector Bavariae suam quoque promissionem et Consensum in neutralitatem ex nunc revocat, et nullo modo vult, ut D. Legatus Suae Serenitatis documenta[2] Serenissimo et Potentissimo Regi Sueciae tradat, sed sub sua manu et Sigillo obsignata, Suae Serenitati ad manus remittat, prout idem D. Legatus hoc valide promisit.

2. Quamvis nullum quoque dubium est, quin Electoralis dignitas, Palatinatus superior et inferior, quantum ex illo Serenissimus Elector Bavariae possidet, in Neutralitate ac Eductione Militum Regis Sueciae et eius confoederatorum comprehendantur, Palatinus vero Fridericus ab eadem Neutralitate sit exclusus, tamen idem D. Legatus efficiet, ut Serenissimus Rex Sueciae id in specie, atque se et suos confoederatos, dicto Friderico Palatino contra Electorem Bavariae nullam opem ferre velle, caveat et

---

[1] Vgl. zur Überreichung an Charnacé oben Nr. 470 C 7 Anm. 1. – Das oben Nr. 470 C 8 gedruckte längere erste Memorial sollte Charnacé gegebenenfalls dem König von Schweden vorweisen; vgl. dazu unten Nr. 470 D 6 S. 1477. – Vgl. zu diesem ersten Memorial auch das oben Nr. 470 B 14 Anm. 3 zitierte Aide-Mémoire, ferner den Katalog oben Nr. 470 C 5 Anm. 1.
[2] U. a. das oben Nr. 470 C 7 gedruckte *Documentum Neutralitatis*, das auch weiter unten in den Punkten 2, 3 (Documentum), 4 (Documentum Electoris Bavariae), 5 (Documenti Bavarici), 9 (Suum Documentum) sowie im vorletzten Absatz (Documento Suo Neutralitatis) angesprochen ist.

promittat, maxime quod Sua Serenitas sit legitimus possessor, per Caesarem et Electores declaratus, ab omnibus etiam fere externis Potentatibus agnitus. Alioquin Suae Serenitatis Consensus, Approbatio et Documentum Neutralitatis similiter est nullum, idemque Documentum per Illustrissimum D. Legatum Serenissimo Electori Bavariae iam dicto modo remittendum.

3. Si insuper praeter omnem spem, contra intentionem et expressam Voluntatem Regis Christianissimi et Suae Serenitatis Bavariae Serenissimus et Potentissimus Rex Sueciae unum vel alterum ex Electoribus, Principibus et Statibus Ligae Catholicae excludere velit, per id quoque cassaretur et ex nunc Cassata est Neutralitas Consensus et Documentum, et ideo etiam in hoc casu Serenissimo et Potentissimo Regi Sueciae nullo modo tradendum, sed Electori Bavariae remittendum.

4. Si Serenissimus et Potentissimus Rex Sueciae ex sua parte unum vel plura ex hisce et aliis punctis (ad quae is se Regi Christianissimo obligavit et Rex Christianissimus in contrarium eventum nullo modo Documentum Electoris Bavariae tradendum Regi Sueciae statuit) adimplere nolit, aut rem differat: Tunc Serenissimus Elector Bavariae Illustrissimum D. Legatum serio ac cum efficacia admonitum vult eorum, quae idem D. Legatus hic data fide promisit, quaeve ei a Rege Christianissimo sunt demandata, ut Rex Christianissimus tanto citius informatus, rebus prospicere possit.

5. Et cum a dato Documenti Regii Suecici[3] interea circumstantiae in Imperio sese nonnihil mutarint, necesse est ut aliud iuxta praesentem statum ad formam Documenti Bavarici conficiatur et in eo, Serenissimus Rex Sueciae pro se et suis Confoederatis intra Mensem quoque, ut aequalitas servetur, Electori Bavariae denominandis, caveat et promittat.

6. Si forte unus vel alter ex Liga Catholica aliquo casu, maxime iam ob Belli pericula, impediretur et Suum Consensum et Approbationem intra Mensem offere non possit, id tamen paulo post faciat, aequum est eum admittendum esse ne mora aliqua illa noceat. Quod etiam Confoederatis Serenissimi Regis Sueciae integrum erit.

7. Cum Caesareanae Copiae militares, quae jam cum exercitu Ligae Catholicae conjunctae sunt, Neutralitate utrinque conclusa separari, et Caesareae Majestati remitti debeant, Serenissimus Rex Sueciae cavebit et curabit, ne a Suo et Suorum Confoederatorum milite dictae Copiae Caesareae in recessu, donec ad locum per Caesarem intra fines suarum ditionum designatum deveniant, ullo modo impediantur, laedantur, offendantur, aut eis ulla vis et injuria inferatur, sed cum suis sint undiquaque illaesi et salvi.

8. Illustrissimus D. Legatus pluribus demonstravit hanc Neutralitatem nullo modo Caesareae Majestati nocere, quin potius si velit, prodesse, ac proinde eo magis convenit, ut Elector Bavariae Caesaream Majestatem de dicta neutralitate, prout jam fit, informet. Et cum per id Caesarea Majestas intentionem bonam ad quietem et Pacem Imperii Universalem promovendam cognoscet, verisimile est, eandem Caesaream Majestatem etiam occasione hac aut aliis mediis eo convenientibus quanto

---

3 Wie oben Nr. 470 C 1 Anm. 3.

citius capiendis uti velle et posse. Quare Illustrissimus D. Legatus, nomine Christianissimi Regis (quem id omnino cupere credendum est) sese apud Regem Sueciae interponat, ne is quamprimum Caesaream Majestatem aggrediatur, sed parumper subsistat, donec ea, de rebus suis ad Pacem dirigendis deliberare possit. Siquidem de summa injuria et quasi obligatione conqueretur Caesar, si a Serenissimo Rege Sueciae a milite Ligae jam tuto, quamprimum et inopinate invasus, auxilia a Liga Catholica peteret, in iisque se fundaret, ea vero ob Neutralitatem initam denegarentur, antequam de ea informatus alio modo sibi prospicere possit.

9. Cum ob itinera, hiemale tempus ac alia pericula undique imminentia facile quid adversi Documentis accidere possit, ideo in omnem eventum consultius Serenissimus Elector Bavariae censuit, Suum Documentum in duplo consignare, ut D. Legatus pro sua discretione unum Regi Christianissimo, alterum Serenissimo et Potentissimo Regi Sueciae post perfectam Neutralitatem exhibere et offerre possit: Eaque de causa Serenissimus Elector Bavariae cupit, ut etiam dictus Rex Sueciae unum Suae Serenitati tradere velit. Si vero Serenissimus ille Rex duplo non opus esse censeat, modo id, quod ipse confecturus est, Serenissimo Electori Bavariae tradatur, id Regis Sueciae Voluntati committitur.

Haec sunt Puncta, de quibus praeter illa a Serenissimo Electore Bavariae Documento Suo Neutralitatis inserta, hic jam cum Christianissimi Regis Legato actum, et necessarium visum est, ut cum Serenissimo et Potentissimo Rege Sueciae per eundem Legatum ante plenariam conclusionem Neutralitatis ageretur. Quod Serenissimus Elector Bavariae eum pro sua, qua maxime pollet prudentia et dexteritate, ita acturum confidit, ut hoc negotium ad faelicem finem perducat, et ad publicam quietem Universalemque Pacem Imperii promovendam conducat.

In quorum omnium fidem Serenissimus Elector Bavariae hoc Memoriale propria manu subscripsit, et sigillo suo muniri mandavit." – München, 24. Dezember 1631.

Konzept-Kopie mit Korr. Richels Kschw 15021/5 fol. 68–70 = Druckvorlage; Auszug in dt. Sprache, s. d., mit dem Vermerk: „Extract des ersten memorials, so dem Baron de Charnasse mitgegeben worden," ebenda fol. 65 und 67. Benutzt und zitiert bei ALBRECHT, Ausw. Politik S. 330; BIRELEY, Maximilian S. 173, S. 174 Anm. 15; ALBRECHT, Maximilian S. 807.

### 470 C 9. Zweites bayerisches Memorial für Charnacé[1]

Dezember 24

Restitution der schwedischen Verbündeten – Kirchengut im niedersächsischen Reichskreis – Erz- und Stifter Bremen, Minden und Verden – Einschluß künftiger Ligamitglieder in die Neutralität

„[2.] Memoriale quid Christianissimi Regis Legato praeter ea, quae ipsi in alio Memoriali[2] commissa sunt, in duobis aliis punctis ad Neutralitatem spectantibus observandum, et cum Rege Sueciae agendum sit.

Et primo quidem, si Serenissimus et Potentissimus Rex Sueciae restitutionem earum ditionum, quas ipse, et ipsius Confoederati Electoribus, Pricipibus et aliis Statibus Ligae Catholicae eripuerunt, promittere nolit, nisi etiam a Serenissimo Electore Bavariae repromittatur, se vicissim suos et Ligae Catholicae milites ex omnibus iis ditionibus et provinciis, quae ad Confoederatos Regis Sueciae spectant, revocaturum et abducturum: Tunc praedictus Dominus Legatus, quoad ditiones et provincias saecularium Principum et Statuum Imperii talem revocationem et abductionem nomine Serenissimi Electoris Bavariae statim promittere poterit. Quoad vero illa bona et loca, quae ad Archiepiscopatus et Episcopatus in Circulo Inferioris Saxoniae sitos pertinent, demonstrabit, longe aliam eorum bonorum, et illorum, quae Catholicis ablata sunt, esse rationem. Quia Protestantes dictos Archiepiscopatus et Episcopatus contra transactionem Passaviensem et Constitutionem Pacis Religiosae occuparunt, et sic iniusto titulo et mala fide possederunt, ideoque Catholici talia bona legitima via iuris, et occasione huius belli, cui se Status inferioris Saxoniae nulla data causa immiscuerunt, occupando, non aliena, sed sua recuperarunt. Ea vera bona quae Catholicis Electoribus, Principibus et Statibus erepta sunt, illi iustissimo titulo et optima fide possederunt, prout haec omnia per se clara sunt, et poterit D. Legatus de supradictorum bonorum Ecclesiasticorum in Circulo inferioris Saxonico iniusta Protestantium occupatione, et iusta Catholicorum recuperatione ulteriorem informationem capere ex alio quodam scripto[3] ipsi communicato.

Sin autem Serenissimus Rex Sueciae hanc distinctionem bonorum Ecclesiasticorum admittere noluerit, sed restitutionem ex parte Catholicorum vicissim fieri postulaverit, confidit Serenissimus D. Elector Bavariae Regis Christianissimi Legatum omni studio laboraturum, ut Rex Sueciae, cum antehac tantum Archiepiscopatum Bremensem filio Regis Daniae restitui petierit, is etiamnum contentus sit, ut miles Ligae Catholicae ex eo abducatur.

Quod si Dominus Legatus omni studio adhibito illud efficere non possit, tandem promittat, si Rex Sueciae omnia bona Catholicis Confoederatis restituere supradicto modo promittat, et caveat et reipsa restituat, tunc vicissim et omnes Copias militares

---

1 Vgl. zur Überreichung an Charnacé oben Nr. 470 C 7 Anm. 1. – Das oben Nr. 470 C 9 gedruckte kürzere zweite Memorial sollte Charnacé für sich behalten; vgl. dazu unten Nr. 470 D 6 S. 1477.
2 Oben Nr. 470 C 8.
3 Nicht ermittelt.

Ligae Catholicae ex locis superius memoratis abductum iri. Sin vero pro Episcopo Osnabruggensi, qui ex Bavarico sanguine natus est, Episcopatum Mindensem et Verdensem ab hac eductione militum et restitutione excipere posset, Serenissimo D. Electori Bavariae rem gratam faceret. Sed si Rex Sueciae hanc restitutionem bonorum per Catholicos occupatorum non moneat aut non urgeat, sed persuaderi possit, ut is Catholicorum bona, quas ipse et ipsius Confoederati occuparunt, restituere promitteret, id foret consultissimum, prout bona ecclesiastica per Catholicos, antequam Rex Sueciae ingrederetur Imperium, occupata, ipsissima materia sunt concordiae et conventionis inter Catholicos et Protestantes, imo etiam pacis Universalis utrobique tractandae.

Deinde quamvis Serenissimus Elector Bavariae libenter vidisset, ut non tantum iis, qui iam Ligae Catholicae addicti sunt, verum etiam aliis statibus Imperii, qui se eidem Ligae in futurum addicent, ad hanc assecurationem seu Neutralitatem accedere, et sese declarare liberum esset. Quia tamen saepedictus Legatus, an hoc Serenissimus Rex Sueciae concessurus sit, dubitavit, et ideo documento assecurationis[4] inseri noluit, sese tamen obtulit, quod ea de re cum Rege Sueciae agere velit, ut in admissionem eorum, qui in futurum Ligae Catholicae accedent, consentiat, confidit et postulat Serenissimus D. Elector, ut D. Legatus hac in re sedulo laborare, et si ulla ratione fieri potest, eiusmodi consensum impetrare velit. Quod si Serenissimus Rex Sueciae forte timeret, ne quis talis in Ligam Catholicam reciperetur, quem Sua Regia Maistas in Neutralitate comprehendi nollet, tunc poterit talem vel tales Christianissimi Regis Legato, et is Serenissimo Electori Bavariae patefacere, quo facilius Sua Serenitas ab iis abstinere queat, qui Regi contrarii sunt vel disciplicent.

In quorum fidem Serenissimus Elector Bavariae hoc Memoriale propria manu subscripsit et sigillo suo muniri fecit." – München, 24. Dezember 1631.

Konzept-Kopie mit Korr. Kschw 15021/5 fol. 74–75 = Druckvorlage; Reinschr. mit Korr. und mit dem Vermerk: „Memoriale 2 pro legato Gallico ad Regem Sueciae", ebenda fol. 76–77; Auszug in dt. Sprache, s. d., mit dem Vermerk: „Extract des andern memorials, dem Charnasse mitgegeben," ebenda fol. 72. Ben. bei BIRELEY, Maximilian S. 174; ALBRECHT, Maximilian S. 807.

---

4 Oben Nr. 470 C 7.

## 470 D. Korrespondenzen

### 470 D 1. Maximilian an Kurmainz[1]

Dezember 9

Proposition Charnacés – Gründe für und gegen die Neutralität zwischen der Liga und Schweden – Bitte um Gutachten – Stadt und Erzstift Mainz – Kommunikation mit Kurtrier – Weiterleitung der Post via Heidelberg

Teilt vertraulich mit, dass dieser Tage ein französischer Gesandter in München eintraf, der die Bereitschaft seines Königs übermittelte, den katholischen vereinigten Kur-, Fürsten und Ständen in der gegenwärtigen Situation die Hand zu bieten und durch seine Interposition und Vermittlung zu bewirken, dass die katholischen Kur-, Fürsten und Stände nicht nur die ihnen von Schweden und seinem Anhang abgenommenen Lande und Leute zurückerhalten, sondern auch vor allen weiteren Einfällen und Vergewaltigungen durch Schweden und die protestantischen Kur-, Fürsten und Stände ausreichend gesichert sind.

„Aber Ihr Kgl. Wrd. in Franckhreich wissten hierzu kein einig ander erspriesslich mittel, hetten auch sovil gewisse nachricht, dz dem könig in Schweden kein anders annemblich sein werde, alß allein diss einzige, daß die catholische chur-, fürsten und stend sich inßkünftig gegen Ihrer Ksl. Mt. neutral verhalten und deroselben und ihrem hauß weiter nit assistiren sollen. Sobald nun der könig in Schweden daß versprechen solcher neutralitet halber haben werde, hab er sich gegen Franckreich alberait erclert und Ihre Kgl. Wrd. wollen auch darfür gutt sein und den könig in Schweden darzu vermögen und würcklich halten, daz nit allein alleß, waß E. und

---

1 Ebenso mutatis mutandis an Kurköln und an Zollern (Vermerk *Richels* auf der Druckvorlage). Die unten Anm. 4, 7, 13 und 19 zitierten Ergänzungen in dem Schreiben an Zollern sind enthalten in *Maximilian an Zollern*, s. d. (Konz. Richels Akten 304 fol. 83–84).
Die folgende Notiz *Maximilians* für den Vizekanzler [Richel], s. d., [ad 9. Dez. 1631] (eigenh. Ausf. Kschw 131 fol. 103) dokumentiert, dass Maximilian die Unterrichtung der Kurfürsten von Mainz und Trier über die Proposition Charnacés für nicht ganz unproblematisch hielt: „Wann des churfürsten von Trier schreiben [vom 1. Dezember, oben Nr. 466] nach Churmenz sich in die Spanisch protection totaliter ergeben und demselben Trier nachfolgen soll, trag ich die beisorg, dz die neutralitet, da sie auch solche eingeen solten wöllen, bei Schweden nit werd zu erhalten sein. Und mechte Frankhreich dardurch also offendiert und abaliieniert sein, dz [es] ad vindictam ehe den Schweden zu feindtlichem einfall in solche erzstifter selbst anweisen dorfte. Ist auch nit zu glauben, dz die Spanier ihnen die neutralitet zuelaßen oder die churfürsten, wan sie schon wolten, werden effectuieren khinden, wan sie dem Trierischen schreiben nach ihre plez und örter den Spaniern eingeraumbt. Auf welchen fall dann die communication der Französischen gesandten werbung [an die Kurfürsten von Mainz und Trier] zu anderm nichts dienen wurde, alß dz solche vergebens palesiert, den Spanischen und Khaiserischen zu wißen gemacht und unß ein unglimpf aufwaxen dörfte. Hergegen solte mans ihnen churfürsten nit zu rechter zeit insinuieren, möchten [sie] sich auch khonftig beschweren, das man ihnen die mittl, ihre erzstifter zu salvieren und die offerta der neutralitet zu communiciern, underlaßen hette."

Churcölns, auch beeder bischoven zu Bamberg und Würzburg L.L., dem abt zu Fulda und auch anderen catholischen stenden bereits abgenomen worden und noch abgenomen werden möcht, alßbalden widerumb vollig abgetretten und restituirt, auch dz kriegsvolkh darauß abgefiehrt, sonder auch dieselbige von dem konig in Schweden und den protestirenden in einige weg ferner nit uberzogen und vergewaldtiget noch beschwehrt werden sollen.

Eß hat mir auch obgemelter Französische abgesandt weiter zu vernemen geben und gar hoch beteurt, dz der konig in Schweden, ehe dan solche neutralitet richtig und eingewilliget sei, sich weder zu dem Mülhausischen convent oder einiger anderen fridenstractation noch vil weniger zu einer suspension armorum verstehen werde, sonder genzlich resolvirt sei, seine sighafte waffen gegen die catholische chur-, fürsten und stend noch hinfürders wie bißher vortzusezen und darunder meiner landen so wenig alß anderer zu verschonen." – *Fügt[2] die einschlägige schriftliche Proposition des französischen Gesandten[3] bei.[4]*

„Nun ist dises ein ser schwehr wichtiges werkh, und befind ich bei solcher zugemutteten neutralitet auff einen und andern weeg, mann nembß gleich an oder schlags ab, vil grosse difficulteten und bedenkhen.

Dan eineß theilß, da manß eingehen will, ist nichts gewisserß, alß dz Ihre Ksl. Mt. solches hoch empfinden und ubel auffnemen und dahin außdeiten werden, alß ob eß nit allein denen pflichten und aiden, dormit die catholische chur-, fürsten und stend deroselben alß einem Römischen Kaiser verbunden und zugethan, sonder auch demienigen ganz zuwider und ungemeß sei, waß man mit Ihrer Mt. sich von deß catholischen bundts wegen vor ainem iahr zue Regenspurg ratione reciprocae assistentiae verglichen und auch vorhero zu underschidlichen malen von denen zu Würzburg, Heidelberg und Mergentheim gehaltnen bundtstägen auß und sonsten öfter gegen deroselben erclert und anerbotten hat. Ihre Ksl. Mt. werden sich auch aller orten wider die catholische chur-, fürsten und stend zum höchsten beclagen, dz durch dise neutralitet deroselben und ihrem hauß der ganze kriegsschwall zugewalzet und dero erbkonigreich und lande in dise eüsseriste gefahr augenscheinlich gestürzt werde, dz solche konigreich und lande genzlich in der uncatholischen hand und gewaldt gerathen und zugleich auch die daselbst aller orten wider eingefiehrte und reflorierende

---

2 Das kursiv Gedruckte sollte in der für Kurtrier bestimmten Kopie des Schreibens an Kurmainz (dazu unten Nr. 470 D 6 Anm. 2) ausgelassen werden (Vermerk Richels in der Druckvorlage).
3 Oben Nr. 470 C 1 Anm. 7.
4 Das Schreiben an Zollern enthält noch folgende Ergänzung (oben Anm. 1): „Und werden E. L. darin [in der schriftlichen Proposition des französischen Gesandten] auch befinden, waß er under anderm auch der Romischen cron halber anregen thutt. Und ob er wol in seinem mindtlichen vortrag deretwegen etwaß mehreren [!] umbstend und motiven angezogen, so haben wirß doch in unser antwort nit acceptirt und auch noch nit abgeschlagen, damit wir durch dergleichen abschlägige antwort Ihre Kgl. Wrd. in Franckhreich nit offendirten, sonder wir seind allein in generalibus gebliben und vermeldt, solche hoche werkh werden von oben herab dirigirt. – Sonsten aber, sovil die neutralitet betrifft, befünden wir etc. wie in dem concept."

catholische religion zugrund gehen und volgends auch an allen andere[n] orten im Röm. Reich deßdo mehrers periclitiren und angefochten werden möcht.

Entgegen aber, da die catholische chur-, fürsten und stend dise offerirte neutralitet außschlagen werden, ist oben albereit genugsamb angedeit und verstanden, dz der Schwed und sein anhang resolvirt, nit allein die albereit abgenomne erz-, stifter, land und leith in ihrem hand und gewaldt zu behalten, sonder sich auch der uberigen zu bemächtigen, einen chur- und fürsten nach dem anderen feindtlich zu uberziehen und von land und leithen, wie etlichen albereit beschehen, zu vertreiben.

Wie man nun solches werde verwehren und dem konig in Schweden und seinem anhang sowol die alberaits occupirte erz- und stifter wider abnemen alß [auch] ihre weitere progress verhindern konden, darzu sehe ich meines theilß die mittel nicht, weiß auch nit, wa dieselbige zu nemen. Dann weil Ihre Ksl. Mt. nunmer in Behaimb und Schlesien von ihren feinden und rebellen selbsten angriffen, die underthanen in Ober- und Underosterreich und anderen Osterreichischen landen ganz schwierig und zum aufstand ohnedz genaigt und dahero Ihre Mt. zu beschüzung und versicherung dero erbkonigreich und landen fast alles kriegsvolkh, so sie im Reich gehabt, abgeforderet und villeicht dz uberig auch bald abforderen werden, *dardurch[5] dann die catholische stend von Ir Mt. ganz verlaßen sitzen bleiben,* und ich dan auß meines abgeordneten, den ich unlengst am Kaiserischen hoff gehabt,[6] relation verstehe, daß alda alle sachen und waß zu abwendung solcher einbrechenden feindtsgefahr und noch darzu besorgenden innerlichen aufstands der underthanen vonnötten, gar ubel bestellt, keine mittel und kein direction verhanden, auch sowol ihre Ksl. Mt. alß dero räth ser bestürzt und perplex seien und ihnen selbst nit zu rathen noch zu helfen wissen, so konden E. L. selbst vernünftig ermessen, ob die catholische chur-, fürsten und stend im Reich sich von Ihrer Ksl. Mt. mögen assistenz und hilf zu getrösten und zu erwarten oder ob sie nit vilmehr zu besorgen haben, wan sie ihre sachen nit beizeiten in obacht nemen und auff anderwertige defensions- und versicherungsmittel gedenkhen und solche unverzüglich, weil sie noch stattfinden khonden, an die hand nemen, dz ihre land und laith mit und neben den Osterreichischen in der gegentheil gewaldt gerathen und also ainer mit dem anderen zugrund gehen werde.

Wan auch der herzog von Fridland widerumb, wie man sagt, entweder alß deß königs in Ungern generalleitenant oder mit dem vorigen titul eineß generalveldhauptmanß der Kaiserlichen armaden commandieren solle, haben die catholische chur- und fürsten deßdo weniger einige hilf von dem Kaiserischen volkh zu hoffen, sonder vilmehr allerhand unglegenheiten und vornemblich diss zu besorgen, dz er ihren undergang lieber alß die conservation sehen und etwan auch wol selbst vorsezlich befürdern möcht.

Waß eß mit dem Lotringischen und bundtsvolkh für ein beschaffenheit habe, wie weit dasselbe abkhommen und die underhaltungsmitl an vivers und fouragien

---

5 Das kursiv Gedruckte wurde dem Konzept von Maximilian inseriert.
6 M. Kurz; vgl. zu dessen Verrichtung in Wien Ende November/Anfang Dezember oben Nr. 454.

ie lenger, ie mehr, die geltmittel aber under ainsten gleichsam genzlich allenthalben manglen und entrinnen wöllen, dz⁷ *haben E. L.⁸ aus mitgehendem schreiben⁹ [zu sehen] und ohne zweifel auch sonsten anderwerts vernommen.* Zu neüen werbungen wirdt man derzeit und sonderlich so bald, alß eß die nott und gefahr zu verhinderung deß Schweden feindthättlichkeiten erforderen, auß mangl der muster- und sammelplez und anderer mitl nit gelangen und auch dasselb neügeworbne volkh, weil der Schwed am Rhein und sonsten allenthalben so weit vorbricht, [nicht] zusammenbringen konden, sonder dasselb, ehe eß recht auff die pain und zusammenkombt, getrennt und auffgeschlagen werden. *So¹⁰ ist auch ein gnugsame anzal des volkhs nit mer zu finden noch zu bekhommen.* Zudem weil die bundtstend fast alle nunmer in grund verderbt, die uberige wenige aber und ich selbsten mit meinen landen in augenscheinlicher gefahr deß feindtlichen ein- und uberfallß begriffen, und da auch schon Gott meine land darvor behietten wurde, mier dannoch, wie ich mich dessen ofters erclert, unmiglich wehre, solchen last allein zu erschwingen und zu tragen, dannenhero weder auff den underhalt des albereit verhandnen bundtsvolkh noch vil weniger auff die neüe werbungen und sterkhung der bundtsarmaden einig bestendig fundament nit gemacht und consequenter auch bei so bewandten dingen kein hoffnung eines genugsamen widerstandts gegen dem Schweden genomen werden, bevorab, weil derselb durch neüe [...] werbungen sein armada noch immerzu mehrers sterkht, allenthalben im Reich einen starkhen zulauff hat und die guarnisonen, wa er ein ort einnimbt, underzustellen bezwingt und dzienig kriegsvolkh, welches er im Nidersaxischen craiß, an der Elb und sonsten hin und wider hinderlassen, sonderlich wan er sich Magdeburg[s], wie wegen der darin gemachten schlechten provision leicht geschehen khan, wider bemechtigen solte, bald auch zu sich inß Reich herauß erforderen und die catholische an mehr orten zugleich angreiffen solte.

So würdt man auch mit dem Schweden und den protestirenden im Reich allein nit zu thun haben, sonder zugleich auch mit Engelland, Denenmarckh und denen Hollandern, wie dan auß Engelland wider neües volkh ankommen sein und deß konigs in Denenmarkh sohn sich albereit etlicher orter im stift Bremen, Verden und

---

7 Anstatt des im Folgenden kursiv Gedruckten heißt es in dem Schreiben an Zollern: gibt der beigefügte Auszug eines Schreibens Maximilians an Kurmainz [unten Anm. 9] zu erkennen. Außerdem enthält das Schreiben an Zollern noch folgende Ergänzung (oben Anm. 1): „Hierbei ist auch zu besorgen, wan daß kriegsvolkh an den benachbarten orten, wa eß ligt, alleß auffgezert, dz eß sich unsern landen nähern und wirs mit dem volligen underhalt an vivers und fouragien darauß versehen oder erwharten werden müessen, daß die soldatesca endtlich in unsere land selbst einfalle und den underhalt suche, mit grosser confusion und ruin unserer underthanen."
8 In dem Schreiben an Kurköln folgte: „aus der beilag zu sehen." – Beigefügt war zweifellos eine Kopie des unten Anm. 9 zitierten Schreibens an Kurmainz.
9 *Maximilians* an Kurmainz vom 9. Dezember (oben Nr. 468 Anm. 1).
10 Wie oben Anm. 5.

der enden bemechtiget, auch[11] die Staden biß in die 70 compagnien dem pfalzgraff Fridrich uberlassen und derselbe die fendlein darzu in Niderwesel mit seinem churfirstlichen wappen zurichten lassen solle, ohne zweifel der mainung, hernach mit solchem volkh den Rhein herauff gegen der Undern Pfalz zu ruckhen und sich mit dem Schweden zu coniungiren.

Wan derwegen auß disem allem clarlich abzunemen und zue schliessen, dz die verainte catholische chur-, fürsten und stend von oberzellten vilen underschidlichen mechtigen feinden dermassen an allen orten werden uberzogen und geängstiget werden, dz sie sich selbst und ihre land und leith nit werden beschüzen noch auch von Ihrer Ksl. Mt. bei oberwendten in dero erblanden vor augen schwebenden grossen gefahren und dargegen verhandnen gar schlechten anstalt und mittel kein hilf und assistenz nit hoffen konden, so stehet demnach wol zu bedenkhen, ob umb solcher assistenz willen, welche die bundtstend Ihrer Mt. nit laisten und von deroselben auch sich nit getrösten konden, die neutralitet außgeschlagen und die conservation und versicherung sowol unsers wahren catholischen glaubens alß so viler erz- und stifter und anderer catholischen landen allein auff die waffen, und zwar mit der eüssersten gefahr, daß manß bei augenscheinlichem abgang und mangl aller darzu notwendigen mittel durch die waffen nit erhalten, sonder eineß mit dem anderen verliehren werde, gesezt werden solle, zumal auch nichts gewissers, alß wan die catholische chur-, fürsten und stende mit ihren land und leithen einmal in deß Schweden und seiner adhaerenten hand und gewaldt gerathen, daß dieselbige alßdan die Osterreichische erbkonigreich und land mit aller macht anfallen und dzienig, waß etwan Ihre Ksl. Mt. noch darvon behalten und biß dahin defendirt, vollendts an sich bringen und sie weder der cron Spanien noch andere außlendische hilfen daran verhindern werden, wan die feind dz andere alleß im Reich vorhin under ihren gewaldt und darauß die mitel, die Osterreichische erbkonigreich und land gleicher gestalt zu bezwingen, in ihr hand gebracht haben werden.

Entgegen wan die catholische chur-, fürsten und stend sich vermitelß merangeregter neutralitet bei land und leithen erhalten, und welche darvon vertriben, dieselbige wieder bekhomen, so konden sie alzeit Ihrer Ksl. Mt. und dero loblichem hauß entweder durch beförderung deß fridens oder auch in andere weeg bessere und erspriesslichere officia, *auch[12] sotto mano dannoch etwaß hilf* laisten, alß da manß zu obangedeiten extremiteten will komen lassen. Wie dan der Franzosische gesandte

---

**11** Vgl. zum Folgenden *Metternich* an Maximilian, Heidelberg, 30. Nov. 1631 (Ausf. ÄA 2392 fol. 333–334), wo es heißt: Hat Nachricht, „daß 70 feindlein zue Niderweßel alle mit dem Pfälzischen churwappen sein verfertigt worden. Und haben die Staden von Hollandt sovil compagnien licentiirt und dem proscribirten pfalzgraven under condutta deß graven von Stirum undt graf Wilhelm von Naßßau zue recuperirung der Pfalz uberlassen." – Der erwähnte Graf von Stirum dürfte zu identifizieren sein als der in Kriegsdiensten der Vereinigten Niederlande stehende Graf Hermann Otto von Limburg-Styrum; vgl. dazu HALLWICH I S. 476, IV S. 858 (Register); ZEDLER XL Sp. 1483; EUROPÄISCHE STAMMTAFELN NF,2 XVIII Tafel 5.
**12** Wie oben Anm. 5.

mich versicheret, sobald die neutralitet werde geschlossen sein, daß der konig in Schweden alßbald zur fridenstractation sich verstehen werden, sonsten aber nit, wie oben mit mehrerm angezogen."[13]

Bittet um Gutachten, „waß ich mich gegen dem Franzosischen gesandten uber die so starkh zugemuttete neutralitet *und*[14] *gwahrung vor weitterem der religion und status unaußbleiblichem schaden* ercleren möcht." *Falls*[15] *Kurmainz zu dieser Neutralität incliniert und rät,* möge er an die Hand geben, „waß bei beschliessung solcher neutralitet in acht zu nemen und zu mehrer versicherung der catholischen chur-, fürsten und stenden und ihrer landen zu bedingen und wie eß hernach Ihrer Ksl. Mt. mit solchen ursachen und motiven, welche sie mit vernunft nit verwerfen und unrecht heissen kondten, zu notificieren sein möcht." Bittet um baldige Antwort, weil Charnacé „gar starkh auff ein gewisse resolution tringt, mit disem außtruckhlichen vermelden, wan der konig in Schweden mein erclerung innerhalb 18 tagen oder lengst vor endung dises monats nit haben werde, dz er solche dilation pro negativum halten und darauf deßdo sterkher gegen die catholische verfahren *und*[16] *in khein fernere handlung sich einlassen* werde.

Darneben[17] stell ich auch zu E. L. nachgedenkhen, im fall ie der konig in Schweden dero hauptresidenz und statt Menz so hurtig zusezen und ein gefahr sein wurde, dz er sich derselben bemechtigen möcht, ob sie sich diser neutralitet halber gegen ihme gleich darunden willfahrig ercleren und sich auff dz, waß der Franzosische gesandte mit seinem deß konigs in Schweden vorwissen und willen bei mier alhie angebracht, referieren wollen. Dan zue hoffen, der konig in Schweden möchte durch dise erclerung abgehalten werden konden, dz er E. L. statt Menz und dem erzstift sonsten auch in andere weg weiter ichts feindtlichs zufiegte. Jedoch melde ich dises alleß ohne einige maßgebung und vorgriff. Deßgleichen *laßß*[18] *ich auch zu E. L. guttbefinden heimbgestellt sein, ob* sie von disem wesen mit Churtriers L. etwaß gleich iez

---

13 Das Schreiben an Zollern enthält noch folgende Ergänzung (oben Anm. 1): „Weil auch nunmer landgraff Georg zu Hessen ganz in deß konigs von Schweden gewaldt, wie auß dem, waß Ihre L. deretwegen bei unserm statthalter zu Heidlberg vermög der beilag anbringen lassen [unten Nr. 475 Anm. 2], mit mehrem zu sehen, so ist auch daher deßdo mehrers zu besorgen, der Mülhausische convent, welchen landgraff Georgens L. vorgeschlagen und bißher sonderlich allenthalben urgirt hatt, werde nit vortgehen, eß sei dan des konigs in Schweden will auch darbei."
14 Wie oben Anm. 5.
15 Anstatt des oben kursiv Gedruckten heißt es in dem Schreiben an Zollern, dieser möge usw. wie oben.
16 Wie oben Anm. 5.
17 Der folgende Absatz nur in dem Schreiben an Kurmainz. – In der für Kurtrier bestimmten Kopie des Schreibens an Kurmainz (dazu unten Nr. 470 D 6 Anm. 2) sollten die Passagen betreffend die Stadt und das Erzstift Mainz sowie die Unterrichtung Kurkölns ausgelassen werden (Vermerk *Richels* in der Druckvorlage).
18 Laut Vermerk *Richels* in der Druckvorlage sollte in der für Kurtrier bestimmten Kopie des Schreibens an Kurmainz (dazu unten Nr. 470 D 6 Anm. 2) formuliert werden: „geschehe mir auch ein sonders gefallen".

communiciren und deroselben guttachten darüber auch einholen und mir zu besserer nachricht wissend machen wollen. Meines herrn bruders deß churfürsten zu Cöln L. hab ichs selbsten albereit auch communicirt."

Wegen[19] der Unsicherheit der Post hat hat er dieses Schreiben seinem Statthalter in Heidelberg per Kurier zugestellt und befohlen, es bei sicherer Gelegenheit überbringen zu lassen.[20] Die Antwort kann der Kurfürst ebenfalls dem Statthalter, der sie nach München weiterleiten wird, zukommen lassen. [...] – München, 9. Dezember 1631.

Konz. Richels mit Korr. und Zusätzen Maximilians, ganz zu chiffrieren, Akten 143a/II = Druckvorlage; Kopie des Schreibens an Kurmainz MEA RTA 134 Konv. Tomus 23 fol. 253–262. Benutzt und zitiert bei STUMPF S. 301–305, der nur Kurköln als Adressaten nennt; ALBRECHT, Ausw. Politik S. 326 ff.; BIRELEY, Maximilian S. 170; STADLER S. 574; ALBRECHT, Maximilian S. 802 Anm. 103.

---

**19** Der Folgende Absatz nur in den Schreiben an Kurmainz und Kurköln. – Das Schreiben an Zollern enthält noch folgende Ergänzung (oben Anm. 1): „Benebens lassen wir E. L. hiemit auch einen extract zukommen dessen, waß der P. Joseph auß Franckreich dem mons. de St. Estienne hieher geschriben. Darauß ist nun abzunemen, wie die Spanische unß noch immerzu vervolgen und allenthalben, wo sie kunden und mögen, zu verunglimpfen nit underlassen." – Das zitierte Schreiben konnte nicht ermittelt werden. Auf ihm basiert möglicherweise ein „Sumarium literarum Patris Josephi et Jocheri notae" (Kschw 15021/5 fol. 133'–134), wo es unter Punkt 8 heißt: „Oblique Hispanus persuadet Sueco, eum non habere majorem hostem quam Serenissimum Electorem Bavariae." Dazu vermerkte Jocher: „Fieri hoc potest, cum Hispani Serenissimi Bavariae Electoris ubique odium conflent."
**20** Den Erhalt einer Sendung vom 10. Dezember mit den Schreiben *Maximilians* an die Kurfürsten von Köln, Trier und Mainz, die er bereits weitergeleitet habe, bestätigte *Metternich* dem Kurfürsten aus Heidelberg, 13. Dez. 1631 (Ausf. ÄA 2392 fol. 357–358). Bei dem erwähnten Schreiben an Kurtrier dürfte es sich um das unten Nr. 478 gedruckte Stück handeln.

## 470 D 2. Erzherzog Leopold an den Kaiser[1]

Dezember 12

Entdeckung der Neutralitätsverhandlungen in München: In Breisach bei einem französischen Adligen[2] beschlagnahmte Papiere[3] – Übersendung der Ausfertigungen an Maximilian[4], von Kopien[5] an den Kaiser – (AO Innsbruck)

Druck bei HALLWICH I Nr. 452. Ausf. KrA 69 Konv. Dezember fol. 59 und 64.

---

[1] Der *Kaiser* bestätigte den Erhalt der oben Nr. 470 D 2 und unten Nr. 500 Anm. 4 zitierten Schreiben *Erzherzog Leopolds* vom 12. und 8. Dezember am 21. des Monats (HALLWICH I Nr. 472).

[2] Bei diesem handelte es sich um Sieur bzw. Monsieur de Miré, einen Neffen Charnacés; so der Pass des *Königs von Frankreich* für Miré vom 14. November (unten Anm. 5), das oben Nr. 470 C 4 Anm. 1 zitierte *Journal Charnacés* vom 18. Dezember, und das ebenda zitierte Schreiben *Charnacés* an Bouthillier vom 28. Dezember („mon neveu de Miré"). Vgl. auch schon HURTER, Feindseligkeiten S. 41; KLOPP III,2 S. 444; HALLWICH IV S. 865 (Register). – Besagter Sieur bzw. Monsieur de Miré dürfte identisch sein mit dem bei STEIN passim genannten Jean de Salles de l'Escoublère, Sr. de Miré (so das Register ebenda S. 632).

[3] Einzelheiten über die Festnahme Mirés in Breisach am 6. Dezember und die bei ihm beschlagnahmten Papiere enthält ein dem oben Nr. 470 D 2 zitierten Schreiben beigefügter einschlägiger Bericht an Erzherzog Leopold, Breisach, 8. Dez. 1631 (Kop. KrA 69 Konv. Dezember fol. 60–61. Druck bei HALLWICH I Nr. 453. Wohl darauf basierend KHEVENHILLER XI Sp. 2037 f., wo aber das eingangs genannte Datum nicht korrekt ist; statt 18. muß es heißen 8. Dezember), ferner das oben Nr. 470 C 4 Anm. 1 zitierte *Journal Charnacés* vom 18. Dezember. Demnach war Miré auf dem Weg nach Ulm und München, wohin er dem dort über eine Neutralität zwischen Kurbayern und der Liga auf der einen sowie Schweden und den Protestanten auf der anderen Seite verhandelnden französischen Gesandten Charnacé u. a. zwei Vollmachten „à grand sceau" für Verhandlungen mit dem König von Schweden und der katholischen Liga sowie eine Instruktion überbringen sollte. Vgl. auch unten Anm. 5. – Von Erzherzog Leopold aufgefangenen Papiere ließ der Kaiser im Januar 1632 dem päpstlichen Nuntius Rocci sowie dem Papst und Barberini mitteilen. Vgl. dazu BECKER V Nr. 35 (6. Punkt), Nr. 37.2 (5. Punkt), Nr. 42 (2. Punkt), Nr. 44 (Punkt 5); vgl. auch ebenda Nr. 33.2 (8. Punkt), Nr. 40.2 (3. Punkt).

[4] Nach Ausweis des oben Nr. 470 C 4 Anm. 1 zitierten *Journals Charnacés* vom 18. Dezember traf das einschlägige Schreiben des Erzherzogs spätestens am 18. Dezember in München ein, übergab der Kurfürst dem französischen Gesandten an diesem Tag die ihm von Erzherzog Leopold übersandten Ausfertigungen. Vgl. auch oben Nr. 470 B 7 S. 1410, unten Nr. 470 D 8. – Von dem fraglichen Schreiben *Erzherzog Leopolds* an Maximilian, Innsbruck, 12. Dez. 1631, und dem beigefügten Bericht an Erzherzog Leopold, Breisach, 8. Dez. 1631 (oben Anm. 3), haben sich bei den bayerischen Akten nur lat. Übersetzungen von der Hand Contzens (Kschw 724 fol. 198, 193–194) gefunden. Laut Kanzleivermerk, 21. Dez. 1631 (ebenda fol. 197), hat Jocher die Ausfertigung des erzherzoglichen Schreibens und die Originalanlage an sich genommen.

[5] Teilweise überliefert in KrA 69 Konv. Oktober, ebenda Konv. November, darunter u. a. die Spezialvollmacht des *Königs von Frankreich* für Charnacé für die Verhandlungen mit dem König von Schweden und den protestantischen Reichsständen, Château-Thierry, 27. Okt. 1631 (Kop., franz. Sprache, KrA 69 Konv. Oktober fol. 170–171; lat. Übersetzung ebenda fol. 169 und 172), Instruktion des *Königs von Frankreich* für Charnacé, Château-Thierry, 7. Nov. 1631 (Kop., franz. Sprache, KrA 69 Konv. November fol. 25–26 und 31–32; lat. Übersetzung ebenda fol. 27–29 und 30), Pass des *Königs von Frankreich* für Sieur de Miré, Château-Thierry, 14. Nov. 1631 (Kop., franz. Sprache, ebenda fol. 65; lat. Übersetzung ebenda fol. 66). Für die zitierte Vollmacht und die Instruktion ist zu verweisen auf oben Nr. 470 A S. 1388 f.

### 470 D 3. Postskriptum des Kurfürsten von Mainz an Maximilian[1]

[Dezember nach 13]

Neutralität zwischen der Liga und Schweden

Bezug: Handschreiben vom 9. dieses Monats [Dezember, oben Nr. 470 D 1], betreffend das Anbringen Charnacés in Sachen Neutralität der Liga mit Schweden. – „Dieweilen dann dises sachen seindt, welche nit allein den statum politicum des ganzen Hl. Röm. Reichs, sondern auch E. L. selbst aignem andeüten nach die der Röm. Ksl. Mt. [...] gelaiste teure pflicht und also vornemlichen dz gewissen concernirt, man sich auch dabei sehr sorgfaltig undt wol vorzusehen, man thue gleich, was man wolle, damit es hernegst auch bei der posteritet zu verantworten sein müge, so will ich zwar, der sachen ihrer sehr hochen importanz und grosser wichtigkhait halber reifflich nachzudenkhen, nit underlassen, dieweilen aber auß E. L. vorangeregtem schreiben, waß sie dißfahls ihrestheils ze thun gemaint, ich nit eigentlich vernehmen khönen, so will dieselbe ich hiemit fr. ersuecht und gebetten haben, sie wollen mir ihre fernere bei dieser sachen beiwohnende hochvernünftige gedankhen und waß sie vermeinen, daß nach gestalt des iezigen zuestandts des cathol. wesens im Reich zu thuen oder zu lassen, am sichersten und rathsambsten wie auch gegen Ihre Ksl. Mt. am verantwortlichisten, sodann ob und wie dießfahlß der Ksl. Mt. consensus zu erhalten sein mögte, in vertrauen vorhero eröffnen. Und will ich demnegst und nach vernohmenem E. L. guetachten mich ebenmeßig gegen dieselbe haubtsachlich zu erclären nicht underlassen."

Ausf., dechiffriert, Akten 304 fol. 78 und 80 = Druckvorlage; Kop. ebenda fol. 79. Ben. bei ALBRECHT, Ausw. Politik S. 328.

---

[1] Welchem Schreiben das Postskriptum zuzuordnen ist, konnte nicht ermittelt werden. Terminus post quem ist der 13. Dezember, an welchem Tag Metternich den Erhalt des Bezugsschreibens vom 9. Dezember und dessen Weiterleitung meldete (oben Nr. 470 D 1 Anm. 20). Da Maximilian am 23. Dezember noch auf die Mainzer Antwort auf sein Schreiben vom 9. des Monats wartete (unten Nr. 498 Anm. 1 und 6) und er am 30. des Monats auf das oben Nr. 470 D 3 gedruckte Postskriptum antwortete (unten Nr. 470 D 6), ergibt sich als Präsentationsdatum ein Datum zwischen dem 23. und dem 30. Dezember.

## 470 D 4. Der Kaiser an Maximilian[1]

Dezember 21

Entdeckung der Neutralitätsverhandlungen in München: Von Erzherzog Leopold in Breisach bei einem französischen Adligen[2] beschlagnahmte Papiere[3] – Hinweis auf die einschlägige Sendung Erzherzog Leopolds an Maximilian[4] – Vertrauen in die Devotion Maximilians gegenüber Kaiser, Reich und dem Erzhaus Österreich und in Maximilians Versicherungen in Sachen Neutralität[5] – Warnung vor der Unzuverlässigkeit und den Machenschaften Frankreichs – Bereitschaft zur Fortsetzung des engen Zusammenwirkens von Kaiser, dem Haus Österreich und den getreuen Kurfürsten und Ständen und zur Durchkreuzung besagter Machenschaften – (AO Wien)

Druck bei HALLWICH I Nr. 473; KHEVENHILLER XI Sp. 2038–2040. Ausf., präs. 29. Dezember, Kschw 73 fol. 374–376; Konzept-Kopie KrA 69 Konv. Dezember fol. 112–113.

## 470 D 5. Kurköln an Maximilian[1]

Dezember 21

Neutralität zwischen der Liga und Schweden – Kommunikation mit dem Bischof von Würzburg

Bezug: Schreiben vom 9. Dezember [oben Nr. 470 D 1 mit Anm. 1], das ihm der Statthalter in Heidelberg durch einen Expressen hat zukommen lassen und er am 17. Dezember erhielt. – „Nun habe ich nit underlaßenn, diesem so hoch und schwärwichtigem werkh meines theilß sorgfaltig nachzudenckhen. Alldeweilln aber Churmainz L. [...] sich dieser endts nit befindenn, sonder sich annoch in ihrer residenzstatt verhalten, ich auch in solcher eill mit Churtriers L. der notturft nach nit communiciren könnenn, so wolle ich verhoffen, es werde der kgl. Französischer gesandter bei dem khönig in Schweden sovil vermögen, daß zu einholung obbedeuter beeder churf. L.L. erklerung die darzu nöttige zeit vergönt [werde]. [...] Weilln dannoch der Churmaintzischer cantzler sich alhir befindet, so habe demselben, waß E. L. dißfalls an mich glangt, communiciren laßenn, welcher aber, in solcher schwerwichtiger sachen ohne befelch

---

1 Einschlägige Schreiben des *Kaisers* samt Anlagen ergingen aus Wien, 21. Dez. 1631, an Kurmainz (Konz. KrA 69 Konv. Dezember fol. 96. Druck bei HALLWICH I Nr. 474), und an Hermann von Questenberg, den kaiserlichen Gesandten auf dem Ligatag in Ingolstadt (Konz. KrA 69 Konv. Dezember fol. 114. Druck bei HALLWICH I Nr. 475). – Questenberg erhielt die Sendung am 27. Dezember (unten Nr. 512 H 6). Zur Weiterleitung der Sendungen an Maximilian und an Kurmainz via Ingolstadt vgl. ebenda.
2 Miré (oben Nr. 470 D 2 Anm. 2).
3 Vgl. zu diesen oben Nr. 470 D 2 mit Anm. 3 und 5.
4 Vgl. zu dieser oben Nr. 470 D 2 mit Anm. 4.
5 Einschlägig sind die Schreiben *Maximilians* an den Kaiser vom 13. und vom 20. November (oben Nr. 439, Nr. 415 Anm. 1).
1 Das oben Nr. 470 D 5 gedruckte Schreiben traf erst am 26. Januar 1632 in München ein. Vgl. dazu ein Schreiben *Maximilians* an Kurköln vom 28. Januar 1632 in dem demnächst erscheinenden Band II/7 der Neuen Folge der BRIEFE UND AKTEN.

sich auff ein oder andern wegh zu erclären, bedenkens getragen. Ich bin gleichwoll in arbeit, einen meiner räthe zue Churtriers L., so sich annoch zu Coblenz aufhalten, abzu[ordnen] und derselben gedankhen zu vernemmen.

Sonsten aber finde ich daßjenige, so bei diesem werkh einß und andern theilß zu bedenkhen, in E. L. schreiben dermaßenn hochvernunfftig und umbstendtlich außgefuhrt, daß nit woll wiste, demselben ichtwas ab- oder zuzusetzen. Und kann auß allem anderst nit abnemmen, dan daß man zu dem stand gerathen, dz gestalten sachen nach auß zwaien ubeln dz geringste zu erwöhlen.

Es khönnen aber E. L. gedenkhen, wie schwer es mir fahle, für mich selbst und ohne meiner mitcurfürsten beirathung in einem so schwerwichtigen werkh eine gewisse resolution zu faßen, welche hernach von andern reprobirt und ich sambt meinen erz- und stiftern dariber in die eisseriste gefahr, noth und ellendt gerathen köndte, mir aber und solchem meinem vorgreiffen nach begebenden aniezo so gar zweifelhaften ausschlag und eventu die schuldt allein wurde beigemessen werden.

Sonsten aber ist billich (wie E. L. hochvernünftig andeuten) in hohe achtung zu nemmen, das nit etwas eingangen und gewilligt werde, dardurch dero der Ksl. Mt. aidtlich gelaisteter pflicht zuwider gehandlt und dieselbe labefactirt werden mochte, dan solches vor Gott, der erbaren welt und der erbaren posterität keiner gestalt zu verantworten. Weil aber [die] ansehentliche hilf, damit die unirte catholische cur-, fürsten und stendt der Ksl. Mt. zu recuperation ihrer damahln verlohrner landten und abwendung deren den catholischen anthroender gefehrligkhaiten aszistirt, nit auß schuldigkhait und vermög deren höchstgedachter Ihrer Ksl. Mt. gelaisten lehenpflichten, sonder auß freier guetwilligkhait gefolgt worden und gemelte catholische stendt Ihre Ksl. Mt. bei erforderung solcher aszistenz auf die capitulation und altes herkhomen, dz nemblich solche bei den gemainen reichsstendten zu suechen, hinweisen können und aber die sachen nunmehr zue einem vil anderen standt gerathen, indeme etliche deren ständten von landt und leithen vertriben und andere sich deßgleichen zu befahren, so wurde es zueversichtiglich mit fuegen für khaine contravention der pflichten ausgedeitet werden können, wan bei solcher veränderter und fast umbgekehrter gestaltnus gegen Ihre Ksl. Mt. die unirte ständt sich wegen continuation solcher hilflaistung vorderist entschuldigen würden, welches Ihre Mt. auch umb soviel weniger in ungnaden zu vermerkhen, weil sie auß ihren erblanden bei dem unionsweesen und zu erhaltung der catholischen landten nichts oder wenig praestirt, sonder denselben und dem Reich den ganzen last zugewisen. So wurde man auch deren uf underschidtlichen bundtstägen bescheehener versprüchnus halber wegen obangedeiter veränderung nit unbillich zu entschuldigen sein, bevorab weil Ihre Ksl. Mt. ihre armada zu ihrer erblandten defension abgefiehrt und man dahero gemüessigt, andere consilia zu ergreifen, ohne auch dz dise resolutiones kheiner gestalt zu Ihrer Ksl. Mt. und deß Reichs nachtail, sonder bei disem beschwerlichen zuestandt mehrers denselben zum besten und damit man durch disen anfang zu einem von Ihrer Ksl. Mt. selbst desideririten friden umb soviel ehender zu gelangen vermaint und angesehen, ohne auch das Ihre Ksl. Mt. mit fernerm verlust der catholischen ständt landten underschidlicher respecten und ursachen wegen gar nit gedient und derselben von den vertribenen catholischen darauß einige assistenz nit wurde gelaistet werden khönnen. So wurden auch die catholischen churfürsten, wann sie bei ihren landen gelassen, bessere gelegenhait haben, den gemainen friden zu befürdern, alß wann sie von landt und leüthen vertriben und fast zu kheinem mehr zu gelangen.

Damit dan auch die Ihrer Ksl. Mt. schuldige pflicht umb sovil mehrer in achtung genommen, alß wurde nit undienlich sein, wann die catholische ohne meldung des worts neutralitet (weil dasselbige zwischen dem haubt und glüdern ibel außgedeutet werden khöndte) sich in effectu resolvierten und einliessen, die aszistenz, so Irer Ksl. Mt. biß dahin gelaistet, zue avocieren und alß vil sie deren zue behalten gemaint, ohn anderer reichsstende beschwernus in ihre landen zu nemmen, den khönig in Schweden und dessen alliierte damit nit zue beleidigen und das dergleichen von selbiger seiten auch nit zue geschehen, das man auch Irer Ksl. Mt. damit zwarn nit assistieren wolle, iedoch deren Irer Ksl. Mt. und dem Hl. Reich gelaisteter lehenpflichten vorbehalten, und wann dieselbe vermög der capitulation und dem herkhommen im Reich von den allgemainen reichsstenden einige hülfen begehren wurden, das den catholischen alßdann unverwöhrt sein solle, dariber, wie sonsten auf reichstägen herkhommen, sich zu erkhleren. Solcher gestalt geschehe obbedeütem vorschlag in effectu ein gnüegen, das nemblich die catholische Irer Ksl. Mt. extraordinarie nit aszistieren, und wurde die pflicht und schuldigkhait, damit die catholische Irer Ksl. Mt. verwant, gueter massen salviert und man des widerigen verweiß enthebt werden können.

Eß ist zwarn schwer, sich dergestalt constringieren zue lassen. Weil aber die sachen also, wie in E. L. schreiben angedeüt, beschaffen, so ist nit unvernünftig zue schliessen, das es der menschlichen vernunft nach besser sein wurde, die recuperation der verlohrnen und conservation der noch ibriger erz- und stüfter zue acceptieren, alß wegen continuation deren Irer Ksl. Mt. biß dahin gelaister, aber nunmehr vast weit zerstreüter und ungnuegsamer aszistenz vort alles zu wagen und in die schanz zu schlagen.

Ich habe zwarn auß obbedeütem E. L. schreiben verstanden, das der khönig in Schweden sich erkhlert und Ire Kgl. Wrd. in Franckhreich auch darfür guet sein und den khönig in Schweeden darzue vermögen und wirkhlich anhalten wolten, das nit allein alles, so denn catholischen stenden albereits abgenommen und noch abgenommen werden möchte, alßbald widerumb abgetretten und restituiert und das khriegsvolkh abgeführt, sonder auch dieselbe von dem khönig in Schweden und den protestierenden in einigen wegen nit iberzogen, vergwaltigt noch beschwert werden sollen, welche der Kgl. Wrd. in Franckhreich anzeig und erbietten ich auch in kheinen zweifel stellen wolle, sonder wirdt man sich solcher kgl. offerten wol zu versichern haben.

Gleichwoll ich nun (wie obangezeigt), Eur L. und anderer meiner mitchurfürsten L. in so schwerwichtigen sachen vorzugreiffen, billich bedenkhens trag, wann gleichwoln E. L. gutbefindenn solltenn, sich wegen irer landen in bedeüten tractat einzulassen und das man obbedeiter conditionen, alß nemblich das meine landen von dem Schwedischen und der alliirten protestierenden volkh nit weiter infestiert noch iberzogen, mit kheinen contributionen beschwert, sondern von allen hostiliteten, durch-

und uberzug und waß deßen mehr sein mag, gefreiet, und waß E. L. für ire landen mehr dienlich und guet finden werden, daß solches auch bei den meinigen in acht genommen werdenn möge, daß auch obangezeigte praeservationes deren der Ksl. Mt. und dem Reich schuldiger pflichten auch nit difficultirt werden sollen, so konnte mitt E. L. ich mich leichtsamb vergleichen, daß es besser und rathsamer, auch bei der Ksl. Mt. auß den obangezeigten motiven und ursachen woll zu entschuldigen sein werde, wan der könig in Schweeden versichert, daß Irer Ksl. Mt. von catholischen kheine andere alß durch die gemeine reichsstende verwilligte aszistenz gelaistet, underdeßenn aber die fridenshandlung allerehist vorgenommen werden solle. Ich wolle auch nit zweiflenn, E. L. werdenn ihro sorgfaltig angelegenn sein laßen, die versehung zu thuen, daß man der Französischer versprechnus und manutenentz gnueg versichert.

Und demnach des bischoffen zue Würzburg L. sich anietzo alhie befinden, so hab ich nit underlaßen, mit derselben hieruber zu communiciren und derselben eben von disem albereit begriffnem schreiben parte zue geben. Welche sich dan ein solches also gefallen laßenn und mit selbiger mäinung sich conformiren." – Köln, 21. Dezember 1631.

Duplikat², teilweise dechiffriert, Kschw 960 fol. 486–492. Ben. bei KESSEL S. 329; GOTTHARD, Fried S. S. 743, 778 f., S. 779 Anm. 15, S. 840 f., jeweils mit falscher Datumsangabe (21. November).

### 470 D 6. Maximilian an Kurmainz¹

Dezember 30

Neutralität zwischen der Liga und Schweden – Drängen Charnacés auf eine rasche Resolution – Einwände Maximilians gegen die Neutralität und sein Plädoyer für Friedensverhandlungen und Waffenstillstand – Zusagen Frankreichs für den Fall schwedischer Obstruktionen hinsichtlich der Neutralität – Gründe für und gegen die Neutralität – Beratungen bayerischer Theologen und Räte – Konferenz in Donauwörth – Entscheidung Maximilians für die Neutralität – Maximilians Bedingungen – Weiteres Prozedere – Weiterleitung der Schreiben an die geistlichen Kurfürsten – Aufrechterhaltung der Kriegsverfassung der Liga

Knüpft² an sein Schreiben vom 9. Dezember [oben Nr. 470 D 1] an und³ rekapituliert die Mainzer Antwort [oben Nr. 470 D 3]. – „Wiewol mir auch nichts liebers gewesen wehre,

---

2 Vgl. dazu unten Nr. 499, Postskriptum. Demnach war die Ausfertigung nicht chiffriert.
1 Auf dem Konzept vermerkte *Richel* u. a.: „An Churmenz; in forma aigner hand; alleß in ziffer. Mutatis mutandis auch an Churtrier und Cöln". – Varianten sind in den Anmerkungen notiert.
2 Der Eingang des Schreibens an Kurtrier lautet: Zweifelt nicht, dass Kurmainz Kurtrier das bayerische Schreiben vom 9. Dezember [oben Nr. 470 D 1] und die darin enthaltene Bitte mitgeteilt hat, dass Seine Liebden „mit E. L. der sachen wichtigkeit nach conferiren und dero hochvernüftige gedanken und meinung vernemen wolten. Weil mier iedoch bißher nichts darvon zukommen, so hab ich nit underlassen mögen, E. L. von obbeiertem meinem schreiben [an Kurmainz vom 9. Dezember, oben Nr. 470 D 1] selbsten copias zu communiciren und daß darin angezogene begehren hirher zu widerholen."
3 Das kursiv Gedruckte nur an Kurmainz.

alß dz ich zuvor, ehe ich mich gegen den Franzosischen abgesandten obbedeiter neutralitet halber erclert, E. L. *dero[4] begehren nach meine fernere gedankhen entdeckhen und sowol ire alß* anderer meiner mitverainten catholischen chur- und fürsten meinung und räthliches guttachten hett vernemen und erwahrten köden, zumal sie selbst hochvernünftig zu ermessen, wie schwehr eß mier falle, mich in einem solchen hochwichtigen werkh allein zu resolvieren und zu ercleren, weil iedoch bei mier der Franzosisch gesandt mons. de Charnasse so instendig umb ein gewisse und endtliche resolution von ja oder nein angehalten und sich mit keiner anhengigen vorantwort und vertröstung, dz fernerer resolution ehist, sobald ich mit meinen bundtsverwandten darauß conferirt, volgen solle, abfertigen lassen wollen, sonder außtrucklich etlich mal vermeldt, da der konig in Schweden nit noch vorm außgang dises monats und iahrs der neutralitet halber ein gewisse erclerung, und zwar, da manß ie von denn anderen catholischen churfürsten so eilendts nit haben kond, zum wenigsten von mier bekomen werde, dz er alsdan solcher neutralitet und einiger anderen güttlichen handlung oder fridenstractat weiter kein statt und plaz mehr geben, sonder sein vorhaben mit gewaldt, so ihme bei denen in handen habenden mitteln und alberait erlangten grossen vorthlen nit schwehrfallen werde, gegen die catholische chur-, fürsten und stend vortsezen und hindurchtringen wolle, und ich dann darbei auch erwogen, daß man diser seits mit den nottwendigen mitteln an volkh und anderm dise deß konigs in Schweden und seines grossen anhangs vorhaben und fernere progress zu verhindern, für dißmal, *wie[5] ich E. L. erst neülich mit mehrem zu erkennen gegeben und hernacher auch anregen will,* nit allein an keinem ort gefast ist, sonder auch kein einzige hoffnung verhanden, dieselbige so bald, alß eß die eüsseriste nott und gefahr erforderet, zur hand zu bringen, ia vil mehr zu besorgen ist, der feind werde sich eher aller catholischen chur-, fürsten und stenden land und leithen genzlich bemechtigen und ihnen dardurch alle mittel und weg zum widerstand abschneiden und entziehen, auch die oberhand so weit gewinnen und erhalten, dz er hernach im Hl. Röm. Reich alleß nach seinem willen und gefallen unverhindert anstellen, richten und dirigiren kond und mög,

So bin ich dennoch wider meinen willen gezwungen worden, hab ich anderst nit die verwantwortung und nachred, dz ich durch den verzug meiner resolution an allem disem unheil schuldig sei, auff mich laden wollen, mich mit obgemeltem Franzosischen gesandten auff seine hernach vermelte versprechen in tractation einzulassen und endtlich auch unerwahrdt E. L. und anderer guttachten hernach volgender massen zu ercleren. Welches E. L. und andere mitveraminte chur-, fürsten und stend hoffenlich nit allein iezt angedeiter hochtringenlicher nott halber, sonder auch darumben deßdo weniger in unguttem vermerken werden und konden, weil ihnen in allweg noch frei und bevor stehet, auch in meiner erclerung expresse reservirt ist, sich zu solcher neutralitet zu bekennen oder darvon zu nemen. Welches auch die

---

4 Das kursiv Gedruckte nur an Kurmainz. An Kurköln und Kurtrier folgte „und".
5 Das kursiv Gedruckte nur an Kurmainz und Kurköln.

ursach gewesen, dz ich in *Documento Neutralitatis*⁶ niemandß anderen neben mier benennen wollen alß allein meines bruders, deß herrn churfürsten zu Cöln, L., weil dieselbige mich vorhero ersucht, zum fahl ich mich zur neutralitet erclären wurde, dieselbige mit ihren erz- und stiftern darvon nit außzuschliessen⁷.

Ich hab mich zwar lang und vil bemühet, [...] dem Französischen gesandten die inconvenientia, welche die neutralitet nach sich ziehen werd, zu gemüet zu fiehren und darneben auch mit vilen wichtigen rationibus zu demonstrieren, weil Ihre Kgl. Wrd. in Franckhreich selbst bekhennen, dz sie durch die neutralitet allein die versicherung der catholischen religion und derselben zugethanen chur-, fürsten und stenden, auch die beförderung eineß allgemainen fridenß im Hl. Röm. Reich suchen und vor sich haben, daß man solchem zihl und end vil eher und leichter durch den tractat eineß generalfridens alß durch die neutralitet, welche deß Französischen gesandten aigner anzeig nach zu solchem tractat allein ein medium et praeparatorium sei, werde gelangen könden, sonderlich wan underdessen die fernere hostiliteten allerseits eingestellt und der zu solchem tractat angesehne convent, eß wehre zu Mülhausen oder an einem andern bequemen ort, ohne einigen lengeren verzug vorgenommen und vortgestellt werde. Eß hat aber hierauff mergedachter abgesandte vermeldt, er hab die gewisse versicherung, dz der konig in Schweden sich nimmermehr zu einiger suspension armorum werde bereden und bewegen lassen noch auch zu einigem convent und fridenstractat verstehen, eß sei dan vorher die neutralitet richtig, alß durch welche die catholische und protestirende chur-, fürsten und stend, die nunmer gegeneinander theilß in offenlicher feindtschaft begriffen und sonderlich dz churfürstliche collegium getrennet sei, widerumb zue besserer einigkeit und freündtschaft und volgends auch deßdo leichter zu allgemeinem friden und ruhe im Reich werden gelangen könden. [...] Im fahl man aber die neutralitet eingehe, verhoff er, bei dem konig in Schweden nit allein die genzliche einstellung aller ferneren hostiliteten und gewaldthettigen proceduren gegen die verainte catholische chur-, fürsten und stend, sovil sich deren zur neutralitet bekhennen, sonder auch die vollige restitution aller und ieder ihnen durch den konig in Schweden und seine confederirte abgenommener erz-, stifter und landen und darzu gehörigen ambter, stätt und anderer örter zu erlangen. Er abgesandter hat auch weiter vermeldt, und hab ich solches in seinen vom konig habenden plenipotenzen und instruction originaliter selbst gesehen und gelesen, dz auff solchen fahl, da der konig in Schweden die neutralitet nit annemen oder, nachdem eß angenomen, nit halten und dzienig, waß von denen zur neutralitet sich bekhennenden bundtstenden abgenomen, nit restituieren wurde, er abgesandter den außtrucklichen bevelch hab, nit allein der catholischen liga 15.000 mann zu fueß und 2.000 pferdt auff sein des königs in Franckreich aignen kosten wider den konig in Schweden zu offerieren und zu versprechen, sonder auch dem konig in Schweden selbst alle freündtschaft und bündtnuß auffzusagen und

---

6 Oben Nr. 470 C 7.
7 Unten Nr. 474.

anzuzeigen, dz Ihre Kgl. Wrd. in Franckreich resolviert, mit ihme offenlich zu rumpieren, seitemal die gemachte bündtnuß gleich anfangs anderst nit alß mit der condition geschehen, dz er ain neutralitet mit Churbayrn und der catholischen liga, da man dieselbige diser seits acceptiren werde, halten solle. Welchem bevelch der Charnasse, wie mier er alhie selbsten gesagt, also nachkomen und dem konig von Schweden auff obgesezten fahl diss anzaigen will.

Nachdem ich dan auff einen fahl, da die neutralitet außgeschlagen wurde, diese grosse augenscheinliche gefahr gesehen, daß der konig in Schweden und seine confederirte durch solche außschlagung noch mehrers gegen die catholische chur-, fürsten und stend irritirt und verbittert und also nit allein in denen alberait eingenommenen landen grausamer und ubeler handlen, sonder auch den noch uberigen desdo sterkher zu- und nit aussezen wurden, biß sie solche sambt und sonders von land und leithen veriagt und dieselbige genzlich in ihr hand und gewaldt gebracht haben, dz auch die catholische chur-, fürsten und stend, solches zu verhindern und die verlorne land und leith zu recuperiren oder nur die noch uberige vor dess feinds gewaldt und einbruch zu erretten und zu beschuzen, die mittel, leith und zeit iez nit bei handen haben, sonder ganz bloss und in deß feinds, wan und wie er nur will, discretion stehen und also zugleich neben so viler uralten ansehenlichen erz- und stifter prophanation die catholische religion nach und nach gar zu grund gehen würdt, dan Ihre Ksl. Mt. den meisten theil ihres volkh[s] zu beschüzung dero aignen erbkonigreich und landen albereit in Behaim abgefordert und an dem ist, dz der rest des wenigen heraus blibnen, schlechten, ubel conditionierten, sehr schwürigen volkhs nechster tagen auch abgefordert werden möcht, wie dan umb sovil weniger nunmer daran zu zweiflen, weil dem herzog von Fridland, welcher sich dergestalt sonderlich an denen catholischen churfürsten zu rechen vermeinen wirdt, dz generalat uber die Kaiserliche armaden wieder eingeraumbt und dem graven von Tilli aller gewaldt darüber entzogen worden, so ist auch dz bundtsvolkh in solchem merklichen abnemen, ubelstandt und confusion, auch so weit voneinanderen alß an der Weser, am Rhein und an der Donau zerstreit und durch den feind abgeschnitten, dz man eß derzeit nit zusamenbringen noch sonsten gegen den feind, bevorab an so vilen underschidlichen orten, wa er sein vil stärkhere macht ausgetheilt und die catholische angreifft, waß fruchtbarliches darmit außrichten noch vil weniger dasselb durch neüe werbungen so eilendts, alß eß die vor augen schwebende nott und gefahr und geschwindigkeit des feindts erforderen, sterkhen khann, inmassen *ich[8] dan E. L. unlengst under dato dess 23. Decembris[9] dise ubele beschaffenbheit deß bundtsvolks mit mehrem bericht und communicirt,*

---

**8** Anstatt des kursiv Gedruckten hat das Schreiben an Kurtrier: „E. L. auß der beilag A mit mehrem zu ersehen haben." – Vgl. zu dieser Anlage A unten Anm. 9.
**9** Unter diesem Datum hatte Maximilian den Kurfürsten von Köln und Mainz die Relation über die Konferenz in Donauwörth (unten Nr. 490, zweite Fassung) übersandt (unten Nr. 481 Anm. 1, Nr. 498).

Nachdem ich aber auch hingegen erwogen, daß auff den anderen fahl, wan die neutralitet angenommen wurde, solches dahin werde außgedeit werden, dz nit allein den aid und pflichten, darmit die chur-, fürsten und stend Ihrer Ksl. Mt. zugethan, zuwider dieselbige in ihren nötten und gefahren hilfloß zu lassen, sonder auch sonsten schwehr zu verantworten und den catholischen im Reich selbsten endtlich ser gefehrlich und nachteilig sein werde, da sie so lang stillsitzen und zusehen solten, biß die uncatholische die Osterreichische erbkonigreich und land ganz in ihren gewaldt bringen, die catholische religion darin außtilgen und dardurch ihr macht dermassen vermehren und stärkhen wurden, dz sie den catholischen chur-, fürsten und stenden weit uberlegen und mit denselben, nur wie sie selbst wolten, umbgehen und sowol in religion alß politischen sachen alleß im Röm. Reich nach ihrem gefallen richten konden,

Derhalben hab ich alle dise oberzellte umbstend, gegenwertige und künftige gefahren und pro und contra vorgefallene bedenkhen durch meine theologos und räth mit allem vleiss erwegen und deliberiren lassen, auch ihren schluss und guttachten dahin gestellt befunden, wan man mit so vil volkh und anderen mitteln nit gefasst, dardurch des konigs in Schweden und seiner adhaerenten gegenwertige macht und gewaldt begegnet werden mög, wie sie dan dergleichen mittel bei oberzellten ubeln beschaffenheit der bundtsarmaden und bundtstend selbsten nit sehen und zeigen kondten, dz besser, rathsamer und verantwortlicher sei, durch diss mitl der neutralitet der catholischen chur-, fürsten und stenden verlorne land und leith zu recuperieren und die noch uberige vor deß feindts gleichmessiger occupation und verwiestung und also auch die catholische religion in allen disen erz-, stiftern, chur- und fürstenthumen und anderen orten zu salviren, alß solches alleß in noch weitere gefahr und gar in deß feindts hand und gewaldt augenscheinlich und wissenlich hinein zu geben, daß auch dise gegenwertige, vor augen ligende gewisse und unwiderbringliche schäden und gefahren der catholischen chur-, fürsten und stenden, auch der religion selbsten billich mehr und höher in acht zu nemen alß dieienige, welche Ihre Ksl. Mt. und dero hochloblich hauß inßkünftig auß diser neutralitet in ihren landen besorgen möchten, seitemal dieselbige, weil sich die zeit und leüff interim verendern konden, noch ungewiß, und da sie auch etwan schon ervolgen wolten, wann iedoch vermiteiß diser neutralitet dieienige catholische stend, welche von land und leithen bereits vertriben, wider darzu gelangen, die andere aber darbei unvertriben bleiben und sich also nach und nach wider erholen und in bessere verfassung stellen kondten, ist ausser allem zweifel, dz Ihre Ksl. Mt. alsdan mehrern nuz, vorthl und beistand darvon zu hoffen und zu gewahrten haben alß diser zeit, da der catholischen chur-, fürsten und stenden land und leith guten theilß albereit in deß feind handen seind, die uberige aber, da sie sich in mangl aller anderen erspriesßlichen mittel durch die neutralitet nit salviren, dessen täglich gleicher gestalt gewarten, und

---

– Nach Ausweis von oben Anm. 8 wurde diese Relation am 30. Dezember als Anlage A auch Kurtrier zugeschickt. DROYSEN, Gustav Adolf II S. 477 Anm. 1 ist demnach zu korrigieren.

weil sie weder ihnen selbst noch dem Kaiser helfen konden, miteinanderen zugrund gehen müessten.

Dahero auch die theologi alhie nit darfirhalten, dz die obligatio iuramenti, so man Ihrer Ksl. Mt. geleist, sich so weit erstreckh, dz die catholische chur-, fürsten und stend in diser ihrer eüsseristen nott und gefahr die würkliche assistenz, zumal ihnen ohnedz unmüglich ist, dieselbige bei oberzellter beschaffenheit derzeit zu erzeigen und zu leisten, nit solten in etwaß durch einwilligung der neutralitet suspendiren könden, in noch fernerer erwegung, dz eben durch diss mittel vil grössere gefahr, nachteil und schäden, welche sonst, da man dasselb außschlagen solte, auß genzlicher undertruckhung der catholischen stend der religion und dem Röm. Reich, ia Ihrer Ksl. Mt. selbsten zuwachsen wurden, konden verhiet und abgewendt werden.

Damit aber in solchem schwehr wichtigen werkh deßdo sicherer verfahren und, da einige andere mittel vor der hand, deß feindts fernere geschwinde progress zu verhindern, die verlorne erz- und stifter zu recuperiren und die noch uberige catholische land zu salviren, dieselbige nit underlassen werden mechten, alß hab ich meinen general leitenant, den graven von Tilli, und den Kaiserlichen general wachtmeister, den herrn von Altringen, nacher Donawördt beschriben und mich selbst in aigner person dahin begeben." Rekapituliert die einschlägigen Ergebnisse der Konferenz in Donauwörth, die *er*[10] *dem Kurfürsten bereits am 23. Dezember mitgeteilt hat.*

Angesichts der rasanten und gewaltigen Fortschritte des Königs von Schweden und der Rufe der Ligamitglieder nach Hilfe und Rettung, denen er aber ebensowenig entsprechen wie er seine eigenen Lande und Leute vor dem Feind versichern und schützen kann, da derzeit vom Kaiser kein Sukkurs und keine Assistenz zu erwarten ist, vielmehr zu befürchten steht, dass auch die noch im Reich verbliebenen kaiserlichen Truppen unversehens abgefordert „und dardurch die catholische chur-, fürsten und stend in diser ihrer eüsseristen nott und gefahr ganz hilfloß gelassen werden,[11]

---

10 Anstatt des kursiv Gedruckten heißt es in dem Schreiben an Kurtrier: die der Kurfürst der Anlage A [vgl. zu dieser oben Anm. 8 und 9] entnehmen möge.

11 Ursprünglich folgte: „ja eß will auch schier dz ansehen gewinnen, weil Chursaxen mit seinem geworbnen kriegsvolkh Prag wider verlassen und allein etlich landvolkh dahin gelegt haben soll, dz geworben aber gegen der Obern Pfalz anziehen und bereits etliche örter darin occupieren und außblindern lassen, dz villeicht zwischen ihme und den Kaiserischen (wie dan der herzog von Fridland und der von Arnheim unlengst beisamen gewesen, auch der Obrist Paradeiß in namen deß Spannischen ambassadors dem churfürsten von Saxen einen stillstand der waffen, doch allein zwischen Ihrer Ksl. Mt. und ihme churfürsten omnibus aliis exclusis angebotten) ein heimblicher verstand gemacht sei und dz der kriegsschwall auß den Kaiserischen in der catholischen chur-, fürsten und stenden land inß Reich herauß gewelzet werden wölle". – Dieser Passus wurde dann aber getilgt.
Hinzuweisen ist auch auf ein Schreiben *Saint-Etiennes* an Charnacé, München, 30. Dez. 1631 (Kop. AE CP Bavière 1 fol. 183'–184. Ben. und zitiert bei LEMÉE S. 100, ebenda Anm. 2 und 3), wo es u. a. heißt: Die nach der Abreise Charnacés [am 28. Dezember, oben Nr. 470 C 7 Anm. 1] eingetroffene Nachricht von einem Treffen Wallensteins mit Arnim und von der Räumung Prags durch Kursachsen, der sich nach Dresden zurückgezogen hat, lässt uns argwöhnen, dass besagtes Treffen „auroit moyené une espèce de neutralité tacite entre l'Empereur et l'Électeur de Saxe avec résolution de rejetter le

Alß hab ich nach reiffer erwegung aller diser oben nach lengs erzellter motiven und augenscheinlicher nott endtlich für besser und rathsamer ermessen, daß von der cron Frankhreich offerirte mittel der neutralitet anzunemen und dardurch E. L. und anderen catholischen chur- und fürsten wiederumb zu ihren landen zu verhelfen, auch die uberige zu erhalten und zu erretten oder doch auff den fahl, wan ie der konig in Schweden die neutralitet mit denen conditionen nit annemen oder halten wolte, Ihre Kgl. Wrd. in Frankhreich deßdo mehrer zu obligiren, daß sie ihrem auff solchen fahl selbst gethonen obverstandnen erbieten und versprechen nach den catholischen chur- und fürsten wider den Schweden mit einem mechtigen succurs zu hilf komen und dieselbige schuzen und retten helfen, alß durch ausschlagung diser offerten alle catholische chur-, fürsten und stend mit ihren land und leithen, auch unser wahre religion und die zeitliche und ewige wolfahrt gleich in instanti in noch grössere gefahr, ia in den augenscheinlichen wissentlichen undergang zu stirzen."

Um sich nicht dem Vorwurf auszusetzen, er habe diese Gelegenheit, den katholischen Kur-, Fürsten und Ständen zu helfen, versäumt, und um die allen Katholischen im Reich drohende äußerste Gefahr, so weit es in seiner Macht steht, abzuwenden, hat er sich „in dem namen Gottes mit gewissen, hernach angedeiten reservaten und conditionen zur neutralitet erkhlert und dieselbige dem Franzosischen gesandten in schrüften, der beilag A[12] gemeßß, zugestellt, in der unzweifellichen gutten zueversicht und hoffnung, wan Ihre Ksl. Mt., wie ich dan im werkh bin, dieselbige durch einen abgesandten[13] den ganzen verlauff und alle ursachen, die mich zu solcher resolution bezwungen, zu berichten, deßgleichen auch E. L. und andere mitverainte catholische chur- und fürsten hiervon rechte information erlangen und den gegenwertigen ubelstand deß gemeinen catholischen wesens und dargegen der widerwertigen grosse macht und vorthel und progress reifflich erwegen werden, dz sie mein vornemen nit improbieren oder doch zum wenigisten meine darbei habende auffrechte intention, auch treü und wolgemainte sorgfalt abnemen und erkennen werden, dz ich hierinnen nicht unbedächtlich, sonder auß vilen hochbeweglichen nottrungenlichen ursachen verfahren und dz vorgenomen hab, waß ich vermaint, dz in praesenti pericolosissimo statu catholicorum in mangl aller anderer mittel die eüsseriste nott erfordert und nit nur den catholischen chur-, fürsten und stenden sonder auch Ihrer Ksl. Mt., da sie eß recht bedenkhen wollen, wie auch der catholischen religion und dem ganzen Röm. Reich zu guttem geraichen khöndt."

Hat sich bei seinen Verhandlungen mit Charnacé nicht nur um die Versicherung der noch unbesetzten, sondern auch um die Restitution der bereits verlorenen katholischen Lande bemüht und diese beiden Punkte, Assecuratio de non amplius offen-

---

fardeau de la guerre sur les estats de Monsieur le Duc de Bavière au Haut Palatinat, ce qui est d'autant plus vraysemblable (outre les apparences prédites, que le Wallenstein est enemy dudit seigneur Duc de Bavière et luy procurera tous les displaisirs qu'il pourra)."

12 An Kurtrier: B. – Beigefügt war das oben Nr. 470 C 7 gedruckte *Documentum Neutralitatis*.
13 Den Oberstkanzler Donnersberg.

dendo und Restitution, zur Bedingung der Neutralität gemacht. Charnacé hielt das für recht und billich und der Intention seines Königs gemäß, befürchtete jedoch, der König von Schweden werde die Restitution erst bewilligen, wenn auch die Liga ihre Armee aus den besetzten protestantischen Gebieten abgeführt habe. Deshalb hat er mit Charnacé geschlossen, dieser solle mit dem König von Schweden wegen der Restitution und etlicher anderer Punkte halber nach Inhalt von zwei ihm hier in München zugestellten Memoriale, deren Kopien Kurmainz als Anlagen B und C[14] erhält, verhandeln und das *Documentum assecurationis de non offendendo*[15] erst aus der Hand geben, wenn der König von Schweden der Restitution und etlichen anderen Punkten zugestimmt hat. Dazu hat Charnacé sich Maximilian gegenüber schriftlich verpflichtet.

„Weil auch mein intention und absehen bei disem werkh vorderist dahin gerichtet ist, damit neben der angeregten restitution und assecuration der catholischen chur- und fürsten ein generalfriden im Reich und der zu solchem end angesehne convent möchte beförderet, doch inmitelß auch Ihrer Ksl. Mt. und dero erblanden durch dise neutralitet kein mehrer gefahr zugezogen werden, wie ich mich dan vil bemühet, Ihre Ksl. Mt. in dise assecuration de non offendendo mit einzuschliessen, aber solches nit erhalten konden, alß hab ich oftgemelten Franzosischen gesandten dahin vermögt, dz er uber sich genomen, mit dem konig in Schweden zu handlen, dz er nit allein die generalfridenshandlung und den convent nit hindern, sonder auch wider Ihre Ksl. Mt. nit gleich auff disen tractat waß feindtliches unversehens vornemen wolle, wie E. L. dises und anderß in obberierten memorialien mehrers zu befinden und zu vernemen haben. Und hett ich Ihrer Ksl. Mt. und den catholischen chur-, fürsten und stenden zu guttem ein mehrers erhalten konden, wolt ichs gewiß an mier nit haben erwinden lassen. Aber der Franzosische gesandte hat sich alwegen, wan ich ihme waß solches zugemuttet, mit dem entschuldiget, daß erß nit getrau, bei dem konig in Schweden zu erhalten, inmaßen ich ihme auch auff sein selbst andeiten und begehren allein darumb zwei verschidene memorialia mitgeben, damit er daß lengere dem konig vorweisen, dz kurzere aber allein bei sich zu seiner nachricht behalten könd.

Nachdem auch der Franzosische gesandte zwar gutte vertröstung gegeben, aber nit vergwissen wollen, dz der konig in Schweden vilbesagte neutralitet oder reciprocam assecurationem de non offendendo mit denen von mier bedingten conditionen annemen werde, so hab ich ihme auß meiner leibguardi uberbringern diss zugeben und begert, dz er denselben alßbalden, wan der konig in Schweden die neutralitet mit denen von mier außbedingten conditionen angenomen und deretwegen under seiner königlichen hand und sigl ein urkhund von sich geben haben würdt, mit disem meinem an E. L. wie auch an beeder herrn mitchurfürsten zu Trier und Cöln L.L.L. haltenden schreiben an ort und end, wo sie sich befinden, verschickhen solle. Dan weil die zeit, dorin sich die bundtsverwandte erclären sollen, ob ihnen die neutrali-

---

[14] An Kurtrier: C und D. – Beigefügt waren die oben Nr. 470 C 8 und Nr. 470 C 9 gedruckten Memoriale.
[15] Oben Nr. 470 C 7.

tet annemblich oder nit, gar kurz und ohne zweifel ein ieder auß denen, welche von ihren landen vertriben, gern bald wider darbei sein wolten, solches aber der konig in Schweden eher nit zugeben wirdt, biß er von denen, welche restituirt sein wollen, die willfehrige erclerung haben wirdt, so hab ich zu mehrer befirderung der sachen obgemelten meinen corbonier mit disem schreiben in eum eventum abfertigen und mit dem Charnasse zum konig in Schweden reisen lassen wollen, benebens E. L. freündlich ersuchen, sie wollen dise sachen ihrer grossen wichtigkeit nach reifflich erwegen und dero gemüettsmeinung und erclerung mier zur nachricht unbeschwehrdt bei ihme corbonier zukomen lassen. Dargegen bin ich erbiettig, E. L. ferners auch zu communicieren, waß mier sowol von Ihrer Ksl. Mt. auff meines abgesandten anbringen alß auch von dem Franzosischen ambassador wegen seiner verrichtung bei dem konig in Schweden zukomen wirdt.

Neben[16] dem allem khann ich gleichwol E. L. unangefiegt nit lassen, weil man nit allerdings vergwisst, ob die neutralitet dergestalt, wie man sich deren verglichen, ihren effect erraichen oder auch allzeit, biß man zu einem allgemainen billichmessigen friden im Reich gelangen khan, bestand haben werde, dz derwegen denn gesambten bundtsverwandten ser gefährlich sein wurde, da sie sich alßbald, wan die neutralitet bei dem konig in Schweden richtig, ganz und gar auß ihrer verfassung begeben und ihr armaden zu grund gehen lassen solten, wie ich dan von dem Franzosischen gesandten verstanden, dz sein könig solches selbsten auch nit für thunlich und rathsamb halte. Und ob ich zwar wol weisß, dz man auß vor deducirten ursachen deß königs in Schweden und seiner adhaerenten macht darmit nit gewachsen und derzeit mit neuen werbungen nit auffkomen, auch die mittel sowol zu disen alß zu underhaltung deß bundtsvolks bei den fast allenthalben ruinirten bundtstenden nit erheben khannn, so will ich dannoch mier, so weitt sich mein vermögen erstrekt, mit sonderem vleiß und sorgfalt angelegen sein lassen und mich allenthalben bemühen, wa, wan und wie weit eß sein khan, dz noch vorhandne wenige bundtsvolkh auff alle künftige nottfähl zu conservieren und, wa immer möglich, wider zu sterkhen, der gutten zuversicht, eß werden sowol dieienige bundtstend, welche bei ihren land und leithen unvertriben verbliben, alß auch die, welche vermitelß der neutralitet oder in andere weg wider darzu komen werden, mier dissfallß mit darstrekhung ihres eüsseristen vermögens treülich an die hand gehen und selbst erkennen, dz solches auß vilen beweglichen ursachen die höchste notturft zu ihrer selbst aignen und deß gemainen catholischen wesens versicherung also erforderet." – 30.[17] Dezember 1631.

Konz. Richels mit Korr. Maximilians 143a/II, ganz zu chiffrieren. Benutzt und zitiert bei Droysen, Gustav Adolf II 475 Anm. 1, S. 478; Albrecht, Ausw. Politik S. 328 f.; Bireley, Maximilian S. 172 Anm. 12, S. 174 Anm. 18; Albrecht, Maximilian S. 802 Anm. 103.

---

16 Zum Folgenden vermerkte *Richel* am Rand: „Disen puncten hatt man im gehaimen rath sonderbar für nettig erachtet, dem schreiben einzuruckhen."
17 Korrigiert aus 29.

## 470 D 7. Maximilian an den Bischof von Würzburg

Dezember 31

Neutralität zwischen der Liga und Schweden

„Demnach wir für ein notturft befünden, von ainer wichtigen sachen, die wir an unsers freundlich lieben bruders, deß herrn churfürsten zue Cöln L. bei disem unserem aigens abgefertigten corbiner gelangen lassen[1], E. L. gleichmessige communication zu thun, dasselb aber bei ieziger unsicherhait der strassen ohne ziffer nit rathsamb und wir besorgen, sie möchten die zwischen unß beeden bißher gebrauchte ziffer nit bei der hand haben, derhalben haben wir hochgedachts unsers brueders L. ersucht, daß sie deroselben solches alleß communiciren und darneben andeiten wollen, unß ihr gemüetsmeinung und erclerung eheist zu überschreiben und solch schreiben in die Churcolnische ziffer umbsezen zu lassen.[2]

Und wie nun E. L. auß solcher communication befünden werden, dz an diser sachen nit allein dem Röm. Reich, und catholischen wesen inßgemain, sonder auch E. L. selbsten in particulari, damit sie eheist wider zu ihrem stift gelangen mögen, merklich vil gelegen, also machen wir unß deßdo wenigern zweifel, sie werden alleß solcher hochen wichtigkeit und importanz nach reifflich bedenkhen, unsere treül<ich> und wolgemainte sorgfalt vor E. L. und andere unsere mitverainte dorauß verspieren und dise glegenheit, widerumb zu ihren land und leithen zu komen, nit auß der hand lassen, zumal sie selbst vernünftig zu erachten, dz eß noch ein zeit anstehn und bei iezigen leüffen schwehr hergehen möcht, biß sie durch andere mittel ein solches erlangen köndten." – München, den 31.[3] Dezember 1631.

Konz. Richels Akten 181 fol. 24.

---

1 Mit Schreiben vom 30. Dezember (oben Nr. 470 D 6 mit Anm. 1).
2 Vgl. dazu ein Postskriptum *Maximilians* an Kurköln, [30. Dez. 1631] (Konz. Richels Akten 181 fol. 26), in dem es außerdem hieß: „Benebens lass ich E. L. auch haimbgestellt sein, ob sie hiervon deß bischoven zu Osnabrugg L., wie ich für ain sonderbare notturft halte, weil dieselbige ebensowol in dem bundt begriffen und ihrer stifter halber bei disem werkh interessirt seind, gleichmessige communication thun und darbei andeiten wollen, dero erclerung mier eheist bei sicherer glegenheit, doch in ziffer, zukommen zu lassen."
3 Korrigiert aus 30.

### 470 D 8. Maximilian an den Kaiser[1]

Dezember 31

Entdeckung der Neutralitätsverhandlungen in München: Von Erzherzog Leopold in Breisach bei einem französischen Adligen[2] beschlagnahmte Papiere – Übergabe der Ausfertigungen an Charnacé – Ankündigung der Abordnung Donnersbergs, der den Kaiser über das Anbringen Charnacés unterrichten wird, nach Wien – Mitteilung, dass Charnacé nach Erhalt der beschlagnahmten Papiere hinsichtlich der ihm darin erteilten Aufträge nichts angebracht habe[3] – Versicherung fortdauernder Devotion – (AO München)

Bezug: Schreiben vom 21. Dezember [oben Nr. 470 D 4].

Druck bei HALLWICH I Nr. 502. Ausf. KrA 69 Konv. Dezember fol. 181–182; Konz. Ranpeks mit Korr. Richels Kschw 73 fol. 379.

---

[1] Das oben Nr. 470 D 8 zitierte Schreiben basiert auf Konsultationen bayerischer Geheimer Räte (Jocher, Wolkenstein, Richel, Donnersberg) am 30. Dezember. Der einschlägige Eintrag im *Journal Richels*, 30. Dez. 1631 (Geheimer Rat 194/9 fol. 189–190. Zitiert bei BIRELEY, Maximilian S. 179 Anm. 27), ist überschrieben: „Was Ihrer Mt. wegen des Charnasse instruction zu antworten?"
Entsprechend einem *Votum des kaiserlichen Geheimen Rates* (Kaiser, König von Ungarn, Eggenberg, Bischof von Wien, Trauttmansdorff, Slawata, Khevenhüller, Thun, Werdenberg. Reck, Arnoldin), 7. Jan. 1632 (StK Vorträge 1 Konv. E fol. 112–113), bestätigte der *Kaiser* Maximilian aus Wien, 7. Jan. 1632 (Konz. KrA 70 Konv. März [!] fol. 134. Druck bei HALLWICH II Nr. 533), den Erhalt des oben Nr. 470 D 8 zitierten Schreibens.
[2] Miré (oben Nr. 470 D 2 Anm. 2).
[3] Vgl. aber oben Nr. 470 B 14 mit Anm. 6.

## 471. Journal Richels[1]

[Dezember 5]

Konsultationen bayerischer Geheimer Räte – Verhältnis zu Spanien

Wolkenstein proponiert auf Befehl des Kurfürsten u. a.: „Ob und wie mit Spanien ein allianz zu machen. Darvon vor etwz im werkh gewesen.[2] Eggenberg antwort nichts. Damit man nit zwischen zweien stielen siz.

Umbfrag:

Graf [Wolkenstein]: Ihr Dt. haben ihr gemiet dem Eggenberg eröffnet. Er schweig. Sei iez weiter nit dahin anzumahnen. Die beste occasion, mit Trautmanstorff zu handlen, da er herauff kom, wie gestert[3] geschlossen. In aula Caesaris lass sich diß nit negociieren.

Ego [Richel]: Mit dem h. graven <additamento>. <...>[4], werd Trautmanstorf darauff instruiert werden.

Dr. Peringer: Deßgleichen.

Ob.canzler [Donnersberg]: 1. Spanien nit gar beiseits zu sezen. 2. An Eggenberg waß weiter zu schreiben oder in aula Caesaris zu negociieren, nit ratsamb. 3. Die occasion mit Trauttmanstorff zu brauchen ad hanc finem."

Geheimer Rat 194/9 S. 109–110.

## 472. Maximilian an Tilly

Dezember 6

Konferenz in Donauwörth – Versorgung der Armee mit Geld

„Ich hab vernommen, was ihr dem kriegszalmaister Kautten, in verscheidenen puncten alhir anzebrüngen, bevolchen.[1] Aldiweil ich mich dann, wie euch bewüst,

---

1 Die Datierung ergibt sich aus dem in dem Votum Wolkensteins erwähnten gestrigen Beschluß. Außerdem folgt die oben Nr. 471 gedruckte Passage des *Journals Richels* unmittelbar auf die unten Nr. 472 Anm. 1 zitierte Passage, der das Datum 5. Dezember vorangestellt ist.

2 Vgl. dazu oben Nr. 326 mit Anm. 1.

3 Bei Gelegenheit der Konsultationen des bayerischen Geheimen Rates am 4. Dezember (oben Nr. 470 B 1).

4 Die durch spitze Klammern markierte Lücke enthält sieben Worte, von denen nur der Namen Eggenbergs und die Titulatur des Kurfürsten (Serensssimi Nostri) zweifelsfrei entziffert werden konnten.

1 Nach Ausweis des *Journals Richels*, 5. Dez. 1631 (Geheimer Rat 194/9 S. 107–109), umfaßte der Vortrag Kautts u. a. folgende Themen: Blockade Nürnbergs und Tillys Unterhandlungen mit der Stadt, Detachierung kaiserlicher Truppen nach Böhmen, Versorgung der bei Tilly verbleibenden kaiserlichen und der Ligatruppen mit Winterquartieren und Geld, Quartiere für die lothringischen Truppen, Besuch des Bischofs von Bamberg bei Tilly, bei welcher Gelegenheit der Bischof vergeblich mehr

bereits vordeme erclert, dz mir nit entgegen, mich mit euch zu abbochirn und von der sachen notturft in ain und anderm ze reden, ihr auch solch abbochament nochmallen für eine notturft haltet, so bin ich vorhabenß, zu solchem ende hinauß nach Tonauwörth ze ruckhen, dergestalt dz ich daselbst, geliebts Gott, Pfinztag abents, den 11. diss, eintreffen könde.² Derowegen wollet ihr euch uf solche zeit ebenmessig dahin begeben, von deß bundts hohen officirn aber niemandts als den v. Ruepp mit euch nemmen, bei der armada underdessen guete anstalt hünterlassen und über des bundts volkh dem generaln von der artilleria, des herzogen Rudolph Maximilian zu Saxen Lauenburg³ L., dz commando anvertrauen. Waß aber die Kaiserlichen betrifft, wollen wür gern sechen, das ihr in alweg den generalwachtmeister v. Aldring und obristen von Ossa mit euch nach Tonauwörth genommen hetet. Underdessen kann der generalwachtmeister graf Egon v. Fürstenberg über dz anwesende Ksl. volkh dz commando haben." Sicherung Donauwörths. [...]

„Die vom Ksl. hoff vertröste 180.000 fl. seind alhier ankhommen,⁴ welche nunmehr neben unsern geltern hinauß nacher Rhain gehen werden, wie wür dan den zalmeister Kauten zu solchem ende ufgehalten. Underdessen wollet ir auch sehen,

---

Truppen forderte, Musterung und Reformation der Regimenter, Abschaffung der überflüssigen Bagage, Wunsch Tillys nach einem baldigen Treffen mit dem Kurfürsten. – Kautt zufolge hatte der Kaiser nur 10.000 Mann nach Böhmen abgefordert, Tilly aber aus Mangel an Unterhaltsmittel eine größere Anzahl detachiert. – Für den Besuch des Bischofs von Bamberg bei Tilly ist auch auf HÜBSCH S. 117 f. zu verweisen.

2 Hinsichtlich der Tagesordnungspunkte der Konferenz in Donauwörth heißt es im *Journal Richels*, [8., 9. oder 10. Dez. 1631] (Geheimer Rat 194/9 S. 130–131): „Puncta zu Donawert mit dem Tilli zu conferieren: 1. Außtheilung der quartier. Wo und mit waß mtl. 2. Ob die quartier in Wirtemberg zu behaupten ratione Sueci. Responsio: Kann manß ohne gewaldt behaupten, fiat. Wo nit, besser andere quartier zu suchen. 3. Ob nit mehr volkh in Wirtemberg zu legen zu dem wenigen Lotringischen. 4. Wie vil in dz Ulmisch. 5. Wie die Donau zu versichern. 6. Wie eß ihm [= dem Feind] zu verwehren, dz er nit uber Donau. 7. Ob nit die Spanische mit den unßern sich coniungieren. 8. Ob nit zu solchem corpo waß von Lotringischen hinab. 9. Waß für capo. 10. Ob nit cavalcada zu thun. Et reliqua. – Ob geheime räth waß darbei zu erinnern. Dr. Jocher: Addenda: Wie man auf den frieling gevolgen woll und kond. Wie eß anzustellen. Waß anzufangen." – Die vorstehend in eckigen Klammern ergänzte Datierung ergibt sich aus dem Kontext.

3 Einzelheiten über die Übernahme des Herzogs in den Dienst der Liga – als Nachfolger des in der Schlacht bei Breitenfeld gefallenen Generals der Artillerie Otto Friedrich von Schönburg? – konnten nicht ermittelt werden. Vgl. aber den Hinweis unten Nr. 490 mit Anm. 8; das Engagement Tillys für den Herzog belegt auch HALLWICH I Nr. 179 S. 274. – Der Herzog hatte zuvor dem Kaiser und Spanien gedient, wofür hier lediglich auf RITTER III S. 144, 350; HALLWICH, Fünf Bücher I S. 331 mit Anm. 186 zu verweisen ist. Anfang 1631 hatte er sich via Tilly erneut beim Kaiser (HALLWICH I Nr. 179 S. 274) und bei Schweden (STADLER S. 634) bemüht.

4 Und zwar wohl via Salzburg. Vgl. dazu die Relation *Mändls* aus Salzburg vom 6. Dezember (unten Nr. 498 Anm. 5): Hat bei seiner Ankunft gehört, dass dieser Tage ein kaiserlicher Kammerdiener mit einer Summe Geld für das kaiserliche Kriegsvolk hier durchpassiert ist und vom Erzbischof mit 12 Musketieren in die kurfürstlichen Lande begleitet wurde. „Die summa habe ich nit aigentlich vernemmen khünden, vermuethe doch, es werden dieienige 180.000 fl. sein, darauff Ihr Ksl. Mt. hiebevor vertröstung und andeittung gethon."

das mit reformation der schwachen regimenter und compagnien, auch abschaffung des übrigen tross und bagagi [...] verfahren werde, damit man alsdan den soldaten desto mehr gelt geben könde." – 6. Dezember 1631, nachts um *** Uhr.

Konz. Teisingers ÄA 2396 fol. 482.

## 473. Tilly an Maximilian

Dezember 6

Abordnung Ruepps zum Kurfürsten – Sicherung der Oberpfalz – Verstärkung der Regimenter, Versorgung der Armee mit Geld und anderem

Bezug: Schreiben vom 4. Dezember [oben Nr. 450 Anm. 7, Nr. 467 Anm. 1]. – „Soviel nun berürte abforderung deß Khaiserlichen volkhs nacher Böheimb und waß deme anhängig, auch waraufs sonsten die ganze gelegenheit gegenwertigen zuestands beruhe, anbringen [!] thuet", so hat Tilly deswegen den Oberst und Generalkommissar Ruepp zum Kurfürsten abgeordnet,[1] auf dessen Vortrag er sich bezieht.

„Sonsten aber ists zwar nit ohne und unzweiventlich darfürzuehalten, da Chursachsen gelegenheit haben solte, Eur Kfl. Dt. landen sich zue nächeren und selbige feindlich zue überziehen, si wurden diesfahls nit feueren oder ichtwas underlassen. Weilen ich aber nit der meinung bin, dz si an mannschaft so starkh und sovile mitl haben, sich in soviel theil und corpora zue separiren, inmassen si dann dergestalt drei corpora fermieren [!] miesten, alß möcht es derenthalben meines erachtens umb so weniger noth und gefahr haben. Damit man aber sich gleichwol in so mehrere und bessere sicherheit stelle, so habe ich über vorige vier Khaiserliche regimenter zue fueß, und nemblichen daß Goeßische, Bappenheimbische, Ridberggische und Rasfeldische, noch zwei zue fueß, alß daß Sulzische und Merodische, item zue pferdt daß Bredowische und Merodische vom generalwachtmeister Gallaß deß ends wiederumb zueruckhgefordert, umb solche zue mehrer versicherung der Obern Pfalz uf daß Nürnbergische gebieth in beede stättlein Lauffen und Herschbruckh zu verlegen. [...]

Alß dan auch über dieses Eur Kfl. Dt. gdst wissendt, wie merkhlich die regimenter ins abnehmen khommen, so were mein nochmahliges underthenigstes guetachten, solche ufs fürderlichst immer möglich wiederumb zue verstärkhen und daß Eur Kfl. Dt. ihro nit wenigers gdst belieben lassen möchten, an stiffel, schuh und strümpf, auch curräß, pistoln und musqueten sowol für dz Ksl. alß bunds volkh ein ergibige anzahl demnegsten und unverzüglich bestellen und zur armada verordnen zue lassen und dz sie sich diesfahls nit allein, sondern waß si auch deß gelds und monnats-

---

[1] Ein Beglaubigungsschreiben *Tillys* für Ruepp an Herzog Albrecht von Bayern ist datiert: Roth, 5. Dez. 1631 (Ausf. Akten 182 fol. 24–25), das Rekredential [Herzog Albrechts von Bayern] an Tilly für Ruepp ist datiert: München, 9. Dez. 1631 (Konz. Akten 78a fol. 86).

solds halber zue thuen gemeint, eilends zue resolvirn geruhen möchten, zuemahlen die sachen dermassen beschaffen und sich veranlassen, dz man deß feinds halber besorgentlich wenig rhue haben und nit lang in den quartiern zue pleiben haben würdt." [...] – Roth, 6. Dezember 1631.

Ausf. ÄA 2396 fol. 484–486.

## 474. Kurköln an Maximilian
Dezember 7

Abordnung Pappenheims in die unteren Reichskreise – Kriegsverlauf am Rhein – Verlust der Truppen Neersens – Sukkurs der Infantin – Neutralität gegenüber Schweden

Bestätigt den Erhalt der Schreiben vom 18. November [oben Nr. 431 Anm. 4, Nr. 435 Anm. 1 und 5] und vom 27. November [oben Nr. 442 Anm. 2 und 7]. – [...] Dankt, dass Maximilian im Werk ist, Pappenheim „zu dem endt herundter zu schickhen, daß er daß ann der Weser in den quartiern, ausser deren etliche, so noch besezt bleiben müchtenn, ligendes volkh heraußnemmen, damit ein corpo formirenn und zu meiner landen verthethigung gebrauchen solle." Die Truppen Wittenhorsts aber sind bereits nach Mainz gezogen, die von Graf Heinrich von dem Berg an die Mosel geleiteten Truppen von Don Philipp de Silva nach der Pfalz geführt worden.

Berichtet u. a. von dem Einfall des Königs von Schweden in den Rheingau sowie über die Situation der Stadt Mainz, die von spanischen und Bundestruppen verteidigt wird. Unter dem Datum 3. Dezember teilte Kurtrier mit, dass die Hessen sich bereits im Westerwald befinden, in das zum Erzstift Trier gehörige Amt Camberg eingefallen sind und dass abwärts kein Ort mehr ist, der Widerstand leisten könnte, ausgenommen vielleicht das kurtrierische Städtchen Limburg an der Lahn.[1] Wenn die Hessen weiterhin erfolgreich sind, können sie ungehindert bis an den Rhein, an das seiner Residenzstadt Bonn gegenüberliegende Rheinufer, ja sogar bis nach Köln ziehen. Auch wurde ihm berichtet, dass schwedische Kommissare in Sankt Goar gewesen seien. „Und ist wol zu muethmassen, zu welchem ende derselben verrichtung angesehen, ingestalt mir die gefahr mehr und mehr naheren thuet. Und weilenn mann zue nöthiger resistenz gar noch nit gefast, weilenn ich, wie E. L. auß einem anderen schreibenn[2] fr. werden vernemmen, der gelder, so mir E. L. fr. bewilligt, auf selbige

---

[1] Über die andauernde hessische Invasion der kurtrierischen Städte und Ämter jenseits des Rheins berichtete *Kurköln* an Maximilian, Köln, 9. Dez. 1631 (Ausf., teilweise dechiffriert, ÄA 2361 fol. 679–680).

[2] Nicht zu ermitteln. Wie sich aus dem *Kölner Schreiben* vom 9. Dezember (oben Anm. 1) und weiteren Unterlagen in ÄA 2361 fol. 677, 681–684 ergibt, hatte Kurköln angesichts der militärischen Situation, die es nicht erlaube, die in Philippsburg liegenden Gelder nach Köln zu verbringen, gebeten, die

weiß den Rhein herunder wegen der grossen gefahr nit mechtig sein und desto langsamer mit den werbungen aufkommen kann, auch darzue noch zeit gehen wirt, ehe der graf von Gronsfeldt daß volkh von der Weser ab- und beisamen geführt, so müchtenn besorglich die sachen inmittelst zue einem andern standt gerathen. Und wolle ich umb soviell mehrerß deß von Pappenheimb mit verlangen erwarten."³

Teilt Einzelheiten über den Verlust der Truppen Neersens mit.

Die Infantin hat zwar Sukkurs angeboten, doch sollte dieser ihr unterstellt bleiben und von einem spanischen Capo kommandiert werden, auch im Bedarfsfall jederzeit zurückgefordert werden können. Mit diesen Bedingungen wollte Kurköln sich nicht beladen und ließ die Infantin wissen, es sei besser, den Sukkurs „hoher hinauff nacher der Pfalz zu deren endts nothigem widerstandt zu schickhen." Das geschah, bevor Kurköln von dem hessischen Vorbruch im Westerwald erfuhr. Inzwischen hat er die Infantin von der neuen Entwicklung unterrichtet, damit der Sukkurs entsprechend eingesetzt werden kann. [...]

Was des Bruders Ausführungen in Sachen Neutralität gegenüber Schweden⁴ angeht, „so ist zwarn einmahl gewiß, daß derenn gegenthailen khriegsmacht dermassen bereits überhandtgenommenn und noch täglich mer und mehr grösser wirdt, daß menschlicher weiß darvonn zu reden, bei denn allerseits abgehenden gegenmitlen fast khein weeg sich eröffnen will, dem liebenn vatterlandt zue succurrirn, und daß daher einem oder dem anderen churfursten und standt des Reichs nit zu verargeren [!], auf ein und andere zuelässige mitel zu gedenkhen, wardurch ein grösser unheil, so sonsten nit abzuwenden, entflohen werdenn müchte. E. L. werden zwarn auß meinem dießfalß vorgangenem schreiben⁵ vernommen haben, waß für dubia bei derenn von dem Französischen ambasciatorn anerpottener neutralitet mir vorgefallenn und ich E. L. in freundtbr. vertrauwenn eröffnet, welcher gestalt ich auch vermeindt, daß ann andere catholische unsere mitchurfürsten solche auch zue bringenn. Und begerte ich woll gantz fr. darauff nicht allein E. L. ferneren hochvernünftigen guetachtenß, sondern ersuche dieselbe auch hiemit fr.brüderlich, wann E. L. die sachen also beschaffen befinden, daß sie dergleichen etwo einzugehenn sich entschließenn müchtenn, daß sie alsdan dabei mein und meiner landen auch im bösten eingedenkh sein woltenn. Ich habe aber auß einem anderen E. L. denn 24. Novembris datirten schreibenn verstanden, auff welche weiß der khonig in Schwedenn mit deß

---

Summe von 100.000 fl., wie ursprünglich geplant (vgl. dazu oben Nr. 435 Anm. 5), durch Augsburger Wechsel zu transferieren, welcher Bitte Maximilian dann Ende Dezember nachkam. Vgl. auch die einschlägige Mitteilung Maximilians an Pappenheim unten Nr. 482.

3 Nach Ausweis des *Kölner Schreibens* vom 11. Dezember (unten Nr. 512 H 4 Anm. 3. Ben. bei STADLER S. 591) traf Pappenheim – von Mainz kommend – am 11. Dezember in Köln ein: Pappenheim ist „ietzo gleich alhie anglangt. Was ich mit demselben handlen und schließen werde, solle E. L. beim negsten unverhalten pleiben."
4 Vom 27. November (oben Nr. 442 Anm. 2).
5 Vom 13. November (oben Nr. 440).

bischofen zu Bamberg L. die neutralitet zu tractirn bedacht.⁶ Und wans mit der neutralitat, so durch den Frantzösischen ambasciator anerboten, auch solche meinung habenn solte, wehre es woll beschwehrlich und hette mann sich solcher gestalt dern Frantzösischen interposition wenig zu erfreuen. Vonn Gott zue wünschenn wehre es, daß man ehender allerseits zu dem unwesen gethan und es nit zu disen extremis hette kommen lassen, dha der beste rhat am thewristen ist, denn statum catholicorum in Teütschland zu conserviren, geschweigens daß verlohrne und occupirte zu recuperirn." – Köln, 7. Dezember 1631.

Ausf, teilweise dechiffriert, Kschw 960 fol. 518–522.

## 475. Landgraf Georg von Hessen-Darmstadt an Maximilian¹
Dezember 7

Überlassung der Festung Rüsselsheim an Schweden – Verschonung der Lande des Landgrafen – Friedenskonvent

„Eüer L. werden zweifelsohn von der Kgl. Würde zu Schweden in urplötzlicher eill hervorgebrochener kriegsmacht und eroberung verschiedener am Maynstrohm gelegener, starkh besezt gewesener plätze, und darunder auch nahmentlich der churfürstlichen residentz Aschafnaburg, auch der statt Franckfurt, sodan ferner gehört haben, in was vor ainen unverhoften zustandt es mit unserm haus Rüsselsheim gerathen."² Übersendet zur Information des Kurfürsten die Kopien von zwei einschlägi-

---

6 *Maximilian* an Kurköln, 24. Nov. 1631 (Konz. Oexels mit Korr. Peringers Kschw 960 fol. 501–502), wo es u. a. heißt: „Sonsten ist wohl zu erachten, daß der konig in Schweden, da sich schon deß bischoffs zue Bamberg L. zue einer neutralität verstehen, damit nicht zufriden sein, sondern noch darzue starkhe contributiones begehren wurde, inmassen E. L. aus sein bischoffs iüngstem an mich abgangnem schreiben und dessen beischluß klerlich zu vernehmen." – Bei den beigefügten Schreiben dürfte es sich um die oben Nr. 447, ebenda Anm. 2 zitierten Stücke gehandelt haben.
1 Den Erhalt der Sendung bestätigte *Maximilian* dem Landgrafen aus München, 15. Dez. 1631 (Konz. Oexels Kschw 1629 fol. 124). Er dankte für die Mitteilungen, sprach dem Landgrafen seine Kondolenz aus und versicherte, er werde Tilly Ordonnanz erteilen, die Lande des Landgrafen mit Einquartierung zu verschonen.
2 Und zwar hatte der Landgraf seinen Kreiskommissar Friederich zu Heinrich von Metternich, bayerischem Statthalter in Heidelberg, abgeordnet. Nach Ausweis von *Metternich* an Maximilian, Heidelberg, 3. Dez. 1631 (Ausf. ÄA 2392 fol. 347–348), traf Friederich am 3. Dezember in Heidelberg ein, berichtete von der Forderung des Königs von Schweden nach Einräumung der hessischen Festungen, von der Audienz des Landgrafen beim König in Höchst sowie von der Aufnahme schwedischer Truppen in die Festung Rüsselsheim, erläuterte die Gründe dafür und bat, Maximilian über alles zu informieren und zu versichern, daß die Devotion des Landgrafen zum Kaiser und zu den gehorsamen katholischen Kurfürsten und Fürsten ungebrochen sei. – Vgl. für den Zusammenhang FROHNWEILER S. 45–60, ferner DROYSEN, Verhandlungen S. 168–186, 193. – In einen Schreiben an Kurköln, 8. Dez. 1631

gen Schreiben an den Kaiser und an Eggenberg³, rechtfertigt sein Verhalten und bittet den Kurfürsten um Verständnis.

Ersucht um Weisung an Tilly, die Lande des Landgrafen mit Kriegsbeschwerungen und Tätlichkeiten zu verschonen.

Übersendet sein Schreiben an den Kaiser in Sachen Friedenskonvent⁴. – Stadt und Festung Gießen, 27. November/7. Dezember 1631.

Ausf. Kschw 1629 fol. 125–126; Konz. HStAD E 1 C Nr. 8/1 fol. 297; Auszug Akten 203/I. Ben. bei FROHNWEILER S. 59 Anm. 19.


## 476. Landgraf Georg von Hessen-Darmstadt an den Kaiser¹

Dezember 7

Friedenskonvent

Der Landgraf würdigt die positive Reaktion des Kaisers und der katholischen Kurfürsten auf seine Vermittlungsbemühungen und erinnert an seine beiden Sendungen an den Kaiser vom 25. Oktober/4. November² und vom 7./17. November³, die belegen, „daß den königlichen Schwedischen continuirenden andeütungen nach Seine Kgl.

---

(Konz. Oexels mit Korr. und Zusätzen Richels Kschw 960 fol. 524–525; Auszug Akten 203/I), kommentierte *Maximilian* die Mitteilungen Metternichs vom 3. Dezember: „Ist wohl zue besorgen, dises wesen werde dem Mülhausischen convent nicht beförderlich sein."

3 *Landgraf Georg von Hessen-Darmstadt* an den Kaiser (Kop. Kschw 1629 fol. 127–134; Konz. HStAD E 1 C Nr. 8/1 fol. 269–282 und 284; Ausf. RK RTA 100b fol. 73–78 und 101, mit Anlagen fol. 79–100. Ben. bei FROHNWEILER S. 59), an Eggenberg (Kop. Kschw 1629 fol. 135–136), beide datiert: Gießen, 27. Nov./7. Dez. 1631. – Das vorstehend zitierte Schreiben an den Kaiser war Gegenstand eines *Gutachtens kaiserlicher deputierter Räte*, s. d. (RK RTA 100b fol. 105–112).

4 Unten Nr. 476.

1 Das oben Nr. 476 gedruckte Schreiben war Gegenstand eines *Gutachtens kaiserlicher deputierter Räte*, s. d., mit *Votum des Geheimen Rates*, 23. Dez. 1631 (RK RTA 100b fol. 258–263). Diesem Gutachten und Votum entsprechend antwortete der *Kaiser* dem Landgrafen aus Wien, 22. Dez. 1631 (Ausf., präs. Frankfurt/Main, 30. Dez. 1631/9. Jan. 1632, HStAD E 1 C Nr. 8/1 fol. 355–356; Fragment eines Konzepts RK RTA 100b fol. 199; Kop. Kschw 123 fol. 105), u. a.: Begrüßt das Engagement des Landgrafen und läßt sich belieben, „daß angerete fridenshandlung ihren vortgang erraichen und ehist vortgesezt werden möge. Indeme aber D. L. selbsten wißend, daß dise sachen aniezo allain an obberürter Saxischen und Brandenburgischen entlichen erclärung bewenden thun, dieselbe aber richtigzumachen [...] sich D. L. erbotten, so wöllen wir deßen und waß in disem und andern D. L. aufgetragenen puncten ferner ervolgen würdt, mit negstem gewertig sein."

Eine Kopie des oben Nr. 476 gedruckten Schreibens sowie seiner vorstehend zitierten Antwort übersandte der *Kaiser* aus Wien, 22. Dez. 1631, den Kurfürsten von Mainz (Konz. RK RTA 100b fol. 200–201) und Bayern (Vermerk ebenda; Ausf. Kschw 123 fol. 99–100) und bat um deren Gutachten.

2 Oben Nr. 443 Anm. 2.

3 Oben Nr. 444 Anm. 2.

Würde und der beeden herrn churfürsten zu Sachsen und Brandenburg L.L. sich dergestalt confoedirirt befinden, daß deren wohl keiner ohn des andern consens und zuthun zu einigem tractat gehölen[4] werden.

Weil dan des herrn churfürsten zu Maintz L. under dato 24. Novembris[5] mir inhalts der beilag zugeschrieben, so hab ich nicht underlassen, mit der Königlichen Würde zu Schweden von der friedenshandlung in persohn zu reden[6] und folgends deroselben ein schriftlich memorial zuzustellen. Worauff Ihre Kgl. Würde nach praemittirter erzehlung ihrer krigsursachen und des iammers, den sie an ihren blutsfreünden und religionsverwanden schmertzlich gesehen hetten, etlich mahl hoch bezeüget, das sie zu fried geneigt seien, in ihrer gantzen krigsexpedition keinen andern scopum alß eine erbare, sichere und bestendige beruhigung suchten. [...] Sie hetten auch zu mehrer contestation ihrer friedensbegürde stracks nach empfang meines ersten schreibens an beeder herrn churfürsten zu Sachsen und Brandenburg L.L. darvon geschrieben und wolten nach deren einlangung sich weiter vernehmen lassen. Und weil Seine Kgl. Würde bei ihrer partei director des krigs seien, wolten sie auch gern persöhnlich der tagfahrt beiwohnen. Zweiffelten aber sehr, ob sie sich gegen Mülhaussen in persohn begeben könten. Franckfurt oder Maintz oder ein anderer näher gelegener ort würde allen theilen verhoffentlich auch bequem sein. Vor ankunft der beeden evangelischen herrn churfürsten resolutionen könten sie sich nichts verbündliches erclären. Meldeten disses fur sich allein discursive.

Seine Kgl. Würde haben eventualiter der versicherung gedacht, mit meldung, wan man gleich in re ipsa sich würde können vereinigen, so müste doch die versicherung nicht nur in brifen und wortlichen zusagen alß wie vor dissem bestehen. Haben dissen puncten fast vor einen der wichtigsten gehalten und mich erinnert, zeitlich darauf zu gedenken, dan ohn treffliche assecuration würde das gantze werk sehr anstehen."

Teilt mit, daß er von Kurbrandenburg erst eine Vorantwort, von Kursachsen aber noch keine Antwort erhalten hat; Kurbrandenburg bestätigte den Erhalt des einschlägigen hessischen Schreibens und erklärte, er sei im Werk, mit Kursachsen daraus zu communicieren und sich mit ihm auf ein einhelliges Votum zu einigen. „Seine L. tragen, wie aus dero schreiben ich nicht anderst verspüren kan, grose gefälligkeit an der güte, gestalt sie mich ersucht, den verzug im besten zu deüten und underdess disse gütliche tagfartsvorschläge in salvo erhalten zu helfen. [...] Von der Kgl. Würde zu Schweden hab ich soviel vernehmen können, daß dieselbe und beede evangelische herrn churfürsten zusammenschicken werden, welches vielleicht im werk und biss dahin die Chursachsische antwort verschoben ist.

---

4 GRIMM IV/1.2 Sp. 2375 s. v. gehellen (zustimmen, einstimmen) 3.
5 Oben Nr. 443 Anm. 4.
6 Bei Gelegenheit der oben Nr. 475 Anm. 2 erwähnten Audienz in Höchst, die nach Ausweis von FROHNWEILER S. 55 am 28. November stattgefunden hatte.

Wiewohl es dan nunmehr nach also einfallenem verzug nicht müglich, daß der convent auf den 14. Decembris newen calenders fortgehe, wiewohl auch mir noch zweifflt, ob eben die statt Mülhaussen Ihrer Kgl. Würde und L.L. behagen oder ob dieselbe nicht viel mehrers auf Nürnberg, Franckfurt, Maintz oder auf einen anderen solchen ort oder auch auf einen blatz zwischen beeden armeen, alda sich Ihre Kgl. Würde und Chursachsens L. persöhnlich befinden und dem tractat abwarten könten, zihlen möchten, so hab ich doch zum tractat selbst noch gute hoffnung und will Ewer Ksl. Mt. in aller underthenigkeit gehorsamst und hochfleisigst gebetten haben, sie geruhen, ihre zu dergleichen gütlicher handlung schon gegebene allermildiste, vätterliche, beiahende, mich sonders consolirende resolution ohngehindert disser einlauffenden morae allergenedigst zu behalten." [...] Der Landgraf selbst wird sich weiterhin bei den beiden protestantischen Kurfürsten und beim König von Schweden bemühen. – Gießen, 27. November/7. Dezember 1631.

Kopien Akten 203/I = Druckvorlage, Kschw 123 fol. 101–104 ; zwei Ausfertigungen RK RTA 100b fol. 70 und 72, ebenda fol. 113, 115 und 102; Konz. HStAD E 1 C Nr. 8/1 fol. 299–302. Ben. bei Frohnweiler S. 42.

## 477. Kurmainz an Maximilian

Dezember 8

Mühlhausener Konvent – Waffenstillstand – Vermittlung Frankreichs – Ligatag in Ingolstadt

Bezug: Schreiben vom 25. November [oben Nr. 457]. – [...] „Obwohlen unß nichts liebers wehre, alß daß solcher [Mühlhausener] convent, alß welcher zue widerbringung deß edlen fridens im Reich vornemlich angesehen, uf den veranlassten termin seinen fortgang erreichen köndte, so ermanglet es iedoch nit allein einen alß den andern weeg ahn der Chursachßischen und Brandenburgischen erclerung, sondern es werden auch Euer L. [...] mit mehrem vernohmen haben, in waß ellendem undt betruebtem zuestandt wir und unser erzstift anietzo leider begriffen, dergestalt, daß nit allein derselbe biß uff diese unsere residenzstatt Meintz in deß feindts handen gerathen, sondern daß wir auch, nachdemahlen unsere räth mehrerntheils von hinnen ab und an andere sichere ort sich begeben, denen bei diesen ie länger, ie gefehrlicher sich anlassenden zeiten täglich furfallenden reichgescheften länger nicht abwahrten können, zumahlen wir auch schon unser archiv und reichsacta an andere ort transferiren lassen. So ist es auch mit der mit landgraf Georg zue Hessen L. bißhero dießfahls gepflogenen correspondenz also beschaffen, daß, nachdemahlen der feindt sich numehr aller orthen der päß ienseit Meyns bemechtiget, S. L. von unß ganz abgeschnitten und also wir die gelegenheit nicht mehr haben können, solche dem gemeinen weesen zum besten angefangene negotiation, wie gern wir auch wolten, ferner zu continuiren.[1] Und würde dahero unß umbsoviel mehr beschwerlicher fallen, wegen deß von Euer L. für guet angesehenen armistitii, so gleichwol unß nach gestalt ieziger beschaffenheit unsers erzstifts am aller nothwendigsten ist, bei wohlgedachts landtgraven zue Hessen L. etwaß fruchtbarlichs zu erhandln.

Undt seind wir sonsten noch einen als den andern weeg der meinung, daß zu erlangung eines bestendigen sichern fridens die interposition des konigs in Franckhreich nicht allein sehr nuzlich, sondern auch ganz notwendig sein wurde. [...]

Soviel aber in specie unser erscheinen [in Ingolstadt] betr., da haben Euer L. schon verstanden, waß es leider mit unserm erzstift für einen betruebten zuestandt gewonnen, also daß hoch zu besorgen, wie ungern wir sonsten etwas, so dem gemeinen catholischen wesen zum besten gereichen mögte, underlassen wolten, wir werden weder den Mülheußischen noch Ingolstattischen conventum auß den eingangs angezogenen ursachen durch die unserige besuechen lassen khonnen. Nichtßdestoweniger aber undt damit derentwegen an unserm ort nichts ermangle, so seind wir erbietig, iemanden anders unsere vollmacht uffzuetragen. Ersuechen derowegen E. L. ganz freündlich, sie wollen unß dero beiwohnende hochvernunftige gedanken unbeschwerdt eröffnen, wem sie vermeinen, das wir unsertwegen zue vorstehender zuesammenkhunft [in Ingolstadt] bevolmechtigen können."[2] – Mainz, 8. Dezember 1631.

Ausf. Kschw 782 fol. 422–424. Zitiert und benutzt bei H.-D. MÜLLER S. 41 Anm. 57, S. 44, S. 45 Anm. 79, S. 47 Anm. 98, S. 50, S. 51 Anm. 118, BRENDLE S. 311.

---

**1** In Beantwortung des *kaiserlichen Schreibens* vom 11. November (oben Nr. 428 Anm. 2) beklagte *Kurmainz* aus Mainz, 8. Dez. 1631 (Ausf. RK RTA 100b fol. 57–59), auch dem Kaiser gegenüber das Fehlen einer sicheren Verbindung zu Landgraf Georg von Hessen: Teilt mit, dass, „weiln numehr landtgraff Georgens zu Hessen L. sich nacher Giessen retirirt und der feindt sich der andern seithen deß Rheins bemächtiget, ich vonn deroselben ganz abgeschnitten und mit ihro kheiner fernerer correspondenz sicher pflegen khann."

**2** In der Antwort *Maximilians* an Kurmainz, Donauwörth, 15. Dez. 1631 (Konz. Peringers Kschw 782 fol. 433–434. Zitiert bei H.-D. MÜLLER S. 51 Anm. 118), heißt es, er stelle Kurmainz anheim, ob er einen Rat eines den Konvent besuchenden geistlichen Mitkurfürsten bevollmächtigen wolle.

## 478. Maximilian an Kurtrier[1]

Dezember 9

Tillys Einfall in Sachsen – Folgen der mangelhaften Leistungsbereitschaft einiger Ligamitglieder – Aufforderung zu äußersten Anstrengungen – Friedensvermittlung Frankreichs

Bezug: Schreiben vom 1. Dezember [oben Nr. 466]. – „Dz nun der Almechtige seinem unvermeidenlichen wüllen nach dz gemaine catholische wesen sambt so ansehlichen churfürstenthomben, erz-, stüftern und landen in ainen so schweren und hochgefehrlichen zuestandt sinkhen lassen, dz ist billich hoch zu betauren. Und ob zwar wol die unglikhliche Leibzighische schlacht ein ursach gegenwertigen laidigen unhailß, so ist jedoch die wahrheit, dz ich meinen wüllen niemaln darzue, weniger ordinanz geben, dz bundtsvolkh zugleich mit dem Ksl. bei dem einfall in die Chursaxische landen zu emploirn, sonder dz ich dz gegenspüll anbevolchen und verordnet. Dz bezeugen die noch vorhandne concept meiner an den graffen von Tüllj abgangner ordinanzen, wie ich dan solches Chursaxen selbsten mit mehrem gleich nach vorgangner schlacht zugeschriben.

Nachdemaln es aber die occasion und verhengnuß Gottes anderst geschikht, so were annoch wol hoffnung verhanden gewest, den empfangnen schaden baldt widerumb zu ersezen und dem feindt seinen aniezt ervolgten alzuweütten vorbruch zeüttlich zu verwöhren, da nur thailß bundtstendt die futuros eventus, so laider aniezt vor augen, bösser und zeüttlicher bedacht, mit ihrer gebür der schuldigkheitt nach concurrirt und die bereits widerumb zusamengebrachte ansehliche armada mit denn nothwendigen müttlen hetten in guetem wüllen und flore erhalten helfen, inmassen dan eben dzjenige, was an E. L. ich unlengst sowol absonderlich als mit und neben Churmainz L. umb ain ergibiges anlehen so beweglich gelangen lassen,[2] allain aus guetter wolmainung und sorgfalt und in zeüttlicher vorbetrachtung deßen, so seithero laider im werkh ervolgt, beschehen und hoffentlich dieselbe desto weniger ursach haben, solches ungleich aufzunemen. Weil aber meine treuherzige und instendige erinderungen thails orthen allerdingß enthöret worden und sich meine möglikheitt, so schweren grossen last allain zu ertragen, bei weitem nit erstrekht, so hat endtlich wol ervolgen muessen, dz aine so ansehliche maanschaft sowol von Kaiserlichem als bundts und Lothringischem volkh, so auf den bainen beisamen gewesen, sich auß lauter noth, hunger und khomer consumirn muessen, wie dan selbige dise khurze zeutt herumb merklich abgenomen, indeme die anzall alles des bundts volkhs, so der graff von Tüllj noch bei sich hat, sich nit mehr über fünftausent mann, dz Lothringische aber so weitt nit mehr erstrekht. So ist auch auf Irer Ksl. Mt. ordinanz dero bei der Tüllischen armada gewestes khriegßvolkh alberaitt würkhlich ab- und nach Behemb

---

1 Vgl. zur Weiterleitung des oben Nr. 478 gedruckten Schreibens via Metternich oben Nr. 470 D 1 Anm. 20.
2 Vgl. dazu oben Nr. 387 mit Anm. 6.

gefiert, dergestalt dz nit dreitausent maann darvon dem graffen von Tüllj hünderlassen worden, welche aber sambt dem übrigen bundts und Lothringischen volkh in ainem so ellenden zuestandt begrüffen, dz darmit der graff von Tüllj sich gar nit zu defendirn, geschweigen gegen dem feindt etwas vorzunemen getrauet und derwegen getrungen worden, meinem wüllen und ordinanz zuwider sich allerdingß an und in meine landen zu retirirn. Wie hart und sehr mich aber solches bekhomert, indeme meine sowol als anderer catholischer churfürsten landten in augenschainlicher gefahr stekhen und mir die müttel, selbige zu erethen, so gar ermanglen, khan ich nit auspreschen, wüll gleichwol wie bis dato also auch noch meinen eusseristen fleiß und vermögen daran zu steckhen nit underlassen, der tröstlichen hoffnung, E. L. mit und neben andern geistlichen churfürsten ain gleiches zu thuen, insonderheitt dero vestung Philipsburg, weiln zwischen derselbigen und Haidlberg khaine grosse differenz ist, ingleichen auch Ehrenbreittstain und andere veste und wolgelegne ort in dero erz- und stüftern in nothwendige defension zu stellen und, gleich wie vor disem beschehen, vor feindtlichem gewalt zu erhalten, iro eusserist angelegen sein lassen werden, damit doch der feindt an seinen so geschwinden progressen in etwas aufgehalten und hernegst auch mit anderwertigen müttlen dem fernern unhail gesteurt werde.

Und was zumal die von E. L. angedeute accommodation zwischen Irer Kgl. Wrd. in Frankhreich und dem duca d'Orleans betrüfft, bin ich wüllig und erbiettig, wan ich nur hierzu apertur und gelegenheitt haben khan, an meinem ort gern dz böste zu thuen, sonderlich auch befürdern zu helfen, damit die cron Frankhreich pro mediatore gewonen werden mechte." – München, 9. Dezember 1631.

Konz. Ranpeks mit Korr. und Zusätzen Richels, teilweise zu chiffrieren, Kschw 842 fol. 420–421.

## 479. Kurmainz an Maximilian[1]

Dezember 9

Gutachten angesichts der Detachierung der bei der Armee Tillys befindlichen kaiserlichen Truppen nach Böhmen

Bezug: Schreiben vom 25. November [oben Nr. 456]. – Von dem durchreisenden Pappenheim[2] hat Kurmainz erfahren, dass die kaiserlichen Regimenter bereits aufgebrochen sind und nach Böhmen marschieren. Sieht daher nicht, „waß bei diesem wergkh alß einer albereit geschehenen sach, indeme wir auch in der vorsorg stehen, daß nuhmer alles schreiben und sollicitiren bei Ihrer Ksl. Mt. zu spaeth fallen würde, zu thun sein mögte." Was das erbetene Gutachten angeht, „da wißen wir für dießmahl khein ander mittel, alß daß die auff dem fueß habende und bei dem graffen vonn Tilli annoch begriffene bundtsregimenter auff daß *forderlichst*[3] *complirt und ahn solche ohrt geführt und gelegt werden*, alda sie sowohl fernern einbruch deß feindts in der bundtstendte landen verhütten alß auch demselben einen abbruch thun mögen.

---

1 *Kurköln* antwortete aus Köln, 7. Dez. 1631 (Ausf., teilweise dechiffriert, Kschw 960 fol. 516–517. Ben. bei KAISER, Politik S. 485 f., 494), auf das einschlägige Schreiben Maximilians vom 25. November (oben Nr. 456 Anm. 1) u. a.: „Was aber auf solchen fall [der Separation der kaiserlichen Truppen von der Armee Tillys] zu thuen sein müge, khan ich bei mir nit ersinnen noch auch erdenkhen, wie man zur sterkhung gerathen möge, in erwögung, die gegenthailen fast die fürnembste landten, so sonsten diser seits etwas dabei gethan und thuen khönen, zu ihrem vorthail einhaben, gestalt ich hoch bekhommert bin und nit begreiffen khan, wan nit unser lieber Her ins mitel khomen würdt, wie man sich werde manuteniern. Zwar habe ich zu der cron Franckhreich daß vertrawen gehabt, dieselbe wurden selbst nit gern sehen, daß der khönig in Schweden zu undertruckhung deren catholischen religion sich in Teütschlandt so gar maister machen solle. Ich stehe aber in sorgen, wan gleich der khönig in Franckhreich den bisher geleisten succursum entziehen wolle (darzue ich khein apparenz sihe, weil Franckhreich abermahl ein million de livre dem Schweden solle zuegeschickht haben), daß doch der khönig in Schweden nunmehr bei so grossen erlangten progressen solches so nit achten mögte. – Eß haben Ihre Ksl. Mt. in dero iüngsteren schreiben [vom 2. November, oben Nr. 420 Anm. 1] einer naheren coniunction mit andern potentaten auch wol anregung gethan. Ich kan aber bei mir nit überlegen, welche dieienige sein sollen, waraufmansich disfalß zu verlassen. Und hat Spänien nit allein mit sich selbst gnuegsamb zu thuen, sondern wurde solchen fahlß auch Franckhreich desto starkher bei dem andern thail beharren und den meisten hauffen machen helfen. Und bin ich also zum högsten perplex, waß zu thuen oder zu rathen. Eß ist mir zwarn gar zuwider, hendt und fueß gehen zu lassen und deren gegenthailen discretion sich gleichsamb zu submitiern. Ohne genuegsame mitel aber sich auch zu oppoinern, ist noch gefehrlicher. Und weiln der gegenwärtige zuestandt laider nit wol über sein khan und man kheine menschliche mitel mehr sicht, so sehe ich nit wol einigen andern außweg, dan dz man (ehe alles verlohren werde) mit den bösten conditionen alß müglich und vor Gott verantwortlich nach dem friden trachte. Wil mich aber gern E. L. und anderer herrn mitchurfürsten und stendt mäinung vergleichen."

2 Dieser war auf dem Weg in sein neues Einsatzgebiet am 7. Dezember in Mainz eingetroffen; vgl. dazu und zu Pappenheims Verrichtungen in Mainz STADLER S. 578 f. Schon am 8. des Monats verließ der Feldmarschall Mainz wieder (ebenda S. 580).

3 Zu dem kursiv Gedruckten vermerkte *Maximilian* am Rand: „Notitia: Damit mann sie wie vormaln möge laßen hungers sterben. Oder ob man solle die profiandt auß Bayrn dort hinab fiern?"

Dieweil es aber mit unß und unserm erzstieft [...] leider diese beschwerliche beschaffenheidt erraicht, daß unß ein mehrers nicht alß diese unsere eintzige haubt- und residentzstatt Maintz, welche darzu wegen deß underhalts uff die dieser ohrten begrieffene Ksl. und Nieder Burgundische regimenter, so sich gleichwohl ahn der manschaft uber 3.000 man nicht erstrecken, zum höchsten gravirt und beschwerdt ist, noch übrig, alß können wir ahn unserm ohrt für dießmahl auch daß geringste nicht praestiren. Undt demnach dieses unglückh zugleich auch andere vornehmme catholische bundtsstendte betroffen, so würdt wohl anitzo einiges ander mittel nicht übrig sein, alß daß E. neben deß erzbischoffs zue Saltzburg L.L. und andere noch bei guetem vermögen sich befindende catholische stende bei dieser eüßersten noth auch auff daß eüßerist sich mitleidentlich angreiffen und die zu denn nothwendigen newen werbungen gehörige spesa, bieß etwan der Allmechtige Gott die übrige, ietzt nothleidende und bieß auff den grundt ruinirte stendt zu beßerer fortun vatterlich gepracht, vorschießen thun, gestalt wir dan in kheinen zweivel setzen, gleich wie E. L. ihro bieß anhero die conservation deß allgemeinen catholischen weesens getreü eiferig angelegen sein laßen, also werden sie auch anitzo und da es am härtisten hält, ahn ihrem fernern möglichen zuethuen nichts erwinden laßen." – Mainz, 9. Dezember 1631.

Ausf. Kschw 782 fol. 429–431. Zitiert bei H.-D. MÜLLER S. 41 Anm. 57.

## 479 a. Der König von Frankreich an die geistlichen Kurfürsten[1]
Dezember 10

Kondolenz und Hilfe

„Mes Cousins, Je ne doubte point que vous n'ayez entendu par le Baron de Charnace, que j'ay envoyé en Allemagne dès le premier avis que j'ay eu de l'approche du Roy de Suède, et par les lettres que i'ay escrit à mon Cousin le Duc de Bavière les sentimens que i'ay eu sur les choses qui se passent, et la bonne et sincère disposition où i'estois d'employer ce que pouvoit dependre de moy pour la conservation de la religion catholique et de vos interetsz sur les occurrences présentes, de n'estimer pas à propos d'en faire par ceste lettre aulcune répétition. Je vous diray seulement, q'ayant sérieusement consideré ce que m'a esté représenté de vostre part par l'ambassadeur

---

[1] Die Druckvorlage ist bei den Würzburger Akten überliefert, was nicht erstaunlich ist, wenn man bedenkt, dass der Bischof von Würzburg seit Anfang Dezember 1631 im Kölner Exil lebte und im Januar 1632 von den Kurfürsten und Fürsten in Köln nach Frankreich abgeordnet wurde, für welche Mission auf den demnächst erscheinenden Band II/7 der Neuen Folge der BRIEFE UND AKTEN zu verweisen ist.

de Cologne² et ce que depuis a rapporté le gentilhomme³ porteur de vostre dépesche du 29 du mois passé⁴ je me suis résolu pour vous tesmoigner combien les choses, qui vous touchent, me sont à coeur, sans avoir esgard à la rigueur de la saison, ny aux affaires, qui pourroient requérir ma présence au milieu de mon Royaume, de partir demain de ceste ville, pour m'acheminer à Chaalons et de là passer à Metz, pour par ma présence apporter les promptz, et salutaires remèdes que ie pourray au mal présent.⁵ En quoi ie vous prie de croire qu'il ne sera rien obmis de ce qui peut estre attendu de mon affection envers voz personnes, et l'intérest que j'ay comme Roy Très Chrestien au maintien de la religion catholique, ce que vous pourres cognoistre par les effectz. Cependant je prie Dieu Mes Cousins vous avoir en sa sainte garde." – Château-Thierry, 10. Dezember 1631.

Kopie mit dem Vermerk: „À mes cousins les archevesques de Mayence, Cologne et Trêves, princes & électeurs du Sainte Empire", StAWü Miscellanea 99 fol. 64. Benutzt und zitiert bei H.-D. MÜLLER S. 47 mit Anm. 98, S. 48, S. 49 Anm. 103.

## 480. Landgraf Georg von Hessen-Darmstadt an Kurköln¹
Dezember 10 u. 11

Überlassung der Festung Rüsselsheim an Schweden – Friedenskonvent – Waffenstillstand – Sicherung der Kölner Territorien – Unterrichtung des Kurfürsten von Mainz – Schwedische Friedensbedingungen und sonstige Forderungen – Unterrichtung des Kaisers

Bezug: Schreiben vom 2. Dezember,² das er gestern vormittag hier in Gießen erhielt. – [...] Unterrichtet den Kurfürsten über die Überlassung der Festung Rüsselsheim an Schweden und den Stand der Dinge in Sachen Friedenskonvent im Reich und übersendet einschlägige Unterlagen³. „Nunmehr ist es zwahr nicht mehr müglich, das man in termino des 14. Decembris novi würcklich zusammenkomme. So möchte es

---

2 Fenff.
3 Der oben Nr. 469 mit Anm. 3 genannte Kölner Gesandte.
4 Zweifellos das oben Nr. 422 Anm. 2 zitierte Schreiben der *geistlichen Kurfürsten* an den König von Frankreich, dessen Ausfertigung demnach vom 29. November datiert war.
5 Zu den militärischen Dispositionen des Königs von Frankreich am 9. Dezember vgl. H. WEBER S. 119 ff.
1 Den Erhalt des oben Nr. 480 gedruckten Schreibens bestätigte *Kurköln* an Landgraf Georg, Köln, 21. Dez. 1631 (Ausf., präs. Gießen, 16./26. Dez., HStAD E 1 C Nr. 8/2 fol. 250–252).
2 Oben Nr. 469 Anm. 4.
3 Beigefügt werden sollten u. a. die beiden Schreiben des *Landgrafen an* den Kaiser vom 27. November/7. Dezember (oben Nr. 475 Anm. 3, Nr. 476), das Schreiben des *Kaisers* an den Landgrafen vom 16. November (oben Nr. 443 Anm. 4), das Schreiben *Kursachsens* vom 31. Oktober/10. November (unten Nr. 483 Anm. 3) sowie die *Resolution des Königs von Schweden* vom 29. November/9. Dezember (ebenda Anm. 4).

auch wohl mit Mülhausen sich wenden und der ort der beikunft Frankfurt oder vielmehr Nürnberg sein, sonderlich wan die Kgl. Würde zu Schweden und meines herren schwehervatters churfürsten zu Sachsen L. persönlich darbei sein solten, gestalt ausser deren persönlichen anwesens ich schlechte sperantz zur sachen habe. Ich hoffe aber, der erfolg des friedens werde alle aus disem kurtzen verzug und enderung des orts rürende incommoda ersetzen.

Underdessen, weil noch etliche wochen zur würklichen versamlung gehören möchten, wolte ich mehr dan gern zu einem armistitio negotiiren helfen, auch dessen erlangung mir selbsten vor einen sonderbaren reichen Göttlichen segen halten. *So[4] verstehe ich aber underschiedlich, das die Kgl. Würde [von Schweden], auch Chursachsens L. und ihre herren conföederirte in keinen stillstand zu gehälen[5], sondern sub clypeo zu tractiren, mit den wafen, biss das ein fride gantz getroffen würd, ernstlich fortzufahren und ihr hail zu suchen, gemeint seien. Wider dise fest gefaste resolution getrawe ich wohl nichts zu erhalten, dan wie E. L. vorhin wissen, ist das misstrawen und exacerbatio animorum, auch die clag über die der evangelischen und protestirenden kriegsparthei zugefügte damnificationes überaus gross. Und da ich mich gleich umb einen stillstandt starkh bemühen thäte, würde ich nicht nur nichts erheben, sondern mich selbst verdächtig und wohl gar zum vorhabenden gantzen haubttractat undüchtig machen, inmassen mir an einem ort schon obicirt worden, was ich viel von einem stillstand reden und vorschlagen wolte. Es hetten ia die Röm. Ksl. Mt. und catholische stände auch mitten under dem Franckfurtischen tag, auf welchem man doch so nah bei einem vergleich zu sein verhoft, die einige suspensionem executionum in clostersachen nicht einwilligen wollen. So seien auch noch immer die dem Leipziger schluss verwandt gewesene stände verfolgt und zu schmählichen reversen genöhtigt, Chursachsen überzogen, Seiner L. nach leib, leben, freiheit, dignität, landen und leüthen getrachtet, eine churwürde (wie das gemeine geschrai annoch ergehe) an einen andern bekanten ort versprochen und an disem allem der Franckfurtische convent für kein obstaculum gehalten worden. Und wer ietzmahls, solang und viel man keinen beständigen frieden habe, von induciis rede, der erzeige sich schon partheiisch, und was etwa der harten vorwürfe mehr gewesen.*

Dise nachrichtung hatt mich bewögt, das ich von dem armistitio gar behutsamlich hab reden sollen, E. L. gantz fleissig bittend und ersuchend, wan nunmehr die Kgl. Würde zue Schweden und beeder evangelischer herren churfürsten L.L. sich endlich erklären werden, E. L. an ihrem hohen vornehmen und gantz viel vermöglichen ort geruhen mitt daran zu sein, das alle eilungen, dardurch man allerehist würklich in die handlung gelangen und dardurch eine völlige pacification erraichen könne, gebraucht, auch ihre und andere churfürstliche gesandtschaften cum libera abgefertigt werden mögen. Dan wie ich abermahls spüre, so würd der Kgl. Würde zue Schwe-

---

4 Der folgende kursiv gedruckte Passus war als *Extractus protocolli, warumb beim könig zue Schweden keine induciae zu erlangen* (Akten 203/II. Ben. bei FROHNWEILER S. 43) den unten Nr. 483, Nr. 488, ebenda Anm. 1 gedruckten und zitierten Schreiben als Anlage beigefügt.
5 GRIMM IV/1.2 Sp. 2375 s. v. gehellen (zustimmen, einstimmen) 3 c).

den intention nicht dahin zihlen, lang in tractat zu ligen, sondern in wenigen tagen auf einen oder den andern weg durch zu sein, gestalt auch Ihrer Kgl. Würden proceduren bezeügen, das sie fast in allem auf celerität sehen. – Ich hab aber meinem bei Irer Kgl. Würde ietzo habenden rhat Dieterich Bartholden von Plessen[6] bei eigenem heünt in der nacht fortgeschicktem currier befohlen, das Ewerer L. hohe moderation und friedliebendes, gantz aufrichtiges churfürstliches gemüht, auch wie hochanseheliche officia E. L. ad effectum pacis noch praestiren könten, er im königlichen haubtquartir höchsten fleisses remonstriren und vor sich selbst (E. L. und meiner allerdings ungemeldet) erkündigen soll, auf was für maas ein eilendes sicherungsmittel für E. L. zu finden were, sambt noch anderm, darvon E. L. ich alsbald nach seiner erlangenden antwort zu verständigen nicht umbgehen werde." [...]. – Gießen, 30. November/10. Dezember 1631.

Postskriptum. „Wan es E. L. nicht sonders bedenklich oder beschwersam were, möchte ich wohl wünschen, das [...] des ertzbischofen und churfürsten zu Maintz L. (deren ich wohl einen fridlichen zustand gönnete) von meinen ietzigen andeütungen vertrawliche communication widerführe. Ich wais noch nicht, wohin Seine L. sich retirirt, auch ist mein an Seine L. abgeordneter raht Dominicus Pors noch nicht widerkommen. Sonst wolte ichs selbst an eilendem communiciren an Seine L. nicht haben ermangeln lassen.

*Sonsten[7] sihet es, wan Gott nicht forderlich zum hailsamen friden verhülft, einem sehr seltzamen und von tag zu tag noch schwerer werdenden wesen gleich, ein jeder tag, ia fast eine iede stunde verzugs macht die sach noch wichtiger und besorglich die künftige conditiones pacis härter. Ihre Kgl. Wrd. haben mir gesagt, ihr intent gehe auf erhaltung der religion und libertät, und seien ihro neben disem auch noch drei puncten hoch angelegen. (1.) Rechte assecuratio transactionis, die sie an worten und brifen nicht wohl annnehmen könten. (2.) Ihre grosse auf disen krig gewandte spesen und dan (3.) sicherung ihres eigenen stats, sonderlich der sehekosten[8] und anders wegen. Der punctus assecurationis sei derjenige, deme sie am maisten nachdächten. Ein Römischer Kaiser hab oft occasion, über deren Seine Kaiserliche Mt. armiren müssten. Könten allezeit Ihrer Kgl. Würde freünd und religionsverwandte von newem überzihen. In dem tractatu concordiae selbst wolten Ihre Kgl. Würde ex parte evangelicorum et protestantium die direction haben und gewärtig sein, dass man ihro fridensvorschläge thue. Sie seien zu disem krig durch das Kaiserliche in Preüssen geschickte gewesene volk[9] und*

---

[6] Vgl. zu dessen neuerlicher Mission beim König von Schweden FROHNWEILER S. 60, S. 61 Anm. 6 und 7.

[7] Die beiden folgenden kursiv gedruckten Absätze waren als *Extract herrn landgraf Georgens zu Hessen handschreiben an herrn churfürsten zu Cölln, underm dato Giessen, den ersten Decembris 1631 [st. v.]* (Akten 203/II. Ben. bei Frohnweiler S. 42 f.) den unten Nr. 483, Nr. 488, ebenda Anm. 1 gedruckten und zitierten Schreiben als Anlage beigefügt.

[8] Vgl. dazu GRIMM IX Sp. 2846 s. v. Seeküste.

[9] Gemeint sind die im Jahr 1629 zur Unterstützung Polens gegen Schweden nach Preüssen entsandten kaiserlichen Hilfstruppen (RITTER III S. 417, 438).

*durch andere, nahmentlich auch der liga selbst eigene feindliche bezaigungen provocirt. Wolten keinen vorschlag thun, sondern des ersten vorschlags erwarten.*

*Diss seind under anderm solche meldungen, die Seine Königliche Würde gegen mich geführt, deren E. L. ich in höchstem vertrawen zu dem end verständige, damit desto zeitlicher und besser könne nachgedacht und darauf instruirt werden, wiewohl ich zu Gott hoffe, wan es nur zum tractat und zur würklichen zusammenkunft gelangte, es würden durch Seiner Allmacht alß durch dess ewigen friedenfürsten raht, erleüchtung und hülf mittel zu finden sein. E. L. geruhen ohnbeschwert zu bedenken, ob und wieweit hiervon der Ksl. Mt. zu communiciren, doch also, das es nicht etwa den gantzen tractat und consequenter alle darauf gesetzte hofnung des fridens zuruckwerfe."* [...] – Gießen, 1./11. Dezember 1631.

Konz. mit Korr. Wolffs und mit einem Verzeichnis der Anlagen HStAD E 1 C Nr. 8/1 fol. 394–397, 404–405. Ben. bei FROHNWEILER S. 42 f.

## 481. Kurköln an Maximilian[1]

Dezember 13

Bitte um Detachierung der Armee Tillys an den Rhein

Berichtet, „dz obwol vorgestern Freitags[2] die sichere nachrichtung khommen, dz der khonich den Rinkhau verlassen, in mainung denen von Nirmberg zu succuriren,[3] so

---

1 *Maximilian* antwortete aus München, 23. Dez. 1631 (Reinschr. mit Korr. Richels Kschw 960 fol. 548. Ben. bei H.-D. MÜLLER S. 43 Anm. 62), Kurköln möge ihm „zuetrauen, daß es bei mir dergleichen instanz nit bedarf, weiln es an meinem genaigten willen [den Rheinischen Landen] zu helfen, gar nit, sonder an denn mitlen dergestalt ermanglet, dz ich mein anfechtung und wie hart es mich bekhommert, nit zu exprimiren waiß. Damit ich auch mit deßdo besserem grund erfahren möcht, ob dz Khaiserisch und bundtsvolkh, so der graff von Tilli heroben noch bei sich hatt, in solcher anzal und also beschaffen sei, daß man darmit denn betrangten bundtstenden succurriren und deß feindts weitere progress verhindern, auch die alberait verlorne land und leith widereroberm und recuperiren konde, so hab ich mich diser tagen selbsten zu dem grafen von Tillj nach Donawörth begeben. Wie ich aber den statum rei militaris befunden, erscheinet aus der beilag [unten Nr. 490, zweite Fassung]. Ob nun bei sogestalten sachen möglich, wie gern ich auch wolte, zu helfen, lasse ich Euer L. selbsten vernünftig erkennen und bitte sie derowegen freündt-, brüderlich, nit allain vor sich selbsten die gedanken, alß wolte ich die Reinische curfürstenthumb nit also, wie es die noth und gefahr erfordern, sondern die herobige landt und stendt mehrer in acht nemmen, fallenzulassen, sonder auch andern, welche ihnen waß dergleichen einbilden, solchen wohn zu benemmen und sich dessen gewiß versichert zu halten, gleich wie ich biß dato mein eisseristes threwlich praestirt, dz ich auch noch fürders an mir nichts erwinden lassen will."

2 Freitag war der 12. Dezember!

3 Vgl. dazu die eigenh. Nachschrift *Kurkölns* zu seinem Schreiben an Maximilian vom 11. Dezember (unten Nr. 512 H 4 Anm. 3. Ben. bei STADLER S. 591, 611): „Demnach des Schweden progressus so geschwindt und geferlich, auch weil E. L. unß armen verlassnen Reinlendern mit dem von Tülly biß

hab ich doch himit aigentliche nachrichtung bekhommen, dz er sich umb Frankhfort auffhalte, auch daglich mehr sterkhen solle und nit darfürhalte, dz Nirnberg noht vor dem von Tülly habe, sonder dz er der Schwed vilmehr mit aller macht an der bruggen arbeiten lasse, auch zu Sachsenhausen 6 regimenter über den Man [!] marchiern lassen, und, wie etliche ausgeben, nacher Haydelberg oder Maintz sein intentum gericht sei. Weil er aber dz Maintzisch schloß Konigstein starkh belegert und solches der erste paß abwarts nach Ernbrechstein oder herwarts ist, so waiß man von seinen finten khein aigentlich iudicium zu formieren. Allein dises ist die substantia, dz wir am Reinstrom alle laider verloren, wan E. L. nit ein gueten thail, wo nit die ganze armada abwar[t]s gegen den Rein nach der Pfalz lassen marchiern. Dan ehe dz der von Papenheim mit seim succurs khomen khan, ist der Reinstromb verloren. Bitt E. L. auffs allerhochst, sie wollen die consequenz wol erwegen, ob es sich wil verantworten lassen, die 4 churfirstentumb zu abandoniern. Und wan die armada am Rein und dem Nekher ligt, sein E. L. und alle oberlendische stend besser versichert und haben den feint weiter von ir, als wan sie dz volkh im landt oder auff der grenitz haben. E. L. verzeihen mir mein freiheit. Ich khan vor Gott und in meinem gewissen nit anderst sagen." – Köln, 13. Dezember 1631.

Eigenh. Ausf. Kschw 960 fol. 545. Ben. bei Kaiser, Politik S. 477.

---

dato nit zu hülf khommen khinden, aniezo aber der feindt sich auffwarts, nit waiß ich aigentlich wohin, sich in aller eil begeben, alß hoffe ich gantzlich, E. L. werden, im fahl es weiters die noht erfordern möcht, wan sich der khonich wider abwarts nach dem Rein wenden möcht, ihnen von E. L. und der liga armada *costoiern* lassen, damit das vor augen gestandne mechtiges unheil, alß nemlich die verlierung der 3 geistlichen churfirstenthumb und fast des ganzen Reinstromb, moge verhindert werden. Mit des von Pappenheimbs bewuster diversion mueß man sich nit ubereilen, sonder auff des khonigs andamenti achtung nemen und interim dz corpo formiern, wie er [Pappenheim] E. L. gehorsamist berichten wirt." – Das vorstehend kursiv gedruckte Verbum *costoiern* ist wohl abgeleitet von lat. custodire; vgl. dazu Mittellateinisches Wörterbuch II Sp. 1964 s. v. costod-.

## 482. Maximilian an Pappenheim[1]

Dezember 14

Diversion in Niedersachsen

Bezug: Schreiben aus Mainz vom 8. Dezember samt Postskriptum[2], hauptsächlich betreffend die bewuste Diversion in Niedersachsen. – Vertraut darauf, daß Pappenheim besagte Diversion so bald wie möglich ins Werk setzt, „in erwegung, dermallen [...] alles einig und allein an gewünnung der zeit gelegen und zu befahren, wann sich derselben nit bald bedient werden solte, das dem gemeinen cathol. wesen ein grosser und zumahl unüberwündtlicher schad erwaxen möchte.

Und obwollen zwar dermallen unmüglich, euch mit beischaffung einer solchen starkhen summa gelts, als 300.000 reichstaller, anhand ze gehen, so möget ihr euch doch versichern, daß ich hierunder thuen werde, waß möglich ist, bevorab damit ihr an befürdersamer werkhsezung diser hochnotwendigen impresa nit behündert werdet. Und weilen meines bruedern, des herrn churfürsten zu Cölln, L. mit dennen von mir versprochenen geltern nunmehr durch wexl satisfaction erhalten, so hete ich wol erwünschen mögen, daß die in Philippsburg ligende gelter nacher Cöllen ze brüngen und fürthers zu eurem intent zu applicirn weren. Dieweil aber ein solches dermallen nit geschehen k<ann>, mueß man wol uf andere mitl und zumahl uf wexl gedenkhen, ingestalt ich euch dann hiemit ein absonderliche schriftliche plenipotenz[3] überschickhe, craft deren ihr alsdann zu Cöllen oder anderer sicherer und gelegener orthen umb 100.000 reichstaller wexl zu bewerben und von meinetwegen die parola zu geben, daß ich solche summa zu bestümbter wexlszeit in Augspurg paar richtig und unfehlbar widerumb erlegen lassen werde." Hat Kurköln gebeten, Pappenheim nach Kräften zu unterstützen, namentlich was die Erhebung der Wechsel

---

1 Der Kurier mit der Ausfertigung des oben Nr. 482 gedruckten Schreibens wurde in der Gegend von Kaiserslautern von schwedischen Reitern ausgeplündert. Ein am 25. Dezember in München abgefertigter Kölner Kurier, dem ein Duplikat mitgegeben worden war, nahm seinen Weg statt durch Lothringen durch die Pfalz, welche Route aber als gefährlich galt. Daher übersandte Maximilian am 31. des Monats ein Triplikat des Schreibens sowie ein weiteres Exemplar der beigefügten Plenipotenz (unten Anm. 3) via Köln an Pappenheim und bat Kurköln, „daß, wofern er graf von Pappenheimb derzeit zu Cölln nit anzetreffen, E. L. solches paquet unbeschwerdt eröffnen und, biß sie glegenheit haben, solches ime von Pappenheimb zu avisiren, sich mittls in craft inligender auf ine von Pappenheimb gestelter plenipotenz umb einen wexel uf die 100.000 rt. gegen geringsten lagio bewerben woll." Vgl. dazu *Maximilian* an Pappenheim (Konz. Teisingers ÄA 2381 fol. 434) und an Kurkön (Konz. Teisingers mit Nachtrag von Kanzleihand ÄA 2361 fol. 686), beide datiert: 31. Dez. 1631.

2 Gedruckt bei ARETIN, Pappenheim 5 S. 125–128 Nr. 50; mit diesem Schreiben antwortete *Pappenheim* auf die Weisung *Maximilians* vom 30. November (oben Nr. 463 Anm. 6). Vgl. zu *Pappenheims* Schreiben vom 8. Dezember und zu den Konsultationen des bayerischen Geheimen Rates darüber am 10. Dezember STADLER S. 579, zu der ebenda erwähnten Konferenz in Donauwörth den unten Nr. 485 zitierten Bericht *Aldringens*.

3 Teisingers Entwurf einer entsprechenden Plenipotenz *Maximilians*, 1<5>. Dez. 1631, ist überliefert ÄA 2381 fol. 423.

und die Adjungierung seiner neugeworbenen Truppen angeht.⁴ „Iedoch wollet ihr obermelte 100.000 reichstaller ainig und in specie uf zesamenfüerung und conservirung des in Nidersaxen ligenden bundtsvolkhs applicirn. Und weilen in der cassa bei dem Lerchenfeldt auch gelt verhanden, so wollet ihr mit ihme guete correspondenz pflegen und conferirn, wie sowol mit ain als anderen geltern zu disponiren seie. Wofehrn aber auch ain oder mehr officier bei diser necessitet zu behuef des gemeinen cathol. wesens uf euer zuemuethen ichtwaß herleihen möchten, so erbiete ich mich, sie nit allein inskonftig widerumb dankhbar zu bezalen, sondern auch darzue mit gnaden anzesehen. Underdessen und wann ein oder mehr ort occupirt werden, könden sie solche, sovil und –weith ihrs billich ermessen, als ire rechtmessige underpfandt behalten.

Allein weilen uf die neuen werbungen noch ein geraume zeit gehen würdet und euch ohne zweifel bewüst, dz die garnison in Magdeburg sowohl von aussen wegen des feindts vorgenommener blocquirung als inwendig ermangleter proviant halb angustirt, so wollet ihr euch [durch] ermelte neue werbungen im gerüngsten nit ufhalten oder behündern lassen, sonder das volkh in denen danidigen garnisonen unverlengt zesammenfüeren, gegen Magdeburg (wo anderst möglich und rethlich) avanzirn, des feindts blocquirung zerstören und ufheben, alsdan die fortification an der statt, sovil in der eil sein kann, demolirn und zersprengen, das darünnen ligende volkh herausnemmen, euch damit besterkhen und fürthers dasihenige vornemmen, wie und wohin ihr es nach gestalt und erzeigung des gemeinen cathol. wesens notturft, auch contraminirung des feindts gefehrlichen dissegnen am besten und nuzlichisten ermesset,⁵ inmassen ich es hierunder alles eurer bekhanndten loblichen diligenz, kriegserfahrenheit und dapferkeit committirt und heimbgestellt sein lasse. Allein wollet ihr vornemblich auch dises in acht nemmen, daß ihr euch nit über die Elb oder sonsten allzu weith von der handt lasset, sondern euren vortl alzeit dergestalt in acht nemet, damit ihr mir oder den betrangten herobigen bundtstendten mit disem corpo uf den nothfahl fürdersamb soccorirn und beispringen könndet.

Waß ihr sonst für pläz daniden abandonirn oder noch besezter halten wollet, lasse ich ebenergestalt eurer discretion anheimbgestellt sein. Allein vermeine ich, ihr möchtet noch zur zeit die vestung Wolfenbüttel samt der statt Hameln oder einen andern ort an der Weser (damit euch auf den nothfahl der paß über selbigen strom offen were) besezt halten, die übrige ort aber alle (ausser dz auch die 2 in Lüngen logirte companien ligen verbleiben sollen) abandonirn und dz volkh herausnemmen. Warbei ihr aber in alweeg auch in acht nemmen werdet, daß ir euch bei cedirung des erzstüfts Bremen oder anderer danidiger stüfter, wann euch nit die unumbgengliche noth darzue verursacht, in keinen accordo einlasset, damit man weder für iezt

---

4 Ein einschlägiges Schreiben *Herlibergs* an Kurköln ist aus Donauwörth, 15. Dez. 1631 (Konz. Teisingers ÄA 2361 fol. 674–675), datiert.
5 In dem unten Nr. 485 zitierten Bericht *Aldringens* ist namentlich von einer Diversion in Thüringen die Rede.

oder konftig derenthalb nichts verpunden seie. Ingleichen wollet ihr auch daran sein, damit solche verlassende ort sowol als Magdeburg nit allein an der fortification, sonder auch an der darin verhandenen artilleria, munition, proviant und anderm, waß nit mitzunemmen, sovil ohne sonderbare zeitverspillung möglich, zunichten gemacht und dardurch dem gegentheil, sich solcher glegenheit zu bedienen, die mitl abgeschnitten werde.

Solte aber dermallen obermelte impresa auf Magdeburg vorzenemmen und einzerichten, nit rhetlich oder möglich sein, so wollet ihr doch eur absehen dahin richten, daß die bundtssoldatesca in denen danidigen garnisonen verstandnermassen einen als andern weg zesammengefüert, in Westphallen oder wo irs am besten und notwendigisten ermesset, selbiger refier gelegt, in salvo gebracht und mit notwendiger underhaltung versehen und vor schaden und undergang conservirt werde. Welches dann umb sovil nötiger, weilln ich auß des generalcommissari von Lerchenfelt mir erst gestert zuegethonnem berichtschreiben[6] vernemme, daß ermelte soldatesca in theils garnisonen sich wegen bereits etwas abgehenden underhalts malcontent und schwürig erzeige. Derwegen ihr dann den sachen mit eifferiger und fürdersamer remedirung desto mehr vorzepauen wisset." [...] – Donauwörth, 14. Dezember 1631.

Konz. Teisingers, teilweise zu chiffrieren, ÄA 2381 fol. 419–422; Kop., franz. Sprache, AE CP Bavière 1 fol. 172–174. Ben. bei RIEZLER V S. 393; LEMÉE S. 97 f.; STADLER S. 579, 600.

---

6 *Lerchenfeld* an Maximilian, Hameln, 29. Nov. 1631 (Ausf., teilweise dechiffriert, ÄA 2398 fol. 602–603), wo u. a. vom Versiegen der Kontributionen aus den Quartieren berichtet wird und es weiter heißt: „Wan nun underdessen die behilfliche, bei der cassa baldt entgangene mitel, wovon dan die soldatesca zue underhalten, nicht beigeschafft werden, ist nichts gewißers, dan dz ein meutination werde, darfür von underschiedlichen officiren gueter meinung gewarnet und protestiert würdet. [...] Uf die geldtanlehen hat man sich nicht viel zue verlassen, wan nicht Euer Kfl. Dt. patentes geben, wohin ein oder anderer umb die würkhliche bezahlung anzuweisen." [...] – *Maximilian* antwortete Lerchenfeld, 15. Dez. 1631 (Konz. Teisingers, teilweise zu chiffrieren, ebenda fol. 601): „Dieweil wür dann dem [...] gf. v. Pappenheimb albereits [...] plenipotenz erteilt, dz er eben zu sustentirung und conservirung ermelter soldatesca von unserntwegen ein summa gelt von 100.000 reichstallern daniden in wexl ufbrüngen möge, so wollen wür verhoffen, es werde dardurch den sachen remedirt sein. Allein wollest daran sein, daß dise gelter allein und in specie zu dem von uns gezilten scopo, nemblich dise soldatesca aus den garnisonen ze nemmen und a salvo ze brüngen, applicirt und angewendet werden." – Die Unmöglichkeit, weiterhin Kontributionen aus den Quartieren zu erzwingen, die sich daraus ergebenden Probleme, ferner seine Bemühungen bei den rheinischen Bundesständen um Geld sowie bei Generalwachtmeister Gronsfeld und anderen Offizieren um Darlehen waren schon seit Mitte Oktober Gegenstand der Korrespondenz Lerchenfelds mit Maximilian, den Lerchenfeld ebenfalls um Geld anging (ÄA 2398 fol. 464–466, 505, 506–509, 558, 560–562, 586–587, 2406 fol. 256–257). Hinzuweisen ist auch auf Schreiben Lerchenfelds an Herliberg (ÄA 2265 fol. 529) und an Starzhausen (ÄA 2398 fol. 608–609).

## 483. Landgraf Georg von Hessen-Darmstadt an Maximilian[1]

Dezember 14

Friedensverhandlungen

Knüpft an seine Mitteilungen in Sachen Friedensverhandlungen an und übersendet Kopien der schriftlichen Erklärungen des Kaisers[2], des Kurfürsten von Sachsen[3] und der Resolution des Königs von Schweden[4], ferner seiner eigenen einschlägigen Schreiben an den Kaiser[5] und an Kurmainz[6]. – Gießen, 4./14. Dezember 1631.

Ausf. Akten 203/II; Konz. des Fabricius HStAD E 1 C Nr. 8/1 fol. 487.

---

[1] Den Erhalt dieses Schreibens und der Anlagen bestätigte *Maximilian* dem Landgrafen, 24. Dez. 1631 (Ausf., präs. Frankfurt, 30. Dez. 1631/9. Jan. 1632, HStAD E 1 C Nr. 8/2 fol. 406–407; Konz. Ranpeks mit Korr. Richels Akten 203/II): Dankt für die Mitteilungen und lobt die Bemühungen des Landgrafen um den Frieden. Zweifelt nicht und ersucht den Landgrafen, er möge „bei solchem ruehmlichen intent beharlich continuirn, iro auch, bemelten Müllhaußischen convent noch ferner zu befördern und zu ehistem würkhlichen vortgang zu bringen, im bösstem angelegen sein lassen."
[2] Vom 16. November (oben Nr. 443 Anm. 4).
[3] *Kursachsen* an Landgraf Georg von Hessen-Darmstadt, Dresden, 31. Okt./10. Nov. 1631 (Kop. Akten 203/II. Ben. bei FROHNWEILER S. 41).
[4] *Resolution des Königs von Schweden* für Landgraf Georg von Hessen-Darmstadt, Frankfurt, 29. Nov./9. Dez. 1631 (Kop. Akten 203/II. Ben. bei DROYSEN, Verhandlungen S. 200, FROHNWEILER S. 43); vgl. auch IRMER I Nr. 26.
[5] *Landgraf Georg von Hessen-Darmstadt* an den Kaiser, Gießen, 4./14. Dez. 1631 (Ausf. RK FrA 9c Konv. 1631–1633 fol. 14–17; Konzept-Kopie HStAD E 1 C Nr. 8/1 fol. 475–476; Kop. Akten 203/II;): Bestätigt den Erhalt des Schreibens vom 16. November [oben Nr. 443 Anm. 4], übersendet die Erklärungen des Kurfürsten von Sachsen und des Königs von Schweden [oben Anm. 3 und 4] und erläutert sein bisheriges und weiteres Procedere.
[6] Beigefügt war ein Auszug von der Hand des Fabricius (Akten 203/II), der folgende Punkte des Schreibens des *Landgrafen Georg von Hessen-Darmstadt* an Kurmainz vom 6./16. Dezember (unten Nr. 488) umfaßt: Friedenskonvent – Waffenstillstand – Schwedische Friedensbedingungen und andere Forderungen – Ort und Zeit der Friedensverhandlungen. Beigefügt waren außerdem die oben Nr. 480 Anm. 4 und 7 zitierten, zu besagtem Schreiben gehörende Anlagen. – Auf dem oben Nr. 480 Anm. 7 zitierten *Extract* vermerkte *Maximilian*: „NB Wer nötig, bei Frankhreich durch mittl Babstl. Hlt. und deß nuncii bei Frankhreich zeitlich zu underpauen, dz mann der religion zu schaden nichts vorgeen laße, deßwegen zur tractation von Frankhreich solche legatos schikhe, so recht und eüferig catholisch und mit Schweden nit zu großes interesse haben mechten."

## 484. Relation des Dominikus Porss

Dezember 14

Verrichtung bei den Spaniern und bei Kurmainz – Überlassung der Festung Rüsselsheim an Schweden – Festung Rheinfels – Friedenskonvent

„Relatio meiner endsbenanden zu Creutzenach und Mainz gehabter verrichtungen"

Berichtet ausführlich über seine Mission in Sachen Überlassung der Festung Rüsselsheim an Schweden bei den spanischen Autoritäten in Kreuznach.

„Als nun uff mein anlangen zu Mainz und anmelden bei Ihrer Kfl. Gn. daselbst mir gnedigste audienz in anwesen h. Metternichs, H. Schencken, h. Hohen<ecks>, h. Dr. Agricola und h. secret. <Wöda> verstattet worden und ich mein anbringen sowohl wegen Rüselsh. als des allgemeinen friedenstractats halben underthänigst vorgebracht[1], haben höchstged. I. Kfl. Gn. durch ermelden Dr. Agricolam dahin praemissis curialibus antworten lassen, wie I. Kfl. Gn. nichts liebers gewesen were, als dz die vestung Rüselsh. länger in I. Fstl. Gn. handen bleiben mögen. Hette dero land und leutten und sonderlich dieser residenzstatt Mainz so viel ubels als iezo aus derselben nit zugefügt werden können. Dz aber I. Fstl. Gn. selbe dem könig zu Schweden abgetretten, dessen wüsten I. Kfl. Dt. zwar die ursach nicht, setzten aber in keinen zweiffel, es würde dieselbe hohe und wichtige ursachen haben, und wolten dabei erindert haben, dz I. Fstl. Gn. dero vestung Rheynfels nunmehr umb soviel mehr wolten in acht nehmen.

Soviel den andern proponierten puncten, die gemeine friedenshandlung betr., anlange, wolte I. Kfl. Gn. was frembdt sein, dz der könig nuhnmehr <erst> begeren dörfte,[2] dz die Röm. Ksl. Mt. und catholische churfürsten ihn sollten immediate umb den frieden ersuchen, und würde ein solches dero Mt. fast zu nahe gehen, auch nit zuzumuthen sein etc. I. Fstl. Gn. würden wie bishero also förters dem gemeinen besten zu gutem dis und all andern falls fleisig zu negotiiren nichts underlassen etc.

Wie hinwieder ich daruf replicieren wollen, haben I. Kfl. Gn. dero räthen gewinkt abzutretten, so beschehen. Da I. Kfl. Gn. angefangen, die antwort mit mehrerm zu recapitulieren, auch dabei vernehmen lassen, wie sie iederzeit und noch das beste

---

[1] Über das Anbringen des D. Porss unterrichtete *Kurmainz* aus Mainz, 9. Dez. 1631, die Kurfürsten von Köln und Bayern (Auszug gedruckt bei HALLWICH I Nr. 447. Ausf. an Maximilian Kschw 782 fol. 440–442). Demnach fand die oben erwähnte Audienz am 9. Dezember statt, brachte Kurmainz auch die Waffenstillstandsfrage zur Sprache. – Den Kaiser informierte *Kurmainz* aus Mainz, 15. Dez. 1631 (Ausf. RK RTA 100b fol. 214 und 226).

Das Rekredential des *Kurfürsten von Mainz* für Dominikus Porss an Landgraf Georg von Hessen-Darmstadt ist datiert: Mainz, 9. Dez. 1631 (Ausf. HStAD E 1 C Nr. 8/1 fol. 452–453). – Laut FROHNWEILER S. 59 Anm. 20 war Porss hessen-darmstädtischer Rat und Amtmann zu Hohenstein.

[2] Vgl. zu dem folgenden Begehren auch die oben Anm. 1 zitierten *Mainzer Schreiben* an die Kurfürsten von Köln und Bayern (im Druck bei HALLWICH I Nr. 447 S. 655): „daß der König in Schweden mit deme, daß er zu solcher Handlung admittirt werden solle, nunmehr nit content, sondern sowohl von ihrer Kay. Maytt. alß auch unß, den vier Catholischen Churf., daß er sich zu einem Interponenten wolle gebrauchen laßen, ersucht sein wolle."

vertrauen zu I. Fstl. Gn. gehabt, dz selbe nit wie ander von Ksl. Mt. absezen, sich dabei auch erbothen, mitt I. Fstl. Gn. die alte vertreuliche correspondenz <gern> zu erhalten, ob sie wohl nuhr einen gelehrten rath mehr bei sich hetten, da sie nuhr wüsten, wie die brieff sicher uberzubringen weren, auch sonsten I. Fstl. Gn. treuwer diener zu sein und zu bleiben in lieb und leidt.

Darauff nuhn hab Ihr Kfl. Gn. ich die ursachen der übergab des hauss Rüselsh. mitt mehrerm underthenigst wiederholend remonstr<ierend>, auch dz I. Fstl. Gn. in Ksl. devotion und Ihr Kfl. Dt. und aller dero herrn catholischen mittchurfürsten freundschaft beharrlich ein weg als den andern verbleiben würden, gänzlich versichert.

Under anderm haben I. Kfl. Gn. gefragt, wz I. Fstl. Gn. wohl thun würden, wann der könig uber gethane zusage dz hauss Rheynfels begeren solte? – Ego, dz ich zwar nitt wissen könte, wz uf solchen unvermuthen fall [...] dieselbe zu thun gemeint. Hielte aber doch dafür, dz I. Fstl. Gn. auch ein unvermuthe resolution fassen, sich uff eine seitten legen und wohl gar Kaiserlichen oder Spanischen succurs anruffen und uffnehmen dörfte. Worauff die discurs sich geendet und ich gehörigen underthenigsten abschiedt genohmen." – Gießen, 4./14. Dezember 1631.

Eigenh. Ausf. HStAD E 1 C Nr. 8/1 fol. 445–451. Ben. bei FROHNWEILER S. 44 Anm. 40, S. 59 f.

## 485. Aldringen an den Kaiser[1]

Dezember 14

Bericht über die Konferenz in Donauwörth: Ankunft Tillys und Aldringens am 11. Dezember, Maximilians am 12. des Monats[2] – Konsultationen der bayerischen Geheimen und Kriegsräte mit Tilly und

---

1 Auf einige Punkte der oben Nr. 485 zitierten Relation kam *Aldringen* zurück in zwei Schreiben an den Hofkriegsrat Questenberg, Donauwörth, 15. Dez. 1631 (Ausf. AFA 1631/12/ad III 130. Drucke bei HALLWICH I Nr. 459; DUDIK, Waldstein S. 200 ff. Nr. 98), an den Kaiser, Donauwörth, 16. Dez. 1631 (Ausf. AFA 1631/12/III 130. Druck bei HALLWICH I Nr. 462). In dem Schreiben an den Kaiser thematisierte er darüber hinaus die Neigung etlicher Ligamitglieder, sich gegebenenfalls auf ein Neutralitätsverhältnis mit Schweden einzulassen, und die daraus resultierenden Gefahren für den Kaiser, seine Erblande und die in Württemberg sowie in Rothenburg ob der Tauber, Dinkelsbühl, Nördlingen und anderen Garnisonen verbliebenen kaiserlichen Truppen. Außerdem registrierte Aldringen, hinsichtlich der Besetzung der Stadt Augsburg sei in Donauwörth nichts beschlossen worden. Einige Leute hielten das derzeit nicht für opportun. – Angeklungen war das Thema Neutralität schon in der oben Nr. 485 zitierten Relation *Aldringens*, in der er von einer entsprechenden Andeutung Maximilians berichtete; vgl. dazu im Druck bei HALLWICH I S. 671 ([...] „damit sy nicht ursach haben, sich durch andere mitel in sicherheit zu sezen."). Das Thema Neutralität der Ligastände bzw. Maximilians sprach *Aldringen* auch an in seinen unten Nr. 489 Anm. 1 und Nr. 496 Anm. 1 zitierten Relationen vom 22. und 26. Dezember.

2 Maximilian war am 10. Dezember von München aufgebrochen (unten Nr. 490 Exkurs S. 1518). Am 14. und 15. des Monats datierte er in Donauwörth (oben Nr. 477 Anm. 2, Nr. 482), das er nach Ausweis des oben Nr. 482 Anm. 4 zitierten Schreibens *Herlibergs* an Kurköln vom 15. Dezember noch am 15. Dezember verließ. Am 17. des Monats war er wieder in München, wo er an diesem Tag seinen Räten

Aldringen am 13. Dezember – Diversion Pappenheims in Niedersachsen, gegebenenfalls in Thüringen; Bewilligung von 100.000 Reichstalern[3] – Winterquartiere für die kaiserlichen und die Ligatruppen sowie für die lothringischen Truppen[4] – Rückkehr des Herzogs von Lothringen nach Nancy und Rückzug seiner Truppen über den Rhein[5] – Plädoyer Aldringens für den Verbleib der lothringischen Truppen – Konsultationen unter dem Vorsitz Maximilians am 14. Dezember[6] – Auszahlung eines Monatssoldes an die kaiserlichen und die Ligatruppen – Kontroverse zwischen Maximilian und Aldringen hinsichtlich der Verwendung der vom Kaiser geschickten 180.000 fl. – Frage des Einsatzes Aldringens in der Unterpfalz und am Rhein oder in Böhmen[7] – (AO Donauwörth)

Druck bei HALLWICH I Nr. 456; Auszug bei DUDIK, Waldstein S. 199 f. Nr. 97. Ausf. AFA 1631/12/ad III 130.

---

referierte (oben Nr. 470 B 6); die Rückkehr Maximilians nach München erwähnt auch das oben Nr. 470 A Anm. 1 zitierte *Journal Charnacés*, 17. Dez. 1631 (AE CP Allemagne 7 fol. 121', gedruckt bei LEMÉE S. 201).

3 Das in diesem Zusammenhang angeführte Schreiben *Pappenheims* vom 8. Dezember ist zitiert oben Nr. 482 Anm. 2, die Antwort *Maximilians* ist gedruckt oben Nr. 482.

4 In Sachen Winterquartiere hatte der *Kaiser* gegenüber Maximilian aus Wien, 3. Dez. 1631 (Ausf. ÄA 2380 fol. 478–479), die Erwartung geäußert, dass „Eur L. vor sich selbsten auf mittel und weg bedacht sein werden, wie der catholischen assistirenden chur- und fürsten zu veldt haltendes volkh, so aniezo ohnedz nicht übrig starkh sein solle, in der bundtständt territoriis mit quartier versehen und den wünter über hinaußgebracht werden khönne. Gleichwol aber haben wir bei so wissentlich schwerer hergehung und stretezza nicht vorbeigekhönt, Eur L. hierunter freündt- vetterlich zu ersuechen, damit also unsere abkhombene armada sich desto besser außzutheilen und in etwas zu erholen, plaz und gelegenheit haben mögen."

5 Vgl. dazu auch die beiden oben Anm. 1 zitierten Schreiben *Aldringens* vom 15. und 16. Dezember. – Für den angesprochenen Themenkomplex und für die Indienstnahme der Reste der lothringischen Armee für den Kaiser durch Wallenstein im Jahr 1632 ist zu verweisen auf BABEL S. 138 f., ferner auf HALLWICH I Nr. 454, 464, 467, 471, II Nr. 643, 668, 705, 761.

6 Bei diesen Konsultationen am 14. Dezember war nach Ausweis des oben Anm. 1 zitierten Schreibens *Aldringens* an den Kaiser vom 16. Dezember auch die Frage erörtert worden, ob man gegebenenfalls mit den zur Verfügung stehenden Truppen das Herzogtum Bayern gegen einen schwedischen Angriff verteidigen könnte.

7 Vgl. dazu auch die beiden oben Anm. 1 zitierten Schreiben *Aldringens* vom 15. und 16. Dezember.

## 486. Herzog Julius Friedrich von Württemberg an Maximilian[1]

Dezember 15

Schreiben des Königs von Schweden – Abführung der kaiserlichen Garnisonen aus Württemberg, namentlich aus Schorndorf – Neutralität des schwäbischen und bayerischen Reichskreises – Verschonung Württembergs mit Einquartierung

Übersendet die Kopie eines äußerst scharfen Schreibens des Königs von Schweden[2], das er vorgestern erhielt. – Hat mit dem König in Unfrieden nichts zu tun. Die seinen Vormundschaftslanden seit Jahren auferlegten und noch andauernden Kriegslasten und die Drangsale, von denen weder der Kaiser noch das Reich irgendeinen Nutzen haben und die lediglich sein Haus, seine unschuldigen Vormundsöhne samt deren Land und Leute um alle Ressourcen und um ihr Vermögen gebracht haben, konnte er nicht verhindern. Ihm selbst und seinen Verwandten fehlt es nun an den notwendigen Unterhaltsmitteln, was angesichts ihrer dem Kaiser und dem Reichs stets erwiesenen standhaften Treue und Devotion um so bedauerlicher ist. Sie sollten daher zuversichtlich sein, dass, falls die schwedische Armee wider Verhoffen auch in den schwäbischen Reichskreis einbricht, er selbst und die völlig ausgesogenen Vormundslande unbehelligt blieben. Die Erfahrung aber lehrt, dass mit den betroffenen Reichsständen bisher ganz anders verfahren wurde. Außerdem ist das Herzogtum Württemberg überall offen, gibt es darin keinen Pass oder Hauptort, von dem aus man einen Einbruch aufhalten, verhindern oder den Feind mit einer starken Gegenverfassung wieder vertreiben könnte.

Da er hierüber zwar „inn mehr weeg zum höchsten betretten und sorgfältig, aber auch inn dise zuversichtige gedanken gerathen, wann die Kayserliche guarnisonen uß disen unsern vormundtslanden allerdings abgeführt und dem gegenteil, darein zu ruckhen, alle anlaß und ursach benommen und dann mit E. L. höchstvermögender interposition sowoln für disen Schwäbischen alß denn Bayrischen craiß ein neutralitet bei dem könig in Schweden unverlengt vorgeschlagen und gesuechet, daß solche verhoffentlich möchte erhebt und dardurch aller befahrender feindlicher einbruch sowoln inn unsere vormundtslanden alß besagten beeden craisen verhüettet und solche dem Hl. Röm. Reich zue gedeilichem bessten vor endtlicher ruin erhalten werden mechten,"

---

1 Das oben Nr. 486 gedruckte Schreiben wurde Maximilian erst Ende Dezember zugeschickt, nachdem der Mitte des Monats nach Donauwörth abgeordnete Amtmann der Herrschaft Heidenheim, der dem in der Nähe der Grenze zu Württemberg weilenden Kurfürsten im Auftrag des Herzogs einen Höflichkeitsbesuch abstatten und besagtes Schreiben überreichen sollte, den Kurfürsten nicht mehr in Donauwörth angetroffen hatte. Vgl. dazu *Herzog Julius Friedrich von Württemberg* an Maximilian, Stuttgart, 14./24. Dez. 1631 (Ausf., präs. 31. Dez., Kschw 1865 fol. 167–168. Ben. bei SCHOTT S. 370).
2 Der *König von Schweden* an Herzog Julius Friedrich von Württemberg, Frankfurt/Main, 22. Nov./2. Dez. 1631 (Kopien Kschw 1865 fol. 163–164, Kschw 1866 fol. 57–58. Druck bei SCHOTT S. 390 f. Nr. 3; vgl. auch ebenda S. 362).

Will er sich in dieser Angelegenheit mit dem Kurfürsten austauschen und ihn bitten, nicht nur bei den zuständigen Stellen die Abführung der kaiserlichen Garnison aus Schorndorf zu vermitteln, „sondern unß auch deroselben höchstvernünftige gedanken über obangedeuten, der neutralitet halben vonn unß uß sorgfalt offenhertzig beschehenen vorschlag unbeschwerdt inn freundvetterlichem vertrawen zu eröfnen. – Und uff denn fall, E. L. darfürhalten sollten, daß dise unsere trewgemeinte sorgfältige gedanken nit usser acht zue lassen, seien wir erbiettig, zue E. L. eintweder selbsten einen ritt zue thuen, bevorab daß wir eusserlich vernemmen, daß dieselb uf dißmal inn der nähe sich befinden,³ oder zue deroselben jemanden uß unser vormundschaft vertrawten rhäten uff ertheilung sichern paß und repass abzueordnen. Oder uff denn fall, E. L. jemanden uß derselben räthen ann einen beeden theilen nit unbequemen ort, alß Giengen, Ullm oder Haydenheim oder anderswahin nach E. L. gefallen abzueordnen für rathsam ermessen sollten, wöllen wir gleichmessige abordnung verfüegen und mit E. L. uß disem werkh vertreuliche communication pflegen."

Ist zuversichtlich, der Kurfürst werde „zue würkhlicher contestation deroselben bißhero gegen unserm hauß verspürter freundvetterlicher wolgemeinter zunaigung dahin eifrig trachten, damit zu verhüettung sowoln abangedeuten alß andern befahrenden unheils unsere so übel zuegerichte und inn hochbeschwerlicher ungedult begriffene vormundtslanden mit weitterer inquartierung nicht beschwerdt, sondern die zue besagtem Schorndorf noch ligende guarnison ehest abgeführt werde, bevorab daß solcher ort, inmassen alle kriegsverstendige befinden, von keiner sonderbarer importantz noch gegen einiger starkhen kriegsmacht uffzuhalten oder bastant." – Stuttgart, 5./15. Dezember 1631.

Ausf. Kschw 1865 fol. 160–162 = Druckvorlage. Kop., irrtümlich datiert: Stuttgart, 5./15. Dez. 1632, Kschw 1866 fol. 55–56. Ben. bei Schott S. 370.

## 487. Kurmainz an den Kaiser[1]

Dezember 15

Verleumdung des Kurfürsten am Kaiserhof, namentlich auch wegen seiner Rolle bei der Entlassung Wallensteins – (AO Mainz)

Druck bei Hallwich I Nr. 458, Nachdruck bei Lorenz Nr. 67. Eigenh. Ausf. KrA 69 Konv. Dezember fol. 74–77; Kop. KrA 70 Konv. Januar fol. 21–23. Benutzt und zitiert bei H.-D. Müller S. 66, S. 67 Anm. 15.

---

3 Nämlich in Donauwörth.
1 Die Antwort des *Kaisers* an Kurmainz, Wien, 7. Jan. 1632 (Reinschr. KrA 70 Konv. Januar fol. 19 und 24. Druck bei Hallwich II Nr. 534), basiert auf einem *Votum des kaiserlichen Geheimen Rates* (Kaiser, König von Ungarn, Eggenberg, Bischof von Wien, Trauttmansdorff, Slawata, Khevenhüller, Breuner, Thun, Reck, Arnoldin), 5. Jan. 1632 (StK Vorträge 1 Konv. E fol. 14–15).

## 488. Landgraf Georg von Hessen-Darmstadt an Kurmainz[1]
Dezember 16

Überlassung der Festung Rüsselsheim an Schweden – Friedenskonvent – Waffenstillstand – Schwedische Friedensbedingungen und sonstige Forderungen – Ort und Zeit der Friedensverhandlungen

Porss[2] hat berichtet, was der Kurfürst ihm geantwortet hat. – Rechtfertigt die Überlassung der Festung Rüsselsheim an Schweden weitläufig mit Hinweis auf zwingende Gründe, übersendet einschlägige Unterlagen[3] und betont: „E. L. ertzstift und statt Maintz ist aus unserer über Rüsselsheim nohtzwänglich getroffener capitulation gantz kein schad beschähen. Maintz war schon recognoscirt und die belagerung gefast, eh zur Kgl. Würde wir kommen, auch eh wir tractirt oder geschlossen. Und wissen E. L. wir des hohen verstands, das sie von uns keine impossibilia begehren und hochweislich selbst erwegen werden, wann diss, das durch übergebung unsers hauses Rüsselsheim ein E. L. etwas nah gelegener ort mehrere gefahr habe, unß solte zu einem unguhten zu imputiren sein, wir unß viel mehr zu beklagen hetten, das die ansehliche pässe Mildenburg, Aschaffnaburg und andere örter, ohn deren eroberung der könig in Schweden nicht auf unß noch an Rüsselsheim hette kommen können, so gar ohn einigen schuß, ja theils mit entgegen getragenen schlüsseln überlassen worden. Wir messen solches E. L. nicht zu, wissen wohl, das dieselbe der noht mit betrüblichen augen zugesehen, hoffen nurd, E. L. werden ex identitate rationis ebenmässige entschuldigung von unß im besten vermerken. [...]

Anlangend die bewuste fridenshandlung, werden E. L. hochvernünftig selbst befinden, daß es unmüglich gewesen, das der convent auf den 14./4. hujus seinen fortgang erraicht hette. Dan unß ist gantz continuirlich und beständig remonstrirt worden, daß weder der könig ohn zuziehung beeder evangelischer herrn churfürsten noch beede herrn churfürsten ohn zuthun des königs in einigen tractat eintretten würden. Nun haben aber von der Röm. Ksl. Mt. wir nicht ehender alß allererst am 9. Decembris/29. Novembris allergnedigste antwort[4] empfangen, ob Ihrer Ksl. Mt. die mitzuzihung der Kgl. Würde zu Schweden gefällig sei. Und ist doch auch die Kaiserliche antwort nicht categorica und pura, sondern auf Ewere, auch beeder herrn

---
1 Eine Kopie des oben Nr. 488 gedruckten Schreibens samt den unten Anm. 7 und 11 zitierten Anlagen übersandte *Landgraf Georg* mit Anschreiben, Gießen, 5./15. Dez. 1631, an Eggenberg (Konz. mit einem Verzeichnis der Anlagen HStAD E 1 C Nr. 8/1 fol. 485. Ben. bei FROHNWEILER S. 44) und bat u. a.: „E. L. geruhen das beste daraus zu nehmen und Ihrer Ksl. Mt. mit gelegenheit underthenigst davon zu referiren."
2 Vgl. zu dessen Verrichtung bei Kurmainz dessen Relation vom 4./14. Dezember (oben Nr. 484) und das ebenda Anm. 1 zitierte Schreiben des *Kurfürsten von Mainz* an Kurköln und an Maximilian; hinzuweisen ist auch auf unten Nr. 507.
3 U. a. Kopien der oben Nr. 475 Anm. 3 zitierten Schreiben an den Kaiser und an Eggenberg.
4 Vom 16. November (oben Nr. 443 Anm. 4).

churfürsten zu Bayern und Sachsen L.L.L. conditionirt gewesen. Überdiss haben ertzhertzogs Leopoldi zu Österreich L. biss auf dise stunde noch nicht endlich und bejahend unß beantwortet. [...] Und sonderlich ist die Chursachsische erste, mit numero 9 notirte antwort[5] unß ererst am 1. Decembris alten calenders und also spähter als die Churbrandeburgische[6], mit numero 10 quotirte zukommen.

Damit nun gleichwohl underdessen die zeit nicht gar vergebens hingienge, haben wir die gedanken auf ein armistitium gerichtet, aber vergebens, wie aus der beilag nr. 11[7] zu finden.

Nachdem es mit dem armistitio weder divisim vor dem compositionstag noch conjunctim mit einem fridenstractat sein wollen, haben wir in dem haubtwerk fort negotiirt, welches dan in solchen terminis stehet, wie die beifugen mit numeris 12[8], 13[9] und 14[10] mehrers ausweisen. Und hoffen wir, in kurtzem die bejahende königliche Schwedische, Chursachsische und Churbrandeburgische erklärungen und die darauf gerichtete sicherungen richtig zu machen, auch an E. L. und andere gehörige ort zu überschicken.

Das postulatum, das die Röm. Ksl. Mt. [...] und der vier catholischen herrn churfürsten L.L.L.L. bei der Kgl. Würde zu Schweden umb frid ansuchen solten, ist von einem dero rähte gegen unß persöhnlich stark getriben, von Ihrer Kgl. Würde aber selbsten nicht movirt noch behaubtet, sondern dero aigenes desiderium pacis hoch bezeugt worden. Es seind zwar allerhand discurs gefallen, deren wir in einem postscripto an deß herrn churfürsten zu Cölln L. sub numero 15[11] hochvertrawliche erwehnung gethan, welche sich villeicht in principio tractatus wider regen möchten. Wir verhoffen aber zu Gott, daß sich nach anwendendem trewem fleiss der interponirenden fürsten alles zur gühte wohl ergeben werde.

An der mahlstatt Mülhausen zweifeln wir fast, halten darfür, es werde der Röm. Ksl. Mt., auch Ewer und dero catholischen herren mitchurfürsten L.L.L.L. an änderung deß orts auf Franckfurt oder Nürnberg wenig gelegen sein. Und ligt unß an, dahin zu sehen, daß die anderwertliche tags- und ortsvorschlagung durch die interponirende hand beschähe, durch dasselbe mittel an die Röm. Ksl. Mt. bittlich gebracht, dergestalt allenthalben in medio gebliben und der Ksl. Mt. hoheit und reputation wol gewahret werde." – Festung Gießen, 6./16. Dezember 1631.

Konz. mit einem Verzeichnis der Anlagen HStAD E 1 C Nr. 8/1 fol. 457–463. Ben. bei FROHNWEILER S. 42.

---

5 Vom 31. Oktober/10. November (oben Nr. 483 Anm. 3).
6 Vom 3./13. November (FROHNWEILER S. 41 mit Anm. 25).
7 Aus dem oben Nr. 480 Anm. 4 zitierten *Extractus protocolli, warumb beim könig zu Schweden keine induciae zu erlangen*.
8 Das Schreiben an den Kaiser vom 27. November/7. Dezember (oben Nr. 476).
9 Die *Resolution des Königs von Schweden* vom 29. November/9. Dezember (oben Nr. 483 Anm. 4).
10 Das Schreiben an den Kaiser vom 4./14. Dezember (oben Nr. 483 Anm. 5).
11 In dem oben Nr. 480 Anm. 7 zitierten *Extract herrn landgraf Georgens zu Hessen handschreiben an herrn churfürsten zu Cölln, underm dato Giessen, den ersten Decembris 1631 [st. v.]*.

## 489. Maximilian an Tilly[1]

Dezember 17

Bedrohung der Oberpfalz und Bayerns

„Aus dem einschluß[2] habt ier mit mehrerm zu vernemen, dz nit allain die statt Eger nuhnmehr mit dem Sachßischen volkh accordirt und 1.000 maann eingenommen, sondern dz auch noch 6.000 Saxische reütter hernach und selbiger orthen ankhomen, von danen ier anschlag auf unsere Oberpfelzischen landten und gar in Bayrn gerichtet sein solle. Wan es dan mit erstberierten unsern Oberpfelzischen landen aine solche beschaffenheit hat, dz selbige durch dz jungst durchgezogne Ksl. khriegßvolkh fast in grundt ruinirt und verderbt worden[3] und derowegen wol zu besorgen, es mechte dem feindt berierter sein anschlag desto leichter gerathen und er für<ther> gar durch und in unsere Bayrische landen einbrechen, als ist hiemit unser gnedigster wüll und mainung, dz ier dzjenige volkh zu roß und fueß, so der aniezt zu Donawörth beschehner abred und veranlasung nach auß denen derzeit inhabenden quartirn abund anderwertig gefierth werden sollen, noch in den vorigen quartirn unabgefiert so lang verbleiben lassen und an der handt behalten sollet, bis wir euch derentwegen andere ordinanz hinnach khomen lassen." – 17. Dezember 1631.

Konz. Ranpeks Akten 2 Nr. 82.

---

1 *Tilly* antwortete dem Kurfürsten aus Weißenburg, 19. Dez. 1631 (Ausf. ÄA 2396 fol. 498–499): Hat bereits vor Eintreffen des kurfürstlichen Schreibens auf Wunsch der Regierung in Amberg das Infanterieregiment Merode in die Oberpfalz incaminiert, während das Regiment Sulz bereits ins Fürstentum Neuburg aufgebrochen und nicht mehr zu revozieren war. Nach Erhalt besagten Schreibens hat er die Kavallerieregimenter Bredow und Merode ebenfalls in die Oberpfalz marschieren lassen und die Regierung in Amberg erinnert, „selbigen regimentern mit den nottorftigen underhaltßmitlen bis uf anderweite gelegenheit zu aßistieren. – Mit den ibrigen regimentern aber zue roß und fueß wil ich alhie und dieser enden so lang verharren und stillgendt verbleiben, bis von E. Kfl. Dt. mir vernere ordinanz zuekhombt. Allein ist die gelegenheit dieser orthen mit den quartieren nuhmehr dermassen beschaffen und solche noth vorhanden, daß nit müglich, ohne völlige consumierung und undergang der noch ibrigen soldatesca alda noch lang zu verbleiben oder sich aufzuhalten, underthenigst bittendt, E. Kfl. Dt. gerhuen, sich mit negstem gegen mir gdist verners zu ercleren, ob ich etwa von hinnen weiters vort uf Nördtlingen ruckhen möchte." – Die Reaktion Aldringens auf die oben Nr. 489 gedruckte Weisung dokumentiert die Relation *Aldringen* an den Kaiser, Weißenburg, 22. Dez. 1631 (Ausf. AFA 1632/1/ad 20 f. Druck bei HALLWICH I Nr. 479).

2 Akten 2 Nr. 81. – Weitere einschlägige Avisen übersandte *Maximilian* an Tilly, 18. Dez. 1631 (Konz.. Teisingers ÄA 2396 fol. 488), „und zwar vornemblich darumb, damit ihr euch zu entschliessen wisset, was hirinnen zu unser und deß gemeinen catholischen wesens dienst und versicherung ze thun, bevorab auch auf daß die iezt in ermelter Obern Pfalz ligende bundts wie nit weniger die Ksl. im Nürnbergischen territorio quartirte soldatesca nit zu bloß oder in risigo gestelt oder etwa die cavalleria zu weit logirt werde."

3 Vgl. dazu ein scharfes Beschwerdeschreiben *Maximilians* an den Kaiser, München, 18. Dez. 1631 (Konz. Teisingers ÄA 2380 fol. 481–483. Druck bei HALLWICH I Nr. 497, mit Anlage ebenda Nr. 498). Vgl. auch ebenda Nr. 496, II Nr. 510, ferner ÄA 2264 fol. 569–572.

## 490. Relation Maximilians über die Konferenz in Donauwörth[1]
[ad Dezember 17]

Allgemeine Lagebeurteilung – Die Armeeführung – Die Armee – Winterquartiere und Sold – Die lothringischen Truppen – Geld für Pappenheim – Belastung Bayerns – Tilly und die Mißstände bei der Armee – Vorteilhafte Situation und Pläne des Feindes

„Status rei militaris im Reüch

Erstlich und summariter ist der status durchgehendt *nichts[2] alß ein purlauttere confusion.*

*Bei allen proponirten puncten seindt solche difficulteten, daß sie schier insuperabiles.*

*Deß[3] von Tilli persohn.* Obwol er etwaß wegen S. Kfl. Dt. gegenwarth erquickht und erfreiet worden, so merkht man doch ihme wol an, daß der vorige vigor nit mehr vorhanden. Ist ganz perplex und gleichsam perso, in consiliis ganz irresolut, *waiß[4] ihm nit darauß zu helfen,* khombt von ainem proposito aufs ander, concludiert nichts, sicht die große difficulteten und extremiteten, bekhent aber diserte, daß er khein rath noch mitel wisse, mit dem vermelden, es müeß nur Gott Irer Kfl. Dt. einen gueten rath inspirirn und eingeben. Der Kaiser hab kheine mitel, alß was Spania ime gebe. Khönde man ohne schaden componirn, probat. Gehen ihme stettigs, wan er in hac materia redet, die augen über. *Sagt[5], man müeß noch eins wagen und schlagen, zweifelsohne die reputation wider zu erhollen, da doch weder volkh noch mitel verhanden. Summa man spürt großen abgang disfalß.*

---

1 Vgl. zu dem Wunsch Tillys nach einer Zusammenkunft mit dem Kurfürsten und zu der Vorgeschichte der Konferenz in Donauwörth oben Nr. 450 mit Anm. 8, Nr. 451, 470 B 1 (Proposition Wolkensteins), 470 B 2, Nr. 472 mit Anm. 1 und 2, zu den Daten der Konferenz und Maximilians zusammenfassend oben Nr. 485 mit Anm. 2.
Zu den drei unterschiedlichen Fassungen der oben Nr. 490 gedruckten Relation und zu dem Eingang der zweiten und dritten Fassung vgl. den Exkurs unten S. 1517 f. – Keines der überlieferten Exemplare ist datiert. Da der Kurfürst die oben Nr. 490 gedruckte Relation seinen Räten am 17. Dezember 1631 vortrug (oben Nr. 470 B 6 mit Anm. 2), wurde sie chronologisch diesem Datum zugeordnet.
2 Das kursiv Gedruckte wurde in die zweite Fassung (unten S. 1517 f. mit Anm. 33) übernommen, dort aber von Maximilian ersetzt durch: „in höchster confusion, deren remedierung auß mangl underhalts und anderer notwendigen requisiten bei ieziegem zuestand der catholischen chur- und fürsten vast schwer, ja gleichsam ohnmöglich scheint." – Die dritte Fassung (unten S. 1517 f. mit Anm. 34) hat den korrigierten Text.
3 Der folgende Absatz wurde mit den unten Anm. 4 und 5 notierten Korrekturen in die dritte Fassung (unten S. 1517 f. mit Anm. 34) übernommen, dort aber von *Maximilian* ganz getilgt und mit dem Vermerk versehen: „Diß ganz außzulassen. Soll man im gehaimen rath selbs nit sovil discretion gehabt haben, dz eß an diß ort nit gehörig. Wo hat man doch hin gedacht, die außgestrichne sachen bei disem convent [der Liga in Ingolstadt] also außzuruffen" (Kschw 13503 fol. 2).
4 Das kursiv Gedruckte wurde in die zweite Fassung (unten S. 1517 f. mit Anm. 33) übernommen, dort aber – wohl von *Maximilian* – getilgt.
5 Das kursiv Gedruckte mit Ausnahme des letzten Satzes wurde in die zweite Fassung (unten S. 1517 f. mit Anm. 33) übernommen, dort aber – wohl von *Maximilian* – getilgt.

Andere⁶ hoche officier, so iezt bei der armada,⁷ seindt *schlecht*⁸. *Der generalzeugmaister hörzog Ruedolph Maximilian von Saxen ist der qualiteten nit, daß man ihme daß commando in der Undern Pfalz hette auftragen derfen. Generalwachtmaister zu pferdt graff von Cronburg ist erst angestandten, noch jung.* Ist also niemandt verhandten alß Aldringer, dessen man khein stundt versichert, wan er abgefordert wirdt. Und last sich merkhen, daß er nit vil lust, da zu sein, auch dem Tilli allein so weit obbedirt, alß vil er vermaint, daß den Kaiserischen ministris nit müßfellig. Ziecht sich auf seine instructiones.

Daß volkh betreffent, ist solches ganz abkhommen, matt, craftloß, zerrissen, und sagen die officier lautter, *daß*⁹ *wenigist iner zwai monnath von ihnen ganz khein dienst zu hoffen*. Daß bundtsvolkh, so sonsten diser zeit ire züg und wachten noch versehen khünden,¹⁰ seindt bei 3.500 zu fueß und 2.500 pferdt, darundter daß zu Forcheim und in der Obern Pfalz ligende volkh begriffen. Seind ganz forchtsamb. Wan man nur sagt, daß der feindt anziehe, zittern sie. Zwai fendl, so nach Donawörth zu Seiner Kfl. Dt. leibguardi commandiert worden, seind 150 starkh und gestaltet, alß hette mans auß dem freithoff ausgraben.¹¹

Auf anfragen, ob man sowol mit disem alß dem Ksl. hinderlassnen [Volk] dem feindt derfe den kopf biethen, sagt sowol Tilli alß Aldringer sowol in privato alß gesessnem rath, daß es ganz nit müglich.

---

6 Der folgende Absatz wurde mit der unten Anm. 7 notierten Korrektur in die dritte Fassung (unten S. 1517 f. mit Anm. 34) übernommen, dort aber von Maximilian ganz getilgt. Vgl. dazu den oben Anm. 3 zitierten Vermerk *Maximilians*.
7 Nach Ausweis der *Niederschrift Richels* vom 17. Dezember (oben Nr. 470 B 6) erwähnte der Kurfürst gegenüber seinen Räten ausdrücklich: „Pappenheim nit da."
8 In der zweiten Fassung (unten S. 1517 f. mit Anm. 33) ersetzte *Richel* das kursiv Gedruckte durch folgenden Passus: „nit von solchen qualiteten, dz sie daßienig, waß an ihme graven von Tilli wegen der durch dz hohe alter und langwührige, stettige travalliern ie mehr und mehr abnemenden kräften abgehet, ersezen und an einem und anderen ort der armaden, da man dieselbige nach der an underschitlichen sich eraignenden gefahren und erheischenden notturft thailen solte, commandiren köndten." – Anlaß für die Korrektur dürfte folgender Vermerk *Maximilians* gewesen sein: „Notitia: Die, so eß lesen, werden sagen, warumb man solche leütt promoviere. Nun aber hatt Tillj solche selbs zu promoviern begert. Also zu bedenkhen, ob nit etwan noch einer oder der ander außzuwexlen." – Nach Ausweis der Relation *Kellers* (oben Nr. 370 Anm. 2) gehörten Herzog Rudolf Maximilian von Sachsen-Lauenburg und Oberst Cronberg zu denjenigen Offizieren, die sich in der Schlacht bei Breitenfeld durch besondere Tapferkeit ausgezeichnet hatten (im Druck bei HALLWICH I Nr. 388 S. 553).
9 In der zweiten Fassung (unten S. 1517 f. mit Anm. 33) heißt es anstatt des kursiv Gedruckten: „da sie nit ain, zwei oder drei monath refreschirt werden, dz von ihnen ganz khain dienst zu hoffen." – Dieser Text wurde in die dritte Fassung (unten S. 1517 f. mit Anm. 34) übernommen.
10 Das Folgende bis zum Schluß des Absatzes mit der unten Anm. 11 notierten Ergänzung wurde in die dritte Fassung (unten S. 1517 f. mit Anm. 34) übernommen, dort aber von *Maximilian* verkürzt auf: „erstreckht sich auf khein große anzahl."
11 In der zweiten Fassung (unten S. 1517 f. mit Anm. 33) ergänzte *Richel*: „Und sollen dannoch dise auß den besten compagnien sein. Dahero leicht zu erachten, wie die andere sein müessen."

Auf anfraagen diser beeder, ob sie mit disem volkh *die*[12] bundtstendt zu defendiern sich getrawen, bestehen sie rund, daß es ganz unmüglich. Wan es auch schon zwai monath anstandt hette und wan sie alle guarnisonen auß andern orthen nemmen wolten, khönndten sie die defension nit thuen. Eß gehöre vil ein andere macht darzue. Sie getrawen ihnen auch damit nit den Donawstromb, geschweigens *was*[13] mehrers zu defendiern.

Tilli geht wol auf neue werbungen, zweiflt aber, ob man auf- und nit zu spath khommen mechte[14]. Aldringer, der auch in privato vernommen worden, waiß auch khein mehrers vorzuschlagen.

Man ist auch nit versichert, daß nit daß uberig Ksl. volkh auch abgefiehrt werde, *wie*[15] *dann schon von Ir Mt. ein andeittung beschehen und Tilli sich dessen besorgt, auch etwa schon wehre fortgeschickht worden, wan Ire Kfl. Dt. nit vorkhommen.* So blibe auf solchen fahl daß wenige bundtsvolkh ganz allein in so geringer anzahl,[16] also daß die nothwendige orth nit khöndten besezt, geschweigens dem feindt testa gemacht,[17] *sonder*[18] *ihme, alles*[19] *zu seinem gefallen zu ruinirn, freigestellt* werden.[20]

Mit denn quartiern ist es dahin khommen, daß wan man nit will diß wenig volkh noch mehr zugrundt gehen lassen, so müessen nothwendig 3[21] *regimenter zu fueß und ains zu roß* inß landt *Bayrn*[22] quartiert werden oder sie müessen sich selbs dissolviern.

---

12 Im Konzept Maximilians von *Ranpek* korrigiert aus „dz land [Bayern]".
13 Im Konzept Maximilians von *Ranpek* korrigiert aus „dz land [Bayern]".
14 In der zweiten und dritten Fassung (unten S. 1517 f. mit Anm. 33 und 34) heißt es ergänzend: „weiln die contributiones und geltmüttel so gar ermanglen."
15 In der dritten Fassung (unten S. 1517 f. mit Anm. 34) fehlt das kursiv Gedruckte.
16 Im Konzept Maximilians folgte ursprünglich: „dz Tillj sagt, allein in Inglstatt mießen 4.000 gelegt werden", welcher Passus dann aber von *Maximilian* getilgt wurde. – Nach Ausweis der *Niederschrift Richels* vom 17. Dezember (oben Nr. 470 B 6) war die vorstehend zitierte Aussage Tillys in dem Vortrag des Kurfürsten vor seinen Räten enthalten.
17 In der zweiten und dritten Fassung (unten S. 1517 f. mit Anm. 33 und 34) folgt: „oder an nothwendigen orthen succurrirt".
18 In der dritten Fassung (unten S. 1517 f. mit Anm. 34) fehlt das kursiv Gedruckte.
19 Im Konzept Maximilians ist „alles" von *Ranpek* korrigiert aus „dz land [Bayern]".
20 Im Konzept Maximilians folgte ursprünglich: „Er Tillj waiß auch biß an den Ihn außer Inglstat khein ort zu halten, wie er dann auf den fall, man sich retiriern müeste, weder Burkhausen noch Salzburg für gnugsam sicher halten wollen, sonder gar auf Italia und Venedig ein anregung gethan", welcher Passus dann aber von *Maximilian* getilgt wurde. – Nach Ausweis der *Niederschrift Richels* vom 17. Dezember (oben Nr. 470 B 6) war die vorstehend zitierte Aussage Tillys in dem Vortrag des Kurfürsten vor seinen Räten enthalten: „Ausser Inglstat wiß er [Tilly] kein ort biß an den Inn, den feind aufzuhalten. München selbst nit. Wie die fürsten und ihre sachen zu versichern? Zu Burkhausen wiß nit, zu Salzburg in die leng nit besser. Ob nit gar in Italiam?"
21 In der zweiten Fassung (unten S. 1517 f. mit Anm. 33) heißt es: „etliche regimenter", in der dritten Fassung (unten S. 1517 f. mit Anm. 34): vier Regimenter in Bayern und 2 in die Oberpfalz.
22 Im Konzept Maximilians von *Ranpek* ergänzt.

Waß nun für ein monatliche pare bezahlung neben dem obengedachten last[23] und außgaben es erfordern wirdt, daß khan erwogen werden.

Und wann in khurzer zeit die überige quartier außgezöhrt oder daß volkh durch die Württenbergische und andere vertriben wirdt, wie man dann dessen nit gesichert, sonder in sorgen stehen mueß, folgt necessario, daß der überrest sowol Ksl. alß bundtsvolkh auch inß landt [Bayern] quartiert oder dissolviert werden mueß.

Von[24] den 180.000 fl. Ksl. gelts tringt Aldringer darauf, einen thail nach Böhaim zu schickhen. Nun khleckht es ohnedaß nit, wirdt also der abgang entweder von Churbayrn müessen ersezt oder daß volkh noch schwüriger und zum außreissen verursacht werden.

Man hat auf daß Lottringisch volkh waß rechnung machen wollen. Aber hörzog von Lottringen hat Ire Kfl. Dt durch einen vom adl bericht, wie übel man mit ihme umbgangen, [weder] die versprochne commissarios zu verordnung der quartier noch andere mitel verschafft, sonder Irer Dt. ein Kaiserischer under augen gesagt, je belder sie sich wider nach hauß machen, ie bösser sie thuen. Also sezt Lottringen mit allem volkh über Rhein, welches, weil es ohne gelt und ordenliche quartier, auch ohnedaß ubel content ist, sich ganz verlauffen wirdt. Also auf solch volkh ganz nicht zu pawen. Haben gleichwol Ire Kfl. Dt. den hörzog bei aignem currier gebetten, daß volkh am Rheinstromb biß auf bessere anordnung ligen zu laßen. Ist aber wenig effect zu hoffen.

Ist für ein necessitet gehalten worden, will man daß volkh an der Weser, darauf noch etwas hofnung gesezt wirdt, nit lassen mutinirn oder sonst zugrundt gehen, dem grafen von Pappenheim zu erlauben, 100.000 taller bei kaufleüthen, wie er statt finden khan, auf Curbayrische bezahlung zu entnemen. Also aller last auf Ire Kfl. Dt. allein khombt.

Bei[25] disem standt im Reich und der bundtstendt beschaffenheit ist für ein maxima gesezt worden, daß nunmehr sovil daß, so sich im Reich befindt, Ksl. oder ligisch volkh, ainzig unhd allein von Churbayrn müesse providirt werden, eß sei gleich mit gelt und andern requisitis, wie eß der sachen beschaffenheit von zeit zu zeit erfordern wirdt, oder daß man es werde müessen alles zugrundt gehen lassen, weil anderwerts her nichts zu gewarten.

Tilli[26] hat zum abschidt proprio motu bekhendt, daß unordnungen voribergangen, so grossen schaden gebracht und er nit gestraft. Es sei aber an deme, daß diß vitium suae naturae, so er nit zu corrigiern wisse. Khinde auch mit dergleichen processen nit umbgehen. Man soll gleichwol einer sonderbaren persohn dises werkh

---

23 Im Konzept Maximilians folgte ursprünglich: „des ganzen underhalts diser armaden", was dann aber von *Maximilian* getilgt wurde.
24 In der dritten Fassung (unten S. 1517 f. mit Anm. 34) fehlt der folgende Absatz.
25 In der zweiten und dritten Fassung (unten S. 1517 f. mit Anm. 33 und 34) fehlt der folgende Absatz.
26 In der zweiten Fassung (unten S. 1517 f. mit Anm. 33) wurde der folgende Absatz von *Maximilian* getilgt, wozu der Kurfürst am Rand vermerkte: „Obs räthlich zu communiziern, weil man meinen mechte, dz remedium stee bei uns." – In der dritten Fassung (unten S. 1517 f. mit Anm. 34) fehlt der Absatz.

uftragen, und daß er allein sich, waß dem fechten obligt, zu occupirn. Ire Kfl. Dt. haben ime wol zuegesprochen, eß lige sovil daran und sei causa ruinae totius religionis. Er soll sich überwinden und mit den officiern anfangen, exempla zu statuirn.

Waß[27] den feindt belangt, waiß man, daß er aller orthen patron di campagna, sich mit neüen werbungen merkhlich sterkhen thuet, auch den landtgrafen Wilhelm von Hessen zu sich alberait erfordert und selbiger bei ihme mit 10 regimentern angelangt, also er ohne zweifel ein vornemme impresa vor sich haben mueß. Eß wöllen auch die kundtschaften lautten, daß es auf die Pfalz und Haidlberg angesehen. Nun bericht Tilli, daß solches und Manheim, wan sie auch nothwendig besezt und versehen, nit mögen uber ein 8 tag gehalten werden,[28] sonder daß volkh neben den pläzen, weiln bei so beschaffnen sachen khein eilfertiger genuegsamer soccors zu hoffen, sich verlieren müesse.[29] Wan es auch schon solte hinab gefiehrt werden, so ist doch bei demjenigen armseligen standt, darinn eß sich befündet, und jeziger unwetterlichen zeit und weeg, auch aller orthen abgang der victualien anderß sich nit zu versehen, alß daß es ganz zugrundt gehen und davon nichts oder wenig hinunder khommen, also damit nichts gedient, heroben auch alles ganz ohne defension bestehen wurde. Mann habe unden daß volkh hunger sterben lassen und dem feindt die

---

[27] Der Eingang des folgenden Absatzes lautet in der zweiten und dritten Fassung (unten S. 1517 f. mit Anm. 33 und 34): „Was den feindt belangt, wais man, dz er aller orthen patron di campagna, sich mit neuen werbungen merkhlich sterkhen thuet, wie es dan nuhnmehr mit seinem feindtlichen einbruch in die Pfalz und übersezung über Rhein guettermassen an tag khombt. Und hat der graff von Tülly erindert, dz Haydlberg und Mannheimb bei ihrer iezigen beschaffenheit, da der feind mit seiner armaden darfür kommen und mit ernst daran sezen werde, nit mögen über acht tag gehalten werden. Aber umb der unmöglikheitt und des khriegßvolkh obangedeutter übler beschaffenheit und geringer anzaall wüllen khann disen orten ebensowenig alß andern am Rhein von dem Tüllischen herobigen volkh succurirt werden, sonder Ire Kfl. Dt. müessen dise ihre Underpfalzische lande im stich lassen, *ja wüssen dero aigne erblande, da sich der feindt heraufwerts nähern solte, darmit nit zu versichern noch zu defendirn*. Ja wan schon bemeltes noch übrigs Tüllisches volkh solte hinunder gefiehrt und den *Rheinischen* bundtstenden und landen gleich gern darmit succurirt werden, so ist doch bei dem armseligen stand" usw. wie oben. – Das vorstehend kursiv Gedruckte fehlt in der dritten Fassung (unten S. 1517 f. mit Anm. 34).

[28] Vgl. zu den nach der Schlacht bei Breitenfeld in der Unterpfalz getroffenen Verteidigungsmaßnahmen MAIER S. 222 ff.

[29] Im Konzept Maximilians folgte ursprünglich: „Man ist gleichwol auch schuldig, die herobige stend, so ebensfals dzjenig bei den bundtscontributionen stattlich, ja uber die Reinlendische quottam gethan, nit undefendirt zu laßen, diweil heroben in Frankhen der feindt auch in starkher verfaßung, wie er dan den bundtstenden zusezt und nit allein Bamberg und Eichstett, sonder auch die Oberpfalz de facto attaquiert. Und wirdt man zu schaffen haben, sich der noturft nach zu defendirn. – Churbayrn hat alzeit der Rheinischen bundtstend defension ihme eüßerist angelegen sein laßen, zu dem end nit allein dz bundt-, sonder auch sein aigen, zur Bayrischen land defension geworben volkh hinunder geschikht und sich irenthalben heroben im aignen land bloß gestelt. Nun were gar durum, weil man in der Oberpfalz selbs angriffen und in Bayrn auch nit auß der gefahr, sich dem feindt preisgeben und, wo etwa noch den bundtstenden was zu socorriern uberig sein mechte, dem feind uberlaßen, wie dan der maiste tail des wenigen uberbleibenden volkh nit dem bundt, sonder Ir Kfl. Dt. in privato zuegehörig." Dieser Passus wurde dann aber von *Maximilian* getilgt.

mitel gespart³⁰. Warvon müessen sie iezt leben, da der feindt solche alberaith verzöhrt oder in handen hat?³¹ Es laß sich wol bedeitten, man soll succurriren, eß lassen sich aber von hinen die lebensmitel, daran man auch schon anfang zu leiden, nit mit so weit hinunder füehren."

Kop. Kschw 131 fol. 86–89³² = Druckvorlage; Konzept Maximilians mit Korrekturen Ranpeks, mit der Überschrift: „Status rei militaris im Reich", Akten 442 fol. 2–4. Ben. und zitiert bei RIEZLER V S. 395 f.; KAISER, Politik S. 465 Anm. 21, S. 466 Anm. 29, S. 467 f., 471 f., S. 474 mit Anm. 73, S. 475, S. 477 mit Anm. 93; ALBRECHT, Maximilian S. 804 f.

**Exkurs:**

Die verschiedenen Fassungen der Relation Maximilians über die Konferenz in Donauwörth

Von der *Relation Maximilians über die Konferenz in Donauwörth* existieren drei Fassungen. Die oben Nr. 490 gedruckte ursprüngliche, auf einem Konzept Maximilians basierende Fassung war wohl nur für den internen Gebrauch bestimmt. Sie diente z. B. der Information der mit den Neutralitätsverhandlungen in München befaßten bayerischen Geheimen Räte (oben Nr. 470 B 6 mit Anm. 2) und dem im Januar 1632 an den Kaiserhof abgeordneten Oberstkanzlers Donnersberg als Gedächtnisstütze (oben Anm. 32). Eine zweite, überarbeitete Fassung³³ dürfte den Kurfürsten von Trier (oben Nr. 470 D 6 Anm. 8 und 9), Köln (oben Nr. 481 Anm. 1) und Mainz (unten Nr. 498) übersandt worden sein, eine dritte, nochmals überarbeitete Fassung³⁴ wurde den in Ingolstadt versammelten Ligaständen mitgeteilt. Die der ursprünglichen Fassung vorangestellte Überschrift (*Status rei militaris im Reüch*) fehlt in der zweiten und dritten Fassung. Im Unterschied zu der ursprünglichen Fassung

---

30 In der dritten Fassung (S. 1517 f. mit Anm. 34) ergänzte *Maximilian*: „wie mit dem vorrath, so bei Wormbs gelegen, auch anderer orten beschehen."
31 In der dritten Fassung (S. 1517 f. mit Anm. 34) ergänzte *Maximilian*: „Dann waß in den Pfelzischen umb Heidlberg disseiths Rhein gelegnen ämbtern verhanden gewest, ist ohnedz für dz darin ligede Churbayrische volkh und zu profiantierung Heidlberg und Manheim nit gnug gewest."
32 Diese Kopie war als Anlage A der *Instruktion Maximilians* für den an den Kaiserhof abgeordneten Oberstkanzler Donnersberg vom 10. Januar 1632 beigefügt. Auf der Rückseite des letzten Blattes ist von Kanzleihand vermerkt: „Status militiae. L[itera] A, so Ir Ksl. Mt. nit zu communicirn" (Kschw 131 fol. 89').
33 Konz. Ranpeks mit Korr. und Zusätzen Maximilians und Richels Akten 442 fol. 5–8. Zitiert bei KAISER, Politik S. 466 Anm. 29. – Akten 442 fol. 5 notierte *Ranpek*: „Ganz in züffer zu sezen"; Akten 442 fol. 8' ist von Kanzleihand vermerkt: „Status rei militaris im Reich. Der iezige standt der Tillischen armee, wie denselben Ihre Kfl. Dt. zue Thonawerth befunden."
34 Von dieser dritten Fassung existieren drei Exemplare, und zwar eine von Maximilian revidierte Kopie der oben S. 1517 f. mit Anm. 33 zitierten zweiten Fassung (Kschw 13503 fol. 2–5, mit dem Vermerk fol. 5': „Relation"), eine Reinschrift dieser revidierten Kopie mit Zusätzen Maximilians (Akten 422 fol. 9–11, mit dem Vermrk auf einem auf fol. 9 aufgeklebten Zettel: „Relation von der Donawertischen conferenz, wie sie den stenden zu Ingolstatt communiciert worden") sowie eine Kopie dieses zweiten Exemplars, das bei den Unterlagen betr. die Abordnung Donnersbergs an den Kaiserhof im Januar 1632 überliefert ist (Kschw 131 fol. 90–93, mit dem Vermerk fol. 93': „Relatio de statu militiae, wie er zu Donawerth befunden worden, im Decembris 1631"). Alle drei Exemplare der dritten Fassung sind zitiert bei KAISER, Politik S. 466 Anm. 29.

haben die zweite und dritte Fassung folgenden Eingang: „Nachdem der Kfl. Dt. in Bayern, unserm gnedigsten herrn, vorkhomen, wasmassen bei des graffens von Tüllj underhabendem sowol Ksl. als bundtsvolkh allerhand schwere confusiones und ungelegenheitten vorhanden, haben sie, die aigentliche beschaffenheitt recht einzunemen und auf müttel und weg zu gedenkhen, wie solchem hochschedlichen unwesen zu remedirn sein mechte, den graffen von Tüllj sambt etlichen andern hohen sowol Kaiserlichen als bundtsofficirn, so sich derzeütt bei der armada befünden, nach Donawerth beschriben, sich auch den 10. Decembris[35] selbsten dahin in persohn begeben, über aines und anders nothwendige conferenz und erkhundigung gepflogen, die sachen aber nachvolgender massen beschaffen befunden. – Erstlich und summariter ist der status rei militaris" usw. wie oben Nr. 490. Weitere wesentliche Varianten sind ebenda in den Anmerkungen notiert.

## 491. Der Bischof von Bamberg an Maximilian[1]

Dezember 17

Waffenstillstand mit Schweden – Drohungen Herzog Ernsts von Sachsen-Weimar

Bezug: Schreiben vom 25. November [oben Nr. 447 Anm. 1]. – Da auch Tilly einen Waffenstillstand vorgeschlagen hat[2], hat der Bischof „nicht underlassen, ein solches uf verschaidtne weeg zue tentiren. Wie wirs dann vermitelß herrn marggraf Christians zue Brandenburg, deßen L. ein aigne abordnung unßertwegen zum könig gethun[3], berait so weith gebracht, das hindangesezt des bißherigen verlaufs noch eine hofnung darzue erscheinet, wie aus hirbeiligendter copi sub lit. A[4], was der marggrafische abgeordnete deßhalben zuruckh berichtet, mehrers zu ersehen. – Wir werden aber darneben auch durch die gegen denen vom adtel und andern in dießem crais noch immer continuirende fast tegliche blinderungen undt executiones, sonderlich was von demjenigen volkh geschieht, welches auf uns selbs quartirt, bei dem gegentheil

---

35 Dieses Datum nennt auch das oben Nr. 470 C 2 Anm. 1 zitierte *Journal Charnacés*, 10. Dez. 1631.
1 *Maximilian* antwortete dem Bischof, 29. Dez. 1631 (Konz. Ranpeks Kschw 1944 fol. 169): Begrüßt die Vermittlung des Markgrafen und bittet um Mitteilung der Resolution des Königs von Schweden, sobald diese vorliegt. Wird dem Bischof dann seine Meinung darüber eröffnen. – „Nachdemaln wir aber vermerkhen, dz der in E. L. stüft ligender bundtssoldatesca nach und nach gegen die Schwedische und sonsten vornemende attentaten deroselben und ihrem angehörigem stüft nur mehrer gefahr und ungelegenheitten erwekhen und selbige trouppen ohnedz nur zu nothwendiger defension dahin commandirt und gelegt worden, als haben wir dem commandanten alberait ordinanz erthailt, den feindt nit selbsten zu mehrerm gewalt und thättlikheitten zu initirn und dem stüft dardurch mehrere gefahr und ungelegenheitten zuezuziehen, sonder sich allain in terminis defensivis zu halten."
2 Vgl. dazu HÜBSCH S. 135 f.
3 Zur Vermittlung des Markgrafen Christian von Brandenburg-Kulmbach zwischen dem Bischof von Bamberg und Schweden vgl. HÜBSCH S. 136–142.
4 *Hans Christoph Stiber* an den Markgrafen Christian von Brandenburg, Würzburg, Mittwoch, 23. Nov./3. Dez. 1631 (Kop. Kschw 1944 fol. 162. Ben. bei HÜBSCH S. 139 f.). – Über den Fortgang der Mission Stibers erfahren wir nichts (HÜBSCH S. 142).

und seinen adhaerenten je lenger, je verhaster gemacht, wie die abschrift lit B⁵, was herrn herzog Ernsten zue Sachßen L. mit etwas scharfen anzügen darüber an uns geschrieben und zugleich zue erkhennen giebt, das die eine geraume zeit zeithero uns zugemüthe einquartierung des Schwedischen volkhs in unßern stift anietzo je lenger, je mehr beharrt und fast mit gewalt durchgetrungen werden will. Weiln nun entgegen auch aus underschiednen Wirtzburgischen orthen und embtern verlautet, das der könig an volkh derzeit, wie sub lit. C⁶ hiebei zum theil zu sehen, etwas schwach undt ihme desto leichter ein abbruch zu thun seie, alß haben E. L. wir beedes vertreülich zue communicirn für eine noturft erachtet und ersuchen demnach dieselbe dienstfr. bittendt, uns dero mehr hochverstendigen rath und gutachten unschwehr freundlich zu ertheilen, wie wir uns in einem und dem andern zu verhalten, damit wir unßerm stift und gemeinen weßen zue guetem das rechte mittel treffen und den sachen nit etwan zuvil oder zu wenig thun mögen." – Bamberg, 17. Dezember 1631.

Ausf. Kschw 1944 fol. 161 und 168.


## 492. Der Kaiser an Maximilian¹

Dezember 19

Wiederberufung Wallensteins

Teilt mit, „was gestalt, alß wir den jüngst beschehenen feündtlichen einfahl und firmirten fueß in unserm erbkhönigreich Böhaimb und dessen haubtstath Prag, nicht weniger anderseits den abkhomenen, elenden zuestandt unsers Ksl. kriegsvolkhs in sonderbare consideration gezogen, dz wier dannenhero zue erholung und restaurirung gedachter soldatesca als anderer mehr hochwichtiger ursachen halber unsers ohaimb und fürstens herzogen zu Mechelnburg, Fridlandt und Sagans L. auf vorher

---

5 *Herzog Ernst von Sachsen-Weimar* an den Bischof von Bamberg, HQ Haßfurt, 25. Nov./5. Dez. 1631 (Kop. Kschw 1944 fol. 164–165).
6 14. Dez. 1631 (Kop. Kschw 1944 fol. 166).
1 Ein einschlägiges Schreiben des *Kaisers* erging aus Wien, 19. Dez. 1631, an Tilly (Kopien ÄA 2398 fol. 656, AFA 1631/12/I 120; korrigierte Ausf. ebenda 1631/12/I 119. Auszug gedr. bei Dudik, Waldstein S. 179 Anm. 2. Ben. bei Kaiser, Politik S. 497). Der Kaiser forderte Tilly auf, „bei allen unsern sich bei dir befindenten Ksl. hochen und nidern officirn die nothwendige intimation und verordnung zu thun, [...] damit, wan künftig von erwehnt Ir L. [= Wallenstein] einige bevelch oder ordinanz an solch unsere officir gelangen wurde, sie demselben allerdings und unfelbarlich nachkhommen sollen. Massen wir dann auch ine herzogen erindern lassen, damit die vor disem zwischen beeden erhaltene guete correspondenz noch fürters auch observirt und continuirt werden solle." – Hohen kaiserlichen Militärs, den böhmischen Landesoffizieren und anderen hatte der Kaiser die Ernennung Wallensteins „zum General Capo vber Vnsere Khay. armada" (Dudik, Waldstein S. 177 Nr. 86, S. 178) bzw. „zum Veldt-Generalen unserer Kriegsarmada" (Hallwich I Nr. 457) am 15. Dezember bekannt gegeben.

gepflogene tractation vermögt und erhandlet, dz sie sich auf ein zeit[2] unserer armada annemben und des werkhs widerumb undterfangen wollen, massen dieselbe dan auch solche anlaß und erbietung von sich geben haben, dz si vorderist gegen Eur L. gebürenden respects so woll auch mit den andern assistirenden chur- und fürsten solcher gueter correspondenz und vertreulichen sambensezung sich befleissen wollen, damit allerseits anderst nicht alß guete begnügung und satisfaction darob im werkh verspürt werden solle." – Wien, 19. Dezember 1631.

Ausf., präs. 27. Dez., Kschw 73 fol. 341–342 = Druckvorlage; korrigierte Ausf. AFA 1631/12/I 118. Druck bei Dudík, Waldstein S. 178 f. Nr. 87; Auszug bei Aretin, Wallenstein S. 80 f. Ben. bei Stadler S. 587; Albrecht, Maximilian S. 795; Kaiser, Politik S. 497.

## 493. Maximilian an den Deutschmeister

Dezember 20

Bitte um Sukkurs für den Taubergrund

Bezug: u. a. Schreiben [vom 4. und 11. Dezember[1]]. – „Gleich wie wür nun mit E. L. und dero angehörigen ihres obhabenden beschwerlichen zuestandts halb ein sonderbar mitleiden tragen, als mögen sie sich versichern, dz wür an deme, waß ihro und den

---

2 Zunächst bis Ende März 1632 (Gindely, Waldstein S. 9 Anm. **, S. 10 f.).
1 Das Schreiben vom 4. Dezember ist gedruckt unten Nr. 512 H 1. In Anknüpfung an dieses Schreiben berichtete der *Deutschmeister* an Maximilian, Ordenshaus Kapfenburg, 11. Dez. 1631 (Ausf. ÄA 2305 fol. 343–346), von der Zunahme der feindlichen Streifereien an die Tauber und über den Odenwald bis fast an den Neckar und nach Rothenburg ob der Tauber sowie von einem erneuten Angriff auf seine Residenz Mergentheim und bat nochmals um eine stärkere Besetzung des Taubergrunds, vor allem mit Kavallerie. Auf diese Weise würden andere Quartiere verschont und auch die gefährdeten Stifter Ellwangen und Eichstätt gesichert und die Streifereien nach Schwäbisch Hall, Dinkelsbühl und in die hiesige Gegend verhindert. „Hierumb so habens Eüer L. wir hiemit [...] vor augen bringen und zu dero fernerem hochvernünftigen nachgedenkhen und gutbedunkhen stellen und heimbgeben wollen, waß etwa hierunder zu disponieren, sie sich mögten gefallen laßen. Es were dan sach, das etwa die diszegni dahin gehen mögten, das mit deß herrn generalleüt. grafen von Tillj underhabenden, deß herrn hertzogs zu Lothringen L. und deme wie länger, je mehr in der Undern Pfaltz und umb Maintz, wie man sagen will, ankommenden Spannischen volkhs [!] ein coniunction gemacht und zu gentzlicher abtreibung deß feindts das eusserist versucht und vorgenommen solte werden, welches falls und uff erfolgenden glückhlichen ausschlag alles obiges ohnediß in Franckhen seinen weeg haben wurde. – Sofern aber ja in verbleibung deßen auß erheblichen ursachen undt verhinderungen unß und den unserigen nicht solte verholfen können werden, uff so gestalte beschaffenheit wollen E. L. wir gantz dienstfr. gebetten haben, unß dero gemüthsmainung und wolmainenden rath, waß unß diß orths zu thun sein mögte, unbeschwert mitzutheilen, damit wir eintweders uff andere rettungsmittel gedenkhen oder aber unsere officier, so biß dahero durch die gnadt Gottes unsere residentz über so heftige betrohungen vor dem feindt errettet, der notturft nach und wessen sie sich zu verhalten, bescheiden mögten, auf das dannoch die arme burger und inwohner unserer residentz und andere unsere betrangte underthanen nicht mit weib und kind in die crudelitet und händt deß bluetgirigen

ihrigen zur defension und bestem gedeien mag, nach eüsseristem möglichkeit niemallen ichtwaß erwünden lassen werden. Und weilen wür unß diser tagen mit dem gf. von Tilli selbst in Tonauwörth abbochirt und von dem jezigen statu belli underredung gehalten, als seind in specie auch E. L. sowohl an mich als ihne gf. von Tilli gethone schreiben und eründerungen mit zueziehung des Ksl. generalwachtmeisters fhr. von Aldring in reiffe consultation gezogen worden. Waß man nun darüber rhetlich befonden, werden dieselbe nunmehr von ihme gf. von Tilli selbst in schriften verstanden haben, dahin wür uns hiermit referirn." – 20. Dezember 1631.

Konz. Teisingers ÄA 2305 fol. 330.


## 494. Tilly an Maximilian

Dezember 20

Sicherung der Oberpfalz – Winterquartiere – Armaturen für die kaiserlichen und Bundestruppen

Bezug: Schreiben vom 18. Dezember [oben Nr. 489 Anm. 2]. – Verweist auf sein Schreiben vom 19. Dezember[1]. „Wan eß dann nochmahls ahn deme und die noth so weith iberhandtgenohmmen, daß eß eine lautere impossibilitet, in mangl gedachter proviandt und fourage die regimenter diser orthen ohne völligen undergang lenger ufzuhalten, so wirdt dahero die unumbgengliche nottorft erfordern, uf mitl und weege bedacht zu sein, wie disfahls mit den quarthieren fördersambste enderung vorgenohmmen werden möchte. – Nun ist E. Kfl. Dt. gdist wissendt, waß eß vor eine beschaffenheit mit diser geringen ahnzall volkhß sowol der Ksl. als bundtßregimentern hat, daß selbige bei solcher gelegenheit nit zu separieren und etwa in zwei corpora zu vertheilen, also dz dem feindt mit dem iezigen in der Obern Pfalz ahnwesenden corpore, da er selbiger orthen, wie er iederzeit ungehindert thun khan, mit gewalt vorbrechen solte, khein widerstandt zu thun. Dahero die nottorft erfordern wirth, eintwederß dz ganze corpus in besagter Obern Pfalz oder gegen E. Kfl. Dt. herzogthumb Bayrn und Schwaben gegen der Donau zuesamenzuefiehren. Und werden E. Kfl. Dt. gdist zu bedenkhen haben und wissen, im fall diese hiesige regimentere gleichsfahlß gegen der Obern Pfalz incaminiert und dz ganze volkh alda zusamengefiehrt werden solte, ob auch die soldatesca selbiger orden [!] ihr nottorftigeß außkhomben haben werden khönnen oder nicht. Hergegen aber und weillen deß feindtß macht so starkh, dz er gelegenheit hat, sich in zwei theil zu separieren und sich mit einem gegen oftgemelter Pfalz und mit dem anderen gegen dem Donaustrom zue wenden, stehet zu considerieren, wan ich mit dem ganzen volkh gegen der Obern Pfalz ruckhen solte, daß er uf der andern

---

Schwedischen kriegsvolkhs fallen thun, dan in ansehen leichtlich zu erachten, wan die unserige mit den waffen übergwältigt solten werden, waß sie zu gewarten haben wurden."

1 Oben Nr. 489 Anm. 1.

seiten gegen der Donau vorbrechen möchte." Bittet um die Resolution des Kurfürsten, „ahn welchem ort dz ganze volkh zusamengefiehret und dz corpo gemacht werden solte. Solte nun dz corpo in der Obern Pfalz ufgerichtet werden miessen, so weren die regimentere, waß nehmblich dz fueßvolkh ahnbelangt, uf nachvolgenden zweifachen vorschlag und erstlich eintweders zu Heideckh, Hilpoltstein, Kreding, Berching, Neuenmarkht und selbiger orthen oder aber 2. besser hieherwarts in den stätten Nördtlingen, Öttingen, Giengen, Popfingen und Ahlen und der enden, im gegenfall aber, da E. Kfl. Dt. mit solchem corpore gegen Bayrn und Schwaben inclinierten, zue Hegstett, Lauingen und Donauwierth und daherumb, die cavalleria aber in allen solchen umbligenden fleckhen underzubringen und auszutheillen. Und weillen sonsten der feindt ahm Neckherstromb beraithß so weit vorgebrochen, inmassen auß beigeschlossenen beeden copeilichen zuelagen[2] [...] zu vernehmmen, so wehre nit rhätlich, die cavalleria, alß etwa jungst zue Donauwierth die intention gewesen, so weit und biß in Wirttenberg hinaus zu avanzieren."

Bedarf an Armaturen für die kaiserlichen und die Bundestruppen, nämlich Musketen, Piken, Pistolen, Kürasse, Trabharnische und Arkebüsierrüstungen. – Weißenburg, 20. Dezember 1631.

Ausf. ÄA 2396 fol. 500–502 und 507. Ben. bei KAISER, Politik S. 478 mit Anm. 1.

## 495. Barberini an Maximilian

Dezember 20

Päpstliche Subsidien

Wie angekündigt[1], erhält der Nuntius in Köln mit dieser Post Wechsel auf 6.000 Reichstaler, die als erste Monatsrate für die Ligaarmee bestimmt sind. Der Wiener

---

**2** *Statthalter in Heidelberg* an Aldringen, Heidelberg, 15. Dez. 1631 (Kop. ÄA 2396 fol. 503), *Ossa* an Tilly, Deidesheim, 17. Dez. 1631 (Kop. ebenda fol. 504–505), Quartierverzeichnis (ebenda fol. 506). – Aus Weißenburg, 21. Dez. 1631 (Ausf. ebenda fol. 384 und 387), übersandte *Tilly* dem Kurfürsten weitere einschlägige Schreiben, und zwar: *Statthalter in Heidelberg* an Tilly, Heidelberg, 17. Dez. 1631 (Kop. ebenda fol. 385), *Ossa* an Tilly, Landau, 18. Dez. 1631 (Kop. ebenda fol. 386). Vgl. auch *Ossa* an Aldringen, Deidesheim, 17. Dez. 1631 (HALLWICH I Nr. 464), Landau, 18. Dez. 1631 (ebenda Nr. 467).
**1** Wohl am 13. Dezember, unter welchem Datum Barberini die Nuntien in Köln und Wien unterrichtet hatte (WIJNHOVEN III Nr. 2388, BECKER V Nr. 30.2, 4. Punkt). Mit Schreiben an Barberini, 24. Dez. 1631 (Konz. mit Zusätzen Maximilians Kschw 7402 fol. 147; Ausf. Barb. lat. 6718 fol. 105. Ben. bei SCHNITZER S. 226; ALBRECHT, Subsidien S. 556 Anm. 83), dankte *Maximilian* für die angekündigten Subsidien, fügte aber hinzu, „benché non so di qual profitto potrà riuscire tal somma, trovandosi, come avvisai con le passate e convengo riconfirmarglielo anche oggi, parte di principi confederati cacciati del tutto dalli stati loro, e parte in manifesto pericolo che gl'intravenga l'istesso, onde resti loro tolto ogni mezo di supplire alle contributioni, ora più necessario che mai." Hinzuweisen ist auch auf ein Schreiben an Kurköln, 23. Dez. 1631 (unten Nr. 512 H 4 Anm. 1. Zitiert und benutzt bei ALBRECHT, Ausw. Politik

Nuntius erhält mit gleicher Post Wechsel auf 6.000 Reichtaler für die kaiserliche Armee. Der Papst würde gerne mehr zahlen, „se non fusse impedito dall'impotenza." [...] – Rom, 20. Dezember 1631.

Ausf., italien. Sprache, dechiffriert, Kschw 7444 = Duckvorlage; Kopie Kschw 7402 fol. 143. Ben. und zitiert bei SCHNITZER S. 226, BECKER V Nr. 32 Anm. 13.

## 496. Maximilian an Tilly

Dezember 22

Winterquartiere – Belagerung Heidelbergs – Resolution für den pfalz-neuburgischen Gesandten – Abstellung der Gotteslästerung bei der Soldateska

Bezug: Zwei Schreiben vom 19. und 20. Dezember [oben Nr. 489 Anm. 1, Nr. 494]. – Ist sich bewußt, dass in Donauwörth hinsichtlich der Winterquartiere u. a. beschlossen wurde, den Großteil der Kavallerie nach Württemberg und in das Ulmer Territorium zu verlegen. „Dieweil sich aber seither der status belli so weit geendert, dz nit mer räthlich sein will, besagte cavalleria an berierte pläz zu verlegen, zumahln sie bei deß feindts besorgendem weiterm für- und einbruch unattaquiert nit verbleiben wurden, sonder mit eheistem aufgeschlagen werden mechten, also ermessen wir umb diser und mer anderer ursachen willen vil tuenlicher, dz berierte cavalleria eurem andern vorschlag nach in den stetten Nerdlingen, Ottingen, Giengen, Popfingen, Ahlen und der enden zu quartiern[1] und die negstgelegne Schwebische praelaten in die contribution zu ziehen." Hätte zwar gern in der Oberpfalz ein Korps formiert und einquartiert, doch ist dies mangels dortiger Unterhaltsmittel nicht möglich, ja es ist sogar notwendig, die beiden Kavallerieregimenter Merode und Bredow zurückzubeordern und anderswo einzuquartieren[2].

---

S. 346 Anm. 130; ALBRECHT, Maximilian S. 498), in dem *Maximilian* mit Bezug auf die angekündigten Subsidien in Höhe von 10.000 Scudi monatlich für den Kaiser und die Liga bemerkte: „Wie wenig aber solches zu ainem so schweren und kostbaren last erklecklich, das haben E. L. selbsten leichtlich zu ermessen."

1 Vgl. dazu die Kritik *Aldringens* in dessen Relation an den Kaiser, Weißenburg, 26. Dez. 1631 (Ausf., teilweise dechiffriert, AFA 1632/1/ad 20 g. Druck bei HALLWICH I Nr. 484).

2 Der Einfall von zweihundert sächsischen Reitern in Markt und Kloster Waldsassen veranlasste *Maximilian*, Tilly am 24. Dez. 1631 (Konz. Teisingers ÄÄ 2396 fol. 509–511) anzuweisen, „uneracht unsers euch vor 3 tagen wegen delogirung der Bredauischen und Merodischen cavalleria zugefertigten schreibens verordnung [zu] thun, damit dise erstbenante beede regimenter zu pferdt wie auch das Sulzische zu fueß neben der andern vorhin uf die Oberpfalz verwisenen soldatesca [Regiment Merode zu Fuß] für dismahl in diser refier verbleibe und in eventum in denen Pfalz Neuburgischen und Sulzbachischen mit der alten Pfalz vermischten ämbtern logirt werden. [...] Jedoch werdet ir hirunder weder uns noch die unserige, dz ihr daher einiche anweisung hetet, zu vermelden, sondern die sach mit disen Ksl. regimentern für [euch] selbst als Ksl. generalleitenant zu dirigirn wissen." – Eine

„Sonst hat es mit den in unsern landten fir dz bundtsvolkh iungst zu Tonawerth außgezeigten quartiern sein verbleiben.³ Derowegen ir sie in continenti darauf anziehen zlaßen. Allein erfordert in allweg die hechste notdurft, dz den commendanten, guet regiment ze halten, mit ernst eingebunden werde, dan ir fir selbs zu erachten, wann man in den quartiern firters also hausen solte, wies die soldatesca bisher gewohnt, waß darauß fir nachtl und schaden ervolgen wurde. Und damit auch den reitern dz außreiten und unzeitige verderben der underthonen umb sovil mer zu verwöhren, mechte ein räthliches mittl sein, die cavalleria in die verschloßne ort, die infanteria aber in die negstgelegne fleckhen zu losiern. Damit sie aber an der fouragi desto weniger mangl leiden und auszureiten umb sovil weniger ursach haben, so werdet ir mit deß bischofen zu Dillingen fstl. und den Neuburgischen rethen dahin ze handln wissen, dz sie bei iren underthonen verfiegen, damit die notdurft rauhe fieterei zu den stetten beigefiert und sie also vor verderben und bei dem irigen erhalten werden."

Übersendet den Bericht des Statthalters in Heidelberg wegen der Belagerung der Stadt und seine Antwort.⁴ „Nun haben wir gleichwol vermaint, es sei daselbst mer volkh verhanden, alß sich iezt de facto befinden thuet, oder aufs wenigist sovil, dz selbiger ort durch einen succurs hete mögen errettet werden. Dieweil aber berierte statt ie nuhmer in hechster gefahr, so wollen wir euch mit eurem guetachten vernemmen, waß disfals ze thuen oder vor handt zu nemmen sein mechte."

Wegen der Einquartierung des Regiments Sulz hat sich ein Neuburgischer Gesandter hier eingefunden, „deme wir aber absolute bedeiten lassen, dz wir mit dem Ksl. volkh nichts zu disponirn haben, wie dann solche einquartirung fir selbs dz gemaine notleidende wesen und dero aignen landen conservation erfordern thüe.

---

Weisung an Ruepp, betr. die Musterung dieser vier kaiserlichen Regimenter sowie die Auszahlung eines Monatssoldes an sie aus der kaiserlichen Cassa, erging mit Schreiben *Maximilians*, 24. Dez. 1631 (Konz. Teisingers ÄA 2398 fol. 642–643).

3 Nach Ausweis von *Ruepp* an Maximilian, Weißenburg, 19. Dez. 1631 (Ausf. ÄA 2398 fol. 618–620), sollten in Bayern die Infanterieregimenter Wahl, Fugger und Pappenheim sowie das Kavallerieregiment Blanckart, in der Oberpfalz das Infanterieregiment Reinach und das Kavallerieregiment Fugger einquartiert werden; eine Kompanie des Regiments Fugger zu Pferd sollte dem weiter unten zitierten Memorial für Ernst zufolge in Bayern (Wemding) untergebracht werden. – Mit der Einquartierung in Bayern wurden befasst der Hofkammer- und Kriegsrat Ernst sowie der kurfürstliche Rat und Rechnungskommissar Johann Enßmann. Deren Kommission betraf folgende Punkte: Musterung der einzuquartierenden Truppen, Auszahlung eines Monatssoldes, Ausstaffierung der Truppen mit Schuhen und Strümpfen, Reduktion der Bagage, Fourage, Servis. Vgl. dazu ein Memorial für Ernst, München, 24. Dez. 1631 (Konz. Teisingers mit Korr und Zusätzen ÄA 2398 fol. 637–639); ein entsprechendes Memorial sollte laut Vermerk ebenda fol. 639 für Enßmann ausgefertigt werden. Die einschlägige Korrespondenz Maximilians mit Ernst und Enßmann im Winter 1632 ist überliefert in ÄA 2329 und 2406.

4 *Metternich* an Maximilian, Heidelberg, 18. Dez. 1631 (Ausf., dechiffriert, ÄA 2392 fol. 377–381), *Maximilian* an Metternich, 22. Dez. 1631 (Konz. Teisingers, teilweise zu chiffrieren, ebenda fol. 375–376); beide Schreiben sind benutzt und zitiert bei MAIER S. 230, 510, für die Relation *Metternichs* ist auch auf oben Nr. 470 B 10 Anm. 1 zu verweisen.

Sonsten haben wir in unserm jungsten zu Tonawerth sein mit sondern misfallen selbs angehert, wie vest und starkh dz Gottslestern und andere laster bei der armee eingerissen und im schwung geen, warbei dann, wie ein ieder wol zu erachten, weder glickh noch segen sein khan, sonder vilmehr der zorn Gottes zu irem und anderer verderben erweckht wirdet. Zumahlen aber dergleichen hochstraffbare Gottslesterung und andere so ergerliche laster ganz unleidenlich, ir auch, wie wir vorher wissen, hierab onedz sonders misfallen traget, also werdet ir zu verfiegen wissen, dz hierin mit allem ernst und unnachlesslicher bestraffung der verbrecher in continenti remediert und also durch der soldatesca zucht, ehr und Gottsforcht der Allmechtige umb sovil eher wider verschönet [!] werde." – 22. Dezember 1631.

Konz. Teisingers ÄA 2396 fol. 494–496.

## 497. Maximilian an Pappenheim[1]

Dezember 23

Vormarsch an den Rhein

Hofft, daß Pappenheim die Weisung vom 14. Dezember [oben Nr. 482] erhalten hat. Fügt zur Sicherheit ein Duplikat[2] bei. – „Dieweilen dann der könig in Schweden an dem Rheinstromb ie lenger, ie mehr graszirt, ich auch auß denen mir erst gestert von meinem statthalter zu Heidlberg zugethonnen schreiben sovil vermerkhen mueß, das selbiger plaz Heidlberg numehr eintweder gar belegert oder zum wenigsten bloquirt sein würdet, nach dessen übergang mir nit allein die Underpfalz aus handen gehet, sonder auch zugleich andere meine der enden gelegene cathol. mitvereinte chur-, fürsten und stendte in höchstem periculo begriffen, als erfordert die unumbgengliche notturft, daß ihr oberwehnte[3] zusammenführung des cathol. bundtsvolkhs umb sovil mehr, und zwar nach aller menschlichen möglichkeit maturiret und befürdert, euch alsdann damit unverzogentlich gegen dem Rheinstromb avanziret und des feindts hochschädlichen progress in zeiten contraminiret und behündert, zu welchem ende ihr euch dann auch volgent deß an ermeltem Reinstromb ligenden Ksl. und bundtsvolkhs erspriesslich bedienen könndet, wie ihr dann von einem und anderm mit meines h. brudern, des churfürsten zu Cölln, L. conferiren wollet."

Dem Vernehmen nach ist Magdeburg inzwischen per Akkord in schwedische Gewalt geraten. Wenn das nicht zutrifft und Mansfeld und die kaiserliche Garnison

---

1 Vermerk *Maximilians* auf dem Entwurf: „Bei dem Colnischen corrier und mit der ordinari zu verschickhen." – Zu besagtem Kölner Kurier, der am 25. Dezember in München abgefertigt wurde, vgl. oben Nr. 482 Anm. 1.
2 Vgl. dazu auch oben Nr. 482 Anm. 1.
3 In dem Schreiben vom 14. Dezember (oben Nr. 482).

die Stadt noch halten, soll Pappenheim dem Mansfeld „die vorhabende abfiehrung deß bundtsvolkh auß dem Nidersexischen creiß und die bewegliche nottränglich ursach, warumb solches geschehen müessen, bei guetter, sicherer glegenheit zu wissen macht, damit er sich nit etwan auf solches bundtsvolkh verlassen möcht, sonder seine sachen darnach anzustellen wisse." [...] – 23. Dezember 1631.

Konz. Teisingers mit Korrektur Richels, teilweise zu chiffrieren, ÄA 2381 fol. 430–431. Ben. bei STADLER S. 616.

## 498. Maximilian an Kurmainz[1]

Dezember 23

Relation über die Konferenz in Donauwörth – Erschöpfung der Leistungsfähigkeit Maximilians und der übrigen Ligamitglieder – Mangelndes Engagement des Erzbischofs von Salzburg – Bitte um Gutachten in Sachen Neutralität zwischen der Liga und Schweden

Bezug: Schreiben vom 9. Dezember [oben Nr. 479]. – [...] „Was dan E. L. wegen ehister complirung der bundtsregimenter und avanzirung derselben gegen dem feindt wolmainendt erindern, mögen uns dieselbe wol sicherlich zuetrauen, dz uns nichts mehrers als die defension und versicherung der catholischen bundtstendte landen bekhomert und angelegen ist, wir auch ain mehrers nit erwinschen, als dz die sachen also beschaffen und die nothwendige müttel vorhanden weren, E. L. wolmainende erinderung und vorschlag alsogleich in dz werkh zu richten, wie wir dan eben darumben in persohn uns diser tagen nach unserer statt Donawörth begeben und daselbst mit dem graffen von Tüllj und andern sowol Kaiserischen als bundts kriegß commandanten aines und anders halber nothwendige conferenz und underredung gepflogen. Was sich aber darbei eraignet und in was für ainem schweren standt wir die armada und dz ganze khriegßwesen befunden, dz haben wir, E. L. durch beiverwahrte, in

---

1 Ein weiteres Schreiben *Maximilians* an Kurmainz, München, 23. Dez. 1631 (korrigierte Reinschrift, teilweise zu chiffrieren, Kschw 782 fol. 438–439), betraf u. a. den Mühlhausener Konvent. In Beantwortung des oben Nr. 484 Anm. 1 und 2 zitierten *Mainzer Schreibens* vom 9. Dezember führte Maximilian aus: Das Ausbleiben der Erklärungen der protestantischen Kurfürsten, die neue bedenkliche Forderung des Königs von Schweden hinsichtlich seiner Interposition sowie die Tatsache, dass kein Waffenstillstand zu erhalten ist, zeigt, wie wenig Interesse die Gegenseite am Zustandekommen des Mühlhausener Konvents und an Verhandlungen hat. Deswegen und mit Blick auf die von Landgraf Georg von Hessen-Darmstadt mitgeteilten schwedischen Friedensbedingungen und sonstigen Forderungen [oben Nr. 483 mit Anm. 6] bittet Maximilian um das Gutachten des Mainzers, „waß etwan für anderwertige gedeüliche mitel, weitterm besorgenden unhail noch in zeitten vorzukhommen und zu remedirn, auch das verlohrne wider zu recuperirn, zu erfünden und zu ergreiffen sein mechten." – Die zuletzt ausgesprochene Bitte um das Gutachten ist wohl so zu verstehen, dass Maximilian wie am Schluß des oben Nr. 498 gedruckten Schreibens vom 23. Dezember die Antwort und Erklärung des Mainzers auf sein Schreiben vom 9. Dezember (oben Nr. 470 D 1) erbat.

züffer gesezte relation² in hergebrachtem vertrauen und zumaln der sachen notturft nach freundtlich zu communicirn, nit vorbeigehen mögen. Aus welchem nun E. L. gnuegsamb abzunemen, an weme es vornemblich haftet, auch ob und was bei so gestalten sachen zu tentirn und vorzunemen. Dz unsrige nach allem eusseristem vermögen beharlich zu praestirn, sein wir so genaigt als wüllig. Aber einen so schweren last und so vüllfeltigen mangl allain zu ersezen und zu ertragen, haben E. L. selbsten vernunftig zu ermessen, dz es unsere possibilitet weitt übertrüfft."

Zählt seine jüngsten finanziellen Beiträge zur Kriegführung auf, die es ihm unmöglich machen, weitere Mittel beizusteuern, zumal die Oberpfalz von den durchgezogenen kaiserlichen Truppen ruiniert wurde, seine unterpfälzischen Lande angesichts der von den Feinden drohenden Gefahr nichts besseres zu erwarten haben und etliche Bundesregimenter in Bayern Winterquartiere erhalten müssen, wie dann auch zu befürchten ist, dass der Rest der Reiterei demnächst folgen „und also der ganze last uns und unsern landen auf den hals khomen wirdt. Was wir auf die concurrenz und contributiones der bundtstende für hoffnung und rechnung zu machen, haben E. L. selbst vernunftig zu erachten, dan thails durch feindtliche vergwaltigung von allen müttln, ja gar von landt und leuthen khomen, thails aber, so der feindt zwar noch nit beriert, sonderlich Eystatt, Augspurg und Ellwangen, von dem Ksl. volkh dergestalt ruinirt und verderbt worden, dz sie nichts mehr praestirn khönden, ja khaumb mehr zu leben haben, inmassen wir dan zu solchem ende von Eystatt umb ain ergibiges anlehen ersucht worden³.

Was des erzbischoffens zu Salzburg L. belangt, da werden sich E. L. noch guetter massen zu erindern haben, wie instendig und beweglich Ire L. vor disem, da noch dz gemaine wesen in bösserm zuestandt begriffen gewesen, sowol von uns absonderlich als von den gesambten catholischen churfürsten umb aine ergibige beihülf zu dem gemainen catholischen defensionswesen ersucht worden und wie wenig es gefruchtet. Und obwoln wir seithero, sonderlich bei iezigem nothleidenden zuestandt durch schreiben⁴ und aigne schickhungen⁵ vüllfeltige, ganz bewegliche instantias und ansuechen thuen lassen, haben wir doch durchauß nichts, ja sogar dzjenige nit, was

---

2 Oben Nr. 490, zweite Fassung.
3 In dem Schreiben des *Bischofs von Eichstätt* vom 24. November (oben Nr. 463 Anm. 5). Von der Antwort *Maximilians* an den Bischof von Eichstätt, 28. Nov. 1631, sind nur die die Betreffe enthaltenden Indossate (ÄA 2262 fol. 461, 464) überliefert.
4 Die Korrespondenz Maximilians mit dem Erzbischof von Salzburg in der Zeit nach der Schlacht bei Breitenfeld bis Ende 1631 ist überliefert in Kschw 3389 fol. 82–96, ÄA 2268 fol. 397–402, ÄA 3615 fol. 319, 332–333.
5 Überliefert ist Material zu der Mission des bayerischen Hof- und Hofkammerrats Dr. Johann Wämpl in Salzburg Mitte November 1631 in ÄA 3614 fol. 74–79, ÄA 3615 fol. 423–424. Demnach sollte Wämpl den Erzbischof von Salzburg dazu bewegen, dem oben Nr. 405 a Anm. 1 skizzierten Mehrheitsbeschluss des bayerischen Kreistages vom 31. Oktober bedingungslos zuzustimmen. Um der Sache Nachdruck zu verleihen, sollten Wämpl wohl auch Vertreter weiterer bayerischer Kreisstände adjungiert werden; vgl. dazu die in ÄA 3615 zwischen fol. 419 und 420 eingelegten Unterlagen sowie ÄA 3614 fol. 118–123. – Über den schleppenden Verlauf der Salzburger Werbungen berichtete dem Kurfürsten aus Salzburg,

bei negst gehaltnem Bayrischen craißtag sonsten von allen craißstendten zu ainer craißverfassung zu contribuirn eingewülliget worden, und Ire L. sich allain darvon separirt, pure und ain mehrers nit, als sie selbsten gern wollen, erhalten khönden, welches sie aniezt auf die angestelte craißwerbungen und doch mit dem vorbehalt, dz sie dz volkh in dero landen zu aigner defension behalten, verwenden. Und wüssen wir also weütter weder müttel noch rath, Ire L. zu ainem andern, insonderheit zu ainem ergibigen vorschuß zu bewegen, es wolten dan E. L. sambt dero geistl. hern mitchurfürsten durch schreiben oder wie sie etwan sonsten am rathsamisten vermainen, auch ainen versuch thuen. Lassen wir solches zu dero guettbefünden und belieben allerdingß haimbgestellt sein. Und mecht es etwan mehrer ansehens und ainen bössern verfang als unser absonderliches ansuchen erhalten.

Was sonsten bei so beschaffnem betriebtem und hochgefehrlichem zuestendt der verainten catholischen chur-, fürsten und stende zu errettung landt und leuth und recuperirung deßen, so dem gegenthail berais in seinen gewalt khomen, für anderwertige müttel anhandt zu nemen, da beziehen wir uns auf dzjenige, so wir E. L. derentwegen jungst bei aignem currier wolmaintlich zu vernemen geben[6], und seind dariber dero ehister antwort und erkhlerung gewertig." – 23. Dezember 1631.

Konz. Ranpeks mit Korr. Maximilians und Peringers Kschw 782 fol. 435–437.

## 499. Kurköln an Maximilian[1]

Dezember 23

Neutralität zwischen der Liga und Schweden – Französische Resolution für den Kölner Gesandten – Aufnahme französischer Garnisonen – Schreiben vom 21. Dezember

Hofft, dass sein Schreiben vom 21. Dezember [oben Nr. 470 D 5] durchkommt und Maximilian erreicht. – „Es hat zwarn der zue Paris residirender nuntius in seinem an mich abgangenem schreibenn[2] mir die andeutung gethann, daß mann dern endts

---

6. Dez. 1631 (eigenh. Ausf., präs. 9. Dez., ÄA 2255 fol. 589–590), der bayerische Hofkammerdirektor *Dr. Johann Mändl*, über dessen genaue Aufträge nichts ermittelt werden konnte.

6 Mit Schreiben vom 9. Dezember (oben Nr. 470 D 1).

1 Das oben Nr. 499 gedruckte Schreiben traf erst am 26. Januar 1632 in München ein. Vgl. dazu das oben Nr. 470 D 5 Anm. 1 zitierte Schreiben *Maximilians* vom 28. Januar 1632.

2 *Bichi* an Kurköln, Château-Thierry, 9. Dez. 1631 (Kop., dechiffriert, Kschw 960 fol. 555–556). Bestätigt den Erhalt des Schreibens vom 3. Dezember, das ihm der kürzlich von Kurköln abgeordnete Edelmann (gentilhuomo) überbracht hat. „Ho proseguito con ogni più grand' ardore nell'instanze et negociatione incomminciate per servitio di lei, et di cotesti altri serenissimi elettori, et insieme della religione cattolica generalmente in Germania. Quello che si sia retratto intenderà dal signore suo ambasciatore, et il medesimo si contenterà significarle per mia parte minutamente quello che possa sperarsi da questa banda, di dove gl'officii hora miei non si ricevono per efficaci et il corso si mostruoso delle vittorie del Sueco gli rende tuttavia più infruttuosi, come già per t[r]oppo si prova. Supplico dunque Vostra Altezza, che stanti li presenti termini voglia con la sua gran prudenza far reflessione a quanto

fast annstünde, ob auch der Kgl. Wrd. in Franckhreich interposition beim könig in Schweden ieziges die efficaciam wie vor diesem habenn müchte. Weilen er sich aber gegenn deme zu Littich residirendem nuntio mehrerß explicirt,[3] so habe ich nicht underlaßenn mügenn, E. L. solches, wie es mir heut zuekommenn, hiebei copeilich zue communicirenn. Und wann die sachenn also beschaffenn, es ann nohtiger versicherung der vorgeschlagener neutralitet, welche doch darbei fundamentaliter in

---

il signore suo ambasciatore le rappresenterà, pregatone ancora da me et poi che si sta a questo punto prender prestamente quelle resolutioni alle quali sarebbe molto pregiudiciale l'indugio per la celerità dell'inimico, et per la dispositione di qua non inhabile ad alterarsi per novi accidenti, et per la tardanza in risolversi, massime quando si riducessero le cose a strettezza et difficoltà maggiore." – Bei dem vorstehend erwähnten Edelmann handelte es sich um den am 9. Dezember in Château-Thierry eingetroffenen Kölner Gesandten (vgl. zu diesem oben Nr. 469 mit Anm. 3), der auch ein Schreiben an den Nuntius in Frankreich bei sich hatte (H. WEBER S. 122).

3 *Bichi* an Carafa, Château-Thierry, 9. Dez. 1631 (Kop., dechiffriert, Kschw 960 fol. 552–554. Zitiert bei WIJNHOVEN III Nr. 2391 Anm. 12): „Lo stato presente delle cose di Germania è tale, ch'ogni principe cattolico soggiace ad evidente pericolo. Gli aiuti che possono sperarsi di qua, per quelche risguarda gl'officii mostra la sperienza, che sono del tutto inutili, e assistenze modiocri, et le genti non sono sufficienti al bisogno. Che il re di Francia pigli apertamente una guerra contro lo Sueco grossissimo d'essercito di confederati, di vittorie e favoritissimo dalla fortuna, posto a frontieri di Francia, non è da sperarlo. Ho qui maneggiato questa materia con più caldi et effecaci modi, che ho saputo e potuto, e il signore cardinale di Richielieu in cio zelantissimo n'ha questa sera fatto tener conseglio in mia presenza. La resolutione finale è stata, che sempre che il serenissimo elettore di Colonia, e gli altri elettori e città catholiche di Germania vorranno recevere in loro piazze gente di guerra, Sua Maestà Regia si addosserà la difesa e protettione de loro stati, e non solo manderà subito sufficiente militie, quali darà sicurezza di ritirarla immediatamente passato il pericolo, promittendoli di non essere più forti, ma farà intendere allo Sueco che come stati a sua protettione non gli tocchi, e toccandogli nè procurerà ragioni, che perciò, per dar calore maggiormente a suoi officii, et alle sue armi, Sua Regia Maestà ha risoluto ancora di andar essa medisima alle frontiere, e partirà fra due giorni verso Metz. – Il remdio non è che da mali grandi, ma come Vestra Signoria Illustrissima dice, tal è lo stato presente, che forse la Francia non è capace di provederli altrimenti. Lo Sueco viene contro di cotesti principi a drittura, e vicino, non ha ostacoli, resistergli non possono da loro, altri aiuti sufficienti non saranno loro dati, se non con questa conditione, perche nissuno vorrà la sua gente hoggi alla campagna, se ne chieggono a gli Spagnuoli, poche se ne potrà havere, e cosi s'invita più lo Sueco a danneggiare, e per se <stesso> non hanno gli Spagnuoli forze pronte da surrogare. Se si riceve tal aiuto, e Francia si darà subito, sono in termini d'esser più rispettati, hanno assistenza, gagliarde prossime, e pronte, e quel che io stimo più, quando vengono attaccati, impegnato il Re vicino accompagnato de grand' essercito alla loro difesa et attacarsi con lo Sueco, ch'è forsi l'unico remedio di rimandarlo verso casa, o almeno allontanarlo da coteste parti. Altro che questo non occorre sperar di qua, e degli officii non è più da far conto, parmi che non sia poco quello che qui s'offerisce, e che il non affettarlo, saria gran' castigo di Dio, e ch'io tal stato di cosi non dovria pensarvesi punto, ne scrivo al serenissimo elettore di Colonia, con cui senso, che hora sia quello di Mogonza. Vostra Signoria Illustrissima vi contribuisca ancor ella i suoi officii, che se io non erro, si porta gran' beneficio a principi, città e religione catholica, e sopra tutto, si adopri per la presta risolutione, perche qui si pretendano, che quando il male sia più irremediabile, ritirano la loro parola, ne vogliono temerariamente mettersi a manifesto pericolo, s'il male cresce ogni hora, più spiacemi, che Vostra Signoria Illustrissima non si trovi in Colonia, ma forse il suo zelo non la riterra d'andarvi per questo affare di tanta consideratione."

achtung zu nemmen, ermanglen werde, so wolle ich nicht zweifelenn, E. L. werdenn bei dem tractat mit besagtem gesandten[4] solches in gebirende consideration ziehen.

Sonsten auch nicht ohne, daß mann meinem am kgl. hof gehabtem gesandten[5] die andeutung gethann, daß Ir Kgl. Wrd. urbietig, einig ihres volkhs in der cathol. landt und stett, doch in geringer anzal, einzulegen, deß zuversehens daß bei deßenn vermerkung der könig in Schweden wol bedenkhens tragenn würde, gegen solche etwaß zu attentiren, und wann ein widerigs furgenomen werdenn solle, daß Ir Kgl. Wrd. andere resolutiones zue deßen abwendung ergreiffen und derenn vollenziehung mit eißerister macht an handt nemmen wolten. Weilen aber durch obernenten Französischen gesandten[6] darab keine andeutung geschehenn, so habe ich mich auch dießfalß keines gewißens biß zu fernerer nachrichtung erkleren konnen. Und befinde ich mich hierinne zum hochstenn perplex, weilenn es vieler ursachen wegen (wie E. L. selbsten zu erachtenn) je hochbedenklich, dergleichen besazung bei iezigen coniuncturn einzunemmen, und gleichwoll auf den fall, daß der könig in Schweden solche nicht achten, sondern gleichwoll ichtwaß attentirn würde, mann deß nothwendigen nachtruckhs vermög deß nuncii schreibens so wenig gesichert sein wolle, ohne auch daß ich dardurch neben offension der Ksl. Mt. auch deß Spanischen succurs, welcher mir vonn der Infanta anitzo von neuem angebotten, gantz frustrirt sein würde." – Köln, 23. Dezember 1631.

Postskriptum. „Wolle ich verhoffen, mein bei gestriger ordinari uberschikhtes schreiben (dessen duplicatum[7] diesem zuegefügt), werde wol durch und E. L. zu handen khommen sein. Und weiln die gefahr also zuegenohmen, daß die posten nit mehr sicher gehen, sondern fast fur gewiß zu besorgen, daß die schreiben in andere händt gerathen mogen, so habe ich bedeut gestrigs schreiben zwarn ohne ziphera außfertigen, gleichwol also stilizieren lassen, wans schon andern vorkhommen solte, daß es deßwegen dannoch khein sonderbar bedenkhens haben würde."

Ausf., teilweise dechiffriert, Kschw 960 fol. 549–551.

---

4 Charnacé.
5 Dem am 9. Dezember in Château-Thierry eingetroffenen Gesandten; vgl zu diesem oben Nr. 469 mit Anm. 3.
6 Charnacé.
7 Oben Nr. 470 D 5.

## 500. Stücklin an Maximilian

Dezember 24

Wiederberufung Wallensteins und in diesen Zusammenhang gehörende Nachrichten – Von Erzherzog Leopold aufgefangenes Schreiben

Seit der Rückkehr Eggenbergs von Znaim[1] „verlautet, das der herzog von Friedtlandt das generalat nit nur auf 3 monath, sondern wol auf 3 oder mehr jar, wie es die notturft und gelegenheit erfordern möchte, angenomen und daß er nicht alein in Ir Mt. erbländern, sondern auch im ganzen Röm. Reich commendiren werde, wie ich dan für gewüß berichtet worden, daß er alß generalissimo vier andere general under sich haben [wird], deren der erste der Don Balthasar in Böhaimb, der von Schaumberg in Schlesien der andere, der dritte der Aldringer [a]m Rheinstrom und der vierte, welcher [...] im Reich comendirn werde, und daß er Ir Ksl. Mt. versichert, bis auf negstkhünftigen früeling 80.000 man sambt den 20.000 knechten und 4.000 reuttern, welche Spanien auf selbige zeit Ir Mt. gewüß zuschickhen, auch fürterß erhalten will, auf den fues zu bringen und mitler zeit sich bis auf 150.000 zu sterkhen. Der fürst von Eggenberg, wie ich in vertrauen avisirt worden, soll sich gegen dem von Friedtlandt in persona veroblligirt haben, die in den mitkhomenden zeittungen[2] vermelte 800.000 taler, welche zu den werbungen angewendet werden, herzuschiessen. Daran hat er albereith 100.000 fl. erlegt und Spanien durch einen wechselbrief, welcher vorges-

---

1 Vgl. zu den Verhandlungen Eggenbergs mit Wallenstein in Znaim und ihrer unmittelbaren Vorgeschichte die oben Nr. 410a Anm. 1 zitierte Literatur sowie das ebenda Anm. 2 zitierte Schreiben *Stücklins* vom 3. Dezember. – Die Einlassungen bei SUVANTO S. 105 f. über die Mission Donnersbergs sind unzutreffend. Donnersberg wurde erst Mitte Januar 1632 nach Wien abgeordnet.
In seiner Relation vom 17. Dezember (oben Nr. 448 Anm. 6) erwähnte *Stücklin*, er habe dem Kurfürsten mit der letzten Ordinari über die Abordnung Eggenbergs zu Wallenstein nach Znaim berichtet. Dieser Bericht hat sich nicht gefunden. In seiner Relation vom 17. Dezember fuhr *Stücklin* fort, ihm sei insgeheim und vertraulich mitgeteilt worden, Graf [Karl Leonhard] Harrach, Schwiegersohn des Fürsten von Eggenberg, habe vorgestern seiner Gemahlin „von Znaim aus alhero geschrieben, daß der Friedtländer die aufgetragene charge auf 3 monath über sich genomen habe und wehrender solcher zeit ohne besoldung dienen, auch keinen titul oder praedicat füehren oder gebrauchen, vorderist aber auch von dem konig in Ungern oder dessen räthen im geringsten nicht dependiren wolle. Hingegen habe er Ir Mt. versprochen, inner einer kurzen zeit 50.000 man sambt dem Tieffenbachischen volkh, so auf 8.000 geschezt würt, und dem volkh, welches der Gallas aus dem Reich in Behaimb gefüert und wenigst 10.000 starkh sein solle, auf den fueß zu bringen und nicht allein Ir Mt. erbländer widerumb in sicherheit zu sezen, sondern auch sonsten ein solche ordtnung und regiment anzustellen, daß dero landtständt und underthanen im geringsten nicht sollen beschwert werden. [...] Würde also der konig in Ungern, wan er vor außgang der dreien monathen aufbrechen solte, nur pro forma ins feld ziehen. [...] Daß der Friedtländer dz generalat über sich genomen, ist am Ksl. hoff ein grosses frolokhen."
2 Wien, 20. Dez. 1631 (Druck Akten 267 fol. 94). Besagten Zeitungen zufolge hatten etliche vornehme Herren angeboten, zwecks schleuniger Fortstellung der Werbungen Wallensteins 800.000 Taler bar zu erlegen.

tern bei aignem corrier alhi angelangt, 600.000 fl. ubermacht. Daß ubrig werden die andere fornemme herrn, ein jeder nach der proportion seines vermögens, herleihen."

Hat sichere Nachricht, dass Wallenstein, „sobald er das generalat angenommen," seinen Kammerherrn Breuner eiligst zum Herzog von Lothringen abgeordnet hat, „denselben durch grosse verhaissungen und versprechen dahin zu vermögen, das er mit seinem volkh in Bohaimb ziehen wolle."

Der fürst von Eggenberg hat sich diser tagen vernemmen lassen, daß der herzog von Friedtland Ir Mt. vor disem solche getreue dienst gelaistet, dergleichen von keinem Ksl. dienern niemalen praestiert worden. Es weren aber selbige dienst respectu diseß, daß er, nachdem er so hoch disgoustiert worden, sich de novo zum generalat disponiern lassen, ein solcher dienst, der alle andere weit ubertreffe und ime bei der ganzen welt ein unsterblichen namen brechte. Der von Friedtlandt aber solle außgeben haben, die herrn churfürsten hetten ine gourmendirt (er hat aber das wort gourmendirt nit, sondern einen andern unwaidmännischen terminum gebraucht), wolle anjezo dieselbe gleicher gestalt tractirn.

Sonsten gehen alhie gemeine discurs und redt gleichsamb das kind auf der gassen, der von Friedtlandt werde ins Reich hinauf khommen, die herren churfürsten erinnern, was gestalten sie der Ksl. Mt., nit alein dz Röm. Reich, sondern auch Ir Mt. erbländer zu defendirn, zugesagt und versprochen, und von inen rechnungschaft begeren, wie sie solchem nachkhommen, und sprechen: Redde rationem vi[ll]icationis tuae³ etc. Werde auch wider dieselbe, weilen sie irem versprechen nit zugehalten, wie rechtens seie, verfahren, und dan wegen des nit zuhaltens den sowol im Reich als auch und zuvorderist in Ir Mt. erbländern verursachten uncosten und erlittnen schaden ergenzt haben wollen. Sonderlich aber werden solche discurs, die ich gleichwoln von keinem fornemmen officier gehört, auf Ir [!] Kfl. Dt. gerichtet und gemeint, wie dan ferner ausgeben würt, E. Kfl. Dt. konden gegen Got und der welt nicht verantworten, das sie auch den herrn churfürsten von Mainz mit der ligae volkh nicht entsezen oder defendiren, welcher churfürst Ir Mt. diser tagen umb den zugeschickhten Spannischen succurs durch ein aigen handtbrief l grosse[n] dankh gesagt.

Ich bin auch berichtet worden, der von Friedtlandt habe Ir Mt. gerathen, wider E. Kfl. Dt. im geringsten nichts feindtlichs vorzunemen, sondern vilmer fürters mit deroselben treulich zu communicirn, auch dz Ir Mt. auf fridensmittel, wan sie auch nur ein wenig reputirlich seien, gedenkhen und die extrema nicht tentirn wollen.

Diser tagen ist Ir Mt. ein originalschreiben, welcheß eintwederß aus Frankreich oder aber aus Rohm an E. Kfl. Dt. und die catolische ständt abgangen und von erzherzog Leopoldo intercipirt worden sein solle,⁴ vorgebracht worden, darinnen, sovil ich

---

3 Lukas 16,2.
4 *Erzherzog Leopold* hatte im Dezember mindestens zweimal französische Schreiben bzw. Papiere aufgefangen und mit Anschreiben, Innsbruck, 8. Dez. 1631 (Ausf. KrA 69 Konv. Dezember fol. 41–42, Anlagen fehlen. Druck bei HALLWICH I Nr. 446), 12. Dez. 1631 (oben Nr. 470 D 2), dem Kaiser, der den Erhalt beider Sendungen am 21. des Monats bestätigte (ebenda Anm. 1), zugeschickt. Die Frage, ob die

noch erfahren könden, vermelt seie, das es anjezo umb der zeit, das haus Osterreich, als welches monarchiam suechte und sonsten dem Röm. Reich schädlich und ubel hauste, anzugreifen und zu vertilgen, das auch deßwegen E. Kfl. Dt. den nacher Ingolstatt angestelten convent außgeschriben hetten. Ir Ksl. Mt. aber haben auf solches vorgebrachtes schreiben alsobalden dise formalia vermelt, eß were nun die alte leiren, und diejenige, so inen dergleichen sachen vortragen, thetten irem herrn keinen gefalen. Er wolle solches schreiben den herrn churfürsten und allen catollischen ständen, damit sie ir aufrichtig und redlich gemüet desto mehr verspühren mögen, nacher Inglstatt zu irer veranthworttung uberschiken, dahin dan auch alsobalden ein aigner corrier mit bemeltem schreiben spedirt worden." [...] – Wien, 24. Dezember 1631.

Eigenh. Ausf. Akten 267 fol. 92–93 und 95. Ben. bei KAISER, Politik S. 493 Anm. 172, S. 498 mit Anm. 196.

## 501. Landgraf Georg von Hessen-Darmstadt an den Kaiser[1]
Dezember 24

Friedenskonvent

Knüpft an seine Schreiben vom 7./17. November, 27. November/7. Dezember und 4./14. Dezember [oben Nr. 444 Anm. 2, Nr. 476, Nr. 483 Anm. 5] an und berichtet u. a., dass Kursachsen „nunmehr dero abordnung an die Kgl. Würde zu Schweden abgeschickt haben,[2] gestalt auch Ihre Kgl. Würde selbsten von Seiner L. under dato Prag, den 24. Novembris alten calenders, auf eine solche forderlichste gesandschaft vertröstet worden[3]. [...]

---

von Stücklin übermittelten Nachrichten auf diesen Sendungen oder auf einer von beiden basierten oder einen ganz anderen Hintergrund hatten, muß offenbleiben.
1 Entsprechend einem *Votum des kaiserlichen Geheimen Rates* (Kaiser, Eggenberg, Bischof von Wien, Trauttmansdorff, Slawata, Werdenberg. Arnoldin), 10. Jan. 1632 (StK Vorträge 1 Konv. E fol. 18–19), bestätigte der *Kaiser* dem Landgrafen aus Wien, 10. Jan. 1632 (Ausf., präs. Gießen, 22. Jan./1. Febr., HStAD E 1 C Nr. 9/1 fol. 285–286; Konz. RK FrA 9c Konv. 1631–1633 fol. 37; korrigierte Reinschr. ebenda fol. 39), den Erhalt des oben Nr. 501 gedruckten Schreibens und betonte, er sei sicher, der Landgraf werde „wie bißhero also hinfüro auch bei fortstellung dieser ganzen handlung vor allen dingen unsere Ksl. hochhait zuvorderist in sonderbarer acht halten."
2 Und zwar den Rittmeister Vitzthum von Eckstädt, der am 28. Dezember in Frankfurt eintraf, aber in erster Linie Aufträge in Sachen Militaria hatte; vgl. zu dessen Verrichtung DROYSEN, Verhandlungen S. 208–216.
3 DROYSEN, Verhandlungen S. 202 f. – Der dem König am 24. November/4. Dezember angekündigte Gesandte sollte eine Einigung über den Friedenskonvent herbeiführen. Mit dieser Mission wurde der kursächsische Appellationsrat Conrad (Curt) von Einsiedel beauftragt, dessen Abordnung aber erst Anfang Februar 1632 erfolgte. Für seine Verrichtung, die sich bis Ende März/Anfang April 1632 hinzog, ist auf DROYSEN, Verhandlungen S. 216–259 zu verweisen.

Zu E. Ksl. Mt. aber bleib ich in der allerunderthenigsten gantz bestendigen getröstung, bitte auch allergehorsambst, sie geruhen, ohnerachtet disses verzugs in dero hiervoriger, mir in zweien underschiedenen höchstgeehrten Kaiserlichen schreiben[4] allergenedigst eröffneter entschliesung allermildist zu beharren, das[5] nemlich auf dem vorstehenden convent de universo pacis negotio gehandelt und im Reich Deütscher nation ein allgemeiner, sicherer und bestendiger fried geschlossen werden möchte, dan ich verstehe gar continuirlich, das der Kgl. Würden zu Schweden und beider evangelischer churfürsten L.L. ihr absehen auf eine universal beruhigung gestellt und das sie eine gleich durchgehende reichsbefriedigung suchten, und wan es mit der interposition nur auf ein particularwerk gemeint were, möchten Ihre Kgl. Würde und L.L. die tractatus mir wohl gantz abschreiben, wie ich dan dessen so gar underschiedlich berichtet werde, daß ich mich schuldig befinde, E. Ksl. Mt. solches underthenigst zu eröffnen, wiewohl dero allergnedigste Kaiserliche mainung und intention ich in underthenigkeit auch nicht anders alß zur universalhandlung eingenommen.

Darneben bitte E. Ksl. Mt. ich gehorsambst, sie geruhen, disser meinung auch der catholischen herrn churfürsten L.L.L.L. zu erhalten [...]." – Gießen, 14./24. Dezember 1631.

Kop. Akten 203/II = Druckvorlage; Ausf. RK FrA 9c Konv. 1631–1633 fol. 40–41; korrigierte Reinschr. HStAD E 1 C Nr. 8/2 fol. 169–170.

4 Gemeint sein dürften die beiden Schreiben vom 5. November (oben Nr. 428 Anm. 2) und vom 16. November (oben Nr. 443 Anm. 4).
5 Vgl. zum folgenden ein Schreiben *Landgraf Georgs von Hessen-Darmstadt* an den König von Schweden, Gießen, 1./11. Dez. 1631 (Kop. Akten 203/II. Ben. bei FROHNWEILER S. 41 Anm. 23), dem die Antwort Kursachsens an den Landgrafen vom 31. Oktober/10. November [vgl. zu dieser FROHNWEILER S. 41] beigefügt war. In dem Schreiben des *Landgrafen* heißt es u. a., Kursachsen stelle vier Bedingungen, von denen die erste laute, „das die durch uns aus gutem, friedfertigem herzen wholmainlich vorgeschlagene tractation nicht allein auf beilegung der religionfridensirrungen, sondern insgesambt auff widerstiftung eines allgemeinen, gleich durchgehenden, guten, erbaren, bestendigen und wohl versicherten generalfridens und also auf das universum pacis negotium gemeint sein solte." Der Landgraf sehe diese Bedingung als erfüllt an, „da nicht allein die catholische herrn churfursten, sondern auch zuforderst die Ksl. Mt. selbsten die friedenstractation expreszlich auf das *universum negotium pacis* und das ein *allgemeiner, sicherer und bestendiger frid* (formalia Caesarea), dardurch mann lieb, einigkeit und vertrawen wiederumb redintegriren und alle zeit erhalten moge, geschlossen werde, kräftiglich placitirt und eingegangen, wie dan die deswegen erfolgte Kaiserliche und churfürstliche und andere originalschreiben in unsern handen und daran gar nicht zu zweifeln ist."

## 502. Tilly an Maximilian

Dezember 25

Winterquartiere – Unterhaltung der kaiserlichen Truppen – Belagerung Heidelbergs

Bezug: Schreiben vom 22. Dezember [oben Nr. 496]. – „Nun were es zwar zu winschen gewesen, daß gegenwertiger status belli hete zuegeben und erdulden khönnen, wardurch dem zue Donauwörth jungst herkhommenem accordt und schlusß nach die vorgehabte einquartierung im herzogthumb Wurtenberg hete behaubtet und zur würkhligkheit gerichtet werden mögen. Alß aber die sachen nunmehr darsieder in der Undern Pfalz durch deß feinds darselbst gethane weitere progresz in viel beschwärlichem standt geraden,[1] [...] so ist dahero mit sothaner einquartierung im Würtenbergischen iezt viel weniger dan vorhero zue verfahren,[2] derowegen auch bei solcher beschaffenheit khein anders mitel vorhanden, alß auf die vorgeschlagene stätte Nördlingen, Öttingen, Giengen, Popfingen, Ahlen und der enden mit den Khaiserischen noch zur zeit quartierlosen regimentern, ausserhalb deß Sulzischen, so nunmehr sein assignierte quartier im Pfalz Neuburgischen bezogen, zue logirn." Ist entschlossen, morgen nach Nördlingen aufzubrechen, und wird anordnen, die Einquartierung in besagten Städten vorzunehmen. „Wan aber diese stättlein miteinander so gering und schlecht und dermassen beschaffen, dz nit möglich fallen würdt, die soldateßca ohne anderweite aszistenz außzuebringen,[3] alß ist nit zue verspüeren oder abzunehmen, waß gestalt in die harre solcher ohrten zue verpleiben sein würdt, zumahlen sich die bei der Ksl. cassa vorhandene geldtmitel so weith nit extendirn, dz den Ksl. hierauß im Reich verpliebenen sambt den in Böheimb verordneten regimentern mehr alß ungevehr ein drittheil monnathsolds gereicht werden khan, also dz den armen soldaten khaum soviel würdt, dz sie sich reverenter bloß oder lediglich mit stiffeln, schu-

---

1 Beigefügt war ein einschlägiges Schreiben *Ossas* an Tilly, Hagenau, 20. Dez. 1631 (Kop. ÄA 2396 fol. 521–522); entspricht im Wesentlichen *Ossa* an Aldringen, Hagenau, 20. Dez. 1631 (HALLWICH I Nr. 471).
2 An einen weiteren Grund für den Verzicht auf Winterquartiere in Württemberg erinnerte *Maximilian* in seiner Antwort an Tilly, 28. Dez. 1631 (Konz. Teisingers ÄA 2396 fol. 515–517): Der Kurfürst habe befürchtet, der Herzog von Württemberg könnte die Truppen mit seinem Landvolk verjagen oder sie mit Hilfe des Königs von Schweden vernichten und im weiteren Verlauf den Kriegsschauplatz herauf transferieren. Vgl. auch oben Nr. 490 S. 1515.
3 In seiner Antwort vom 28. Dezember (oben Anm. 2) wiederholte *Maximilian* seine Weisung vom 22. des Monats (oben Nr. 496), die schwäbischen Prälaten in Kontribution zu ziehen. Der Kurfürst glaube nicht, „dz sie sich der hilflichen handtbietung, zumahl diß alles zue irer aignen defension angesehen, sie auch dardurch der einquartierung enthebt bleiben, verweigern oder beschweren werden. Solte aber wider verhoffen bei inen in der giete und [durch] beschehene bewegliche erinnerungen nichts zu erhalten und man auch deß feindts herauffruckhens etwaß besser gesichert sein, wardurch man die quartier zu elargiren und zu erweitern etwas besser trauen derfe, auf solchen fahl hetet ir die cavalleria auf solche Schwebischen praelaten zu verlegen und auszutailen. Doch stellen wir alleß zu eurem nachgedenkhen, ob es sich also fieglich wurde practicirn lassen. – Allein wirdt unsers ermessens in den quartirn dises daß beste außkhommen machen, wan mit den so ibermessigen pagaigen die befolhne abschaffung mit ernst <unverzüglich> vorgenommen wirdt."

chen und strimpfen versehen khönnen. Und weillen sich über dieses gegen Ihrer Ksl. Mt. sich inskönftig und nach diesem, wann die iezt verhandene gelder außgetheilt, kheiner fernern aszistenz und geldthilf zue getrösten, alß möchte ich underthenigst gehrn wissen, weillen in dessen verpleibung nichts gewißers, alß dz die soldateßca ganz zuegrundt gerichtet und consumirt werden mieste, waß alßdan bei solcher beschaffenheit für rhat und mitel zue schaffen sein möchte, underthenigst bittendt, Eur Kfl. Dt. geruhen, hieriber dero hochvernunftigen rhat und guetachtliche meinung mir gdist zue entdeckhen und mitzuetheillen.

Waß aber daß bundsvolkh belangt, will ich selbiges [...] nacher ihren jungst zue Donawwörth designierten quartieren nunmehr alßbalden und ohne vernern verzug anziehen lassen, ingestalten bereits vor ezlichen tagen mit der artigleria beschechen. Daß aber zue behueff der cavalleria daß rauche fueter auß dem bistumb Augspurg und dem Pfalz Neuburgischen beigefüegt werden solte, da ist gleichfalls nit wol abzunehmen, wie dasselbige zu erheben sein möchte, in erwegung berüertem bistumb vorhin die artigleria, den Neuburgischen aber daß Sulzische regiment zue versehen, schwär genueg fallen würdt. Und bin ich ohnedz verursacht worden, weillen gedachtes Sulzische regiment an der mannschaft noch zimblich starkh, die einquartierung in etwas zu moderirn, dahero ich, davon zwo compagnien in die Neustatt, dem fürsten von Lobkhowiz zuestendig, zue logirn, verordnet habe. Mit dem Bredawischen und Merodischen regiment zu pferdt aber möchte ich underthenigst gehrn sehen und hete auch dergestalt hochvleißigst darumb zue bitten, weillen die leüffen so geschwindt, dz die occasion erfordern möchte, sich dieser reiterei mit negstem zue bedienen, damit sie in der Obern Pfalz verpleiben, auch daselbsten ihren underhalt und also etwas rhue haben möchte[n].[4]

Waß Heidlberg betrifft, nachdem sich die sachen nunmehr so weith geendert, wuste ich nit, waß dergestalt dabei weiters zue thuen were. Derowegen man die sach nunmehr bei solcher bewandtnus auf sich selbst würdt miessen beruhen lassen." – Weißenburg am Nordgau, 25. Dezember 1631.

Ausf. ÄA 2396 fol. 519–520 und 523.

---

4 Wegen der Quartiere für die kaiserlichen Kavallerieregimenter Merode und Bredow verwies *Maximilian* seiner Antwort vom 28. Dezember (oben Anm. 2) auf seine einschlägige Weisung vom 24. des Monats (oben Nr. 496 Anm. 2).

## 503. Ruepp an Maximilian

Dezember 26

Winterquartiere und Monatssold – Festung Wülzburg – Befehle Tillys für die Obersten

[...] Morgen marschiert das kurfürstliche Fußvolk in die assignierten Quartiere, das kaiserliche Fußvolk sowie die kurfürstliche Kavallerie marschieren nach Nördlingen, wo Tilly bleiben wird, Oettingen, Bopfingen und Aalen. [...] Die [Liga]artillerie ist am 22. Dezember in ihre Quartiere in den Dorfschaften um Augsburg aufgebrochen. „Darauf der monathsold dargeschossen worden. Ingleichen solle es auch auf die cavalerie zue Nörlingen gereicht werden. [...] So tringe ich starkh darauf, das dem Ksl. volkh zugleich ein monathsold gegeben werde. Dahin der generalwachtmeister freiherr von Aldringen S. Excell. zu disponiern vermeint, etwas wenigers raichen und dz übrig auf das fueßvolkh in Behaimb schickhen zlassen, dahin auch der generalwachtmeister Gallas das gfl. Sulzische neben den andern regimentern starkh begert, S. Excell. aber noch derzeit und ohne gdistes vorwissen und einwilligung E. Kfl. Dt. nit consentiren wollen. Wegen der gelter, als der 180.000 fl., will ich mich bearbeiten, das solche mechten heraussen verbleiben." Deutet an, dass diese Summe angesichts der abgematteten und heruntergekommenen Soldateska nicht viel fruchten wird, vor allem, da die Unterhaltsmittel aus den Quartieren gering sein werden.

Wegen der vestung Wiltsburg hat man sich endlich mit der fstl. fraw wittib, herrn graven von Solms und dero räthen dahin gegen einem revers verglichen, das anheut vor dem aufbruch 20 mann neben einem officierer zu bewahrung der pforthen sollen eingenommen werden, die übrigen auf negstkhonftigen Montag[1], sovil man zu guarnison vonnöthen vermeinen würd.[2] Und diß allein derenthalben, aldieweihlen der plaz wegen menge des volks, welches sich hinauf retiriert hat, eng, und under der zeit gestaltsamb auch die fstl. witib sambt dem h. graven und dero comittat [sich] widerumben nacher Onspach begeben werden. Und würd der jung graf von Pappen-

---

1 29. Dezember.
2 Vgl. dazu auch die Relation *Aldringens* vom 22. Dezember (oben Nr. 489 Anm. 1, im Druck bei HALLWICH I Nr. 479 S. 705 f.). Der von Tilly und Aldringen sowie – in ihrer Eigenschaft als Vormünder der minderjährigen Kinder des Markgrafen Joachim Ernst von Brandenburg-Ansbach – von der Markgräfin Sophia von Brandenburg-Ansbach und dem Grafen Friedrich von Solms ausgefertigte Akkord, Weißenburg, 24./14. Dez. 1631, betreffend die Aufnahme einer kaiserlichen Garnison in die Festung Wülzburg, ist zitiert ebenda S. 705 Anm. 1. Vgl. zum Inhalt des Akkords auch das bei MEIERN II S. 816 f. gedruckte Dokument.

heimb mit seinem underhabenden regiment³ die bemelte vestung Wiltsburg und dise statt⁴ besezen, welches nit wenig dem stift Eychstett⁵ zum besten khommen thuet."

Tilly hat den Obersten befohlen, „die bagage bis auf die bewilligte anzahl abzuschaffen und sich in denen quartiern dergestalt zu verhalten, damit man nit ursach gewinne, die officieren darumben zu straffen." – Weißenburg, 26. Dezember 1631.

Ausf. ÄA 2398 fol. 648–650.

---

**3** Laut DOC. BOH. V S. 394 wäre der Regimentsinhaber selbst, Graf Philipp von Pappenheim, in der Schlacht bei Breitenfeld in schwedische Gefangenschaft geraten. Laut WREDE II S. 43 Anm. 1 hätte seine Gefangenschaft bis 1633 gedauert; vgl. auch DOC. BOH. V S. 399, 411, 422, S. 458 Anm. 18 und 40. Der Frage, ob diese Angaben zutreffen, ist hier nicht nachzugehen.
**4** Die Reichsstadt Weißenburg am Nordgau, aus der Ruepp datierte.
**5** In seinem Schreiben an Maximilian vom 24. November (oben Nr. 463 Anm. 5) hatte der *Bischof von Eichstätt* rekapituliert: „Wie nun aber E. Gn. durch unß mehrmaln zu erkhennen gegeben worden, waß gefahr wir bei unserm stift wegen der in mitte gelegenen vestung Wülzburg iederzeit zu erwarten und sonderlich derzeit, da wir glaubwürdig vernommen, daß solche dem könig in Schweden albereith vormaln zur besazung angebotten worden, und nun verlautt, daß der general graff von Tillj deren nunmehr mechtig seie oder doch nechster tagen sich impatroniren solle, so khennen E. Gn. nit allein unß und unserm stift, sondern vorderst auch der Röm. Ksl. Mt., dem gemeinen catholischen wesen und deroselben kriegsexpedition sonderbare beförderung und vorthail geben, da solches raubhauß eintweder aufs beste verwahrt oder doch, dem feind die revange und nachzug damit zu benemmen, ganz demoliert würde, massen dan wir neben dem Teutschen Orden albereith hiebevorn proceß darauf erlangt und sonsten von unsers stifts wegen wider dergleichen bevestungen hoch befreit sein, dessen wir unß aber biß dahero wegen bekhanter sperr der justitien und auß forcht mehrern gewalts nicht bedienen mögen, aber doch besorgen, dz waß diser zeit nicht zu werkh gericht wirdt, folgendts in ermanglung gleicher occasion schwerlich zu erhalten sein, aber wol bei verschonung deßen erfolgen werde, daß umb dises hauß willen ein guetter theil deß kriegsschwals alda erhalten, unserm stift der garauß gemacht, die reichsstrassen, so creizweiß von den dreien Fränckhischen, Bayrischen und Schwäbischen creiß alda zusamenstosst, in immerwehrende unsicherheit gesezt und endtlichen auch E. Gn. landen selbst, wan wir zu widerstand nit mehr genuegsamb, dahero gefahr haben werden."
– Von der Antwort *Maximilians* an den Bischof von Eichstätt, 28. Nov. 1631, sind nur die die Betreffe enthaltenden Indossate (ÄA 2262 fol. 461, 464) überliefert. An Ruepp schrieb *Maximilian*, 22. Dez. 1631 (Konz. Teisingers ÄA 2398 fol. 616–617): Wenn in Wülzburg „mit gueter manir" und mit Zustimmung des Grafen Friedrich von Solms eine Garnison, für die aber keine Ligatruppen herangezogen werden dürften, stationiert werden könnte, „wirdet es der sachen nit undiensam sein. Widrigenfahls wirdt nochmahls räthlicher gehalten, sich mit einem revers contentiern zlassen, alß mit unwillen ‹ein› anders zu verursachen. […] Es ist zu besorgen, wann man gar zu starkh auf die einemung guarnison zu Wilzburg tringen wurde, man derfte balt einen Schwedischen soccors erpracticirn, dardurch dem stift Eichstett mer schaden als nuz causirn und den feind herzulockhen."

## 504. Tilly an Maximilian[1]

Dezember 27

Winterquartiere – Wiederberufung Wallensteins – Abzug Tillys von Weißenburg – Forderung des Deutschmeisters nach Sicherung Mergentheims

Bezug: Schreiben vom 24. Dezember [oben Nr. 496 Anm. 2]. – „Nuhn hab ich mir hieriber alsobaldten ahngelegen sein lassen, daruf bedacht zu sein und die verfiegung zu thun, solche regimenter in ein und andern weeg dermassen zu accommodiren und zu verlegen, damit dadurch sowohl E. Kfl. Dt. Oberpfälzischer landen verschonet alß auch deß feindtß progress und einbruch sovil möglich zeitlich verhiettet und behindert werden möchte. Alß ich nun gleich in solchem vornehmmen und werkh begriffen gewesen, hab von Ihrer Ksl. Mt. ich beigefiegten copeilichen inhalts schreiben[2] [...] empfangen. Wan dan hierdurch mir die disposition entzogen und nuhmehr Ihre Ksl. Mt. oder der herr herzog zue Fridtlandt, wie eß aller vermuetung nach zeitlicher alß langsamber geschehen möchte, die regimenter der enden abfordern werden, alß wollen E. Kfl. Dt. underthenigst gebetten sein, di gerhuen mir gdiste ordinanz zu geben, waß si alßdann mit dem bundtsvolkh vorzunehmen und ahn waß ort und ende si dasselbige zu verlegen und einzuquartieren gemeinet und vor gut ansehen. Dann mir vornehmblich und insonderheit zu gemieth gehet, die protestierende oder

---

1 Ein Schreiben *Maximilians* an Tilly, 27. Dez. 1631 (Konz. Teisingers ÄA 2396 fol. 513), betraf die Inspektion der Festung Ingolstadt.
2 Vom 19. Dezember (oben Nr. 492 Anm. 1). – Zur Wirkung dieses Schreibens auf Tilly berichtete *Ruepp* an Maximilian, Nördlingen, 27. Dez. 1631 (Ausf. ÄA 2398 fol. 654–655 und 658): „Als haben S. Excell. nach ampfahung und ablesung des Ksl. schreibens sich der Ksl. veldcassa und weiterer disposition des volkhs nit underfangen wollen, sonder die gelter bis uf eine andere verordnung beisammen lassen, darwider auch der von Aldringen nit ist. [...] Und demnach zu besorgen, es werde der herzog zue Fridlandt sowol diejenige Ksl. regimenter, welche in der Obern Pfalz ligen, als diejenige, so noch bei S. Excell. hierumb seind, mit negstem zu sich nacher Beheimb abfordern lassen, als werden E. Kfl. Dt. inen gdist belieben [lassen] zue bevelchen, was mit E. Kfl. Dt. cavalerie zu thuen und wo solche hinzulegen und ob man die Ksl. regimenter in der Obern Pfalz lassen und darbei in sorgen stehen mueß, das man sie stündtlich abfordern thuet." – Vgl. auch folgende Passage in *Ruepp* an Herliberg, Nördlingen, 27. Dez. 1631 (eigenh. Ausf. ÄA 2265 fol. 545–546): Fügt das kaiserliche Schreiben an Tilly bei. [...] „Habe es schon langst vorgesehen, was hierin geschehen ist. Als wundere ich mich hierüber nit, sonder bitte allein Gott, er wolle alles allerseits zum bösten schickhen und richten und zu seiner ehr. Sein Excell. haben nach empfahung und ablesung des Ksl. schreibens anders nichts vermeldt als: J'en suis bien ayse. Ma conscience est beaucoup astor [!] deschargée. C'est le payement du monde, qui vient de la guerre. Dieu veult ainsi, qui nous assistera encor contre nos ennemis. – Dabei ist zu considerirn, dz herzog zu Fridtlandt die Ksl. regimenter, sowoll dieienige, welche in der Oberpfalz als hierumb und bei unß ligen, mit negstem in Behaimb abfordern wirdt lassen und dardurch ein anfang der separation. So ist meinem herrn obristen die force unser armada bekhandt, wie ein und dz ander damit khan succurirt werden. So begern Ihre Hochfstl. Gn. der herr Teuschmaister assistenz und succurs mit grosser instanz und S. Excell. deshalben gemessene ordinanz von Ihrer Kfl. Dt. Halte in meiner einfalt darfür, es werden villeicht dieienige difficulteten, die eben in dieser materi zu Donawirth, anhiezten noch mehr militirn."

uncatholische stende werden dergestalt, da si diser iezt verstandenen mutation und verenderung meines charico bericht haben werden, nit underlassen, der einquarthierung halber difficulteten vorzuwenden und Ihrer Ksl. Mt. ordinanz von mir zu sehen begehren. Derowegen umb sovil nottiger sein wirdt, dz sich E. Kfl. Dt. hierunder gdist resolvieren, waß disfahlß zu thun und zu lassen, damit nit etwa dem catollischen bundt dardurch mehrer affronto oder ungemach zuwachsen möchte."

Ist vorgestern³ von Weißenburg aufgebrochen und inzwischen mit den drei kaiserlichen Infanterieregimentern Goess, Rietberg und Raesfeld sowie mit der Bundeskavallerie in Nördlingen angekommen; das Regiment Jung-Pappenheim hat er als Garnison in Weißenburg zurückgelassen. – In Nördlingen hat er den Deutschmeister angetroffen,⁴ der „mir zu verstehen gegeben und sich zum hechsten beschwehret, welcher gestalt dem feindt so gahr alleß und iedeß ohne einzigen widerstandt ahn sich zu bringen, verstattet und zugelassen wurde, und derowegen ganz instendig und zum beweglichisten begehrt, ich wolte deroselben zue behuef dero residenz Mergentheimb⁵ zue hilf khomben und etwaß cavalleria in den Taubergrundt verlegen, mit vorwendung, dz si bei der bundtßarmada dz ihrige biß hierzu gleich anderen herrn bundtsstenden treulich praestirt und zugesetzet hetten.⁶ Nun were zwahr solcheß ahn sich selbsten die billigkheit. Weillen aber die cavalleria vorhero allerdingß abgemat-

---

3 Laut HALLWICH I Nr. 485 S. 713 erst am 26. Dezember.
4 Ursprünglich wollte Tilly den Deutschmeister in Kapfenburg aufsuchen. Vgl. dazu die Relation *Aldringens* vom 22. Dezember (oben Nr. 489 Anm. 1, im Druck bei HALLWICH I Nr. 479 S. 706).
5 Als die seit der zweiten Novemberhälfte andauernde Blockade Mergentheims zunehmend Wirkung zeigte, ordnete der Deutschmeister Mitte Dezember Ulrich von Wolkenstein, der als einer der beiden Gesandten des Deutschmeisters in Ingolstadt auf die Eröffnung des Ligatages wartete, nach München ab und bat um Aufhebung der Blockade Mergentheims und um eine stärkere Besetzung der Tauber. Im Falle einer negativen Resolution des Kurfürsten sollte Wolkenstein „von Ihro L. alß bundtsobrist und zumahlen dem vornämbsten weldtlichen churfürsten in unserm nahmen gebuhrlich [...] begehren [...], ihre gemiethsmainung unß wohlmeinendt zu eröffnen, waß unß dan alß dannoch ihro, wiewohl geringem, aber bis dahero gewestem und jederzeit zu allen praestationibus <genem> befundnem bundtsverwanten und zumahln gehorsamem catholischem reichsstand zu thun und waß wir unß annoch gegen den feindt zu <verhalten> haben möchten." Vgl. dazu das Beglaubigungsschreiben des *Deutschmeisters* für Ulrich von Wolkenstein an Maximilian, Ordenshaus Kapfenburg, 19. Dez. 1631 (Ausf. Kschw 13472/1 fol. 263–264), der *Deutschmeister* an seine Gesandten in Ingolstadt, Ordenshaus Kapfenburg, 20. Dez. 1631 (Konz. StAL B 290 Bü 189). – Die Resolution Maximilians für Wolkenstein konnte nicht ermittelt werden.
6 Vgl. auch die Relation *Stücklins* vom 17. Dezember (oben Nr. 448 Anm. 6), in der es heißt: Der Agent des Deutschmeisters hat sich hier in Wien an unterschiedlichen Orten „hoch beklagt, daß sein herr principal von herrn general Tillj ainige defension oder entsezung nit erlangen könde. Derowegen so geben die Kaiserliche auß, die herrn churfürsten, vorderist aber E. Kfl. Dt. weren dem herrn Teutschmaistern, umb willen derselbe guet Kaiserisch, iederzeit ubel affectionirt gewest und liessen ine anjezo dessen entgelten." – Einen Mitte Dezember ergangenen Hilferuf des Deutschmeisters an den Kaiser nach Rettung und Sukkurs vor allem für seine Residenz Mergentheim beantwortete der *Kaiser* aus Wien, 24. Dez. 1631 (Konz. RK RTA 100b fol. 245–246), mit dem Hinweis auf einschlägige Weisungen an Aldringen.

tet und ausgemerglet, daß nit allein ohne deroselben merkhliche verlurst bei diser winterlichen zeit und weiten weeg dergleichen impresa schwehrlich vorzunehmmen, sondern auch diseß dabei zu bedenkhen, daß underdessen die Ksl. Mt. oder der herr herzog zue Fridtlandt daß Ksl. volkh diser enden abfordern mechten, alß hab ich nit underlassen sollen, E. Kfl. Dt. dessen gehorsambst zu verstendigen und dabenebenß zugleich zu erinern, dz durch dergleichen cavalcada anderst nichtß vorgenohmmen oder gerichtet werden khönde, alß denn feindt bloß abzutreiben und ihme etwa mehrern ahnlaß zu geben, sich alda stärkher zu versamblen und ihnen gahr hereinwarts zu lockhen, mit underthenigster bitt, si gerhuen den sachen nachzudenkhen und mir gdiste ordere zu ertheilen, waß mir disfals zu thun." [...] – Nördlingen, 27. Dezember 1631.

Ausf. ÄA 2396 fol. 532–535.

## 505: Mission Fenffs in Frankreich[1]

Dezember 27–[31]

### 505 A. Memorandum Fenffs[1]

präs. Dezember 27

Neutralität zwischen der Liga und Schweden

„Monseigneur l'électeur de Collogne déclare, come il at desia déclaré à Son Alteze de Bavièr[2] de voloir s'accommoder au moyen proposé par Sa Majesté Très Chrestienne, pour mettre ses coéllecteurs et princes de la ligue catholicque hors d'hostilité avec le roy de Suède aux conditions suyvantes et aultres accordées, ou à accorder entre l'ambassadeur de Sa Majesté[3] et Sadicte Alteze.

Que ce mot de neutralité (pour estre non seulement meszéant et odieux entre le chef, et les membres, mais aussy pour sembler répugner en quelque chose au serment presté à l'Empereur par les électeurs et princes catholicques) se pourroit changer en

---

1 Vgl. zu dieser Mission des kurkölnischen Gesandten Fenff, der auch im Namen Kurtriers sprach, ein Schreiben *Kurkölns* an Maximilian, Köln, 11. Jan. 1632 (Ausf. Akten 143/II. Ben. bei ALBRECHT, Ausw. Politik S. 331 f., zitiert ebenda S. 332 Anm. 84 mit dem falschen Datum 11. Februar 1632), in dem demnächst erscheinenden Band II/7 der Neuen Folge der BRIEFE UND AKTEN, LEMAN S. 87 f., H. WEBER 143 ff. und die Relation des päpstlichen Nuntius *Carafa* an Barberini vom 2. Januar 1632 (WIJNHOVEN III Nr. 2406). Nach Ausweis von LEMAN, H. WEBER, und WIJNHOVEN sprach Fenff außer dem unten Nr. 505 A und 505 B dokumentierten Thema Neutralität zwischen der Liga und Schweden auch die Frage der französischen Protektion für Kurköln und andere Ligastände bzw. der Aufnahme französischer Garnisonen an, für welche Frage auch auf oben Nr. 499 zu verweisen ist. – Beglaubigungsschreiben *Kurkölns* für Fenff an Père Joseph und an Richelieu sind datiert: Köln, 22. Dez. 1631 (Ausf., ital. Sprache, AE CP Cologne 1 fol. 25), Köln, 23. Dez. 1631 (Ausf., ital. Sprache, ebenda fol. 28. Zitiert bei H. WEBER S. 143 Anm. 101). Fenff reiste nicht, wie H. WEBER S. 129 Anm. 63 annimmt, via Lüttich, sondern über Ehrenbreitstein (ebenda S. 143) bzw. auf direktem Weg (WIJNHOVEN III Nr. 2404 S. 224) nach Metz, wo der französische Hof sich damals aufhielt. Hier traf er spätestens am 27. Dezember (vgl. zu diesem Datum unten Nr. 505 A Anm. 1) ein; spätestens am 31. Dezember reiste er wieder ab (H. WEBER S. 148 Anm. 126). Nach Ausweis des weiter oben zitierten *Kölner Schreibens* vom 11. Januar 1632 berieten die in Köln anwesenden Kurfürsten und Fürsten (Kurfürsten von Köln und Mainz, Bischöfe von Würzburg, Worms und Osnabrück) am Abend des 10. Januar über das Ergebnis der Mission Fenffs. Das von H. WEBER S. 164 genannte Datum der Wiederankunft Fenffs in Köln (7. Januar 1632) ist insofern mit einem Fragezeichen zu versehen, als an dem ebenda Anm. 171 angegebenen Fundort anstatt des von H. WEBER zitierten Dokuments (*Kurköln* an den König von Frankreich, 12. Jan. 1632) das Beglaubigungsschreiben *Kurkölns* für Fenff an Père Joseph, Köln, 16. Jan. 1632 (Ausf., ital. Sprache, AE CP Cologne 1 fol. 35. Zitiert bei H. Weber S. 165 Anm. 172), überliefert ist, in dem das in Rede stehende Datum aber nicht genannt ist.
1 Die in den Fundortzeilen zitierten Exemplare sind undatiert. Auf der Druckvorlage ist vermerkt: „Mémoire du sieur de Fenff envoié par M. l'électeur de Cologne au Roy, à moi [ = Bouthillier; so WEBER, Frankreich S. 143 Anm. 101] donné par ledit sieur de Fenff à Mets le 27 Decembre 1631" (AE CP Cologne 1 fol. 32ʳ).
2 Mit Schreiben vom 21. Dezember (oben Nr. 470 D 5).
3 Dem im Dezember 1631 in München verhandelnden französischen Gesandten Charnacé.

une cessation d'hostilité ou avocation d'assistence et secours extraordinaire qu'ils donnent à l'Empereur,

Lequel ils n'assisteront à l'advenir, reservé ce à quoy les oblige leur serment, et que selon les constitutions et capitulations de l'Empire, l'Empereur demandasse quelque secour[s] en une assemblée générale de l'Empire.

Les susdits princes catholicques n'offenceront ny attacqueront en aulcune façon le roy de Suède, ny ses confédérés, leurs pays, et subiects.

Le Roy de Suède, et ses confédérés s'obligeront au réciprocque.

Il serat néantmoins permis à chascun en particulier de retenir quelques gens pour les gardes de ses pays, places et villes et ce sans endomager ny intéresser personne.

Au moyen de cest accord, tout ce qu'at esté prins et occupé, et se pourroit encor prendre sur les princes électeurs et aultres de la ligue catholicque, serat entièrement restitué et que touttes les trouppes et gendarmeries sortiront de leurs pays.

Que ce traicté puysse donner ouverture à une paix générale en Allemagne avec le consentement et intervention de Leurs Majestés Imperialle et Très Chrestienne, telle que se debvoit traicter ce mois de Decembre à Milhausen.

Espérant que Sadite Majesté Très Chrestienne ayant sy evidemment tesmoigné dans son royaume le zèle qu'elle avoit à la foy catholicque par ses notables debvoirs et exploits, voldra faire esclater la mesme affection par toutte l'Europe, nommément par l'Empire dans le traicté et accommodement général des troubles d'icelluy correspondant aux bonnes intentions que l'Empereur, et les électeurs et princes catholicques ont eu pour le maintien et rétablissement de la mesme foy, laquelle leurs est plus chère et plus considérable que leurs biens et vies."

Ausf. [?] AE CP Cologne 1 fol. 31–32 = Druckvorlage; Kop., deren Eingang lautet: „L'eletteur de Cologne declare", dechiffriert, Akten 304 fol. 74–75; Kop. einer italien. Version, überschrieben: „La propositione fatta alla corte di Francia dall'ambasciador dell'elettor di Colonia", ebenda fol. 72. Ben. und zitiert bei H. WEBER S. 143 f., KESSEL S. 329 Anm. 46.

### 505 B. Französisches Memorandum für Fenff[1]

[Dezember vor 31]

Neutralität zwischen der Liga und Schweden

„Mémoire de ce qui est remis en créance sur le sieur de Fenf pour rapporter à électeur de Cologne de la part du roy de France.

---

1 Die in den Fundortzeilen zitierten Kopien sind undatiert; Terminus ante quem ist das Datum der Abreise Fenffs von Metz, die spätestens am 31. Dezember 1631 erfolgte (oben Nr. 505 Anm. 1).

Il dira audit sieur électeur de Coloigne qu'auparavant que luy et depuis son envoyé[2] fussent venus trouver le roy de France à Chasteau Thieri Sa Majesté avoit prévenu les désirs dudit électeur de Coloigne et de ses confrères, ayant exprès envoyé le sieur de [Charnasse] son[3] <...> vers le roy de Suède pour destourner ses armes de leurs estats, que les difficultés que ledit sieur de Charnasse avoit trouvé à München estoient causes que le remède ny avoit esté plustost apporté que depuis le retour du sieur de Fenf.

Le roy de France a dépesché trois fois vers le roy de Suède pour renouveller ses instances et luy tesmoigner combien il prend à coeur les intérests des électeurs, qu'il n'a point encor eu de responce, ce qui luy fait croire, que cela provient de ce que la négotiation dudit sieur de Charnacé entre le roy de Suède et le duc de Bavière n'est pas encor en termes que Sa Majesté en puisse sçavoir une[4] <...> certaine.

Qu'aussy il ne fault pas s'attendre que le roy de Suède veuille laisser en paix ceux qu'il croit avoir le desseing de luy faire la guerre autant qu'ils en auront le pouvoir ny qu'il veuille se contenter de parolles pour establir une entière et réelle cessation d'ostilité.

Que pour ce sujet le roy de France prie messieurs les électeurs ecclésiastiques de se résoudre sans délai à donner leur consentement par escrit en telle forme qu'il puisse le faire valoir et en estre garand près le roy de Suède[5] et de tirer de luy une pareille asseurance en confirmation de celle que le roy de France avoit obtenté de luy cydevant[6] et qu'il dit n'avoir plus de lieu par la contravention qu'il prétend avoir esté faicte au siège de Magdebourg et en l'attacque des estats de Saxe et du landgraf de Hessen.

Et quant aux termes de évocation d'armes ou cessation d'hostilité au lieu de la neutralité le roy de France s'accommodera tousiours très volontiers en tout ce qui regarde leur contentement. Et quant à l'obligation qu'ils ont à leur serment le roy de France leur en remet l'intelligence et sera très aise que le roy de Suède s'en veuille contenter. En quoy le roy de France fera tout son possible pour le rendre capable de leur raisons et mesmes supplera par sa garantie aultant qu'il se pourra ce que le roy de Suède y pourroit désirer de plus.

---

2 Gemeint ist der namentlich nicht bekannte Kölner Gesandte, der am 9. Dezember in Château-Thierry eingetroffen war; vgl. zu diesem oben Nr. 469 mit Anm. 3 und 4.
3 Die Auflösung der folgenden Ziffer fehlt.
4 Die folgende durch spitze Klammern markierte Lücke enthält eine teilweise nicht zu entziffernde, wohl korrupte Auflösung. Die in den Fundortzeilen zitierte italienische Version hat „nuova certa".
5 Das Folgende lautet in der in den Fundortzeilen zitierten italienischen Version: „et cavar de lui una scrittura simile per confirmatione di quella, che haveva ottenuto da lui avanti, la quale egli dice non valere più per la contraventione fatta nell' assedio di Magdeburg et per haver attaccato il stato dell' elettore di Sassonia et del langrafio d'Hessen."
6 Gemeint ist die oben Nr. 358 Anm. 5 zitierte *Neutralitätserklärung des Königs von Schweden gegenüber Kurbayern und der Liga* vom 25. Januar 1631.

Qu'en effect ils doivent attendre du Roy toutes les preuves certaines du zèle qu'il a pour le bien de la religion catholique et de la cordiale et sincère affection qu'il porte auxdits électeurs, mais qu'il fault aussy qu'ilz s'aident de leur part et qu'ils conviennent des moiens raisonnables et possibles sans perdre temps.

Que pour tesmoigner publicquement le soin que le roy de France prend d'eux et aviser aussy ensemble ce qu'il faudra résoudre et faire pour éviter par toutes les meilleures voies le mal présent et futur le roy de France envoyera vers eux dans peu de iours un ambassadeur doué de toutes les qualités requises pour une affaire de telle importance, que cependant le roy de France recevra volontiers de leur part celuy[7] dont le sieur de Fenf a fait mention parde<i>a.

Que le roy de France outre tous les offices précédens employéz en son nom vers le roy de Suède en leur faveur va tout présentement envoyer vers luy une ambassade solemnelle ayant fait choix pour cest effect d'un seigneur des plus confidens de Sa Majesté et des plus proches de sa personne pour le disposer à tout ce que Sa Majesté pourra obtenir de luy pour leur bien dont elle se promet bonne issue pourveu qu'ilz y correspondent promptement et avecq la sincérité qu'elle attend d'eux et que mérite celle que Sa Majesté tesmoigne en leur endroict que selon ce que le roy de France verra estre à propos d'avancer ses trouppes pour mettre en plus grande considération ses offices vers le roy de Suède elle le fera volontiers pour un si bon suiect et n'espargnera peine quelconcque qui puisse servir au dessein qu'elle a tousiours eu de contribuir à l'establissement d'une bonne paix dans Germania et à la conservation de ses alliés et voisins entre lesquels elle met en un rang particulier les seigneurs électeurs."

Kop., dechiffriert, Akten 304 fol. 68–70 = Druckvorlage; Kop. einer italien. Version, überschrieben: „Memoriale di quanto monsieur de Fenff dira all'elettor di Colonia della parte del re di Francia", Akten 304 fol. 66–67.

---

[7] Den Bischof von Würzburg, dessen Abordnung durch die rheinischen Kurfürsten und andere Ligafürsten Fenff für den Fall in Aussicht gestellt hatte, dass Frankreich sein oben unter Nr. 505 A gedrucktes Memorandum als Verhandlungsbasis akzeptiere (H. Weber S. 144).

## 506. Maximilian an Ruepp

Dezember 28

Unterhaltung der kaiserlichen Truppen – Festung Wülzburg

Bezug: Schreiben vom 26. Dezember [oben Nr. 503]. – [...] „Wie aber sonst dz Kaiserisch volkh ferner zu erhalten sein werde, wariber der graf von Tilly unsers vorschlags begert,[1] da khinden wir ime gf. von Tilli khein sonderbareß mittel an die handt geben, zumahl er selbst leichtsamb zu ermeßen, weil unß aller uncosten, so dz bundtsvolkh erfordert, aufgesaillt wirdet, wir auch benebenß auf daß volkh in beeden Pfalzen und unsern aignen erblanden, nit ein geringes verwenden, dz unß bei solcher gestaltsame unmiglich, ein merern last zu ertragen und den uncosten, so dz Ksl. volkh erfordert, gleichfahls auf unß zu nemmen. So du ime von unsertwegen, weil wir, ime selbst solches zu schreiben, auß den von dir hievordiesem gegen [...] den von Herliberg angedeiten ursachen[2] bedenkhens getragen, gebierendt zu referiern.

Wir vernemmen auch auß deinem bericht under anderm sovil, dz die Ksl. officiri mit den <herunder>geschickhten 180.000 fl. auch auf dz Kaiserische in Beheimb commandierte volkh antragen und also die mittl benommen werden wollen, dem heraussern volkh einen völligen monatsold zue raichen. Weil aber hierauß solche confusiones erweckht werden, welche zu rechtem ruin der soldatesca geraichen, also hast du solches dem graven von Tilli beweglich zu gemiet zu fiern und die sach wo miglich dahin zu vermittlen, dz er sich [durch] die Ksl. officieren hierzue kheineswegs bewegen lasse. Dan wir im widrigen fahl einiges mittel [nicht] wüssten, dem Ksl. volkh ein bezahlung ze thuen.

Dz in Wilzburg ein guarnison eingebracht worden, dabei hat es, wanß anderst mit der wittiben und des graven [Friedrich von Solms] gutem willen beschehen ist, sein verbleiben." – 28. Dezember 1631.

Konz. Teisingers ÄA 2398 fol. 646–647. Ben. bei KAISER, Politik S. 33.

---

1 Oben Nr. 502.
2 Postskriptum *Ruepps* an Herliberg, [Weißenburg, 21. Dezember 1631] (eigenh. Ausf. ÄA 2265 fol. 533ʳ): Gerade eben befiehlt Tilly, Herliberg anzudeuten, „demnach sich herr v. Aldringen villmahlen bei S. Excell. befinden thuet, wan schreiben von Ihrer Kfl. Dt. ankhommen, wie gestern und heut geschehen, so khan man nit hinumb, solche in beisein zu eröffnen und es ihme zu communicirn. Wan aber leichtlich sachen darin sein khunden, so ihme herrn v. Aldringen verborgen bleiben sollen, so hielten S. Excell. darfür, ohne mass, dz ein solches mir geschrieben und anbefolhen mechte werden, ichs alsdan S. Excell. referirn khunde. Und dis allein umb allerlei ombrage halben. Begere es sonsten für mich ein solches ganz nit, sonder auf befelch, wie oben angezogen."

## 507. Landgraf Georg von Hessen-Darmstadt an Kurköln

Dezember 28 u. 31

Überlassung der Festung Rüsselsheim an Schweden – Friedenskonvent – Unterrichtung des Kurfürsten von Mainz

Bestätigt den Erhalt des Schreibens vom 21. Dezember [oben Nr. 480 Anm. 1]. – Kommt auf das Thema Überlassung der Festung Rüsselsheim an Schweden zurück. Rechtfertigt die Überlassung weitläufig mit Hinweis auf zwingende Gründe und gibt zu bedenken: „Wie würde es ergangen sein, wan von Ihrer Kgl. Würde zu Schweden ich strack und beharrlich alß feind tractirt worden were? wordurch mir dan auch die ietzo in handen behaltene gelegenheit entgangen were, in dem vorwesenden pacificationswerk (auff dessen glücklichen fortgang ich noch starke hofnung trage) höchstgedachter Ihrer Ksl. Mt. selbst und dem gantzen hochbeängstigten Reich an meinem ort trewligst zu dinen. Zwar muss ich es geschehen lassen und Gott, welcher unschuld vertritt und an tag bringt, befehlen, daß gar verschidene unberichtete von obberürter gemüssigter übergebung ungleich judiciren, wie dan eben umb solcher vermainter ursach willen mein zu des herrn churfürsten zu Maintz L. kurtz vor dero ufbruch von dannen in den gemeinen fridenssachen wie auch wegen ietztangedeüteter vestungsübergebung abgeordnet gewesener raht und ambtman Dominicus Porß daselbst ungewönlich tractirt, thätlich gefangen genommen und mit musquetirern so tags, so nachts bewacht, auch mir von Churmaintzischen soldaten und underthanen dörfer geblündert, unschuldige leühte aufgefangen, übel tractirt und viel betrohungen ausgestossen worden. Wie sehr mich aber der mir selbst dardurch widerfahrende schimpf schmertzet, so consolirt mich doch meine redliche procedur und Gott im himmel bekandte innocentz, und bitte E. L. gantz freündtvetterlich und sohnlich, sie geruhen die umbstände dises werks hochvernünftig zu betrachten, meine dissfals festiglich custodirte integrität und auch mitten under grösserer gewalt ohncorrumpirt gebliebenes und an der Röm. Ksl. Mt. in schuldigster devotion beständigst verharretes gemüht anzusehen und an orten und enden, da von unberichteten leühten aus ungleichem, erfindlichen verdacht auf meinen schaden gzihlt werden wolte, alles widrige abwenden zu helfen.

Anlangend die fortsetzung der dem gemeinen wesen zum besten vorgeschlagenen universalfridenshandlung, wollen E. L. versichert sein, daß ich mir solch negotium über alles zeitliche hoch anligen, auch kein einig momentum, darinn ich nurd etwas zu besserer aufbringung deß gemeinnützigen werks praestiren kann, umbsonst passiren lasse." Übersendet einschlägige Unterlagen[1] und bittet Kurköln, auch den

---

[1] Beigefügt werden sollten u. a. die Schreiben des *Kaisers* an den Landgrafen vom 2. Dezember (oben Nr. 444 Anm. 2), des *Landgrafen* an den König von Schweden vom 1./11. Dezember (ober Nr. 501 Anm. 5), die bei IRMER I Nr. 28, 30 und 31 gedruckten Stücke, zwei Schreiben *Kursachsens* an den König von Schweden vom 24. November/4. Dezember (ben. bei DROYSEN, Verhandlungen S. 202 f.; FROHNWEILER S. 45) und an den Landgrafen vom 25. November/5. Dezember (ben. bei DROYSEN, Verhandlungen

Kurfürsten von Mainz, dessen Aufenthaltsort der Landgraf nicht kennt[2], zu informieren. – Gießen, 18./28. Dezember 1631.

Postskriptum. Übersendet Kopien eines eben eingetroffenen Schreibens seines Gesandten beim König von Schweden[3] und[4] *seiner Antwort*[5]. Wird den Kurfürsten weiter auf dem Laufenden halten. – Gießen, 21./31. Dezember 1631.

Konz. mit Korr. Wolffs und mit einem Verzeichnis der Anlagen, für das PS Konz. des Fabricius HStAD E 1 C Nr. 8/2 fol. 280–285 = Druckvorlage; Kop. Akten 143a/II.

### 508. Maximilian an Tilly

Dezember 29

Wiederberufung Wallensteins – Sicherung der Oberpfalz – Kommando in der Oberpfalz – Übernahme Crazens in die Dienste der Liga

Bezug: Schreiben vom 27. Dezember [oben Nr. 504]. – Der[1] Mitteilung des Kaisers an Tilly bezüglich der Wiederberufung Wallensteins kann der Kurfürst nicht entnehmen, „daß ihr darumb fürthers über dz noch heraussen im Reich ligde Ksl. volkh khein disposition haben sollet, in erwegung, vor disem, ehe dann Ire Mt. euch dz generalat ufgetragen, wol mer geschehen, das euch von der Ksl. armada etliche regimenter neben und mit der bundtsarmada adiungirt und undergeben worden. Derowegen wür

---

S. 203; FROHNWEILER S. 45), schließlich ein Schreiben *Kurbrandenburgs* an Landgraf Georg von Hessen-Darmstadt, Cölln an der Spree, 28. Nov./8. Dez. 1631 (Kop. Akten 203/II), dessen Kernpunkt folgende Versicherung war: „Wan wir auch nur vernehmen werden, weßen sich des königs zu Schweden Kgl. Wrd. erclären würd, wollen wir an unß kein mangel erscheinen laszen."
2 Der Kurfürst hatte seine Residenzstadt Mainz am 18. Dezember in Richtung Kreuznach verlassen und lebte seit Ende des Monats in Köln im Exil; vgl. dazu zusammenfassend H. WEBER S. 136 f., KESSEL S. 351, BERGERHAUSEN S. 107. S. auch WIJNHOVEN III Nr. 2405.
3 *Pless* an Landgraf Georg von Hessen-Darmstadt, Mainz, 4./14. Dez. 1631 (Kop. Akten 143a/II): Berichtet über eine Unterredung mit dem kgl. Minister und Sekretär Sattler, bei der es hauptsächlich um die Frage geht, ob und wann der Landgraf sich persönlich beim König einstellen soll.
4 Das kursiv Gedruckte fehlt in der Kopie.
5 *Landgraf Georg von Hessen-Darmstadt* an Pless, Gießen, Sonntag, 18./28. Dez. 1631 (Kop. Akten 203/II. Zitiert bei FROHNWEILER S. 45 Anm. 50).
1 Vgl. zum folgenden auch *Maximilian* an Ruepp, 29. Dez. 1631 (Konz. Teisingers ÄA 2398 fol. 653), womit der Kurfürst auf *Ruepps* Relation vom 27. Dezember (oben Nr. 504 Anm. 2) antwortete: „In alweg aber hast dir angelegen sein zlassen und ze sehen, damit der gf. v. Tilli die disposition mit dem Ksl. volkh wie auch mit der cassa (wan es anderst ohne disgusti des v. Aldring geschehen kann) nit aus der hand lasse, wie wür dann darfürhalten, der v. Aldring werde hierzu zu disponirn sein. Dann sonst, wann der gf. von Tilli sich des Ksl. commando gar nit mer zu bedienen haben solte, ist zu besorgen, es wurde bevorab mit theils der bundtscavalleria erforderten quartiern und in ander weg bei den stendten sehr grosse und nachteilige difficulteten und unglegenheiten geben. Derowegen du dir die sach unserm gdisten vertrauen nach umb sovil mer angelegen sein zlassen."

auch nit rhatsamb fünden, dz ir euch der Ksl. cassa und anders noch zumahl ganz entschlagen sollet, bevorab wann es mit des Ksl. generalwachtmeisters freiherrn v. Aldringen einverstehen geschechen kann, inmassen wür darfürhalten, er generalwachtmeister werde hirzu wol zu disponiren sein.

Sonst und weil unß die regierung Amberg [...] berichtet, als ob die gefahr der Obern Pfalz ie lenger, ie mehr ufwaxen wolte, auch Schwedisch oder Säxisch volkh mit stuckhen von Meixen her dahin im anzug sein solte, so hat es nit allein noch dabei sein verbleiben, daß die vir in der Obern Pfalz ligende Ksl. regimenter², als Sulz und Merode zu fueß, dann Bredau und Merode zu pferdt, unserm iungsten euch gethonen bedeiten nach der enden logirt werden, sonder ihr habt euch auch selbst mit einer anzahl volkhs, wann anderst die avisen also continuirn, aldahin gegen der Obern Pfalz zu avanziren und für eure persohn an einem solchen ort, es sei gleich Neumark oder einem andern, zu verhalten, al<wo>³"

Postskriptum. „Khombt unß für, daß der von Lindlo bei ieziger in der Obern Pfalz überhandnemenden unrhue zu dem commando nit bastant seie.⁴ Dieweillen ir aber selbst wisset, wie viel und hoch daran gelegen, und daneben ungewiß, ob und wie lang ir nach gestalt deren etwa anderer orthen erzeigender leüffe in der persohn der enden verbleiben khöndet, so erfordert die unumbgengliche notturft, dz ihr darauf gedenkhet und unß iberschreibet, weme ihr zu solchem ende mit unserm und deß gemainen wesens dienste inskhonftig anzustellen und tauglich zu sein ermesset. Wir khinden unserstheilß nit wissen, ob der herzog zu Saxen als general von der artilleria hierzue gewachsen und bastant. Da ir ihne sufficient befindet, hete es seinen weeg, wo nit, miesse man notwendig auf ein ander subiectum gedenkhen. Zu welchem ende dann, wann ihrs rhetlich befindet, der Khraz erhandlet werden möchte." Es folgen weitere Ausführungen zum Thema Übernahme Crazens in die Dienste der Liga. [...]

Fragment eines Konzepts, teilweise von der Hand Teisingers, ÄA 2396 fol. 524–525 und 528–529.

---

2 Zu diesen Truppen hieß es in einem Postskriptum (Konz. Teisingers ÄA 2396 fol. 538) zu dem unten Anm. 3 zitierten Schreiben vom 30. Dezember: „Vernemmen wir von unserer regierung Amberg sovil, dz sich auf dz dahin nacher der Obern Pfalz commandirte Ksl. volkh (ausser deß Predauischen, so sich, guet regiment zu halten, erbieten und am besten mundiert) nichts zu verlassen sein solle. Wann nun deme also, [...] so mechte vileicht besser sein, solches volkh von dannen alweckh zu fiern und andere dahin zu verlegen. So wir zu euerm vernern nachdenkhen und disposition gestelt sein lassen."
3 Die Fortsetzung des Schreibens ist abgängig; fol. 526 und 527 fehlen. – Das Vorsatzblatt fol. 524, das auch das Datum enthält, vermerkt noch folgenden Punkt: „3. Dem Teitschmaister die ursachen zu bedeitten, warumb man ihme nit succuriern khinde."
Auf das Thema Sicherung der Oberpfalz kam *Maximilian* an Tilly, 30. Dez. 1631 (Konz. Teisingers ÄA 2396 fol. 537), zurück: „Dieweil unß dan von unserer regierung Amberg [...] weitere avisen eingelangt, [...] darauß haubtsächlich sovil zu vernemen, dz man in der Oberpfalz von Eger auß die grosste gefahr zu besorgen und benebens auch in dem Niernbergischen an verschaidenen orthen feindtsvolkh ankhomen solle, also haben wir euchs hiemit der gdisten mainung unverhalten wollen, dz ir eur raiß nacher der Obern Pfalz umb sovil mehr befirdern und die defension deß landts in zeitliche obacht nemmen sollet."
4 Vgl. dazu auch ÄA 2265 fol. 539–542.

## 509. Tilly an Maximilian[1]

Dezember 29

Winterquartiere – Avisen betr. Württemberg – Verlust der Stadt Mainz und Mergentheims – Mergentheimer Garnison – Kompanie des Deutschmeisters

„Waß E. Kfl. Dt. ich der quartier halber underthenigst zugeschrieben, dasselbige wirdet ihro underdessen aus meinen beeden näheren[2] gdist zu vernehmen khomben sein. – Nun ist es zwahr nit ohne, daß ich vor di bundtscavalleria und die Ksl. regimenter die stätt Öttingen, Nördtlingen, Popfingen, Ahlen, Giengen und andere gelegenheit selbiger enden vorgeschlagen, so auch von E. Kfl. Dt. placitiert worden. So hat es doch mit sothannem vorschlag khein andere meinung gehabt, alß daß die underhaltsmittel von anderen orthen beigetrachtet werden sollen. Dahero auch solchen fahls nochmahls khein anders mittel obhanden, als wann die einquartierung ahn disen orthen ihren vortgang haben und behalten solte, mit dem underhalt von anderen orthen unumbgenglicher nottorft nach zu concurrieren und zu volgen. Und wiewol E. Kfl. Dt. der fourage halber aufs bistumb Augspurg und Pfalz Neuburgische gezillet oder ihr absehens gerichtet, weillen jedoch auch dises der geringsten, gleichwol aber nichtsdaweniger der nothwendigen mitlen eines ist, ausser dessen neben anderen nit aufzukhomben wehre, und dann auch vornehmblich und was noch dz meiste ist, berirtes bistumb und die Pfalz Neuburgische vorhin bereits ihren last und burde tragen, der weeg auch zur iberfuhr vil zu weith wehre, als were nit wol abzunehmen, wie an disen orthen ohne anderweite assistenz und hilf die quartier zu nehmen und zu behalten sein khönden. Wan auch etwa E. Kfl. Dt. bedenkhens haben möchten, wegen iezt vorgangener enderung meiner charge und dz Ihre Ksl. Mt. den herrn herzogen zue Friedtlandt widerumb von neuem bestellet, uf den protestierenden reichsständen quartier zue nehmen, so were kein anders mittel, alß dz sie die trouppen selbst in ihr landt aufund einzunehmmen bedacht seien, widerigenfalß aber und da deroselben die last zu

---

1 In einer zweiten Relation aus Nördlingen, 29. Dez. 1631 (Ausf. ÄA 2305 fol. 16–17, mit Anlagen fol. 18 und 20), berichtete *Tilly* dem Kurfürsten u. a.: Ossa schreibt, „daß nit allein der khönig in Franckhreich sich Moyenvic albereits impatroniert und die darin gelegene Ksl. trouppen mit accordo ausziehen lassen, der ahndacht, sich nuhmehr gleichsfahls uf Straßburg zu wenden, [...] sondern dz auch sich der khönig zue Schweden vermög eines von deß herrn ertzherzog Leopolden zue Österreich Hochfstl. Dt. ahn generalwachtmeister von Aldringen gethannen schreibens über Heidlberg und Philippsburg den Rhein aufwarts durch die marggraffschaft Durlach und Baden gegen gemelten Straßburg zu wenden und sich der statt Breysach zu impatronieren vorhabens, mit begehren, deroselben zue dem ende und zue conservierung gemelter statt Breysach mit eillendem succurs ahn handt zu gehen." Tilly plädiert dafür, dem Erzherzog gegebenenfalls das Regiment Goess, das circa 500 bis 600 Mann stark ist, zu schicken. Bitte an den Kurfürsten zu erklären, ob er damit einverstanden ist, dass Tilly das Regiment auch ohne Ordonnanz des Kaisers oder Wallensteins vorrücken läßt. Unterstreicht die Bedeutung Breisachs und die Notwendigkeit, es zu halten. – Die Festung Moyenvic war am 27. Dezember gefallen (RITTER III S. 519).
2 Oben Nr. 502 und 504.

schwehr vorkhomben solte, so wehre ich alßdann gemeint, mit berierter bundtscavalleria sambt den Ksl. regimentern inß Württemberger landt auf eine zeitlang und soweith ich deß feindtß gefahr und sterkheren vorbruchs halber daselbst verbleiben khonde, zu ruckhen und zu logiren. Derowegen so gelangt ahn E. Kfl. Dt. mein underthenigstes hochvleissiges ersuchen und bitten, weillen sich diser enden lenger ufzuhalten unmüglich, si gerhuen sich hieriber, waß si disfahlß in einem oder anderem gdist zu thun oder zu lassen vor guet ansehen, ufß förderlichst und ohne einzigen ahnstandt so thagß, so nachtß bei eilfertiger reittender post eines gewissens zu resolviren."

Übersendet Avisen³ über Erfolge des Feindes in Württemberg. – Von verschiedenen Seiten wird gemeldet, der Feind habe sich der Stadt Mainz bemächtigt,⁴ die darin gelegenen spanischen und anderen Truppen sowie Kurmainz hätten sich zurückgezogen und an die Mosel gewendet. – Mergentheim ist bereits in feindlicher Hand.⁵ Die darin gelegenen, mit Akkord von dort abgezogenen Truppen, etwa 200 Mann kaiserliches Volk, 150 Mann Ligatruppen der Regimenter Pappenheim, Wahl und Fugger sowie die Kompanie des Deutschmeisters, werden in den nächsten Tagen hier ankommen. Das kommandierte Volk wird dann zu den Regimentern geschickt. Wie es um die Kompanie des Deutschmeisters bestellt ist, weiß Tilly noch nicht. Nicht rätlich, sie zu reformieren, viel weniger zu entlassen oder abzudanken. Will sie einem Obersten untergeben. Bitte an den Kurfürsten, ihr in seinen Landen Quartier zu gewähren. Der Deutschmeister beteuert, er habe keine Mittel mehr und wisse sie nicht in seinen Landen unterzubringen, viel weniger zu erhalten. – Nördlingen, 29. Dezember 1631.

Ausf. ÄA 2405 fol. 5–6.


## 510. Eggenberg an Maximilian

Dezember 29

Maximilians Verhältnis zu Spanien

Bezug: Einschlägige Schreiben des Kurfürsten, besonders sein Befehl vom 3. Oktober [oben Nr. 326 Anm. 1], „die alliance, manutention und guetten verstandt zwischen der cron Spanien und E. Dt. zu befürderen." In dieser Sache sind inzwischen „alle mügliche zu solchem ende erspriessliche officia gebührlich eingewendt worden. Weillen nun erst dise tag auß Spanien guette und solche erkhlerungen einkhommen, dz der

---

3 ÄA 2405 fol. 7.
4 Die Einnahme der Stadt Mainz durch den König von Schweden war am 23. Dezember erfolgt (RITTER III S. 503).
5 Laut Postskriptum des *Landkomturs zu Franken* an [Soll], Blumenthal, 31. Dez. 1631 (Ausf., präs. Ingolstadt, 2. Jan. 1632, StAL B 290 Bü 189), war Mergentheim am Hl. Christtag [25. Dezember] übergeben worden. Vgl. auch CHEMNITZ I S. 247.

könig hierzue ganz wol genaigt, ja auch an seinem orth sehr verlange, mit E. Kfl. Dt. person und hauß nicht allein die alte zwischen beeden heüseren durch so nachende verwandtnus und guettes vertrawen hergebrachte correspondenz und union zu erhalten, sondern auch mit newer getrewer zusammensezung zu confirmieren, also hab ich für sehr guett und ein nothwendigkhait geachtet, E. Dt. alsbaldt gehorsamb wolmaintlich solches zu berichten, genzlicher hoffnung, es werde sowol E. Dt. angenemb alß beeden hohen heüseren, dem Hl. Röm. Reich und endtlich dem ganzen cathol. gemainen weesen in vil weeg und iberauß nuzlich und fürtreglich sein.

Ich halte bei mir gewiß und unfelbar, deß königs gemieht seie gegen E. Dt. und ihrem churhauß aufrichtig und ganz ohne falsch. Darbei aber trag ich wol dise sorg, dz hochgedachtem könig sehr wehe thuen wurde, wan sein alte, ultro citroque obligierende sichere freundtschaft der newen, zweifelhaftigen Franzosischen nicht solle praeferirt, sonder etwa gar nachgesezt werden.

Sonsten zweiflet mir gar nit, es werden E. Dt. auß der aufrichtigen lieb und treuherzigkhait Irer Ksl. Mt. [...] gegen ihr, auß ieztangeregter des königs gemiethserkhlerung und entgegen aus denen iro iungst eingeschickhten Französischen instructionen[1] (aller anderen motiven zue geschweigen) unschwer erkhennen, ob die Österreichische oder die Französische coniunction und union ihr und ihrem hochen churhauß nuzlicher, bei der posteritet rhuemblicher und endtlich im gewissen sicherer seie. E. Dt. verzeichen mir in gnaden, dz gegen derselben ich mich solcher libertet gebrauche. Ich getröste mich aber, eß werden mein trew, gehorsamb und wolmainen, so gegen E. Dt. und gegen ihren hochloblichisten hauß ich so vil jahr hero professionire, mier disen perdon bei derselben erhalten. Und da bei disem werkh ich noch etwaß ferrerß wurde praestiren khönnen oder sollen, will E. D. bevelch ich in gehorsamb erwarten und nach allem meinem vermögen willigist und mit trewen volziehen. Es wirdt der alhie an dem Ksl. hoffe residierende Spanische ambassador marques de Cadereyta alzeit beraith sein, auf E. Dt. begeren sie dises seines königs guetter intention und erkhlerung selbst und mit mehrerem zu vergewissen." – Wien, 29. Dezember 1631.

Kop. Kschw 131 fol. 43. Ben. bei RIEZLER V S. 382; ALBRECHT, Maximilian S. 799.

---

1 Gemeint sind die Instruktion für Charnacé vom 7. November und andere Unterlagen, die Erzherzog Leopold Mitte Dezember nach Wien und München geschickt hatte (oben Nr. 470 D 2, ebenda Anm. 4 und 5).

## 511. Gutachten kaiserlicher deputierter Räte[1]

Dezember 29

Schreiben des Landgrafen Georg von Hessen-Darmstadt an Eggenberg – Votum des Geheimen Rates

Betrifft: u. a. das Schreiben des Landgrafen Georg von Hessen-Darmstatt an Eggenberg vom 5./15. Dezember samt Anlagen [oben Nr. 488 Anm. 1]. Rekapitulieren den Inhalt der Unterlagen. – [...] „Belangendt aber daß an Ihre Fstl. Gn. zu Eggenberg abgangene schreiben und obverstandene darbei befindtliche beilagen, wissen die gehorsambste deputierte räth, daß Ihre Fstl. Gn. ohne derselbigen guettachten dasselbige zum allerbesten beantworten konnen. Demnach aber unsere einfaltige meinung daruber erfordert, hatt man erstlich in acht genommen, daß von hern lantgraffen vornemblich diese puncta moviret, so von dem andern teill im anfang eingeworfen: Erstlich daß E. Ksl. Mt. sich nit categorice resolviert, sondern die sach auf einwilligung der catholischen conditionirt hetten. 2° Daß die Schwedischen dahin zihleten, dz man ihres theils nicht gedenke, mittel vorzuschlagen, sondern den vorschlag von den catholischen zu vernehmen, ia daß die ministri woll dahin gangen, man musse von Schweden den friden suchen. 3° Daß dz meiste an wurklicher real assecuration werde gelegen sein. 4° Das auff versicherung des königs und der sehekosten[2] zu gedenken. Und dan entlich, waß wegen des ordts Mulhausen movirt.

Worauff die gehorsambsten rhätte der unvorgreifflichen gehorsamisten mainung, daß der herr landtgraff erinnert werden möchte, [...] das man aus dergleichen weith aussehenden petitis nichts anders abnehmmen köndte, alß daß auf der gegenseitten kein rechtschaffene, ernstliche mainung zu aufrichtung deß friedens verhanden wehre, sondern daß man nur auf vortsezung des erlangten vorthel gedenkhen thette. Es wolten aber E. Ksl. Mt., alß die aus den friedtfertigen consilien darumb noch nicht absetzen oder auch diese handlung der zimblich weit ausehenden tiscursen halber für verlohren halten, dahin sich versehen, daß man ein solches ort benennen werde, daß sich den könig in Schweden nit anhengig gemacht hette.

Anlangendt aber[3] *die difficulteten wegen der session, erstem vorschlag der conditionum pacis und waß solchem mer anhengig, hatt der her lantgraff selbsten albereit den modum <entdeckt>, daß bei dieser interpositionshandlung, da die teile nicht zusamenkommen, die conditiones auch von den interponenten an die streitende teille gebracht werden, disesfalß keine difficultet einfallen konne. So sei auch E. Ksl. Mt. declaratio*

---

1 Auf dem Gutachten ist vermerkt: „Guttachten über landgrave Georgens zu Hessen an Ihr Fstl. Gn. von Eggenberg überschicktes handtbrieffel und der darbei eingeschlossener dreier beilagen, 29. Decembris 1631" (RK RTA 100b fol. 256').
2 Vgl. dazu GRIMM IX Sp. 2846 s. v. Seeküste
3 Ursrpünglich folgte: „die friedenstractaten, würden solche die herrn interponenten aufsezen, darbei sich E. Ksl. Mt. also erzaigen wurde, wie es dero gewissen und hohe Ksl. authoritet zuliessen." – Dieser Passus wurde von Stralendorf durch das oben im Folgenden kursiv Gedruckte ersetzt.

*numer nach der catholischen churfürsten ervolgten erklerung nicht mer conditionirt, wie er her lantgraff in seinem letzten schreiben[4] selbst erkent.*

Die übrige von dem Schweden begerte assecurationes und versicherungen betreffendt, wehren dises puncta, die der tractation anhengig seie[n], darbei man sich auch deßwegen zu vergleichen hette.

Lectum in consilio secreto 29. Decembris 1631[5] [...]. Im andern werden Ihre Fstl. Gn. [von Eggenberg] in einem generalmente, im andern etwaß runder schreiben, wie sie sich dessen anerbotten. – Et ita expeditum ultimo Decembris anno ut supra."

Konzept-Kopie mit Zusätzen Söldners und Stralendorfs RK RTA 100b fol. 250–256.

---

**4** Vom 27. November/7. Dezember (oben Nr. 476).
**5** Anwesend waren laut *Votum des kaiserlichen Geheimen Rates*, 29. Dez. 1631 (StK Vorträge 1 Konv. E fol. 12–13), der Kaiser, Eggenberg, der Bischof von Wien, Meggau, Trauttmansdorff, Slawata, Khevenhüller, Breuner, Werdenberg. Reck.

## 512: Der Ligatag in Ingolstadt[1]

1631 Dezember 29–1632 Januar 4

### 512 A. Vorbereitende Korrespondenzen

### 512 A 1. Maximilian an Kurmainz[1]

November 4

Einberufung eines Ligatages – Konvent aller katholischen Reichsstände

Bezug: Schreiben vom 25. Oktober mit Anlage[2]. – Da der Frankfurter Konvent ohne Ergebnis auseinandergegangen ist, wird Kurmainz ebenso wie Maximilian der Meinung sein, dass man auf andere schleunige Mittel und Wege bedacht sein muss, um zu Frieden und Ruhe zu gelangen und sich selbst und das gemeine katholische Wesen vor dem drohenden äußersten Verderben zu retten. Erinnert an sein Schreiben von vor acht Tagen[3], betreffend die vom Kaiser vorgeschlagene Zusammenkunft aller katholischen Reichsstände und den von Landgraf Georg von Hessen-Darmstadt angestrebten Mühlhausener Konvent. „Dieweiln aber wol zu besorgen, es mechten die sachen aines und des andern erstgedachten convents halber und sonderlich die nothwendige resolutiones an dem Ksl. hoff, zumal einer sowol alß der ander nunmer meisten theilß daselbst her dependiert, langsamb hergehen, underdessen aber die feindtsgefahr und üble beschaffenheitt im Reich alzu weütt und zumaln desto leich-

---

1 Der Ligatag wurde am 29. Dezember eröffnet (unten Nr. 512 E 1) und am 4. Januar 1632 beendet. Von diesem Tag datiert der *Abschied des Ligatages* (unten Nr. 512 F) und der *Bescheid des Ligatages für den kaiserlichen Gesandten* (unten Nr. 512 G), der dem Gesandten noch am selben Tag überreicht wurde (unten Nr. 512 E 6).
1 Vgl. zu dem oben Nr. 512 A 1 gedruckten Schreiben das *Journal Richels*, 4. Nov. 1631 (Geheimer Rat 194/9 S. 48 f.), das die Konsultationen bayerischer Geheimer Räte (Donnersberg, Jocher, Peringer und Richel) bei Dr. Jocher dokumentiert. „Ob. canzler proponiert: Ob nit Menz an die hand zu geben, dz die bundtstend zusamen gehn Donawerdt möchten beschrieben werden, dem Kaiser notificiert und heimbgestellt [werde], ob Ihr Mt. dazu abordnung [tun] und die catholische dazu beschreiben wollen." Als Ergebnis der Umfrage faßte Donnersberg zusammen: „Die sachen also anzugreiffen, dz Kaiser nit disgustiert werde. Weiß ihm heimbgestellt. – Bundtstend zusamenzubeschreiben nacher Augspurg, Donawerdt und Ingolstadt. Terminus Menz heimbzustellen. Dem Kaiser zu notificieren. – 2 Puncta: 1. Wie zum frieden zu gelangen. 2. Wie interim armaden zu underhalten." – Hinzuweisen ist auf folgende pessimistische Einschätzung Jochers: „Helt nichts auf den convent. Erhollung der armaden nit zu erheben. Media pacis müessen anderst sein alß die, <...> bißher gerathen." Dennoch sprach Jocher sich nicht gegen einen Ligatag aus. – Die vorstehend durch spitze Klammern markierte Lücke enthält ein Wort, das nicht entziffert werden konnte.
Zur Ausschreibung eines Ligatages vgl. auch schon oben Nr. 311 D 39 S. 907 (Votum des kurmainzischen Direktoriums), ferner ebenda Anm. 10 (Würzburger Votum).
2 *Kurmainz* an Maximilian, Mainz, 25. Okt. 1631 (Ausf. Akten 262/IV fol. 144–145): Übersendet eine Kopie des Schreibens der in Frankfurt noch anwesenden protestantischen Gesandten vom 6./16. Oktober 1631 (oben Nr. 311 D 42 Anm. 4).
3 Vom 28. Oktober (oben Nr. 406).

ter und ehunder überhandtnemen, weiln es an denn nothwendigen underhaltungßmüttlen sowol für die Kaiserliche als bundts armada so gar allerdingß ermanglet und darauß unfürsehens aine genzliche dissolution der iezigen auf dem fueß habenden verfassung ervolgen und dardurch die hoffnung zu ainem büllichen friden verlohren und man getrungen werden mechte, solche conditiones, wie es die gegenthailen ihres gefallens praescribirn wurden, anzunemen, als ist uns aus sorgfeltiger wolmainung zu gemieth gangen und lassen wir zu E. L. fernerm vernunftigen nachgedenkhen haimbgestelt sein, ob nit zu gewinnung der zeit, an welcher sovil gelegen, und zu bösserer beförderung der sachen diß müttel dienstlich und rathsamb were, dz von deroselben und uns die bundtstendt baider directorien auf aine gewüsse zeüt, deren benenung wir E. L. gefelligem belieben ebenmessig haimbgestelt sein lassen, an aines aus denen in unserm schreiben[4] angedeutten orthen, nemblich Augspurg, Donawerdt oder Inglstatt, auff dz ehist alß immer möglich zusamenbeschriben und durch deren allerseits abgeordnete räthe bedacht und in deliberation gezogen wurde: 1° Was nunmer, nachdem sich der Franckfordtische convent zerschlagen, für andere gedeuliche müttel und weeg, dardurch man zu ainem büllichen friden ehist gelangen khundte, ergrüffen und an handt genomen, 2$^{do}$ Welcher gestalt die bundtsarmada, biß man zu dergleichen friden würkhlich gelangt, mit den nothwendigen underhaltungßmüttlen nach notturft versehen werden möge."

Damit beim Kaiser nicht der Eindruck entsteht, die Einberufung des Ligatages bedeute den Verzicht auf den vorgeschlagenen Konvent aller katholischen Reichsstände, sollten Kurmainz und Kurbayern der Kaiserlichen Majestät die Gründe für die Ausschreibung des Ligatages mitteilen. „Und wurde alßdan zu dero gdstem gefallen stehen, ob sie ire gesandten zu solcher zusamenkhonft selbsten auch zu rechter zeüt abordnen und zugleich auch andere catholische stendte auf solche zeüt und mahlstatt beschreiben wolten. Dergestalt kondte unsers ermessenß die von Ihrer Ksl. Mt. vorgeschlagene gemaine zusammenkonft aller catholischen chur-, fürsten und stende, zumal die vornembste und maiste vorhin schon von unß beeden in deß bundts namen beschriben und die uberige bald auch von Ihrer Mt. dazu zu beschreiben wehren, deßdo mehrers befürdert und fortgesezt [...] werden.

Wan derowegen E. L. diser unser zumaln unfürgreüfflicher vorschlag gefellig sein und sie iro belieben lassen werden, in dem Rheinlendischen directorio mit dem außschreiben zu verfahren, wollen wir ain gleichmessiges, sobaldt wir nur von deroselben der zeüt und mahlstatt berichtet, in dem oberlendischen directorio zu effectuirn nit underlassen." Hofft, dass die rheinischen Ligamitglieder einen der genannten Orte akzeptieren, und das um so mehr, weil diese Orte durch Württemberg sicher und ohne gefahr zu erreichen, „daselbsten auch die handlung mit desto mehrer sicherheit anzustellen sein wirdt, weiln der graff von Tülli mit seiner underhabender Ksl. und bundts armada in der nähe und entzwischen auch also ligt, dz man sich an keinem

---

4 Wie oben Anm. 3.

auß disen dreien orten von dem könig in Schweden und seinen adhaerenten hoffentlich khainer gefahr oder ungelegenheit zu besorgen." – 4. November 1631.

Konz. Ranpeks mit Korr. und Zusätzen Richels Akten 281 fol. 39–40 = Druckvorlage; Auszug von der Hand Oexels Akten 262/IV fol. 146. Benutzt und zitiert bei H.-D. MÜLLER S. 50, S. 51 Anm. 116.

### 512 A 2. Kurmainz an Maximilian

November 10

Einberufung eines Ligatages nach Ingolstadt – Mühlhausener Konvent – Schreiben an den Kaiser

Bezug: Schreiben vom 4. November [oben Nr. 512 A 1]. – Kurmainz war der Meinung, dass es aus Zeitgründen nicht möglich sei, vor dem für den 14. Dezember anberaumten Mühlhausener Konvent eine Zusammenkunft der katholischen Stände zu veranstalten. Da aber der Kaiser und Maximilian eine solche anstreben, wird er die Bundesstände des rheinischen Distrikts für Sonntag, den 14. Dezember, nach Ingolstadt berufen, um über die von Maximilian vorgeschlagenen Punkte zu beraten[1]. Plädiert dafür, unbedingt an dem Mühlhausener Konvent festzuhalten, und ist bereit, sowohl den Ligatag als auch besagten Konvent zu beschicken.

Fügt das von Maximilian vorgeschlagene, von ihm selbst bereits ausgefertigte Gesamtschreiben an den Kaiser[2] bei, das Maximilian unterzeichnen und weiterleiten möge. – Mainz, Montag vor St. Martin, dem Patron des Erzstifts, 10. November 1631.

---

1 Das einschlägige Ausschreiben fehlt; zur Mainzer Überlieferung zum Ligatag in Ingolstadt vgl. oben Nr. 15 Anm. 1.
2 *Kurmainz und Kurbayern* an den Kaiser, 10. Nov. 1631 (Ausf. RK RTA 100b; Kop. Akten 281 fol. 41–42. Ben. bei BIRELEY, Religion S. 171): Die Kurfürsten beziehen sich auf den Vorschlag des Kaisers, eine Zusammenkunft aller katholischen Stände bzw. deren Räte und Gesandten zu veranstalten, und unterrichten den Kaiser von der Berufung der Ligamitglieder zum 14. Dezember nach Ingolstadt sowie über die Gründe dafür. Bitten um Abordnung eines kaiserlichen Gesandten sowie um Einladung weiterer, nicht der Liga angehöriger katholischer Reichsstände durch den Kaiser und teilen die beiden Propositionspunkte mit. Man wird gleichzeitig den Mühlhausener Konvent beschicken, sofern der Kaiser, wie man hofft, mit Landgraf Georgs Vorschlag einverstanden ist. – In seiner Antwort an die Kurfürsten von Mainz und Bayern, Wien, 25. Nov. 1631 (Konz. RK RTA 100b; Kop. Akten 281 fol. 60–61. Ben. bei BIRELEY, Religion S. 171; KAISER, Politik S. 499 Anm. 202), rekapitulierte der *Kaiser* hinsichtlich seiner Erwartungen an den von ihm angestrebten Konvent katholischer Reichsstände die Ausführungen seines Schreibens an Maximilian vom 12. November (unten Nr. 512 A 3) und wiederholte, dass er die Abordnung eines kaiserlichen Gesandten nicht für erforderlich halte. Er betonte, er hätte es lieber gesehen, dass „dise so hochnotwendige versamblung der cath. stende zeitlicher angestelt, die praeparatoria zu dem Mülhaußischen convent darauf vorher gemacht, uns dieselbe communicirt und also dardurch alle khünftige handlungen mit den protestirenden chur- und fürsten facilitirt" worden wären. Er belasse es aber bei der von den Kurfürsten inzwischen zweifellos vorgenommenen Ausschreibung sowie bei Zeit und Ort des geplanten Konvents. Er erwarte das Gutachten besagten Konvents sowie die Erklärungen der Kurfürsten von Sachsen und Brandenburg hinsichtlich

Ausf. Akten 281 fol. 43–44. Benutzt und zitiert bei H.-D. MÜLLER S. 50, S. 51 Anm. 117; KAISER, Politik S. 499, ebenda Anm. 204, wo aber Anm. 200 und 204 das Datum nicht korrekt angegeben ist.

### 512 A 3. Der Kaiser an Maximilian

November 12

Konvent katholischer Reichsstände

Bezug: Schreiben betr. den Konvent katholischer Reichsstände [vom 30. Oktober, oben Nr. 400 Anm. 2]. – Teilt mit, „daß ich mir einen sowohl alß den andern jeztbenenten ort oder wohin sonsten diser convent gelegt werden möchte, allerdings gefallen lasse, allein daß die tewre zeit nur nicht verlohren werde. Alß ich dann auch zu E. L. und deroselben mitchur- undt fürsten wohlgefallen genzlich anhaimbstelle, welchen jezternanten oder wohl auch einen andern ort sie hierzue erwöhlen, auch welche chur- und fürsten sie zu denselben beschreiben werden, sintemahl meine intention diser zusammenkhunft anderst nicht gewesen und noch nicht ist, alß daß bei gegenwertigen emporgehenden eüsseristen gefährlichkheiten die gesambte interessirte catholische ständt die vornembste puncta, so zu erhaltung eines sichern fridens nach jezigem zuestandt deß Reichs von dem andern thail erfordert werden möchten, miteinander reifflich erwegen und sich zuvorderist wohl vergleichen, auch mir alßdann ihr räthliches guettbedunken hierüber fürderlich eröffnen wollen, damit ich zumahl in puncto religionis et edicti deß Heiligen Reichs notturft hierauff bedenken und bei khünftiger tractation, da zu einer solchen sich anlaß erzaigen möchte, desto füeglicher mich resolviern könne, oder aber, dafern die fürgeschlagene güetliche handlung sich ohne verhoffenden fruchtbarlichen effect abermahl zerschlagen solte, wie doch alßdann durch ein rechtschaffene allgemaine zusammensezung aller catholischen ständt deß feindts unpillichem gwaldt genuegsamer widerstandt zu thuen wehre. Zu welcher berathschlagung einiger absendtung meiner gesandten ich weder zuvor noch auch aniezo nothwendig erachtet.[1] – Damit aber durch ieztgehörte zusammenschi-

---

des Mühlhausener Konvents und ihrer Teilnahme daran, „warnach wür uns alßdann auch voriger unsern resolutionen gemeß zu richten und an unserm orth gestalten sachen nach zu erzaigen nicht underlassen werden." Von der Einladung weiterer, nicht der Liga angehöriger katholischer Stände nach Ingolstadt durch den Kaiser verlautete in dem Schreiben nichts. – Wohl aber wandte der *Kaiser* sich aus Wien, 25. Nov. 1631 (Konz. RK RTA 100b), an den Deutschmeister und sprach die Erwartung aus, dieser werde darauf achten, dass in Ingolstadt nichts verhandelt und beschlossen werde, was der kaiserlichen Hoheit und dem Erzhaus zum Nachteil gereichen könnte.

1 Aus Wien, 3. Dez. 1631 (Ausf. mit eigenh. Zusatz Akten 281 fol. 76–77; Konz. RK RTA 100b), erklärte der *Kaiser* gegenüber Maximilian, entgegen seiner ursprünglichen Absicht habe er „aniezo in erwegung dern unß hiebei fürgefallenen umbstendt umb sovil mehr ersprießlicher ermeßen und seindt gdst entschloßen, alsobaldt einen aignen Ksl. gesandten zu solchem convent eilfertig abzufertigen." Der Kaiser bat, mit dem Beginn der Verhandlungen bis zur Ankunft des kaiserlichen Gesandten zu

ckung die von landtgraff Geörgens zu Hessen L. mir an die handt gegebene Ksl. und kfl. tractation zu Mülhausen, welche den vierzehenden nechstkhünftigen monats Decembris angestellt werden solle, wegen kurze der zeit zumahl nicht aufgehalten oder gar verhindert werde, so wollen E. L. an ihrem ort nunmehr mit angelegenem ernst darab und daran sein, damit lenger nicht gefeieret und mit der edlen zeit die occasiones zugleich verlohren, sonder eins mit und neben dem andern möglichist befürdert werden möge." – Wien, 12. November 1631.

Ausf., präs. 21. Nov. 1631, Akten 281 fol. 53–54 = Druckvorlage; Duplikat Akten 203/II; korrigierte Reinschr. RK RTA 100b fol. 182.

## 512 B. Ausschreiben des Ligatages[1]

---

warten. – Der Grund oder einer der Gründe für den Sinneswandel des Kaisers war möglicherweise ein Vorstoß des Ende November/Anfang Dezember in Wien weilenden bayerischen Gesandten M. Kurz. Vgl. dazu ein *Memorial des M. Kurz für den Kaiser*, s. d. (Reinschr. mit Korr. des M. Kurz Kschw 123 fol. 28), in dem es u. a. heißt: Der Kaiser habe zu ermessen, „daß wenig fruchtbars in so wichtigen puncten ohne Eür Mt. abgeordneter erinderung und zuethuen würde khünden geschlossen werden. [...] Dahero dann zur vorkhomung eines und andern, doch ohne underthenigiste maß, rathsammer und dem gemainen wesen nuzlicher sein mechte, da Eür Ksl. Mt. abgeordnet [!] sich mit iren hochvernunftigen rath und instruction bei mehrgemeltem convent einfinden thetten."
1 In Akten 281 fol. 13 ist überliefert ein von der Hand Richels stammendes „Verzaichnuß deren Ihrer Ksl. Mt. assistirenden verainten catholischen chur-, fürsten und stenden, welche von beeden herrn bundtsdirectorn Churmenz und Churbayrn zu dem nacher Ingolstatt auf den 14. Decembris dises 1631 jahrs angestellten convent beschriben worden." Demnach waren beschrieben worden vom rheinischen Direktorium 1. Kurmainz, 2. Kurtrier, 3. Kurköln, 4. Worms, 5. Speyer, 6. Straßburg, 7. Basel, 8. Münster, 9. Osnabrück, 10. Paderborn, 11. Lüttich, 12. Stablo, 13. Brüssel, vom oberländischen Direktorium 1. Kurbayern, 2. Deutschmeister, 3. Bamberg, 4. Würzburg, 5. Eichstätt, 6. Augsburg, 7. Konstanz, 8. Freising, 9. Regensburg, 10. Berchtesgaden, 11. Ellwangen, 12. Kempten, 13. schwäbische Prälaten, 14. schwäbische Grafen und Herren, „soviel deren vom anfang im bundt gewesen." – Von den Genannten gehörten die Hochstifter Münster, Paderborn und Lüttich, die Fürstabtei Stablo-Malmédy sowie die Fürstpropstei Berchtesgaden, deren Inhaber bzw. Administrator der Kurfürst von Köln war, nicht der Liga an, das Gleiche gilt für Brüssel, womit die Infantin gemeint gewesen sein dürfte, schließlich für die Hochstifter Freising und Regensburg. Von den Nichtmitgliedern war in Ingolstadt nur das Hochstift Regensburg vertreten. Der *Bischof von Freising* entschuldigte sein Fernbleiben mit Schreiben an Maximilian, Freising, 24. Nov. 1631 (Ausf., präs. 29. Nov., Akten 281 fol. 58–59): „Seitemahlen aber, was anhero disfalls fürgangen, uns wenig bewust, also wie gern wür einen beständigen friden sechen wolten, unser zuethuen wenig erspriessen wurde, alß geleben wür der diemüetigen hoffnung, E. Dt. und Gn. werden es für genäm halten, das wür uns der niterscheinung halben entschuldigen, auch, sovil uns betrifft, forderist der Röm. Ksl. Mt., auch E. Dt. und Gn. wie nit weniger anderen catholischen churfürsten [...] haimbstellen, wie in dieser sachen auch vormahls beschechen, urbiettig, wie bishero also auch hinfüroh dem gemainen wesen zum besten unser eusserist darzusezen." – Zur Reaktion Wartenbergs auf das Ausschreiben vgl. FORST Nr. 523.

### 512 B 1. Maximilian an die oberländischen Ligastände[1]

November 16

Ausschreibung des Ligatages – Termin und Ort – Tagesordnungspunkte – Mitwirkung des Kaisers

Unterrichtet die Ligastände über den Vorschlag des Kaisers, eine Zusammenkunft aller katholischen Reichsstände zu veranstalten, sowie über den geplanten Mühlhausener Konvent (hessen-darmstädtischer Vorschlag einer Zusammenkunft der Gesandten des Kaisers und sämtlicher Kurfürsten, Berufung von Erzherzog Leopold und Pfalzgraf Wolfgang Wilhelm von Neuburg bzw. von Landgraf Georg von Hessen-Darmstadt und Markgraf Christian von Brandenburg-Kulmbach als Interponenten auf seiten der Katholischen bzw. der Protestierenden, Zustimmung des Kaisers und der Kurfürsten von Mainz, Köln und Bayern zu dem Konvent für den Fall, dass auch die protestantischen Kurfürsten sich dazu verstehen würden) und über die Übereinkunft der Kurfürsten von Mainz und Bayern, für Sonntag, den 14. Dezember 1631, einen Ligatag nach Ingolstadt einzuberufen. – Fordert die oberländischen Ligastände auf, ihre Gesandten mit Instruktion und Vollmacht zu versehen und zu dem genannten Termin nach Ingolstadt abzuordnen. Beratungspunkte sind:

„1° Nachdem sich der Frankhfurthische convent unverichter dingen zerschlagen, was für gedeuliche müttel und weeg, dardurch man zu ainem büllichen friden ehist gelangen mechte, ergrüffen und an handt genohmen,

2$^{do}$ Auf den fahl, hierzue nit zu gelangen, ob und wie mit ainhelliger zusamensezung aller catholischen der khrieg continuirt und durch müttel der waffen die sachen zu endt gebracht,

3° Welcher gestalt biß zu vortgang, auch under wehrendem ainem und andern obbedeiten convent, als welche ihre zeit erfodern, nicht weniger als hernach, wan die güettliche handlung wider verhoffen ohne frucht ablauffen solte, mit den nothwendigen, unentpöhrlichen underhaltungßmüttel[n] sowol daß Kaiserliche alß dz bundts volkh, auff deren beeder conservation negst Gott dz ganze hail und hoffnung des gemainen wesens bestehet, nit allein auf dem fueß und in guettem wüllen erhalten und die darbei sich ziraignete schwere difficulteten remedirt und aus dem weeg geraumbt, sonder auch wegen deren auff der gegenseiten vorgehenden starkhen werbungen und weil entgegen dz Kaiserlich und bundts volkh deß stettigen marchirens und travallirens halber täglich nur abnimbt, durch gleichmessige neue werbungen der notdurft nach gesterkht werden mög."[2]

---

1 Vgl. zu den von den beiden Direktorien beschriebenen Ligaständen und Nichtmitgliedern oben Nr. 512 B Anm. 1. – Nach Ausweis von Akten 281 fol. 49 waren die beiden Ausschreiben an die schwäbischen Prälaten bzw. Grafen adressiert an den ausschreibenden Prälaten und Direktor (Abt von Weißenau) bzw. Grafen und Direktor (Graf zu Wolfegg), die die Mitglieder ihres Kollegiums unterrichten sollten.
2 Ursprünglich folgte: „Dann viertens, wie weitt man sich bei dem Müllhaussischen convent mit denn protestirenden in handlung einlassen, auch ob und welcher gestalt man aniezt, bei so sehr

Informiert die Ligastände über das Gesamtschreiben der Kurfürsten von Mainz und Bayern an den Kaiser vom 10. November[3]. Zweifelt nicht, dass der Kaiser einen Gesandten nach Ingolstadt abordnen und auch andere katholische Kur-, Fürsten und Stände, die nicht der Liga angehören, ersuchen und ermahnen wird, ihre Gesandten dorthin zu zu schicken. – 16.[4] November 1631.

Konz. Ranpeks mit Korr. und Zusätzen Richels Akten 281 fol. 48–50.

## 512 C. Instruktionen[1]

### 512 C 1. Instruktion des Kaisers für H. von Questenberg

Dezember 6

Beifall des Kaisers für die Ausschreibung der Ingolstädter Versammlung – Bitte um Gutachten zur Friedensfrage und zu den Möglichkeiten der Fortsetzung des Krieges – Fortdauer des Zusammengehens von Kaiser und katholischen Reichsständen – Schwedische Vorstöße in Sachen Neutralität bei katholischen Reichsständen – Detachierung kaiserlicher Truppen nach Böhmen – Berichterstattung

Da der für die Versammlung der assistierenden katholischen Kur-, Fürsten und Stände in Ingolstadt angesetzte Termin (14. Dezember) kurz bevorsteht, „die hohe wichtigkeit der sachen aber, welche daselbst pertractiert werdten sollen, nicht leiden khönnen, dz ainige stundt hierunter weitter verlohren oder versaumbt werdte", soll Questenberg seine Reise so anstellen, dass er möglichst zu dem angesetzten Termin in Ingolstadt eintrifft, sich bei den dort hoffentlich in großer Anzahl versammelten Gesandten der Kurfürsten und Fürsten sowie anderer katholischer Stände als kaiserlicher Gesandter anmelden und nach Überreichung seines Beglaubigungsschreibens[1] Folgendes vortragen.

Angesichts des bedauerlichen Zustands, in welchen der Kaiser, das Reich, die kaiserlichen Erbkönigreiche und Lande, die assistierenden katholischen Kurfürsten und Stände samt dem gemeinen katholischen Wesen infolge der beklagenswerten Nieder-

---

geendterten leuffen, von deme, so vorhero zu Frankhfurth catholischer seits veranlast worden, abweichen khönde und wolle." – Dieser Punkt ist getilgt.
3 Oben Nr. 512 A 2 Anm. 1.
4 Die Ausfertigung des Schreibens an den Deutschmeister (StAL B 290 Bü 189) ist datiert: München, 18. Nov. 1631. Vgl. dagegen *Maximilian* an den Bischof von Würzburg, München, 16. Nov. 1631 (Ausf., präs. Köln, 10. [!] Dez., StAWü Miscellanea 99 fol. 40–42. Ben. bei R. WEBER S. 97).
1 Außer den unten Nr. 512 C 1–512 C 3 gedruckten Stücken wurde ermittelt die Instruktion des *Fürstpropsts von Ellwangen* für seine Gesandten, Angelberg, 11. Dez. 1631 (Ausf. StAL B 395 Bü 22 Konv. H 2 Nr. 10).
1 Das Beglaubigungsschreiben des *Kaisers* für den Reichshofrat Hermann von Questenberg an die in Ingolstadt versammelten Stände ist datiert: Wien, 6. Dez. 1631 (Ausf., präs. Ingolstadt, 29. Dez., ÄA 2375 fol. 466).

lage bei Leipzig geraten sind, und angesichts des großen Vorteils, den der Feind aus besagter Niederlage gezogen hat, sowie angesichts der fortdauernden militärischen Fortschritte des Feindes begrüßt der Kaiser, „daß sich die vornembste catholische chur-, fürsten und ständte resolvirt, gegenwertige zusammenkhunft anzustellen und mature zu deliberiren, wie entweder ein annemblicher friedt erlangt oder aber durch einmüthige zusammensetzung dem feindt sambt deßen adhaerenten gnuegsamber widerstandt gethan, dieselbe auch auß den catholischen landten undt folgents von des Hl. Reichs boden mit macht wieder abgetrieben werdten möge."

Erläuterung des ursprünglichen Konzeptes des Kaisers, vor dem auf den 14. Dezember anberaumten Mühlhausener Konvent eine Zusammenkunft der katholischen Stände zu veranstalten, um deren Meinung, „waß für mittel und weeg beedes zum friden und krieg fürhandten," zu vernehmen, „damit wir und die gesambte catholische ständte zugleich alßdann die mit dem gegentheil vorhabende tractationes durch einhelligen rath und zuthuen desto ehender und leichter fortsetzen und befördern mögen. Also weren wir anfenglich auch nit bedacht gewesen noch nottwendtig zue sein ermeßen, diesen der catholischen stende also angestellten conventum durch unsern Ksl. gesandten besuchen zu laßen.

Nachdem wir aber bei verweilung der zeit leichtlich ermeßen khönnen, dz auf obbestimbten tag besagter Mühlhausischer convent, wo de negotio pacis universalis gehandlet werden solle, seinen fortgang nicht erraichen und alhie [in Ingolstadt] zu demselben guete vorbereittungen gemacht werden sollen, als hetten wir es auch diß orts an unserm sorgfeltigen zuethuen nicht wollen erwinden laßen."

Questenberg soll die anwesenden Gesandten der assistierenden Kurfürsten und Fürsten und anderer katholischer Stände ersuchen und ermahnen, „daß unß dieselbe ihr wohlmainendtes guetachten, wie weith erstlich sie erachten, daß in güetlicher tractation gewißens und staadts halber zu gehen sein möchte, fürderlich eröfnen und mit ime unßerm gesandten derentwegen sonderlich in den wichtigsten sachen guette und recht vertreuliche correspondentz pflegen wollen, damit die consilia allerseits gleichförmig geführt werden undt nit noth sei, sich dort zu Mühlhausen in die harr und vergeblich aufzuhalten.

Zum andern (auf den fahl, da der Mühlhaußische convent entweder seinen forthgang gahr nicht erreichen oder doch abermahl wider alles beßer verhoffen unfruchtbahrlich außschlagen sollte) waß alßdann die catholische ständt vermainen, [w]aß für thunliche undt erkhleckhliche mittel, den krieg bestendtig zu continuirn, bereit würkhlich vorhandten oder noch zu ergreiffen sein, insonderheit aber wie nit allein für der unß assistirenden chur- und fürsten armada, sondern auch unßer aignes Ksl. kriegsvolkh sowohl zu deßen undterhaltung mit contributionibus alß auf neüe genöttigte werbungen mit unentpöhrlichen sammel- und musterplätzen, wie es die notturft zu verhüettung mehrern unheilß in allweeg erhaischen würdt, auf- und fortzukhommen sein möchten.

Welchem nach unßer gesandter der gesambten catholischen chur-, fürsten und ständte abgesandte von unsertwegen allerdingß versichern solle, daß allermaßen wir an unßerm orth gdst undt endtlich entschloßen seien, unß auch darzue hiermit nochmahlß gdst offerirn thetten, mit undt neben ihnen denen catholischen chur-, fürsten und stenden biß zum endt dieses khriegs guetts und böses außzustehen, also wir unß deßen ingleichen zu ihnen undt ia kheines andern versehen wollten, alß dz sie die ständt bei unß in schuldigster unveränderlicher trew standthaftig verharren und unß mit aller ihrer macht beistehen, sich auch durch einige ursach undt motiven hiervohn nicht abwendtig machen, weniger sich zu ainiger gantz unverantwortlicher hochverbottenen neutralität, so einem oder dem andern unterm schein ihr undt ihrer länder particular conservation zugemuethet werden möchte (inmaßen wir vernehmen, daß sich der Schwedt, derentwegen bereith bei etlichen einen versuech zu thuen, undterstandten haben solle), verstehen werdten." – Aus der Detachierung kaiserlicher Truppen nach Böhmen dürfen die gehorsamen Kurfürsten, Fürsten und Stände nicht schließen, der Kaiser wolle sie hilflos lassen. Questenberg soll die Gründe dafür, die der Kaiser dem Kurfürsten von Bayern durch dessen Gesandten bereits darlegen ließ, wiederholen, zu welchem Zweck er eine Kopie der einschlägigen kaiserlichen Resolution[2] erhält.

Was Questenberg „in einem undt anderm verrichten und benebenß beiwohnender seiner discretion nach durch fleißige communication erkhundtigen und dem weesen zueträglich zu sein ermeßen würdt, von den allen solle er unß zue allen fürfallenden occasionen, auch der sachen wichtigkheit und hohen importantz nach wohl mit aignen curriern oder staffeten fleißige undt umbstendtliche relation zue thuen nit undterlassen." – Wien, 6. Dezember 1631.

Konzept-Kopie RK RTA 100b. Ben. und zitiert bei BIRELEY, Religion S. 173 f., S. 269 Anm. 17; KAISER, Politik S. 499 Anm. 200 und 202, S. 504, 506; BIRELEY, Ferdinand II S. 235.


## 512 C 2. Instruktion des Deutschmeisters für seine Gesandten

Dezember 9

Zusammenwirken mit anderen Ligamitgliedern – Besetzung des Taubergrunds und Vertreibung des Feindes aus Franken – Friedensfrage – Fortsetzung des Krieges – Mittel für den Unterhalt der kaiserlichen und der Ligaarmee

Nachdem der Deutschmeister von Kurbayern als Direktor der oberländischen vereinigten katholischen Kurfürsten, Fürsten und Stände ersucht wurde, jemanden zu einer auf den 14. Dezember anberaumten allgemeinen Versammlung aller katholischen Kurfürsten, Fürsten und Stände des Reichs nach Ingolstadt abzuordnen, sollen

---

2 Für M. Kurz vom 30. November (oben Nr. 454 B). – In seiner Proposition vom 29. Dezember (unten Nr. 512 E 1 Anm. 5) begründete Questenberg nicht nur die Detachierung kaiserlicher Truppen nach Böhmen, sondern sprach auch die in besagter *kaiserlichen Resolution für M. Kurz* in Aussicht gestellten Hilfstruppen für die Liga an.

die Gesandten sich rechtzeitig dorthin begeben, zu ihrer Legitimation ihre Vollmacht bei der zuständigen Stelle einreichen, sich bei den Gesandten anderer oberländischer Stände wie Bamberg, Würzburg, Eichstätt, Augsburg und Ellwangen sowie bei den Mainzern ad partem anmelden deren Intentionen vernehmen, „hingegen unser meinung, bevorab wz wir sowol an Ire Kfl. Dt. in Bayern selbsten als an dero generalleutnant Tilly wegen besetzung des Taubergrundts und wie dz Franckenlandt widerumb von des feindts volk gereiniget und zumalen andere benachbarte besser gesichert hetten können werden, geschrieben haben, ihnen in vertrauen communicieren und darbei remonstrieren, wan solches nit geschehe, dz nirgendts kein sicherung zu hoffen seie, sondern dem feindt zum straiffen aller orthen thür und thor offenstehen werde, ferner die zu anhörung der proposition ihnen notificirte stundt jederzeit fleissig in obacht nehmen und sich darbei in hergebachter ordnung und session gebürlich einstellen, wan auch etwas neues, so dem ausschreiben nit einverleibdt ist, zum anfang oder incidenter ad deliberandum proponiert sollte werden, dasselbige eilendts an uns umb unsere resolution gelangen lassen, sonsten aber und wan man in terminis deren dem ausschreiben einverleibdten puncten verbleibdt, bei der umbfrag und in ihrer ordnung praemissis curialibus nachvolgender gestaldt votieren.

Erstlich zwar uf die frag, nachdem sich der Franckfurtische convent onverrichter dingen zerschlagen hette, was für gedeiliche mittel und weeg, dardurch man zu einem billigen frieden ehist gelangen möchte, ergriffen und anhandt genommen werden können, unsere meinung zu eröffnen: Erinneren wir uns, das solche quaestio schon zum öftern, insonderheit aber und nit allein bei dem letzten Dinckelsbühelschen, sondern auch bei der vorangeregten Franckfurtischer tagsfart uf die baan gebracht und reifflich examinirt ist worden. Demnach man aber an ietzberürten beeden orthen, ongeacht zu zeit des Dinckelsbühlischen convents fast alle protestirende stende zuvolg ihres zu Leipzig gemachten schluss in starker kriegswerbung, theils auch schon in armis begriffen gewesen, und under wehrender Franckfurtischer tractation so gar auch die ungückliche schlacht bei Leipzig endtzwischen gefallen, dannocht uf der catholischen seitten dz hertz gefast und sich an dem vorigen proposito nicht hatt irren lassen, sondern zu Gott die steiffe hoffnung gehabdt, seine Allmacht werde der gerechten sachen beistehen und die ihrige nit verlassen, auch unanimiter sich resolvirt, eher alles zu leiden und uffzusetzen, als in des gegentheils absurda et iniqua postulata zu consentieren, aus den Ksl. decretis et edictis zu schreitten und ein neuen religionfriden mit begebung aller vorigen anspruch und erlangter rechten einzuwilligen, wie auch an Gottes onfehlbaren verheissungen, starker hand und gerechtigkeith, auch ongrundtlichen barmherzigkeith gar nit verzagen, sondern uns gentzlich darauff verlassen, wan schon des feindts macht jetziger zeit sehr weit überhandtgenommen, es werden sich dannocht durch die Göttliche providentz noch mittel finden, wie unsere wahre, alleinseelig machende cathol. religion in unserem lieben vatterlandt noch lenger conserviert und uf die liebe posteritet deriviert werden möge. Hierumb so trösten wir uns, es werden die Röm. Ksl. Mt. sambdt allen cathol. chur-, fürsten und stenden von ihrem vorigen guten proposito nit abweichen, auss den terminis des vorigen religionfriedens nit schreitten oder dem gegentheil etwas mehrers einwilligen, inmassen wir aus nachvolgenden ursachen bestendig darbei zu verharren gedenken.

Erstlichen dieweil wir es gegen Gott oder der posteritet nit zu verandtworten wüsten, das soviel tausendt seelen verlohren und unsere hl. religion in einen solchen abgang gerathen und diminuiert sollte werden.

Zum andern aldieweil ja ein vor allemal genugsam bekandt und offenbar ist, wan man schon mit den protestirenden etwas accordieren oder ihnen anietzo etwas nachgeben wollte, das es doch bei ihnen kein bestandt hette, sintemal sie bei dem hiebevor ufgerichten religionfrieden auch ein kurze zeitt verblieben sein, sondern gleich wie sie denselben vielfaltig und gröblich überschritten haben, also auch inskunftig etwan onversehens und wan man auf cathol. seiten gantz disarmirt sein wurde, gleich so wol die cathol. religion gentzlich auszurotten, sich gelusten lassen und understehen dörften.

So gehet uns auch zum dritten nit wenig zu hertzen, wan man sich zu einem andern, als was der religionfrieden bringte, bewegen lassen wollte, wie merklich der Röm. Ksl. Mt. hochheit wie auch aller cathol. chur- und fürsten reputation bei allen auslendischen potentaten und völkern leiden und geschwecht wurde, welches ja nechst der ehr Gottes vor dz höchste kleinoth zu achten ist und ein jeder getreuer patriot ehe alles gut und blut verlieren als die wahre religion und sein ehrlichen, guten nahmen ihme benehmen lassen solle.

Endlich so inhaeriren wir obangedeutem proposito mit reinem gewissen und rechtgeschaffener intention und setzen zu Gott dem Allmechtigen unser gentzlich vertrauen, er werde nach seinen Göttlichen verheissungen und grundtlosen barmhertzigkeith die rechte warheit und die catholische religion im Römischen Reich Teutscher nation nit gar undertrucken oder seine kirchen verlassen, sondern der gerechten sachen beistehen und dieselbe endtlich triumphieren lassen.

Sollten aber andere, ehrliche und billigmessige conditiones ohne beschwerdt des gewissens bei jetzigem oder kunftigem Mülhausischen kfl. convent zum friden vorgeschlagen werden können, wollen wir dieselbe gern vernemmen und haben unsere abgeordnete, was dis orths, wie obegemeldt, hierin weiters in specie uf die bahn gebracht wurde, uns firderlich zu notificieren.

Bei dem andern puncten, auf den fall zu keinem billigen frieden zu gelangen sein solt, ob und wie mit einhelliger zusammensetzung aller catholischen der krieg continuiert und durch mittel der waffen die sachen zu endt gebracht werden können, were wol zu wünschen, das man dermaleins der grossen beschwehrlichkeithen, welche dz kriegswesen nach sich ziehen thut, endthebdt sein und ein jeder bei dem seinigen in friedt und ruhe leben köndte. Dieweil aber kein hoffnung zu machen, dz bei diesen coniuncturen und glücklichen progressen des feindts die uncatholische sich zu einiger billigkeith werden verstehen wollen, so wurde kein anders mittel vorhanden sein, als das man sich disseits gleicher gestaldt ufs sterkest als muglich in kriegsverfassung stelle. Dieweil aber solches ein werk ist, welches den kriegshauptern beeder sowol Ihrer Ksl. Mt. als des bundts armaden zu erwegen und zu deliberieren, auch ihr gesambdtes gutachten darüber zu geben, obligt, wo man dem feindt am fugsambsten begegnen und ein abbruch thun köndte, als ist nit zu zweiffelen, es werden die kriegsheupter vor separation der armada und da sie sich noch beisammen befunden, ihr schliessliches gutachten schriftlich verfast und sowoln Ihrer Mt. als des churfürsten in Beyern L. abgesandten, so sich dazumaln und als die armada separiert hatt sollen werden, in loco befunden, zu Ihrer Mt. und des h. bundtsobristen resolution übergeben haben. Auf den fall nun, es nit bedenklich fallen solle, der herren kriegsheupter meinung den anwesenden chur- und fürstlichen gesandten zu endtdecken, könde man desto besser und leichtlicher über dis so wichtig werk deliberieren und schliessen. Da nun die communication ervolgt, haben unsere abgeordnete dieselbe uns auch alsobaldt bei sicherem botten in cifferen zu überschicken.

Sonsten aber ist man über folgenden puncten, ehe und zuvor zu der deliberation geschritten würdt, einer information vonnötten:
Erstlich ob dz kriegsvolk, so auf cathol. seitten vorhanden, nachmaln wie bis dahero under zwo armaden separiert oder ob dasselbe alles ein corpus sein solle, welches vermutlich zu verhütung vieler beschwerligkeithen, so bis dahero emporgangen und bei vorigen bundtstägen durch uns mit mehrerem erinnert und ausgeführt sein worden, am bequembsten und nuzlichsten were.
Auf den fall nun der bundt sein armada nachmaln absonderlich zu erhalten bedacht sein sollte, erfordert vor dz ander die notturft, dz man wisse, wieviel der bundt regimenter zu ross und fuss noch in diensten hab und ob dieselbige also beschaffen, dz mans stärken könne oder ob es rätlicher seie, neue zu werben.
Drittens were von dem h. bundtsobristen und dero generalleutenanten zu vernemmen, wieviel regimenter ihres erachtens dem bundt zu erhalten, vonnötten sein möchte. Auf welches hin man sich der alten regimenter versterkung oder neuen werbungen halben resolvieren wurdt können. Wan nun Ihre Mt. erinnert wurden sein, was man dis orths zu thun und an was orth man des bundts armada gegen dem feindt zu gebrauchen gedenke, wurden sie ihrer kriegsverfassung halben und wz ihren [!] gegen de[n] feindt mit allgemeiner zusammensetzung aller catholischen vorzunemmen vonnötten, desto leichter und sicherer können erclären.
Es ist aber sonderlich wol zu erwegen, das die zeitt kurtz, der winter sich baldt verlauffen und der frühling widerumb herberucken wurdt, also zu anstellung aller notturft nichts zu feiren ist, damit man vom gegentheil nit übereilt werde.

Bei dem dritten punct, welcher gestaldt nemlich bis zu vortgang, auch under wehrendem jetzigen und obgedachtem veranlasten Mülhausischen convent nit weniger als hernach, wan die gütliche handlung, wie zu muthmassen ist, ohne frucht ablauffen sollte, sowol dz Ksl. als bundts volk erhalten, den ereugenden difficulteten abgeholfen und den gegentheiligen werbungen begegnet werden möge etc., da ist abermal, wie in dem andern puncten gemeldt, zu wissen vonnötten, ob dz kriegsvolk in ein corpo gebracht soll werden oder wie bis dahero separiert soll bleiben. Der erste weeg were abermal darumb für den besten zu halten, dieweil under allem kriegsvolk sowol mit der bezahlung als allen anderen dispositionen ein durchgehende gleichheit gehalten, auch alle unordnung und difficulteten desto fuegsamer aus dem weg köndten geraumbdt werden. Neben welchem es auch dem werk sehr vorträglich sein wurdt, dieweil aller cathol. stende contribution, sie weren gleich in der ligen oder nit, neben dem, was man von den uncatholischen erhalten würdt, in ein cassa gebracht und dz kriegsvolk in gezimmender gleicheit damit underhalten werden köndte.

Und dieweil sich der feindt noch stark in den hieobigen kraisen aufhelt, auch solche plätz occupiert und dieselbe also praesidiert und besetzt hatt, dz sie ihme schwerlich so eilfertig werden abzunehmen sein, so wurdt die notturft erfordern, in diesen hieobigen kraisen ein stark corpo von kriegsvolk zu verordnen, darvon man zwen nutzliche dienst zu gewarten wurde haben, als nemblich den feindt mit demselbigen durch die gnadt Gottes aus diesen obigen kraisen zu bringen und zu dem andern die uncatholische zur contribution zu bezahlung des kriegsvolks anzuhalten.

Sollte man aber dahin schliessen, dz die armada noch bishero separiert sollte bleiben, so wurde man uf bundts seitten anderst nit thun können, als nach geldtmitteln zu trachten, wardurch die bundtsarmada erhalten möge werden. Und wurdt man bei der angestelten zusammenkunft zu Ingolstatt wol vernemmen, wie ein und dz ander bundtsmitgliedt in seinen landen beschaffen und was einer oder der ander zu contribuieren getraue. Demnach aber zu besorgen, dieweil eines theils bundtstendt landt und leuth in diesem obigen directorio vom feindt occupiert, andere aber von freunden und feinden gantz ruiniert sein, es werden sich wenig, ausser des h. churf. in Beyern L., under den bundtsstenden befinden, welche mit solcher parschaft versehen sein oder von ihren ruinierten underthanen so eilfertig etwas durch contribution werden einziehen können, dardurch der armada möchte geholfen werden, so were noch dz eintzige mittel übrig, in nahmen des gemeinen bundts uf ein starke geldtufnahm zu gedenken, welche aufbrachte summa alsdan under den bundtsstenden proportionabiliter des Reichs matrikel nach aufgeteilt werden möchte, solches kunftiger zeit und sobaldt es wurdt sein können, wider zu bezahlen, uf welchen ervolg wir von unsers ordens wegen erbietig sein, da man anderst bei landt und leuth wurdt verbleiben konnen, uns auch geburlich zu accommodieren und dz unserig ‹hierbei› zu thun. Ehe und zuvor man aber von dem directorio vernimbdt, wz man sich fur hulf und rettung, damit man bei landt und leuthen verbleiben möge, gewisslich zu versehen hab, were sich zu einiger contribution oder geldtufnahm nit zu verstehen, sondern vielmehr sich dahin zu erclären, da man je sich von dem bundt keiner hulf oder rettung zu getrösten hette, dz man genöttiget seie, anderwerdige hulf und beistandt zu suchen und auf mittel zu gedenken, wie man bei landt und leuthen verbleiben könne und nit gantz in dz elendt vertrieben werde, es were dan sach, das man den feindt am Rheinstrohm hauptsächlich anzugreiffen gedechte und hierzuvor ein endliche und sichere resolution gefast sein sollte, uf welchen fall die beschwerden in Francken desto leichter remediert köden werden, welcher mainung sonder zweiffel Bamberg und Würzburg und vielleicht auch Churmeintz sein werden, wie von ihnen obgehörter massen absonderlich zu vernemmen und furters in votando desto kecker darauff zu tringen ist.

Was gestaldt aber Ihrer Ksl. Mt. armada zu erhalten, auch wz deroselben für stendt in diesen hieobigen kraisen assistieren werden können, dz ist zwar wol in consideration zu ziehen, in ansehung, dz die bundstarmada ohne zuthuung der Ksl. Mt. und deren kriegsvolks dem feindt zu schwach sein und zu sicherheit der cathol. landten wenig effectuieren wurde können, aber zu besorgen, es werden der gutwilligen contribuenten sehr wenig sein, wardurch deroselben armada wurde geholfen können werden. Wir zweiffelen aber nit, Ihre Mt. werden der beeden ausschreibenden herrn churfürsten und directoren L.L. die notturft selbsten vor augen gestelt haben und vermutlich noch weiters thun.

Und werden unsere abgeordnete in allem ubrigen sich ihrer beiwohnenden dexteritet nach also zu verhalten wissen, wie [wir] zu ihnen under gdst vertrauen <stellen>. Was auch in einem und anderm verhandlet wirdt, darvon wollen wir ihrer gehorsambsten relation von einer zeit zur andern gdst erwarten." – Ordenshaus Kapfenburg, 9. Dezember 1631.

Konz. Solls StAL B 290 Bü 189 Nr. 6 = Druckvorlage; Ausf. DOZA Ligaakten 64 fol. 443–450.

### 512 C 3. Instruktion Maximilians für seine Gesandten[1]

Dezember 25

*Weisungen für den Fall der Anwesenheit von Bevollmächtigten der Kurfürsten von Mainz und Köln – Grund für die verspätete Ankunft der bayerischen Gesandten – Direktion – Modus consultandi – Präliminarien – Hauptproposition: Gründe für die Einberufung des Ligatages – Belobigung der anwesenden Bundesstände – Verzicht des Kaisers auf Einladung weiterer katholischer Stände – Spezialproposition: Friedensfrage – Friedensverhandlungen – Mühlhausener Konvent – Vermittlung Frankreichs bei Schweden und den protestantischen Kurfürsten – Argumente für die Aufnahme von Friedensverhandlungen – Friedensbedingungen – Fortsetzung des Krieges – Mittel für den Unterhalt der Ligaarmee, Quartiere – Berichterstattung*

Da der Statthalter in Ingolstadt berichtet, dass nicht nur einige Bundesstände, sondern auch der kaiserliche Gesandte in Ingolstadt eingetroffen sind,[2] sollen die Gesandten sich dorthin begeben.

Weisungen für den Fall, dass ein kurmainzischer Bevollmächtigter anwesend ist. Diesem sollen die Gesandten dann „die ursach entdecken, warumb wir die unserige nit bölder zu disem convent abgeordnet, dieweil wür nemblich [weder] von Churmainz L. noch einige andere nachrichtung gehabt, ob die dem Rheinischen directorio zugethane bundtstendt, nacher Inglstatt abzuordnen, sich erclert oder nit, wie

---

1 Graf Werner von Tilly, Kämmerer, bestellter Oberst der Liga zu Roß und Fuß, bayerischer Statthalter in Ingolstadt, Dr. Johann Peringer, Geheimer Rat, und Paul Mair, Hofkammer- und Kriegsrat. – Laut Konzept waren ursprünglich Wolkenstein und Richel als Gesandte vorgesehen.
2 Vgl. dazu unten Nr. 512 H 3 Anm. 1.

sonsten vor disem uns von Churmainz L. derselben erclerungen communicirt worden. Nachdem es aber dismal nit geschechen, haben wür ab solcher abordnung in etwaß, und zwar auch desto mehr gezweiflet, sintemal seiter der zeit, alß diser convent ausgeschriben worden, der könig in Schweeden gegen dem Rhein so weit vorgebrochen und sich genächert, das wür in sorgen gestanden, die Rheinische chur- und fürsten werden bedenkhen haben (wie dann auch beschechen und sie uns erst diser tagen durch schreiben³ zu verstehen geben), ire abgesandte bei solcher gefahr und unsicherhait herauf nacher Inglstatt abzuordnen. Nachdem wür aber von unserm statthalter alda bericht worden, daß sowol höchstgedachter Irer Ksl. Mt. alß etlicher anderen bundtstendten abgesandte angelangt, hetten wür die unserige in continenti abgeförtigt und undter anderm in specie auch bevelcht, dise obangedeite ursach unserer verweilten absendung zu unser entschuldigung vorzubringen, inmassen dann die unsere solche entschuldigung sowol in privato gegen den andern gesandten, wo es die gelegenhait geben wirdt, alß auch in publico bei der proposition, insonderheit auch gegen den Ksl. abgesandten, wann sie dennselben besuechen, ze thuen wissen werden." – Falls von Kurmainz niemand erscheint oder Vollmacht hat, sollen die bayerischen Gesandten die Direktion des Konvents übernehmen.

Wenn von den rheinischen Bundesständen nur Straßburg und Basel, vielleicht auch noch ein oder zwei weitere Bundesstände erscheinen, hat man sich zu bemühen, dass sie nicht darauf bestehen, beim bisherigen modus consultandi, nach Direktorien getrennt, zu verbleiben, sondern „mit und neben den oberlendischen die consultationes in eodem consessu vornemmen wöllen.

Nit weniger sollen unsere abgesandte vorher, ehe man in publicis zusammenkhombt, sich zu unsers [...] brueders, des herrn curfürsten zu Cölln L. abgesandten oder gewalthabern, da einige verhanden wehren, verfiegen" und ihnen mitteilen, sie seien angewiesen, auf das engste mit ihnen zusammenzuarbeiten und mit ihnen darauf hinzuwirken, dass dieser Bundestag mit einem solchen Schluß und Abschied endet, wie ihn bei diesen gefährlichen „leüffen und coniuncturn die eüsserste notturft erfordert."

Vor Eintritt in die Hauptverhandlungen sind mit den Ständen die Präliminarien (Vollmachten, Sessionsstreitigkeiten, Geheimhaltung) zu besprechen. Vor allem ist zu gewährleisten, dass die Protokolle, der Abschied und andere den Ligatag betreffenden Schriften nicht in feindliche Hand geraten. Am besten wäre es, auf die in den Jahren 1619 und 1620 bei Gelegenheit der Würzburger Ligatage geübte Praxis zurückzugreifen und die Akten in Ingolstadt zu belassen und sie erst von dort abholen zu lassen, wenn ein sicherer Transport möglich ist.

Die Hauptproposition sollen die bayerischen Gesandten in folgende Punkte unterteilen:

---

3 Einschlägig sind die *Kölner Schreiben* vom 11. und 13. Dezember sowie das Schreiben des derzeit im Kölner Exil lebenden *Bischofs von Würzburg* vom 12. des Monats (unten Nr. 512 H 4, ebenda Anm. 3, 4 und 5). Vgl. zu Kurmainz auch schon oben Nr. 477 mit Anm. 2.

1. Darlegung der Gründe für die Einberufung des Ligatages gemäß Ausschreiben[4].
2. Belobigung der Bundesstände, die trotz widrigster Umstände ihre Gesandten abgeordnet haben. Zweifellos werden sie auf alle Mittel und Wege bedacht sein und ihre Gesandten instruiert haben, „wie sowol dieienige land und leüth, welche alberaith in deß feindts handt und gewalt khommen, widerumb daraus gebracht und ihrem rechten herrn restituiert alß auch die noch ibrige vor dergleichen feindtlichem iberfall und gewaltthetigen occupation salviert und errettet, vornemblich aber wie doch dermalen an diesem langwirigen, hochgefehrlichem und ie lenger, ie weitter umb sich greüffenden und graszierenden khrieg ein end gemacht und ein billichmessiger, erträglicher und sicherer friden, nach dem man so lange zeit getracht und menigelich mit grossem seüfzen, weheclagen und begirdt verlangt, eheist widerbracht und recht stabiliert werden möcht, welches dann der einzige und ganze scopus dises convents und derselb von Irer Ksl. Mt. allein dahin angesehen und begehrt, auch von Churmainz L. und unß alß bundtsdirectorn, sovil die bundtsverwandte betrifft, außgeschriben worden ist."
3. Die beiden Bundesdirektoren hätten gerne gesehen und haben den Kaiser auch gebeten, nicht nur selbst einen Gesandten nach Ingolstadt abzuordnen, sondern auch die nicht der Liga angehörenden katholischen Stände einzuladen, „damit man in disem hoch- und schwerwichtigen werkh, gleich wie dasselb die bundtsverwandte chur-, fürsten und stendt nit allein, sonder Ire Ksl. Mt. und alle catholische insgemain angehet und betrifft, also auch mit gemainem rath und zuethuen dasselb reüfflich erwegen und sich eines gewissen schlus dariber miteinanderen vergleichen hett mögen. Seitemal aber Ire Ksl. Mt. die abordnung zwar gethon, aber die andere catholische fürsten und stendt nit beschriben, so mueß mans gleichwol dahin gestellt sein" lassen. [...]

Was die Spezialproposition und die Beratungen über die in dem Ausschreiben genannten Tagesordnungspunkte angeht, so soll der erste in zwei Membra geteilt werden:
„Alß erstlich, wie zue ainer fridenshandlung zue gelangen und dieselbige sovil immer möglich zue befürdern und auch also anzuestellen sein möcht, das ein gueter nuz und frucht daraus zue hoffen.
Fürs ander, da man nun zu solcher fridenshandlung wirklich gelangen und dieselbe vornemmen wurde, was alßdann catholischen thails für begehren zue thuen, warauf auch die media et conditiones pacis zue stellen und entlich zue beharren sein möchten?"

Die bayerischen Gesandten haben die übrigen Teilnehmer über den Stand der Dinge hinsichtlich des Mühlhausener Konvents zu informieren. Und zwar sollen sie auf die einschlägige Passage des Ausschreibens[5] hinweisen und im Einzelnen berichten über die Initiative des Landgrafen Georg von Hessen gleich nach Beendigung

---

4 Oben Nr. 512 B 1.
5 Oben Nr. 512 B 1.

des Frankfurter Kompositionstages, die Zustimmung des Kaisers und der vier katholischen Kurfürsten und deren Bereitschaft, den Konvent zu beschicken, sobald sie wissen, dass auch Kursachsen und Kurbrandenburg sich dazu verstehen und erklären, ihre Gesandten abzuordnen, wobei eine entsprechende Erklärung der protestantischen Kurfürsten bislang fehle und vom König von Schweden nur verlaute, er sei Verhandlungen und einem Frieden nicht abgeneigt, könne sich aber ohne Vorwissen und Einwilligung der Kurfürsten von Sachsen und Brandenburg, die seine Konföderierten seien, nicht resolvieren und auf nichts einlassen. Hinzukomme der Einfall Kursachsens in Böhmen und die Ergebung des Landgrafen Georg in die Gewalt des Königs von Schweden, so dass er nicht mehr sein eigener Herr („sui juris") sei, angesichts welcher Ereignisse jeder leicht erachten könne, es werde mit dem Mühlhausener Konvent noch schwerer und langsamer hergehen. Die Gesandten sollen andeuten, dass „allem ansehen nach der Schweed, Saxen und Brandenburg sich dises Müllhausischen oder auch eines andern convents und fridenstractats halber eher nit, biß sie ihre sachen durch die waffen noch bösser stabiliert zu haben vermainen, etwas gewiss erclären, sondern den Kaiser und die catholische darmit aufhalten werden. Dahero desto nothwendiger ist, das die anwesende räth und gesandte darvon deliberieren und sich entschliessen, durch was mittel entweder der Müllhausische oder ein anderer convent zue abhandlung eines allgemeinen fridens im Reich möchte beförderet und dieienige, welche solch hochnothwendiges werkh zue ihrem vorthl und der catholischen grossen unwiderbringlichen gefahr zue hinderen und nur aufzueziehen gedenkhen, bösser darzue disponiert und bewögt werden mögen."[6]

---

6 Im Konzept folgte ein dann nicht in die Ausfertigung übernommener Passus: „Neben diser information und erinnerung, welche unsere gesandte des Mülhausischen convents halber in publico gleich bei der proposition des ersten hauptpuncten zu thun wissen werden, sollen sie auch, doch allein ad partem mit den Churmenzischen und Colnischen abgesandten conferiren, wan schon der Mülhausische convent seinen vortgang [...] gewinnen solte, ob auch zu hoffen, daß die darzu benante vier interponenten [...] etwaß frucht- und nuz-, sonderlich dem gemainen catholischen wesen dabei werden schaffen." Es folgten die den Mainzern und Kölnern vorzutragenden Bedenken gegen die einzelnen Vermittler und, in Anknüpfung an frühere Bemühungen Maximilians (oben Nr. 437 und 457), der Vorschlag, sie durch Frankreich zu ersetzen. Allerdings wollte Maximilian nicht als Drahtzieher der Ausschaltung der vorgesehenen Vermittler hervortreten; es sei „auß sonderen bedenkhen nit rathsamb, daß wir dergleichen sachen in der proposition offenlich moviren und den andern gesandten an die hand geben lassen." Die bayerischen Gesandten sollten daher, falls sie ihre Mainzer und Kölner Kollegen überzeugen könnten, mit diesen dahin handlen, „damit dergleichen bei consultirung der ersten hauptfrag inter votandum vorgebracht und den anderen nachstimmenden anlaß geben werden möcht, sich selbst auch hierüber zu eröffnen." – Dass die Bedenken Maximilians gegen die vorgesehenen Vermittler durchaus auch von bayerischen Interessen diktiert waren, belegen folgende Einwände gegen den Pfalzgrafen von Neuburg und Erzherzog Leopold: „Wan auch bei solchem convent von der Pfelzischen sachen (inmassen dan der erste vorschlag dahin gangen, daß man auch von politischen sachen dabei tractiren solle) wurde waß vorgenommen und gehandlet werden, so ist vor sich selbst richtig, dz S. pfalzgraff Wolfgang Wilhelms L. wegen dero praetendirendem privat interesse in derselbigen sach für einen interponenten keinesswegs khan und soll zugelassen werden. – So vernemen wir auch, daß dise beede interponenten [Pfalzgraf von Neuburg und Erzherzog Leopold]

Was nun in der obangeregten hauptfrag, wie man nemblich eheist zue einem convent und fridenstractat khommen möcht,⁷ der schlus mit sich bringen werde, dz haben die unsere zu erwarten und in allweg dahin zue sehen, weil der convent am maisten bei Schweeden, Chursaxen und Churbrandenburg sich steckht und auf derselben erclerung derzeit beruhet, wie solche darzue möchten disponiert und bewegt werden, deßgleichen auch Ire Ksl. Mt., das sie ihro des khönigs in Franckhreich interposition nit allein gnedigist gefallen lassen, sonder auch Ire Kgl. Wrd. selbsten darumb eruechen solten. Dann weil Ire Ksl. Mt. vor disem, wie die unruhe und rebellion in Behaimb angefangen, fürst Hannß Georgen von Zollern⁸ in Franckhreich abgesandt und den khönig umb hülf und interposition angesuecht, werden sie hoffentlich iezundt, dergleichen zue thuen, umb sovil weniger bedenkhen tragen, weil diser zeit dero erkhönigreich Böhaimb und andere Österreichische landen in nit gerüngerer, ia darumben, weil die catholische deroselben iezt nit also wie dazumal beispringen könden, in grösserer gefahr begrüffen seindt.

Wann auch Ire Kgl. Wrd. in Franckhreich auf dergleichen ersuechen sich einmahl zue ibernemmung der interposition erkhleren wurden, ist nit zue zweiflen, sie wurden sich [...] desto eüferiger bemühen, den khönig in Schweeden, Chursaxen und Brandenburg zue befürderung des convents und tractats zu vermögen, welches sonsten in andere weg wol schwer und langsamb hergehen dörfte."

In Sachen Vermittlung Frankreichs sind die übrigen Teilnehmer über folgende Aktivitäten zu unterrichten: einschlägige Bemühungen Maximilians und der geistlichen Kurfürsten, Beratungen Kurkölns mit dem Bischof von Würzburg und dem Mainzer Kanzler über die Friedensfrage und die Vermittlung Frankreichs, Bereitschaft des Bischofs von Würzburg zu einer Reise nach Frankreich, positive Reaktion Maximilians auf die entsprechenden Mitteilungen Kurkölns⁹, dessen einschlägiges Schreiben¹⁰ die bayerischen Gesandten zwecks besserer Information in originali mitnehmen können. – „Wessen sich nun die anwesende gesandten iber solche ihnen beschechne information und bereits bedachte und an handt genommne müttel erkhleren und ob sie sich ebenmessig darzue verstehen werden, das haben die unserige zu erwarten."

---

von etlichen auff der anderen seiten darumben für etwaß suspect und parteiisch gehalten wollen werden, weil ainer sowol alß der ander gar zu fast von Spanien dependiren und deswegen beßer gleich bei der fridenshandlung alles nach der Spanier intention zu richten sich bemühen werden."
7 In dem Konzept folgte mit Blick auf den oben Anm. 6 zitierten Passus: und „in disem mitanhengigen puncten der interposition".
8 Tatsächlich Graf Wratislaw von Fürstenberg; vgl. zu dessen Mission in Frankreich Ende 1619 GINDELY, Geschichte III S. 4 ff.; TAPIÉ S. 401 ff., vor allem S. 402, 409, 425 ff. – Den damaligen Reichshofratspräsidenten Johann Georg von Zollern hatte der Kaiser Ende 1619 zum Nürnberger Unionstag abgeordnet (GINDELY, Geschichte II S. 298 ff.).
9 Vgl. dazu unten Nr. 512 H 4, ebenda Anm. 6.
10 Unten Nr. 512 H 4.

Falls bei den Beratungen über den ersten Hauptpunkt die Mehrheit[11] wider Erwarten schließt, sich derzeit nicht auf Verhandlungen mit den Protestierenden einzulassen, da man angesichts der Überlegenheit der Feinde nicht auf einen billigen und reputierlichen Frieden hoffen könne, sondern den Krieg fortzusetzen, „so sollen alßdann die unsere dargegen erinnern, das diß zwar ein guete mainung und billich in acht zue nemmen were, wann nur auch die mittel vorhanden und dieienige, welche der mainung seind, solche zaigen und an handt geben köndten, dardurch man catholischer seits den khrieg vortsezen, die bereits verlorne land und leüth recuperieren und zuegleich die noch ibrige in gleichmessiger augenscheinlicher gefahr begriffne salvieren und erretten, auch der feindt weittere progresz verwöhren khöndt." Ferner haben sie unter Anführung auf die ihnen im Folgenden an die Hand gegebenen zahlreichen Beispiele (Abforderung fast aller kaiserlichen Truppen von der Armee Tillys nach Böhmen, Dezimierung der lothringischen Truppen durch Krankheiten, Desertionen und Sonstiges, Rückführung des Rests über den Rhein und nach Lothringen, zahlenmäßige Unterlegenheit der Ligatruppen der Armee Tillys gegenüber dem Feind, erbärmlicher Zustand und mangelnde Einsatzbereitschaft dieser Truppen, Dislokation eines Teiles der Ligatruppen im niedersächsischen Kreis und an der Weser, welche Truppen jetzt nach Westfalen, Paderborn und an den Rhein geführt werden, Unmöglichkeit, die Ligatruppen in den oberen und den unteren Reichskreisen zu vereinigen, fehlende Möglichkeiten und Mittel zu Neuwerbungen) die desolate Lage der katholischen Stände zu beschreiben, den völligen Mangel an Mitteln zur Fortsetzung des Krieges zu konstatieren und zu erklären, der Kurfürst wüßte gerne, „wie dieihenige bundtstendt, welche mehr zu vortsezung des kriegs alß zu ergreiffung fridlicher tractaten incliniren, rathen und schliessen, die zu behaubtung eines solchen schlusß nothwendig erforderte mitl demonstrirn und also an die handt werden geben könnden, daß man sich diser seits ob schon nit ganz sicher, iedoch nur probabiliter und menschlicher vernunft nach darauf verlassen köndte.[12] Dann man hiebevor, da

---

11 In dem Konzept war in diesem Zusammenhang der Bischof von Augsburg (vgl. zu diesem unten Nr. 512 H 2) namentlich genannt worden.

12 Ursprünglich folgte: „Dann waß der Almechtige Gott in seinem rath von ewigkhait decretirt und ob er unß ohne unsere menschliche mitl durch sein Göttliche Almacht, wie er wol thuen khan, beschüzen und erretten oder aber umb unserer sünd willen in noch grössere gefahr und endtliches verderben stürzen und umb unser wahre, allein seeligmachende catholische religion, wie in Ungern und Graecia und mehr andern orthen geschehen, bringen wolte, daß ist unß menschen verborgen und derowegen obgelegen, das wir neben dem vertrawen, so wir billich auf sein almacht und güete haben solten, unsere consilia nit auf miracula, welches ein temeritet und weder gegen Gott noch der welt verantwortlich were, sonder uf die menschliche mitl richten und bei wissentlich augenscheinlichem, oben nach lengs erzelten abgang deren mitel, welche zum krieg und gewalt gehören, die andere, mildere ergreiffen und dardurch nach dem friden trachten." – Zu diesem Passus nahm *Contzen* an Maximilian, s. d. (eigenh. Ausf., lat. Sprache, Akten 255 fol. 10. Ben. bei BIRELEY, Maximilian S. 175 f.), Stellung: „Dicuntur nostra consilia non niti miraculis, quod verum est. Quod vero additur: *welches ein temeritet und weder gegen Gott noch der welt verantwortlich were*, malim omitti. Nam revera spes tendit in ardua, et non est temeritas, sicut non fuit Maccabaeis et aliis. Non [!] si talem spem haberemus,

die sachen mit den bundtstendten noch vil besser gestanden, bei allen bundtstägen lauth der abschiden iederzeit der einhelligen mainung gewesen, daß man die güetliche mitl, zu einem friden zu gelangen, nit aus der handt lassen, sonder sich deren, wa man kan und mag, bedienen solle. So hatt man auch alzeit darfürgehalten, daß die catholische diß schwere und weit aussehende werkh mit denn waffen allein nit hinauß und zum erwünschten gueten endt bringen könden, sonder andere, güetliche mitl werden gebrauchen miessen. Darzue man diser zeit deßdo mehrer ursach, ia von der noth selbsten getrungen wirdt, weil man augenscheinlich sicht und erfahrt, daß man durch andere nit hinauß gelangen kan."

Wie bereits in Frankfurt so ist auch in Ingolstadt klarzustellen, „daß unß, wan wir schon gern wolten, allerdings unmöglich sei, disen kriegslast allein zu erschwingen und aller anderer bundtstendten unvermöglichkhait zu suppliren, ia wann wir auch schon mit denn geltmitln hierzue genuegsamb gefast weren, wie doch nit, so wurde sehr ungewiß und zweiflig sein, ob unß der Schwede sovil zeit und luft lassen mechte, daß wir dieselbige zu neuen werbungen und sterkhung der bundtsarmaden anwenden und unß also zu genuegsammen widerstandt gefast machen köndten.

Und damit der bundtstendt abgesandte noch besser apprehendiren, waß der könig in Schweden und sein anhang für vil grössern vortl haben zu khriegen alß die catholische und wie sie allen erwogenen umbstendten und menschlicher vernunft und mitl nach ihre sachen vil leichter alß die catholische mit dem schwerdt ausfechten und hinduchbringen können, sollen unsere abgesandte ihnen statum utriusque partis et militiae aus der comparation und beschreibung, die wir unsern gesandten nacher Franckhforth überschickht,[13] vor augen stellen und daß noch hinzusezen, umb wievil derselbige status seithero durch des Schweden und seiner adhaerenten progresz auf ihrer seiten besser und leichter, entgegen aber auf der unsern ärger, gefehrlicher und schwerer worden ist."

Durch diese und andere geeignete Demonstrationen und Erinnerungen der bayerischen Gesandten „werden hoffentlich denen, welche noch immerzue vortkriegen und zu khainer güetlichen fridenshandlung sich verstehen wollen, die augen etwas besser und so weith aufgehen, daß sie die höchste gefahr, darinn die catholische im Röm. Reich allenthalben diser zeit mehr alß vor iemahlß begriffen seind und noch dieffer, da sie nit baldt durch andere mitl darauß trachten, einrinnen und darinn ganz ersauffen und zugrundt gehen werden, wie nit weniger den mangl und abgang aller zum krieg nothwendigen mitl besser apprehendiren und erkhennen und also ihren bisher übel gefasten wohn, daß die catholische, hindangesezt aller anderer mittel,

---

facile vinceremus pauci multos. Sed quia talis spes abest, et spei fundamentum in nonnullis sanctorum petas, videtur sanctorum hinc spes heroica esse temeritas." Dieses Votum *Contzens* veranlasste Maximilian, den vorstehend zitierten Passus in der Ausfertigung zu tilgen.
**13** Gemeint sind die oben Nr. 379 Anm. 4 zitierten, von Maximilian am 7. Oktober (oben Nr. 311 E 57 mit Anm. 3) nach Frankfurt übersandten Stücke, welche dort aber nicht mehr zum Tragen gekommen waren (oben Nr. 311 E 68 S. 1045 f.).

immerzue biß sie den friden haben, vortkhriegen könden und sollen, nunmehr auch fallenlassen und sowol alß andere zur güetlichen tractation rathen und sich miteinverstehen werden.

Sovil von dem ersten membro primae quaestionis, ob und wie nemblich zur güetlichen tractation zu gelangen und dieselb zu befürdern sei.

Was aber dz ander membrum deß ersten haubtpunctens belangt, da man nemblich zu ainer fridenshandlung würkhlich gelangen und dieselbe vornemmen wurde, waß alßdan catholischen thailß für begern zu thuen und waraufdie media et conditiones pacis zu stellen und endtlich zu beharren sein mechten, da sollen unsere gesandten wol in acht nemmen, dz sie bei proponirung diser frag allerdings in der generalitet verbleiben und von denen iungst zu Franckhfurth catholischer seits verglichnen begeren[14], ob selbige nochmahlen zu beharren oder ob und wie weit von demselben abzuweichen, nichts melden, sondern allein von denn anwesenden gesandten über die proponirte frag ihr beiräthliches guetachten und gemüettsmainung und waß dem Kaiserlichen gesanten, da er disfahlß von den bundtstenden, wie wol vermuetlich, ein guetachten begeren wurde, zu antworten und anhandt zu geben, zu vernemmen begeren. Solten nun die anwesende bundtsgesandten sich hieriber in ihren votis dahin vermerkhen lassen und ercleren, daß ohne merkhliches praeiudiz und nachtail der catholischen religion und deren wolstandt von demihenigen, so man sich iungst zu Franckhfurth catholischer seits disfahlß undereinander veranlast und verglichen, nichts nachgeben werden könde, haben unsere gesandten solchen der bundtstendt wolmainenden beharrlichen eifer zwar zu loben, ihre erclerung aber weder zu approbiren noch zu improbiren, sonder ferner gegen den anwesenden gesanten dieihenige außfüerliche erinderung, so von den unserigen iungst zu Franckfurth under dato 12. Septembris überraicht und den bundstendten vornemblich, waß zu mantenirung und hinaußtruckhung einer solchen loblichen resolution vonneten, darinnen remonstrirt und zu gemüeth gefiehrt worden,[15] [...] nochmahlen widerhollen, mit dem anhang, daß wir solches durchauß nit zu dem ende erindern lassen, den bundtstenden etwan dardurch ursach und antrib zu geben, der catholischen religion zu nachthail etwas einzuwilligen, sondern allein aus threwmainender sorgfalt und aus denen motiven und bedenkhen, welche in erstgemelter [...] erinderungsschrift mit mehrerm außgefüehrt sein." Dabei ist zu bedenken, dass sich seit dem Frankfurter Konvent die Situation für das gemeine katholische Wesen wesentlich verschlechtert, für die Gegenseite angesichts der Fortschritte des Königs von Schweden wesentlich verbessert hat.

Wenn die anwesenden Gesandten daraufhin ihre Meinung ändern und dafürhalten, dass man etwas nachgeben müsse, „sollen unsere gesandten ferner der anderen anwesenden gemüetsmainung und guettachten zu vernemmen begeren, wie weith dann bei der vorstehenden fridenshandlung catholischer seits zu gehen, auch waß

---

[14] Gemeint sind die in Frankfurt seit Mitte August im Zuge der Vorberatungen der katholischen Stände über die Regensburger Punkte erarbeiteten Positionen (oben Nr. 311 D 6 ff.).
[15] Oben Nr. 311 D 24 mit Anm. 2.

und in weme den protestierenden [...] nachzugeben. Nachdemaln aber wol zu ermessen, die anwesende gesandten werden hieriber mit khainen specialibus heraußgehen noch etwaß gewisses veranlassen und schliessen wollen, sonder eß etwann dahin stellen, daß es der tractat und wie sich entzwischen die sachen auf ainer und der anderen seiten ferner anlassen, schon selbsten an die handt geben und also, wie man sagt, der markh khramen lehren werde, alß sollen unsere gesandten für dißmahl auch nit weitter in sie tringen, sonder es bei solcher erkhlerung verbleiben lassen. Wurden aber aine oder andere auß den anweesenden gesandten der fridensßmüttel und conditionum halber sonderbaren vorschlag und erinderung vorbringen, solten eß die unserigen solcher gestalt und mit disem erbietten acceptiren, dz wir willig, mit andern unsern catholischen herrn mitchurfürsten dariber nothwendige communication zu pflegen, vorderist aber unß mit und neben ihnen auf daß eüsserist bemüehen und angelegen sein lassen werden, wann es zur fridenshandlung khombt, dem gemainen catholischen weesen und dessen anverwanthen stendten die böste conditiones, alß nur ihmer möglich sein wurde, er erhandln.[16] *Dieweil eß aber die geistlichen mehr alß die weltlichen angeet, also werden dieselbige die böste resolution zu schepfen wissen.*

Den andern in dem ausschreiben begrüffenen haubtpuncten belangendt, auf den fahl man bei der vorstehenden fridenßhandlung zu khainen büllichmessigen fridensconditionen solte gelangen khünden, wie alßdann aine ainhellige zusamensezung anzustellen und durch müttel der waffen weitter vort- und auß den sachen zu khommen, sollen zwar unsere gesandten nit underlassen, disen sehr wichtigen puncten gebührlich zu proponiren. Weiln aber der bundtstendt gesandten in gar geringer anzahl anwesendt, so tragen wür wol die beisorg, sie werden sich in khain gewisses und bestendiges einlassen oder den abwesenden, zumahln den vornembsten, hierinnen vorgreiffen wollen, und also iber disen puncten, daran doch daß maiste gelegen, nichts resolvirt noch beschlossen werden könden. Dahin es dann auch unsere gesandten für dißmahl gestellt sein lassen, beinebenß aber den anwesenden gesandten die erinderung thun sollen, daß diser puncten darumben vornemblich dem ausschreiben eingeruckht worden, weiln weder wir noch deß churfürs-

---

[16] Ursprünglich folgte: „Waß man aber iber allen angewendten vleiß und müehe nit werde erheben khönden, daß muesse man wol Gott und seinem unvermeidenlichen wüllen bevelchen." – Maximilian tilgte diesen Passus in der Ausfertigung und ersetzte ihn durch das oben im Folgenden kursiv Gedruckte. Anlaß für diese Korrektur waren folgende Ausführungen in dem Schreiben *Contzens* (oben Anm. 12): „Deinde commissarii electorales cavere deberent, ne videantur Bavarici timidissimi, ideo existimo, illos in demonstranda impossibilitate debere esse parciores. Potius eorum <est> qui belligerandum porro arbitrantur, rationes et media <audienda>, ex quibus considerate perpensis res ipsa patebit. Vel enim adferunt media humanitus efficacia, vel non sufficientia. Si prius: non erunt refutandi. Si posterius: ipsi, et eorum collegae sua dicta, et rogitata refellent sine invidia, et sugillatione timoris Bavarici, nec queri poterunt se a Bavaricis in desperationem coniectos. Haec pro mea simplicitate, non quod aliis proscribi velim, sed ex debita obligatione obediendi, et mentem meam operiendi."

ten zu Mainz L. anderst nit gewust noch zu vermuetten gehabt, dann daß Ihre Ksl. Mt. ihrer unß gleich anfangs, alß sie die anstellung dises convents begehrt, beschechner andeüttung nach auch andere catholische fürsten und stendte, so dem catholischen bundt nit einverleibt sein, darzue beschreiben, ingleichen auch die Rheinlendische und thailß auß den oberlendischen bundtstendten die ihrige in mehrer und zumahln vollkhomner anzaahl abordnen wurden und also mit gesambtem rath und zuethuen in disem vilangelegenem puncten ain ganzes gemacht werden khönden. Nachdemaln aber Ire Ksl. Mt. die beschreibung anderer catholischer stendte zu disem convent eingestelt und thailß anderen, sonderlich den Rheinlendischen bundtstendten wegen deß königs in Schweden ervolgtem feindtlichem ein- und vorbruch an und iber den Rhein die glegenhait, die ihrige zumahln bei so augenscheinlicher unsicherhait der strassen abzuordnen, benommen worden, alß hetten wür unß wol vorhero die gedanckhen gemacht, die wenige anwesende gesandten wurden sich der deliberation und resolvirung aines so schweren und wichtigen werkhs nit gern underfangen. Wür hielten aber doch unfürgreifflich darfür und liessen zu der gesandten fernerm guettbefünden gestelt sein, auf den fahl man [...] die fridenshandlung zu khainem vortgang bringen oder [...] bei derselben zu khainen büllichmessigen fridenßconditionen gelangen khunde, daß zu nothwendiger deliberation und entschliessung obgedachten andern hauptpunctenß wegen anstellung einer ainhelligen zusamensezung und continuirung deß khriegs sich mit Ihrer Ksl. Mt. ainßes anderwertigen convents aller catholischer stendte zu vergleichen und zu solchem ende dem anwesenden Ksl. gesandten derenthalber nothwendige andeittung zu thuen were." [...]

Falls der kaiserliche Gesandte sich damit nicht zufrieden gibt, sondern von den Bundesständen „eine zuverlessige resolution und erkhlerung einer weittern assistenz, so Ihrer Ksl. Mt. von dem catholischen bundt zu laisten", verlangt, sollen die bayerischen Gesandten diese Forderung zur Debatte stellen und die Entschuldigungen, welche dabei zweifellos vorgebracht werden, dem kaiserlichen Gesandten mitteilen und darauf hinweisen, dass sich die Liga durch die langjährige Hilfe für den Kaiser erschöpft habe, weswegen sie jetzt selbst um Hilfe bitten müsse, „inmassen dann der Ksl. gesandte in namen der bundtstendt ersuecht werden solte, zu solchem ende ihnen mitel und rath an die handt zu geben." Falls der Gesandte sich daraufhin mit fehlender Instruktion entschuldigen, jene Bitte nur ad referendum nehmen „und in nammen Irer Ksl. Mt. ein generalerbietten thuen wurde, werden ihme die gesandten nach gestalten sachen leichtlich darauf zu replicirn und insonderhait dis mit anzuheften wissen, es seie die noth und voreilende feindtsgefahr also beschaffen und so nachent uf dem halß, dz man mit dergleichen generalerbietten solcher nit zu remediren noch zu entfliehen wisse, sonder gegenwertige und würkhliche rettungsmittel, darumben man dan den gesandten und bevorderist Ire Ksl. Mt. nochmalen ganz instendig ersuechen thue, erfordert werden." – Bringt der kaiserliche Gesandte Dinge zur Sprache, über die die bayerischen Gesandten nicht instruiert sind, sollen sie darüber umgehend berichten und Weisungen abwarten.

„Bei dem dritten in dem ausschreiben begriffenen haubtpuncten, die beischaffung der höchstnothwendigen underhaltungsmitel für das bundtsvolkh und waß demselben der quartier und anders halber anhengig, sollen unsere gesandten den andern anwesenden den so erbärmlichen, ellenden zuestandt der soldatesca, ingleichen die mörkhliche schwere difficulteten und confusiones, so wür in iungster mit dem grafen von Tillj und andern hochen sowol Ksl. als bundts kriegsofficieren zu Donawörth gehaltner conferenz befunden, uf die mas und weis, wie hiebeiligt mit litera A[17], remonstriren und zu vernemmen geben und dariber ihre vota und waß sie sowol uf das gegenwertige für eilfertige remedirungsmitel an die handt zu geben wissen alß wie sie weitter darmit continuiren wollen, vernemmen." Die anwesenden Gesandten werden das Unvermögen ihrer Herren vorwenden, was bei denjenigen, die ganz ruiniert sind, auch zu akzeptieren ist. Umso nachdrücklicher sind diejenigen, die noch bei Land und Leuten sind und noch Mittel haben, mit Hinweis auf das bayerische Beispiel aufzufordern, mit Geld und Quartieren zu helfen. Hinsichtlich der Quartiere für die Truppen, die Tilly bei sich hat, ist dafür zu sorgen, dass Kurbayern als Bundesoberst bei der Verteilung freie Hand behält. Etwaige jetzige Überbelastungen werden später angerechnet werden.

Die bayerischen Gesandten sollen über die Verhandlungen nach und nach berichten und nach ihrer Rückkehr „von allem und ieden gebürende relation thuen". – München, 25. Dezember 1631.

Ausf. mit Korr. Maximilians Akten 255 fol. 1–9, 11–18 = Druckvorlage; Konz. Richels und Ranpeks ebenda fol. 27–47. Ben. bei ALBRECHT, Ausw. Politik S. 316, S. 331 Anm. 80; BIRELEY, Maximilian S. 175 f.; ALBRECHT, Maximilian S. 791 f.; KAISER, Politik S. 499 Anm. 200, S. 500 f. mit Anm. 216.

---

17 Oben Nr. 490, dritte Fassung.

## 512 D. Teilnehmer

„Verzaichnus derer Ihr Ksl. Mt. assistireten verainten catholischen chur-, fürsten und stendten zu dem angestelten convent alhier zu Ingolstatt"[1]

Zum rheinländischen Direktorium gehörend:
*Stifter Straßburg und Basel*: Johann Rienecker, Sekretär des Stifts Straßburg.
Zum oberländischen Direktorium gehörend:[2]
*Deutschmeister:* Ulrich Graf von Wolkenstein und Rodeneck, Komtur zu Blumenthal; Dr. Johann Eustachius von Soll, Kanzler.
*Konstanz:* Dr. jur. Erasmus Pascha, Rat und Kanzler. „Hat aber der tractation nit erwart, sonder anhaims raisen miessen, gleichwol herrn Denich, tombdechant zu Regensp[urg], gewalt hinderlassen, der sichs aber nit gebraucht, wie dann von dises stifts wegen khein votum gefirt worden."[3]
*Regensburg:* Dr. theol. und jur. Sebastian Denich, Domdechant und Rat; Dr. jur. und theol. Sebastian Gazin, bischöflicher Rat.
*Ellwangen:* Dr. jur. Felix Gassner, Kanzler und Rat.
*Kempten:* Freiherr Johann Georg von Langenegg, Kapitular und Rat.[4]

---

1 Dieses Verzeichnis ist die von den bayerischen Gesandten in Ingolstadt aktualisierte Fassung des Verzeichnisses, das Werner von Tilly dem Kurfürsten am 18. Dezember übersandt hatte (unten Nr. 512 H 3 Anm. 1).
In Akten 281 sind folgende Vollmachten überliefert: Domdekan und Statthalter des Hochstifts Straßburg (Hermann Adolf Graf zu Salm, Herr zu Reifferscheidt) (fol. 87), Bischof von Basel (fol. 70), Deutschmeister (fol. 83), Bischof von Konstanz (fol. 86), Bischof von Regensburg (fol. 106–107), Fürstpropst von Ellwangen (fol. 93–95), Fürstabt von Kempten (fol. 84–85), Graf zu Wolfegg für sich und das Kollegium der schwäbischen Grafen und Herren (fol. 89), Bischof von Eichstätt (fol. 134–135), Bischof von Augsburg (fol. 104–105), teilweise zitiert bei HÖLZ S. 458 Anm. 117. – Die schwäbischen Prälaten (vgl. zu diesen auch HÖLZ S. 457 f.) hatten nach Ausweis von *Abt Johann Christoph zu Weißenau* an Maximilian, Weißenau, 15. Dez. 1631 (Ausf., präs. 24. Dez., Akten 281 fol. 116–117), an Pascha, Weißenau, 17. Dez. 1631 (Ausf. ebenda fol. 118–119. Zitiert bei HÖLZ S. 458 Anm. 116), zunächst ihren Syndikus bevollmächtigt und baten, nachdem dieser erkrankt war und den Auftrag daher nicht wahrnehmen konnte, Dr. Erasmus Pascha, Konstanzer Kanzler und Syndikus des schwäbischen Reichskreises, sie in Ingolstadt zu vertreten. Pascha aber mußte Ingolstadt noch vor dem Beginn des Ligatages wieder verlassen (unten Anm. 5); das Votum der Prälaten wurde auf dem Ligatag nicht ausgeübt.
2 Im Folgenden fehlen Kurbayern bzw. die kurbayerischen Gesandten; vgl. zu diesen oben Nr. 512 C 3 Anm. 1.
3 Die oben Anm. 1 zitierte Vollmacht des Bischofs von Konstanz für Pascha enthielt keine clausula substituendi. Die Untervollmacht („aftergewalt") *Paschas* für Dr. Sebastian Denich, fürstlich regensburgischen Rat, Domherrn bzw. Dekan der Stifter Konstanz, Augsburg und Regensburg, Ingolstadt, 18. Dez. 1631 (Ausf. Akten 281 fol. 124–125), enthielt daher die Bitte, Denich möge die Untervollmacht annehmen, und das Versprechen, „daß auf mein ohnverweiltes heimbkhommen sonderbahrer gewalt auf S. Hochwürden ohnfehlbahr ervolgen solle."
4 Nach Ausweis der oben Anm. 1 zitierten Vollmacht des Fürstabts von Kempten hatte dieser als zweiten Gesandten den Ellwanger Kanzler Gassner bevollmächtigt.

*Schwäbische Grafen und Herren,* „soviel deren von anfang im bund gewest: Hat gewalt obiggemelter ankhommener Constanzischer gesandter, welcher aber gester[5] verraist und dem Elbangischen canzler gewalt hinderlassen[6]."

*Eichstätt:* Albrecht von Razenriedt, Domherr zu Eichstätt und Augsburg, Rat; Johann Christoph Mezger, Rat und Kanzler.

*Augsburg:* Dr. Matthäus Wanner, Kanzler; Herr Christoph von Au, Dompropst, ist nur einen Tag dabei gewesen.[7]

ÄA 2375 fol. 601.

---

[5] Hier wohl gebraucht im Sinne von nuper, nuperrime (GRIMM IV/1.2 Sp. 4230 f. s. v. gestern II 3). – Das genaue Datum des Aufbruchs Paschas von Ingolstadt konnte nicht ermittelt werden. Terminus post quem war der 18. Dezember, Terminus ante quem der 23. des Monats. Vgl. dazu die Ausstellungsdaten der oben Anm. 3, unten Anm. 6 zitierten Untervollmachten *Paschas* und die *Relation Gassners* vom 23. Dezember (unten Nr. 512 H Anm. 1), in der die bereits erfolgte Abreise Paschas erwähnt wird: Der Konstanzer Kanzler ist abgereist, weil er „gewisser sachen halber mit den Schweitzern ad Ferias Natales müesse zu Mörspurg sein."

[6] Die oben Anm. 1 zitierte Vollmacht des Grafen zu Wolfegg für Pascha enthielt eine clausula substituendi, auf die sich *Pascha* in seiner Untervollmacht („aftergewalt") für Gassner, Ingolstadt, 18. Dez. 1631 (Ausf. Akten 281 fol. 122–123), bezog.

[7] Nach Ausweis der oben Anm. 1 zitierten Vollmacht des Bischofs von Augsburg hatte dieser als dritten Gesandten den Vizekanzler Lic. Johann Andreas Pappus bevollmächtigt. – Dem unten Nr. 512 E Anm. 1 zitierten Protokoll *Solls,* 2. Jan. 1632, zufolge nahm der Dompropst nur an der vierten Sitzung am 2. Januar 1632 teil und verabschiedete sich dann wieder.

## 512 E. Bayerisches Protokoll[1]

Dezember 29–Januar 4

„Protocollum dessen, waß uf ieziegem bundtsconvent zu Ingolstatt proponirt, votirt und concludirt worden"

### 512 E 1. Erste Sitzung

Dezember 29

Gründe für die Einberufung des Ligatages und für die verspätete Ankunft der bayerischen Gesandten – Belobigung der anwesenden Bundesstände – Präliminarien – Modus consultandi – Proposition des ersten Tagesordnungspunktes und dessen Aufteilung (Friedensverhandlungen, Friedensbedingungen) – Vortrag des kaiserlichen Gesandten

„29. Decembris anno 1631 vor mittag[1] hielte man die erste session und
  Wurden [von den Bayerischen] die ursachen proponirt diser zusammenkhonft und warumben die Curbayrische nit ehender erscheinen khönnen[2], daß auch Ir Kfl. Dt. gern vernemmen, daß sich die gegenwertige herrn abgesandte rhät und pottschaften eingestelt haben."
Präliminarien: Vollmachten; Angelobung der Gesandten, die erstmals teilnehmen; Geheimhaltung; Präzedenzstreitigkeiten.
Da Kurmainz als rheinischer Direktor nicht vertreten ist, hat der Gesandte Straßburgs und Basels angeboten, „sich der deliberationen halben mit den obern ständen zu accommodiren, massen ihme darauf die gebührende session gegeben worden."

---

[1] Das in ÄA 2375 fol. 501 ff. und in Akten 281 fol. 180–182 überlieferte Konzept des bayerischen Protokolls stammt wahrscheinlich von dem zur bayerischen Delegation gehörenden Hofkammer- und Kriegsrat *Paul Mair*. Die Konzept-Kopie des bayerischen Protokolls (Akten 281 fol. 161 ff.) und deren Kopie (ebenda fol. 185 ff.) sind hinsichtlich der 4. Sitzung am 2. Januar 1632 nur als Fragment überliefert (vgl. dazu unten Nr. 512 E 4 Anm. 9). Diese beiden nicht ganz vollständigen Exemplare des bayerischen Protokolls sind zitiert bei ALBRECHT, Maximilian S. 791 Anm. 63; KAISER, Politik S. 502 Anm. 223; einen Teil des Konzepts zitiert HÖLZ S. 458 Anm. 117. Das bayerische Protokoll ist auch benutzt bei DROYSEN, Gustav Adolf II S. 480 f., der aber als Fundort nur ganz allgemein das Münchner Reichsarchiv angibt. – Außer dem bayerischen Protokoll ist das Protokoll des *Dr. Johann Eustachius von Soll*, Gesandter des Deutschmeisters, überliefert (StAL B 290 Bü 189 Nr. 30); dieses ist überschrieben: „Protocollum Ingolstadianum vom 29. Decembris anno 1631 bis uf den 4. Januarii anno 1632." Einen protokollartigen Bericht über die Verhandlungen des Ligatages enthält die unten Nr. 512 H Anm. 1 zitierte Relation des Ellwanger Kanzlers *Dr. Felix Gassner* vom 11. Januar 1632.
[1] Dem oben Nr. 512 E Anm. 1 zitierten Protokoll *Solls* zufolge begannen die Vormittagssitzungen um 8 Uhr (29. und 31. Dezember 1631, 2. Januar 1632) oder 9 Uhr (30. Dezember 1631, 3. Januar 1632). Tagungsort, den *Soll* allerdings nur für den 29. Dezember ausdrücklich nennt, dürfte stets das Schloss gewesen sein.
[2] In dem oben Nr. 512 E Anm. 1 zitierten Protokoll *Solls* heißt es dazu: „1° Dz sie [= Ihre Kfl. Dt.] sich zuvorn an die grenitzen ihres landes [nach Donauwörth] begeben mussen, von der soldatesca information einzunehmen. 2° Vom Rheinlend. directorio erklerung erwartet, welche ante triduum eingelangt."

Anläßlich der Umfrage zu den Präliminarien äußern sich u. a.
*„Costniz³:*
Hab noch nit plenipotenz, erwart es aber. Entzwischen begert er nichts zu votirn.
*Augspurg:*
Sei zwar herr thumbprobst und Dr. Pappus im gewalt. Ob nun herr thumbprobst noch khommen werde, seie im verborgen. Man khine aber gleichwol entzwischen verfahren." [...]

Angelobung des Grafen von Tilly, Dr. Peringers und der Regensburger Vertreter.

Proposition des ersten Tagesordnungspunktes betreffend die Friedensfrage *[durch die Bayerischen].* Teilen mit, „dz sich landtgraff Geörg zu Hessen erbothen zu einer interposition. Hoffentlich werd Schwedt, Saxen und Brandenburg sich nit separirn. Die beede letstere haben sich noch nit erkhlert, ainer zusamenkhonfft stattzugeben.

Und stelten wir zu bedenkhen, ob nit diser erste haubtpunct in zwai membra mecht abgethailt sein: 1. Weil sich der [Frankfurter⁴] tag zerschlagen, wie zu einer andern fürderlichen zusamenkhonfft und tractat zu gelangen, und 2. waß aigentlich zu tractieren.

Mainten benebens, ob nit zuvor der Ksl. gesandte anzuhören.

Lassen ihnen sambtlich dise anhörung gefallen. Darauf er dann abgeholt und hierzue erkhiest worden herr Peringer ratione directorii, herr graf von Wolckhenstein (Teütschordens) und herr von Räzenriedt, thumbherr zu Aichstett und Augspurg."

Der kaiserliche Gesandte übergibt sein Beglaubigungsschreiben und hält den Gesandten mündlich Vortrag, der im Folgenden resümiert wird. Auf Ersuchen der *Bayerischen* erklärte er sich bereit, den Vortrag auch schriftlich zu übergeben.⁵

Konzept-Kopie mit Zusätzen Peringers Akten 281 fol. 161–164 = Druckvorlage; Kop. der Konzept-Kopie ebenda fol. 185–186; Konz. mit Zusätzen Peringers ÄA 2375 fol. 501–502.

---

3 Vgl. zu diesem Hochstift, für das derzeit der Regensburger Dekan Denich sprach, oben Nr. 512 D mit Anm. 3.
4 Die Vorlage hat irrtümlich „Mülhausische".
5 Kopien der Proposition des *kaiserlichen Gesandten*, Ingolstadt, 29. Dez. 1631, sind überliefert Akten 281 fol. 148–153 (mit Randvermerken *Maximilians*), fol. 154–159 (mit Vermerk *Peringers*: „praes. und ad dictaturam geben worden, 29. Decembris 1631, vespere post horam 4$^{am}$"), DOZA Liga-Akten 64 fol. 453–458. – Die Proposition entspricht der oben Nr. 512 C 1 gedruckten *kaiserlichen Instruktion*; vgl. auch ebenda Anm. 2.

## 512 E 2. Zweite Sitzung

Dezember 30

Friedensverhandlungen – Besuch der Tagsatzung – Vortrag des kaiserlichen Gesandten – Erläuterungen betr. den Mühlhauser Konvent und die Vermittlung Frankreichs – Argumente für die Aufnahme von Friedensverhandlungen – Libra status belli moderni in Germania samt Anlagen – Relation Maximilians über die Konferenz in Donauwörth

„Andere session, 30. Decembris, wirdt *[von den Bayerischen]* umbfraag gehalten, wie zu einem andern convent und tractat mit den gegenthailen zu gelangen.
   *Hoch- und Teütschmaisterische:*
[...] Hetten sonst verhofft, der abgesandten sollen sich mehr hir befunden haben, vorderist thailß von fürsten selbs. Were Irer Hochfstl. Gn. alsdann nit zugegen gewest, auch hierzue sich zu verfüegen. [...]
In der haubtsach[1] aber gern vernommen, daß landtgraf Geörg von Hessen die vermitlung einer zusamenkonfft nach Mülhausen vorgeschlagen. Lassens also bei demjenigen, was bishero laborirt worden, ihresthailß bewenden.
Deß Ksl. gesandten anbringen befündens auf die extrema gestelt. Sie hetten von solchen begern vorhero nit gewust, haben also darauf nit instruirt werden khönnen. Aber man hab bishero schon vilmalß deliberirt, wie zu einem nuzlichen, gewissenhaften friden zu gelangen. Und sei man alzeit der heroischen intention gewest, daß eisseriste aufzusezen. Hoffentlich werde Gott noch der gerechten sach beistehen. Und solle man ehender leib und guett daran wagen, weder alles also nachzugeben und sovil tausent seelen im stich zu lassen. Man hab vil exempel, daß doch der gegenthail nit halte. Daß werde auch fürohin lenger nit zu erhalten sein, biß er wider sein glegenheit ersehe. Item zu bedenken, wie hoch der Ksl. Mt. authoritet und aller catholischen nervus geschwecht wurde. Dannenhero bösser, alle kreften daran ze spannen, weder ain schedlichen friden einzugehen. – Wöllen doch andere auch gern vernemmen.
   *Eychstett:*
[...] Ire[2] Fstl. Gn. seindt sonst in diser sach so perplex gewest, daß man sie die abgeordnete nit recht zu instruirn gewust. Wolten derowegen gehrn vorhero die mehrern verstehen. Und weil S. Fstl. Gn. nit weit von hier, bättens umb eröffnung derselben.

---

1 Dem oben Nr. 512 E Anm. 1 zitierten Protokoll *Solls* zufolge votierten die Gesandten des *Deutschmeisters* in der Hauptsache: „Wissen von keinen persuasionibus zur neutralitet, darvon in der Ksl. proposition gemeldet. – Eröffnen Nostri Reverendissimi meinung simpliciter iuxta instructionem [in Sachen Friedensfrage, oben Nr. 512 C 2 S. 1564 f.], salvo meliori voto." Abschließend vermerkte *Soll*: „Not[andum]: Die Hessische interposition zu anstellung des Mulhausischen convents ist dermassen obscure involviert worden, dz wir nit darauss kommen können. Endtlich aber haben es doch die Churbayerische besser erleutert, ut infra sequitur."
2 Dem oben Nr. 512 E Anm. 1 zitierten Protokoll *Solls* zufolge votierten die Gesandten *Eichstätts* in der Hauptsache: „Ihre Fstl. Gn. seien perplex gewesen, wie sie die ihrige instruieren mögen. Begeren von anderen, höhern orthen die media et remedia zu vernemmen, [1.] dieweil sie ihre stift in den terminis

Befünden sonsten den statum also beschaffen, daß ir zu schwer, wie der sachen rath zu stellen, sich verlautten zu lassen. Wolten auch denn andern und mehrern nit gern vorgreiffen, alß die noch vil mehr alß sie interessirt sein. Haben bisher nach müglig-kheit concurrirt. Der stift seie also zuegericht, daß sie vil mehr von andern assistenz vonnöthen und hoffen, weder selbst ferner ze helfen. Bäten also von unß denn cur-fürstlichen [Bayerischen] umb mehrere communication. [...]

*Straßburg:*
Sei³ inen unbewust, waß negstmahl zu Franckhfort gehandlet worden. Vermuethen aber, die protestierenden werden zum Ksl. edict nit verstehen wöllen. Sei auß dem ußgangnen buech COMPOSITION PACIS⁴ und anderm genuegsamb abzunemmen. Vermainten, die sach am Ksl. hof und cammergericht durch die process gar außze-füehren, und wo man durch die executiones nit darzue gelangen khönnde, alsdann mit confiscation und der acht zu verfahren. Also aufs best zusamensezen. Wöll doch andere auch vernemmen.

*Costniz⁵:*
Begere noch nit, biß mehrer gewalt einkhomme, zu votirn. Wann man aber [für] guet halte, die hinderlassne instruction in disem puncten abzulesen, hab er nit beden-khen. So man aber dißmahl noch underlassen.

*Augspurg:*
Ire Fstl. Gn. haben die sach im ausschreiben strackhs von solcher importanz befun-den, daß es nit umb pollitische sachen, sonder umb Gottes ehr und die religion ze thuen. Sei also instruirt, wie er zu Dinckhelspüll auch vorgebracht,⁶ nemblich, weil der stift Augspurg bei dem religionfriden also interessirt, daß sie alda zu Dinkhels-pühl, inmassen vor jahren bei dero herrn vorfahren cardinal Otto, protestiert, lassen sies noch dabei verbleiben, mit bitt, es ad notam zu nemmen. Miessen es, weil sie erachten, der tractatus mechte auf vorige weiß vorgenommen werden, ires thails zwar bewenden lassen, aber mit obgemelter protestation.
Sonst hieltens ires theilß dannocht zu bedenkhen, fürs 1. mit waß für leüthen man ze handlen, 2. waß die subiecta materia seie? Dann man hab alle exempla, alß mit dem

---

befinden, dz sie zu wenig hierin zu rathen, 2. den höheren nit vorgreiffen wollen, 3. dieweil ohne consens der interessierten nichts zu schliessen, 4. dieweil sie in extremitate tali, dz sie kein mittel zu helfen, sondern sich anderen trosts gebrauchen mussen. Bitten von Churbayern media. Wollen alsdann ihre consilia darnach richten."

3 Das oben Nr. 512 E Anm. 1 zitierte Protokoll *Solls* hat: „Wisse nit, wz zu F[rank]furt gehandlet. Ver-muten, die uncatholische werden das Ksl. edict verwerfen. Doch seie mehr per viam juris, in aula Imperiali vel camera Imperiali oder coram commissariis, uf die restitution der geistlichen guter zu gelangen als per viam armorum, nisi post cognitionem et decisionem causae ac banni declarationem. Sonsten zu keinem disreputierlichen frieden zu verstehen. Reliqua remittit caeteris statibus."

4 Vgl. zu diesem oben Nr. 311 D 7 Anm. 6.

5 Vgl. zu diesem Hochstift, für das derzeit der Regensburger Dekan Denich sprach, oben Nr. 512 D mit Anm. 3.

6 In der Sitzung der Oberländischen am 15. Mai (oben Nr. 167 E 9 S. 375).

ufgewiglten paurnkhrieg und Schmalkhaldischen bundt, auch andern villen angefangnen sachen, so er mit umbstenden auß seiner instruction nach lengs abgelesen. So sei auch bewusst, wie sie dem religionfriden zuwider alzeit gehandlet und weder den Kaiser noch das cammergericht niemaln für richter erkhennen wollen. Erscheint iezt wider auß deme, daß sie sich zum Ksl. edict nit verstehn, sonder alles haben wöllen, wie es vor anno 1620 gewest. Gott hab unß villeicht den so harten straich vor Leipzig darumb geben, daß wir durch den Franckhfortischen tag anfangen, zu wankhen und an Gottes beistandt zu zweifeln. So sei auch zum 2. wol zu erwegen, daß es nit umb daß zeitlich, sonder ewigs zu thuen. Ist khein bestandt und zuehalten vom gegenthail ze hoffen. Dahero, wan ie zu weiterer vortsezung deß khriegs die mitel nit mehr zu haben, werde besser sein, von selbs etwaß nachzugeben, weder durch vil tractiern und neues versprechen zu verlassen. Khünden also zu keiner handlung sich gewissens halb nit verstehn, sonder wöllen zu Gott daß bössere vertrawen sezen. Protestiern demnach für iezt und khonftig nochmahlen.

*Pasl:*
Will sich mit den maioribus vergleichen, jedoch daß man nit auß dem Paßawischen vertrag und edict schreiten wolle, mit vorbehalt ires restitutionwerkhs. Bitten, es ad notam zu nemmen.

*Regenspurg:*
Referiern sich auf daß Teütschmaisterisch votum und die maiora, mit anhang, deß hochstifts stritt gegen den Regenspurgern der geistlichen jurisdiction halb seinerzeit in obacht zu nemmen.

*Kempten:*
Waß[7] salva conscientia werdt sein khönnen, wöllen sie sich nit absöndern.

*Elwangen:*
Wisß[8] nit aigentlich, wie es zu Franckhfurth lestlich abgangen. Sei aber wol ze sorgen, gegenthail werd alles wöllen erzwingen. Stelle also den mehrern haimb, ob und wie rathsamb sein werde, ze handlen. Cardinalß Otto, alß der zugleich auch probst zu Elwang war, protestation werdt sich auch verstanden haben auf die probstei. Hab gleichwol kheinen dioces, sich aber dannoch auf Augspurg referierendt.

*[Schwäbische] Graven und herrn:*
Gebens den geistlichen stendten haim. Werden ze thuen wissen, waß gegen Gott und der welt zu verantworten.

Hierauf war unser *[der Bayerischen]* antwort oder conclusum:

---

[7] Das oben Nr. 512 E Anm. 1 zitierte Protokoll *Solls* hat:: „Dieweil sie kein jus ordinariatus, begeren sie den ordinariis nit vorzugreiffen, sondern, soviel salva conscientia sein kann, zu bequemen."
[8] Das oben Nr. 512 E Anm. 1 zitierte Protokoll *Solls* hat: „Wissen nit, wz zu F[rank]furt gehandlet oder wz weiters zu hoffen seie. Derohalben nichts vorzuschlagen, sondern werde dem kfl. collegio bewust sein. Hab auch kein jus ordinariatus, sondern dieweil cardinal Otto tempore pacificationis anno [15]55 possessor dises stifts gewesen, werde es gleiche meinung wie mit dem stift Augspurg haben."

[...] 2. Warumb nit mehr stendten erschinen oder so gar thailß in der persohn, beschicht entschuldigung vermög der instruction[9], so vorher zwar mehr alß zuvil laider wisslich, und dz billich mitleiden mit ihnen ze haben.
3. Item gibt man erleitterung wegen der Darmbstattischen veranlaßung zu dem Mülhausischen convent, nach inhalt gemelter instruction[10].
4. Befünde man die maiora oder vilmehr die gesandte vast miteinander einstimmig, daß man noch zu kheinem friden, sonder vilmehr zu vortsezung des khriegs inclinire. Ihr Kfl. Dt. verspüren zwar die stendt von gueter, löblichen intention. Aber woher die fernere mitel ze haben, sei zu vernemmen und nothwendig, darvon zu reden, und gebe man aniezo den gesandten zu bedenkhen: 1. Kaiser hab sein volkh abgefordert, und werdt etwa so baldt nit ze hoffen sein. 2. Lottringisch volkh sei krankh, halb und sonst wider nach hauß. 3. Bundtsvolkh hab sich sehr verlohren, abgemattet und also abkhommen, daß es gegen ain solchen feindt nit mehr bastant, auch, wie die khriegsofficier beteüren, in 2 oder 3 monathen, biß es sich wider erhollet, mit nuzen nit zu brauchen, massen es ir Kfl. Dt. unlangst zu Tonawwörth selbs also erfahren und die relation[11] zu erkhennen gibt. 4. Mit dem volkh an der Weeser habs fast die mainung. Man khönn sich nit coniungiern, weil der feindt im mittel. 5. Zu neuen werbungen hab gegentail den maisten vortl, also daß volkh unser seits wenig ufs newe zu bekhommen. 6. Auf die mittel zur werbung sei auch nit vil hoffnung zu machen, weil die vornembste stendt nunmehr ruinirt. 7. Wan man auf Ir Kfl. Dt. allein rechnung machen wolle, irreten sich die stendt allzu vil, mit umbstendiger erzöhlung der ursachen. Und 8. wie deß feindts sachen und militia beschaffen,[12] wollen wir ad dictaturam geben, wie auch ermelte Tonawörthische relation[13], alles zu irer mehrern nachricht und information, umb sich dariber desto mehr und bösser vernemmen zlassen."[14]

Konzept-Kopie Akten 281 fol. 164–169 = Druckvorlage; Kop. der Konzept-Kopie ebenda fol. 186'–189; Konz. mit Korr. und Zusätzen Peringers ÄA 2375 fol. 503–506.

---

**9** Oben Nr. 512 C 3 S. 1570, 1576 f.
**10** Nach Ausweis des Konzepts des *bayerischen Protokolls* und des oben Nr. 512 E Anm. 1 zitierten Protokolls *Solls* beinhaltete Punkt 3 des bayerischen Votums die Themen Mühlhausener Konvent und Vermittlung Frankreichs bei Schweden und den protestantischen Kurfürsten gemäß der Instruktion *Maximilians* für seine Gesandten (oben Nr. 512 C 3 S. 1570–1572).
**11** Die Relation *Maximilians* über die Konferenz in Donauwörth (oben Nr. 490, dritte Fassung).
**12** Enthalten in den oben Nr. 379 Anm. 4 zitierten Stücken.
**13** Wie oben Anm. 11.
**14** In dem oben Nr. 512 E Anm. 1 zitierten Protokoll *Solls* folgt noch: „Stehe nun zu beratschlagen: 1. Quid agendum wegen des Hessischen vorschlags. 2. Ob Franckreich zu <requerieren>?"

## 512 E 3. Dritte Sitzung

Dezember 31

Mühlhausener Konvent und Vermittlung Frankreichs – Libra status belli moderni in Germania samt Anlagen – Relation Maximilians über die Konferenz in Donauwörth – Kriegführung in Franken – Konferenz mit dem kaiserlichen Gesandten – Friedensbedingungen – Zweiter Tagesordnungspunkt betr. die Fortsetzung des Krieges

„In der dritten session, den 31. Decembris, rekapitulierten wir [*Bayerische*] daß gestrige[1].

Wegen *Hoch- und Teütschmaisters* votirt ieztmahlß canzler allein:[2]
Ir Hochfstl. Gn. seind alzeit in dero regierung der intention gewest, ir müglichkeit beim gemainen wesen ze thuen, wie hoffentlich im werkh beschehen. Haben auch ihr gemüetsmainung nach erlittner niderlaag zu Franckhfurth in schrüften eröffnet,[3] in specie alß der anzug in Franckhen beschehen, wie Würzburg zu erretten, und zu dem ende die ganze armada mit proviant etlich teg versehen, wie auch 40 statlich artolleriapferdt hergegeben, alles in hoffnung, succurs zu erlangen, wie er solchen vilfeltig gesuecht, aber nichts erhalten khönnen. [...] Sie haben auch erst kürzlich nachricht, daß der feindt an vilen orthen sehr schwach, ja ainer sich verlautten lassen, wan er nur 6.000 mann hette, wolle er Würzburg wol übergwöltigen. Aber nirgents sei khein widerstandt, wie dann Mergent[heim] und daß Neuhauß am Hl. Cristabent auch zu accordirn gezwungen worden und am Hl. Tag der feindt darein gezogen. Ihr Hochfstl. Gn. haben hieriber mit herrn general [Tilly] alsbaldt conferirt und umb hilf gebet-

---

1 In den Konzept des bayerischen Protokolls folgt noch: „und begerten sie dariber ferner zu vernemmen." – Das oben Nr. 512 E Anm. 1 zitierte Protokoll *Solls* hat: „Churbayerische recapitulieren die gestrige handlung und letztere proposition, item den inhalt der communicierten schriften. Wollen unsere meinung daruber vernehmen. alsdan ihre instruction auch weiter eröffnen."
2 In dem oben Nr. 512 E Anm. 1 zitierten Protokoll *Solls* lautet dessen Votum wie folgt: „Excuso absentiam h. com. zu Plomenthal, recensendo wie hoch Noster Reverendissimus bemuhet, dz Franckenlandt zu salvieren, und wz fur widerwertige resolutiones darunter ertheilt worden, derowegen Ihre Hochftsl. Gn. sich selbsten zum general [Tilly] verfuegt, aber daselbsten die zeittung, dz Merg[entheim] verlohren, bekommen. Damit nun der status am Necker salviert werde oder aber Ihre Hochfstl. Gn. ihre sustentationem allein haben mögen von den ubrigen heussern der ballei Francken, haben sie den h. von Wolck[enstein] per posta zu Churbayrn abgefertigt, ufs wenigst der ubrigen heusser mit einquartierung und contribution zu verschonen. Seie seiner baldt widerumb gewertig. – Uf die gestrige puncten [Mühlhausener Konvent und Vermittlung Frankreichs; oben Nr. 512 E 2 Anm. 14] seie ich nit instruiret. Acht vor ein notturft, mit dem Ksl. gesandten vorderst daraus zu conferiren."
3 Am 10. Oktober, oben Nr. 311 E 62.

ten, auch gester herr von Wolckhenstein deßwegen nach München geraist[4]. Hoffe, er werdt in khürze wider hier sein.[5]

Er canzler hab die gestrige schrüften noch nit lesen khönnen.

Halte aber darfür, mit dem Ksl. abgesandten hierundter[6] zu conferirn. Waß alßdann inßgemain für guet befunden, werdt sich hoffentlich Ir Hochfstl. Gn. nit absöndern.

*Eychstett:*
Bedankht sich der communication, und befünden in irer instruction, daß Ir Fstl. Gn. iezigen laidigen standt vorhero bereit sorgfeltig und threwherzig erwogen so weit, daß nunmehr schwehrlich auch mit den waffen den sachen recht zu steüren. Nemmen also ir zueflucht zu Ir Ksl. Mt. und den herrn churfürsten, in specie Bayrn, und bitten, dero stift in acht zu nemmen und dahin zu sehen, wie den sachen rath ze schaffen und dz verlohrne wider zu recuperirn. Wie aber dises zu erlangen sein mecht, daß geben sie den mehrern und hochvernüftigern anhaim. Die werden ohne maßgebung daß beste in acht zu nemmen wissen.

Hoffen, Franckhreich alß ein christlicher eiferiger potentat werde die religion considerirn, im übrigen wegen der conferenz mit dem Ksl. gesandten sich auf daß Teitschmaisterisch votum beziehendt. Wöll sich sonst in allem, waß vorgenommen und von den mehrern guet befunden wirdt, accommodirn.

*Straßburg:*
Sei in specie uf daß gesterig nit instruirt. Referirt sich aber uf die vorgehende vota. Hofft, es werde seiner herrschaft nit zugegen sein.

*Augspurg:*
Sei gestern vernommen worden, wohin sein instruction ihne weiste. Werde nit zu verdenken sein, deren zu geleben. Wan nur die religion salvirt und wider Gott, auch daß gewissen nichts gehandlet werde, Ir Fstl. Gn. sich accommodirn. Wanns daß Curbayrisch directorium rathsamb befünde, mit dem Ksl. gesandten zu conferirn, wöllen sie sich nit absöndern.

---

4 Die einschlägige Weisung des *Deutschmeisters* für seine Gesandten in Ingolstadt, ist datiert: Nördlingen, 29. Dez. 1631 (Ausf., präs. Ingolstadt, 30. Dez., StAL B 290 Bü 189); ein beigefügtes Memorial mit den Einzelheiten fehlt. Aus der Weisung und dem oben Anm. 2 zitierten Votum Solls ist aber ersichtlich, dass Wolkenstein sich um die Sicherung des Ordensbesitzes am Neckar und um Befreiung der noch nicht okkupierten Ordensbesitzungen von Einquartierung und Kontributionen bemühen sollte. – Die Resolution des Kurfürsten für Wolkenstein hat sich nicht gefunden. Einschlägig ist aber ein Schreiben *Maximilians* an Tilly, 3. Jan. 1632 (Konz. Mairs ÄA 2405 fol. 24), in dem es heißt: „Dieweil aber wisslich, dz S. L. [= der Deutschmeister] durch eroberung dero residenz statt Mergetheimb nit einen geringen theil dero landts verlohren, und dahero mit S. L., als die sonst bei dem gemainen wesen dz ihrige bisher treulich beigesezt, billich ein mitleiden ze tragen, also werdet ir darob zu sein wissen, dz dero noch ibrige ämbter mit einquartierung und contribution, sovil sein khan, aller migligkeit nach verschont werden. Hergegen haben sie sich erbotten, waß iro noch möglich, zu außbringung des volkhs guetwillig beizuspringen."

5 Nach Ausweis von *Soll* an den Deutschmeister, Ingolstadt, 5. Jan. 1632 (Ausf., präs. 7. Januar, StAL B 290 Bü 189), stand die Rückkehr Wolkensteins damals noch aus.

6 Mühlhausener Konvent und Vermittlung Frankreichs; vgl. dazu oben Anm. 2.

*Basel:*
Conformirt sich mit vorgehenden.
*Regenspurg:*
Ingleichen; und waß gestert von ihnen votirt worden.
*Elwangen:*
Gibts wie vorgehende den oberheübtern im haubtwerkh anhaim.
Und auß dem, waß Teütschmaisterische anbracht, sorg er, es werde Elbang auch nache geen. Bäte also umb beförderung und die puncten zusamzeziehen, damit er ehist wider haim gelangte, die notturft zu referiren.
*Khempten:*
Wie Elwang.
*[Schwäbische] Grafen und herren:*
Wissen nichts mehrers zu erinnern.
*Hierauf ware unser [der Bayerischen] antwort,*
Daß wir den zuestandt mit Mergetheim mitleidenlich vernommen und zu Gott hoffen, sein Allmacht werde dero handt so weith von unß catholischen nit abziehen, daß nit daß verlohrne wider zu erobern.
In der haubtsach aber verstehn wir die mehrern dahin, daß sie ihnen den tag zu Mülhausen oder an aim andern orth nit müsfallen lassen.[7] Item mit dem Ksl. abgesandten conferenz zu pflegen.
Wir verglichen unß auch damit. Und ob nit dises heunt auch geschehen mechte, umb willen der beförderung, auch durch wene?
*Teütschmaisterische:*
Gebens dem directorio anhaim. Mainten, vom selben und wene sie von denn andern darzue nemmen wolten.

Und also verglichen sich alle nachgehende. – Dariber werden geordnet herr Peringer, Teütschmaisterischer canzler und (weil herr von Räzenriedt sich entschuldigt) Aichstettischer canzler, heunt umb 2 uhr zum Ksl. gesandten ze khommen.

Underdessen aber begerten wir *[die Bayerischen]* ihre mainung, auf waß für mitel und conditiones, wann ein tagßfahrt angehen solle, ze handlen sein wurde.

In der umbfraag vermeint der *Teütschmaisterische,* sei[8] gester verstandten, und waß man am mehrern orth für guet befinden werde, so rebus sic stantibus beim gegenthail zu erhandlen.
*Eychstett:*
Gebens[9] auch den mehrern heimb.

---

[7] In dem oben Nr. 512 E Anm. 1 zitierten Protokoll *Solls* folgt noch: „(2.) Franckreich umb interposition zu ersuchen."
[8] Das oben Nr. 512 E Anm. 1 zitierte Protokoll *Solls* hat:: „Ego referier mich uf mein gestrig votum iuxta instructionem [oben Nr. 512 E 2 Anm. 1]."
[9] Das oben Nr. 512 E Anm. 1 zitierte Protokoll *Solls* hat:: „Wolls vom directorio vernemmen. Repetit etiam hesterum votum [oben Nr. 512 E 2 Anm. 2]."

*Straßburg:*
Allerdings wie Eichstett.
*Augspurg:*
Ziecht sich auf sein instruction und zuvor gefiehrtes votum.
*Basel:*
Wie Straßburg.
*Regenspurg:*
Seindt bevelcht, sich mit Bayrn zu conformirn.
*Elwang:*
Was salva conscientia sein khönne, werden sie sich nit söndern.
*Kempten*, item *[Schwäbische] grafen und herrn:*
Wie vorgehende.
Nos *[Bayerische]*, concludirten:
Hetten sonst gern ire mainungen von denen mitlen in specie gehört. Weils aber darauf nit instruirt, müssen wirs auch dahingestellt sein lassen. Und sei ze sorgen, der markht werde nach dem sprichwort erst kramen lehrnen. Wir versichern sonst die stende, daß Ir Kfl. Dt. die notdurft deß allgemeinen catholischen weesens eifferig und eisserist werden in acht nemmen. Dieweil es aber ein geistliche sach und daß ganze catholische religion weesen concernire, zweiflen sie ganz nit, die geistliche herrn churfürsten und andere stendte werden hieriber die böste resolution zu schöpfen wissen. Stellten ihnen sonst haim, ob man übermorgen, den 2. Januarii anno 1632, umb 8 uhr wider zusamenkhommen und ferner in specie vom andern haubtpuncten deliberirn wolte.
Daß liessens ihnen alle gefallen."

Konzept-Kopie Akten 281 fol. 169–172 = Druckvorlage; Kop. der Konzept-Kopie ebenda fol. 189–190; Konz. mit Korr. Peringers ÄA 2375 fol. 513–515.

## 512 E 4. Vierte Sitzung

Januar 2

Bericht über die Konferenz mit dem kaiserlichen Gesandten am 31. Dezember – Fortsetzung des Krieges – Libra status belli moderni in Germania samt Anlagen – Kriegführung in Franken – Konferenz mit dem kaiserlichen Gesandten – Mittel für den Unterhalt der kaiserlichen und der Ligaarmee

„Vierte Session, den 2. Januarii anno 1632

Wurde [von den *Bayerischen*] referiert, waß bei dem Ksl. herrn abgesandten vorgestert gehandlet worden.[1] Haubtsachlich, daß er wegen des Mülhausischen tags mit herrn landtgraf Geörgen von Hessen persohn und vorschlag khein bedenkhens. Waß aber die ersuechung Franckhreich antrifft, were er darauf nit instruirt. Allein waß ime nur vor sein persohn hierbei zu gemüeht gehe, seie dises, daß Franckhreich mit Schweeden confoederirt. So wiß man auch, wie Franckhreich gegen dem hauß Österreich affectionirt. Wölls aber Irer Mt. referirn. Und sei auch zu erwarten, waß uf der geistlichen herrn curfürsten schreiben für antwort aus Frankhreich einlangen werde.

Alßdann proponirten wir *[Bayerische]* den andern haubtpuncten, wann nemblich beim gegenthail kheine billiche und thuenliche fridensmitel zu erlangen, waß alßdann mit fortsezung deß khriegß oder sonst zu thuen sein werde.

Umbfraag

*Hoch- und Teütschmaisterische:*

Khünden[2] fast khein hoffnung machen, daß der feindt bei so villen seinen progressen werde zu billichen mitlen zu bewegen sein. Dahero werde man unserseits müessen müglichist zusamensezen. Haben sonst vermaint, die khrüegsheübter, id est Ksl. Mt. und Churbayrn, wurden, ehe man sich separirt, schon bedacht haben, wie solches geschehen mecht. Hetten also darfürgehalten, daß beede armaden wider in ein corpus gebracht; wurde sowol der bezahlung halb alß auch, alle catholische und uncatholische stende zur contribution zu bringen, mehr ordnung und effect zu hoffen sein. Wolten benebens gern vernemmen, wie vil noch bundtsvolkh verhanden, vorab wieviel regimenter der bundt allein halten solle?

---

[1] Vgl. dazu auch unten Nr. 512 H 9 Anlage. – In seiner Relation an den Deutschmeister, Ingolstadt, 31. Dez. 1631 (Ausf., teilweise dechiffriert, präs. 3. Jan. 1632, StAL B 290 Bü 189; Konz. Solls ebenda) faßte *Soll*, der an der Konferenz teilgenommen hatte, die Antwort Questenbergs wie folgt zusammen: Questenberg „hat zwar in utramque partem, waß darbei pro et contra zu consideriren sein mag, vernünftig discurrirt und in mangel genugsamer instruction sich nit cathegorice darauf resolviren können, jedoch solches ad referendum [...] angenommen und vermeint, es werde vielleicht Irer Mt. *rebus sic stantibus und weiln es schon so weit kommen ist, wie in gestrigem schreiben vermeldt,* auch nit mißfallen." – Der vorstehend kursiv gedruckte Passus spielt zweifellos an auf die Relation der *Gesandten des Deutschmeisters* vom 30. Dezember (unten Nr. 512 H 6 Anm. 3).

[2] In dem oben Nr. 512 E Anm. 1 zitierte Protokoll *Solls* lautet der Eingang von dessen Votum: „Reverendissimus hab kein hoffnung zu billigem frieden, ergo ad arma zu greiffen, von deren maneggio die kriegsofficier zu hören, wie in der instruction [oben Nr. 512 C 2 S. 1565 f.] vermeldt."

Haben zwar unsern discurs ersehen und Irer Hochftsl. Gn. überschickht, die werden aber schlechten trost darauß erfünden; und hoffe, Ir Kfl. Dt. werdens nit so gar dabei verbleiben zlassen, gemeint sein, sonder an irem hochen orth sich seithero aines bössern entschlossen haben.[3] Referirt benebens einen andern discurs und vorschlag, wie dem weesen in Franckhen widerumb zu steüren sein mechte. Der gehet aber auf daß, waß im ersten Teütschmaisterischen voto[4] angeregt worden, nemblich wann man 6.000 mann hette, der feindt wider auß Würzburg ze treiben sein solle etc.

*Eychstett:*

Weil daß ausschreiben in disem dritten [!] [Punkt] von ainer einmüethigen zusamensezung melde, hettens verhofft, der stendt sollen mehrer erschienen sein. Waß dise wenige werden handlen, mechte etwa wenig angesehen werden. Hab derwegen schon der tagen auf Ksl. Mt. gedeittet. Ob nun schon die khonftige victori für die catholischen ausschlagen solle, mechte dieselb doch also beschaffen sein, daß die noch lebende gedenkhen khünden, die zuvor gelebte hetten durch gietliche mitel besser auß denn sachen khommen mügen. Solde es aber nochmahlen umbschlagen, so wurd die sachen gar auß sein. Sie erwegen auch den üblen standt der militiae, und ob bei einer solchen soldatesca glickh zu verhoffen.[5] Dahero zu wünschen, wie zu einem gewissenhaften friden zu gelangen. Wie und mit waß mitlen aber es geschehen mecht, daß gebens wie vormahlß Ir Mt. und denn herrn churfürsten anhaim. Dann der stift nunmehr also beschaffen und zuegericht, wan sie gar vil darzue rathen sollen, wurde inen doch an mitlen manglen, ein solches effectuirn zu helfen. Halten darfür, man werde es zu Regenspurg und seidhero an seinem hochen orth noch mehr erwogen haben. Bäthen also umb eröffnung desselben. Werde sonst ohne weitere ausfüehrung bewust sein, daß es mit inen nunmehr also beschaffen, daß sie gleich-

---

3 Vgl. dazu die Relation *Solls* vom 31. Dezember (oben Anm. 1): Berichtet u. a. über die 2. Sitzung vom 30. Dezember (oben Nr. 512 E 2), in deren Verlauf die bayerischen Gesandten äußerten, „endtlich hab man auß den discursibus sub Num. 1, 2 und 3 [gemeint sind die oben Nr.379 Anm. 4 zitierten Stücke], welche gleichwol schon alt scheinen und vermutlich vom Pappen[heim] herfliessen, zu sehen, waß vor eine grosse ungleichheit im kriegswesen erscheine zwischen den catholischen und dem gegentheil, darauß abzunehmen, daß menschlicher weiß kein möglichkeit seie, dem feint widerstandt zu thun etc. Ich hab in conversatione generali, abwesent der Bayrischen, vermeldt, daß ichs allein pro rationibus dubitandi hielte; und were vielleicht ein anderer, tröstlicher discurs darüber zu formiren, wan man andere leuth auch darüber hören thette. Eisstett aber hats vor gewiß et pro rationibus decidendi halten wollen. Stehet nun zu erwarten, waß die künftige consultation vor ein ausschlag geben würdt, ob man nemlich darbei beharren oder vom directorio ein bessern trost geben würdt."
4 Gemeint ist das Votum in der 3. Sitzung vom 31. Dezember (oben Nr. 512 E 3 S. 1587 f.).
5 Das oben Nr. 512 E Anm. 1 zitierte Protokoll *Solls* hat für das Folgende: „Wan kein friedt zu erhandlen, musste ex necessaria consequentia ad arma gegriffen werden. Finden sich aber zu wenig, hierin zu rathen. Stellens dem Kaiser und den catholischen churfürsten anheimb, wie zu Regenspurg beschehen. – Können ihrestheils im werk nichts praestieren wegen des stifts verderben. Wollen derohalben consulendo nichts vorgreiffen. Vermeinen, es werde bei dem directorio schon mit Ksl. Mt. conferentz gepflogen und geschlossen sein, wz zu thun oder zu lassen. Bitten gleich mir umb communication und wegen unvermögens umb schutz."

samb von andern müessten hilf suechen. Bitten aber von deß catholischen bundts wegen dannocht umb schuz.

*Straßburg:*
Nach dem Leipziger schluß hette die statt Straßburg sich in starkhe verfassung gestelt, also hab von dessen wie auch von Lottringen wegen, da man der praetendierten 200.000 taller halb sich etwaß besorgt,[6] der stift auch werben müessen. Darüber merkhlicher unkhosten ergangen und derhalben auf dises stifts contribution zu der liga derzeit wenig hofnung zu machen, aber erbiettig, wann der stift anderwerts unangefochten verbleibe, sovil müglich mit etwaß contribution oder aber mit volkh zu helfen. Hab sich in solche verfassung gestelt, daß sie dem feindt etlichermassen derften den kopf biethen.

*Augspurg:*
Winschten, daß ein fridt zu machen, der gegen Gott und im gewissen zu verantworten. Sei aber beim feindt etwa wenig hoffnung ze schepfen. Wollen also gern, wie die Teütschmaisterische mehrere vorschlög und particularia vernemmen. Und wan man allein auf die generalitet gehen wurde, werens darauf nit instruirt.

*Basel*
Gehet auf die maiora.

*Regenspurg:*
Haben auf mittel und vorschlög gehofft. Wan dieselben volgen, wöllens mit andern auch deliberirn helfen.

*Khempten:*
★★★[7]

*Ellwangen:*
Werdt[8] wenig hofnung zu machen sein, weil der feindt immerdar so weit vorbreche, weder daß zu besorgen, derselb werde ain standt nach dem andern ferner überziehen und begweltigen. Man solle aber so guet, alß sein khan, noch weiter zusamensezen. Wie aber, daß gebens denn höchern haim. Im übrigen mit des stifts beschaffenheit und ruin wie Eychstett.

*[Schwäbische] Grafen und herren:*
Auf die maiora.[9]

---

[6] Das oben Nr. 512 E Anm. 1 zitierte Protokoll *Solls* hat zusätzlich: „sodan wegen des Schweden progress an dem Main".
[7] In dem oben Nr. 512 E Anm. 1 zitierten Protokoll *Solls* ist als Votum *Kemptens* notiert: „Seien anderst nit instruiert, als dz mans der Ksl. Mt. und dem kfl. collegio heimstelle."
[8] Das oben Nr. 512 E Anm. 1 zitierte Protokoll *Solls* hat: „Man solle sich uf Gott verlassen. Der werde einem geringen heufflein beistehen. Man solle einander helfen, wie die bundts notul vermag. Bitten um schutz wie Eystett."
[9] Die Druckvorlage sowie deren Kopie brechen hier ab. Das Folgende bis zum Schluß nach dem Konzept.

Hieriber[10] sagten wir *[Bayerische]* innen,
Das bei negster zusamenkhunft zu Tonawert mit herrn general [Tilly] kheine andere consilia vorgangen weder allein von der confusion und dem iezigen stand der armada, also das Ir Kfl. Dt. mit der separation ganz extra culpam, sonder erst seidthero heten Ir Mt. selbs herrn general [Tilly] erlassen,[11] das also die separation von Ir Mt., on herr churf. verursachen und wider alles dero remonstriren, was daraus für inconvenientia entspringen khönden, vor augen. Die zusamensezung werde sich aber dannoch versteen, das im notfahl ain armada der andern, wie bei denen bisher vorgangnen occasionen beschehen, assistire.
Geben inen daneben ain designation der regimenter deß bundvolkhs.
Und weil der Teitschmaisterische discurs [betr. die Kriegführung in Franken] nit allein herrn general [Tilly], sonder Ir Kfl. Dt. uberschickht, liessen wirs dorthin gestellt sein, dann wir darauf nit instruirt.[12]
Warumb nit mer von stenden erschinen, hab man die ursach vorhin vernomen.[13] – Und lassens in der haubtsach den anwesenden haimgestellt sein, ob sich mit Ksl. Mt. aines andern tages aller catholischen, sowol die im bund als der andern, so bisher nit

---

**10** Das oben Nr. 512 E Anm. 1 zitierte Protokoll *Solls* hat u. a.: „*Churbayerische* post longam deliberationem: Es seien underschiedliche puncten angeregt. 1. De separatione der armaden. 2. Wz die kriegsheupter sich verglichen. 3. Weitere information de numero militum. 4. Wie Franken mit wenig volk zu recuperieren. 5. Dz man mehrer abgesandten erwartet. – Ipsi ad 1ᵐ: Dz keine consilia furgangen, welche die [Separation] erclert, sondern Ihre Mt. haben renitente Serenissimo die ihrige abgesondert und Serenissimus daran kein culpam. Verstehen es doch dahin, wiewol Tilly des Ksl. generalats endtlassen, dz die coniunctio animorum et virium doch bestehen werde utrimque. [Ad 3] Von bundtsarmaden wardt ein specification abgelesen uf 61 compag. zu pferdt und 11 regimenter zu fuß. [...] [Ad 5.] Haben nit darfurgehalten, dz der Kaiser die andere stende ausser des bundts nit wurde beschreiben oder dz soviel bundstende wurden ausbleiben. Derohalben Ihre Dt. auch selbst darfurgehalten, die wenig anwesende stende wurden dis werk nit uber sich nehmen, sondern solches, wan kein erbarer friedt erhandlet solte werden, seie zu einem andern general convent aller catholischen stende zu stellen, auch dem Ksl. gesanten zu intimieren. – Petunt nostra vota."
**11** Zum Thema Entlassung Tillys ist in dem oben Nr. 512 E Anm. 1 zitierten Protokoll *Solls* am Rand vermerkt: „Nota. Tilly hatt dem Ksl. currier, so diese bottschaft gebracht, 100 reichsthaler verehrt."
**12** In einem Memorial *Solls* für den kaiserlichen Gesandten, Ingolstadt, 4. Jan. 1632 (Konz. Solls StAL B 290 Bü 189), heißt es unter Punkt 13: „Wan uf seitten des cathol. bundts kein hulf oder trost sein wurde, den stift Wurzburg und andere occupierte orth im Franckenlandt auss des feindts handen zu reissen, ob nit etwan ein mittel sein köndte, dz die Ksl. Mt. etwan ein corpus von 8.000 man allergdst verwilligten, mit welchen sich andere, die Ihr Fstl. Gn. von Wurzburg uf erlangte vertrostung und Ksl. patenten in Niderlandt könnte werben lassen, coniungierten und mit Göttlichem beistandt das stift Wurzburg und andere orthen recupeirten, auch die benachbarte catholische stende in sicherheit sezten, welche dann dz ihrige auch gern darzu wurden cooperieren helfen, inmassen bei denen anietzo alhir anwesenden h. kfl. und fstl. abgesandten ein ebenmessiger absonderlicher vorschlag, wie hiebei sub A [fehlt] zu sehen, durch die hochfstl. Teutschmeisterische abgeordnete angebracht und communiciert ist worden." – Nach Ausweis der Relation *Solls* vom 5. Januar (oben Nr. 512 E 3 Anm. 5) mußte Questenberg sich wegen fehlender Instruktionen darauf beschränken zu erklären, er werde dem Deutschmeister von Wien aus antworten.
**13** Oben Nr. 512 E 2 mit Anm. 9.

wirkhlich darinn gewesen, mecht zu vergleichen sein und solches dem [Ksl.] abgesandten an hand ze geben.

*Teitschmaister:*
Hab zwar solche resolution verhoft, dardurch seinem herrn erfreulicher bericht zu thuen. Weil er aber verstee, das es erst auf ainen andern generalconvent gestellt, laß ers auch darbei bewenden, und dem Ksl. gesandten dises anzedeithen zu dem ende, ob er villeicht was erinnern mechte, dariber hie noch ferner zu deliberirn were.[14]

*Eichstett:*
Sei[15] umb sovil mer uf andere remedia zu gedenkhen, wie den standen an hand ze geen. Halten also darfir, Irer Fstl. Gn. werde diser vorschlag nit zugegen fallen. Allain gebens zu bedenkhen, obs die zeit bei der beschaffenheit im Reich zulassen werde. Vorab hieltens guet, das zuvor Ir Mt. und Kfl. Dt. deß besten sich entschliessen und den stenden vorhero communicirten, umb merer befirderung willen.

*Straßburg:*
Wie vorige.

*Augspurg:*
Wie[16] die andere, sonderlich ob die stend feindsgefahr halb werden zusamstossen khönnen, vorab das bede erstgedachte heübter sich zu vergleichen hetten, wie zu steüren, und das bede armaden entzwischen also von ihnen underhalten wurden, das von denselben alsdann wider esprieslicher dienst zu verhoffen.

*Pasel:*
Mit Straßburg.

*Regensburg:*
Wie Eichstett und Augspurg.

*Kempten, Elbang, [Schwäbische] grafen und herren:*
Wie alle vorsizende.

*Unsere [der Bayerischen] antwort ware hierauf,*
Das wir uns mit dem generalconvent mit inen vergleichen, wie dann auch vernunftig angeregt worden, das Ksl. Mt. und Kfl. Dt. sich underdessen miteinander beraten und entschliessen <mechten>. Wellen aber verhoffen, die stend werden von selbs

---

14 Das oben Nr. 512 E Anm. 1 zitierte Protokoll *Solls* hat noch: „Bitten interim um schutz."
15 Das oben Nr. 512 E Anm. 1 zitierte Protokoll *Solls* hat: „Were zu wunschen, dz man dis orths ein tröstliche resolution haben konnen. Lassen jedoch geschehen, das bei der Ksl. Mt. umb ein andern convent angehalten werde. Interim aber sollen Ihre Mt. mit Churbeyern sich einer armatur vergleichen und solches anderen stenden communicieren."
16 Das oben Nr. 512 E Anm. 1 zitierte Protokoll *Solls* hat: „Ein ander convent erfordere lange zeit, und werde man schwerlich zusammenkommen. Derohalben Ksl. Mt. und Churbayern immittels bedacht sein sollen, wie dem anscheinenden unhail zu begegnen, auch interea die soldatesca also zu underhalten, damit sie ad defensionem prom[p]t<i>."

genaigt sein, interim die mitel zur armada zu verschaffen und sich dariber vernemen zlassen.[17]

*Teitschmaister:*
Maint, die deputation zum Ksl. gesandten mit iemands vom directorio zu thuen. Der werde wissen, von den andern auch mitzunemmen.
Aber[18] die underhaltsmitel betr., habens bishero also zugehalten, das nichts von der bewilligten contribution im ausstand bliben. Nunmer aber weren deß ordens sachen also beschaffen, das sie selbs an irer sustentation mangeln mechten. Dahero verhofft, die noch vermiglichere stend sollen fir die andern, doch anderst nit weder anticipando, darschiessen. Erbiets, khomender zeit sein portion auch treulich zu erstatten. Heten vor allem die hofnung auf Churbairn gesezt, und obwol negstmal entschuldigung angetragen worden, bäten sie doch nochmaln, die hand nit abzuziehen.

*Eychstett:*
Weren mit dem unterhalt darumb nit instruirt, weil sie gewust, das innen die mitel ermanglen, dann es sei bewust, wie der stift iezt beschaffen und was er die ganze zeithero contribuirt, seiner vorfaren schaz und cleinodia angriffen und herneben über dises ain solchen schuldenlast gemacht, das dem stift nunmahlen der credit dahin ermangle. Item in durchzugen merkhlichen schaden erliten, hingegen nichts genossen oder von dem, was erobert, remunerirt worden. Und wie sie bei deß Schweden anzug von unserm volkh den schuz verhofft, werens eben vom selben im obern stift, wo dz beste einkhomen, selbs außgeblindert und verderbt worden, eben zu der zeit, da die gefell eingeen sollen und die städ[el] voller traid gewest, ia auch sogar der Gottsheiser nit verschont.
Wissen also nichts mer darzeschießen, wie dann herrn generalen [Tilly], als ime obiges alles remonstrirt, selbs die augen ubergangen. So hetens selbs zu merer versicherung des undern stifts volkh[19] geworben und eingenomen, das werd wochenlich über 3.000 fl. costen. Daraus sei abzunemen, ob sie zum bund auch etwas thun khönnen. Remitirn dem allem nach alles vorderst Gott, Kaiser und Kfl. Dt.

---

**17** Das oben Nr. 512 E Anm. 1 zitierte Protokoll *Solls* hat noch: „Begeren deputationem ad commissarium Caesareum."
**18** Zum Folgenden hat das oben Nr. 512 E Anm. 1 zitierte Protokoll *Solls*: „Reliqua iuxta instructionem [in Sachen Unterhalt der kaiserlichen und der Ligaarmee, oben Nr. 512 C 2 S. 1566 ff.] et litteras speciales." – Mit Letzteren war gemeint die nach dem Verlust Mergentheims ergangene Weisung des *Deutschmeisters* für seine Gesandten vom 29. Dezember (oben Nr. 512 E 3 Anm. 4), in der es heißt: Nachdem nun alle Ordensbesitzungen in Franken in feindliche Hand geraten sind und das Gleiche auch den Besitzungen am Neckar droht, fehlen die Mittel zum Unterhalt des Deutschmeisters, des Landkomturs und der übrigen Ordensmitglieder der Ballei Franken, kann der Orden für die Ligaarmee keine Zahlungen mehr leisten. Das soll der Kanzler klarstellen, wenn das Thema Kontributionen auf die Tagesordnung gesetzt wird. Falls dem Orden noch Mittel zufließen, brauche man diese, um den Kontributionsforderungen des Feindes nachzukommen und um für eine etwa anfallende Brandschatzung Mergentheims gerüstet zu sein.
**19** Nach Ausweis des oben Nr. 512 E Anm. 1 zitierten Protokolls *Solls* 3 Kompanien zu Fuß und eine zu Pferd.

*Strasburg:*

Repetirt sein voriges votum, das diser stift mit gelt nit derzeit contribuirn werde khönnen, iedoch wanns vom feind unangefochten bleibe, wollens gern, was miglich, abstatten.

*Augspurg:*

Die[20] unglegenheiten, so kriegs halb der stift erliten, khunden gar umbstendig ausgefirt werden. Well aber ieztmalen nur diß anregen, das der stift sein aigne comp. nunmer meist im quartir halten. Hab zwar vom feind noch nichts, aber von freundten vil blinderungen ausgestanden. So hab man den artilleriestaat gegen Augspurg gelegt. Der werd den stift und capitl wochenlich uber 1.000 fl. costen. Khain gelt wiß man auch nit ufzebringen. Heten iedoch gleichwol den sachen nachgedacht und vermainten ires tails, ehe man ain hailosen, gegen Gott unverantwortlichen friden eingee, soll man ehender den krieg vortsezen. Hete villeicht vor disem wol mitel gehebt, den feind ehender zu demmen, dann durch so langwirigen krieg seind die stifter erschepft. So were ain erdeilich[21] mitel gewest, wann man einiges, was erobert worden, anderst angelegt und austailt, wie auch sovil perdon nit geben.

Die mitel aber zu ferner[m] underhalt der armada belangend, werden die vornembste vorsizende hoffenlich den sachen nachgedacht haben. Sie halten ires tails darfir, ain iedes cristenherz soll sein eisserstes thuen und nichts, was es nur hat, sparen. Sie habens numer seid anno 1609 her gethan, wellens auch noch an weltlichem und geistlichem, was nur miglich, nit underlassen. Hab anno 1610 auf ainmal 52.000 fl. auf widererstattung hergeschossen, so sie aber noch verzinsen miessten. Item vilmals proviant hergeben und iezt wider aufs neu ain grosse anzahl.

Noch ain mitel were inen zu gemieth gangen mit anlag des zehenden d[enarius] bei allen catholischen[22], auch in den Ksl. erblanden. Item auf ieden camin ain gewises gelt ze schlagen und strax einzefordern, darunter auch die schlösser und statlichen herrnheiser nit auszenemen. Verner mit diversionen, wies Schwed mache, und einfählen in andere länder, in specie auf die stett. Dann durch obige mitel wurd zu gelt zu gelangen sein und bei der soldatesca disciplin khinden erhalten werden, da alsdann bei besserm cristlichem leben merer glickh zu verhoffen. Allegirt die bundsnotl, wie man einander in solchem eissersten notfall beispringen solle. Etliche haben dz irige schon gethan. Item Ksl. Mt. mechten die auslendige lehenleit aufmohnen[23], wie die protestirende chur- und firsten sichs bedienen. Es wurde auch am hochsten weltlichen ort ain bessere administration der justiti zu sollicitirn sein, so under

---

20 Nach Ausweis des oben Nr. 512 E Anm. 1 zitierten Protokolls *Solls* votierte *Augsburg* eingangs: „Die deputatio ad Caesareum commissarium solle vorgehen wie zuvor, iuxta morem consuetudinis."
21 Vgl. dazu GRIMM III Sp. 754 s. v. erdeihen (gedeihen usw.).
22 Das oben Nr. 512 E Anm. 1 zitierte Protokoll *Solls* hat: katholischen Kurfürsten und Fürsten.
23 „ad faciendas diversiones", so das oben Nr. 512 E Anm. 1 zitierte Protokoll *Solls*.

diser unruhe merkhlich geliten.²⁴ Entlich aber, da ie alle oberzelte mitel nit sollen zu geniegen erschiessen²⁵, soll man sich iedannoch weren, solang man khönn. – Sie erinnern diß alles treuherziger, cristlicher mainung etc.

*Pasel:*
Verhoff, sein herrschaft werde thuen, was imer miglich.

*Regenspurg:*
Seie bekhanndt, wie der stift beschaffen und unvermiglich. Wann aber andere stend es thuen, seins auch erbietig, sich mit canonischen geistlichen mitlen anzegreiffen. Im ubrigen mit den vorschlegen wie Augspurg.

*Kempten:*
Lamentirt sich mit habenden grossen schulden und erlitnen schäden.

*Elbang:*
Erzelt, was gestalt er bishero zuegehalten. Jezt vil schäden im durchziehen erliten vom bundts- und Lothringischen volkh. Item selbs etwz vom volkh, ungeverlich in 600 mann, im stift ze unterhalten.²⁶ Werd besorglich mer costen, weder unlangst zu Dinkhelspiel angelegt worden. Bit also, den stift zu verschonen, andere aber, so noch ein ausstand, zur bezalung ze treiben. Item vermitels Ksl. Mt. andere catholische stend auch herbeizbringen.

*[Schwäbische] Grafen und herren:*
Wollen thuen, was miglich sein wird. Truchseß clagt in specie die erlitne scheden.

*Wir [Bayerische]*
Lassens bei der abordnung und hierzue die negstere²⁷ zu brauchen, verbleiben, wanns dem Ksl. gesandten disen abent gefellig.

Mit den underhaltsmitlen: ruembt man die Ausgpurgische vorschleg und nimbts ad referendum.

---

24 Das oben Nr. 512 E Anm. 1 zitierte Protokoll *Solls* hat zusätzlich: „Die thesauros absconditos herfürzuthun, sowol weldt- als geistlich, an goldt und silber", ferner: „Der victorien sich recht zu gebrauchen wie in vetero testamento, die uncatholische orthen zur devotion zu bringen". – Zu dem vorstehend kursiv Gedruckten vermerkte *Soll* am Rand: „Not[andum]: Wer es vermag und aniezo hinderhalte, hab am jungsten tag ein schwere verandtwortung."

25 Gedeihen, geraten, helfen (GRIMM III Sp. 961 f. s. v. erschiezsen 1 b).

26 In dem oben Nr. 512 E Anm. 1 zitierten Protokoll *Solls* heißt es: „Hab 300 mann under dem capitän Gans uf dem schloß Elwangen uf Ihrer Fstl. Gn. spesa." – Bei dem erwähnten Kapitän Gans handelte es sich um den Ellwanger Rat und Hauptmann Gans von Otzburg, dessen Vornamen mal mit Johann Christoph, mal mit Georg Christoph angegeben werden. Vgl dazu z. B. eine Vollmacht des *Fürstpropsts von Ellwangen* für Gans, 5. Nov. 1631 (Konz. StAL B 415 Bü 24), bzw. ein Schreiben des *Fürstpropsts von Ellwangen* an Craz, Angelberg, 11. Nov. 1631 (Konz. ebenda). Mit der Werbung einer Kompanie von 300 Mann zu Fuß und Dragonern hatte der Fürstpropst Gans im Zuge der Umsetzung der auf der Konferenz von Donauwörth Anfang November (vgl. zu dieser oben Nr. 400 Anm. 5) beschlossenen Verteidigungsmaßnahmen beauftragt, wofür auf einschlägiges Material in StAL B 389 Bü 447, B 395 Bü 22 und B 415 Bü 24 zu verweisen ist.

27 D. h. die im Rang unmittelbar auf Bayern folgenden, also der Deutschmeister und der Bischof von Eichstätt.

Seie ia billich, das die albereit sonst ruinirte stende verschont und die, so noch bei land und leit, sich desto mer angreiffen. Und erzelten wir hirbei, was Ir Kfl. Dt. bishero uber ir schuldigkeit oder quota nit nur an gelt, geschiz und munition merkhliches gethan, sonder erst noch so vil volkh ins land nemme, welches seiner üblen schaffenheit halb ser vil unglegenheit und uncosten causirn werde. Verhofften also, dieienige stend, so etwas noch im vermögen, werden derselben noch ferner nach allen miglichen dingen an die hand gehen.

Erbieten[28] uns benebens, ein specification, wo die quartier gemacht, herzugeben, und das man bei austeilung derselben aines ieden stands beschaffenheit albereit in acht genommen habe, gleichwol mit der mainung und zuversicht, da under der uberigen stenden ainer oder mer wider zu land und leiten gelangte, das derselb alsdan schuldig sein solle, von disem volkh auch etwas einzenemen und also die andern stend in ichtes ibertragen ze helfen."

Konzept-Kopie Akten 281 fol. 172'–175 (Fragment) = Druckvorlage; Kop. der Konzept-Kopie ebenda fol. 190'–192 (Fragment); Konz. mit Korr. Peringers ÄÄ 2375 fol. 511–512, 517–520 = Druckvorlage. Vgl. auch oben Anm. 9.

---

[28] Das oben Nr. 512 E Anm. 1 zitierte Protokoll *Solls* hat: „Wollen die austheilung der Tillischen quartier, wie sie zu Donaw[örth] gemacht, ad dictaturam geben. Verhoffen, man werde damit zufrieden sein und fernere distribution ihnen heimstellen. Wollen die stendt in acht nehmen." – Ein „Verzaichnuß deß bundtsvolkhs, wie solches in die quartier außgetheilt", 3. Jan. 1632 (StAL B 290 Bü 189 Nr. 25), war der Relation *Solls* vom 5. Januar 1632 (oben Nr. 512 E 3 Anm. 5) beigefügt. Darin sind genannt die Kavallerieregimenter Schönburg/Billehé (10 Kompanien in Schwaben „oder sonsten in der nähe"), Kroaten [Ott Heinrich Fugger] (wie vorstehend), Cronberg (5 Komp. in Schwaben „oder sonsten in der nähe"), Jakob Fugger (5 Komp., davon 4 in der Oberpfalz und 1 in Wemding), La Spagnie (5 Komp. zu Forchheim), Lintelo (5 Komp. in der Oberpfalz), Blanckart (5 Komp., davon 1 zu Ingolstadt, ferner in Neustadt, Vohburg, Geisenfeld, Dietfurt), Erwitte (6 Komp., davon 2 an der Weser, „die andere hie oben bei den andern"), Eynatten (5 Komp. am Rhein), Quadt (5 Komp. in der Unterpfalz oder bei Mainz), die Infanterieregimenter General Tilly (zu Forchheim), Statthalter in Ingolstadt (an der Weser), Ott Heinrich Fugger (2 Komp. im Stift Eichstätt, 3 zu Donauwörth, 1 zu Wemding, 2 zu Rain, 2 zu Schrobenhausen), Gronsfeld (an der Weser), Reinach (teils in der Oberpfalz, der Rest an der Weser), Pappenheim (300 Mann zu Abensberg, 300 zu Kelheim, 100 zu Riedenburg, der Rest an der Weser oder am Rhein), Wahl (zu Ingolstadt), Comargo (an der Weser), Blanckardt (an der Weser), La Mugle (zu Mannheim), Hutten (zu Heidelberg), Oberstleutnant La Maas (3 Komp. mit insgesamt 300 Mann, zu Ingolstadt).

**512 E 5. Fünfte [und sechste] Sitzung**

Januar 3

Bericht über die Konferenz mit dem kaiserlichen Gesandten am 2. Januar – Bescheid für den kaiserlichen Gesandten – Abschied des Ligatages

„Fünfte session, den 3. Januarii anno 1632

Referirten die 3 herrn abgeordnete[1], waß sie gester mit dem Ksl. herrn abgesandten gehandlet.[2] Der tregt die beisorg, daß der sachen mit einem neuen convent nach beschaffenheit ieziger standts im Reich sowol zeit alß sicher zusamenzukhommen, schwerlich geholfen sein werde. Hat es doch ad referendum genommen.
Waß aber die specialmittel zur underhalt betrifft, were er darauf nit instruirt. Eß werde aber Ihrer Mt. verhoffentlich an mitlen nit ermanglen, dann sie under anderm in allen dero khönigreich und landen landtäg ausschreiben lassen, von dannen sie dergleichen ergibige hilfen verhoffen.[3]
Begerten also wir [die *Bayerischen*] von den abgeordneten zu vernemmen, ob sie disfalß noch etwaß zu erinneren hetten.
*Teütschmaister:*
Maint,[4] in den schriftlichen beschaidt [für den kaiserlichen Gesandten] einzuverleiben, obwol herr general [Tilly] von Irer Mt. erlassen, so werde sich iedannoch auf den nothfahl die coniunction beeder armaden und der zusamensezung, wie bisher beschehen, noch hinfüran verstehen. [...]

---

1 Vertreter Bayerns, des Deutschmeisters und des Bischofs von Eichstätt; vgl. dazu oben Nr. 512 E 4 mit Anm. 27.
2 Dazu heißt es in dem oben Nr. 512 E Anm. 1 zitierten Protokoll *Solls* unter dem 2. Januar 1632: „Hora 3ᵃ post meridiem ist dem Ksl. gesandten widerumb referirt worden, ex qua causa die anwesende wenige gesandte die resolution des kriegswesens nit über sich haben nemmen können, sondern zu einem andern convent verschieben. Welches der Ksl. commissarius nit gern gehört, sondern ein specialvorschlag sowol de mediis pacis als belli desideriert, jedoch vor sich auch nichts in specie anzudeiten gewust und sich dismals contentieren lassen mussen, allein um bescheidt gebetten des lezten puncten seiner proposition [vom 29. Dezember, oben Nr. 512 E 1 Anm. 5], was Ir Mt. sich zu den stenden zu versehen und uf sie zu verlassen hab."
3 Auf den Bericht über die Konferenz mit dem kaiserlichen Gesandten am 2. Januar folgte in dem oben Nr. 512 E Anm. 1 zitierten Protokoll *Solls* die Mitteilung der *kurbayerischen Gesandten*, „der recess seie verfast, aber nit revidirt. Solle ad vesperum abgelesen, auch interim der bescheidt pro commissario Caesareo ufgesetzet werden. – Quaestio, ob es darbei verbleibe."
4 Das oben Nr. 512 E Anm. 1 zitierte Protokoll *Solls* hat: „Ego hab zwar vernommen, dz der Ksl. gesandt uf specialia getrungen, doch auch nichts vor sich andeuten können und endtlich nur allein ein resolution seiner letzten clausul der proposition [vom 29. Dezember, oben Nr. 512 E 1 Anm. 5] begert. Halte darfur, dz billich darauff zu respondieren und gegen Ihrer Mt. sich allergehorsambster assistentz zu offerieren, dieweil an der coniunction animorum et virium, wie gester beim directorio gemelt, nit zu zweiffelen."

*Eychstett:*
Mit der coniunction wie Teütschmaister. Sonst weil der [Ksl.] gesandte gebetten, waß er wegen der neutralitet angebracht, ime under anderm auch beschaidt zu geben, so werdt manß im concept wissen in acht zu nemmen.
*Straßburg:*
Wie vorgehende.
*Augspurg:*
Halt[5] darfür, es weren beede puncten in bescheidt zbringen, auf waß form, geb er dem directorio anhaimb. Mit der neutralitet werd es ja den verstandt haben, wan Ksl. Mt. vom Schweden soll angriffen werden, daß ihme die stendt nit sollen derfen assistiren.
*Pasel:*
Wie Straßburg.
*Regenspurg:*
Wöllen sich mit den anderen accommodirn.
*Elbang:*
Gesezt[6], wan ie der tag soll und khünde vortgehen, gehe ime sorgfeltig zu gemüeth. Waß aber interim beschehen werde, wan der feindt noch weiter vorbrechen solle, daß werde man in acht zu nemmen wissen. Mit der neutralitet wie andere.
*[Schwäbische] Grafen und herren:*
Vergleichen sich mit den andern.
Hierauf war unser [der *Bayerischen*] antwort,
Das wir ire erinnerungen wol erwogen befünden und wöllen es mit der coniunction dem concept einverleiben. Mit der neutralitet weren wir nit instruirt, dann wir nit gedenkhen khönnen, daß hiervon etwaß werde auf die baan khommen. Habens aber bericht und gewarten stündtlich resolution dariber;[7] soll ihnen alsdan unverhalten sein. [...]

[Sechste Session, 3. Januar 1632, abends]
Disen abent[8] wurde der abschidt[9] wie auch deß Ksl. gesandten beschaidt[10] abgelesen und nochmahl von der neutralitet wegen umbfraag gehalten.

---

5 Das oben Nr. 512 E Anm. 1 zitierte Protokoll *Solls* hat: „Lassts bei der handlung mit dem Ksl. gesandten bewenden, und dz die coniunctio animorum et virium dem bescheidt inseriert werde. Ob de neutralitate etwz anzudeuten, stelle er dem directorio anheimbs. Halt nit darfur, dz jemandts dahin geneigt seie."
6 Das oben Nr. 512 E Anm. 1 zitierte Protokoll *Solls* hat: „Sei noch zu beobachten, wie die Ksl. Mt. und Churbeyern pro interim miteinander correspondieren mögen."
7 Unten Nr. 512 H 8 und 512 H 10; vgl. zum Eintreffen der Resolution im Laufe des Tages unten Anm. 10.
8 Dem oben Nr. 512 E Anm. 1 zitierten Protokoll *Solls* zufolge „hora 4ª post meridiem".
9 Unten Nr. 512 F.
10 Unten Nr. 512 G. – Da in das Konzept des Bescheides die Weisung *Maximilians* vom 2. Januar (unten Nr. 512 H 10) eingeflossen ist (vgl. dazu unten Nr. 512 G mit Anm. 6), muss diese von den Bayern am Vormittag in der 5. Sitzung erst erwartete Resolution noch im Laufe des 3. Januar in Ingolstadt

*Teütschmaister:*
Wisß nichts davon, sei auch nit instruirt. Wan[11] man sich aber obligirt, daß ainer dem andern assistirn solle, so werde dardurch die neutralitet seines ermessens von selbs gefallen sein.
Bedankht sich sonsten der müehewaltung mit denn concepten, sei alles dextre und wohl außgefüehrt. Mainten[12] allein, bei den fridensmitlen die wenige wort *Ir Ksl. Mt. und die herrn curfürsten etc.* wie auch beizesezen, daß wan ainer oder anderer standt feindtlich angriffen, selbige von Irer Mt. und Kfl. Dt. in Bayrn in acht genommen und nach müglichkeit geschuzt werden wollen, damit sie dannocht etwaß trost empfingen.[13]

*Eychstett:*
Wan man inen von der neutralitet etwaß communication thette, hetten sie sichs zu bedankhen. Item hieltens ser guet, daß Ir Mt. und Kfl. Dt., ehe es zum veranlasten ferrern tractat khombt, miteinander guete correspondenz halten wolten. Deß concepts halb wie Teütschmaister.

*Straßburg:*
Wie vorige.

*Augspurg:*
Bedankht[14] sich der müehewaltung. Repetirt nochmahl seine vorige vota und protestationen, so man ad protocollum genommen.
Der neutralitet halb geb ers haimb, ob manß im beschaidt an Kaiser auslassen oder einruckhen wolle.[15]

*Regenspurg:*
Wie vorgehende. Allein ob nit des Regenspurgischen stritt halb etwaß einzuruckhen (so man aber unnoth geacht) oder genueg sei mit dem protokoll[16].

---

eingetroffen sein. – In dem oben Nr. 512 E Anm. 1 zitierten Protokoll *Solls* heißt es ausdrücklich: „Item legebatur recreditiff und beschaidt des Ksl. commissarii bis uf den punct der neutralitet."

11 Das oben Nr. 512 E Anm. 1 zitierte Protokoll *Solls* hat: „Coniunctio schliesse per se neutralitatem aus."

12 Vgl. zum Folgenden den einschlägigen Passus in dem oben Nr. 512 E Anm. 1 zitierten Protokoll *Solls*: „Wardt der recess abgelesen. Darauff war mein bedenkhen: 1. Kaiser und ch[urfürsten] sambtlich die media pacis et belli heimzustellen. 2. Von der stenden beschirmung etwz in recess zu bringen."

13 Die beiden vom Deutschmeister beantragten und dann vorgenommenen Ergänzungen betrafen folgende Absätze des Abschiedes (unten Nr. 512 F), dessen Konzept sich nicht gefunden hat: ALSS FÜR DAS ANDER („Wolten sonsten dises alles" usw.), DRITTENS IST ZWAR AUCH („auch hoffen wöllen, eß werden" usw.).

14 Das oben Nr. 512 E Anm. 1 zitierte Protokoll *Solls* hat: „Repetiert seine priora und referiert sich ad protocollum. – Approbiert meine und Eystett. erinnerung. – Seie auch mecum eins, das per coniunctionem virium et animorum die neutralitet selbsten ausgeschlossen."

15 In dem oben Nr. 512 E Anm. 1 zitierten Protokoll *Solls* folgte: „*Basel*: Lasts bei voriger ausfuhrung."

16 Oben Nr. 512 E 2 S. 1585. – Dem oben Nr. 512 E Anm. 1 zitierten Protokoll *Solls* zufolge votierte *Regensburg*: „Ob nit dem recess die litis pendentia mit der statt Regenspurg zu inseriren."

Der neutralitet halb batens auch umb communication.

*Elbang*[17] *und andere*[18]:
Wie alle vorsizende.

Wir *[Bayerische]*:
Erbiethen unß, daßjenige, so Teütschmeister und Eychstett movirt, in den concepten zu ersezen. Im Ksl. beschaidt aber wirdt darfürgehalten, den letsten puncten von der neutralitet außzulassen, wie beschehen."[19]

Konzept-Kopie Akten 281 fol. 175'–178 = Druckvorlage; Konz. ebenda fol. 181–182; Kop. der Konzept-Kopie ebenda fol. 192–193.

## 512 E 6. [Siebente Sitzung]

Januar 4

Abfertigung des kaiserlichen Gesandten – Ausfertigung des Abschiedes des Ligatages

„Sontag, den 4. Januarii anno 1632[1]
Wurde der Ksl. abgesandte vorgelassen und ihme sein abfertigung zuegestelt. Der hat sich darin ersehen und dariber vermeldet, er befünde es deme gemeß, waß mit ihme conferirt und veranlast worden, allein daß es fast general gestelt. Hab vernommen zwar, das es den anweesenden wenigern stenden zu schwerfalle, sich weiters oder specialiter vernemmen zu lassen, dahin ers auch müß lassen gest[e]lt sein. Hette gleichwol vermaint, der mitel halb man sich weiters eröffnet haben wurde. Nem es alles aber ad referendum an und well es Ksl. Mt. threulich vortragen.

Waß sonst under andem von Ir Mt. schuz und was die stendt Ir Mt. bißher zu versicherung dero landen gethan, anregung geschicht, wöll er verhoffen, es doch den verstand haben werde, daß man sich von Irer Mt. nit absöndern noch in ainiche andere verbündtnuß oder neutralitet einzulassen gemeint seie.

---

17 Dem oben Nr. 512 E Anm. 1 zitierten Protokoll *Solls* zufolge votierte *Ellwangen*: „Wie ich und Eystett cum additione, dz nit allein die bundt-, sondern auch andere cathol. stende interim dz ihrig thuen sollen."
18 *Schwäbische Grafen und Herren.*
19 In der Relation *Solls* vom 5. Januar (oben Nr. 512 E 3 Anm. 5) heißt es: „Und weilen die ufs neue bestettigte coniunctio armorum et virium die neutralitet vor sich selbsten ausschliessen thuet, so ist deßwegen gegen den herrn Ksl. gesanten nichts weiters movirt, sondern dise clausula tacite praeterirt worden."
1 Dem oben Nr. 512 E Anm. 1 zitierten Protokoll *Solls* zufolge nach Mittag um drei Uhr.

Wir *[Bayerische]*:
Erbiethen² unß hieriber, alles, waß der herr abgesandte iezt vernünftig erinnert, zur haimbkhonft gethreulich zu referiern, dariber man sich gegen ir Mt. vernemmen lassen werde.

Nach seinem abschied wurde zu fertigung des abschiedts³ geschritten," wobei es zwischen Kempten und Ellwangen zu Differenzen hinsichtlich der Frage, wer von beiden den Abschied zuerst unterzeichnen dürfe, kam.

„Actum Ingolstatt, obgemelten 4. Janner anno 1632."

Konzept-Kopie Akten 281 fol. 178'–179 = Druckvorlage; Konz. ebenda fol. 180; Kop. der Konzept-Kopie ebenda fol. 193'–194.

### 512 F. Abschied des Ligatages

Januar 4

Eingang – Friedensverhandlungen – Mühlhausener Konvent – Vermittlung Frankreichs – Friedensbedingungen – Fortsetzung des Krieges – Mittel für den Unterhalt der kaiserlichen und der Ligaarmee, Werbungen – Proposition des kaiserlichen Gesandten, Bescheid für denselben

Der Kaiser hat den Kurfürsten von Mainz und Bayern als Direktoren bzw. als Oberstem des katholischen Bundes mitgeteilt, er halte es für dringend erforderlich, eine Zusammenkunft aller katholischen Reichsstände zu veranstalten und bei dieser Gelegenheit zu beraten und zu beschließen, „wie eintweder uf erbare und billichmessige conditiones mit dem khriegenden gegenthail ein friden gemacht oder aber, da von demselben kheiner zu erhalten, alßdan der khrieg mit ainheiliger zusamensezung noch ferner fortgestelt und dardurch der friden dermahlen erlangt und stabiliert werden möge", zu welcher Zusammenkunft der Kaiser seine Vertreter abordnen wolle. Daraufhin haben die beiden Bundesdirektoren ihre mitvereinten katholischen Kur-, Fürsten und Stände für den 14. Dezember 1631 nach Ingolstadt beschrieben.¹

Von den nicht dem Bund angehörenden katholischen Reichsständen ist niemand erschienen,² mit den drei geistlichen Kurfürsten sowie den Bischöfen von Bamberg und Würzburg fehlten die vornehmsten Bundesstände. Jene hatte der Kaiser gar nicht beschrieben, diese wurden durch den Schwedeneinfall daran gehindert, die Zusammenkunft zu beschicken. Dennoch haben die von den übrigen Kur-, Fürsten und

---
2 Das oben Nr. 512 E Anm. 1 zitierte Protokoll *Solls* hat: „Repetieren priora. Wollen ihren principalen die gethane erinnerung referiern. Und werde jeder standt uf Ksl. weitere andung sich auch ferners wissen zu erclaren."
3 Nach Ausweis der Relation *Solls* vom 5. Januar (oben Nr. 512 E 3 Anm. 5) war der Abschied des Ligatages (unten Nr. 512 F) am Morgen des 4. Januar diktiert worden.
1 Vgl. aber oben Nr. 512 B Anm. 1.
2 Erschienen ist der Bischof von Regensburg (oben Nr. 512 D).

Ständen nach Ingolstadt abgeordneten Gesandten Folgendes miteinander bedacht, verhandelt und geschlossen.

„Und demnach bei disem convent für dz erste zur umbfraag gestelt worden, weiln die negstere zwischen den cathol. und protestierenden zu Franckhfurth gehaltne zusamenkhonft und dabei versuechte fridensmitel ohne frucht abgeloffen, waß nun für ein anderer hierzue zihlender convent und durch waß für mitel und weeg zu erlangen und zu befürdern sein möchte, ob man zwar darauf fast insgesambt der mainung sein wollen, eß werden diser zeit bei dem gegenthail nach gestaltsame seiner bißher erhaltnen und noch immerzue continuirenden glickhlichen progressen und dardurch wider die cathol. in die hendt bekhomnen mechtigen vorthlß nicht wol einige billichmessige conditiones, alß etwan vor disem zu erheben gewest weren, zu verhoffen und dahero selbige vilmehr durch die waffen zu suechen und zu erhalten sein, so ist doch auf ervolgte ausfüerliche remonstration, dz man durch khrieg und waffen allein nit wol hinaußkhommen werde, endtlich darfürgehalten worden, daß dannoch derjenige convent und tractat, welchen deß herrn landtgraf Geörgen zu Hessen Fstl. Gn. nacher Mülhausen vorgeschlagen, nicht aus der acht zu lassen, bevorab weilen solcher gethanem bericht nach von Irer Ksl. Mt. und den cathol. herrn curfürsten bereit placidirt, auch der Ksl. herr abgesandte, so disem convent beigewohnt, in seiner abgelegten proposition selbst die andeittung darauf gethan hat.

Nachdemalen es aber mit disem [...] nacher Milhausen vorgeschlagenen convent auch noch seine gewise, bei diser versamblung nach lengs erinnerte absäz und difficulteten hat, welcher wegen auf desselben zumahlen so fürderlichen vortgang [...] khein grosse rechnung zu machen und also gefragt worden, durch waß für mitel aintweders diser [...] Mülhausische oder aber ein anderer dergleichen convent zu erhandlung eines allgemainen fridens befürdert und wie die gegenthail [...] hierzue besser disponirt werden khünden, also und zumahlen man vernommen, daß es den herrn cur-, auch andern fürsten und stenden gleichermassen gefellig sei, ist solchem nach dem werkh nicht undiensam zu sein vermaint worden, da man hiezue der Kgl. Wrd. in Franckreich interposition haben und, wie dem vernemmen nach von den cathol. herrn curfürsten bereit schrüftlich beschehen ist, auch von denselben und andern noch weiter beschehen wirdt, Ire Ksl. Mt. dahin bewegen mechte, daß sie iro nit allein berierte interposition allergdst gefallen lassen, sonder auch Ire Kgl. Wrd. selbsten darumb ersuechen wolten, ingestalten die erinnerung gethan worden, dz von Irer Ksl. Mt. dergleichen ersuechung hiebevor, wie die unrue und rebellion in Böhaimb erstens angefangen, auch beschehen,[3] aniezt aber die gefahr mit Irer Ksl. Mt. erbkhönigreich und landen und also auch die ursach, dise interposition widerumb zu requirirn, nicht ab-, sonder auß mehrerlai hierbei erwogenen umbstenden nur zuegenommen und schwehrer worden, in gefasster hofnung, Ire Kgl. Wrd. alß ein cathol. und cristlichister potentat wurden auf solche gegen iro fürgehende ersuechung sich umbsovil eiferiger bemüehen, merbesagten gegenthail zu befürderung deß öfter gemelten convents

---

[3] Durch die Abordnung Fürstenbergs nach Frankreich (oben Nr. 512 C 3 mit Anm. 8).

und tractats zu vermögen, mit welchem es sonsten noch wol schwer und langsamb hergehen möchte.

Alß für das ander, anhengig dem vorigen puncten, proponirt worden, waß auf solchem anderwertigen, zu erhandlung eines allgemeinen friden[s] gemainten tag und convent cathol. thailß für begeren ze thuen und waraufdie media et conditiones pacis ze stellen, solte gleichwoln zu befürderung angedeitten zweckhs sehr fürstendig gewesen sein, da man dieselbige und deren beschaffenheit in specie gleich aniezt hette vernemmen mögen und sich bei khonftigem tractat nicht erst mit deren deliberation aufhalten derfen. Eß seindt aber die anweesende herrn abgesandte auf dergleichen specialiteten nicht instruirt gewesen und haben daneben dise berhatschlagung für ein werkh von grosser importanz wie auch, wie oben gemelt, ohne frucht gehalten, dieweilen bei dem so starkh praevalierten und aus seinen so sigreichen successibus hochmüethigen gegenthail nit wol einige erbare, reputierliche und dem cathol. weesen nuzliche mitel und conditiones zu hoffen. Eß ist aber nichtsdaweniger die erkhlerung dahin gefallen, da man ie solche fürschleg und conditiones wurde haben khinnden, welche Gott, der religion, dem gewissen und der erbarkheit nicht zuwiderlauffen, dz dieselbe nicht außzeschlagen weren. Wolten sonsten dises alles vorderist der Ksl. Mt., dann auch dem hochloblichisten kfl. collegio und andern vornemmen fürsten und stendten, wie sie eines und anders für guet befünden wurden, allerdings haimbgegeben und anvertraut haben. Welches dan bei dem Curbayrischen directorio so weit in acht genommen worden, dz man mit den anderen, geistlichen herrn mitcurfürsten darauß vertreulich zu communicieren, vorderist aber sich dahin zu bemiehen anerbothen, da es wider zu einer fridenshandlung gerhate, dem cathol. weesen und dessen anverwandten stenden die beste conditiones, so immer müglich, erhandlen zu helfen. Allein weil dises werkh die geistliche mehr alß die weltliche betreffe, so werden dieselben hierinen die beste resolution selbst zu schöpfen wissen.

Drittens ist zwar auch dem ausschreiben gemeß fürkhommen und zur deliberation gezogen worden, wan bei vilangeregtem gegenthail zu kheinem billichmessigen friden zu gelangen, ob und wie mit einhelliger zusamensezung aller cathol. waffen die sachen zu fridlichem endt gebracht werden möge. Es haben auch die herrn abgesandte in nammen irer [...] herrn principalen dergleichen ainmüethige zusamensezung und coniunctionem tam animorum quam virium nochmahlen wie hiebevor allzeit, und zwar weilen es seithero mit dem Römischen Reich nur in dz örgere gerhaten, iezt noch vil mehr für ganz nothwendig erachtet, darneben aber auch dises für einen puncten von so schwerer, wichtiger importanz gehalten, daß sie, weilen sie zumahlen in so geringer anzahl beisamen verhanden, billich hierinen Irer Ksl. Mt. und der Kfl. Dt. in Bayrn alß denen baiden hochen khriegsheübtern wie auch den anderen, geistlichen herrn mitcur- und fürsten nicht vorgreiffen, sonder alles denselben zu deren sambtlichem hocherleüchtem guetbefünden, vergleichung und anordnung haimbgestelt haben, auch hoffen wöllen, eß werden Ire Ksl. Mt. und Kfl. Dt. inen die stende underdessen in disen iren gegenwertigen nöthen zu müglichister versicherung noch fürtherhin bevolchen und angelegen sein lassen. Bei welcher erkhlerung es dan auch dz Curbayrische directorium an seinem orth billich lassen beruehen, weil man selbst leichtlich die gedankhen machen khönnen, daß sich die so wenige anwesende der stendt gesandte diser so schweren deliberation und resolution nicht underfangen wurden. Allein hat man hierbei für guet befunden, wan mehr angezogne fridenshandlung aintweders iren vortgang gar nicht gewinnen oder bei derselben kheine billiche fridensmitel zu erhalten weren, dz auf solchen fahl Ire Ksl. Mt. allerunderthenigist zu ersuechen, ob sie iro zu reiffer deliberation dises schweren haubtpunctens nochmahlen einen andern eilfertigen convent aller cathol. allergdst gefallen lassen wolten.

Demnach aber solcher sowol der cathol. allein alß auch deren und der protestierenden miteinander bedachte fernere convent und dahin verlegte weitere fridens- und andere tractation sich leichtlich noch ein zeit hinauß verweilen und erstrecken khan, underdessen aber der feindt nit feirt und also auch auf abwendtung desselben vortringender hostiliteten gedacht und die soldatesca ire notwendige underhaltungsmitel haben und, will man sich anderst deren nuzlich gebrauchen, mit quartieren, gelt, proviant und claidung widerumb ein zeitlang erquickht und über sich gebracht werden mueß, so ist demnach zum 4. zur umbfraag gestelt worden, welcher gestalt biß zum vortgang deß mererwendten convents und tractats nicht weniger auch hernach, da die gietliche handlung mit dem gegenthail ohne frucht abgehen solte, mit gemelten nothwendigen underhaltungsmitlen beiderlai sowol Ksl. alß bundts volkhs vortzukhomen, dasselbe auch durch werbungen ze sterkhen sein mechte. Nun ist gleichwol die nothwendigkheit diser deliberation vor sich selbst am tag und durch die herrn abgesandte ainhelliglich erkhent worden. Eines und mehrern thailß aber haben sie ire [...] herrn principales mit der lauttern unmigligkheit entschuldiget und der lange nach außgefiert, was dieselben sambt deren stiftern, landt und leüthen under disen alzu lang gewehrten khriegen spendiert, erlithen und außgestandten und dardurch zu solcher impossibilitet gerhaten. Andern thailß ist die hofnung uf Curbayrn und dahin gestelt worden, daß dieselbige dem nothleidenden und betrangten catholischen weesen zum besten sich noch ferner angreiffen werden, mit angehefter bitt, daß sie von dero andern erschöpften und ruinierten mitverainten die handt nit abziehen, sondern denselben noch ferner zwar gegen khonftiger gebürender widererstattung succurrirn wollen. Dritten theils aber seindt etliche sowol geistliche als weltliche mitel, deren sich zu vortsezung deß khriegs und waß deme anhengig, zu bedienen sein mechte, erzelt worden.[4]

Nun hat man zwar bei dem Curbayrischen directorio vorwurfs zu erachten gehebt, eß werden bei disem passu die herrn bundtstende mit beweglichen remonstrationen irer unmigligkheit nit außbleiben, welche dan auch darmit kheineßwegs zu verdenkhen, und an sich selbst billich ist, daß diejenige stendt, so bereit gar und allerdings ruiniert, dißfalß für entschuldigt gehalten werden. Hingegen aber auch hat man nit für unbillich ermessen und dahin die hofnung gestelt, daß die überige

---

4 Augsburger Votum in der vierten Sitzung am 2. Januar (oben Nr. 512 E 4 S. 1597 f.).

stendt, so noch bei landt und leithen verbliben, sich umb sovil mehr angreiffen und sowol mit beischaffung der unentpörlichen geltmitlen alß auch mit verstattung der quartier ain übrigs thuen und concurriren werden, wie dan khundbar, waß Ire Kfl. Dt. in Bayrn an irem ohrt bishero nach irem eüsseristen vermögen selbst auch gethan und noch thuen, indeme sie sich nicht allein über ire iedesmahlß der gebühr nach erstattete schuldige quotta der bundtscontribution mit starkhen geltvorschussen und anticipationen, sonder auch anietzt gar mit einnemmung etlicher bundtsregimenter in ire aigne landt guetwillig angegriffen. Wan aber vermaint werden wolte, höchsternant Ire Kfl. Dt. weren ihrerseits noch auf dato mit solchen mitlen fürsehen, dardurch nicht allein den stendten zu iren verlohrnen landt und leithen wider verholfen, sonder auch die andere dabei erhalten und beschüzt werden khünden, wurde man sich damit nit wenig irren, seithemahlen sie sich ires orths bereit angedeitter massen gleicher gestalt ufs eisserist erschöpft und ir also, aller anderer unmüglighkeit zu supliren und dahero den khriegslast allein zu erschwingen, allerdingß unmüglich fallen wurde. – Waß sonsten die erzehlte jenige sowol geistliche alß weltliche mitel belangt, welche noch zu weiterer vortsezung des kriegs gebraucht werden mechten, seindt selbige allerseits ad referendum genommen worden.

Waß auch der Ksl. herr abgesandte anfenglich in seiner werbung vor- und angebracht[5] und derselb leztlich hinwider beantwortet oder verbschaidet worden[6], dz geben die beilaagen mit literis A und B zu erkhennen." – Ingolstadt, 4. Januar 1632.

Ausfertigungen, unterschrieben und gesiegelt von den Gesandten von Kurbayern, Deutschmeister, Eichstätt, Straßburg, Augsburg, Basel, Regensburg, Kempten, Ellwangen, der schwäbischen Grafen und Herren, ÄA 2375 fol. 521–526 (bayerisches Exemplar?) = Druckvorlage, Geh. HA Korrespondenzakten 633/2 (Provenienz unbekannt), DOZA Liga-Akten 64 fol. 463–470 (Exemplar des Deutschmeisters), StAL B 395 Bü 22 Konv. H 2 (Exemplar Ellwangens); Kop., beschädigt, Akten 281 fol. 1–6. Ben. und zitiert bei DROYSEN, Gustav Adol II S. 481 f.; RIEZLER V S. 397; ALBRECHT, Maximilian S. 791 f.; H.-D. MÜLLER S. 50 f., S. 51 Anm. 120; KAISER, Politik S. 502 ff.; HÖLZ S. 458 Anm. 117.

### 512 G. Bescheid des Ligatages für den kaiserlichen Gesandten[1]

Januar 4

Friedensfrage – Mühlhausener Konvent – Vermittlung Frankreichs – Friedensbedingungen – Fortsetzung des Krieges

Bezug: Proposition des kaiserlichen Gesandten [oben Nr. 512 E 1 Anm. 5]. – Kurialien.

---

5 Oben Nr. 512 E 1 Anm. 5
6 Unten Nr. 512 G.
1 Das Rekredential der Vertreter der in Ingolstadt versammelten Bundesstände für H. von Questenberg an den Kaiser, ist ebenfalls datiert: Ingolstadt, 4. Jan. 1632 (Konz., wahrscheinlich von der Hand des zur bayerischen Delegation gehörenden Hofkammer- und Kriegsrats Paul Mair, ÄA 2375 fol. 534).

„Sovil aber daß haubtwerkh an ime selbs betr., obwollen fürs erste bei dem gegentheil seiner wider die cathol. nunmehr erlangten mechtigen fortls [!] nicht wol einiche billichmesßige conditiones, wie[s] etwa vor disem zu erheben gewest weren, zu verhoffen, so hielten doch allen erwogenen umbstendten nach die anwesende rethe und pottschaften an irem wenigen orth ohnemaßgeblich darfür, daß derjenige convent und tractatus, welchen des herrn landtgraven Geörgens zu Hessen Darmbstatt Fstl. Gn. nacher Mülhausen vorgeschlagen, nit auß acht zu lassen, ungezweifleter hoffnung, der abgesandten [...] herren principalen werden es nit weniger vor guet befinden und allerhöchstgedachte Ksl. Mt. ihro allergnedigist belieben lassen, solchen tractatum an ihrem höchsten orth zu befürdern und ins werk zu stellen.

Nachdem es aber mit disem convent, er werde gleich nacher Mülhausen oder an einen anderen orth verlegt, sowollen seines vortgangs halber als sonsten noch seine gewise starkhe difficulteten haben wirdet, also ist zu befürderung desselben von denen alhie anwesenden räthen und pottschaften, zumahlen sie vernommen, daß es der andern herrn cur-, fürsten und stendten Kfl. und Fstl. Gn. gleichermassen gefellig seie, disem so schweren, wichtigen werkh nit undiensamb ermessen worden, da man hierzue der Kgl. Würden in Franckhreich interposition haben und, wie von den cathol. herrn curfürsten bereit beschehen, also auch vorderst die Röm. Ksl. Mt. dahin bewegen möchte, ob sie ihro solche interposition nit nur gleicher gestalt allergdst gefallen lassen, sonder auch Ire Kgl. Würde darumben selbst ersuechen wolten, ingestalten dann die stende ein solches darumben desto mehr zu gemüeth geführt und Irer Mt. vorschlagen, auch hoffen wöllen, daß es derselben desto weniger bedenklich fallen werde, weillen dergleichen ersuechung schon hiebevor, alß die unruhe und rebellion in Böheimb erstens angefangen und die gefahr so groß nit gewest, alß sie iezt immer mehr und mehr außbricht, von Irer Ksl. Mt. beschehen ist,[2] in ungezweifleter hoffnung, es werden Ire Kgl. Würden alß ein cathol. und christlichister potentat auf solche ersuechung sich umb sovil eüferiger bemühen, den gegentheil zu befürderung dises convents und tractats wie auch erdeülicher[3] conditionen für die cathol. zu vermögen und zu bemühen, mit denen es sonsten etwa wol schwer und langsamb hergehen möchte.

Anraichende zum andern, wann diser convent seinen vortgang gewinnen solle, waß auf demselben catholischer seits für begehren zu thuen und warauf die media et conditiones pacis zu stellen, da heten die anwesenden rethe und pottschaften wünschen mögen, daß von den andern und mehrern stendten ebenmesßige abordnung geschehen und also von disem so schweren, wichtigen werkh communicatim deliberirt werden khonnden. Warumben aber dieselben wider iren willen davon abgehalten worden, daß ist feindtsgefahr und unsicherheit halb, zumahlen aber daß theils so vornemme stendt seithero von ihren landt und leüthen vertriben, laider mehr alß notorium, dahero Ire Ksl. Mt. dieselben hoffentlich vor sich selbs allergdst gern

---

2 Durch die Abordnung Fürstenbergs nach Frankreich (oben Nr. 512 C 3 mit Anm. 8).
3 Wie oben Nr. 512 E 4 Anm. 21.

vor entschuldiget halten werden. Jedannoch und wie deme, da die zum wenigern theil anwesende rethe und pottschaften ire gedankhen eroffnen sollen, hielten sie unmaßgeblich darfür, zum fahl man solche vorschleg und conditiones wurde haben khönnen, welche Gott, der religion, dem gewissen und der erbarkheit nit zuwiderlauffen, daß solche nit außzuschlagen wehren.

Drittens aber, wann bei mehr angeregtem gegentheil zu kheinem billichmesßigen friden zu gelangen, ob und wie alßdann mit einhelliger zusamensezung aller cathol. stende der krieg noch ferner vortzustellen und durch mitl der waffen zu einem friedlichen ende zu gelangen, thuen vorderist die anwesende rethe und pottschaften im namen irer [...] principalen gegen Irer Ksl. Mt. sich dero allergdisten offerta und versprechens, bei denselben ir eüsseristes getreülich, vätter- und Kaiserlich aufzusezen, underthenigist bedankhen, wöllen auch nit underlassen, ein solches gehöriger orthen zu referirn und zu ruehmen. Könden allein Ire Mt. dißfahls allerunderthenigist zu erinneren nit umbgehen und wirdet deroselben nunmehr selbs bester massen bewust sein, in waß standt theils der vornembsten und andere bundtsstende begriffen, waß sie auch Irer Ksl. Mt. selbs und dem gemeinen cathol. wesen zum besten nunmehr so lange jahr hero für einen uberauß schweren last getragen und sich dardurch also enervirt und außgesaigert haben, daß sie sich gleichsamb selbs nit mehr zu defendirn vermögen, theils auch darüber albereit von landt und leithen khommen. Dannenhero sie zu Irer Ksl. Mt. die ungezweifelte höchste zuversicht und hoffnung sezen, gleich wie sie derselben zu erhaltung dero erbkhönigreich und landen vorhero daß irige getrewlich aufgesezt, also werde es hingegen Irer Ksl. Mt. an erdeülichen⁴ und ergibigen mitlen auch nit ermanglen, die iezt so hoch in gefahr steckhende getrewe cathol. stende zu schuzen und, waß theils deren verlohren hat, zu recuperirn. Warbei dann dieienige, so noch etwaß im vermögen, ir müglichheit noch fürterhin zu thuen, allerunderthenigist erbiettig, innen auch ganz ungezweifelt einbilden, daß, obgleichwoln *Ire*⁵ *Ksl. Mt. den meisten nervum dero Ksl. volkhs auß dem Reich bereit ab- und nach dero erbkhönigreich Böheimb führen lassen, auch* ires vernemmens deß herrn generals gravens von Tilli Exc. unlangst deren von Irer Mt. ein zeithero getragnen hochen charge allergdst erlassen, daß es jedannoch und einen alß andern weg die intention haben werde, daß auf ieden eraigneten nothfahl Irer Ksl. Mt. exercitus dero gehorsamen assistirenden cur-, fürsten und stendten armada wie auch hingegen dise demselben noch hinführo aufs beste beispringen und also, wie die zeit herumb beschehen, iedesmahls einmüetig und coniunctis animis et viribus zusamensezen werde."⁶ – Ingolstadt, 4. Januar 1632.

---

4 Wie oben Nr. 512 E 4 Anm. 21.
5 Das kursiv Gedruckte ist ein Zusatz Peringers im Konzept.
6 Im Konzept folgte ursprünglich ein dann aber im Konzept wieder getilgter Passus, der auf dem von *Peringer* mit dem Randvermerk „1ᵘˢ gradus" versehenen Absatz der Weisung *Maximilians* vom 2. Januar (unten Nr. 512 H 10 Anm. 6) basierte: „Was sonsten der Ksl. herr abgesandte fast zu beschlus seines anbringens wegen der neutralitet fir anregung gethan, darauf sein die mergemelte iezt alhie anwesende

Konzept-Kopie Akten 281 fol. 203–207 = Druckvorlage; Kop. DOZA Liga-Akten 64 fol. 459–462; Konz.[7] mit Korr. und Zusätzen Peringers ÄA 2375 fol. 530–533. Zitiert bei ALBRECHT, Maximilian S. 791 Anm. 63; KAISER, Politik S. 504 Anm. 227.

## 512 H. Korrespondenzen[1]

### 512 H 1. Der Deutschmeister an Maximilian[1]

Dezember 4

Ligatag in Ingolstadt – Bitte um Sukkurs für den Taubergrund

Bezug: Schreiben vom 18. November [oben Nr. 512 B 1 Anm. 4], das er am 29. des Monats auf der Reise zu Schwäbisch Gmünd erhielt. – „Undt ob sich wol seithero E. L. außgefertigten schreibens der status rerum an vielen orthen, insonderheit aber in Böhm mit occupierung der haubtstatt Prag wie auch der Schwedischen besezung zu Hanaw und vast deß gantzen Mainstromhs, merklich verendert hat, also das nit unzeitig zu zweiflen sein mag, ob es noch bei voriger resolution verbleiben und die Rheinische churfürsten diesen veranlasten convent und tag durch die ihrige besuchen werden können lassen, zumaln wir auch seithero deß ersten Augusti wegen Ewer L. bewuster, von der Röm. Ksl. Mt. unß naher Franckhfurt ufgetragener commiszion und immittels im Franckhenlandt, auch im Taubergrundt eingerißenen feindtlicher [!] gefahr nit allein zu unserer gewönlichen residentz nacher Mergentheimb nit gelangen können, sondern auch unsere räth und diener sambt den cantzleiactis hin und wider distrahieren müßen, also das solche schwerlich in solcher engen zeit und

---

räthe und pottschaften nicht instruirt, innen auch usser dises iezigen anbringens von dergleichen nichts wissend. Es werden aber Ire Ksl. Mt. sich verhoffenlich derienigen gehorsamisten devotion und treu, welche die cathol. vereinte stende sambtlichen Irer Mt. bishero im werkh erwisen, selbige auch dero nochmal versichern, allergdst erinnern und daneben den erbärmlichen ublstand, darein, wie oben albereit zum tail angeregt, die vornembste bundstend durch deß königs in Schweden und seine[s] anhang[s] feindliche uberfahl *und in andere weeg* gerathen, sich auch noch derzeit befinden, die andere aber fast besorglich noch zu erwarten, allergdst beherzigen und erwegen. Es wellen aber sie die anwesende räthe und pottschaften disen puncten iren [...] herrn principalen der gebier nach zu irer ankhunft referirn. Die werden alsdann nicht underlassen, sich gegen Irer Ksl. Mt. der notdurft nach allerunderthenigist zu ercleren." – Das vorstehend kursiv Gedruckte ist von Peringer korrigiert aus: „wie auch zum tail Irer Mt. und deß Lotringischen volkhs".
7 Wahrscheinlich von der Hand des zur bayerischen Delegation gehörenden Hofkammer- und Kriegsrats Paul Mair.
1 Teile der Korrespondenz des Deutschmeisters mit seinen Gesandten finden sich in StAL B 290 Bü 189. – Von dem Ellwanger Kanzler *Dr. Felix Gassner* sind zwei Relationen an den Fürstpropst von Ellwangen überliefert: Ingolstadt, 23. Dez. 1631 (Ausf., präs. 31. Dez., StAL B 395 Bü 22 Konv. H 2 Nr. 13, mit Anlagen ebenda Nr. 14–16), Angelberg, 11. Jan. 1632 (Ausf. ebenda Nr. 18, mit Anlagen ebenda Nr. 19–27).
1 Die Antwort Maximilians ist gedruckt oben Nr. 493.

anderer orthen zusammenzubringen sein und wir unß desto weniger nach notturft darin ersehen oder unsere resolutiones darauf dirigieren können,

Nichtsdestoweniger und zu bezeigung unsers zu befurderung deß gemainen catholischen nothleidenden wesens brennenden steiffen gemüts wollen wir nit underlaßen, die unserige uf die bestimbte zeit begerter maßen nacher Ingolstatt gebührlich abzufertigen."

Übersendet die Anlagen A, B, C und D[2], denen zu entnehmen ist, wie die Stadt Mergentheim im Namen des Königs von Schweden aufgefordert, aber durch die Gnade Gottes verteidigt und erhalten worden ist. Hat deswegen laut Anlage E Tilly um weiteren Beistand und Sukkurs gebeten,[3] woraufhin Tilly etwas Fußvolk bewilligt hat. „Demnach aber an dieser revier deß Taubergrundts soviel gelegen, daß wan derselbe mit der cavalleria besser verwahrt und besezt sein solte, auch andere gegen dem Schwabenlandt angrentzende herrschaften desto sicherer sein wurden, also haben E. L. wir solches auch hiemit wohlmainendt, jedoch onvergreifflich und ohne alle maßgebung andeuten wollen, mit dienstfreundlicher bitt, dasselbe zum besten zu vermerkhen und sowohl ihren selbsten alß anderen catholischen stenden zu gutem so weit zu beobachten, damit nit allein vorgedachter unserer residentz zu Mergentheimb besser succurrirt, sondern auch die päßß zu Rottenburg, [We]ikersheim und andern verschloßenen orthen am Taubergrundt [mit] nothwendiger reütterei also besezt werden, auf dz man dem täglichen außstraiffen deß feindts von der starkhen guarnison zu Würtzburg und anderen muthwilligen plackereien desto besser begegnen könne." – Ordenshaus Kapfenburg, 4. Dezember 1631.

Ausf., präs. 9. Dezember, ÄA 2305 fol. 331–332 = Druckvorlage; Konz. Solls StAL B 290 Bü 189.

---

2 ÄA 2305 fol. 333–338.
3 Der *Deutschmeister* an Tilly, Kapfenburg, 3. Dez. 1631 (Kop. ÄA 2305 fol. 340–341).

## 512 H 2. Der Bischof von Augsburg an Maximilian[1]

Dezember 4

Ligatag in Ingolstadt – Absage an Friedensverhandlungen

„Dieweilen bei nechstkünftigem tag zu Ingolstatt wolbewuster massen sehr wichtige und solche puncten zu tractieren und zu resolvieren sein, daran die ehr Gottes, auch des gemainen catholischen weesens grosse wollfahrt oder endtlicher untergang gelegen, mir aber hiebei die gedankhen zugangen, es möchten manniche ständt etwas kleinmüetig erscheinen und dahero mer uff ein accordation sich beziechen und lenden, die ein für alle mahl ohne unwiderbringlichen und nit verantwortlichen gewüsen und richtigen schaden diser zeit nit beschechen kan, aller despectierung, auch hohns und spots, so dabeneben allen catholischen hieraus zuewachsen würdet, und dessen zugeschweigen das, wie man es bißhero erfahren, unser gegenthail nichts halten thuet noch ex principiis suae falsae religionis nit halten kan, deßwegen auch

---

[1] *Maximilian* antwortete dem Bischof mit Schreiben, 17. Dez. 1631 (Konz. Ranpeks mit Korrekturen und Zusätzen Richels, ursprünglich datiert: 11. Dez. 1631, Kschw 1907 fol. 158–159), das er wie folgt einleitete: „Dz nun E. F. iro die wolfahrt deß gemainen catholischen wesens also sorgfaltig angelegen sein lassen, auch, solche bei gedachtem Inglstettischen convent gebürlich in acht zu nemen, erindern, darauß ist dero vorhin bekandter lobliche eifer noch mehrers abzunemen. Wir getrösten uns aber und wirdt man auß allen unseren actionen genugsame und sichere zeügnuß haben, dz wir uns an unserm orth nichts höhers und mehrers jemaln als die conservation und aufnemen des gemainen catholischen wesens angelegen sein, auch zu solchem ende an mühe, arbeit, vermögen und unserm getreuen möglichistem zuethuen dz geringste niemaln erwünden lassen, ja wüllig und erbiettig sein, darbei und darfür annoch unser eusseristes aufzusezen." Nachdem er im weiteren Verlauf die desolate Situation der Liga und einzelner Ligamitglieder (Kurfürsten von Mainz und Köln, Deutschmeister, Bischöfe von Würzburg, Bamberg und Eichstätt, Fürstabt von Fulda) ausführlich geschildert, auf die Begrenztheit seiner eigenen Mittel und darauf hingewiesen hatte, dass die Liga angesichts des feindlichen Einfalls in Böhmen vom Kaiser keine Hilfe zu erwarten habe, forderte er den Bischof auf: „Nachdem aber E. F. in dero schreiben die anregung thuen, dz man zu prosequirung des khriegß aller mittel nit ganz destituirt, sonder selbige wol noch vorhanden sein, als haben wir solches in bedenkhung obangedeütter übler beschaffenheitt nit allain ganz gern vernomen, sonder gesünnen auch an dieselbe hiemit nachbarlich, sie wollen uns selbige auch eröffnen und dem periclitirenden catholischen wesen zum bösten ehist an handt geben." Er selbst werde alles in seiner Macht Stehende tun, die ihm zur Rettung des gemeinen katholischen Wesens und der katholischen Stände gemachten Vorschläge, soweit sie nur praktikabel seien, in die Tat umzusetzen. Abschließend ging der Kurfürst auf die Andeutung des Bischofs ein, die jüngste, für die Liga ungünstige Entwicklung sei erfolgt, „nachdem man mit der compositionshandlung occupirt und im tractat gewesen," und entgegnete: „Nun seind zwar iudicia Dei inscrutabilia et investigabiles viae eius, darumben auch verborgen, waher diser gegenwertige laidige zuestand den catholischen ervolgt sein möcht. Daß aber die compositionshandlung daran schuldig und ursach darzu geben haben soll, könden wir unsers theilß umb sovil weniger glauben, alldieweil man catholischer seits nit allain solche güettliche handlung anderer gestalt niemalß alß mit disem außtrucklichen vorbehalt, daß man darbei nichts, so dem religionsfriden und Kaiserlichen edict zuwider sei, nachgeben kond noch woll, eingewilliget, sonder hernacher auch zue Franckfurdt disen vorbehalt gegen den protestirenden öfters widerholt und demselben bei der handlung in allen erclerungen inhaeriert hatt."

mit solchen leuthen keineßwegs zu handlen, dahergegen der belli eventus noch zweifelhaftig und vihl mer zu Got, der die seinige in zeit der noth, wann man allain das recht vertrauen dahin stellt, nit verlasst, daß Sein Göttliche Allmacht unß endtlich den obsig gn. verleichen werden, zue hoffen ist, gestalt meines wüssens und darfürhaltens sovil jar hero alles uff unserer seitten, da man zur fortsezung [des Krieges] sich inclinirt befunden, Gott sei darumben dankh gesagt, glickhlich und wohl vonstatten gangen, jedoch jungstlich vileicht darumb etwas widerigs erfolgt, nachdem man mit der compositionshandlung occupiert und im tractat gewesen,

Iber[2] daß so sein wür die catholische aller mitteln zu der kriegßprosequierung nit ganz destituirt, sondern der Liebe Gott hat uns dergleichen noch gelassen und wirdet si weiters an handen geben, wann man allain sich darzue verstehen und die sachen recht angreiffen will,

Wellichem allem nach und ob ich zwar einzigen zweifel an E. Gn. weltkhundigem eufer und bestandthaftigkeit nit, sondern nach Gott mein vertrawen und trost diss orts zu derselben, und zwar dahin hab, daß sie uns durch Seiner Allmacht gnad weiters defendieren und aus gegenwertiger noth erledigen helfen werden, wie dann vor jaren, da die kezerei in unserm lieben vatterlandt eingerissen, vorderist Gott und dero hochlöbl. hauß zue dankhen, daß nit alles im obern Teutschlandt in der religon zugrundt gangen, weil diss sonst, moraliter darvon ze reden, gewüs erfolgt were, dahero billich die zuversicht zu haben, eß werde der Liebe Gott durch E. Gn. zu unsterblichem namen ihres hauses auch jezt gnad geben und sollich bevorsteendt übell verhüetten,

So hat mich jedoch zugleich mein gegen ihro tragendt ganz dienstlich vertrawen und confidenz, auch die obligenheit, so ich sowol gegen meinem anbevolchenen stüft alß der ganzen catholischen kürchen und religion trag, angetriben, E. Gn., wie hiemit beschicht, umb Gottes und der lieben allain seeligmachenden, jezt starkh periclitirenden und nothleidenden cathol. religion willen zu bitten, daß si bei jezt bevorsteundem convent von uns andern ir handt nit abziechen, sondern ir heroisch gemüeth und eufer gegen Gott meniglich wie bißhero erzaigen und durch die ihrige alle diejenige, wellliche uff vergleich und composition gehen möchten, von diser höchstschädlichen mainung abwenden und zu einem anderen und besseren disponieren lassen wöllen.

Daß wirdet Gott hie zeitlich und ewigelich reichlich alß der rechte retributor omnium bonorum wider vergelten, darumb Sein Allmacht ich auch zu bitten und sonst mein allereusserstes dabei zu thuen erbiettig." – Dillingen, 4. Dezember 1631.

Ausf. Kschw 1907 fol. 156–157.

---

[2] Vgl. zum Folgenden das *Augsburger Votum* in Sachen Mittel für den Unterhalt der kaiserlichen und der Ligaarmee in der vierten Sitzung am 2. Januar 1632 (oben Nr. 512 E 4 S. 1597 f.).

## 512 H 3. Maximilian an Werner von Tilly[1]

Dezember 10

Abordnung der bayerischen Gesandten nach Ingolstadt

Der Kurfürst hatte die Absicht, die bayerischen Gesandten rechtzeitig zu dem für den 14. Dezember anberaumten Ligatag nach Ingolstadt abzuordnen. „Nachdemaln wir aber annoch khaine gewüsse nachrichtung haben, ob die beschribne, sonderlich die Rheinlendische bundtstendte auf denn bestimbten termin ire gesandten zu Inglstatt werden einkhomen lassen, als haben wir, die unsrige, als deren wir anderer hochwichtiger negotien halber ohnedz wol bedürftig sein, noch zumaln dahin abzuordnen, verschoben." Damit aber die rechtzeitig in Ingolstadt erscheinenden Gesandten anderer Stände nicht denken, der Kurfürst wolle den Ligatag nicht beschicken, und wieder abreisen, soll der Statthalter die Ankunft von Gesandten der Ligamitglieder unverzüglich melden, besagte Gesandte aufsuchen, ihnen den Grund für das Ausbleiben der Bayern mitteilen und sie auffordern, bis zur Ankunft der Bayern in Ingolstadt zu bleiben. Sobald die Vertreter der vornehmsten und meisten Ligamitglieder anwesend seien, werde der Kurfürst die Seinen auch schicken. – 10. Dezember 1631.

Konz. Ranpeks mit Korr. und Zusätzen Richels Akten 281 fol. 96.

---

[1] Ein „Verzaichnus derer Ihr Ksl. Mt. assistireten verainten catholischen chur-, fürsten und stendten, so zu dem angestelten convent alhier zu Ingolstatt nunmehr ankhommen" (ÄA 2375 fol. 601), übersandte *Werner von Tilly* an Maximilian aus Ingolstadt, 18. Dez. 1631 (Ausf. Akten 281 fol. 120–121). Demnach waren bislang erschienen die Gesandten von Straßburg und Basel, des Deutschmeisters, von Konstanz (Pascha), Regensburg, Ellwangen und Kempten sowie der schwäbischen Grafen und Herren (Pascha). Tilly berichtete, die Anwesenden hätten angesichts der schwedischen Fortschritte am Rhein hinsichtlich der Ankunft weiterer rheinischer Ligamitglieder wenig Hoffnung und hätten wieder abreisen wollen. Er habe sie aber bewogen, sich noch acht Tage zu gedulden. – Nachdem am Sonntag, dem 21. Dezember, Hermann von Questenberg, der kaiserliche Gesandte, in Ingolstadt eingetroffen war, kündigte Maximilian am 25. des Monats die Ankunft seiner Vertreter für Samstag, den 27. des Monats, um die Mittagszeit an. Vgl. dazu *H. von Questenberg* an Maximilian, Ingolstadt, 22. Dez. 1631 (Ausf. Akten 281 fol. 126–127; Kop. RK RTA 100b), *Werner von Tilly* an Maximilian, Ingolstadt, 22. Dez. 1631 (Ausf., präs. 24. Dez., Akten 281 fol. 128–129), *Maximilian* an Questenberg, München, 25. Dez. 1631 (Ausf. RK RTA 100b; Konz. Peringers Akten 281 fol. 137), an Werner von Tilly, München, 25. Dez. 1631 (Konz. Peringers ebenda fol. 138).

## 512 H 4. Kurköln an Maximilian[1]

Dezember 13

Konsultationen der Kölner, Mainzer und Würzburger Räte – Mühlhausener Konvent – Konvent zu Ingolstadt – Friedensfrage – Französische Friedensvermittlung

Da Kurmainz seinem derzeit in Köln anwesenden Kanzler befohlen hat, mit den kurkölnischen Geheimen Räten über die Instruktion für die Gesandten nach Mühlhausen zu beraten, und der Bischof von Würzburg in Köln Zuflucht gesucht hat, „so habe ich die sache dahin gerichtet, daß uber daßjenig, so bei jetzigem algemeinem ubelstandt die nohturft erfordert, eine berhatschlagung insgesamt gehaltenn."

Obwohl der Mainzer Kanzler erklärte, dass er von seinem Herrn, „wie weit er sich in einem und anderen einzuelaßenn, nicht instruirt, und sich also eines gewissenn zu erklerenn, nicht bemechtigt, so hat er sich doch, alß viell seines herrn deß churfurstenn L. intentiones ihme bekannt, seine gedankenn eröffnet. Und habenn wolermeltes bischovenn zue Würtzburgh L. die ihrige auch darzue verordnet, welche dann auf beschehene relation ihro gefallen laßenn, daß E. L. ich unserer allerseits dießfalß fürgefallene bedenken hiemit berichtenn müchte.

Alß viell nun denn Mülhausischen convent betr., weil es biß annoch ann der Chursachsischer und Brandenburgischer erklerung und der securitet für die abgesandten ermanglet, underdeßenn aber die anngesetzte zeit verfloßenn und ann vortsetzung dieses tags nicht unbillich zue zweifelnn, so hat manß zwar darfürgehaltenn, daß obbedeute erklerungen und fernere tags bestimmung zu erwartenn."[2]

Die absendung aber nacher Ingolstatt belangendt, weilenn sich Churmaintz L. albereits erklert, daß sie jetziger ihrer gelegenheit nach, wie E. L. auß mitkommenn-

---

1 Die Antwort Maximilians an Kurköln ist vom 23. Dezember 1631 (Konz. Ranpeks mit Korr. Peringers, teilweise zu chiffrieren, Akten 281 fol. 130–132) datiert.
2 Hinsichtlich des Mühlhausener Konvents verwies Maximilian in seiner Antwort an Kurköln vom 23. Dezember (oben Anm. 1) auf die einschlägigen Schreiben des Kurfürsten von Mainz [vom 9. Dezember, oben Nr. 484 Anm. 1 und 2] und des Landgrafen von Hessen-Darmstadt [vom 14. Dezember, oben Nr. 483], die belegten, dass nicht nur die noch fehlenden Erklärungen der protestantischen Kurfürsten das Problem seien. Hinzukämen die Forderungen des Königs von Schweden hinsichtlich seiner Interposition und des Direktoriums der Protestanten sowie die schwedischen Friedensbedingungen. Maximilian schloss: „Wie ich es nun meinesthails nit aigentlich verstehen noch wüssen khan, wie es füreinander zu bringen sein wirdt, indeme der könig in Schweden zugleich ainen interponenten und ainen directorn an seiten der protestirenden vertretten wüll, als sihe ich auch nit, wie auf dise vorstehende güettliche handlung vüll fundament und absehen zu machen, zumaln auch, da solche gleich ihren vortgang eraichen solle, bis man sich aines anderwertigen termins und anderer nothwendiger praeparatorien vergleicht, noch aine geraume und vüll mehr zeütt, als die iezt gegenwertige voreillende noth und hochgefehrliche beschaffenheit des gemainen wesens erdulden mag, erfodert, und man derowegen umb sovil mehr ursach hat, auf andere, schleunigere und thuenlichere müttel zu gedenkhen." Dabei dürften mit besagten anderen Mitteln die geplanten, von Charnacé zu führenden Neutralitätsverhandlungen mit dem König von Schweden gemeint gewesen sein.

dem meinem schreiben³ mit mehrerm zu vernemmenn, die irige dorthin nit abordnen könden, dergleichen mäinung es bei Würtzburgs L. auch gehabt,⁴ und von Churtrirs L. kein anderst zu vermuhtenn, E. L. auch meine dießfalß habende behinderungen auß negstangeregtem meinem nebenschreiben⁵ vernemmenn, so hat mann wol vermaint,

---

3 *Kurköln* an Maximilian, Köln, 11. Dez. 1631 (Ausf. mit eigenh. Nachschrift, teilweise dechiffriert, Akten 281 fol. 102–104; Duplikat, teilweise chiffriert, Kschw 960 fol. 527–531). – Darin heißt es u. a. auch: „So ist auch leider khündig, wie eß umb die stift Bamberg, Fulda und andere bewandt. Und weiln solche alle *sich beklagen, daß sie also hilfloß gelaßen und umb landt und leuth kommen sein*, so ist wol zu vermuthen, daß einer so wenig alß der ander schicken oder doch wenig darbei praestiren und mehr nit dan lamentationes vorbringen laßen werden." – Zu dem vorstehend kursiv Gedruckten vermerkte *Maximilian* am Rand: „Responsio: Tillj beklagt sich, dz sie die notwendige lebensmittl lieber dem feind gespart, alß zu irer aigen defension solche erfolgen laßen wöllen. Und weil sein undergebne armada hungers verschmacht, so sei er ohne schuld, wann er ja khein hilf leisten khinde, wie gern er auch wolte." Entsprechende Darlegungen finden sich in der Antwort *Maximilians* an Kurköln, 23. Dez. 1631 (Konz. Ranpeks mit Korr. Peringers, Fragment, Kschw 960 fol. 546). Darin wies der Kurfürst auf die in der mit gleicher Post [oben Nr. 481 Anm. 1] übersandten *Relation über die Konferenz in Donauwörth* geschilderten Zustände bei der Armee hin und fuhr fort: „Und laße ich E. L. selbsten vernunftig erachten, wer an solchem übelstandt vornemblich schuldig, und mit was für fueg sich etliche auß denen von landt und leuthen vertribnen oder sonsten von dem feindt ruinirten bundtstendten beklagen können, als ob sie hülfloß gelassen worden, da doch der graff von Tülli ainig und nichts höhers beklagt, als ob er sich schon bei rechter zeütt selbiger orten und die soldatesca noch in wesentlichem standt befunden, auch gegen dem feindt ihme, was fruchtbarliches auszurichten, wol getrauet hette, seien doch der armada von selbigen bundtstendten die unentpörliche lebensmüttel dergestalt gespört und verwaigert, solche auch lieber dem feindt gespart als zu aigner defension und rettung dargegeben worden, dz wol seine undergebne armada vor hunger und khumer allerdingß verschmacht und in ainen so ellenden und erbarmlichen zuestandt, als laider aniezt vor augen, geraten müessen, ja aniezt also beschaffen seie, dz man sich darvon, wan sie nit zuvor wenigst 2 oder 3 monath lang refreschirt werde, khaines diensts zu getrösten."
4 Mit Schreiben an Maximilian, Köln, 12. Dez. 1631 (Ausf. Akten 281 fol. 108–109; Konz., s. d., StAWü Miscellanea 99 fol. 43. Ben. bei R. Weber S. 98), bestätigte der *Bischof von Würzburg* den Erhalt des Ausschreibens vom 16. November (oben Nr. 512 B 1 Anm. 4) am 7. [!] Dezember in Köln und begründete seine Nichtteilnahme an dem Ligatag mit seinem Exil und der kriegsbedingten Unsicherheit der Verbindung nach Ingolstadt. Er habe sich aber mit Kurköln verglichen, „daß, waß E. L. mit den andern erscheinenden ständen in einem und andern puncten fur gut und nützlich entschließen werden, wir unßers theils gehrn ratificiren und soviel die möglichkeit sein würdt, jederzeit genemb halten und haben wollen, in erwegung, E. L. ohne mehrere remonstration nach gestalt unsers stifts ietziger wahrer befindtligkeit vor sich [...] zu ermessen, daß [wir] bei so laidigen und vorth und vorth betauerlichen, immerwehrendem und je lenger, je schlechter fallendten und empfindtlichen zustand mit gutt noch gelt oder einitzigem andern dergleichen ergiebigen mittel, solang und viel wir nit restituirt und zu dem unßerigen gelangen sollen, im werkh und mit der thatt nichts erspriesßlichs darzue werden thun oder beischießen und concurriren können." Im übrigen empfahl er dem Kurfürsten und dem Ligatag die Angelegenheiten des Stifts Würzburg sowie dessen baldige Wiedereinräumung und Restitution.
5 Vom 11. Dezember (oben Anm. 3). Darin hatte *Kurköln* auf die militärische Situation verwiesen: Der König von Schweden habe sich des Rheingaus bemächtigt, beschieße die Stadt Mainz von der anderen Rheinseite aus und habe genügend Schiffe, um über den Rhein zu setzen, Landgraf Wilhelm von Hessen sei im Westerwald eingefallen, habe sich der kurtrierischen Stadt Limburg und damit des Passes über die Lahn bemächtigt und könne also ungehindert bis zu seiner Residenzstadt Bonn und sogar vor Köln vor-

daß E. L. gefellig sein muge, mit denn Oberlendischen stenden die dorthin remittierte puncta in beratschlagung zue ziehenn und, waß guetgefundenn, diejennige, so zue erscheinen für dißmal gehindert, deßenn zue berichten, nicht zweiflendt, dieselbe ihrer müglichkait nach sich gern damitt conformiren würden.

Mann hat gleichwohl nicht underlaßenn, in berhatschlagung zue ziehenn, wie die sachen bei ieziger ibelstandt annzuegreifen und daruber zue Ingolstatt fürnemblich zue consultieren sein würde." Dabei kamen zur Sprache der jetzige üble Zustand des ganzen Reiches, die von der Gegenpartei bereits erzielten großen Vorteile und die Rückschläge, welche die eigene Partei erlitten hat. Die eigenen Mittel schwinden und auf ausländische Hilfe kann man sich nicht verlassen. Der Papst nimmt sich der in größter Gefahr schwebenden katholischen Stände gar nicht an, der Kaiser bedarf selbst der Hilfe, die Schwierigkeiten, in denen Spanien sich befindet, sind bekannt. Außerdem ist zu befürchten, „wann mann sich mit selbiger cron zue weit interesziert machen würde, daß die cron Franckhreich solches ibel ausdeüten und ursach nemmen müchte, sich mit denn gegenthailen noch mehrers zu verbinden und denn catholischen stenden den ruggen gar zu kheren.

Bei welcher beschaffenheit und anderen mehr beilauffigenn offennkhündigenn umbstenden es darfürgehaltenn wordenn, daß man eüsserist der fridenshandlung nachzuetrachten, dieselbige aber zue erlangen, weilenn auf dem Müllhausischen convent so schlechte veranlassung zu stellen, daß zuetraglichst sein wirt, wann der könig in Franckhreich mit mehrerm ernst und nachtruckh, alß biß dahin beschehenn, umb ihre interposition anglangt werdenn konnte.[6] Ich habe auch soviell ver-

---

rücken. „So ist mein Reinischer erzstift, so mir allein noch ubrig, nunmehr auch der gefahr am negsten, gestalt ich nit wissen könde, wohin ich die meinige, da man von ferreren continuation des kriegs reden solte, zu instruiren haben mögte, wie ich dan auch nicht sehe, wie dieselbe, sicherlich durchzubringen. Und ist nit zu zweiflen, wan gleich der könig in Schweden umb die securitet angesuecht werden solte, dz er solche nit allein nit willigen, sondern den abgeordneten noch mehrers nachstellen lassen wurde." Er erteile dem Bruder Vollmacht für alle kurkölnischen Erz- und Stifter, werde aber nicht viel leisten können. – Eine förmliche Vollmacht Kurkölns für Maximilian liegt nicht vor. In seinem Schreiben vom 23. Dezember (oben Anm. 1) erklärte *Maximilian*: „Und weiln E. L. beliebig, mir dero, auch irer erz- und stüfter halber volmacht aufzutragen, als wüll ich denn meinigen derentwegen nothwendigen bevelch, auch iro hernegst auch von dem verlauff nach und nach [...] parte geben." Eine einschlägige schriftliche Weisung Maximilians für seine Gesandten in Ingolstadt hat sich nicht gefunden. Wie auch immer das Ansinnen Kurkölns und die Erklärung Maximilians zu interpretieren sind, festzuhalten ist, dass Maximilian bzw. die bayerischen Gesandten auf dem Ligatag nicht als Bevollmächtigte Kurkölns aufgetreten sind.

6 Zum Thema französische Friedensvermittlung heißt es in der Antwort *Maximilians* an Kurköln vom 23. Dezember (oben Anm. 1. Ben. bei KAISER, Politik S. 485), er halte dafür, „dz djzenige, was wegen erwerbung der kgl. Französischen interposition bedacht und des bischoffens zu Würzburg L. persöhnlicher negotiation halber veranlast worden, gar wol und vernunftig beschehen. [...] Und weiln es noch auf weütterer conferenz beruehet und E. L. sambt wollgedachtem bischoffen zu Würzburg und dem Churmainzischen canzler zu bedenkhen im werkh sein, waraufdise vorstehende negotiation mit Frankhreich vornemblich zu fundirn und wessen man sich gegen Ire Kgl. Wrd. zu erbieten und einzulassen, als wüll ich des ervolgß gern erwarten. Was aber an seiten der cron Frankhreich alberait für apertur und müttel anhandt geben worden und was mir darbei zu gemüeth gangen, dz hab ich E. L. in meinem negstern bei

merket, daß obwollermeltes hern bischovenn zue Würtzburg L. sowoll ihres eigenen alß auch deß allgemeinen intereße wegen solche mühewaltung zue ibernemmen, nicht ungenäigt, wie ich dann auch kein bedenkens hette, Ihre[r] L. darzue in meinem nahmenn volmacht aufzuetragen, deß zuversehens, Churtrirß L. dergleichen auch wol thun würde. Es ist zwarn dhabei vonn ermeltem Mainzischen cantzlern die andeutung geschehenn, weil die Spannische obwolermeltes herrn churfurstenn L. bei ieziger ihrer noth mit volkh aszistiert, solches auch annoch continuierten, daß er cantzler nicht aigenntlich wißenn khonte, ob Maintz L. hiebei einig bedenkens haben müchten. Weilenn aber diese der cron Franckhreich gesuechte interposition alleinn dahin anngesehen, daß mann vermittelst derenn zue einem erträglichen fridensstandt gerhatenn müchte, und dann Ire Ksl. Mt. den Mühlhausischen convent selbsten nicht allein placidiert, sondern auch deßenn fortsetzung urgiert und, daß der khönig in Schweden darbei immediate intervenieren müchte, gewilligt, denn Spannischen auch mehrers mit dem friden alß furtsetzung dieses hoch beschwerlichen khriegs gedient, Churmaintz L. auch daß zue selbigem endt an Franckhreich albereitz abgangenes schreiben selbst aufsezen laßenn und mitgefertigt, so wolte ich mich getrosten, deroselben werde obbedeute ersuchung bei der cron Frankreich nicht allein nicht zuwider, sondern bei der Ksl. Mt. selbst wol zu entschuldigen sein.

Es hat zwarn in solcher eihl nicht so aigentlich bedacht werdenn konnen, waraufe dise negotiation mit Franckhreich zue fundieren und weßenn mann sich gegen selbiger cron hinwider auf gesünnen zu erpietten und einzulaßen. Es solle aber solches noch in fernere berhatschlagung gezogenn werdenn, wann mann E. L. gemuhtsmainung dabei auch berichtet werdenn müchte. – In deme wirt mans leichtsamb ainig sein, daß die catholische stende niehmahls ainige [!] anderer mäinung gewesenn, dann daß die Teütsche libertet und freiheit ungeschwecht zu erhalten, inmaßenn dann Ire Ksl. Mt. zue Regenspurg auf die capitulation, guldene bull, reichsconstitutiones und daß alte herkhommen gewiesen und zue derenn observation und abstellung des widerigen gebürlich erinnert, der Italianische krieg improbiert und, weilenn etliche Kaiserische ministri sich also comportirt, daß es vast daß annsehen gehabt, alß wehre mann bedacht, die Teütsche freiheit zue undertrucken, daß auf deren abschaffung getrungen. Es konnten Ire Kgl. Wrd. auch, daß man bei solcher intention vestigelich zue beharren und, vonn

---

aignem currier an sie abgangnem schreiben [vom 9 Dezember, oben Nr. 470 D 1 Anm. 1] in [...] vertrauen zu vernemmen geben, welches zu gedachter conferenz ain mehrers licht und nachrichtung geben wirdt. Und bin ich dariber E. L. resolution und antwort mit verlangen gewertig. – Sonsten bin ich an meinem orth gleicher mainung, dz alles dzjenige, was [...] bei dem Regenspurgischen convent Irer Ksl. Mt. von dem kfl. collegio erindert worden, und dz man nachmaln bestendig darauf zu verharren gedacht, Irer Kgl. Wrd. in Frankhreich gar wol, doch allain mündtlich, angedeuttet, und obwoln ich dero bei mir anwesendem gesandten wegen des Ksl. edicts und beschaffenheit des religionwesens alberait aine gnuegsame information anhendigen laßen, dannoch auch von des bischoffens zu Würzburg L., weiln es ohne zweifel ain mehrers ansehen haben wirdt, dergleichen abgelegt werden mechte." – Für die französische Interposition und für die baldige Abordnung des Bischofs von Würzburg nach Frankreich sprach *Maximilian* sich auch in seinem Schreiben an Kurmainz vom 23. Dezember (oben Nr. 498 Anm. 1) aus.

denn anderen chur-, fürsten und stenden sich disfals zue separieren, gar nicht gemeint, versichert werden, dabei dann auch, waß es mit dem religionwesen und dem Ksl. edicto für eine gelegenheit hette, angezäigt werden, und mann sich versehenn wolle, Irer Kgl. Wrd. intention gar nit sein würde, die cathol. stende, deren erz- und stüfter, erfolglich die cathol. religion aus Teütschlandt so gar exterminieren zue laßenn, sondern mehrerß zue deren underhaltung und verhinderung alleß wiedrigen ihre kgl. macht anzuwenden genäigt sein, wie dann auch die cathol. chur-, fürsten und stende, wann es je solche mäinung haben solte, ehrenn und gewißens halber mit hilfers hülf und aufs best sie konnen, alleß daßjenig, was ihnen noch iberig, aufzusezen und dargegen furzunemmen, nicht underlassen wurden.

Und ich habe es, nachdeme es deß hern bischovenn zue Würtzburg L. und dem Maintzischen cantzler vorhin communicirt und von ihnen placidirt, E. L. also zur nachrichtung nicht verhaltenn mügen." – Köln, 13. Dezember 1631.

Ausf., teilweise dechiffriert, Akten 281 fol. 111–115 = Druckvorlage; Duplikat, teilweise chiffriert, Kschw 960 fol. 541–544. Ben. bei STADLER S. 581; KAISER, Politik S. 492, S. 500 Anm. 212.

### 512 H 5. Der Bischof von Bamberg an Maximilian

Dezember 22

Nichtteilnahme am Ligatag

Bezug: Ausschreiben vom 18. [!] November[1]. – Hatte gehofft, den Tag besuchen zu können. „Dieweiln sich aber bei gegenwertigen betrüebten leüften die sachen mitt unßerm anvertrauten stieft nit allein von tag zue tag je lenger, je gefehrlicher anlaßen, indeme wir fast an allen orten feindseelig angegriffen, unßere underthanen von ihrem uns verlobten gehorsamb abgezogen, mit frembten volkh wöllen überlegt, die unßerigen erbärmlichen außgeblindert, rantzionirt und betrangt und wir mit allerhand hostiliteten dermaßen angefochten und tentirt werden, das wir fast nichts anders dann stündlich einen völligen überfall und entlichen undergang zu gewarten,

Zue welchem gefehrlichen unweßen wir unßere wenige räthe, indeme uns zumahl die maisten, so bei dergleichen sachen herkhommen, entgangen, in mehr weeg zu gebrauchen haben, dern theils auch außer landts, und wir an leüthenn also entblößet sein, das wir auf dißmahl niemandten abzuordnen wissen," bittet er, ihn für entschuldigt zu halten und ihm den Schluss der Versammlung mitzuteilen. – Bamberg, 22. Dezember 1631.

Ausf. ÄA 2375 fol. 467–468. Ben. bei R. WEBER S. 98

---

1 Oben Nr. 512 B 1. – Das Tagesdatum 18. hat auch die Ausfertigung des Ausschreibens an den Deutschmeister (ebenda Anm. 4).

## 512 H 6. Relation H. von Questenbergs

Dezember 27

Kaiserliches Schreiben vom 21. Dezember (Neutralitätsverhandlungen in München) – Stimmungslage der Ligamitglieder

Bestätigt den Erhalt des kaiserlichen Schreibens vom 21. Dezember samt Anlagen [oben Nr. 470 D 4 Anm. 1] am 27. des Monats um die Mittagszeit. Die beiden kaiserlichen Schreiben an Kurmainz und an Kurbayern[1] hat der Kurier zwecks Weiterleitung dem Statthalter in Ingolstadt übergeben[2] und dafür ein Rezepisse erhalten. [...]

„Die von E. Ksl. Mt. oportunissimo tempore mir zugeschickte avisi werden trefflich wol dienen, bei denen ohnedz sehr exulcerierten gemütern alle sehr vermuthende ungleiche dissegni, wobei in general und particular wenig heil zu verhoffen, möglichst zu verhindern und ruckwendig zu machen, so gleichwol anbefolhener massen mit solcher behuetsam- und vorsichtigkeit beschehen solle, damit kein anderer als nur allein der von E. Ksl. Mt. wol angesehener effect daraus erfolge.[3] [...]

Bei denen anwesenden gesandten verspure ich ein grosse perplexitet und gleichsam geringe hoffnung, unterm bundts directorio fortzukommen oder sich zu salvieren. Der klagen seind vielfeltig, wie ihre herrn principaln und dero land erst iungstlich vom durchmarchierenden Lothringischen und anderm kriegsvolk ruiniert und zugrund gerichtet worden. Welchem ich hiemit begegne, dz E. Ksl. Mt. zwar ausser allen zweiffel, dergleichen zu vernhemmen, uber alle massen unangenhem sein werde, meines erachtens aber die remedierung dergleichen inconvenientien bei der militiae nechst befindlichem vorgestelltem capo, h. generaln gf. von Tilly oder gar beim h. churf. in Bayrn cum effectu zu suchen und zu befinden sein solten. Alle befinde ich in privato alloquio E. Ksl. Mt. mit bestendigster schuldigster trew und affection aller-

---

1 Oben Nr. 470 D 4, ebenda Anm. 1.
2 Auf einer Mitteilung des *Statthalteramts in Ingolstadt*, Ingolstadt, 27. Dez. 1631 (Ausf. Akten 281 fol. 139), betreffend das Laufgeld für den Boten, der das für Maximilian bestimmte Schreiben nach München überbringen sollte, vermerkte *Maximilian*: „Weil vermuettlich dem Ksl. gesandten, eben dergleichen bei den sambtlichen stenden anzubringen befolchen worden, alß were dem Dr. Peringer ad partem zu schreiben, weßen er sich heruber im votiern zu verhalten." Ein einschlägiges Schreiben an Peringer hat sich nicht gefunden.
3 Nachweislich machte Questenberg den Gesandten des Deutschmeisters und Peringer gegenüber Gebrauch von besagten Avisen. Vgl. dazu die Relation der *Gesandten des Deutschmeisters*, Ingolstadt, 30. Dez. 1631 (Konz., teilweise von der Hand Solls, StAL B 290 Bü 189 Nr. 22), die vertrauliche Mitteilungen Questenbergs enthielt, denen zufolge „zu Breisach bei einem Frantzösischen krank liegenden, sonsten nach München zu dem ambasciator daselbsten [ = Charnacé] raisenden edelman instruction und schreiben gefunden worden, die ligistische stende mit aller möglichen listigkeit zu einer neutralität zu bewegen, welches durch ertzhertzog Leopolden der Ksl. Mt. notificiert, die originalia aber gleichwohl nacher München ahn Churbayren geschickht sein worden." In seiner Relation vom 5. Januar 1632 (oben Nr. 512 E 3 Anm. 5) trug *Soll*, dessen Informant wiederum Questenberg war, nach: „Der jüngst mentionirte Frantzösische edelman zue Breysach heist mit namen monsieur de Miré." – Zu Peringer vgl. unten Nr. 512 H 9 Anlage.

gehorsambst zugethan. Beklagen, dz sie und ihre stift unangesehen vielfeltiger zur liga hergeschossner contributionen in der höchsten not hulf- und schutzlos gelassen werden." – Ingolstadt, 27. Dezember 1631.

Eigenh. Ausf. RK RTA 100b.

### 512 H 7. Relation der bayerischen Gesandten[1]

Dezember 28

Ankunft in Ingolstadt – Teilehmerliste – Beginn der Verhandlungen

Berichten, dass sie gestern Mittag hier angekommen sind, heute früh zwischen sieben und acht Uhr Vollmacht und Instruktion erhalten und daraufhin den Statthalter von allem unterrichtet haben.

Was die Kurfürsten von Mainz, Trier und Köln sowie die Bischöfe von Bamberg und Würzburg angeht, so haben sie noch nicht in Erfahrung bringen können, dass sie einen der hier anwesenden Gesandten bevollmächtigt hätten. Übersenden ein Verzeichnis der hier anwesenden Gesandten[2], „auß welchen der Constanzische beraith widerumb vor unserer einkhonft abgeraist und sich, wie unß andere vermeldt, wegen einer zwischen seinem herrn und denn Schweizern iezt nach den Weihnachtferien angestelten tagsfahrt, lenger zu bleiben, entschuldigt."

Heute Abend oder morgen früh wird man mit den Beratungen beginnen. – Ingolstadt, 28. Dezember 1631.

Ausf. Akten 281 fol. 140 und 144; Konz. Peringers ebenda fol. 141.

---

[1] Unterzeichnet von Peringer und Mair.
[2] „Verzaichnus derer Ir Ksl. Mt. assistireten verainten cathol. cur-, fürsten und stenden zu dem angestelten convent alhier zu Ingolstatt" (Akten 281 fol. 142–143); auf Abweichungen von dem oben Nr. 512 D gedruckten Stück ist nicht einzugehen.

## 512 H 8. Relation der bayerischen Gesandten[1]

Dezember 30

Schwedische Vorstöße in Sachen Neutralität bei katholischen Reichsständen – Friedensverhandlungen

Laut Instruktion[2] sollen die Gesandten unverzüglich berichten, falls der kaiserliche Gesandte Dinge vorbringt, über die sie nicht instruiert sind. Dem entsprechend teilen sie mit, dass der kaiserliche Gesandte in seiner mündlichen und schriftlichen Proposition, deren Kopie[3] sie beifügen, u. a. angebracht hat: „Ihre Ksl. Mt. versehen sich zu den stenden unfehlbarlich, sie werden sich zu kheiner trennung, weniger aber zu einiger unverantworlicher, hochverbottner und hochschödlicher neutralitet etc. (inmassen Ihrer Mt. fürkhommen, das sich der gegenthail, derentwegen bereit bei etlichen einen versuch ze thun, understanden haben solle) verlaitten lassen." Bitten um Weisung, „wessen wir unß dißfahls in beantwortung deß Kaiserlichen abgesandtens zu verhalten."

Berichten ferner, das fast alle Gesandten in ihrer ersten Erklärung zur Frage der Friedensverhandlungen dafür plädiert haben, „das mit den protestirenden einiche neüe fridenshandlung und composition nit einzugehen, sonder alles Gott dem Allmechtigen, der bißhero seiner kirchen allzeit beigestandten und durch miracula gewürkht etc., zu verthrawen und eines besseren eventus zu erwarten sei. Und hat sonderlich der Augspurgische abgesandte hierüber ein ganze lange legend abgelesen." Darauf haben die bayerischen Gesandten gemäß ihrer Instruktion[4] geantwortet, worauf die übrigen Vertreter in der nächsten Sitzung replizieren wollen. – Ingolstadt, 30. Dezember 1631.

Ausf. von der Hand Peringers, präs. 1. Januar 1632, Akten 281 fol. 195–196.

---

1 Unterzeichnet von Werner von Tilly, Peringer und Mair.
2 Oben Nr. 512 C 3 S. 1577.
3 Zitiert oben Nr. 512 E 1 Anm. 5.
4 Oben Nr. 512 C 3 S. 1573 f.

**512 H 9. Relation H. von Questenbergs**

Januar 1

Gründe für die verspätete Ankunft der bayerischen Gesandten – Vortrag vor den anwesenden Gesandten – Konferenz mit den Deputierten der Gesandten – Relation Maximilians über die Konferenz in Donauwörth – Stimmungslage der Ligamitglieder

Die bayerischen Gesandten Peringer und Mair sind Samstag, dem 27. Dezember, gegen Abend in Ingolstadt eingetroffen. Berichtet u. a., dass Mair ihm erklärt hat, warum der Kurfürst seine Gesandten nicht früher abordnen konnte. Erstens weil er „wegen eingerissner unordnungen und confusionen bei beiden armaden und denselben möglichst zu remediren, sich in selbst aigner person nach Donawert erhoben, dorthin auch den herrn general gf. von Tilly und E. Ksl. Mt. obristen feldwachtmeister von Aldringen zu sich erfordern und nach gepflogner communication allerhand notwendige anstalten, insonderheit auch wegen austheilung der winterquartieren machen wöllen. Und dan dz Ihr Kfl. Dt. wegen fortstellung dieses convents des herrn churf. von Mayntz erklerung zuvor vernhemmen mussen, welche allererst eingelangt und darauff diese abordnung unverzuglich beschehen sei. Warauff ich geantwortet, die ursachen des verzugs wehren meines erachtens erheblich. Wollte dieselbige E. Ksl. Mt. allerunderthenigst referieren und benebens wunschen, dz sie zeitlicher zu dero wissenschaft hetten gelangen können, damit auch ich die acht tag, welche ich hie mussig zuegebracht, hette nutzlicher mögen anwenden." [...]

Berichtet über seinen Vortrag vor den anwesenden Gesandten am Montag [29. Dezember], den er als Anlage Nr. 1¹ beifügt. Fügt ferner als Anlage Nr. 2 bei, was die Deputierten der Gesandten gestern [31. Dezember] mit ihm „circa punctum compositionis amicabilis" konferiert haben und er darauf geantwortet hat², schließlich als Anlage Nr. 3³, was er „von vertrawter hand⁴ bekhommen, wie ietziger zeit der militiae schlechte beschaffenheit von Churbayrischen denen samptlichen gesanten vorgestellt wirdet, bei welchen ohndz die kleinmutigkeit sehr uberhandgenhommen, indem sie vermeinen, die mittel zur guete wurden wider Gott, zum krieg aber wider und uber ihr vermögen sein. Es hat sich gleichwol des herrn bischofen von Augspurg Fstl. Gn. durch ihren cantzler gegen mir vertrewlich erklert, dz er urbietig, begierig und willig, in diesen extremiteten, ob er gleich mit lang gewehrten schweren contributionen seinen stift und alle mittel gleichsam erschöpft befinde, dennoch dz eusserst und alles, was ihm noch ubrig und auffzutreiben immer möglich, ia auch der kirchen schätz und kleinodien und wan er mit seim blut helfen könnte, trewlichst

---

1 Die Anlage fehlt; vgl. aber oben Nr. 512 E 1 Anm. 5.
2 Druck unten S. 1625 ff.
3 Fehlt. – Zweifellos handelte es sich um die Relation *Maximilians* über die Konferenz in Donauwörth, dritte Fassung (oben Nr. 490).
4 Zu denken ist an Soll, den nach der Abreise Ulrich von Wolkensteins nach München in Ingolstadt verbliebenen Gesandten des Deutschmeisters.

darzugeben, nur wunschend, dz von andern, die ungleich viel mehr vermögen, dergleichen beschehe. Die andere anwesende, der gaistlichen fürsten als mehrern theils im Bayr. crais angesessener, gesante seind verzagt und dörfen sich nicht vermerken lassen." [...] – Ingolstadt, 1. Januar 1632.

Eigenh. Ausf. RK RTA 100b. Ben. und zitiert bei BIRELEY, Maximilian S. 176 Anm. 21; BIRELEY, Religion S. 174, S. 269 Anm. 20; KAISER, Politik S. 499 Anm. 202, S. 500 Anm. 215, S. 502 Anm. 223, S. 505; BIRELEY, Ferdinand II S. 236.

**Anlage:**

Relation H. von Questenbergs über die Konferenz mit den Deputierten der Gesandten[5]

Vermittlung Frankreichs bei Schweden und den protestantischen Kurfürsten – Von Erzherzog Leopold aufgefangene französische Schreiben (Neutralitätsverhandlungen in München)

[...] Am folgenden Tag [31. Dezember] um zwei Uhr nachmittags sind Dr. Peringer sowie die Kanzler des Deutschmeisters und des Bischofs von Eichstätt bei Questenberg erschienen und haben „vermeldet, dz die samptliche herrn gesandten bei berhatschlagung des ersten puncts, nemlich guetlicher handlung, fur guet angesehen, was ihnen dieß orts zu gemut gangen, mit mir wolvertrewlich zu conferiern und, da mir beliebet, auch meine gedanken druber zu vernhemmen. Und wehr nemlich dieses in der substantz. Weiln anregung beschehen dern von landgf. Görg zu Hessen Fstl. Gn. vorgeschlagnen und zu Mulhausen in Thüringen vermeinten compositionshandlung, zu welcher ob zwar Schweden sich nit ungeneigt vermerken lassen, dennoch auff beider Churfachsen und Brandenburg einwilligung, wovon man noch nichts wisse, sich beruffen, inmittelst aber seine gewalt stark fortstellt, dahero ietzt nit wol zu sehen, bevorab hochg. h. landgf. seither auch dem Schweden sich accommodiern mussen und also nit mehr viel ersprießliche officia zu fortstellung des Mulhausischen convents wirdet einwenden können, ob und was man sich auff dieselbige veranlaste handlung zu verlassen. Derowegen auf fleissigs nachsinnen denen abgesandten beigefallen, ob nit ein mittel, [...] entweder zum Mulhausischen convent ein apertur

---

[5] Entsprechend einem *Votum des kaiserlichen Geheimen Rates* vom 7. Januar 1632 (oben Nr. 470 D 8 Anm. 1), antwortete der *Kaiser* auf die oben gedruckte Relation an Questenberg, Wien, 7. Jan. 1632 (korrigierte Reinschrift RK RTA 100b. Ben. und zitiert bei BIRELEY, Religion S. 174, S. 269 Anm. 20; BIRELEY, Ferdinand II S. 236), Questenberg habe den Deputierten richtig geantwortet, und fuhr fort: „Wofern nun die chur- und fürstlichen gesandten auff angedäutter Französischen interposition ja beruhen und auß denen von dir hierwider angezogenen bedenkhen darvon nicht außgesezt werden wollte, auff solchen fahl wirdest du si die gesandten dahin alles angelegenen fleißes zu vermahnen haben, daß sie die tractaten dahin dirigiren und befördern helfen wollen, damit wir hierbei underm schein ainiger neutralitet nicht ubergangen oder ausgeschloßen, sonder unsere Kaiserliche hochheit vor allen dingen in gebührende obacht genohmen und derselben zu ainigem nachtteil ichtes nicht gehandlet oder vorgenomben werden möge."

oder sonst in andere wegh zu guetlicher handlung zu gelangen, dieses sein möchte, wann von E. Ksl. Mt. und den catholischen chur-, fursten und ständen der könig in Franckreich beweglich ersucht wurde, sich dieß orts zwischen ihnen und Schweden sampt dessen adhaerenten pro interpositore gebrauchen zu lassen. Welches E. Ksl. Mt. desto weniger bedenklich sein werde ihres erachtens, weiln sie dergleichen mittels vor eilf oder zwölf iharen, wie der herr gf. von Hohenzollern[6] selig in Franckreich geschickt, als gleichwol die sachen noch weit nit in solchen terminis wie ietzt, sonder die gehorsame chur- und fursten noch zu assistiern vermögt und Chursachsen auff guten beinen gestanden (wie sein terminus gelautet), sich nit unfruchtbarlich bedient hetten, mit mehrer außfuhrung, was bei gegenwertigen extremiteten vor trost und erleichterung die betrangte catholische wurden zu hoffen und zu gewarten haben. Waruber sie gleichwol vorhin mit mir discurriern und, ob E. Ksl. Mt. dahin zu bewegen sein möchte, gern vernhemmen wollen.

Darauff ich geantwortet, mich der communication bedankend, das ich uber diesem particular [...] von E. Ksl. Mt. nicht instruiert, weniger, was etwo dero intention, wissen könnte. Beten aber, gleichsamb fur mich selbst meine beifallende gedanken, gleichwol ohn einigen verfang oder fernere vorbereitung, meine gedanken daruber ihnen entdecken wollte.

1. Das vor allen dingen zu betrachten, dz gleichwol wie notori Franckreich mit Schweden alliert, und mich bedunken wolle, fast eines zu sein und dz gleichmessiger effect darvon zu gewarten, beim feind selbsten oder seinem bundgenossen die guetliche handlung zu suchen.[7]

2. Keiner sei in reichssachen so unerfahren, dem nit die intentiones der cron Franckreich zum Hl. Röm. Reich gleichsamb lenger dan von eim saeculo her bekandt seien. Ob nit der könig sich solcher ihm an die hand gegebener occasion trefflich bedienen werde.

3. Bevorab der krieg in Italien noch nit gestillet, sonder allererst besorglich recht angehe. Und obgleich vom Allerchristlichsten König die fast undertruckte religion etwas trost zu hoffen, so wurde doch dasselbig bei praevalierung der uncatholischen sehr mißlich und ungewiß, nichts sicherers aber sein als eversio et mutatio status politici.

Und wan gleich dessen allem nichts zu befahren, sonder, diese interposition zu suchen, allerdings rhatsam wehre, so seie doch kein veranlassung, dz die gegentheil interim mit ihren waffen einhalten werden. So musste auch in hunc ipsum eventum von denen conditionibus, so vielleicht an die hand zu geben oder endlich einzugehen, mussen geredet werden, damit man Ewer Ksl. Mt. (wan sie die gesanten noch

---

6 Tatsächlich Fürstenberg; vgl. dazu oben Nr. 512 C 3 mit Anm. 8.

7 Das oben Nr. 512 E Anm. 1 zitierte Protokoll *Solls* resümiert unter dem 31. Dezember 1631 den ersten Punkt der Antwort Questenbergs folgendermaßen: „(1.) Dz Franckreich mit Schweden confoederiert und partialis seie und dz es dz ansehen gewinnen möchte, als ob man dem gegenteiln sich gar submittiern wolt."

bei diesem vorschlag verblieben) dz gantze werk zugleich vortragen könne. Ob nit vielleicht rhatsamb, Pabstl. Hlt. ex parte catholicorum (wie E. Ksl. Mt. zum öftern gethan) beweglichst zu ersuchen, der periclitierenden religion erklecklich zu helfen oder officia bei Franckreich einzuwenden, die gegentheil zu disponiren? Item ob und was vor meinung die drei gaistliche h. churfürsten sein mögen wegen ansuchung solcher interposition bei Franckreich.

Alle diese rationes haben sie wol gefasst und hoher erheblickeit befunden, iedennoch weil man die wahl der interponenten nicht habe, nochmaln auf voriger meinung beharret. Bei Pabstl. Hlt. seien vielfaltige repraesentationen und ansuchungen von Ihrer Kfl. Dt. [von Bayern] und absonderlich von den h. gaistlichen fursten [geschehen], sed semper surdo fabula [!], biß endlich unlengst von Ihrer Hlt. 10.000 cronen monatlich E. Ksl. Mt. und denen bundstenden auff ein jahr verwilligt worden, iedoch solang und dafern es die vires camerae Apostolicae werde[n] können erleiden, welchs nun nit viel außtragen möge. Ihre Kfl. Dt. in Bayrn habe bereits wegen alsolcher interposition an Franckreich geschrieben und guete vertröstung bekommen. Die drei geistlichen churfürsten haben den könig gleichfalß ersucht, darauff aber noch keine antwort erfolgt, sonder erwartet werde. Der herr bischof von Wurtzburg habe sich mit Churcöln und Mayntzischem cantzler Dr. Gereon in der statt Coln underredet und sich anerbotten, selbst in Franckreich zum könig zu verraisen, dem vor gewiss Churmaintz und Coln, vielleicht auch Bayrn credentzen mitgeben wurden.

Ich hab alles dahin gestellt, E. Ksl. Mt. [...] zu referiren, und sie ermanet, nicht zu weniger die berhatschlagung de prosequendo bello fortzustellen, wie sie sich zu thuen anerbotten.

Als die deputierte von mir gangen, hab ich dem Dr. Peringer ad partem gesagt, es werde ihm wol wissend sein von denen intercipierten Frantzösischen schreiben, welche unlengst von ertzhg. Leopoldi Fstl. Gn. Ihrer Kfl. Dt. in originali zugesandt worden,[8] und was von solchen intentionen fur ein gueter interpositionseffect zu gewarten. Darauff er mir antwortet, es <ender> ia weniger nit, aber die not lehre suchen, wo man sonst nit suchte. Ein ieder potentat, ia privatperson seie begirig, sein partito zu megliorieren. Jedoch man wurde sich dies orts von Ihrer Ksl. Mt. willen nit absondern, welches ich nit allerdings verstehe, weiln die h. churfürsten albereit geschrieben, es wehre an dem, dz sie E. Ksl. Mt. consens darbei gehabt oder praesupponiert."

Eigenh. Ausf. RK RTA 100b. Ben. und zitiert bei Bireley, Maximilian S. 176 Anm. 21; Bireley, Religion S. 174 f., S. 269 Anm. 20; Kaiser, Politik S. 493, 505 f.; Bireley, Ferdinand II S. 236.

---

8 Vgl. dazu oben Nr. 470 D 2 mit Anm. 4.

### 512 H 10. Maximilian an seine Gesandten[1]

1632 Januar 2

Friedensverhandlungen – Argumente für die Aufnahme von Friedensverhandlungen – Proposition des kaiserlichen Gesandten, namentlich zu den Themen schwedische Vorstöße in Sachen Neutralität bei katholischen Reichsständen sowie Hilfstruppen für die Liga

Bezug: Relation vom 30. Dezember 1631 samt Anlage [oben Nr. 512 H 8, ebenda Anm. 3]. – Was die Frage der Friedensverhandlungen angeht, so ist die Replik der Gesandten abzuwarten. „Sonsten erscheinet sowol aus des Ksl. gesandtens abgelegter proposition alß aus einem uns erst gestern von Irer Mt. eingelangten schreiben[2], darinnen sie uns communicirt, waß des veranlasten Mülhaußischen convents halber des landtgraf Geörgens zu Hessen L. weitter an sie gelangt und Ire Mt. darauf geantwort, daß nunmehr die frag und consultation nit auf dem, ob man sich catholischer seits mit denn protestirenden diser zeit in fernere fridens- und compositionshandlung einlassen wolle oder solle, seitemal Ire Ksl. Mt. auf wolermelts herrn landtgraf Geörgens vorschlag iro solches alberait gefallen und die cathol. curfürsten ihnen auch nit zuwider sein lassen, sonder vilmehr auf dem bestehen, wie solche dis thaillß schon eingewilligte güettliche handlung eheist zu befirdern und auf waß für mitel und conditiones zu stellen und endtlich zu beharren sein mecht. Dieweil dan Ire Ksl. Mt. und die cathol. curfürsten dero wort und consens nit gleich also ohne schmelerung irer reputation, trauen und glaubens, auch ohne noch mehrere verbitterung des gegenthaißl wider zuruckhnemmen und alle giette ausschlagen khünden, so habt ihr dis und waß wür euch deretwegen vorhün in der instruction[3] gdst anbevolchen, denn anwesenden, sover sie auf ihrer vorigen mainung beharren und sich nochmalß zu kheiner giettlichen handlung verstehen wollen, wol zu gemüeth zu fiehren und zu wissen zu begehren, wann man ie kheiner güettlichen tractation stattgeben solle, woher dan die mittel zu nemmen, dardurch man dises werkh sonst in andere weeg ausfiehren und dem so mechtigen feindt widerstandt thuen khündt; ob solche mitel iez gleich, wie es die vor augen stehende gefahr und nott erfordern, vor der handt seindt, oder ob man erst darumb trachten solle, und ob man vergwist, das der feindt so lang, bis man sich besser versicht und gefast macht, stillsizendt zusehen werde, oder ob nit vilmehr zu besorgen, daß er sich seines bisher gehabten glickhs und erlangten vortl, wie er gegen etlichen cathol. cur- und fürsten gethon, also auch noch gegen denn überigen brauchen und dise sowol alß iene von land und leithen veriagen und die oberhandt so weit gewünnen werde, daß er hernach selbsten nit mehr nach einiger giettlichen handlung fragen, sonder alles in seiner handt und gewalt behalten oder selbst conditiones, ob, wievil und welcher gestalt er restituiren wolle, vorschreiben werde.

---

1 Zum Eintreffen dieser Weisung in Ingolstadt im Laufe des 3. Januar vgl. oben Nr. 512 E 5 Anm. 10.
2 Vom 22. Dezember (oben Nr. 476 Anm. 1).
3 Oben Nr. 512 C 3 S. 1573 f.

Wann die andere uns nun die mitel, dardurch dise extrema zu verhietten, mit bestandt und solcher gewishait, dz man sich daruf verlassen khan, zaigen und an die handt geben werden, wollen wür uns baldt mit ihnen vergleichen. Aber solang solches nit geschicht, wie wür dan unsers thailß auch nit sechen, wie es so eilendts geschechen khündt, halten wir für rhatsamer und sicherer, die gietliche tractat und mitel nit aus der hand zu lassen, alß alle der catholischen cur-, fürsten und stenden landt und leith sambt der wahren religion und daran hangenden zeitlichen und ebigen wolfahrt also[4] in die schanz zu schlagen und uf die spiz der waffen zu sezen.

Wie wür nun nit zweifeln, es werden uf dise propositiones und erinnerungen der wenigen löblichen bundtstendt anwesende gesandte die vilfeltige difficulteten, welche sich bei continuation des kriegs diser seits mehr alß vor iemalß erzeigen, selbsten befinden und erkhennen und erspießliche mitel und weeg, wie solche zu superiren sein mechten, ebensowenig weisen und wirkhlich an die hand geben khünden, also werden sie auch desto weniger ursach haben, uf ihrer vorigen mainung zu beharren und sich von dem, was Ir Ksl. Mt. und die cathol. curfürsten ihnen bereits gefallen lassen, abzusöndern. – Zum fahl sie sich aber uf uns verlassen und vermainen wolten, wir solten bei solcher eüsseristen noth den ganzen last allain tragen und das suppliren, was an andern abgehet, haben wür euch alberait in unser instruction[5] mit mehrerem anbevolchen, waß ihr daruf repliciren sollet, darbei wirs auch bewenden lassen.

Anlangend was dem Ksl. gesandten uf seine wegen der neutralitet beschechne erinnerung zu antworten sein mecht, befünden[6] wür für das rhatsambiste, das man disfals in der generalitet verbleiben und Ir Ksl. Mt. in der antwort derienigen gehorsambisten devotion und treu, welche deroselben die verainte cathol. cur-, fürsten und stende bisher im werkh iederzeit erwisen, auch nochmalß versichern und darneben den erbarmlichen übelstandt, darin die vornembste bundtstendt durch des königs in Schweden und seines anhangs feindtliche überfäll, etliche auch durch Ir Ksl. Mt. aignes und das Lottringische volkh gerhaten und sich derzeit noch befünden, die andere aber dergleichen noch stündtlich gewarten müessen, zu verstehen geben und Ir Ksl. Mt. selbst allergdst ermessen lassen mechten, ob und wie sie sich bei solcher über beschaffenhait von den verainten cathol. cur-, fürsten und stenden für[7] assistenz und hilf, unangesehen sie sich sonsten willig und schuldig darzue wissen und erkhenen, zu getresten und zu erwarten haben werden. Daß aber dergleichen ohnverantwortliche, hochverbottne und hochschödliche neutralitet, darvon der Ksl. abgesandte in seinem vorbringen anregung gethon, einem oder anderm bundtstandt wehre zugemuettet worden, darvon seie ihnen abgesandten nichts bewust. – Auf dise

---
4 Ursprünglich folgte: „vorsezlich und temere", was dann aber in der Ausfertigung von Maximilian getilgt wurde. Vgl. dazu oben Nr. 512 C 3 Anm. 12.
5 Oben Nr. 512 C 3 S. 1574.
6 Zum Folgenden Randvermerk *Peringers* in der Ausfertigung: „1us gradus".
7 Von Maximilian in der Ausfertigung verschlimmbessert für ursprünglich „einiger fernerer".

ieztangedeite mainung habt ihr euer votum zu richten und zu sechen, damit auch andere dahin, und weiter nit, gehn mechten.

Im[8] fahl aber andere etwan mehrers ad speciem gehn und per maiora daruf schliessen würden, das man sich gegen dem Ksl. abgesandten erkhleren solle, der anwesenden gesandten principales hetten sich bisher in ganz khein neutralitet eingelassen und wehren auch noch nit bedacht, sich in einige einzulassen, so sollet ihr alßdan zwar die maiora dergestalt, wie sie ausgefallen, repetiren, aber an eurem orth also votiren, wie oben mit mehrerm angedeitt. Werden nun die andere daruf sich eurem voto accommodirn, habt ihr das conclusum und auch die beantwortung des Ksl. abgesandten in disem puncten darnach zu stellen.

Solten[9] aber die andere und mehrere nichtsdestoweniger uf ihrer vorberierten mainung beharren und begeren, dieselbige der antwort einzuruckhen, alsdann, und sonsten nit, sollet ihr in eurem voto weiter vermelden und es auch also dem beschaid des Ksl. abgesandten einrucken, das gleichwol uns giettliche mitel wehren vorgeschlagen und an die handt geben worden, dardurch nit allein die cathol. cur-, fürsten und stendte, welche ihre erz-, stifter, landt und leith entweder ganz oder zum thail verlohren, wider völlig darzue gelangen, sonder auch die, welche bishero noch unvergweltiget und unvertriben darbei bliben seindt, darbei noch hünfürders erhalten und vor allem weittern feindtlichen iberzug des königs in Schweden und seiner adhaerenten khünden versichert werden, imassen wir dan im werkh seindt, Ir Ksl. Mt. hiervon umbstendige information und bericht durch ein aigne absendtung zu thuen. – Und khündt ihr der bundstendt anwesenden abgesandten darneben auch die vertrestung geben, das wir nit underlassen wellen, mit eheister gelegenhait auch ihren principalen und anderen unsern mitverainten hiervon parte zu geben.

Waß sonsten dem Ksl. gesandten in den iberigen puncten seines anbringens zu antworten, habt ihr thailß vorhün in der instruction[10] schon genuegsamen bevelch, thailß[11] auch und insonderhait sovil die von ihme gesandten angedeite mitel belangt, wardurch Ir Ksl. Mt. vermainen, dem feindt genuegsam zu begegnen und dero gehorsamen cathol. cur-, fürsten und stenden hilf und rettung zu erzaigen, ohne weitleuffige ausfiehrung vor euch selbst guete wissenschaft und in eurem voto auszufiehren, auch im fahl sich andere darmit vergleichen wurden, dem Ksl. gesandten im beschaid anzedeiten, das dieselbige mitel zum thail ungwiß, zum thail wider einen solchen mechtigen feindt und seinen grossen anhang nit sufficient, *dz*[12] *Niderlendische oder Prüßlische volkh wegen gesperten Rheinstrombs nit mer so balt und weit, als es die not*

---

8 Zum Folgenden Randvermerk *Peringers* in der Ausfertigung: „2us gradus".
9 Zum Folgenden Randvermerk *Peringers* in der Ausfertigung: „3us gradus".
10 Oben Nr. 512 C 3 S. 1577.
11 Zum Folgenden Randvermerk *Peringes* in der Ausfertigung: „Die vom Ksl. gesandten angedeite mittel betr." – Mit diesen Mitteln waren die Hilfstruppen für die Liga gemeint, von denen in der Questenberg mitgegebenen *kaiserlichen Resolution für M. Kurz* vom 30. November und in der Proposition des *kaiserlichen Gesandten* vom 29. Dezember die Rede war (oben Nr. 512 C 1 Anm. 2).
12 Das im Folgenden kursiv Gedruckte wurde der Ausfertigung von *Maximilian* inseriert.

*erfodert, gar herauf anstatt des abgefierten Khaiserischen zu bringen,* alle zumal aber an sich selbsten also bewandt, das sie noch nit bei der handt und im werkh seindt, sonder noch vil zeit, mühe und uncosten, den man doch nit sicht, woher derselb welle und khündte gewiß genommen werden, erforderen. Inmittels aber seie der feindt mit einer mechtigen armaden gefast und in völligem anzug und progress an verschidenen ohrten, sterkhe dieselbe noch teglich und verfahr eilendts und geschwindt, das er weder Ir Ksl. Mt. noch den cathol. cur- und fürsten zeit und weil lassen werde, sich in mehrere und genuegsambe verfassung zu stellen, sonder er werde allenthalben die wasserströmb, päß und andere vortl dermassen noch weiter occupiren und versichern, das man weder die von dem Ksl. gesandten angezogne noch andere mitel mehr wirdt in effectum bringen und wider ihne gebrauchen khünden. *Man*[13] *habe auch nachricht, dz Ir Mt. volkh in Behem wo[l] 2mal so starkh alß der feindt. Dennoch effectuir man damit nichts und laße ihme luft, dz er auß Behem herauß ins Reich fallt und Ir Mt. aßistierende stend feindlich angreiffe."* – München, 2. Januar 1632.

Ausf. mit Zusätzen Maximilians Personenselekt Cart. 457 Tilly fol. 77–81 = Druckvorlage; Konz. Ranpeks und Richels mit Ergänzungen von Kanzleihand Akten 281 fol. 197–202. Ben. bei ALBRECHT, Maximilian S. 792 Anm. 65; KAISER, Politik S. 502 Anm. 226.

---

13 Wie oben Anm. 12.

## 513. Ruepp an Maximilian

Dezember 30

Monatssold für die Ligakavallerie

Berichtet, dass Tilly „die obriste zu pferdt zu sich fordern und inen im beisein meiner vortragen lassen,[1] das E. Kfl. Dt. gdist resolvirt weren, ein monathsoldt auf ire underhabende regimenter [...] darschiessen zlassen. Und da man hat vermeint gehabt, sie zu contentiren nit nach demjenigen unvorgreifflichen überschlag, der zu München gemacht worden, sondern dergestalt, wie E. Kfl. Dt. an dem inschluß[2] gdist zu ersehen haben und sie auf ein solches sambt den officiern, reütern, gesunden, mundirten, krankhen und unmundirten wol starkh sein, gestaltsam S. Excell., als man jungst von Weissenburg aufgebrochen ein randevous gehalten, die cavalerie von compagnien zue compagnien gesehen und abgezelt worden, darbei khein betrug hat fürgehen khönnen, aldieweihlen khein andere cavalerie als E. Kfl. Dt. da gewest und ir bagage a part marchiert ist. Uneracht aber dessen und über alle inen zue gemüeth gefürte remonstrationen, das es niemahlen herkhommen were, die compagnien höher zue bezallen, als sie sich befünden, sie wolten auch under anderm consideriren, das E. Kfl. Dt. den ganzen last einzig und allein obligt, ebenmessig auch ein wenig zuruck gedenkhen, waß für guete quartier und ezliche jar lang sie gehabt, hingegen die Kaiserische in Italia und ander orthen strapaziert worden und dannoch anhiezten ein so richtige bezallung als sie, noch weniger fürthin bekhommen werden, und was mehr zu disem werkh dienlich und erspriesslich gewest, ist sowol von S. Excell. zuvordrist als von meiner wenigen persohn der underthenigisten schuldigkheit nach innen zue gemüeth gefiert und mit eiffer vorgetragen worden.

Bemelte obriste aber haben es mit nachvolgendem abgelegt oder villmehr abzulegen vermeint: Indeme si, als Croneberg und Schönburg, nunmehr Billehe, das ganze regiment complet, ja der obristen compagnien 150 pferdt starkh in das veld effective gebracht, wol armirt, wol mundirt, daran nicht ein nagel, wie man mechte sagen, gemanglet hat (sovilen dessen anlangt, müssen Ir Excell. innen zeugkhnus geben, das si hierin recht und wol sagen), nunmehr ein ganzes jar in den feld gewesen, khein einigen heller in solcher zeit empfangen und noch under kheinem obtach sein, den reütern vill geliehen und sowoll obriste als officieri dergestalt bloß an gelt, das sie hoch beteüren, man solte under disen beden regimentern nit dausent thaller bei innen allen an gelt fünden. Und was das meiste, so wolten sie gern widerumb die compagnien complet und was an reütern abgehet, ersezen, darzue sie aber kheine mitl, auch die quartier nit verhanden, das sie darauß zu leben, geschweigens ein mehrers zu erheben, mit dem sie die pläz ersezen khunden. Die obriste Blanckhardt

---

1 Nach Ausweis der oben Nr. 509 Anm. 1 zitierten Relation *Tillys* am 29. Dezember.
2 Unten Anm. 3.

und Merode vermelden eben das lestere auch und das sie den driten monathsold, der innen vermög irer capitulation völlig versprochen worden, nit empfangen hetten.

Aldieweilen sie sich dann zu der billichkheit nit bequemmen und mir nit gebüren wollen, ein mehrers hierin zue thuen, weihlen man mit innen khein anders hat richten können, unerachtet die reüter nackhend und bloß und darunder sehr vill khrankh und matt, als habe bei E. Kfl. Dt. underthenigist umb gdisten bevelch anhalten und deroselben gehorsambist ein designation der gelter und wie hoch sich die regimenter auf einen oder den andern weg in der bezallung erstreckhen wurden[3], überschickhen wollen."[4] – Nördlingen, 30. Dezember 1631.

Postskriptum. „Wan das Blanckhardische regiment alhier auch bezalt solte werden, wurden die gelter in der cassa nit erkleckhen, dann wie E. Kfl. Dt. gdist bewust, seind die uf diß regiment gehörige gelter zuruckhgelassen. Uf solchen fall aber wurden E. Kfl. Dt. ohne gehorsambist mass gdist anzubevelchen belieben lassen, dz selbige gelter alher zu der cassa oder uf Thonawwerth gebracht werden mechten."

Ausf. ÄA 2406 fol. 5–6.

---

3 „Überschlag, wie die bezallung deß monnathsoldts uf die soldatesca droben zu München und Thonauwörth nach der Regenspurgischen ordonanz, item iezte ohngeverlich, sodann uf ganz complet nach der capitulation angeschlagen worden", Nördlingen, 30. Dez. 1631 (ÄA 2406 fol. 8–9). Die Berechnungen betrafen folgende Kavallerieregimenter der Liga: Cronberg, Billehé, Merode, Blanckart und Ott Heinrich Fugger (Kroaten). Für diese fünf Regimenter zusammen betrug der Monatssold nach dem in München und Donauwörth gemachten Überschlag 63.000 fl., nach dem beim Aufbruch von Weißenburg festgestellten Iststand 75.270 fl., nach dem Sollstand/Kapitulation 91.695 fl.
4 Der einschlägige Bericht *Tillys* vom 29. Dezember (oben Nr. 509 Anm. 1) schloss wie folgt: „Nun mueß ich zwahr selbst bekhennen, daß solche postulata [der Obersten] nit so gahr und allerdingß relevant und billich seindt. Wann ich aber auch bei mir zue gemieth gefiehret, in waß stant die sachen ietziger zeit versieren, auch waß ohnedz und im fall recruten gemacht werden möchten, vor spesen erfordert wurden, und daß ihnen ohnedaß in sovil jahren khein heller gegeben worden, so wehre ich der underthenigsten meinung, E. Kfl. Dt. möchten so gahr kheine bedenkhen schepfen, wegen etzlicher tausent gulden iberschuß bei gegenwertigen turbulentzen und zerritlichem Reichß zuestandt etwaß nachzusehen und ein übrigeß zu thun, damit si dardurch bei guetem willen erhalten werden möchten. Gleichwohl habe ich neben gemeltem Ruepp ihnnen dz oppositum bestendig gehalten undt in nichts consentirt, sondern unß auf E. Kfl. Dt. und daß unß über die billigkheit nichts zu versprechen, vil weniger zue nachtheil E. Kfl. Dt. uns in ichtwaß verbindtlicheß einzulassen und zu praestieren gebüerte, beruffen. Derowegen si underthenigst gebetten sein wollen, si gehruen sich nit allein über disen puncten, sondern auch uf meine vorhergangene underthenigste schreiben der quartier halber [vgl. dazu oben Nr. 509] mit ehistem und unverzüglichen durch eillende expresse schickhung eines sichern gdist zu ercleren."

## 514. Maximilian an den Kaiser[1]

Dezember 31

Wiederberufung Wallensteins – Situation der Ligastände – Bedrohung der Oberpfalz und Bayerns – Sukkurs für die Oberpfalz

Bestätigt den Erhalt des Schreibens vom 19. Dezember [oben Nr. 492] und stellt außer Zweifel, „E. Mt. werden bei diser bestellung deß generalats uber dero armaden dzjenige, was dem betrangten Röm. Reich und deßen anverwandten catholischen stendten wie auch dero erbkönigreich und landen bei iezigen leüffen am besten gedeuen mag, dero bekhanten Ksl. providenz und sorgfalt nach wol bedacht und in acht genommen haben.

Sonsten wirdt E. Ksl. Mt. der laidige und hochgefehrliche zuestandt der bundtstendt, in welchem sie sambt ihren landt und leuthen sonderlich aniezt, nachdem dieselbe den maisten thail ihres kriegßvolkhs von dem graffen von Tüllj ab- und nach Beheimb fiehren lassen, begriffen seind, ausser zweifel vorhero genuegsamb bekhant sein. Und ob zwar noch etwas von E. Mt. khriegsvolkh bei dem graffen von Tüllj hünderbliben, so haben doch die betrangte stendte desto weniger hoffnung darauf zu machen, weiln die darbei sich befindende khriegßofficir, solches ebenmessig mit ehistem abzuefiehren, sich bereits vernemen lassen. So khomen mir auch von meinen Oberpfelzischen räthen und beambten fast teglich avisen ein, in was für merkhlicher gefahr selbige landen begrüffen, indeme der feindt auß Behemb mit starkher macht selbiger enden eingefallen und bereits das vorneme stüft und statt Waldtsachßen außgeblindert und sich vernemen lassen, dz nechstes ein grössere macht von Schwedischem und Saxischem volkh volgen werde. Dahero zu besorgen, sie werden nach und nach je lenger, je weütter umb sich greüffen und endtlich gar in mein land zu Bayrn gar einfallen. Derowegen dan E. Ksl. Mt. ich hiemit gehorsambist bütte, alsogleich an gehörige orth die nothwendige gemessne ordinanz außfertigen zu lassen, dz nit allain dero in meinen Oberpfelzischen landen ligendes khriegßvolkh zu hochbedürftiger defension derselben, sonder auch dero ubriges noch im Reich herauß ligendes kriegsvolkh, damit man solches auff den nothfall in der Obern Pfalz gebrauchen kend, unabgefiehrt hünderlassen werde. Weiln auch dero veldtmarschalkh der von Tieffenbach und der generalwachtmaister Gallas aine ansehliche khriegsmacht in Behemb zusamengebracht, der feindt aber selbiger orthen den einkhomenden avisen nach sich alberait widerumb retirirn und gegen der Obern Pfalz wenden solle, so ist mein gleichmessig gehorsambiste bitt, E. Mt. wollen die gene-

---

[1] Bei Gelegenheit der Konsultationen bayerischer Geheimer Räte, auf denen das oben Nr. 514 gedruckte Schreiben basiert, hatte Jocher empfohlen, die Bitte um Sukkurs mit dem Hinweis zu verbinden, dass der Kurfürst, falls diese Bitte nicht erfüllt würde, französische Militärhilfe in Anspruch nehmen müsse. Demgegenüber sprach sich Wolkenstein, dem Richel folgte, dagegen aus, die französische Militärhilfe in diesem Zusammenhang zu erwähnen. Vgl. dazu *Journal Richels*, 31. Dez. 1631 (Geheimer Rat 194/9 fol. 190'–191).

digiste verordnung thun, damit denn meinigen in der Obern Pfalz auf ihr begehrn auch auß Behaim von gemelten beeden hochen officiren mit ainem ergibigen succurs eilfertig beigesprungen und meine land also vor weütterm feindtlichen einbruch und vergwaltigung erettet und versichert werden." – 31. Dezember 1631.

Konz. Ranpeks mit Korr. und Zusätzen Richels Kschw 73 fol. 377. Gedr. bei GINDELY, Waldstein Beilagen Nr. 4 S. 44; Auszug bei ARETIN, Wallenstein S. 81. Ben. bei GINDELY, Waldstein S. 12.

# Chronologisches Aktenregister mit alphabetischem Anhang

Das folgende Register enthält alle in diesem Band nachgewiesenen handgeschriebenen Schriftstücke. Unberücksichtigt bleiben summarisch zitierte Akten und Korrespondenzen, auf die für einzelne Themenkomplexe nur ganz allgemein verwiesen wird.

Erschlossene Daten und Ausstellungsorte sind durch eckige Klammern markiert. Ein Teil der undatierten Anlagen zu Korrespondenzen sind im Anschluß an das Schreiben, dem sie beigefügt waren, und mit dem Zusatz „ad" unter dessen Datum registriert. Entsprechend wurde mit sonstigen undatierten Akten, die sich datierten Dokumenten zuordnen lassen, verfahren. Die im alten Stil sowie die in beiden Stilen datierten Schriftstücke sind im neuen und alten Stil verzeichnet.

Die Zahlen der rechten Rubrik verweisen auf die Nummern bzw. auf die Anmerkungen. Bei bereits in älteren Quelleneditionen gedruckten Schriftstücken ist jeweils die Nummer oder die Anmerkung angegeben, wo das Schriftstück in dem vorliegenden Band der BRIEFE UND AKTEN mit Angabe der Archivsignatur und des Druckortes zitiert ist. Bei allen anderen Schriftstücken ist die Nummer oder die Anmerkung angeführt, wo das Schriftstück ganz oder teilweise abgedruckt oder resümiert oder mit Angabe der Archivsignatur zitiert ist, wobei bei Schriftstücken, die nicht im Zusammenhang abgedruckt oder resümiert, sondern an mehreren Stellen verarbeitet sind, jede einschlägige Stelle erfasst ist. – Bei Konzepten, Reinschriften und Kopien, deren Ausstellungsdatum von dem der Ausfertigung abweicht, ist auf das Datum der Ausfertigung verwiesen. Unter der dort angegebenen Nummer bzw. Anmerkung ist das in Frage stehende Schriftstück dann in den Fundortzeilen bzw. in der den Fundort enthaltenden Klammer zu suchen.

Der alphabetische Anhang zu dem chronologischen Aktenregister enthält im wesentlichen undatierte Korrespondenzen und diejenigen undatierten Akten, die nicht Anlage zu einem datierten Dokument waren bzw. nicht bei dem datierten Dokument, dem sie als Anlage beigefügt waren, abgelegt sind. Der alphabetische Anhang verzeichnet in alphabetischer Reihenfolge die Absender der Schreiben sowie die Überschriften der in Rede stehenden Akten oder, falls eine Überschrift fehlt, einen entsprechenden Vermerk, oder, falls auch dieser fehlt, den Eingang, d. h. die ersten Worte, des Textes.

Abkürzungen: Bf., Bfe = Bischof, Bischöfe, ebd. = ebenda, Ebf. = Erzbischof, Ehg. = Erzherzog, evangel. = evangelisch, FL = Feldlager, geistl. = geistlich, Gf., Gfen = Graf, Grafen, Hg. = Herzog, HQ = Hauptquartier, kathol. = katholisch, Kfen = Kurfürsten, Kg., Kgs = König, Königs, ksl. = kaiserlich, L. = Lager, Lgf., Lgfen, = Landgraf, Landgrafen, Mgf. = Markgraf, OL = Oberstleutnant, Pgf. = Pfalzgraf, PS = Postskriptum, präs. = präsentiert, Q = Quartier, S. = Seite, s. = siehe, u. = und, unkathol. = unkatholisch, weltl. = weltlich.

| | | |
|---|---|---|
| 1623 III 5 Regensburg | Der Kaiser an den Kg. von England | 425 Anm. 3 |
| 1627 III 18 Würzburg | Abschied des Ligatages | 167 C 3 Anm. 19, 167 E 2 Anm. 5 |
| 1629 V 14 Güstrow | Wallenstein und Tilly an den Kaiser | 337 Anm. 3 |
| 1629 V 14 Güstrow | Walmerode an Trauttmansdorff | 337 Anm. 3 |
| 1629 V 24 Wien | Der Kaiser an Wallenstein und Tilly | 337 Anm. 4 |
| 1630 I 28 | PS Jochers an Bagno s. 163[1] I 28 | |
| 1630 III 16/6 Westminster | Beglaubigungsschreiben des Kgs von England für Anstruther an den Kaiser s. 163[1] III 16/6 | |
| 1630 X 10/IX 30 Rendsburg | Hg. Friedrich von Schleswig-Holstein an den Kg. von Dänemark | 337 Anm. 2 |
| 1630 X 10/IX 30 Rendsburg | Der Kg. von Dänemark an den Kaiser | 337 Anm. 2 |
| [nach 1630 XI 3] | Jocher an Bagno | 1 |
| 1630 XI 4 Regensburg | Das Kurkolleg an die Generalstaaten | 36 Anm. 4 |
| 1630 XI 10 Regensburg | Abschied des Ligatages | 36 Anm. 3 |
| 1630 XI 12 Regensburg | Ksl. Schlussschrift an das Kurkolleg | 18 Anm. 3, 85 Anm. 9 |
| 1630 XII 10 Den Haag | Veeken an Kurköln | 25 Anm. 1 |
| 1630 XII 12 Wien | Der Kaiser an den Kg. von Dänemark | 337 Anm. 6 |
| 1630 XII 16 Schloss Orth | Der Kaiser an Maximilian | 10 Anm. 1 |
| 1630 XII 16/6 Cölln an der Spree | Pgf. Ludwig Philipp an den Kaiser | 14 Anm. 1 |
| 1630 XII 16/6 Cölln an der Spree | Pgf. Ludwig Philipp an Kurmainz | 14 Anm. 1 |
| 1630 XII 18 | Die kathol. Kurfürsten an den Bf. von Konstanz als ausschreibenden Fürsten des schwäb. Reichskreises, mit Anlagen | 311 A 6 Anm. 2 |
| 1630 XII 21 Gartz | Schauenburg an Tilly | 4 Anm. 5 |
| 1630 XII 22 Wien | Der Kaiser an Kurmainz und Kurbayern, mit Anlagen | 311 B 2 Anm. 4 |

| | | |
|---|---|---|
| 1630 XII 24 | Der Kaiser an Maximilian | 18 Anm. 1 |
| 1630 XII 26 | PS aus Glückstadt s. 1631 I 5/ 1630 XII 26 | |
| 1630 XII 27 Düsseldorf | Pfalz-Neuburgische Regierung an Tilly | 26 Anm. 3 |
| 1630 XII 29 Halberstadt | Tilly an den Adm. Christian Wilhelm von Brandenburg | 5 Anm. 1 |
| 1630 XII 29 Halberstadt | Tilly an die Stadt Magdeburg | 5 Anm. 1 |
| 1630 XII 31 | Avisen aus Hamburg | 11 Anm. 5 |
| 1630 XII 31 Brüssel | Instrument der Infantin | 25 Anm. 1 |
| 1631 | Jocher an Bagno | 1 Fundortzeilen |
| 1631 | Journale Richels | 64 a Anm. 1 |
| 1631 | Kurmainz an den Kg. von Frankreich s. 1631 IV 5 | |
| 1631 | Französische Denkschrift | 315 Anm. 2 |
| 1631 | Responces du Sieur de St. Estienne aux obiections du conseil de Monsieur le Duc de Bavières | 470 C 3 Anm. 1 |
| 1631 | Wolkenstein an Maximilian s. 1631 [ad XII 22] | |
| 1631 | Maximilian an Richelieu s. 1631 [XII Ende] | |
| 1631 I 1 Senlis | Bagno an Jocher | 3 |
| 1631 I 1 Halberstadt | Ruepp und Lerchenfeld an Maximilian | 2 |
| 1631 I 1 Mainz | Kurmainz an Maximilian s. 1631 [II] 1 | |
| 1631 I 2 München | Maximilian an Barberini | 6 Anm. 3 |
| 1631 I 2 Halberstadt | Tilly an Maximilian | 4 |
| ad 1631 I 2 | Specification, welchergestalt deß [...] catholischen bunds cavalleria bei den herrn bundsständen einzuquartieren | 4 Anm. 6 |
| 1631 I 2 Halberstadt | Ruepp und Lerchenfeld an Maximilian | 5 |
| 1631 I 2 Den Haag | Veeken an Kurköln | 25 Anm. 1 |
| 1631 I 3 Halberstadt | Pappenheim an Maximilian | 4 Anm. 8 |
| 1631 I 3 | Kurmainz an Maximilian | 15 Anm. 2 |
| 1631 I 3 Gartz | Schauenburg an Tilly, mit Anlage | 8 Anm. 1 |
| 1631 I 4 | Maximilian an Kursachsen | 41 Fundortzeilen |
| 1631 I 5 München | Instruktion für Richel nach Memmingen | 18 Anm. 3, 5 |
| 1631 I 5 Gartz | Schauenburg an Tilly | 8 Anm. 1 |
| 1631 I 5 Minden | Gronsfeld an Tilly | 8 Anm. 4 |
| 1631 I 5 | Avisen aus Hamburg | 11 Anm. 5 |

| | | |
|---|---|---|
| 1631 I 5/1630 XII 26 | PS aus Glückstadt | 20 Anm. 2 |
| 1631 I 5<br>Bonn | Kurköln an Maximilian | 25 Anm. 1 |
| 1631 I 6<br>Mainz | Kurmainz an Maximilian | 14 Anm. 1 |
| 1631 I 6<br>Mainz | Kurmainz an Kurköln, mit Anlagen | 14 Anm. 1 |
| 1631 I 6/1630 XII 27<br>s'Gravenhage | Die Generalstaaten an das Kurkolleg | 36 Anm. 1 u. 5 |
| 1631 I 7<br>Q Niederlandin | Schauenburg an Tilly | 11 Anm. 3 |
| 1631 I 7 | Maximilian an Tilly | 42 Anm. 1 |
| 1631 I 7<br>München | Maximilian an Kurmainz | 6 |
| 1631 I 7<br>Bonn | Kurköln an Maximilian | 170 Anm. 2 |
| 1631 I 8<br>Halberstadt | Tilly an Maximilian | 7 |
| 1631 I 8/1630 XII 29<br>Den Haag | Pgf. Friedrich an Kurköln | 35 Anm. 2 |
| 1631 I 8/1630 XII 29<br>Dresden | Ausschreiben zum Leipziger Konvent | 12 Anm. 2 |
| 1631 I 9<br>Halberstadt | Tilly an Maximilian | 8 |
| 1631 I 9<br>Elsaßzabern | Statthalter usw. des Bistums Straßburg an Kurmainz | 15 Anm. 5 |
| 1631 I 10<br>Halberstadt | Ruepp und Lerchenfeld an Maximilian | 9 |
| 1631 I 11<br>Memmingen | Erste Resolution der schwäbischen Prälaten | 18 Anm. 9 |
| 1631 I 11<br>Landsberg | Craz an Schauenburg | 21 Anm. 1 |
| 1631 I 11 | Resümee einer Sitzung des ksl. Geheimen Rates | 311 B 1 Anm. 1 |
| 1631 I 12 | Kurmainz und Maximilian an den Kaiser | 10 |
| 1631 I 12<br>Memmingen | Zweite Resolution der schwäbischen Prälaten | 18 Anm. 9 |
| 1631 I 13/3<br>Dresden | Kursachsen an Maximilian, an Kurmainz | 12,<br>ebd. Anm. 1 |
| 1631 I 13<br>Kalbe | Tilly an Maximilian | 11 |
| 1631 I 13<br>Kalbe | Ruepp an Maximilian | 11 Anm. 4,<br>30 Anm. 2 |
| 1631 I 13<br>Frankfurt/Oder | Schauenburg an Tilly | 21 Anm. 1 |
| 1631 I 13 | Avisen aus Dresden | 21 Anm. 5 |
| 1631 I 13 | Kurmainz an Maximilian | 22 Anm. 1 |
| 1631 I 13 | Avisen aus Hamburg | 26 Anm. 4 |
| 1631 I 13/3<br>Marwitz | Resolution des Kgs von Schweden für Götzen | 85 Anm. 3 |

| | | |
|---|---|---|
| 1631 I 14 | Maximilian an Tilly | 13 |
| 1631 I 14 | Maximilian an Lerchenfeld | 13 Anm. 2 |
| 1631 I 14 München | Maximilian an Kurmainz | 14 |
| 1631 I 14 | Maximilian an Kurmainz | 15 |
| 1631 I 14 Memmingen | Resolution der schwäbischen Grafen und Herren | 18 Anm. 9 |
| 1631 I 15 Coswig | Tilly an Maximilian | 11 Anm. 6 |
| 1631 I 15 Coswig | Ruepp an Maximilian | 16 |
| 1631 I 15 [Wien] | Lic. Krane an Kurköln | 44 Anm. 3 |
| 1631 I 16 Wien | Der Kaiser an Maximilian | 17 |
| ad 1631 I 16 | Extrakt | 17 Anm. 2 |
| 1631 I 17 | Maximilian an den Kaiser | 18 |
| 1631 I 18 | Journal Richels | 289 Anm. 6 |
| 1631 I 18/8 Darmstadt | Lgf. Georg von Hessen-Darmstadt an Maximilian, an Kurköln | 19, ebd. Anm. 1 |
| 1631 I 19 Bonn | Kurköln an Maximilian | 25 Anm. 1 |
| 1631 I 19 u. 20 Burg | Pappenheim an Maximilian | 20 |
| 1631 I 20 Mainz | Kurmainz an Maximilian | 15 Anm. 6 |
| 1631 I 20 Saarmund | Ruepp an Maximilian | 11 Anm. 4 22 Anm. 2 u. 5 |
| 1631 I 20 Saarmund | Tilly an Maximilian | 21 |
| 1631 I 20 Kalbe | Ruepp an Maximilian | 11 Anm. 4, 21 Anm. 2 u. 5 |
| 1631 I 20 | Avisen aus Hamburg | 42 Anm. 5 |
| 1631 I 21 | Maximilian an Ruepp und Lerchenfeld | 2 Anm. 3 |
| 1631 I 21 | Maximilian an Kurmainz | 22 |
| 1631 I 21 Zossen | Tilly an Kurbrandenburg | 26 Anm. 2 |
| 1631 I 21 Landshut | Abschied des bayerischen Kreistages | 311 A 4 Anm. 6 |
| 1631 I 22 | Maximilian an Tilly | 23 |
| 1631 I 22 München | Instruktion Maximilians für M. Kurz an den Kaiserhof | 30 Anm. 1 |
| 1631 I 23 Fürstenwalde | Tilly an Kurbrandenburg | 24 Anm. 4 |
| 1631 I 23/13 Bärwalde | Bündnisvertrag zwischen Frankreich und Schweden | 85 Anm. 4 |
| 1631 I 24/14 s'Gravenhage | Die Generalstaaten an Tilly | 56 Anm. 1 |

| | | |
|---|---|---|
| 1631 I 25 Frankfurt/Oder | Ruepp an Maximilian | 24 |
| 1631 I 26 München | Maximilian an Kurköln | 25 |
| 1631 I 26 Burg | Pappenheim an Maximilian | 20 Anm. 6 |
| 1631 I 26 Frankfurt/Oder | Tilly an Maximilian | 26 |
| ad 1631 I 26 | Anbringen eines kurbrandenburg. Gesandten bei Tilly | 26 Anm. 1 |
| 1631 I 26 Bonn | Kurköln an Maximilian | 40 Anm. 1 |
| 1631 I 26 Bonn | Kurköln an Kurmainz | 311 A 1 |
| 1631 I 27 München | Maximilian an Lgf. Georg von Hessen-Darmstadt | 27 |
| 1631 I 27 Wien | Instruktion des Kaisers für seine Gesandten in Frankfurt | 311 B 1 Anm. 1, ebd. Anm. 5–8 |
| 1631 I 28 | Maximilian an Kurmainz | 28 |
| 163[1] I 28 | PS Jochers an Bagno | 29 |
| 1631 I 28 Mainz | Kurmainz an Kurtrier, an Kurköln, an Maximilian | 311 A 2, ebd. Anm. 1 |
| 1631 I 28 Mainz | Kurmainz an Kursachsen | 41 Anm. 1 |
| 1631 I 29 | Maximilian an Tilly | 30 |
| 1631 I 29 | Maximilian an Pappenheim | 30 Anm. 4, 39 Anm. 3 |
| 1631 I 29 | Maximilian an die Generalkommissare | 30 Anm. 2 u. 4 |
| 1631 I 29 Paris | Der Kg. von Frankreich an Maximilian, an Kurköln, an Kurmainz, an Kurtrier | 31 A, ebd. Anm. 1 |
| 1631 I 29 | Mazzoni an Tilly | 48 Anm. 5 |
| 1631 I 30 | Maximilian an Barberini | 29 Anm. 1 |
| 1631 I 30 | Maximilian an die oberländischen Ligastände | 32 |
| 1631 I 30 | PS Maximilians an den Bf. von Bamberg | 32 Anm. 1 |
| 1631 I 30 München | Maximilian an den Kaiser | 33 |
| 1631 I 30 Visé | Kurköln an Kursachsen | 41 Anm. 1 |
| 1631 I 31 Hameln | Lerchenfeld an Maximilian | 13 Anm. 2 |
| 1631 I 31 Visé | Kurköln an Lgf. Georg von Hessen-Darmstadt | 34 |
| 1631 II 1 Visé | Kurköln an Maximilian | 35 |
| 1631 II 1 Mainz | Kurmainz an Maximilian | 36 Anm. 1 |
| 1631 [II] 1 Mainz | Kurmainz an Maximilian | 311 A 1 Anm. 4 |

| | | |
|---|---|---|
| 1631 II 1 Wolfenbüttel | Pappenheim an Maximilian, mit Anlagen | 52 Anm. 4, 55 Anm. 5 |
| 1631 II 1 Mainz | Kurmainz an den Kaiser | 36 |
| 1631 II 2 Mainz | Kurmainz an den Kaiser | 37 |
| 1631 II 3 | Journal Richels | 41 Anm. 2 |
| 1631 II 3 Mainz | Kurmainz an Maximilian | 38 |
| 1631 II 3 | Kurmainz an Maximilian | 38 Anm. 3 |
| 1631 II 3 Mainz | Kurmainz an Kurtrier, an Kurmainz, an Kursachsen und an Kurbrandenburg | 54 Anm. 1 |
| 1631 II 3 Visé | Kurköln an Dr. Johann van Veeken | 54 Anm. 4 |
| 1631 II 4 München | Maximilian an Kurköln | 40 |
| 1631 II 4 | Maximilian an Kurmainz | 311 A 3 |
| 1631 II 4 | Maximilian an Tilly | 39 |
| 1631 II 4 München | Maximilian an Kursachsen | 41 |
| 1631 II 4 Mainz | Kurmainz an den Kaiser | 41 Anm. 1 |
| 1631 II 5 Frankfurt/Oder | Tilly an Maximilian | 42 |
| 1631 II 5 Frankfurt/Oder | Ruepp an Maximilian | 43 |
| ad 1631 II 5 | Designation, was sich auf den ersten Februarii anno 1631 vor dem stättlein Zielenzig [...] auf dem rendevous vor Ksl. cavalleria und infanteria befunden [...] | 43 Anlage |
| 1631 II 5 Wien | Der Kaiser an Maximilian | 43 a |
| ad 1631 II 5 | Memorial Léons für den Kaiser | 43 a Anm. 3 |
| 1631 II 5 Wien | Kaiserliche Resolution für Léon | 43 a Anm. 4 |
| 1631 II 5 Wien | Der Kaiser an Kurmainz | 43 a Anm. 1 |
| 1631 II 5 Visé | Kurköln an Kurmainz | 44 |
| 1631 II 5 Pavia | Ossa an Tilly | 68 Anm. 2 |
| 1631 II 6 Visé | Kurköln an Maximilian | 19 Anm. 1 |
| 1631 II 7 | Maximilian an Tilly | 45 |
| 1631 II 7 München | Richel an Ruepp | 46 |
| 1631 II 7 Mainz | Kurmainz an Maximilian | 47 |

| | | |
|---|---|---|
| 1631 II 7 Visé | Kurköln an Dr. Johann van Veeken | 54 Anm. 4 |
| 1631 II 8 Rom | Barberini an Maximilian | 47a |
| 1631 II 8 Rom | Päpstliches Breve an die drei geistl. Kurfürsten | 47a Anm. 2 |
| 1631 II 8 Rom | Päpstliches Breve an Maximilian | 47a Anm. 2 |
| 1631 II 8 | Bagno an Jocher | 49 Anm. 1 |
| 1631 II 9 Paris | Bagno an Jocher | 49 |
| 1631 II 9 Frankfurt/Oder | Ruepp an Maximilian | 30 Anm. 4 |
| 1631 II 9 Frankfurt/Oder | Tilly an Maximilian | 48 |
| 1631 II 10 München | Maximilian an Kurköln | 35 Anm. 1 |
| 1631 II 10 | Die kathol. Kurfürsten an Papst Urban VIII. | 49a |
| 1631 II 10 Paris | Der Bf. von Metz an das Kurkolleg, an Kurmainz, an Kurköln | 31 A Anm. 2 |
| 1631 II 10 Paris | Père Joseph an Kurmainz, an Kurköln | 31 B, ebd. Anm. 1 |
| 1631 II 10 | Avisen des Korrespondenten aus Hamburg | 58 Anm. 6 |
| 1631 II 11 | Maximilian an Kurmainz | 38 Anm. 2 |
| 1631 II 11 München | Maximilian an Kurmainz | 311 A 3 Anm. 4 |
| 1631 II 12 Mainz | Kurmainz an Maximilian | 49a Anm. 1 |
| 1631 II 12 Mainz | Kurmainz an Maximilian | 311 A 3 Anm. 1 |
| 1631 II 13 München | Maximilian an den Kaiser | 50 |
| 1631 II 14 [München] | Maximilian an den Kaiser | 51 |
| 1631 II 14 | Maximilian an Tilly | 52 |
| 1631 II 14 | Maximilian an Ruepp | 52 Anm. 7 |
| 1631 II 14/4 Hameln | Lerchenfeld an Maximilian, mit Anlagen | 33 Anm. 4, 97 Anm. 2 |
| 1631 II 14 Wolfenbüttel | Pappenheim an Maximilian | 53 |
| ad 1631 II 14 | Verzaichnus der guarnisonen, darin deß hochlöbl. catholischen bundts volk ligt | 53 Anm. 1 |
| 1631 II 14 Visé | Kurköln an Maximilian | 44 Anm. 1 |
| 1631 II 14 Visé | Kurköln an Kurmainz | 54 |
| 1631 II 14 Mainz | Kurmainz an Kurköln | 59 Anm. 2 |

| | | |
|---|---|---|
| 1631 II 14 Frankfurt/Oder | Tilly an Kurt Bertram von Pfuhl | 64 Anm. 1 |
| 1631 II 15 | Maximilian an Lerchenfeld | 13 Anm. 2 |
| 1631 II 15 | Maximilian an Pappenheim | 55 |
| 1631 II 15 Fürstenwalde | Ruepp an Maximilian | 48 Anm. 4, 56 Anm. 3 |
| ad 1631 II 15 | Protokoll des Verhörs des Mörders von Oberst Hatzfeldt | 48 Anm. 4 |
| 1631 II 15 Meersburg | Der Bf. von Konstanz an Maximilian und den Bf. von Augsburg | 167 H 2 Anm. 2 |
| 1631 II 15 | Der Kaiser an Kurmainz und Kurbayern | 311 A 4 |
| 1631 II 15 Wien | Der Kaiser an Kursachsen | 311 A 4 Anm. 7 |
| 1631 II 16 Fürstenwalde | Tilly an Maximilian | 56 Anm. 1 |
| 1631 II 16 u. 17 Fürstenwalde | Tilly an Maximilian | 56 |
| 1631 II 17 Burg | Pappenheim an Maximilian, mit Anlage | 53 Anm. 2, 55 Anm. 6 |
| 1631 II 17 Paris | Père Joseph an Kurmainz | 31 B Fundortzeilen |
| 1631 II 17 Wien | Der Kaiser an Kurmainz | 37 Anm. 1 |
| 1631 II 17/7 Friedrichsburg | Der Kg. von Dänemark an den Kaiser | 337 Anm. 7 |
| 1631 II 17 | Avisen des Korrespondenten aus Hamburg | 63 Anm. 3 |
| 1631 II 18 München | Maximilian an Kurmainz | 311 A 5 |
| 11631 II 18 München | Maximilian an Kurmainz | 57 |
| 1631 II 18 Wien | Der Kaiser an Maximilian | 33 Anm. 1 |
| 1631 II 18 München | Exposé der Kriegsbuchhaltung s. ad 1631 IV 6 u. 8 | |
| 1631 II 18 Wien | Der Kaiser an die Infantin | 36 Anm. 1 |
| 1631 II 21 Altbrandenburg | Tilly an Maximilian | 58 |
| ad 1631 II 21 | Vom Feind eingenommene Städte und Ämter in Mecklenburg | 58 Anm. 1 |
| ad 1631 II 21 | Avisen aus Hamburg | 58 Anm. 2 |
| 1631 II 21 Altbrandenburg | Tilly an Wallenstein | 58 Anm. 3 |
| 1631 II 21 Mainz | Kurmainz an Kurköln | 59 |
| 1631 II 21/11 Darmstadt | Lgf. Georg von Hessen-Darmstadt an Maximilian | 60 Fundortzeilen |
| 1631 II 22 Altbrandenburg | Tilly an den Kaiser | 85 Anm. 2 u. 7 |

| | | |
|---|---|---|
| 1631 II 22/12 Darmstadt | Lgf. Georg von Hessen-Darmstadt an Kurköln | 34 Anm. 1 |
| 1631 II 24 München | Maximilian an Kurköln | 59 Anm. 1 |
| 1631 II 24 München | Maximilian an Kurköln | 61 Anm. 2 |
| 1631 II 24/14 Darmstadt | Lgf. Georg von Hessen-Darmstadt an Maximilian | 60 |
| 1631 II 25 München | Maximilian an Kurmainz | 61 |
| 1631 II 25 [München] | Maximilian an Kurmainz | 167 A 1 |
| ad 1631 II 25 | Maximilian an die oberländischen Ligastände | 167 A 1 Anm. 4 |
| ad 1631 II 25 | Puncta, welche bei dem vorstehenden bundtsconvent zu deliberiern seindt | 167 A 1 Anm. 5 |
| 1631 II 25 | Maximilian an Lerchenfeld | 64 Anm. 2 |
| 1631 II 25 Wien | Der Kaiser an Maximilian | 50 Anm. 1 |
| 1631 II 25/15 | Akkord betr. die Übergabe von Demmin | 66 Anm. 1 |
| 1631 II 25 | Auszug aus einem Schreiben aus Hamburg | 67 Anm. 1 |
| 1631 II 25 Gitschin | Wallenstein an Tilly | 75 Anm. 1 |
| 1631 II 26 Mainz | Kurmainz an Maximilian | 47 Anm. 2 |
| 1631 II 26 u. 27 Burg | Pappenheim an Maximilian | 62 |
| 1631 II 26 u. 28 Altbrandenburg | Tilly an Maximilian | 63 |
| 1631 II 27 | Maximilian an den Kaiser | 43 a Anm. 1 |
| 1631 II 27 | Die kathol. Kurfürsten an die Generalstaaten | 57 Anm. 1 |
| ad 1631 II 28 | Avisen [aus dem Erzstift Bremen] | 63 Anm. 3 |
| 1631 II 28 | Journal Richels | 64a |
| 1631 II 28 Altbrandenburg | Verzeichnuß aller regimenter zue fueß, welche Ihr Ksl. Mt. ihn Obern und Nidern Sachsen, markh Brandenburg, Pommern, Mecklenburg und vor Magdeburg habendt und waß darvon zue reformiren sein möcht | 43 Anm. 4, 7, 9–13, 17, 18 |
| 1631 II 28 Altbrandenburg | dito der ksl. Kavallerie | 43 Anm. 4, 5, 6, 19, 26 |
| 1631 II 28 | Avisen aus Hamburg | 66 Anm. 1 |
| 1631 II 28 | Maximilian an Tilly | 64 |
| 1631 II 28 | Maximilian an Ruepp | 89 Anm. 1 |
| 1631 II 28 | Kurköln an Maximilian | 73 Anm. 1 |
| 1631 II 28 | PS Kurkölns an Maximilian | 49a Anm. 1 |
| 1631 II 28/18 | Gf. von Oldenburg an Kurköln | 101 Anm. 3 |
| 1631 II [28] Meersburg | Der Bf. von Konstanz an den Kaiser | 311 A 6 |
| 1631 II [28] Meersburg | Der Bf. von Konstanz an Kurmainz | 311 A 7 Anm. 4 |

| | | |
|---|---|---|
| 1631 III *** Huy | Propositio per dominum de Gournay [...] facta s. 1631 III [19] Vortrag | |
| 1631 III *** Huy | Proposition du sieur de Gournay [...] s. 1631 III [19] Vortrag | |
| 1631 III 1 Altbrandenburg | Ruepp an Maximilian | 63 Anm. 1 |
| 1631 III 1 Rom | Crivelli an Gigli | 72 Anm. 2 |
| 1631 III 1 Mainz | Kurmainz an den Kaiser | 65 |
| 1631 III 2 Markee | Tilly an Maximilian | 66 |
| 1631 III 2 Markee | Ruepp an Maximilian | 66 Anm. 3 |
| 1631 III 2 Markee | Tilly an den Kaiser | 66 Anm. 2 |
| 1631 III 3 München | Maximilian an Lgf. Georg von Hessen-Darmstadt | 60 Anm. 1 |
| 1631 III 3 | Avisen aus Hamburg | 67 Anm. 1 |
| 1631 III 3/II 21 | Kurbrandenburg an Tilly | 64 Anm. 1 |
| 1631 III 4 | Maximilian an Pappenheim | 53 Anm. 3 |
| 1631 III 4 | Maximilian an Kurmainz | 60 Anm. 1 |
| 1631 III 5 Wien | Der Kaiser an Maximilian | 51 Anm. 1 |
| 1631III 6 Mainz | Kurmainz an Maximilian | 167 A 2 |
| 1631 III 6 Hameln | Lerchenfeld an Maximilian | 43 Anm. 2, 67 Anm. 1 |
| 1631 III 6 Neuruppin | Tilly an Maximilian | 67 |
| 1631 III 6 Neuruppin | Ruepp an Maximilian | 68 |
| ad 1631 III 6 | Designation | 68 Anm. 1 |
| 1631 III 7 | Wolkenstein an Trauttmansdorff | 80 Anm. 3 |
| 1631 III 7 Huy | Kurköln an Maximilian | 61 Anm. 2 |
| 1631 III 7 Mainz | Kurmainz an Maximilian | 37 Anm. 1 |
| 1631 III 7 Mainz | Kurmainz an Maximilian | 69 |
| 1631 III 7 Mainz | Kurmainz an Maximilian, an Kurtrier, an Kurköln | 311 A 4 Anm. 1 |
| 1631 III 7 Mainz | Kurmainz an Maximilian | 311 A 7 Anm. 2 |
| 1631 III 7 Wien | Der Kaiser an Maximilian | 64 Anm. 1 |
| 1631 III 8 | Maximilian an Pappenheim | 55 Anm. 10 |
| 1631 III 8 | Maximilian an Tilly | 56 Anm. 3 |

70

| | | |
|---|---|---|
| 1631 III 8 | Maximilian an Ruepp | 70 Anm. 3 |
| 1631 III 8 Burg | Pappenheim an Maximilian | 71 |
| 1631 III 8 Hameln | Lerchenfeld an Maximilian | 67 Anm. 1 |
| 1631 III 8 Neuruppin | Tilly an Wallenstein | 75 Anm. 1, 97 Anm. 13 |
| 1631 III 8 Rom | Papst Urban VIII. an die geistl. Kurfürsten | 72 |
| 1631 III 9 Cherasco | Gallas an den Kaiser | 103 Anm. 3 |
| 1631 III 10 München | Maximilian an Kurmainz, an Kurtrier | 70 Anm. 2 |
| 1631 III 10 München | Maximilian an Kurköln | 73 |
| 1631 III 10 Fürstenberg | Ruepp an Maximilian | 74 |
| ad 1631 III 10 | Verpflegungsordonnanz für die ksl. und Ligaarmee | 74 Anm. 2 |
| 1631 III 10 Fürstenberg | Ruepp an Maximilian | 75 |
| 1631 III 10 Huy | Kurköln an Lgf. Georg von Hessen-Darmstadt | 34 Anm. 1 |
| 1631 III 10 u. 11 Fürstenberg | Tilly an Maximilian | 76 |
| 1631 III 11 | Maximilian an Kurmainz | 47 Anm. 2 |
| 1631 III 11 | Maximilian an Kurmainz | 77 |
| 1631 III 11 Mainz | Kurmainz an Maximilian | 78 |
| 1631 III 11 Gitschin | Wallenstein an Gf. Bertold von Wallenstein | 109 Anm. 5 |
| 1631 III 12/2 Leipzig | Kurbrandenburg an Kurmainz | 88 Anm. 1 |
| 1631 III 13 | Maximilian an Barberini | 79 Anm. 2 |
| 1631 III 13 München | Maximilian an Crivelli | 49a Anm. 1 |
| 1631 III 13 München | Gigli an Crivelli | 49a Anm. 1 |
| 1631 III 14 | Jocher an Bagno | 79 |
| 1631 III 14 Huy | Kurköln an Maximilian | 93 Anm. 1 u. 2 |
| 1631 III 14 | Kurmainz an Maximilian Mainz | 96 Anm. 2 |
| 1631 III 14 | Kurmainz an Kurköln | 101 Anm. 1 |
| 1631 III 14 Wien | Ehg. Leopold an die kathol. Kurfürsten | 311 A 5 Anm. 2 |
| 1631 III 14 Gitschin | Wallenstein an Tilly | 58 Anm. 5 |
| 1631 III 15 | Kurköln an Tilly | 109 Anm. 3 |

| | | |
|---|---|---|
| [1631 III vor od. am 16.] | Journal Richels | 311 A 8 Anm. 1 |
| 1631 III 16/6 Pasewalk | Kgl. schwedische Resolution für den oldenburg. Gesandten | 106 Anm. 3 |
| 163[1] III 16/6 Westminster | Beglaubigungsschreiben des Kgs von England für Anstruther an den Kaiser | 241 Anm. 2 |
| 1631 III 17 München | Maximilian an Kurköln | 61 Anm. 2 |
| 1631 III 17 Mainz | Kurmainz an Maximilian | 97 Anm. 9 |
| 1631 III 17 Trier | Kurtrier an Maximilian | 96 Anm. 5 |
| 1631 III 17 | Avisen | 109 Anm. 6 |
| 1631 III 18 München | Maximilian an Kurmainz | 69 Anm. 1 |
| 1631 III 18 | Maximilian an Kurmainz | 80 |
| 1631 III 18 | Maximilian an Kurmainz | 81 |
| 1631 III 18 [München] | Maximilian an Kurmainz | 311 A 7 |
| 1631 III 18 [München] | Maximilian an Kurmainz | 311 A 8 |
| 1631 III 18 München | Maximilian an Kurmainz, an Kurtrier, an Kurköln | 82, ebd. Anm. 1 u. 3 |
| 1631 III 18 München | Maximilian an Kurmainz | 167 A 3 |
| 1631 III 18 Hameln | Lerchenfeld an Maximilian, mit Anlagen | 97 Anm. 2 |
| 1631 III 18 Wien | Ehg. Leopold Wilhelm an die kathol. Kurfürsten | 311 A 14 Anm. 9 |
| ad 1631 III 19 | Maximilian an den Kaiser s. [1631 III 29] | |
| 1631 III 19 | Maximilian an Trauttmansdorff | 72 Anm. 1 |
| 1631 III 19 | Maximilian an Tilly | 83 |
| 1631 III 19 | Maximilian an Pappenheim | 62 Anm. 2 |
| 1631 III 19 | Journal Richels | 84 |
| 1631 III 19 Wien | Der Kaiser an Maximilian, an Kurmainz | 85, ebd. Anm. 1 |
| 1631 III 19 Wien | Der Kaiser an Maximilian, an Kurmainz | 121 Anm. 1 |
| 1631 III 19 Huy | Kurköln an Kurmainz | 86 |
| 1631 III 19 Huy | Propositio per dominum de Gournay [...] facta s. 1631 III [19] Vortrag | |
| 1631 III [19] Huy | Vortrag Gournays bei Kurköln | 31 C |
| [1631 III nach 19] Huy | Kurkölnische Resolution für Gournay | 31 D |
| 1631 III 20 München | Maximilian an Crivelli | 72 Anm. 2 |

| | | |
|---|---|---|
| 1631 III 20 München | Gigli an Crivelli | 72 Anm. 2 |
| 1631 III 20 München | Maximilian an den Kaiser | 87 |
| 1631 III 20 Biederitz | Pappenheim an Maximilian | 53 Anm. 3 |
| 1631 III 20 Mainz | Kurmainz an Maximilian | 88 |
| 1631 III 21 Stargard | Ruepp an Maximilian | 89 |
| ad 1631 III 21 | Liste und sterkhe, wievil sich der könig in Schweden an volkh zu ross und fuess befindet | 89 Anm. 2 |
| 1631 III 21 | Der Kaiser an Gallas | 103 Anm. 3 |
| 1631 III 22 Stargard | Tilly an Maximilian | 90 |
| 1631 III 22 Huy | Kurköln an Maximilian | 91 |
| 1631 III 22 Huy | Kurköln an Père Joseph | 100 Anm. 4 |
| 1631 III 22 Huy | Kurköln an den Bf. von Metz | 100 Anm. 5 |
| 1631 III 23 Eichstätt | Der Bf. von Eichstätt an Maximilian | 221 Anm. 4 |
| 1631 III 24 München | Maximilian an Kurmainz | 78 Anm. 1 |
| 1631 III 24 | Maximilian an Kurmainz | 81 Anm. 1 |
| 1631 III 24 München | Maximilian an Kurmainz | 92 |
| 1631 III 24 München | Maximilian an Kurmainz | 97 Anm. 9 |
| 1631 III 24 München | Maximilian an Kurköln | 93 |
| 1631 III 24 | Journal Richels | 96 Anm. 1 |
| 1631 III 24 Huy | Kurköln an Kurmainz, mit Anlagen | 31 C Anm. 1 |
| 1631 III 24 Trier | Kurtrier an Kurmainz | 94 |
| 1631 III 24 Trier | Kurtrier an Kurmainz | 311 A 9 |
| 1631 III 24 | Avisen aus Hamburg | 124 Anm. 7 |
| 1631 III 25 | Maximilian an Kurmainz | 92 Anm. 3 |
| 1631 III 25 | Die geistl. Kurfürsten an den Kg. von Frankreich | 86 Anm. 1 |
| 1631 III 25 | Die geistl. Kurfürsten an den Kg. von Frankreich | 167 H 14 Anm. 6 |
| 1631 III 25 | Die geistl. Kurfürsten an Papst Urban VIII. | 123 Anm. 3 |
| 1631 III 25 | Die geistl. Kurfürsten an F. Barberini | 123 Anm. 3 |
| 1631 III 25 | Die geistl. Kurfürsten an A. Barberini | 123 Anm. 3 |
| 1631 III 25 Huy | Beglaubigungsschreiben Kurkölns für Merode-Jehay an Richelieu | 31 D Anm. 2 |
| 1631 III 25 | Höllinghoven an Kurköln | 100 Anm. 5 |

| | | |
|---|---|---|
| 1631 III 26<br>Mainz | Kurmainz an Maximilian | 311 A 7 Anm. 1 |
| 1631 III 26<br>Mainz | Kurmainz an Maximilian | 95 |
| 1631 III 26<br>München | Maximilian an den Bf. von Eichstätt | 221 Anm. 4 |
| 1631 III 27 | Maximilian an Kurmainz | 96 |
| [1631 III 27] | Maximilian an Kurtrier | 9 Anm. 1,<br>96 Anm. 1, 5, 6 u. 8 |
| 1631 III 27<br>Mainz | Kurmainz an Maximilian | 80 Anm. 1 |
| 1631 III 27<br>Mainz | Kurmainz an Maximilian | 167 A 4 |
| 1631 III 27<br>Mainz | Kurmainz an die kathol. kreisausschreibenden Fürsten (Bfe von Bamberg, Worms, Konstanz, Ebf. von Salzburg Kurköln) | 311 A 10 |
| 1631 III 27<br>Mainz | Kurmainz an die Infantin, an Ehg. Leopold Wilhelm, an Ehg. Leopold | 311 A 10 Anm. 1 |
| 1631 III 27 | Die kathol. Kurfürsten an den Kaiser | 123 Anm. 1 |
| 1631 III 28 | Maximilian an Tilly | 97 |
| 1631 III 28 | Maximilian an Ruepp | 97 Anm. 14 |
| 1631 III 28 | Maximilian an Lerchenfeld | 97 Anm. 2 |
| 1631 III 28 | Maximilian an Pappenheim | 98 |
| 1631 III 28<br>Huy | Kurköln an Maximilian | 99 |
| ad 1631 III 28 | Aviso aus Lüttich | 99 Anm. 1 |
| 1631 III 28<br>Huy | Kurköln an Maximilian | 100 |
| 1631 III 28<br>Huy | Kurköln an Maximilian | 101 |
| 1631 III 28<br>Huy | Kurköln an Maximilian, mit Anlagen | 240 Anm. 2 |
| 1631 III 28 | Kurköln an Kurmainz | 101 Anm. 2 |
| 1631 III 28<br>Huy | Kurköln an Kurmainz | 311 A 9 Anm. 1 |
| 1631 III 28/18<br>Leipzig | Der Leipziger Konvent an den Kaiser | 110 Anm. 2 |
| [1631 III 29] | Maximilian an den Kaiser | 97 Anm. 7 u. 12 |
| 1631 III 29<br>Rom | Crivelli an Maximilian | 49a Anm. 1 |
| 1631 III 29<br>Rom | Crivelli an Gigli | 49a Anm. 1 |
| 1631 III 29<br>L. bei Pechau | Pappenheim an Maximilian | 53 Anm. 3 |
| 1631 III 29<br>Hameln | Lerchenfeld an Maximilian, mit Anlage | 70 Anm. 1,<br>106 Anm. 4 |
| 1631 III 29<br>Mainz | Kurmainz an Maximilian | 86 Anm. 1 |

| | | |
|---|---|---|
| 1631 III 29 | Père Joseph an Jocher | 102 |
| 1631 III 30 Wien | Der Kaiser an Maximilian | 103 |
| 1631 III 30 Neuruppin | Ruepp an Maximilian | 104 |
| 1631 III 30 Mergentheim | Der Deutschmeister an den Bf. von Bamberg | 167 C 3 Anm. 31 |
| 1631 III 31 | Maximilian an Kurköln | 91 Anm. 1 |
| 1631 III 31 | Maximilian an Kurköln | 96 Anm. 1 |
| 1631 III 31 | Maximilian an Kurmainz | 105 |
| 1631 III 31 | Lerchenfeld an Maximilian | 60 Anm. 1 |
| 1631 III 31 Hameln | Tilly an Maximilian | 106 |
| 1631 III 31 Neuruppin | | |
| ad 1631 III 31 | Revers der Gfen von Oldenburg und von Delmenhorst | 106 Anm. 4 |
| 1631 III 31 Trier | Kurtrier an Kurmainz | 94 Anm. 1 |
| 1631 III 31 | Avisen aus Hamburg | 124 Anm. 7 |
| 1631 IV 1 Mainz | Kurmainz an Maximilian | 107 |
| 1631 IV 2 | Père Joseph an Jocher | 108 |
| 1631 IV 2 Mainz | Puncta, so der von Gouray [!] vorbracht | 31 C Anm. 1–4, 6, 10 u. 12 |
| 1631 IV 2 Wien | Rocci an Kurmainz | 72 Anm. 2 |
| 1631 IV 2 Wien | Der Kaiser an die Infantin | 36 Anm. 1 |
| 1631 IV 3 | Maximilian an Papst Urban VIII. | 111 Fundortzeilen |
| 1631 IV 3 Altbrandenburg | Ruepp an Maximilian | 104 Anm. 1 u. 2 |
| 1631 IV 3 Altbrandenburg | Tilly an Maximilian | 109 |
| 1631 IV 3 Mainz | Kurmainz an Maximilian | 31 C Anm. 10, 100 Anm. 3, 116 Anm. 1 |
| 1631 IV 3 Altbrandenburg | Tilly an Lerchenfeld | 147 Anm. 2 |
| 1631 IV 3/III 24 Leipzig | Der Leipziger Konvent an die kathol. Kurfürsten | 110 |
| 1631 IV 4 München | Maximilian an Papst Urban VIII. | 111 |
| 1631 IV 4 Lüttich | Kurköln an Maximilian | 25 Anm. 1 |
| 1631 IV 4 Lüttich | Kurköln an Maximilian | 112 |
| 1631 IV 4 | Die unkathol. Gfen von Mansfeld an Gf. Wolf von Mansfeld | 117 Anm. 1 |
| 1631 IV 5 Hameln | Lerchenfeld an Maximilian | 25 Anm. 1 |

| | | |
|---|---|---|
| 1631 IV 5<br>Rom | Crivelli an Gigli | 49a Anm. 1,<br>72 Anm. 2 |
| 1631 IV 5<br>Rom | Crivelli an Maximilian | 72 Anm. 2 |
| 1631 IV 5<br>Mainz | Kurmainz an den Kg. von Frankreich | 31 E |
| 1631 IV 5<br>Mainz | Kurmainz an Père Joseph | 31 F Anm. 4 |
| 1631 IV 5<br>Mainz | Kurmainz an den Bf. von Metz | 31 E Anm. 1 |
| 1631 IV 6<br>Mainz | Kurmainzische Resolution für Gournay | 31 F,<br>167 H 9 Anm. 3 |
| 1631 IV 6 u. 8 | Maximilian an die oberländischen Ligastände | 167 B 1 |
| 1631 IV 6 u. 8 | Maximilian an den Deutschmeister | 167 B 1 Anm. 2 |
| ad 1631 IV 6 u. 8 | Punctum, so von Churmainz hiehero communiciert [...] | 167 B 1 Anm. 16 |
| ad 1631 IV 6 u. 8 | Avisen | 167 B 2 |
| ad 1631 IV 6 u. 8 | Exposé der Kriegsbuchhaltung | 167 B 3 |
| ad 1631 IV 6 u. 8 | Puncta, welche bei dem vorstehenden bundtsconvent zu deliberirn seindt | 167 B 4 |
| ad 1631 IV 6 u. 8 | Richel an Maximilian | 167 B 4 Anm. 2 |
| ad 1631 IV 6 u. 8 | Maximilian an Richel | 167 B 4 Anm. 2 |
| 1631 IV 7 | Maximilian an Kurköln | 101 Anm. 4 |
| 1631 IV 7 | Maximilian an Kurköln | 113 |
| 1631 IV 7 | Maximilian an Kurköln | 114 |
| 1631 IV 7 | PS Maximilians an Kurmainz | 112 Anm. 1 |
| 1631 IV 7<br>Mainz | Kurmainz an Maximilian | 92 Anm. 3 |
| 1631 IV 7<br>Mainz | Kurmainz an Maximilian | 115 |
| 1631 IV 7<br>Mainz | Kurmainz an Maximilian | 116 |
| 1631 IV 7<br>Mainz | Kurmainz an den Kaiser | 116 Anm. 2 |
| 1631 IV 7<br>Mainz | Kurmainz an den Kaiser | 117 |
| 1631 IV 7<br>Mainz | Kurmainz an Maximilian | 117 Anm. 1 |
| 1631 IV 7 | Avisen aus Hamburg | 124 Anm. 7 |
| 1631 IV 8 | Maximilian an Kurmainz | 86 Anm. 1 |
| 1631 IV 8 | Maximilian an Kurmainz | 95 Anm. 1 |
| 1631 IV 8 | Maximilian an Kurmainz | 118 |
| 1631 IV 8<br>München | Maximilian an Kurmainz | 167 A 5 |
| 1631 IV 8<br>Hameln | Lerchenfeld an Maximilian | 124 Anm. 1,<br>128 Anm. 2,<br>147 Anm. 2 |
| 1631 IV 8<br>Brüssel | Die Infantin an den Kaiser | 149 Anm. 2 |
| 1631 IV 9 | Maximilian an Tilly | 119 |

| 1631 IV 9 | Maximilian an Tilly | 120 |
|---|---|---|
| 1631 IV 9 | Maximilian an Ruepp | 119 Anm. 3, 120 Anm. 1 |
| 1631 IV 9 Hameln | Lerchenfeld an Maximilian | 147 Anm. 2 |
| 1631 IV 9 Mainz | Kurmainz an Maximilian | 94 Anm. 1, 105 Anm. 1 |
| 1631 IV 9 Rom | Papst Urban VIII. an Rocci | 143 Anm. 2 |
| 1631 IV 10 | Maximilian an den Kaiser | 121 |
| 1631 IV 10 Pechau | Ruepp an Maximilian | 109 Anm. 2 |
| 1631 IV 10 Pechau | Tilly an den Kaiser | 109 Anm. 2 |
| 1631 IV 10 Brüssel | Pgf. Wolfgang Wilhelm von Neuburg an Kurmainz | 311 A 11 |
| 1631 IV 11 Frankfurt/Oder | Schauenburg an Tilly | 124 Anm. 5 |
| 1631 IV 11 Mergentheim | Der Deutschmeister an den Bf. von Bamberg | 167 C 3 Anm. 31 |
| [1631 vor IV 12] | Gutachten ksl. deputierter Räte, s. d., mit Votum des Geheimen Rates, 12. April 1631 | 167 A 6 |
| 1631 IV 12 Rom | Crivelli an Gigli | 49a Anm. 1, 257a Anm. 1 |
| 1631 IV 12 Pechau | Pappenheim an Maximilian, mit Anlage | 157 Anm. 1 |
| 1631 IV 12 Mainz | Kurmainz an Maximilian | 92 Anm. 1 |
| 1631 IV 12 Bonn | Kurköln an den Kaiser | 100 Anm. 4 |
| 1631 IV 12/2 Leipzig | Abschied des Leipziger Konvents | 122 |
| 1631 IV 12/2 Leipzig | Kursachsen an Tilly | 124 Anm. 6 |
| 1631 IV 12/2 Leipzig | Kursachsen an OL Vitzthum von Eckstädt | 141 Anm. 2 |
| 1631 IV 13 Bonn | Kurköln an Kurmainz | 311 A 15 Anm. 2 |
| 1631 IV 13 Bonn | Kurköln an Kurmainz | 123 Anm. 4 |
| 1631 IV 13 Bonn | Kurköln an Maximilian | 96 Anm. 1 |
| 1631 IV 13 Bonn | Kurköln an Maximilian | 123 |
| 1631 IV 13 u. 16 Möckern | Tilly an Maximilian | 124 |
| 1631 IV 14/4 | Kursachsen an den Kaiser | 122 Anm. 1 u. 13 |
| 1631 IV 14/4 | Pgf. Friedrich V. an den Kaiser | 241 Anm. 2 |
| 1631 IV 15 | Maximilian an Kurmainz | 92 Anm. 3 |

| | | |
|---|---|---|
| 1631 IV 15 | Maximilian an Kurmainz | 117 Anm. 1 |
| 1631 IV 15 München | Maximilian an Kurmainz | 125 |
| 1631 IV 15 München | Maximilian an Kurmainz | 126 |
| 1631 IV 15 Mainz | Kurmainz an Maximilian | 86 Anm. 1 |
| 1631 IV 16 Bonn | Kurköln an Maximilian | 127 |
| 1631 IV 16 u. 19 Möckern | Ruepp an Maximilian | 128 |
| ad 1631 IV 16 | Designation betr. die Stärke der Regimenter Anholt u. Wahl | 128 Anm. 1 |
| 1631 IV 16 Wolfegg | Gf. zu Wolfegg an Maximilian | 167 H 1 |
| 1631 IV 17 | Maximilian an den Kaiser | 103 Anm. 1 |
| 1631 IV 17 | Jocher an Bagno | 129 |
| 1631 IV 17 | Der Kaiser an Kursachsen | 145 Anm. 3 |
| 1631 IV 17 Halberstadt | Metternich an Tilly | 133 Anm. 3 |
| 1631 IV 18 | Maximilian an Lerchenfeld | 97 Anm. 11 |
| 1631 IV 18 | Maximilian an Kurköln | 112 Anm. 1 |
| 1631 IV 18 Möckern | Lerchenfeld an Maximilian | 124 Anm. 1, 128 Anm. 2, 147 Anm. 2, 154 Anm. 4 |
| 1631 IV 18 Glogau | Beglaubigungsschreiben Tiefenbachs für OL Böhm an Tilly | 141 Anm. 3 |
| 1631 IV 19 Möckern | Tilly an Maximilian | 130 |
| ad 1631 IV 19 | Obrist Schlamerstorffers rhatschlög | 130 Anm. 3 |
| ad 1631 IV 19 | Memorial | 130 Anm. 3 |
| 1631 IV 19 Pechau | Pappenheim an Maximilian | 130 Anm. 4, 144 Anm. 2 |
| 1631 IV 19 Meersburg | Der Bf. von Konstanz an Maximilian | 167 H 2 |
| 1631 IV 19 Rom | Crivelli an Gigli | 257a Anm. 1 |
| 1631 IV 19 Möckern | Tilly an Kurköln | 170 Anm. 1 |
| 1631 IV 19 Glogau | Tiefenbach an Tilly | 141 Anm. 7 |
| 1631 IV 19 Brüssel | Die Infantin an die kathol. Kurfürsten | 311 A 14 Anm. 9 |
| 1631 IV 20 Bonn | Kurköln an Maximilian | 164 Anm. 2 |
| 1631 IV 20 Wien | Der Kaiser an Tilly | 154 Anm. 1 |

| | | |
|---|---|---|
| 1631 IV 20/10 Cölln an der Spree | Kurbrandenburg an Craz | 141 Anm. 6 |
| 1631 IV 21 | Maximilian an Kurköln | 131 |
| 1631 IV 21 | Kurmainz an Maximilian | 110 Anm. 1 |
| 1631 IV 21 Mainz | Kurmainz an Maximilian | 132 |
| ad 1631 IV 21 | H. von Metternich an Kurmainz | 132 Anm. 2 |
| 1631 IV 21 Beelitz | Craz an Tilly | 137 Anm. 1 |
| 1631 IV 21 Möckern | Tilly an den Kaiser | 133 |
| 1631 IV 21 Weißenau | Abt Johann Christoph an den Bf. von Konstanz | 311 A 12 Anm. 2 |
| 1631 IV 21 | Avisen von Dr. Menzel aus Hamburg, mit Anlagen | 154 Anm. 6 |
| 1631 IV 22 München | Maximilian an Kurmainz | 94 Anm. 1, 105 Anm. 1 |
| 1631 IV 22 | Maximilian an Kurmainz | 131 Anm. 1 u. 2 |
| 1631 IV 22 München | Maximilian an Kurmainz | 135 |
| 1631 IV 22 | Maximilian an Kurmainz | 134 Anm. 3 |
| 1631 IV 22 | PS Maximilians an Kurmainz, an [Kurtrier], an [Kurköln] | 82 Anm. 5 |
| 1631 IV 22 | Maximilian an Tilly | 134 |
| 1631 IV 22 Beelitz | Craz an Tilly | 137 Anm. 1 |
| 1631 IV 22 HQ Möckern | Relation des succurs, so der könig in Schweden aus Engellandt zu erwarten hat (mit Anlagen) | 137 Anm. 3, 146 Anm. 1, 170 Anm. 1 |
| 1631 IV 23 | Journal Richels | 136 |
| 1631 IV 23 Groß Salze | Ruepp an Maximilian | 137 |
| 1631 IV 23 Wien | Der Kaiser an Maximilian, an Kurmainz | 138, ebd. Anm. 1 |
| 1631 IV 23 Bamberg | Der Bf. von Bamberg an Maximilian | 139 |
| ad 1631 IV 23 | Bericht über Werbungen in der Mgfsch. Brandenburg-Kulmbach | 139 Anm. 2 |
| 1631 IV 23 Salze | Instruktion Tillys für Lerchenfeld nach Dinkelsbühl | 167 C 1, 167 F Anm. 18 |
| 1631 IV 23 Salze | Beglaubigungsschreiben Tillys für Lerchenfeld an die in Dinkelsbühl versammelten Ligamitglieder | 167 C 1 Anm. 1, 167 F Anm. 18 |
| 1631 IV 23 Salze | Beglaubigungsschreiben Tillys für Lerchenfeld an Maximilian | 167 C 1 Anm. 1 |
| 1631 IV 23 Mainz | Kurmainz an Maximilian | 311 A 11 Anm. 1 |

| | | |
|---|---|---|
| 1631 IV 23 Mainz | Kurmainz an Maximilian | 167 A 7 |
| 1631 IV 24 | Maximilian an den Kaiser | 140 |
| 1631 IV 24 | Verzaichnuß underschidlicher puncten, welche Ihrer Kfl. Dt. in Beyrn [...] hoffrath Dr. Johann Stücklin in seinen anbevolchnen verrichtungen am Kaiserischen hoff in acht nemen solle | 184 Anm. 1 |
| 1631 IV 24 Groß Salze | Ruepp an Maximilian | 141 |
| 1631 IV 24 Würzburg | Der Bf. von Würzburg an Maximilian, mit Anlagen | 142, ebenda Anm. 2 |
| 1631 IV 24 | Protokoll Richels | 167 C 4 Anm. 1 |
| 1631 IV 25 | PS des Bfs von Bamberg an Maximilian | 139 Anm. 1 |
| 1631 IV 25 Rom | Papst Urban VIII. an die kathol. Kurfürsten | 143 |
| 1631 IV 25/15 Kassel | Lgf. Wilhelm von Hessen Kassel an OL Tontinel | 166 Anm. 4 |
| 1631 IV 26 | Maximilian an den Kaiser | 144 |
| 1631 IV 26 Wien | Der Kaiser an Maximilian, an Kurmainz | 145, ebd. Anm. 1 |
| 1631 IV 26 Bonn | Memorial für die kurköln. Gesandten nach Dinkelsbühl | 167 C 4 Anm. 2 |
| 1631 IV 26 Wien | Instruktion des Kaisers für F. Kurz nach Dinkelsbühl | 167 C 2 |
| 1631 IV 26 Wien | Beglaubigungsschreiben des Kaisers für F. Kurz an die zum Ligatag nach Dinkelsbühl abgeordneten Gesandten | 167 C 2 Anm. 1 |
| 1631 IV 26/16 Kassel | Patent der hessischen Regierung | 166 Anm. 5 |
| 1631 IV 26/16 Kassel | Lgf. Wilhelm von Hessen-Kassel an Tilly | 166 Anm. 6 |
| 1631 IV 27 Hameln | Lerchenfeld an Maximilian | 147 Anm. 2 |
| 1631 IV 27 Bonn | Kurköln an Maximilian | 112 Anm. 1 |
| ad 1631 IV 27 | Verzeichnuß derjenigen obristenn, welche ihre dienst der catholischen ligae offerirt s. [ad 1631 V 8] | |
| 1631 IV 27 Eichstätt | Der Bf. von Eichstätt an Richel | 142 Anm. 1 |
| 1631 IV 27 Salze | Tilly an Kurköln | 170 Anm. 1 |
| 1631 IV 28 | Maximilian an Kurköln | 164 Anm. 2 |
| 1631 IV 28 Salze | Tilly an Maximilian | 146 |
| 1631 IV 28 Salze | Ruepp an Maximilian | 147 |
| 1631 IV 28 Mainz | Kurmainz an den Kaiser | 133 Anm. 1 |
| 1631 IV 28 Wien | Der Kaiser an den Deutschmeister | 167 H 7 Anm. 1 |

| | | |
|---|---|---|
| 1631 IV 29 | Maximilian an Kurmainz | 86 Anm. 1 |
| 1631 IV 29 | Maximilian an Kurmainz | 132 Anm. 1 |
| 1631 IV 29 München | Maximilian an Kurköln | 148 |
| 1631 IV 29 | Maximilian an die oberländischen Ligastände | 167 B 1 Anm. 17 |
| 1631 IV 29 | Maximilian an den Bf. von Konstanz, an den Bf. von Basel | 195 Anm. 3 |
| 1631 IV 29 Wien | Der Kaiser an Maximilian | 172 A Anm. 3 |
| 1631 IV 29 Mainz | Kurmainz an Maximilian | 167 H 4 Anm. 5 |
| 1631 IV 29 Wien | Der Kaiser an Kurmainz | 149 |
| 1631 IV 29 Waldsee | Der Abt von Weissenau an Maximilian | 167 H 3 |
| 1631 IV 29 Wolfegg | Gf. zu Wolfegg an die Vertreter der Bundesstände in Dinkelsbühl | 167 E 12 Anm. 3, 167 H 1 Anm. 2 |
| 1631 IV 29 | Der Kaiser an Kurmainz | 163 Anm. 1 |
| 1631 IV 29 | Auszug aus der Instruktion des Fürstabts von Kempten für seinen Gesandten nach Dinkelsbühl | 167 C Anm. 1 |
| 1631 IV 29 Mergentheim | Instruktion des Deutschmeisters für seine Gesandten nach Dinkelsbühl | 167 C 3, 167 H 7 Anm. 1 |
| 1631 IV 30 | Maximilian an Kursachsen | 167 B 1 Anm. 17 |
| 1631 IV 30 Mainz | Kurmainz an Lgf. Georg von Hessen-Darmstadt | 150 |
| 1631 V | Maio 1631. Instruction auff den catholischen bundtstag | 167 H 7 Anm. 1 |
| 1631 V 1 München | Instruktion Maximilians für seine Gesandten nach Dinkelsbühl | 167 C 4 |
| ad 1631 V 1 | Memoriale instructionis zum bundesconvent | 167 C 4 Anm. 1 |
| 1631 V 1 München | Maximilian an den Bf. von Würzburg | 153 Anm. 1 |
| 1631 V 1 | Jocher an Bagno | 151 |
| 1631 V I Dillingen | Der Bf. von Augsburg an Maximilian, mit Anlagen | 142 Anm. 1 |
| 1631 V 1/April 21 Kassel | Lgf. Wilhelm von Hessen-Kassel an Lerchenfeld | 166 Anm. 5 u.6 |
| 1631 V 2 München | Maximilian an den Kaiser | 152 |
| 1631 V 2 | Maximilian an den Kaiser | 152 Anm. 1 |
| 1631 V 2 | Maximilian an Stralendorf | 110 Anm. 2 |
| 1631 V 2 | Maximilian an den Bf. von Bamberg | 153 |
| 1631 V 2 Mainz | Kurmainz an Maximilian | 131 Anm. 2 |
| 1631 V 2 Mainz | Kurmainz an Maximilian | 150 Anm. 1 |
| 1631 V 2 Mainz | Kurmainz an Maximilian | 155 |

| | | |
|---|---|---|
| 1631 V 2 Mainz | Kurmainz an den Kaiser | 155 Anm. 2 |
| 1631 V 2 Westerhausen | Tilly an Maximilian | 154 |
| 1631 V 2 Q. Westerhausen | Ruepp an Maximilian | 154 Anm. 5 |
| 1631 V 2/April 22 Kassel | Heinrich Lerssner an Lerchenfeld | 166 Anm. 5 |
| 1631 V 2/April 22 Kassel | Paß des Lgfen Wilhelm von Hessen-Kassel für Lerchenfeld | 166 Anm. 5 |
| 1631 V 2 Würzburg | Ossa an Tilly | 146 Anm. 2 |
| 1631 V 2/IV 22 Darmstadt | Lgf. Georg von Hessen-Darmstadt an Kurmainz | 156 |
| 1631 V 2 Ellwangen | Instruktion des Fürstpropsts von Ellwangen für seine Gesandten nach Dinkelsbühl | 167 C Anm. 1 |
| 1631 V 3 | Maximilian an Pappenheim | 157 Anm. 1 |
| 1631 V 3 u. 5 | Maximilian an Tilly | 157 |
| 1631 V 3 Rom | Crivelli an Gigli | 49a Anm. 1 |
| 1631 V 3 | Barberini an Maximilian | 103 Anm. 1 |
| 1631 V 3 Westerhausen | Tilly an den Kaiser | 154 Anm. 3 |
| 1631 V 3 Meersburg | Der Bf. von Konstanz an Kurmainz | 311 A 12 |
| 1631 V 3 Würzburg | Der Bf. von Würzburg an den Kaiser | 191 Anm. 3 |
| 1631 V 4 Bonn | Kurköln an Maximilian | 131 Anm. 2 |
| 1631 V 4 Wien | Der Kaiser an Maximilian | 144 Anm. 1 |
| 1631 V 4 Fulda | Der Fürstabt von Fulda an Maximilian | 166 Anm. 3 |
| 1631 V 4 Mainz | Kurmainz an seine Gesandten in Dinkelsbühl | 156 Anm. 1 |
| 1631 V 4 Wien | Der Kaiser an Kurmainz | 158 Anm. 2 |
| 1631 V 4 Meersburg | Vollmacht des Bfs von Konstanz für Mathäus Welser | 167 H 2 Anm. 4 |
| 1631 V 4 Westerhausen | Tilly an die Stadt Magdeburg, an Mgf. Christian Wilhelm von Brandenburg, an Falkenberg | 185 Anm. 1 |
| 1631 V 5 | Maximilian an Ruepp | 159 |
| 1631 V 5 Wien | Der Kaiser an Maximilian | 160 |
| 1631 V 5 Wien | Der Kaiser an Maximilian | 160 Anm. 2 |
| 1631 V 5 Kempten | Der Fürstabt von Kempten an Maximilian | 221 Anm. 2 |

| | | |
|---|---|---|
| 1631 V 5 | Niederschrift Richels | 167 E 1 Anm. 1, 167 E 9 Anm. 1 |
| 1631 V 5 Dinkelsbühl | Relation der bayerischen Gesandten | 167 H 3 Anm. 1, 167 H 5 Anm. 1 |
| 1631 V 5 Mainz | Kurmainz an Lgf. Georg von Hessen-Darmstadt | 161, ebd. Anm. 5 |
| 1631 V 5 Schloss Pruntrut | Der Bf. von Basel an Kurmainz | 167 E 9 Anm. 10 |
| 1631 V 5 Wallerstein | Gf. von Oettingen zu Wallerstein [an die Vertreter der Bundesstände in Dinkelsbühl], mit Anlagen | 167 E 12 Anm. 2 |
| 1631 V 6 | Maximilian an Kurmainz | 167 A 7 Anm. 1, 4 u. 5 |
| 1631 V 6 München | Maximilian an den Bf. von Bamberg | 162 |
| 1631 V 6 München | Maximilian an seine Gesandten in Dinkelsbühl | 167 H 4 |
| 1631 V 6 München | Maximilian an Kurmainz | 311 A 11 Anm. 1 |
| 1631 V 6 Wien | Der Kaiser an Maximilian, an Kurmainz | 163, ebd. Anm. 1 |
| 1631 V 6 Dinkelsbühl | Relation der bayerischen Gesandten | 167 H 5 Anm. 5 |
| 1631 V 6 Wien | Ksl. Instruktion für Hegenmüller | 163 Anm. 4 |
| [1631 V 6] | Ksl. geheimes Nebenmemorial für Hegenmüller | 163 Anm. 4, 167 H 24 Anm. 8 |
| 1631 V 7 München | Patent Maximilians für Kütner | 210 Anm. 1 |
| 1631 V 7 Mainz | Kurmainz an Maximilian | 164 |
| 1631 V 7 Mainz | Kurmainz an Maximilian | 165 |
| 1631 V 7 Mainz | Kurmainz an den Kaiser | 165 Anm. 1 |
| 1631 V 7 Wien | Der Kaiser an Kurmainz | 133 Anm. 1 |
| 1631 V 7 [Dinkelsbühl] | Protokoll Richels | 167 E 1 |
| 1631 V 7 u. 8 Dinkelsbühl | Lerchenfeld an Maximilian | 166 |
| 1631 V 7–21 [Dinkelsbühl] | Protokoll der Gesandten des Fürstpropsts von Ellwangen | 167 E Anm. 1, 167 E 3 Anm. 6, 167 E 9 Anm. 3, 167 E 12 Anm. 4, 167 E 13 Anm. 5 |
| 1631 V 7–22 [Dinkelsbühl] | Protokoll des Dr. Johann Eustachius von Soll | 167 E Anm. 1, 167 E 1 Anm. 2–4, 167 E 2 Anm. 1 u. 6, |

|  |  |  |
|---|---|---|
|  |  | 167 E 3 Anm. 3 u. 6, |
|  |  | 167 E 6 Anm. 3, |
|  |  | 7, 14. u. 15, |
|  |  | 167 E 9 Anm. 16, |
|  |  | 167 E 12 Anm 4, |
|  |  | 8 u. 9, |
|  |  | 167 E 13 Anm. 1 |
|  | s. auch 1631 V 20; 1631 V 21 |  |
| 1631 V 8 München | Instruktion Maximilians für M. Kurz | 172 A |
| [ad 1631 V 8] | Erster Entwurf der Instruktion Maximilians für M. Kurz | 172 A Anm. 1 |
| [ad 1631 V 8] | Niederschrift Peringers | 172 A Anm. 1, 5–8 |
| 1631 V 8 | Maximilian an Tilly | 168 |
| 1631 V 8 München | Maximilian an Barberini | 169 |
| 1631 V 8 München | Bayerisch-französischer Bündnisvertrag | 326 Anm. 1 |
| 1631 V 8 Bonn | Kurköln an Maximilian | 170 |
| [ad 1631 V 8] | Verzeichnuß derjenigen obristenn, welche ihre dienst der catholischen ligae offerirt | 170 Anm. 1 |
| 1631 V 8 Bonn | Kurköln an Maximilian | 171 |
| 1631 V 8 Mergentheim | Der Deutschmeister an F. Kurz | 167 H 7Anm. 1 |
| 1631 V 8 [Dinkelsbühl] | Protokoll Richels | 167 E 2 |
| 1631 V 8 u. 9 Dinkelsbühl | Relation der bayerischen Gesandten | 167 H 5 |
| 1631 V 9 München | Beglaubigungsschreiben Maximilians für M. Kurz an den Kaiser | 172 A Anm. 2 |
| 1631 V 9 München | Beglaubigungsschreiben Maximilians für Kütner an Richelieu | 210 Anm. 1 |
| 1631 V 9 Wien | Der Kaiser an Maximilian | 173 |
| 1631 V 9 Wien | Der Kaiser an Maximilian, an Kurmainz | 174, ebd. Anm. 1 |
| [ad 1631 V 9] | Liste der Empfänger des kaiserlichen Schreibens vom 9. V. 1631 | 174 Anm. 1 |
| 1631 V 9 Mainz | Kurmainz an seine Gesandten in Dinkelsbühl | 145 Anm. 1, 149 Anm. 1, 177 Anm. 1 |
| 1631 V 9 Dinkelsbühl | Relation der kurmainzischen Gesandten | 167 H 6 |
| 1631 V 9 | Zusammenfassung des mündl. Anbringens des ksl. Gesandten | 167 E 3 Anm. 1 |

| | | |
|---|---|---|
| [ad 1631 V 9] | Anbringen des ksl. Gesandten F. Kurz auf dem Ligatag von Dinkelsbühl | 167 E 3 Anm. 1 |
| 1631 V 9 [Dinkelsbühl] | Protokoll Richels | 167 E 3 |
| 1631 V 10 München | Maximilian an den Kaiser | 137 |
| 1631 V 10 Heidelberg | Metternich an Maximilian | 189 Anm. 1 |
| 1631 V 10 Rom | Bagno an Jocher | 175 |
| 1631 V 10 | Bagno an Kütner | 175 Anm. 1 |
| 1631 V 10 Rom | Moons an Kurköln | 213 Anm. 2 u. 3 |
| 1631 V 10 | PS des Kfen von Mainz an seine Gesandten in Dinkelsbühl | 149 Anm. 1, 177 Anm. 1 |
| 1631 V 10 [Dinkelsbühl] | Protokoll Richels | 167 E 4 |
| 1631 V 10 Dinkelsbühl | Relation des F. Kurz | 167 H 7 |
| 1631 V 10 Westerhausen | Tilly an Kursachsen, an Kurbrandenburg | 185 Anm. 3 |
| 1631 V 10 | Der Deutschmeister an den Kaiser | 145 Anm. 4 |
| 1631 V 10 Mergentheim | Der Deutschmeister an den Kaiser | 167 H 7 Anm. 1 |
| 1631 V 10/IV 30 Marburg | Lgf. Georg von Hessen-Darmstadt an den Kaiser | 156 Anm. 1 |
| 1631 V 10/IV 30 Marburg | Lgf. Georg von Hessen-Darmstadt an Kurköln, an Maximilian | 156 Anm. 1, 235 Anm. 2 |
| 1631 V 10/IV 30 Glückstadt | Der Kg. von Dänemark an den Kaiser | 241 Anm. 2 |
| 1631 V 11 München | Maximilian an seine Gesandten in Dinkelsbühl | 167 H 5 Anm. 3, 167 H 8 |
| 1631 V 11 Bonn | Kurköln an Maximilian | 176 |
| 1631 V 11 | Der Kaiser an Maximilian | 152 Anm. 1 |
| 1631 V 11 Mainz | Kurmainz an Kursachsen | 177 |
| 1631 V 11 [Dinkelsbühl] | Protokoll Richels | 167 E 5 |
| 1631 V 11 Dinkelsbühl | F. Kurz an den Deutschmeister | 167 H 9 |
| 1631 V 12 München | Maximilian an seine Gesandten in Dinkelsbühl | 167 H 10 |
| 1631 V 12 | Maximilian an Kurköln | 178 Anm. 5 |
| 1631 V 12 | Maximilian an den Kaiser | 158 Anm. 1 |
| 1631 V 12 | Maximilian an Tilly | 178 |
| 1631 V 12 | Maximilian an Ruepp | 178 Anm. 1 |

| | | |
|---|---|---|
| 1631 V 12 Mainz | Kurmainz an Maximilian | 167 A 7 Anm. 5 |
| 1631 V 12 Mainz | Kurmainz an Maximilian | 167 E 16 Anm. 4, 167 H 4 Anm. 5 |
| 1631 V 12 Bamberg | Der Bf. von Bamberg an Maximilian | 179 |
| 1631 V 12/2 Marburg | Lgf. Georg von Hessen-Darmstadt an Kurmainz | 235 Anm. 2 |
| 1631 V 12 Dinkelsbühl | Relation der bayerischen Gesandten | 167 H 11 |
| 1631 V 12 [Dinkelsbühl] | Protokoll Richels | 167 E 6 |
| 1631 V 12 Dinkelsbühl | Relation der Gesandten des Deutschmeisters | 167 D Anm. 2 |
| 1631 V 13 | Maximilian an Kurmainz | 155 Anm. 1 |
| 1631 V 13 | Maximilian an Kurmainz | 193 Anm. 1 |
| 1631 V 13 | Maximilian an Tilly | 180 Anm. 1, 186 Anm. 3 |
| 1631 V 13 [Dinkelsbühl] | Protokoll Richels | 167 E 7 |
| 1631 V 13 Wien | Der Kaiser an Fürstenberg | 183 Anm. 3 u. 4 |
| 1631 V 14 München | Maximilian an seine Gesandten in Dinkelsbühl | 167 H 12 |
| 1631 V 14 | Maximilian an Kurköln | 180 |
| 1631 V 14 | Maximilian an Kurköln | 181 |
| 1631 V 14 München | Maximilian an den Kaiser | 160 Anm. 1 |
| 1631 V 14 Dinkelsbühl | Lerchenfeld an Maximilian | 166 Anm. 7 |
| 1631 V 14 Westerhausen | Tilly an Maximilian | 182 |
| 1631 V 14 Laxenburg | Der Kaiser an Maximilian | 183 |
| ad 1631 V 14 | Niederschrift Maximilians | 183 Anm. 1 |
| 1631 V 14 Wien | Stücklin an Maximilian | 184 |
| 1631 V 14 Heidelberg | Metternich an Maximilian | 189 Anm. 1 |
| 1631 V 14 Mainz | Kurmainz an Lgf. Georg von Hessen-Darmstadt | 161 Anm. 4 |
| 1631 V 14 [Dinkelsbühl] | Protokoll Richels | 167 E 8 |
| 1631 V 14 Wien | Ksl. Mandata avocatoria | 174 Anm. 2 |
| 1631 V 14 Mainz | Kurmainz an seine Gesandten in Dinkelsbühl | 167 H 13 |
| 1631 V 14 Dinkelsbühl | Relation der kurmainzischen Gesandten | 167 H 14 |

| | | |
|---|---|---|
| 1631 V 14 Dinkelsbühl | Relation Gassners | 167 H Anm. 1 |
| 1631 V 15 München | Maximilian an den Kaiser | 163 Anm. 1 u. 2 |
| 1631 V 15 München | Maximilian an den Kaiser | 174 Anm. 1 |
| 1631 V 15 Westerhausen | Ruepp an Maximilian | 185 |
| 1631 V 15 Mainz | Kurmainz an Pgf. Wolfgang Wilhelm von Neuburg | 311 A 11 Anm. 1 |
| 1631 V 15/5 Marburg | Lgf. Georg von Hessen-Darmstadt an Kurmainz | 235 Anm. 2 |
| 1631 V 15 [Dinkelsbühl] | Protokoll Richels | 167 E 9 |
| 1631 V 15 [Dinkelsbühl] | Bericht und anzaig der [...] geschloßnen bundsverwilligungen | 167 E 10 |
| 1631 V 15 Dinkelsbühl | Relation des F. Kurz | 167 H 15 |
| [1631 Mai Mitte] | Französisches Projekt des Bündnisvertrages zwischen Frankreich und Bayern | 186 |
| 1631 V 16 München | Maximilian an seine Gesandten in Dinkelsbühl | 167 H 16 |
| 1631 V 16 München | Maximilian an den Kaiser | 173 Anm. 2 |
| 1631 V 16 | Maximilian an Ruepp | 187 Anm. 1 |
| 1631 V 16 Mainz | Kurmainz an den Kaiser | 158 Anm. 1 |
| 1631 V 16 Mainz | Kurmainz an seine Gesandten in Dinkelsbühl | 158 Anm. 1 |
| 1631 V 16 [Dinkelsbühl] | Protokoll Richels | 167 E 11 |
| 1631 V 17 | Maximilian an Tilly | 187 |
| 1631 V 17 Rom | Crivelli an Gigli | 49a Anm. 1 |
| 1631 V 17 [Dinkelsbühl] | Protokoll Richels | 167 E 12 |
| 1631 V 17 Bamberg | Der Bf. von Bamberg an Maximilian, mit Anlagen | 139 Anm. 1 |
| 1631 V 17 | Kurmainz an Lgf. Georg von Hessen-Darmstadt s. 1631 VI 17 | |
| 1631 V 17 Dinkelsbühl | Relation der kurmainzischen Gesandten | 167 H 17 |
| 1631 V 17 Dinkelsbühl | Relation der Gesandten des Deutschmeisters | 167 H 18 Anm. 6 |
| 1631 V 18 | Maximilian an Kurköln | 176 Anm. 1 |
| 1631 V 18 München | Maximilian an Lgf. Georg von Hessen-Darmstadt | 156 Anm. 1 |
| 1631 V 18 | Maximilian an Metternich | 189 Anm. 1 |

| | | |
|---|---|---|
| 1631 V 18 [Prag] | Khunig an Maximilian | 188 |
| 1631 V 18 Prag | Khunig an Maximilian | 188 Anm. 5 |
| 1631 V 18 Bonn | Kurköln an Maximilian, mit Anlagen | 131 Anm. 2 |
| 1631 V 18/8 Marburg | Lgf. Georg von Hessen-Darmstadt an Kurmainz | 235 Anm. 2 |
| 1631 V 18/8 Marburg | Lgf. Georg von Hessen-Darmstadt an Kurköln, an Maximilian | 235 Anm. 2 |
| 1631 V 18 Dinkelsbühl | Relation der bayerischen Gesandten | 167 H 18 |
| 1631 V 18 Mainz | Kurmainz an seine Gesandten in Dinkelsbühl | 167 H 19 |
| 1631 V 18 Wien | Ksl. Resolution für M. Kurz | 172 B |
| 1631 V 18 Wien | Rekredential des Kaisers für M. Kurz an Maximilian | 172 B Anm. 1 |
| 1631 V 19 | Maximilian an Tilly | 189 |
| 1631 V 19 | Maximilian an Lerchenfeld | 190 |
| 1631 V 19 | Maximilian an den Bf. von Bamberg | 179 Anm. 1 |
| 1631 V 19 Würzburg | Der Bf. von Würzburg an Maximilian | 191 |
| ad 1631 V 19 | Bericht, waß es in und umb den stift Wirzburg [...] vor ein gelegenheit [...] | 191 Anm. 2 u. 4 |
| ad 1631 V 19 | Der Bf. von Würzburg an den Kaiser | 191 Anm. 3 u. 4 |
| 1631 V 19 [Dinkelsbühl] | Protokoll Richels | 167 E 13 |
| 1631 V 19 Wien | Der Kaiser an den Bf. von Konstanz | 311 A 6 Anm. 1 |
| 1631 V 19 Dinkelsbühl | Die Vertreter der Bundesstände an Gf. zu Wolfegg | 167 E 12 Anm. 5 |
| 1631 V 19 Dinkelsbühl | Die Vertreter der Bundesstände an Gf. von Oettingen zu Wallerstein | 167 E 12 Anm. 5 |
| 1631 V 20 München | Maximilian an Kurmainz | 143 Anm.1 |
| 1631 V 20 | Maximilian an Kurmainz | 164 Anm. 1 |
| 1631 V 20 München | Maximilian an Kurmainz | 165 Anm. 1 |
| 1631 V 20 | Maximilian an Kurmainz | 167 A 7 Anm. 5 |
| 1631 V 20 | Maximilian an Kurmainz | 167 E 16 Anm. 4 |
| 1631 V 20 | Maximilian an Kurmainz | 172 Anm. 1 |
| 1631 V 20 Mainz | Kurmainz an Maximilian | 193 |
| 1631 V 20 München | Maximilian an seine Gesandten in Dinkelsbühl | 167 H 20 |
| 1631 V 20 | Maximilian an Tilly | 189 Anm. 2 |
| 1631 V 20 | Maximilian an Lerchenfeld | 192 |

| | | |
|---|---|---|
| 1631 V 20 Wien | Stralendorf an Maximilian | 110 Anm. 2 |
| 1631 V 20 Kempten | Der Fürstabt von Kempten an Maximilian | 221 Anm. 2 |
| 1631 V 20 Mainz | Kurmainz an seine Gesandten in Dinkelsbühl | 311 A 12 Anm. 2 |
| 1631 V 20 [Dinkelsbühl] | Protokoll Solls | 167 E 14 |
| 1631 V 20 | Protokoll Richels s. 1631 V 2[1] | |
| 1631 V 20 Dinkelsbühl | Abschied des Ligatages | 167 F |
| 1631 V 20 Dinkelsbühl | Erste Fassung des Bescheides des Ligatages für den ksl. Gesandten | 167 G |
| 1631 V 20 Dinkelnsbühl | Endgültige Fassung des Bescheides des Ligatages für den ksl. Gesandten | 167 G Anm. 1 |
| 1631 V 20 Dinkelsbühl | Die Vertreter der Bundesstände an den Kaiser | 167 G Anm. 3, 6 |
| 1631 V 20 Dinkelsbühl | Rekredential der Vertreter der Bundesstände für F. Kurz an den Kaiser | 167 H 22 Anm. 2 |
| 1631 V 20 Dinkelsbühl | Die Vertreter der Bundesstände an Tilly | 167 F Anm. 3, 167 F Anm. 19 |
| 1631 V 20 Dinkelsbühl | Vertreter der Bundesstände an die Reichsstadt Schwäbisch Gmünd | 167 F Anm. 22 |
| 1631 V 20 | Die geistl. Kurfürsten an den Kg. von Frankreich | 167 H 14 Anm. 7 |
| 1631 V 21 Wien | Stücklin an Maximilian | 184 Anm. 3 |
| 1631 V 21 Westerhausen | Tilly an Maximilian | 194 |
| 1631 V 21 Westerhausen | Ruepp an Maximilian | 194 Anm. 1 |
| 1631 V 21 [Dinkelsbühl] | Protokoll Solls | 167 E 15 |
| 1631 V 2[1] [Dinkelsbühl] | Protokoll Richels | 167 E 16 |
| 1631 V 21 [Dinkelsbühl] | Kurmainzisches Protokoll | 167 E 16 Anm. 1, 5–8 |
| 1631 V 21 | F. Kurz an Wolkenstein | 167 H 21 |
| [1631 V 21] | F. Kurz an Wolkenstein | 167 H 21 Anm. 1 |
| 1631 V 21 Westerhausen | Tilly an den Kaiser | 205 Anm. 2 |
| [1631 nach Mai 21] | Schlußrelation des F. Kurz | 167 H 22 |
| 1631 V 22 München | Maximilian an Barberini | 143 Anm. 1 |
| 1631 V 22 München | Maximilian an den Kaiser | 195 |
| 1631 V 22 München | Gigli an Crivelli | 49a Anm. 1, 143 Anm. 1 |
| 1631 V 22 Heiligenberg | Fürstenberg an Maximilian | 206 Anm. 3 |

| | | |
|---|---|---|
| ad 1631 V 22 | Quartierzettel, was für volk verhanden und wie solches [...] in die quartier gefürt und ausgetailt worden | 206 Anm. 3 |
| 1631 V 22 Mainz | Beglaubigungsschreiben des Kfen von Mainz für Agricola an Lgf. Georg von Hessen-Darmstadt | 161 Anm. 3 |
| 1631 V 22 | Bichi an Barberini | 229 Anm. 2 |
| 1631 V 22 | Gutachten ksl. deputierter Räte, mit Votum des Geheimen Rates, 26. Mai 1631 | 145 Anm. 4 |
| 1631 V 22 | Gutachten ksl. deputierter Räte, mit Votum des Geheimen Rates, 26. Mai 1631 | 167 H 15 Anm. 1–3 |
| 1631 V 23 Mainz | Kurmainz an Maximilian | 196 |
| 1631 V 23 Mainz | Kurmainz an den Kaiser | 196 Anm. 2 |
| 1631 V 23 | Horion an Kurköln | 240 Anm. 3 |
| 1631 V 23/13 s'Gravenhage | Die Generalstaaten an die geistl. und weltl. [kathol.] Kurfürsten | 57 Anm. 1 |
| 1631 V 24 | Maximilian an den Kaiser | 152 Anm. 1 |
| 1631 V 24 | Maximilian an den Kaiser | 197 |
| 1631 V 24 München | Maximilian an den Kaiser | 198 |
| 1631 V 24 Magdeburg | Tilly an Kursachsen | 199 |
| 1631 V 25 München | Maximilian an Tilly | 200 |
| 1631 V 25 Bonn | Kurköln an Maximilian | 201 |
| ad 1631 V 25 | Auszug aus einem Bericht des kurköln. Agenten in Wien | 201 Anm. 1 |
| ad 1631 V 25 | Auszug aus einem Bericht des kurköln. Agenten in Wien | 201 Anm. 3 |
| 1631 V 25 Bonn | Kurköln an Maximilian | 202 |
| 1631 V 25 Bonn | Kurköln an Maximilian | 227 Anm. 1 |
| 1631 V 25 Landshut | Abschied des bayerischen Kreistages | 167 H 24 Anm. 3 |
| 1631 V 26 | Maximilian an Kurköln | 131 Anm. 2 |
| 1631 V 26 Fulda | Lerchenfeld an Maximilian | 190 Anm. 1, 192 Anm. 1, 217 Anm. 1 |
| 1631 V 26 Magdeburg | Tilly an Maximilian | 203 |
| ad 1631 V 26 | Designation, weme Ire Excell. h. general in nammen Irer Ksl. Mt. uf die neue werbungen patenta außgeben lassen | 202 Anm. 2 |
| 1631 V 26 Bamberg | Der Bf. von Bamberg an Maximilian | 139 Anm. 1 |
| 1631 V 26 Ellwangen | Abschlußbericht Gravenecks und Gassners | 167 H Anm. 1 |
| 1631 V 27 | Maximilian an Kurmainz | 216 Anm. 1 |
| 1631 V 27 | Maximilian an den Bf. von Würzburg | 191 Anm. 1 |

| | | |
|---|---|---|
| 1631 V 27 München | Gigli an Crivelli | 49a Anm. 1 |
| 1631 V 27 | Journal Richels | 84 Anm. 3 |
| 1631 V 27 Magdeburg | Ruepp an Maximilian, mit Anlagen | 194 Anm. 1, 203 Anm. 12, 205 Anm. 1 |
| 1631 V 27 Bamberg | Der Bf. von Bamberg an Maximilian | 204 |
| 1631 V 27 Mainz | Kurmainz an Maximilian | 274 Anm. 5 |
| 1631 V 27 Magdeburg | Tilly an den Kaiser | 173 Anm. 1 |
| 1631 V 27 Magdeburg | Tilly an den Kaiser | 205 |
| 1631 V 27 | Bichi an Barberini | 229 Anm. 2 |
| 1631 V 28 | Maximilian an Tilly | 200 Anm. 1, 206 |
| 1631 V 28 Wien | Stücklin an Maximilian | 184 Anm. 3 |
| 1631 V 28 Wien | Der Kaiser an Kurmainz | 207 |
| 1631 V 28 Wien | Der Kaiser an Maximilian | 207 Anm. 1 |
| 1631 V 28 Mainz | Kurmainz an Kurtrier, an Kurköln | 72 Anm. 1, 143 Anm. 1 |
| 1631 V 28 Mainz | Kurmainz an Maximilian | 72 Anm. 1 |
| [1631 V 28] | PS des Fürstabts von Fulda an Maximilian | 217 Anm. 7 |
| 1631 V 28/18 Leipzig | Kursachsen an Tilly | 199 Anm. 1 |
| 1631 V 28/18 Darmstadt | Lgf. Georg von Hessen-Darmstadt an Kursachsen | 161 Anm. 3 |
| 1631 V 28/18 signatum Nürnberg | Auszug aus der Instruktion für die Gesandten Brandenburg-Kulmbachs und aus deren Votum | 219 Anm. 3 |
| 1631 V 29 | Jocher an Bagno | 129 Anm. 1, 169 Anm. 2 |
| 1631 V 29/19 Darmstadt | Lgf. Georg von Hessen-Darmstadt an Kursachsen | 246 Anm. 3 |
| 1631 V 30 | Maximilian an Barberini | 169 Anm. 1 |
| 1631 V 30 Fontainebleau | Bayerisch-französischer Bündnisvertrag | 208 |
| 1631 V 30/20 Torgau | Kursächsische Resolution für Hegenmüller | 237 Anm. 2 |
| 1631 V 30/20 Torgau | Kursachsen an den Kaiser | 237 Anm. 2 |
| 1631 V 31 [Prag] | Khunig an Maximilian | 184 Anm. 2, 188 Anm. 4 |
| 1631 V 31 Mainz | Kurmainz an Maximilian | 209 |

| | | |
|---|---|---|
| 1631 V 31 Torgau | Hegenmüller an Tilly | 176 Anm. 2 |
| 1631 V 31 Ellwangen | Der Fürstpropst von Ellwangen an Maximilian | 191 Anm. 1 |
| 1631 V 31 Rom | Barberini an Maximilian | 211 |
| 1631 V 31 Fontainebleau | Kütner an Maximilian | 210 |
| ad 1631 V 31 | Père Joseph an Kütner | 209 Anm. 2 |
| 1631 V 31 | Der Bf. von Konstanz und der Abt von Weißenau an Maximilian | 221 Anm. 2 |
| 1631 V 31 Torgau | Hegenmüller an Tilly | 220 Anm. 2 |
| 1631 VI 1 Bonn | Kurköln an Lgf. Georg von Hessen-Darmstadt | 156 Anm. 1, 235 Anm. 2 |
| 1631 VI 1 Bonn | Kurköln an Maximilian | 212 |
| 1631 VI 1 Bonn | Kurköln an Kurmainz | 213 |
| 1631 VI 1/V 22 Nürnberg | Duplik der protestantischen fränkischen Kreisstände | 219 Anm. 3 |
| 1631 VI 2 München | Maximilian an Kurköln | 214 |
| 1631 VI 2 Mainz | Kurmainz an Maximilian | 215 |
| 1631 VI 2 Mainz | Kurmainz an Kursachsen | 311 A 13 Anm. 1 |
| 1631 VI 3 München | Maximilian an Kurmainz | 143 Anm. 2 |
| 1631 VI 3 | Maximilian an Kurmainz | 196 Anm. 1 |
| 1631 VI 3 | Maximilian an Kurmainz | 216 |
| 1631 VI 3 | PS Maximilians an Kurköln | 218 Anm. 2 |
| 1631 VI 3 Mainz | Kurmainz an Maximilian | 216 Anm. 1 |
| 1631 VI 3 Magdeburg | Tilly an Maximilian | 217 |
| 1631 VI 3 Magdeburg | Ruepp an Maximilian | 217 Anm. 2–4 |
| ad 1631 VI 3 | Designation der für Kurbayern bestimmten Kanonen aus Magdeburg | 173 Anm. 2 |
| 1631 VI 3 Dinkelsbühl | Die kathol. Kurfürsten an Kursachsen und Kurbrandenburg | 311 A 13 |
| 1631 VI 3/V 24 Torgau | Kursachsen an Kurmainz | 177 Anm. 1 |
| 1631 VI 3/V 24 Torgau | Kursachsen an Lgf. Georg von Hessen-Darmstadt | 235 Anm. 3 u. 4 |
| 1631 VI 3 Brüssel | Die Infantin an den Kaiser | 116 Anm. 2 |

| | | |
|---|---|---|
| 1631 VI 4 Wien | Der Kaiser an Maximilian | 167 H 24 Anm. 4 |
| 1631 VI 4/V 25 Bayreuth | Mgf. Christian von Brandenburg an Lgf. Georg von Hessen-Darmstadt | 231 Anm. 1 |
| 1631 VI 5 | Maximilian an Tilly | 218 |
| 1631 VI 5 | Maximilian an den Bf. von Konstanz und an den Abt von Weißenau | 221 Anm. 2 |
| 1631 VI 5 | Jocher an Bagno | 175 Anm. 1 |
| 1631 VI 5 Bonn | Beglaubigungsschreiben Kurkölns für W. von Eynatten an Maximilian | 218 Anm. 3 |
| 1631 VI 5 Eichstätt | Der Bf. von Eichstätt an Maximilian | 219 |
| 1631 VI 5 Mainz | Kurmainz an Kurtrier, an Kurköln, an Kurbayern | 311 A 14, ebd. Anm. 1, 6 |
| | PS des Kfen von Mainz an Kurtrier | 311 A 9 Anm. 2 |
| 1631 VI 5/V 26 Leipzig | Kursachsen an Tilly | 220 |
| 1631 VI 6 | Maximilian an den Kaiser | 221 |
| 1631 VI 6 Aschersleben | Lerchenfeld an Maximilian | 217 Anm. 5 |
| 1631 VI 6 Trier | Kurtrier an Kurmainz | 72 Anm. 1 |
| 1631 VI 6/V 27 Leipzig | Kursachsen an Lgf. Georg von Hessen-Darmstadt | 235 Anm. 3 u. 4 |
| 1631 VI 7 Prag | Khunig an Maximilian | 248a Anm. 2 |
| 1631 VI 7 Wien | Der Kaiser an Maximilian, an Kurmainz, an Ehg. Leopold. | 222, ebd. Anm. 1 |
| 1631 VI 7 Mainz | Kurmainz an den Kaiser | 167 H 23 |
| 1631 VI 7 | Designation alleß deß volkhs zu roß und fueß, welches [...] graf von Tilli auf diser iezigen marche mit sich haben | 217 Anm. 1 |
| 1631 VI 7 Wien | Beglaubigungsschreiben des Kaisers für F. Kurz an den Kg. von Frankreich | 222 Anm. 3 |
| 1631 VI 8 | Maximilian an Kurköln | 212 Anm. 1 |
| 1631 VI 8 | Maximilian an Kurmainz | 223 |
| 1631 VI 8 Aschersleben | Tilly an Maximilian | 217 Anm. 8 |
| 1631 VI 8 Aschersleben | Tilly an Maximilian | 224 |
| 1631 VI 8 Aschersleben | Ruepp an Maximilian | 203 Anm. 5, 217 Anm. 4, 220 Anm. 1, 224 Anm. 5 |
| ad 1631 VI 8 | Designation, weme Ire Excell. h. general [Tilly] in nammen Irer Ksl. Mt. uf die neue werbungen patenta außgeben lassen | 203 Anm. 5 |

| | | |
|---|---|---|
| 1631 VI 8 Bonn | Kurköln an Maximilian | 131 Anm. 2 |
| 1631 VI 8 Bonn | Kurköln an Kurmainz | 72 Anm. 1 |
| 1631 VI 8 Aschersleben | Tilly an Kursachsen | 220 Anm. 1 |
| 1631 VI 8 Wien | Instruktion des Kaisers für F. Kurz | 222 Anm. 2 |
| 1631 VI 8 | Kurmainz an kathol. kreisausschreibende Fürsten | 311 A 14 Anm. 1, 2, 5 |
| 1631 VI 8 | Kurmainz an kathol. Reichsstände | 311 A 13 Anm. 1, 2, 5 |
| [1631 vor VI 9] | Gutachten ksl. deputierter Räte | 167 H 18 Anm. 1, 2 u. 7 |
| 1631 VI 9 München | Maximilian an den Bf. von Eichstätt | 219 Anm. 1 |
| 1631 VI 9 München | Maximilian an Lgf. Georg von Hessen-Darmstadt | 235 Anm. 2 |
| 1631 VI 9 Wien | Der Kaiser an Kurmainz und Kurbayern | 167 H 24 |
| 1631 VI 9 Wien | Der Kaiser an Maximilian | 225 |
| [1631 VI 9] | PS Kurtriers an Kurmainz | 311 A 9 Anm. 2 |
| 1631 VI 9/V 30 Leipzig | Kursachsen an Maximilian | 226 |
| 1631 VI 9/V 30 | Kursachsen an Kurköln | 226 Anm. 1 |
| 1631 VI 10 München | Maximilian an Kurköln | 227 |
| 1631 VI 10 | Maximilian an den Bf. von Bamberg | 228 |
| 1631 VI 10 München | Maximilian an Kurmainz | 72 Anm. 1 |
| 1631 VI 10 | Maximilian an Kurmainz | 243 Anm. 1 |
| 1631 VI 10/V 31 Leipzig | Kursachsen an Tilly | 220 Anm. 1 |
| 1631 VI 10/V 31 Leipzig | Auszug aus der Instruktion Kursachsens für Miltitz und Wolffersdorf | 246 Anm. 3 |
| ad 1631 VI 10/V 31 | Auszug aus dem Memorial Hegenmüllers | 246 Anm. 3 |
| 1631 VI 10/V 31 Bayreuth | Mgf. Christian von Brandenburg an Lgf. Georg von Hessen-Darmstadt | 254 Anm. 1 |
| 1631 VI 10 Paris | Bichi an Barberini | 229 |
| 1631 VI 11 | Maximilian an den Fürstpropst von Ellwangen | 191 Anm. 1 |
| 1631 VI 11 Bamberg | Der Bf. von Bamberg an Maximilian | 219 Anm. 3 |
| 1631 VI 11 | PS des Bfs von Bamberg an Maximilian, mit Anlage | 204 Anm. 3 |
| 1631 VI 11 Mainz | Kurmainz an den Kaiser | 230 |
| 1631 VI 11/1 Darmstadt | Lgf. Georg von Hessen-Darmstadt an Kurmainz | 231 |

| | | |
|---|---|---|
| 1631 VI 11/1 Leipzig | Beglaubigunsschreiben Kursachsens für Miltitz und Wolffersdorf an Tilly | 246 Anm. 3 |
| 1631 VI 12 München | Maximilian an Tilly | 232 |
| 1631 VI 12 München | Maximilian an den Kaiser | 233 |
| 1631 VI 12 Wien | Der Kaiser an Maximilian | 221 Anm. 1 |
| 1631 VI 12 Wien | Stücklin an Maximilian | 263 Anm. 1 |
| 1631 VI 12 | Jocher an Bagno | 175 Anm. 1 |
| 1631 VI 12 Mainz | Kurmainz an Kurköln | 234 |
| 1631 VI 12 Mainz | Kurmainz an Kurtrier | 234 Anm. 1 |
| 1631 VI 12 Mainz | Kurmainz an Maximilian | 234 Anm. 2 |
| 1631 VI 12 Oldisleben | Ausschreiben Tillys an die Stände des niedersächs. Reichskreises | 253 Anm. 2 |
| 1631 VI 13/3 Darmstadt | Lgf. Georg von Hessen-Darmstadt an Kurmainz | 235 |
| 1631 VI 13 Wien | Der Kaiser an Tilly | 236 |
| 1631 VI 14 Wien | Der Kaiser an Maximilian | 237 |
| 1631 VI 14 Wien | Der Kaiser an Kurmainz | 237 Anm. 2 |
| 1631 VI 14 Oldisleben | Tilly an Maximilian | 238 |
| 1631 VI 14 Wien | Der Kaiser an Kursachsen | 237 Anm. 2 |
| 1631 VI 14 | Proposition Anstruthers | 241 Anm. 2 |
| 1631 VI 15 Bonn | Kurköln an Maximilian | 214 Anm. 2, 3, 5 |
| 1631 VI 15 Bonn | Kurköln an Maximilian | 240 |
| ad 1631 VI 15 | Extraict des principaux poinctz de l'instruction de l'ambassadeur de Son Altesse le prince électeur de Cologne | 240 Anm. 3 |
| 1631 VI 15 Oldisleben | Ruepp an Maximilian | 239 |
| 1631 VI 15 Bonn | Kurköln an Kurmainz | 167 H 14 Anm. 7 |
| 1631 VI 15 | Die kathol. Kurfürsten an Papst Urban VIII. | 234 Anm. 1 |
| 1631 VI 15 | Die drei [geistl.] Kurfürsten an Papst Urban VIII. | 234 Anm. 1 |
| 1631 VI 15 Oldisleben | Tilly an den Kaiser | 260 Anm. 2 |
| 1631 VI 16 München | Maximilian an Kurköln | 131 Anm. 2 |

| | | |
|---|---|---|
| 1631 VI 16 Wien | Der Kaiser an Maximilian | 198 Anm. 1 |
| 1631 VI 16 Wien | Der Kaiser an Maximilian | 241 |
| 1631 VI 16 Wien | Ksl. Beglaubigunsschreiben für Trauttmansdorff an Maximilian | 263 Anm. 1 |
| 1631 VI 16 Wien | Ksl. Beglaubigunsschreiben für Trauttmansdorff an Maximilian | 263 Anm. 1 |
| 1631 VI 16 Wien | Beglaubigungsschreiben des Kgs von Ungarn für Trauttmansdorff an Maximilian | 263 Anm. 1 |
| 1631 VI 16 Bamberg | Der Bf. von Bamberg an Maximilian, mit Anlagen | 204 Anm. 3 |
| 1631 VI 16/6 Darmstadt | Lgf. Georg von Hessen-Darmstadt an Maximilian | 242 |
| 1631 VI 16 Mainz | Kurmainz an Kursachsen | 267 Anm. 2 |
| 1631 VI 16/6 Kassel | Lgf. Wilhelm von Hessen-Kassel an Tilly | 248 Anm. 2 |
| 1631 VI 16 HQ Artern | Pappenheim an Wallenstein | 244 Anm. 2 |
| 1631 VI 17 München | Maximilian an Kurmainz | 311 A 15 |
| 1631 VI 17 | Maximilian an Kurmainz | 223 Anm. 6 |
| 1631 VI 17 München | Maximilian an den Kg. von Frankreich | 247 Anm. 2 |
| 1631 VI 17 Bamberg | Der Bf. von Bamberg an Maximilian, mit Anlage | 204 Anm. 1 |
| 1631 VI <1>7 St.-Germain-en-Laye | Rekredential des Kgs von Frankreich für Kütner an Maximilian | 229 Anm. 2 |
| 1631 VI 17 Mainz | Kurmainz an Maximilian | 243 |
| [1631 VII 17] [Mainz] | PS des Kurfürsten von Mainz an Maximilian | 311 A 14 Anm. 5 |
| 1631 VI 17 Mansfeld | Pappenheim an Maximilian | 244 |
| 1631 VI 17 Mainz | Kurmainz an Lgf. Georg von Hessen-Darmstadt | 245 |
| 1631 VI 17/7 Q Oldisleben | Miltitz und Wolffersdorf an Kursachsen | 246 |
| 1631 VI 17/7 Meißen | Kursachsen an Kurmainz | 295 Anm. 8, 311 A 13 Anm. 1 |
| 1631 VI 17/7 Spandau | Der Kg. von Schweden an A. Lesle | 244 Anm. 2, 279 Anm. 4 |
| 1631 VI 18 München | Bayer. Bescheid für Oberst Weinand von Eynatten | 218 Anm. 3 |
| 1631 VI 18 München | Maximilian an Kütner | 247 |

| | | |
|---|---|---|
| 1631 VI 18 Mainz | Kurmainz an Maximilian | 243 Anm. 1 |
| 1631 VI 18 Oldisleben | Ruepp an Maximilian | 248 |
| 1631 VI 18 Mainz | Hans Heck an Ruepp | 262 Anm. 2 |
| 1631 VI 18/8 Langenschwalbach | Lgf. Georg von Hessen-Darmstadt an Kurköln | 242 Anm. 1 |
| 1631 VI 18/8 Coburg | Hg. Johann Casimir von Sachsen-Coburg an Tilly | 253 Anm. 3 |
| 1631 VI 18 [!] Cherasco | Gallas an den Kaiser | 272 a Anm. 3 |
| 1631 VI 19 München | Maximilian an den Kaiser | 248a |
| 1631 VI 19 | Maximilian an Kursachsen | 249 |
| 1631 VI 19 München | Maximilian an Kursachsen | 250 |
| ad 1631 VI 19 | Vermerk Maximilians, Stellungnahme Zollerns | 250 Anm. 1 |
| 1631 VI 19 Bamberg | Der Bf. von Bamberg an Maximilian | 204 Anm. 3 |
| 1631 VI 19 Staßfurt | Pappenheim an Tilly | 244 Anm. 1 |
| 1631 VI 19 | Proposition des Lgfen Wilhelm auf dem hess. Landtag | 207 Anm. 3 |
| 1631 VI 19 Cherasco | Friedensvertrag zwischen dem Kaiser und dem Kg. von Frankreich | 272 a Anm. 2 |
| 1631 VI 20 Staßfurt | Pappenheim an Maximilian | 244 Anm. 1 |
| 1631 VI 20 Mainz | Kurmainz an Kurköln | 123 Anm.3, 167 H 14 Anm. 7 |
| 1631 VI 20 Oldisleben | Resolution Tillys für die kursächs. Gesandten | 252 Anm. 1 |
| 1631 VI 20 Cherasco | Gallas an den Kaiser | 272 a Anm. 3 |
| 1631 VI 21 München | Maximilian an den Kaiser | 221 Anm. 1 |
| 1631 VI 21 | Maximilian an den Kaiser | 222 Anm. 1 |
| 1631 VI 21 München | Maximilian an den Kaiser | 225 Anm. 1 |
| 1631 VI 21 München | Maximilian an den Kaiser | 251 |
| 1631 VI 21 München | Maximilian an den Bf. von Bamberg | 204 Anm. 1, 219 Anm. 3 |
| 1631 VI 21 Rom | Bagno [an Jocher oder an Kütner] | 175 Anm. 1 |
| 1631 VI 22 Bonn | Kurköln an Maximilian | 227 Anm. 3 |
| 1631 VI 22 Bonn | Kurköln an Maximilian | 240 Anm. 1 u. 5 |

| | | |
|---|---|---|
| 1631 VI 22 Bonn | Kurköln an Kurmainz | 311 A 15 Anm. 1 |
| 1631 VI 22 Oldisleben | Tilly an Maximilian | 252 |
| 1631 VI 22 Oldisleben | Ruepp an Maximilian | 253 |
| 1631 VI 22/12 Langenschwalbach | Lgf. Georg von Hessen-Darmstadt an Kurmainz | 254 |
| 1631 VI 22 Eichstätt | Der Bf. von Eichstätt an den Kaiser | 219 Anm. 4 |
| 1631 VI 22/12 Leipzig | Miltitz an Kursachsen | 255 |
| 1631 VI 23 München | Maximilian an Kurköln | 240 Anm. 1 |
| 1631 VI 23 München | Maximilian an Kurköln | 256 |
| 1631 VI 23 Mainz | Kurmainz an Maximilian | 223 Anm. 6 |
| 1631 VI 23 Trier | Kurtrier an Kurmainz | 234 Anm. 1 |
| 1631 VI 23 | Memorial Anstruthers für den Kaiser | 268 Anm. 1, 282 Anm. 5 |
| ad 1631 VI 23 | Notizzettel | 425 Anm. 3 |
| 1631 VI 24 | Maximilian an Kurmainz | 167 H 24 Anm. 4, 167 H 25 Anm. 1 u. 3 |
| 1631 VI 24 | Maximilian an Kurmainz | 257 |
| 1631 VI 24 | Maximilian an Kurköln, an Kurtrier | 257 Anm. 1 |
| 1631 VI 24 München | Maximilian an Kurmainz | 257a |
| 1631 VI 24 München | Maximilian an Lgf. Georg von Hessen-Darmstadt | 242 Anm. 1 |
| 1631 VI 24 Wien | Der Kaiser an Kurmainz | 167 H 23 Anm. 4 |
| 1631 VI 24 Wien | Der Kaiser an Maximilian | 258 |
| 1631 VI 24 Langenschwalbach | Lgf. Georg von Hessen-Darmstadt an Maximilian | 259 |
| 1631 VI 24 Großensömmern | Tilly an den Kaiser | 260 Anm. 2 |
| 1631 VI 25 Bonn | Kurköln an Tilly | 273 Anm. 4 |
| 1631 VI 25 Mühlhausen | Tilly an Kurmainz | 274 Anm. 2 |
| 1631 VI 26 Eichstätt | Der Bf. von Eichstätt an Maximilian | 219 Anm. 4 |
| 1631 VI 26 Mühlhausen | Tilly an den Kaiser | 260 |
| ad 1631 VI 26 | Kaiserliches Reskript an Stralendorf | 260 Anm. 1 |

| | | |
|---|---|---|
| 1631 VI 27 München | Maximilian an den Kaiser | 241 Anm. 1 |
| 1631 VI 27 Mühlhausen | Tilly an Maximilian | 261 |
| 1631 VI 27 Mühlhausen | Ruepp an Maximilian | 262 |
| [präs. 1631 VI 27] | Memorial Trauttmansdorffs für Maximilian | 263 |
| [präs. 1631 VI 27] | Nebenmemorial Trauttmansdorffs für Maximilian | 264 |
| 1631 VI 27 | Bayer. Bescheid für Trauttmansdorff | 265 |
| 1631 VI 27 | Bayer. Bescheid für Trauttmansdorff | 266 |
| 1631 VI 27 Mainz | Kurmainz an den Kaiser | 267 |
| 1631 VI 27 Wien | Der Kaiser an Kurmainz | 268 |
| 1631 VI 27 Bonn | Regimentskommissar Hans Christoph Speck an Ruepp | 273 Anm. 3 |
| [1631 nach VI 27] | Maximilian an Jocher | 269 |
| 1631 VI 28 München | Rekredential Maximilians für Trauttmansdorff an den Kaiser | 263 Anm. 1 |
| 1631 VI 28 | PS des Bfs von Bamberg an Maximilian | 139 Anm. 1 |
| 1631 VI 28 Mainz | Kurmainz an den Kaiser | 222 Anm. 1 |
| 1631 VI 29 Bonn | Kurköln an Maximilian | 257 Anm. 1 |
| 1631 VI 29/19 s'Gravenhage | Die Generalstaaten an die geistl. und weltl. [kathol.] Kurfürsten | 57 Anm. 1 |
| 1631 VI 30 Mainz | Kurmainz an Maximilian | 274 Anm. 5 |
| 1631 VI 30 Koblenz | Kurtrier an Maximilian | 276 Anm. 1 |
| 1631 VI 30 Bonn | Beglaubigungsschreiben Kurkölns für Metternich an Maximilian | 281 Anm. 2 |
| 1631 VI 30 | Die kathol. Kurfürsten an Papst Urban VIII. | 234 Anm. 1 |
| 1631 VI 30/20 Kassel | Lgf. Wilhelm von Hessen-Kassel an Tilly | 273 Anm. 1 |
| 1631 VI 30/20 Langenschwalbach | Lgf. Georg von Hessen-Darmstadt an Kursachsen | 254 Anm. 3 |
| 1631 VI 30/20 Dresden | Relation Lebzelters | 226 Anm. 1 |
| 1631 VII 1 | Maximilian an den Bf. von Eichstätt | 219 Anm. 4 |
| 1631 VII 1 | Maximilian an Kurmainz, an Kurköln | 241 Anm. 1 |
| 1631 VII 1 | Maximilian an Kurmainz, an Kurköln | 270, ebd. Anm. 1 |
| 1631 VII 1 | Maximilian an Kurköln | 281 Anm. 4 |
| 1631 VII 1 München | Maximilian an Lgf. Georg von Hessen-Darmstadt | 259 Anm. 1 |
| 1631 VII 1 Wien | Der Kaiser an Maximilian | 271 |

| | | |
|---|---|---|
| 1631 VII 1 Mainz | Kurmainz an Maximilian | 272 |
| 1631 VII 2 Wien | Der Kaiser an Maximilian | 272 a |
| 1631 VII 2 Wien | Der Kaiser an Kurmainz | 272 a Anm. 1 |
| 1631 VII 2 Wolmirstedt | Pappenheim an Maximilian | 244 Anm. 2 |
| 1631 VII 2 Mainz | Kurmainz an Tilly | 274 Anm. 3 |
| 1631 VII 2 Eichstätt | Der Bf. von Eichstätt an den Kaiser | 219 Anm. 4 |
| 1631 VII 3 Mühlhausen | Tilly an Maximilian | 273 Anm. 4 |
| 1631 VII 4 Mühlhausen | Ruepp an Maximilian | 273 |
| 1631 VII 4 | Jocher an Bagno | 263 Anm. 1 |
| 1631 VII 4 Mainz | Kurmainz an Maximilian | 268 Anm. 1 |
| 1631 VII 4 Mainz | Kurmainz an Kurköln | 268 Anm. 1 |
| 1631 VII 5 Mainz | Kurmainz an Maximilian | 167 H 25 Anm. 1 u. 3 |
| 1631 VII 5 Mainz | Kurmainz an Maximilian | 274 |
| 1631 VII 5 Magdeburg | Pappenheim an Maximilian | 244 Anm. 2 |
| 1631 VII 5 | Kurmainz und Maximilian an den Kaiser | 167 H 25 |
| 1631 VII 5 Düsseldorf | Pgf. Wolfgang Wilhelm von Neuburg an Kurmainz | 311 A 11 Anm. 1 |
| 1631 VII 6 Bonn | Kurköln an Maximilian | 240 Anm. 1 u. 6 |
| 1631 VII 6 Bonn | Kurköln an Maximilian | 256 Anm. 1 u. 4, 281 Anm. 9 |
| 1631 VII 6 Bonn | Kurköln an Kursachsen | 226 Anm. 1 |
| 1631 VII 6 Eichstätt | Der Bf. von Eichstätt an Kurmainz | 169 E 9 Anm. 10 |
| 1631 VII 7 Magdeburg | Pappenheim an Maximilian | 244 Anm. 2 |
| 1631 VII 7 Mühlhausen | Beglaubigungsschreiben Tillys für Ruepp an Maximilian | 277 Anm. 1 |
| 1631 VII 7 Mühlhausen | Tilly an den Kaiser | 294 Anm. 2 |
| 1631 VII 7 Mainz | Kurmainz an Maximilian | 311 A 16 Anm. 1 |
| 1631 VII 7 Mergentheim | Der Deutschmeister an den Kaiser | 311 B Anm. 1 u. 9 |

| | | |
|---|---|---|
| 1631 VII 8 München | Maximilian an Kurmainz | 258 Anm. 1 |
| 1631 VII 8 | Maximilian an Kurtrier | 276 |
| 1631 VII 8 | Maximilian an Ruepp | 262 Anm. 1 |
| 1631 VII 8 | Maximilian an Tilly | 275 |
| 1631 VII 8 Mühlhausen | Tilly an Maximilian | 277 |
| 1631 VII 8 Mainz | Kurmainz an Maximilian | 278 |
| 1631 VII 8 Magdeburg | Pappenheim an Tilly | 279 Anm. 3 |
| 1631 VII 8/Juni 28 Dresden | Kursachsen an Maximilian | 291 Anm. 2 |
| 1631 VII 8 Schloss Orth | Instruktion des Kaisers für seine Gesandten in Frankfurt | 311 B 1 |
| 1631 VII 8 Schloss Orth | Instruktion des Kaisers für seine Gesandten in Frankfurt (zweites Exemplar) | 311 B 1 Anm. 9 |
| 1631 VII 9 | Kurköln an das Lütticher Domkapitel | 276 Anm. 1 |
| 1631 VII 9 Mainz | Kurmainz an Pgf. Wolfgang Wilhelm von Neuburg | 311 A 11 Anm. 1 |
| 1631 VII 9 Schloss Orth | Der Kaiser an den Deutschmeister | 311 B 1 Anm. 1 |
| 1631 VII 9 Wien | Abt Georg Schönhainz von Adelberg an Maximilian | 311 D 8 Anm. 4 |
| 1631 VII 10 Schloss Orth | Der Kaiser an Tilly | 260 Anm. 1 |
| 1631 VII 10 St.-Germain-en-Laye | Beglaubigungsschreiben des Kgs von Frankreich für St.-Etienne an die Kfen von Bayern, Mainz, Trier, Köln, Sachsen und Brandenburg; an Hg. Julius Friedrich von Württemberg | 315 Anm. 2 |
| 1631 VII 11 Mühlhausen | Tilly an Maximilian | 279 |
| 1631 VII 12 | Maximilian an Wolkenstein | 311 C Anm. 8 |
| 1631 VII 12 Eichstätt | Der Bf. von Eichstätt an Maximilian | 285 Anm. 2 |
| präs. 1631 VII 12 | Bedenken, ob ratsam, [...] das im erzstift Cöln [...] geworbenes volk abzudanken | 281 Anm. 2 |
| 1631 VII 12 Rom | Moons an Kurköln | 305 Anm. 2 |
| 1631 VII 12 | Barberini an Bichi | 229 Anm. 1 |
| 1631 VII 13 Bonn | Kurköln an Maximilian | 234 Anm. 1 |
| 1631 VII 13 Bonn | Kurköln an Maximilian | 268 Anm. 1 |
| 1631 VII 13 Bonn | Kurköln an Maximilian | 280 |
| 1631 VII 13 | Kurköln an Kurmainz | 268 Anm. 1 |
| 1631 VII 13/3 | Kursachsen und Kurbrandenburg an Kurmainz | 311 A 13 Anm. 1, 311 E 29 Anm. 9 |

| | | |
|---|---|---|
| 1631 VII 14 | Maximilian an Kurköln | 240 Anm. 1 |
| 1631 VII 14 München | Bayer. Bescheid für Metternich | 281 |
| 1631 VII 15 | Maximilian an Kurmainz | 167 H 25 Anm. 1 u. 3 |
| 1631 VII 15 München | Maximilian an Kurmainz | 272 Anm. 1 |
| 1631 VII 15 München | Maximilian an Kurmainz | 282 |
| 1631 VII 15 München | Maximilian an Kurmainz | 283 |
| 1631 VII 15 | Maximilian an Kurmainz | 284 |
| 1631 VII 15 | Maximilian an Kurmainz | 291 Anm. 2 |
| 1631 VII 15 München | Maximilian an den Bf. von Bamberg | 285 |
| 1631 VII 15 | Maximilian an Kurmainz, die Bfe von Würzburg, Eichstätt und Augsburg, den Deutschmeister, den Fürstabt von Fulda | 285 Anm. 1, 3 u. 4 |
| 1631 VII 15 [München] | Maximilian an Kurmainz | 311 A 16 |
| 1631 VII 16 München | Rekredential Maximilians für Metternich an Kurköln | 281 Anm. 2 |
| 1631 VII 16 Mühlhausen | Tilly an Maximilian | 286 |
| ad 1631 VII 16 | Avisen aus Sachsen | 286 Anm. 2 |
| 1631 VII 16 Mühlhausen | Tilly an den Fürstabt von Fulda | 290 Anm. 2 |
| 1631 VII 16 Wien | Der Kaiser an Kurmainz | 292 Anm. 2 |
| 1631 VII 17 | Maximilian an Tilly | 287 |
| 1631 VII 17 | Maximilian an die Bfe von Würzburg und Bamberg | 287 Anm. 3 |
| 1631 VII 17 Mainz | Kurmainz an Maximilian | 258 Anm. 1 |
| 1631 VII 17 Düsseldorf | Pgf. Wolfgang Wilhelm von Neuburg an Kurmainz | 311 A 11 Anm. 1 |
| 1631 VII 18 | Maximilian an Papst Urban VIII. | 111 Anm. 3 |
| 1631 VII 18 Mühlhausen | Tilly an Maximilian | 288 |
| 1631 VII 18 Mainz | Kurmainz an Maximilian | 311 B 3 Anm. 22 |
| 1631 VII 18 Mühlhausen | Tilly an den Fürstabt von Fulda | 299 Anm. 2 |
| 1631 VII 18 | Bichi an Barberini | 229 Anm. 2 |
| 1631 VII 19 München | Bayer. Bescheid für Metternich | 281 Anm. 1 u. 7 |
| 1631 VII 19 Würzburg | Das Würzburger Domkapitel an Maximilian | 287 Anm. 3 |

| | | |
|---|---|---|
| 1631 VII 19 Stade | Reinach an Tilly | 301 Anm. 1 |
| 1631 VII 20 | Maximilian an Kurköln | 268 Anmn. 1 |
| 1631 VII 20 München | Bayer. Memorial für Oexel | 289 |
| 1631 VII 20 Bonn | Kurköln an Maximilian | 240 Anm. 1 |
| 1631 VII 20 | Der Kaiser an Kurmainz und Kurbayern | 292 Fundortzeilen |
| 1631 VII 20/10 Dresden | Kursachsen an Kurmainz | 311 A 13 Anm. 1, 311 E 29 Anm. 9 |
| 1631 VII 20 Mainz | Instruktion des Kfen von Mainz für seine Gesandten in Frankfurt | 311 B 2 |
| 1631 VII 21 Mainz | Kurmainz an Maximilian | 290 |
| 1631 VII 21 Wien | Der Kaiser an seine Gesandten in Frankfurt | 311 E 1 |
| 1631 VII 22 München | Maximilian an Kurmainz | 278 Anm. 1 u. 3 |
| 1631 VII 22 München | Maximilian an Kurmainz | 291 |
| 1631 VII 22 München | Maximilian an Kurköln | 234 Anm. 1 |
| 1631 VII 22 | Maximilian an Kurköln | 280 Anm. 1 |
| 1631 VII 22 München | Maximilian an den Bf. von Würzburg | 287 Anm. 3 |
| 1631 VII 22 Wien | Der Kaiser an Kurmainz und Kurbayern | 292 |
| 1631 VII 22 Frankfurt/Main | Richel an Zollern | 311 C Anm. 8 |
| 1631 VII 22/12 Dresden | Kursachsen an Lgf. Georg von Hessen-Darmstadt | 311 E 4 Anm. 1 |
| 1631 VII 23 | Maximilian an Kurköln | 286 Anm. 1 u. 3 |
| 1631 VII 23 | Maximilian an Fürstenberg | 289 Anm. 3 |
| 1631 VII 23 Mainz | Kurmainz an Maximilian | 167 H 25 Anm. 1 |
| 1631 VII 23 Mainz | Kurmainz an Maximilian | 293 |
| 1631 VII 23 Wien | Der Kaiser an Tilly | 294 |
| 1631 VII 23 Wien | Der Kaiser an Kursachsen | 294 Anm. 6 |
| 1631 VII 23 Frankfurt/Main | Relation Waldenburgs und Agricolas an Kurmainz | 311 C Anm. 3, 311 C Anm. 10 |
| 1631 VII 24 München | Maximilian an Ruepp | 295 |
| 1631 VII 24 München | Maximilian an den Kaiser | 258 Anm. 1 |
| 1631 VII 24 | Maximilian an den Kaiser | 296 |
| 1631 VII 24 | Maximilian an den Kaiser | 297 |

| Datum | Ort | Beschreibung | Fundstelle |
|---|---|---|---|
| 1631 VII 24 | München | Beglaubigungsschreiben Maximilians für Kütner an den Kaiser | 298 Anm. 1 u. 9 |
| 1631 VII 24 | München | Beglaubigungsschreiben Maximilian für Kütner an Trauttmansdorff | 298 Anm. 1 u. 9 |
| 1631 VII 24 | Mainz | Kurmainz an Maximilian | 282 Anm. 1 |
| 1631 VII 25 | | Maximilian an Fürstenberg | 288 Anm. 2 |
| 1631 VII 25 | München | Memorial Maximilians für Kütner | 298 |
| 1631 VII 25 | Fulda | Der Fürstabt von Fulda an Maximilian | 299 |
| 1631 VII 25/15 | Nürnberg | Räte und Gesandte der evangel. Stände des fränkischen Reichskreises an die ksl. Kommissare | 304 Anm. 2 |
| 1631 VII 25 | Frankfurt/Main | Relation Richels | 311 E 2 |
| ad 1631 VII 25 | | Anlage betr. Diskurse der kurmainzischen Gesandten | 311 E 2 Anm. 3 |
| 1631 VII 26 | Fulda | Der Fürstabt von Fulda an Maximilian | 299 Anm. 1 |
| 1631 VII 26 | Rom | Papst Urban VIII an die geistl. Kurfürsten | 299a |
| 1631 VII 26 | Rom | Barberini an Kurmainz | 299a Anm. 1 |
| 1631 VII 26 | | Reichshofratsgutachten | 219 Anm. 4 |
| 1631 VII 26/16 | Nürnberg | Räte und Gesandte der evangel. Stände des fränkischen Reichskreises an den Bf. von Bamberg | 304 Anm. 2 |
| 1631 VII 26 | Frankfurt/Main | Relation der kurmainzischen Gesandten | 311 C Anm. 11 |
| 1631 VII 27 | München | Maximilian an den Bf. von Bamberg | 300 |
| 1631 VII 27 | | Maximilian an Kurmainz, das Würzburger Domkapitel, den Deutschmeister, die Bfe von Eichstätt und Augsburg | 300 Anm. 1 u. 4 |
| 1631 VII 27 | Wolmirstedt | Tilly an Maximilian | 301 |
| 1631 VII 27 | Würzburg | Der Bf. von Bamberg an Maximilian | 304 Anmn. 3 |
| 1631 VII 28 | | Kurmainz an Maximilian | 302 |
| 1631 VII 28 | | Kurmainz und Maximilian an den Kaiser | 311 A 17 |
| 1631 VII 28 | Frankfurt | Agricola an Kurmainz | 311 A 17 Anm. 1 |
| 1631 VII 28 | Mainz | Kurmainz an Maximilian | 311 A 17 Anm. 1 |
| 1631 VII 28 | Eichenbarleben | Pappenheim an Herliberg | 303 Anm. 1 |
| ad 1631 VII 28 | | Diskurs Pappenheims | 303 |
| 1631 VII 29 | | Maximilian an Tilly | 119 Anm. 8 |
| 1631 VII 29 | | Maximilian an Kurköln | 240 Anm. 1 |
| 1631 VII 29 | München | Maximilian an Kurmainz | 258 Anm. 1 |

| | | |
|---|---|---|
| 1631 VII 29 München | Maximilian an Kurmainz | 290 Anm. 1 |
| 1631 VII 29 München | Maximilian an Kurmainz | 295 Anm. 1 |
| 1631 VII 29 | Maximilian an Richelieu | 229 Anm. 2 |
| 1631 VII 29 Würzburg | Der Bf. von Bamberg an Maximilian | 304 |
| 1631 VII 29 | Maximilian an Kurmainz | 311 B 3 Anm. 23 |
| 1631 VII 29 München | Maximilian an Richel | 311 E 3 |
| 1631 VII 31 Mainz | Kurmainz an Maximilian | 278 Anm. 1, 302 Anm. 1 |
| 1631 VII 31 Mainz | Kurmainz an Maximilian | 291 Anm. 1 |
| 1631 VII 31 Frankfurt/Main | Relation Agricolas | 311 C Anm. 12 |
| 1631 VII 31 Engen | F. Kurz an den Kaiser | 330 Anm. 2 |
| 1631 VIII | Acta summaria conventus Imperialis Francofurdensis [...] mense Augusto anno 1631– = Journal Preysings | 311 D Anm. 12 |
| 1631 VIII 1 | Maximilian an Fürstenberg | 288 Anm. 2 |
| 1631 VIII 1 | Oexel an Maximilian | 288 Anm. 2, 289 Anm. 1 u. 4 |
| 1631 VIII 1 München | Instruktion Maximilians für seine Gesandten in Frankfurt | 311 B 3 |
| 1631 VIII 1 München | Vollmacht Maximilians für seine Gesandten in Frankfurt | 311 B 3 Anm. 1 |
| 1631 VIII 2 Bonn | Kurköln an Maximilian | 305 |
| 1631 VIII 2 Nördlingen | Fürstenberg an Maximilian | 288 Anm. 2 |
| 1631 VIII 2 Nördlingen | Fürstenberg an Maximilian | 313 Anm. 2 |
| ad 1631 VIII 2 | Verzaichnus, waß [...] Egon graf zue Fürstenberg für volkh mitnemmen | 313 Anm. 3 |
| 1631 VIII 3 Bonn | Kurköln an Maximilian | 306 |
| 1631 VIII 3 Frankfurt/Main | Relation der kurmainzischen Gesandten | 311 C Anm. 9 |
| 1631 VIII 4 Mainz | Kurmainz an den Kaiser | 292 Anm. 2 |
| 1631 VIII 4 Mainz | Kurmainz an Maximilian | 307 |
| 1631 VIII 4 Frakfurt/Main | Der Deutschmeister an Kurmainz | 311 C Anm. 1 |
| 1631 VIII 4/VII 25 Cölln an der Spree | Kurbrandenburg an Kurmainz | 311 D 7 Anm. 3 |
| 1631 VIII 5 | Maximilian an Kurmainz | 308 |

| 1631 VIII 5 Mainz | Kurmainz an Maximilian | 293 Anm. 1 |
| 1631 VIII 5 Mainz | Kurmainz an Maximilian | 295 Anm. 1 |
| 1631 VIII 5 Frankfurt/Main | Relation der ksl. Gesandten | 311 Anm. 1 |
| 1631 VIII 5 Frankfurt/Main | Relation Richels | 311 C Anm. 1, 311 E 4 Anm. 1 |
| 1631 VIII 6 Wien | Stücklin an Maximilian | 309 |
| 1631 VIII 6/VII 27 Leipzig | Beglaubigungsschreiben Kursachsens für seine Gesandten in Frankfurt an Maximilian bzw. dessen Gesandte | 311 E 24 Anm. 1 |
| 1631 VIII 7 | Reichshofratsgutachten, mit Votum des Geheimen Rates, 28. August 1631 | 337 Anm. 1 |
| 1631 VIII 8 Fürth | Aldringen an Maximilian | 310 |
| 1631 VIII 9 | Maximilian an den Bf. von Bamberg | 304 Anm. 1 |
| 1631 VIII 9 Düsseldorf | Pgf. Wolfgang Wilhelm von Neuburg an Maximilian | 271 Anm. 1 |
| 1631 VIII 9 | Resolution des Kaisers via Eggenberg für Kütner | 298 Anm. 1 |
| 1631 VIII 10 Frankfurt/Main | Kurmainzisches Protokoll | 311 D 1 |
| 1631 VIII 10 [Frankfurt/Main] | Protokoll Richels | 311 D 1 Anm. 1 |
| 1631 VIII 10 Pfeffersbad | Der Bf. von Augsburg an die Gesandten der kathol. Reichsstände in Frankfurt | 311 D 13 Anm. 3 |
| 1631 VIII 10 Pfeffersbad | Der Bf. von Augsburg an die ksl. Gesandten in Frankfurt | 311 D 13 Anm. 3 |
| 1631 VIII 10 | Avisen | 322 Anm. 2 |
| 1631 VIII 10-IX 9 Frankfurt/Main | Kurmainzisches Protokoll (Konzept) | 311 D, ebd. Anm. 3 |
| 1631 VIII 10-X 13 Frankfurt/Main | Kurmainzisches Protokoll (Reinschrift) | 311 D, ebd. Anm. 2 |
| 1631 VIII 11 München | Maximilian an Kurköln | 305 Anm. 1 |
| 1631 VIII 11 München | Maximilian an Kurköln | 306 Anm. 1 |
| 1631 VIII 11 München | Maximilian an seine Gesandten in Frankfurt | 311 D 4 |
| ad 1631 VIII 11 | Bericht betr. die Absichten des Kgs von Schweden | 311 D 4 anm. 15 |
| 1631 VIII 11 | Maximilian an Richel | 311 E 5 |
| 1631 VIII 11 Tangermünde | Tilly an Maximilian | 312 |
| 1631 VIII 11 Tangermünde | Ruepp an Maximilian | 312 Anm. 1 u. 5 |
| 1631 VIII 11 [Frankfurt/Main] | Kurmainzisches Protokoll | 311 D 2 |
| [1631 VIII 11] [Frankfurt/Main] | Proposition Agricolas | 311 D 2 Anm. 2 |

| | | |
|---|---|---|
| 1631 VIII 12 | Maximilian an Kurmainz | 308 Anm. 3 |
| 1631 VIII 12 | Maximilian an Kurmainz | 311 A 17 Anm. 1 |
| 1631 VIII 12 München | Maximilian an seine Gesandten in Frankfurt | 311 E 6 |
| 1631 VIII 12 | Maximilian an Kurmainz | 319 Anm. 1 |
| 1631 VIII 12 München | Maximilian an Kurmainz | 331 Anm. 1–3 |
| 1631 VIII 12 | Maximilian an Tilly | 313 |
| 1631 VIII 12 | Fürstenberg an Kurmainz | 319 Anm. 4 |
| 1631 VIII 12 Frankfurt/Main | Relation der kurmainzischen Gesandten | 311 D 2 Anm. 2 u. 5 |
| 1631 VIII 12 [Frankfurt/Main] | Kurmainzisches Protokoll | 311 D 2 Anm. 6 |
| 1631 VIII 12/2 Leipzig | Kursachsen an Tilly | 314 |
| 1631 VIII 13 Mainz | Kurmainz. Resolution für St.-Etienne | 315 Anm. 4 |
| 1631 VIII 13 Korneuburg | Der Kaiser an den Deutschmeister | 311 B 1 Anm. 9 |
| 1631 VIII 13 [Frankfurt/Main] | Kurmainzisches Protokoll | 311 D 3, ebd. Anm. 1 u. 7 |
| 1631 VIII 14 [Frankfurt/Main] | Kurmainzisches Protokoll | 311 D 4, ebd. Anm. 1 |
| 1631 VIII 14 Mainz | Kurmainz an seine Gesandten in Frankfurt | 311 E 7 |
| 1631 VIII 14 Mainz | Kurmainz an Maximilian, an Kurköln | 315, ebd. Anm. 1 |
| 1631 VIII 14 Tangermünde | Tilly an den Kaiser | 294 Anm. 1 |
| 1631 VIII 14 München | Uberschlag deß rationscosten auf 8.300 mann zu fueß und 2.300 pferdt per ein tag im marchirn, iezieger zeit nach gerechnet | 316 Anm. 4 |
| 1631 VIII 16 [Frankfurt/Main] | Relation der kurmainzischen Gesandten | 311 D 3 Anm. 1, 311 D 4 Anm. 1 |
| 1631 VIII 16 [Frankfurt/Main] | Kurmainzisches Protokoll | 311 D 5 |
| [1631 VIII 16] [Frankfurt/Main] | Protokoll Herwarths (Fragment) | 311 D 5 Anm. 1, 4, 6 u.9 |
| [1631 VIII 16] [Frankfurt/Main] | PS zur Relation der kurmainzischen Gesandten | 311 E 8 |
| 1631 VIII 16 München | Maximilian an seine Gesandten in Frankfurt | 311 D 9 |
| 1631 VIII 16 München | Maximilian an seine Gesandten in Frankfurt | 311 D 10 |
| 1631 VIII 16 München | Maximilian an den Bf. von Bamberg | 316 |
| 1631 VIII 16 München | Maximilian an Kurmainz; an die Bfe von Würzburg, Eichstätt und Augsburg; an den Deutschmeister; an den Fürstabt von Fulda | 316 Anm. 1 u. 4 |

| | | |
|---|---|---|
| [ad 1631 VIII 16] | Designation der zur Armee marschierenden neugeworbenen Ligatruppen | 317 |
| 1631 VIII 16<br>Tangermünde | Tilly an Maximilian | 318 |
| 1631 VIII 16<br>Tangermünde | Ruepp an Maximilian | 318 Anm. 2 u. 4 |
| 1631 VIII 16/6<br>Leipzig | Kursachsen an Tilly | 322 Anm. 4 |
| 1631 VIII 16 u. 17<br>Fulda | Der Fürstabt von Fulda an Maximilian | 319 Anm. 2 |
| 1631 VIII 17<br>Bonn | Kurköln an Maximilian | 286 Anm. 3, 336 Anm. 3 |
| 1631 VIII 17<br>Augsburg | Ott Heinrich Fugger an Maximilian | 313 Anm. 4 |
| 1631 VIII 18<br>[Frankfurt/Main] | Kurmainzisches Protokoll | 311 D 6 |
| [1631] VIII 18<br>[Frankfurt/Main] | Protokoll Herwarths | 311 D 6 Anm. 1, 8, 11, 12, 13 u. 14 |
| 1631 VIII 18<br>München | Maximilian an seine Gesandten in Frankfurt | 311 D 8 Anm. 4, 311 E 4 Anm. 15 |
| 1631 VIII 18<br>Frankfurt/Main | Relation Richels | 311 E 5 Anm. 1 |
| [1631 VIII 18]<br>[München] | PS Maximilians an seine Gesandten in Frankfurt | 311 E 11 |
| 1631 VIII 18<br>Mainz | Kurmainz an Maximilian | 319 |
| 1631 VIII 18<br>Mainz | Kurmainz an Maximilian | 319 Anm. 1 |
| 1631 VIII 18 | Memorial Peringers | 289 Anm. 5 |
| 1631 VIII 19<br>[Frankfurt/Main] | Kurmainzisches Protokoll | 311 D 7 |
| 1631 VIII 19<br>[Frankfurt/Main] | Protokoll Herwarths | 311 D 7 Anm. 1, 5, 10–14, 17–20 |
| 1631 VIII 19<br>Mainz | Kurmainz an seine Gesandten in Frankfurt | 311 E 12 |
| 1631 VIII 19<br>Frankfurt/Main | Relation der kurmainzischen Gesandten | 311 E 13 |
| 1631 VIII 19<br>München | Maximilian an seine Gesandten in Frankfurt | 311 E 14 |
| 1631 VIII 19<br>Frankfurt/Main | Relation der bayerischen Gesandten | 311 E 15 |
| 1631 VIII 19<br>Wien | Stücklin an Maximilian | 320 |
| 1631 VIII 19<br>Wolkersdorf | Der Kaiser an Kurmainz | 321 |
| 1631 VIII 20<br>[Frankfurt/Main] | Kurmainzisches Protokoll | 311 D 8 |
| 1631 VIII 20<br>[Frankfurt/Main] | Protokoll Herwarths | 311 D 8 Anm. 1 u. 5–16 |

| | | |
|---|---|---|
| 1631 VIII 20 Tangermünde | Ruepp an Maximilian | 312 Anm. 5, 322 Anm. 3, 343 Anm. 3 |
| 1631 VIII 20 Tangermünde | Tilly an Maximilian | 322 |
| 1631 VIII 20 Mainz | Kurmainz an Maximilian | 323 |
| 1631 VIII 21/11 Frankfurt/Main | Kursächsische Relation | 311 D 8 Anm. 19, 311 E 8 Anm. 6 |
| 1631 VIII 21 Frankfurt/Main | Relation der kurbayerischen Gesandten | 311 D 8 Anm. 19 |
| 1631 VIII 21 [Frankfurt/Main] | Kurmainzisches Protokoll | 311 D 9 |
| 1631 VIII 21 [Frankfurt/Main] | Protokoll Herwarths | 311 D 9 Anm. 1, 3, 5, 7, 10–12, 17, 18, 21, 22, 24, 26, 28–30 u. 32 |
| 1631 VIII 21 [Frankfurt/Main] | Mainzer Protokollfragment | 311 D 9 Anm. 1 u. 20 |
| 1631 VIII 21 Mainz | Kurmainz an seine Gesandten in Frankfurt | 311 E 16 |
| 1631 VIII 21 | Maximilian an den Kaiser | 324 |
| 1631 VIII 21 München | Maximilian an den Kaiser | 325, ebd. Anm. 2 |
| 1631 VIII 21 München | Maximilian an Eggenberg | 326 |
| 1631 VIII 21 Wertheim | Gf. Johann Dietrich zu Löwenstein-Wertheim an Kurmainz | 334 Anm. 2 |
| 1631 VIII 22 Frankfurt/Main | Relation der kurmainzischen Gesandten | 311 D 9 Anm. 4, 311 E 17 |
| 1631 VIII 22 [Frankfurt/Main] | Kurmainzisches Protokoll | 311 D 10 |
| 1631 VIII 22 [Frankfurt/Main] | Protokoll Herwarths | 311 D 10 Anm. 1, 4, 6, 8 u. 12 |
| 1631 VIII 22 Amberg | Die Regierung in Amberg an Maximilian | 311 E 22 Anm. 6 |
| 1631 VIII 22 Mainz | Kurmainz an den Kaiser | 315 Anm. 1 |
| 1631 VIII 22 Mainz | Kurmainz an Maximilian | 323 Anm. 3 u. 4 |
| 1631 VIII 22 Fulda | Der Fürstabt von Fulda an Maximilian | 327 Anm. 1 |
| 1631 VIII 23 [Frankfurt/Main] | Kurmainzisches Protokoll | 311 D 11, ebd. Anm. 1 |
| 1631 VIII 23 [Frankfurt/Main] | Protokoll Herwarths | 311 D 11 Anm. 1, 3, 8, 9, 11, 13–17, 19, 20, 22, 24–26 |
| 1631 VIII 23 [Frankfurt/Main] | Mainzer Protokollfragment | 311 D 11 Anm. 1 |

| | | |
|---|---|---|
| 1631 VIII 23 Frankfurt/Main | Relation der kurmainzischen Gesandten | 311 D 11 Anm. 1, 311 E 19 |
| 1631 VIII 23 [Frankfurt/Main] | Kurmainzisches Protokoll | 311 D 12 |
| 1631 VIII 23 [Frankfurt/Main] | Protokoll Richels | 311 D 12 Anm. 1 |
| 1631 VIII 23 Frankfurt/Main | Protokoll Solls | 311 D 12 Anm. 1, 2 u. 5 |
| 1631 VIII 23 Mainz | Kurmainz an seine Gesandten | 311 E 18 |
| 1631 VIII 23 Fulda | Der Fürstabt von Fulda an Maximilian | 327 |
| 1631 VIII 24 Fulda | Der Fürstabt von Fulda an Maximilian | 327 Anm. 2 |
| 1631 VIII 24 Schloss Brühl | Kurköln an Maximilian | 329 |
| 1631 VIII 24 Bonn | Kurköln an den Kaiser | 329 Anm. 2 |
| 1631 VIII 24 Wien | Der Kaiser an Maximilian, an die Kfen von Köln, Mainz und Trier, an Ehg. Leopold | 330, ebd. Anm. 1 |
| 1631 VIII 24 Wolmirstedt | Tilly an Maximilian | 328 |
| 1631 VIII 24 Bonn | Kurköln an Maximilian | 286 Anm. 3 |
| 1631 VIII 24 | Kurköln an den Kaiser | 260 Anm. 1 |
| 1631 VIII 25 [Frankfurt/Main] | Kurmainzisches Protokoll | 311 D 13, ebd. Anm. 1 |
| 1631 VIII 25 Frankfurt/Main | Relation der kurmainzischen Gesandten | 311 D 13 Anm. 1, 311 E 20 |
| 1631 VIII 25/15 Cölln an der Spree | Beglaubigungsschreiben Kurbrandenburgs für seine Gesandten in Frankfurt an die bayerischen Gesandten | 311 E 37 Anm. 3 |
| 1631 VIII 25 München | Instruktion Maximilians für Fugger | 333 Anm. 5 u. 7 |
| 1631 VIII 25 | Kurmainz und Kurbayern an den Kaiser | 331 |
| 1631 VIII 25 Mainz | Kurmainz an Maximilian | 331 Anm. 1 |
| 1631 VIII 25 Wolmirstedt | Tilly an Aldringen | 347 Anm. 3 |
| 1631 VIII 25 München | Patent Maximilians für de Lisle bzw. für Saint-Etienne | 358 Anm. 4 |
| 1631 VIII 25 u. 26 | Maximilian an Fugger | 333 Anm. 7, 336 Anm. 6 |
| 1631 VIII 26 Frankfurt/Main | Relation der ksl. Gesandten | 311 D 7 Anm. 3, 311 D 8 Anm. 19, 311 D 14 Anm. 2, 311 E 17 Anm. 1 |
| 1631 VIII 26 [Frankfurt/Main] | Kurmainzisches Protokoll | 311 D 14 |

| | | |
|---|---|---|
| 1631 VIII 26 München | Maximilian an Richel | 311 E 21 |
| ad 1631 VIII 26 | Articuli reciprocae defensionis inter regem Galliae et electorem Bavariae | 311 E 21 Anm. 1 |
| 1631 VIII 26 München | Maximilian an seine Gesandten in Frankfurt | 311 E 22 |
| 1631 VIII 26 Frankfurt/Main | Relation der bayerischen Gesandten | 311 E 23 |
| 1631 VIII 26 Frankfurt/Main | Relation der bayerischen Gesandten | 311 E 24 |
| 1631 VIII 26 [München] | Maximilian an Kurmainz | 332 |
| 1631 VIII 26 | Maximilian an Kurmainz | 333 |
| 1631 VIII 26 | Maximilian an den Kaiser | 333 Anm. 3 |
| 1631 VIII 26 Wolmirstedt | Tilly an Aldringen | 347 Anm. 3 |
| 1631 VIII 27 [Frankfurt/Main] | Kurmainzisches Protokoll | 311 D 15 |
| 1631 VIII 27 [Frankfurt/Main] | Mainzer Protokollfragment | 311 D 15 Anm. 1, 5, 7, 9, 10–12 |
| 1631 VIII 27 [Frankfurt/Main] | Journal Preysings | 311 D 15 Anm. 1 u. 13, 311 E 20 Anm. 2 |
| 1631 VIII 27 Frankfurt | Carafa an den Deutschmeister | 311 E 29 Anm. 11 |
| 1631 VIII 27 Wien | Stücklin an Maximilian | 320 Anm. 2 |
| 1631 VIII 27 Mainz | Kurmainz an Maximilian | 334 |
| 1631 VIII 27 [Wiener] Neustadt | Der Kaiser an Tilly | 294 Anm. 1 |
| 1631 VIII 27 [Wiener] Neustadt | Der Kaiser an Maximilian, an die übrigen Kurfürsten, an Ehg. Leopold | 335, ebd. Anm. 1 |
| 1631 VIII 27 [Wiener] Neustadt | Der Kaiser an Kurmainz | 335 Anm. 1 |
| 1631 VIII 27 Wien | Instruktion Cadereytas für Oberst Paradis | 335a |
| 1631 VIII 28 [Frankfurt/Main] | Kurmainzisches Protokoll | 311 D 16 |
| 1631 VIII 28 [Frankfurt/Main] | Mainzer Protokollfragment | 311 D 16 Anm. 1 |
| 1631 VIII 28 [Frankfurt/Main] | Journal Preysings | 311 D 16 Anm. 3 |
| 1631 VIII 28 Frankfurt/Main | Relation der kurmainzischen Gesandten | 311 E 20 Anm. 4 |
| 1631 VIII 28 | Maximilian an den Fürstabt von Fulda | 333 Anm. 6 |
| 1631 VIII 28 | Maximilian an Tilly | 336 |
| 1631 VIII 28 | Maximilian an Ruepp | 336 Anm. 5 |

| | | |
|---|---|---|
| 1631 VIII 28 HQ Wendelstein | Fugger an Maximilian | 336 Anm. 6 |
| 1631 VIII 28 [Wiener] Neustadt | Der Kaiser an Maximilian | 337 |
| 1631 VIII 28 [Wiener] Neustadt | Der Kaiser an Kurmainz und Kurbayern | 355 Anm. 1 |
| 1631 VIII 28 Altenweddingen | Tilly an Aldringen | 347 Anm. 3 |
| 1631 VIII 29 [Frankfurt/Main] | Kurmainzisches Protokoll | 311 D 17 |
| 1631 VIII 29 [Frankfurt/Main] | Kurmainzisches Protokollfragment | 311 D 17 Anm. 1, 9, 10 |
| 1631 VIII 29 Frankfurt/Main | Relation der kurmainzischen Gesandten | 311 D 17 Anm. 3 |
| 1631 VIII 29 [Frankfurt/Main] | Journal Preysings | 311 D 17 Anm. 6 |
| 1631 VIII 29 Mainz | Kurmainz an seine Gesandten in Frankfurt | 311 E 25 |
| 1631 VIII 29 u. IX 2 Staßfurth, Eisleben | Pappenheim an Maximilian | 338 |
| ad 1631 VIII 29 | Diskurs Pappenheims | 338 Anm. 3 |
| 1631 VIII 30 [Frankfurt/Main] | Kurmainzisches Protokoll | 311 D 18 |
| 1631 VIII 30 [Frankfurt/Main] | Mainzer Protokollfragment | 311 D 18 Anm. 1, 4, 11, 12, 18 |
| 1631 VIII 30 [Frankfurt/Main] | Journal Preysings | 311 D 18 Anm. 1 |
| 1631 VIII 30 Mainz | Kurmainz an seine Gesandten in Frankfurt | 311 E 26 |
| 1631 VIII 30 München | Maximilian an seine Gesandten in Frankfurt | 311 E 27 |
| 1631 VIII 30 | Maximilian an den Kommissar Johann Müller | 345 Anm. 8 |
| 1631 VIII 30 | Maximilian an Ernst | 345 Anm. 9 |
| 1631 VIII 30 Fürth | Aldringen an Maximilian | 342 Anm. 2 |
| ad 1631 VIII 30 | Verzeichnis der bei Fürstenberg und Aldringen befindlichen ksl. Truppen usw. | 345 Anm. 2 |
| 1631 VIII 31 München | Maximilian an den Kaiser | 339 |
| 1631 VIII 31 München | Maximilian an den Kaiser | 345 Anm. 3 |
| 1631 VIII 31 [Wiener] Neustadt | Der Kaiser an Maximilian | 333 Anm. 3 |
| 1631 VIII 31 Eisleben | Tilly an Aldringen | 347 Anm. 3 |
| 1631 VIII 31/21 Merseburg | Resolution Kursachsens für Metternich und Schönburg | 343 Anm. 1 |
| 1631 VIII 31/21 Merseburg | Kursachsen an den Kaiser | 340 |

| | | |
|---|---|---|
| 1631 IX<br>Hameln | Lerchenfeld an Maximilian | |
| ad 1631 IX | s. 1631 IX [nach 10]<br>Designation der von Kurköln neugeworbenen Regimenter<br>s. ad 1631 IX [nach 10] | |
| 1631 IX<br>[Frankfurt] | Die kathol. Kurfürsten an den Kaiser<br>(kurmainzisches Konzept) | 311 E 51 Anm. 1 |
| 1631 IX 1<br>[Frankfurt/Main] | Kurmainzisches Protokoll | 311 D 19 |
| 1631 IX 1<br>München | Maximilian an seine Gesandten in Frankfurt | 311 E 28 |
| ad 1631 IX 1 | Notiz Maximilians | 311 E 28 Anm. 2 |
| 1631 IX 1<br>Frankfurt/Main | Die bayerischen Gesandten an Maximilian | 311 E 29 |
| 1631 IX 1<br>München | Maximilian an Kurköln | 329 Anm. 1 |
| 1631 IX 1<br>Mainz | Kurmainz an den Kaiser | 330 Anm. 1 |
| 1631 IX 1<br>Mainz | Kurmainz an Kurtrier, an Kurköln, an Kurbayern | 330 Anm. 1 |
| 1631 IX 1<br>[Wiener] Neustadt | Eggenberg an Maximilian | 326 Anm. 1 |
| 1631 IX 1<br>Mainz | Kurmainz an seine Gesandten in Frankfurt | 330 Anm. 1 |
| 1631 IX 2/VIII 23<br>Frankfurt/Main | Kursächsische Relation | 311 D 20 Anm. 3<br>u. 7 |
| 1631 IX 2<br>Frankfurt/Main | Relation der kurmainzischen Gesandten | 311 D 26 Anm. 8 |
| 1631 IX 2<br>Frankfurt/Main | Relation der ksl. Gesandten | 311 E 29 Anm. 6 |
| 1631 IX 2<br>München | Maximilian an seine Gesandten in Frankfurt | 311 E 30 |
| 1631 IX 2<br>München | Maximilian an Kurmainz | 329 Anm. 1 |
| 1631 IX 2<br>München | Maximilian an Kurmainz | 341 |
| 1631 IX 2<br>München | Maximilian an Aldringen | 342 |
| 1631 IX 2<br>Bamberg | Der Bf. von Bamberg an Oberst Quadt | 311 D 25 Anm. 5 |
| 1631 IX 3<br>[Frankfurt/Main] | Kurmainzisches Protokoll | 311 D 20 |
| 1631 IX 3<br>Mainz | Kurmainz an seine Gesandten in Frankfurt | 311 E 31 |
| 1631 IX 3<br>Halle | Ruepp an Maximilian | 312 Anm. 2,<br>343 |
| 1631 IX 3<br>Hammelburg | Der Fürstabt von Fulda an Maximilian | 327 Anm. 2 |
| 1631 IX 3<br>Mainz | Kurmainz an Kurtrier, an Kurköln | 299a Anm. 1 |

| | | |
|---|---|---|
| 1631 IX 3 Halle in Sachsen | Tilly an den Kaiser | 344 |
| 1631 IX 3 Halle in Sachsen | Tilly an Kursachsen | 343 Anm. 1 |
| 1631 IX 3 Frankfurt/Main | Relation der kurmainzischen Gesandten | 311 E 32 |
| 1631 IX 4 Frankfurt | Relation der kurmainzischen Gesandten | 311 D 19 Anm. 7, 311 D 20 Anm. 4, 5 u. 7, 311 E 20 Anm. 3, 311 E 29 Anm. 6, 311 E 32 Anm. 1 |
| [1631 IX 4] [Frankfurt/Main] | PS zur Relation der kurmainzischen Gesandten | 311 E 35 Anm. 3 |
| 1631 IX 4 München | Rekredential Maximilians für die kursächs. Gesandten in Frankfurt an Kursachsen | 311 E 24 Anm. 1 |
| 1631 IX 4 Frankfurt/Main | Relation der bayerischen Gesandten | 311 E 32 Anm. 3, 311 E 33 |
| 1631 IX 4 Halle in Sachsen | Tilly an den Deutschmeister | 311 E 37 Anm. 1 |
| 1631 IX 4 | Maximilian an Tilly | 345 |
| 1631 IX 4 | Maximilian an Ruepp | 345 Anm. 5 u. 11 |
| 1631 IX 4 | Der Bf. von Bamberg an Maximilian s. 1631 [X] 4 | |
| 1631 IX 5 Mainz | Kurmainz an seine Gesandten in Frankfurt | 311 E 34 |
| 1631 IX 5 | Maximilian an Aldringen | 342 Anm. 2 |
| 1631 IX 5/VIII 26 Torgau | Kursachsen an Tilly | 346 |
| 1631 IX 6 | Maximilian an die oberländischen Ligastände | 32 Anm. 1, 354 Anm. 4 |
| 1631 IX 6 [Frankfurt/Main] | Kurmainzisches Protokoll | 311 D 22 |
| 1631 IX 6 Mainz | Kurmainz an seine Gesandten in Frankfurt | 311 E 32 Anm. 1 |
| 1631 IX 6 Frankfurt/Main | Die bayerischen Gesandten an Maximilian s. 1631 [X] 6 | |
| 1631 IX 6 Schweinfurt | Aldringen an Maximilian | 347 |
| 1631 IX 7 München | Maximilian an seine Gesandten in Frankfurt | 334 Anm. 1, 311 E 33 Anm. 1, 3, 6 u. 8 |
| 1631 IX 7 Lauringen | Aldringen an Maximilian | 347 Anm. 3 |
| 1631 IX 7 Bonn | Kurköln an Maximilian | 348 |
| 1631 IX 7 Bonn | Kurköln an Maximilian | 349 Anm. 1 u. 8 |

| | | |
|---|---|---|
| ad 1631 IX 7 | Designation der von Kurköln neugeworbenen Regimenter | 311 D 25 Anm. 5, 349 |
| 1631 IX 8 Frankfurt/Main | Relation der bayerischen Gesandten | 311 E 35, 311 E 44 Anm. 11 |
| 1631 IX 9 | Maximilian an Kurmainz | 354 Anm. 4 |
| 1631 IX 9 [Frankfurt/Main] | Kurmainzisches Protokoll | 311 D 23 |
| 1631 IX 9/VIII 30 Frankfurt/Main | Relation der kursächs. Gesandten | 311 D 23 Anm. 1 |
| 1631 IX 9 Frankfurt/Main | Relation der kurmainzischen Gesandten | 311 E 36 |
| 1631 IX 9 Frankfurt/Main | Preysing an Maximilian | 311 E 39 Anm. 1 |
| 1631 IX 9 München | Maximilian an Kurmainz | 334 Anm. 1 |
| 1631 IX 9 Halle | Tilly an Maximilian | 350 |
| 1631 IX [ad 9] Halle | Tilly an Kurmainz | 351 |
| 1631 IX 9 Halle | Ruepp an Maximilian | 336 Anm. 5 |
| 1631 IX 9 Ebersdorf | Der Kaiser an Kurmainz | 315 Anm. 1 |
| 1631 IX 9 Mainz | Kurmainz an seine Gesandten in Frankfurt | 341 Anm. 2 |
| 1631 IX 10 Frankfurt/Main | Relation der kurmainzischen Gesandten | 311 E 36 Anm. 1 |
| 1631 IX 10 Halle | Pappenheim an Maximilian | 350 Anm. 1 |
| 1631 IX 10 Wien | Stücklin an Maximilian | 320 Anm. 2 |
| 1631 IX [nach 10] Hameln | Lerchenfeld an Maximilian | 349 Anm. 1 |
| ad 1631 IX [nach 10] | Designation der von Kurköln neugeworbenen Regimenter | 349 Anm. 1, 4, 5 u. 7 |
| 1631 IX 11 Frankfurt/Main | Relation der kurmainzischen Gesandten | 311 E 37 |
| 1631 IX 11 | Maximilian an Aldringen | 347 Anm. 1 |
| 1631 IX 12 Frankfurt/Main | Protokoll Solls | 311 D 24 |
| 1631 IX 12 [Frankfurt/Main] | Kurmainzisches Protokoll | 311 D 24 Anm. 1 |
| 1631 IX 12-X 10 Frankfurt/Main | Protocollum etlicher particular zu Franckfurt am Main anno 1631, den 12. Septembris, 7. und 10. Octobris gehaltener bundtsräth | 311 D 24 Anm. 1 |
| 1631 IX 12 Frankfurt/Main | Proposition der bayerischen Gesandten bei den Gesandten der Ligastände | 311 D 24 Anm. 2 |

| | | |
|---|---|---|
| ad 1631 IX 12 Frankfurt/Main | Verzeichnis der Neuwerbungen der Liga | 311 D 25 |
| 1631 IX 12 Mainz | Kurmainz an seine Gesandten in Frankfurt | 311 E 37 Anm. 2 |
| 1631 IX 13 Frankfurt/Main | Protokoll Richels | 311 E 38 Anm. 4 |
| 1631 IX 13/3 Torgau | Resolution Kursachsens für Saint-Etienne | 373 Anm. 13 |
| 1631 IX 14 Fulda | Der Fürstabt von Fulda an Maximilian | 311 E 42 Anm. 4 |
| 1631 IX 14 ksl. FL bei Leipzig | Extract aus einem Schreiben | 311 E 44 Anm. 3 |
| 1631 IX 14 Gräfenthal | Aldringen an Maximilian | 347 Anm. 1 |
| Lectum 1631 IX 15 Frankfurt/Main | Proposition der bayerischen Gesandten | 311 D 24 Anm. 2 |
| 1631 IX 15 [Frankfurt/Main] | Kurmainzisches Protokoll | 311 D 26 |
| 1631 IX 15 Frankfurt/Main | Proposition der ksl. Gesandten im Plenum | 311 D 26 Anm. 4 |
| 1631 IX 15 Frankfurt/Main | Relation der bayerischen Gesandten | 311 E 38 |
| 1631 IX 15 München | Maximilian an den Kaiser | 335 Anm. 1 |
| 1631 IX 15 München | Maximilian an Kurköln | 348 Anm. 4 |
| 1631 IX 15 Ebersdorf | Der Kaiser an Maximilian | 361 Anm. 2 |
| 1631 IX 16/6 Frankfurt/Main | Relation der kursächsischen Gesandten | 311 E 38 Anm. 2 |
| 1631 IX 16 München | Maximilian an seine Gesandten in Frankfurt | 311 E 39 |
| 1631 IX 16 | Maximilian an Preysing | 311 E 39 Anm. 1 |
| 1631 IX 16 Frankfurt/Main | Die bayerischen Gesandten an Maximilian | 311 E 40 |
| 1631 IX 16 Würzburg | Der Bf. von Würzburg an Maximilian | 311 E 42 Anm. 3 |
| 1631 IX 16 Frankfurt/Main | Relation der ksl. Gesandten | 311 D 26 Anm. 1 u. 6 |
| 1631 IX 16 Frankfurt/Main | Der Deutschmeister an den Kaiser | 311 D 19 Anm. 4 |
| 1631 IX 16 München | Maximilian an den Kaiser | 337 Anm. 1 |
| 1631 IX 16 München | Maximilian an Kurmainz; an Kurköln | 337 Anm. 1 |
| 1631 IX 16 München | Maximilian an Kurmainz; an Kurköln | 343 Anm. 1 |
| 1631 IX 16 | Maximilian an Kurköln | 349 Anm. 1 |

| 1631 IX 17 [Mainz] | Kurmainzisches Protokoll des Vortrags Richels bei Kurmainz und der Resolution des Kurfürsten ................. 311 D 27 |
|---|---|
| 1631 IX 17 Leipzig | Ruepp an Maximilian ..................................................... 352 |
| 1631 IX 17 Leipzig | Ruepp an Lerchenfeld ....................................... 352 Anm. 1 u. 5 |
| 1631 IX 17 Mainz | Kurmainz an den Kaiser ................................................ 353 |
| 1631 IX 17 FL bei Leipzig | Tilly an Aldringen ........................................................ 356 Anm. 1 |
| 1631 IX 18 Mainz | Rekredential des Kurfürsten von Mainz an Maximilian für Richel ..................................................... 311 E 43 Anm. 6 |
| 1631 IX 19 | Kurmainz und Kurbayern an den Kaiser ........................ 329 Anm. 1 |
| 1631 IX 19 | Maximilian an Pappenheim ............................ 338 Anm. 1, 354 Anm. 3 |
| 1631 IX 19 | Maximilian an Tilly ...................................... 354 |
| 1631 IX 19 | Maximilian an Ruepp ..................................... 336 Anm. 5 |
| 1631 IX 19 Mainz | Kurmainz an Maximilian .............................................. 355 |
| 1631 IX 19 Dienstedt | Aldringen an Maximilian ............................................. 356 |
| 1631 IX 19 Dienstedt | Aldringen an den Kaiser ............................................... 372 Anm. 1 |
| 1631 IX 19 Aschersleben | Tilly an Aldringen ........................................................ 357 Anm. 1 |
| 1631 IX 20 [Frankfurt/Main] | Kurmainzisches Protokoll .......................................... 311 D 28 |
| 1631 IX 20 [Frankfurt/Main] | Protokoll Richels ......................................... 311 D 28 Anm. 1–5, 12, 14 |
| [ad 1631 IX 20] [Frankfurt/Main] | Memoriale, waß Ihrer Ksl. Mt. wegen der cron Franckreich uber deß Kurzen relation für ein guttachten zu geben ..... 311 D 28 Anm. 1 |
| 1631 IX 20 Frankfurt/Main | Relation der kurmainzischen Gesandten ........................ 311 E 41 |
| 1631 IX 20 Mainz | Kurmainz an den Kaiser ............................................... 315 Anm. 1 |
| 1631 IX 20 Bonn | Kurköln an Maximilian ................................................. 93 Anm. 2, 167 H 14 Anm. 5 |
| 1631 IX 20 Hameln | Lerchenfeld an Maximilian ........................................... 352 Anm. 1 |
| 1631 IX 20 Dienstedt | Aldringen an den Bf. von Würzburg .............................. 311 E 47 Anm. 3 |
| 1631 IX 21 Halberstadt | Ruepp an Oberst [Herliberg] ......................................... 371 Anm. 1 |
| 1631 IX 22 [Frankfurt/Main] | Kurmainzisches Protokoll ............................................. 311 D 29 |
| 1631 IX 22 Regensburg | Der Bf. von Regensburg an die in Frankfurt versammelten kathol. Reichsstände ............................................. 311 D 33 Anm. 4 |
| 1631 IX 22 Mainz | Kurmainz an seine Gesandten in Frankfurt ................... 311 E 41 Anm. 1 |

| | | |
|---|---|---|
| 1631 IX 22 Erfurt | Avisen | 311 E 47 Anm. 4 |
| 1631 IX 22 Ilmenau | Aldringen an den Deutschmeister | 311 E 47 Anm. 5 |
| 1631 IX 22 Ilmenau | Aldringen an Maximilian | 357 |
| 1631 IX 22 Rentsch | Craz an Maximilian | 394 Anm. 1 |
| 1631 IX 22 Mainz | Kurmainz an seine Gesandten in Frankfurt | 351 Anm. 2 |
| 1631 IX 22 Ilmenau | Aldringen an den Kaiser | 376 Anm. 4 |
| 1631 IX 23 Frankfurt | Relation der ksl. Gesandten | 311 D 29 Anm. 1 |
| 1631 IX 23 [Frankfurt/Main] | Kurmainzisches Protokoll | 311 D 30 |
| 1631 IX 23 [Frankfurt/Main] | Protokoll Richels | 311 D 30 Anm. 1 |
| 1631 IX 23 München | Maximilian an seine Gesandten in Frankfurt | 311 E 42 |
| 1631 IX 23 Frankfurt/Main | Relation Richels | 311 E 43 |
| 1631 IX 23 Frankfurt/Main | Relation der bayerischen Gesandten | 311 E 44 |
| ad 1631 IX 23 [Frankfurt/Main] | Relation der bayerischen Gesandten | 311 D 27 Anm. 1, 6, 7, 10, 11, 13–15 |
| 1631 IX 23 München | Vollmacht Maximilians für Tilly | 358 |
| 1631 IX 23 | Maximilian an Kurmainz | 359 |
| 1631 IX 24 [Frankfurt/Main] | Kurmainzisches Protokoll | 311 D 31 |
| 1631 IX 24/14 [Frankfurt/Main] | Vor- und anbringen in nahmen der sambtlichen evangelischen undt protestirenden chur-, fursten und stenden | 311 D 31 Anm. 2, 311 D 32 Anm. 12, 19 |
| 1631 IX 24 | PS Maximilians an Tilly | 328 Anm. 2 |
| 1631 IX 24 Wien | Stücklin an Maximilian | 320 Anm. 2 |
| 1631 IX 24 Hersfeld | Fugger an Maximilian | 364 Anm. 1 |
| 1631 IX 24 Mainz | Kurmainz an Maximilian | 363 Anm. 1 |
| 1631 IX 24 | Die kathol. Kurfürsten an die Generalstaaten | 57 Anm. 1 |
| 1631 IX 25 München | Maximilian an seine Gesandten in Frankfurt | 311 E 45 |
| 1631 IX 25 | Maximilian an Gronsfeld, an Reinach, an Comargo | 311 E 45 Anm. 3 |
| 1631 IX 25 | Maximilian an Aldringen | 356 Anm. 1 |
| 1631 IX 25 | Maximilian an Fugger | 356 Anm. 1 |

| | | |
|---|---|---|
| 1631 IX 25 | Maximilian an Tilly | 360 |
| 1631 IX 25 | Maximilian an Zollern | 368 Anm. 2 |
| 1631 IX 25 Mainz | Kurmainz an Kurtrier, an Kurköln | 337 Anm. 1 |
| 1631 IX 25 Mainz | Kurmainz an seine Gesandten in Frankfurt | 337 Anm. 1 |
| präs. 1631 IX 26 [Bamberg] | Verzaichnus derjenigen bundtstendt, welche nach inhalt der zue Dinckhelspiel bewilligten und geschloßenen anzahl der 9.000 zu fueß und 2.000 pferdt geworben | 311 D 25 Fundortzeilen |
| 1631 IX 26/16 Frankfurt/Main | Relation der kursächsischen Gesandten | 311 D 31 Anm. 1, 311 E 47 Anm. 10 |
| 1631 IX 26 [Frankfurt/Main] | Die bayerischen Gesandten an Tilly | 311 E 47 Anm. 6 |
| 1631 IX 26 München | Maximilian an den Kaiser | 361 |
| 1631 IX 26 Ebersdorf | Der Kaiser an den Kg. von Frankreich | 382 E Anm. 2 |
| 1631 IX 27 [Frankfurt/Main] | Kurmainzisches Protokoll | 311 D 32 |
| 1631 IX 27 [Frankfurt/Main] | Protokoll Richels | 311 D 32 Anm. 1, 3–7, 16, 17, 20, 21, 25, 30 |
| 1631 IX 27 Frankfurt/Main | Relation der kurmainzischen Gesandten | 311 E 46 |
| 1631 IX 27 | Maximilian an Kurmainz | 362 |
| 1631 IX 27 Bonn | Kurköln an Maximilian | 363 |
| 1631 IX 27 Madrid | Diego l'Hermite an Höllinghoven | 427 Anm. 2 |
| 1631 IX 27 | Relation aus Prag | 376 Anm. 4 |
| 1631 IX 28 Frankfurt/Main | Die bayerischen Gesandten an Maximilian | 311 E 47 |
| 1631 IX 28 | Maximilian an Fugger | 364 |
| 1631 IX 28 Bonn | Kurköln an Maximilian | 363 Anm. 1 |
| 1631 IX 28 Saarburg | Hg. Karl von Lothringen an Maximilian | 365 |
| [1631 IX nach 28] | Maximilian an Hg. Karl von Lothringen | 365 Anm. 1 |
| 1631 IX 29 | Maximilian an Kurköln | 276 Anm. 2 |
| 1631 IX 29 Fulda | Der Fürstabt von Fulda an die bayerischen Gesandten in Frankfurt | 311 E 47 Anm. 13 |
| 1631 IX 29 | Maximilian an Tilly | 366 |
| 1631 IX 29 München | Maximilian an Aldringen | 366 Anm. 4 |
| 1631 IX 29 München | Maximilian an Fugger | 366 Anm. 4 |

| | | |
|---|---|---|
| 1631 IX 29 München | Maximilian an Kursachsen | 367 |
| 1631 IX 29 Langenenslingen | Zollern an Maximilian | 368 |
| 1631 IX 29 Alfeld | Tilly an den Kaiser | 370 Anm. 1 |
| 1631 IX 30 [Frankfurt/Main] | Kurmainzisches Protokoll | 311 D 33 |
| 1631 IX 30 [Frankfurt/Main] | Protokoll Richels | 311 D 33 Anm. 1 u. 3 |
| 1631 IX 30 | Maximilian an Richel | 311 E 43 Anm. 1 |
| 1631 IX 30 Mainz | Kurmainz an seine Gesandten in Frankfurt | 311 E 46 Anm. 1 |
| 1631 IX 30 Frankfurt/Main | Relation der ksl. Gesandten | 311 E 48 |
| 1631 IX 30 München | Maximilian an seine Gesandten in Frankfurt | 311 E 49 |
| 1631 IX 30 München | Maximilian an seine Gesandten in Frankfurt | 311 E 50 |
| 1631 IX 30 [Frankfurt/Main] | Die kathol. Kurfürsten an den Kaiser (bayerisches Konzept) | 311 E 51 Anm. 1 |
| 1631 IX 30 Hildesheim | Kanzler und Räte des Stifts Hildesheim an Kurköln | 311 E 60 Anm. 3, 311 E 69 Anm. 3 |
| 1631 IX 30 Prag | Schreiben | 311 E 63 Anm. 11 |
| 1631 IX 30 München | Maximilian an Kurmainz | 355 Anm. 1 |
| 1631 IX 30 Ebersdorf | Der Kaiser an Maximilian | 372 |
| 1631 IX 30 Alfeld | Tilly an Maximilian | 370 |
| 1631 IX 30 Alfeld | Memorial Tillys für Flanz | 370 Anm. 2 |
| 1631 IX 30 Alfeld | Ruepp an Maximilian | 371 |
| 1631 IX 30 | Die kathol. Kurfürsten an den Kaiser | 369 |
| 1631 IX 30 | Der Kaiser an die Infantin | 292 Anm. 2 |
| 1631 IX 30 München | Saint-Etienne an Père Joseph | 373 |
| 1631 X 1 [Frankfurt/Main] | Kurmainzisches Protokoll | 311 D 34 |
| 1631 X 1 [Frankfurt/Main] | Erclärung der catholischen cur-, fürsten und stendt, den 1. Octobris anno 1631 | 311 D 34 Anm. 1 |
| 1631 X 2 [Frankfurt/Main] | Protokoll Richels | 311 D 35 |
| 1631 X 2/IX 22 | Auszug aus einem Schreiben | 311 E 63 Anm. 2 |
| 1631 X 2 | PS des Bfs von Würzburg an Maximilian, mit Anlage | 384 Anm. 1 |
| 1631 X 3 [Frankfurt/Main] | Kurmainzisches Protokoll | 311 D 36 |

| | | |
|---|---|---|
| 1631 X 3 [Frankfurt/Main] | Protokoll Richels | 311 D 36 Anm. 1, 2, 5 u. 7 |
| 1631 X 3 Mainz | Kurmainz an seine Gesandten in Frankfurt | 311 E 51 |
| 1631 X 3 München | Maximilian an seine Gesandten in Frankfurt | 311 E 52 |
| 1631 X 3 | Maximilian an Kurmainz | 374 |
| 1631 X 3 München | Maximilian an den Kaiser | 373 Anm. 68, 375, 380 Anm. 4 |
| 1631 X 3 München | Maximilian an Eggenberg | 326 Anm. 1 |
| 1631 X 3 | Maximilian an Fugger | 364 Anm. 4 |
| 1631 X 3 Wien | Der Kaiser an Maximilian, mit Anlagen | 376 mit Anm. 2 |
| 1631 X 3 Bamberg | Der Bf. von Bamberg an Maximilian | 392 Anm. 2 |
| 1631 X 3 Mainz | Kurmainz an Maximilian | 377 |
| 1631 X 3 Mainz | Kurmainz an Lgf. Georg von Hessen-Darmstadt | 378 |
| 1631 X 3/IX 23 Darmstadt | Lgf. Georg von Hessen-Darmstadt an Kurmainz | 378 Anm. 1 |
| 1631 X 4 Rom | Crivelli an Gigli | 311 E 21 Anm. 3 |
| 1631 X 4 Mainz | Kurmainz an seine Gesandten in Frankfurt | 311 E 46 Anm. 3 |
| 1631 X 4 Frankfurt/Main | Die bayerischen Gesandten an Maximilian | 311 E 53 |
| 1631 [X] 4 Bamberg | Der Bf. von Bamberg an Maximilian | 392 Anm. 2 |
| 1631 X 4 | Bericht des kurköln. Agenten in Rom | 344 Anm. 2 |
| 1631 X 4 Stade | Oberst Reinach an den Bf. von Osnabrück | 397 Anm. 2 |
| 1631 X 5/IX <25> Frankfurt | Ärztlicher Bericht über die Krankheit und die Sektion Herwarths | 311 E 44 Anm. 10 u. 11 |
| 1631 X 5 Mainz | Kurmainz an seine Gesandten in Frankfurt | 311 E 54 |
| 1631 X 5 | Auszug aus einem Schreiben | 311 E 63 Anm. 10 |
| 1631 X 5 Bonn | Kurköln an Maximilian | 370 Anm. 3 |
| [1631 X 5] | PS Kurkölns an Maximilian, mit Anlage | 370 Anm. 3 |
| [1631 vor X 6] | Gutachten ksl. deputierter Räte, s. d., mit Votum des Geheimen Rates, 6. Okt. 1631 | 361 Anm. 4, 5, 428 Anm. 4 |
| 1631 X 6 [Frankfurt/Main] | Kurmainzisches Protokoll | 311 D 37 |

| | | |
|---|---|---|
| 1631 X <6> [Frankfurt/Main] | Protokoll Richels | 311 D 37 Anm. 1, 6 u. 7 |
| diktiert 1631 X 6 [Frankfurt/Main] | Die kathol. Reichsstände an Papst Urban VIII | 311 D 37 Anm. 5 |
| diktiert 1631 X 6 [Frankfurt/Main] | Die kathol. Reichsstände an Barberini | 311 D 37 Anm. 5 |
| 1631 X 6 | Maximilian an Kurköln | 363 Anm. 1 |
| 1631 X 6 | Maximilian an Kurköln | 374 Anm. 1 |
| 1631 X 6 München | Maximilian an Richelieu | 365 Anm. 1 |
| 1631 X 6 Würzburg | Der Bf. von Würzburg an Maximilian, mit Anlage | 384 Anm. 1 |
| 1631 [X] 6 Frankfurt/Main | Die bayerischen Gesandten an Maximilian | 311 E 55 |
| 1631 X 6 | Keller an Maximilian | 370 Anm. 2, 382 C Fundortzeilen mit Anm. 8 u. 9, 490 Anm. 8 |
| 1631 X 7 Wien | Der Kaiser an Maximilian | 173 Anm. 1 |
| 1631 X 7 Frankfurt/Main | Relation der kurmainzischen Gesandten | 311 D 27 Anm. 4, 311 D 36 Anm. 4, 311 D 37 Anm. 8, 311 D 38 Anm. 2, 311 E 54 Anm. 3, 311 E 55 Anm. 13, 311 E 58 Anm. 5 |
| 1631 X 7 [Frankfurt/Main] | Kurmainzisches Protokoll | 311 D 38 |
| 1631 X 7 Frankfurt/Main | Protokoll Solls | 311 D 38 Anm. 1 u. 6 |
| 1631 X 7 Frankfurt/Main | Relation der ksl. Gesandten | 311 E 56 |
| ad 1631 X 7 Sachsenhausen | Salvationsschrift der ksl. Gesandten | 311 D 40 Anm. 5–7, 11–15, 311 E 56 Anm. 2 |
| 1631 X 7 München | Maximilian an seine Gesandten in Frankfurt | 311 E 57 |
| 1631 X 7 [Frankfurt/Main] | Relation der bayerischen Gesandten | 311 E 58 |
| 1631 X 7 | Maximilian an Zollern | 368 Anm. 1 |
| 1631 X 7 | Maximilian an Kurmainz | 379 |
| 1631 X 7 | Teisinger an Maximilian | 380 |
| 1631 X 7 Würzburg | Der Bf. von Würzburg an Maximilian, mit Anlage | 384 Anm. 1 u. 3 |
| 1631 X 7 | Rekredential Maximilians für Keller an Tilly | 379 Anm. 2 |
| diktiert 1631 X 7 u. 8 [Frankfurt/Main] | Informatio de statu rei catholicae in Imperio Germaniaque | 311 D 37 Anm. 5 |

| | | |
|---|---|---|
| diktiert 1631 X 8 [Frankfurt/Main] | Die kathol. Reichsstände an das Kardinalskollegium | 311 D 37 Anm. 5 |
| 1631 X 8 [Frankfurt/Main] | Relation der kurmainzischen Gesandten | 311 D 39 Anm. 7 |
| 1631 X 8 | Der Kaiser an seine Gesandten in Frankfurt | 311 E 48 Anm. 1 |
| 1631 X 8 Mainz | Kurmainz an seine Gesandten in Frankfurt | 311 E 59 |
| 1631 X 8 | Maximilian an den Bf. von Bamberg | 379 Anm. 2, 385 Anm. 1, 392 Anm. 2 |
| 1631 X 8 München | Maximilian an Richelieu | 381 |
| 1631 X 8 München | Instruktion Maximilians für M. Kurz | 382 Anm. 1 |
| 1631 X 8 München | Beglaubigungsschreiben Maximilians für M. Kurz an den Kaiser | 382 Anm. 1 |
| 1631 X 8 Wien | Der Kaiser an Maximilian | 361 Anm. 5 |
| 1631 X 8 Würzburg | Der Bf. von Würzburg an Maximilian, mit Anlagen | 384 Anm. 1 |
| 1631 X 8/IX 28 Darmstadt | Lgf. Georg von Hessen-Darmstadt an Kurmainz | 378 Anm. 1 |
| 1631 X 9 Wien | Stücklin an Oexel | 370 Anm. 2 |
| 1631 X 9 Würzburg | Der Bf. von Würzburg an Maximilian | 384 Anm. 2 |
| 1631 X 10 [Frankfurt/Main] | Abrechnung mit dem directorio | 311 D 38 Anm. 6 |
| 1631 X 10 [Frankfurt/Main] | Kurmainzisches Protokoll | 311 D 39 |
| 1631 X 10/IX 30 [Frankfurt/Main] | Der evangelischen und protestirenden chur-, fürsten und stendten anderweit widerholter vorschlag zu güetlicher composition, den 30. Septembris anno 1631 st. v. | 311 D 39 Anm. 3 u. 4 |
| 1631 X 10 [Frankfurt/Main] | Protokoll Solls | 311 D 39 Anm. 5, 9, 10, 12 u. 13 |
| 1631 X 10/IX 30 Frankfurt/Main | Memorial der protestant. Gesandten für die ksl. Gesandten | 311 D 40 Anm. 3 |
| 1631 X 10 Frankfurt/Main | Relation der kurmainzischen Gesandten | 311 E 60 |
| 1631 X 10 Frankfurt/Main | Relation der kurmainzischen Gesandten | 311 E 60 Anm. 4 |
| 1631 X 10 | Maximilian an Richel | 311 E 61 |
| 1631 X 10 Frankfurt/Main | Der Deutschmeister an Maximilian | 311 E 62 |
| 1631 X 10 Mainz | Kurmainz an Maximilian | 383 |
| 1631 X 11 Sachsenhausen | Salvationsschrift der ksl. Gesandten | 311 D 40 |

| | | |
|---|---|---|
| 1631 X 11 Frankfurt/Main | Die bayerischen Gesandten an Maximilian | 311 E 63 |
| ad 1631 X 11 | Verzaichnuß, waß biß dato 8. Octobris in der löblichen unions cassa vorhanden, wie volgt | 311 E 63 Anm. 6 |
| ad 1631 X 11 | Specification, waß [der Deutschmeister] an den Düncklspilischen bewilligung guttgemacht und noch restiren | 311 E 63 Anm. 7 |
| 1631 X 11/1 Frankfurt/Main | Relation der kursächsischen Gesandten | 311 E 63 Anm. 12 |
| 1631 X 11 Frankfurt/Main | Die bayerischen Gesandten an Tilly | 311 E 67 Anm. 1 |
| 1631 X 11 | Maximilian an den Bf. von Würzburg | 384 Anm. 1 |
| 1631 X 11 | Maximilian an Craz | 394 Anm. 1 |
| 1631 X 11 Wien | Der Kaiser an Maximilian | 375 Anm. 1 |
| 1631 X 11 Würzburg | Der Bf. von Würzburg an Maximilian | 384 |
| 1631 X 11 Würzburg | Der Bf. von Würzburg an Maximilian | 384 Anm. 2 |
| 1631 X 11 Würzburg | Beglaubigungsschreiben des Bfs von Würzburg für Dr. Staudenhecht an Maximilian | 384 Anm. 4 |
| 1631 X 12 [Frankfurt/Main] | Kurmainzisches Protokoll | 311 D 41 |
| 1631 X 12 Bonn | Kurköln an Maximilian | 311 E 51 Anm. 2 |
| 1631 X 12 Frankfurt/Main | Der Deutschmeister an Kurmainz | 311 E 64 |
| 1631 X 12 Mainz | Kurmainz an seine Gesandten in Frankfurt | 311 E 65 |
| 1631 X 12 Frankfurt/Main | Relation der kurmainzischen Gesandten | 311 E 66 |
| 1631 X 12 Frankfurt/Main | Die bayerischen Gesandten an Maximilian | 311 E 67 |
| 1631 X 12 Schloss Neuhof | Der Fürstabt von Fulda an den Deutschmeister | 311 E 68 Anm. 10 |
| 1631 X 12 München | Maximilian an M. Kurz | 382 A |
| 1631 X 12 München | Maximilian an den Bf. von Würzburg | 385 |
| 1631 X 12 Bonn | Kurköln an Maximilian | 167 H 14 Anm. 5 |
| 1631 X 12 Bonn | Kurköln an Maximilian | 370 Anm. 2 u. 4 |
| ad 1631 X 12 | Memorial Tillys für Flanz | 370 Anm. 2 u. 4 |
| 1631 X 12 | PS Kurkölns an Maximilian | 386 |
| 1631 X 12 | PS Kurkölns an Maximilian | 397 Anm. 2 |
| ad 1631 X 12 | Vortrag des Gubernators zu Glückstadt | 397 Anm. 2 |
| 1631 X 12 Mainz | Kurmainz an den Kaiser | 361 Anm. 3 |

| | | |
|---|---|---|
| 1631 X 13 München | Maximilian an den Kaiser | 173 Anm. 1 |
| 1631 X 13 [Frankfurt/Main] | Kurmainzisches Protokoll | 311 D 42 |
| 1631 X 13 Frankfurt | Antwort der Katholiken auf die Replik der protestantischen Stände | 311 D 42 Anm. 4 |
| 1631 X 13 Frankfurt/Main | Der Deutschmeister an den Kaiser | 311 E 64 Anm. 1 u. 3 |
| 1631 X 13 Frankfurt/Main | Die bayerischen Gesandten an Maximilian | 311 E 68 |
| ad 1631 X 13 [Frankfurt/Main] | Memoriale, waß Ihre Fstl. Gn. von Würzburg an verschaidenen orthen in acht zu nemmen und zu sollicitiren | 311 E 68 Anm. 3 |
| 1631 X 13 [Frankfurt/Main] | Protokoll Richels | 311 E 68 Anm. 1 |
| 1631 X 13 München | Maximilian an den Kaiser | 376 Anm. 3 |
| 1631 X 13 München | Maximilian an den Bf. von Würzburg | 388 |
| 1631 X 13 München | Maximilian an Richelieu | 389 |
| 1631 X 13 München | Maximilian an M. Kurz | 382 B |
| 1631 X 13 | Maximilian an Tilly | 387 |
| 1631 X 13 Mainz | Kurmainz an Maximilian | 379 Anm. 1 |
| 1631 X 13 Eichstätt | Der Bf. von Eichstätt und der Fürstpropst von Ellwangen an Maximilian | 390 |
| 1631 X 13 Bobingen | Der Bf. von Augsburg an Maximilian | 390 Anm. 1 |
| 1631 X 13/3 Unterpleichfeld | Der Kg. von Schweden an den Bf. von Bamberg | 401 Anm. 2 |
| 1631 X 14 München | Maximilian an seine Gesandten in Frankfurt | 311 E 69 |
| 1631 X 14 | Maximilian an Kurmainz, an Kurtrier | 385 Anm. 3, 387 Anm. 6 |
| 1631 X 14 | Maximilian an Kurmainz | 391 |
| 1631 X 14 München | Maximilian an den Bf. von Augsburg, an den Bf. von Eichstätt | 385 Anm. 4 |
| 1631 X 14 Forchheim | Der Bf. von Bamberg an Maximilian, mit Anlage | 392, 392 Anm. 6 |
| 1631 X 14 Forchheim | Der Bf. von Bamberg an den Kg. von Schweden | 392 Anm. 4 |
| [präs. 1631 X 14] | Memorial des M. Kurz für den Kaiser | 382 C |
| [vor 1631 X 15] | Gutachten ksl. deputierter Räte, s. d., mit Votum des Geheimen Rates 1631 X 15 s. [vor 1631 [XI] 15 | |
| 1631 X 15 Wien | Stücklin an [Oexel] | 370 Anm. 2 |
| 1631 X 15 | Maximilian an Tilly | 387 Anm. 1 |

| | | |
|---|---|---|
| 1631 X 15 Wien | Stücklin an Maximilian | 361 Anm. 5 |
| 1631 X 15 Wien | M. Kurz an Maximilian | 382 D |
| 1631 X 15 Schlitz | Fugger an Maximilian | 364 Anm. 5 |
| 1631 X 15 Heidelberg | Metternich an Maximilian | 385 Anm. 2 |
| 1631 X 15 Bobingen | Beglaubigungsschreiben des Bfs von Augsburg für Egloff an Maximilian | 390 Anm. 1 |
| 1631 X 15 Château-Thierry | Beglaubigungsschreiben des Kgs von Frankreich für Charnacé an Maximilian | 470 A S. 1388 |
| 1631 X 16/6 Frankfurt | Die protestantischen Gesandten an Kurmainz | 311 D 42 Anm. 4 |
| 1631 X 16/6 Frankfurt | Die protestantischen Gesandten an den Kaiser | 311 D 42 Anm. 4 |
| 1631 X 16/6 | Rekredential von Kämmerer u. Rat der Stadt Regensburg für Wämpl | 405a Anm. 5 |
| 1631 X 16/6 | Resolution von Kämmerer und Rat der Stadt Regensburg für Wämpl | 405a Anm. 5 |
| 1631 X 16 Gernsheim | Der Bf. von Würzburg an den Kaiser | 408 Anm. 1 u. 2 |
| 1631 X 17 München | Maximilian an den Bf. von Bamberg | 392 Anm. 1 u. 4 |
| 1631 X 17 Forchheim | Der Bf. von Bamberg an Maximilian | 392 Anm. 3 |
| 1631 X 17 [Fulda] | Tilly an Maximilian | 393 |
| 1631 X 17 Fulda | Ernst an Maximilian | 393 Anm. 1 |
| 1631 X 17 Den Haag | Veeken an Kurköln | 412 Anm. 4 |
| [1631 X vor 17] | Gutachten ksl. deputierter Räte, s. d., Votum des Geheimen Rates, 17. Okt. 1631 | 382 C Anm. 1, 428 Anm. 4 |
| 1631 X 17 u. 18 München | Saint-Etienne an Père Joseph | 381 Anm. 2, 393a |
| 1631 X 18/8 Frankfurt/Main | Relation der kursächsischen Gesandten | 311 D 40 Anm. 3, 311 D 42 Anm. 4 |
| 1631 X 18 Wien | Stücklin an Maximilian | 361 Anm. 5, 412 Anm. 1 |
| 1631 X 18 Ellwangen | Der Fürstpropst von Ellwangen an Maximilian, mit Anlagen | 390 Anm. 1 |
| 1631 X 18 Fulda | Ernst an Maximilian | 393 Anm. 1 |
| 1631 X 18 Hameln | Lerchenfeld an Maximilian | 413 Anm. 8 |

| | | |
|---|---|---|
| 1631 X 18 Wien | Ksl. Resolution für M. Kurz | 382 E |
| 1631 X 18 Wien | Rekredential des Kaisers für M. Kurz an Maximilian | 382 E Anm. 1 |
| 1631 X 18/8 | Beglaubigungsschreiben von Kämmerer und Rat der Stadt Regensburg für Gumpelzhamer und Gehewolff | 405a Anm. 6 |
| 1631 X 18 | Kurmainzische Relation betr. die Verrichtung Wolffs in Mainz | 378 Anm. 1, 399 Anm. 2 |
| 1631 X 18/8 Mainz | Protokoll einer Vereinbarung zwischen Kurmainz und Lgf. Georg von Hessen-Darmstadt | 399 Anm. 3 |
| 1631 X 19 | Maximilian an Tilly | 394 |
| 1631 X 19 Bonn | Kurköln an Maximilan | 395 |
| 1631 X 19 Forchheim | Der Bf. von Bamberg an Maximilian, mit Anlage | 392 Anm. 4 |
| 1631 X 20 | Maximilian an Kurköln | 311 E 51 Anm. 2 |
| 1631 X 20 | Maximilian an Kurköln | 419 Anm. 5 |
| 1631 X 20 München | Maximilian an Richelieu | 389 Anm. 1 |
| 1631 X 20 Mainz | Kurmainz an Maximilian | 399 Anm. 2 u. 6 |
| [1631 X 20] [Mainz] | PS des Kurfürsten von Mainz an Maximilian | 391 Anm. 2 |
| 1631 X 20 Mainz | Kurmainz an den Kaiser | 399 Anm. 2 u. 6 |
| 1631 X 20 Wien | Der Kaiser an Maximilian, mit Anlagen | 376 Anm. 3 |
| 1631 X 20 Eichstätt | Sirgenstein an den Fürstspropst von Ellwangen | 390 Anm. 1 |
| 1631 X 21 | Maximilian an Kurmainz | 311 E 51 Anm. 2 |
| 1631 X 21 Heidelberg | Der Deutschmeister an Questenberg und Hildbrandt | 311 E 64 Anm.3 |
| 1631 X 21 München | Maximilian an Kurköln | 386 Anm. 1 |
| 1631 X 21 | Maximilian an Kurköln | 370 Anm. 4 |
| 1631 X 21 | PS Maximilians an Kurköln | 397 Anm. 1 |
| 1631 X 21 München | Maximilian an den Bf. von Bamberg | 392 Anm. 3 |
| 1631 X 21 | Maximilian an Kurmainz | 396 |
| 1631 X 21 | Maximilian an die Obersten Reinach und Comargo | 397 |
| 1631 X 21 Wien | Der Kaiser an Maximilian | 398 |
| ad 1631 X 21 | Modi compositionis ad reconciliationem Friderici palatini propositi | 398 Anlage A |
| ad 1631 X 21 | Projekt einer ksl. Resolution für den engl. Gesandten | 398 Anlage B |
| 1631 X 21/11 [!] Darmstadt | Lgf. Georg von Hessen-Darmstadt an Maximilian | 399 |
| ad 1631 X 21/11 [!] | Anlage A | 399 Anm. 3 |

| | | |
|---|---|---|
| 1631 X 21/11 Glückstadt | Der Kg. von Dänemark an Maximilian | 445 Anm. 2 |
| 1631 X 22/12 [!] Darmstadt | Lgf. Georg von Hessen-Darmstadt an Maximilian | 399 Fundortzeilen, 399 Anm. 1 |
| 1631 X 22/12 Darmstadt | Lgf. Georg von Hessen-Darmstadt an Kurköln, an Kurtrier | 399 Anm. 1 u. 6 |
| 1631 X 22/12 Darmstadt | Lgf. Georg von Hessen-Darmstadt an den Kaiser | 399 Anm. 4 |
| 1631 X 23 | PS Giglis an Crivelli | 311 E 21 Anm. 3 |
| 1631 X 23 | Maximilian an Ruepp | 387 Anm. 7 |
| 1631 X 23 | Maximilian an den Bf. von Bamberg | 392 Anm. 4 |
| 1631 X 23 München | Maximilian an den Kaiser | 397 Anm. 1 |
| 1631 X 23 München | Maximilian an den Kaiser | 400 |
| 1631 X 23 Forcheim | Der Bf. von Bamberg an Maximilian | 401 |
| 1631 X 23 Aschaffenburg | Verzeichnis der bei der Ligaartillerie fehlenden Requisiten | 436 Anm. 10 |
| 1631 X 24 Ingolstadt | Der Bf. von Eichstätt an Herliberg | 405 Anm. 3 |
| 1631 X 25 Mainz | Kurmainz an den Kaiser | 311 D 42 Anm. 4 |
| 1631 X 25 München | Maximilian an den Kaiser | 400 Anm. 1 |
| 1631 X 25 | Maximilian an den Bf. von Eichstätt | 405 Anm. 3 |
| 1631 X 25 Stadtamhof | Burhuß an Maximilian | 405a Anm. 2 |
| ad 1631 X 25 | Zeitungen | 405a Anm. 3 |
| 1631 X 25 Mainz | Kurmainz an Maximilian | 512 A 1 Anm. 2 |
| 1631 X 25 Brüssel | Die Infantin an Tilly | 402 |
| ad 1631 X 25 | Vermerk Peringers | 402 Anm. 1 |
| 1631 X 25 Forchheim | Der Bf. von Bamberg an den Bf. von Eichstätt | 405 Anm. 2 |
| 1631 X 25 Lüttich | Carafa an Kurköln | 433a Anm. 3 |
| 1631 X 26 Heidelberg | Metternich an Maximilian | 385 Anm. 2 |
| 1631 X 26 München | Instruktion Maximilians für seine Gesandten in Landshut | 405a Anm. 4, 6 |
| 1631 X 26 München | Maximilian an den Kaiser | 403 |
| 1631 X 26 München | Beglaubigungsschreiben Maximilians für Oexel an Eggenberg | 413 Anm. 4 |
| 1631 X 26 | Kurköln an Maximilian | 395 Anm. 2 |
| [1631 X 26] | PS Kurkölns an Maximilian | 412 Anm. 4 |

| | | |
|---|---|---|
| 1631 X 26 Neuburg | Statthalter und Geheime Räte in Neuburg an Maximilian | 405 Anm. 5 |
| 1631 X 26 Mainz | Kurmainz an Tilly | 421 Anm. 3 |
| 1631 X 26 Wien | Der Kaiser an Kurmainz | 361 Anm. 3 |
| 1631 X 26 Bonn | Kurköln an Kurtrier | 419 Anm. 4 |
| 1631 X 26 Château-Thierry | Beglaubigunsschreiben des Kgs von Frankreich für Charnacé an den Bf. von Würzburg | 458a Anm. 2 |
| 1631 X 27 München | Maximilian an den Bf. von Bamberg | 401 Anm. 1 |
| 1631 X 27/17 Darmstadt | Lgf. Georg von Hessen-Darmstadt an Maximilian | 399 Anm. 1, 3, 4 u. 6 |
| 1631 X 27 Mainz | Kurmainz an Maximilian | 404 |
| 1631 X 27 Eichstätt | Der Bf. von Eichstätt an Maximilian | 405 |
| 1631 X 27 Château-Thierry | Hauptinstruktion des Kgs von Frankreich für Charnacé | 470 A S. 1388 |
| 1631 X 27 Château-Thierry | Beglaubigungsschreiben des Kgs von Frankreich für Charnacé an Kurköln | 470 A S. 1388 |
| 1631 X 27 Château-Thierry | Beglaubigungsschreiben des Kgs von Frankreich für Charnacé an Kurmainz | 470 A S. 1388 |
| 1631 X 27 Château-Thierry | Allgemeine Vollmacht des Kgs von Frankreich für Charnacé für die Verhandlungen mit der Liga | 470 A S. 1388 |
| 1631 X 27 Château-Thierry | Spezialvollmacht des Kgs von Frankreich für Charnacé für die Verhandlungen mit dem Kg. von Schweden und den protestant. Reichsständen | 470 A S. 1388 470 D 2 Anm. 5 |
| 1631 X 27 Château-Thierry | Spezialvollmacht des Kgs von Frankreich für Charnacé für die Verhandlungen mit der Liga | 470 A S. 1388 |
| 1631 X 27 u. 28 Bamberg | Der Bf. von Bamberg an Maximilian, mit Anlagen | 401 Anm. 4 |
| 1631 X 28 Heidelberg | Der Deutschmeister an den Kaiser | 311 E 56 Anm. 5, 311 E 64 Anm. 3 |
| 1631 X 28 | Kurmainz und Maximilian an Kurtrier | 387 Anm. 6 |
| 1631 X 28 München | Maximilian an Donnersberg | 405a |
| 1631 X 28 München | Maximilian an Kurmainz | 406 |
| 1631 X 28 | Maximilian an Kurköln | 395 Anm. 1 |
| 1631 X 28 München | Maximilian an Kurköln | 413 Anm. 9 |
| 1631 X 28 München | Maximilian an Lgf. Georg von Hessen-Darmstadt | 407 |
| 1631 X 28 Mainz | Der Bf. von Würzburg an Maximilian | 408 |

| | | |
|---|---|---|
| 1631 X 28 Mainz | Der Bf. von Würzburg an den Kaiser | 408 Anm. 1 |
| 1631 X 28 Köln | Kurköln an Kurmainz | 409 |
| 1631 X 28 Külsheim | Tilly an Kurmainz | 421 Anm. 5, 436 Anm. 8 |
| 1631 X 28 Meersburg | Der Bf. von Konstanz an den Bf. von Augsburg, den Fürstabt von Kempten, den Fürstpropst von Ellwangen, an die ausschreibenden schwäbischen Prälaten, Grafen u. Herren | 449a Anm. 2 |
| 1631 X 28/18 Darmstadt | Lgf. Georg von Hessen-Darmstadt an Eggenberg | 428 Anm. 2 |
| 1631 X 28 München | Saint-Etienne an Père Joseph | 409a |
| 1631 X 28 Château-Thierry | Zusatz zur Hauptinstruktion des Kgs von Frankreich für Charnacé | 470 A S. 1389 |
| 1631 X 28 Château-Thierry | Vollmacht des Kgs von Frankreich für Charnacé | 470 A S. 1389 |
| 1631 X 29 Wien | Stücklin an Maximilian | 410a |
| 1631 X 29 | Journal Richels | 311 E 68 Anm. 2, 410, 413 Anm. 8 u. 10 |
| 1631 X 29 | Journal Richels | 412 S. 1252 |
| 1631 X 29 Köln | Kurköln an Lgf. Georg von Hessen-Darmstadt | 409 Anm. 1 |
| 1631 X 29 Köln | Kurköln an Tilly | 436 Anm. 14 |
| 1631 X 29 Mainz | Der Bf. von Würzburg an den Kg. von Frankreich | 411 |
| 1631 X 29 Wien | Der Kaiser an den Bf. von Würzburg | 438 Anm. 1 |
| 1631 X 29/19 Dresden | Resolution Kursachsens für Oberst Paradis, mit Anlagen | 454 C Anm. 9 |
| 1631 X 30 München | Maximilian an den Kaiser | 395 Anm. 1, 400 Anm. 2, 413 Anm. 2 u. 3 |
| 1631 X 30 München | Maximilian an den Kaiser | 398 Anm. 1 |
| 1631 X 30 | Journal Richels | 412 Anm. 2 |
| 1631 X 31 München | Maximilian an den Kaiser | 395 Anm. 1 |
| 1631 X 31 | Maximilian an Kurköln | 414 |
| 1631 X 31 München | Maximilian an Kurmainz, an Kurtrier | 414 Anm. 2 |
| 1631 X 31 | Maximilian an Ruepp | 371 Anm. 3, 413 Anm. 5 |
| 1631 X 31 | Maximilian an Tilly | 413 |
| 1631 X 31 | Maximilian an Fugger | 330 Anm. 2 |

| | | |
|---|---|---|
| 1631 X 31<br>Landshut | Abschied des bayerischen Kreistages | 405a Anm. 1 |
| 1631 X 31<br>Lüttich | Carafa an Kurköln | 433a Anm. 3 |
| 1631 XI 1<br>München | Maximilian an Kurmainz | 404 Anm. 1,<br>406 Anm. 5 |
| 1631 XI 1 | Maximilian an Tilly | 404 Anm. 1,<br>413 Anm. 7 |
| 1631 XI 1 | Maximilian an Fugger | 413 Anm. 13 |
| 1631 XI 1 | Maximilian an Zollern | 414 Anm. 1 |
| 1631 XI 1<br>Zweibrücken | Pgf. Wolfgang Wilhelm von Neuburg an Maximilian | 415 |
| 1631 XI 1<br>Wien | Der Kaiser an Maximilian | 432 Anm. 4 |
| 1631 XI 1<br>Wien | Der Kaiser an Maximilian | 433 Anm. 2 |
| [nach 1631 XI 1] | Gutachten ksl. deputierter Räte | 428 Anm. 1, 2, 4<br>u. 5 |
| [vor 1631 XI 2] | Fragment eines Gutachtens ksl. Geheimer Räte | 416,<br>420 Anm. 2, 3 |
| 1631 XI 2 | Maximilian an den Bf. von Bamberg | 417 |
| 1631 XI 2 | Journal Richels | 417 Anm. 1 u. 3 |
| 1631 XI 2 | Maximilian an Tilly | 417 Anm. 4 |
| 1631 XI 2 | Maximilian an den Bf. von Eichstätt | 418 |
| 1631 XI 2 | Kurköln an Maximilian | 419 |
| 1631 XI 2<br>Wien | Der Kaiser an Maximilian, an Kurmainz | 420,<br>ebd. Anm. 1 |
| 1631 XI 2 | Journal Richels | 412 S. 1252 f. |
| 1631 XI 2<br>Hochhausen/Tauber | Ruepp an Herliberg | 434 Anm. 2 |
| 1631 XI 2/X 23<br>Würzburg | Der Kg. von Schweden an den Bf. von Bamberg | 426 Anm. 1 |
| 1631 XI 3<br>München | Maximilian an Kurtrier | 387 Anm. 6 |
| 1631 XI 3<br>Wien | Der Kaiser an Maximilian | 397 Anm. 1,<br>424 |
| [ad 1631 XI 3] | Ksl. Dokumentation betr. den Einfall Tillys in Sachsen | 424 Anm. 2 |
| 1631 XI 3<br>Hochhausen/Tauber | Tilly an Maximilian | 421 |
| 1631 XI 3<br>Mainz | Kurmainz an Maximilian | 422 |
| 1631 XI 3<br>Mainz | Kurmainz an Maximilian, an den Kaiser, an Kurköln | 423,<br>ebd. Anm. 1 |
| ad 1631 XI 3 | Journal Richels | 437 Anm. 1 |
| 1631 XI 3<br>Mainz | Kurmainz an Lgf. Georg von Hessen-Darmstadt | 422 Anm. 1 |
| 1631 XI 3/X 24<br>Mainz | Protokoll über den Vortrag der hessen-darmstädt. Räte<br>bei Kurmainz | 423 Anm. 2,<br>443 Anm. 2 |

| | | |
|---|---|---|
| 1631 XI 3 Bischofsheim/Tauber | Tilly an die Infantin | 402 Anm. 1 |
| 1631 XI 4 Heidelberg | Der Deutschmeister an den Kaiser | 311 E 64 Anm. 3 |
| 1631 XI 4 | Maximilian an Kurmainz | 512 A 1 |
| 1631 XI 4 | Maximilian an Kurköln | 395 Anm. 2, 412 Anm. 4 u. 10, 419 Anm. 4 |
| 1631 XI 4 | Maximilian an Kurköln | 454 A Anm. 2 |
| 1631 XI 4 Sigmaringen | Zollern an Maximilian | 425 |
| 1631 XI 4 | Journal Richels | 512 A 1 Anm. 1 |
| 1631 XI 4 Forchheim | Der Bf. von Bamberg an Maximilian | 426 |
| 1631 XI 4 Mainz | Kurmainz an Kurtrier, an Kurköln | 422 Anm. 2 |
| 1631 XI 4/X 25 Darmstadt | Lgf. Georg von Hessen-Darmstadt an Kurmainz | 422 Anm. 1 |
| 1631 XI 4/X 25 Darmstadt | Lgf. Georg von Hessen-Darmstadt an den Kaiser | 443 Anm. 1 |
| 1631 XI 5 Wien | Stücklin an Maximilian | 410a Anm. 7 |
| 1631 XI 5 Köln | Kurköln an Maximilian | 419 Anm. 1, 431 Anm. 3 u. 5 |
| 1631 XI 5 Köln | Kurköln an Maximilian | 427 |
| 1631 XI 5 | Journal Richels | 412 S. 1254 |
| 1631 XI 5 Wien | Der Kaiser an Kurmainz, an Kurköln, an Kurtrier, an Maximilian | 428, ebd. Anm. 3 |
| 1631 XI 5 Wien | Der Kaiser an Lgf. Georg von Hessen-Darmstadt | 428 Anm. 2 |
| 1631 XI 5 Mainz | Kurmainz an Lgf. Georg von Hessen-Darmstadt | 422 Anm. 1 |
| 1631 XI 5 | Vollmacht des Fürstpropsts von Ellwangen für Gans | 512 E 4 Anm. 26 |
| 1631 XI 6 Köln | Kurköln an den Kaiser | 429 |
| 1631 XI 6/X 27 Kassel | Lgf. Wilhelm von Hessen-Kassel an Kurköln | 431 Anm. 1 |
| 1631 XI 7 Mainz | Kurmainz an Maximilian | 430 |
| 1631 XI 7 Augsburg | Gallas an Maximilian | 432 Anm. 4 |
| 1631 XI 7 | Auszug aus einem Schreiben Aldringens und Ossas mit einem Vermerk des Hofkriegsrats | 432 Anm. 3 |
| 1631 XI 7 Meersburg | Der Bf. von Konstanz an die Reichsstädte Rottweil, Überlingen, Ravensburg, Biberach und Wangen | 449a Anm. 3 |

| | | |
|---|---|---|
| 1631 XI 7 Château-Thierry | Instruktion des Kgs von Frankreich für Charnacé | 470 A S. 1389 470 D 2 Anm. 5 |
| 1631 XI 8 München | Maximilian an den Bf. von Eichstätt | 405 Anm. 4, 418 Anm. 3 |
| 1631 XI 8 München | Memorial Maximilians für Schäffer und Schletz | 426 Anm. 2 |
| 1631 XI 8 | Journal Richels | 405 Anm. 5 |
| 1631 XI 8 Wien | Der Kaiser an Maximilian | 403 Anm. 1 |
| 1631 XI 8 | Die geistl. Kurfürsten an den Kg. von Frankreich | 422 Anm. 2 |
| 1631 XI 8 Wien | Der Kaiser an Tilly | 433 Anm. 3 |
| 1631 XI 9 München | Maximilian an Hg. Albrecht von Bayern | 414 Anm. 2 |
| 1631 XI 9 Wien | Der Kaiser an Maximilian | 432 |
| 1631 XI 9 Wien | Beglaubigungsschreiben des Kaisers für Mansfeld an Maximilian | 432 Anm. 2 |
| 1631 XI 9 Wien | Der Kaiser an Maximilian | 433 |
| 1631 XI 9 Köln | Kurköln an Maximilian, mit Anlage | 431, ebd. Anm. 6 |
| [1631 XI 9] | PS Kurkölns an Maximilian | 440 Anm. 1 |
| 1631 XI 9 Köln | Kurköln an Kurmainz | 433 a |
| [1631 vor XI 10] | Gutachten ksl. deputierter Räte, s. d., mit Votum des Geheimen Rates, 10. Nov. 1631 | 428 Anm. 2 |
| 1631 XI 10 München | Maximilian an Kurköln | 435 |
| 1631 XI 10 München | Maximilian an Pappenheim | 450 Anm. 4 |
| 1631 XI 10 Mainz | Kurmainz an Maximilian | 512 A 2 |
| 1631 XI 10 | Kurmainz und Kurbayern an den Kaiser | 512 A 2 Anm. 2 |
| [1631 XI 10] | Bayer. Memorial für Ernst | 434 |
| 1631 XI 10 München | Beglaubigungsschreiben Maximilians für Ernst an Tilly | 434 Anm. 1 |
| 1631 XI 10 Rothenburg/Tauber | Tilly an Maximilian | 436 |
| 1631 XI 10 Rothenburg/Tauber | Ruepp an Maximilian | 413 Anm. 9, 436 Anm 1–3, 5–7 u. 9 |
| ad 1631 XI 10 | Volgt, waß für örther und wie stark das erzstift Bremen, stift Minden und Verden und im fürstenthumb Braunschweig besezt hinderlassen seindt | 413 Anm. 8, 434 Anm. 6, 436 Anm. 9 |
| 1631 XI 10 Koblenz | Kurtrier an Kurköln | 419 Anm. 4 |

| | | |
|---|---|---|
| 1631 XI 10/X 31 Dresden | Kursachsen an Lgf. Georg von Hessen-Darmstadt | 483 Anm. 3 |
| 1631 XI 11 | Maximilian an Kurköln | 427 Anm. 1 |
| 1631 XI 11 | Maximilian an Kurmainz | 437 |
| 1631 XI 11 [München] | Maximilian an den Bf. von Würzburg | 438 |
| 1631 XI 11 München | Maximilian an den Kg. von Frankreich | 438 Anm. 2 |
| 1631 XI 11 Windsheim | Pappenheim an Maximilian | 463 Anm. 3 |
| 1631 XI 11 Köln | Beglaubigungsschreiben Kurkölns für Fenff an Richelieu | 431 Anm. 8 |
| 1631 XI 11 Wie | Der Kaiser an Kurmainz | 428 Anm. 2 |
| 1631 XI 11 Angelberg | Der Fürstpropst von Ellwangen an Craz | 512 E 4 Anm. 26 |
| 1631 XI 12 München | Maximilian an Richelieu | 437 Anm. 5 |
| 1631 XI 12 Wien | Der Kaiser an Maximilian | 512 A 3 |
| 1631 XI 12 Mainz | Der Bf. von Würzburg an Maximilian | 408 Anm. 5 |
| 1631 XI 12 | Ruepp an Herliberg | 436 Anm. 13 |
| 1631 XI 12 Köln | Kurköln an Maximilian | 419 Anm. 4, 431 Anm. 1, 3 u. 4 |
| 1631 XI 12 | Journal Richels | 412 Anm. 9 |
| 1631 XI 12 | Journal Richels | 439 Anm. 1 u. 4 |
| 1631 XI 12 Wien | Der Kaiser an Lgf. Georg von Hessen-Darmstadt | 428 Anm. 2 |
| 1631 XI 12/2 Ochsenfurt | Der Kg. von Schweden an Lgf. Georg von Hessen-Darmstadt | 444 Anm. 2 |
| 1631 XI 13 Münchn | Maximilian an den Kaiser | 281 Anm. 11, 424 Anm. 1 |
| 1631 XI 13 München | Maximilian an den Kaiser | 428 Anm. 3 |
| 1631 XI 13 | Maximilian an den Kaiser | 439 |
| 1631 XI 13 Augsburg | Craz an Maximilian | 400 Anm. 5 |
| 1631 XI 13 Köln | Kurköln an Maximilian | 440 |
| 1631 XI 13 Köln | Kurköln an Maximilian | 469 Anm. 2 |
| 1631 XI 13 Mainz | Kurmainz an Kurköln | 433 a Anm. 1 |
| 1631 XI 13 Wien | Der Kaiser an Tilly | 441 |
| 1631 XI 14 München | Maximilian an den Kaiser | 433 Anm. 2 |

| | | |
|---|---|---|
| 1631 XI 14 Château-Thierry | Pass des Kgs von Frankreich für Sieur de Miré | 470 D 2 Anm. 5 |
| [vor 1631 [XI] 15] | Gutachten ksl. deputierter Räte, s. d., mit Votum des Geheimen Rates 1631 [XI] 15 | 443 Anm. 2 u. 6 |
| 1631 XI 15 | Bayerisches Memorial für Ernst s. [1631 XI 10] | |
| 1631 XI 15 Lehrberg | Rekredential Tillys für Ernst an Maximilian | 434 Anm. 1 |
| 1631 XI 15 Mainz | Beglaubigungsschreiben des Bfs von Würzburg für Dr. Staudenhecht an Maximilian | 462 Anm. 1 |
| 1631 XI 15 Köln | Kurköln an den Kaiser | 428 Anm. 3 |
| 1631 XI 15 Köln | Kurköln an Kurmainz, an Kurtrier | 442 Anm. 6 |
| 1631 XI 16 München | Maximilian an Kurköln | 431 Anm. 2, 435 Anm. 1 |
| 1631 XI 16 | Maximilian an die oberländischen Ligastände | 512 B 1 |
| 1631 XI 16 München | Maximilian an den Bf. von Würzburg | 512 B 1 Anm. 4 |
| 1631 XI 16 München | Maximilian an den Kaiser | 433 Anm. 1 |
| 1631 XI 16 Lehrberg | Tilly an Maximilian | 371 Anm. 4 |
| 1631 XI 16 Lehrberg | Beglaubigungsschreiben Tillys für Fugger an Maximilian | 436 Anm. 13 |
| 1631 XI 16 Köln | Kurköln an Maximilian | 431 Anm. 3 |
| 1631 XI 16 Köln | Kurköln an Maximilian | 442 |
| 1631 XI 16 Köln | Kurköln an Maximilian | 442 Anm. 2 u. 7 |
| 1631 XI 16 Wien | Der Kaiser an Maximilian, an Kurköln | 443, ebd. Anm. 1 |
| 1631 XI 16 Wien | Der Kaiser an Lgf. Georg von Hessen-Darmstadt | 443 Anm. 4 u. 6 |
| 1631 XI 16 Wien | Der Kaiser an Kurmainz | 443 Anm. 5 |
| 1631 XI 16/6 Rüsselsheim | Lgf. Georg von Hessen-Darmstadt an Kurmainz | 444 Anm. 2 |
| 1631 XI 16/6 Würzburg | Der Kg. von Schweden an den Bf. von Bamberg | 447 Anm. 2 |
| 1631 XI 17 | Journal Richels | 405a Anm. 1 |
| 1631 XI 17 Mainz | Kurmainz an Maximilian | 437 Anm. 4 u. 9 |
| 1631 XI 17 Mainz | Kurmainz an Maximilian, an den Kaiser | 444, ebd. Anm. 1 |
| 1631 XI 17 Wien | Der Kaiser an den Bf. von Eichstätt | 405 Anm. 1 |
| 1631 XI 17/7 | Der Bf. von Bamberg und Mgf. Christian von Brandenburg an den Kaiser | 439 Anm. 4 |

| | | |
|---|---|---|
| 1631 XI 17/7 | PS des Lgfen Georg von Hessen-Darmstadt an den Kaiser | 444 Anm. 2 |
| 1631 XI 18 München | Maximilian an Kurmainz | 430 Anm. 1 |
| 1631 XI 18 München | Maximilian an Kurköln | 431 Anm. 4, 435 Anm. 1 u. 5 |
| 1631 XI 18 München | Maximilian an Pgf. Wolfgang Wilhelm von Neuburg | 415 Anm. 1 |
| 1631 XI 18 München | Maximilian an den Kaiser | 445 |
| 1631 XI 18 München | Maximilian an den Kg. von Dänemark | 445 Anm. 3 |
| 1631 XI 18 | Maximilian an Tilly | 450 Anm. 2 |
| 1631 XI 18 München | Instruktion Maximilians für M. Kurz | 454 A Anm. 2 |
| 1631 XI 18 | Journal Richels | 405a Anm. 1 |
| 1631 XI 18 München | Maximilian an den Deutschmeister | 512 B 1 Anm. 4 |
| 1631 XI 19 | Maximilian an Kurköln | 469 Anm. 2 |
| 1631 XI 19 Osnabrück | Der Bf. von Osnabrück an Maximilian | 446 |
| 1631 XI 19 Meersburg | Der Bf. von Konstanz an Hg. Julius Friedrich von Württemberg | 449a Anm. 6 |
| 1631 XI 20 | Maximilian an den Kaiser | 415 Anm. 1 |
| 1631 XI 20 | Journal Richels | 449 Anm. 1 |
| 1631 XI 20 Köln | Kurköln an Maximilian | 419 Anm. 4, 431 Anm. 4, 442 Anm. 7, 452 Anm. 2 |
| 1631 XI 20 Wien | Der Kaiser an Maximilian | 432 Anm. 1 |
| 1631 XI 20 Forchheim | Der Bf. von Bamberg an Maximilian | 447 |
| 1631 XI 20 Weidenbach | Beglaubigungsschreiben Tillys für Granvelle an Maximilian | 456 Anm. 2 |
| 1631 XI 20 | Reichshofratsgutachten, mit Votum des Geheimen Rates, 1631 XI 21 | 448 |
| 1631 XI 21 | Maximilian an den Kaiser | 449 |
| 1631 XI 21 | Maximilian an Kurmainz | 457 Anm. 1 |
| 1631 XI 21 Meersburg | Der Bf. von Konstanz an Maximilian | 449a |
| 1631 XI 21 Wien | Der Kaiser an Kurköln | 448 Anm. 1 u. 5 |
| 1631 XI 21/11 Gießen | Lgf. von Hessen-Darmstadt an Kurmainz | 443 Anm. 4 |
| 1631 XI 22 München | Maximilian an den Bf. von Augsburg, an den Bf. von Eichstätt, an den Deutschmeister, an den Fürstpropst von Ellwangen, an Statthalter u. Räte in Neuburg | 450 Anm. 3 |

| | | |
|---|---|---|
| 1631 XI 22 München | Beglaubigungsschreiben Maximilians für M. Kurz an den Kaiser | 454 Anm. 1 |
| 1631 XI 22 München | Vertrag zwischen dem bayer. Kreisoberstenamt u. der Stadt Regensburg | 405a Anm. 1 |
| 1631 XI 23 | Maximilian an Tilly | 450 |
| 1631 XI 23 | Maximilian an Pappenheim | 450 Anm. 4 u. 5 |
| 1631 XI 23 | PS Maximilians an Kurköln | 450 Anm. 5 |
| 1631 XI 23 München | Nebenmemorial Maximilians für M. Kurz | 454 A |
| 1631 XI 23 Köln | Kurköln an Maximilian | 357 Anm. 7 |
| 1631 XI 23 Köln | Kurköln an Maximilian | 452 |
| 1631 XI 23 Köln | Kurköln an Maximilian | 453 |
| 1631 XI 23 | Journal Richels | 451 Anm. 2, 5, 7 u. 8, 456 Anm. 2 |
| 1631 XI 23 Gunzenhausen | Tilly an Maximilian | 451 |
| 1631 XI 23 Gunzenhausen | Ruepp an Maximilian | 451 Anm. 1, 3, 4, 8 u. 9 |
| 1631 XI 24 München | Maximilian an Kurköln | 442 Anm. 4, 6 u. 8 |
| 1631 XI 24 | Maximilian an Kurköln | 474 Anm. 6 |
| 1631 XI 24 München | Maximilian an Tilly | 455 |
| 1631 XI 24 | Maximilian an Ruepp | 436 Anm. 4 |
| 1631 XI 24 Eichstätt | Der Bf. von Eichstätt an Maximilian | 463 Anm. 5, 498 Anm. 3, 503 Anm. 5 |
| 1631 XI 24 Mainz | Kurmainz an Kurköln | 422 Anm. 2 |
| 1631 XI 24 Mainz | Hoheneck an Kurköln | 436 Anm. 2, 464 Anm. 2 |
| 1631 XI 24 Mainz | Kurmainz an Lgf. Georg von Hessen-Darmstadt | 443 Anm. 4 |
| 1631 XI 24 Freising | Der Bf. von Freising an Maximilian | 512 B Anm. 1 |
| 1631 XI 25 | Maximilian an Tilly | 119 Anm. 8 |
| 1631 XI 25 | Maximilian an Kurmainz | 444 Anm. 1, 457 Anm. 3 |
| 1631 XI 25 | Maximilian an Kurmainz, an Kurtrier, an Kurköln | 456, ebd. Anm. 1 |
| 1631 XI 25 München | Maximilian an Kurmainz | 457 |
| 1631 XI 25 | Maximilian an den Bf. von Bamberg | 447 Anm. 1 |
| 1631 XI 25 Gunzenhausen | Ruepp an Maximilian | 371 Anm. 3 |

| | | |
|---|---|---|
| 1631 XI 25 Schwabach | Pappenheim an Maximilian | 463 Anm. 3 |
| 1631 XI 25 Mainz | Kurmainz an Maximilian | 464 Anm. 1 |
| 1631 XI 25 Wien | Der Kaiser an Maximilian | 448 Anm. 2 |
| 1631 XI 25 Wien | Der Kaiser an Maximilian | 454 B Anm. 6 u. 7 |
| 1631 XI 25 Wien | Der Kaiser an Kurmainz und Kurbayern | 512 A 2 Anm. 2 |
| 1631 XI 25 Wien | Der Kaiser an den Deutschmeister | 512 A 2 Anm. 2 |
| 1631 XI 25 Gunzenhausen | Rekredential Tillys für Starzhausen an Maximilian | 450 Anm. 1 |
| 1631 XI 26 | Maximilian an den Kaiser | 458 |
| 1631 XI 26 Gunzenhausen | Tilly an Maximilian | 371 Anm. 3 |
| [1631 XI] 26 [Treuchtlingen] | Pappenheim an Maximilian | 463 Anm. 6 |
| 1631 XI 26 Gunzenhausen | Aldringen an Maximilian | 450 Anm. 1 |
| 1631 XI 26 Gunzenhausen | Rekredential des Gallas für Starzhausen an Maximilian | 450 Anm. 1 |
| 1631 XI 26 Château-Thierry | Der Kg. von Frankreich an den Bf. von Würzburg | 458 a |
| 1631 XI 27 Angelberg | Der Fürstpropst von Ellwangen an Maximilian | 390 Anm. 1 |
| 1631 XI 27 | Maximilian an Kurköln | 442 Anm. 2 u. 7 |
| 1631 XI 27 | Maximilian an den Kaiser | 432 Anm. 5 |
| ad 1631 XI 27 | Vermerk Peringers | 432 Anm. 5 |
| 1631 XI 27 München | Bescheid der kurbayer. Geheimen Kanzlei für Dr. Staudenhecht | 459 |
| ad 1631 XI 27 | Peringer an Maximilian | 459 Anm. 1 |
| 1631 XI 27 | Bayer. Bescheid für Dr. Staudenhecht | 460 |
| 1631 XI 27 Meisenheim | Pgf. Wolfgang Wilhelm von Neuburg an Maximilian | 461 |
| 1631 XI 27 Amberg | Schlez an Maximilian | 450 Anm. 4 |
| ad 1631 XI 27 | Memoriale, waß mit Ihr Kfl. Dt. [...] dero feldmarschall graff von Bappenheim zue reden anbevohlen | 450 Anm. 4 |
| 1631 XI 27 Eichstätt | Der Bf. von Eichstätt an Maximilian | 463 Anm. 5 |
| 1631 XI 27 Brüssel | Die Infantin an den Kaiser | 420 Anm. 5 |
| 1631 XI 28 | Der Fürstpropst von Ellwangen an Maximilian s. 1631 XI 27 | |
| 1631 XI 28 | Maximilian an den Bf. von Eichstätt | 498 Anm. 3, 503 Anm. 5 |

| | | |
|---|---|---|
| [präs. 1631 XI 28] [Wien] | [M. Kurz] an Trauttmansdorff | 454 Anm. 1, 454 C Anm. 3 |
| [präs. 1631 XI 28] | Memorial des M. Kurz für den Kaiser | 454 B Anm. 2–4 |
| 1631 XI 28 Wien | M. Kurz an Maximilian | 454 C Anm. 2 |
| 1631 XI 28 München | Dr. Staudenhecht an den Bf. von Würzburg | 384 Anm. 4, 462 |
| 1631 XI 29 Hameln | Lerchenfeld an Maximilian | 482 Anm. 6 |
| 1631 XI 29 Brühl | Kurköln an den Kaiser | 453 Anm. 3 |
| 1631 XI 30 | Maximilian an Tilly | 450 Anm. 7, 463 Anm. 4 |
| 1631 XI 30 | Maximilian an Tilly | 463 |
| 1631 XI 30 | PS Maximilians an Tilly | 463 Anm. 3 |
| 1631 XI 30 | Maximilian an Pappenheim | 463 Anm. 6 |
| 1631 XI 30 Dillingen | Der Bf. von Augsburg an Maximilian | 463 Anm. 5 |
| 1631 XI 30 Köln | Kurköln an Maximilian | 464 |
| 1631 XI 30 Köln | Kurköln an Maximilian | 464 Anm. 2 |
| 1631 XI 30 Wien | Der Kaiser an Maximilian | 397 Anm. 1, 454 C Anm. 9 |
| 1631 XI 30 Ellwangen | Gallas an Maximilian | 432 Anm. 4 |
| 1631 XI 30 Wien | Ksl. Resolution für M. Kurz | 454 B |
| 1631 XI 30 Wien | M. Kurz an Maximilian | 454 C |
| 1631 XI 30 Heidelberg | Metternich an Maximilian | 470 D 1 Anm. 11 |
| 1631 XII | Réplique à la responce des commissaires de Monsieur de Bavière | 470 C 3 Anm. 1 |
| 1631 XII 1 | Maximilian an Kurköln | 442 Anm. 7, 452 Anm. 1 |
| [1631 XII 1] | Replik des M. Kurz auf die ksl. Resolution | 454 C Anm. 5 |
| 1631 XII 1 | Ksl. Resolution für M. Kurz | 454 C Anm. 5 |
| 1631 XII 1 Koblenz | Kurtrier an den Kaiser | 465 |
| 1631 XII 1 Koblenz | Kurtrier an Maximilian | 466 |
| 1631 XII 2 | Maximilian an Kurköln | 453 Anm. 1, 5–7 |
| 1631 XII 2 | Maximilian an Tilly | 467 |
| 1631 XII 2 Mainz | Kurmainz an Maximilian | 468 |
| 1631 XII 2 Wien | Der Kaiser an Maximilian | 415 Anm. 1 |

| | | |
|---|---|---|
| 1631 XII 2 Wien | Rekredential des Kaisers für M. Kurz an Maximilian | 454 Anm. 1 |
| 1631 XII 2 Wien | Der Kaiser an Kurmainz | 444 Anm. 1 |
| 1631 XII 2 Wien | Der Kaiser an Lgf. Georg von Hessen-Darmstadt | 444 Anm. 2 |
| 1631 XII 2 Schloss Brühl | Kurköln an Lgf. Georg von Hessen-Darmstadt | 469 Anm. 4 |
| 1631 XII 2/XI 22 Frankfurt/Main | Der Kg. von Schweden an Hg. Julius Friedrich von Württemberg | 486 Anm. 2 |
| 1631 XII 3 | Maximilian an den Bf. von Konstanz | 449a Anm. 1 |
| 1631 XII 3 | Maximilian an Tilly | 467 Anm. 1 |
| 1631 XII 3 Wien | Stücklin an [Oexel] | 410a Anm. 2 |
| 1631 XII 3 Heidelberg | Metternich an Maximilian | 475 Anm. 2 |
| 1631 XII 3 Wien | Der Kaiser an Maximilian | 485 Anm. 4 |
| 1631 XII 3 Wien | Der Kaiser an Maximilian | 512 A 3 Anm. 1 |
| 1631 XII 3 Brühl | Kurköln an Richelieu | 469 Anm. 4 |
| 1631 XII 3/XI 23 Würzburg | Hans Christoph Stiber an Mgf. Christian von Brandenburg | 491 Anm. 4 |
| 1631 XII 3 Kapfenburg | Der Deutschmeister an Tilly | 512 H 1 Anm. 3 |
| 1631 XII 3–28 | Journal Charnacés | 470 A Anm. 1 |
| 1631 XII 4 | Maximilian an Tilly | 467 Anm. 1 |
| 1631 XII 4 | PS Maximilians an Tilly | 450 Anm. 7 |
| 1631 XII 4 | Journal Richels | 454 B Anm. 1 |
| 1631 XII 4 | Journal Richels | 470 B 1 |
| 1631 XII 4 Mainz | Kurmainz an Kurköln | 464 Anm. 7 |
| 1631 XII 4 Bonn | Kurköln an Kurmainz | 469 |
| 1631 XII 4 Kapfenburg | Der Deutschmeister an Maximilian | 512 H 1 |
| 1631 XII 4 Dillingen | Der Bf. von Augsburg an Maximilian | 512 H 2 |
| 1631 XII 5 | Journal Charnacés | 471 C 1 Anm. 1 |
| 1631 XII 5 | Journal Richels | 451 Anm. 10, 472 Anm. 1 |
| [1631 XII 5] | Journal Richels | 471 |
| 1631 XII 5 Roth | Beglaubigungsschreiben Tillys für Ruepp an Hg. Albrecht von Bayern | 473 Anm. 1 |
| 1631 XII 5/XI 25 HQ Haßfurth | Hg. Bernhard von Sachsen-Weimar an den Bf. von Bamberg | 491 Anm. 5 |
| 1631 XII 6 | Maximilian an Tilly | 472 |

| | | |
|---|---|---|
| 1631 XII 6 Salzburg | Mändl an Maximilian | 472 Anm. 4, 498 Anm. 5 |
| 1631 XII 6 Mainz | Kurmainz an Maximilian | 468 Anm. 1 |
| 1631 XII 6 Roth | Tilly an Maximilian | 473 |
| 1631 XII 6 Wien | Instruktion des Kaisers für H. von Questenberg nach Ingolstadt | 512 C 1 |
| 1631 XII 6 Wien | Beglaubigungsschreiben des Kaisers für H. von Questenberg an die in Ingolstadt versammelten Stände | 512 C 1 Anm. 1 |
| [präs. 1631 XII 7] | Proposition Charnacés | 470 C 1 |
| 1631 XII 7 | Journal Charnacés | 470 C 1 Anm. 1 |
| 1631 XII 7 | Extraict du discours fait à M. le Duc de Bavières par le Sieur de Charnacés | 470 C 1 Fundortzeilen, ebenda Anm. 1 |
| 1631 XII 7 Köln | Kurköln an Maximilian | 474 |
| 1631 XII 7 Köln | Kurköln an Maximilian | 479 Anm. 1 |
| 1631 XII 7/XI 27 Gießen | Lgf. Georg von Hessen-Darmstadt an Maximilian | 475 |
| 1631 XII 7/XI 27 Gießen | Lgf. Georg von Hessen-Darmstadt an den Kaiser, mit Anlagen | 475 Anm. 3 |
| 1631 XII 7/XI 27 Gießen | Lgf. Georg von Hessen-Darmstadt an Eggenberg | 475 Anm. 3 |
| 1631 XII 7/XI 27 Gießen | Lgf. Georg von Hessen-Darmstadt an den Kaiser | 476 |
| 1631 XII 7 | Journal Richels | 470 B 1 Anm. 9 |
| 1631 XII 7 | Journal Richels | 470 B 4 Anm. 2 |
| [1631 XII 7] | PS Kurtriers an Kurköln | 466 Anm. 2 |
| 1631 XII 8 | Journal Charnacés | 373 Anm. 17 |
| 1631 XII 8 | Maximilian an Kurköln | 475 Anm. 2 |
| 1631 XII 8 Mainz | Kurmainz an den Kaiser | 468 Anm. 2 |
| 1631 XII 8 Mainz | Kurmainz an den Kaiser | 477 Anm. 1 |
| 1631 XII 8 Mainz | Kurmainz an Maximilian | 477 |
| 1631 XII 8 Breisach | Bericht an Ehg. Leopold | 470 D 2 Anm. 3 u. 4 |
| 1631 XII 8 Innsbruck | Ehg. Leopold an den Kaiser | 500 Anm. 4 |
| 1631 XII 8/XI 28 Cölln an der Spree | Kurbrandenburg an Lgf. Georg von Hessen-Darmstadt | 507 Anm. 1 |
| 1631 XII 8 | Journal Richels | 470 B 2 |
| [1631 ad XII 8] | Abhandlung [Peringers] | 470 B 3 |

| | | |
|---|---|---|
| [1631 XII 8, 9 oder 10] | Journal Richels | 472 Anm. 2 |
| 1631 XII 9 | Maximilian an Kurmainz | 468 Anm. 1 |
| 1631 XII 9 München | Maximilian an Kurmainz | 470 D 1 |
| ad 1631 XII 9 | Erster Teil der Proposition Charnacés | 470 C 1 Anm. 7 |
| [ad 1631 XII 9] | Notiz Maximilians für den Vizekanzler [Richel] | 470 D 1 Anm. 1 |
| 1631 XII 9 München | Maximilian an Kurköln | 470 D 1 Anm. 1 |
| 1631 XII 9 München | Maximilian an Zollern | 470 D 1 Anm. 1 |
| 1631 XII 9 München | Maximilian an Kurtrier | 478 |
| 1631 XII 9 | Maximilian an den Bf. von Würzburg | 438 Anm. 4 |
| 1631 XII 9 München | Rekredential [Hg. Albrechts von Bayern] für Ruepp an Tilly | 473 Anm. 1 |
| 1631 XII 9 Köln | Kurköln an Maximilian | 474 Anm. 1 u. 2 |
| 1631 XII 9 Mainz | Kurmainz an Maximilian | 479 |
| 1631 XII 9 Mainz | Kurmainz an Maximilian | 484 Anm. 1 u. 2 |
| 1631 XII 9 Mainz | Rekredential des Kfen von Mainz für D. Porss an Lgf. Georg von Hessen-Darmstadt | 484 Anm. 1 |
| 1631 XII 9 Château-Thierry | Bichi an Kurköln | 499 Anm. 2 |
| 1631 XII 9 Château-Thierry | Bichi an Carafa | 499 Anm. 3 |
| 1631 XII 9 Kapfenburg | Instruktion des Deutschmeisters für seine Gesandten nach Ingolstadt | 512 C 2 |
| 1631 XII 9/XI 29 Frankfurt/Main | Resolution des Kgs von Schweden für Lgf. Georg von Hessen-Darmstadt | 483 Anm. 4 |
| [1631 XII vor 10] | Aufzeichnungen Maximilians zur Neutralität | 470 B 4 |
| 1631 XII 10 | Journal Charnacés | 470 C 2 Anm. 1, 490 Anm. 35 |
| 1631 XII 10 München | Maximilian an den Bf. von Osnabrück | 446 Anm. 1 |
| 1631 XII 10 | Maximilian an Werner von Tilly | 512 H 3 |
| 1631 XII 10 Köln | Der Bf. von Würzburg an Maximilian | 408 Anm. 2, 459 Anm. 3 |
| 1631 XII 10 Angelberg | Der Fürstpropst von Ellwangen an Maximilian | 463 Anm. 5 |
| 1631 XII 10 | Niederschrift Richels | 470 B 3 Anm. 2, 470 B 4 Anm. 3, 470 C 2 Anm. 1 |
| 1631 XII 10 Château-Thierry | Der Kg. von Frankreich an die geistlichen Kurfürsten | 479 a |

| | | |
|---|---|---|
| 161631 XII 10/30 XI u. XII 11/1 Gießen | Lgf. Georg von Hessen-Darmstadt an Kurköln | 480 |
| 1631 XII 11/1 Gießen | Extract herrn landgraf Georgens zu Hessen handschreiben an herrn churfürsten zu Cölln, underm dato Giessen, den ersten Decembris 1631 [st. v.] | 480 Anm. 7, 483 Anm. 6 |
| 1631 XII 11 Köln | Kurköln an Maximilian | 474 Anm. 3, 481 Anm. 3, 512 H 4 Anm. 3 u. 5 |
| 1631 XII 11 Kapfenburg | Der Deutschmeister an Maximilian | 493 Anm. 1 |
| 1631 XII 11/1 Gießen | Lgf. Georg von Hessen-Darmstadt an den Kg. von Schweden | 501 Anm. 5 |
| 1631 XII 11 Angelberg | Instruktion des Fürstpropsts von Ellwangen für seine Gesandten nach Ingolstadt | 512 C Anm. 1 |
| 1631 XII 12 München | Bayer. Antwort auf die Proposition Charnacés | 470 C 2 Fundortzeilen |
| 1631 XII 12 Innsbruck | Ehg. Leopold an den Kaiser | 470 D 2 |
| 1631 XII 12 | Ehg. Leopld an Maximilian | 470 D 2 Anm. 4 |
| 1631 XII 12 Köln | Der Bf. von Würzburg an Maximilian | 512 H 4 Anm. 4 |
| [präs.] 1631 XII 13 | Bayer. Antwort auf die Proposition Charnacés | 470 C 2 |
| 1631 XII 13 | Journal Charnacés | 470 C 2 Anm. 1 |
| 1631 XII 13 Heidelberg | Metternich an Maximilian | 470 D 1 Anm. 20 |
| 1631 XII 13 Köln | Kurköln an Maximilian | 481 |
| 1631 XII 13 Köln | Kurköln an Maximilian | 512 H 4 |
| [1631 XII nach 13] | PS des Kfen von Mainz an Maximilian | 470 D 3 |
| 1631 XII 14 Donauwörth | Maximilian an Pappenheim | 482 |
| 1631 XII 14 Heidelberg | Metternich an Maximilian | 470 B 8 Anm. 1 |
| 1631 XII 14/4 Gießen | Lgf. Georg von Hessen-Darmstadt an Maximilian | 483 |
| 1631 XII 14/4 Gießen | Lgf. Georg von Hessen-Darmstadt an den Kaiser | 483 Anm. 5 |
| 1631 XII 14/4 Gießen | Relation des Dominikus Porss | 484 |
| 1631 XII 14 Donauwörth | Aldringen an den Kaiser | 485, ebd. Anm. 1 |
| 1631 XII 14 Kapfenburg | Der Deutschmeister an den Kaiser | 444 Anm. 1 |
| 1631 XII 14/4 Mainz | Pless an Lgf. Georg von Hessen-Darmstadt | 507 Anm. 3 |

| | | |
|---|---|---|
| 1631 XII 15 | Journal Charnacés | 470 C 3 Anm. 1 |
| 1631 XII 15 Donauwörth | Maximilian an Kurmainz | 477 Anm. 2 |
| 1631 XII 15 München | Maximilian an Lgf. Georg von Hessen-Darmstadt | 475 Anm. 1 |
| 1631 XII 1<5> | Vollmacht Maximilians für Pappenheim | 482 Anm. 3 |
| 1631 XII 15 Donauwörth | Herliberg an Kurköln | 482 Anm. 4, 485 Anm. 2 |
| 1631 XII 15 | Maximilian an Lerchenfeld | 482 Anm. 6 |
| 1631 XII 15/5 Stuttgart | Hg. Julius Friedrich von Württemberg an Maximilian | 486 |
| 1631 XII 15 Mainz | Kurmainz an den Kaiser | 484 Anm. 1 |
| 1631 XII 15 Mainz | Kurmainz an den Kaiser | 487 |
| 1631 XII 15 Donauwörth | Aldringen an den Hofkriegsrat Questenberg | 485 Anm. 1, 5 u. 7 |
| 1631 XII 15/5 Gießen | Lgf. Georg von Hessen-Darmstadt an Eggenberg | 488 Anm. 1 |
| 1631 XII 15 Heidelberg | Statthalter in Heidelberg an Aldringen | 494 Anm. 2 |
| 1631 XII 15 Weißenau | Abt Johann Christoph zu Weißenau an Maximilian | 512 D Anm. 1 |
| 1631 XII 16 Wien | Der Kaiser an den Bf. von Bamberg und Mgf. Christian von Brandenburg | 439 Anm. 4 |
| 1631 XII 16 Wien | Der Kaiser an Kurtrier | 465 Anm. 1 |
| 1631 XII 16/6 Gießen | Lgf. Georg von Hessen-Darmstadt an Kurmainz | 483 Anm. 6, 488 |
| 1631 XII 16 Donauwörth | Aldringen an den Kaiser | 462 Anm. 5, 485 Anm. 1, 5–7 |
| 1631 XII 17 | Journal Charnacés | 485 Anm. 2 |
| 1631 XII 17 | Maximilian an Tilly | 489 |
| 1631 XII 17 | Maximilian an den Bf. von Augsburg | 512 H 2 Anm. 2 |
| 1631 XII 17 Wien | Stücklin an Maximilian | 448 Anm. 6, 500 Anm. 1, 504 Anm. 6 |
| [1631 ad XII 17] | Relation Maximilians über die Konferenz in Donauwörth | 490 |
| [1631 ad XII 17 u. später] | Aufzeichnungen Maximilians zur Neutralität | 470 B 5 |
| 1631 XII 17 Bamberg | Der Bf. von Bamberg an Maximilian | 491 |
| 1631 XII 17 | Niederschrift Richels | 470 B 5 Anm. 6, 470 B 6, 490 Anm. 7, 16, 20 |
| 1631 XII 17 | Niederschrift Richels | 470 C 3 |

| | | |
|---|---|---|
| 1631 XII 17 Deidesheim | Ossa an Tilly | 494 Anm. 2 |
| ad 1631 XII 17 | Quartierverzeichnis | 494 Anm. 2 |
| 1631 XII 17 Heidelberg | Statthalter in Heidelberg an Tilly | 494 Anm. 2 |
| 1631 XII 17 Weißenau | Abt Johann Christoph zu Weißenau an Pascha | 512 D Anm. 1 |
| 1631 XII 18 | Journal Charnacés | 470 C 4 Anm. 1, 470 D 2 Anm. 2–4 |
| 1631 XII 18 | Maximilian an Tilly | 489 Anm. 2 |
| 1631 XII 18 München | Maximilian an den Kaiser | 489 Anm. 3 |
| 1631 XII 18 Heidelberg | Metternich an Maximilian | 470 B 10 Anm. 1, 496 Anm. 4 |
| 1631 XII 18 Ingolstadt | Werner von Tilly an Maximilian | 512 H 3 Anm. 1 |
| 1631 XII 18 | Journal Richels | 470 B 7 |
| 1631 XII 18 Landau | Ossa an Tilly | 494 Anm. 2 |
| 1631 XII 18 Ingolstadt | Untervollmacht Paschas für Dr. Sebastian Denich | 512 D Anm. 3 |
| 1631 XII 18 Ingolstadt | Untervollmacht Paschas für Gassner | 512 D Anm. 6 |
| 1631 XII 19 Weißenburg | Tilly an Maximilian | 489 Anm. 1 |
| 1631 XII 19 Weißenburg | Ruepp an Maximilian | 496 Anm. 3 |
| 1631 XII 19 Wien | Der Kaiser an Maximilian | 492 |
| 1631 XII 19 Wien | Der Kaiser an Tilly | 492 Anm. 1 |
| 1631 XII 19 | Journal Richels | 470 B 8 |
| 1631 XII 19 | Niederschrift Richels | 470 C 4 |
| 1631 XII 19 Kapfenburg | Beglaubigungsschreiben des Deutschmeisters für Ulrich von Wolkenstein an Maximilian | 504 Anm. 5 |
| 1631 XII 20 | Journal Charnacés | 470 C 4 Anm. 6 |
| 1631 XII 20 | Maximilian an den Deutschmeister | 493 |
| 1631 XII 20 Weißenburg | Tilly an Maximilian | 494 |
| 1631 XII 20 Rom | Barberini an Maximilian | 495 |
| 1631 XII 20 Hagenau | Ossa an Tilly | 502 Anm. 1 |
| 1631 XII 20 | Votum des ksl. Geheimen Rates | 420 Anm. 5 |
| 1631 XII 20 Wien | Der Kaiser an die Infantin | 420 Anm. 5 |
| 1631 XII 20 | Niederschrift Richels | 470 B 9 |
| 1631 XII 20 | Journal Richels | 470 B 9 Anm. 1 |
| 1631 XII 20 | Charnacé an den Kg. von Schweden | 470 C 4 Anm. 6 |

| | | |
|---|---|---|
| 1631 XII 20 Kapfenburg | Der Deutschmeister an seine Gesandten in Ingolstadt | 504 Anm. 5 |
| 1631 XII 21 [München] | Kanzleivermerk | 470 D 2 Anm. 4 |
| [1631 XII 21 Wien | Der Kaiser an Maximilian | 470 D 4 |
| 1631 XII 21 Wien | Der Kaiser an Kurmainz | 470 D 4 Anm. 1 |
| 1631 XII 21 Wien | Der Kaiser an H. von Questenberg | 470 D 4 Anm. 1 |
| 1631 XII 21 Köln | Kurköln an Maximilian | 470 D 5 |
| [1631 XII 21 Weißenburg] | PS Ruepps an Herliberg | 506 Anm. 2 |
| 1631 XII 21 Weißenburg | Tilly an Maximilian | 494 Anm. 2 |
| 1631 XII 21 Köln | Kurköln an Lgf. Georg von Hessen-Darmstadt | 480 Anm. 1 |
| 1631 XII 22 | Votum des ksl. Geheimen Rates | 468 Anm. 2 |
| 1631 XII 22 | Journal Charnacés | 470 C 5 Anm. 2, 5 |
| 1631 XII 22 | Maximilian an Tilly | 496 |
| 1631 XII 22 | Maximilian an Metternich | 496 Anm. 4 |
| 1631 XII 22 | Maximilian an Ruepp | 503 Anm. 5 |
| 1631 XII 22 | Peringer an Maximilian | 470 B 11 |
| 1631 [ad XII 22] | Wolkenstein an Maximilian | 470 B 12 |
| 1631 XII 22 Wien | Der Kaiser an Lgf. Georg von Hessen-Darmstadt | 476 Anm. 1 |
| 1631 XII 22 Wien | Der Kaiser an Kurmainz, an Kurbayern | 476 Anm. 1 |
| 1631 XII 22 Köln | Beglaubigungsschreiben Kurkölns für Fenff an Père Joseph | 505 Anm. 1 |
| 1631 XII 22 Weißenburg | Aldringen an den Kaiser | 485 Anm. 1, 489 Anm. 1, 503 Anm. 2, 504 Anm. 4 |
| 1631 XII 22 | Journal Richels | 470 B 10 |
| 1631 XII 22 | Niederschrift Richels | 470 C 5 |
| 1631 XII 22 Ingolstadt | H. von Questenberg an Maximilian | 512 H 3 Anm. 1 |
| 1631 XII 22 Ingolstadt | Werner von Tilly an Maximilian | 512 H 3 Anm. 1 |
| 1631 XII 22 Bamberg | Der Bf. von Bamberg an Maximilian | 512 H 5 |
| [1631 vor XII 23] | Gutachten ksl. deputierter Räte, s. d., mit Votum des Geheimen Rates, 23. Dez. 1631 | 476 Anm. 1 |
| 1631 XII 23 München | Maximilian an den Bf. von Würzburg | 459 Anm. 3, 460 Anm. 1 |
| 1631 XII 23 | Journal Charnacés | 470 C 6 |
| 1631 XII 23 | Maximilian an Kurmainz | 498 |

| | | |
|---|---|---|
| 1631 XII 23 München | Maximilian an Kurmainz | 498 Anm. 1, 512 H 4 Anm. 6 |
| 1631 XII 23 München | Maximilian an Kurköln | 481 Anm. 1 |
| 1631 XII 23 | Maximilian an Kurköln | 495 Anm. 1, 512 H 4 Anm. 1, 2, 5, 6 |
| 1631 XII 23 | Maximilian an Kurköln | 512 H 4 Anm. 3 |
| 1631 XII 23 | Maximilian an Pappenheim | 497 |
| 1631 XII 23 Köln | Kurköln an Maximilian | 499 |
| 1631 XII 23 Köln | Beglaubigungsschreiben Kurkölns für Fenff an Richelieu | 505 Anm. 1 |
| 1631 XII 23 | Journal Richels | 470 B 13 |
| 1631 XII 23 Ingolstadt | Gassner an den Fürstpropst von Ellwangen, mit Anlagen | 470 B 5 Anm. 10, 512 D Anm. 5, 512 H Anm. 1 |
| 1631 XII 24 | Maximilian an Lgf. Georg von Hessen-Darmstadt | 483 Anm. 1 |
| 1631 XII 24 | Maximilian an Barberini | 495 Anm. 1 |
| 1631 XII 24 | Maximilian an Tilly | 496 Anm. 2 |
| 1631 XII 24 | Maximilian an Ruepp | 496 Anm. 2 |
| 1631 XII 24 München | Memorial für Ernst, für Enßmann | 496 Anm. 3 |
| 1631 XII 24 Wien | Stücklin an Maximilian | 500 |
| 1631 XII 24/14 Stuttgart | Hg. Julius Friedrich von Württemberg an Maximilian | 486 Anm. 1 |
| 1631 XII 24 | Journal Richels | 470 B 14 |
| 1631 XII 24 München | Documentum Neutralitatis | 470 C 7 |
| 1631 XII 24 München | Erstes bayer. Memorial für Charnacé | 470 C 8 |
| 1631 XII 24 München | Zweites bayer. Memorial für Charnacé | 470 C 9 |
| 1631 XII 24 Wien | Der Kaiser an Kurmainz | 468 Anm. 2 |
| 1631 XII 24 Wien | Der Kaiser an den Deutschmeister | 504 Anm. 6 |
| 1631 XII 24 München | Dr. Staudenhecht an den Bf. von Würzburg | 438 Anm. 4, 460 Anm. 5, 462 Anm. 4, 7, 8, 470 B 5 Anm. 10 |
| ad 1631 XII 24 | Churbayrisch guettachten und erbieten | 460 Fundortzeilen |
| 1631 XII 24/14 Gießen | Lgf. Georg von Hessen-Darmstadt an den Kaiser | 501 |
| 1631 XII 25 Weißenburg | Tilly an Maximilian | 502 |

| | | |
|---|---|---|
| 1631 XII 25 München | Instruktion Maximilians für seine Gesandten nach Ingolstadt | 512 C 3 |
| 1631 XII 25 München | Maximilian an H. von Questenberg | 512 H 3 Anm. 1 |
| 1631 XII 25 München | Maximilian an Werner von Tilly | 512 H 3 Anm. 1 |
| 1631 XII 26 Weißenburg | Ruepp an Maximilian | 503 |
| 1631 XII 26 | Journal Charnacés | 470 C 4 Anm. 6 |
| 1631 XII 26 Weißenburg | Aldringen an den Kaiser | 485 Anm. 1, 496 Anm. 1 |
| 1631 XII 27 München | Charnacé an Kursachsen | 470 C 4 Anm. 6 |
| 1631 XII 27 | Journal Charnacés | 470 C 7 Anm. 1 |
| 1631 XII 27 Nördlingen | Tilly an Maximilian | 504 |
| 1631 XII 27 | Maximilian an Tilly | 504 Anm. 1 |
| 1631 XII 27 Nördlingen | Ruepp an Maximilian | 504 Anm. 2 |
| 1631 XII 27 Nördlingen | Ruepp an Herliberg | 504 Anm. 2 |
| 1631 XII 27 | Journal Richels | 470 B 15 |
| präs. 1631 XII 27 | Memorandum Fenffs | 505 A |
| 1631 XII 27 Ingolstadt | Relation H. von Questenbergs | 512 H 6 |
| 1631 XII 27 Ingolstadt | Mitteilung des Statthalteramts in Ingolstadt | 512 H 6 Anm. 2 |
| 1631 XII 28 | Charnacé an Bouthillier | 470 C 4 Anm. 1 u. 6, 470 D 2 Anm. 2 |
| 1631 XII 28 | Journal Charnacés | 470 C 7 Anm. 1 |
| 1631 XII 28 | Maximilian an Tilly | 502 Anm. 2–4 |
| 1631 XII 28 | Maximilian an Ruepp | 506 |
| 1631 XII 28 Ingolstadt | Relation der bayerischen Gesandten | 512 H 7 |
| ad 1631 XII 28 | Verzaichnus derer Ir Ksl. Mt. assistireten verainten cathol. cur-, fürsten und stenden zu dem angestelten convent alhier zu Ingolstatt | 512 H 7 Anm. 2 |
| 1631 XII 28 u. 31/ 18 u. 21 Gießen | Lgf. Georg von Hessen-Darmstadt an Kurköln | 507 |
| 1631 XII 28/18 Gießen | Lgf. Georg von Hessen-Darmstadt an Pless | 507 Anm. 5 |
| 1631 XII 29 | Maximilian an Tilly | 508 |
| 1631 XII 29 | Maximilian an Ruepp | 508 Anm. 1 |
| 1631 XII 29 | Maximilian an den Bf. von Bamberg | 491 Anm. 1 |
| 1631 XII 29 Salzburg | Ebf. von Salzburg an Maximilian | 470 B 12 Anm. 28 |

| | | |
|---|---|---|
| 1631 XII 29 Nördlingen | Tilly an Maximilian | 509 |
| 1631 XII 29 Nördlingen | Tilly an Maximilian | 509 Anm. 1, 513 Anm. 4 |
| 1631 XII 29 Wien | Eggenberg an Maximilian | 510 |
| 1631 XII 29 | Gutachten ksl. deputierter Räte, mit Votum des Geheimen Rates, 29. Dez. 1631 | 511 |
| 1631 XII 29 | Votum des ksl. Geheimen Rates | 511 Anm. 5 |
| 1631 XII 29 Ingolstadt | Proposition des kaiserlichen Gesandten | 512 C 1 Anm. 2, 512 E 1 Anm. 5 |
| 1631 XII 29–1632 I 4 Ingolstadt | Protokoll des Dr. Johann Eustachius von Soll | 512 D Anm. 7, 512 E Anm. 1, 512 E 1 Anm. 1–2, 512 E 2 Anm. 1–3, 7, 8, 10, 14, 512 E 3 Anm. 1, 2, 7–9, 512 E 4 Anm. 2, 5–8, 10, 11, 14–20, 22–24, 26, 28, 512 E 5 Anm. 1–6, 8, 10–12, 14–17, 512 E 6 Anm. 1–3, 512 H 8 Anm. 7 |
| 1631 XII 29–1632 I 4 Ingolstadt | Bayerisches Protokoll | 512 E, ebd. Anm. 1 |
| 1631 XII 29 [Ingolstadt] | Bayerisches Protokoll | 512 E 1 |
| 1631 XII 29 Nördlingen | Der Deutschmeister an seine Gesandten in Ingolstadt | 512 E 3 Anm. 4, 512 E 4 Anm. 18 |
| 1631 XII 29 | Journal Richels | 470 B 16 |
| 1631 XII 29/19 Mainz | Sadler an Charnacé | 470 C 4 Anm. 6 |
| 1631 XII 29 ff. | Journal Charnacés | 470 A Anm. 1 |
| 1631 XII 30 Wien | Der Kaiser an die Infantin | 468 Anm. 2 |
| 1631 XII 30 | Maximilian an Kurmainz | 470 D 6 |
| 1631 XII 30 | Maximilian an Kurtrier | 470 D 6 Anm. 1 |
| 1631 XII 30 | Maximilian an Kurköln | 470 D 6 Anm. 1 |
| [1631 XII 30] | PS Maximilians an Kurköln | 470 D 7 Anm. 2 |
| 1631 XII 30 München | Beglaubigungsschreiben Maximilians für Kütner an Richelieu | 470 B 16 Anm. 1 |
| 1631 XII 30 München | Beglaubigunsschreiben Maximilians für Saint-Etienne an Richelieu | 470 B 16 Anm. 1 |
| 1631 XII 30 | Maximilian an Tilly | 508 Anm. 3 |
| [1631 XII 30] | PS Maximilians an Tilly | 508 Anm. 2 |
| 1631 XII 30 Nördlingen | Ruepp an Maximilian | 513 |

| | | |
|---|---|---|
| 1631 XII 30 Nördlingen | Überschlag, wie die bezallung deß monnatsoldts uf die soldatesca [...] angeschlagen worden | 513 Anm. 3 |
| 1631 XII 30 München | Saint-Etienne an Charnacé | 470 D 6 Anm. 11 |
| 1631 XII 30 | Journal Richels | 470 D 8 Anm. 1 |
| 1631 XII 30 [Ingolstadt] | Bayerisches Protokoll | 512 E 2 |
| 1631 XII 30 Ingolstadt | Relation der bayerischen Gesandten | 512 H 8 |
| 1631 XII 30 Ingolstadt | Relation der Gesandten des Deutschmeisters | 512 H 6 Anm. 3 |
| [1631 XII vor 31] | Französisches Memorandum für Fenff | 505 B |
| 1631 XII 31 | Maximilian an Pappenheim | 482 Anm. 1 |
| 1631 XII 31 | Maximilian an Kurköln | 482 Anm. 1 |
| 1631 XII 31 Wien | Der Kaiser an Wallenstein | 468 Anm. 2 |
| 1631 XII 31 München | Maximilian an den Bf. von Würzburg | 470 D 7 |
| 1631 XII 31 München | Maximilian an den Kaiser | 470 D 8 |
| 1631 XII 31 | Journal Richels | 470 B 17 |
| 1631 XII 31 | Maximilian an den Kaiser | 514 |
| 1631 XII 31 | Journal Richels | 514 Anm. 1 |
| 1631 XII 31 Blumenthal | PS des Landkomturs zu Franken an [Soll] | 509 Anm. 5 |
| 1631 XII 31 [Ingolstadt] | Bayerisches Protokoll | 512 E 3 |
| 1631 XII 31 Ingolstadt | Soll an den Deutschmeister | 512 E 4 Anm. 1, 3 |
| 1631 [XII Ende] | Maximilian an Richelieu | 470 B 16 Anm. 1 |
| 1632 I 1 Ingolstadt | Relation H. von Questenbergs | 512 H 9 |
| ad 1632 I 1 | Relation H. von Questenbergs über die Konferenz mit den Deputierten der Gesandten | 512 H 9 Anlage |
| 1632 I 2 [Ingolstadt] | Bayerisches Protokoll | 512 E 4 |
| 1632 I 2 München | Maximilian an seine Gesandten in Ingolstadt | 512 H 10 |
| 1632 I 3 | Maximilian an Tilly | 512 E 3 Anm. 4 |
| 1632 I 3 | Verzaichnuß deß bundtsvolkhs, wie solches in die quartier außgetheilt | 512 E 4 Anm. 28 |
| 1632 I 3 [Ingolstadt] | Bayerisches Protokoll | 512 E 5 |
| 1632 I 4 [Ingolstadt] | Bayerisches Protokoll | 512 E 6 |
| 1632 I 4 Ingolstadt | Abschied des Ligatages | 512 F |
| 1632 I 4 Ingolstadt | Bescheid des Ligatages für den kaiserlichen Gesandten | 512 G |

| 1632 I 4 Ingolstadt | Rekredential der Vertreter der Bundesstände für H. von Questenberg an den Kaiser ................................. 512 G Anm. 1 |
|---|---|
| 1632 I 4 Ingolstadt | Memorial Solls für den kaiserlichen Gesandten .............. 512 E 4 Anm. 12 |
| 1632 I 5 Ingolstadt | Soll an den Deutschmeister .......................................... 512 E 3 Anm. 5, 512 E 4 Anm. 28, 512 E 5 Anm. 19, 512 H 6 Anm. 3 |
| 1632 I 5 | Votum des ksl. Geheimen Rates ..................................... 487 Anm. 1 |
| 1632 I 7 Wien | Der Kaiser an Maximilian ............................................. 470 D 8 Anm. 1 |
| 1632 I 7 | Votum des ksl. Geheimen Rates ..................................... 470 D 8 Anm. 1, 512 H 9 Anm. 5 |
| 1632 I 7 Wien | Der Kaiser an Kurmainz ............................................... 487 Anm. 1 |
| 1632 I 7 | Der Kaiser an H. von Questenberg .................................. 512 H 8 Anm. 5 |
| 1632 I 10 | Votum des ksl. Geheimen Rates ..................................... 501 Anm. 1 |
| 1632 I 10 Wien | Der Kaiser an Lgf. Georg von Hessen-Darmstadt ............. 501 Anm. 1 |
| 1632 I 11 Köln | Kurköln an Maximilian ................................................. 505 Anm. 1 |
| 1632 I 11 Angelberg | Gassner an den Fürstpropst von Ellwangen, mit Anlagen ............................................................. 512 E Anm. 1, 512 H Anm. 1 |
| 1632 I 16 | Beglaubigungsschreiben Kurkölns für Fenff an Père Joseph ............................................................. 505 Anm. 1 |
| 1632 II 22 Köln | Kurköln an Maximilian ................................................. 171 Anm. 2 |
| 1632 XII 15/5 Stuttgart | Hg. Julius Friedrich von Württemberg an Maximilian ........ 486 Fundortzeilen |
| 1644 | Fragment eines Gutachtens ksl. Geheimer Räte, s. d. s. [vor 1631 XI 2] |

## Alphabetischer Anhang

Ad ea quae Regiae Christianissimae Majestatis ablegatus dominus Gournay Reverendissimo et
 Serenissimo Principi Ferdinando archiepiscopo Coloniensi [...] coram pluribus exposuit,
 Serenissima Sua Celsitudo respondendum censuit. Nr. 31 C.
Aufs Darmstattisch schreiben. Nr. 407 Anm. 2.
Catholischer thail s. Libra status bellici moderni in Germania.
Causae neutralitatis. Nr. 470 B 5 Anm. 2.
Churbayrisch guettachten und erbieten. Nr. 460.
Conditiones, so dem alhie anwesenden Engelendischen und pfalzgrafischen gesandten bei
 vorhabender handlung fürzuhalten. Nr. 282 Anm. 3.
Contzen
    Gutachten betr. die Pfalzfrage. Nr. 425 Anm. 1.
    an Maximilian, s. d. 512 C 3 Anm. 12, 15.

Das die motiven, warumb abzudankhen, nit eben Ir Kfl. Dt., mein gnedigister herr, mehr alß andere, oberlandische bundtstendt verbunden, erscheint aus nachvolgenden rationibus. Nr. 281 Anm. 1 u. 7.

Delmenhorst s. Oldenburg.

Dem schreiben an die rhätt nach Franckhfort mechten volgende puncten einverleibt werden. Nr. 311 E 22 Anm. 1.

Designatio der herrn abgesandten Rheinischen districts uf dem bundtstag zue Dinglspiel. Nr. 167 D.

Designatio der herren [katholischen] abgesandten, so uff dem den 3. Augusti [1631] außgeschriebenen compositionstag zu Frankfurt erschienen. 311 C.

Designation. Nr. 317.

Designation, wasgestalt und wann dzihenige Irer Kfl. Dt. [...] und der herrn bundtstend volkh, so gegen der armada geschickht würdet, iedes orths ufbrechen und marchiern solle. Nr. 316 Anm. 3.

Deß obristen Schlamerstorff vorschlag, wie der krieg von den protestirenden anzugreiffen. Nr. 167 E 2 Anm. 2.

Die catholische bundtstendt haben (ausser Curcöllen) geworben. Nr. 311 D 25 Anm. 2 und 10.

Die catholische bundtstendt haben (ausser Churcöln) geworben. Nr. 311 D 25.

Die catholischen bundtstendt haben (außer Churcöln) geworben. Nr. 311 D 25 Anm. 9.

Die geistl. Kurfürsten an den Kg. von Frankreich, s. d. Nr. 422 Anm. 2.

Die neutralitet kan nit statt haben [...] s. [1631 XII vor 10] Aufzeichnungen Maximilians zur Neutralität.

Erclarung der catholischen herrn abgesanden uff der protestirenden vor- und anpringen. s. 1631 X 1 Erclärung.

Essendo venuto alli 17 di Marzo anno 1631 a Leodio [...] s. ad 1631 III 28 Aviso aus Lüttich.

Extract des andern memorials, dem Charnasse mitgegeben. Nr. 470 C 9 Fundortzeilen.

Extract des ersten memorials, so dem Baron de Charnasse mitgegeben worden. Nr. 470 C 8 Fundortzeilen.

Extractus Churmaintz. und Bayrischen schreiben in puncto der Ksl. monitori und avocatori mandaten und was deme anhangig. Nr. 424 Anm. 2.

Extractus protocolli, warumb beim könig zue Schweden keine induciae zu erlangen. Nr. 480 Anm. 4.

Extraict de la proposition faite par le sieur de Charnassé à M. l'Électeur de Bavière. 470 C 1 Fundortzeilen, ebenda Anm. 8.

Forme de traité <envoyé> à M. de Charnassé [...] le 4. [!] Novembre 1631, pour faire alliance avec Mrs. de la ligue catholique, s. d. Nr. 470 A S. 1389.

PS Giglis an Crivelli (Konz.), s. d. Nr. 311 E 21 Anm. 3.

Informatio contra neutralitatem a rege Galliae inter regem Sueciae et electorem Bav[arum] ac reliquos catholicos propositam. s. [1631 ad XII 8] Abhandlung [Peringers].

Kaiser
    Instruktion für Ehg. Leopold als Vertreter des Hauses Österreich in Frankfurt, Wien, s. d. Nr. 311 B Anm. 1.
    an die Reichsstadt Nürnberg und andere, s. d. Nr. 382 E Anm. 3.
    an den Deutschmeister, s. d. Nr. 444 Anm. 1.

Kaiserliche deputierte Räte
    Gutachten, s. d. Nr. 167 H 24 Anm. 1, 2 u. 5.
    Gutachten, s. d. Nr. 397 Anm. 1, Nr. 400 Anm. 1.
    Gutachten, s. d.Nr. 428 Anm. 1; s. auch [nach 1631 XI 1].
    Gutachten, s. d. Nr. 475 Anm. 3.

Khurtz, Ferdinandt s. Kurz, Ferdinand

Kurköln
    Rekredential für Gournay an den Kg. von Frankreich, s. d. Nr. 100 Anm. 4.
    an Kurmainz, s. d., s. 1631 IV 1.
Kurmainz
    an den König von Frankreich, Mainz, s. d. Nr. 31 E.
    PS an Maximilian, s. d., s. [1631 XII nach 13].
Kurz, Ferdinand
    an die Gesandten der assistierenden kathol. Kurfürsten, Fürsten und Stände, s. d. Nr. 167 E 3 Anm. 1.
    an Wolkenstein, s. d., s. F. Kurz an Wolkenstein, [21. Mai 1631].
Kurz, Maximilian
    Memorial für den Kaiser, s. d. Nr. 172 A Anm. 2.
    Memorial für den Kaiser, s. d. Nr. 382 Anm. 1.
    Memorial für den Kaiser, s. d., s. [präs. 1631 Oktober 14].
    an Maximilian, s. d. Nr. 431 Anm. 2.
    Notizen über seine Besprechung mit Tilly, s. d.. Nr. 450 Anm. 2 u. 8.
    an Trauttmansdorff, s. d., s. [präs. 1631 XI 28].
    Reisekostenabrechnung, s. d. 454 A Anm. 3.
    Memorial für den Kaiser, s. d., s. [präs. 1631 XI 28].
    Memorial für den Kaiser, s. d. 512 A 3 Anm. 1.
    an Maximilian, s. d., s. 1631 XI 30.
    Replik auf die ksl. Resolution, s. d., s. [1631 XII 1].
    Eigenh. Notizen betr. seine Verrichtung in Wien. Nr. 454 C Anm. 1, 6, 7, 10, 11.
La propositione fatta alla corte di Francia dall'ambasciador dell'elettor di Colonia, s. d. Nr. 505 A Fundortzeilen.
L'eletteur de Cologne declare, s. d. Nr. 505 A Fundortzeilen.
Libra status bellici moderni in Germania, s. d. Nr. 379 Anm. 4, Nr. 382 C Fundortzeilen mit Anm. 8 und 9.
    Catholischer thail, s. d. Nr. 379 Anm. 4, Nr. 382 C Fundortzeilen mit Anm. 8 und 9.
    Uncatholischer thail, s. d. Nr. 379 Anm. 4, Nr. 382 C Fundortzeilen mit Anm. 8 und 9.
Maximilian
    an Jocher, s. d., s. [1631 nach VI 27].
    Maximilian an Hg. Karl von Lothringen, s. d., s. [1631 IX nach 28].
    PS an Kurköln, s. d. Nr. 470 C 1 Anm. 7.
    Notiz für den Vizekanzler [Richel], s. d., s. [ad 1631 XII 9].
Mémoire de ce qui est remis en créance sur le sieur de Fenf pour rapporter à életteur de Coloigne de la part du roy de France, s. d., s. [1631 XII vor 31].
Memoriale di quanto monsieur de Fenff dira all'elettor di Colonia della parte del re di Francia, s. d. Nr. 505 B Anm. 4, 5, Fundortzeilen.
Memoriale instructionis zum bundesconvent. Nr. 167 C 4 Anm. 1.
Memoriale sive diarium der vorstehenden marcha zu roß und fueß. Nr. 316 Anm. 3.
Memoriale, waß Ihre Fstl. Gn. von Würzburg an verschaidenen orthen in acht zu nemmen und zu sollicitiren, s. ad 1631 X 13.
Memoriale, waß Ihrer Ksl. Mt. wegen der cron Franckreich uber deß Kurzen relation für ein guttachten zu geben, s. [ad 1631 IX 20].
Mons. de Charnacé begert ein instruction [...]. Nr. 470 B 14 Anm. 3.
Nach angehörtem officio de Sancto Spiritu, deme der herr Teutschmeister, s. d, s. [1631 VIII 11]
    Proposition Agricolas.
Neutralitas, s. d. 470 B 3 Anm. 1.

Nos Maximilianus etc. Notum facimus Serenissimum ac Potentissimum Regem Galliae [...] = Jochers Konzept des Documentum Neutralitatis, s. d. Nr. 470 C 7 Fundortzeilen.
Oldenburg und Delmenhorst: Revers der Grafen von Oldenburg und von Delmenhorst, s. d. Nr. 106 Anm. 4.
Pappenheim an Maximilian, 26. dieses Monats, s. [1631 XI] 26.
Patent Maximilians für den zu Kursachsen reisenden französischen Gesandten Saint-Etienne, München, s. d. Nr. 358 Anm. 2.
Père Joseph an Kütner, s. d. Nr. 210 Anm. 3.
Proiect du traicté entre le Roy et le Duc de Bavière, s. d. Nr. 186.
Pro neutralitate, s. d. 470 B 5 S. 1402–1405.
Propositio ablegati Bavarici, [1631 vor August 7]. Nr. 298 Anm. 1.
Puncta de quibus Charnasse cum Sueco agere debet. 470 C 5 Anm. 1.
Puncta, welche bei dem bevorstehenden bundtsconvent zu deliberirn seindt. Nr. 167 B 4.
Punctum, so von Churmainz hiehero communiciert [...]. Nr. 167 B 1 Anm. 16.
Rationes contra, s. d. 470 B 5 S. 1406.
Rationes cur Gallus in Inferiorem Palatinatum exercitum movere debet. Nr. 470 B 15 Anm. 1.
Rationes neutralitatis. Nr. 470 B 5 S. 1407 f.
Relatio de statu militiae, wie er zu Donawerth befunden worden, im Decembris 1631. [= 3. Fassung der Relation Maximilians über die Konferenz in Donauwörth] Nr. 490 Anm. 1, 2, 3, 6, 9, 10, 14, 15, 17, 18, 21, 24, 25, 26, 27, 30, 31, 34, Exkurs S. 1517 f.
Relation [= 3. Fassung der Relation Maximilians über die Konferenz in Donauwörth]. Nr. 490 Anm. 1, 2, 3, 6, 9, 10, 14, 15, 17, 18, 21, 24, 25, 26, 27, 30, 31, 34, Exkurs S. 1517 f.
Relation von der Donawertischen conferenz, wie sie den stenden zu Ingolstadt communiciert worden.[= 3. Fassung der Relation Maximilians über die Konferenz in Donauwörth]. Nr. 490 Anm. 1, 2, 3, 6, 9, 10, 14, 15, 17, 18, 21, 24, 25, 26, 27, 30, 31, 34, Exkurs S. 1517 f.
Réplique du Sieur de Charnassé à la responce des commissaires de Monsieur le Duc de Bavières, s. d. Nr. 470 C 3 Anm. 1.
Responsiones, s. d. 470 B 5 S. 1406 f.
Rex Galliae vidit attente [...]. Nr. 186.
Richel
    Journal, s. d. Nr. 49 Anm. 1.
    Journal, s. d. Nr. 49 Anm. 3.
    Journal, s. d. Nr. 64a.
    Journal, s. d. Nr. 77 Anm. 1.
    Journal, s. d. Nr. 136 Anm. 2.
    Journal, s. d. Nr. 136 Anm. 3.
    Journal, s. d., s. [1631 III vor od. am 16.]
    Journal, s. d. Nr. 311 C Anm. 8.
    Journal, s. d. Nr. 434 Anm. 2.
    Konzept eines Schreibens der kathol. Kurfürsten an den Kaiser, s. d. Nr. 311 E 51 Anm. 1.
Rocci an Kurmainz, s. d., s. 1631 IV 2.
Salvationsschrift der ksl. Gesandten, Sachsenhausen, s. d., s. ad 1631 X 7.
Schuß, Oswald, an Maximilian, s. d. Nr. 172 A Anm. 10.
Schwäbisch Gmünd: Gesandte der Reichsstadt Schwäbisch Gmünd an die Vertreter der Bundesstände, s. d. Nr. 167 F Anm. 22.
Status rei militaris im Reich. Nr. 490 Fundortzeilen.
Status rei militaris im Reich. Der iezige standt der Tillischen armee, wie denselben Ihre Kfl. Dt. zue Thonawehrt befunden [= 2. Fassung der Relation Maximilians über die Konferenz in Donauwörth]. Nr. 490 Anm. 1, 2, 4, 5, 8, 9, 11, 14, 17, 21, 25, 26, 27, 33, Exkurs S. 1517 f.

Status rei militaris im Reüch. Nr. 490.
Sumarium literarum Patris Josephi et Jocheri notae. 470 C 1 Anm. 8, 470 D 1 Anm. 19.
Trauttmansdorff
    Memorial für Maximilian, s. d., s. [präs. 1631 VI 27].
    Nebenmemorial, s. d., s. [präs. 1631 VI 27].
Trier [...], s. d., s. [1631 VIII 16] Protokoll Herwarths, Fragment.
Uncatholischer thail s. Libra status bellici moderni in Germania.
Unvergreifliche beschreibung der gravaminum, so dem Ksl. stift Bamberg occasione des 7., 9. und 29. puncten aufwaxen wolten, da den protestirenden uber der maxima wegen der landtsfürstl. obrigkheit und daran zue hangen praetendirender enderung der religion condescendirt wurde. 311 D 8 Anm. 18.
Verzaichnus der acten und schriften, welche ich [Richel] nacher Memmingen vonnötten hab. 18 Anm. 3.
Verzaichnuß deren Ihrer Ksl. Mt. assistirenden verainten catholischen chur-, fürsten und stenden, welche von beeden herrn bundtsdirectorn Churmenz und Churbayrn zu dem nacher Ingolstatt auf den 14. Decembris dises 1631 jahrs angestellten convent beschriben worden. 512 B Anm. 1.
Verzaichnus derer Ihr Ksl. Mt. assistireten verainten catholischen chur-, fürsten und stendten, so zu dem angestelten convent alhier zu Ingolstatt nunmehr ankhommen. 512 H 3 Anm. 1.
Verzaichnus derer Ihr Ksl. Mt. assistireten verainten catholischen chur-, fürsten und stendten zu dem angestelten convent alhier zu Ingolstatt. 512 D.
Verzaichnuß der herrn bundtstendt abgesanden und räthe des Oberlendischen directorii, so uf den 4. Maii in des Hl. Reichs statt Dinckhelspiel beschriben worden. Nr. 167 D.
Verzaichnus derjenigen bundtstendt, welche nach inhalt der zue Dinckhelspiel bewilligten und geschloßenen anzahl der 9.000 zu fueß und 2.000 pferdt geworben. Nr. 311 D 25 (Fundortzeilen).
Verzeichnus der catholischen chur-, fürsten und stende, so dem Franckhfurtischen conferenztag mit den protestirenden beiwohnen werden. 311 A 14 Anm. 9.
Von den Spanischen ministris herrürende ursachen, warumben Churbayrn die von der cron Frankhreich ultro anerbothene gute correspondenz, freundtschaft und auf widerwertigen fahl ebenmessig anerbothene hilf nit ausschlagen sollen oder khönen. Nr. 269 Anm. 1, Nr. 298 Anm. 13.
Votum meum ratione particularis tractationis neutralitatis a duce Bavariae institutae. 1644. 416; s. auch [vor 1631 XI 2].
Wahrhaft, gründliche information, wie die sachen nach der unglickhseeligen Leibziger schlacht anno 1631 bei der damahls wider zusammengebrachten kriegsmacht hergangen. [...]. Nr.360 Anm. 4.
Weil der könig von Franckhreich gesehen [...]. s. [präs. 1631 XII 7].
Wolkenstein an Kurz, s. d. 431 Anm. 2.
Würzburg
    Der Bf. von Würzburg an Maximilian, s. d., s. 1631 XII 12.

Martin Hille
# Orts- und Personenregister

Die Zahlen hinter den Orts- und Personennamen beziehen sich auf die Nummern der Akten.

Abkürzungen: a. = an; außerordentl. = außerordentliche, außerordentlicher, außerordentliches; b. = bei; bayr. = bayrische, bayrischer, bayrisches; Bf. = Bischof; bischöfl. = bischöflich, bischöfliche, bischöflicher, bischöfliches; d.= der, die, das; Dr. = Doctor; Dr. iur. = Doctor iuris; Dr. theol. = Doctor theologiae; Erzhzgt. = Erzherzogtum; franz. = französische, französischer, französisches; elsäss. = elsässische, elsässischer, elsässisches; eichstätt. = eichstättische, eichstättischer, eichstättisches; engl. = englische, englischer, englisches; fränk. = fränkische, fränkischer, fränkisches; Frhr. = Freiherr; Fst. = Fürstentum; geistl. = geistliche, geistlicher, geistliches; gen. = genannt; Gf. = Graf; Gft. = Grafschaft; Hg. = Herzog; Hzgt. = Herzogtum; i. = in, im; kaiserl. = kaiserliche, kaiserlicher, kaiserliches; Kfst. = Kurfürstentum; Kg. = König; Kgr. = Königreich; kurbayr. = kurbayrische, kurbayrischer, kurbayrisches; kurbrandenb. = kurbrandenburgische, kurbrandenburgischer, kurbrandenburgisches; kurköln. = kurkölnische, kurkölnischer, kurkölnisches; kurmainz. = kurmainzische, kurmainzischer, kurmainzisches; kursächs. = kursächsische, kursächsischer, kursächsisches; kurtrier. = kurtrierische, kurtrierischer, kurtrierisches; Lgft. = Landgrafschaft; Lic. = Licensiatus; lothring. = lothringische, lothringischer, lothringisches; Markgf. = Markgraf; Mgft. = Markgrafschaft; neapolitan. = neapolitanische, neapolitanischer, neapolitanisches; niederr. = niederrheinische, niederrheinischer, niederrheinisches; OFMCap. = Ordo Fratrum Minorum Capuccinorum; österr. = österreichische, österreichischer, österreichisches; päpstl. = päpstliche, päpstlicher, päpstliches; pfälz. = pfälzische, pfälzischer, pfälzisches; prot. = protestantische, protestantischer, protestantisches; S. = Seite; s.= siehe; schwäb. = schwäbische, schwäbischer, schwäbisches; schwed. = schwedische, schwedischer, schwedisches; span.= spanische, spanischer, spanisches; St. = Sankt; thüring. = thüringische, thüringischer, thüringisches; u. = und; v. = von, vom; westfäl. = westfälische, westfälischer, westfälisches; würzburg. = würzburgische, würzburgischer, würzburgisches.

## A

Aachen, Reichsstadt 167 H10, 167 H12, 167 H18, 311C, 311 D11
Aalen, Reichsstadt 463, 494, 496, 502, 503, 509
Abegg, Dr. Johann Christoph, bayr. Hofkanzler 30
Abenberg, Stadt i. Hochstift Eichstätt 142
Achati, Oberst d. Liga 311 E22
Adelberg, Kloster i. Hzgt. Württemberg 311 D8
Adler, Dr., pfalz-neuburgischer Rat 311 E17
Agricola, Dr. Johann Friedrich, kurmainz. Rat 161, 167 D, 231, 311 A17, 311 B2, 311C, 311 D1–311 D3, 311 D7, 311 D39, 311 E60, 484
Alber, Stephan, Oberstleutnant der Liga 9
Aldenhofen, Dr. Arnold Prüm, genannt Aldenhofen, kurköln. Geheimer Rat 167 H16
Aldringen, Johann Graf v., kaiserl. Generalwachtmeister 288, 289, 299, 310, 311 E20, 311 E28, 311 E 45, 311 E47, 311 E50, 311 E57, 313, 316, 318, 322, 327, 328, 331, 333, 336, 341, 345, 347, 348, 352, 354, 356, 357, 360, 361, 363, 364, 366–368, 370–373, 376, 377, 384, 385, 387, 388, 392, 393, 395, 410, 432, 450, 454 A, 454 B, 462, 470 B5, 470 B10–470 B12, 470 D6, 472, 482, 485, 489, 490, 494, 496, 500, 503, 504, 506, 508, 509, 512 H9
Aldringen, Johann Marx v., Direktor d. Salzburger geistl. Konsistoriums 311C
Alsfeld i. d. Landgft. Hessen-Darmstadt 370, 371
Altbrandenburg s. Brandenburg a. d. Havel
Altdorf b. Nürnberg, Stadt auf Nürnberger Territorium 289

Altshausen, Deutschordensballei 167 H1
Amberg, Rentamt u. Stadt i. d. Oberpfalz 380, 382 B, 417, 426, 450, 467, 489, 508
Ambsel, kurköln. Oberstwachtmeister 224
Amöneburg i. Erzstift Mainz 302, 311 E25, 311 E26, 319, 331, 353, 404, 410
Andernach i. Erzstift Köln 349
Anethan, Johann, kurtrier. Rat 311C, 311 D1, 311 E5
Angelberg bei Mindelheim 390, 463, 512 C1, 512 E4, 512 H1
Anhalt, Fürstentum 11, 16, 343
Anholt, Johann Jakob Graf v., Frhr. v. Bronkhorst-Batenburg, genannt Anholt, kaiserl. Feldmarschall 2, 4
Ansbach, Ohnsbach, Residenzstdt. i. d. Mgft. Brandenburg-Ansbach 462, 503
Anstruther, Sir Robert, engl. Resident in Hamburg u. Gesandter beim Regensburger Kurfürstentag 241, 268, 270, 282, 398
Arenberg, Fürsten v. 311 E55
Arnim, Arneim, Arnheim, Hans Georg A. v. Boitzenburg, kursächs. Generalleutnant 239, 270, 311 D36, 311 E55, 351, 373, 382 D, 410a, 454 C, 470 D6
Arnoldin v. Clarstein, Matthias, Reichshofrat 311 B1, 410a, 420, 428, 443, 448, 470 D8, 487, 501
Artern i. d. Gft. Mansfeld 220, 239, 244
Aschaffenburg, Stadt, Zweitresidenz d. Mainzer Erzbischöfe 97, 128, 167 D, 311 D27, 311 E5, 383, 392, 393, 395, 404, 410, 417, 436, 464, 488
Aschersleben i. Hochstift Halberstadt 217, 218, 220, 224, 239, 357, 366
Asseburg, Johann v., Oberst 203
Aufsess, Freiherren v. 311 D10
Augsburg, Reichsstadt 167 A1, 167 A3, 167 D, 167 E2, 167 H7, 167 H11, 167 H16, 167 H18, 183, 311 B3, 311 D7, 311 D9–311 D11, 311 D14, 311 D18, 311 D28, 311 D30–311 D33, 313, 338, 355, 399, 406, 432, 436, 449a, 470 A, 470 B12, 482, 485, 512 A1
– Reichstag v. 1555 311 D13, 311 D21
Augsburg, Hochstift 18, 84, 167 D, 167 E3, 167 E6–167 E9, 167 E11, 167 E12, 167 H7, 311 D9, 311 D25, 317, 390, 470 B7, 470 B8, 498, 502, 509, 512 B, 512 C2, 512 E1–512 E5, 512 F, 512 H8

– Bischof Kardinal Otto Truchsess v. Waldburg 311 D13, 311 E25, 311 E32, 512 E2
– Bischof Heinrich v. Knöringen 13, 18, 32, 142, 167 B1, 167 E2, 167 E3, 167 E9, 167 E11, 167 H2, 167 H11, 200, 300, 311 B3, 311 D11, 311 D13, 311 D21, 311 E15, 311 E20, 316, 385, 390, 400, 449a, 450, 463, 470 B5, 496, 512 C3, 512 D, 512 E2, 512 H2, 512 H9
Augsburger Interim (1548) 311 D6, 311 D9, 311 D11, 311 D14, 311 D15, 311 E25
Augsburger Religionsfrieden (1555) 41, 61, 94, 122, 167 C2, 167 C4 (S. 334, 337), 167 E9, 167 E16, 167 F, 167 H2, 167 H15, 167 H17, 167 H18, 167 H20, 167 H22, 167 H24, 177, 255, 311 A3, 311 A11, 311 A14, 311 B1–311 B3, 311 D2–311 D5, 311 D7–311 D11, 311 D13–311 D19, 311 D26–311 D28, 311 D31, 311 D32, 311 D34, 311 D39–311 D41, 311 E2, 311 E4, 311 E7, 311 E8, 311 E12, 311 E13, 311 E15, 311 E16, 311 E18, 311 E19, 311 E22, 311 E24, 311 E25, 311 E29, 311 E32, 311 E38, 311 E46–311 E48, 337, 399, 440, 466, 470 C9, 512 C2, 512 E2, 512 H2
– Geistlicher Vorbehalt 96, 167 H10, 311 D3, 311 D7, 311 D9, 311 D15, 311 D31, 311 D32, 311 D34, 311 D39, 311 D40, 311 E15, 311 E22, 311 E53
Augsburgische Konfession, Augsburgische Religion 158, 311 A6, 311 A11, 311 D7, 311 D16, 311 D18, 311 D30, 311 D32, 311 D33, 311 D39, 311 D40, 311 E8, 311 E12, 311 E13, 311 E16, 311 E18, 311 E19, 311 E24, 311 E25, 311 E29
Aytona, Don Francisco de Moncada, Marqués de Span. Botschafter in Brüssel 214, 256

**B**

Baden, Ober und untere Markgft. 192, 193, 195, 209, 215, 223, 311 D28, 324, 470 C2, 509
– Markgf. Ernst Friedrich v. Baden-Durlach 470 C2
– Markgf. Georg Friedrich V. v. Baden-Durlach 195, 289
– Markgf. Wilhelm v. Baden-Baden 104, 368, 413
Bagno s. Guidi di Bagno
Basel, Hochstift 38, 70, 96, 97, 167 D, 512 B, 512 C3, 512 D, 512 E1–512 E5, 512 F, 512 H3

- Bischof Johann Heinrich v. Ostein 38, 70, 96, 97, 101, 167 E9, 195
Bayern, Kurfürstentum 3, 11, 46, 96, 167 D, 167 E1–167 E5, 167 E7–167 E16, 167 F, 167 G, 167 H4–167 H8, 167 H14, 167 H15, 167 H17, 167 H19, 167 H22, 172 A, 172 B, 184, 203, 265, 266, 281, 311 D1, 311 D3–311 D19, 311 D21–311 D28, 311 D30–311 D33, 311 D35, 311 D37–311 D39, 311 D41, 311 D42, 311 E12, 311 E15, 311 E17, 311 E20, 311 E22, 311 E24–311 E26, 311 E29, 311 E33, 311 E35, 311 E37, 311 E38, 311 E40, 311 E 47, 311 E53–311 E55, 311 E58–311 E60, 311 E63, 311 E65, 311 E67, 311 E68, 361, 389, 412, 416, 417, 425, 428, 436, 454 B, 460, 463, 464, 470 B1, 470 B2, 470 B4, 470 B5, 470 B7, 470 B11, 470 B12, 470 D1, 470 D2, 470 D5, 473, 485, 489, 490, 494, 496, 498, 503, 506, 512 B, 512 E1–512 E6, 512 F, 512 H6, 512 H7, 512 H9, 514
- Geheimer Rat 41, 46, 49, 64a, 77, 84, 96, 136, 382 D, 412, 458a, 462, 470 B1, 470 B17, 471, 490, 512 A1, 514
- Reichskreis 167 B1, 167 C2, 167 C4 (S. 332), 167 H24, 172 A, 200, 274, 278, 281, 283, 311 A1, 311 A4, 311 A5, 324, 405a, 432, 486, 498, 503
- Herzog Allbrecht IV. 289
- Herzog Albrecht VI., Bruder Maximilians 414, 449, 470 B6, 473
- Herzog Georg d. Reiche 289
- Kurfürst Maximilian I. 1–5, 8, 10–14, 16, 19, 24, 27, 34, 43a, 46, 47, 49 a, 50–64, 64a, 66, 68–78, 80, 82–148, 150–166, 167 A1–167 A5, 167 A7, 167 B1, 167 B3, 167 B4, 167 C2–167 C4 (S. 331–345), 167 E2–167 E7, 167 E9, 167 E11–167 E14, 167 E16, 167 F, 167 G, 167 H 1–167 H6, 167 H8, 167 H10–167 H12, 167 H14–167 H25, 168–171, 172 A, 172 B, 173–212, 214–219, 221–229, 232–244, 247, 248, 248 a, 249–257, 257a, 258, 259, 261–266, 268–272, 272a, 273–302, 304–308, 310, 311 A1–311 A8, 311 A11, 311 A13–311 A17, 311 B1–311 B3, 311C, 311 D1, 311 D8, 311 D12, 311 D15, 311 D24, 311 D25–311 D28, 311 D32, 311 D34–311 D39, 311 D42, 311 E2–311 E6, 311 E9–311 E11, 311 E14, 311 E15, 311 E21–311 E31, 311 E33, 311 E35, 311 E38, 311 E39, 311 E41–311 E45, 311 E49–311 E53, 311 E55, 311 E57, 311 E59, 311 E61, 311 E62, 311 E63, 311 E68, 311 E69, 312, 313–339, 341–343, 345, 347–352, 354, 355–381, 382 A, 382 B, 382 C, 382 D, 382 E, 383–393, 393a, 394–405, 405a, 406–409, 409a, 410, 410a, 412–413, 414–449a, 450–453, 454 A, 454 B, 454 C, 455–458, 458a, 459–469, 470 A, 470 B1–470 B8, 470 B10–470 B12, 470 B14, 470 B16, 470 B17, 470 C1–470 C4, 470 C6–470 C9, 470 D1–470 D8, 471–475, 477–479, 479a, 481–504, 505 A, 505 B, 506, 508–510, 512 A1–512 A3, 512 B, 512 B1, 512 C1–512 C3, 512 E1–512 E5, 512 F, 512 H1–512 H6, 512 H9, 512 H10, 513, 514
- zu Guidi di Bagno 49, 79, 91, 99, 102, 108, 129, 136, 151, 298, 311 E21
- zu F. Barberini 6, 7, 29, 47a, 49a, 61, 69, 72, 79, 100, 103, 123, 124, 129, 143, 167 C4 (S. 344, 345), 167 E5, 169, 211, 229, 257a, 272, 495
- zu Dänemark 224, 243, 259, 307, 311 A4, 311 E39, 331, 337, 397, 424, 430, 445, 454 A, 454 C, 470 D1
- zu England 40, 49, 52, 55, 57, 64 a, 70, 82, 83, 97, 108, 109, 112, 134, 136, 137, 144, 146, 154, 170, 181, 187, 224, 239, 241, 248a, 270, 278, 281, 282, 297, 301, 306, 307, 322, 331, 350, 398, 414, 425, 427, 430, 440, 449, 470 B2, 470 C2, 470 D1
- zu Frankreich 1, 3, 29, 31, 43a, 49, 49a, 64a, 69, 77, 79, 81, 86–88, 91, 96, 99, 100, 102, 108, 114–117, 121, 123, 126, 127, 129, 131, 136, 138, 140, 148, 167 C4 (S. 331, 344), 167 E5, 167 E16, 167 H4, 167 H18, 167 H20, 169, 175, 186, 188, 193, 208, 210, 211, 214, 215, 216, 222, 227, 229, 243, 247, 256, 269, 270, 272a, 275, 278, 298, 307, 311 A4, 311 A8, 311 D26, 311 D28, D11 E5, 311 E9, 311 E21, 311 E22, 311 E30, 311 E31, 311 E38, 311 E41–311 E44, 311 E49, 311 E51, 311 E53, 311 E61, 311 E69, 315, 320, 326, 330– 332, 339, 345, 348, 358, 365, 367, 369, 379–381, 382 C, 383, 386, 387, 389, 392, 393a, 395, 396, 400, 403, 406–408, 409a, 410a, 412–414, 416, 422, 425, 427,

431, 434, 435, 437, 438, 440, 442, 453, 455–457, 460–462, 464, 466, 469, 470 A, 470 B1, 470 B2, 470 B4, 470 B5, 470 B7, 470 B10, 470 B14, 470 B16, 470 C1–470 C4, 470 C7–470 C9, 470 D1, 470 D3–470 D6, 474, 477, 478, 479, 479a, 481, 483, 499, 500, 505 A, 509, 510, 512 C3, 512 H4, 514
- zum Bündnisvertrag v. Fontainebleau 1631  102, 108, 129, 136, 151, 175, 186, 188, 208, 210, 247, 263, 269, 298, 311 E21, 311 E43, 320, 326, 348, 389, 409a, 416, 460, 462
- zu den Generalstaaten (Holländern)  1, 4, 7, 8, 20, 25, 30, 50, 51, 52, 57, 59, 64, 70, 73, 92, 93, 100, 108, 109, 119, 124, 134–137, 147, 167 C4 (S. 342), 167 H25, 181, 214, 215, 233, 240, 258, 259, 261, 278, 281, 290, 293, 297, 299, 307, 311 A4, 329, 331, 345, 382 C, 395, 397, 400, 413, 415, 419, 431, 432, 435, 439, 442, 443, 461, 470 D1
- zu Kaiser Ferdinand II.  1, 10, 13, 14, 17, 18, 21, 22, 29, 30, 33, 38, 40, 43a, 45, 47, 48, 50–52, 57, 58, 61, 63, 64, 70, 75, 77, 78, 80–82, 85, 87, 88, 92, 95–99, 103, 105, 107, 109, 115, 117, 119, 121, 123–127, 129–136, 138, 140–146, 148, 150, 152, 155, 157, 158, 161, 163, 164, 167 A2, 167 A5, 167 A7, 167 B1, 167 B3, 167 C2, 167 C3, 167 C4 (S. 331–334, 336, 338–343), 167 E5, 167 E6, 167 E9, 167 E13, 167 E16, 167 F, 167 H4, 167 H10, 167 H12, 167 H15, 167 H16, 167 H18, 167 H24, 167 H25, 168, 169, 172 A, 172 B, 173, 174, 176, 178, 181–183, 187, 188, 191, 193, 195, 196–198, 200, 201, 203, 205–207, 209, 212, 214, 216, 218, 219, 221, 222, 225, 226, 232, 233, 236, 237, 239, 240–243, 248, 248a, 249–253, 256, 257, 257a, 258, 263–266, 269, 270, 272–278, 280–283, 287–289, 291, 292, 295–298, 300, 302, 306–309, 311 A3, 311 A4, 311 A8, 311 A13, 311 A16, 311 A17, 311 B1, 311 B3, 311 D9, 311 D24, 311 D27, 311 D28, 311 E3–D11 E5, 311 E11, 311 E14, 311 E21, 311 E22, 311 E28, 311 E30, 311 E31, 311 E33, 311 E38, 311 E39, 311 E41–311 E44, 311 E49, 311 E51, 311 E55, 311 E61, 311 E62, 311 E69, 313, 316, 319, 320–322, 324–326, 329–331, 333–337, 339, 341–343, 347, 348, 350, 354, 355, 356, 359, 361, 362, 365–367, 369, 370, 372, 375–377, 379, 382A–382 E, 383, 386, 388, 391, 394–397, 398–400, 403, 406, 407, 409, 409a, 413–416, 420, 422, 424, 425, 428, 430, 432, 434–437, 439, 440, 442, 443, 445, 448–450, 454 A, 454 B, 454 C, 456–458, 461, 465, 466, 470 B1, 470 B3, 470 B5, 470 B7, 470 B11, 470 B12, 470 B17, 470 C1, 470 C4, 470 C8, 470 D1, 470 D3–470 D6, 470 D8, 471, 479, 483, 485, 486, 489, 490, 492, 495, 500, 502–504, 508–510, 512 A1–512 A3, 512 B1, 512 C1, 512 C3, 512 E4, 512 E5, 512 F, 512 H1, 512 H4, 512 H6, 512 H9, 512 H10, 513, 514
- zum Frankfurter Kompositionstag 1631  31A, 47a, 49a, 50, 61, 69, 78, 100, 111, 114, 115, 118, 167 C4 (S. 343, 344), 167 E16, 167 H4, 167 H18, 167 H25, 172 A, 223, 243, 249, 257, 259, 270, 274, 276, 277, 280–282, 289, 291, 306, 311 A3–311 A5, 311 A7, 311 A8, 311 A13, 311 A14, 311 A16, 311 A17, 311 B3, 311 E3–311 E5, 311 E10, 311 E11, 311 E22, 311 E28, 311 E38, 311 E42, 311 E 45, 311 E57, 311 E69, 313, 331, 336, 345, 350, 354, 362, 368, 369, 377, 383, 391, 399, 400, 406, 407, 420, 437, 445, 464, 512 A1, 512 B1, 512 C3, 512 H2
- zu Friedrich V. v. der Pfalz  14, 15, 35, 36, 40, 112, 127, 169, 181, 241, 248a, 278, 282, 307, 311 B3, 326, 398, 412, 425, 430, 440, 449, 470 B4, 470 C2, 470 C6, 470 C8, 470 D1
- zu Kurbrandenburg  26, 47, 52, 57, 77, 81, 88, 89, 92, 96, 105, 121, 122, 146, 167 A3, 167 E9, 167 H23, 172 A, 178, 227, 270, 279, 291, 311 A13, 311 A14, 311 B3, 311 E4, 311 E38, 352, 437, 444, 453, 457, 458, 470 B2, 470 B5, 470 C2, 477, 512 A2, 512 C3, 512 H4
- zu Kurköln  19, 21, 25, 31A, 31C, 32, 35, 40, 44, 52, 54, 57, 59, 61, 64, 73, 74,

78, 81, 82, 86, 89, 91, 93, 96, 99–101, 112–114, 119, 123, 127, 131, 136, 143, 146, 148, 154, 157, 159, 164, 166, 167 A7, 167 C4 (S. 331, 332, 333, 337, 342–345), 167 H4, 167 H14, 168, 170, 171, 176, 178, 180–182, 187, 201–203, 206, 212, 214, 216, 218, 224, 227, 232, 234, 240, 243, 249, 255, 257, 257a, 261, 268, 270, 275, 277–279, 281, 286, 305, 306, 311 A5, 311 A7, 311 A8, 311 A16, 311 E5, 311 E14, 311 E21, 311 E22, 311 E38, 311 E42, 311 E51–311 E53, 311 E69, 312, 313, 324, 336, 337, 343, 349, 367, 374, 387, 395–397, 412, 413, 419, 420, 422, 428, 431, 434–437, 439, 440, 442, 443, 450, 452, 453, 454 A, 464, 468, 469, 470 B4, 470 B5, 470 B12, 470 C1, 470 C4, 470 C7, 470 C8, 470 C9, 470 D1, 470 D5, 470 D6, 470 D7, 474, 475, 479, 482, 495, 499, 505 A, 512 B1, 512 C3, 512 H2, 512 H4
- zu Kurmainz 6, 10, 13, 14, 15, 22, 23, 25, 28, 31C, 32, 36–40, 45–47, 49, 50, 52, 57, 60, 61, 64–66, 69, 70–74, 77, 78, 80–83, 85, 88, 89, 91, 92, 94, 95–97, 100, 105, 107, 110, 112, 114–118, 121, 123–126, 131, 132, 134–136, 143, 145, 150, 155, 156, 158, 159, 164, 166, 167 A1- 167 A4, 167 B1, 167 C4 (S. 331, 332, 335–337, 342–345), 167 E16, 167 H3, 167 H4, 167 H8, 167 H10, 167 H12, 167 H14, 167 H16, 167 H18, 167 H19, 167 H24, 172 A, 178, 179, 193, 196, 200, 209, 215–217, 223, 233, 234, 235, 240–243, 249, 257–259, 263, 265, 268, 270, 272, 274, 275, 278, 282–285, 291, 295, 302, 305, 308, 311 A1, 311 A3–311 A5, 311 A7, 311 A8, 311 A15, 311 A16, 311 B3, 311 D25, 311 D36, 311 D42, 311 E3, 311 E5, 311 E21, 311 E22, 311 E30, 311 E31, 311 E33, 311 E39, 311 E41–311 E43, 311 E51–311 E53, 311 E57, 311 E68, 311 E69, 312, 313, 315, 316, 319, 321, 323, 324, 329, 330–334, 336, 337, 341, 343, 348, 350, 351, 354, 355, 359, 362, 367, 374, 377, 379, 382 C, 385–387, 391, 396, 399, 400, 404, 406, 407, 409, 413, 414, 419, 420–422, 427, 428, 430, 434, 436–440, 442–444, 453, 456–458, 464, 466, 468, 469, 470 B4, 470 D1, 470 D3, 470 D5, 470 D6, 478, 479, 483, 484, 487, 498, 500, 512 A1, 512 A2, 512 B1, 512 C3, 512 H2, 512 H4, 512 H9
- zu Kursachsen 12, 19, 27, 41, 45, 51, 52, 57, 60, 68, 71, 78, 81, 92, 96, 121, 122, 124, 130, 141, 145, 146, 154, 157, 159, 163, 167 A5, 167 A7, 167 E9, 167 H12, 167 H16, 167 H23, 167 H25, 172 A, 178, 196, 199, 203, 210, 214, 217, 223–226, 232, 237–239, 243, 244, 248, 249, 251–253, 257, 261, 263, 270, 273–275, 277–281, 283, 284, 286, 288, 291, 295, 296, 300, 307, 311 A3, 311 A4, 311 A13, 311 A14, 311 B3, 311 E3–D11 E5, 311 E22, 311 E30, 311 E38, 311 E39, 311 E42, 311 E 45, 311 E49, 311 E52, 311 E69, 312, 316, 322–324, 328, 331, 332, 336, 338, 343, 345, 350, 352, 354, 358, 359, 361–364, 367, 370, 374–377, 379–381, 382 A, 382 D, 383, 384, 386, 391, 393a, 396, 399, 400, 403, 406, 410a, 416, 424, 433, 435, 437, 450, 453, 454 C, 457, 458, 464, 470 B2, 470 B5, 470 B7, 470 C2, 470 C4, 470 D6, 473, 477, 478, 483, 512 A2, 512 C3, 512 H4, 514
- zu Kurtrier 22, 31A, 64, 70, 73, 76, 81–83, 94, 96, 97, 101, 114, 123, 124, 136, 143, 157, 166, 167 A7,167 B1, 167 C3 (S. 331, 332, 337), 167 C4 (S. 342–344), 167 H4, 167 H18, 167 H20, 178, 201, 216, 218, 234, 243, 249, 250, 257, 270, 275, 276, 281, 286, 311 A5, 311 A7, 311 A8, 311 A16, D11 E5, 311 E6, 311 E30, 311 E53, 311 E69, 337, 385, 387, 396, 414, 419, 420, 422, 428, 436, 437, 439, 442, 443, 453, 465, 466, 469, 470 D1, 470 D5, 470 D6, 478, 512 H4
- zum Kurfürstentag v. Mühlhausen 1627 282, 306, 391, 420, 449, 470 D6
- zum Fürstentag v. Regensburg 1623 311 E21, 398, 414, 440, 449

- zum Kurfürstentag v. Regensburg 1630
1, 4, 5, 10, 12, 15, 18, 22, 23, 25–29,
31A, 40, 43a, 50, 61, 64, 77, 80, 82,
85, 96, 98, 99, 105, 107, 126, 136, 140,
167 A7, 167 C4 (S. 332–334, 342–344),
167 F, 167 H2, 167 H16, 167 H18, 171,
172 A, 212, 221, 226, 233, 240, 257,
270, 274, 276, 278, 280, 281, 291,
306, 309, 311 A3, 311 A4, 311 A7, 311
A8, 311 A13, 311 A15, 311 B3, 311C, 311
E4, D11 E5, 324, 391, 398, 425, 440,
466, 470 D1, 512 H4
- zum Leipziger Konvent 1631 34, 41,
42, 45, 52, 60, 66, 77, 78, 92, 110, 114,
115, 121, 122, 124, 125, 130, 137, 139,
142, 144–146, 148, 150, 157, 162, 165,
167 A1, 167 A3, 167 A5, 167 A7, 167
C4 (S. 331–334, 336, 338, 341, 343,
344), 167 E9, 167 F, 167 H4, 167 H10,
167 H15, 167 H17, 167 H18, 167 H20,
167 H23, 169, 172 A, 173, 174, 177, 178,
204, 223, 232, 238, 242, 248, 253,
257, 259, 261, 263, 269, 270, 280,
284, 287, 292, 297, 299, 309, 310, 311
A3, 311 A4, 311 A7, 311 A13, 311 A14,
312, 324, 331, 333, 341, 354, 454 C
- zur Liga 2–9, 16, 19, 28, 30, 38, 39,
46, 47, 50, 51–54, 57, 58, 62–64,
66, 70, 71, 73–76, 80, 83, 85, 92,
93, 96–98, 101, 104, 106, 107, 109,
117–121, 124, 125, 127, 128, 130–132,
134, 143, 144, 146, 148, 152–155, 157,
159, 162, 164, 166, 167 A1–167 A4, 167
A7, 167 C3, 167 C4 (S. 331, 335, 339,
344), 167 E6, 167 H1, 167 H10, 167
H16, 167 H18, 167 H20, 167 H24, 167
H25, 169, 172 A, 179, 181, 191, 206,
212, 214, 218, 221, 232–234, 249, 252,
257a, 266, 275, 278, 281, 284, 286,
297, 311 A3, 311 A13, 311 E6, 311 E11,
311 E21, 311 E22, 311 E30, 311 E42, 311
E62, 316, 319, 322, 323, 327, 331, 333,
334, 354, 358, 361, 362, 367, 372,
377, 379, 382, 382 C, 383, 387, 391,
396, 397, 400, 404, 413, 414, 424,
434–436, 442, 446, 450, 451, 455,
456, 463, 464, 466, 468, 470 B4,
470 B5, 470 B11, 470 C1, 470 C7–470
C9, 470 D1, 470 D3, 470 D5–470
D7, 472–474, 478, 479, 481, 490,
494–496, 498, 499, 503, 504, 505 A,
506, 508, 512 A2, 512 B1, 512 C3, 512 F,
512 H2, 512 H6, 512 H10, 513, 514
- zum Ligatag von Dinkelsbühl 1631 9,
15, 20, 32, 64a, 67, 70, 83, 96, 97,
106, 107, 109, 116, 117, 119, 121, 123,
125, 127, 132, 134, 142, 146–148, 152,
154, 157, 164, 166, 167 A1-167 A5, 167
A7, 167 B1, 167 C4 (S. 332, 339, 344),
167 E2–167 E4,167 E6, 167 E7, 167 G,
167 H1–167 H5, 167 H8, 167 H12, 167
H16, 167 H18, 169, 172 A, 173, 178,
180, 191, 196, 197, 204, 209, 212, 215,
216, 218, 221, 223, 227, 232, 240, 243,
251, 256, 262, 270, 275, 278, 281,
283–285, 290, 291, 299, 311 A13, 311
A15, 311 E3, 311 E4, 311 E6, 311 E14,
311 E22, 311 E38, 311 E42, 311 E50, 311
E62, 312, 313, 322, 324, 328, 331, 333,
336, 345, 350, 354, 377, 512 E1
- zum Ligatag von Heidelberg 1629 28,
167 C4 (S. 332)
- zum Ligatag von Ingolstadt 1631/32
442, 453, 470 B1, 477, 490, 500, 504,
512 A1, 512 A2, 512 B, 512 B1, 512 C3,
512 F, 512 H2–512 H6, 512 H9, 512 H10
- zum Ligatag von Mergentheim 1629
28, 167 C4 (S. 332)
- zum Ligatag von Regensburg 1631 4,
13, 15, 18, 25, 28, 32, 43a, 47, 50, 63,
64, 70, 74, 76, 93, 96, 97, 101, 107,
118, 120, 121, 124, 125, 127, 154, 159,
167 A1- 167 A5, 167 B1, 167 C4 (S.
332–336, 340, 342, 343), 167 H8, 178,
283, 461
- zur Mantuanischen Frage, Krieg/
Frieden in Italien 31A, 43a, 45, 46, 51,
52, 81, 83, 87, 97, 103, 109, 117, 123,
131, 136, 140, 144, 148, 183, 193, 197,
211, 216, 225, 227, 311 E22, 345, 512
H4
- zur Neuordnung des Kriegswesens
beim Kurfürstentag v. Regensburg
1630 15, 18, 25, 28, 48, 52, 167 A7
- zur Pfalzfrage s. Pfalz
- zum Regensburger Friedensvertrag
1630 3, 5, 43a, 51, 69, 77, 81, 83, 87,
103, 108, 131, 167 A5, 193, 222, 272a,

311 E9, 311 E30, 311 E41, 311 E49, 311 E51, 330, 339, 369
- zum Restitutionsedikt 1629  96, 107, 122, 127, 148, 167 C4 (S. 343), 167 E9, 167 H10, 167 H18, 167 H20, 169, 249, 257, 270, 274, 276, 281, 283, 289, 296, 311 A3, 311 A4, 311 A13, 311 A15, 311 B3, 311 D2, 311 E4, 311 E22, 337, 383, 391, 420, 446, 464, 470 B5, 512 H2, 512 H4
- zu Schweden  4, 8, 16, 20, 25, 26, 28–30, 31C, 32, 33, 39, 40, 43a, 45, 46, 48, 49a, 50–53, 55–58, 64, 64a, 68, 70, 71, 73, 75–77, 79–83, 86–90, 92, 93, 96, 97, 100, 101, 104–106, 108, 109, 112, 117, 119, 121, 123–125, 127, 128, 130, 131, 136–138, 144, 146, 148, 151–154, 157, 161,162, 164, 167 A1–167 A3, 167 A7, 167 C4 (S. 334, 337–339, 341, 344), 167 E16, 167 H2, 167 H4, 167 H10, 167 H25, 169, 170, 172 A, 175, 178, 181, 182, 184, 201–203, 205, 206, 210, 211, 215, 217, 224, 227, 232, 237–239, 243, 244, 248, 249, 251, 252, 256, 257, 259, 263, 270, 273–276, 278–281, 283, 284, 286, 288, 291, 297, 298, 300, 301, 307, 308, 309, 311 A3, 311 A4, 311 A7, 311 A13, 311 B3, 311 D35, 311 E3–311 E6, 311 E9, 311 E21, 311 E22, 311 E30, 311 E38, 311 E39, 311 E45, 311 E57, 311 E63, 311 E69, 312, 315, 318, 322–324, 331, 335, 336, 338, 342, 343, 345, 347, 350, 352, 354, 358, 361–363, 367, 369, 370, 371, 374, 376, 380–382, 382 C, 383, 384, 386–393, 393a, 395–405, 405a, 406, 408, 409a, 410a, 412, 413, 415–423, 426, 430, 431, 433–439, 442–444, 447, 449, 453, 454 A, 454 C, 455, 457, 458, 461, 463, 464, 466, 470 A, 470 B1, 470 B2, 470 B4, 470 B5, 470 B7, 470 B8, 470 B11, 470 B12, 470 B14, 470 B16, 470 C1, 470 C2, 470 C6–470 C9, 470 D1, 470 D3, 470 D5, 470 D6, 470 D7, 474, 475, 479, 481, 484, 486, 488, 491, 497, 498, 499, 505 A, 505 B, 509, 512 A1, 512 C3, 512 H1, 512 H4, 512 H10, 514
- zu Spanien (auch zur Brüsseler Regierung)  1, 7, 30, 31C, 49, 50, 59, 64, 82, 92, 99, 103, 108, 112, 113, 115, 117, 119, 127, 129, 131, 135, 136, 147, 151, 152, 155, 167 C4 (S. 342, 345), 167 H10, 167 H16, 175, 189, 214, 240, 248a, 256, 269, 278, 281, 298, 306, 311 A8, 311 E21, 311 E22, 311 E43,  319, 325, 326, 329, 361, 381, 382 C, 383, 395, 398, 400, 402, 413, 415, 420, 425, 427, 431, 432, 434, 435, 440, 452, 454 C, 461, 466, 468, 470 B4, 470 B5, 470 B12, 470 B17, 470 C1, 470 D1, 471, 472, 474, 479, 490, 493, 500, 510, 512 C3, 512 H4
- zu Tilly  2–7, 8, 11, 13, 15, 16, 20–26, 28, 30, 32, 33, 38, 39, 42, 45, 46–48, 50–52, 54–56, 58, 62–64, 66–68, 70, 71, 73, 75, 76, 80–83, 85, 87, 89, 90, 92, 93, 95–97, 101, 103, 104, 106, 109, 112, 119–121, 124, 125, 127, 128, 130, 132–134, 136, 138, 140, 141, 144, 146, 147, 152, 153, 155, 157, 162, 164, 166, 167 A1, 167 A3, 167 A4, 167 A5, 167 A7, 167 B1, 167 C4 (S. 332, 336, 339, 340), 167 E11, 167 E13, 167 E16, 167 F, 167 H4, 167 H10, 167 H12, 167 H15, 167 H16, 167 H18, 167 H22, 167 H25, 168, 170, 171, 172 A, 173, 176, 178–182, 185, 187–192, 194, 199–203, 205, 206, 209, 211, 212, 214, 216–218, 223, 224, 232, 233, 237–239, 243, 248, 250–253, 257, 261–264, 266, 270, 273–279, 281, 283–288, 290–292, 295, 299–302, 308, 311 A3, 311 D12, 311 D24, 311 D27, 311 D39, 311 E3, 311 E4, 311 E6, 311 E10, 311 E14, 311 E15, 311 E22, 311 E28, 311 E30, 311 E39, 311 E42, 311 E 45, 311 E49, 311 E52, 311 E53, 311 E55, 311 E57, 311 E62, 311 E68, 311 E69, 318, 322, 324, 327, 328, 331, 333, 336–338, 341–343, 345, 347, 350, 351, 354, 356–362, 365–368, 370–372, 374–377, 379, 380, 382 A, 382B, 383–385, 387, 388, 391–396, 400–404, 406, 410, 413, 415, 417–419, 421, 424, 431–436, 438, 440, 442, 446–448, 450–452, 454 A, 454 C, 455, 456, 463, 464, 466–468,

470 B1, 470 B2, 470 B5, 470 B6, 470 B11, 470 B12, 470 D6, 472, 473, 475, 478, 479, 481, 489–491, 493, 494, 496, 498, 503, 504, 506, 508, 509, 512 A1, 512 C3, 512 E4, 512 H1, 512 H4, 512 H9, 513, 514
- zu Papst Urban VIII. (auch röm. Kurie) 6, 29, 47a, 49a, 61, 69, 72, 78, 79, 100, 110, 111, 114, 115, 118, 121, 123, 124, 129, 131, 136, 137 C4 (S. 331, 345), 167 E5, 167 E6, 169, 211, 215, 227, 234, 257a, 272, 295, 305, 311 A4, 311 D28, 311 E5, 311 E21, 311 E31, 311 E41, 311 E44, 311 E49, 368, 369, 470 B5, 483, 495, 512 H4, 512 H9
- zu Wallenstein 75, 82, 83, 95, 97, 104, 109, 112, 132, 136, 164, 167 H16, 176, 184, 188, 212, 248a, 278, 309, 337, 354, 382 B, 410a, 412, 454 C, 470 B5, 470 B16, 470 D1, 470 D6, 492, 500, 504, 508, 509, 514

Bärwalde, Stadt i. Kfst. Brandenburg 26, 29
- Vertrag von (Bündnis zwischen Frankreich u. Schweden 1631) 29, 31A, 31D, 31F, 65, 69, 77, 79, 85, 86, 88, 100, 117, 121, 123, 127, 131, 148, 167 C4 (S. 344), 167 E9, 167 E16, 167 H15, 227, 256, 311 D28, 311 D37, 311 E9, 311 E30, 330, 348, 358, 369, 393a, 470 C1, 470 C3, 470 C4

Bamberg, Stadt 179, 204, 219, 311C, 316, 382 B, 387, 392, 401, 410, 491, 512 H

Bamberg, Hochstift 4, 32, 74, 130, 139, 146, 157, 162, 167 D, 167 E2, 167 E3, 167 E6–167 E9, 167 E11, 167 H18, 192, 200, 217, 227, 281, 287, 311C, 311 D3, 311 D4, 311 D6–311 D19, 311 D21–311 D23, 311 D25, 311 D28, 311 D30–D33, 311 D37, 311 D39, 311 D41, 311 D42, 311 E5, 311 E55, 311 E69, 317, 333, 376, 387, 390, 392, 393a, 400, 439, 448, 450, 470 B1, 470 B3, 470 B7, 470 B11, 512 B, 512 C2, 512 F, 512 H4
- Bischof Johann Georg Fuchs von Dornheim 13, 20, 47a, 139, 153, 162, 167 C3, 167 C4 (S. 341), 167 E6, 167 E7, 167 E9, 167 H1, 167 H15, 179, 204, 219, 227, 261, 285, 287, 300, 304, 311 A5, 311 A10, 311 A14, 311 B1, 311 D10, 311 D25, 311 D39, 311 E55, 316,

317, 379, 385, 392, 401, 405, 409a, 417, 418, 426, 439, 447, 470 D1, 472, 474, 490, 491, 512 H2, 512 H5, 512 H7
- Bischof Johann Gottfried I. v. Aschhausen 96, 179

Barbancon, span. Regiment zu Pferd 395, 413, 454 C

Barberini, Francesco, Kardinalnepot 6, 7, 47a, 49a, 61, 100, 102, 103, 123, 129, 143, 167 C4 (S. 344, 345), 167 E5, 167 H14, 169, 211, 229, 272, 299a, 311 D37, 311 E21, 311 E56, 311 E60, 433a, 469, 470 B13, 470 D2, 495, 505 A
- zu Maximilian s. Bayern: Maximilian

Barby, Stadt i. d. Gft. Barby/Elbe 124

Baudissin, Wolf Heinrich v., schwed. Generalleutnant 311 E35

Bayreuth, Residenzstadt d. Mgft. Brandenburg-Kulmbach 39, 231, 254, 380, 392, 463

Bebenhausen, Kloster i. Hzgt. Württemberg 311 D8

Beelitz, Stadt i. Kfst. Brandenburg 137

Bender, Jakob, Rat des Hochstifts Basel 167 D

Bensheim a. d. Bergstraße, Stadt i. Erzstift Mainz, verpfändet an Kurpfalz 470 B8

Bentheim, Grafschaft 4

Benz, Gerhard Franz, Sekretär d. Ritterstifts zu Bruchsaal 167 D

Berching, Stadt i. Hochstift Eichstätt 494

Berchtesgaden, Fürstpropstei 167 C3, 167 C4 (S. 332), 431, 512 B

Berg, Grafschaft 7, 25, 30, 36, 48, 182, 415, 431

Berg, Heinrich Graf von dem, spanischer General 431, 454 C, 464, 474

Bergstraße 216

Berlin, Stadt i. Kfst. Brandenburg 21, 185, 205, 217

Bethlen Gabor s. Siebenbürgen

Betzenstein i. Oberfranken, Stadt auf Nürnberger Territorium 289

Biberach a.d. Riss, Reichsstadt 311 D11, 311 D17, 449a

Bichi, Alessandro, Bischof v. Carpentras u. päpstl. Nuntius in Paris 3, 49, 211, 229, 431, 438, 458a, 470 B5, 483, 499

Biederitz, Stadt i. Erzstift Magdeburg 54

Bienner, Dr. Wilhelm, Reichshofrat 311C

Billehé, Maximilian de, Oberstleutnant d. Liga 357, 513

Bingen i. Erzstift Mainz 167 C4
- Konferenz d. kurfürstl. Gesandten 1628 125, 167 C4 (S. 339)
Bischofsheim s. Tauberbischofsheim
Blanckhardt, Hans Wilhelm v., Oberstleutnant d. Liga 203
Blanckhardt, Otto Ludwig v., Oberst d. Liga 4, 8, 119, 170, 357, 513
Blansdorf, Hans v., kursächs. Rat 373
Blarer, Wolfgang v. Wartensee, bischöfl. eichstätt. Rat 167 D
Blocquerie, Sieur de la, Oberst d. Liga 203
Blumenthal, Schloß und Kommende des Deutschen Ritterordens bei Aichach in Kurbayern 167 C3, 167 D, 509
Bobingen i. Hochstift Augsburg 390
Bochholtz, Arnold v., Domherr in verschiedenen Bistümern, Vertrauter d. Kurfürsten v. Köln 167 H4
Böhm, Konrad, kaiserl. Oberstleutnant 141, 146
Böhmen, Königreich 16, 33, 39, 45, 52, 62, 67, 68, 70, 112, 167 A7, 188, 226, 264, 278, 289, 311 D27, 311 E22, 311 E47, 361, 376, 382 C, 382 E, 398, 410a, 433–436, 442, 446, 450, 451, 454 A–454 C, 456, 457, 459, 463, 464, 467, 468, 470 B2, 470 B12, 470 C2, 470 C3, 470 D1, 470 D6, 472, 473, 478, 479, 485, 490, 492, 502–504, 506, 512 C1, 512 C3, 512 F, 512 G, 512 H1, 512 H10, 514
Boenninghausen, Lothar Dietrich Freiherr v., kaiserl. Oberst 203
Bolandt, Johann v., Bürgermeister v. Köln 311C
Bongardt Wilhelm v., Oberst d. Liga 63, 124, 167 A3, 167 A4, 357
Bonn, Residenzstadt i. Kfst. Köln 25, 72, 93, 96, 100, 112, 123, 127, 131, 156, 164, 167 C4 (S. 331), 167 E12, 167 H14, 170, 171, 201, 202, 212–214, 218, 226, 227, 234, 240, 256, 257, 268, 273, 280, 281, 286, 305, 306, 311 A1, 311 A15, 311 E51, 336, 348, 349, 363, 370, 395, 419, 440, 450, 469, 474, 512 H4
Bopfingen, schwäb. Reichsstadt 494, 496, 502, 503, 509
Bouthillier, Claude, franz. Staatssekretär 208, 210, 470 C4
Boxberg bei Mergentheim, Stadt i. Kfst. Pfalz 470 B8, 470 C4
Brabant, Herzogtum in den span. Niederlanden 450

Brandenburg a. d. Havel, Stadt i. Kfst. Brandenburg 20, 43, 58, 63, 68, 85, 97, 104, 109, 124, 147, 301
Brandenburg, Kurfürstentum 11, 21, 24, 26, 37, 43, 47, 49a, 51, 52, 56, 58, 81, 122, 146, 161, 167 C3, 167 E9, 167 F, 167 H9, 203, 205, 217, 227, 279, 311 D3–311 D5, 311 D10, 311 D14, 311 D19–311 D21, 311 D23, 311 D26, 311 D29, 311 E17, 311 E18, 311 E20, 311 E26, 311 E29, 311 E35–311 E38, 311 E43, 311 E55, 347, 352, 373, 437, 439, 458, 470 B2, 470 B5, 470 B7, 476, 488, 512 C3, 512 E1, 512 H4, 512 H9
- Kurfürst Georg Wilhelm 26, 31D, 77, 81, 92, 94, 96, 105, 121, 122, 126, 141, 156, 167 A3, 167 F, 167 H23, 172 A, 178, 185, 270, 279, 291, 294, 311 A13, 311 A14, 311 D7, 311 D27, 311 D28, 311 D31, 311 E4, 311 E18, 311 E29, 311 E55, 315, 373, 399, 453, 470 C3, 470 C5, 476, 501, 507, 512 A2
- zu Frankreich 77, 88, 315, 470 C3
- zum Frankfurter Kompositionstag 1631 167 H23, 291, 311 A14, 311 D14
- zu Kurbayern s. Bayern
- zu Kurmainz s. Mainz
- zu Kursachsen s. Sachsen
- zum Leipziger Konvent 1631 311 A13
- zu Schweden 31D, 65, 77, 85, 86, 88, 94, 96, 105, 121, 141, 167 A3, 270, 279, 294, 311 E55
- zu Tilly 24, 26, 42, 51
- Altmark 43, 301
- Neumark 20, 26, 29, 43, 48, 56, 85
Brandenburg-Ansbach, Ohnspach, Markgrafschaft 172 A, 209, 434, 454 A, 463
- Markgraf Joachim Ernst 503
- Markgräfin Sophie 503
Brandenburg-Kulmbach, Markgrafschaft 39, 139, 209, 219, 311 D3, 311 D7, 311 D10, 311 D28, 311 D29, 311 E29, 437, 467
- Markgraf Albrecht Alkibiades 167 E6
- Markgraf Christian 139, 142, 157, 185, 191, 204, 231, 243, 254, 259, 380, 393a, 399, 439, 454 C, 491, 512 B1
Brandt, Dr. Johann, Kanzler des Bischofs v. Würzburg 311C
Braunau a. Inn, Stadt i. Kfst. Bayern 402
Braunschweig, Hansestadt 46, 133, 174

Braunschweig-Lüneburg, Herzogtum 124, 167 C4 (S. 338), 167 F, 185, 232, 238, 311 D26, 311 D28, 311 D29, 312, 436
- Christian d. Ältere, Fürst v. Lüneburg und Administrator des Bistums Minden, 337 C4 (S. 338), 224
Braunschweig-Wolfenbüttel, Teilfürstentum d. Herzogtums Braunschweig-Lüneburg 301, 311 D28, 311 D29, 370
- Christian d. Jüngere, Administrator d. Bistums Halberstadt, Feldherr d. Kurfürsten Friedrich V. v. d. Pfalz 170, 218, 311 D26
Breda, Johann Rudolf v., kaiserl. Offizier 299
Bredow, Hans Rudolf v., kaiserl. Oberst 203
Breisach, Reichsstadt 470 B7, 470 D2, 470 D4, 470 D8, 509, 512 H6
Breisgau, Landesteil v. Vorderösterreich 431
Breitenfeld i. Kfst. Sachsen
- Schlacht, (erste) Leipziger Schlacht (17. 9. 1631) 311 D38, 311 E 45, 311 E50, 311 E53, 311 E57, 311 E62, 311 E63, 311 E68, 356, 358, 360, 363, 368, 370, 372, 373, 376–378, 380, 382 D, 384, 391, 392, 393a, 394, 420, 428, 429, 434, 436, 449a, 452, 454 C, 466, 470 B12, 470 B14, 472, 478, 490, 498, 503, 512 C1, 512 C2
Bremen, Hansestadt 167 B2
Bremen, Erzstift 4, 63, 64, 124, 133, 157, 167 C4 (S. 338), 224, 238, 261, 279, 301, 311 D12, 311 E39, 311 E 45, 312, 318, 322, 336, 377, 350, 356, 380, 430, 436, 445, 470 B8, 470 C4, 470 C9, 470 D1, 482
- Administrator Herzog Johann Friedrich v. Holstein-Gottorp 301, 380, 393a, 446, 470 C9
Breslau, Stadt u. Festung i. Schlesien 201
Breuner, Preiner, Phillip Friedrich Freiherr. v., kaiserl. Oberst 217
Breuner, Preiner, Seyfried Christoph Freiherr v., kaiserl. Statthalter u. Präsident der niederösterreich. Regierung 420, 311 B1, 428, 443, 468, 487, 500, 511
Brilon i. Hzgt. Westfalen (z. Erzstift Köln) 431
Britzky, Prix, Brix, Johann Friedrich v., kaiserl. Kriegskommissar 314
Bronckhorst-Gronsfeld (Groensfeld), Jost Maximilian Graf v., Generalwachtmeister d. Liga 8, 52, 71, 98, 275, 311 E44, 311 E 45, 311 E 47, 322, 336, 354, 370, 371, 394, 413, 419, 431, 435, 452, 474, 482
Bruchsal, Stadt i. Hochstift Speyer 167 D
Brühl, Stadt i. Erzstift Köln 329, 453, 469
Brüssel, Hauptstadt d. span. Niederlande 3, 25, 31D, 48, 54, 64, 92, 99, 113, 116, 129, 149, 151, 175, 181, 230, 240, 298, 311 E21, 320, 395, 402, 419, 435, 468
Bruneau, Jacques, außerordentl. Gesandter d. Infantin Isabella Clara Eugenia (span. Statthalterin in Brüssel) in Wien 201, 214
Bruslon, franz. Gesandter bei Kurtrier 469
Budian, Robert, bayr. Offizier 217, 252, 387
Budweis, Stadt i. Kgr. Böhmen 410a, 450, 454
Burg, Stadt i. Erzstift Magdeburg 20, 53, 62, 71
Burgau, Markgrafschaft 400, 470 B12
Burghausen, Stadt, Festung u. Rentamt i. Kfst. Bayern 490
Burgundischer Reichskreis 311 A10
Burhuß, Hans Ulrich v. 405a
Burhuß, Ernst Friedrich v., kurfürstl. bayr. Pfleger zu Stadtamhof bei Regensburg 405a
Busch, Bruno, Oberstleutnant d. Liga 371

C

Cadereyta, N. de Ribera Armandariz, Marques de, span. Diplomat 335 a, 510
Calvinismus, Religionis Calvinisticae, Calvinisten 29, 78, 167 H17, 170, 177, 263, 270, 280, 311 B3, 311 D3, 311 D4, 311 D9, 311 D13, 311 D16, 311 D21–311 D23, 311 D28, 311 D30, 311 D32, 311 E8, 311 E12, 311 E17, 311 E18, 311 E35, 324, 412, 425
Camberg, Amt i. Erzstift Trier 474
Carafa, Pierluigi, Nuntius in Köln 47a, 86, 123, 311 E29, 311 E44, 348, 431, 433a, 469, 495, 499, 505 A
Cafarelli, Franciscus de, Oberst d. Liga 357
Carpentras, Bistum in Frankreich
- Bischof v., siehe Bichi
Casale 31B
- Waffenstillstand v. 26.10.1630 81, 87
Castell, Grafschaft i. Unterfranken 311 D28
Châlons-sur-Marne, Stadt i. Kgr. Frankreich 167 H15, 479a
Charlemont, Stadt i. Hochstift Lüttich 31C
Charnacé, Hercule Girard, Baron de, franz. Diplomat 29, 358, 409a, 412, 455, 458a,

470 A, 470 B1, 470 B2, 470 B7, 470 B8, 470 B10, 470 B14, 470 B16, 470 C1–470 C3, 470 C5, 470 C6, 470 C8, 470 C9, 470 D1–470 D3, 470 D6, 470 D8, 479a, 490, 499, 505 A, 505 B, 510, 512 H4, 512 H6
Château-Thierry an der Marne 431, 458a, 469, 470 A, 470 D2, 479a, 499, 505 B
Cherasco, Stadt i. Hzgt. Savoyen 43a, 103, 131, 144, 272a (s. auch Mantuanische Frage, Friede in Italien)
Cleve, Herzogtum 7, 415
Coburg, Stadt u. Feste i. Hzgt. Sachsen-Coburg 253, 311 D16, 387
Cölln a. d. Spree, Stadt i. Kfst. Brandenburg 14, 311 D7, 311 E38, 507
Colloredo, Rudolf Graf v., kaiserl. Oberst 376, 400, 413, 450
Comargo, Theodor Fhr. v., Oberst d. Liga 275, 311 E 45, 311 E 47, 322, 397, 410, 430,
Contzen, Adam, SJ, Beichtvater Kfst. Maximilians 256, 425, 470 B7, 470 D2, 512 C3
Coronini, Coronino, Joan Petro, Baron v. Prebacina u. Gradiscata, kaiserl. Oberst 357
Corvey, Reichsabtei 413
Coswig, Dorf i. Kfst. Sachsen 11, 16, 21
Courtenbach, Oberst der Liga 8
Craz, Cratz, Johann Philipp C., Gf. v. Scharfenstein, Oberst d. Liga 21, 42, 62, 137, 141, 185, 217, 394, 400, 508
Chriechingen, Grafen v. 311 E38
Crivelli, Grivelli, Francesco, bayr. Resident an der Kurie 6, 49a, 72, 143, 211, 257a, 311 D36, 311 E21, 470 B13
Cronberg, Adam Philipp Gf. v., Oberst der Liga 4, 8, 21, 30, 58, 63, 371, 490, 513

**D**

Dänemark 470 B8, 470 D1
— König Christian IV. 202, 224, 241, 243, 246, 259, 301, 307, 311 D20, 311 D21, 311 E39, 331, 337, 397, 424, 430, 454 A, 454 C, 470 D1
— Prinz Ulrich v. Dänemark, Administrator d. Bistums Schwerin 445
Darmstadt, Residenzstadt i. d. Landgft. Hessen-Darmstadt 19, 34, 60, 156, 161, 231, 235, 242, 399, 422, 423, 428, 443

Declaratio Ferdinandea s. Österreich Ferdinand I.
Deidesheim, Stadt i. Hochstift Speyer 494
Delmenhorst, Stadt i. d. Grafschaft Oldenburg-Delmenhorst 70, 128
— Grafen v. s. Oldenburg
Demmin, Demin, Stadt i. Hzgt. Pommern 58, 66, 75
Denich, Sebastian Dr., Domadechan u. Rat d. Hochstifts Regensburg 512 D, 512 E2
Dessau, Stadt i. Fürstentum Anhalt-Dessau 8, 21, 33, 43, 64, 119, 130
Deutscher Orden, Deutschmeister 167 C3, 167 D, 167 E2, 167 E3, 167 E6–167 E9, 167 E11, 167 E12, 167 H1, 167 H11, 167 H18, 178, 281, 300, 311 D25, 311 D37, 317, 503, 504, 512 B, 512 D, 512 E2–512 E5, 512 F, 512 H2, 512 H3
— Johann Kaspar v. Stadion, Hochmeister d. Deutschen Ordens, Präsident des kaiserl. Hofkriegsrates 13, 32, 145, 167 B1–167 B3, 167 C3, 167 E2, 167 E6, 167 E7, 167 E9, 167 E11, 167 E13, 167 H7, 167 H9, 167 H16, 178, 183, 200, 203, 304, 311 B1, 311C, 311 D1, 311 D8, 311 D12, 311 D19, 311 D21, 311 D22, 311 D25, 311 D26, 311 D38–311 D41, 311 E17, 311 E18, 311 E20, 311 E24, 311 E29, 311 E32, 311 E33, 311 E35, 311 E36, 311 E37, 311 E38, 311 E44, 311 E47, 311 E48, 311 E55, 311 E56, 311 E60, 311 E62–311 E65, 311 E67, 311 E68, 316, 379, 439, 444, 448, 450, 493, 504, 509, 512 A2, 512 B1, 512 C2, 512 E3, 512 E4, 512 H1, 512 H4, 512 H6, 512 H9
Deutz b. Köln, Stadt i. Erzstift Köln 349
Dieburg, kurmainz. Amt 383
Dienstedt, Dorf i. Thüringen 311 E47, 356, 372
Dietfurt, Stadt i. Kfst. Bayern 512 E4
Ditherich, Dr. theol., Konstanzer Domdechan 311C
Dietrichstein, Franz Fürst v., kaiserl. Statthalter i. Mähren, Kardinal 188, 410a, 420, 428, 443, 448, 468, 470 D8, 487, 501, 511
Dillingen, Stadt u. Universität i. Hochstift Augsburg 142, 311 D25, 317, 450, 463, 496, 512 H2
Dinkelsbühl, Reichsstadt (siehe auch Ligatage) 9, 15, 166, 167 A1, 167 A3, 167 C2, 167 D, 167 E, 167 E12, 167 F, 167 G, 167 H1–167 H3, 167 H5–167 H7, 167 H9–167 H11, 167 H14, 167 H15, 167 H17, 167 H18, 167 H22, 167 H23, 190, 214, 215, 217, 256, 311 D17, 311

E30, 311 E67, 318, 400, 421, 451, 463, 470 B12, 485, 512 E4
Dörhoff, Dietrich, kurköln. Geheimer Rat 167 D, 167 H1, 311C, 311 D22, 311 D24, 311 D26, 311 E37, 311 E47
Donau 172 A, 183, 376, 406, 413, 417, 420, 432, 450, 454 A, 454 B, 470 B5, 470 B7, 470 B12, 470 D6, 472, 490, 494
Donauwörth, Reichsstadt 167 A1, 167 A3, 167 C 4 (S. 332), 178, 311 E67, 399, 406, 410, 418, 421, 434, 450, 451, 454 B, 468, 470 B2, 470 B4, 470 B6, 470 B7, 470 B11, 470 B12, 470 C2, 470 D6, 472, 477, 481, 482, 485, 486, 489, 490, 493, 494, 496, 498, 502, 504, 512 A1, 512 C3, 512 E2–512 E4, 512 H4, 512 H9, 513
Donnersberg, Joachim v., bayr. Oberstkanzler 64a, 77, 84, 96, 136, 305, 311 D8, D11 E5, 311 E52, 405a, 434, 437, 439, 449, 456, 470 B1, 470 B2, 470 B5, 470 B7, 470 B10, 470 B15, 470 B17, 470 D6, 470 D8, 471, 490, 500, 512 A1
Dresden, kursächs. Residenzstadt 12, 13, 21, 154, 226, 291, 311 A13, 311 D6, 311 E4, 351, 395, 454 C, 470 D6, 483
Drochtersen (Trochtersheim) a. d. Elbe, Stadt i. Erzstift Bremen 397
Düben, Dorf i. Fürstentum Anhalt-Zerbst 373
Dürrhoffen, kurköln. Rat 311 D1
Düsseldorf, Residenzstadt i. Hzgt. Berg 26, 271, 311 A11, 311 D24, 461,

**E**

Ebersdorf, Dorf i. Erzhzgt. Steiermark 315, 361, 372
Eckstätt, Eckstedt, Christian Viztum v., kaiserl. Oberst 203, 299
Eckstätt, Eckstedt, Christoph Vitztum v., kursächs. Oberst 141, 501
Eger, Reichsstadt, an das Kgr. Böhmen verpfändet 39, 470 B7, 470 B12, 489, 508
Eggenberg, Hans Ulrich Fürst v., Direktor d. kaiserl. Geheimen Rates 47a, 147, 167 A6, 184, 188, 298, 311 B1, 311 E21, 320, 325, 326, 382 C, 410a, 413, 420, 428, 434, 443, 454 C, 468, 470 B17, 470 D8, 471, 475, 487, 488, 500, 501, 510, 511
Ehrenbreitstein, Festung bei Koblenz 385, 387, 466, 478, 481, 505 A

Eichenbarleben, Schloss u. Herrschaft bei Magdeburg 303
Eichsfeld (Landschaft) 125, 290, 302, 311 D19, 311 E25, 311 E26, 319, 323, 331, 351, 383
Eichstätt, Hochstift 13, 32, 84, 142, 147 D, 167 E2, 167 E3, 167 E6–167 E9, 167 E11, 167 H18, 219, 281, 285, 311C, 311 D3–D23, 311 D25, 311 D28, 311 D30, 311 D32, 311 D33, 311 D37, 311 D39, 311 D41, 311 D42, 311 E55, 311 E68, 317, 390, 405, 418, 434, 439, 463, 470 B3, 470 B5, 470 B7, 470 B8, 490, 493, 498, 503, 512 B, 512 E2–512 E5, 512 F
– Bischof Johann Christoph v. Westerstetten 13, 47a, 111, 139, 142, 167 B1, 167 E2, 167 E3, 167 E6, 167 E7, 167 E9, 167 E11, 179, 219, 221, 300, 311 A14, 311 D21, 311 D25, 316, 385, 390, 400, 405, 413, 418, 450, 463, 498, 503, 512 D, 512 E2–512 E4, 512 H2, 512 H9
Einsiedel, Conradt (Curt) v., kursächs. Appellationsrat 501
Eisenach, Stadt i. Hzgt. Sachsen-Eisenach 357
Eisfeld, Stadt i. Hzgt. Sachsen-Coburg 347
Eisleben, Stadt i. d. Grafschaft Mansfeld 338, 343, 347
Elbe 39, 45, 48, 64, 107, 119, 124, 130, 144, 154, 157, 167 C1, 168, 232, 261, 273, 275, 277, 283, 286, 288, 290, 294, 297, 299–301, 308, 311 E14, 311 E35, 311 E55, 312, 318, 347, 366, 373, 380, 410, 470 D1, 482
Elbenau i. Kfst. Sachsen 130
Ellwangen, Fürstpropstei 13, 32, 139, 167 B1, 167 D, 167 E, 167 E2, 167 E3, 167 E7–167 E9, 167 E11, 167 E12, 167 E14, 167 F, 167 H1, 167 H22, 191, 311C, 389, 390, 400, 401, 432, 449a, 450, 454 C, 463, 493, 498, 512 B, 512 C1, 512 C2, 512 D, 512 E2–512 E6, 512 F, 512 H3
Elsaß (Landschaft) 45, 151, 345, 431, 470 B7, 470 C4
Elsaß-Schwaben-Burgund, Deutschordensballei 167 H1
Elsaßzabern, Stadt i. Hochstift Straßburg 15, 470 B12
Elsenheim, Heinrich Benno v., Oberstleutnant d. Liga 470 B12
Ems 67

Engelbrecht, Arnold, Kanzler des Fürstentums Braunschweig-Wolfenbüttel 311 D20
Engelthal, Kloster b. Nürnberg 289, 311 D17
England, Engländer 31C, 40, 49, 52, 55, 57, 64a, 67, 70, 82, 83, 85, 97, 106, 108, 109, 133, 137, 167 B2, 167 C1,167 C2, 167 H9, 167 H15, 167 H22, 170, 181, 187, 224, 239, 248a, 261, 268, 270, 278, 281, 282, 297, 301, 306, 307, 311 A8, 311 A10, 322, 331, 350, 414, 425, 427, 440, 449, 470 B7, 470 B9, 470 C1, 470 C3, 470 C4, 470 D1
– König Jakob I. 31C, 51, 57, 82, 137, 167 B2, 241, 282, 311 A8, 398, 425, 449, 470 B3
Enßmann, Johann, kurfürstl. bayr. Rat u. Rechnungskommissar 496
Erfurt, Stadt i. Erzstift Mainz 96, 97, 124, 192, 200, 217, 224, 239, 246, 283, 311 E 47, 311 E57, 311 E60, 311 E62, 311 E63, 319, 336, 383, 470 B3, 470 B12
Ernst, Adam v. Hagsdorf, Kriegskommissar d. Liga, bayr. Hofkammer- und Kriegsrat 178, 300, 333, 345, 370, 385, 393, 410, 413, 434, 450, 456, 496
Erolzheim, Hans Erhard v., Hauptmann u. eichstättischer Reichspflegsverweser 142
Erwitte, Dietrich Ottmar v., Oberst u. Generalwachtmeister d. Liga 4, 23, 25, 56, 93, 119, 137, 185, 238, 273, 357
Eschwege, Stadt i. d. Landgft. Hessen-Kassel 273
Espaigne, Raimund de, Oberst d. Liga 200
Essen, Stift und Äbtissin 119, 167 D, 47a, 96, 167 E9, 311C
Esslingen, Reichsstadt 311 E20
Europa 72
Eynatten, Weinand v., Oberst der Liga 170, 203, 218, 224, 273, 281, 328, 436, 463

F
Faber, Dr. Heinrich, kurmainz. Rat 311 D27
Fabricius, Philipp Ludwig, Sekretär u. Rat Landgraf Georgs v. Hessen-Darmstadt 483, 507
Fabritz, Fabritius, Friedrich gen. Schmidt, Generalkonsulent der fränk. Ritterschaft 311 D40
Fahrensbach, Farnpach, Georg Waldemar Gf. v. Karkus, kaiserl. Oberst 119, 136, 137, 146, 167 E1, 170, 203, 314, 328

Feldberg i. Hzgt. Mecklenburg 89, 90, 119
Fenff, Fenfe, Denis de Poitiers, Goubernator zu Bouillon, Kölner Gesandter in Paris 348, 431, 464, 469, 479a, 505 A, 505 B
Flanz, Johann Adam v., Oberstleutnant d. Liga 370, 431
Florenz, Großherzöge 470 B5
– Ferdinando II. Medici 416
– Maria Magdalena, geb. Erzherzogin v. Österreich 454 A, 454 C
Fontainebleau, Stadt u. Schloß i. Kgr. Frankreich 208, 210
– bayr.-französ. Bündnisvertrag 1631 102, 108, 129, 136, 151, 175, 186, 188, 208, 210, 247, 263, 269, 298, 311 E21, 311 E43, 320, 348, 389, 409a, 416, 459, 460, 462
Forchheim, Stadt u. Festung i. Hochstift Bamberg 153, 285, 290, 293, 299, 300, 308, 312, 316, 392, 401, 405, 410, 426, 434, 447, 451, 470 B11, 470 B12, 490, 512 E4
Fournier, Nicolas, Rat u. Sekretär Herzog Karls v. Lothringen 311 E47
Franken s. Fränkischer Reichskreis
Frankfurt a. d. Oder, Stadt i. Kfst. Brandenburg 11, 16, 20, 21, 24, 26, 30, 32, 42, 43, 45, 48, 56, 68, 106, 109, 124, 128, 130, 136–138, 141, 144, 146, 152, 154, 155, 157, 167 C1, 169, 185, 203, 311 E14, 391
Frankfurt a. Main, Reichsstadt 12, 71, 97, 107, 128, 134, 147, 150, 156, 165, 167 C1, 167 E9, 167 H34, 167 H17, 174, 192, 262, 303, 305, 310, 311 A9, 311 A17, 311 B1, 311 B2, 311C, 311 D, 311 D1, 311 D2, 311 D6–311 D9, 311 D13–311 D15, 311 D 17, 311 D19–311 D21, 311 D23, 311 D24, 311 D26–311 D29, 311 D31, 311 D33, 311 D34, 311 D39–311 D42, 311 E2, 311 E5, 311 E6, 311 E8–311 E10, 311 E12, 311 E13, 311 E15, 311 E17, 311 E19–311 E24, 311 E26, 311 E29–311 E33, 311 E35–311 E39, 311 E41–311 E43, 311 E 45–311 E48, 311 E53–311 E56, 311 E60, 311 E62–311 E64, 311 E66–311 E69, 312, 314, 323, 334, 335, 337, 341, 345, 348, 351, 377–379, 382 A, 382 C, 386, 396, 404, 408, 410, 436, 442, 464, 470 B8, 476, 480, 481, 483, 486, 488, 501, 512 C3, 512 H1
– Kompositionstag 1631 s. Kompositionstag
– Kreistag 1631 167 E5

Frännkhing, Frenking, oldenburg. Oberst 42
Fränkischer Reichskreis 4, 8, 10, 11, 13, 15, 17, 22, 30, 32, 39, 45, 47, 48, 63, 97, 98, 134, 139, 146, 156, 157, 167 C1, 167 C3, 167 E3, 167 E6, 167 E7, 167 H7, 167 H22, 167 H24, 172 A, 182, 204, 219, 231, 263, 275, 277, 285, 287–289, 304, 308, 311 A2, 311 A10, 311 D10, 311 D19, 311 D31, 311 D32, 311 D34, 311 D39, 311 D40, 311 D42, 311 E3, 311 E10, 311 E28, 311 E50, 311 E58, 311 E62, 311 E63, 311 E67–311 E69, 316, 323, 324, 331, 333, 345, 361, 376, 382 E, 384, 387, 390, 392, 393, 395, 396, 400, 401, 406, 410, 411, 413, 414, 418, 432, 434–436, 438, 439, 449a, 460, 464, 470 B12, 490, 491, 493, 503, 512 C2, 512 E3, 512 E4

Frankreich 4, 6, 29, 43a, 49, 64a, 136, 148, 167 A6, 167 C2, 167 C4 (S. 331), 167 E9, 167 E11, 167 E16, 167 H4, 167 H9, 167 H15, 167 H18, 167 H20, 169, 193, 211, 214, 216, 243, 247, 256, 270, 272a, 278, 307, 311 A8, 311 D20, 311 D21, 311 D26, 311 D28, 311 D36, 311 D37, 311 E21, 311 E28, 311 E30, 311 E31, 311 E38, 311 E41, 311 E43, 311 E49, 311 E51, 311 E53, 311 E69, 331, 345, 348, 365, 369, 386, 393a, 403, 407, 412, 422, 425, 431, 435, 437, 455, 457, 460, 462, 464, 469, 470 B1– 470 B3, 470 B5, 470 B7–470 B10, 470 B13–470 B15, 470 C2, 470 C3, 470 D1, 470 D6, 477, 478, 483, 500, 505 A, 505 B, 512 C3, 512 E2–512 E4, 512 F, 512 G, 512 H4, 512 H9, 514
- König Heinrich IV. 167 H15
- König Ludwig XIII. 1, 3, 29, 31A–31F, 49, 49a, 51, 77, 79, 81, 82, 85–87, 91, 99, 100, 108, 114–117, 121, 123, 126, 129, 131, 136, 140, 143, 148, 151, 167 E16, 167 H4, 167 H14, 167 H15, 167 H18–167 H20, 169, 186, 188, 193, 208, 210, 215, 216, 222, 227, 229, 243, 247, 256, 269, 272 a, 275, 278, 298, 305, 311 A1, 311 D28, 311 D36, D11 E5, 311 E9, 311 E21, 311 E31, 311 E33, 311 E38, 311 E41, 311 E44, 311 E53, 311 E55, 311 E61, 311 E69, 315, 320, 325, 326, 330, 332, 345, 348, 358, 365, 367, 369, 379–381, 382 E, 383, 386, 389, 391, 392, 393a, 396, 400, 406, 408, 409a, 411, 413, 414, 416, 422, 427, 431, 434–438, 440, 453, 457, 458a, 460, 464, 466, 469, 470 A, 470 B2–470 B4, 470 B7, 470 B9, 470 B14, 470 B16, 470 C1–470 C4, 470 C7–470 C9, 470 D1, 470 D2, 470 D5, 470 D6, 477–479, 479a, 499, 505 A, 505 B, 509, 512 C3, 512 E2, 512 F, 512 G, 512 H4, 512 H9
- zum Bündnisvertrag v. Fontainebleau 1631 102, 108, 129, 136, 151, 175, 208, 210, 247, 269, 298, 311 E21, 311 E43, 320, 326, 348, 389, 409a, 416, 427, 460
- zu England 108
- zu den Generalstaaten (Holländern) 31C, 31F, 108
- zu Kurbayern s. Bayern: Maximilian
- zu Kurbrandenburg s. Brandenburg
- zu Kurköln s. Köln
- zu Kurmainz s. Mainz
- zu Kursachsen s. Sachsen
- zum Kaiser s. Österreich: Ferdinand II.
- zum Leipziger Konvent 1631 31D
- zur Liga s. Liga
- zur Mantuanischen Frage u. zum Frieden in Italien 31A, 31C–31F, 43a, 87, 131, 148, 227, 311 D36, 311 E9
- zu Papst Urban VIII. (auch röm. Kurie) 49a, 69, 86, 100, 121, 123, 143, 167 C4 (S. 331), 169, 211, 229, 305, 311 A1, 311 D28, 311 D36, 311 E21, 416
- zum Regensburger Friedensvertrag 1630 43a, 69, 108, 193, 222, 311 D28, 311 E9, 311 E38, 311 E41, 311 E44, 311 E49, 311 E53, 311 E55, 330, 339, 369
- zu Schweden 29, 31A, 31C, 31D, 31F, 64a, 65, 69, 77, 79, 82, 85, 86, 108, 121, 123, 136, 148, 151, 167 E16, 167 H15, 227, 256, 272a, 298, 311 D28, 311 D36, 311 E9, 311 E31, 311 E38, 311 E41, 311 E53, 311 E69, 314, 348, 358, 369, 380, 381, 382 C, 382 E, 383, 386, 389, 391, 392, 393a, 396, 400, 406, 409a, 411, 414, 422, 426, 458a, 469, 470 A, 470 B2–470 B4, 470 B10, 470 B15, 470 B16, 470 C1–470 C4, 470 C8, 470 D1, 470 D6, 479, 479a, 499, 505 B, 512 C3, 512 E2, 512 E4, 512 H9
- zu Spanien s. Spanien
- zum Kaiser s. Österreich: Ferdinand II.

- Gaston, Herzog v. Orleans  222, 311 E9, 311 E22, 311 E31, 325, 382 C, 382 E, 399, 409a, 431, 466, 478
- Medici, Maria, Mutter v. Kg. Ludwig XIII. 222, 311 E9, 311 E22, 311 E31, 382 C, 382 E, 393a

Freising, Hochstift u. Stadt  311 C, 512 B
- Bischof Veit Adam von Gepeck  167 C3, 167 C4 (S. 332)

Freyburg a. d. Unstrut, Stadt i. Kfst. Sachsen  255, 373

Friedrich V., Pfalzgraf bei Rhein und Kurfürst s. Pfalz

Friz, Dr., kurbrandenb. Rat  311 E37

Fritzlar, Stadt i. Erzstift Mainz  161, 302, 308, 311 E25, 311 E26, 311 E39, 311 E64, 331, 353, 371, 393, 410

Fürstenberg a. d. Havel, Stadt i. Hzgt. Mecklenburg  74, 75, 76

Fürstenberg, Egon Graf v., kaiserl. Generalwachtmeister  167 H9, 167 H15, 167 H25, 183, 197, 206, 216, 221, 223, 225, 254, 270, 275, 285, 287–290, 299, 301, 308, 311 A14, 311 B1, 311 E35, 312–314, 318, 319, 322, 324, 328, 333, 336, 343, 345, 347, 354, 394, 410, 470 B5, 472, 512 F

Fürstenberg, Friedrich Rudolf Graf v., Oberst d. Liga  368, 462, 470 B12, 512 H9

Fürstenberg, Wratislaw Graf v., Reichshofratspräsident  145, 512 C3

Fürstenfelde, Stadt i. Kfst. Brandenburg  26

Fürstentag von Regensburg 1623. s. Regensburg  298

Fürstenwalde, Stadt i. Kfst. Brandenburg  20, 48, 56

Fürth, Ort u. Kondominat verschiedener Herrschaftsträger bei Nürnberg  310, 342

Fugger, Grafen v.  32, 167 B1, 167 D, 167 E2, 167 E3, 167 E6–167 E9, 167 E11, 167 E12, 167 H11, 167 H16, 311 E39, 311 E42, 393
- Hans Ernst Graf v.  13, 167 B1
- Jakob Graf v.  167 B1, 218, 311 D17, 311 D25, 317, 410
- Marx, Graf v.  167 B1
- Ott Heinrich, Graf v., Generalwachtmeister d. Liga  178, 200, 311 D25, 311 E30, 311 E47, 311 E57, 313, 316, 317, 323, 327, 333, 336, 341, 342, 345, 347, 356, 357, 364, 366, 367, 370, 371, 377, 384, 385, 387, 388, 392, 395, 410, 413, 436, 450, 456, 470 B7, 470 B12, 512 E4

Fulda, Fürstabtei  11, 13, 38, 52, 64, 70, 84, 96, 97, 101, 128, 166, 167 D, 167 H11, 167 H18, 182, 185, 187, 190, 192, 200, 206, 217, 224, 262, 285, 288, 290, 299, 311 D17, 311 D19, 311 D20, 311 D25, 311 E26, 311 E35, 311 E42, 311 E44, 311 E47, 311 E64, 311 E68, 312, 313, 316–319, 327, 333, 336, 342, 345, 351, 393, 408, 410, 413, 439, 448, 470 B5, 470 D1, 512 H2, 512 H4

G

Gallas, Galasso, Gallaß, Matthias Graf v., kaiserl. Feldmarschall  103, 272a, 336, 384, 388, 400, 432, 433, 450, 454 B, 470 B12, 473, 500, 503, 514

Gans von Otzburg, Otzberg, Christoph, Rat u. Hauptmann des Fürstpropstes v. Ellwangen  512 E4

Ganzhorn, Johann, Dr. jur., bischöfl. würzburg. Rat  167 D

Gartz, Stadt i. Hzgt. Pommern  4, 8, 11, 68, 71

Gassner, Felix, Dr. jur., Ellwanger Rat und Kanzler  167 D, 167 H1, 470 B5, 512 E1, 512 H1

Gatzin, Sebastin, Rat d. Hochstifts Regensburg  512 D

Gebhard, Heinrich, Pseudonym Ireneus Heillandt, Schriftsteller, Publizist  311 E8

Gebhardt, Dr. Justus, Reichshofrat  428, 448

Gehewolf, Georg, Syndikus d. Stadt Regensburg  405a

Gehlen, Geleen, Gottfried Huyn, Freiherr v., Oberst d. Liga  63, 67, 107, 119, 154, 185,

Geisenfeld, Markt i. Kfst. Bayern  512 E4

Gelenius, Dr. Johann, kurköln. Generalvikar  311C

Gemünden, Stadt i. Hochstift Würzburg  404

Generalstaaten  1, 7, 8, 9, 20, 25, 31C, 31F, 36, 44, 51, 52, 54, 56, 57, 70, 73, 100, 108, 109, 116, 134, 137, 147, 167 A6, 167 B2, 167 C1, 167 C2, 167 C4 (S. 342), 167 E12, 167 H7, 167 H9, 167 H15, 167 H17, 167 H19, 167 H22, 167 H24, 167 H25, 170, 177, 181, 201, 207, 214, 215, 235, 240, 243, 254, 258, 259, 261, 278, 281, 290, 292, 293, 297, 299, 307, 311 A10, 311 E53, 311 E63, 329, 331, 345, 382

C, 382 E, 395, 397, 400, 410, 412, 413, 415, 419, 431, 432, 435, 439, 442, 443, 451, 461, 470 B2, 470 B3, 470 B7, 470 B10, 470 D1
- zu Kurköln s. Köln
- zu Kurmainz s. Mainz
- zu Spanien s. Spanien
- zur Liga s. Liga
- zu Schweden s. Schweden

Gent, Walrab (Walram) Baron v., Oberst d. Generalstaaten 134, 235, 311 E53, 311 E63, 395
Gendtstein, Dr. jur, Leonhard, bischöfl.-bamberg. Rat 167 D
Gernsheim i. Erzstift Mainz 408
Gereon, Dr. Nikolaus, kurmainz. Kanzler 311 A14, 470 D5, 512 C3, 512 H4, 512 H9
Geseke i. Erzstift Köln 419
Giengen a. d. Brenz, schwäb. Reichsstadt 486, 496, 502, 509
Gießen, Stadt u. Festung i. d. Landgft. Hessen-Darmstadt 443, 476, 480, 483, 484, 488, 501, 507, 507
Gigli, Aurelio, bayr. Hofrat 29, 49a, 72, 143, 169, 257a, 311 E21
Gitschin i. Kgr. Böhmen 58, 75, 109
Glaser, Dr. jur. Jakob 311 B1
Glogau, Groß-Glogau i. Schlesien 141, 201, 410a
Glückstadt, Stadt i. Hzgt. Schleswig-Holstein 20, 241, 397, 445
Goldt, Gold, Hans Ulrich, Oberstleutnant d. Liga 134
Gommern i. Kfst. Sachsen 130
Göttingen, Stadt i. Fst. Braunschweig-Wolfenbüttel 46, 167 C4 (S. 339)
Goetze, Götzen, Sigismund v., kurbrandenb. Kanzler 85
Grafenstein i. Böhmen 433
Graubünden 157, 345, 356, 366
Graveneck, Gravenegg, Herren v. 32, 167 E12
Graveneck, Johann Ludwig Freiherr zu, Eichstätter Domherr 311C
Graveneck, Wilhelm Friedrich Freiherr zu, Scholasticus d. Stifts Ellwangen 167 D, 167 H1
Gravenhagen s. Den Haag

Gournay, Herr v., franz. Diplomat 31A–31F, 49, 64a, 91, 100, 114, 116, 126, 149, 167 H4, 258, D11 E5, 315
Gräfenthal i. Hzgt. Sachsen-Altenburg 347
Granvelle, François Philippe, Sekretär Tillys 451, 454 B, 456
Graz i. Erzhzgt. Steiermark 454 C
Greding, Stadt i. Hochstift Eichstätt 494
Greifenhagen i. Hzgt. Pommern 8, 68, 71
Greifswald, Stadt i. Hzgt. Pommern 58, 66, 167 C1
Grenzing, Johann v., Reichshofrat 448
Griesheim, Heinrich Christoph v., kurmainz. Rat u. Amtmann 442
Groenlo, Groll, Stadt i. den Generalstaaten 167 E12
Gronsfeld s. Bronckhorst-Gronsfeld
Groß Salze i. Erzstift Magdeburg 137, 146, 147, 167 C1, 167 F, 170
Großensömern, Sömmerda 260
Guastalla, Herzogtum
- Herzog Caesare Gonzaga 103
Güstrow, Stadt i. Hzgt. Mecklenburg 337
Guidi di Bagno, Giovanni Francesco, päpstl. Nuntius in Paris 1, 3, 29, 49, 64a, 79, 99, 102, 108, 136, 170, 175, 186, 210, 229, 263, 311 E21, 311 E53, 412, 470 B13
- zur Liga s. Liga
Gumpelzhamer, Georg Dr., Ratgeber u. Advokat der Stadt Regensburg 405a
Gunzenhausen, Stadt i. d. Markgft. Brandenburg-Ansbach 371, 450, 451

**H**

Haag, Den, Hauptstadt d. Generalstaaten 25, 29, 36, 54, 56, 57, 59, 64, 73, 112, 181, 240, 412, 435
Haas, Dr. Martin, Kanzler d. Salzburger geistlichen Konsistoriums 311C
Hagen, Johann Ludwig v., apostolisch-kaiserl. Bücherkommissar 311 E12
Hagen, Johann Niclas v., Rittmeister d. Liga u. Deutschordenskomtur zu Saarbrücken 311 D25
Hagenau, elsäss. Reichsstadt 502
Halberstadt, Stadt 2, 4, 5, 7–9, 11, 20, 167 E12, 217, 218, 286, 356, 357, 371, 410

Halberstadt, Hochstift 5, 20, 43, 167 B1, 167 F,
   224, 232, 239, 311 E39, 322, 328, 336, 377,
   370, 436
– Herzog Christian d. J. s. Braunschweig-
   Wolfenbüttel
Hall, schwedischer Oberst 24
Halle a. d. Saale, Stadt i. Erzstift Magdeburg
   58, 63, 311 E35, 311 E37, 336, 338, 343,
   344, 350, 351, 356, 359, 393a
Hamilton James, First Duke of Hamilton,
   schwedischer General 20, 55, 67, 84, 97,
   134, 170
Hamburg, Hansestadt 11, 27, 42, 58, 63, 64, 67,
   107, 124, 154, 218, 243, 311 A8, 311 D20,
   311 D21, 449
Hameln, Stadt u. Festung i. Hzgt. Braunschweig-
   Lüneburg 9, 11, 13, 25, 30, 42, 43, 67, 70,
   71, 97, 124, 134, 147, 166, 167 C4 (S. 339),
   167 H18, 182, 262, 349, 352, 370, 371, 413,
   451, 482
Hamm, Stadt u. Festung i. d. Gft. Mark 7, 461
Hammelburg i. Stift Fulda 327
Hanau, Stadt i. d. Grafschaft Hanau-Münzenberg
   323, 404, 410, 442, 512 H
– Grafen v. 311 D9, 311 D18
– Graf Philipp Ludwig I. v. Hanau-Münzenberg
   311 D18
Harrach Leonhard Karl v., Reichshofrat und
   kaiserl. Kämmerer 500
Haslang, Georg Rudolf Frhr. v., Oberst d. Liga
   185, 311 D25, 317
Hatzfeld, Franz v., bischöfl. bamberg. Rat 167
   D, 311C
Hatzfeld, Heinrich Ludwig v., kaiserl. Oberst,
   Kommandant v. Rostock 48
Hatzold, Thomas, Reichshofrat 448
Haubitz, Tobias v., Reichshofrat 448
Hausen, kurmainz. Amt 383
Havel 301, 312, 322
Havelberg, Stadt i. Kfst. Brandenburg 43, 56,
   238, 301
Hegenmüller, Hans Rupprecht, kaiserl.
   Geheimer Rat 163, 167 E13, 167 H22, 167
   H24, 177, 196, 199, 201, 205, 220, 223, 225,
   226, 232, 236, 237, 239, 246, 249, 251,
   257, 263, 267, 274, 281, 292, 311 D32
Heckh, Johann, Bürger und Handelsmann aus
   Mainz 167 F, 262, 311 E59, 436
Heideck, Stadt i. Hzgt. Pfalz-Neuburg 494

Heidelberg, Residenzstadt u. Schloss i. d.
   Unterpfalz 132, 189, 193, 215, 216, 311
   E56, 311 E64, 311 E67, 317, 380, 385, 404,
   410, 431, 463, 466, 468, 470 B5, 470 B8,
   470 B10–470 B12, 470 D1, 470 D5, 475,
   478, 481, 490, 494, 496, 497, 502, 509
– Ligatag 1629. s. Ligatage
Heidenheim a. d. Brenz , Stadt i. Hzgt.
   Württemberg 486
– Herrschaft i. Hzgt. Württemberg 486
Heilbronn, Reichsstadt 174, 470 B12
Heilsbronn, Stadt und Kloster in Franken 311 D9
Heiligenberg i. d. Herrschaft Fürstenberg
   (Schwaben) 206
Helmstadt, Lorenz v., Rittmeister d. Liga 311
   D25
Henneberg, Grafschaft 192, 200, 316, 319, 323,
   333, 357, 364, 410
Herberstorff, Adam, Graf v., Oberst d. Liga 170,
   470 B3
Herliberg, Hannibal v., bayr. Oberst u. Kriegsrat
   84, 167 C4 (S. 331), 303, 342, 345, 371,
   393, 405, 410, 417, 434, 451, 456, 470 B6,
   470 B7, 482, 485, 504, 506
Herrieden bei Ansbach 405, 454 A
Hersbruck, Stadt auf Nürnberger Territorium
   289
Hersfeld, Stift 311 D9, 319, 342, 345, 357, 364
Herwarth d. J., Hans Georg v., bayr. Geheimrat
   und Landschaftskanzler 311 B3
Herwarth von Hohenburg, Johann Friedrich
   v., kurbayr. Hofrat, Legat in Frankfurt/M.
   311C, 311 D, 311 D5–311 D11, 311 E15, 311
   E22, 311 E44
Herzogenbosch, Hertogenbosch, Stadt i.
   Nordbrabant 167 H7
Hessen 167 C3, 167 C4 (S. 339), 167 E3, 167 E4,
   167 E7, 167 E16, 167 F, 167 H11, 167 H22,
   183, 185, 187, 200, 206, 209, 215, 217, 218,
   223, 224, 232, 237, 244, 250, 254, 257, 261,
   262, 270, 273–277, 280, 283, 308, 311 B3,
   311 D12, 311 D19, 311 E22, 311 E25, 311 E26,
   311 E28, 311 E42, 311 E44, 311 E47, 311 E50,
   311 E60, 311 E63, 313, 314, 321, 323, 324,
   327, 331, 333, 336, 341, 342, 345, 347, 350,
   352, 356, 357, 360, 361, 363, 371, 377, 383,
   384, 388, 395, 410, 413, 431, 436, 438,
   442, 452, 470 B7, 474

Hessen-Darmstadt, Landgrafschaft  10, 15, 20, 167 E5, 167 E6, 311 D19, 311 D20, 311 D28, 311 D29, 311 D37, 311 E29, 311 E32, 311 E58, 311 E63, 374, 422
- Landgraf Georg II.  19, 27, 34, 60, 78, 119, 150, 156, 161, 165, 167 E5, 167 H13, 167 H14, 231, 235, 242, 243, 245, 246, 254, 259, 291, 311 D19, 311 D20, 311 D27, 311 D35, 311 D37, 311 E4, 311 E29, 311 E44, 311 E49, 311 E53–311 E55, 311 E58, 311 E69, 359, 362, 374, 377, 378, 383, 391, 396, 399, 400, 406, 407, 409, 422, 423, 427, 428, 437, 439, 442, 443, 448, 453, 454 C, 457, 465, 469, 470 B5, 470 C4, 470 D1, 475–477, 480, 483, 488, 498, 501, 507, 511, 512 A1–512 A3, 512 B1, 512 C3, 512 E1, 512 E2, 512 E4, 512 F, 512 G, 512 H4, 512 H9, 512 H10

Hessen-Kassel, Landgrafschaft  8, 20, 45, 48, 52, 56, 64, 71, 98, 133, 142, 161, 166, 167 C4 (S. 338), 167 H18, 189, 190, 216, 217, 239, 243, 248, 252, 253, 288–290, 292, 294, 301, 302, 304, 308, 311 D 17, 311 D19, 311 D21, 311 D25, 311 D27, 311 E26, 311 E32, 319, 323, 336, 345, 350, 354, 393, 410, 435, 464
- Landgraf Wilhelm V.  150, 154, 156, 161, 166, 167 E16, 192, 203, 215, 238, 248, 252, 260, 261, 273, 274, 277, 283, 286–288, 292, 293, 299–302, 311 D 17, 311 D21, 311 E14, 311 E25, 311 E29, 311 E39, 311 E53, 311 E55, 311 E57, 319, 320, 323, 324, 327, 331, 336, 345, 351, 353, 354, 359, 366, 367, 382 C, 382 E, 395, 396, 419, 422, 429, 431, 435, 437, 439, 442, 450, 470 B10, 470 B12, 490, 505 B, 512 H4

Hildebrandt, Dr. Konrad, Reichshofrat  145, 167 H15, 311C, 311 D2, 311 D9, 311 D19, 311 D21, 311 D26, 311 D33, 311 D40, 311 E29, 311 E38, 311 E48, 311 E64, 448

Hildesheim, Hochstift  93, 119, 146, 167 C4 (S. 331, 344), 167 E12, 167 F, 178, 218, 281, 311 D39, 311 E60, 311 E69, 370, 371, 419, 452

Hilpoltstein, Stadt i. Hzgt. Pfalz-Neuburg  494

Himmelthron, Kloster auf Burg Gründlach b. Nürnberg  311 D9

Hochhausen bei Tauberbischofsheim  421, 434

Hoechst i. Erzstift Mainz  404, 475, 476

Höchstädt a. d. Donau, Stadt i. Hzgtm. Pfalz-Neuburg  494

Höllinghoven, Hollincovis, Wilhelm Fhr. v., kurköln. Oberkämmer und Geheimrat  100, 427

Hoheneck, Hans Philipp v., kurmainz. Geheim. Rat u. Viztum zu Aschaffenburg  167 D, 311 D27, 436, 464, 484

Hoheneck, Johann Adolf v., Stiftskapitular i. Fulda  167 D

Hohenlohe, Grafen v.  311 D18

Holland s. Generalstaaten

Horion, Freiherr v., kurköln. Rat  240

Hornbach, Kloster i. Fürstentum Pfalz-Zweibrücken  311 D7

Horneck, Burg d. deutschen Ritterordens bei Gundelsheim  167 H11

Horst, Dietrich v. d., Kanzler d. Bischofs v. Münster  357

Horst, Erasmus v. d., Trierischer Domherr  167 D

Horst, Johann v. d., Oberstleutnant d. Liga  170, 357

Hutten zu Soden, Friedrich v., Oberst d. Liga  311 D25

Huy i. Hochstift Lüttich  31 A, 31C, 31D, 34, 61, 86, 91, 99, 100, 101, 114, 311 A9

I

Iburg, Residenz d. Bischofs v. Osnabrück  446

Ilmenau, Stadt i. Hzgt. Sachsen  311 E47, 357, 377

Ingolstadt, Stadt u. Festung i. Kfst. Bayern (siehe auch Ligatage)  206, 371, 379, 399, 405, 406, 410, 439, 442, 450, 460, 470 B1, 470 B11, 470 B12, 470 D4, 490, 504, 512 A1, 512 B1, 512 C2, 512 C3, 512 D, 512 E1, 512 E3–512 E6, 512 F, 512 G, 512 H3, 512 H4, 512 H6–512 H10

Innsbruck, Residenzstadt i. Tirol  470 D2, 500

Isabella Clara Eugenia, Infantin, Statthalterin der spanischen Niederlande  25, 36, 42, 50, 71, 92, 99, 102, 116, 119, 129, 135, 147, 149, 152, 155, 167 C2, 201, 230, 240, 311 A5, 311 A10, 311 A14, 311 E68, 329, 358, 361, 376, 382 C, 382 E, 395, 399, 402, 413, 420–432, 434, 436, 454 B, 454 C, 468, 474, 512 B

Isenburg, Grafen v.  78, 203, 311 E55, 395, 419

Italien  5, 16, 18, 22, 28, 31A, 31C–31F, 38, 39, 48, 51, 54, 68, 81, 83, 87, 97, 103, 109, 125, 131, 134, 136, 143, 144, 147, 152, 154, 157, 167 C1–167 C3, 167 E2, 167 E11, 167 E12, 167 H1, 167 H9–167 H11, 167 H15, 167 H16, 167 H20, 167 H24, 167 H25, 169, 172 A, 172 B, 174, 182, 183, 193, 200, 205, 206, 209–211, 215, 216, 218, 221, 223, 225, 229, 252, 272, 272a, 275, 278, 288, 289, 299a, 305, 311 E22, 311 E28, 324, 329, 336, 345, 356, 360, 366, 372, 388, 414, 490, 512 H4, 512 H9, 513

## J

Joachimsthal, Stadt i. Kgr. Böhmen  410a

Jocher, Dr. Wilhelm, bayr. Geheimer Rat  1, 3, 29, 49, 64a, 77, 79, 91, 99, 102, 108, 129, 136, 151, 170, 175, 186, 208, 210, 247, 249, 263, 269, 298, 311 E21, 311 E33, 354, 403, 407, 412, 414, 434, 437, 439, 470 A, 470 B1, 470 B2, 470 B6–470 B10, 470 B13–470 B17, 470 C1, 470 C2, 470 C4, 470 C5, 470 C7, 470 D2, 470 D8, 472, 512 A1, 514

Joseph von Paris OFMCap. (Père Joseph)  1, 3, 31A, 31B, 31F, 43a, 49, 64a, 79, 100, 102, 108, 113, 114, 121, 126, 129, 136, 140, 151, 175, 186, 210, 227, 229, 247, 311 D28, 311 D36, 311 E5, 373, 381, 389, 393a, 409a, 414, 470 C1, 470 D1, 505 A

Johanniterorden, Hochmeister  311 D9

Jülich, Herzogtum  7, 25, 30, 36, 44, 48, 50, 52, 55, 56, 71, 92, 93, 98, 119, 152, 167 B1, 167 B4, 182, 203, 311 D39, 311 E10, 345, 415, 461
– Herzog Johann Wilhelm v. Jülich-Kleve-Berg  25

## K

Kaiserliche Armee  5, 7–11, 15–18, 20–22, 24–26, 28–30, 31A, 31C, 31F, 32, 33, 37–39, 42, 43, 45–48, 51, 52, 54, 58, 61–64, 66, 68, 70, 75, 76, 80, 81, 83, 85, 87, 89, 90, 92, 93, 97, 98, 103, 104, 107, 109, 119, 121, 124–126, 128, 130, 132–135, 141, 144, 147, 150, 152, 154–157, 166, 167 A6, 167 A7, 167 B1, 167 B2, 167 C1–167 C3, 167 C4 (S. 332, 334, 336, 340, 342), 167 E2, 167 E3, 167 E11, 167 E12, 167 E15, 167 F, 167 G, 167 H1, 167 H5, 167 H7, 167 H9–167 H11, 167 H15, 167 H16, 167 H18, 167 H20–167 H22, 167 H24, 169, 172 A, 172 B, 174, 178, 182, 183, 185, 193, 197, 200, 205, 206, 209, 211, 214–218, 221, 223, 225, 226, 231, 235, 239, 243, 245, 248, 250–252, 254, 255, 257, 260, 262–264, 266, 270, 275, 278, 280, 283, 285, 288–290, 298, 299, 301, 304, 305, 307, 310, 311 A3, 311 A10, 311 D24, 311 E1, D11 E5, 311 E14, 311 E28, 311 E33, 311 E 45, 311 E50, 311 E54, 311 E55, 311 E60, 311 E62, 311 E63, 312, 313, 318, 322, 324, 328, 329, 333, 336, 342, 343, 345, 351, 354, 356, 359, 361, 366, 368, 370, 372, 374, 376–379, 382A, 382 B, 382 E, 388, 390, 393a, 396, 400, 404, 412–414, 418, 427, 432–434, 436, 437, 440, 442, 446, 450, 451, 454 A–454 C, 455, 456, 459, 462, 463, 466–468, 470 B5, 470 B9, 470 B11, 470 B12, 470 B17, 470 C4, 470 C5, 470 C8, 470 D1, 470 D5, 470 D6, 472, 473, 478–481, 485, 486, 489, 492, 494–498, 500, 502–504, 506, 508, 509, 512 A1, 512 B1, 512 C1–512 C3, 512 E2, 512 E4, 512 F, 512 G, 512 H2, 512 H9, 512 H10, 513
– Regimenter:
  – Alt-Aldringen  345, 368, 401, 410
  – Baden  43, 217
  – Baldiron  345
  – Bönninghausen  217, 273
  – Bredow, Bredau  345, 473, 489, 496, 502, 508
  – Breuner  137, 147, 217
  – Chiesa  345
  – Collato  217
  – Colloredo  217, 433, 434
  – Coronini  137, 147, 217, 238, 350
  – Craz  217
  – Dietrichstein  345
  – Don Balthasar  217, 238
  – Don Hannibal Gonzaga  345
  – Eckstädt  345
  – Ferrari  345
  – Franz Albrecht v. Sachsen-Lauenburg  345
  – Fürstenberg  345
  – Gallas  345
  – Goess  217, 470 B12, 473, 504, 509
  – Herancourt  217, 273
  – Holk  217, 301

- Holstein 11, 43, 217
- Isolani 217, 238, 345
- Liechtenstein 217, 273
- Mansfeld 157, 441
- Markgraf v. Baden 11, 43
- Merode 345, 470 B12, 473, 489, 496, 502, 508
- Montecuccoli 217, 301, 345
- Pernstein 217, 301
- Piccolomini 345
- Rangoni 345
- Raßfeld 470 B12, 473
- Rietberg 470 B12, 473, 504
- Rovereit (Rouvroy) 376, 395, 413, 450, 454 B, 454 C, 468
- Savelli 217, 238
- Scherffenberg 345
- Strozzi 43, 217, 238
- Sulz 345, 385, 410, 470 B12, 473, 489, 496, 502, 503, 508
- Trčka 345
- Virmond 217
- Wangler 11, 43, 217
- Wittenhorst 345, 376, 450, 454 B, 454 C, 468
- Offiziere der Kavallerie-, Infanterie-, Dragonerkompanien 43

Kaiserslautern i. Kfst. Pfalz 377, 482
Kaiserwerth, Festung i. Erzstift Köln 349
Kaisheim, Abt v. 167 C3
Kalbe, Stadt i. Kfst. Brandenburg 11
Kamen, Stadt i. d. Grafschaft Mark 7
Kampen, Ort i. den Generalstaaten (Friesland) 170
Kapfenburg, Schloss d. Deutschen Ordens b. Ellwangen 311 E64, 444, 493, 512 C2
Karl d. Große, Kaiser 311 D10
Karl V., Kaiser 311 D4, 311 D6, 311 D8, 311 D11, 311 D14, 311 D17, 311 D27, 311 E8, 373, 393a
Kassel, Residenzstadt d. Landgrafen v. Hessen-Kassel 166, 192, 217, 248, 253, 273, 277, 283, 301, 311 E55, 410, 431
Kautt, Kriegszahlmeister d. Liga 451, 472
Kaunitz i. Kgr. Böhmen 454 C
Kehlheimer Konferenzen 4, 23, 42, 74
Keller von Schlaithaim, Adam Heinrich, Oberstleutnant d. Liga 311 D42, 311 E57, 311 E68, 370, 371, 379, 382 C, 384, 387, 391, 394, 413, 419, 490
Kelsterbach i. d. Gft. Isenburg-Büdingen 311 E58
Kempten, Fürstabtei 13, 32, 167 B1, 167 D, 167 E2, 167 E3, 167 E6, 167 E7, 167 E9, 167 E11, 167 E12, 172 A, 221, 449a, 512 B, 512 E2–512 E4, 512 E6, 512 F, 512 H3
Kempten, Reichsstadt 172 A, 254
Khevenhüller, Franz Christoph Graf v. K.-Frankenburg, kaiserl. Geheimrat 420, 448, 468, 470 D8, 487, 511
Kleve, Stadt i. Hzgtm. Kleve, seit 1614 zu Kurbrandenburg 25, 36
Knyphausen, Dodo Freiherr zu Innhausen und K., schwed. Feldmarschall 89, 119, 137
Koblenz i. Erzstift Trier 167 E12, 311 E 55, 167 H18, 311 D37, 385, 419, 465, 470 B12, 470 D5
Köln, Reichsstadt 167 E7, 167 H10, 167 H12, 167 H14, 167 H15, 167 H18, 311 A14, 311C, 311 D1, 311 D3–311 D11, 311 D13–311 D19, 311 D21–311 D23, 311 D30, 311 D32, 311 D33, 311 D37, 311 D41, 311 D42, 311 E33, 357, 387, 393, 408, 409, 419, 428, 429, 431, 433a, 436, 440, 442, 446, 450, 452, 453, 459, 460, 470 B12, 470 D5, 474, 479a, 480–482, 499, 507, 512 H4, 512 H9
Köln, Erzstift, Kurfürstentum 4, 21, 25, 73, 119, 146, 159, 167 D, 167 E5, 167 E12, 167 E16, 167 H4, 167 H18, 181, 185, 203, 206, 216, 224, 273, 275, 281, 286, 301, 311C, 311 D3, 311 D5–311 D11, 311 D13, 311 D14, 311 D16–311 D19, 311 D21–311 D26, 311 D30–311 D33, 311 D35, 311 D37, 311 D39, 311 D41, 311 E22–311 E24, 311 E30, 311 E37–311 E40, 311 E52, 311 E53, 311 E55, 311 E58, 311 E59, 311 E62, 311 E63, 311 E67, 312, 322, 336, 343, 345, 350, 351, 357, 370, 404, 419, 429, 431, 434, 436, 437, 439, 442, 448, 450, 463, 464, 470 B4, 470 B7, 480, 482, 512 B, 512 C3, 512 H4
- Kurfürst Gebhardt Truchsess v. Waldburg 311 D32
- Kurfürst Ernst v. Bayern 311 D32
- Kurfürst Ferdinand v. Bayern 19, 20, 25, 31A, 31C, 31 D, 31E, 34–36, 40, 41, 44, 47a, 49, 49a, 54, 59, 61, 64a, 66, 72–74, 78, 82, 86, 88, 91, 93, 96, 99–101, 105, 109, 110,

112–114, 119, 123, 127, 131, 136, 143, 146, 148, 156–158, 161, 164, 167 A1, 167 A7, 167 B3,167 C3, 167 C4 (S. 331, 332, 343, 344), 167 E5, 167 E7, 167 E9, 167 E16, 167 F, 167 H14, 167 H17, 167 H19, 167 H22, 167 H23, 168, 170, 171, 176, 178, 180–182, 185, 187, 201, 202, 212–214, 216, 218, 224, 226, 227, 234, 235, 240, 243, 249, 256, 257, 257a, 261, 262, 268, 270, 272a, 273, 275, 277, 278–281, 286, 291, 299a, 305, 306, 311 A1, 311 A2, 311 A4–311 A11, 311 A13–311 A16, 311 B1, 311 D1, 311 D28, 311 D32, 311 D34, 311 D35, 311 D39, 311 E2, 311 E4, D11 E5, 311 E21, 311 E22, 311 E31, 311 E38, 311 E41, 311 E44, 311 E49, 311 E51, 311 E53, 311 E55, 311 E59, 311 E62, 311 E68, 311 E69, 313, 315, 329, 330, 335–337, 343, 348, 349, 359, 363, 367, 369, 370, 374, 386, 387, 395, 396–399, 401, 406, 409, 412–414, 416, 419, 420, 422, 427–429, 431, 433a, 434–436, 440, 442, 443, 448, 450, 452, 453, 454 A, 464, 466, 468, 469, 470 A, 470 B2, 470 B5, 470 B11, 470 B12, 470 C1, 470 C4, 470 C5, 470 C7, 470 C8, 470 D1, 470 D5–470 D7, 474, 475, 479, 479a, 480–482, 484, 485, 488, 495, 499, 501, 505 A, 505 B, 507, 512 B, 512 B1, 512 C3, 512 H2, 512 H4, 512 H7, 512 H9
- zu England 59, 112, 154, 170, 171, 181, 227, 230, 232, 281, 306, 414, 440
- zum Frankfurter Kompositionstag 1631 41, 49a, 94, 100, 114, 167 E16, 257, 268, 280, 281, 291, 306, 311 A1, 311 A5, 311 A9, 311 A13–311 A15, 369, 370, 409, 433a, 464, 480
- zu Frankreich 31C–31E, 49, 49a, 64a, 77, 86, 88, 91, 100, 114, 123, 127, 131, 148, 167 C4 (S. 344), 167 E5, 167 E16, 167 H14, 214, 227, 256, 311 A1, 311 D28, 311 E21, 311 E31, 311 E38, 311 E41, 311 E49, 311 E51, 311 E53, 311 E69, 315, 348, 369, 386, 396, 414, 422, 427, 431, 435, 437, 440, 442, 452, 453, 464, 469, 470 A, 470 D5, 474, 479, 479a, 499, 505 A, 505 B, 512 H4
- zu Friedrich V. v. d. Pfalz 35, 112, 127, 181, 268, 278, 409, 440, 466
- zu den Generalstaaten 31C, 31D, 44, 54, 57, 59, 73, 100, 112, 167 H17, 167 H22, 170, 181, 214, 240, 281, 329, 395, 419, 431, 435, 442, 443
- zum Kaiser s. Österreich: Kaiser Ferdinand II.
- zu Kurbayern s. Bayern: Kurfürst Maximilian I.
- zu Kurbrandenburg 167 H23, 178, 227, 270, 291, 311 A13, 311 A14, 311 E4, 453, 512 H4
- zu Kurmainz s. Mainz
- zu Kursachsen 41, 156, 167 H23, 178, 201, 214, 226, 270, 281, 286, 291, 311 A13, 311 A14, 311 E4, 343, 363, 370, 386, 395, 435, 453, 480, 512 H4
- zu Kurtrier 73, 101, 123, 170, 213, 234, 240, 281, 286, 311 A1, 409, 414, 419, 442, 453, 466, 469, 470 D5, 512 H4
- zum Kurfürstentag v. Mühlhausen 1627 226, 268, 306
- zum Kurfürstentag v. Regensburg 1630 25, 31A, 31D, 54, 61, 99, 171, 226, 240, 257, 268, 280, 281, 306, 311 A1, 311 A9, 311 A13, 440, 512 H4
- zum Leipziger Konvent 1631 41, 86, 110, 148, 167 E9, 167 F, 167 H17, 167 H23, 226, 257, 280, 311 A13, 311 A14
- zur Liga 21, 25, 31C, 31D, 59, 73, 93, 96, 123, 143, 148, 170, 171, 212–214, 234, 257a, 262, 281, 299a, 311 A13, 311 E38, 387, 414, 433a, 435, 442, 464, 470 D5, 470 D7, 474, 481, 495, 499, 505 A
- zum Ligatag v. Dinkelsbühl 1631 127, 148, 180, 212, 256, 281, 311 A9, 311 A13
- zum Ligatag von Ingolstadt 1631/32 442, 453, 464, 512 H4
- zum Ligatag v. Regensburg 1630 93, 96, 101, 127
- zur Mantuanischen Frage u. Krieg/Frieden in Italien 31C, 31D, 123, 131, 148, 214, 227, 512 H4
- zum Restitutionsedikt 1629 62, 86, 127, 167 F, 281, 311 A13, 370, 512 H4
- zu Papst Urban VIII. (auch röm. Kurie) 49a, 61, 72, 86, 100, 114, 123, 131, 167 C4 (S. 332, 344), 167 E5, 167 H14, 213, 227, 234, 272, 299a, 305, 311 A1, 311

E31, 311 E41, 311 E44, 369, 433a, 512 H4
- zu Pfalzfrage s. Pfalz
- zum Regensburger Friedensvertrag 1630 86, 131, 311 E41, 311 E49, 311 E51, 369
- zu Schweden 31D, 35, 49a, 86, 100, 101, 112, 123, 127, 131, 148, 167 C4 (S. 344), 170, 181, 201, 202, 213, 226, 227, 256, 280, 281, 286, 311 A13, 311 D35, 311 E38, 311 E68, 311 E69, 363, 369, 386, 395, 401, 409, 414, 419, 429, 431, 435, 442, 453, 464, 469, 470 D5, 474, 479, 479a, 480, 481, 484, 488, 499, 505 A, 507, 512 H4
- zu Spanien (auch zur Brüsseler Regierung) 31D, 44, 54, 99, 113, 148, 149, 214, 240, 256, 281, 306, 311 E68, 329, 349, 395, 413, 427, 431, 439, 452, 453, 474, 479, 512 H4
- zu Tilly 82, 93, 101, 109, 112, 127, 146, 170, 171, 176, 181, 187, 201–203, 212, 214, 224, 257, 261, 273, 280, 281, 286, 363, 386, 387, 395, 419, 431, 434, 435, 440, 442, 452, 464, 479, 481
- zu Wallenstein 82, 112, 164, 176, 212
- Maximilian Heinrich, ab 1642 Koadjutor des Erzstiftes 269
Königsegg, Berthold Graf v., Domscholaster in Köln 311C
Königsbrunn, Kloster i. Hzgt. Württemberg 311 D9
Königshofen i. Grabfeld 311 D41, 311 D42, 311 E60, 311 E67, 316, 364, 382A, 384, 387–389, 392, 393, 408, 410, 413
Königstein, Stadt u. Burg i. Taunus 481
Königswahl, Römische 99, 110, 298, 309, 311 E21
Kolberg i. Hzgt. Pommern 4, 5, 20, 24, 26, 43, 66, 74, 104
Kompositionstag von Frankfurt a. M. 1631 12, 31A, 31C, 31D, 41, 47a, 49, 49a, 50, 61, 64a, 78, 94, 100, 111, 114, 156, 161, 167 C2, 167 C4 (S. 343, 344), 167 E5, 167 E9, 167 E16, 167 H4, 167 H7, 167 H13–167 H15, 167 H17–167 H19, 167 H22–167 H25, 172 A, 223, 231, 235, 243, 249, 254, 255, 257, 259, 268, 270, 274, 276, 277, 280–282, 289, 291, 306, 311 A1–311 A4, 311 A6, 311 A7, 311 A9, 311 A11–311 A17, 311 B1, 311 B2, 331C, 311 D, 311 D5, 311 D12, 311 D13, 311 D19, 311 D20, 311 D23, 311 D24, 311 D26, 311 D27, 311 D31, 311 D32, 311 D34, 311 D38, 311 D39, 311 D42, 311 E1–311 E3, D11 E5, 311 E10–311 E12, 311 E17, 311 E18, 311 E22, 311 E23, 311 E28, 311 E32, 311 E37, 311 E42, 311 E44, 311 E 45, 311 E47, 311 E65, 311 E69, 313, 331, 336, 345, 350, 354, 362, 368–370, 373, 377, 382 E, 383, 391, 399, 400, 406, 407, 409, 420, 433a, 437, 445, 464, 480, 488, 512 A1, 512 B1, 512 C2, 512 C3, 512 E1, 512 E3, 512 F, 512 H2
Konstanz, Hochstift 167 D, 167 E2, 167 E3, 167 E6, 167 E7, 167 E9, 167 E10, 167 E11, 167 H2, 311C, 311 D3–311 D19, 311 D21–311 D23, 311 D30, 311 D32, 311 D33, 311 D37, 311 D39, 311 D41, 311 D42, 512 B, 512 D, 512 E2, 512 H3, 512 H7
- Bischof Johann Truchsess v. Waldburg-Wolfegg 32, 47a, 167 B1, 167 C3, 167 E6, 167 E11, 167 H2, 195, 221, 223, 311 A5, 311 A6, 311 A10, 311 A14, 311 D13, 311 E15, 449a
Kirrweiler i. Hochstift Speyer 167 D
Kornneuburg i. Erzhzgt. Österreich 311 B1
Konstantinopel, Hauptstadt d. Osmanischen Reiches 335
Kosaken, frei Reiterverbände i. Südrussland u. d. Ukraine 152
Krane, Lic. Johann, Reichshofrat 44
Kratzer, Erasmus, bayr. Regimentsrat in Burghausen 200
Kreuznach, Stadt i. der Kurpfalz 484
Krewitz i. d. Uckermark 75
Kriechingen, Franz Ernst Graf v., kurkölnischer Rat u. Domkapitular 167 D
Kroatien, Kroaten (Kavallerieinheiten) 167 C3, 167 H7, 178, 200, 217, 238, 312, 345, 350, 410, 467, 470 B12, 512 E4, 513
Kurrheinischer Reichskreis 167 H24
Külsheim i. Erzstift Mainz 421
Küstrin i. Kfst. Brandenburg 21, 25, 26, 141
Kütner, Johann, bayr. Hofrat 168, 175, 208, 210, 229, 247, 296–298, 311 E21, 320, 326, 409a, 412, 434, 456, 470 B2, 470 B6, 470 B7, 470 B14–470 B16, 470 C2
Kunig, Kuhnig, Nicolaus Franziskus, kurbayr. Agent in Prag 184, 188, 248a

Kupferberg i. Hochstift Bamberg 139
Kurfürstentag v. Regensburg 1630  4, 5, 10, 12, 18, 19, 25, 27–29, 31A, 31B, 31C, 31F, 35, 36, 38, 40, 43a, 44, 49, 50, 54, 64, 65, 77, 80, 82, 85, 94, 96, 98, 99, 107, 110, 122, 126, 136, 140, 156, 161, 167 A6, 167 C2–167 C4 (S. 332–334, 342–344), 167 E2, 167 E3, 167 E5, 167 E9, 167 E11–167 E13, 167 E16, 167 F, 167 G, 167 H2, 167 H9, 167 H15, 167 H17, 167 H18, 167 H22, 167 H23–167 H25, 171, 172 A, 212, 221, 226, 233, 240, 257, 268, 270, 274, 276, 278, 281, 291, 306, 309, 311 A1, 311 A3, 311 A4, 311 A7, 311 A9, 311 A11, 311 A13–311 A15, 311 B2, 311 B3, 311C, 311 D1–311 D4, 311 D7, 311 D10, 311 D15, 311 D19, 311 D21, 311 D22, 311 D26, 311 D27, 311 D32, 311 D34, 311 D36, 311 D42, 311 E4, D11 E5, 311 E7, 311 E12, 311 E19, 311 E20, 311 E25, 311 E33, 311 E34, 311 E43, 311 E48, 311 E55, 311 E62, 324, 391, 425, 428, 440, 466, 470 B3, 470 D1, 512 E4, 512 H4
- Hauptfragen
  - Frieden im Reich s. Regensburg
  - Holländische Frage  37, 44, 54, 59
  - Neuordnung des Heerwesens  10, 18, 25, 28, 48, 52, 167 A6, 167 A7, 298
  - Pfalzfrage  29, 35, 40
  - Römische Königswahl s. Königswahl
Kurz, Ferdinand Siegmund, Freiherr v. Senftenau, Reichshofrat, kaiserl. Gesandter  auf dem Ligatag v. Dinkelsbühl 1631  115, 167 A6, 167 C2, 167 E3, 167 E15, 167 E16, 167 G, 167 H5–167 H7, 167 H9, 167 H15, 167 H21, 167 H22, 167 H24, 167 H25, 201, 214, 216, 222, 240, 251, 256, 311 D28, 311 E33, 324, 330, 348, 382 E
Kurz, Maximilian, Freiherr v. Senftenau, bayr. Hofrat  30, 172 A, 172 B, 243, 382 A, 382 B, 382 C, 382 D, 382 E, 400, 406, 412, 413, 428, 431, 450, 451, 454 A, 454 B, 454 C, 456, 470 B1, 512 A3, 512 C1, 512 H10

**L**
Lagonissa, Fabio, päpstl. Nuntius in Brüssel  419, 470 B2
Lamminger, Wolfgang Wilhelm Freiherr v., Reichshofrat  448
La Moulloe, La Mouli, La Molli, kurköln. Oberst  343

Landau i. d. Pfalz, Reichsstadt  494
Landsberg a. d. Warthe, Stadt i. Kfst. Brandenburg  16, 21, 24, 26, 33, 42, 43, 45, 56, 62, 68, 70, 76, 97, 106, 109, 141, 143, 167 C1, 185, 203, 394
Landsberg a. Lech, Stadt i. Kfst. Bayern  462
Landshut, Stadt i. Kfst. Bayern  85, 167 H24, 200, 283, 405a, 432
- Kreistag 1631  85, 405a
Landshuter Erbfolgekrieg  289
Langenegg, Johann Georg Freiherr v., Rat d. Fürstabts v. Kempten  512 D
Langenenslingen i. Vorderösterreich  368
Langenschwalbach i. der Landgft. Hessen-Darmstadt  243, 254, 259, 311C
Langwedel i. Erzstift Bremen  446
La Spagna, Oberst d. Liga  311 D25, 317
Lauf, Stadt auf Nürnberger Territorium  289
Lauingen, Stadt i. Hzgtm. Pfalz-Neuburg  494
Lausitz, Margrafschaften Ober- und Niederlausitz  253, 410a
Laxenburg, Markt u. Schloß i. Erzhzgt. Österreich  183
Lay, Oberst d. Liga  311 E22
Laymann, Paul SJ  311 D7
Lebzelter, Friedrich, kursächs. Kammerdiener  226, 249, 250, 257
Lehrberg, Markt bei Ansbach  371, 434, 436
L'Hermite, Diego, Schatzmeister d. niederländischen Rates in Madrid  427
Leipzig, Stadt i. Kfst. Sachsen  41, 78, 88, 97, 110, 122, 126, 128, 141, 218, 220, 226, 246, 255, 286, 297, 300, 311 D14, 311 D17, 311 E24, 311 E33, 311 E44, 311 E55, 314, 318, 338, 343, 350, 352, 370, 371, 373, 376, 405, 466
- Konvent 1631  12, 13, 21, 31 D, 31 F, 34, 41, 42, 45, 52, 60, 65, 66, 77, 78, 86, 92, 109, 110, 121, 122, 124–126, 130, 136, 139, 144, 146, 148, 150, 156–158, 161–163, 165, 166, 167 A1, 167 A3, 167 A5, 167 A7, 167 C1, 167 C2, 167 C4 (S. 331–334, 336, 338, 341, 343, 344), 167 E9, 167 F, 167 F, 167 H4, 167 H5, 167 H10, 167 H13–167 H15, 167 H17, 167 H18, 167 H20, 167 H22, 167 H23, 169, 172 A, 173, 174, 177, 178, 196, 204, 220, 223, 226, 231, 232, 235, 238, 239, 242, 245, 246, 248, 253, 254, 257, 259, 261, 263, 269, 270, 280, 284, 287, 292, 294, 297,

299, 309, 310, 311 A3, 311 A4, 311 A7, 311
A9, 311 A13, 311 A14, 311 B2, 311 D4, 311
D19–311 D21, 311 D23, 311 D31, 311 D36, 311
D39, 311 E15, 311 E29, 311 E48, 312, 314,
324, 331, 333, 341, 344, 351, 353, 354, 480,
512 C2, 512 E2, 512 E4
Leitmeritz i. Kgr. Böhmen 163, 433
Léon, franz. Diplomat 3, 31 A, 31 B, 31 C, 31 D,
43 A, 51, 81, 103, 311 E9
Lerchenfeld, Christoph v., bayr. Kriegs-
kommissar 2, 5, 9, 11, 13, 30, 39, 42, 43,
64, 67, 68, 70, 71, 96, 97, 107, 119, 124,
146, 147, 154, 166, 167 C1, 167 E1, 167 F, 167
H5, 178, 187, 190, 192, 217, 218, 224, 262,
311 E 45, 311 E47, 311 E58, 345, 349, 352,
413, 436, 452, 463, 482
Lerssner, Heinrich 166
Lessle, Alexander, schwed. Generalwacht-
meister 244
Lichtenau, Markt u. Nürnbergisches Pflegamt
454 A
Liechtenstein, Gundacker Fürst v., kaiserl.
General 104
Liga, Katholische 1, 6, 17, 25, 31C, 31D, 36, 38,
43a, 51, 57, 59, 62, 80, 96, 107, 146, 149,
159, 164, 166, 167 A2, 167 A4, 167 A6, 167
A7, 167 B1, 167 B2, 167 B4, 167 C1–167 C3,
167 C4 (S. 331, 332, 339, 344), 167 E1, 167
E2, 167 E4–167 E7, 167 E11, 167 E12, 167 F,
167 G, 167 H1, 167 H7, 167 H9–167 H11, 167
H15, 167 H17–167 H19, 167 H22, 169, 172
A, 180, 181, 188, 191, 206, 213, 214, 218,
234, 235, 254, 257a, 271, 275, 278, 281,
284, 286, 297, 301, 302, 305, 311 A3, 311
A8, 311 D, 311 D24, 311 D25, 311 D39, 311
E6, 311 E11, 311 E21, 311 E22, 311 E25, 311
E30, 311 E31, 311 E33, 311 E35, 311 E38, 311
E42, 311 E59, 311 E62, 311 E63, 311 E65, 311
E68, 316, 319, 322, 323, 327, 331, 333, 334,
358, 361, 362, 367, 370, 377, 379, 382 A,
383, 387, 393a, 396, 397, 400, 401, 404,
409a, 412–414, 424, 433a, 435, 440, 442,
446, 451, 454 B, 454 C, 455, 456, 463, 466,
468, 469, 470 A, 470 B3, 470 B4, 470 B14,
470 C1, 470 C2, 470 C5, 470 C7, 470 C9,
470 D1–470 D3, 470 D5–470 D7, 472, 485,
494–496, 498, 504, 505 A, 505 B, 506,
508, 512 A1, 512 B1, 512 C1–512 C3, 512 E3,
512 E4, 512 F, 512 H6, 512 H10, 513

- Auflösung der Liga 1, 96, 167 A2, 167 A3,
167 G, 167 H10, 311 A13, 470 B4, 470 B5
- Finanzverhältnisse, Kontributionen,
Versorgung der Truppen 4, 6, 7, 13, 18, 21,
22, 28, 38, 42, 45–48, 52, 53, 56, 63, 64,
67, 69, 70, 72–74, 76, 83, 84, 89, 90,
93, 96, 97, 101, 104, 106, 109, 118–121,
124, 125, 127, 132, 134, 143, 144, 146–148,
166, 167 A1–167 A5, 167 A7, 167 B1, 167
B3, 167 B4, 167 C1, 167 C3, 167 C4 (S. 331,
334–336, 338–341), 167 E2–167 E8, 167
E10–167 E12, 167 E16, 167 F, 167 G, 167 H2–
H4, 167 H6, 167 H8, 167 H10, 167 H11, 167
H12–167 H16, 167 H18–167 H20, 167 H22,
170, 172 A, 178, 180, 182, 185, 187, 200,
212, 215–217, 243, 250, 252, 257, 257a,
261, 262, 274–276, 281, 284, 286, 290,
291, 299a, 301, 311 A10, 311 D12, 311 D24,
311 D25, 311 D28, 311 D38, 311 D39, 311 E3,
311 E4, 311 E6, 311 E10, 311 E22, 311 E25,
311 E30, 311 E35, 311 E39, 311 E42, 311 E52,
311 E55, 311 E58, 311 E59, 311 E62, 311 E63,
311 E68, 312, 313, 316, 318, 319, 322, 323,
328, 331, 333, 334, 336, 345, 350, 354,
360, 370, 371, 377, 382, 383, 387, 396,
404, 408, 410, 413, 421, 431, 433a, 434,
436, 442, 450, 459, 463, 468, 470 B11, 470
C1, 472, 473, 482, 490, 494–496, 498,
506, 512 A1, 512 C2, 512 C3, 512 E3, 512 E4,
512 F, 513, 514
- zu Frankreich 31C, 77, 167 H4, 216, 311
E38, 311 E42, 358, 393a, 396, 412, 414, 470
A, 470 B3, 470 B4, 470 B14, 470 C2
- zu Kurbayern s. Bayern: Maximilian
- zu Kurmainz s. Mainz
- zu den Generalstaaten (Holländern) 8, 9,
25, 31C, 31D, 31F, 36, 52, 167 H22, 167 H24,
167 H24
- zu Schweden 43, 51, 77, 167 H4, 311 E63,
470 A, 470 B4, 470 C1, 470 C8, 470 C9, 470
D1–470 D3, 470 D5, 470 D6, 498, 499, 505
A, 505 B,
- zu Papst Urban VIII. 433a
Ligaheer 1, 4, 5–8, 10, 11, 15, 16, 18, 21–23,
25, 26, 28, 30, 36, 38, 39, 43, 45, 46, 48,
50–56, 58, 61–64, 67, 68, 70–76, 80,
83–85, 87, 89, 90, 93, 96–98, 101, 104,
106, 107, 109, 118–121, 125, 128, 130, 132,
134, 138, 143, 144, 146–148, 152, 153, 155,

157, 159, 162, 166, 167 A2-167 A7, 167 B1, 167 B3, 167 B4, 167 C1, 167 C3, 167 C4 (S. 331, 332, 334, 336, 338–341, 345), 167 E1–167 E7, 167 E9–167 E13, 167 E16, 167 F, 167 G, 167 H3–167 H5, 167 H7, 167 H8, 167 H10, 167 H11, 167 H14, 167 H16–167 H18, 167 H20, 167 H22, 168–171, 172 A, 178, 182, 187, 189–192, 194, 196, 197, 200, 203, 206, 212, 217, 218, 223, 224, 232, 233, 238, 239, 243, 244, 248, 250–253, 257, 261–263, 266, 273, 275, 276, 281, 283, 285, 286, 288, 291, 293, 299, 299a, 300–302, 307, 308, 311 A3, 311 D24, 311 D25, 311 D28, 311 D35, 311 D38, 311 D39, 311 E6, 311 E10, 311 E14, 311 E22, 311 E25, 311 E28, 311 E30, 311 E35, 311 E39, 311 E42, 311 E44, 311 E45, 311 E47, 311 E50, 311 E52, 311 E58, 311 E62, 311 E63, 311 E65, 311 E68, 311 E69, 313, 316, 317–320, 322, 323, 327, 328, 331, 333, 336, 341–345, 348, 350, 351, 354–356, 359, 360, 367, 368, 370–372, 374, 379, 382A, 383, 387, 388, 391, 392, 393a, 394, 396, 404, 413, 415, 419, 421, 426, 431, 434–440, 447, 450, 451, 454 A, 456, 457, 459, 461–464, 466, 470 B5, 470 B7, 470 B7, 470 B11, 470 B12, 470 C8, 470 C9, 470 D1, 470 D6, 472– 474, 478, 479, 481, 482, 485, 486, 489, 490, 491, 494–498, 500, 502–504, 506, 508, 509, 512 A1, 512 B1, 512 C2, 512 C3, 512 E2–512 E4, 512 F, 512 H2, 512 H4, 512 H9, 512 H10, 513
- Quartiere 5, 7, 8, 10, 11, 13, 15, 22, 23, 26, 28, 30, 38, 39, 42, 43, 45, 46, 48, 52, 53, 63, 74, 75, 83, 93, 97, 105, 106, 111, 119, 120, 125, 128, 134, 146– 148, 157, 166, 167 A1, 167 A3–167 A5, 167 A7,167 B3, 167 B4, 167 C1, 167 C3, 167 C4, 167 E2, 167 E4, 167 E6, 167 E11, 167 E16, 167 F, 167 G, 167 H3, 167 H7, 167 H15, 167 H22, 179, 183, 197, 212, 215, 216, 224, 243, 250, 253, 262, 273–275, 283, 290, 297, 302, 311 D24, 311 D39, 311 E10, 311 E 20, 311 E22, 311 E23, 311 E27, 311 E30, 311 E33, 311 E35, 311 E59, 311 E62, 311 E63, 323, 334, 336, 382A, 410, 415, 434, 436, 437, 463, 470 B8, 472, 482, 485, 486, 489, 490, 494, 496, 498, 502–504, 508, 509, 512 C3, 512 E4, 512 H9, 513
- Unterhalt, Versorgung s.: Liga, Finanzverhältnisse, Kontributionen
- Regimenter d. Liga:
  - Anholt  4, 5, 11, 23, 63, 67, 97, 98, 106, 119, 128, 154, 182, 185
  - Aschenburg  170, 203
  - Billehé  470 B12, 512 E4, 513
  - Blanckhart  4, 8, 11, 13, 23, 63, 64, 67, 97, 106, 217, 311 E58, 311 E63, 312, 349, 413, 470 B12, 496, 512 E4, 513
  - Bongardt  4, 8, 10, 30, 63, 84, 97, 109, 157, 167 A3,167 A5, 167 C3, 217, 371
  - Comargo  67, 168, 217, 312, 413, 470 B12, 512 E4
  - Cronberg  4, 8, 10, 30, 68, 76, 98, 104, 167 C3, 217, 370, 371, 410, 470 B12, 512 E4, 513
  - Erwitte  76, 89, 90, 98, 170, 217, 238, 413, 512 E4
  - Adolf v. Eynatten  349
  - Weinand v. Eynatten  313, 349, 370, 512 E4
  - Fugger  218, 336, 350, 352, 368, 410, 470 B12, 496, 509, 512 E4, 513
  - Fürstenberg  217, 219, 238, 304
  - Gronsfeld  67, 168, 217, 349, 413, 512 E4
  - Gehlen, Geleen  217, 413
  - Hutten  512 E4
  - La Molli  349, 436
  - Le Maas  218, 470 B12, 512 E4
  - La Mugle  512 E4
  - La Spagna  410, 450, 470 B12, 512 E4
  - Lintelo  157, 159, 178, 189, 203, 224, 350, 413, 508, 512 E4
  - Lodron  63
  - Merode und Jechay  470 B12, 513
  - Pappenheim  67, 217, 290, 404, 436, 470 B12, 473, 496, 509
  - Jung-Pappenheim  504
  - Raesfeld  203, 504
  - Reinach  67, 168, 217, 413, 470 B12, 496, 512 E4
  - Schönburg  4, 8, 10, 30, 68, 76, 98, 104, 167 C3, 217, 357, 370, 512 E4
  - Wahl  4, 5, 11, 23, 63, 67, 97, 98, 106, 128, 182, 217, 470 B12, 496, 509, 512 E4

- Werner v. Tilly 67, 413, 512 E4
Ligastände 8, 10, 15, 18, 22, 23, 25, 28, 30, 32, 36, 38, 39, 45–48, 52, 55, 56, 58, 63, 64, 66, 67, 69, 71, 73–76, 83–85, 87, 89, 90, 93, 96, 97, 105–107, 109, 116, 117, 119, 124, 125, 127, 128, 130, 131, 134, 146–148, 154, 157, 161, 166, 167 A1–167 A7, 167 B1, 167 B3, 167 B4, 167 C1, 167 C3, 167 C4 (S. 331–343), 167 D, 167 E1–167 E4, 167 E6–167 E9, 167 E10–167 E13, 167 E16, 167 F, 167 G, 167 H3–167 H8, 167 H10, 167 H11, 167 H13, 167 H14, 167 H16, 167 H19, 167 H20, 167 H24, 168, 171, 172 A, 172 B, 173, 176–179, 182, 185, 189, 194, 196, 201, 203, 206, 212–216, 218, 221, 224, 232, 233, 238, 242, 243, 249, 258, 261, 262, 266, 270, 272, 274–281, 283–285, 288, 290, 291, 293, 299–302, 304, 308, 311 A3, 311 A10, 311 D, 311 D12, 311 D24, 311 D25, 311 D28, 311 D36, 311 D38, 311 D39, 311 E6, 311 E10, 311 E11, 311 E14, 311 E22, 311 E23, 311 E27, 311 E28, 311 E30, 311 E33, 311 E39, 311 E42, 311 E 45, 311 E49, 311 E50, 311 E52, 311 E53, 311 E55, 311 E57, 311 E59, 311 E60, 311 E62, 311 E68, 311 E69, 312, 313, 316, 319, 323, 324, 331, 333, 334, 336, 342, 345, 356, 370, 379, 383, 384, 387, 396, 412–414, 417, 418, 434, 449a, 450, 451, 460, 461, 470 B1, 470 B5, 470 B8, 470 B9, 470 B14, 470 C1, 470 C8, 470 C9, 470 D1, 470 D5, 470 D6, 478, 479, 482, 485, 490, 498, 512 A1, 512 B1, 512 C3, 512 E4, 512 F, 512 G, 512 H3, 512 H4, 512 H9, 512 H10, 514
Ligatage
- von Dinkelsbühl 1631 13, 15, 64, 67, 76, 83, 84, 86, 96, 97, 106, 107, 110, 116, 117, 119, 121, 125, 127, 132, 134, 142, 146–149, 153, 154, 156–158, 161, 164, 166, 167 A1–167 A7, 167 B1, 167 B 4, 167 C1, 167 C3, 167 C4 (S. 332, 339, 340, 344), 167 D, 167 E, 167 E2, 167 E8, 167 E10, 167 E11, 167 E14–167 E16, 167 F, 167 G, 167 H1–167 H3, 167 H7, 167 H8, 167 H13, 167 H15, 167 H 17, 167 H18, 167 H21, 167 H22, 167 H24, 167 H25, 172 A, 173, 177, 178, 180, 191, 196, 197, 204, 209, 212, 215, 216, 218, 221, 223, 227, 232, 240, 243, 251, 256, 262, 270, 275, 278, 281, 283–285, 290, 291, 299, 311 A9, 311 A12, 311 A13, 311 A15, 311 D3, 311 D12, 311 D13, 311 D15, 311 D24, 311 D25, 311 D38, 311 D39, 311 E3, 311 E4, 311 E6, 311 E7, 311 E10, 311 E23, 311 E25, 311 E38, 311 E42, 311 E50, 311 E58, 311 E59, 311 E62, 311 E63, 312, 313, 318, 322, 324, 328, 331, 333, 336, 345, 350, 354, 377, 461, 512 C2, 512 E2
- von Heidelberg 1629 28, 125, 167 C3, 167 C4 (S. 332, 339), 167 E2, 470 D1
- von Ingolstadt 1631/32 442, 448, 453, 464, 470 B1, 477, 490, 500, 512 A1, 512 A2, 512 B, 512 B1, 512 C1–512 C3, 512 D, 512 E1–512 E6, 512 F, 512 G, 512 H1–512 H5, 512 H9, 512 H10
- von Mergentheim 1629 28, 125, 167 A6, 167 C3, 167 C4 (S. 332, 339), 167 E2, 167 F, 470 D1
- von Regensburg 1630 13, 15, 25, 28, 30, 32, 36, 38, 39, 42, 43a, 45–47, 50, 52, 59, 63, 64, 69, 72, 74–76, 93, 96, 97, 101, 118, 120, 121, 124, 127, 154, 159, 167 A1–167 A5, 167 B1, 167 B3, 167 B4, 167 C1, 167 C3, 167 C4 (S. 332–336, 340, 342, 343), 167 E2, 167 H5, 167 H8, 167 H11, 167 H15, 167 H22, 178, 283, 311 E4
- von Würzburg 1619 512 C3
Lilienthal, Zisterzienserabtei bei Bremen 446
Limburg a. d. Lahn, Stadt i. Erzstift Trier 512 H4
Limburg-Styrum, Hermann Otto I., Graf v., Offizier im Dienst d. Generalstaaten 470 D1
Lindau, Reichsstadt 311 D16, 470 B12
Lingen, Stadt u. Festung i. Fürstentum Nassau-Oranien 7, 25, 30, 31C, 31D, 42, 48, 52, 54, 56, 59, 64, 70, 167 C4 (S. 331, 345), 167 E12, 240, 482
Lintelo, Timon Fhr. v., Generalwachtmeister d. Liga 157, 159, 178, 285, 287, 293, 300, 426, 467
Linz, Stadt i. Erzhzgt. Österreich 167 C4 (S. 344), 311 D7
Lippe, Fluß 419
Lippe, Grafschaft i. Niederr.-Westfäl. Reichskreis 8, 343
Lipperode, Dorf i. d. Grafschaft Lippe-Alverdissen 343, 349
Lippstadt, Stadt i. niederrheinisch-westfälischen Reichskreis 415, 461
L'Isle, Melchior de, franz. Diplomat 358, 373, 380, 386, 393a, 403, 409a, 412, 414

Lobkowitz, Wenzel Eusebius, Fürst v., kaiserl. Oberst u. Diplomat 502
Lodron, Johann Baptista, Graf v., Offizier d. Liga 63, 67, 119, 154
Loewenstein-Wertheim, Johann Dietrich, Graf v. 334
Loher, Dietrich, bischöfl.-würzburg, Rat 167 D
Lohr a. Main, Stadt i. Erzstift Mainz 383, 393, 404, 410
Loos, Joachim v., Präsident d. kursächs. Geheimen Rates 373
Lothringen, Herzogtum 151, 167 H15, 168, 175, 183, 210, 247, 275, 286, 311 D36, 311 D42, 311 E47, 311 E50, 311 E53, 311 E60, 311 E64, 311 E69, 343, 377, 470 B7, 470 B13, 470 B14, 482, 512 C3, 512 E4
– Herzog Karl IV. 210, 275, 311 E47, 356, 360, 361, 365, 374, 376, 381, 383, 388, 389, 404, 409a, 413, 417, 421, 431, 436, 450, 451, 454 A, 454 B, 456, 462, 463, 466, 470 B10, 485, 490, 493, 500
Loyers, Loyiers, Gottfried Freiherr v., kaiserl. Oberst 413
Loyers, kaiserliches Regiment zu Pferd 413
Ludwig I., der Fromme, Kaiser 311 D10
Lübeck, Hansestadt 185, 261
– Frieden von (1629) 311 E39, 337
Lüttich, Stadt 25, 31D, 99, 100, 112, 167 H15, 281, 431, 433a, 469, 505 A
Lüttich, Hochstift 31A, 31C, 64a, 93, 311 D39, 431, 512 B
Ludovisi, Ludovici, Kurienkardinal und Protektor d. Liga 311 D28
Lusotini, Barnabas Hieronimus OFM 102

**M**

Maas, Johann de, Oberstleutnant d. Liga 218, 311 D25, 311 E44, 317
Madrid, Residenzstadt d. Königs v. Spanien 427
Mähren, Markgrafschaft 172 A
Mändl, Mandl, Dr. Johann, bayr. Rat und Hofkammerdirektor 417, 434, 456, 472, 498
Magdeburg, Stadt 5, 9, 13, 20, 21, 25, 26, 42, 43, 45, 48, 52, 53, 55, 56, 58, 62–64, 67, 68, 70, 83, 87, 90, 97, 98, 104, 106, 109, 111, 124, 130, 132–134, 137, 141, 144, 146, 147, 152, 154, 155, 157, 163, 164, 167 C1, 167 E12, 167 E16, 167 H7, 167 H10, 167 H16, 167 H18, 167 H19, 167 H22, 169, 171, 172 A, 173, 178, 182, 185, 188, 189, 194, 196, 197, 199, 202, 203, 205, 206, 209, 211, 212, 216–219, 223, 224, 232, 238, 239, 244, 248, 250, 252, 254, 261, 262, 270, 278, 279, 283, 286, 290, 297, 300, 305, 308, 309, 315, 356, 373, 464, 470 B11, 470 D1, 482, 497, 505 B
– Erzstift 5, 20, 43, 167 B1, 170, 232, 273, 279, 311 B3, 311 D32, 311 E12, 322, 328, 336, 370, 393a, 451, 462
– Administrator Christian Wilhelm v. Brandenburg 5, 371
Main 167 E12, 167 H18, 311 E60, 331, 385, 404, 410, 442, 464, 477, 512 E4, 512 H1
Mainz, Stadt 14, 15, 31A, 31B, 31C, 31E, 31F, 36–38, 41, 46, 47, 49, 54, 57, 59, 65, 69, 72, 78, 80, 85, 86, 88, 92, 95, 97, 110, 115–117, 128, 131, 132, 145, 150, 155, 156, 158, 161, 164, 165, 167 A2, 167 A4, 167 A7, 167 E15, 167 E16, 167 F, 167 H5, 167 H14, 67 H17, 167 H19, 167 H23, 167 H25, 177, 193, 196, 230, 234, 243, 245, 246, 258, 262, 267, 272, 274, 278, 282, 290–293, 295, 302, 307, 311 A2–311 A4, 311 A7, 311 A11–311 A14, 311 A17, 311 B3, 311 D27, 311 D42, 311 E7, 311 E12, 311 E16, 311 E18, 311 E25, 311 E26, 311 E32, 311 E34, 311 E37, 311 E41, 311 E43, 311 E 46, 311 E54, 311 E65, 315, 319, 323, 330, 331, 334, 337, 341, 353, 361, 363, 377, 378, 379, 383, 385, 399, 404, 408, 409, 411, 421–423, 430, 436, 442, 444, 463, 464, 470 B8, 470 B11, 470 B12, 470 C4, 470 D1, 470 D3, 474, 476, 477, 479, 481, 482, 484, 488, 493, 507, 509, 510, 512 A1, 512 A2, 512 E4, 512 H1, 512 H4
Mainz, Erzstift, Kurfürstentum 4, 6, 13, 22, 32, 46, 167 D, 167 E, 167 E1, 167 E2, 167 E4–167 E9, 167 E11–167 E13, 167 E 15, 167 E16, 167 F, 167 G, 167 H4–167 H7, 167 H17, 167 H18, 167 H22, 200, 281, 302, 311 B3, 311C, 311 D, 311 D3–311 D23, 311 D25–311 D37, 311 D39–311 D42, 311 E2, 311 E3, 311 E10, 311 E12, 311 E13, 311 E17, 311 E18–311 E22, 311 E25, 311 E26, 311 E28–311 E30, 311 E32–311 E41, 311 E 46, 311 E 47, 311 E53, 311 E58–311 E61, 311 E67, 317, 319, 341, 345, 353, 354, 360, 373, 374, 383, 396, 404, 413, 424,

434, 436, 439, 442, 464, 470 B4, 470 B7, 470 C1, 470 D1, 470 D5, 477, 479, 488, 507, 512 B, 512 C2, 512 H4
- Kurfürst Anselm Casimir von Wambold   6, 14, 15, 20, 22, 25, 28, 31A, 31B, 31E, 31F, 36–38, 40, 41, 44, 47, 47a, 49a, 54, 57, 59–61, 64, 64a, 65, 69, 70, 72, 74, 77, 78, 80–83, 85, 86, 88, 90, 92, 94–97, 100, 101, 105, 107, 110, 112, 115–118, 121, 123–126, 131–137, 143, 145, 149, 150, 155, 156, 158, 161, 163–165, 167 A1-167 A5,  167 A7, 167 B1, 167 B3, 167 C2, 167 C3, 167 C4 (S. 331, 332, 335, 336, 340, 342–344), 167 E5, 167 E6, 167 E9, 167 E14, 167 E16, 167 F, 167 H3–167 H6, 167 H9–167 H14, 167 H16–167 H19, 167 H23–167 H25, 172 A, 174, 177, 178, 193, 196, 203, 207, 209, 213–216, 223, 227, 230, 231, 233–235, 240–243, 245, 246, 249, 254, 257, 257a, 258, 259, 263, 265, 267, 268, 270, 272, 272a, 274, 275, 278, 282–285, 290–293, 295, 299a, 300, 302, 305, 307, 308, 311 A1–311 A17, 311 B1–311 B3, 311C, 311 D, 311 D1, 311 D2, 311 D5, 311 D7, 311 D9, 311 D14, 311 D19, 311 D21, 311 D22, 311 D25–311 D28, 311 D32, 311 D34, 311 D36–311 D42, 311 E5, 311 E7, 311 E12, 311 E13, 311 E16–311 E22, 311 E25, 311 E26, 311 E29–311 E39, 311 E41–311 E44, 311 E 46, 311 E49, 311 E51–311 E55, 311 E59, 311 E60, 311 E62, 311 E64–311 E66, 311 E68, 311 E69, 312, 313, 315, 316, 319, 321, 323, 329–334, 336, 337, 341, 343, 345, 348, 350, 351, 353–355, 359, 361, 362, 367, 369, 371, 374, 377–379, 382 C, 383, 385–387, 391, 396, 399, 401, 404, 406–409, 409a, 413, 414, 416, 419–423, 428, 430, 433a, 434, 436–440, 442–444, 448, 453, 456–458, 464–466, 468, 469, 470 A, 470 C1, 470 D1, 470 D3–470 D6, 476–479, 479a, 480, 483, 484, 487, 488, 498, 500, 501, 505 A, 507, 509, 512 A1, 512 A2, 512 B, 512 B1, 512 C2, 512 C3, 512 E1, 512 F, 512 H2, 512 H4, 512 H6, 512 H7, 512 H9
  - zu Dänemark   243, 311 A4, 331, 430, 470 D1
  - zu England   57, 59, 268,  278, 282, 307, 311 A10, 331, 430, 470 D1
  - zu Frankreich   31B, 31C, 31E, 31F, 49a, 65, 69, 77, 81, 86, 115, 116, 117, 123, 126, 131, 149, 167 C4 (S. 344), 167 E5, 167 E16, 167 H14, 167 H19, 193, 214–216, 243, 258, 270, 278, 307, 311 A1, 311 A4,  311 D28, D11 E5, 311 E31, 311 E41, 311 E43, 311 E49, 311 E51, 311 E53, 311 E69, 315, 332, 369, 379, 383, 396, 406, 407, 409a, 414, 422, 437, 457, 469, 470 A, 470 D1, 470 D3, 470 D6, 477, 479, 479a
  - zu Friedrich V. v. d. Pfalz   36, 177, 193, 268, 278, 282, 307, 311 B2, 311 B3, 311 E4, 331, 409, 430, 470 D1
  - zu den Generalstaaten (Holländern)   36, 44, 50, 54, 57, 59, 92, 116, 135, 149, 167 H17, 167 H19, 167 H25, 177, 207, 215, 230, 233, 235, 258, 278, 290, 292, 293, 307, 311 A10, 331, 470 D1
  - zum Kaiser s. Österreich: Ferdinand II
  - zum Frankfurter Kompositionstag 1631   49a, 50, 69, 78, 94, 115, 118, 156, 161, 167 E9, 167 E16, 167 H13, 167 H18, 167 H19, 167 H23–167 H25, 172 A, 223, 235, 243, 254, 257, 268, 270, 274, 282, 291, 311 A1–311 A4, 311 A7–311 A11, 311 A13–311 A15, 311 A17, 311 B2, 311 B3, 311 E18, 311 E32, 311 E37, 311 E44, 311 E65, 331, 362, 369, 377, 383, 391, 406, 409, 433a, 437, 488, 512 A1
  - zu Kurbayern s. Bayern: Maximilian
  - zu Kurbrandenburg   37, 47, 54, 57, 65, 86, 88, 94, 96, 105, 126, 161, 167 A3, 167 F, 167 H23, 178, 270, 291, 311 A13, 311 A14, 311 D7, 311 D14, 311 E4, 311 E18, 311 E29, 311 E36, 311 E43, 399, 428, 437, 444, 457, 477, 488, 512 A2
  - zum Kurfürstentag v. Mühlhausen 1627   161, 177, 268, 488
  - zum Kurfürstentag v. Regensburg 1630   10, 15, 28, 31A, 31B, 31F, 36, 38, 44, 54, 65, 82, 94, 96, 107, 126, 156, 161, 167 A7, 167 E16, 167 F, 167 H25, 172 A, 177, 257, 268, 270, 274, 278, 291, 311 A1, 311 A3, 311 A4, 311 A7–311 A9, 311 A11, 311 A13–311 A15, 311 B2, 311 E7, 311 E12, 311 E20, 311 E25, 391, 428, 470 D1
  - zu Kurköln   31C, 31D, 32, 36, 38, 44, 49a, 54, 59, 78, 86, 88, 96, 100, 101,

105, 110, 123, 131, 143, 156, 158, 164, 167 A7, 167 E5, 167 E16, 167 H4, 167 H25, 170, 213, 214, 230, 234, 240, 243, 257a, 268, 270, 311 A2, 311 A4, 311 A7–311 A10, 311 A14, 311 A16, 311 E31, 311 E41, 315, 330, 396, 409, 419, 422, 433a, 437, 440, 464, 469, 470 D1, 470 D6, 484, 487, 488, 507
– – zu Kursachsen  12, 41, 54, 57, 65, 78, 126, 156, 158, 161, 165, 167 A5, 167 A7, 167 F, 167 H17, 167 H23, 177, 178, 196, 223, 231, 235, 243, 246, 254, 257, 267, 270, 274, 278, 283, 284, 291, 295, 307, 311 A3, 311 A4, 311 A13, 311 A14, 311 D27, 311 E4, 311 E8, 311 E12, 311 E18, 311 E29, 311 E32, 311 E34, 311 E36, 311 E37, 311 E43, 311 E54, 311 E64, 311 E65, 316, 323, 324, 331, 332, 341, 343, 345, 350, 351, 359, 362, 374, 377, 378, 379, 383, 391, 396, 399, 406, 428, 444, 457, 464, 470 D6, 477, 487, 488, 512 A2
– zu Kurtrier  54, 72, 86, 88, 96, 101, 123, 143, 156, 167 A7, 167 H4, 167 H25, 216, 234, 243, 268, 311 A2, 311 A4, 311 A7–311 A9, 311 A14, 311 A16, 311 E31, 330, 337, 396, 419, 422, 437, 465, 466, 469, 470 D1, 488
– zum Leipziger Konvent 1631  65, 78, 110, 115, 125, 126, 133, 150, 156, 158, 161, 165, 167 A1, 167 A3, 167 A5, 167 A7, 167 E9, 167 F, 167 H10, 167 H13, 167 H17, 167 H19, 167 H23, 172 A, 177, 196, 223, 231, 235, 245, 254, 257, 267, 270, 284, 292, 311 A3, 311 A4, 311 A7, 311 A9, 311 A10, 311 A13, 311 A14, 311 B2, 331, 333, 341, 351, 353
– zur Liga  6, 10, 11, 13, 15, 21, 22, 36, 47, 57, 92, 96, 101, 107, 116, 118, 125, 127, 132, 143, 149, 155, 167 A1–167 A4, 167 A7, 167 C4 (S. 335), 167 H9, 167 H19, 167 H25, 213, 234, 235, 243, 278, 284, 299a, 311 A3, 311 A13, 311 E25, 311 E31, 311 E59, 311 E65, 311 E68, 319, 323, 331, 333, 334, 362, 377, 379, 383, 391, 396, 404, 433a, 468, 470 D1, 470 D3, 470 D6, 479, 498, 512 A2, 512 F
– zum Ligatag v. Dinkelsbühl 1631  116, 117, 121, 123, 125, 127, 132, 145, 149, 156, 158, 161, 164, 167 A1–167 A5, 167 A7, 167 H4, 167 H13, 167 H23, 172 A, 177, 196, 209, 215, 216, 223, 243, 270, 278, 283, 284, 290, 291, 311 A9, 311 A12, 311 A13, 311 A15, 311 E7, 311 E25, 311 E59, 318, 331, 333, 377, 512 F
– zum Ligatag v. Ingolstadt 1631/32  442, 464, 477, 512 A1, 512 A2
– zum Ligatag v. Regensburg 1630  59, 107, 118, 125, 159, 161, 167 A1–167 A5, 167 B1, 167 C4 (S. 342), 283, 311 A9
– zur Mantuanischen Frage, Frieden in Italien  31 E, 31 F, 80, 81, 117, 131, 167 H13, 193, 216
– zur Neuordnung des Kriegswesens beim Kurfürstentag v. Regensburg 1630  15, 28, 167 A7
– zur Pfalzfrage s. Pfalz
– zum Regensburger Friedensvertrag 1630  69, 81, 86, 167 A5, 193, 311 E31, 311 E41, 311 E49, 311 E51, 369
– zum Restitutionsedikt 1629  86, 96, 07, 167 E16, 254, 257, 270, 283, 311 A3, 311 A4, 311 A9, 311 A11, 311 A13–311 A15, 311 B2, 311 E7, 311 E12, 311 E16, 311 E32, 311 E34, 311 E59, 383, 391, 428, 464
– zu Schweden  31 F, 37, 49a, 65, 69, 80, 81, 86, 88, 92, 94, 96, 131, 161, 164, 165, 167 A1, 167 A3, 167 A7, 167 C4 (S. 344), 67 H19, 167 H24, 167 H25, 177, 213, 215, 243, 245, 257, 267, 270, 274, 278, 283, 284, 291, 307, 308, 311 A3, 311 A4, 311 A7, 311 A9, 311 A10, 311 A13, 311 E31, 311 E54, 311 E64, 311 E65, 311 E69, 315, 323, 324, 331, 362, 369, 374, 377, 383, 391, 396, 399, 401, 404, 406, 409, 409a, 421–423, 430, 437, 444, 457, 469, 470 D1, 470 D3, 470 D6, 479a, 484, 488, 498, 512 A1
– zu Spanien (auch Regierung in Brüssel)  31, 54, 82, 92, 112, 115, 116, 117, 131, 135, 149, 155, 230, 235, 258, 278, 311 E43, 329, 383, 466, 468, 468, 470 D1, 470 D1, 484
– zu Tilly  37, 38, 41, 47, 59, 82, 90, 95, 96, 101, 125, 132, 134, 155, 164, 167

A1, 167 A3–167 A5, 167 A7, 167 E16,
167 H5, 167 H19,167 H24, 167 H25,
169, 203, 209, 215–217, 223, 243, 270,
274, 278, 281, 283, 284, 290–292,
295, 302, 308, 311 E37, 311 E59, 313,
321, 323, 331, 333, 351, 353, 359, 374,
377–379, 383, 391, 396, 404, 406,
464, 468, 470 D6, 479, 498, 512 A1
- zu Papst Urban VIII. (auch röm. Kurie)
49a, 61, 69, 72, 78, 115, 118, 123, 167
C4 (S. 331, 344), 167 E5, 167 E6, 167
H14, 213, 227, 234, 257a, 272, 299a,
305, 311 A1, 311 A4, 311 D28, 311 D36,
311 D37, 311 E12, 311 E31, 311 E41, 311
E44, 369, 433a
- zu Wallenstein 31F, 82, 95, 112, 132,
164, 278, 470 D6
Mair, Paul, bayr. Hofkammer- und Kriegsrat 167
D, 167 E9, 167 G, 223, 281, 286, 410, 456,
512 C3, 512 E1, 512 G, 512 H1, 512 H7–512
H9
Malchin i. Hzgt. Mecklenburg 58
Mannheim, Stadt u. Festung i. d. Unterpfalz
470 B5, 470 B12, 470 B16, 490
Mansfeld, Grafschaft 220, 239, 311 E35, 318,
322, 328, 343
Mansfeld, Stadt 244
Mansfeld, Peter Ernst II. Graf v., Kriegsunternehmer und Söldnergeneral 243
Mansfeld, Philipp Graf v., kaiserl. Hofkriegsrat
432, 450, 464, 497
Mansfeld, Wolf Graf v., kaiserl. Offizier 11, 119
Mantua, Residenzstadt d. Herzöge v. Mantua
382 E
Mantua, Herzogtum 3, 31C, 272a
- Herzog Vinzenz I. Gonzaga
- Herzog Karl von Nevers 3, 81, 87, 117, 131,
148, 227, 272a
- Herzogin Eleonore v. Gonzaga, Tochter v.
Herzog Wilhelm I. v. Gonzaga 470 C1
Mantuanische Frage, Krieg/Frieden in Italien
31A, 31C–31E, 31 F, 43a, 49, 51, 87, 97, 103,
109, 117, 123, 131, 136, 140, 144, 148, 152,
167 C2, 167 H13, 183, 193, 197, 211, 225,
227, 311 D27, 311 D36, 311 E22, 345, 470 C1,
512 H4, 512 H9
Marazani, Marazzani, Francesco Freiherr v.,
kaiserl. Oberst 75, 90, 119

Marburg, Stadt i. d. Landgft. Hessen-Kassel
156, 235
Mark, Grafschaft 7, 25, 30, 48, 56, 63, 107, 167
B1, 233, 415, 461
Markee i. Kfst. Brandenburg 66
Marradas, Don Balthasar M. y Vique, Graf v.,
kaiserl. General 376, 382 B, 410a, 454 B,
500
Marsberg i. Hzgt. Westfalen (z. Erzstift Köln)
431
Martiniz, Jaroslav Borita Graf v., kaiserl.
Geheimer Rat, Oberhofmeister d. Kgr.
Böhmen 188, 373
Marwitz, Flecken i. Kfst. Brandenburg 85
Massoni, Alessandro de, kaiserl. Kriegskommissar 48, 64
Maulbronn, Kloster i. Hzgt. Württemberg 311 D9
Mecklenburg, Herzogtum 20, 43, 48, 56, 58, 71,
76, 80, 89, 90, 97, 109, 155, 167 B1, 167 C1,
167 E9, 252, 311 A10, 311 B1, 311 D27,
311 E14, 337, 350, 354, 409, 428, 436, 450
Meersburg, Stadt i. Hochstift Konstanz 167 D,
167 H2, 311 A6, 311 A11, 449a, 512 D
Meggau, Leonhard Graf v., kaiserl. Geheimrat
420, 428, 443, 448, 468, 511
Meinertzhagen, Dr. Gerwinus, Kölner Ratsherr
311C
Meisenheim i. Fürstentum Pfalz-Zweibrücken
461
Meissen, Stadt i. Kursachsen 34, 156, 295, 311
E37, 311 E46, 391, 450, 454 C, 508
Melander, Dr. Otto, Reichshofrat 448
Melnik i. Kgr. Böhmen 433
Memmingen, Reichsstadt 13, 18, 46, 254
- Konvent 1631 18
Menzel, Dr., Korrespondent Tillys in Hamburg
154
Mergentheim, Meistertum u. Residenzstadt
d. Deutschmeisters u. Hochmeisters d.
deutschen Ritterordens 145, 167 C3, 167
H7, 311 B1, 311 E29, 311 E62, 311 E64, 311
E67, 410, 493, 504, 509, 512 E3, 512 E4,
512 H1
Merode und Jechay [Jehay], Johann Freiherr v.,
kurköln. Kämmerer u. Oberst d. Liga 31D,
170, 171, 203, 513
Merseburg, Stadt u. Hochstift 311 E37, 311 E39,
338, 343, 346, 352, 354, 367, 373, 391

Metternich, Heinrich v., bayr. Statthalter in Heidelberg 35, 132, 189, 246, 255, 281, 385, 404, 410, 431, 470 B4, 470 B10, 470 D1, 470 D5, 475, 494, 496, 497

Metternich, Johann Adolf v. Wolff gen. Metternich zu Gracht, kurköln. Geheimrat 40, 167 D, 167 H4, 181, 256, 257, 280, 286, 311C, 311 E14

Metternich-Vettelhofen, Johann Reinhard v., Mainzer Dompropst u. Hofratspräsident, Administrator von Magdeburg u. Halberstadt 35, 40, 132, 133, 164, 311 E35, 311 E37, 328, 338, 343, 410, 413, 470 D3, 484

Metz, Stadt 470 A, 479a, 505 A

Metz, Hochstift 1, 5, 31A, 31C, 31D, 31F, 49, 126, 222, 311 E9, 311 E31, 470 B15
- Bischof Heinrich v. Bourbon 31A, 31E, 91, 100, 114, 116, 126

Metzenhausen, Johann Wilhelm, trierischer Domdechan 311C

Metzger, Johann Christoph, bischöfl. eichstätt. Rat 167 D, 311C, 512 D

Metzsch, Friedrich, kursächs. Konsistorialpräsident 311 D29, 311 E24

Meven, Rogier v. Kieversberg, Oberstleutnant d. Liga 348

Michna von Waizenhofen, Paul Graf v., kaiserl. Generalkriegskommissar 66, 147, 184

Miltitz, Militiz, Nikolaus Gebahrdt v., kursächs. Geheimer Rat 246, 255, 380

Miller, Johann, Regimentskommissar d. Liga 318

Miltenberg, Mildenburg a. Main, Stadt u. Amt i. Erzstift Mainz 404, 410, 421, 436, 464, 488

Mindelheim, Stadt u. Herrschaft i. Kfst. Bayern 167 H2

Minden, Hochstift 128, 167 C4 (S. 338), 224, 311 A1, 311 A14, 311 A15, 370, 431, 436, 470 C9
- Bischof Franz Wilhelm v., Wartenberg s. auch: Osnabrück
- Christian d. Ältere, Fürst v. Lüneburg und Administrator des Bistums Minden 337 C4 (S. 338)

Miré, Jean de Salles de l' Escoublère, Seigneur de, franz. Diplomat 470 A, 470 B7, 470 D2, 470 D4, 470 D8, 512 H6

Mittenwalde i. Kfst. Brandenburg 185

Möckern i. Erzstift Magdeburg 124, 128, 130, 133, 137, 146, 147, 170

Moers, Grafschaft 461

Moons, Wilhelm, kurköln. Agent in Rom 49a, 213, 305

Montecuccoli, Ernst Graf v., kaiserl. Kriegsrat 24

Montferrat 272a

Montrichier, lothringischer Oberst 311 E22

Mosel 474

Moskoviter 311 D35, 470 B3, 470 B7

Mottmann, Cornelius Heinrich, Auditor der Rota (Päpstl. Appellationsgerichtshof) 61

Moullye, Johann de, ehemaliger Spanischer Gubernator auf der Sankt-Stephans-Schanze 203

Moyenvic, Moienvick, Festung i. Hochstift Metz 31C, 49, 64a, 167 E9, 311 E9, 509

Mühlhausen (Thüringen), Reichsstadt 224, 248, 253, 260–262, 273, 274, 277, 279, 288, 290, 294, 299, 311 D 17, 311 D28, 311 E4, 322
- Assekurationsakte v. 1620 295, 296, 367
- Kurfürstentag 1627 110, 161, 177, 226, 268, 282, 306, 391, 420, 449
- Geplanter Friedenskonvent 399, 405–407, 409, 422, 423, 427, 428, 437, 439, 442–445, 448, 453, 454 C, 457–459, 462, 464, 465, 469, 470 B1, 470 D1, 470 D6, 475–477, 480, 483, 488, 498, 505 A, 512 A1–512 A3, 512 B1, 512 C1–512 C3, 512 E2, 512 E3, 512 F, 512 G, 512 H4, 512 H9, 512 H10

Müller, Joachim, Abt d. Klosters Bebenhausen i. Hzgt. Württemberg 311 D8

Müller, Johann, Kriegskommisar d. Liga 345

Münch, Lorenz von Stainach, Generalquartiermeister d. Liga 451

München, bayr. Residenzstadt 6, 7,11, 14, 25, 27, 30, 31A, 35, 40, 41, 46, 49–51, 57, 59–61, 64a, 69, 70, 72, 73, 78, 82, 84, 87, 92–94, 96, 118, 125, 126, 135, 143, 148, 152, 153, 156, 162, 165, 167 A1, 167 A3, 167 A5, 167 B1, 167 B3, 167 C4 (S. 332, 338, 341, 345), 167 E12, 167 F, 167 H4, 167 H8, 167 H10, 167 H12, 167 H16, 167 H20, 167 H25, 169, 172 A, 173, 188, 195, 198, 199, 200, 210, 214, 218, 219, 221, 224–226,

229, 232–235, 240, 241, 243, 247, 248a, 249, 251, 256, 257a, 258, 259, 263, 268, 269, 272, 278, 281–283, 285, 287, 289–291, 295, 298, 300, 303, 305, 311 A3, 311 A5, 311 A7, 311 A8, 311 A15, 311 A16, 311 B3, 311C, 311 D8, 311 D 17, 311 D27, 311 D38, 311 E3, D11 E5, 311 E6, 311 E9, 311 E10, 311 E14, 311 E22, 311 E27, 311 E28, 311 E30, 311 E33, 311 E39, 311 E42, 311 E52, 311 E68, 311 E69, 312, 316, 320, 325, 326, 329, 332, 333, 335, 337, 339, 341–343, 352, 355, 356, 358, 365–368, 370, 371, 373–376, 380, 381, 382 A, 382 B, 385, 386, 389, 391, 392, 393a, 395, 397–399, 401, 403–405, 405a, 406, 409a, 412–417, 419, 422, 424, 430, 433, 435, 438, 442–446, 450, 454 A, 455, 457, 459, 462, 470 A, 470 B4, 470 B7, 470 B16, 470 C7–470 C9, 470 D1, 470 D2, 470 D4–470 D8, 473, 475, 478, 485, 489, 490, 496–499, 505 A, 505 B, 510, 512 B1, 512 C3, 512 H3, 512 H6, 512 H9, 512 H10, 513
Münden, Gmünden (später Hannoversch Münden) i. Fürstentum Calenberg-Göttingen 46, 419, 434
Münster, Hochstift 25, 133, 170, 224, 311 A1, 419, 464, 512 B
– Bischof s. Köln: Ferdinand v. Bayern
Murmann, Dr. theol. Johann, Dekan aus Bamberg 311C
Mürow, Dorf i. Kfst. Brandenburg 104

**N**
Nancy, lothring. Residenzstadt 210, 485
Napolitano, Gieronimo Scutinio, Pater des Oratoriums 99, 129, 256, 281
Nassau-Saarbrücken, Graf v. 254
Nassau-Siegen, Graf Johann VIII., kaiserl. Offizier 92, 99, 147, 152
Nassau-Siegen u. Dillenburg, Graf Wilhelm v., Offizier d. Generalstaaten 51, 52, 55, 57, 70, 73, 92, 93, 97, 109, 124, 134, 146, 167 B2, 167 C1, 395, 410, 413, 470 D1
Naumburg, Stadt u. Amt i. Erzstift Mainz 311 E 25, 311 E26, 311 E37, 319, 331, 353
Naumburg, Stift, Stadt u. Amt i. Kfst. Sachsen 133, 255, 311 E40, 318, 373, 391
Neckar 481, 493, 494, 512 E3, 512 E4
Nestler, Nessler, Adam zu Rosenthal, kurbrandenburg. Rat 311 E37

Neubrandenburg, Stadt i. Hzgt. Mecklenburg 58, 75, 89, 90, 106, 119
Neuhof, Schloß bei Fulda 311 E68
Neumarkt i. d. Oberpfalz 494
Neuruppin i. Kfst. Brandenburg 67, 68, 75, 104, 107
Neusesser, Dr. Johann Ernst, kurmainz. Rat 311C
Neustadt a. d. Aisch, Stadt i. d. Markgft. Brandenburg-Ansbach 299
Neustadt a. d. Donau, Stadt i. Kfst. Bayern 512 E4
Neustadt a. d. Heide i. Hzgt. Sachsen-Coburg 347
Neustadt i. Hessen, Stadt i. Erzstift Mainz 302, 308, 311 E25, 311 E26, 319, 331, 353
Niederlande, spanische 7, 11, 21, 31D, 147, 152, 155, 167 C3, 218, 254, 299, 356, 370, 376, 410, 454 B, 454 C, 466, 512 E4
Niederlausitz s. Lausitz
Niedernau i. Vorderösterreich (bei Rottenburg a. Neckar) 311C
Niederösterreich, Österreich unter d. Enns 470 D1
Niederrheinisch-Westfälischer Reichskreis 48, 52, 55, 67, 85, 92, 93, 97, 119, 167 C1, 167 C3, 167 H7, 167 H14, 167 H24, 200, 281, 311 A1, 311 A14, 311 A15, 329, 431, 437, 450, 464, 482, 512 C3
Niedersächsischer Reichskreis 17, 28, 32, 37, 96, 125, 134, 136, 167 A2, 167 C1, 167 E4, 167 F, 167 H22, 168, 243, 246, 259, 278, 281, 297, 311 A10, 311 D20, 311 E53, 311 E58, 331, 395, 436, 451, 470 B5, 470 B8, 470 B12, 470 C9, 470 D1, 482, 485, 497, 512 C3
Nienburg a. d. Weser, Stadt i. Hzgt. Braunschweig-Lüneburg 52, 53, 167 C4 (S. 339)
Nikolsburg i. der Markgft. Mähren 188, 410a
Nördlingen, schwäb. Reichsstadt 74, 287, 311 E64, 312, 313, 400, 451, 463, 470 B12, 485, 489, 494, 496, 502–504, 509, 512 E3, 513
Nordhausen i. Thüringen (Reichsstadt) 314
Northeim, Stadt nördlich v. Göttingen 46, 167 C4 (S. 339)
Nordsee (Westsee) 259
Nürnberg, Reichsstadt u. Territorium 30, 134, 139, 142, 157, 167 H7, 167 H11, 167 H18,

172 A, 174, 184, 191, 198, 204, 219, 261, 273, 289, 304, 310, 311 D6, 311 D9–311 D11, 311 D17, 311 D22, 311 D27, 311 D28, 311 E20, 311 E47, 373, 380, 382 C, 382 E, 392, 393a, 434, 454 B, 463, 470 B12, 472, 473, 476, 480, 481, 488, 489
- Unionstag 1619  512 C3
- Kirche St. Elisabeth  311 E20
- Kirche St. Jakob  311 E20

O

Oberlausitz s. Lausitz
Obermünster (Regensburg), Äbtissin v.  311C
Oberösterreich (Land ob der Enns)  157, 309, 454 B, 470 D1
Oberpfalz  17, 38, 72, 97, 98, 112, 124, 137, 157, 162, 167 E3, 167 E4, 168, 178, 188, 200, 218, 232, 285, 287, 289, 308, 311 D7, 311 D24, 311 D25, 311 E10, 311 E22, 311 E33, 317, 376, 382 B, 382 C, 382 E, 387, 389, 392, 393a, 400, 409a, 417, 421, 426, 434, 436, 440, 442, 450, 451, 454 A, 467, 470 B7, 470 B11, 470 B12, 470 C4, 470 C8, 470 D6, 473, 489, 494, 496, 498, 502, 504, 506, 508, 512 E4, 514
Oberrheinischer Reichskreis  22, 47, 167 E3, 167 E5, 167 H24, 311 A10, 400, 432
Obersächsischer Reichskreis  17, 51, 96, 167 B2, 167 E3, 238, 259, 311 E53, 470 B12
Oberwesel  96
Ochsenfurt, Stadt i. Hochstift Würzburg  418, 436, 444
Odenwald  404, 493
Oder  20, 26, 45, 55, 70, 71, 104, 134, 185, 345
Öttingen, Grafen v.  142, 167 E12, 311 D28, 463
- Ludwig Eberhard  311 D28
Öttingen, Stadt u. Hauptort d. Gft. Öttingen  494, 496, 502, 503, 509
Öttingen zu Wallerstein, Hans Albrecht, Graf v.  167 E12, 167 E14, 167 F, 167 H1, 400
Oexel, Öchsl, Dr. Johann Georg, bayr. Hofrat u. Geheimer Sekretär  35, 40, 61, 91, 96, 110, 112–114, 119, 131, 152, 156, 163, 164, 176, 178, 179, 206, 212, 214, 219, 221, 227, 234, 235, 240, 256, 268, 280, 288, 289, 304–306, 311 D8, 311 E11, 311 E30, 329, 348, 363, 370, 374, 397, 413, 427, 435, 442, 449a, 474, 512 A1

Offenbach a. Main, Residenzstadt d. Grafen v. Isenburg-Büdingen  464
Oldenburg, Grafschaft  30, 42, 43, 46, 52, 55, 56, 58, 63, 70, 83, 97, 101, 106, 134, 137, 147, 167 C1, 185, 311 E10
- Graf Anton Günter v.  101, 107
Oldisleben i. Hzgt. Sachsen-Weimar  238, 239, 246, 248, 252, 253, 255, 260
Oppel, Dr. Johann Georg, kursächs. Hofrat  311 D29
Oppenheim a. Rhein, Stadt i. Kfst. Pfalz  470 B10
Oranien, Fürst Wilhelm II.
- Prinz Friedrich Heinrich  54, 240, 461
Ossa, Wolf Rudolf v., kaiserl. Oberst u. Generalkriegskommissar  15, 16, 18, 22, 46, 48, 64, 68, 157, 167 C4 (S. 341), 183, 221, 239, 277, 311 D41, 311 E53, 311 E60, 318, 322, 328, 360, 365, 374, 376, 377, 383, 385, 414, 432, 450, 454 A, 454 B, 470 B12, 494, 502, 509
Ostsee  55, 70, 259, 420, 470 B2
Orb (Bad), Stadt i. Erzstift Mainz  383
Orth, kaiserl. Schloss  10, 260, 311 B1
Osnabrück, Stadt  446
Osnabrück, Hochstift  8, 30, 38, 48, 55, 167 C3, 167 E2, 311 D8, 446, 512 B
- Bischof Franz Wilhelm v. Wartenberg  25, 52, 96, 101, 110, 127, 157, 167 C3, 167 D, 167 H1, 47a, 96, 167 E9, 311 A1, 311 A14, 311 A15, 311 D24, 311 D26, 311 E47, 313, 397, 408, 446, 470 C9, 470 D7, 505 A, 512 B
Österreich (Haus und kaiserl.- österr. Repräsentanten)  127, 298, 311A 14, 311 B1, 311 C, 311 D2–311 D7, 311 D9–311 D11, 311 D13–311 D19, 311 D21–311 D23, 311 D26, 311 D30–311 D33, 311 D37, 311 D39, 311 D40–311 D42, 311 E12, 311 E17, 311 E20, 311 E25, 311 E33, 311 E36, 311 E42, 311 E 47, 311 E55, 311 E67, 311 E68, 326, 335a, 377, 383, 393a, 414, 416, 420, 440, 449a, 453, 470 B2, 470 B3, 470 B5, 470 B7, 470 B15, 470 B17, 470 C1, 470 D1, 470 D4, 470 D6, 500, 512 E4
- Ferdinand I., Kaiser  311 D7, 311 D8, 311 D10, 311 D11, 311 D13, 311 D14, 311 D27, 311 D32, D11 E5, 311 E25
    - Declaratio Ferdinandea  311 D11, 311 D13, 311 D32, 311 E25

- Ferdinand II., Kaiser  1, 3, 10, 12–15, 17, 18, 21, 22, 24, 26, 28–30, 31 A–31F, 33, 34, 36, 37, 42, 43a, 45, 47a, 48, 49, 49a, 50–52, 56–64, 64a, 65, 70, 72, 75–78, 80–83, 85–88, 92, 94–100, 102, 103, 105, 107–110, 112, 113, 115–117, 119, 121–127, 129–138, 140–146, 148–152, 155–158, 161, 163–166, 167 A1, 167 A2, 167 A5–167 A7, 167 B1, 167 B3, 167 C1–167 C3, 167 C4 (S. 331–334, 336, 338–343), 167 E2, 167 E3, 167 E5–167 E7, 167 E9, 167 E11–167 E14, 167 E16, 167 F, 167 G, 167 H2, 167 H4–167 H7, 167 H9–167 H13, 167 H15–167 H17, 167 H19, 167 H21–167 H25, 168, 169, 172 A, 172 B, 173, 174, 176–178, 181–183, 185–188, 191, 193, 195–201, 203–207, 209, 212, 214–216, 218–222, 225, 226, 230, 232, 233, 235–243, 245, 246, 248a, 249–257, 257a, 258, 260–268, 270–272, 272a, 273–284, 286–292, 294–302, 305, 306, 308, 310, 311 A1, 311 A3, 311 A4, 311 A6, 311 A8, 311 A11, 311 A13, 311 A16, 311 A17, 311 B1–311 B3, 311 D2–311 D6, 311 D9–311 D11, 311 D13–311 D19, 311 D21, 311 D22, 311 D24, 311 D26, 311 D28–311 D32, 311 D40, 311 D42, 311 E1–D11 E5, 311 E7, 311 E9, 311 E11, 311 E12, 311 E14, 311 E19–311 E21, 311 E24, 311 E25, 311 E28–311 E35, 311 E37, 311 E38, 311 E41–311 E44, 311 E47–311 E49, 311 E51, 311 E53–311 E56, 311 E59–311 E64, 311 E66, 311 E69, 312–316, 318, 320–322, 324–326, 328–331, 333– 335, 335a, 336, 337, 339–348, 350, 351, 353–356, 359, 361–363, 365– 367, 369, 370, 372, 373, 375–379, 382 A, 382 B–382 E, 383, 386, 388, 391, 393a, 395–401, 403, 405–409, 409a, 410a, 412–416, 420, 422–425, 428– 430, 432, 433, 433a, 434, 435, 437, 439–445, 448–450, 454 A–454 C, 457, 458, 461, 462, 464–466, 468, 470 A, 470 B1–470 B3, 470 B5, 470 B7–470 B9, 470 B11, 470 B12, 470 B17, 470 C1–470 C5, 470 C8, 470 D1–470 D6, 470 D8, 471, 475–477, 479, 480, 483–490, 492, 495, 496, 500, 501, 503, 504, 505 A, 507–511, 512 A1–512 A3, 512 B1, 512 C1–512 C3, 512 E2–512 E6, 512 F, 512 G, 512 H4, 512 H6–512 H10, 514
  - zu Dänemark  241, 311 A4, 311 D39, 311 D40, 331, 337, 397, 445, 454 C
  - zu England  85, 133, 167 C2, 167 H7, 167 H14, 167 H15, 207, 241, 248a, 268, 270, 278, 297, 306, 331, 398, 425, 449
  - zu Frankreich  1, 3, 5, 29, 31B–31F, 43a, 49, 49a, 50, 51, 65, 81, 85, 99, 102, 103, 108, 116, 117, 121, 129, 136, 140, 149, 151, 167 A6, 167 C2, 167 E16, 167 H4, 167 H7, 167 H15, 186, 188, 222, 258, 272a, 298, 311 A1, 311 A4, 311 D28, 311 E9, 311 E21, 311 E30, 311 E31, 311 E33, 311 E38, 311 E40, 311 E43, 311 E44, 311 E49, 311 E51, 311 E53, 320, 326, 330, 331, 339, 345, 348, 369, 382 C, 382 E, 399, 403, 409a, 416, 437, 440, 470 A, 470 B2, 470 B7, 470 B15, 470 D4, 510, 512 C3, 512 E4, 512 F, 512 G, 512 H9
  - zum Fürstentag v. Regensburg 1623  398, 470 B1
  - zu den Generalstaaten  44, 59, 85, 149, 167 A6, 167 C2, 167 H7, 167 H9, 167 H15, 167 H22, 167 H24, 167 H25, 201, 207, 214, 230, 233, 240, 258, 278, 292, 297, 311 A4, 331, 382 E, 432
  - zum Frankfurter Kompositionstag 1631  167 C2, 167 C4 (S. 343), 167 H7, 167 H22–167 H25, 172 A, 311 A4, 311 A6, 311 A8, 311 A9, 311 A16, 311 A17, 311 B1, 311 E37, 331, 382 E, 400, 420, 445
  - zu Kurbayern s. Bayern: Kurfürst Maximilian
  - zu Kurbrandenburg  65, 88, 121, 133, 172 A, 294, 428, 444, 458, 476, 501, 512 A2
  - zum Kurfürstentag v. Regensburg 1630  36, 43a, 50, 65, 80, 82, 85, 98, 122, 126, 140, 167 A6, 167 B3, 167 C2, 167 C4 (S. 332, 334),167 E2, 167 E3, 167 E12, 167 E16, 167 F, 167 G, 167 H9, 167 H15, 167 H22–167 H25, 172 A, 221, 233, 268, 311 A4, 311 A9, 311 A11, 311 B1, 311 E20, 311 E33, 311 E43, 311 E48, 311 E62, 324, 398, 428, 470 D1, 512 H4
  - zu Kurköln  31D, 34, 36, 44, 86, 100, 112, 123, 127, 167 C3, 167 C4 (S. 332), 167 E5, 167 H23, 201, 212, 226, 240, 278, 306, 311 D28, 311 E41, 311 E44,

311 E49, 311 E51, 311 E55, 311 E62, 321, 324, 329, 330, 337, 348, 369, 370, 395, 409, 416, 420, 428, 429, 435, 439, 443, 448, 470 D5, 501, 507
- zu Kurmainz  10, 28, 31E, 31F, 36–38, 41, 43a, 47, 50, 57, 65, 77, 80, 81, 85, 88, 92, 95, 105, 116, 121, 123, 125, 126, 132, 133, 137, 145, 149, 150, 155, 156, 158, 163, 165, 167 A1, 167 A2, 167 A5, 167 A7, 167 B3, 167 C2– 167 C4 (S. 332, 340), 167 E5, 167 E9, 167 E16, 167 F, 167 H13–167 H15,  167 H19, 167 H22–167 H25, 172 A, 174, 177, 196, 207, 209, 215, 216, 222, 233, 235, 237, 240, 245, 254, 258, 263, 267, 268, 270, 272a, 274, 278, 292, 294, 302, 307, 311 A3, 311 A4, 311 A17, 311 B1–311 B3, 311 D2, 311 D9, 311 D26–311 D28, 311 E4, 311 E20, 311 E34, 311 E41, 311 E43, 311 E44, 311 E49, 311 E51, 311 E55, 311 E62, 315, 321, 324, 329–331, 336, 337, 348, 351, 353, 355, 361, 369, 378, 379, 399, 409, 416, 420, 422, 423, 428, 430, 437, 439, 443, 444, 458, 465, 468, 470 D3, 470 D5, 476, 477, 487, 501, 512 A1, 512 A2, 512 B1, 512 F, 512 H6
- zu Kursachsen  12, 34, 65, 68, 85, 121, 122, 133, 137, 141, 145, 157, 158, 161, 163, 165, 167 C2, 167 E11, 167 F, 167 H15, 167 H17, 167 H19, 167 H22–167 H25, 172 A, 199, 201, 214, 220, 225, 226, 232, 236, 237, 239, 243, 246, 249, 251, 253–255, 257, 263, 267, 270, 274, 276, 277, 279–281, 284, 286, 291, 294, 296, 307, 311 A3, 311 A4, 311 A8, 311 B3, 311 D27, 311 E2, 311 E30, 311 E35, 311 E37, 311 E54, 311 E66, 314, 318, 322, 324, 328, 331, 335a, 340, 341, 343, 345, 346, 350, 354, 361, 363, 373, 375, 376, 378, 382, 382 D, 403, 410a, 424, 428, 433, 444, 454 C, 458, 464, 465, 470 B7, 470 C1, 470 C4, 470 D6, 476, 501, 512 A2, 512 H9, 514
- zu Kurtrier  94, 123, 167 C3, 167 C4 (S. 332), 167 E5, 167 H23, 222, 240, 311 D28, 311 E41, 311 E44, 311 E49, 311 E51, 311 E55, 311 E62, 321, 330, 337, 369, 409, 416, 420, 428, 443, 465, 466, 501
- zum Leipziger Konvent 1631  78, 85, 92, 110, 115, 121, 122, 133, 144, 145, 156–158, 163, 165, 166, 167 C2, 167 C4 (S. 343), 167 F, 167 H17, 167 H23,  172 A, 173, 174, 196, 204, 226, 235, 242, 245, 249,  254, 263, 267, 292, 294, 297,  311 A4, 311 D31, 311 D32, 311 E48, 324, 331, 344, 351
- zur Liga  10, 17, 18, 80, 85, 96, 97, 117, 121, 125, 158, 167 A5, 167 A6, 167 C2–167 C4 (S. 332, 336, 340), 167 E3, 167 E6, 167 E11, 167 G, 167 H4, 167 H7, 167 H15, 167 H22, 167 H24, 167 H25, 172 A, 172 B, 177, 188, 214, 233, 248, 257a, 271, 284, 286, 297, 311 A8, 311 E30, 311 E33, 370, 372, 382, 396, 400, 409a, 424, 454 B, 470 D1, 470 D5, 485, 512 A2, 512 C3, 512 E4, 512 F, 512 G, 514
- zum Ligatag v. Dinkelsbühl 1631  167 A5–167 A7, 167 B1, 167 C2, 167 E3, 167 E6, 167 E11, 167 E14, 167 E15, 167 F, 167 G, 167 H2, 167 H4, 167 H5, 167 H7, 167 H15, 167 H16, 167 H22–167 H25, 172 A, 197, 251, 270, 324, 331, 512 G
- zum Ligatag v. Ingolstadt 1631/32  512 A1, 512 A2, 512 C1, 512 C3, 512 E1–512 E6, 512 F
- zur Mantuanischen Frage, Friede in Italien  87, 103, 117, 131, 144, 152, 167 C2, 173, 197, 216, 225, 382 E
- zur Pfalzfrage s. Pfalz
- zum Regensburger Frieden mit Frankreich (1630)  43a, 51, 81, 83, 87, 103, 117, 121, 122, 131, 140, 144, 167 C2, 222, 272a, 311 E30, 311 E33, 311 E38, 311 E49, 311 E51, 330, 339
- zum Restitutionsedikt 1629  86, 96, 107, 145, 167 A6, 167 C2, 167 E9, 167 H9, 167 H15, 167 H22, 167 H24, 249, 283, 296, 311 A4, 311 A6, 311 A13, 311 B1, 311 D2, 311 D4, 311 D32, 311 D40, 311 E29, 311 E34, 311 E48, 311 E66, 337, 383, 391, 420, 428, 512 A3
- zu Schweden  37, 51, 65, 80, 85, 87, 88, 96, 105, 108, 121, 125, 130, 133, 138, 144, 152, 161, 163–165, 167 A6,

167 C2, 167 E2, 167 H15, 167 H22, 167 H24, 167 H25, 172 A, 172 B, 173, 177, 201, 236, 237, 245, 248, 251, 257, 263, 267, 270, 274, 279, 294, 297, 298, 307, 311 A4, 311 A13, 311 B3, 311 D27, 311 E31, 311 E53, 311 E54, 324, 331, 335, 335a, 361, 369, 373, 376, 382, 382 C, 382 E, 393a, 398, 400, 403, 410a, 415, 416, 420, 429, 433, 437, 439, 441–444, 449, 454 B, 454 C, 458, 465, 470 B7, 470 B8, 470 B15, 470 C1, 470 C5, 476, 485, 501, 511, 512 C1, 512 E5, 512 H9, 514
- zu Spanien (auch zur Brüssler Regierung) 29, 36, 44, 49, 64a, 92, 99, 102, 108, 113, 116, 117, 127, 129, 135, 136, 140, 148, 149, 152, 167 C2, 167 C4 (S. 342), 167 G, 167 H10, 167 H22, 167 H24, 188, 201, 214, 230, 240, 298, 306, 311 E21, 320, 326, 329, 361, 376, 382 C, 382 E, 383, 393a, 395, 400, 416, 420, 432, 454 B, 454 C, 468, 470 B2, 470 C1, 490, 500, 510
- zu den Türken 85, 311 A4, 335, 382 E, 395, 398, 413, 439, 454 C
- zu Tilly 24, 30, 42, 43, 51, 52, 56, 58, 66, 67, 75, 76, 80, 82, 85, 87, 92, 93, 97, 103, 109, 119, 121, 124, 130, 133, 134, 137, 138, 141, 144, 152, 154, 155, 157, 164, 167 C1, 167 E13, 167 E14, 167 G, 167 H4, 167 H10, 167 H12, 167 H16, 167 H21, 167 H22, 167 H24, 167 H25, 172 A, 173, 176, 178, 182, 203, 205, 212, 214, 218, 232, 233, 236–238, 250, 251, 257, 261–264, 266, 270, 274–278, 280, 283, 284, 286, 288, 290, 292, 294, 297, 299, 301, 311 D39, 311 E28, 312, 321, 324, 337, 340, 343–346, 351, 353, 361, 367, 370, 372, 375, 376, 382, 382 B, 386, 396, 405, 424, 432, 433, 435, 436, 441, 454 B, 454 C, 468, 485, 492, 504, 508, 512 E4, 512 G, 514
- zu Papst Urban VIII. (auch Kurie) 61, 72, 85, 121, 167 H7, 188, 257a, 272, 311 A4, 311 D28, 369, 433a, 512 H9
- zu Wallenstein 95, 108, 132, 136, 167 H16, 176, 184, 309, 311 A8, 337, 382 B, 410a, 454 C, 468, 470 D6, 487, 492, 500, 508, 514
- Ferdinand, König von Ungarn und Böhmen (später Kaiser Ferdinand III.) 47a, 99, 188, 201, 263, 264, 266, 270, 278, 280, 298, 309, 320, 325, 410a, 420, 428, 443, 448, 454 C, 468, 470 B2, 470 C2, 470 D1, 470 D8, 487, 500
- Leopold, Erzherzog 15, 38, 70, 96, 97, 101, 167 C4 (S. 341), 167 E3, 167 E6, 167 H7, 182, 183, 221, 222, 311 A5, 311 A10, 311 A14, 311 B1, 311 D22, 311 D23, D11 E5, 330, 335, 399, 437, 453, 454 B, 454 C, 470 B7, 470 B12, 470 C5, 470 D2, 470 D4, 470 D8, 509, 510, 512 B1, 512 C3, 512 H6, 512 H9
- Leopold Wilhelm, Erzherzog 15, 38, 70, 96, 97, 101, 311 A5, 311 A10, 311 A14
- Österreichischer Reichskreis 311 A5, 311 A10

Osterwieck, Ort i. Hochstift Halberstadt 356
Ostfriesland, Grafschaft 4, 30, 42, 46, 48, 51, 52, 55–58, 63, 70, 83, 97, 106, 128, 134, 137, 147, 167 B2, 167 C1, 185, 311 E10
- Ernst Christoph, Graf v. Ostfriesland u. Rietberg 203

Oxenstierna, Ochsenstern, Axel Gustavson, schwed. Reichskanzler 243

## P

Paderborn, Hochstift 8, 25, 146, 167 E11, 178, 224, 336, 351, 395, 419, 422, 429, 431, 435, 437, 439, 452, 464, 512 B, 512 C3
Pallavacino, Marchese de 454 A
Pappenheim, Gottfried Heinrich, Graf v., Generalwachtmeister der Liga 2–4, 11, 15, 20, 21, 28, 30, 32, 39, 42, 43, 47, 48, 52–56, 62–64, 67, 71, 83, 90, 98, 101, 109, 119, 124, 130, 144, 156, 157, 167 B1, 167 C4 (S. 341), 167 E1, 171, 187, 189, 206, 218, 224, 232, 238, 244, 261, 262, 273, 275, 277, 279, 281, 283, 286, 288, 303, 311 A8, 311 E30, 311 E 47, 338, 349, 350, 354, 357, 366, 373, 404, 410, 442, 446, 447, 450, 463, 470 B7, 470 B8, 470 B11, 470 B12, 470 C4, 474, 479, 481, 482, 485, 490, 497, 512 E4
Pappenheim, Philipp Gf. zu Pappenheim-Alesheim, kaiserl. Oberst 203, 446, 503

Pappus, Johann Andreas, Vizekanzler d. Bischofs v. Augsburg  512 D, 512 E1
Paradis, Paradiß, Enrique de, Baron de Echaide, kaiserl. Oberst  335 a, 375, 403, 410a, 454 C, 470 B7, 470 C1, 470 C4, 470 D6
Paris, Stadt  3, 31B, 49, 79, 136, 175, 210, 229, 247, 311 D36, 499
Pascha, Erasmus Dr. jur., Rat u. Kanzler d. Hochstifts Konstanz  512 D, 512 H3
Pasewalk, Stadt i. Hzgt. Pommern  106
Passau, Hochstift u. Stadt  167 C4 (S. 344), 311 D7
Passauer Vertrag (1552)  41, 167 C4 (S. 334), 167 E9, 167 F, 311 B2, 311 B3, 311 D3, 311 D4, 311 D6–311 D11, 311 D14–311 D17, 311 D21, 311 D27, 311 D32, 311 D34, 311 D40, 311 E16, 311 E22, 311 E29, 440, 470 C9, 512 E2
Pavia, Stadt u. Festung i. Hzgt. Mailand  68
Pechau i. Erzstift Magdeburg  54, 109, 130, 157
Peringer, Dr. Johann, bayr. Geheimrat  77, 84, 86, 110, 131, 132, 136, 148, 152, 158, 163, 164, 167 A7, 167 C4 (S. 331), 167 E16, 167 H4, 167 H8, 167 H10, 167 H12, 167 H16, 167 H20, 167 H24, 167 H25, 172 A, 173, 176, 178–180, 187, 191, 197, 204, 210, 216, 221, 222, 234, 237, 240, 241, 247, 248a, 250, 251, 256, 257, 257a, 258, 265, 268, 270, 272, 275, 278, 280–284, 289–291, 295–298, 311 A11, 311 A16, 311 B3, 311 E3, 324, 382 A, 382 B, 384, 392, 395, 401, 402, 406, 410, 412, 417, 432, 437, 442, 446, 447, 449, 450, 454 A, 455, 456, 458a, 463, 470 B1–470 B3, 470 B7, 470 B11, 470 B13, 471, 474, 477, 512 A1, 512 C3, 512 E1, 512 E3, 512 G, 512 H1, 512 H3, 512 H4, 512 H6, 512 H7–512 H10
Pernstein, Wratislaw Eusebius v., kaiserl. Oberst  301
Petersberg b. Halle a. d. S., Kloster u. kursächs. Amt  346
Pfalz, Kurfürstentum s. auch Oberpfalz, Unterpfalz
- Kurfürst Ottheinrich  311 E15
- Kurfürst Pfalzgraf Friedrich V.  14, 35, 40, 67, 112, 137, 169, 177, 181, 241, 246, 248a, 268, 278, 282, 307, 311 B2, 311 B3, 311 D27, 326, 398, 409, 412, 425, 427, 430, 431, 440, 449, 466, 470 B4, 470 B10, 470 B13, 470 C1, 470 C5, 470 C6, 470 C8, 470 D1
- Pfalzfrage  14, 29, 35, 36, 40, 112, 127, 137, 171, 181, 241, 248a, 268, 270, 282, 306, 311 A11, 311 B2, 311 B3, 311 D27, 311 D28, 311 E21, 398, 409, 412, 425, 427, 430, 431, 440, 449, 466, 470 B2, 470 B4, 470 B7, 470 B17, 470 C1, 470 C2, 470 C8
Pfalz-Neuburg, Herzogtum  450, 470 B7, 489, 496, 502, 509
- Herzog u. Pfalzgraf Ottheinrich  311 D9
- Herzog u. Pfalzgraf Wolfgang Wilhelm  25, 26, 30, 93, 119, 167 B1, 167 C1, 167 C2, 167 E3, 167 E6, 167 H15, 203, 224, 271, 311 A11, 311 D24, 311 D39, 311 E11, 311 E59, 311 E62, 311 E63, 399, 400, 415, 420, 437, 439, 454 C, 461, 463, 512 B1, 512 C3
- Statthalter und Geheime Räte  405
Pfalz-Simmern, Pfalzgraf Ludwig Philipp  13
Pfalz-Sulzbach, Herzogtum  496
Pfalz-Zweibrücken, Pfalzgraf Hans  203, 311 D7, 311 D28
Pfalzburg, Louis de Guise, Prinz v., lothring. General  331 E22, 356, 361, 374, 470 B7
Pfundner, Joachim, kurbayr. Agent am Kaiserhof  184
Philippeville, Stadt i. Hochstift Lüttich  31C
Philippsburg (Festung) bei Speyer  436, 466, 468, 474, 478, 482, 509
Piccolomini, Octavio, kaiserl. Oberst  370, 436
Pilsen, Stadt i. Königreich Böhmen  188
Pleißenburg, Festung d. Stadt Leipzig  352
Pless, Plessen, Dietrich Berthold v., hessen-darmstädt. Hofrat  423, 480, 507
Plessle Alexander, schwed. Generalmajor  279
Polen, Königreich  382 A, 454 C, 470 B2, 470 B3, 470 B7, 470 C2, 470 C3, 480
- König Sigismund III. Wasa  335, 416
Pommern, Herzogtum  4, 5, 8, 9, 11, 16, 17, 20, 22, 33, 37, 38, 43, 47, 49a, 51–53, 58, 62, 63, 66, 71, 87, 132, 155, 167 C1, 279, 286, 311 A10, 311 D27, 311 E14, 428
- Herzog Bogislaw XIV.  42, 86
- Gesandte beim Leipziger Konvent 1631  42, 52
Pors, Porss, Dominikus, hessen- darmstädt. Rat u. Oberamtmann  480, 507
Porth, Johann v., Kommandant d. Stadt Leipzig  352
Prag, Hauptstadt d. Kgr. Böhmen  11, 63, 64, 128, 184, 188, 248a, 311 E63, 377, 410a,

446, 454 A–454 C, 470 B1, 470 B11, 470 D6, 492, 501, 512 H1
Preysing, Johann Christoph Frhr. v., bayr. Hofratspräsident u. Geheimrat  167 H8, 311C, 311 D, 311 D2, 311 D4, 311 D6, 311 D8, 311 D12, 311 D13, 311 D15–311 D19, 311 D24, 311 D38, 311 E5, 311 E11, 311 E15, 311 E20, 311 E22, 311 E29, 311 E30, 311 E39, 311 E53, 311 E55, 417, 470 B7
Preußen, Herzogtum  71, 90, 470 B3, 470 C2, 470 C3, 480
Prignitz (Landschaft)  104, 106
Protestanten, protest. Reichsstände  12, 21, 28, 31C, 31D, 31F, 41, 42, 45, 52, 61, 78, 107, 110, 115, 121, 124, 125, 127, 128, 130–133, 137, 138, 142, 144, 148, 150, 152–154, 156–158, 161, 162, 165, 166, 167 A1, 167 B1, 167 B2, 167 B4, 167 C3, 167 C4 (S. 331, 334, 337–339, 341–344), 167 E2–167 E6, 167 E9, 167 E11, 167 E12, 167 E13, 167 E16, 167 F, 167 G, 167 H2, 167 H4, 167 H5, 167 H7–167 H20, 167 H23, 167 H25, 169, 172 A, 172 B, 173, 174, 177, 178, 182, 183, 185, 187, 189, 190, 192, 193, 197, 202–205, 209, 211, 212, 215–221, 223, 224, 226, 232, 235, 238, 239, 243, 245, 248, 253–255, 257, 259–261, 263, 265–267, 269–271, 273–278, 280, 281, 283–285, 287, 289, 291, 292, 296, 297, 304, 305, 307, 311 A1–311 A4, 311 A6, 311 A7, 311 A9, 311 A10, 311 A13, 311 A14, 311 A17, 311 B1–311 B3, 311 D1–311 D3, 311 D5–311 D9, 311 D11, 311 D14, 311 D15, 311 D17, 311 D19–311 D22, 311 D26–311 D28, 311 D30–311 D34, 311 D36, 311 D39–311 D42, 311 E2, 311 E3, D11 E5, 311 E7, 311 E8, 311 E12–311 E18, 311 E20–311 E25, 311 E28–311 E30, 311 E32, 311 E33, 311 E38, 311 E39, 311 E42, 311 E44, 311 E 46–311 E48, 311 E53, 311 E55–311 E58, 311 E62–311 E64, 311 E66–311 E69, 324, 331, 333, 336, 346, 351, 363, 379, 382 A, 382 E, 383, 387, 391, 393a, 399, 405a, 406, 413, 414, 417, 423, 425, 434, 436, 437, 453, 457, 470 A, 470 B2, 470 B3, 470 B5, 470 B7, 470 B8, 470 B16, 470 C1, 470 C3, 470 C9, 470 D1, 470 D2, 470 D5, 480, 498, 504, 509, 512 A1, 512 B1, 512 C2, 512 C3, 512 E2, 512 F, 512 H4, 512 H8–512 H10

Pruntrut, Porrentruy, Residenz d. Bischofs v. Basel  167 E9
Pucher, Johann Georg, kaiserl. Hofkriegsratssekretär  294

**Q**
Quadt, Bertram Adolf, Oberstleutnant d. Liga  170, 311 D25, 436
Questenberg, Hermann Frhr. v., Reichshofrat  141, 311 B1, 311C, 311 D19, 311 D21, 311 D26, 311 D33, 311 D40, 311 E29, 311 E38, 311 E48, 311 E64, 410a, 448, 470 D4, 485, 512 C1, 512 E4, 512 G, 512 H3, 512 H6, 512 H9

**R**
Raesfeld, Alexander II., Freiherr v. u. Graf v. Velen, kaiserl. Oberst  203, 504
Railinger, Dr. theol. Gangolf, Weihbischof v. Speyer  311C
Rain a. Lech, Stadt i. Kfst. Bayern  450, 472, 512 E4
Rampeck, Balthasar, bayr. Hofrat  28, 32, 41, 43a, 57, 60, 61, 69, 72, 77, 78, 80–82, 86, 87, 92, 95–97, 103, 104, 117–119, 121, 125, 126, 131, 132, 134, 140, 143, 144, 158, 164, 165, 167 A1, 167 A5, 167 A7, 167 B1, 167 E16, 167 H10, 167 H25, 172 A, 180, 181, 191, 193, 195–197, 216, 221–223, 227, 233, 240, 241, 243, 251, 257, 257a, 258, 265, 266, 270, 272, 276, 278, 284, 291, 295–297, 308, 309, 311 A3, 311 A5, 311 A7, 311 A8, 311 A11, 311 A15–311 A17, 311 B3, 311C, 311 E24, 311 E30, 311 E33, 311 E39, 311 E42, 311 E 45, 311 E51, 311 E52, 311 E57, 311 E61, 311 E69, 324, 331, 332, 337, 339, 355, 362, 368, 374, 379, 382, 387, 391, 395, 400, 406, 407, 415, 418, 428, 430, 432, 437–439, 445, 447, 449, 453, 456–458, 468, 469, 478, 483, 490, 491, 512 B1, 512 H2–512 H4, 512 H10, 514
Rathenow, Stadt i. Kfst. Brandenburg  301
Raudnitz i. Kgr. Böhmen  433
Ravensberg, Grafschaft  8, 25, 30, 48, 56, 63, 106, 119, 167 B1, 167 H22, 233, 322, 345, 415
Ravensburg, Reichsstadt  200, 449a
Razenried, Räzenried, Albrecht v., Domherr zu Eichstätt u. Augsburg  512 D, 512 E1, 512 E3

Reck, Dietrich Adolf v. d., Domdechan in
    Paderborn  167 D
Reck, Johann Freiherr v. d., Reichshofrat  145,
    311 B1, 428, 443, 448, 468, 470 D8, 487,
    511
Reckheim, Ernst Graf v., kurköln. Kämmerer  167
    H4
Redwitz, Freiherrn v.  311 D10
Regensberger, Adam v., Hauptmann d. Liga  394
Regensburg, Reichsstadt  25, 27, 36, 42, 74, 85,
    94, 121, 167 H16, 311 A1, 311 B3, 311 D9, 311
    D14, 311 D18, 311 D32, 398, 405a, 412, 417,
    425, 432, 470 B3
- Hochstift  311 D9, 512 B, 512 E1–512 E5, 512
    F, 512 H3
- Bf. Albert v. Toerring  167 C3, 167 C4 (S.
    332), 311 B3, 311 D9, 311 D33, 405a, 512 F
- Fürstentag von 1623  298, 311 E21, 398,
    414, 440, 449
- Kurfürstentag 1630 s. Kurfürstentag
- Ligatag 1630 s. Ligatag
- Friedensvertrag (mit Frankreich 1630)  3,
    5, 43, 69, 77, 81, 86, 87, 108, 121, 131, 167
    A5, 167 C2, 222, 272a, 311 D20, 311 D21, 311
    D26, 311 D28, 311 D36, 311 D37, 311 E30,
    311 E31, 311 E33, 311 E38, 311 E41, 311 E44,
    311 E49, 311 E 51, 311 E53, 311 E55, 330,
    339, 369, 412
- Reichstag v. 1556/57  311 D9
Regensburger Friedensvertrag s. Regensburg
Reichskreise, siehe auch Burgundischer,
    Fränkischer, Kurrheinischer, Nieder-
    sächsischer, Obersächsischer,
    Oberrheinischer, Schwäbischer, Nieder-
    rheinisch-Westfälischer Reichskreis sowie
    Bayern-Reichskreis, Österreich-Reichskreis
- Kreistage  18, 19, 33, 85, 167 E5–167 E7,
    167 H2, 167 H7, 167 H13, 167 H14, 167 H19,
    167 H22
Reinach, Hans Heinrich Freiherr v., General-
    wachtmeister der Liga  4, 275, 301, 311
    D12, 311 E 45, 311 E 47, 322, 397, 410, 430
Rendsburg, Stadt i. Hzgt. Schleswig-Holstein
    337
Rentsch i. Kgr. Böhmen  394
Restitutionsedikt 1629  6, 12, 62, 86, 96, 107,
    110, 121, 127, 145, 148, 167 A6, 167 B2, 167
    C2, 67 C4 (S. 343), 167 E9, 167 E16, 167 F,
    167 H2, 167 H9, 167 H10, 167 H15, 167 H17,
    167 H18, 167 H20, 167 H22, 167 H24, 249,
    254, 257, 270, 274, 276, 281, 283, 289,
    296, 311 A4, 311 A6, 311 A9, 311 A12–311
    A15, 311 B1–311 B3, 311 D2–311 D6, 311
    D8–311 D11, 311 D13, 311 D18–311 D22, 311
    D26, 311 D27, 311 D29–311 D32, 311 D34,
    311 D39, 311 D41, 311 D42, 311 E2, 311 E7,
    311 E8, 311 E12, 311 E13, 311 E16, 311 E22,
    311 E29, 311 E32–311 E34, 311 E47, 311 E48,
    311 E53, 311 E59, 337, 370, 383, 391, 420,
    428, 446, 512 A3, 512 E2, 512 H2, 512 H4
Rhein  5, 167 E12, 167 H7, 167 H18, 279, 311 E60,
    311 E64, 311 E66, 311 E68, 331, 374, 382
    A, 383, 392, 404, 410, 411, 413, 420, 442,
    450, 453, 454 B, 460, 463, 464, 466, 470
    B4, 470 B8, 470 B10–470 B12, 470 B15,
    470 D1, 70 D6, 474, 477, 481, 485, 490,
    497, 500, 509, 512 C2, 512 C3, 512 E4, 512
    H3, 512 H4, 512 H10
Rheinfels, Burg u. Festung bei St. Goar a.
    Mittelrhein  484
Rheingau  404, 474, 512 H4
Ribnitz, Stadt i. Hzgt. Mecklenburg  20
Richel, Bartholomäus, Lic., bayr. Geheimrat,
    Hofratsvizekanzler  18, 22, 23, 27, 28, 30,
    32, 35, 39–41, 43a, 45, 46, 49, 51, 52, 55,
    57, 61, 64, 64a, 70, 77, 78, 80–84, 86, 87,
    91, 92, 95–97, 103, 105, 106, 109, 112–114,
    118, 119, 121, 125, 126, 131, 136, 140,
    142–144, 167 A1, 167 A5, 167 B1, 167 B4,
    167 C3, 167 C4 (S. 331, 345), 167 D, 167 E,
    167 E1–167 E4, 167 E6–167 E9, 167 E11–167
    E14, 167 E16, 167 F, 167 G, 167 H3, 167 H5,
    167 H6, 167 H11, 167 H18, 196, 206, 212,
    214, 216, 219, 221, 227, 232, 233, 243, 254,
    289, 311 A3, 311 A5, 311 A7, 311 A8, 311C,
    311 D, 311 D1, 311 D12, 311 D24, 311 D25, 311
    D27, 311 D28, 311 D30, 311 D32, 311 D33,
    311 D36, 311 D37, 311 D39, 311 D42, 311 E2,
    311 E3, 311 E5, 311 E15, 311 E21–311 E24, 311
    E29, 311 E33, 311 E35, 311 E38, 311 E39, 311
    E42, 311 E43, 311 E47, 311 E51, 311 E53, 311
    E55, 311 E58, 311 E61, 311 E63, 311 E67, 311
    E68, 348, 395, 405, 407, 410, 412–414, 417,
    418, 427, 434, 435, 437–439, 445, 449,
    451, 454 B, 456, 468, 469, 470 B1–470
    B10, 470 B13–470 B17, 470 C2–470 C5, 470
    C7, 470 D1, 470 D6–470 D8, 471, 472, 475,

478, 483, 490, 497, 512 A1, 512 B1, 512 C3, 512 H10, 514
Richelieu, Armand-Jean du Plesis, Duc de, Kardinal 1, 3, 31B, 31D, 31E, 43a, 48, 86, 102, 108, 129, 151, 167 A1, 210, 228, 311 D36, 311 E21, 311 E53, 365, 381, 389, 393a, 437, 469, 470 B16, 499, 505 A
Rienecker, Johann, Sekretär d. Hochstifts Straßburg 167 D, 512 D
Ries (Nördlinger Ries) 287, 400, 463, 470 B11, 470 B12
Rietberg
- Egon Gf. v. Ostfriesland, kaiserl. Oberst 203
- kaiserl. Regiment 203
Rinteln a. d. Weser, Stadt i. d. Gft. Schaumburg 349
Rocci, Ciriaco, Nuntius am Wiener Kaiserhof 47a, 72, 78, 102, 142, 311 E21, 382 C, 410a, 470 D2, 495
Roist von Weers, Johann Werner v., kurköln. Amtmann 311C, 311 D24
Rom, Stadt 3, 6, 49, 61, 72, 78, 115, 123, 131, 143, 167 C3, 167 C4 (S. 344), 167 E9, 170, 175, 213, 234, 257a, 272, 299a, 305, 311 D28, 311 D36, 311 D37, D11 E5, 311 E21, 311 E55, 311 E56, 311 E59, 311 E60, 373, 433a, 470 B13, 500
Rostock, Stadt i. Hzgt. Mecklenburg 20, 350, 431, 434, 435
Rotenburg a. d. Fulda, Residenzstadt d. Landgrafen v. Hessen-Rotenburg 302, 311 E68
Rotenburg a. d. Wümme, Herrschaft i. Hochstift Verden 446
Rothenburg o. d. Tauber, Reichsstadt 191, 311 D9, 311 D11, 311 D17, 405, 410, 431, 436, 485, 493, 512 H1
Roth b. Nürnberg, Markt i. d. Markgft. Brandenburg-Ansbach 473
Rottweil, Reichsstadt 449a
Rottenburg a. Neckar, Stadt i. Vorderösterreich 311C, 470 B12
Rousson, Francisco, Reichshofrat 448
Rügen 80
Ruepp, Hans Christoph v., Generalkriegskommissar der Liga 2, 5, 9, 13, 15, 21, 24, 30, 39, 43, 46, 48, 52, 55, 56, 63, 66, 68,

70, 74, 75, 89, 97, 101, 104, 109, 119–121, 128, 137, 141, 147, 154, 159, 167 H11, 178, 185, 187, 194, 199, 203, 205, 208, 217, 220, 224, 239, 248, 250, 253, 260, 262, 273, 277, 283, 284, 286, 287, 295, 301, 311 D24, 311 E3, 311 E15, 311 E22, 311 E28, 311 E30, 311 E33, 311 E39, 311 E42, 311 E68, 312, 322, 336, 340, 343–345, 352, 354, 366, 367, 371, 387, 392, 393, 410, 413, 434, 436, 450, 451, 470 B12, 472, 473, 496, 503, 504, 508, 513
Ruessdorff, Rusdorf, Johann Joachim v., pfälz. Geheimrat 35, 40, 112
Rüsselsheim, Stadt u. Festung i. d. Landgft. Hessen-Darmstadt 161, 231, 428, 444, 475, 480, 484, 488, 507
Ruppin, Gft. i. Kfst. Brandenburg 104, 106

S

Saale, fränkische Saale 311 D16
Saarburg, Reichsstadt 365
Saarmund, kurbrandenburgisches Amt 21, 104
Sachsen, Kurfürstentum 12, 21, 27, 34, 41, 45, 51, 52, 57, 60, 71, 78, 81, 122, 124, 130, 154, 156, 157, 159, 161, 165, 167 C1, 167 E2, 167 E3, 167 E5, 167 E9, 167 E11, 167 E13, 167 E15, 167 F, 167 H9, 167 H12, 167 H15, 199, 201, 203, 205, 215, 217, 224, 231, 239, 243, 249, 250, 251, 253, 254, 257, 263, 267, 278, 281, 288, 291, 295, 296, 307, 311 D, 311 D3–311 D5, 311 D8, 311 D10, 311 D14, 311 D17, 311 D19–311 D22, 311 D26–311 D31, 311 D34–311 D37, 311 D39, 311 D41, 311 E2–311 E4, 311 E8, 311 E17, 311 E18, 311 E20, 311 E22, 311 E24, 311 E29, 311 E30, 311 E32–311 E39, 311 E42, 311 E43, 311 E47, 311 E52–E55, 311 E63, 311 E66, 312, 318, 322, 328, 331, 335a, 347, 348, 350, 352, 354, 361, 364, 367, 373–375, 378, 382 D, 383, 386, 391, 393a, 395, 403, 416, 424, 433, 435, 437, 439, 454 C, 458, 464, 470 B2, 470 B3, 470 B5, 470 B7, 470 C4, 470 D6, 476, 478, 483, 488, 505 B, 512 C3, 512 E1, 512 H4, 512 H9, 514
- Kurfürst August I. 311 E15
- Kurfürst Johann Georg I. 27, 34, 41, 45, 60, 78, 81, 85, 92, 121, 122, 124, 126, 130, 137, 142, 145, 146, 156–158, 161, 163, 165, 167 A5, 167 A7, 167 B1, 167 C2, 167 F, 167 H12,

167 H16, 167 H17, 167 H19, 167 H23–167 H25, 172 A, 177, 178, 185, 196, 199, 205, 210, 214, 217, 220, 223, 225, 226, 232, 235–239, 243, 244, 246, 248–251, 253, 255, 257, 263, 267, 270, 273–275, 278–281, 283, 284, 286, 291, 292, 294–297, 300, 307, 311 A3, 311 A4, 311 A13, 311 A14, 311 B1, 311 B3, 311 D27, 311 D31, 311 E3, 311 E4, 311 E24, 311 E29, 311 E32, 311 E33, 311 E35, 311 E37, 311 E38, 311 E53–311 E55, 311 E58, 311 E63, 311 E65, 311 E69, 312, 314–316, 318, 322–324, 328, 331, 332, 335a, 336, 338, 340, 341, 343–346, 348, 350–352, 354, 359, 362–364, 367, 370, 373, 374, 377, 378, 380–382, 382 D, 383, 386, 391, 393a, 395, 396, 399, 406, 410a, 450, 453, 454 C, 465, 466, 470 A, 470 B5, 470 C1, 470 C3–470 C5, 470 D6, 476, 480, 483, 488, 501, 512 A2
- zu Frankreich 210, 315, 332, 348, 380, 381, 391, 393a, 396, 470 A, 470 C3, 470 C4
- zum Frankfurter Kompositionstag 1631 167 H23, 235, 249, 255, 291, 311 A3, 311 A14, 311 E32
- zum Kaiser s. Österreich
- zu Kurbayern s. Bayern: Maximilian
- zum Kurfürstentag v. Mühlhausen 1627 177, 226
- zum Kurfürstentag v. Regensburg 1631 122, 226
- zu Kurbrandenburg 122, 270, 311 E29, 311 E38, 352, 373
- zum Leipziger Konvent 1631 12, 21, 34, 41, 78, 146, 177, 226, 239, 246, 253 267, 270, 284, 292, 311 A3, 311 A4, 311 A13, 314, 351
- zu Kurköln s. Köln
- zu Kurmainz s. Mainz
- zum Kaiser s. Österreich: Ferdinand II.
- zum Restitutionsedikt s. Restitutionsedikt
- zu Schweden 8, 161, 167 H25, 177, 217, 224, 226, 232, 237, 249, 251, 257, 270, 276, 278, 280, 283, 286, 291, 294, 300, 307, 311 A3, 311 B3, 311 D35, 311 E3, 311 E4, 311 E32, 311 E54, 311 E55, 311 E58, 311 E63, 311 E69, 314, 318, 324, 331, 338, 343, 344, 348, 350–352, 354, 362, 363, 367, 373, 374, 377, 378, 380, 382, 386, 391, 393a, 396, 406, 454 C, 470 C1
- zu Spanien 335a, 470 B5, 470 C1, 470 D6, 501, 507
- zu Tilly 199, 217, 220, 236, 238, 246, 248, 250, 252, 253, 255, 260, 261, 273, 275, 277, 279, 280, 286, 292, 294, 295, 311 D39, 311 E3, 311 E35, 311 E37, 311 E45, 311 E47, 311 E62, 311 E63, 312, 314, 322, 328, 336, 340, 343–346, 350–352, 354, 359, 367, 370, 373, 374, 378, 380, 391, 454 C, 473
- Herzog August 311 B3
Sachsen, Herzogtümer 68, 167 C3, 170, 292, 311 D29, 314
Sachsen-Altenburg 311 D28, 328
Sachsen-Coburg 311 D10, 311 D28, 410
- Herzog Johann Casimir 150, 191
Sachsen- Eisenach 192, 200, 311 D10, 311 D28
Sachsen-Lauenburg 345, 472, 490,
- Herzog Rudolf Maximilian, Generalfeldzeugmeister d. Liga 472, 490, 508
- Herzog Franz Albrecht, kaiserl. Oberst 345
Sachsen- Weimar 146, 167 E7, 167 H15, 239, 311 D10, 311 D19, 311 D21, 311 D28, 311 E26, 318, 322, 327, 342, 470 B1
- Herzöge 150, 191, 238, 244, 311 D9, 311 D17, 311 E15
- Herzog Bernhard, schwed. General 311 D 17, 311 D19, 311 E25, 311 E29, 327, 345, 410, 470 B10
- Herzog Ernst 253, 491
- Herzog Wilhelm 253
Sachsenhausen, Stadtteil v. Frankfurt a. M. 311 D40, 311 E56, 481
Saint-Etienne, Jean de Beaumont, Baron de, franz. Diplomat 210, 311 E5, 315, 332, 348, 358, 367, 373–375, 380, 381, 386, 393 a, 395, 409a, 410a, 412, 414, 454 C, 470 B10, 470 B14, 470 B16, 470 C2, 470 C3, 470 C7, 470 D1, 470 D6
Salis, Hans Wolf Frhr. v., Oberst d. Liga 9
Salm, deutsches Regiment zu Fuß in spanischen Diensten 395, 413, 454 C
Salm, Hermann Adolf Graf v. u. Herr zu Reifferscheidt, Statthalter d. Hochstifts Straßburg 15, 512 D

Salmünster, Stadt u. Amt am Spessart 311 E68, 405
Salzburg, Erzstift u. Residenzstadt 167 H15, 311C, 311 D2–311 D9, 311 D11, 311 D13–311 D19, 311 D21–311 D23, 311 D30, 311 D32, 311 D33, 311 D37, 311 D39, 311 D41, 311 D42, D11 E5, 311 E12, 311 E33, 311 E42, 311 E55, 311 E68, 472, 490
- Erzbischof Paris Graf v. Lodron 167 B1, 200, 311 A1, 311 A5, 311 A10, 311 A11, 311 A14, 311 D9, 470 B7, 470 B12, 472, 479, 498
Salzkotten, Stadt u. Festung i. Hochstift Paderborn 419
Salzungen, Stadt u. Kondominat d. Gft. Henneberg u. d. Hzgt. Sachsen-Eisenach 313, 316, 317, 323, 333
Sankt Goar i. d. Landgft. Hessen-Darmstadt 474
Sattler, Philipp, schwed. Geheimer Sekretär 470 C4, 507
Savelli, Fürst Paolo, kaiserl. Gesandter in Rom 20, 66, 75, 80
Savoyen, Herzogtum 3, 103
- Herzog Victor Amadeus 103
Schäffer, Bartholomäus, kurbayr. Regimentssekretär in Amberg 417, 426
Schaffhausen, Reichsstadt 108, 136
Schallhart, Georg, Dr. jur., Rat der Fürstabtei Fulda 167 D
Schauenburg, Hannibal Frhr. v., kaiserl. Feldmarschall 4, 8, 11, 16, 21, 24, 30, 33, 38, 45, 56, 80, 124, 368, 500
Schaumburg, Grafschaft 167 C4 (S. 338)
Schäftersheim, Kloster in der Gft. Hohenlohe 311 D18
Schilling, Dr. Johann, würzburgischer Hofrat 311C
Schlammersdorf, Schlamersdorf, Thomas Siegmund, schwed. Oberst 130, 139, 142, 157, 162, 167 E2, 167 E16, 167 H5, 167 H11, 277, 285, 287, 300, 308, 470 B1
Schlesien 11, 16, 20, 21, 24, 26, 33, 37, 39, 45, 47, 52, 68, 85, 112, 128, 130, 134, 141, 147, 152, 154, 157, 167 A7, 167 C1, 169, 172 A, 173, 185, 201, 203, 206, 224, 249, 261, 309, 311 E47, 336, 343, 345, 361, 377, 382 B, 410a, 454 C, 470 C3, 470 D1, 500

Schleswig-Holstein, Herzogtum 243, 311 D20, 377
- Herzog Friedrich III. 301, 311 E39, 377
- Herzog Adolf von Holstein-Gottorp 357
Schlez, Friedrich v., Oberstleutnant d. Liga 417, 426, 450
Schlick, Heinrich Graf v., kaiserl. Feldmarschall 410a
Schlitz, Stadt i. d. Herrschaft Schlitz bei Fulda 364
Schlüchtern, ehemal. Kloster i. d. Gft. Hanau 311 D9, 311 D18
Schmalkalden, Stadt i. d. Landgft. Hessen-Kassel 357
Schmalkaldischer Krieg 311 D11
Schmidt von Wellenstein, Hannibal, bischöflich augsburgischer Rat 200
Schmidt von Wellenstein, Valentin, Oberst d. Liga 200, 224, 275, 286
Schönburg, Karl Freiherr v., kaiserl. Rat 413
Schönburg, Otto Friedrich Freiherr v., Generalwachtmeister u. General der Liga 4, 8, 21, 23, 26, 41, 45, 56, 58, 63, 311 E37, 328, 338, 343, 373, 413, 436, 472, 513
Schonheim, Johann, kurköln. Sekretär 167 C, 167 H1
Schönheinz, Georg, Abt d. Klosters Adelberg in Württemberg 311 D8
Schorndorf, Stadt i. Hzgt. Württemberg 289, 433, 470 B12, 486
Schottland, Schotten 51, 83, 97, 167 B2
Schrobenhausen, Stadt i. Kfst. Bayern 512 E4
Schütz, Georg, Mitarbeiter d. Tillyschen Feldkriegskanzlei 262
Schütz Holzhausen, Kuno Quirin v., hessendarmstädt. Vizestatthalter 311 D27, 423
Schuss Oswald, Präsident d. bayr. Hofkammer 84, 470 B6, 470 B7
Schwaben, s. Schwäb. Reichskreis
Schwäbisch-Gmünd, Reichsstadt 167 A6, 167 E12, 167 E15, 167 F, 167 H22, 167 H24, 512 H
Schwäbisch-Hall, Reichsstadt 191, 311 D17, 493
Schwäbischer Reichskreis 4, 8, 10, 11, 13, 15, 17, 18, 22, 32, 39, 45–48, 63, 74, 97, 98, 167 E3, 167 E7, 167 E9, 167 E12, 167 H2, 167 H14, 167 H22, 167 H24, 172 A, 183, 197, 221, 223, 231, 243, 254, 270, 274, 275, 278, 280, 285, 287–290, 301, 311 A2, 311 A6, 311 A10, 311 A14, 311 D10, 311 D13, 311

D19, 311 D22, 311 E3, 311 E10, 311 E20, 316, 323, 324, 331, 345, 382 E, 387, 400, 413, 431–434, 436, 449a, 450, 454 A, 464, 486, 494, 503, 512 H1
- Kreisstände (Prälaten, Grafen und Herren) 18, 22, 167 C3, 167 H3, 183, 221, 311 A6, 311 A7, 311 A12, 311 A14, 311C, 311 D22, 316, 449a, 502, 512 B1, 512 D, 512 E2–512 E5, 512 F, 512 H3

Schwalbach i. Erzstift Mainz 254

Schwarzburg-Rudolstadt, Schwarzburg-Sondershausen, Grafschaften in Thüringen 239, 314

Schwarzenberg, Adam Graf v., Direktor d. kurbrand. Geheimen Rates 21, 24

Schweden 8, 20, 21, 28–30, 32, 39, 40, 42, 45, 46, 48, 49a, 53, 55–57, 62, 64, 64a, 68, 70, 71, 73, 75–77, 79–81, 83, 85, 90, 97, 106, 108, 109, 119, 121, 124, 125, 127, 128, 130, 133, 134, 136, 148, 150, 152–154, 157, 164, 165, 167 A1, 167 A2, 167 A6, 167 B1, 167 C1, 167 C2, 167 C4 (S. 334, 337–339, 341, 344), 167 E2, 167 E3, 167 E6, 167 E9, 167 E11, 167 E16, 167 G, 167 H4, 167 H9, 167 H10, 167 H15, 167 H22, 167 H24, 167 H25, 169, 172 A, 172 B, 173, 181, 184, 201, 202, 210, 227, 232, 236, 237, 244, 257, 261, 263, 273, 280, 281, 283, 291, 308, 309, 311 D12, 311 D19, 311 D21, 311 D27, 311 D28, 311 D35–311 D37, 311 D39–311 D41, 311 E3–311 E5, 311 E9, 311 E21, 311 E22, 311 E30, 311 E31, 311 E47, 311 E53, 311 E62–311 E65, 311 E67, 311 E68, 331, 338, 345, 347, 352, 354, 361–363, 369, 373, 376, 381, 382 A, 382 C, 382 E, 390, 392, 393, 397, 400, 405, 406, 408, 410, 410a, 412, 413, 415–418, 420, 422, 429, 431, 433, 442, 446, 449, 454 A, 454 B, 456, 462, 463, 470 B1–470 B5, 470 B7–470 B15, 470 B17, 470 C1–470 C5, 470 D1, 470 D5, 470 D6, 472, 474–476, 479, 479a, 480, 481, 483–486, 488, 498, 499, 505 A, 505 B, 507, 511, 512 C1, 512 C3, 512 E1, 512 E4, 512 E5, 512 F, 512 G, 512 H4, 512 H8–512 H10, 514
- König Gustav II. Adolf 5, 8, 24, 26, 28–30, 31D, 31F, 37, 42, 43, 45, 48, 49a, 51, 52, 55–57, 62, 63, 65, 68–71, 75, 77, 79, 81–83, 85–90, 92, 94, 96, 97, 100, 101, 104–106, 112, 119, 121, 124, 128, 130, 133, 137, 141, 144, 146, 151, 157, 161, 167 A3, 167 A7, 167 B2, 167 B4, 167 C1, 167 C4 (S. 334), 167 H19, 167 H25, 169, 170, 177, 178, 182, 185, 201–203, 205, 206, 210, 211, 215, 217, 220, 223, 224, 226, 227, 238, 239, 243–245, 248, 249, 252, 256, 257, 259, 263, 267, 270, 273–276, 278–280, 283, 284, 286, 288, 291, 294, 297, 298, 301, 307, 311 A3, 311 A4, 311 A7, 311 A9, 311 A10, 311 A13, 311 B3, 311 D27, 311 E4, D11 E5, 311 E23, 311 E31, 311 E32, 311 E35, 311 E38, 311 E41, 311 E53–311 E55, 311 E57, 311 E60, 311 E63, 311 E65, 311 E68, 311 E69, 312, 314, 315, 318, 322, 323, 331, 335, 335a, 338, 343, 345–347, 350, 352, 354, 358, 361, 363, 367, 369, 370, 373, 377, 378, 380, 381, 382A, 382 C, 382 E, 383, 384, 387, 389, 391–393, 393a, 395–399, 401, 403–405, 405a, 406, 408, 409, 409a, 410a, 411–418, 422, 423, 426, 428, 430, 431, 434–439, 442–444, 447, 449, 453, 454 A–454 C, 457, 426, 458a, 461, 463–466, 469, 470 B3, 470 B8, 470 B10, 470 B12, 470 B14, 470 B16, 470 C2–470 C4, 470 C6–470 C9, 470 D1, 470 D2, 470 D5, 470 D6, 474–476, 479, 479a, 480, 483, 484, 486, 488, 491, 497–499, 501, 503, 505 A, 505 B, 507, 509–511, 512 A1, 512 C3, 512 G, 512 H1, 512 H4, 512 H10
- zu den Generalstaaten 395, 400, 470 B7, 470 B10
- zu Kurbayern s. Bayern: Maximilian
- zu Kurbrandenburg s. Brandenburg
- zu Frankreich s. Frankreich
- zum Kaiser s. Österreich
- zur Liga s. Liga
- zu Tilly s. Tilly

Schweinfurt, Reichsstadt 167 E7, 167 H15, 191, 311 D11, 311 D16, 311 D41, 311 E69, 342, 347, 393

Schweiz(er) 81, 87, 215, 259, 311 D16, 512 D, 512 H7

Schwerin, Hochstift 430, 445

Scotino, Girolamo, Paulinerpater (Clerici regulares S. Pauli decollati (CRSP)) 175

Seckendorff, Joachim Ludwig, kaiserl. Oberstleutnant 405

Seehausen i. Erzstift Magdeburg 273

Seligenstadt, Stadt i. Erzstift Mainz 374, 383

Senlis i. Kgr. Frankreich 3

Sestich Ludwig v., kaiserl. Generalauditor 141, 146
Sickingen, Friedrich v., kurmainz. Domdechan 167 D, 311C
Siebenbürgen, Fürstentum 152, 278
- Fürst Bethlen Gabor 278
- Fürst Georg I. Rákoczy 201, 454 C
Sigmaringen, Burg u. Stadt i. d. Gft. Hohenzollern-Sigmaringen 425
Silva, Don Philippo de, neapolitan.-spanischer Oberst 436, 474
Slawata, Adam Paul Graf v., Reichshofrat 188, 420, 428, 443, 448, 468, 470 D8, 487, 501, 511
Söldner, Dr. Johann, Sekretär d. Reichskanzlei 424, 448, 511
Soest, freie Stadt i. Niederrheinisch-Westfälischen Reichskreis 415, 461
Soll, Dr. Johann Eustachius, Kanzler d. Deutschmeisters 167 C3, 167 D, 167 E, 167 E1–167 E3, 167 E6, 167 E9, 167 E12–167 E14, 167 H18, 311 D, 311 D12, 311 D24, 311 D38–311 D40, 311 E62, 509, 512 D, 512 E1–512 E6, 512 F, 512 H6, 512 H9
Solms, Grafen v.
- Solms-Laubach, Heinrich Wilhelm Graf zu, schwed. Oberst 142, 167 E16, 405, 418
- Solms-Laubach in Baruth, Johann Georg II. Graf zu, kursächs. Oberst 405
- Solms-Rödelheim, Friedrich Graf zu, kaiserl. Oberst 503, 506
Spalt, Stadt i. Hochstift Eichstätt 142, 285
Spandau, Stadt u. Festung i. Kfst. Brandenburg 203, 205, 217, 244, 270, 279, 301
Spanien (Spanier, auch Brüsseler Regierung) 1, 3, 25, 29, 30, 31C, 44, 49, 59, 82, 99, 102, 103, 108, 112–114, 131, 135, 136, 140, 148, 149, 151, 153, 167 C2, 167 C4 (S. 342, 345), 167 E11, 167 E12, 167 G, 167 H10, 167 H21, 167 H22, 167 H24, 175, 214, 235, 240, 258, 269, 278, 298, 306, 311 A8, 311 E21, 311 E22, 311 E31, 311 E43, 311 E68, 320, 325, 326, 329, 335a, 358, 361, 373, 375, 376, 381, 382 E, 383, 393a, 395, 400, 402, 413–416, 427, 431, 434, 435, 440, 452, 453, 454 B, 454 C, 466, 468, 470 B2, 470 B4, 470 B5, 470 B7, 470 B12, 470 B17, 470 C1, 470 C2, 470 C4, 470 D6, 471, 472, 474, 484, 490, 493, 499, 500, 510, 512 C3, 512 H4
- König Philipp IV. 3, 29, 31C, 31 F, 44, 50, 59, 64a, 82, 92, 102, 115, 127, 129, 135, 140, 149, 152, 167 G, 188, 201, 240, 248a, 281, 311 E22, 325, 326, 335 a, 383, 398, 409a, 414, 440, 453, 454 C, 461, 470 D1, 510
- zu Frankreich 31B, 31C, 99, 108, 131, 136, 140, 311 E21, 311 E22, 311 E31, 319, 325, 329, 382 C, 453, 470 B17
- zu England 31C, 82, 112, 427, 470 B17
- zu den Generalstaaten (Holländern) 36, 44, 50, 54, 59, 149, 167 C2, 240, 278
- zum Kaiser s. Österreich: Ferdinand II.
- zu Kurbayern s. Bayern: Maximilian
- zu Kurköln s. Köln
- zu Kursachsen 335 a, 470 B5, 470 C1, 470 D6
- zu Schweden 311 E68, 335a, 402, 470 D1
Sparr, Ernst Georg v., kaiserl. Oberst 24
Speckh, Hans Christoph, Regimentskommissar d. Liga 273
Speidelin, Romano Balthasare 289
Speyer, Reichsstadt 167 D, 167 E9, 311 E69
Speyer, Hochstift 72, 281, 311C, 311 D24, 311 D39, 466, 512 B
- Bischof (=Kurtrier)
Spree 185
Stablo-Malmedy, Fürstabtei 512 B
Stade, Stadt i. Erzstift Bremen 167 C4 (S. 339), 301, 397
Stadion, Rudolf v., Würzburg. Domherr 311C
Stadtlauringen, Stadt i. Hochstift Würzburg 347
Stargard i. Hzgt. Mecklenburg 89, 90, 106
Starkenburg, kurmainz. Amt 383
Starzhausen, Starzhaußen, Hans Jakob v., bayr. Hofkammer- u. Kriegsrat 84, 358, 410, 417, 434, 443, 450, 455, 456, 463, 482
Staßfurt i. Erzstift Magdeburg 239, 244, 338
Statthard, Statthardt Niclas (Niclauß), Sekretär Tillys 262, 393
Staudenhecht, Johann, würzburgischer Geheimer Rat u. Syndicus 384, 438, 458a, 459, 460, 462, 470 B5
Steinheim, kurmainz. Amt 311 D17, 383, 404, 464
Stendal, Stadt i. Kfst. Brandenburg 301

Stephan, Steffan, Bürgermeister v. Frankfurt a. M. 128, 167 H4, 262
Stettin, Stadt i. Hzgt. Pommern 20, 48, 56, 75
Stiber, Hans Christof 491
Stierberg b. Betzenstein in Oberfranken, Burg u. Ort auf nürnbergischen Territorium 289
Stolzenberger, Johann Nikolaus, Drucker i. Frankfurt/M. 311 E8
St. Emmeram (Regensburg), Abt von 311C
St. Germain-en-Laye i. Kgr. Frankreich 229, 315
St. Matthias, Kapuzinerkloster i. Regensburg 311 D15
St. Michael zu den Wengen, Augustinerchorherrenstift i. Ulm 311 D18
Stollberg, Grafschaft 239, 314
Stralendorf, Peter Heinrich v., Reichsvizekanzler u. Reichshofratsvizepräsident 85, 110, 122, 145, 158, 167 A6, 167 C2, 167 H7, 167 H15, 167 H24, 260, 294, 361, 416, 420, 428, 448, 511
Stralsund, Stadt i. Hzgt. Pommern 470 B3
Straßburg, Reichsstadt 136, 174, 311 D11, 311 D28, 311 D31, 470 A, 509, 512 E4
Straßburg, Hochstift 15, 38, 70, 96, 167 D, 311 D32, 436, 512 B, 512 C3, 512 D, 512 E1, 512 E2–512 E5, 512 F, 512 H3
– Bischof Leopold Wilhelm v. Österreich s. Österreich
Strasoldo, Strassoldo, Orpheo Fhr. v., Oberstleutnant d. Liga 357
Streitberg, Ritter v. 311 D10, 405
Strozzi, Giacomo, Graf v., kaiserl. Oberst 357
Stücklin, Johann, Dr., bayr. Hofrat u. Agent am Kaiserhof 184, 248a, 263, 289, 309, 320, 361, 370, 410a, 412, 448, 500, 504
Stuttgart, württemberg. Residenzstadt 167 E7
Syrgenstein, Sürgenstein, Johann Jakob v., bischöfl. eichstättischer Hofrat u. Hofmeister 390
Sulz, Alwig Landgraf v., kaiserl. Offizier 311 E68, 368, 388, 392, 470 B12

T

Tangermünde i. Kfst. Brandenburg 286, 294, 301, 311 D24, 312, 318, 322
Tann, Kaspar von und zu der, bischöflich würzburg. Hofmeister 390
Tartaren 311 D35, 335, 378, 439, 470 B3
Tauber (Fluß) 470 B12, 493

Tauberbischofsheim, Stadt i. Erzstift Mainz 158, 299, 402, 417, 421, 436, 450
Teisinger, Georg, bayr. Rat, Hofkammer- und Kriegssekretär 23, 30, 32, 39, 45, 52, 53, 55, 56, 63, 64, 70, 83, 89, 97, 98, 119, 120, 134, 153, 157, 168, 178, 180, 187, 189, 190, 192, 200, 206, 218, 232, 275, 285, 287, 288, 301, 311 E14, 311 E 45, 316, 317, 336, 345, 354, 356, 360, 364, 366, 371, 373, 379, 380, 385, 387, 388, 394, 400, 404, 405, 413, 417, 434, 436, 450, 463, 467, 472, 482, 489, 493, 496, 497, 504, 508
Templin, Stadt i. Kfst. Brandenburg 75
Terz, Dr. Kaspar, Reichshofrat 448
Tetschen i. Kgr. Böhmen 433
Thüringen 8, 20, 21, 26, 30, 42, 45, 64, 68, 70, 98, 141, 167 C3, 199, 203, 217, 223, 224, 232, 238, 239, 243, 244, 250, 253, 257, 261, 275, 283, 302, 308, 311 D12, 311 E62, 314, 319, 347, 366, 377, 384, 470 B12, 482, 512 H9
Tiefenbach, Dieffenbach, Rudolf Freiherr v., kaiserl. Feldmarschall 124, 141, 147, 152, 167 G, 167 H16, 336, 343, 345, 350, 368, 382 B, 410a, 433, 436, 450, 454 B, 454 C, 500, 514
Tilly, Christoph Tserclaes, Graf v., Domdechan in Verden 446
Tilly, Werner Tserclaes Graf v., Oberst d. Liga, bayr. Statthalter i. Ingolstadt 512 C3, 512 D, 512 H3, 512 H6–512 H8
Tilly, Johann Tserclaes, Graf v., Feldherr der Liga 3–5, 7–9, 11, 13, 15, 16, 20–26, 28, 30, 32, 38, 39, 41–43, 45–48, 51, 52, 54–56, 58, 59, 62–64, 66–68, 70, 71, 73, 75, 76, 80, 82, 83, 85, 89, 90, 92, 93, 95–97, 101, 103, 104, 106, 109, 110, 112, 119–121, 124, 125, 127, 128, 130, 133, 134, 136, 137, 141, 143, 146, 147, 152–154, 157, 162, 164, 166, 167 A1, 167 A3–167 A5, 167 A7, 167 B1, 167 B2, 167 B4, 167 C1, 167 C3, 167 C4 (S. 332, 336, 339, 340), 167 E1–167 E3, 167 E7, 167 E8, 167 E11–167 E16, 167 F, 167 G, 167 H4–167 H6, 167 H10–167 H12, 167 H15, 167 H16, 167 H18, 167 H19, 167 H21, 167 H22, 167 H24, 167 H25, 168–171, 172 A, 173, 176, 178–182, 185, 187–192, 194, 199–203, 205, 206, 209, 211, 212, 214–218, 220, 223, 224, 232, 233, 236–239, 244, 246,

248, 250–253, 255, 260–264, 266, 270, 273–275, 277, 278, 280, 281, 283–288, 290–292, 294, 295, 297, 299–302, 308, 311 A3, 311 D12, 311 D24, 311 D25, 311 D27, 311 D29, 311 D35, 311 D39, 311 D41, 311 D42, 311 E2–311 E4, 311 E6, 311 E10, 311 E14, 311 E22, 311 E23, 311 E28, 311 E30, 311 E33, 311 E35, 311 E37, 311 E39, 311 E42, 311 E44, 311 E 45, 311 E47, 311 E49, 311 E52, 311 E53, 311 E55, 311 E57–311 E60, 311 E62–311 E64, 311 E67–311 E69, 312, 313, 318, 321, 322, 324, 327, 328, 331, 333, 336–338, 341–347, 349–354, 356–362, 365, 367, 368, 370, 371, 373–380, 382 A, 382 B, 383–387, 390–396, 400–406, 410, 412, 413, 415, 417–419, 421, 424, 431–436, 438, 440–442, 446–448, 450–452, 454 A, 454 B, 456, 459, 462–464, 466–468, 470 B1–470 B3, 470 B5–470 B8, 470 B10, 470 B11, 470 C3, 470 D6, 472, 473, 475, 478, 479, 481, 485, 489–494, 496, 498, 502–504, 506, 512 A1, 512 C2, 512 C3, 512 E1, 512 E3, 512 E4, 512 G, 512 H4, 512 H6, 512 H9, 513

- zum Kaiser s. Österreich: Ferdinand II.
- zu Dänemark 224, 246
- zu England 67, 106, 109, 134, 146, 154, 167 C1, 170, 224, 311 E14, 322, 350
- zu Frankreich 68, 275, 345, 358, 387
- zu Friedrich V. v. d. Pfalz 67, 246
- zu den Generalstaaten 8, 52, 56, 70, 109, 124, 134, 146, 167 C1, 345
- zu Kurbayern s. Bayern: Kurfürst Maximilian
- zu Kurbrandenburg s. Brandenburg
- zu Kurköln s. Köln
- zu Kurmainz s. Mainz
- zu Kursachsen s. Sachsen
- zu Kurtrier s. Trier
- zum Kurfürstentag v. Regensburg 1630 85
- zum Leipziger Konvent s. Leipzig
- zu Frankreich 123
- zu Schweden 4, 8, 16, 26, 30, 32, 42, 43, 45, 48, 51, 52, 56, 58, 60, 64, 76, 82, 90, 106, 109, 119, 121, 124, 130, 133, 134, 144, 146, 154, 157, 167 C1, 170, 178, 182, 205, 217, 220, 223, 224, 232, 236–238, 252, 275, 276, 279, 286, 288, 294, 300, 301, 311 D12, 311 D39, 311 E2, 311 E6, 311 E14, 311 E23, 311 E30, 311 E35, 311 E39, 311 E 45, 311 E47, 311 E62, 311 E63, 311 E67, 311 E68, 314, 318, 322, 336, 338, 344, 345, 350, 351, 354, 358, 360, 370, 373, 374, 387, 391, 393, 401–404, 406, 436, 441, 463, 470 B2, 470 B5, 470 B7, 470 B8
- zu Spanien (auch zur Brüssler Regierung) 358, 395, 402, 452
- zu Papst Urban VIII. (auch Kurie) 123
- zu Wallenstein 17, 58, 75, 82, 94, 97, 109, 110, 131, 136, 278, 504, 508, 509

Todenwart, Anton Wolff v., hessen-darmstädtischer Kanzler 311 A14, 311 D21

Toerring, Wolf Dietrich Fhr. v., bayr. Hofrat 167 C4 (S. 331), 167 D

Tontinel, Tontinelli, Fontinelli Antoine, Oberstleutnant d. Liga 166

Torgau, Stadt i. Kfst. Sachsen 177, 199, 220, 237, 246, 311 D14, 346, 350, 351, 373, 393a, 409a

Toul, Hochstift 1, 126, 222, 311 E31

Trauttmansdorff, Maximilian Graf v., kaiserl. Geheimrat 16, 17, 58, 80, 147, 167 E16, 172 A, 241, 244, 248a, 253, 256, 263–266, 269, 270, 275, 278, 280–282, 294, 298, 311 B1, 311 D27, 311 E20, 311 E21, 312, 324, 420, 428, 454 A, 454 C, 468, 470 B1, 470 B17, 470 D8, 471, 487, 511

Treuenbrietzen, Stadt i. Kfst. Brandenburg 21

Trier, Stadt 31, 94, 234, 311 A9

Trier, Erzstift, Kurfürstentum 4, 22, 38, 167 D, 167 E2, 167 E5, 167 E16, 167 H4, 167 H6, 167 H11, 167 H20, 234, 281, 311 B3, 311C, 311 D3–311 D11, 311 D13–311 D19, 311 D21–311 D23, 311 D28, 311 D30–311 D33, 311 D35–311 D37, 311 D39, 311 D41, 311 D42, 311 E4, D11 E5, 311 E10, 311 E23–311 E25, 311 E30, 311 E39, 311 E53, 311 E58, 311 E59, 311 E63, 311 E68, 404, 419, 431, 439, 474, 512 B

- Kurfürst Philipp v. Sötern 20, 31A, 31C, 47a, 49a, 64, 72, 76, 82, 83, 88, 94, 96, 101, 110, 123, 124, 136, 143, 157, 158, 161, 167 A1, 167 A7, 167 B3, 167 C3, 167 C4 (S. 331, 332, 343, 344), 167 E5, 167 E9, 167 E16, 167 F, 167 H14, 167 H17–167 H19, 167 H23, 177, 178, 213, 216, 218, 227, 234, 240, 243, 249, 257, 268, 270, 275, 276, 278, 281, 286, 291, 299a, 311 A1, 311 A2,

311 A4–311 A9, 311 A11, 311 A13, 311 A14,
311 A16, 311 D1, 311 D14, 311 D28, 311 D32,
311 D34, 311 D39, 311 E2, 311 E5, 311 E6, 311
E22, 311 E23, 311 E31, 311 E41, 311 E44, 311
E49, 311 E51, 311 E53, 311 E55, 311 E58, 311
E59, 311 E62, 311 E68, 311 E69, 337, 359,
369, 385, 387, 396, 399, 401, 406, 409,
414, 416, 419, 422, 428, 436, 437, 442,
443, 453, 465, 466, 469, 470 D1, 470 D5,
470 D6, 478, 479a, 488, 501, 512 H4,
512 H7
- zu Frankreich 31A, 49a, 77, 86, 88,
94, 96, 97, 167 C4 (S. 344), 167 H14,
167 H20, 278, 311 D28, 311 E5, 311 E31,
311 E41, 311 E49, 311 E51, 311 E53, 311
E69, 315, 330, 369, 420, 422, 437,
466, 469, 470 D1, 479a
- zu den Generalstaaten 57
- zum Kaiser s. Österreich: Ferdinand II.
- zum Frankfurter Kompositionstag 1631
49a, 94, 167 E5, 276, 291, 311 A2, 311
A5, 311 A9, 311 A13, 311 A14, 369
- zu Kurbrandenburg 94, 167 H23, 178,
270, 291, 311 A13, 311 A14, 311 E4
- zu Kurköln s. Köln
- zu Kurmainz s. Mainz
- zu Kursachsen 167 H23, 178, 270,
291, 311 A13, 311 A14, 311 E4, 465,
466, 478
- zum Kurfürstentag von Regensburg
1630 31A, 94, 167 E5, 276, 311 A9, 311
A13, 311 A14, 466
- zum Leipziger Konvent 1631 110, 167
F, 167 H17, 167 H23, 177, 311 A9, 311
A13, 311 A14
- zu Liga 96, 167 E5, 167 H23, 234,
299a, 311 A13, 311 E68, 466, 478
- zum Ligatag von Dinkelsbühl 1631 311
A13, 311 E58
- zu Papst Urban VIII. (auch röm. Kurie)
49a, 72, 167 C4 (S. 331, 344), 167 E5,
167 H14, 213, 227, 234, 272, 299a, 311
E31, 311 E41, 311 E44, 369
- zum Regensburger Friedensvertrag
1630 311 E41, 311 E49, 311 E51, 369
- zur Pfalzfrage siehe: Pfalz
- zum Restitutionsedikt 1629 276, 311
A9, 311 A13, 311 A14

- zu Schweden 49a, 94, 167 C4 (S.
344), 276, 311 A9, 311 A13, 311 E69,
369, 401, 465, 466, 470 D1, 479a, 488
- zu Spanien 470 D1
- zu Tilly 82, 101, 276, 466, 478
- zu Wallenstein 82, 311 D39
Thann, Kaspar v. u. zu der, bischöfl.- würzburg.
Rat 167 D
Thun-Hohenstein, Christoph Simon Reichsgraf
v., kaiserl. Geheimrat 420, 428, 443, 448,
468, 470 D8, 487
Tirol, gefürstete Grafschaft 184
Tünzel, Dr. Gabriel, kursächs. Vizekanzler 311
E24
Türken 20, 85, 152, 167 C3, 254, 263, 311 A4,
311 D27, 311 D32, 311 D35, 311 D36, 335,
378, 382 E, 439, 454 C, 470 B3, 470 B5

**U**
Udenheim, Ort bei Mainz 413
Überlingen, schwäb. Reichsstadt 18, 449a
Ulm, schwäb. Reichsstadt 134, 142, 157, 167 C4
(S. 341), 167 E2, 167 E6, 167 E16, 167 H2,
172 A, 174, 197, 261, 270, 289, 311 D9, 311
D16–311 D18, 311 D28, 383, 417, 432, 470
A, 470 B12, 470 D2, 472, 486, 496
Umbseher, Hans Christoph, Kriegskommissar d.
Liga 413, 436
Ungarn, Königreich 24, 167 C3, 167 E11, 167 H7,
263, 278, 311 D27, 311 E21, 454 C, 470 B7,
512 C3
Union, Landfriedensbündnis prot. Reichsstände
437
- Ulmer Vertrag 1620 437
Unna, Stadt i. d. Gft. Mark 7
Untermünster, Äbtissin v. 311C
Unterpfalz (Rheinpfalz) 67, 72, 82, 83, 93, 97,
98, 109, 112, 124, 137, 157, 167 E3, 167
H11, 168, 170, 178, 188, 189, 193, 200, 216,
218, 224, 248a, 278, 311 D7, 311 D25, 311
E30, 311 E43, 311 E44, 317, 331, 345, 360,
376, 392, 398, 404, 409a, 410, 431, 435,
440, 450, 452, 454 B, 454 C, 463, 468, 470
B5, 470 B7, 470 B8, 470 B10, 470 B12, 470
B15–470 B17, 470 C4, 470 C8, 470 D1, 474,
482, 485, 490, 493, 497, 498, 502, 506,
512 E4
Unterpleichfeld i. Hochstift Würzburg 401
Untertürkheim i. Hzgt. Württemberg 289

Urban VIII., Papst  6, 47a, 49a, 69, 72, 78, 99, 100, 111, 115, 118, 121, 129, 131, 136, 143, 167 C, 167 C4 (S. 344, 345), 167 E5, 167 E6, 167 E9, 167 E11, 167 H7, 169, 211, 213, 227, 234, 257a, 272, 295, 298, 299a, 305, 311 A4, 311 D28, 311 D36, 311 D37, 311 E5, 311 E12, 311 E21, 311 E31, 311 E41, 311 E44, 311 E49, 311 E53, 311 E55, 311 E56, 311 E60, 368, 369, 416, 433a, 470 B5, 483, 495, 512 H4, 512 H9

Usedom  80

**V**

Vacha i. d. Fürstabtei Fulda  273, 311 E47, 357
Veecken, Joh. v. d., kurköln. Agent in Den Haag  25, 44, 54, 73, 412
Velden, Stadt auf Nürnberger Territorium  289
Venedig, Republik u. Stadt  169, 311 E4, 311 E4, 490
Verden, Hochstift  4, 53, 157, 167 C3, 167 C4 (S. 338), 167 E2, 311 A14, 311 A15, 311 E39, 377, 430, 436, 445, 446, 470 C9, 470 D1
– Bischof Franz Wilhelm v. Wartenberg. s. auch: Osnabrück
Verdun, Hochstift  1, 5, 126, 222, 311 E9, 311 E31
Viermund, Virmond und Neersen, Johann Freiherr v., kaiserl. Generalwachtmeister u. Kommandant i. Mecklenburg  21, 48, 279, 431, 435, 450, 452, 464, 474
Villani Ottavio, spanischer Diplomat  31B
Visé, Stadt i. Hochstift Lüttich  34, 35, 41, 44, 54
Vlotho, Stadt u. Herrschaft i. der Gft. Ravensberg (später Kurbrandenburg)  119
Vogtland  311 D10, 347, 366, 470 B1, 470 B12
Vohburg a. d. Donau, Stadt i. Kfst. Bayern  512 E4
Vossbergen, Caspar v., holländischer Diplomat  54

**W**

Wämpl, Johann Dr., kurbayr. Hofkammerrat  405a, 498
Wahl, Joachim Christoph, Oberst der Liga  4
Wahrberg, Burg bei Ansbach  405
Waldeck, Grafschaft i. Nordhessen  8, 166, 167 C4 (S. 338)
Waldecker, Karl Friedrich W. v. Kempt, Oberst d. Liga  76

Waldenburg, Gerhard v. gen. Schenkherr, kurmainz. Amtmann zu Amorbach  311C
Waldsassen, Markt u. Kloster i. d. Oberpfalz  496, 514, 470 C4
Waldsee i. d. Gft. Waldburg  167 H3
Wallenfels, Hans Sebastian v., Rittmeister d. Liga  311 D25
Wallerstein, Markt u. Burg i. d. Gft. Öttingen-Wallerstein  32, 167 E12
Wallenstein Albrecht v., Hg. v. Friedland u. Mecklenburg  31C, 31F, 58, 75, 82, 83, 95, 97, 104, 108, 109, 132, 136, 164, 176, 184, 212, 244, 248a, 278, 309, 311 A8, 311 D39, 324, 337, 347, 354, 362, 373, 382 B, 410a, 412, 454 C, 468, 470 B2, 470 B5, 470 B16, 470 D1, 470 D6, 485, 487, 492, 500, 504, 508, 514
– zu Dänemark  454 C
– zu England  82, 248a, 311 A8
– zu Frankreich  31C, 31F, 82
– zum Kaiser. s. Österreich: Ferdinand II.
– zu Schweden  82, 373
– zu Spanien  136
– zu Tilly s. Tilly
– Wiederberufung  176, 184, 188, 470 D6
– Berthold, Graf v., kaiserl. Oberst  109
– Maximilian, Graf v., kaiserl. Rat  313, 410a
Walmerode, Walderode, Reinhardt, Freiherr v., kaiserl. Generalkriegskommissar  246, 255, 298, 311 E35, 337, 352, 448
Wandersleben, Burg u. Ort i. Erzstift Mainz  464
Wangen, Reichsstadt  449a
Wangen zu Geroldseck, Johann Christoph v., Rat d. Hochstifts Straßburg  167 D
Wangler, Johann d. J., kaiserl. Oberstleutnant  357
Wanner, Matthäus, Dr. jur., Rat d. Bischofs v. Augsburg  167 D, 512 D
Wartenberg, Ferdinand Lorenz, Graf v., Oberst d. Liga  313, 328
Warthe  21
Weidenbach, Markt i. d. Markgrafschaft Brandenburg-Ansbach  456
Weikersheim a. d. Tauber, Stadt i. d. Gft. Hohenlohe-Weikersheim  512 H
Weil d. Stadt, Reichsstadt  311 D11
Weimar, Weimar s. Sachsen-Weimar

Weingarten, Johann Frhr. v., kurtrier. Oberamtmann  167 D
Weingarten, Abt v.  311 A14, 311C, 311 D3–311 D11, 311 D13–311 D19, 311 D21– 311 D23, 311 D30, 311 D32, 311 D33, 311 D37, 311 D41, 311 D42
Weißenburg, fränk. Reichsstadt  219, 311 D11, 463, 489, 494, 496, 502, 503, 504, 506, 513
Weissenau, Abt v.  167 B1, 167 H3, 221, 223, 311 A12, 512 B1, 512 D
Weißfrauenkloster, Kloster d. büßenden Schwestern der hl. Maria Magdalena i. Frankfurt/Main  311 D15
Weißenfels/Saale, Stadt i. thüring. Kreis d. Kurfürstentums Sachsen  246
Welln, Johann v., Hauptmann d. Liga  311 D25
Welser, Matthäus, Rat d. Konstanzer Bischofs  167 D, 167 H2, 311C, 311 D3
Welwarn i. Böhmen  433
Wemding, Stadt u. Pflegamt i. Kfst. Bayern  496, 512 E4
Wensin, Lorenz v., kursächs. Kammerrat  226
Werben, Stadt i. Kfst. Brandenburg  273, 301, 311 E35, 312, 322, 328, 338, 347, 351, 373, 392
Werdemann, Matthias v., Reichshofrat  448
Werdenau, Veit Gottfried v., Rat d. Bischofs v. Würzburg  167 D
Werdenberg, Johan Bapitst Verda v., kaiserl. Geheimrat  420, 428, 468, 470 D8,  501, 511
Werl, Johann Adam, kurmainz. Sekretär  311 E 46
Wernfels bei Spalt, Stadt i. Hochstift Eichstätt  285
Werra  316, 419
Werth, Johann v., Rittmeister d. Liga  348
Wertheim, Stadt i. d. Gft. Löwenstein-Wertheim  299, 334
Wesel i. Hzgt. Kleve (später Kfst. Brandenburg)  442, 470 B4, 470 D1
Weser  52, 53, 55, 71, 97, 98, 119, 124, 125, 144, 167 C1, 168, 182, 206, 224, 261, 279, 286, 297, 301, 308, 311 E45, 311 E47, 349, 356, 360, 387, 395, 410, 413, 431, 434–436, 439, 446, 450, 452, 468, 470 B5, 470 D6, 474, 482, 490, 512 C3, 512 E2, 512 E4

Westerhausen i. Hzgt. Braunschweig  154, 182, 185, 194
Westerwald  15, 48, 56, 64, 98, 167 C4 (S. 338, 339), 167 E4, 167 E6, 167 E16, 167, F, 436, 474, 512 H4
Westfalen (Landschaft) s. Niederrheinisch-Westfälischer Reichskreis
Westfalen, Herzogtum s. Erzstift Köln
Westminster b. London  241
Wetterau (Landschaft)  15, 48, 56, 64, 71, 98, 167 C4 (S. 338, 339), 167 E4, 167 E6, 167 E16,167 F, 209, 290, 293, 299, 384, 436, 442
– Grafen v.  154
Widenmann, Jakob, Dr. jur., Rat d. Reichsstadt Augsburg  167 D
Wildenstein, Reichsritter v. (Fränkischer Reichskreis)  311 D7
Wien, kaiserl. Residenzstadt  15, 17, 18, 30, 31B, 33, 36, 37, 43a, 44, 51, 58, 64, 85, 103, 113, 121, 123, 131, 133, 137, 138, 140, 143–146, 149, 154, 158, 161, 163, 164, 167 C2, 167 C4 (S. 341), 167 H7, 167 H9, 167 H23–167 H25, 172 A, 172 B, 173, 174, 183, 184, 198, 200, 201, 207, 221, 222, 225, 237, 241, 248a, 258, 263,  268, 271, 272a, 278, 281, 292, 294, 298, 311 A4, 311 A14, 311 B2, 311 D24, 311 E1, 320, 335a, 337, 361, 371, 375, 376, 382A, 382 D, 382 E, 397, 403, 405, 410a, 415, 420, 428, 433, 438, 439, 441–443, 448, 454 A–454 C, 465, 468, 470 B1, 470 D1, 470 D4, 470 D8, 476, 485, 487, 492, 500, 501, 510, 512 A1, 512 A3, 512 C1, 512 E4, 512 H9
Wiener Neustadt, Stadt i. Erzhzgt. Österreich  294, 326, 333, 335, 337, 355
Wietzen Sebastian, Oberstleutnant d. Liga  287
Wimpfen a. Neckar, Reichsstadt  167 F, 167 H11, 167 H15, 167 H22, 224
Windsheim, Reichsstadt  311 D11, 410, 436, 463
Winter, Anton, Rat d. Bischofs v. Bamberg  167 D, 311 B1, 311C, 311 D, 311 D7,  311 D15, 311 D39, 311 D42
Wismar, Stadt i. Hzgt. Mecklenburg  20
Wissius, Dr. Friedrich, Syndicus d. Stadt Köln  311C
Wittenberg i. Kfst. Sachsen  119, 154, 232, 311 D36, 311 E55, 347, 350, 351, 373, 380

Wittenhorst, Walfrau Wilhelm v., kaiserl. Oberst 464, 474
- Regiment zu Pferd 147, 152, 370, 395, 413, 454 B, 454 C
Wolfegg i. d. Gft. Waldburg 167 E12, 167 H1
Wolfegg, Heinrich, Erbtruchsess zu u. Freiherr zu Waldburg 32, 167 B1, 167 E12, 167 E14, 167 F, 167 H1, 512 B1, 512 D, 512 E4
Wolfegg, Willibald, Erbtruchsess zu u. Freiherr zu Waldburg, Kämmerer Erzherzog Leopolds v. Österreich 311C, 500
Wolfenbüttel i. Fürstentum Braunschweig-Wolfenbüttel 53, 55, 58, 63, 167 C4 (S. 339), 224, 356, 357, 370, 371, 434, 451, 482
Wolff, Antonin, hessen-darmstädt. Vizekanzler 34, 254, 311 D27, 378, 399, 423, 480, 507
Wollffersdorf, Gottfried v., Hauptmann zu Weißenfels 246, 255,
Wolffstirn und Raphelsberg, Johann Adolf v., kaiserl. Oberkommissar 434, 436
Wolgast i. Hzgt. Pommern 20
Wolkenstein-Rodeneck, Georg Ulrich Graf v., Reichshofrat 167 C3, 167 D, 448, 512 D, 512 H9
Wolkenstein-Trostburg, Adam Graf v., Komtur u. Ratsgebietiger d. deutschen Ritterordens 512 E1, 512 E3
Wolkenstein-Trostburg Paul Andreas Graf v., bayr. Geheimer Rat 64a, 77, 80, 84, 96, 136, 167 D, 167 E14, 167 H1, 167 H21, 311C, 311 E33, 311 E38, 359, 364, 410, 412, 417, 431, 434, 437, 439, 449, 451, 456, 470 B1–470 B3, 470 B7–470 B10, 470 B12, 470 B13, 470 B17, 470 C2, 470 D8, 490, 512 C3, 514
Wolkersdorf i. Weinviertel, Stadt i. Erzhgt. Österreich 321
Wolmirstedt, Stadt i. Erzstift Magdeburg 244, 301, 312, 328, 347
Wolpert, Hans Peter, kurmainz. Hofsekretär 311C
Worms, Reichsstadt 167 H17, 383, 392, 470 B10
Worms, Hochstift 47a, 96, 167 E9, 167 H6, 311 D7–311 D11, 311 D13–311 D19, 311 D21–311 D23, 311 D30, 311 D32, 311 D37, 311 D41, 311 D42, 311 E55, 512 B
- Bischof Georg Anton von Rodenstein 311 A5, 311 A10, 311 A14, 311C, 311 E55, 408, 505 A

Wricht (Wright), Georg v., Priester d. englischen Nation 311 D36
Wülzburg, Festung i. d. Mgft. Brandenburg-Ansbach 503, 506
Württemberg, Herzogtum 85, 142, 143, 167 C3, 167 E2, 167 E6, 167 H7, 167 H11, 167 H22, 172 A, 183, 193, 197, 209, 215, 216, 223, 245, 254, 270, 275, 280, 289, 301, 302, 311 B2, 311 B3, 311 D6, 311 D8, 311 D18, 311 D21, 311 D28, 311 D29, 311 E3, 311 E20, 311 E25, 311 E28, 311 E29, 311 E67, 314, 324, 431, 463, 470 B11, 470 B12, 472, 485, 486, 494, 496, 502, 509, 512 A1
- Herzog Ulrich 311 D 8
- Herzog Julius Friedrich, Administrator 157, 167 E7, 167 H15, 197, 277, 287, 294, 300, 311 E3, 311 E20, 311 E68, 315, 351, 449a, 486
Würzburg, Stadt 191, 206, 262, 304, 311 D42, 311 E68, 318, 336, 345, 371, 382A, 384, 387, 392–394, 401, 402, 408, 410, 413, 426, 436, 439, 447, 470 B12, 512 E3
Würzburg, Hochstift 4, 22, 32, 48, 84, 130, 142, 146, 157, 162, 166, 167 D, 167 E2, 167 E3, 167 E6–167 E9, 167 E11, 167 E12, 167 E16, 167 H4, 167 H11, 167 H14, 167 H18, 178, 182, 185, 187, 191, 192, 217, 252, 281, 288, 290, 300, 311C, 311 D3–311 D19, 311 D21–311 D23, 311 D25, 311 D28, 311 D30–311 D33, 311 D37–311 D39, 311 D41, 311 D42, 311 E5, 311 E29, 311 E 47, 311 E55, 311 E60, 311 E62, 311 E64, 311 E67, 311 E68, 312, 317, 318, 322, 345, 360, 361, 364, 376, 382 A, 384, 385, 387–390, 392, 393a, 394, 408, 411, 413, 418, 437, 448, 458a, 462, 470 B2, 470 B5, 470 B7, 470 B11, 470 C4, 512 B, 512 C2, 512 E4, 512 H4
- Bischof Johann III. v. Grumbach 311 D10,
- Bischof Johann Gottfried I. v. Aschhausen 96
- Bischof Philipp Adolf von Ehrenberg 13, 20, 47, 47a, 142, 153, 166, 167 B1, 167 C4 (S. 332), 167 E3, 167 H4, 191, 203, 261, 262, 287, 299, 311C, 311 D12

- Bischof Franz von Hatzfeld 311C, 311 D12, 311 D 17, 311 D25, 311 D42, 311 E55, 311 E60, 311 E63, 311 E64, 311 E67, 311 E68, 316, 379, 382, 384, 385, 387, 388, 394, 396, 408, 411, 413, 421, 426, 436, 438, 458a, 459, 460, 462, 470 A, 470 B11, 470 B12, 470 D1, 470 D5, 470 D7, 505 A, 512 B1, 512 F, 512 H2, 512 H4, 512 H7, 512 H9
- Ligatag 1627 167 C3, 167 E2, 167 H2, 285, 311 A14, 479a, 505 B, 512 B1, 512 C3, 512 E4

**Z**

Zandt v. Mörle, Jakob, Abgesandter Kurtriers 311C
Zehetner, Wolf, kurbayrischer Hofdiener 436
Zeidler, Hans genannt Hoffmann, kursächs. Agent in Prag u. Wien 410a
Zeil am Main, Stadt i. Hochstift Bamberg 392
Zeitz i. Kfst. Sachsen 311 E39
Zell zu Immendingen und Hornstein, Hans Kaspar Egloff v., bischöfl. Augsburgischer Rat 390
Zerbst, Stadt i. Fürstentum Anhalt-Zerbst 273, 311 E35, 347, 350
Ziegenhain, Grafschaft i. d. Landgft. Hessen-Kassel 273, 277, 283, 287, 301, 410
Ziegler, Reinhard, SJ, Beichtvater d. Kurfürsten v. Mainz 108, 311 D36, 311 D37, 311 E41, 311 E44, 311 E49, 311 E59
Zielenzig i. Kfst. Brandenburg 43
Znaim i. Kgr. Böhmen 454 C, 500
Zollern, Johann Fürst v., bayr. Obersthofmeister u. Direktor d. Geh. Rates 41, 46, 77, 84, 87, 96, 148, 167 C4 (S. 331), 167 H8, 172 A, 248a, 250, 270, 289, 291, 311C, 368, 414, 425, 470 B4, 470 D1, 512 C3, 512 H9
Zweibrücken, Stadt i. Fürstentum Pfalz-Zweibrücken 311 E63, 415, 461